lonely planet

Südindien & Kerala

Sarina Singh,
Lindsay Brown, Paul Harding, Trent Holden, Amy Karafin, Kate Morgan, John Noble

REISEPLANUNG

REISEZIELE IN SÜDINDIEN & KERALA

PHOTOSINDIA.COM / GETTY IMAGES ©

AJANTA S. 104

KEREN SU / GETTY IMAGES ©

DAULATABAD S. 101

RICHARD I'ANSON / GETTY IMAGES ©

Inhalt

MINAKSHI-AMMAN-TEMPEL S. 413

RICHARD I'ANSON / GETTY IMAGES ©

KERALA S. 275

MITCHELL KANASHKEVICH / GETTY IMAGES ©

KATHAKALI-TÄNZER S. 294

REISEZIELE IN SÜDINDIEN & KERALA

DREAMPICTURES / GETTY IMAGES ©

MUMBAI S. 44

ANDERS BLOMQVIST / GETTY IMAGES ©

PAPANASHAM BEACH, VARKALA S. 297

Inhalt

GRAHAM CROUCH / GETTY IMAGES ©

VEGETARISCHES THALI S. 504

GREG ELMS / GETTY IMAGES ©

ANJUNA S. 154

SÜDINDIEN VERSTEHEN

PRAKTISCHE INFORMATIONEN

SONDERSEITEN

Willkommen in Südindien & Kerala

Südindien, das schwül-feuchte Herz des Subkontinents, ragt wie ein großer Keil in den Indischen Ozean und kontrastiert mit den schneebedeckten Gipfeln und glühenden Ebenen des Nordens.

Überraschungen zuhauf

Man sollte immer auf Überraschungen gefasst sein. Das kann anstrengend werden, gerade wenn man das Land zum ersten Mal besucht: Es gibt entsetzliche Armut, die Bürokratie kann einen zur Verzweiflung bringen, und im Gedränge wird die kleinste Besorgung zu einem Abenteuer. Selbst erfahrene Traveller werden irgendwann die Nerven verlieren, aber das gehört einfach zu einer Indienreise. Das Land ist inspirierend, frustrierend, spannend und verwirrend: Wer nicht verrückt werden will, schwimmt besser mit dem Strom. Ob man die Unberechenbarkeit Indiens nun liebt oder hasst (die meisten Traveller schwanken da) – wer sich auf sie einlässt, versteht das Wesen des Landes.

Indien berührt die Seele

Spiritualität zieht sich wie ein Faden durch das komplexe Gefüge des zeitgenössischen Indiens. Die vielen heiligen Stätten und altehrwürdigen Rituale zeugen von der alten, bunten und manchmal stürmischen religiösen Geschichte des Landes. Und dann sind da noch die Feste: Hier finden einige der weltweit spektakulärsten religiösen Feste statt – von eindrucksvollen Umzügen durch die Städte anlässlich wichtiger Ereignisse im religiösen Kalender bis hin zu einfachen Erntefesten zu Ehren einer Lokalgottheit

Üppige Landschaften

Südindien hat Tausende Kilometer Küste. Sie säumt fruchtbare Ebenen und Hügel, die, durch den Monsun mit Wasser versorgt, immer grün schimmern. Die tropische Pracht der Region ist einer der größten Touristenmagneten: Es gibt dichte Kokoshaine, leuchtende Reisfelder, duftende Gewürzgärten und Teeplantagen, die viel Grün zum Erholen bieten. Und dann gibt es da noch das Wasser: Azurblaue Meereswellen streicheln sanft sichelförmige, sonnengewärmte Sandstrände, und auf den schmalen Flüssen und glasklaren Lagunen, für die Kerala so berühmt ist, dümpeln Boote.

Köstliche Küche

Südindien wartet mit einer herrlichen kulinarischen Vielfalt auf, die man an den unterschiedlichsten Orten genießen kann. Von den traditionellen Spezialitäten des Südens wie *idlis* (flache Reiskuchen) und großen, papierdünnen Dosas (pikante Crêpes) bis zu diversen kreativen Fusion-Kreationen haben hungrige Traveller die Qual der Wahl. Essen spielt auch seit langer Zeit eine tragende Rolle bei vielen Festen der Region, wobei vor allem die verführerisch farbenfrohen *mithai* (Süßigkeiten) im Mittelpunkt stehen.

Warum ich Südindien so liebe

von Sarina Singh, Autorin

Immer wenn ich glaube, ich stünde kurz davor, eines der tiefsten Geheimnisse des Landes zu entschlüsseln, belehrt mich Indien auf unheimliche Weise, dass man dafür mehrere Leben brauchte. Indien zu enträtseln, bleibt eine nie endende Aufgabe. Und das macht für mich den größten Reiz des Landes aus: das ständige Erkunden, die ausgelassene Unberechenbarkeit. Wenn man das weiß, kann man hier gerade in Augenblicken, in denen man nicht damit rechnet, Erfahrungen machen, die die Sicht auf die Welt und auf sich selbst grundlegend verändern.

Mehr Infos über unsere Autoren gibt's auf S. 595

Kovalam (S. 284), Kerala

Südindien & Kerala

0
400km
N
Jharkhand
Kolkata (Calcutta)
BANGLADESCH
Chittagong
MYANMAR (BURMA)
Hinakud-Damm
Sambalpur
Ganges-mündung
Brahmani
Mahanadi
Tel
Bhubaneswar
20°N
Orissa
Hyderabad
Verführerische historische Stätten & Basare (S. 247)
5
Bheemunipatnam
Visakhapatnam
Hampi
Ruinen inmitten felsiger Landschaft (S. 227)
15°N
Golf von Bengalen
Mysore
Großer Palast, turbulente Basare (S. 200)
Andamanen
Port Blair
Andamanensee
Puducherry
Französisch geprägte tamilische Stadt (S. 388)
Ooty & Nilgiri-Berge
Kühle Berglandschaften, duftende Teegärten (S. 431)
HÖHE
3000 m
2000 m
1000 m
750 m
500 m
250 m
0
10°N
Nikobaren
Madurai
Stätte des großartigen Minakshi-Amman-Tempels (S. 413)
85°E
90°E

Südindiens & Keralas Top 10

1

Keralas wunderschöne Backwaters

1 Man kommt nicht alle Tage durch so zauberhafte Flusslandschaften wie in Kerala (S. 275): Hier gibt es ein 900 km umfassendes Netz aus Flüssen, Seen und glasklaren Lagunen, gesäumt von üppiger tropischer Flora. Es gibt keine bessere Art, die Gegend zu erkunden, als ein paar Tage in trauter Idylle auf einem Teakholz-Hausboot mit Palmblattdach (S. 292) zu verbringen. Man treibt auf dem Wasser, während die Sonne hinter den wispernden Palmen verschwindet, genießt Fisch so frisch, dass er fast noch zappelt, und vergisst für eine Weile das hektische Leben an Land.

Goa

2 Weicher Sand, sanfte Wellen, dichte Kokoshaine, rosarote Sonnenuntergänge – wenn es einen Ort gibt, der wirklich jedes Klischee aus Hochglanzreiseprospekten erfüllt, dann ist es Goa (S. 129). Von einigen Ausnahmen abgesehen, geht es an den Stränden hier ziemlich lebhaft zu: Auf dicht an dicht stehenden Sonnenliegen brutzeln eingeölte Körper, Sarongverkäufer schauen vorbei, und überall buhlen Imbisse um Kundschaft. Goa ist auch für seine Gewürzplantagen im Binnenland und die denkmalgeschützten Häuser bekannt, vor allem für die Kathedralen aus Zeiten der portugiesischen Herrschaft.

Unten: Strand von Agonda, Goa

FELIX HUG / GETTY IMAGES ©

ALAN LAGADU / GETTY IMAGES ©

3

MARC SHANDRO / GETTY IMAGES ©

4

Höhlen von Ajanta

3 Sie mögen Asketen gewesen sein, doch die Mönche, die im 2. Jh. v. Chr. diese Höhlen (S. 105) anlegten, hatten Sinn für Dramatik: Die 30 Felsgrotten im Wald erstrecken sich entlang einer hufeisenförmigen Schlucht. Einst hatten sie Treppen zum Fluss. Die Architektur und die hohen Stupas machten die Höhlen zu inspirierenden Lebens- und Meditationsräumen. Richtig prächtig wurden sie Jahrhunderte später, als sie mit Reliefs und Wandmalereien geschmückt wurden, die Szenen aus den Reinkarnationen Buddhas zeigen. Gar nicht schlecht, so ein Leben in der Höhle!

Historisches Hyderabad

4 Wer ein Geschichtsfreak ist, kommt hier (S. 247) auf seine Kosten. Die Stadt hat viele historische Attraktionen, u. a. den weithin sichtbaren Charminar, ein prächtiges Denkmal mit Minaretten und eleganten Bögen. Weitere Highlights sind die Basare, wo man Stoffe, Perlen, Öle und andere Schätze findet. Und dann ist da noch das Essen: Hyderabad ist für seine Mogul-Küche berühmt, besonders für die Kebabs und Biryanis (Reis mit Fleisch und/oder Gemüse). Für die appetitliche Präsentation der Speisen gibt's noch Extrapunkte.

Charminar, Hyderabad

Mumbais architektonische Schätze

5 In Mumbai (S. 44) versteht man es, ganz Verschiedenes zu einer einzigartigen Kulturlandschaft zu verweben. Das Ergebnis ist ein herrlicher Stilmix: Die Art-déco-Bauten und modernen Wolkenkratzer sind sehenswert, aber was Mumbai zur extravaganten Schönheit macht, sind die pittoresken Gebäude aus viktorianischer Zeit – ein Mix aus Neugotik, venezianischer Gotik und indisch-sarazenischem Stil. Die Türme, Bögen und bombastischen Kuppeln verlocken zu einem Bummel durch die faszinierende Stadt.

Taj Mahal Palace Hotel, Mumbai

5

Savoir Vivre in Puducherry

6 Ein französisches Nest in Tamil Nadu? Pourquoi pas? In der früheren französischen Kolonie säumen senfgelbe Häuser Kopfsteinpflastergassen, die Kathedralen sind mit Schnörkeln geschmückt und die Croissants sind der Renner. Puducherry (Pondicherry; S. 388) ist aber auch eine typisch tamilische Stadt – mit langer Geschichte und all dem Trubel – und ein klassischer Urlaubsort mit dem Sri-Aurobindo-Ashram im Zentrum. Da zeigt sich, dass Yoga, Pain au chocolat, Hindu-Gottheiten und Kolonialarchitektur durchaus zusammenpassen.

CLAUDE RENAULT / GETTY IMAGES ©

6

7

HUW JONES / GETTY IMAGES ©

8

RICHARD I'ANSON / GETTY IMAGES ©

Mysteriöses Hampi

7 Wie verzaubert wirken die Überreste Hampis (S. 227). Früher war dies die Hauptstadt des Königreichs Vijayanagar, und die Ruinen zeugen von der einstigen Pracht. Tempel, Paläste und Landschaft bilden eine mystische Einheit: Riesige Felsen balancieren auf feinen Sockeln neben einem alten Elefantenstall, zwischen Geröll schmiegen sich Tempel in Felsspalten, Boote treiben an Reisfeldern vorbei und Aloe-Pflanzen wachsen an einer Badestelle. Wenn der Sonnenuntergang die Landschaft rötet, könnte man glatt vergessen, auf welchem Planeten man ist. Lotus Mahal, Hampi

Sri-Minakshi-Tempel in Madurai

8 Der im 17. Jh. erbaute prächtige Sri-Minakshi-Tempel (S. 413) in Madurai ist Sundareshwara (einer Inkarnation Shivas) und seiner Gemahlin Minakshi (einer Inkarnation der Göttin Parvati) gewidmet. Minakshi bedeutet „fischäugig", was in der tamilischen Literatur wunderschöne Augen meint. Der Komplex ist ein Augenschmaus aus reich geschmückten Säulen, Friesen und Statuetten, gesäumt von kunstvoll verzierten Gopurams. Ein Highlight ist die Halle der 1000 Pfeiler, in deren Säulen Reliefs mit Göttermotiven geritzt sind.

WIN INITIATIVE / GETTY IMAGES ©

PAUL BIRIS / GETTY IMAGES ©

Ooty & die Nilgiris

9 Täler, flache Ebenen und palmengesäumte Strände sind zwar gut und schön, aber da unten kann es echt heiß werden! Die indischen Prinzen und die britischen Kolonialherren nutzten Hill Stations wie Ooty (Udhagamandalam; S. 432), um vor der Sommerhitze zu fliehen. Auch heute noch warten diese Orte mit Wald, Bergluft und weitläufigen Teeplantagen auf. Hier kann man sich in eine Decke einrollen, einen heißen Tee aus hiesigem Anbau genießen, den Blick über die nebligen Berge schweifen lassen, Bergvögel beobachten und Indien von seiner ruhigsten Seite erleben.

Majestätisches Mysore

10 Willkommen in Mysore (S. 200)! Der Name verweist auf den Ort, an dem eine Göttin einen bösen Dämon besiegte. Die Stadt hat nicht nur eine lange Geschichte, sie lädt auch zu einem Bummel durch die hektischen, alten Basare ein, die erfüllt sind vom berauschenden Duft nach Sandelholz, frischen Blumen und Weihrauch. Mysore ist zudem für seine fröhlichen Feste bekannt. Das Dussehra-Fest, mit dem der Sieg des Guten über das Böse gefeiert wird, ist spektakulär: Es gibt ausgelassene Umzüge, und der Palast wird eindrucksvoll beleuchtet. Mysore Palace

Gut zu wissen

Weitere Infos gibt's im Kapitel „Allgemeine Informationen" (S. 540)

Währung

Indische Rupie (₹)

Sprachen

Hindi, Englisch und regionale Dialekte

Visa

EU-Bürger und Schweizer brauchen ein Touristenvisum. Es ist ab dem Ausstellungsdatum sechs Monate gültig.

Geld

Geldautomaten gibt's in den meisten größeren Städten; sicherheitshalber sollte man aber Bares und Schecks dabeihaben. MasterCard und Visa werden am häufigsten akzeptiert.

Handys

In städtischen Gebieten ist der Empfang sehr gut, auf dem Land schlecht. Prepaid-SIM-Karten sind überall erhältlich, aber die Überprüfungen, die dann noch fällig sind, dauern mitunter Tage.

Zeit

Indian Standard Time (MEZ +4½ Std.)

Reisezeit

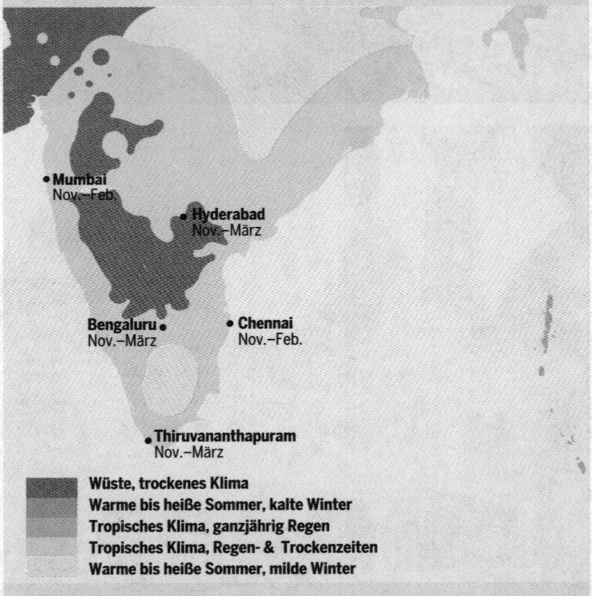

Nebensaison
(April–Juni)

➡ Der April ist sehr warm; Mai und Juni sind brütend heiß. Top Hotelpreise!

➡ Ab Juni zieht der Monsun von Süden nach Norden über das Land und bringt Feuchtigkeit mit sich.

➡ Im Bergland entgeht man der Hitze (aber nicht den Menschenmassen).

Zwischensaison
(Juli–Nov.)

➡ Die Monsunschauer halten bis September an.

➡ An der Südostküste und in Kerala regnet es von Oktober bis Anfang September.

Hauptsaison
(Dez.–März)

➡ Angenehmes Wetter – tagüber warm, nachts recht kühl. Haufenweise Touristen; Höchstpreise.

➡ Im Dezember und Januar sind die Nächte weiter im Norden ziemlich frisch.

➡ Ab Februar steigen die Temperaturen kontinuierlich.

Infos im Internet

Lonely Planet (www.lonelyplanet.de/reiseziele/indien) Infos zu Indien plus Forum.

Incredible India (www.incredibleindia.org) Offizielle indische Tourismuswebsite.

Templenet (www.templenet.com) Tempelgeflüster.

Rediff News (www.rediff.com/news) Portal für Nachrichten aus ganz Indien.

World Newspapers (www.world-newspapers.com/india.html) Links zu Indiens englischsprachigen Publikationen.

Wichtige Telefonnummern

Von außerhalb Indiens wählt man die ☎00, Indiens Landesvorwahl (☎91) und dann die Nummer (ohne die „0", die nur bei Inlandsgesprächen benutzt wird).

Landesvorwahl	☎91
Vorwahl für internationale Gespräche	☎00
Krankenwagen	☎102
Feuerwehr	☎101
Polizei	☎100

Wechselkurse

Eurozone	1 €	82 ₹
	10 ₹	0,12 €
Schweiz	1 SFr	66 ₹
	10 ₹	0,15 SFr

Aktuelle Wechselkurse sind unter www.xe.com abrufbar.

Tagesbudget

Günstig – unter 2000 ₹

➡ DZ im Budgethotel: 300–700 ₹

➡ All-you-can-eat-*thalis* (Platten): 120–300 ₹

➡ ÖPNV: 250–500 ₹

Mittleres Budget – 2000–7000 ₹

➡ DZ im Hotel: 800–4000 ₹

➡ Essen in mittelteuren Lokalen: 400–1500 ₹

➡ Eintritt zu Sehenswürdigkeiten und Museen: 100–1000 ₹

Teuer – mehr als 7000 ₹

➡ DZ im Luxushotel: 4000–20 000 ₹

➡ Essen in gehobenen Restaurants: 1000–4000 ₹

➡ Zugfahrten 1. Klasse: 800–8000 ₹

➡ Mietwagen mit Fahrer: ab 1000 ₹/Tag

Öffnungszeiten

Die Geschäftszeiten von Banken, Büros und Restaurants sind ganzjährig gleich; viele Attraktionen haben aber Sommer- und Winteröffnungszeiten.

Banken Mo–Fr 10–14 od. 16, Sa bis 12 od. 13 Uhr

Restaurants 12–22 od. 23 Uhr (manche teureren Restaurants haben von 15 bis 19 Uhr geschlossen)

Bars & Clubs 12–1 Uhr od. länger

Geschäfte 10–19 od. 20 Uhr (manche Läden haben sonntags geschlossen)

Märkte In größeren Städten 10–19 Uhr, meist gibt es einen Ruhetag; auf dem Land ist meist einmal die Woche Markttag (frühmorgend–mittags)

Ankunft am …

Chhatrapati Shivaji International Airport (Mumbai; S. 85) Prepaid-Taxis nach Colaba, ins Fort-Viertel und zum Marine Dr kosten 650/750 ₹ (ohne/mit Klimaanlage). Wer in die südlicheren Viertel will, sollte 395 bis 495 ₹ für die Fahrt einplanen.

Chennai International Airport (Chennai; S. 370) Vorstadtzüge ins Zentrum Chennais fahren zwischen 4 Uhr und Mitternacht mehrmals stündlich vom Bahnhof Tirusulam am Flughafen ab. Prepaid-Taxis kosten 380–515 ₹.

Unterwegs vor Ort

Der Nahverkehr in Indien ist günstig, wenn auch nicht immer flott. Inlandflüge und Nachtzüge können Alternativen zu langen, unbequemen Busfahrten sein.

Flugzeug Flüge zu vielen großen Zentren und zu den Bundesstaatshauptstädten; günstiger wird's mit Billigfluglinien.

Zug Regelmäßige Anbindung an die meisten Ziele; günstige Tickets gibt es sogar für Nachtzüge.

Bus Busse fahren überall; manche Ziele werden rund um die Uhr angefahren, aber auf längeren Strecken verkehren oft nur ein oder zwei Busse (morgens od. nachmittags/abends).

Mehr zu **Verkehrsmitteln & -wegen** gibt's auf S. 557 ➡

Wie wär's mit...

Festungen & Paläste

Die Geschichte Südindiens ist geprägt vom bunten Nacheinander konkurrierender Dynastien, in dem auch Händler und Eroberer heftig mitmischten. Eindrucksvolle Paläste und Festungen zeugen davon.

Mysore Der Maharadscha-Palast ist einer der größten und spektakulärsten Indiens. Hinter den Mauern dieses großartigen indisch-sarazenischen Komplexes findet man seltene Kunstwerke, Buntglasfenster, Mosaikböden und wunderschöne Holzschnitzereien (S. 200).

Maharashtra Das Land Shivajis ist für Fans von Festungen fast so reizvoll wie Rajasthan. Zu den Highlights zählen das auf einem Hügel gelegene Daulatabad und die Inselfestung Janjira (S. 101).

Hyderabad Die Golconda-Festung, deren Schatzkammern einst die Diamanten Hope und Koh-i-Noor hüteten, schmückt die Stadt der Perlen (S. 249).

WIE WÄR'S MIT... TAUCHEN?

Rund um die Andamanen gibt's tolle Tauchreviere mit Korallenriffen und großer Meeresfauna (S. 458).

Festung von Bidar So verwittert und ruhig die Anlage heute auch erscheint, früher war sie ein wichtiger Sultanssitz (S. 242).

Strände

Die schönsten Küstenabschnitte des Landes liegen in Südindien. Die besten Strände haben die Unionsterritorien Goa und Kerala. Die Badeorte werden bei Sonnenuntergang lebhafter. Dann trifft man sich am Strand und genießt Snacks von Straßenverkäufern.

Kerala Kovalam und Varkala sind herrliche, halbmondförmige Strände mit weißem Sand, Palmen, einem Leuchtturm (Kovalam, S. 286) und dramatischen Klippen (Varkala, S. 297) – hier werden Strandträume wahr.

Goa Alles, was über die Strände hier gesagt wird, ist wahr. Aber auch wenn man sich dort gegenseitig auf die Füße tritt, sind sie reizvoll. Zwei der schönsten sind Vagator (S. 157) und Palolem (S. 178); Gleiches gilt fürs nahe gelegene Gokarna in Karnataka.

Mumbai Wenn der Nachmittag in die Dämmerung übergeht, sollte man zum Chowpatty-Strand runtergehen, um ungewöhnliche, kreative Delikatessen zu probieren, die Leute zu beobachten oder einfach nur den feuerroten Sonnenuntergang zu genießen (S. 53).

Basare

In den größeren Städten Südindiens sprießen zwar Einkaufszentren wie Pilze aus dem Boden, aber die Freiluftbasare – ein Labyrinth aus Läden, die von frisch gemahlenen Gewürzen und Blumengirlanden bis hin zu Küchenutensilien und bunten Saris alles Mögliche verkaufen – sind trotzdem nicht zu toppen.

Goa Hier gibt's viele touristische Flohmärkte, die große Attraktionen sind. Die Basare von Panjim und Margao hingegen eignen sich für einen gemächlichen Bummel (S. 158).

Mumbai Neben modernen Einkaufszentren bietet die Mega-Metropole auch wundervolle alte Märkte (S. 82), die sich bestimmten Themen widmen: Mangaldas (Stoffe), Zaveri (Schmuck), Crawford (Fleisch und Obst/Gemüse) und Chor (Antiquitäten aller Art).

Mysore Der 125 Jahre alte Devaraja-Markt ist ein Wahrzeichen der Stadt – mit geschätzten 125 Mio. Blumen, Früchten und Gemüsesorten ... (S. 201).

Großartige Tempel & alte Ruinen

Nirgends werden solche Tempel (ob groß oder

(Oben) Strand von Vagator (S.157), Goa
(Unten) Pongal Festival (S. 397), Tamil Nadu

klein) gebaut wie hier. Von den psychedelisch bunten hinduistischen Türmen Tamil Nadus bis zu den von verblasster Pracht zeugenden buddhistischen Höhlentempeln in Ajanta und Ellora bietet Südindien eine Palette großartiger Tempelbauten.

Tamil Nadu Wenn es um Tempel geht, ist Tamil Nadu *die* Adresse. Es gibt fantastische turmhohe Bauten wie den umwerfenden Minakshi-Amman-Tempel in Madurai, der mit Götterfiguren verziert emporragt (S. 412).

Ajanta & Ellora Die prächtigen, alten, in den Fels gehauenen Höhlentempel schmiegen sich an eine hufeisenförmige Schlucht. Verehrt werden sie nicht nur ihrer spirituellen Bedeutung wegen, sondern auch als architektonische Meisterleistung (S. 105).

Hampi Mitten zwischen den außerirdisch wirkenden Felsblöcken liegen die rosafarbenen Tempel und Palastruinen der einstigen Hauptstadt des mächtigen Vijayanagar-Reichs (S. 227)

Lokale Feste

Neben den landesweiten Festen hat Südindien noch eine Reihe nur lokal gefeierter, bunter Events.

Kerala Die Feste in Kerala sind legendär – vor allem wegen der Elefantenumzüge und Bootsrennen. Beim umjubelten Nehru Trophy Snake Boat Race treten elegante, 38 m lange Kanus zum Ruder-Showdown an (S. 307).

Chennai Festival of Music & Dance Sechs Wochen lang steht hier alles im Zeichen von Musik, Tanz und Theater (überwiegend aus Karnataka; S. 363).

Tamil Nadu Mitte Januar feiert Pongal das Ende der Ernte. Krüge mit *pongal* (einer Mischung aus Reis, Zucker, Dhal und Milch) werden vorbereitet und geschmückten Kühen gefüttert (S. 397).

Goa Beim viertägigen Karneval feiert man in Goa den Beginn der Fastenzeit – mit Umzügen, Konzerten und Spaß (S. 138).

Mumbai (Bombay) Während des zweiwöchigen Kala-Ghoda-Festivals (S. 45) in Mumbai gibt es interessante Kunstperformances und Ausstellungen.

Stadtkultur

Die meisten Inder wohnen in Dörfern, aber in Indiens Städten lebte man schon elegant und raffiniert, als man in Europa davon noch keinen Schimmer hatte. Die Städte haben tolle Kunstszenen, fantastische Restaurants mit internationaler Küche und viel Stil.

Mumbai Mumbai hat alles: Mode, Film, Kunst, Restaurants und ein turbulentes Nachtleben. Als Bühne dienen die fantastische Architektur und der tolle Blick aufs Wasser (S. 44).

Hyderabad Hier findet man alte Bauten, die noch aus der Zeit außerordentlich reicher Dynastien stammen, und zugleich ausgefallene Restaurants, ein super Nachtleben und eine florierende Kunstszene (S. 247).

Bengaluru Die kosmopolitische Metropole ist das Zentrum der IT-Branche Indiens. Die Lungen der Stadt sind die grünen Parks zwischen den Bürotürmen und Wohnblöcken (S. 186).

Puducherry (Pondicherry) Im für sein französisches Flair bekannten Küstenstädtchen zeigt sich Indien so multikulturell wie sonst kaum. Das französische Viertel lockt mit netten Gassen und gelben Villen (S. 388).

WIE WÄR'S MIT … LUXURIÖSEN BAHNFAHRTEN?

Während der siebentägigen „Dekkan-Odyssee" bekommt man das Beste von Maharashtra und Goa zu sehen (S. 29).

Hill Stations

Südindien ist gesegnet mit Sonnenschein – und Bergen, auf die man sich zurückziehen kann, wenn es heiß wird. Den Grundstein für die Hill-Station-Resorts haben vor allem die indischen Herrscher und die Kolonialherren gelegt, die sich vor der Sommerhitze in die Berge flüchteten.

Tamil Nadu Die Hill Stations in den Westghats von Tamil Nadu sind geprägt von Kiefernwäldern, kleinen Teehäusern, weitläufigen Kardamom-Plantagen und Bauten aus der Zeit der britischen Herrschaft (S. 422).

Matheran Das beliebte Wochenendziel der Einwohner von Mumbai ist nicht nur ausgesprochen pittoresk und (vor allem dank des Autoverbots) entspannt, sondern hat auch eine süße kleine Schmalspurbahn, mit der man die 21 km bis zur Hauptstraße fahren kann (S. 114)

Ooty & die Nilgiris Die bekannteste Hill Station der Nilgiris ist Ooty, ein luftiger, kiefernbestandener Rückzugsort für Flitterwöchner, Familien und Naturliebhaber (S. 432).

Meditation & Yoga

In Südindien beherrscht man die Kunst, sich zu entspannen, schon lange. Heute wird hier eine Vielzahl von Anwendungen angeboten, die Körper, Seele und Geist streicheln. Meditations- und Yogakurse gibt's an jeder Ecke.

Maharasthra Die Vipassana International Academy (S. 96) in Igatpuri bietet Meditationskurse in der Tradition des Theravada-Buddhismus an. Das Osho International Meditation Resort (S. 119) hingegen orientiert sich an den Lehren seines charismatischen Begründers, des Bhagwan Shree Rajneesh.

Tamil Nadu Der Sri-Aurobindo-Ashram in Puducherry wurde von Sri Aurobindo gegründet. In den Kursen wird versucht, Yoga mit moderner Wissenschaft zu verbinden (S. 390).

Coimbatore Das Isha Yoga Center bietet Übernachtungsgästen Kurse und mehr (S. 429).

Puttaparthi Das Prasanthi Nilayam ist der Ashram des umstrittenen, aber populären Gurus Sri Sathya Sai Baba (S. 30), der 2011 verstarb.

Traveller-Enklaven

Manchmal will man nicht mehr herumrennen, um ja alles gesehen zu haben, sondern einfach nur abhängen, Reisegeschichten austauschen, ein Nachmittagsschläfchen halten, lesen, Karten spielen und ein Bierchen trinken …

Hampi Die Schönheit der Landschaft und der Architektur verleitet zum längeren Aufenthalt. Deswegen gibt's hier eine gute Traveller-Community (S. 227).

Arambol Goa ist eine Traveller-Enklave, aber sein Epizentrum ist wohl Arambol. Hier gibt's viele Läden und Dienstleister, außerdem einen tollen Strand und billige Unterkünfte. Kein Wunder, dass früher oder später jeder hier landet (S. 170)!

Monat für Monat

TOP-EVENTS

Karneval Jan./Feb.

Pongal Jan.

Ganesh Chaturthi Aug. oder Sept.

Navratri & **Dussehra** Sept. oder Okt.

Diwali Okt. oder Nov.

Januar

Nach den Monsunregen legt sich kühle Luft über das Land, in großen Teilen des Südens wird es dennoch nie richtig kalt. Das angenehme Wetter und viele Feste locken Besucher an (im Voraus buchen!).

Tag der Republik

Der Nationalfeiertag erinnert an die Gründung der Republik Indien (26. Jan. 1950).

Drachenfest

Das hinduistische Fest Sankranti markiert den Zeitpunkt, an dem die Sonne in das Sternbild Steinbock wandert. In Indien wird es unterschiedlich begangen, vom Verschenken von Bananen über das Eintauchen in den Ganges. Am schönsten ist das Steigenlassen von Drachen in Maharasthra und anderen Bundesstaaten.

Südindisches Erntedankfest

Das tamilische Pongal-Fest (S. 397) fällt mit Sankranti zusammen und kennzeichnet das Ende der Erntezeit. Indische Familien bereiten Gefäße voller *pongal* (eine Mischung aus Reis, Zucker, Dal und Milch), als Symbol für Wohlstand und Überfluss, zu und verfüttern es an geschmückte Kühe.

Ehrung von Saraswati

An Vasant Panchami erbitten gelb gekleidete Hindu traditionell den Segen von Saraswati, Göttin der Weisheit, indem sie vor deren Figuren Bücher, Musikinstrumente und andere Lernutensilien ablegen. Manchmal finden die Feiertage auch im Februar statt.

Geburtstag des Propheten Mohammed

Der islamische Feiertag Eid-Milad-un-Nabi erinnert mit Gebeten und Prozessionen an die Geburt des Propheten Mohammed. Das Fest richtet sich nach dem islamischen Kalender und liegt in den nächsten Jahren um den 13. Januar (2014), den 3. Januar und 26. Dezember (2015).

Februar

In den meisten Gegenden außerhalb der Berge ist das Wetter angenehm, im Süden beginnt langsam die Sommerhitze. Es ist noch immer Hauptreisezeit.

Tibetisches Neujahrsfest

Rund zwei Wochen lang feiern tantrische Buddhisten in ganz Indien Losar. Das tibetische Neujahr beginnt in der Regel im Februar oder auch im März, wobei aber durchaus regionale Abweichungen vorkommen können.

MONDKALENDER

Viele Feste richten sich nach dem indischen Mondkalender (der auf einem komplexen astrologischen System basiert) oder dem islamischen Kalender (der jedes Jahr etwa 11 Tage früher beginnt), die Daten variieren deshalb von Jahr zu Jahr. Genaue Termine liefern die Touristeninformationen.

Shivaratri

Der hinduistische Fastentag erinnert an den *tandava* (den kosmischen Siegestanz) von Shiva. Auf Tempelumzüge folgen das Singen von Mantras und das Weihen des Linga (Phallussymbol Shivas). Shivaratri kann auch in den März fallen.

Karneval in Goa

Die viertägige Party läutet die Fastenzeit ein und wird in Goa besonders intensiv gefeiert. Los geht's am Sabado Gordo, dem „dicken Samstag", mit Umzügen, es folgen Straßenfeste, Konzerte und Feiertrubel.

März

Der letzte Monat der Hauptsaison, fast überall ist es schon heiß. Wilde Tiere suchen Wasserstellen und können so leichter beobachtet werden.

Holi

Holi ist im Norden weiter verbreitet, wird aber auch im Süden gern begangen. Die Hindus feiern den Frühlingsanfang nach dem Mondkalender im Februar oder März, indem sie gefärbtes Wasser auf jeden in Reichweite spritzen und mit *gulal* (Puder) um sich werfen. In der vorausgehenden Nacht symbolisieren Freudenfeuer den Tod der Dämonin Holika.

Ramas Geburtstag

Während Ramanavami feiern Hindus ein bis neun Tage lang die Geburt Ramas mit Prozessionen, Musik, Fasten, Essen und Aufführungen von Szenen aus dem Ramayana. In manchen Tempeln gibt es rituelle Hochzeiten zwischen Rama- und Sita-Figuren.

April

In Südindien hält brütende Hitze Einzug. Die Temperaturen gehen mit Schnäppchenpreisen und sinkenden Besucherzahlen einher.

Ostern

In christlichen Gemeinden wird der Kreuzigung und Auferstehung Christi mit Gebeten und Speisen gedacht. Ostern fällt manchmal in den März.

Mahavirs Geburtstag

Mahavir Jayanti (April oder März) erinnert an die Geburt des 24. *tirthankar* (Lehrmeister und erleuchtetes Wesen) des Jainismus. Mahavir-Statuen erhalten rituelle Bäder, Tempel werden geschmückt, Prozessionen abgehalten und Arme beschenkt.

Mai

In großen Teilen des Landes herrscht drückende Hitze. Die bevorstehenden Regenfälle sorgen für steigende Luftfeuchtigkeit und wenige Veranstaltungen. In den Hill Stations ist mehr los.

Buddhas Geburtstag

Buddha Jayanti erinnert an Buddhas Geburt, Nirvana (Erleuchtung) und *parinirvana* (vollständige Befreiung vom Lebenskreislauf; Tod) und wird ruhig und spirituell begangen. Gläubige kleiden sich einfach, essen vegetarische Speisen, lauschen Dharma-Gesprächen und besuchen Kloster oder Tempel.

Ramadan (Ramazan)

Im neunten Monat des islamischen Kalenders fasten Muslime von Sonnenauf- bis Sonnenuntergang. Sie richten ihre Aufmerksamkeit dabei mit Gebet und Reinigungsritualen auf Gott. Der Ramadan beginnt jeweils um den 28. Juni (2014), den 18. Juni (2015) und den 6. Juni (2016).

Juni

Der Juni ist kein beliebter Reisemonat. Ausnahme ist nur der Norden, er bleibt vom Beginn der Regenzeit oder der extremen Hitze, die den Monsunregen vorausgeht, verschont.

Juli

Es regnet fast überall, viele abgeschiedene Straßen sind überschwemmt. Traditionell gilt die Regensaison in Indien als Zeit spiritueller Meditation.

Fest der geschwisterlichen Verbindung

An Raksha Bandhan (Narial Purnima) knüpfen Mädchen Bänder (*rakhis*) um das Handgelenk ihrer Brüder und engen Freunde; diese sollen sie im kommenden Jahr beschützen. Im Gegenzug erhalten sie von ihren Brüdern Geschenke oder das Versprechen, auf sie aufzupassen.

(Oben) Diwali – das „Lichterfest"
(Unten) Das Holi-Fest wird mit *gulal* gefeiert

August

Regen, Regen, Regen – die Monsunsaison hält an. Manch einer schwört nun auf die Magie tropischer Landschaften wie in Kerala oder Goa: Die üppigen Wälder sind leuchtend grün und glitzern im Regen.

Unabhängigkeitstag

Am 15. August wird an Indiens 1947 erlangte Unabhängigkeit von Großbritannien erinnert. Die Feierlichkeiten beinhalten das zeremonielle Hissen der Nationalflagge sowie Militärparaden und Kultur.

Buddhas Lehren

Drupka Teshi erinnert an Siddhartha Gautamas erste Lehrrede, in der er in Sarnath seinen Schülern die vier edlen Wahrheiten erklärte. Manchmal fällt das Fest in den Juli.

Schlangenfest

Das Hindu-Fest Naag Panchami ist der Schlange Ananta gewidmet, auf der Vishnu im Weltenozean ruhte. Frauen kehren in ihr Elternhaus zurück und fasten, Schlangen werden als Schutzgeister gegen Überschwemmungen und andere Übel verehrt. Findet im Juli oder August statt.

Krishnas Geburtstag

In Krishnas Geburtsort Mathura können die Feierlichkeiten zu Janmastami bis zu einer Woche dauern. Andernorts wird der Tag mit Fasten, *puja* (Gebeten), dem Verschenken von Süßigkeiten oder dem Malen von kunstvollen *rangoli*-Bildern (Bodenmalereien aus Reispulver) vor dem Haus begangen. Findet um den 17. August 2014, 5. September 2015 und 25. August 2016 statt.

Parsisches Neujahr

Pateti, das zoroastrische Neujahr, wird von den Parsen gefeiert, insbesondere in Mumbai (Bombay). Häuser werden auf Hochglanz gebracht und mit Blumen und *rangoli* geschmückt. Familien machen sich schick und bringen Opfergaben zum Feuertempel.

Eid al-Fitr

Muslime feiern das Ende des Fastenmonats mit einem dreitägigen Fest.

September

Der Regen lässt allmählich nach. In Südindien sorgen die weiterhin recht hohen Temperaturen für viel Luftfeuchtigkeit und ein teils saunaähnliches Klima.

Ganeshs Geburtstag

Ganesh Chaturthi, die Geburt des Gottes mit dem Elefantenkopf, wird im August oder September von Hindus gefeiert, vor allem in Mumbai. Tonfiguren von Ganesh werden durch die Straßen getragen und dann in Flüsse, Wasserbecken oder ins Meer getaucht.

Oktober

An der Südostküste und im Süden Keralas kann es zwar noch regnen, dennoch nimmt der Tourismus wieder Fahrt auf.

Gandhis Geburtstag

An Gandhi Jayanti wird feierlich und mit Gebeten – am Raj Ghat in Delhi (Ort der Kremation Gandhis) – des Geburtstags Gandhis am 2. Oktober gedacht.

Navratri

Das hinduistische „Fest der neun Nächte" geht in das Dussehra-Fest über und ehrt mit Tanzvorführungen die Göttin Durga in all ihren Erscheinungsformen. Am eindrucksvollsten sind die Feierlichkeiten (Sept./Okt.) in Maharashtra.

Dussehra

Zu Dussehra wird farbenprächtig der Sieg des Hindugotts Rama über den Dämonenkönig Ravana und der Sieg des Guten über das Böse gefeiert. Besonders eindrucksvoll ist das Fest in Mysore (S. 206). Findet um den 4. Oktober 2014, 22. Oktober 2015 und 11. Oktober 2016 statt.

Lichterfest

Im Mondmonat Kartika feiern Hindus fünf Tage lang Diwali (Deepavali). Feuerwerke, Öl- und Butterlampen sowie Laternen sollen den Gott Rama aus dem Exil nach Hause führen. Beginnt ungefähr am 23. Oktober 2014, 11. November 2015 und 30. Oktober 2016.

Eid al-Adha

Muslime erinnern an Ibrahims Bereitschaft, seinen Sohn Gott zu opfern: Sie schlachten Ziegen oder Schafe und teilen sie mit der Familie, der Gemeinde und den Armen. Das Opferfest findet um den 4. Oktober 2014, 3. September 2015 und 11. September 2016 statt.

November

Der Monsun fegt im Süden über Tamil Nadu und Kerala hinweg, aber in den tieferen Lagen sorgen angenehme Temperaturen für beste Reisebedingungen.

Guru Nanaks Geburtstag

Nanak Jayanti, der Geburtstag von Guru Nanak, dem Gründer des Sikhismus, wird drei Tage lang mit Gebeten, *kirtan* (Singen von Mantras) und Prozessionen, vor allem im Punjab und Haryana, gefeiert. Manche erinnern auch auch am 14. April an ihn, dem Tag, an dem Nanak 1469 tatsächlich geboren wurde.

Muharram

Im Monat der Trauer und Erinnerung gedenken die Schiiten am Aschura-Tag mit Prozessionen des Märtyrertods von Imam, des Enkels des Propheten Mohammed. Muharram beginnt jeweils etwa am 25. Oktober 2014, 13. Oktober 2015 und 2. Oktober 2016.

Dezember

Prächtiges Wetter (außer in den kühlen Bergen), eine relativ niedrige Luftfeuchtigkeit, festliche Stimmung und traumhafte Strandbedingungen – der Dezember ist absolute Hochsaison.

Weihnachten

Am 25. Dezember feiern Christen die Geburt Jesu Christi. In Goa und Kerala geht es besonders festlich zu, die katholischen Viertel Mumbais wiederum erstrahlen im Lichterglanz.

Reiserouten

2 WOCHEN

Kerala ganz klassisch

Das Abenteuer Kerala beginnt in der Hauptstadt **Thiruvananthapuram** (Trivandrum). Nach einem Tag in den Zoologischen Gärten und den angrenzenden Museen empfiehlt sich die halbstündige Fahrt zum Strand des Urlaubsorts **Kovalam**. Backpacker mögen vielleicht **Varkala** weiter nördlich lieber. Diese heilige Stadt lockt nicht nur mit dem Janardhana-Tempel, sondern auch mit einem schwindelerregend auf den Klippen thronenden Gästehaus samt Restaurant. Hier kann man sich beim Yoga entspannen oder ein paar Tage surfen, bevor es weiter nach Norden nach **Kollam** (Quilon) geht. Die Kanäle und Gewässer rund um Munroe Island eignen sich für eine Kanutour. Statt mit Bus oder Zug kann man Alappuzha (Alleppey) auch erreichen, indem man einen Tag lang durch die Kanäle gondelt und eine Zwischenübernachtung in der **Matha Amrithanandamayi Mission** einlegt (S. 305), dem rosa Ashram der „Umarmenden Mutter". **Alleppey** gilt als Dorado für Hausbootfans. Wer einen Hausboot- oder Kanuverleih gefunden hat, kann erkunden, was es mit den grandiosen Wasserwegen auf sich hat. Der Bahnstrecke nach **Kochi** (Cochin) nach Norden folgend, lohnt sich ein Abstecher mit der Fähre zum Fort Cochin, dem früheren kolonialen Vorposten Keralas. Bei all den gegrillten Meeresfrüchten, freundlichen Privatunterkünften, Herrenhäusern, Kathakali-Shows und dem faszinierenden jüdischen Viertel Mattancherrys kann man hier gut ein paar Tage vertrödeln.

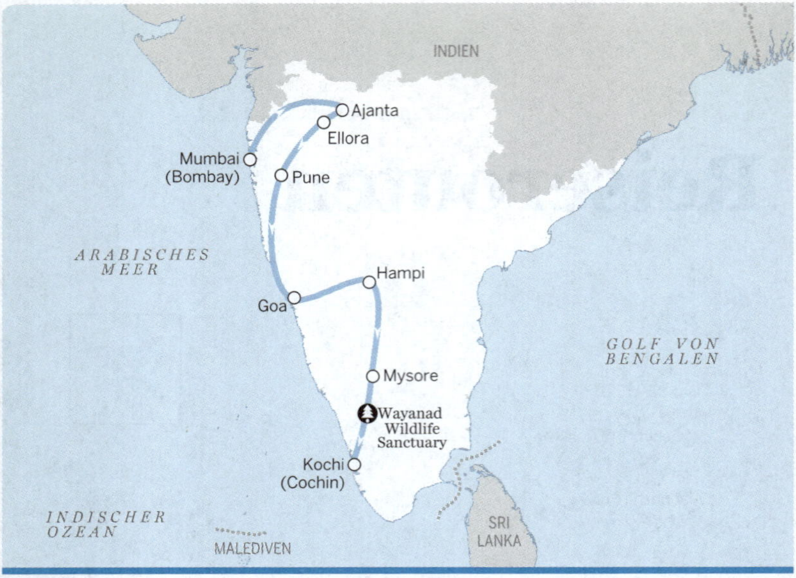

3 WOCHEN

Städte, Höhlen & Küste

Startpunkt ist das kosmopolitische **Mumbai** (Bombay), Bollywoods pulsierendes Herz und Standort einiger der besten Geschäfte, Restaurants und Bars des Landes. Ein Spaziergang bei Sonnenuntergang entlang des Marine Dr, der Uferpromenade, die wegen ihrer glitzernden Beleuchtung auch „Halsband der Königin" genannt wird, endet mit einem Teller *bhelpuri* (Teigfladen mit Reis, Linsen und Chutney) und einer Nackenmassage am Chowpatty-Strand. Von Mumbais historischem Gateway of India nimmt man die Fähre zur Elephanta Island, um dort die in die Felsen geschlagenen Tempel und die Shiva-Skulptur mit den drei Gesichtern zu bewundern. Danach geht die Reise weiter nach Nordosten, wo in **Ajanta** und **Ellora** alte Höhlenkunst wartet**.** Die mit Fresken verzierten buddhistischen Höhlen von Ajanta liegen in einer hufeisenförmigen Schlucht. Nur 100 km entfernt befinden sich die Höhlen von Ellora, die Hindu-, jainistische und buddhistische Schreine enthalten, an einem 2 km langen Hang nahe Aurangabad. Wer genug Höhle hat, reist in südwestlicher Richtung nach **Pune**, Maharashtras IT-Knoten, mit seinen tollen Museen, Bars und dem berüchtigten Osho International Meditation Resort. Nächster Halt ist die Strandoase **Goa**. Hier gibt's Sandburgtherapie für die Seele, man kann aber auch über eine Gewürzplantage wandern, die Kathedralen aus der portugiesischen Ära besuchen, auf Anjunas buntem Flohmarkt einkaufen oder einen der berühmten Strandorte aufsuchen. Danach geht die Reise nach Osten zum Traveller-Hotspot **Hampi** in Karnataka. Wer durch die mit Felsbrocken übersäte Landschaft schlendert, kann darüber nachdenken, wie das Leben hier war, als Hampi noch das Zentrum des mächtigen Vijayanagar-Imperiums war. Nach einer langen Fahrt nach **Mysore** kann man den Maharaja's Palace erforschen, eines der größten königlichen Bauwerke Indiens, und auf den Märkten Seide und Sandelholz kaufen. Von Mysore führt eine aufregende Busfahrt in die Westghats und über die Grenze ins **Wayanad Wildlife Sanctuary**. Das Wald- und Dschungelreservat ist einer der besten Orte im Süden, um wildlebende Elefanten zu beobachten. Zum Abschluss fährt man auf einer Straße, die einem die Haare zu Berge stehen lässt, zur Küste hinunter und weiter nach **Kochi**. Hier, in Keralas faszinierender Kolonialstadt, vermischen sich portugiesische, niederländische und englische Geschichte, und es gibt gute Privatunterkünfte und eine lebhaften Traveller-Szene.

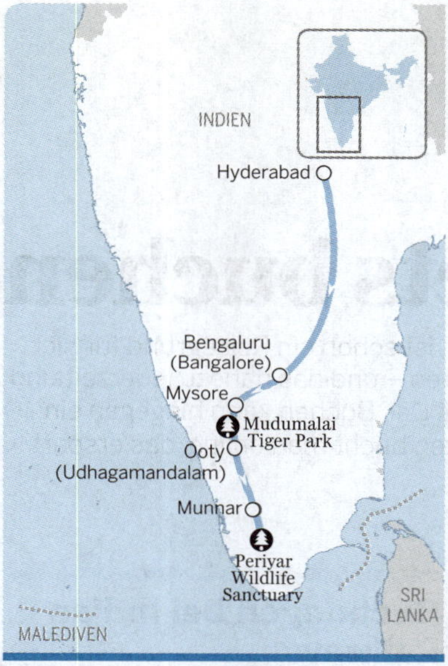

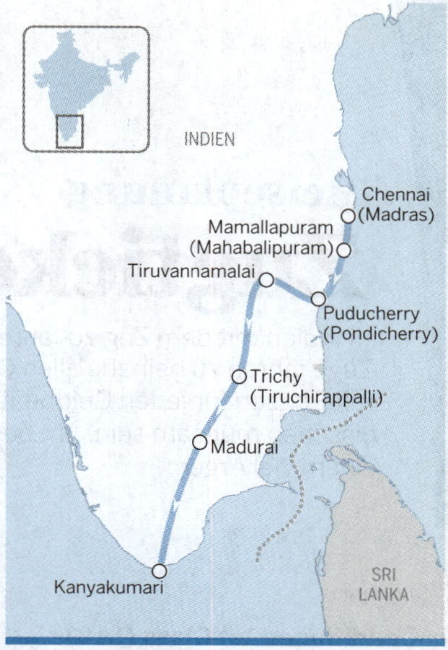

2 WOCHEN Städte & Schutzgebiete

Los geht's in **Hyderabad**, der Hauptstadt Andhra Pradeshs mit ihren alten islamischen Monumenten. Das Golconda Fort aus dem 16. Jh. ist einen Besuch wert, danach geht die lange Reise in den Süden nach **Bengaluru** (Bangalore), wo man ein paar Tage den kulinarischen Genüssen und dem Einkaufsvergnügen frönt. Um einen Eindruck von der königlichen Vergangenheit der Stadt zu bekommen, sollte man den Tipu-Sultan-Palast aus dem 18. Jh. und den Bengaluru Palace besichtigen. Der nächste Halt ist **Mysore**. Der Maharaja's Palace, ein Komplex mit roten und weißen Kuppeln, ist toll. Wer die Wanderschuhe schnürt und sich in die Berge aufmacht, erreicht im Süden Tamil Nadus **Mudumalai Tiger Park**, in dem man auf Jeepsafaris Elefanten sieht oder durch unberührten Dschungel wandert. Danach wartet der Bergort **Ooty** (Udhagamandalam), einer der beliebtesten Sommerurlaubsorte in Südindien. Mit dem Toy Train geht es nach Coimbatore und dann über die Grenze nach Kerala und zu den mit Teebüschen bedeckten Hügeln von **Munnar**. In den Wäldern kann man wandern und findet lauschige Unterkünfte. Zum Schluss wartet das **Periyar Wildlife Sanctuary** mit Tigern und Wanderwegen.

1 WOCHE Die Tempel Tamil Nadus

Wer auf Tempel steht, ist in Tamil Nadu richtig. In **Chennai** (Madras) kann man bei einem Spaziergang durch das Government Museum in die Stadtgeschichte eintauchen und dann den alten Shiva-Kapaleeshwarar-Tempel, die Kathedrale St. Thome und die Militaria im Museum des Fort St. George besichtigen. Danach geht es nach **Mamallapuram** (Mahabalipuram) an der Küste, um die grandiosen Felsschreine zu bewundern, die auf die Pallava-Dynastie zurückgehen. In **Tiruvannamalai** kann man den Arunachaleshwar-Tempel besichtigen, eine der größten heiligen Stätten des Landes. In **Puducherry** (Pondicherry) ist eine Pause von den Hindu-Tempeln angesagt – hier lassen sich die verblassten Gebäude des Französischen Viertels und die Kirche der Unbefleckten Empfängnis Mariä aus dem 18. Jh besichtigen. Mehr Spirituelles gibt's in **Trichy** (Tiruchirappalli) mit dem Rock-Fort-Tempel auf dem Hügel und einer Reihe wichtiger Hindu-Schreine. Südlich in **Madurai** lässt man den Meenakshi-Amman-Tempel auf sich wirken, den viele als Höhepunkt der südindischen Tempelarchitektur ansehen. Schließlich geht die Reise nach **Kanyakumari**, das den Kumari-Amman-Tempel beherbergt.

Reiseplanung

Zugtickets buchen

In Indien mit dem Zug zu fahren, ist schon ein Reisegrund für sich. Züge fahren zu beinahe allen Orten – und das nahezu jederzeit und mit Plätzen für jeden Geldbeutel. Das Buchen kann hingegen ein bisschen mühsam sein. Am besten bucht man online, das erspart einem viel Ärger.

Klassen

Air-Conditioned 1st Class (1AC)

Abteile mit abschließbaren Türen und zwei oder vier Schlafwagenplätzen; Mahlzeiten inklusive.

Air-Conditioned 2-Tier (2AC)

Zu Vierer- und Zweiergruppen zusammengefasste doppelstöckige Schlafkojen, keine abgegrenzten Abteile; die Kojen werden tagsüber zu Sitzen umgebaut, Vorhänge sorgen für Privatsphäre.

Air-Conditioned 3-Tier (3AC)

Dreistöckige Schlafkojen in Sechsergruppen, keine abgegrenzten Abteile, keine Vorhänge; beliebt bei indischen Familien.

AC Executive Chair

Hauptsächlich in Shatabdi-Expresszügen; bequeme Liegesitze mit viel Platz.

AC Chair

Ähnlich wie AC Executive Chair, aber weniger luxuriöse Sitze.

Sleeper Class

Dreistöckige Kojen, keine abgegrenzten Abteile, keine Klimaanlage; offene Fenster mit Aussicht.

2. Klasse ohne Reservierung

Holz- oder Plastiksitze und Gedränge – aber billig!

Buchungen bei Indian Railways

Fahrkarten können 90 Tage vor der Abfahrt gebucht werden; die Plätze füllen sich schnell. Man sollte mindestens eine Woche im Voraus buchen! Es gibt verschiedene Klassen, von der 2. Klasse ohne Reservierung bis hin zur luxuriösen 1. Klasse. Mit Nachtzügen kann man große Entfernungen zurücklegen und zahlt kaum mehr als für ein mittelteures Hotelzimmer. Express- und Postzüge bilden das Rückgrat des Bahnverkehrs. Nicht in allen Zügen gibt's alle Klassen, aber in den meisten Fernzügen Abteile der 2. Klasse ohne Reservierung und komfortablere Abteile mit Reservierung und (nachts) Kojen. *Shatabdi*-Expresszüge fahren am Tag und bieten nur Sitzplätze; in den *Rajdhani*-Expresszügen – Fernzügen, die von Delhi zu den Bundesstaatshauptstädten fahren und mehr als einen Tag unterwegs sind – hat man die Wahl zwischen den Klassen 1AC, 2AC, 3AC sowie 2. Klasse. In den teureren Schlafwagenklassen wird Bettzeug gestellt. Mit einer mitgebrachten Kette und einem Schloss kann man Gepäck am Gepäcknetz befestigen.

Onlinebuchung

Vor Ort zu buchen, gilt als verzwickte Angelegenheit. Wer online bucht, vermeidet die damit einhergehenden Scherereien. Die folgenden Infos zeigen, wie's geht.

ZUGREISEN MIT STIL

In Südindien gibt es eine verlockende Auswahl maßgeschneiderter Zugtouren für Traveller, die auf Schienen reisen, aber nicht auf Flair verzichten wollen. Die Preise beinhalten gewöhnlich die Übernachtung an Bord, geführte Touren, Eintrittsgebühren und alle oder die meisten Mahlzeiten. Für Kinder gibt's meist Rabatte, nach denen man beim Buchen fragen kann.

➡ **Deccan Odyssey** (www.deccan-odyssey-india.com) Eine Tour mit sieben Übernachtungen, die die wichtigsten Touristenziele Maharashtras und Goas abdeckt. Von Oktober bis März, Preise pro Person und Nacht bei Einzel-/Doppel-/Dreierbelegung ab 490/380/320 € (Sept. & April 380/290/240 €).

➡ **Golden Chariot** (www.thegoldenchariot.co.in) Tourt von Oktober bis März stilvoll durch den Süden, Ausgangspunkt ist Bengaluru (Bangalore); acht Tage und sieben Nächte geht es durch Karnataka und Goa oder Tamil Nadu und Kerala. Preise pro Person und Nacht für Einzel-/Doppel-/Dreierbelegung ab 567/410/330 €.

Wenn man online buchen will, ist es hilfreich, über Details Bescheid zu wissen – vor allem über die Namen von Bahnhöfen, Zugnummern, Daten und die verfügbaren Klassen. Los geht's auf http://erail.in – die Suchmaschine listet alle Zugverbindungen zwischen den gewählten Zielen auf, zusammen mit Informationen zu Klassen und Preisen.

Im zweiten Schritt registriert man sich bei IRCTC (www.irctc.co.in), dem staatlichen Ticketbuchungsservice. Das ist auch dann notwendig, wenn man eine private Ticketagentur nutzen möchte. Die Registrierung ist ein umständlicher Vorgang mit Passwörtern, E-Mails und dem Scannen von Ausweis und Texten aufs Handy. Auf der hilfreichen Reisewebsite *Man in Seat 61* (www.seat61.com/India.htm) gibt es genaue Anweisungen zu allen erforderlichen Schritten.

Ist die Registrierung abgeschlossen, kann man mithilfe einer Kreditkarte Fahrten mit den gewünschten Zügen buchen, entweder direkt über IRCTC oder bei privaten Agenturen. Man erhält ein E-Ticket, das ausgedruckt und zusammen mit dem Ausweis und dem Buchungsnachweis beim Einsteigen gezeigt werden muss. Achtung: Das Reservierungssystem ist jeden Tag von 1.30 bis 23.30 Uhr (IST) verfügbar!

Folgende Buchungsagenturen sind seriös und empfehlenswert:

IRCTC (www.irctc.co.in) Staatlich; Buchungen für reguläre und Touristen-Luxuszüge; Buchungen aus dem Ausland nur mit American Express.

Cleartrip (www.cleartrip.com) Verlässliche private Agentur, die ausländische Kreditkarten akzeptiert.

Make My Trip (www.makemytrip.com) Privatagentur; akzeptiert ausländische Kreditkarten.

Yatra (www.yatra.com) Flüge und Zugfahrten; ausländische Karten werden akzeptiert.

Reservierung

Für alle Waggons der Klassen Chair, Sleeper Class, 1AC, 2AC und 3AC ist eine Reservierung nötig. Bei Fahrten in Abteilen der 2. Klasse gilt das nicht. Fahrten in Nachtzügen sowie während Feiertagen und Festen sollte man weit im Voraus buchen. Mit der Buchung nicht bis zum Reisetag warten!

Zugpässe

IndRail-Pässe erlauben unbegrenzte Zugreisen in einem bestimmten Zeitraum (1–90 Tage), aber man spart nicht viel dabei und muss immer noch reservieren. Die Preise beginnen bei 19/43/95 US$ (Sleeper Class/2AC, 3AC, Chair/AC 1st Class) für 24 Stunden. Am leichtesten lassen sich die Zugpässe über das IndRail-Büro im Heimatland buchen – weitere Details finden sich unter dem Link „Passenger Info/Tourist Information" auf der Website www.indianrailways.gov.in/railwayboard.

Reiseplanung

Yoga, Spas & Spirituelles

Mindestens drei Weltreligionen sind in Indien entstanden – logisch, dass entsprechend Veranlagte hier spirituelle Erbauung erfahren können! Und Skeptische nutzen einfach die Spas und Yogazentren.

Angebote

Ashrams

In Indien gibt es Hunderte Ashrams – Kommunen, in denen sich alles um die Philosophie eines Gurus (spiritueller Führer oder Lehrer) dreht.

Ayurveda

Uralte Wissenschaft, die auf indischer Naturmedizin und ganzheitlicher Heilung basiert; behandelt werden Körper und Geist mit natürlichen Pflanzenextrakten, Massagen und anderen Therapien.

Yoga

Yoga ist fest in Indien verwurzelt; so gibt's hier Hunderte Schulen für jedes Level.

Buddhistische Meditation

Viele Zentren in buddhistischen Regionen lehren *vipassana* (Aufmerksamkeitsmeditation) und buddhistische Philosophie; oft wird ein Schweigegelübde nebst Verzicht auf Alkohol, Tabak und Sex verlangt.

Spa-Behandlungen

Südindiens Spas punkten mit einem reizvollen Mix aus international bekannten Anwendungen und örtlichen Methoden auf Basis uralter Ayurveda-Traditionen.

Ashrams

Wegen ihrer charismatischen Gurus haben sich viele Ashrams („Orte des Strebens") inner- und außerhalb Indiens einen Namen gemacht. Manche davon ziehen nur eine dünne Linie zwischen spiritueller Gemeinschaft und Personenkult. Viele Gurus haben sich im ganz großen Stil an ihren Verehrern bereichert, andere sind der sexuellen Ausbeutung von Anhängern bezichtigt worden. Vor der Teilnahme an einem Programm ist es daher stets ratsam, den Ruf des jeweiligen Ashrams sorgfältig zu überprüfen.

Die meisten Ashrams veranstalten Studienkurse, die normalerweise auch Philosophie, Yoga oder Meditation beinhalten. Besucher müssen sich üblicherweise an strenge Regeln halten – z. B. eine bestimmte Kleiderordnung, tägliche Yoga- und Meditationsübungen oder gemeinnützige Arbeit in hauseigenen Sozialprogrammen. Daher sollte man sich vor der Teilnahme absolut sicher sein, alle Regeln befolgen zu wollen!

Die erwartete Spende orientiert sich idealerweise an den lokalen Essens-, Unterkunfts- und Betriebskosten. Die folgenden Ashrams zählen zu den berühmtesten in ganz Indien.

Andhra Pradesh

➡ **Prasanthi Nilayam** (www.srisathyasai.org.in; Puttaparthi) Ashram des umstrittenen verstorbenen Gurus Sri Sathya Sai Baba, der von 6 Mio. enthusiastischen Anhängern verehrt wird.

Kerala

➡ **Matha Amrithanandamayi Mission** (S. 305; Amrithapuri) Berühmt wegen des weiblichen Gurus Amma, der „Umarmenden Mutter".

Maharashtra

➡ **Brahmavidya Mandir Ashram** (S. 111; Sevagram) Gegründet von Ghandis Schüler Vinoba Bhave.

➡ **Sevagram Ashram** (S. 110; Sevagram) Der berühmte Ashram, den Gandhi gründete.

➡ **Osho International Meditation Resort** (S. 119; Pune) Folgt den bei manchen umstrittenen Lehren Oshos.

Tamil Nadu

➡ **Sri Aurobindo Ashram** (S. 390; Puducherry) Gegründet von dem berühmten Sri Aurobindo.

➡ **Isha Yoga Center** (S. 429; Coimbatore) Bietet Kurse und Exerzitien mit Unterkunft.

➡ **Sri Ramana Ashram** (S. 386; Tiruvannamalai) Schon lange bestehender Ashram von Sri Ramana Maharsh.

Ayurveda

Ayurveda (indische Pflanzenheilkunde) zielt darauf ab, den Körper mithilfe zweier Hauptmethoden wieder ins Gleichgewicht zu bringen: *panchakarma* (innere Reinigung) und Kräutermassage. Zentren in ganz Indien bieten ayurvedische Behandlungen an. Diese reichen von *abhyangam* (Ganzkörpermassage mit Kräuteröl) und *shirodhara* (warmer Stirnölguss aus einer aufgehängten Schüssel) bis hin zu Einläufen, die aber eher etwas für Überzeugte sind. Beispiele für gute Zentren:

Goa

➡ **Ayurvedic Natural Health Centre** (S. 150; Saligao) Eine angesehene Schule mit professionellen Kursen und Behandlungen.

Karnataka

➡ **Ayurvedagram** (S. 191; Bengaluru) Vielseitige Behandlungen inmitten von Gärten.

➡ **Soukya** (S. 191; Bengaluru) Hervorragende ayurvedische Therapien und Yoga.

➡ **Indus Valley Ayurvedic Centre** (S. 205; Mysore) Hier gibt's Therapien gemäß den alten Schriften.

➡ **Swaasthya Ayurvedic Centre** (S. 205; Mysore) Traditionelle Therapien und Exerzitien samt Unterkunft.

➡ **SwaSwara** (S. 226; Gokarna) Hier werden Therapien mit artistischen Übungen verbunden.

Kerala

➡ **Eden Garden** (S. 299; Varkala) Bietet einzelne Behandlungen und Programmpakete.

➡ **Santhigiri Ayurveda Centre** (S. 302; Kollam) Ein- bis dreiwöchige Angebote und Tagesbehandlungen.

➡ **Ayur Dara** (S. 326; Kochi) Ein- bis dreiwöchige Behandlungen auf der Insel Vypeen.

Tamil Nadu

➡ **Ayurveda Holistic Healing Centre** (S. 391; Puducherry) Behandlungen und Kurse in Yoga, Ayurveda und *varma*.

Yoga

Yoga kann man indienweit fast überall praktizieren, in Strandresorts in Goa genauso wie in Bergrefugien im Himalaja. Achtung: Manche Zentren akzeptieren nur Schüler mit Erfahrung – darum vorher andere Traveller fragen und verschiedene Optionen abklappern, um etwas individuell Passendes zu finden!

Einige empfehlenswerte Zentren sind unten aufgelistet.

Andamanen

➡ **People Tree** (S. 454; Havelock Island) Bietet Yoga und Meditationstage in tropischer Umgebung.

Goa

➡ **Himalaya Yoga Valley** (S. 169; Mandrem) Eine populäre Schule mit internationaler Ausrichtung.

Karnataka

Mysore ist der „Geburtsort" des *ashtanga*-Yogas, das in den 1940er-Jahren durch

PERSSON, MAGNUS, PER / GETTY IMAGES ©

ROBERT HARDING PICTURE LIBRARY LTD / ALAMY ©

Oben: Yoga-Unterricht in Indien, wo Yoga einst entstand

Links: Nilaya Hermitage (S. 152), Goa

K. Pattabhi Jois bekannt wurde. In der Stadt gibt es zahllose Zentren, die Kurse anbieten.

Kerala

Thiruvananthapuram (Trivandrum), Varkala und Kochi (Cochin) sind beliebt bei Yoga-Fans.

➡ **Sivananda Yoga Vedanta Dhanwantari Ashram** (S. 284; Trivandrum) Ausgezeichnete zweiwöchige (und längere) Hatha-Yoga-Kurse.

Maharashtra

➡ **Kaivalyadhama Yoga Hospital** (S. 116; Lonavla) Versucht sich im yogischen Heilen – einer Mischung aus Yoga und naturheilkundlichen Therapien.

➡ **Ramamani Iyengar Memorial Yoga Institute** (S. 120; Pune) Fortgeschrittene Iyengar-Yoga-Kurse (nur für erfahrene Teilnehmer!).

Mumbai

➡ **Yoga Institute** (S. 63) Tageweise Unterricht sowie länger dauernde Programme mit Unterkunft.

Tamil Nadu

➡ **International Centre for Yoga Education & Research** (S. 391; Puducherry) Bietet dreiwöchige Einführungskurse und Training für Fortgeschrittene.

Buddhistische Meditation

Ob man nun auf der Suche nach einer Einführung in den Buddhismus oder nach tieferer Spiritualität ist: Landesweit gibt es Kurse und Meditationsmöglichkeiten mit buddhistischer Prägung. Wir empfehlen folgende Zentren in Südindien:

Andhra Pradesh

Zahllose Zentren veranstalten Kurse im birmanischen Stil der *vipassana*-Tradition, etwa in Hyderabad (S. 254), Vijayawada (S. 271) und Nagarjuna Sagar (S. 265).

Maharashtra

➡ **Vipassana International Academy** (S. 96; Igatpuri) Bietet kostenlose zehntägige Kurse in der birmanischen Tradition der *vipassana*-Meditation.

Mumbai

➡ **Global Pagoda** (S. 60; Gorai Island) Hat ein- bis zehntägige *vipassana*-Kurse.

Spa-Behandlungen

Es gibt Spas in ganz Südindien, von frei zugänglichen in den Einkaufszentren der großen Städte bis zu exklusiven in opulenten Fünf-Sterne-Hotels. Vorsicht ist bei Massagen durch private (häufig unqualifizierte) Anbieter geboten, besonders in Touristenhochburgen – am besten vertraut man den Empfehlungen von Mitreisenden und dem eigenen Instinkt.

Goa

➡ **Nilaya Hermitage** (S. 152; Arpora) In diesem berühmten Promi-Treff genießt man höchst luxuriöse Behandlungen.

Karnataka

➡ **Emerge Spa** (S. 205; nahe Mysore) Bietet Verwöhnprogramme, die auf ayurvedischen und anderen asiatischen Traditionen basieren.

Reiseplanung

Freiwilligenarbeit

Neben all der Schönheit, Geschichtsträchtigkeit und kulturellen Vielfalt prägen auch Armut und Elend das Leben in Indien unübersehbar. Viele Traveller möchten gerne helfen; Wohltätigkeits- und Hilfsorganisationen freuen sich landesweit über engagierte Freiwillige. Diese Tipps machen es leichter, etwas zu bewegen.

Freiwilliger werden

Eine Organisation auswählen

Man sollte sorgfältig überlegen, wie und wo die eigenen Fähigkeiten nutzbringend einsetzbar sind, und dann eine Organisation auswählen, die dem Ergebnis möglichst genau entspricht.

Zeitaufwand

Es ist wichtig, realistisch einzuschätzen, wie viel Zeit man einem Projekt widmen kann: Wirklich effektiv wird Hilfe oft erst bei mindestens einmonatiger (besser längerer) Teilnahme an einem Programm.

Arbeitszeiten

Vor einer konkreten Verpflichtung muss man genau wissen, worauf man sich einlässt: Viele Anbieter erwarten ein Vollzeit-Engagement (5 Tage/Woche 9–17 Uhr).

Geld

Nur unbezahlte Zeit ist oft nicht genug: Meist wird von Freiwilligen erwartet, dass sie ihre Unterkunfts-, Verpflegungs- und Anreisekosten selbst tragen.

Transparenz

Unbedingt sicherstellen, dass die gewählte Organisation einen guten Ruf hat und Geldmittel transparent einsetzt! Idealerweise holt man sich hierzu ein Feedback von früheren Freiwilligen.

Hilfsprogramme in Südindien

Indien sieht sich beträchtlichen Herausforderungen gegenüber, und es gibt zahlreiche Möglichkeiten für Freiwillige, mitzuarbeiten. Manchmal bekommen diese auch nach ihrer Ankunft noch eine Stelle, aber die Einrichtungen und Nichtregierungsorganisationen (NGOs) bevorzugen im Allgemeinen Leute, die sich im Voraus beworben haben und für die zu leistende Arbeit geeignet sind.

Ebenso wie internationale Organisationen lassen auch indische Wohltätigkeitsverbände und NGOs Freiwillige mitarbeiten, es kann aber schwieriger sein, abzuschätzen, welchen Wert ihre Arbeit hat. Listen einheimischer Organisationen findet man unter www.indianngos.com, oder man nimmt Kontakt zur **Concern India Foundation** (☎26210998; www.concernindiafoundation.org; A-52 Amar Colony, Lajpat Nagar IV) in Delhi auf. Auch das in dieser Stadt erscheinende Magazin *First City* (www.firstcitydelhi.com) führt solche Listen.

Die folgenden Hilfsprogramme sind nur einige von vielen, die Plätze für Freiwillige anbieten. Am besten kontaktiert man sie vorab, um eine Stelle zu ergattern.

Pflege & Betreuung

Für Menschen mit Erfahrung im medizinischen Bereich gibt es zahlreiche Gelegenheiten, den verwundbarsten Mitgliedern der indischen Gesellschaft mit Rat und Tat zur Seite zu stehen.

Maharashtra

➡ **Sadhana Village** (☎020-25380792; www.sadhana-village.org; 1 Lokmanya Colony, Priyankit, Pune) Ein Heim für geistig behinderte Erwachsene. Freiwillige müssen sich für mindestens zwei Monate verpflichten.

Gemeindeprojekte

Bei vielen Freiwilligenprojekten auf Gemeindeebene geht es darum, medizinische Versorgung und Bildung in die Dörfer zu bringen.

Karnataka

➡ **Kishkinda Trust** (☎08533-267777; www.thekishkindatrust.org; Royal St, Anegundi; Hampi) Hier werden Freiwillige gebraucht, die bei der nachhaltigen Gemeindeentwicklung helfen.

➡ **Equations** (☎080-25457607; www.equitabletourism.org; 415, 2nd C Cross, 4th Main Rd, OMBR Layout, Banaswadi Post; Bengaluru) Freiwillige unterstützen Initiativen für nachhaltigen Tourismus.

Mit Kindern arbeiten

Diese Organisationen unterstützen benachteiligte Kinder.

Goa

➡ **Mango Tree Goa** (S. 146; Mapusa) Hier gibt's Arbeitsmöglichkeiten für Krankenpfleger und Lehrerassistenten, die armen Kindern helfen wollen.

➡ **El Shaddai** (S. 146; Assagao) Wer mindestens einen Monat bleiben kann, hilft hier armen und obdachlosen Kindern.

Mumbai

➡ **Child Rights & You** (S. 63) Freiwillige können (min. 6 Wochen) bei Fundraising-Kampagnen für Projekte in ganz Indien mithelfen.

➡ **Vatsalya Foundation** (S. 63) Lang- und kurzfristige Engagements. Es sollen Straßenkinder unterrichtet und Laufsportaktivitäten mit ihnen organisiert werden.

Tamil Nadu

➡ **Rural Institute for Development Education** (RIDE; ☎044-27268223; www.ridein dia.org; Kanchipuram) Hier werden Lehrer und Betreuer gesucht, die in Dörfern mit anpacken und Kindern helfen, die aus der Zwangsarbeit befreit wurden.

Frauenrechte & -bildung

Einige karitative Einrichtungen setzen sich für die Stärkung und Bildung von Frauen ein.

Mumbai

➡ **Apne Aap Women Worldwide** (www.apneaap.org) Unterrichtet Frauen, die aus den Händen von Menschenhändlern befreit wurden, und zeigt ihnen, wie sie für sich selbst sorgen können.

Umwelt & Naturschutz

Diese karitativen Einrichtungen widmen sich der Weiterbildung in Sachen Umwelt und nachhaltige Entwicklung:

Andamanen

➡ **ANET** (S. 450; Nord-Wandoor) Freiwillige unterstützen die Organisation bei Umweltschutzaktivitäten von Feldprojekten bis allgemeinen Instandhaltungsarbeiten.

Maharashtra

➡ **Nimbkar Agricultural Research Institute** (☎02166-222396; www.nariphaltan.org; Phaltan-Lonand Rd, Tambmal, Phaltan) Freiwillige mit einem Hochschulabschluss in den Bereichen Landwirtschaft, Ingenieurswesen oder Naturwissenschaften können hier ein zwei- bis sechsmonatiges Praktikum im Bereich nachhaltiger Landwirtschaft absolvieren.

INFOS IM INTERNET

➡ **Ethical Volunteering** (www.ethicalvolunteering.org) Nützliche Richtlinien für die Wahl einer ethisch korrekten Organisation.

➡ **World Volunteer Web** (www.worldvolunteerweb.org) Infos und Quellen für Freiwillige auf der ganzen Welt.

➡ **Working Abroad** (www.workingabroad.com) Optionen für freiwillige und bezahlte Jobs in über 150 Ländern.

➡ **Worldwide Volunteering** (www.wwv.org.uk) Datenbank, die Informationen zu Arbeitsmöglichkeiten für Freiwillige weltweit bereithält.

VERMITTLUNGEN IM AUSLAND

Angesichts der verwirrend großen Zahl von internationalen Freiwilligenagenturen lässt sich mitunter nur schwer feststellen, welche davon seriös sind. Manchmal kann man Tätigkeit und Ort beliebig auswählen. Statt das Personal speziell für die zu verrichtende Arbeit auszuwählen, sind die Projekte in solchen Fällen fast immer auf die Freiwilligen selbst zugeschnitten. Am besten sucht man sich Aufgaben, die einen Einsatz der eigenen Fähigkeiten erlauben. Vermittlungen finden sich z. B. in den Lonely Planet Bänden *Volunteer: a Traveller's Guide, Big Trip* und *Career Break Book.* Weitere Optionen:

Voluntary Service Overseas (VSO; www.vso.org.uk) Britische Organisation, die qualifizierten Berufstätigen diverse Langzeit-Engagements in Indien und aller Welt anbietet.

Indicorps (www.indicorps.org) Schickt geeignete Freiwillige zu Projekten in ganz Indien; der Schwerpunkt liegt auf sozialer Entwicklung.

Tamil Nadu

➡ **Keystone Foundation** (S. 432; Kotagiri) Bietet hin und wieder Möglichkeiten, dabei zu helfen, die Umweltbedingungen zu verbessern und mit indigenen Gemeinschaften zu arbeiten.

Tierschutz

Ob streunende Hunde oder gerettete Reptilien – Tierliebhaber finden zahlreiche Möglichkeiten, mit anzupacken.

Andhra Pradesh

➡ **Blue Cross of Hyderabad** (S. 254; Hyderabad) An diesem Zufluchtsort für über 1000 Tiere werden Freiwillige bei der Betreuung im Tierheim oder im Büro eingesetzt.

Goa

➡ **International Animal Rescue** (S. 177; Assagao) Freiwillige können den Tierärzten helfen und sich um kranke Streuner kümmern.

➡ **Animal Rescue Centre** (S. 177; Chapolim) Auch diese Tierschutzgruppe bietet Freiwilligen Möglichkeiten zur Mithilfe.

Mumbai

➡ **Welfare of Stray Dogs** (S. 63; Mumbai) Freiwillige können mit den Tieren arbeiten, Lagerbestände verwalten oder aber Kinder im Rahmen von Schulprojekten aufklären und weiterbilden.

Tamil Nadu

➡ **Madras Crocodile Bank** (S. 374; Vadanemmeli) Ein Reptilienschutzzentrum, das auch Freiwilligen (min. 2 Wochen Mitarbeit gefordert) offensteht.

Denkmalschutz & Sanierung

Diese Organisation ist für Menschen mit Fertigkeiten in Architektur und Bauwesen interessant.

Tamil Nadu

➡ **ArcHeS** (S. 411; Karaikkudi) Versucht das architektonische und kulturelle Erbe von Chettinadu zu bewahren – dies könnte der richtige Job für Historiker, Geografen und Architekten sein.

Reiseplanung

Mit Kindern reisen

Faszinierend und spannend – Indien kann für Kinder genauso aufregend sein wie für ihre staunenden Eltern. Was es in diesem Land zu sehen, zu hören und zu schmecken gibt, reizt die Wissbegierde von Kindern und Jugendlichen. Mit der richtigen Vorbereitung und Neugierde wird ein Indienurlaub zu einer lebenslangen Erinnerung.

Indien mit Kindern

Mit Kindern zu reisen, kann in Südindien in vielerlei Hinsicht super sein, und oft wird man herzlich empfangen. Viele Einheimische werden sich begeistert neben einem lebhaften Kleinkind ablichten lassen. Das kann für aufgeschlossene Kids ganz toll sein, Babys oder introvertierte Kinder werden es vielleicht eher als ermüdend oder sogar unangenehm empfinden.

Eltern, die in Indien mit Kindern unterwegs sind, sollten daher stets die Bedürfnisse der Kleinen im Auge behalten. Allerdings ist die Aufmerksamkeit, die Kinder unvermeidlich auf sich ziehen werden, fast immer positiver Natur, denn Kinder sind der Mittelpunkt der meisten indischen Familien – und der Nachwuchs ausländischer Besucher wird genauso behandelt. Hotels können meist ein oder zwei Zusatzbetten bereitstellen und in Restaurants findet sich in der Regel ein kindertaugliches Gericht.

Highlights für Kinder

Tollste Naturerlebnisse

➡ **Begegnungen mit Elefanten** In einer ganzen Reihe Naturparks im Süden sind Elefanten zu sehen, etwa im Nilgiri Biosphere Reserve, das

Top-Regionen für Kids

Goa

Von Palmen gesäumte weiße Sandstrände und günstiges Essen machen Goa zur perfekten Wahl für den Familienurlaub. Wer länger bleiben möchte, findet eine breite Auswahl von Apartments und heimeligen Gästehäusern für jeden Geldbeutel.

Kerala

Hausbootabenteuer, Surfstrände, Sonnenuntergänge über dem Arabischen Meer, Schlangenbootrennen, ayurvedische Massagen und Elefantenfeste – von den Ghats bis hinunter zur Küste bietet Kerala Action und Erholung zugleich.

Maharashtra

Maharashtra hat einige fabelhafte Attraktionen für Kinder im Angebot. Die mysteriösen Höhlen von Ajanta und Ellora regen die Fantasie von Jung und Alt an. Und eine kurze Bootsfahrt nach Elephanta Island direkt vor Mumbais Küste mit ihren wundervollen, aus dem Felsen geschlagenen Tempeln ist ein entspannter Halbtagesausflug für alle.

sich über Tamil Nadu, Karnataka und Kerala erstreckt.

➡ **Goas Delfine** Von fast jedem beliebigen Strand in Goa kann man zu einer Bootstour mit Delfinbeobachtung aufbrechen und den Tieren beim Springen durch die Wellen zusehen.

➡ **Affen in den Hill Stations** In den meisten Hill Stations hat man Gelegenheit, mit den frechen Affen auf Tuchfühlung zu gehen. Doch Vorsicht – die temperamentvollen Tiere können aggressiv werden und sind dafür berüchtigt, Essen aus der Hand zu stehlen und arglose Besucher sogar zu beißen.

➡ **Hampi** An den mit Felsbrocken übersäten Ufern des Tungabhadra River kann man sich wie die Familie Feuerstein fühlen, den Fluss in einem Coracle (walnussschalenartiges Boot) überqueren und magische alte Ruinen erforschen.

Witzige Transportmittel

➡ **Rikscha, Matheran** Der Toy Train, ein Schmalspur-Dieselzug, bringt Besucher bis fast ganz hinauf in diese hübsche, von zahllosen Affen bevölkerte Hill Station. Den restlichen Weg können die Kleinen ganz nach Wunsch auf einem Pferd oder in einer von Hand gezogenen Rikscha zurücklegen. (S. 114)

➡ **Backwater-Bootstour, Alappuzha (Alleppey)** Mit einem Hausboot kann man sehr luxuriös durch Keralas wunderschöne Wasserwege schippern. Wer zufällig am zweiten Samstag im August unterwegs ist, kann sich mit dem Nachwuchs das spektakuläre Nehru-Trophy-Schlangenbootrennen ansehen. (S. 307)

➡ **Autorikscha** Wer damit durch die Seitenstraßen saust, fühlt sich wie in einem Indiana-Jones-Film.

Schönste Strände

➡ **Palolem, Goa** In einer Strandhütte mit Palmwedeldach kann man sich verkriechen und den Kindern beim Umhertollen am wunderschönen Strand von Palolem zuschauen, dem flachsten und sichersten Gewässer vor Goa (S. 178).

➡ **Patnem, Goa** Der sehr viel ruhigere, hübsche Sandstrand Patnem, von Palolem über einen von Bäumen gesäumten Weg erreichbar, zieht jede Menge Langzeitbesucher mit Kindern an. Kühle, ruhige und kinderfreundliche Strandrestaurants gibt es hier auch (S. 179).

➡ **Havelock Island** In den Untiefen vor der herrlich entspannten Havelock Island, Teil der Inselgruppe der Andamanen, kann man planschen. Ältere Kinder können währenddessen das spektakuläre Tauchangebot in Anspruch nehmen (S. 451).

Reiseplanung

Vor der Reise

➡ Bezüglich des Reisezeitpunkts sollte man bedenken, dass kleinere Kinder extreme Temperaturen nicht gut vertragen.

➡ Mit dem Arzt sollte man schon weit vor der Reise über notwendige Impfungen, Hinweise und andere die Gesundheit der Kinder betreffende Themen sprechen.

➡ Weitere Ratschläge zum Reisen durch Indien sowie Indien-Reiseberichte aus erster Hand gibt's im Lonely Planet Band *Travel with Children* oder in den Foren der Lonely Planet Website.

Das gehört ins Gepäck

➡ Wer mit einem Säugling oder Kleinkind unterwegs ist, sollte Folgendes in ausreichender Menge dabei haben: Einweg- oder Mehrwegwindeln (Ringelblumensalbe hilft auch gut gegen Hitzebläschen), Ersatzflaschen, Feuchttücher, Säuglingsnahrung und Nahrung in Gläschen und Dosen, in Flaschen abgefüllte oder mit Wasser anrührbare Nahrung. All dies bekommt man auch in vielen Teilen Südndiens, die Preise dafür sind aber oft extrem hoch und die Marken unbekannt.

➡ Außerdem kann es eine gute Idee sein, ein zusammenfaltbares Babybettchen dabeizuhaben. Einen Sportwagen kann, muss man aber nicht mitnehmen, da es nur wenige Orte mit Gehwegen gibt, die eben genug sind, um diesen auch zu benutzen.

➡ Für ältere Kinder sollten festes Schuhwerk, ein Hut, einige weniger kostbare Spielsachen – bei deren Verlust die Trauer nicht allzu groß ist – und eine Schwimmweste oder Schwimmflügel für das Meer oder den Pool zur Ausrüstung gehören.

➡ Für Kinder geeignete Insektenschutzmittel, Sonnenhüte und Sonnenschutzcreme – alles unverzichtbar.

Essen

➡ Es kann mühsam sein, etwas zu finden, was dem empfindlichen Gaumen der Kinder behagt, aber bei Reisen in die familienfreundlicheren Gegenden Südndiens wie Goa, Kerala oder in den Großstädten wird man kaum Probleme haben, die Kleinen zufriedenzustellen, weil es hier vertraute westliche Gerichte in Hülle und Fülle gibt.

➡ Als leichte Snacks für unterwegs bieten sich Bananen, Samosas, *puri* (luftigeTeigtaschen) und abgepackte Kekse an (die Marke Parle G ist ein Dauerbrenner).

➡ Wagemutige Esser und Vegetarier können dagegen die große Bandbreite an Geschmack und Konsistenz der indischen Küche ausprobieren. Zu den Lieblingsspeisen der Kleinen zählen Gerichte mit *paneer* (Frischkäse), schlichte Dhals (milde Linsencurrys), sahnige Kormas, buttrige Naans (Tandoori-Brote), Pilaws (Reisgerichte) und tibetische *momos* (gedämpfte oder gebratene Klöße).

➡ Nur wenige Kinder werden den großen südindischen *dosas* (hauchdünnen Pfannkuchen aus Linsenmehl) widerstehen können, die es dort zum Frühstück gibt.

Unterkunft

➡ Südindien bietet eine so große Auswahl von Übernachtungsmöglichkeiten – von Strandhütten über historische Boutiquehotels bis hin zu Fünf-Sterne-Träumen –, dass man problemlos etwas findet, was der ganzen Familie gefällt.

➡ Die schicken, teuren Hotels sind fast durchweg kinderfreundlich, das gilt aber auch für viele gehobene Mittelklassehotels, dessen Personal in aller Regel gern ein, zwei zusätzliche Matratzen im Zimmer bereitstellt. In manchen Hotels stört sich das Management nicht daran, wenn in dem Doppelzimmer neben den Eltern noch mehrere Kinder übernachten.

➡ Wenn das Budget es zulässt, spart das eine oder andere Spitzenklassehotel auf der Reise der ganzen Familie viel Energie. In den besten Fünf-Sterne-Unterkünften gibt es Kinderpools, spezielle Räume zum Spielen und sogar Kinderclubs. Zudem machen ein warmes Schaumbad mit Käse-Makkaroni auf dem Zimmer und ein Zeichentrickfilm im TV selbst den missmutigsten kleinen Traveller wieder munter.

Unterwegs

➡ Reisen in Indien, sei es mit Taxi, Bus, Zug oder Flugzeug, kann für die ganze Familie anstrengend sein. Dinge wie saubere öffentliche Toiletten, Wickelräume und gesicherte Spielplätze findet man im ganzen Land eher selten. Die öffentlichen Verkehrsmittel sind oft heillos überfüllt. Auf eine längere Bus- oder Zugfahrt sollte ein entspannter Tag folgen.

➡ Man sollte für jede Menge Zerstreuung sorgen (Tablet-PCs oder Laptops mit einem Vorrat an heruntergeladenen Filmen sind wertvolle Reisebegleiter, ebenso wie die guten alten Bücher zum Vorlesen oder billiges Spielzeug und Spiele, die fast überall in Indien erhältlich sind), aber vor allem sollte man sich nicht abschrecken lassen: Es kann eine Weile dauern, bis man am Ziel ankommt (und es gibt wenige Wörter, die bereits erschöpfte Eltern stärker entmutigen als „Verspätung"), aber in den meisten Fällen wird man für die Mühen reich belohnt.

➡ Wer sich für einen Mietwagen samt Fahrer entscheidet – eine vernünftige und flexible Option – und Babyschalen, Kindersitze oder Sitzerhöhungen benötigt, muss das der Mietwagenfirma so früh wie möglich in aller Deutlichkeit mitteilen. Diese Dinge sind nicht ohne Weiteres erhältlich. Und man sollte sich nicht scheuen, den Fahrer zu bitten, langsamer und vernünftig zu fahren.

Gesundheit

➡ Eine vernünftige medizinische Versorgung ist nicht in allen Teilen Südindiens gleich gut gewährleistet. Man sollte schon zu Hause mit dem Arzt besprechen, wohin man fährt, welche Impfungen notwendig sind und was in die Reiseapotheke gehört.

➡ Die medizinische Versorgung ist vor allem in den häufig von Travellern besuchten Gegenden des Landes besser. Ärzte sind hier auch kurzfristig fast immer leicht zu finden (die meisten Hotels können einen an verlässliche Adressen verweisen).

➡ Rezepte sind schnell und günstig in den zahlreichen Apotheken einlösbar, die sich häufig neben Krankenhäusern befinden.

➡ Eine Durchfallerkrankung kann bei kleinen Kindern schnell gefährlich werden. Dauert sie länger an oder kommt Fieber hinzu, muss ärztliche Hilfe in Anspruch genommen werden. Die Zufuhr von Wasser und Elektrolyten ist unerlässlich.

➡ Hitzebläschen, Hautirritationen, Insektenbisse oder -stiche können dagegen mit einer gut sortierten Reiseapotheke gut behandelt werden.

Süd-indien im Überblick

Südindien ist ein wunderbar vielfältiger Flickenteppich aus Bundesstaaten. Sie zeichnen sich durch verschiedene Dialekte, unverwechselbare Bräuche, eine Vielzahl kulinarischer Köstlichkeiten und spektakuläre Landschaften aus. Egal wohin man reist: die überwältigende Mischung aus Moderne und zeitloser Tradition belohnt mit einem erfrischenden Ansturm auf alle Sinne.

Reisende erleben Südindiens bemerkenswerte Vielfalt vor allem im außergewöhnlichen Reichtum der Architektur, der wild lebenden Tiere, der Landschaften, der Festivals, des Kunsthandwerks, der Kochkunst und der darstellenden Künste. Und dann gibt es da noch die Spiritualität – tatsächlich das Herzstück der gesamten Nation. Ihr steter Pulsschlag ist überall zu spüren, von den schneebedeckten zerklüfteten Gipfeln des Himalaja bis in den üppigen Dschungel der südlichen Ebenen.

Mumbai (Bombay)

Architektur
Küche
Nachtleben

Architektur

Den Briten (und indischen Steinmetzen) verdankt Mumbai seine Kolonialarchitektur. Zu den Highlights gehören der Chhatrapati Shivaji Terminus, der High Court und die Universität.

Genuss pur

Hier finden sich Aromen aus ganz Indien. Es gibt z. B. *dhansak* (scharf-saures Linsencurry) in parsischen Lokalen, *bhelpuri* (Nudelsalat) am Chowpatty Beach und Internationales in Nobelhotels.

Bollywoodbeats

Die produktivste Filmindustrie der Welt macht Mumbais Einwohner zu Feierwütigen. Wer hier bis zum Morgengrauen in edlen Bars und Nachtclubs voller schöner Menschen abtanzt, sollte stets nach Bollywoodstars Ausschau halten.

S. 44

Maharashtra

Höhlen
Strände
Wein

Höhlengalerien

Die Höhlen von Ajanta und Ellora sind Welterbestätten, in denen sich herrliche Höhlenmalerien und Felsskulpturen aus Indiens Blütezeit verbergen.

Strandeinsamkeit

Wie gemacht für Romantiker und Abenteurer: Einige der einsamsten Strände Indiens säumen die Konkan-Küste von Maharashtra.

Leckere Lesen

Als *grand cru* von Indiens aufstrebender Weinindustrie protzt Nasik mit Keltereien, die indische Atmosphäre mit westlichem Charakter im kalifornischen Stil kombinieren.

S. 89

Goa

Strände
Küche
Architektur

Supersand
Goas Strände sind fast klischeehaft schön und zweifellos kein Geheimtipp mehr. Wenn man die Brandung an den Füßen spürt und Palmwedel über dem eigenen Kopf wehen, stört das aber nicht.

Kolonialküche
In Goa gibt's fangfrisches Seafood – und gewiefte Küchenchefs, die Methoden und Zutaten aus Indien und Portugal zu einem wunderbaren Wechselspiel der Aromen vereinen.

Katholisches Erbe
Als die Portugiesen aus Goa abzogen (1961), hinterließen sie ein prächtiges Kolonialerbe: Herrensitze in Quepem bzw. Chandor, Kaufmannshäuser in Panaji (Panjim), stattliche Basiliken in Old Goa und Villen entlang der Küste.

S. 129

Karnataka & Bengaluru

Tempel
Parks
Küche

Tempelpomp
Von den Hoysala-Juwelen in Belur, Halebid und Somnathpur bis hin zu Hampis mächtigem Virupaksha-Tempel oder den filigranen Schreinen in Gokarna und Udupi: Karnatakas Tempel strotzen vor Reliefschmuck.

Unberührte Reservate
Im Nilgiri Biosphere Reserve prägen tropische Schlingpflanzen den kaum berührten Wald. Nationalparks wie Bandipur und Nagarhole schützen eine vielfältige Fauna.

Küche
Los geht's mit einem köstlichen vegetarischen Thali auf Udupi-Art, gefolgt von pikantem Seafood aus Mangalore – und dazu ein frisch gezapftes Kingfisher aus bzw. in der Bierstadt Bengaluru.

S. 183

Andhra Pradesh

Religion
Küche
Strände

Heiligtümer
Hindu strömen zum Sri-Venkateshwara-Tempel in Tirumala, Buddhisten meditieren in den Ruinen klösterlicher Zentren und Muslime erinnern sich in den vielen Monumenten Hyderabads an die Blütezeit des Islams in Indien.

Großartiges Biryani
Wer Hyderabad sagt, meint Biryani – die Einheimischen sind davon besessen. Das *haleem* aus Hyderabad (mit Hammelfleisch) wurde patentiert und darf nur serviert werden, wenn es den örtlichen Qualitätsstandards genügt.

Küsten
Der Strandtourismus zielt auf den indischen Markt ab; dies verleiht den Orten am Meer eine tolle Festatmosphäre. Bei Visakhapatnam ist die Küste am schönsten.

S. 244

Kerala

Backwaters
Küche
Tiere & Pflanzen

Nasse Idylle
Hinter den Stränden reichen die Zuflüsse und Seen von Keralas Backwaters weit landeinwärts. Hausboot- oder Kanutouren durch diese Wasserwelt gehören zu den entspannendsten Erlebnissen in Indien.

Pikante Gewürze
Raffinierte Köstlichkeiten mit Kokosnuss, Chili und zahllosen Gewürzen: In Keralas Küche verschmelzen lokale Zutaten mit Kultureinflüssen aus aller Welt.

Naturerlebnis
Kerala ist gesegnet mit artenreichen Nationalparks, in denen sich einheimische Wildtiere wie Elefanten, Tiger oder Leoparden in üppig grüner Berglandschaft beobachten lassen.

S. 275

Tamil Nadu & Chennai

Tempel
Hill Stations
Hotels

Tempeltürme

Tolle Architektur, tägliche Rituale und Feste locken Pilger aus ganz Indien zu Tamil Nadus Hindu-Tempeln. *Gopurams* (Tortürme) und *mandapas* (Pavillons) mit Reliefs krönen die größten Schreine.

Sommerfrische

Die Hill Stations der Westghats bieten ein wunderbares, kühles Klima, lebhafte Feste und gemütliche, kolonialzeitliche Pensionen mit Kaminen. Man kann zu herrlichen Aussichtspunkten mit Blick auf die Ebenen wandern.

Historisches

Edel zu übernachten, erlauben z.B. die Stadthäuser in Puducherrys französischem Viertel, die mondänen Palasthotels in den Hügeln oder die Chettiar-Anwesen im Süden.

S. 351

Andamanen

Tauchen
Strände
Ethnien

Unterwasserabenteuer

Im hiesigen Unterwasserdschungel wimmeln bunte Tropenfische zwischen Korallen. Indiens bestes Tauchrevier hat leichte Anfängerspots und anspruchsvolle Strömungstauchspots für Profis.

Traumstrände

Ob perfekter Bilderbuchstrand oder menschenleere Küste: Hier gibt's einige der am wenigsten berührten Strände Indiens.

Inselkultur

Der Traum aller Anthropologen: Die Andamanen beheimaten Dutzende faszinierender Stammesgruppen. Die meisten davon leben auf Randinseln, die für Touristen gesperrt sind. Doch selbst die größten Eilande punkten mit einem betörenden süd- und südostasiatischen Kulturmix.

S. 440

Reiseziele in Südindien

Mumbai (Bombay)

Inhalt ➡

Gut essen

- Koh (S. 73)
- Hotel Ram Ashraya (S. 74)
- Revival (S. 73)
- Pradeep Gomantak Bhojanalaya (S. 71)
- Culture Curry (S. 75)

Schön übernachten

- Taj Mahal Palace, Mumbai (S. 66)
- Iskcon (S. 68)
- YWCA (S. 65)
- Anand Hotel (S. 67)
- ITC Maratha (S. 69)

Auf nach Mumbai!

Mumbai ist groß. Eine Stadt voller Träumer und Schwerarbeiter, Sternchen und Gangster, Streuner und exotischer Vögel, Künstler und Dienstboten, Fischer und *crorepatis* (Millionäre) – und noch viele, viele andere Menschen. Hier gibt es die produktivste Filmindustrie, einige der größten Slums (und das teuerste Wohnhaus) Asiens und den größten städtischen Tropenwald. Mumbai ist Indiens Finanzhochburg, Modemetropole, Brennpunkt religiöser Spannungen und hat seine eigene Sprache, das Bambaiyya Hindi, entwickelt, das eine Mischung ist aus ... nun ja, allem!

Mumbai hat es aber gar nicht nötig, mit Extremen zu überwältigen. Es folgt seinem eigenen Rhythmus, den man vielleicht nicht auf Anhieb spürt. Wer sich jedoch Zeit nimmt, sich auf die Stadt einzulassen und ihre Tonlage und Harmonie aus Übermaß und Zurückhaltung schätzen lernt, der wird, ohne es zu merken, voll und ganz von ihr absorbiert werden.

Reisezeit

Mumbai (Bombay)

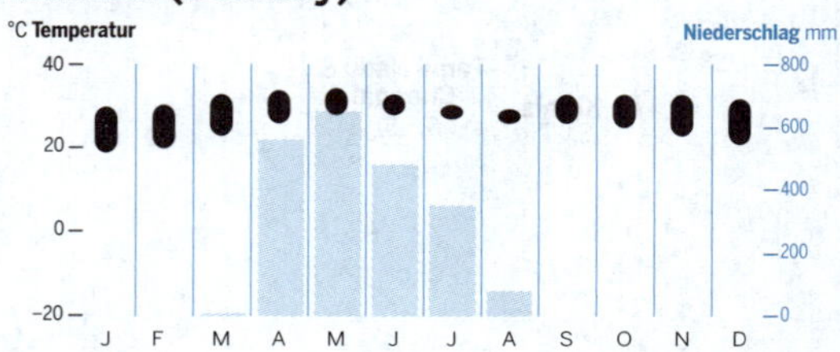

Dez.–Jan. Die beste Zeit mit dem am wenigsten schwülen Wetter.

Aug.–Sept. Beim aufregendsten Festival des Jahres (Ganesh Chaturthi) spielt Mumbai verrückt.

Okt.–April Nach dem Monsun – toll für Feste und Vogelbeobachtung im Sanjay Gandhi National Park.

Essen

Mumbai ist geprägt von Aromen aus ganz Indien und der Welt. Los geht die kulturhistorische Entdeckungsreise, mit parsischem *dhansak* (Fleisch mit Currylinsen und Reis), Gujarat- oder Kerala-Thalis („All you can eat"-Gerichte), Mughlai-Kebab, Vindaloo aus Goa und Meeresfrüchten aus Mangalore. Wer auf der Speisekarte Bombay Duck entdeckt, sollte wissen, dass es sich hier um sonnengetrockneten, frittierten *bombil*-Fisch handelt. Straßenstände sind fester Bestandteil der kulinarischen Szene Mumbais. Dort gibt es Mumbais berühmtes *bhelpuri* (Puffreis in frittierter Teighülle mit Linsen, Zwiebeln, Kräutern und Chutneys) sowie Samosas, *pav bhaji* (scharfes Gemüse mit Brot), *vada pav* (Sandwiches mit würzigen, frittierten Linsenbällchen), *bhurji pav* (Rührei mit Brot) und *dabeli* (ein Mix aus Kartoffeln, Gewürzen, Erdnüssen und Granatapfel, auch mit Brot).

NICHT VERSÄUMEN!

Viele Traveller verbinden einen Besuch im weltoffenen Mumbai vor allem mit guten Restaurants, Nachtleben und Einkaufen. Die Stadt hat aber weit mehr zu bieten. Nirgendwo wird das deutlicher als in dem Wirrwarr aus gotischen, viktorianischen und indo-sarazenischen Baustilen, aus Art-déco-Architektur sowie aus all den Überresten der britischen Kolonialzeit und der unzähligen Jahre unter europäischem Einfluss. **Chhatrapati Shivaji Terminus, High Court, Universität von Mumbai, Taj Mahal Palace Hotel** und der **Gateway of India** sind nur die bekanntesten Beispiele dafür – überall verstecken sich architektonische Perlen. Diese zufällig zu entdecken, gehört zu den aufregendsten Erlebnissen in Mumbai.

Top-Feste

- **Mumbai Sanskruti** (⏲Jan.; Fort) Kostenlose, zweitägige Feierlichkeiten zu Ehren der klassischen Hindustani-Musik auf den Stufen der herrlichen Asiatic Society Library.
- **Kala Ghoda Festival** (⏲Feb.; in der ganzen Stadt, S. 53) Jedes Jahr größer werdendes, zweiwöchiges Kunstfestival mit Unmengen an Aufführungen und Ausstellungen.
- **Elephanta Festival** (⏲März; Gateway of India, S. 49) Das früher auf Elephanta Island begangene klassische Tanz- und Musikfestival findet nun am Apollo Bunder statt.
- **Nariyal Poornima** (⏲Aug.; Colaba) Koli-Feierlichkeiten zum Auftakt der Fischfangsaison und Ende der Monsunwinde.
- **Ganesh Chaturthi** (⏲Aug./Sept.; in der ganzen Stadt) Während des zehn- bis zwölftägigen Fests zu Ehren des Hindu-Gottes Ganesha ist Mumbai außer Rand und Band. Am 1., 3., 5., 7. und 11. Tag des Fests werden Ganesha-Statuen ans Meer getragen und unter Wasser getaucht.
- **Mumbai Film Festival** (⏲Okt.; in der ganzen Stadt) Beim MFF zeigt man neue Filme aus Indien und der ganzen Welt.

ANKUNFT

Die meisten kommen am Flughafen Chhatrapati Shivaji, am Hauptbahnhof (BCT) oder am Chhatrapati Shivaji Terminus (CST; Victoria Terminus) an.

Kurzinfos

- **Bevölkerung:** 18,4 Mio.
- **Fläche:** 444 km²
- **Vorwahl:** ☎ 022
- **Sprachen:** Marathi, Hindi, Gujarati, Englisch
- **Übernachtungspreise:** **$** unter 1500 ₹, **$$** 1500–5000 ₹, **$$$** über 5000 ₹

Top-Tipp

Viele Flüge landen nach Mitternacht. So entgeht man dem tagsüber herrschenden Straßenchaos. Man sollte unbedingt genaue Angaben zur Lage des Hotels (mit nahen Wahrzeichen) dabei haben, da viele Taxifahrer kein Englisch können und nicht mit den offiziellen Straßennamen vertraut sind.

Infos im Internet

- **Mumbai Magic** (www.mumbai-magic.blogspot.com) Blog über die versteckten Ecken Mumbais.
- **Mumbai Boss** (www.mumbaiboss.com) Infos über Events u. a.
- **Maharashtra Tourism Development Corporation** (www.maharashtratourism.gov.in) Touristikseite.
- **Lonely Planet** (www.lonelyplanet.com/india/mumbai) Empfehlungen, Tipps und vieles mehr.

Highlights

1 Die herrliche Architektur aus Mumbais Kolonialzeit bewundern: den **Chhatrapati Shivaji Terminus** (S. 49), die **Universität** (S. 51) und den **High Court** (S. 51)

2 Sich zwischen den zahllosen Ständen und Unmengen an angebotenen Waren auf Mumbais alten **Basaren** verlaufen (S. 82)

3 In den besten **Restaurants** des Landes wie ein Maharadscha dinieren (S. 70)

4 Am **Girgaum Chowpatty** spielende Kinder, riesige Luftballons und einen traumhaften rosaroten Sonnenuntergang beobachten (S. 53)

5 Über den Renaissance-Revival-Stil im Innern des **Dr. Bhau Daji Lad Mumbai City Museum** staunen (S. 55)

6 Am Ehrfurcht einflößenden **Global Pagoda** das Meditieren üben (S. 60) und anschließend in den **Kanheri-Höhlen** von den Profis lernen (S. 61)

7 Den eindrucksvollen dreiköpfigen Shiva auf **Elephanta Island** betrachten (S. 61)

8 In einem der Kult-Hotels der Welt, dem **Taj Mahal Palace, Mumbai** übernachten (S. 66) oder einen Drink in seiner **Bar**, der ersten, die es in der Stadt gab, einnehmen (S. 76)

Geschichte

Das Fischervolk der Koli lebte schon im 2. Jh. v. Chr. auf den sieben Inseln Mumbais. An der Küste stößt man auch heute noch auf die Überreste ihrer Kultur. Ab dem 6. Jh. n. Chr. herrschte eine Reihe von Hindu-Dynastien über die Inseln. Im 14. Jh. annektierten die muslimischen Sultane von Gujarat das Gebiet und traten es 1534 schließlich an Portugal ab. Die Portugiesen leisteten ihren einzigen denkwürdigen Beitrag, indem sie das Gebiet auf den Namen Bom Bahai tauften. Später wurden die Inseln Teil der Mitgift Katharinas von Braganza, als sie 1661 Karl II. von England heiratete. 1665 nahm die britische Regierung die Inseln in Besitz und verpachtete sie drei Jahre später an die Ostindische Kompanie.

Bombay verwandelte sich schnell in einen blühenden Handelshafen und nach 20 Jahren verlegte die Ostindische Kompanie ihren Hauptsitz nach Bombay. Das Fort der Stadt wurde in den 1720er-Jahren fertiggestellt. 100 Jahre später waren die Inseln durch ehrgeizige Landgewinnungsprojekte zu einer einzigen Landmasse verbunden worden, wie man sie heute kennt. Die Stadt wuchs stetig und im 19. Jh. wurden die Festungsmauern niedergerissen. Anschließend verhalfen umfangreiche Baumaßnahmen der Stadt zu ihrer kolonialen Pracht. Während des Amerikanischen Bürgerkriegs wurde Bombay zum Hauptlieferanten Großbritanniens für Baumwolle. Als infolgedessen das Geld floss, erblühte der Handel und die Bevölkerungszahlen schossen in die Höhe.

Bombay spielte zudem eine wichtige Rolle im indischen Unabhängigkeitskampf. Auch Mahatma Gandhi ließ sich regelmäßig in der Stadt blicken und startete hier 1942 seine Quit-India-Kampagne. Nach der Unabhängigkeitserklärung wurde die Metropole zur Hauptstadt der „Bombay Presidency". 1960 teilte man die Region aus sprachpolitischen Gründen in Maharashtra und Gujarat auf – Bombay wurde die Hauptstadt von Maharashtra.

An der Spitze der promarathischen, prohinduistischen Separatistenbewegung zerstörte die Shiv Sena (wörtlich „Shivas Armee") die multikulturelle Gesellschaftsstruktur der Stadt, indem sie Muslime gezielt unterdrückte, genauso wie Bürger, die nicht aus Maharashtra stammten. Daraufhin ging die Shiv Sena bei den Stadtwahlen von 1985 als Siegerin hervor. Nun verschärften sich die Spannungen im Stadtgebiet. Das kosmopolitische Selbstverständnis Bombays wurde bis ins Mark erschüttert, als beinahe 900 Menschen, vor allem Muslime, bei Aufständen ihr Leben verloren – zuvor war im Dezember 1992 und Januar 1993 die Babri Masjid in Ayodhya zerstört worden. Im März 1993 folgten den Aufständen ein Dutzend Bombenanschläge zur Vergeltung, die Hunderte von Todesopfern forderten und die Gebäude der Bombay Stock Exchange und der Zentrale von Air India beschädigten.

Unter dem Einfluss von Shiv Sena wurden die aus der Kolonialzeit stammenden Namen vieler Straßen und öffentlicher Gebäude geändert. Die Stadt selbst wurde 1996 offiziell in Mumbai umbenannt, was aus dem Marathi stammt und von der Göttin Mumba abgeleitet ist, die vom Volk der Koli verehrt wurde. Der Flughafen, Victoria Terminus sowie das Prince of Wales Museum wurden alle nach Chhatrapati Shivaji benannt, dem großen Marathen-Anführer.

Die religiösen Spannungen verschärften sich und wurden schließlich von den größeren religiösen Spannungen im gesamten Land sowie den Problemen mit Pakistan zuerst potenziert und dann überlagert. Die Bombenattentate 2006 und 2011 sowie die drei Tage andauernden Anschläge im Jahr 2008, die die ganze Stadt betrafen und 173 Menschen das Leben kosteten, verlagerten die Diskussion hin zu einem Terrorismus, dessen Ursprünge außerhalb Mumbais lagen.

Als Ende 2012 Bal Thackeray, der charismatische Gründer Senas starb, wurde die gesamte Stadt abgesperrt – teils aus Angst vor Unruhen, teils aus Trauer – und geschätzte 500 000 Menschen kamen zu seiner Beerdigung. Viele sehen den Niedergang der Shiv-Sena-Bewegung voraus – und eine harmonischere Zukunft für die Menschen in Mumbai.

Sehenswertes

Mumbai, die Hauptstadt von Maharashtra, ist eine Insel, die über Brücken mit dem Festland verbunden ist. Sein kommerzielles und kulturelles Zentrum, das unter dem Namen South Mumbai bekannt ist, befindet sich am südlichen Ende der Insel und erinnert mit ihrer Form an eine Klaue. Die südlichste Halbinsel ist Colaba – dorthin zieht es traditionell die meisten Reisenden und hier befinden sich auch viele Sehenswürdigkeiten. Unmittelbar nördlich von Colaba liegt das geschäftige kommerzielle Zentrum, das unter dem Namen Fort bekannt ist und wo früher auch das britische Fort stand. Im Westen grenzen einige eingezäunte und miteinander verbundene Grünflächen, die Maidans (sprich mey-*dohns*), an.

Obwohl es für die Stadt im Grunde nicht weniger von Bedeutung ist als South Mumbai, läuft das ganze Gebiet nördlich von hier unter der Sammelbezeichnung „Suburbs" (Vororte). Der Flughafen und viele der besten Restaurants, Shopping- und Ausgehmöglichkeiten befinden sich hier, vor allem in den gehobeneren Vierteln Bandra und Juhu und vermehrt auch in Lower Parel.

Colaba

Das auf der südlichsten Halbinsel der Stadt gelegene Colaba ist ein hektisch-belebter Bezirk voller Straßenstände, Märkte, Bars und Unterkünfte von Budget bis Mittelklasse. Der Colaba Causeway (Shahid Bhagat Singh Marg) teilt das Viertel in zwei Hälften: auf der einen Seite die Landspitze, auf der anderen Colabas Durcheinander aus Seitenstraßen und langsam verfallenden Herrenhäusern.

Im August findet hier das Koli-Festival Nariyal Poornima statt, das für Colaba eine große Sache ist.

★ Taj Mahal Palace, Mumbai WAHRZEICHEN

(Karte S. 50) Das prächtige Hotel mit Blick auf den Hafen besticht durch seine märchenhafte Mischung aus islamischer und Renaissance-Architektur und ist im Wettbewerb um den Titel des bekanntesten Wahrzeichens der Stadt ganz vorne mit dabei. Der parsische Industrielle J.N. Tata ließ es 1903 errichten, angeblich, nachdem ihm als „Eingeborenem" der Zutritt in die europäischen Hotels verwehrt wurde. Die Bilder mit den von seinem Dach aufsteigenden Rauchwolken wurden zum Sinnbild für die Terroristenangriffe im Jahr 2008, als hier Dutzende Menschen getötet und große Teile des Hotels zerstört wurden. Weniger als einen Monat später wurde ein Teil des Hotels

MUMBAI IN ...

... zwei Tagen

Am besten startet man beim „Großvater" von Mumbais Kolonialzeitgiganten, dem alten Victoria Terminus bzw. Chhatrapati Shivaji Terminus (CST; S. 49) und spaziert dann weiter zum Crawford Market (S. 82) und den unzähligen Basaren in dieser Gegend. Mittags kehrt man im Revival (S. 73) ein und genehmigt sich danach noch einen Saft-Shake bei Badshah Snacks & Drinks (S. 72).

Am Nachmittag stehen dann der architektonisch äußerst gelungene High Court (S. 51) und die Universität von Mumbai (S. 51) auf dem Programm. Weiter geht's hinunter zum Gateway of India (S. 49) und zum Taj Mahal Palace, Mumbai (S. 48). Abends stillt man seinen Hunger an dem Straßenstand Bademiya (S. 70). Und zu guter Letzt trifft man sich im Leopold's Café (S. 76) mit anderen Travellern und tauscht die eine oder andere Travellerlegende aus.

Am nächsten Tag lohnt sich ein Besuch im verschnörkelten Dr. Bhau Daji Lad Mumbai City Museum (S. 55). Im Café Moshe (S. 72) in Kemp's Corner stärkt man sich mit einem Mittagssnack, bevor es weiter auf Shopping-Tour geht. Danach ist das Gandhi-Museum Mani Bhavan (S. 56) an der Reihe. Der Tag klingt mit einem Spaziergang durch die winzigen Gassen von **Khotachiwadi**, dem Genuss des Sonnenuntergangs am Girgaum Chowpatty (S. 53) und einem leckeren *bhelpuri* aus. Oder man gönnt sich ein unvergessliches Abendessen im Khyber (S. 73).

... vier Tagen

Nach der Besichtigung der Global Pagoda (S. 60) und einem Meditationskurs geht es mittags in die Museen und Galerien von **Kala Ghoda**. Abends macht man sich dann auf den Weg nach Bandra, um im Caravan Serai ein Candle-Light-Dinner zu genießen. Den Abend beschließt man in Worli im Aer (S. 78), einer der hippen Bars mit toller Aussicht.

Am vierten Tag könnte man sich den Dhobi Ghat (S. 56) und den ganz in der Nähe gelegenen Mahalaxmi-Tempel (S. 57) sowie die Haji-Ali-Moschee (S. 55) anschauen. Nach dem Mittagessen in der Olive Bar & Kitchen (S. 78) bei der Mahalaxmi-Rennbahn sollte man sich etwas Ruhe gönnen, bevor man in Worli dem Avant-Garde-Club Bluefrog (S. 80) einen Besuch abstattet.

im Gedenken an die Opfer wiedereröffnet; das komplett renovierte Hotel ist seit dem Unabhängigkeitstag 2010 wieder in Betrieb.

Gateway of India DENKMAL

(Karte S. 50) Der kühne Basaltbogen ist Ausdruck kolonialen Triumphs. Mit Blick auf den Hafen erhebt er sich an der Spitze des Apollo Bunder. Der Bogen im islamischen Gujarat-Stil des 16. Jhs. wurde im Andenken an den Besuch König Georg V. errichtet, aber erst 1924 fertiggestellt. Ironischerweise marschierte nur 24 Jahre später, kurz bevor Indien in die Unabhängigkeit entlassen wurde, das letzte britische Regiment darunter hindurch.

Heute ist der Bogen ein beliebter Treffpunkt der Einheimischen und eine tolle Location, um Leute zu beobachten. Bei den Massen an Luftballonverkäufern, Fotografen, *bhelpuri*-Verkäufern, Schleppern, Einheimischen und ausländischen Besuchern fühlt man sich hier schnell wie auf einem geschäftigen Basar. Im März kommen während des **Elephanta Festival** (www.maharashtratourism.gov.in) auch noch Künstler hinzu, die klassische Tänze aufführen und Musik machen.

Von den Anlegestellen unmittelbar vor dem Bogen fahren Boote nach Elephanta Island ab.

Sassoon Dock AM UFER

Am Sassoon Dock herrscht bei Sonnenaufgang (gegen 5 Uhr) echter Hochbetrieb, wenn das bunt gekleidete Fischervolk der Koli den von Booten am Kai abgeladenen Fang sortiert. Der Fisch, der hier in der Sonne getrocknet wird, heißt *bombil* und wird zur Zubereitung von Bombay Duck verwendet. Achtung: Am Hafen ist das Fotografieren verboten!

MUMBAI MIT KINDERN

Für energiegeladene Knirpse sind die Vergnügungsparks auf Gorai Island, **Esselworld** (www.esselworld.in; Erw./Kind 690/490 ₹; ⏲ 11–19 Uhr, Wochenende ab 10 Uhr) und **Water Kingdom** (www.waterkingdom.in; Erw./Kind 690/490 ₹; ⏲ 11–19 Uhr, Wochenende ab 10 Uhr), das Paradies auf Erden. Beide haben viele Fahrgeschäfte, Rutschen und Schatten. Kombitickets kosten 890/690 ₹ (Erw./Kind). Die Fähre vom Anleger Borivali hierher kostet 35 ₹.

In den kostenlosen **Hängenden Gärten** in Malabar Hill gibt's Formschnitte von Tieren, Schaukeln im Schatten und Kokosnussverkäufer. Im **Kamala Nehru Park** gleich gegenüber befindet sich ein zweistöckiges „Schuh-Haus".

BNHS (S. 63) und Yuhina Eco-Media (S. 63) organisieren oft kindergerechte Ausflüge in die Natur, während **Yoga Kids by Shraddha** (Karte S. 58; ☎ 9820349688; shraddha@yogakidsworld.com; Chinoy Mansion, Warden Rd, Cumballa Hill; Kurs ohne Voranmeldung 500 ₹, Yoga-Set für Kinder 2000 ₹; ⏲ unter 6 Jahre/über 6 Jahre Sa 9.45/10.30 Uhr) Yogastunden für Kinder anbietet (auf Englisch).

Die Zeitschrift *Time Out Mumbai* (50 ₹) hat oft Tipps für gute Unternehmungen mit Kindern.

Fort-Viertel & Churchgate

Am Rand des **Oval Maidan** stehen viele von Mumbais majestätischen viktorianischen Gebäuden in Reih und Glied und buhlen mit aristokratischem Pomp um die Aufmerksamkeit der Besucher. Ebenso wie die unmittelbar nördlich gelegenen **Cross Maidan** und **Azad Maidan** lag auch dieses Stück Land früher am Wasser, sodass man aus den grandiosen, nach Westen blickenden Gebäuden direkt das Arabische Meer sehen konnte.

Der Bezirk Kala Ghoda (wörtlich „Schwarzes Pferd") liegt unmittelbar zwischen den Stadtteilen Colaba (im Süden) und Fort (im Norden). Hier finden sich neben vielen kolonialzeitlichen Gebäuden auch zahlreiche Museen und Galerien. Am besten erkundet man diese Sehenswürdigkeiten bei einem Stadtspaziergang (S. 62).

★ Chhatrapati Shivaji Terminus (Victoria Terminus) HISTORISCHES GEBÄUDE

(Karte S. 54) Imposant, überschwänglich und voller Menschen: Das extravaganteste gotische Gebäude der Stadt ist zugleich das Herzstück des lokalen Eisenbahnnetzes und ein Sinnbild des kolonialen Indiens. Wie der Historiker Christopher London sagte: „Der Victoria Terminus ist für das British Raj, was der Taj Mahal für das Mogulreich ist." Das beeindruckende, an die Werke Dalís erinnernde Gebäude vereint viktorianische, hinduistische und islamische Architekturstile und strotzt nur so vor Stützpfeilern, Kuppeln, Türmen, Türmchen und Buntglasfenstern.

Colaba

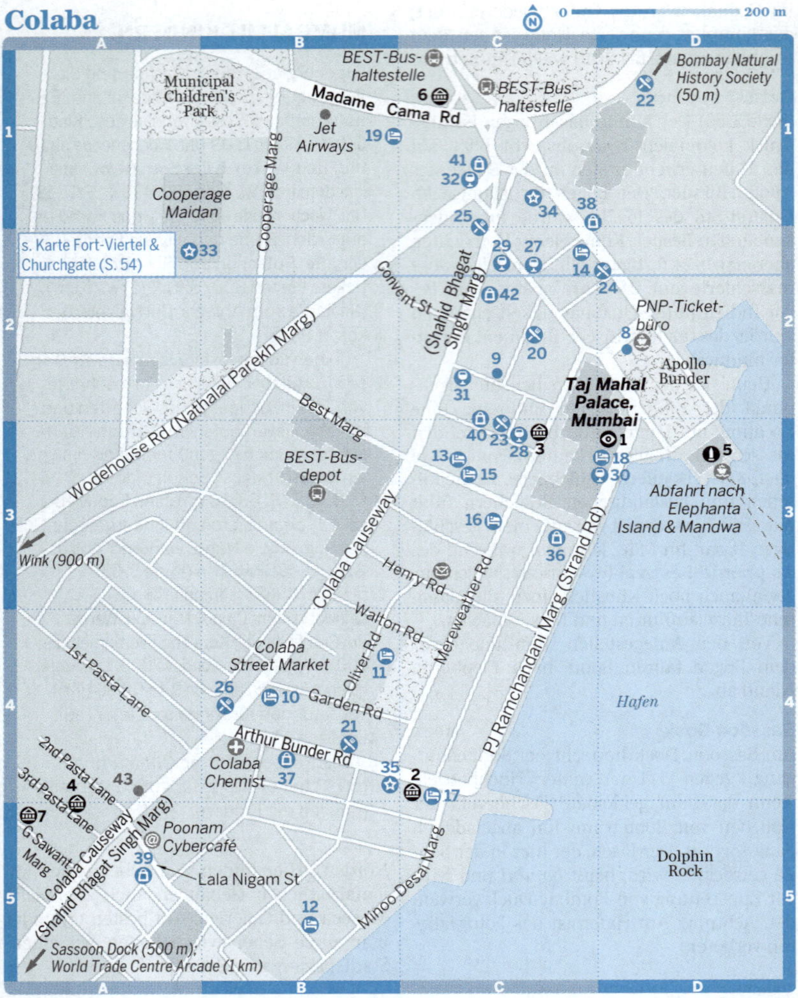

Der Victoria Terminus wurde von Frederick Stevens entworfen und 1887 fertiggestellt – 34 Jahre, nachdem der allererste Zug Indiens hier abgefahren war. Heute ist er der betriebsamste Bahnhof in ganz Asien. Auch wenn er 1998 offiziell in Chhatrapati Shivaji Terminus (CST) umbenannt wurde, ist er gemeinhin immer noch als VT bekannt. Seit 2004 gehört er zum Unesco-Welterbe.

★Chhatrapati Shivaji Maharaj Vastu Sangrahalaya (Prince of Wales Museum) MUSEUM

(Karte S. 54; www.themuseummumbai.com; K Dubash Marg; Inder/Ausländer 50/300 ₹, Kamera/Video 200/1000 ₹; ⌚ Di–So 10.15–18 Uhr) Mumbais größtes und bestes Museum zeigt Ausstellungsstücke aus dem ganzen Land. Der Koloss mit der Kuppel vereint einen faszinierenden Mix aus islamischen, hinduistischen und britischen Architekturelementen und wurde 1923 im Andenken an den ersten Indienbesuch König Georg V. eingeweiht (dieser fand allerdings schon 1905 statt, als er noch Prince of Wales war). Für den überladenen indo-sarazenischen Stil ist George Wittet verantwortlich, der auch die Pläne für den Gateway of India lieferte.

Das Museum wurde kürzlich erst renoviert. Hinzugekommen sind eine faszinie-

Colaba

Highlights
1 Taj Mahal Palace, Mumbai D3

Sehenswertes
2 Chatterjee & Lal C4
3 Galerie Mirchandani + Steinruecke C3
4 Gallery Maskara A5
5 Gateway of India D3
Guild .... (siehe 2)
6 National Gallery of Modern Art C1
7 Project 88 .... A5
Volte .... (siehe 2)

Aktivitäten, Kurse & Touren
8 Maharashtra Tourism Development Corporation Booth D2
9 Reality Tours & Travel C2

Schlafen
10 Ascot Hotel B4
11 Bentley's Hotel B4
Carlton Hotel .... (siehe 3)
12 Fariyas Hotel B5
13 Hotel Moti C3
14 Hotel Suba Palace C2
India Guest House .... (siehe 17)
15 Regent Hotel C3
16 Salvation Army Red Shield Guest House C3
17 Sea Shore Hotel C4
18 Taj Mahal Palace, Mumbai D3
19 YWCA B1

Essen
20 Bademiya C2
21 Basilico B4
Café Moshe's .... (siehe 24)
22 Hotel OCH D1
23 Indigo C3
24 Indigo Delicatessen D2
Koyla .... (siehe 2)
25 Saharkari Bhandar Supermarket C2
26 Theobroma B4

Ausgehen & Nachtleben
27 5 All Day C2
28 Busaba C3
29 Cafe Mondegar C2
30 Harbour Bar D3
31 Leopold's Café C2
32 Woodside Inn C1

Unterhaltung
33 Cooperage Football Ground A2
34 Regal Cinema C1
35 Voodoo Pub B4

Shoppen
36 Bombay Electric C3
37 Bungalow 8 .... B4
Central Cottage Industries Emporium .... (siehe 2)
38 Central Cottage Industries Emporium C1
39 Colaba Market A5
40 Cottonworld Corp C2
41 Phillips C1
42 Search Word C2

Praktisches
43 Akbar Travels A4
Thomas Cook .... (siehe 26)

Transport
IndiGo .... (siehe 23)
Maldar-Catamarans-Ticketbüro .... (siehe 8)

rende Galerie mit Miniaturgemälden und eine Galerie zeitgenössischer Kunst. Ansonsten umfasst die riesige Sammlung u.a. beeindruckende hinduistische und buddhistische Skulpturen, Terrakottafiguren aus dem Industal, Porzellanwaren und ganz schön fies aussehende Waffen.

Es gibt eine Cafeteria im Freien und einen hervorragenden Museumsshop.

Universität von Mumbai (Bombay University) HISTORISCHES GEBÄUDE

(Karte S. 54) Die Universität wirkt wie ein Meisterstück der französischen Gotik des 15. Jhs., das etwas unpassend zwischen Mumbais Palmen platziert wurde. Der Entwurf für das Gebäude an der Bhaurao Patil Marg stammt von Gilbert Scott, der sich schon mit der St. Pancras Station in London einen Namen gemacht hatte. Die Uni beherbergt auch die exquisite **University Library** und die **Convocation Hall** sowie den 80 m hohen **Rajabai-Uhrenturm** (Karte S. 54) mit seinen aufwendigen Reliefs. Seit den Terrorangriffen von 2008 ist die Anlage für Besucher nicht mehr zugänglich. Die architektonische Schönheit kann man am besten von der Bhaurao Patil Marg aus bewundern, denn der Blick vom Oval Maidan ist durch die vielen Bäume eingeschränkt.

High Court HISTORISCHES GEBÄUDE

(Karte S. 54; Eldon Rd) Der elegante, 1848 im neogotischen Stil errichtete High Court ist der reinste Bienenstock voller Richter, Rechtsanwälte und anderer Robenträger,

DHARAVI SLUM

Die Bewohner von Mumbai reagierten 2008 mit gemischten Gefühlen auf den Film *Slumdog Millionaire* und die darin verarbeiteten Klischees. Die Slums sind aber auf jeden Fall Teil – manch einer würde sagen: die Grundlage – der täglichen Realität der Stadt. Sage und schreibe 60 % der Bevölkerung Mumbais leben in solchen Slums und einer der größten der Stadt ist Dharavi. Als es dort noch unzählige Bäche, Sümpfe und Inseln gab, war das Gebiet von Fischern bewohnt. Später, als das Sumpfland infolge natürlicher Prozesse und menschlicher Einflüsse versandete, zogen Wanderarbeiter aus South Mumbai und dem weiteren Umland hierher. Heute leben in dem 1,75 km² großen, zwischen den beiden wichtigsten Bahnlinien eingepferchten Areal, über 1 Mio. Menschen.

Von außen mag alles etwas chaotisch wirken, aber eigentlich besteht diese Stadt in der Stadt, dieses Labyrinth aus staubigen Gassen und von Abwasserrohren gesäumten Straßen, aus mehreren aneinandergrenzenden Siedlungen. Teilweise ist die Bevölkerung bunt gemischt, während sich in anderen Teilen von Dharavi Menschen aus bestimmten Landesteilen oder Gewerben niedergelassen und winzige Fabriken gegründet haben. Töpfer aus Saurashtra leben in einem Gebiet, muslimische Gerber in einem anderen; Sticker aus Uttar Pradesh arbeiten neben Schlossern; wieder andere recyceln Plastik, während Frauen in der gleißenden Sonne Papadams trocknen. Einige dieser florierenden Geschäfte, deren Zahl auf ca. 10 000 geschätzt wird, exportieren ihre Waren. Der Jahresumsatz der in Dharavi ansässigen „Firmen" wird auf 650 Mio. US$ geschätzt.

Wenn man genauer hinschaut, stellt man fest, dass das Leben in den Slums verblüffend normal ist. Die Bewohner zahlen Miete, die meisten Häuser haben eine Küche und Stromversorgung, und die Gebäude reichen von wackeligen Wellblechhütten bis hin zu festen, mehrstöckigen Betonbauten. Viele Familien leben hier seit Generationen, und einige der jüngeren Bewohner von Dharavi haben sogar Bürojobs. Sie wollen oft einfach weiterhin dort wohnen bleiben, wo sie aufgewachsen sind.

Slumtourismus ist ein heikles Thema. Hier muss jeder selbst entscheiden. Wer eine Tour machen möchte, der wendet sich am besten an Reality Tours & Travel (S. 64). Ein fester Prozentsatz der Einnahmen aus den angebotenen Touren fließt nach Dharavi zurück. Man kann die Slums natürlich auch auf eigene Faust erkunden, Fotografieren ist aber tabu. Hin kommt man mit dem Zug vom Bahnhof Churchgate in Richtung Mahim (6 ₹). Den Ausgang auf der Westseite nehmen, über die Brücke gehen und schon ist man mittendrin.

Wer sich näher mit dem Thema der Slums in Mumbai befassen möchte, holt sich am besten das 2012 erschienene englischsprachige Buch von Katherine Boo *Behind the Beautiful Forevers*. Es handelt vom Leben in Annawadi, einem Slum nahe dem Flughafen. Ebenfalls empfehlenswert ist *Rediscovering Dharavi*, eine einfühlsame und fesselnde Geschichte von Kalpana Sharma (auch auf Englisch) über Dharavi, seine Menschen, Kulturen und Geschäfte.

die die indische Justiz am Laufen halten. Das Design ist einer deutschen Burg nachempfunden und sollte offensichtlich sämtliche Zweifel an der Autorität des Gerichts im Keim ersticken. Aber die einheimischen Steinmetze ließen sich davon wohl nicht beeindrucken: Auf einer Säule treibt ein einäugiger Affe sein Unwesen mit der Waage der Gerechtigkeit. Man sollte unbedingt in das Gebäude gehen und hier live den Tumult bei Fällen miterleben, die gerade öffentlich verhandelt werden. Den Fotoapparat muss man am Eingang zwar abgeben, aber dann kann man ungehindert durch das labyrinthartige Gebäude und den Originalhof gegenüber von Court 6 spazieren.

Mumba-Devi-Tempel HINDU-TEMPEL

(Karte S. 58; Bhuleshwar) Dieser 1 km nördlich vom CST gelegene Tempel aus dem 18. Jh. ist der Schutzgöttin der Stadt geweiht. Außerdem wird hier, neben weiteren Göttern, auch Bahuchar Maa, die Göttin der *hijras* (Transgender) verehrt. *Puja* (Gebet) ist mehrmals am Tag.

Keneseth-Eliyahoo-Synagoge SYNAGOGE

(Karte S. 54; www.jacobsassoon.org; Dr VB Gandhi Marg; Eintritt frei, Kamera/Video 100/500 ₹; ⏲Mo–Sa 11–18, So 13–18 Uhr) Die himmelblaue Synagoge wurde 1884 errichtet und wird von der schrumpfenden jüdischen Gemeinde Mumbais noch immer genutzt und erhalten (und ist so geschützt wie Bagdads „Grüne Zone").

National Gallery of Modern Art MUSEUM
(NGMA; Karte S. 50; www.ngmaindia.gov.in; MG Rd; Inder/Ausländer 10/150 ₹; ⌚ Di–So 11–18 Uhr) Zeigt mit zunehmend kurativer Qualität auf einer weitläufigen Museumsfläche Werke indischer und internationaler Künstler.

St.-Thomas-Kathedrale KIRCHE
(Karte S. 54; Veer Nariman Rd; ⌚7–18 Uhr) Die Bauarbeiten zu dieser bezaubernden Kathedrale begannen 1672 und wurden 1718 beendet. Sie ist das älteste englische Bauwerk Mumbais und bildete früher das östliche Zugangstor („Churchgate") zum Fort der East India Company. Hier sind byzantinische und kolonialzeitliche Architekturelemente vereint und in ihrem luftigen Innern gibt's viele Exponate aus der Kolonialzeit zu bewundern.

Jehangir Art Gallery KUNSTGALERIE
(Karte S. 54; 161B MG Rd; ⌚11–19 Uhr) GRATIS Hier werden die Werke einheimischer Künstler und Studenten ausgestellt. Ab und zu ist auch ein bekannterer Name dabei. Auf dem Gehweg vor der Galerie können die Arbeiten hoffnungsvoller Straßenkünstler erworben werden.

Von Kalbadevi bis Mahalaxmi

★ **Marine Drive & Girgaum Chowpatty** STRAND
(Karte S. 54; Netaji Subhashchandra Bose Rd) Auf dem Land, das 1920 an der Back Bay künstlich aufgeschüttet wurde, erstreckt

DER KUNSTDISTRIKT

Indiens zeitgenössische Kunstszene ist in den letzten Jahren buchstäblich explodiert. Epizentrum dieser Entwicklung ist neben Delhi auch Mumbai. In schönen Ausstellungsräumen zeigen viele Galerien, vor allem in Colaba, beeindruckende Arbeiten, während Kala Ghoda, das traditionelle Künstlerviertel Mumbais, jedes Jahr im Februar ein gleichnamiges **Festival** (www.kalaghodaassociation.com) mit großartigen Kunstwerken veranstaltet.

Das ganze Jahr über bleiben am „Art Night Thursday" (jeden zweiten Do im Monat) die Galerien bis spät abends geöffnet und es herrscht eine freundliche Atmosphäre. Manchmal werden auch Touren durch mehrere Galerien veranstaltet. Aktuelle Infos dazu gibt's bei **Mumbai Boss** (www.mumbaiboss.com) sowie in der Zeitschrift *Time Out Mumbai* und der erst vor Kurzem gestarteten Faltbroschüre *Mumbai Art Map*, die man kostenlos in Galerien, Buchläden und anderen künstlerisch angehauchten Locations überall in der Stadt bekommt. Tiefer ins Detail geht die Zeitschrift *Art India*, die in den meisten Buchläden mit englischsprachiger Literatur zu bekommen ist. Sie informiert über Neuigkeiten, Hintergründe und Kritiken zu Werken aus dem ganzen Land.

Oder man liest einfach gar nichts und schaut sich die ganzen hübschen Künste selbst an. Die meisten der folgenden Galerien liegen nah beieinander und eignen sich perfekt für einen gemütlichen nachmittäglichen Kunst-Spaziergang.

Chatterjee & Lal (Karte S. 50; www.chatterjeeandlal.com; 1. Stock, Kamal Mansion, Arthur Bunder Rd, Colaba; ⌚ Di–Sa 11–19 Uhr)

Chemould Prescott Road (Karte S. 54; www.gallerychemould.com; 3. Stock, Queens Mansion, G Talwatkar Marg, Fort; ⌚ Mo–Sa 11–19 Uhr)

Galerie Mirchandani + Steinruecke (Karte S. 50; www.galeriems.com; 1. Stock, Sunny House, 16/18 Mereweather Rd, Colaba; ⌚ Di–Sa 11–19 Uhr)

Gallery Maskara (Karte S. 50; www.gallerymaskara.com; 6/7 3. Pasta Lane, Colaba; ⌚ Di–Sa 11–19 Uhr)

Guild (Karte S. 50; www.guildindia.com; 2. Stock, Kamal Mansion, Arthur Bunder Rd; ⌚ Mo–Sa 10–18.30 Uhr)

Jhaveri Contemporary (www.jhavericontemporary.com; Krishna Niwas, 58A Walkeshwar Rd, Walkeshwar, Malabar Hill; ⌚ Di–Sa 11–18 Uhr)

Project 88 (Karte S. 50; www.project88.in; BMP Building, NA Sawant Marg, Colaba; ⌚ Di–Sa 11–19 Uhr)

Volte (Karte S. 50; www.volte.in; 1. Stock, Kamal Mansion, Arthur Bunder Rd, Colaba; ⌚ Mo–Sa 11–19 Uhr)

Fort-Viertel & Churchgate

sich entlang der Küste des Arabischen Meeres – vom Nariman Point über den Girgaum Chowpatty (wo er Chowpatty Seaface genannt wird) und weiter bis zum Fuß des Malabar Hill – der Marine Drive. Er wird von Art-déco-Apartments mit bröckelnden Fassaden gesäumt und ist eine der beliebtesten Flaniermeilen Mumbais und eine hervorragende Location für schöne Sonnenuntergänge. Ihre funkelnde Abendbeleuchtung brachte ihr den Spitznamen „Halskette der Königin" ein.

Der Girgaum Chowpatty (oft auch nur „Chowpatty" genannt) ist und bleibt vor

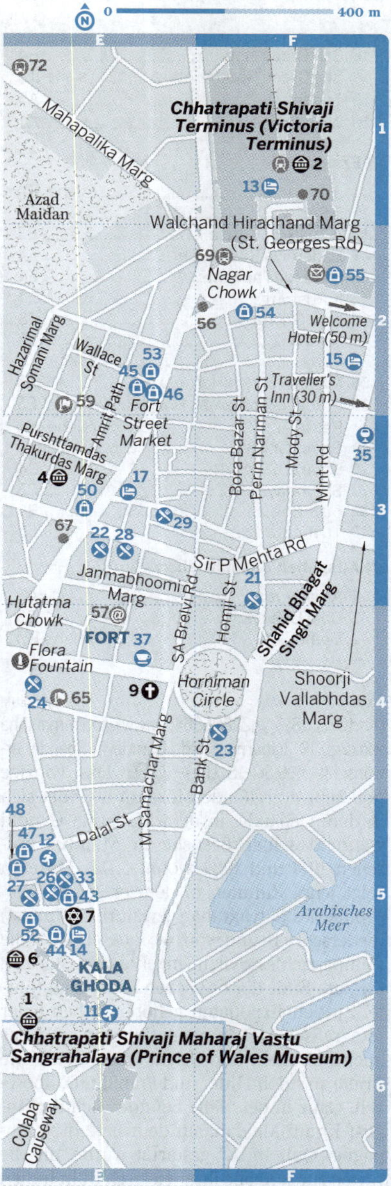

allem abends einer der beliebtesten Ziele für Liebespaare, Familien, politische Kundgebungen und einfach alle, die gern an der frischen Luft sind. Abends an einem der unzähligen Straßenstände am Südende des Strands einen *bhelpuri* zu essen, gehört zur vollkommenen Mumbai-Erfahrung einfach dazu. Aber nicht ins kühle Nass springen: Das Wasser hier ist die reinste Giftbrühe.

Am 10. Tag des Ganesh-Chaturthi-Fests (Aug. oder Sept.) ist der Strand Schauplatz eines gigantischen, freudenreichen Durcheinanders, wenn Millionen von Menschen hierher kommen, um die größte Ganesha-Statue von allen ins Meer zu tauchen.

Dr. Bhau Daji Lad Mumbai City Museum
MUSEUM

(Karte S. 58; www.bdlmuseum.org; Dr Babasaheb Ambedkar Rd; Inder/Ausländer 10/100 ₹; ⏲ Do–Di 10–17.30 Uhr) Jijamata Udyan – alias Victoria Gardens – ist eine weitläufige, üppig grüne Gartenanlage mit Zoo, die bereits Mitte des 19. Jhs. angelegt wurde. Sie beherbergt das großartige Dr. Bhau Daji Lad Mumbai City Museum, das 1872 im Renaissance-Stil errichtet wurde und ursprünglich den Namen „Victoria & Albert Museum" trug. Es wurde nach einer umfassenden, aber behutsamen, vier Jahre andauernden Renovierung im Jahr 2007 wiedereröffnet. Neben umfangreichen strukturellen Arbeiten wurden auch die Minton-Fliesenböden, der vergoldete Deckenstuck, die Ornamentsäulen, die Kronleuchter sowie die Treppenaufgänge restauriert und erstrahlen nun wieder in ihrem originalgetreuen, historischen Glanz. Selbst die hübsche mintgrüne Farbauswahl basiert auf den Ergebnissen historischer Recherchen. Auch die mehr als 3500 Objekte zu Mumbais Geschichte wurden restauriert. Darunter Tonmodelle des Dorflebens, Fotografien und Stadtpläne, Textilien, Bücher und Manuskripte, Metallarbeiten aus Bidar, Lackwaren, Waffen und exquisite Töpferwaren. Sie alle wetteifern mit dem sehr auffälligen, großartigen Dekor des Museums selbst. Seit Kurzem sind hier auch Ausstellungen zeitgenössischer Kunst und andere Sonderevents zu sehen. Den Zoo kann man links liegen lassen.

Haji Ali Dargah
MOSCHEE

(Karte S. 58) Wie eine heilige Fata Morgana scheint die Moschee vor der Küste zu schweben. Dieses großartige indo-islamische Heiligtum gehört zu den beeindruckendsten Sinnbildern Mumbais. Es wurde im 19. Jh. an der Stelle eines Gebäudes aus dem 15. Jh. errichtet und beherbergt das Grab des muslimischen Heiligen Pir Haji Ali Shah Bukhari. Der Legende zufolge starb dieser während einer Wallfahrt nach Mekka und sein Sarg wurde auf wundersame Weise hier angeschwemmt. Ein langer Damm führt

Fort-Viertel & Churchgate

Highlights

1 Chhatrapati Shivaji Maharaj Vastu Sangrahalaya (Prince of Wales Museum) ... E6
2 Chhatrapati Shivaji Terminus (Victoria Terminus) ... F1
3 Marine Drive & Girgaum Chowpatty ... B4

Sehenswertes

4 Chemould Prescott Road ... E3
5 High Court ... D4
6 Jehangir Art Gallery ... E5
7 Keneseth-Eliyahoo-Synagoge ... E5
8 Rajabai-Uhrenturm ... D5
9 St.-Thomas-Kathedrale ... E4
10 Universität von Mumbai (Bombay University) ... D5

Aktivitäten, Kurse & Touren

11 Bombay Natural History Society ... E6
12 Welfare of Stray Dogs ... E5

Schlafen

13 CST-Ruheräume ... F1
14 Hotel Lawrence ... E5
15 Hotel Oasis ... F2
16 InterContinental ... B3
17 Residency Hotel ... E3
18 Sea Green Hotel ... B4
Sea Green South Hotel ... (siehe 18)
19 Trident ... A5
20 West End Hotel ... C1

Essen

210°C ... (siehe 30)
21 5 Spice ... F3
22 A Taste of Kerala ... E3
23 Bademiya Restaurant ... F4
24 Food for Thought ... E4
25 K Rustom ... C4
26 Kala Ghoda Café ... E5
27 Khyber ... E5
Koh ... (siehe 16)
28 Mahesh Lunch Home ... E3
29 Pradeep Gomantak Bhojanalaya ... E3
Relish ... (siehe 30)
Samovar Café ... (siehe 6)
30 Samrat ... C4
31 Suryodaya ... C3
32 Suzette ... B6
33 Trishna ... E5

Ausgehen & Nachtleben

34 Amadeus ... A6
35 Café Universal ... F3
Dome ... (siehe 16)

hinaus zum Dargah und zur Moschee, die beide vom Arabischen Meer umgeben sind und bei Flut, wenn der Damm überspült wird, zur Insel werden. Vor allem donnerstags und freitags (wenn teilweise auch *qawwali*, also religiöse Gesänge, zu hören sind) überqueren Tausende Pilger den Damm. Viele von ihnen spenden dabei den Bettlern am Wegrand. Ist das Innere des Grabmals erreicht, küssen einige der Gläubigen hingebungsvoll die Tücher, die den Sarg bedecken. Der Grundriss des Dargah wurde 2012 geändert, sodass Frauen das Innere des Grabmals nun nicht mehr betreten dürfen. Die Diskussionen darüber dauern an.

Mahalaxmi Dhobi Ghat GHAT

(Karte S. 58) Wenn man seine Kleidung in Mumbai zum Waschen gibt, nehmen sie vielleicht den Weg über diesen 140 Jahre alten Dhobi Ghat (Waschplatz). Das Areal ist Mumbais älteste und größte handbetriebene Waschmaschine: In insgesamt 1026 Zubern machen täglich Hunderte Menschen unter freiem Himmel dem Schmutz von Tonnen von Kleidung und Wäsche den Garaus. Den besten Blick (und die beste Fotogelegenheit) hat man von der Brücke, die über die Gleise in der Nähe des Bahnhofs Mahalaxmi führt.

Mani Bhavan MUSEUM

(Karte S. 58; ☎23805864; www.gandhi-manibhavan.org; 19 Laburnum Rd, Gamdevi; Spende erwünscht; ⏱9.30–18 Uhr) GRATIS Das winzige und sehr ergreifende Museum befindet sich in dem Gebäude, in dem Mahatma Gandhi während seiner Besuche in Mumbai zwischen 1917 und 1934 wohnte. Das Museum zeigt jenes Zimmer, in dem er seine Philosophie des Satyagraha (gewaltfreier Protest) niederschrieb und von wo aus er 1932 die Kampagne des zivilen Ungehorsams startete, die zum Ende der britischen Herrschaft führte. Zu den Exponaten gehören neben einer fotografischen Dokumentation seines Lebens auch Dioramen und Originaldokumente wie Briefe an Adolf Hitler und Franklin D. Roosevelt. Ganz in der Nähe befindet sich der August Kranti Maidan, auf dem 1942 die Kampagne „Quit India" gestartet wurde, die die Briten zur Aufgabe ihrer Herrschaft in Indien bewegen sollte.

Bombay Panjrapole TIERASYL

(Karte S. 58; www.bombaypanjrapole.org.in; Panjrapole Marg, Bhuleshwar, nahe dem Postamt Madhav Baug; ⏱11–18 Uhr) Inmitten des geschäftigen Bhuleshwar-Markts befindet sich – unglaublich aber wahr – dieses Asyl für 300 obdach-

36 Mocha Bar	C3
37 Starbucks	E4

Unterhaltung

38 Eros	D4
39 Liberty Cinema	C1
40 National Centre for the Performing Arts	A6
41 NCPA-Kartenverkauf	A6
42 Wankhede-Stadion	C2

Shoppen

43 Artisans' Centre for Art, Craft & Design	E5
44 Chetana Book Centre	E5
45 Chimanlals	E2
46 Contemporary Arts & Crafts	E2
47 Cotton Cottage	E5
48 Fabindia	E5
49 Fashion Street Market	D3
50 Khadi & Village Industries Emporium	E3
Kitab Khana	(siehe 24)
51 Oxford Bookstore	C5
52 Rhythm House	E5
53 Royal Music Collection	E2
54 Standard Supply Co	F2
55 Tribes India	F2

Praktisches

56 Akbar Travels	F2
57 Anita CyberCafé	E4
58 Bombay Hospital	D1
59 Niederländisches Konsulat	E2
60 Deutsches Konsulat	B6
61 Indiatourism	D3
Israelisches Konsulat	(siehe 66)
62 Maharashtra Tourism Development Corporation	B5
63 New Royal Chemists	C1
Portasia	(siehe 53)
64 Konsulat von Singapur	B6
65 Konsulat von Sri Lanka	E4
66 Thailändisches Konsulat	B6
67 Thomas Cook	E3

Transport

68 Air India	B5
69 BEST-Bushaltestelle	F2
70 Central-Railways-Reservierungszentrum	F1
71 Emirates Airlines	B6
72 Chandni Travels	E1
73 Thai Airways	C6
Western-Railways-Reservierungs-Zentrum	(siehe 61)

lose Kühe. Es wurde im 18. Jh. als Antwort auf die Absicht der Briten gegründet, das Problem der vielen streunenden Hunde und Schweine der Stadt in den Griff zu bekommen – nach Panjrapoles Überzeugung durch Erschießen. Um die beherbergten Tiere mit Milch zu versorgen, wurden auch Kühe aufgenommen, die die Streuner irgendwann zahlenmäßig übertrafen. Heute werden in sieben Heimen in Gujarat und Maharashtra insgesamt 1500 Kühe betreut. Besucher können sich hier umsehen und die Kühe und Kälber streicheln und sie, gegen eine kleine Gebühr, mit frischem Gras füttern.

Mahalaxmi-Tempel HINDU-TEMPEL

(Karte S. 58) Es ist äußerst passend, dass einer der geschäftigsten und farbenprächtigsten Tempel im geldverliebten Mumbai Mahalaxmi, der Göttin des Wohlstands geweiht ist. Die Anlage auf einer Landzunge ist im September bzw. Oktober Zentrum der Navratri-Feierlichkeiten (Festival der Neun Nächte).

Babu-Amichand-Panalal-Adishwarji-Tempel JAINISTISCHER TEMPEL

(Walkeshwar, Malabar Hill; ⌚5–21 Uhr) Dieser Tempel ist unter den Anhängern des Jainismus für seine Schönheit bekannt – bedenkt man, dass grundsätzlich alle jainistischen Tempel außergewöhnlich schön sind, so will das wirklich was heißen. Die Malereien sind bewundernswert. Vor allem der überbordend bunte Tierkreis der Kuppeldecke sucht seinesgleichen. Der Tempel ist recht klein und es wird eigentlich immer irgendwo gebetet. Deshalb sollte man sich leise verhalten (auch beim Umhergehen). Ein Blick auf das hilfreiche „Dear Tourist"-Schild am Eingang kann nicht schaden. Angemessene Kleidung versteht sich von selbst.

Nehru Centre KULTURKOMPLEX

(☎24964676-80; www.nehru-centre.org; Dr Annie Besant Rd, Worli; Eintritt zu Discovery of India frei, Planetarium Erw./Kind 50/25 ₹; ⌚Di–So, Discovery of India 11–17 Uhr, Planetarium Vorführung auf Englisch um 15 Uhr) Der Kulturkomplex beherbergt ein Planetarium, ein Theater, eine Galerie und die interessante Ausstellung **Discovery of India**. Die Architektur ist umwerfend: Der Turm sieht aus wie eine gigantische zylindrische Ananas, das Planetarium wie ein UFO.

Malabar Hill AREAL

(rund um BG Kher Marg) Wolkenkratzer und Privatpaläste bestimmen das Bild dieses exklu-

Von Kalbadevi bis Mahalaxmi

Nandalal Jani Rd
Sandhurst
Jail Rd
Masjid
Merchant Rd
Meheralli Rd
MRA Marg
Sir JJ Rd
Abdul Rehman St
Dhabu St
Mutton St
Maulana Azad Rd
Lokmanya Tilak Rd
Kalbadevi Rd
BHULESHWAR
KALBADEVI
Grant Rd
Sardar V Patel Rd
V Patel Marg
Jagannath Shankarsheth Marg
Marine Lines
GIRGAUM
Gymkhanas
Charni Rd
Marine Drive
RR Roy Marg
Dr D Bhadkamkar Rd (Lamington Rd)
Grant Rd
A Kranti Marg
August Kranti Maidan
Laburnum Rd
Sitaram Patkar Rd
Girgaum Chowpatty
Back Bay
Babulnath Marg
Tower of Silence
Hanging Gardens
Kamala Nehru Park
Babu-Amichand-Panalal-Adishwarji-Tempel (500 m)
Ridge Rd
Walkeshwar Marg
Banganga Tank (1,3 km)
1
6
7
8
9
11
12
13
16
17
18
22
23
26
27
28
29
30
31
32
34
36
37
39
A
B
C
D
E
F
G
5
6
7
8

Von Kalbadevi bis Mahalaxmi

Sehenswertes
- 1 Bombay Panjrapole ... E6
- 2 Dr. Bhau Daji Lad Mumbai City Museum ... G2
- 3 Haji Ali Dargah ... B1
- 4 Mahalaxmi Dhobi Ghat ... E1
- 5 Mahalaxmi-Tempel ... A2
- 6 Mani Bhavan ... B5
- 7 Mumba-Devi-Tempel ... F7
- 8 St. Teresa ... C6

Aktivitäten, Kurse & Touren
- Bharatiya Sangeet & Nartan Shikshapeeth ... (siehe 9)
- 9 Bharatiya Vidya Bhavan ... B6
- 10 Child Rights & You ... E1
- 11 H2O Water Sports Complex ... C7
- 12 Kaivalyadhama Ishwardas Yogic Health Centre ... D7
- 13 Sumeet Nagdev Dance Arts ... B6
- 14 Vatsalya Foundation ... E1
- 15 Yoga Kids by Shraddha ... A4

Schlafen
- 16 Hotel Kemps Corner ... A5

Essen
- 17 Badshah Snacks & Drinks ... F8
- 18 Café Moshe ... B5
- 19 Cafe Noorani ... B2
- 20 Haji Ali Juice Centre ... B2
- 21 Neel ... D1
- 22 New Kulfi Centre ... B6
- 23 Revival ... F8

Ausgehen & Nachtleben
- 24 Ghetto ... B2
- 25 Olive Bar & Kitchen ... D1

Shoppen
- 26 Anokhi ... B6
- 27 Bhuleshwar Market ... F7
- 28 BX Furtado & Sons ... E8
- 29 Chor Bazaar ... F6
- 30 Crawford Market ... F8
- Crossword ... (siehe 18)
- 31 DD Dupattawala ... F8
- Mangaldas Market ... (siehe 31)
- 32 Mini Market/Bollywood Bazaar ... F5
- 33 Shrujan ... A2
- 34 Zaveri Bazaar ... F7

Praktisches
- 35 Breach Candy Hospital ... A3
- 36 Foreigners' Regional Registration Office ... F8

Transport
- 37 Allibhai Premji Tyrewalla ... C5
- Citizen Travels ... (siehe 39)
- 38 Mumbai Central Bus Terminal (Hauptbusbahnhof) ... D4
- National CTC ... (siehe 38)
- 39 Private Fernbusse & Agenturen ... F8
- 40 Private Fernbusse & Ticketagenturen ... D3

siven Viertels, das die nördlichste Landspitze von Back Bay einnimmt. An seinem südlichsten Zipfel liegt zwischen Wohnblöcken versteckt eine der heiligsten und überraschenderweise friedlichsten Oasen Mumbais. Der **Banganga Tank** ist ein Areal voller ruhiger Tempel, badender Pilger, gewundener Straßen ohne Verkehr und malerischer alter Dharamsalas (Pilgerpensionen). Der Holzpfahl im Zentrum des Tanks gilt als Zentrum der Welt: Der Legende nach hat Rama den Tank geschaffen, indem er seinen Pfeil auf die Erde schoss. Vom **Kamala Nehru Park** bietet sich einer der schönsten Blicke auf Chowpatty und den anmutigen Marine Dr.

Gorai Island

★ Global Pagoda WAHRZEICHEN
(www.globalpagoda.org; Gorai; ⌚9–19 Uhr, Meditationskurse 11 & 16 Uhr) GRATIS Bei dem atemberaubenden Gebäude, das wie eine Fata Morgana über dem schmutzigen Gorai Creek und dem üppig grünen, wenn auch lärmenden Gelände der Vergnügungsparks Esselworld und Water Kingdom in den Himmel ragt, handelt es sich um einen goldenen, 96 m hohen Stupa, für den die Shwedagon-Pagode in Myanmar Modell stand. Die Kuppel, unter der 8000 Gläubige Platz finden und die mehrere Buddha-Reliquien beherbergt, wurde ganz ohne Träger nach dem uralten Prinzip von ineinandergreifenden Steinen gebaut. Damit verbannt sie in der Kategorie „weltweit größte ungestützte Kuppel" den Gol Gumbaz in Bijapur auf Platz 2. Auf dem Gelände befindet sich außerdem ein Museum über das Leben und die Lehren Buddhas. In der Pagode bietet der Meditationslehrer S.N. Goenka zweimal täglich kostenlos einen 20-minütigen Meditationsunterricht an. Ein Meditationszentrum vor Ort hat zehntägige Meditationskurse im Angebot.

Hin kommt man mit dem Zug von Churchgate nach Borivali (den Westausgang

ABSEITS DER ÜBLICHEN PFADE

SANJAY GANDHI NATIONAL PARK

Kaum zu glauben: In Mumbai kann man dem Tumult der Großstadt in nur 90 Minuten entkommen. So lange braucht man, um diesen 104 km² großen, **unter Naturschutz stehenden Tropenwald** (☎28866449; Borivali; Erw./Kind 30/15 ₹, Fahrzeug 100 ₹, Eintritt für Safari 50 ₹; ⏲Di–So 7.30–18 Uhr, letzter Einlass 16 Uhr) zu erreichen. Am nördlichen Ende der Stadt treten hier, umgeben von bewaldeten Hügeln, üppige Flora, Vögel, Schmetterlinge und wild lebende Leoparden an die Stelle von Schmutz und Menschenmassen. Die städtebauliche Entwicklung drängt immer dichter an den Rand des Naturschutzgebiets heran, doch der Status als Nationalpark sorgt dafür, dass es hier grün und ruhig bleibt.

Zum Zeitpunkt der Recherche war zum Schutz der wilden Tiere ein Wanderverbot in Kraft, im Rahmen einer von BNHS organisierten Tour (S. 63) kommt man aber trotzdem in den Wald. Wer den Park auf eigene Faust erkunden möchte, kann mit dem Shuttle zum Shilonda-Wasserfall und den beiden Seen Vihar und Tulsi (mit Bootsverleih) fahren, eine Löwen- und Tigersafari machen (ein Zoobesuch ist nicht viel anders) oder – die spannendste Option – das Shuttle zu den **Kanheri-Höhlen** (Eintritt/Shuttle hin & zurück 5/30 ₹) nehmen, einer Ansammlung von 109 Wohn- und Klosterhöhlen für buddhistische Mönche, die 6 km hinter der Parkgrenze liegen. Die Höhlen (nicht alle sind zugänglich) wurden ab dem 1. Jh. v. Chr. über einen Zeitraum von 1000 Jahren erschlossen und waren Teil eines ausgedehnten klösterlichen Universitätskomplexes. An die Ajanta-Höhlen kommen sie zwar nicht ran, ein Besuch lohnt sich aber allemal.

Gleich hinter dem Haupteingang im Norden gibt's ein Informationszentrum mit einer kleinen Ausstellung über die Tiere des Parks. Vögel können am besten zwischen Oktober und April beobachtet werden, Schmetterlinge lassen sich von August bis November blicken.

nehmen). Von dort geht's mit der Autorikscha (40 ₹) weiter zum Fähranleger, wo die Fähren nach Esselworld (hin & zurück 35 ₹) alle 30 Minuten ab- bzw. anlegen. Die letzte Fähre zur Pagode geht um 17.25 Uhr.

Elephanta Island

Elephanta Island (http://asi.nic.in/; Inder/Ausländer 10/250 ₹; ⏲Höhlen Di–So 9–17 Uhr), auch bekannt als Gharapuri, liegt 9 km nordöstlich vom Gateway of India mitten im Hafen von Mumbai. Ihre Felsentempel gehören zum Unesco-Welterbe und lohnen den Weg übers Wasser. Das Labyrinth aus Höhlentempeln, das in die Basaltfelsen der Insel geschlagen wurde, beherbergt einige der beeindruckendsten Tempelreliefs Indiens. Der Haupttempel, ein umwerfendes Netz aus Höfen, Hallen, Säulen und Schreinen, ist Shiva geweiht. Die Hauptattraktion ist die 6 m hohe Statue des Sadhashiva – ein dreiköpfiger Shiva als Zerstörer, Schöpfer und Bewahrer des Universums, der seine Augen in ewiger Einkehr geschlossen hat.

Die Tempel wurden wahrscheinlich zwischen 450 und 750 n. Chr. angelegt. Damals hieß die Insel noch Gharapuri (Ort der Höhlen). Wegen des großen Steinelefanten in Ufernähe tauften die Portugiesen die Insel Elephanta. Die Trümmer des 1814 in sich zusammengefallenen Standbilds wurden von den Briten in den Jijamata Udyan in Mumbai gebracht. Vor Ort gibt es ein kleines **Museum** mit informativen Bildtafeln zu den Ursprüngen der Höhlen.

Am Bootsanleger warten fragwürdige Guides, die aggressiv versuchen, Besuchern ihre überteuerten Dienste aufzuschwatzen. Diese sind eigentlich ohnehin überflüssig. Stattdessen holt man sich lieber die englischsprachige Broschüre *A Guide to the Elephanta Caves* von Pramod Chandra, die an den Ständen entlang der Treppe verkauft wird.

Barkassen (Karte S. 50; Touristen-/Luxusklasse 120/150 ₹) fahren zwischen 9 und 15.30 Uhr jede halbe Stunde vom Gateway of India nach Gharapuri. Fahrkarten gibt's an den Ticketständen am Apollo Bunder. Die Fahrt dauert eine gute Stunde.

Die Boote legen am Ende eines Piers aus Beton an. Von hier aus kann man entweder zu Fuß zu den **Treppen** (Eintritt 10 ₹) gehen, die hinauf in die Höhlen führen, oder den **Miniaturzug** (10 ₹) nehmen. Die Treppe ist von Souvenirständen gesäumt und wird von nervtötenden Affen patrouilliert. Gutes Schuhwerk ist ein Muss. Die Stufen führen ziemlich steil nach oben – die Mittagshitze also besser meiden.

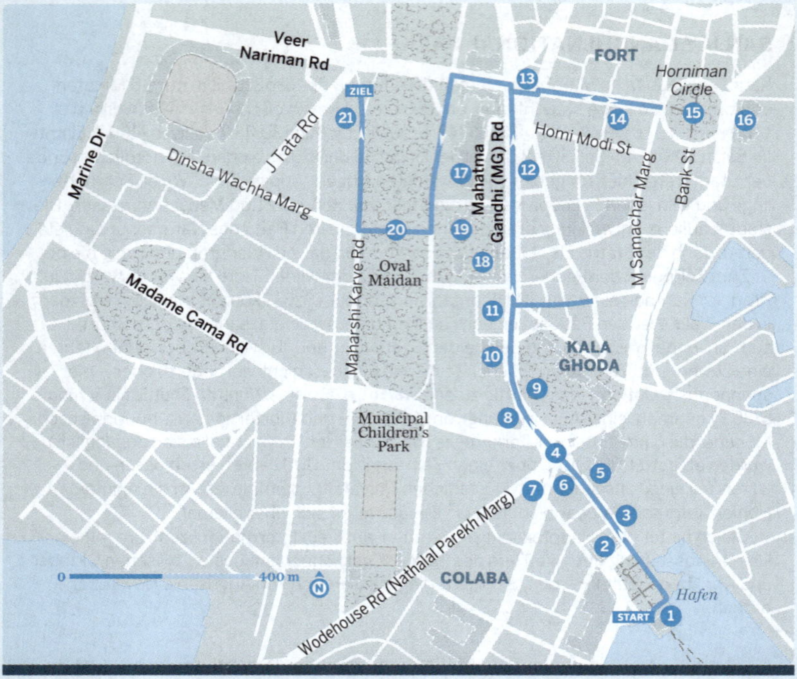

Spaziergang **Architektur in Mumbai**

START GATEWAY OF INDIA
ZIEL EROS CINEMA
STRECKE 2,5 KM
DAUER 1½ STD.

Charakteristisch für Mumbai ist die Mischung aus Kolonial- und Art-déco-Architektur.

Start ist am 1 **Gateway of India** (S. 49). Es geht auf der Chhatrapati Shivaji Marg entlang, vorbei am kolonialzeitlichen 2 **Royal Bombay Yacht Club** und dem im Art-déco-Stil errichteten Wohn- und Geschäftskomplex 3 **Dhunraj Mahal**, Richtung 4 **Regal Circle**. Den besten Blick auf die Gebäude ringsum hat man von der Mitte des Circle, darunter sind das 5 **Sailors Home** von 1876, das im Art-déco-Stil gebaute 6 **Regal-Kino** (S. 81) und das 7 **Majestic Hotel**. Weiter geht's die MG Rd entlang, vorbei an der renovierten Fassade der 8 **National Gallery of Modern Art** (S. 53). Gegenüber ist das 9 **Chhatrapati Shivaji Maharaj Vastu Sangrahalaya** (S. 50). Auf der anderen Straßenseite liegen das romanische 10 **Elphinstone College** und der 11 **David Sassoon Library & Reading Room**, wo Mitglieder nachmittags auf dem Balkon in Liegestühlen Pause machen. Weiter im Norden kann man das Art-déco-Gebäude der 12 **New India Assurance Company** bewundern. Etwas weiter befindet sich auf einer Verkehrsinsel die 13 **Flora Fountain** mit ihrer Abbildung der römischen Blumengöttin. Der Weg führt nun nach Osten auf die Veer Nariman Rd, die zur 14 **St.-Thomas-Kathedrale** (S. 53) und zum 15 **Horniman Circle** führt, ein Gebäudering mit Arkaden, der in den 1860er-Jahren angelegt wurde. An der Ostseite steht die neoklassische 16 **Town Hall**. Danach geht's wieder zurück zur Flora Fountain und von dort nach Westen auf die Bhaurao Patil Marg, von der man den 17 **High Court** (S. 51) und die 18 **Universität von Mumbai** (S. 51) erblickt. Den 80 m hohen 19 **Rajabai-Uhrenturm** kann man am besten von der Mitte des 20 **Oval Maidan** betrachten. Wer sich umdreht, kann die Kolonialgebäude mit den Art-déco-Prachtstücken vergleichen, die die Maharshi Karve (MK) Rd säumen und ihren Höhepunkt im Turm des 21 **Eros Cinema** (S. 81) finden.

Aktivitäten

★ Tierbeobachtung — TIERBEOBACHTUNG

In Mumbai gibt's erstaunlich gute Möglichkeiten, Vögel und Schmetterlinge zu beobachten. Der **Sanjay Gandhi National Park** (Karte S. 58) ist bekannt für seine Waldvögel, und in der Marschlandschaft des Industriegebiets Sewri (sprich schef-rie) wimmelt es im Winter nur so von Vögeln, darunter auch rosafarbene Flamingos. Bei der exzellenten **Bombay Natural History Society** (BNHS; Karte S. 54; ☎22821811; www.bnhs.org; Hornbill House, gegenüber Lion Gate, Shahid Bhagat Singh Marg; ⏰Mo–Fr 9–17.30 Uhr) sowie bei Sunjoy Monga von **Yuhina Eco-Media** (☎9323995955; sunjoymonga@gmail.com) kann man sich über bevorstehende Touren informieren. Die Angebote des BNHS sind auch online zu finden. Bücher über die Flora und Fauna der Region gibt's im BNHS-Shop.

Outbound Adventure — OUTDOORAKTIVITÄTEN

(☎26315019; www.outboundadventure.com) Dieser Anbieter veranstaltet von Juli bis Anfang September eintägige Rafting-Touren (2000 ₹/Pers.) auf dem Ulhas bei Karjat, 88 km südöstlich von Mumbai. Nach starken Regenfällen können die Stromschnellen den Schwierigkeitsgrad III+ erreichen. Normalerweise ist das Raften hier aber eine eher gemächliche Angelegenheit, wenn auch mit viele Kurven und Zickzackkursen. OA organisiert auch Camping (pro Tag ab 1500 ₹/Pers.) und Kanutouren.

Wild Escapes — WANDERN

(☎66635228; www.wild-escapes.com) Bietet am Wochenende Wanderungen zu Festungen, Wasserfällen etc. in ganz Maharashtra an (ab 1500 ₹).

Freiwilligenarbeit

Child Rights & You — FREIWILLIGENARBEIT

(CRY; Karte S. 58; ☎23096845; www.cry.org; 189A Anand Estate, Sane Guruji Marg, Mahalaxmi) Child Rights & You sammelt Spenden für Hunderte Projekte im ganzen Land, die benachteiligten Kindern helfen. Freiwillige können bei Kampagnen (online oder vor Ort), Recherchen, Umfragen, in der Medienarbeit und gelegentlich auch bei der Arbeit mit Kindern direkt mithelfen. Man muss sich allerdings für mindestens sechs Wochen verpflichten.

Vatsalya Foundation — FREIWILLIGENARBEIT

(Karte S. 58; ☎24962115; www.thevatsalyafoundation.org; Anand Niketan, King George V Memorial, Dr E Moses Rd, Mahalaxmi) Die Vatsalya Foundation widmet sich vor allem der gesellschaftlichen Wiedereingliederung von Mumbais Straßenkindern. Es gibt Möglichkeiten für längere oder auch kürzere Engagements im Sport- und Bildungsbereich.

Welfare of Stray Dogs — FREIWILLIGENARBEIT

(Karte S. 54; ☎64222838; www.wsdindia.org; Yeshwant Chambers, B Bharucha Rd, Kala Ghoda) Diese Organisation hilft Straßenhunden und versucht, Krankheiten wie Tollwut auszurotten. Außerdem sterilisiert sie Tiere, klärt die Öffentlichkeit über herrenlose Tiere auf und sucht nach einem neuen Zuhause für sie. Freiwillige können mit Hunden Gassi gehen, die Zwinger säubern, Tiere behandeln, Lagerbestände verwalten, Schulkinder im Rahmen von Schulprojekten über das Thema aufklären oder Spenden sammeln.

Kurse

★ Yoga Institute — YOGA

(Karte S. 68; ☎26122185; www.theyogainstitute.org; Shri Yogendra Marg, Prabhat Colony, Santa Cruz East; 1./2. Monat 570/400 ₹) Auf dem friedvollen, begrünten Gelände in der Nähe von Santa Cruz bietet das fast 100 Jahre alte Yoga Institute Kurse für einen Tag, ein Wochenende, eine Woche oder – für alle, die länger hier sind – sogar für längere Zeiträume an. Man kann sich auch zum Yogalehrer ausbilden lassen (Voraussetzung ist der 7-tägige Kurs).

★ Bharatiya Vidya Bhavan — SPRACHE, MUSIK

(Karte S. 58; ☎23871860; 2. Stock, Ecke KM Munshi Marg & Ramabai Rd, Girgaum; 500 ₹/Std.; ⏰16–20 Uhr) Der warmherzige, weltoffene Professor Shukla gibt mit seinen 80 Jahren noch immer Privatunterricht in Hindi, Marathi, Gujarati und Sanskrit. Wer hier länger lernen möchte, kann einen besseren Preis aushandeln. Im Bhavan ist auch das **Bharatiya Sangeet & Nartan Shikshapeeth** (Institut für indische Musik & indischen Tanz; Karte S. 58; bhavansangeet@gmail.com; 2-mal pro Woche Unterricht 1000–5000 ₹/Monat; ⏰16–20 Uhr) untergebracht. Für den fortlaufenden Gruppenunterricht oder Privatstunden in Tabla, Gesang (von klassischem Hindustani-Gesang bis hin zu Playback), Sitar, *sarangi* oder die klassischen Tänze Kathak und Orissi wendet man sich einfach an den freundlichen Professor Ghosh. Er ist der Direktor hier und hat als Komponist und Musiker sogar schon einen Grammy gewonnen.

Yoga House YOGA
(Karte S. 68; ☎ 65545001; www.yogahouse.in; 53 Chimbai Rd, Bandra; Kurs 600 ₹; ⏲ 8–22 Uhr) In diesem heimeligen, westlich orientierten Yogazentrum werden die verschiedensten Yogatraditionen gelehrt. Das Zentrum ist in einem portugiesischen Bungalow direkt am Meer untergebracht und hat auch ein reizendes Café.

Kaivalyadhama Ishwardas Yogic Health Centre YOGA
(Karte S. 58; ☎ 22818417; www.kdhammumbai.org; 43 Marine Dr; ⏲ Mo–Sa 6–19 Uhr) Hier werden täglich mehrere Yogakurse angeboten sowie Workshops und spezielle Programme. Die Gebühren setzen sich aus einem monatlichen Mitgliedsbeitrag von 600 ₹ und einer Kursgebührt von 500 ₹ zusammen. Vor dem ersten Kurs muss man sich vor Ort medizinisch untersuchen lassen. Zurückhaltend kleiden.

Iyengar Yogashraya YOGA
(☎ 24948416; www.bksiyengar.com; Elmac House, 126 Senapati Bapat Marg, Lower Parel; 1½-stündiger Kurs 150 ₹) Hier werden Kurse nach der BKS-Iyengar-Yogatradition angeboten. Keine Anmeldung erforderlich.

Sumeet Nagdev Dance Arts TANZ
(☎ 24366777; www.sumeetnagdevdancearts.in; Silver Cascade Building, SB Marg, Dadar West; 1-stündiger Kurs 400 ₹) SNDA hat ein riesiges Angebot an Tanzkursen, von zeitgenössisch über Ballett bis hin zu Kalaripayattu (Kampfsportart aus Kerala) und Bollywood. Selbst wenn ein Kurs schon begonnen hat (und wenn man in der Lage ist, schnell zu lernen), kann man noch einsteigen; am besten vorher anrufen. Die Kurse werden auch im **Studio in Chowpatty** (Karte S. 58; Studio Balance, Krishna Kunj, 29/30 km Munshi Marg) angeboten.

Geführte Touren

Der englischsprachige Stadtführer *Ten Heritage Walks of Mumbai* (395 ₹) von Fiona Fernandez beschreibt tolle Stadtspaziergänge und punktet mit faszinierenden historischen Hintergrundinformationen. Die Fahrt mit einem Doppeldecker ist günstig und dazu eine überraschend gute Möglichkeit, South Mumbai zu sehen.

Die Touristeninformation des Government of India (S. 84) hat eine Liste mit mehrsprachigen zertifizierten Guides. Die meisten nehmen für ihre Dienste 750/950 ₹ für einen halben/ganzen Tag.

Reality Tours & Travel SLUM-TOUR
(Karte S. 50; ☎ 9820822253; www.realitytoursandtravel.com; 1. Stock, Akbar House, Nawroji F Rd, Colaba; kurze/lange Dharavi-Tour 650/1200 ₹) Bei den sozial verträglichen Touren nach Dharavi ist das Fotografieren strengstens verboten. 80 % der durch die Tour nach Steuern eingenommenen Beträge gehen an die agentureigene NGO **Reality Gives** (www.realitygives.org). Diese Nichtregierungsorganisation betreibt in Dharavi einen Kindergarten und ein Gemeindezentrum. Es werden auch Ausflüge in Dörfer und Radtouren durch Mumbai angeboten. Der Eingang zum Büro führt durch den SSS-Eckladen.

Bombay Heritage Walks STADTSPAZIERGANG
(☎ 23690992, 9821887321; www.bombayheritagewalks.com) Die von zwei enthusiastischen Architekten angebotenen Touren sind Mumbais beste Wahl für historische Stadtspaziergänge. Zweistündige Führungen kosten 2000 ₹ (bis zu 4 Pers.), längere Touren kosten 3000 ₹ (bis 3 Pers.). Als Erinnerung gibt's ein praktisches kleines Geschenk.

Mumbai Magic Tours STADTFÜHRUNG
(☎ 9867707414; www.mumbaimagic.com; 2-stündige Tour 1500 ₹/Pers.) Die Autoren des fantastischen Blogs Mumbai Magic (www.mumbaimagic.blogspot.com) haben diese Touren zusammengestellt. Der Schwerpunkt liegt u. a. auf Marktbesuchen, traditionellen Tanz- und Musikformen sowie jüdischem Erbe. Es werden viele Orte besucht, die man alleine nie finden würde.

Nilambari Bus Tours BUSTOUR
(MTDC; 1-stündige Tour 150 ₹; ⏲ Sa & So 19 & 20.15 Uhr) Auf dieser von Maharashtra Tourism an Wochenenden veranstalteten Bustour kommt man im Cabrio-Bus an zahlreichen beleuchteten historischen Gebäuden vorbei. Abfahrt ist am MTDC-Stand (S. 84) und am MTDC-Büro (S. 84). Dort können auch die Tickets gekauft werden.

Bootsfahrten BOOTSFAHRT
(☎ 22026364; ⏲ 8–20 Uhr) Eine Fahrt durch den Hafen ist eine gute Möglichkeit, der Stadt zu entfliehen und den Gateway of India von seiner Schokoladenseite zu bewundern – so wie es eigentlich gedacht ist. Die halbstündigen Fährfahrten (70 ₹) starten am Gateway of India; die Tickets gibt's auch dort.

H2O Water Sports Complex BOOTSFAHRT
(Karte S. 58; ☎ 23677584; www.drishtiadventures.com; Marine Dr, Mafatlal Beach; Bootstour pro

Pers. Tag/Nacht 400/500 ₹; ⏲ Sept.–Mai 10–22 Uhr) Organisiert tagsüber und am Abend 45-minütige Bootsfahrten; abgelegt wird erst, wenn die Mindestanzahl von vier Passagieren erreicht ist. Ebenfalls im Angebot: Kajakfahren und Parasailing.

Schlafen

In Mumbai kommen Traveller nicht mit demselben Reisebudget aus wie anderswo im Land. Die Unterkünfte hier sind die teuersten in Indien und man hat nur selten das Gefühl, für sein Geld eine angemessene Unterkunft zu bekommen. Willkommen in der Immobilienwelt Mumbais!

Colaba ist kompakt, hat die lebendigste Travellerszene und viele Budget- und Mittelklasseunterkünfte. Das Fort-Viertel ist weitläufiger und näher an den Bahnhöfen (CST und Churchgate). Die meisten der gehobenen Hotels befinden sich am Marine Drive und in den Vororten. Juhu und Bandra haben ein gutes Nachtleben, den Juhu Beach und Shoppingmöglichkeiten. Egal wo: Eine Reservierung ist immer empfehlenswert.

Die hier genannten Preise für Fünf-Sterne-Hotels sind die Standardtarife, je nach Auslastung gibt's die Zimmer aber bis zu 50 % günstiger.

Wer bei einer einheimischen Familie übernachten möchte, bekommt bei **Indiatourism** (www.incredibleindia.com) eine Liste der Familien in der Stadt, die bei Mumbais **Gastfamilien- & B&B-Programm** (EZ/DZ ab 400/800 ₹) mitmachen.

Colaba

Carlton Hotel HOTEL $

(Karte S. 50; ☎22020642; 1. Stock, Florence House, Mereweather Rd; EZ/DZ/3BZ/4BZ ohne Bad ab 900/1400/2150/2850 ₹, EZ/DZ mit Klimaanlage 2750/2950 ₹) Die Zimmer hier sind etwas sonderbar und abgewohnt und es gibt etwa 100 verschiedene Badszenarien (die meisten Zimmer haben Gemeinschaftsduschen, diese wurden aber erst kürzlich renoviert). Andererseits gibt's alte Fliesenböden, Deckenbalken und Geländer aus Holz, einen begrünten Balkon mit Blick auf das kolonialzeitliche Colaba sowie alte, glanzvolle Bilder von Göttern. Eine interessante Mischung also.

Salvation Army Red Shield Guest House PENSION $

(Karte S. 50; ☎22841824; red_shield@vsnl.net; 30 Mereweather Rd; B inkl. Frühstück 250 ₹, DZ/3BZ/4BZ inkl. Frühstück & Mittagessen 850/1150/1600 ₹; ❄@) Das „Salvies" ist eine bei Rupienfuchsern beliebte Institution. Die großen, spartanisch eingerichteten Schlafsäle sind sauber, können allerdings nicht im Voraus gebucht werden. Am besten ist man kurz nach dem Check-out um 9 Uhr hier, um sich ein Plätzchen zu sichern. Zapfenstreich ist um Mitternacht.

Sea Shore Hotel PENSION $

(Karte S. 50; ☎22874237; 4. Stock, Kamal Mansion, Arthur Bunder Rd; EZ/DZ ohne Bad ab 624/988 ₹) Die winzigen Zimmer des Sea Shore sind einfach, aber qualitativ fast so gut wie ein Hotel und die Gemeinschaftsbäder sind überraschend stylish. Die Zimmer, die nach innen gehen, haben keine Fenster. Die (schmutzigen und winzigen) Fenster der Zimmer zur Straße hin bieten dafür einen unbezahlbaren Blick auf Mumbais Hafen. Das **India Guest House** (Karte S. 50; ☎22833769; EZ/DZ ohne Bad 416/520 ₹) im Erdgeschoss hat dieselben Besitzer und ähnliche Bäder, aber nicht so schöne Zimmer.

★ **YWCA** PENSION $$

(Karte S. 50; ☎22025053; www.ywcaic.info; 18 Madame Cama Rd, Colaba; EZ/DZ/3BZ/4BZ mit Klimaanlage inkl. Halbpension 2126/3150/4462/6301 ₹; ❄@📶) Das YWCA ist makellos – die Zimmer werden jeden Tag penibel geschrubbt – und das Preis-Leistungs-Verhältnis ist unglaublich: Man bezahlt hier gute 1000 ₹ weniger als in den meisten anderen Unterkünften dieser Kategorie und es gibt Frühstück, Abendessen, frühmorgens frischen Tee, kostenloses WLAN … und sogar eine Zeitung! Wenn nur nicht diese lange Liste grenzwertiger, übertrieben strikter Regeln wäre, die viele Gäste abschreckt.

Bentley's Hotel HOTEL $$

(Karte S. 50; ☎22841474; www.bentleyshotel.com; 17 Oliver Rd; Zi. inkl. Frühstück 1675–2295 ₹, mit Klimaanlage 1990–2610 ₹; ❄) Wer hier einmal übernachtet hat, wird das Bentley's lieben oder hassen – je nachdem in welchem der fünf Gebäude man gelandet ist. Henry Rd und JA Allana Marg sollte man meiden. Die drei Gebäude auf der Oliver Rd sind gut, am besten ist aber das Hauptgebäude, dessen große Zimmer mit altmodischen Bodenfliesen und Holzmöbeln aufwarten und einen kolonialen Charme versprühen.

Regent Hotel HOTEL $$

(Karte S. 50; ☎22021518; www.regenthotelcolaba.com; 8 Best Marg; Zi. mit Klimaanlage inkl. Frühstück 4579–5284 ₹; ❄@📶) In dem freundlichen Hotel mit arabischem Touch gibt's jede Menge Marmor und sanfte Beigetöne. Aus den teureren Zimmern der oberen Etagen blickt man auf grüne Bäume. Der im Retro-Stil eingerichtete Frühstücksbereich nimmt den ganzen Flur des 1. Stockes ein, die Zimmer 101 bis 110 sind deshalb zum Ausschlafen nicht geeignet.

Hotel Moti PENSION $$

(Karte S. 50; ☎22025714; hotelmotiinternational@yahoo.co.in; 10 Best Marg; EZ/DZ/3BZ mit Klimaanlage 3000/3200/4500 ₹; ❄@) Die Zimmer in diesem Gebäude aus der Kolonialzeit, dessen anmutige Fassade nach und nach abbröckelt, sind einfach und leicht überteuert. Sie sind aber alle mit Kühlschränken ausgestattet, riesig und/oder versprühen – etwa durch ihre verzierten Stuckdecken – einen subtilen Charme. Das Hotel mitten im Herzen von Colaba ist zwar ein Familienbetrieb, der Service lässt aber Berichten zufolge zu wünschen übrig.

★ Taj Mahal Palace, Mumbai HISTORISCHES HOTEL $$$

(Karte S. 50; ☎66653366; www.tajhotels.com; Apollo Bunder; EZ/DZ Turm ab 27 887/29 649 ₹, Palast ab 38 162/39 923 ₹; ❄@📶🏊) Mit den geschwungenen Bögen, den Treppenaufgängen und den Kuppeln wirkt das Taj tatsächlich wie ein Palast. Nach den verheerenden Terroranschlägen auf das Hotel im Jahr 2008 wurden etwa 285 Zimmer aufwendig in traumhaften Fuchsien-, Safran- und Grüntönen restauriert (und die Sicherheitsmaßnahmen auf Fort-Knox-Niveau angehoben). Die Zimmer im Turm („Tower") haben zwar nicht dieselben historischen Details, dafür bieten sie einen spektakulären, uneingeschränkten Blick auf den Gateway. Die legendäre Harbour Bar des Hotels (S. 76) war die erste Bar in Mumbai mit Alkohollizenz.

Hotel Suba Palace HOTEL $$$

(Karte S. 50; ☎22020636-9; www.hotelsubapalace.com; Battery St; EZ/DZ mit Klimaanlage inkl. Frühstück 5519/6341 ₹; ❄📶) Das Suba Palace ist nah dran, ein Boutiquehotel zu sein. Hier ist alles in neutralen Farbtönen gehalten, von den winzigen, taupefarbenen Duschfliesen in den modernen Badezimmern bis hin zu den geschmackvoll eingerichteten Zimmern mit cremefarbenen Deckenleisten und Kopfbrettern, die mit einem beigefarbenen Stoff mit Zebramuster überzogen sind. WLAN gibt's kostenlos dazu. Komfortabel, ruhig und zentral gelegen.

Fariyas Hotel HOTEL $$$

(Karte S. 50; ☎61416141; www.fariyas.com; 25 D Vyas Marg; Zi. mit Klimaanlage inkl. WLAN ab 11 742 ₹; @📶🏊) Ein elegantes, freundliches Hotel mit geschmackvoll eingerichteten Zimmern im traditionellen Stil und einem kleinen Pool, der auch Nicht-Gästen offen steht (780 ₹/Tag). Für ein Zimmer mit Blick auf den Hafen bezahlt man etwas mehr. Das Fariyas liegt in einer ruhigen Wohnstraße nahe dem Meer in einer angenehmen Entfernung zum Trubel der Stadt.

Ascot Hotel HOTEL $$$

(Karte S. 50; ☎66385566; www.ascothotel.com; 38 Garden Rd; Zi. mit Klimaanlage inkl. Frühstück ab 7045 ₹; ❄@📶) Im gut konzipierten Ascot trifft Marmor auf Moderne. Die Zimmer sind luftig und haben riesige Kopfbretter, Badewannen, Schreibtische und jede Menge Sonnenlicht – die, die nach vorne hinaus gehen, haben einen schönen Ausblick auf grüne Bäume. WLAN gibt's auch (300 ₹/Tag).

Fort-Viertel & Churchgate

Hotel Lawrence PENSION $

(Karte S. 54; ☎22843618; 3. Stock, ITTS House, 33 Sai Baba Marg; EZ/DZ/3BZ ohne Bad inkl. Frühstück 700/850/1050 ₹) In einer kleinen Seitenstraße versteckt sich dieses Hotel mit seinen sauberen Zimmern, die bei meditierenden Budgettravellern beliebt sind. Das Management ist bekannt dafür, seine moralischen Wertvorstellungen den Gästen nachdrücklich zu vermitteln.

Traveller's Inn HOTEL $

(☎22644685; 26 Adi Marzban Path; B/DZ 628/1579 ₹, DZ mit Klimaanlage inkl. Frühstück 2260 ₹; ❄@📶) Die in einer ruhigen, von Bäumen gesäumten Straße gelegene hohe, aber schmale Pension hat winzige Zimmer und noch winzigere Bäder mit Regenduschen. Dafür ist es hier picobello sauber und die Lage ist gut. In der Lobby gibt's kostenloses WLAN.

Hotel Oasis HOTEL $$

(Karte S. 54; ☎30227886-9; www.hoteloasisindia.in; 276 Shahid Bhagat Singh Rd; Zi. ab 1620 ₹; ❄) Eine freundliche Unterkunft mit unglaublich kleinen Zimmern, die dringend nach einem neuen Anstrich verlangen. Außerdem sind einige der Standardzimmer etwas dunkel. Die Räume sind aber makellos sauber und liegen nur einen Steinwurf vom CST entfernt. Das verrückte, pastellfarbene Design vermittelt den Eindruck, in eine Eiswaffel gefallen zu sein. Und zwar im positiven Sinne.

Sea Green Hotel HOTEL $$
(Karte S. 54; ☎66336525; www.seagreenhotel.com; 145 Marine Dr; EZ/DZ ab 3974/5063 ₹) Dieses hervorragende Art-déco-Hotel hat genau wie sein Zwilling, das **Sea Green South** (Karte S. 54; ☎22821613; www.seagreensouth.com; 145A Marine Dr; EZ/DZ ab 3974/5063 ₹), großzügige, aber spartanisch eingerichtete Zimmer mit Klimaanlage. Die Gebäude stammen aus den 1940er-Jahren und dienten als Unterkünfte für britische Soldaten. Die Zimmer mit Meerblick kosten gleich viel wie die ohne.

CST-Ruheräume BAHNHOFSRUHERÄUME $$
(Karte S. 54; B/DZ mit Klimaanlage 540/1600 ₹) Wer ein Zugticket hat, kann versuchen, für eine Nacht einen der netten und überraschend ruhigen Ruheräume (*retiring rooms*) im VT zu ergattern. Die Anmeldung erfolgt am Informationsschalter bzw. im Büro des Bahnhofsvorstehers.

Residency Hotel HOTEL $$
(Karte S. 54; ☎22625525; www.residencyhotel.com; 26 Rustom Sidhwa Marg; EZ/DZ mit Klimaanlage inkl. Frühstück ab 3640/3875 ₹; ❄@📶) Jüngste Renovierungsarbeiten haben das freundliche Residency in ein modernes, stilvolles Designer-Hotel mit Ambientebeleuchtung, Regenduschen und lederverkleideten Aufzügen verwandelt. Die Zimmer sind mit Kühlschränken, Flachbild-TVs, Hausschuhen und WLAN-Empfang (in den teureren Zimmern kostenlos) ausgestattet. Allerdings gibt's ab und zu Nachlässigkeiten (warum nur ein Handtuch für ein Doppelzimmer?), die in einem Hotel dieser Preisklasse nicht vorkommen sollten.

Welcome Hotel HOTEL $$
(☎6631488; welcomehotel@gmail.com; 257 Shahid Bhagat Singh Rd; EZ/DZ inkl. Frühstück ab 3082/3611 ₹, ohne Bad ab 1644/1820 ₹; ❄📶) Der Service ist zwar noch ausbaufähig, die Zimmer sind aber einfach und frisch, und die Gemeinschaftsbäder sind hübscher als viele private Bäder anderswo. Die Executive-Zimmer im oberen Stock sind mehr Boutique als Mittelklasse und mehr L. A. als Bombay. Kostenloses WLAN.

Trident HOTEL $$$
(Oberoi Hotel; Karte S. 54; ☎66324343; www.tridenthotels.com; Marine Dr; EZ/DZ ab 22016/23480 ₹; ❄@📶🏊) Das Trident gehört zusammen mit dem Oberoi zum Oberoi-Hotelkomplex. Im Hinblick auf den Preis und das schicke, schnittige Design der Restaurants, Bars und des Poolbereichs ist das Trident jedoch klarer Sieger. Auch die Zimmer sind ebenso cool wie die des Oberois, haben aber einen etwas urigeren Touch und kleinere Bäder.

West End Hotel HOTEL $$$
(Karte S. 54; ☎40839100; www.westendhotelmumbai.com; 45 New Marine Lines; EZ/DZ mit Klimaanlage ab 5871/7045 ₹; ❄📶) Die großzügigen Art-déco-Zimmer des West End haben schicke Betten und Balkone und mitunter einen etwas retromäßigen Touch. Zur Verteidigung des Managements ist zu sagen, dass dieser Look eher zufällig entstanden ist. Der Rest des Hotels ist altmodisch, was auch auf den Service (freundlich) und die Werbeslogans („Faire Preise") zutrifft. Wären die Zimmer ein klitzekleines bisschen günstiger, würde das Preis-Leistungs-Verhältnis tatsächlich die Note „sehr gut" erhalten.

InterContinental HOTEL $$$
(Karte S. 54; ☎39879999; www.intercontinental.com; 135 Marine Dr; Zi. inkl. Frühstück ab 22 897 ₹; ❄@📶🏊) Ein für InterContinental-Standards wirklich sehr schickes Hotel. Die in Erdfarben gehaltenen Deluxe-Zimmer mit Meerblick und ostasiatischem Chic sind groß und haben riesige Panoramafenster. Die Ecksuiten stehen der geschwungenen Eleganz des Marine Drive in nichts nach. Die Zimmer der unteren Kategorien müssen auf den tollen Blick verzichten. Das Restaurant Koh (S. 73) im Erdgeschoss serviert Thai-Gerichte mit einem ungewöhnlichen Touch und auf der Dachterrasse versorgt die stylishe Lounge Dome (S. 78) ihre Gäste mit Drinks.

Westliche Vororte

★ **Anand Hotel** HOTEL $$
(Karte S. 68; ☎26203372; anandhote@yahoo.co.in; Gandhigram Rd, Juhu; EZ/DZ mit Klimaanlage ab 2348/3875 ₹; ❄) Die Zimmer hier sind – mit ihren Stickbildern in den Zimmern, den stählernen Wäscheständern auf den Balkonen und den allgegenwärtigen Ganesha-Bildern – so sauber, anheimelnd und liebenswert altmodisch, dass man sich fast wie in einem privaten Apartment fühlt. Auch die

Westliche Vororte

Lage ist super: Das Hotel liegt in unmittelbarer Nähe des ISKCON-Tempels und über dem tollen Restaurant Dakshinayan.

★ Iskcon PENSION $$

(Karte S. 68; ☎26206860; guesthouse.mumbai@pamho.net; Hare Krishna Land, Juhu; EZ/DZ 3095/3495 ₹, mit Klimaanlage 3395/3995 ₹; ❄@📶) Die effizient geführte Pension befindet sich in Juhus lebhaftem ISKCON-Komplex. Von der Lobby blickt man auf den Tempel und die Zimmer sind mit *sankheda*-Möbeln (lackiertes Holz) aus Gujarat ausgestattet, manche von ihnen haben von hüb-

Westliche Vororte

schen Bogen überspannte Balkone. Krishnas Geburtstag (Janmastami; Aug.) und das Wagenfest (Rath Yatra; Jan.) werden hier groß gefeiert; auch das dreimal täglich zelebrierte *aarti* (Zeremonie zum Anzünden der Kerzen) ist etwas Besonderes.

Hotel Kemps Corner HOTEL $$
(Karte S. 58; ☎23634646; www.hotelkempscorner.com; 131 August Kranti Marg; EZ/DZ mit Klimaanlage inkl. Frühstück ab 2818/4697 ₹; ❄@📶) Ein Blick in die Zimmer (makellos saubere Bäder, neue TVs) und auf die Art und Weise, wie die Gäste behandelt werden (kostenloses Frühstück und WLAN, immer ein Lächeln auf den Lippen) und es ist sofort klar, dass dieses Hotel in Familienbesitz ist. Es liegt in schattiger Lage mitten im Modeparadies Kemp's Corner, wo es viel entspannter zugeht als in Colaba oder Fort. Zudem liegt es nur 2 km vom Haji Ali Dargah und Chowpatty entfernt.

Hotel Neelkanth HOTEL $$
(Karte S. 68; ☎26495566-9; 354 Linking Rd, Khar West; EZ/DZ ab 2231/2935 ₹; ❄) Die Zimmer im freundlichen Neelkanth sind unfreiwillig auf retro getrimmt, mit viel Marmor, verchromten Holzmöbeln und altmodischen, karierten Wolldecken (das peppige Logo nicht verpassen!). Es ist vielleicht das altmodischste Hotel in diesem Viertel, ganz sicher aber ist es in diesem Preissegment die einzige annehmbare Unterkunft in Bandra.

Hotel Columbus HOTEL $$
(Karte S. 68; ☎42144343; www.hotelcolumbus.in; 344 Nanda Patkar Rd, Vile Parle East, gegenüber BP; Zi. mit Klimaanlage ab 3523 ₹; ❄@📶) Das beste Mittelklassehotel nahe des Inlandsflughafens hat nicht mehr ganz taufrische (sprich abgewetzte) Zimmer, die aber eine heimelige Atmosphäre versprühen. Die Superdeluxe-Zimmer (4697 ₹) bieten stilvolle Details, Flachbild-TVs und einen Designer-Touch. In unmittelbarer Nähe liegt **Adar Udipi Refreshment** (Karte S. 68; Nehru Rd; Hauptgerichte 55–135 ₹; ⏲7–22.30 Uhr) mit guten vegetarischen Thalis (75 ₹).

★ **ITC Maratha** HOTEL $$$
(☎28303030; www.itchotels.in; Sahar Rd, Andheri East; EZ/DZ inkl. Frühstück ab 23 484/25 832 ₹; ❄@📶🏊) Dieses Fünf-Sterne-Hotel vereint Luxus und Indien-Feeling, von Gitterfenstern im Rajasthan-Stil rund ums Atrium über Seidenkissen auf den Betten bis hin zu den himbeerfarbenen und grauen Farbakzenten und dem Peshawri (S. 75), einem der besten Restaurants in Mumbai.

Juhu Residency BOUTIQUEHOTEL $$$
(Karte S. 68; ☎67834949; www.juhuresidency.com; 148B Juhu Tara Rd, Juhu; EZ/DZ mit Klimaanlage inkl. Frühstück & WLAN ab 5871 ₹; ❄@📶) Diese Unterkunft geht locker als Boutiquehotel durch. Das Juhu hat elegante Marmorböden, Premium-Zimmer mit riesigen Doppelbetten, dunkle Holzelemente und kunstvolle Tagedecken. Für die Gäste der gerade mal 18 Zimmer stehen gleich drei – gute! – Restaurants zur Verfügung. Eine tolle Wahl für all jene, die sich mal eine stilvolle Unterkunft mit Charakter gönnen wollen, ohne dafür gleich ein Vermögen hinblättern zu müssen.

Sun-n-Sand HOTEL $$$
(Karte S. 68; ☎66938888; www.sunnsandhotel.com; 39 Juhu Beach; Zi. mit Klimaanlage ab 10 568 ₹; ❄@📶🏊) Schon seit Jahrzehnten bietet das Sun-n-Sand Gastlichkeit in Strandnähe. Da überrascht es nicht, dass auch die Zimmer zum Meer hin die beste Wahl sind. Neben Swimmingpool, Palmen und Panoramafenstern mit Meerblick runden die Zimmer mit viel Seide und verschiedenen Orangetönen den guten Eindruck ab. Das Hotel liegt abseits der Juhu Tara Rd beim alten Holiday Inn. Die Preise schwanken in schwindelerregendem Maße.

Hotel Regal Enclave HOTEL $$$
(Karte S. 68; ☎67261111; www.regalenclave.com; 4th Rd, Khar West, nahe dem Khar Market; Zi. mit Klimaanlage inkl. Frühstück ab 6000 ₹) Dieses Hotel liegt traumhaft in einem extrem grünen Teil von Khar und in unmittelbarer Nähe zum Bahnhof (einige Zimmer haben Blick auf die Züge) sowie den besten Restaurants, Ausgeh- und Shoppingoptionen in Bandra gleich um die Ecke. Die Zimmer sind groß und hübsch, wenn auch etwas einfallslos ausgestattet. Es gibt einen kostenlosen Abholservice vom Flughafen.

Hotel Suba International BOUTIQUEHOTEL $$$
(Karte S. 68; ☎67076707; www.hotelsubainternational.com; Sahar Rd, Andheri East; EZ/DZ mit Klimaanlage inkl. Frühstück ab 8102/9394 ₹; ❄📶) Dieses „Boutique-Business-Hotel" liegt gerade einmal 1 km vom internationalen und 3 km vom Inlandsflughafen entfernt. Es ist in glänzendem Schwarz und schimmerndem Marmor gehalten und hat klare Linien, grobschlächtig-elegante Hartholzelemente und ein teils gewagtes Design. WLAN gibt's kostenlos. Das Schwesterhotel **Hotel Suba Galaxy** (Karte S. 68; ☎26821188; www.hotelsubagalaxy.com; NS Phadke Rd, Andheri East; EZ/DZ mit Klimaanlage inkl. Frühstück & WLAN ab 4110/7985 ₹; ❄📶) ist nicht ganz so toll, aber dennoch eine akzeptable Alternative.

Essen

In Mumbai treffen die Aromen Indiens auf internationale Trends und Geschmacksrichtungen. Die meisten preiswerten Lokale sind in Colaba zu finden; im Fort-Viertel und in Churchgate wird es dann etwas höherklassiger und je weiter man in Richtung Norden nach Mahalaxmi und in die westlichen Vororte kommt, desto internationaler und teurer werden die Restaurants.

Mumbais Straßenküche ist vielfältiger als viele westliche Kochtraditionen. Die Stände werden normalerweise am späten Nachmittag aufgebaut. Dann werden neben Chai auch frittierte Köstlichkeiten (wie etwa *vada pav*) angeboten. Die Preise liegen zwischen 10 und 25 ₹. Chowpatty ist der richtige Ort, um Mumbais berühmte *bhelpuri* zu probieren. Während des Ramadans säumen in der Nacht fantastische Straßenmärkte die Mohammed Ali Rd und die Merchant Rd in Kalbadevi.

Selbstversorger können sich auf dem **Colaba Market** (Karte S. 50; Lala Nigam St) mit frischem Obst und Gemüse eindecken. Gut sortierte Supermärkte sind der **Saharkari Bhandar Supermarket** (Karte S. 50; ☎22022248; Ecke Colaba Causeway & Wodehouse Rd; ⏲10–20.30 Uhr) und **Suryodaya** (Karte S. 54; ☎22040979; Veer Nariman Rd; ⏲8–20.30 Uhr).

Colaba

Hotel OCH INDISCH $
(Karte S. 50; Shahid Bhagat Singh Rd; Hauptgerichte 65–110 ₹, Thalis 65–105 ₹; ⏲7–22.30 Uhr) Unter den preiswerten Lokalen in Colaba ist dieses hier das beste. In einem an eine Cafeteria erinnernden Ambiente kommen gute Mittags-Thalis und am Abend *pav bhaji* auf den Tisch. Es ist bei Familien und den Polizisten von der Polizeiwache nebenan beliebt.

Bademiya MUGHLAI, FAST FOOD $$
(Karte S. 50; Tulloch Rd; leichte Gerichte 60–150 ₹; ⏲20–1.30 Uhr) Der einst winzige, unfassbar beliebte „Late-Night"-Straßenstand hat ganz schön expandiert. Seit Kurzem gibt es einen schmuddeligen Sitzbereich auf der gegenüberliegenden Straßenseite, ein kleines Lokal um die Ecke und ein Restaurant im Fort-Viertel – was nach Meinung vieler sein Untergang war. Zwar sind die Preise

gestiegen und die Portionen sind kleiner geworden, die würzigen, frisch zubereiteten Kebabs und Tikka-Röllchen sind spät nachts aber immer noch unglaublich lecker.

Theobroma CAFÉ $$
(Karte S. 50; Colaba Causeway; Pralinen 40–95 ₹, leichte Gerichte 180–200 ₹; ⏲7–24 Uhr) Zum Kaffee kann man hier formvollendete Kuchen, Torten und Brownies oder Sandwiches genießen. Das Gebäckangebot ändert sich regelmäßig und wer Glück hat, ist gerade dann hier, wenn es die portugiesischen Vanille-Zimt-Törtchen gibt (70 ₹). Das *akoori* (parsisches Rührei) mit grüner Mango ist eine tolle Brunchoption. Die **Filiale in Bandra** (Karte S. 68; 33rd Rd, nahe der Linking Rd; ⏲8–23.30 Uhr) ist groß, luftig und hat dasselbe Angebot.

Indigo FUSION $$$
(Karte S. 50; ☎66368980; www.foodindigo.com; 4 Mandlik Marg; Hauptgerichte 750–1100 ₹; ⏲12–15 & 18.30–24 Uhr) Colabas bestes Restaurant ist eine Gourmetoase mit kreativer europäischer Küche, einer langen Weinkarte, edlem Ambiente und einer fantastischen, mit Lichterketten geschmückten Dachterrasse. Besonders beliebt sind die ausgezeichneten Kiwi-Margaritas (465 ₹), die Cochin-Austern (765 ₹) und die in Zucchini eingewickelten Garnelen mit Polenta und Safranbutter (1100 ₹). Am Wochenende empfiehlt es sich, zu reservieren.

Koyla NORDINDISCH $$$
(Karte S. 50; www.koylaethniccuisine.com; 4. Stock, Kamal Mansion, Arthur Bunder Rd; Hauptgerichte 280–550 ₹; ⏲Di–So 19.30–1 Uhr) Ein Restaurant auf einer riesigen Dachterrasse mit Lichterketten, Pflanzen und mit Sand aufgeschütteten Wegen, die sich um die von Zelten geschützten Tische schlängeln. In der Ferne glitzern der Hafen und der Taj Palace. Auf der Speisekarte stehen vor allem Tikkas und Kebabs.

Basilico MEDITERRAN $$$
(Karte S. 50; ☎66345670; www.cafebasilico.com; Sentinel House, Arthur Bunder Rd; Hauptgerichte 360–690 ₹; ⏲9–1 Uhr) Das Basilico ist auf europäisch getrimmt und serviert kreative Steaks und frische Pasta, am bekanntesten ist es jedoch für seine vegetarischen Kreationen: hervorragende Gemüsesalate (z. B. mit gegrillter Artischocke; ab 250 ₹) und libanesische Fattoush – oder besondere Angebote wie würziger brauner Reis, gebackener Tofu oder grüner Salat mit Zitronen-Chili-Ingwer-Dressing. Die **Filiale in Bandra** (Karte S. 68; St John Rd, Pali Naka) hat Sitzgelegenheiten im Freien.

Indigo Delicatessen CAFÉ $$$
(Karte S. 50; Pheroze Bldg, Chhatrapati Shivaji Marg; Hauptgerichte 425–645 ₹; ⏲8.30–24 Uhr) Die Feinkostabteilung und Bäckerei des Indigo bietet coole Musik, ein freundliches Dekor und massive Holztische. Es gibt durchgängig Frühstück (155–385 ₹), kreative Sandwiches sowie andere einfache Gerichte, Kaffee aus der Cafetière – darunter auch aus Andhra Pradeshs Araku-Region – und jede Menge Teesorten, Wein (350–790 ₹/Glas) und leider auch schlechten Service.

DABBA-WALLAHS

Es ist ein kleines Logistik-Wunder: In Mumbai gibt es 5000 *dabba*-Wallahs (wörtlich „Essensbehälter-Personen"; auch *tiffin*-Wallahs genannt), die unermüdlich rackern, um den Büroangestellten in der ganzen Stadt ein warmes Mittagessen zu liefern.

Jeden Tag werden Lunchpakete von Restaurants oder Privathäusern abgeholt und auf dem Kopf, auf Fahrrädern oder mit dem Zug zu einer zentralen Sammel- und Verteilstelle gebracht. Ein ausgeklügeltes System aus Zahlen und Farben (viele Wallahs sind Analphabeten) weist auf den Zielort der Pakete hin. Mehr als 200 000 Mahlzeiten werden Tag für Tag ausgeliefert – immer pünktlich, egal ob bei Regen (Monsun) oder brütend heißem Sonnenschein.

Dieses Liefersystem gibt es schon seit über einem Jahrhundert und auf 6 Mio. Lieferungen kommt im Schnitt nur ein Irrläufer (eine Forbes-Analyse 2002 ergab, dass die Verlässlichkeit der *dabba*-Wallahs bei 99,99966 % – dem sogenannten Six-Sigma-Level – liegt).

Diese Meister der Botengänger kann man vormittags an den Bahnhöfen Churchgate und CST sehen.

Fort-Viertel & Churchgate

★ **Pradeep Gomantak Bhojanalaya** MARATHI $
(Karte S. 54; Sheri House, Rustom Sidhwa Marg; Hauptgerichte 60–130 ₹; ⏲Mo–Sa 11–16 Uhr) Das

Reisgericht mit *surmai* (Makrelen) sieht vielleicht etwas unspektakulär aus – ein Stück gebratener Fisch, etwas Dhal, Reis und Chutneys auf einem Edelstahlteller –, es ist aber ganz schön sättigend. Auf den Tisch kommen gutbürgerliche Malvani-Gerichte aus Maharashtras Küstenregion. Alles ist so frisch, dass die verschiedenen Aromen einzeln herauszuschmecken sind. Das pinkfarbene *sol kadhi*, ein wohltuender, würziger Drink aus Kokosmilch und Kokum, ist ein Traum.

A Taste of Kerala KERALISCH **$**
(Karte S. 54; Prospect Chambers Annex, Pitha St, Fort; Hauptgerichte 50–140 ₹, Thalis 80–120 ₹; ⌚6–24 Uhr) Dieses kleine, bescheidene Hotel ist eines von mehreren kleinen Lokalen mit keralischer Küche, die alle in einer Gasse im Fort-Viertel liegen. Das Fischcurry mit Reis (Achtung: Gräten!) und das Mittags-Thali – jeweils auf Bananenblättern serviert – sind besonders lecker. Viel Kokosnuss und südindische Freundlichkeit!

Badshah Snacks & Drinks INDISCH **$**
(Karte S. 58; Snacks & Drinks 35–120 ₹; ⌚7–12.30 Uhr) Das Badshah gegenüber dem Crawford Market serviert schon seit über 100 Jahren hungrigen Schnäppchenjägern Snacks, Fruchtsäfte und seine berühmten *falooda* (Getränk mit Rosengeschmack aus Milch, Sahne, Nüssen und Fadennudeln). Absolut lecker: das Mango-*falooda*.

K Rustom SÜSSIGKEITEN **$**
(Karte S. 54; Stadium House, Veer Nariman Rd; Desserts 25–70 ₹; ⌚Mo–Sa 9.30–23, So 15–23 Uhr) Hier gibt's nicht viel mehr als ein paar Gefrierschränke aus Metall, das Eiscreme-Sandwich (50 ₹) ist aber schon seit 1953 ein echter Mumbai-Hit.

★ **Suzette** FRANZÖSISCH **$$**
(Karte S. 54; www.suzette.in; Atlanta Bldg, Vinayak K Shah Marg, Nariman Point; leichte Gerichte 200–330 ₹; ⌚Mo–Sa 9–23 Uhr; WLAN) Wie in einem coolen Pariser Café gibt's hier Zeitungen, richtig gute Crêpes, Croques und Kaffee. Außerdem wird im Suzette das Wasser in Glasflaschen serviert und im Hintergrund läuft eine entspannte Mischung aus alten französischen Chansons und Afropop. Zu empfehlen ist auch der Crêpe mit Rohrzucker (*jaggery*) und Butter. Einziges Manko: Es gibt keine Toilette. Das **Suzette** (Karte S. 68; St. John's St, Pali Naka) in Bandra ist täglich geöffnet und hat Sitzgelegenheiten im Freien.

★ **Samrat** GUJARATI **$$**
(Karte S. 54; ☎42135401; www.prashantcaterers.com; Prem Ct, J Tata Rd; Thalis mittags/abends & sonntags 265/330 ₹, Hauptgerichte 170–250 ₹; ⌚12–23 Uhr) Wer hier das erste Thali seines Lebens isst, sollte sich auf einiges gefasst machen. Die Vielfalt an Geschmacksrichtungen und Konsistenzen (wie üblich bei der Küche aus Gujarat gehört auch Süßes dazu) lässt einen staunen – auf jeden Fall eine gesunde Portion Hunger mitbringen! Zum rein vegetarischen Samrat gehören auch das **210°C** (Karte S. 54), ein Freiluftcafé mit Bäckerei, und das **Relish** (Karte S. 54) mit asiatisch-mexikanisch-libanesischer Fusion-Küche.

Kala Ghoda Café CAFÉ **$$**
(Karte S. 54; www.kgcafe.in; 10 Ropewalk Lane, Kala Ghoda; leichte Gerichte 100–275 ₹, Abendessen 375–525 ₹; ⌚8.30–23.45 Uhr; WLAN) Ein künstlerisch angehauchtes, modernes Mini-Café, das unter Journalisten und anderen kreativen Köpfen sehr beliebt ist. Nachdem man einen der wenigen Tische ergattert hat, kann man sich Biokaffee aus nachhaltigem Anbau, Biotee, hervorragende Sandwiches und Salate sowie herrliche Frühstücksangebote schmecken lassen.

Café Moshe's CAFÉ **$$**
(Karte S. 50; www.moshes.in; Chhatrapati Shivaji Marg; leichte Gerichte 175–375 ₹; ⌚9–24 Uhr) Das klitzekleine Moshe's hat Gebäck, Kaffee, Smoothies, Salate, Fondue und Sandwiches im Angebot – und alles schmeckt hervorragend. Das Vollkornbagel-Sandwich mit Broccolitapenade, Rukola, Basilikum, Feta und Mozzarella ist ein Traum. Die anderen Filialen – das in einem historischen Gebäude untergebrachte Flaggschiff **Moshe's Restaurant** (7 Minoo Manor, Cuffe Parade; ⌚9–24 Uhr) und das zu einem Buchladen gehörende **Moshe's Café** (Karte S. 58; Crossword, NS Patkar Marg) in Kemp's Corner – haben alle dasselbe leckere Essen.

Bademiya Restaurant MUGHLAI **$$**
(Karte S. 54; ☎22655657; Botawala Bldg, Horniman Circle; Hauptgerichte 110–180 ₹; ⌚11–1 Uhr) Dies ist die noblere Version (mit Sitzgelegenheiten) des legendären Bademiya-Straßenstands in Colaba. Serviert werden klassische Teigrollen und Roti sowie Biryani, Tikka Masala und Dhals. Es gibt auch einen Lieferservice.

Brittania PARSISCH **$$**
(Wakefield House, Ballard Estate; Hauptgerichte 100–350 ₹; ⌚Mo–Sa 12–16 Uhr) Das Britta-

nia sowie seinen freundlichen Besitzer gibt es schon seit 1923. Aushängeschilder dieses Restaurants mit Kultstatus sind das *dhansak* (würziges Hammel- oder Hähnchenfleisch ohne Knochen mit viel Basmatireis, vegetarisch oder mit Ei) und das Beeren-*pulao* (säuerliche, aus dem Iran importierte Berberitzenbeeren; ab 250 ₹), die in einer schattigen Location im hübschen Ballard Estate serviert werden.

Samovar Café CAFÉ $$

(Karte S. 54; Jehangir Art Gallery, MG Rd, Kala Ghoda; Hauptgerichte 90–160 ₹; Mo–Sa 11–19 Uhr) Ein familiäres Café in einer Kunstgalerie. Perfekt für einen Snack oder eine Tasse Tee mit Blick auf den Garten des Prince of Wales Museum.

★ Koh THAI $$$

(Karte S. 54; 39879999; InterContinental, Marine Dr; Hauptgerichte 495–1395 ₹; 12.30–15 & 19.30–24 Uhr) Indiens erste Adresse für authentische Thai-Küche ist das Koh, Mumbais angesagtestes Restaurant in wunderschönem Design. Der Starkoch Ian Kittichai verwandelt die ihm aus seiner Heimat bekannten Gerichte in eine internationale Geschmacksexplosion, darunter z. B. im Wok gebratenes Filet mit schwarzem Pfeffer oder im Ofen gegarte Aubergine garniert mit Nori und dazu Knoblauchreis aus dem Steintopf. Wer je Vorurteile gegenüber thailändischem Essen hatte, wirft diese hier über Bord.

★ Revival INDISCH $$$

(Karte S. 58; 361 Sheikh Memon St, Kalbadevi, gegenüber Mangaldas Market; Thalis 300 ₹; 12–16 & 19.30–22.30 Uhr, So nur mittags) Das Jumbo-Thali des Revival liefert den Beweis dafür, dass Tamil-, Punjabi- und Rajasthani-Küche sehr wohl zusammenpassen – sofern man sein Handwerk versteht. Kellner in seidenen Dhoti eilen herbei, um die goldenen Teller mit Dutzenden Speisen, Beilagen und Chutneys zu füllen. Das Thali ist jeden Tag anders; sonntags ist es größer.

Khyber NORDINDISCH $$$

(Karte S. 54; 40396666; 145 MG Rd; Hauptgerichte 375–725 ₹; 12.30–16 & 19.30–23.30 Uhr) Das Innere des afghanisch angehauchten Khyber erinnert an eine Höhle. Hier kommen köstliche Kebabs, Biryanis und Currys auf den Tisch. Zu den Highlights des fleischlastigen Angebots gehören das *reshmi kebab masala*, ein himmlisches, in Sahne und Yoghurt mariniertes Hühnchen, das im raffinierten roten Masala des Restaurants schwimmt, sowie das *raan*, eine ganze, schonend gegarte Lammkeule, die das Glanzstück der Speisekarte darstellt. Vegetarier sind hier leider absolut fehl am Platz.

Trishna SEAFOOD $$$

(Karte S. 54; 22703213/4; Ropewalk Lane, Kala Ghoda; Hauptgerichte 260–750 ₹; 12–15.30 & 18.30–24 Uhr) Ein hervorragendes, familiäres Fischrestaurant, das vor allem Gerichte aus Mangalore auf der Speisekarte stehen hat. Wer die Spezialitäten des Hauses wie die Krabben mit Butter, schwarzem Pfeffer und Knoblauch oder das Fischtikka nach Hyderabad-Art probiert, wird verstehen, wie der Hype um das Trishna entstand. Der Service ist höflich, freundlich und hilfsbereit. Eine der besten Adressen für Meeresfrüchte in Mumbai. Wer vor 20 Uhr kommt, muss nicht reservieren.

Mahesh Lunch Home SEAFOOD $$$

(Karte S. 54; 22023965; www.maheshlunchhome.com; Cowasji Patel St; Hauptgerichte 150–475 ₹; 11.30–16 & 19–24 Uhr) Ein ausgezeichnetes Restaurant, um in Mumbai mal Meeresfrüchte aus Mangalore zu probieren. Es ist bekannt für Frauenfisch, Seebrasse, Hummer und Krabben. Auch das *rawas tikka* (marinierter weißer Lachs) und die Tandoori-Seebrasse sind ein Genuss. Es gibt eine weitere **Filiale in Juhu** (Karte S. 68; Juhu Tara Rd; Hauptgerichte 200–600 ₹; 12–15.30 & 19–0.30 Uhr).

5 Spice CHINESISCH $$$

(Karte S. 54; 296A Perin Nariman St, Sangli Bank Bldg; Hauptgerichte 240–635 ₹; 12–15 & 19–24 Uhr) Eine Wartezeit von 30 Minuten ist hier nichts Ungewöhnliches. Auf der Speisekarte dieses indo-chinesischen Geschenks des Himmels stehen so viele verlockende Gerichte mit Hühnchen, Lamm, Krabben, sonstigem Fisch und Gemüse, dass die Wahl buchstäblich zur Qual wird. Sehr empfehlenswert ist das Hühnchen in Chili-Sauce (290 ₹) auf einem Bett aus knusprigem Reis (265 ₹). Vegetarier sind in der **vegetarischen Filiale** (Shalimar Bldg, G Rd) in Churchgate besser aufgehoben.

Von Kalbadevi bis Mahalaxmi

★ New Kulfi Centre SÜSSIGKEITEN $

(Karte S. 58; Ecke Chowpatty Seaface & Sardar V Patel Rd; Kulfi 35–50 ₹/100 g; 10–1 Uhr) Verkauft das beste *kulfi* (feste Eiscreme), das in

Indien zu finden ist – und damit wohl auch das beste der Welt. Zu den besten Sorten gehören mit Sicherheit Pistazie, *malai* (Sahne) und Safran.

Dakshinayan SÜDINDISCH $

(183 Teen Batti, Walkeshwar Rd, Malabar Hill; leichte Gerichte 75–110 ₹; ⌚11–15 & 18–23, So ab 8 Uhr) Dies ist eine kleinere, etwas verblasste Dakshinayan-Filiale, das Essen ist aber genauso hervorragend wie das im Dakshinayan in Juhu (S. 75).

Haji Ali Juice Centre SAFTBAR $

(Karte S. 58; Lala Lajpatrai Rd, Haji Ali Circle; Säfte & Snacks 30–180 ₹; ⌚5–1.30 Uhr) Das Personal im Haji Ali Juice kennt sich bestens mit allem aus, was süß und lecker ist: frische Säfte, Milchshakes, *falooda*, und – auf keinen Fall verpassen! – Obst mit frischer Eiscreme (der Zimtapfel ist so himmlisch, dass man gleich eine weitere Portion möchte). Das Lokal befindet sich in strategisch guter Lage am Eingang der Haji-Ali-Moschee und viele Pilger nutzen diese Gelegenheit für eine Abkühlung.

Cafe Noorani NORDINDISCH $$

(Karte S. 58; Tardeo Rd, Haji Ali Circle; Hauptgerichte 75–275 ₹; ⌚8–23.30 Uhr) Vor oder nach einem Besuch der Haji-Ali-Moschee ist ein Zwischenstopp in diesem Retro-Diner fast schon ein Muss. Auf der Speisekarte findet sich die gesamte Palette an Mughlai- und Punjabi-Gerichten, die nicht nur unsagbar lecker, sondern auch noch günstig sind. Das Chicken Tikka Biryani (190 ₹) ist so köstlich, dass man gern über den einen oder anderen Knorpel hinwegsieht.

Neel NORDINDISCH $$$

(Karte S. 58; ☎61577777; Tor 5 & 6, Mahalaxmi-Rennbahn; Hauptgerichte 445–685 ₹; ⌚12–15 & 19–24 Uhr) Mal abgesehen von dem abgefahrenen Innern aus weißen Ästen und der absurd gut aussehenden Klientel werden in diesem angesagten Restaurant mit Lounge vorwiegend Awadhi-Gerichte und Gerichte aus der äußersten Ecke des indischen Nordwesten mit kreativem Touch serviert. Der Sitzbereich im Freien liegt im Schatten großartiger alter Bäume. Am Wochenende sollte vorab reserviert werden.

Westliche Vororte

Die angesagtesten Restaurants im Norden der Stadt konzentrieren sich auf Bandra West und Juhu. In Juhu lohnt ein Besuch der Filiale von Mahesh Lunch Home (S. 73), in Bandra sollte man bei den Filialen von Suzette (S. 72), Basilico (S. 71) und Theobroma (S. 71) vorbeischauen.

★ Hotel Ram Ashraya SÜDINDISCH $

(Bhandarkar Rd, King's Circle, Matunga East; leichte Gerichte 30–50 ₹; ⌚5–21.30 Uhr) Im Tamilen-Viertel King's Circle versteckt sich das Ram Ashraya, das schon seit 80 Jahren bei Familien aus dem Süden für sein spektakuläres Dosa, sein *idli* (runde Reiskuchen), seinen *upma* (Grieß mit Zwiebeln, Gewürzen und Kokosnuss) und seinen Filterkaffee beliebt ist. Das täglich wechselnde Speiseangebot steht auf einer Wandtafel. Ab dem CST gelangt man mit der Central Line hierher. Das Lokal liegt direkt am Ostausgang der Station Matunga.

ABSEITS DER ÜBLICHEN PFADE

KHOTACHIWADI

Dieses berühmte *wadi* (Dörfchen) ist die letzte Bastion Mumbais, die noch an der Lebensweise festhält, die hier vorherrschte, bevor die Wolkenkratzer die Vorherrschaft übernahmen. Inmitten der vorwiegend hinduistischen und muslimischen Viertel Mumbais liegt, 500 m nordöstlich des Girgaum Chowpatty, diese christliche Enklave mit ihren eleganten, zweistöckigen, aus Holz erbauten Herrenhäusern. In den gewundenen Gassen Khotachiwadis bekommt man einen wunderbaren Einblick in das ruhige Leben ohne Rikschas und Taxis. Das Dörfchen ist nicht sonderlich groß, es lohnt sich aber, durch die schmalen Straßen zu schlendern und die alten Häuser, die zur Weihnachtszeit wunderschön dekoriert sind, zu bewundern.

Um nach Khotachiwadi zu gelangen, steuert man zunächst die **Kirche St. Teresa** (Karte S. 58) an der Ecke der Jagannath Shankar Sheth Marg (JSS Marg) und der Rajarammohan Roy Marg (RR Rd/Charni Rd) an. Von dort geht es in die JSS Marg, die direkt gegenüber liegt. Die zweite und dritte Seitenstraße auf der linken Seite führen in das Viertel.

★ **Dakshinayan** SÜDINDISCH $

(Karte S. 68; Hotel Anand, Gandhigram Rd, Juhu; leichte Gerichte 75–110 ₹; ⊙ 11–15 & 18–23, So ab 8 Uhr) Mit *rangoli* an den Wänden, Kellnern in Lungis und Gruppen von Frauen in Saris, die hier zu Mittag essen (ihre *chappals* haben sie unter den Tischen ausgezogen), ist das Dakshinayan so etwas wie die Quintessenz von Tamil Nadu. Die Dosas, *idli* und *uttapam* haben genau die richtige Konsistenz und schmecken wie hausgemacht. Nach dem Essen gibt's südindischen Filterkaffee in einem Kaffeeservice aus Edelstahl. Damit kann man das schwarze Gold hin und her schütten, bis es abgekühlt ist – genau so wie es die Großelten damals in Madras taten …

Candies CAFÉ $$

(Karte S. 68; Mac Ronells, St Andrews Rd, Pali Hill, Bandra West; Gerichte 70–170 ₹; ⊙ Di–So 8.30–23 Uhr) Das eigenartige Candies erinnert irgendwie an eine Zeichnung von M. C. Escher – mit seinen Terrassen, Balkonen und Räumlichkeiten, die übereinandergestapelt zu sein scheinen und durch Treppen verbunden sind. In den verschiedenen Essbereichen finden sich Pflanzen und Bäume, Laternen und Lichterketten, Mosaike und hübsche Studenten mit Filzhüten. Beim Essen ist Selbstbedienung angesagt; es ist preiswert und dafür sehr gut. Angeboten werden sorgfältig zubereitete Sandwiches, Teigröllchen, Salate und Currys. Am Wochenende wird es hier voll.

Yoga House CAFÉ $$

(Karte S. 68; www.yogahouse.in; 53 Chimbai Rd, Bandra West; leichte Gerichte 140–250 ₹; ⊙ 8–22 Uhr) Dieses kleine Café befindet sich auf dem Balkon des Yoga-House-Bungalows direkt am Meer. Hier werden leckere, einfallsreiche vegetarische Gerichte angeboten. Das meiste davon ist vegane Rohkost und alles basiert auf Vollkorn. Das Yoga House ist darauf ausgelegt, die Yogastudenten der angeschlossenen Schule zu versorgen, und serviert deshalb wahrscheinlich das gesündeste Essen in Mumbai.

Prithvi Cafe CAFÉ $$

(Karte S. 68; Juhu Church Rd; leichte Gerichte 70–165 ₹; ⊙ 9–23 Uhr) Das unkonventionelle Café, das zum Prithvi Theatre gehört, ist ein Kulturtreff für Intellektuelle, Künstler und Theaterleute, die sich an dem üppig grünen Plätzchen mit den vielen Bambusgewächsen auf einen Kaffee, Sandwiches, *chaat* und typische Gerichte aus dem Punjab treffen. Das Essen ist okay, die Location einfach fantastisch.

★ **Culture Curry** SÜDINDISCH $$$

(Kataria Rd, Matunga West; Hauptgerichte 319–499 ₹; ⊙ 12–15.45 & 19–0.30 Uhr) Südindisches Essen hat mehr zu bieten als nur *idli* und Dosas. Die Spezialität des Culture Curry sind erlesene Speisen aus dem ganzen Süden, von Andhra und Coorg bis Kerala. Vegetarier werden hier besonders verwöhnt: Das *rajma*-Curry (rote und grüne Bohnen in Kokossauce; 259 ₹) ist ausgesprochen lecker. Das **Goa Portuguesa** hat dieselben Besitzer und ist auf feurige Gerichte aus Goa spezialisiert. Das **Diva Maharashtracha** liegt im selben Block und serviert Marathi-Gerichte. Von der Station Matunga sind es auf der Kataria Rd noch etwa 750 m Richtung Westen.

Peshawri NORDINDISCH $$$

(☎ 28303030; ITC Maratha, Sahar Rd, Andheri East; Hauptgerichte 1500–2850 ₹; ⊙ 12.45–14.45 & 19–23.45 Uhr) Dieses Restaurant mit Speisen aus der äußersten Ecke des indischen Nordwestens befindet sich am internationalen Flughafen und sollte die erste oder letzte kulinarische Anlaufstelle in Mumbai sein. Es ist wirklich teuer, aber man wird den 2850 ₹ (reicht für 2 Pers.) für das hervorragende Sikandari-*raan* (in Malzessig, Zimt und Schwarzkümmel geschmorte Lammkeule) bestimmt nicht nachtrauern. Aber auch das mit viel Butter verfeinerte Dhal-Bukhara (dickes, schwarzes Dhal, das einen Tag lang gekocht wird; 700 ₹) ist sehr lecker.

Salt Water Café FUSION $$$

(Karte S. 68; 87 Chapel Rd, Bandra West; Hauptgerichte 320–690 ₹; ⊙ 9–1 Uhr) Dieses Feinschmeckerparadies hat sich durch die ungewöhnliche Verschmelzung gegensätzlicher Geschmacksrichtungen einen Namen gemacht (Huhn mit grünen Pfefferkörnern, Traubenjus, Kardamon und Karottenpüree), ansonsten stehen aber vorwiegend köstliche Fusion-Gerichte aus aller Welt auf der Speisekarte. Das coole, minimalistische Design und die ungewohnten Aromen sind eine nette Abwechslung zum indischen Alltagsgeschmack. Ein schöner Ort, um seine Geschmacksnerven mal wieder so richtig zu verwöhnen.

Caravan Serai NORDWESTINDISCH $$$

(Karte S. 68; ☎ 42631000; 1. Stock, 155 Waterfield Rd, Bandra West; Hauptgerichte 225–375 ₹; ⊙ 12–16 & 19–1 Uhr) Mit seinen höhlenähnlichen weißen Wänden, der dezenten Beleuchtung und den Glasperlen versprüht das Caravan Serai das Flair einer bezaubernden Jurte in der Wüste. Die vorwiegend nordindische Küche wird von einigen Gerichten aus dem Süden und aufregenden Kreationen wie einem „Tandoori-Salat" ergänzt. Auch für einen Drink ist das Caravan Serai nicht verkehrt. Am Wochenende sollte man reservieren. Das **Bora Bora** (Karte S. 68; Hauptgerichte 225–375 ₹; ⌚12–1 Uhr) im Erdgeschoss ist für Vorspeisen und Drinks bis in die Nacht hinein extrem beliebt.

Eat Around the Corner CAFÉ **$$$**

(Karte S. 68; Ecke 24th & 30th Rd; leichte Gerichte 150–200 ₹, Hauptgerichte 250–600 ₹; ⌚7–1 Uhr) Das coole Dekor, der gemütliche Sitzbereich draußen, die wunderschöne Klientel und innovative Salat- und Sandwichkreationen sind Garant für ein nettes Mittagessen, selbst wenn das Essen noch Luft nach oben hat.

Ausgehen & Nachtleben

In Mumbai gibt's zahllose Optionen für einen (alkoholischen) Drink, von winzigen Bierbars über mondäne Lounges bis hin zu wilden, mehrstöckigen Superclubs. Allerdings kann man bei einer Alkoholsteuer von 25% leicht eine teure Überraschung erleben. Auch in Maharashtra braucht man zum Trinken von Alkohol theoretisch eine Lizenz. Wer diese nicht besitzt, wird zwar auch keine Probleme bekommen, in manchen Bars wird allerdings verlangt, dass man gegen eine geringe Gebühr eine zeitlich begrenze Lizenz erwirbt.

In manchen Clubs sind neben dem traditionellen Freitag und Samstag auch Mittwoch und Donnerstag große Ausgehtage. In den meistens Locations bezahlt man Eintritt. Es gibt außerdem eine Kleiderordnung, in Shorts und Sandalen wird man kaum eingelassen. Der Trend in Mumbai geht hin zu stylishen Retro-Lounges. Richtige Nachtclubs sind weniger angesagt.

Wer seine Koffeinsucht befriedigen möchte, der findet in Mumbai überall Filialen von Barista und Café Coffee Day.

Colaba

Cafe Mondegar BAR

(Karte S. 50; ☎22020591; Metro House, 5A Shahid Bhagat Singh Rd, Colaba; ⌚7–12.30 Uhr) Das „Mondys" zieht neben einer ganzen Schar von Travellern auch eine gemischte Klientel aus Einheimischen an, die es sich alle in der kleinen Bar gemütlich machen und zum Klang der hervorragenden Jukebox (davon gibt's in Mumbai nur wenige) ins Gespräch kommen. Gute Musik und nette Leute.

5 All Day LOUNGE

(Karte S. 50; www.5allday.in; Lansdowne Rd; ⌚12–0.30 Uhr; 📶) Der Barkeeper hier nimmt seine Arbeit *richtig* ernst und das schmeckt man auch: Die Drinks, einige davon hat er selbst kreiert, sind ein Traum; so etwa der Whisky Crusta (Whisky, frische Tomaten, Minze und Zitronensaft). Das Essen (Hauptgerichte 295–555 ₹) ist ebenfalls lecker und wird in eleganten, modernen, komplett weißen Räumlichkeiten im Schein von Kerzenlicht serviert.

Woodside Inn BAR

(Karte S. 50; Wodehouse Rd, Regal Circle; ⌚10–1 Uhr) Das Woodside Inn ist keine elegante Lounge voller Bollywood-Stars, sondern lediglich eine freundliche Bar in typisch europäischem Stil mit klassischem Rock in moderater Lautstärke (z. B. Nirvana, Dire Straits). Zum guten Wein und den leckeren Drinks (manche aus dem Einmachglas) gesellt sich ein hervorragendes Speiseangebot (Hauptgerichte 295–425 ₹).

Harbour Bar BAR

(Karte S. 50; Taj Mahal Palace, Mumbai, Apollo Bunder; ⌚11–23.45 Uhr) Der Blick auf den Gateway of India und die Boote im Hafen ist einfach spektakulär und die Drinks gibt's zu moderaten Preisen (zumindest für Mumbai; ab 350/750 ₹ für Bier/Wein). Während der Tag in Apollo Bunder ausklingt, kann man es sich in einer der Sitzecken neben den großen Panoramafenstern gemütlich machen.

Busaba BAR

(Karte S. 50; ☎22043779; 4 Mandlik Marg; ⌚18.30–1 Uhr) Gemütliche Sofas und zeitgenössische Buddha-Kunstwerke geben dieser Mischung aus Restaurant und Bar eine gemütlich-coole Atmosphäre. Die Cocktails sind zwar teuer, aber stark (425–550 ₹) und am Wochenende legt ein DJ House auf. Oben im Restaurant gibt's panasiatische Gerichte (Hauptgerichte 425–575 ₹); das Hinterzimmer wirkt wie ein edles Baumhaus. Wer einen Tisch will, sollte rechtzeitig reservieren.

Leopold's Café BAR

(Karte S. 50; Ecke Colaba Causeway & Nawroji F Rd, Colaba; ⌚7.30–0.30 Uhr) Ob man es nun liebt

SCHWULEN- & LESBENSZENE IN MUMBAI

Mumbais LGBTQ-Szene ist, vor allem für Frauen, noch immer nicht so groß, wie man vielleicht annehmen könnte, sie gewinnt aber ganz allmählich an Fahrt. Auf **Gay Bombay** (www.gaybombay.org) und **Queer Azaadi Mumbai** (www.queerazaadi.wordpress.com) findet man Veranstaltungshinweise und andere Infos rund um die homosexuelle Community der Stadt. Queer Azaadi organisiert Mumbais **Pride Parade**, die normalerweise im Februar stattfindet.

Die wegweisende Zeitschrift **Bombay Dost** (www.bombaydost.co.in) erscheint zwar nur sehr unregelmäßig, sie ist aber eine hervorragende Quelle um zu erfahren, was in der Stadt so los ist. *Bombay Dost* ist außerdem Begründer des **Humsafar Trust** (Karte S. 68; ☎26673800; www.humsafar.org; Old BMC Bldg, 1. Stock, Nehru Rd, Vakola, Santa Cruz East), der unzählige Programme und Workshops anbietet. Eine dem Humsafar Trust zugehörige Unterstützergruppe organisiert den monatlich stattfindenden Sunday High.

Das hervorragende **Kashish Mumbai International Queer Film Festival** (www.mumbaiqueerfest.com) findet seit 2010 jedes Jahr im Mai statt und zeigt eine Mischung aus indischen und ausländischen Filmen.

Bisher gibt es noch keine Bars oder Clubs, die sich ausdrücklich an die LGBTQ-Community richten. Schwulenfreundliche Locations veranstalten aber oft private Schwulenpartys, die den Gästen ein „sicheres" Umfeld bieten (wird auf Gay Bombay angekündigt). Der einzige offizielle Club ist der **Voodoo Pub** (Karte S. 50; ☎22841959; Kamal Mansion, Arthur Bunder Rd; Eintritt 300 ₹), eine dunkle, stickige Bar, in der seit 1994 jeden Samstag Mumbais einzige regelmäßige Schwulenfete stattfindet. Jeden Abend legt ein DJ auf (normalerweise ist der Eintritt frei), und bei der Auswahl des Personals wird sehr auf Toleranz und Aufgeschlossenheit geachtet. Hier herrscht also die ganze Woche über eine schwulenfreundliche Atmosphäre. Auf dem Schild vor der Tür ist zu lesen: „Slip Disc Restaurant Bar & Permit Room".

Einer der besten Orte, um einen Zugang zur Szene zu bekommen (und ein paar Accessoires zu kaufen) ist D'Kloset. Die meisten angebotenen Artikel sind für Männer, man findet hier aber auch Filme und Bücher wie etwa die Geschichtensammlung *Out!*, die von **Queer Ink** (www.queer-ink.com) herausgegeben wird.

oder hasst: Es gibt kaum einen Traveller, der nicht früher oder später in dieser Touristeninstitution Mumbais landet. Das Leopold's mit seinen klapprigen Deckenventilatoren und dem miserablen Service gibt es schon seit 1871. Die ausgelassene Stimmung sorgt nicht selten dafür, dass man plötzlich mit wildfremden Menschen plaudert. Es gibt auch etwas zu essen, der wirkliche Besuchermagnet ist aber die Aussicht auf ein gemütliches Bier, besonders auf den 3-l-Bierturm.

Wink NACHTCLUB
(Vivanta by Taj – President, 90 Cuffe Pde; ⌚18–1 Uhr) Selbst wenn am Wochenende, auch sonntags, hier richtig viel los ist, bewahrt sich das Wink mit seinem anspruchsvollen Dekor (niedrige, beigefarbene Sofas, kunstvoll geschnitzte Zwischenwände), einer umfangreichen Whiskey-Karte und den berühmten Winktinis sein klassisches Flair. Jeden Abend legt ein DJ für eine etwas ältere Klientel auf, die teilweise aus Gästen des Hotels besteht.

Fort-Viertel & Churchgate

Mocha Bar CAFÉ
(Karte S. 54; 82 Veer Nariman Rd, Churchgate; Kaffee 60–150 ₹; ⌚10–1.30 Uhr; 📶) Das stimmungsvolle Café im arabischen Look ist meist voller Künstler und Studenten, die in esoterische Gespräche oder den üblichen Klatsch und Tratsch vertieft sind. Gemütliche, niedrige Polstersessel (darunter auch einige alte Kinositze), exotische Kaffeesorten, Shakes, verschiedene Teesorten und Snacks aus aller Welt sorgen für eine extrem relaxte, interkulturelle Stimmung. Manchmal funktioniert sogar das WLAN.

Starbucks CAFÉ
(Karte S. 54; www.starbucks.in; Veer Nariman Rd; Kaffee 95–180 ₹; ⌚8–22 Uhr) Als 2012 das erste Starbucks in Indien eröffnet wurde, gab es zu Recht sehr viele skeptische Stimmen. Mumbais Jugend war aber derart glücklich über diese Neueröffnung, dass sich

ein Besuch hier schon lohnt, nur um ihren Enthusiasmus zu sehen. Der Kaffee ist ein Fair-Trade-Produkt und wurde in Indien angebaut.

Amadeus LOUNGE
(Karte S. 54; NCPA, Nariman Point; ⌚Fr–So 19.30–1.30 Uhr) Die Lounge des eleganten spanischen Restaurants im NCPA öffnet am Wochenende seine Pforten für die Nachtschwärmer aus SoBo (South Bombay). Dann legen hier großartige DJs auf.

Café Universal BAR
(Karte S. 54; 299 Shahid Bhagat Singh Rd, Fort; ⌚Mo–Sa 9–23, So 16–23 Uhr) Ein kleines Stück Frankreich in der Nähe des CST: Das Universal mit dem Jugendstil-Look, den karamellfarbenen Wänden, Balkendecken und Marmorlüstern ist ein gemütlicher Ort für einen Happy-Hour-Drink oder ein Kingfisher vom Fass (160 ₹).

Dome LOUNGE
(Karte S. 54; Hotel InterContinental, 135 Marine Dr, Churchgate; ⌚17.30–1.30 Uhr) Die durch und durch weiße Dachlounge bietet einen grandiosen Blick auf die schön geschwungene Küste Mumbais. Die Cocktails locken jeden Abend die jungen Hippen der Stadt an.

Westliche Vororte

★ Aer LOUNGE
(Four Seasons Hotel, 34. Stock, 114 Dr E Moses Rd, Worli; Mi–Sa nach 20 Uhr Eintritt 2000–2500 ₹; ⌚17.30–1.30 Uhr) Auf der einen Seite hat man einen grandiosen Blick auf die Stadt, auf der anderen eine nicht minder schöne Aussicht aufs Meer. Das Aer ist die höchste und beeindruckendste Dachterrassenlounge Indiens. Wer hier einen Cocktail (850 ₹) trinken will, muss vorher wahrscheinlich einen Kredit aufnehmen, ein Kingfisher für 350 ₹ ist für diesen Ausblick aber ein echtes Schnäppchen. Ab 21 Uhr legt jeden Abend ein DJ gedämpfte House- und Techno-Musik auf. Dank des Ausblicks – auch auf die anderen Gäste – ist das Aer aber vor allem was fürs Auge.

Mocha Mojo CAFÉ
(Karte S. 68; Hill Rd, Bandra West, nahe dem Holy Family Hospital; ⌚10–0.30 Uhr; 📶) Das Mocha Mojo ist zwar schon etwas heruntergekommen, die Filiale in Bandra ist mit seiner abgefahrenen, futuristischen Gestaltung aber noch immer eine gute Adresse für einen Kaffee, ein Frühstück (ganztägig) oder ein Bier.

Big Nasty BAR
(Karte S. 68; 1. Stock, 12 Union Park, Khar West, über dem Shatranj Napoli; ⌚19–0.30 Uhr) Die Einrichtung mag etwas steril wirken, das Nasty ist aber entspannt und unprätentiös. Am besten bekannt ist es für seine billigen Drinks – Bier (darunter auch, rätselhafterweise, Miller High Life) ab 160 ₹, Wein pro Glas ab 350 ₹ – und die klassischen „American-Beef-Burger" (240 ₹).

Trilogy NACHTCLUB
(Karte S. 68; Hotel Sea Princess, Juhu Tara Rd, Juhu; Eintritt nach 23 Uhr 2000 ₹/2 Pers.; ⌚Di geschl.) Zum Zeitpunkt der Recherche war das Trilogy für „Renovierungsarbeiten" geschlossen (in Wirklichkeit gab es bürokratische Probleme mit der Genehmigung). Es besteht jedoch kein Zweifel daran, dass es nach seiner Wiedereröffnung seinen angestammten Platz als Königin des Mumbaier Nachtlebens sofort wieder einnehmen wird. Die Location mit ihren drei Stockwerken ist so wunderschön wie seine Klientel. Der schwarze Granitboden wird von LED-Würfeln beleuchtet, die flackern wie ein Fahrgeschäft auf dem Jahrmarkt. Das importierte Soundsystem fühlt sich bei House und HipHop am wohlsten.

Shiro LOUNGE
(☎66511201; www.shiro.co.in; Bombay Dyeing Mills Compound, Worli; ⌚19.30–1.30 Uhr) Im Shiro plätschert Wasser aus den Händen einer hoch aufragenden japanischen Göttin aus Kunststein in Lotusblütenteiche, die das Licht schimmernd an die Wände reflektieren. Alles total überkandidelt, aber die Drinks (sowie die asiatischen Fusion-Gerichte) sind super und am Wochenende legen DJs fiesen House (Sa) bzw. Retro (Fr) auf.

Ghetto BAR
(Karte S. 58; ☎23538418; 30 Bhulabhai Desai Marg, gegenüber den Tirupathi Apts; ⌚19–1 Uhr) Eine einfache, schäbige, mit Graffiti besprühte Bar mit lauter Rockmusik, die täglich geöffnet und eine treue Gemeinde von Stammgästen hat.

Olive Bar & Kitchen BAR
(Karte S. 68; ☎26058228; www.olivebarandkitchen.com; 14 Union Park, Khar West; ⌚tgl. 19.30–1, Sa & So zusätzl. 12–15.30 Uhr) Schick, versnobt und bei Filmstars besonders angesagt. Diese herrliche Mischung aus Restaurant und Bar mit mediterranem Ambiente hat leichte, köstliche Gerichte im Angebot (Hauptgerichte 595–1095 ₹), die zu beruhigenden

DJ-Klängen serviert werden. Hier trifft Ibiza-Dekor auf Mykonos-Schick. Donnerstags und an den Wochenenden brummt der Laden. In Mahalaxmi gibt's einen **Ableger** (Karte S. 58; ☎ 40859595; Gate No 8, Mahalaxmi Rennbahn; ⏲ 12–15.30 & 19.30–1.30 Uhr).

Toto's Garage BAR
(Karte S. 68; ☎ 26005494; 30th Rd, Bandra West; ⏲ 18–1 Uhr) Die Reichen und Schönen sucht man hier vergeblich. Das Toto's ist eine einfache Kneipe mit vielen Einheimischen im Stil einer Autowerkstatt – man muss also nicht geschniegelt und gebügelt kommen. Ein toller Ort, um ein paar Pitcher Bier zu trinken und AC/DC zu hören. Wer einen Sitzplatz möchte, muss früh kommen.

Elbo Room PUB
(Karte S. 68; St Theresa Rd, Khar West, abseits 33rd Rd; ⏲ 11–1 Uhr) Dieses nette Pub lässt einen unwillkürlich an Zuhause denken und ist ein guter Ort für ein Gläschen Wein (350–500 ₹). Die italienisch-indischen Gerichte genießt man am besten auf der begrünten Terrasse, wo auf einer Leinwand oft Fußballspiele der englischen Premier League oder der Bundesliga gezeigt werden.

BOLLYWOODTRÄUME

Mumbai ist das glitzernde Epizentrum von Indiens gigantischer Hindi-Filmindustrie. Alles begann mit dem ersten Stummfilm 1913, *Raja Harishchandra*, einem Film mit ausschließlich männlicher Besetzung (einige Schauspieler aber in Frauenkleidern). 1931 wurde dann der erste Tonfilm gedreht: *Lama Ara*. Heute werden hier mehr als 1000 Filme im Jahr produziert, mehr als in Hollywood. Das ist eigentlich nicht allzu erstaunlich, wenn man bedenkt, dass sich diese Filme ein Sechstel der Weltbevölkerung und eine nicht zu vernachlässigende Zahl von im Ausland lebenden Indern (Non-Resident Indians; NRIs) anschauen.

Jeder Teil Indiens hat seine eigene regionale Filmindustrie, aber Bollywood bezaubert die Nation noch immer mit seinen realitätsfremden Filmen, in denen singende und tanzende Liebespaare gegen die Mächte kämpfen, die sich zwischen sie stellen und die sie dann natürlich besiegen. Heutzutage buhlen neben diesen zuckersüßen, hauptsächlich für Familien gemachten Filmen auch viele von Hollywood inspirierte Thriller und Actionfilme um die Gunst der Kinogänger.

Bollywood-Stars können in Indien fast den Status von Göttern erreichen. In den schickeren Lokalitäten Mumbais gehört es zum beliebten Zeitvertreib, nach Filmsternchen Ausschau zu halten. **Bollywood Tours** (www.bollywoodtours.in; 8-stünd. Tour 6000 ₹/Pers.) bietet Touren an, bei denen man neben den Wohnhäusern der Stars auch noch ein Film-/TV-Studio besichtigt. Eine Garantie dafür, auch eine Tanznummer live zu sehen, gibt es nicht, und die Wahrscheinlichkeit ist hoch, dass man einen Großteil der Zeit im Verkehr feststeckt.

Statisten aufgepasst!

Manchmal brauchen die Studios auch Europäer, um dem Ganzen einen Touch von internationalem Flair zu geben (oder um freizügige Kleidung zu präsentieren, die Einheimische oft nicht anziehen wollen). Das ist mittlerweile so häufig vorgekommen, dass 100 000 Nachwuchsschauspieler 2008 fast gestreikt hätten. Sie wollten u. a. dagegen protestieren, dass ihre Jobs an Ausländer vergeben werden, die für weniger Geld und schlechtere Arbeitsbedingungen arbeiten.

Wer trotzdem einen Statistenjob ergattern will, muss nur in Colaba (vor allem im Salvation Army Hostel) herumhängen, wo die Agenten der Studios nach Travellern Ausschau halten, um sie für den Dreh am nächsten Tag anzuheuern. Pro Tag, der bis zu 16 Stunden lang sein kann, werden 500 ₹ gezahlt. Man bekommt Mitagessen und Snacks, aber die Anreise wird nicht bezahlt. Aber Achtung: Es kann ein langer, heißer Tag mit viel Herumstehen am Set werden! Nicht jeder macht positive Erfahrungen. Die Klagen reichen von zu wenig Essen und Wasser bis hin zu gefährlichen Situationen und Einschüchterungsversuchen, wenn die Statisten die Anweisungen des Regisseurs nicht „befolgen". Für manche ist ein solcher Blick hinter die Kulissen aber auch ein faszinierendes Erlebnis. Bevor man sich auf irgendetwas einlässt, sollte man sich unbedingt den Ausweis des Agenten zeigen lassen und vor allem auf seine innere Stimme hören!

Hungry Birds BAR

(Karte S. 68; 3rd Khar Rd, Khar West; ⌚19–1 Uhr) Das farbenfrohe Hungry Birds liegt im grünen Khar in unmittelbarer Nähe zum Bahnhof und ist bekannt für preiswerte Drinks und Hühnchen-Popcorn.

☆ Unterhaltung

Der *Mumbai Mirror*, eine Beilage der *Times of India,* sowie **Time Out Mumbai** (www.timeoutmumbai.net; 50 ₹), **www.nh7.in** (Infos zu Livemusik) und **Mumbai Boss** (www.mumbaiboss.com) veröffentlichen Veranstaltungshinweise zu den größeren Events und anderen Ereignissen in Mumbai.

Es wäre eine echte Schande, in Indiens Filmmetropole nicht ins Kino zu gehen. Leider werden Hindi-Filme aber nicht untertitelt. Die unten genannten Kinos zeigen alle englischsprachige Filme und einige Bollywoodproduktionen.

In Mumbai wird eine Reihe großartiger Kunstfestivals abgehalten. Das **Mumbai Film Festival** (www.mumbaifilmfest.org; ⌚Okt.) im Oktober ist hervorragend, ebenso das im Mai stattfindende Kashish-Mumbai International Queer Film Festival (S. 77). Im November gibt's ein Festival im Prithvi Theatre (S. 80), das jede Menge tolle Dramen zeigt. Beim **Mumbai Sanskruti** (⌚Jan.) dreht sich zwei Tage lang alles nur um klassische Hindustani-Musik.

★ Bluefrog LIVEMUSIK

(☎61586158; www.bluefrog.co.in; D/2 Mathuradas Mills Compound, Senapati Bapat Marg, Lower Parel; Eintritt nach 21 Uhr So & Di–Do 350 ₹, Fr & Sa 600 ₹; ⌚Di–Sa 18.30–1.30, So ab 11.30 Uhr) Das Bluefrog ist Konzerthalle, Aufnahmestudio und Restaurant in einem. Kurz gesagt: einer der Orte, an denen in Mumbai am meisten los ist. In dem intimen Hauptraum mit dem futuristischen Bestuhlungskonzept treten außergewöhnliche einheimische und internationale Künstler auf. Die Happy Hour – hier auch als „einer geht auf den Frosch“ bekannt – dauert von 18.30 bis 21 Uhr. Wer ein Getränk bestellt, bekommt das zweite umsonst.

National Centre for the Performing Arts THEATER, LIVEMUSIK

(NCPA; Karte S. 54; ☎66223737, Kartenvorverkauf 22824567; www.ncpamumbai.com; Marine Dr & Sri V Saha Rd, Nariman Point; Tickets 200–800 ₹; ⌚Kartenvorverkauf 9–19 Uhr) Mit seinen 800 m² ist dieses Kulturzentrum das Herz der Mumbaier Musik-, Tanz- und Theaterszene. Hier können in ein und derselben Woche experimentelles Theater, Dichterlesungen, Kunstausstellungen, Bihari-Tanzaufführungen, europäische Ensembles und indische klassische Musik zu sehen und zu hören sein. Selbst öffentliche Tanz-Workshops werden gelegentlich angeboten. Bei vielen Vorstellungen ist der Eintritt frei. Der **Kartenvorverkauf** (Karte S. 54) befindet sich am Ende des NCPA Marg.

Prithvi Theatre THEATER

(Karte S. 68; ☎26149546; www.prithvitheatre.org; Juhu Church Rd, Juhu; Tickets 80–300 ₹) Ein tolles Theater, in dem sowohl Hindi-Stücke als auch englischsprachige Aufführungen zu sehen sind. Außerdem findet hier jedes Jahr im November ein tolles internationales Theaterfestival statt, das einen Einblick in das zeitgenössische indische Theater gewährt und bei dem auch internationale Truppen und Künstler auftreten. Im Theater werden auch Filme gezeigt und es gibt ein nettes Café.

Liberty Cinema KINO, LIVEMUSIK

(Karte S. 54; ☎9820027841; 41/42 New Marine Lines, nahe dem Bombay Hospital) Das beeindruckende Liberty mit seiner Art-déco-Architektur war früher die Königin des Hindi-Films – inklusive Premieren mit rotem Teppich und Stars wie Dev Anand –, während die anderen Kinos in Bombay vor allem Hollywoodstreifen zeigten. Nach einigen schweren Jahren ist das Liberty nun wieder auf dem aufsteigenden Ast und beherbergt heute ab und zu Filmfestivals und Live-Konzerte, die von seinem unglaublich stimmungsvollen Raumklang profitieren.

Wankhede Stadium SPORT

(Mumbai Cricket Association; Karte S. 54; ☎22795500; www.mumbaicricket.com; D Rd, Churchgate; ⌚Kasse Mo–Sa 11.30–19 Uhr) Während der Saison (Okt.–April) finden hier einige Testspiele und One Day Internationals statt. Informationen zu Tickets gibt's bei der Cricket Association. Wer sich ein Testspiel ansehen möchte, muss sehr wahrscheinlich für alle fünf Spieltage bezahlen.

Cooperage Football Ground SPORT

(Karte S. 50; ☎22024020; www.wifa.in; MK Rd, Colaba; Tickets 50–250 ₹) Im kürzlich renovierten Fußballstadion Cooperage, dem Heimstadion des FC Air India, des Mumbai FC und des ONGC FC, finden zwischen September und April Ligaspiele und lokale Partien statt. Im Juli/August wird hier der Rose Cup ausgetragen. Tickets gibt's am Eingang, für viele lokale Spiele ist der Eintritt jedoch kostenlos.

Regal Cinema KINO

(Karte S. 50; ☎ 22021017; Shahid Bhagat Singh Rd, Regal Circle, Colaba) Man beachte die Art-déco-Architektur.

Eros KINO

(Karte S. 54; ☎ 22822335; MK Rd, Churchgate; Tickets 100–150 ₹) Während eines Aufenthalts in Mumbai wird offensichtlich, dass man sich im Epizentrum der größten Filmindustrie der Welt befindet. Das Eros ist *der* Ort schlechthin, um sich einen Bollywood-Blockbuster anzusehen.

Metro Big KINO

(☎ 39894040; MG Rd, New Marine Lines, Fort; Tickets 120–600 ₹) Die Grande Dame des Bombay-Tonfilms wurde erst kürzlich zu einem Multiplexkino umgebaut.

Shoppen

Mumbai ist der große Marktplatz Indiens mit einigen der besten Einkaufsmöglichkeiten des Landes – in den Geschäften, auf uralten Basaren oder am Straßenrand.

Auf den Märkten rund um den CST kann man problemlos einen ganzen Tag verbringen. Sie vermitteln die klassische Mumbai-Shoppingerfahrung. Im Fort-Viertel stellen rund um die Flora Fountain Buchverkäufer mit überraschend guter Ware (nicht alles sind Raubkopien) auf den Gehwegen ihre Verkaufsstände auf. Ein Schnäppchen für den Backpacker-Kleiderschrank lauert in der **Fashion Street** (Karte S. 54; MG Rd), jener Reihe von Straßenständen, die die MG Rd zwischen Cross Maidan und Azad Maidan säumen, oder auf der Linking Rd in Bandra nahe der Waterfield Rd. Hier kann man sich in der hohen Kunst des Feilschens üben. In Kemp's Corner gibt's viele gute Läden für Designerklamotten.

Colaba

Bungalow 8 BEKLEIDUNG, ACCESSOIRES

(Karte S. 50; www.bungaloweight.com; 1., 2. & 3. Stock, Grants Bldg, Arthur Bunder Rd, Colaba; ⏲ 10.30–19.30 Uhr) Bungalow 8 ist so cool, dass man am liebsten den ganzen Bestand aufkaufen würde. Hier bekommt man auf drei Stockwerken echte, hochwertige, handgefertigte Kleidung, Schmuck, Einrichtungsgegenstände und andere hübsche Objekte der Begierde.

Phillips ANTIQUITÄTEN

(Karte S. 50; www.phillipsantiques.com; Wodehouse Rd, Colaba; ⏲ Mo–Sa 10–19 Uhr) Im 150 Jahre alten Phillips kann man königliches Silber aus der Nizam-Ära, zeremonielle Holzmasken, viktorianisches Glas und viele andere wunderbare Dinge kaufen, von denen man bislang noch gar nicht wusste, dass man sie haben möchte. Auch hochwertige Nachdrucke von alten Fotos, Landkarten und Gemälden sind hier zu finden. außerdem werden in einem Lagerhaus größere Antiquitäten verkauft.

Search Word BÜCHER

(Karte S. 50; ☎ 22852521; Metro House, Colaba Causeway, Colaba; ⏲ 11.30–21 Uhr) Klein und aufgeräumt mit einer guten Auswahl an Büchern und Zeitschriften.

Cottonworld Corp BEKLEIDUNG

(Karte S. 50; ☎ 22850060; Mandlik Marg; ⏲ Mo–Sa 10.30–20, So 12–20 Uhr) Kleine Kette, die stylishe Mischformen indischer und westlicher Mode anbietet. Der Eingang befindet sich hinter der State Bank of India.

Bombay Electric BEKLEIDUNG

(Karte S. 50; www.bombayelectric.in; 1 Reay House, Best Marg, Colaba; ⏲ 11–21 Uhr) Haute Couture ist das Motto dieser trendigen Boutique für Sie und Ihn, um die vielleicht etwas zu viel Aufsehen gemacht wird, die aber neben besagter (hochpreisiger) Mode auch handgemachte Accessoires und eine Handvoll trendiger Antiquitäten verkauft.

Central Cottage Industries Emporium KUNSTHANDWERK, SOUVENIRS

(Karte S. 50; ☎ 22027537; www.cottageemporium.in; Chhatrapati Shivaji Marg; ⏲ 10–18 Uhr) Hier gibt's Souvenirs aus fairem Handel. Mittlerweile wurde eine weitere **Filiale in Colaba** (Karte S. 50; Kamal Mansion, Arthur Bunder Rd; ⏲ Mo–Sa 11–19 Uhr) eröffnet.

Fort-Viertel & Churchgate

★ **Kitab Khana** BÜCHER

(Karte S. 54; www.kitabkhana.in; Somaiya Bhavan, 45/47 MG Rd, Fort; ⏲ 10.30–19.30 Uhr) Ein neuer Buchladen mit einer brillant ausgewählten Palette an Büchern, die alle – immer – um 20 % reduziert sind. **Food for Thought** (Karte S. 54; www.cafefoodforthought.com; leichte Gerichte 120–180 ₹) ist der Name des kleinen Cafés im hinteren Teil des Ladens. Hier werden *sabudana khichdi* (gebratener Sago mit Gewürzen) serviert, die es in sich haben.

★ Contemporary Arts & Crafts KUNSTHANDWERK
(Karte S. 54; www.cac.co.in; 210 DN Rd; ⌚10.30–19.30 Uhr) Im CAC gibt's zeitgenössische, ideenreiche Varianten traditionellen Kunsthandwerks zu kaufen. Ein ganz und gar außergewöhnliches Souvenir! Neben vielen Einrichtungsgegenständen gibt's auch viele Stücke, die problemlos in den Koffer passen.

Artisans' Centre for Art, Craft & Design BEKLEIDUNG, ACCESSOIRES
(Karte S. 54; ☎22673040; artisanscentre@gmail.com; 1. Stock, 52-56 Dr. VB Gandhi Marg, Kala Ghoda; ⌚11–19 Uhr) Ein traditionelles Zentrum, in dem hochwertige, handgefertigte Güter von Mode und Schmuck über Kunsthandwerk bis hin zu Luxus-*khadi* (schlichte Stoffe) angeboten werden. Die Waren werden von Kunsthandwerkern aus dem ganzen Land hergestellt.

Khadi & Village Industries Emporium BEKLEIDUNG
(Karte S. 54; Khadi Bhavan; 286 Dr. Dadabhai Naoroji Rd, Fort; ⌚Mo–Sa 10.30–18.30 Uhr) Ein Besuch des Khadi Bhavan – total verstaubt und so sehr Old School, dass es schon wieder modern ist – kommt einer Zeitreise in die 1940er-Jahre gleich. Hier gibt's traditionelle indische Kleidung von der Stange, Seide sowie *khadi*, Schuhe (darunter auch tolle, handgefertigte Leder-*chappals* für Sie und Ihn) und Handarbeiten.

Tribes India KUNSTHANDWERK
(Karte S. 54; Gate No 3, GPO; ⌚Mo–Sa 10.30–18 Uhr) 🍃 Mitten im Postamt verkauft dieser kleine Stand handgefertigte Waren von Stammesverbänden aus ganz Indien.

Chimanlals KUNSTHANDWERK
(Karte S. 54; www.chimanlals.com; Wallace Rd, Fort; ⌚Mo–Fr 9.30–18, Sa bis 17 Uhr) Hier bekommt man wunderschönes, traditionell bedrucktes indisches Papier, das selbst den schreibfaulsten Reisenden zum Briefe schreiben animieren wird.

Royal Music Collection MUSIK
(Karte S. 54; 192 Kitab Mahal, Dr DN Rd, Fort; ⌚Mo–Sa 11–21 Uhr) Toller Straßenstand, an dem alte Platten (ab 250 ₹) verkauft werden.

Fabindia BEKLEIDUNG
(Karte S. 54; www.fabindia.com; Jeroo Bldg, 137 MG Rd, Kala Ghoda; ⌚10–20 Uhr) Im Fabindia, das gegründet wurde, um die Waren der traditionellen Stoffhersteller auf den Markt zu bringen, treffen Modernität und Tradition aufeinander. Es gibt Kleidungsstücke aus Baumwolle und Seide sowie verschiedene Dekostoffe zu kaufen.

Chetana Book Centre BÜCHER
(Karte S. 54; www.chetana.com; K Dubash Marg, Kala Ghoda; ⌚Mo–Sa 10.30–19.30 Uhr) Dieser großartige Buchladen ist auf Spiritualität spezialisiert und hat neben vielen Büchern zum Thema Hinduismus auch eine große Auswahl an Literatur aus der Rubrik „Jenseits/Tod/übersinnliche Kräfte" im Sortiment.

Cotton Cottage BEKLEIDUNG
(Karte S. 54; Agra Bldg, 121 MG Rd, Kala Ghoda; ⌚10–21 Uhr) Hier gibt's einfache Baumwoll-Kurtas und verschiedene Hosen – *salwars, churidars, patiala* – für die Reise.

Rhythm House MUSIKLADEN
(Karte S. 54; ☎22842835; 40 K Dubash Marg, Fort; ⌚Mo–Sa 10–20.30, So 11–20.30 Uhr) Original-CDs (keine Raubkopien) sowie Konzert-, Theater- und Festivalkarten.

Standard Supply Co FOTOGRAFIE
(Karte S. 54; ☎22612468; Walchand Hirachand Marg, Fort; ⌚Mo–Sa 10.30–19 Uhr) Ob Digital- oder Analogkamera – hier bekommt man einfach alles, was man zum Fotografieren braucht.

Oxford Bookstore BÜCHER
(Karte S. 54; www.oxfordbookstore.com; Apeejay House, 3 Dinsha Wachha Marg, Churchgate; ⌚8–22 Uhr) Großer Buchladen mit einer guten Auswahl an Reiseliteratur und einer Teebar.

Von Kalbadevi bis Mahalaxmi

Märkte MARKT
Auf den vollgestopften Basaren nördlich des CST kann man so ziemlich alles kaufen und wird dabei von den Menschenmassen von einem Berg von Waren zum nächsten geschoben. Auf dem **Crawford Market** (Mahatma Phule Market; Karte S. 58; Ecke DN Rd & Lokmanya Tilak Rd), dem letzten Außenposten von British Bombay bevor das Gewusel der Zentralbasare anfängt, werden Obst und Gemüse angeboten. Seine normannisch-gotischen Außenwände werden von Flachreliefs von Lockwood Kipling, Vater von Rudyard Kipling, geschmückt.

Auf dem **Mangaldas Market** (Karte S. 58) bieten traditionell Händler aus Gujarat ihre Waren an. Es ist eine Miniaturstadt, in deren Gassen sich die Stoffe stapeln. Selbst wenn man nicht an einem maßgeschneiderten Outfit interessiert ist, sollte man bei **DD Dupattawala** (Karte S. 58; Shop No 217, 4th Lane, Mangaldas Market) vorbeischauen. Dort findet man hübsche Schals und Dupattas zu festen Preisen. Unmittelbar nördlich schließen der **Zaveri Bazaar** (Karte S. 58) mit seinen Schmuckständen sowie der **Bhuleshwar Market** (Karte S. 58; Ecke Sheikh Menon St & M Devi Marg) mit Obst- und Gemüseständen an.

Der **Chor Bazaar** (Karte S. 58) ist zwar bekannt für seine Antiquitäten, heute sind die meisten Stücke, die hier angeboten werden, aber nur Nachbildungen. Am meisten los ist auf der Mutton St, wo die Läden auf „Antiquitäten" und sonstigen Trödel spezialisiert sind. Die Dhabu St östlich davon ist von Ständen mit hübschen Lederwaren gesäumt.

Mini Market/Bollywood Bazaar ANTIQUITÄTEN, SOUVENIRS

(Karte S. 58; ☎ 23472427; 33/31 Mutton St; ⊙ Sa–Do 11–20 Uhr) Hier gibt's alte Bollywood-Poster und andere filmische Erinnerungsstücke sowie alten Nippes. Wer sich zwischen den vielen Ständen verlaufen hat, kann einfach kurz anrufen.

Anokhi BEKLEIDUNG

(Karte S. 58; www.anokhi.com; Dr. AR Ragnekar Marg; ⊙ Mo–Sa 10.30–20 Uhr) Genau die richtige Mischung aus Orient und Okzident. Hier gibt es Kleidung für Sie und Ihn sowie Bettwäsche aus Seide und Baumwolle mit Blockdruck.

Shrujan KUNSTHANDWERK

(Karte S. 58; www.shrujan.org; Sagar Villa, Bhulabhai Desai Marg, Breach Candy, gegenüber Navroze Apts; ⊙ Mo–Sa 10–19.30 Uhr) 🍃 Angeboten werden hier aufwendige Stickarbeiten von 3500 Frauen aus 114 Dörfern in Kutch, Gujarat. Das Shrujan ist ein gemeinnütziger Laden, der den Frauen dabei hilft, ihren Lebensunterhalt zu verdienen und gleichzeitig die spektakuläre Sticktradition dieser Region aufrechterhält. Die hochwertigen Kleidungsstücke, Wandbehänge und kleinen Täschchen sind tolle Mitbringsel. Es gibt auch eine etwas versteckt liegende **Filiale in Juhu** (Karte S. 68; Hatkesh Society, 6th North South Rd, JVPD Scheme; ⊙ Mo–Sa 10–19.30 Uhr).

Crossword BÜCHER

(Karte S. 58; Mohammedbhai Mansion, NS Patkar Marg, Kemp's Corner; ⊙ 11–20.30 Uhr) Riesiger Buchladen; hier ist auch das Café Moshe (S. 72) untergebracht.

BX Furtado & Sons MUSIKLADEN

(Karte S. 58; www.furtadosonline.com; Jer Mahal, Dhobi Talao; ⊙ Mo–Sa 10.30–19.30 Uhr) Der beste Laden in Mumbai, um Musikinstrumente wie Sitars, Tablas, Akkordeons sowie einheimische und importierte Gitarren zu kaufen. In der Filiale um die Ecke in der Kalbadevi Rd gibt's aber nur Klaviere und Notenblätter.

Westliche Vororte

Indian Hippy KUNST

(Karte S. 68; ☎ 8080822022; www.hippy.in; 17/C Sherly Rajan Rd, abseits der Carter Rd, Bandra West; Portraits ab 10 000 ₹; ⊙ nach Vereinbarung) Jeder sollte ein handgemaltes Portrait von sich im Stil eines alten Bollywood-Posters besitzen! Deshalb: ein Foto mitbringen (oder mailen). Es werden auch alte LPs und Filmposter verkauft.

Play Clan SOUVENIRS, BEKLEIDUNG

(Karte S. 68; www.theplayclan.com; Libra Towers, Hill Rd, Bandra West; ⊙ 11–20.30 Uhr) Mumbai hat eine ganze Reihe von Läden, in denen witzige, kitschige, aber irgendwie auch stylische Dinge verkauft werden. Das Play Clan ist der teuerste unter ihnen, man findet hier aber auch die tollsten Dinge wie etwa Einkaufstaschen mit einem futuristischen Porträtdruck von Vivekananda oder bestickte Kissen, auf denen paillettenbesetzte Autorikschas zu sehen sind.

Kishore Silk House BEKLEIDUNG, KUNSTHANDWERK

(Bhandarkar Rd, Matunga East; ⊙ Di–So 10–20.30 Uhr) Handgewebte Saris und Dhotis aus Tamil Nadu und Kerala in wunderschönen, traditionellen Ausführungen. Das Beste sind aber die hübsch gewebten und überraschenderweise äußerst saugfähigen Baumwollhandtücher – perfekt zum Reisen.

ℹ Praktische Informationen

GELD

Geldautomaten gibt's wirklich überall und auch Wechselstuben, die Bargeld tauschen und Reiseschecks einlösen, sind zahlreich vorhanden. Dazu gehören auch Akbar Travels (S. 84) und die Thomas-Cook-Filialen in Fort (S. 84) und

Colaba (Karte S. 50; ☎ 66092608; Colaba Causeway; ⌚ 9.30–18 Uhr).

INTERNETZUGANG

Anita CyberCafé (Karte S. 54; Cowasji Patel Rd, Fort; 30 ₹/Std.; ⌚ Mo–Sa 9.30–22, So ab 14 Uhr) Befindet sich gegenüber eines der besten Chai-Stände Mumbais (abends geöffnet).

Poonam Cybercafé (Karte S. 50; Lala Nigam St, Colaba Market; 20 ₹/Std.; ⌚ Mo–Sa 10–22, So 8.30–14 Uhr)

Portasia (Karte S. 54; Kitab Mahal, Dr Dadabhai Naoroji Rd, Fort; 30 ₹/Std.; ⌚ Mo–Sa 9–21 Uhr) Der Eingang befindet sich in einer kleinen Gasse. Auf das Schild achten, das von einem überwucherten Durchgang herunterhängt.

MEDIEN

Was in Mumbai gerade los ist, erfährt man von *Time Out Mumbai* und **Mumbai Boss** (www.mumbaiboss.com). Die *Hindustan Times* ist die beste Tageszeitung; ihre Beilage *Café* sowie die Beilage *Mumbai Mirror* der *Times of India* sind gute Quellen für Infos zu anstehenden Veranstaltungen in der Stadt.

In höherklassigen Hotels und Restaurants liegen die kostenlosen Stadtpläne (aufgeteilt nach Vierteln) von **Locus City Cards** aus.

MEDIZINISCHE VERSORGUNG

Bombay Hospital (Karte S. 54; ☎ 22067676, Krankenwagen 22067309; www.bombayhospital.com; 12 New Marine Lines)

Breach Candy Hospital (Karte S. 58; ☎ 23672888, Notfall 23667809; www.breachcandyhospital.org; 60 Bhulabhai Desai Marg, Breach Candy) Bestes Krankenhaus in Mumbai, wenn nicht sogar in Indien.

Colaba Chemist (Karte S. 50; ☎ 22832848; 27A Arthur Bunder Rd; ⌚ 8.30–23 Uhr) Apotheke mit Lieferservice.

New Royal Chemists (Karte S. 54; ☎ 22004051; 41/42 New Marine Lines; ⌚ 24 Std.) Apotheke mit Lieferservice; von 7 bis 23 Uhr kostenlos.

NOTFALL

In Notfallsituationen immer die Polizei anrufen (☎ 100).

POST

Die **Hauptpost** (Karte S. 54; hinter dem Chhatrapati Shivaji Terminus; ⌚ 10–18 Uhr) ist ein imposantes Gebäude gleich neben dem CST. **Postlagernde Sendungen** (⌚ Mo–Sa 10–15 Uhr) können in der Versandabteilung („Delivery Department") abgeholt werden. Sendungen sollten folgendermaßen adressiert sein: c/o Poste Restante, Mumbai GPO, Mumbai 400 001. Beim Abholen muss der Reisepass vorgezeigt werden. Gegenüber dem Postamt warten unter einem Baum Paket-Wallahs, die für 40 ₹ Pakete verschnüren.

Postamt Colaba (Karte S. 50; Henry Rd) Praktische Zweigstelle.

REISEBÜROS

Akbar Travels (www.akbartravelsonline.com; ⌚ Mo–Fr 10–19, Sa bis 18 Uhr) Colaba (Karte S. 50; ☎ 22823434; 30 Alipur Trust Bldg, Shahid Bhagat Singh Rd); Fort (Karte S. 54; ☎ 22633434; 167/169 Dr Dadabhai Naoroji Rd) Sehr hilfsbereit, mit guten Wechselkursen.

Thomas Cook (Karte S. 54; ☎ 61603333; 324 Dr. Dadabhai Naoroji Rd, Fort; ⌚ Mo–Sa 9.30–18 Uhr)

TELEFON

Telefonische Auskunft erhält man unter ☎ 197.

TOURISTENINFORMATION

Indiatourism (Touristeninformation Government of India; Karte S. 54; ☎ 22074333; www.incredibleindia.com; Western Railways Reservation Complex, 123 Maharshi Karve Rd; ⌚ Mo–Fr 8.30–18, Sa bis 14 Uhr) Hat Infos zum ganzen Land und kann Guides sowie Übernachtungen in Familien vermitteln.

Maharashtra Tourism Development Corporation Booth (MTDC; Karte S. 50; ☎ 22841877; Apollo Bunder; ⌚ Di–So 8.30–16, Sa & So 8.30–21 Uhr) Organisiert Stadtrundfahrten.

Maharashtra Tourism Development Corporation (MTDC; Karte S. 54; ☎ 22044040; www.maharashtratourism.gov.in; Madame Cama Rd, gegenüber LIC Bldg, Nariman Point; ⌚ Mo–Sa 10–17 Uhr, 2. & 4. Sa geschl.) Die Maharashtra Tourism Development Corporation hat ihren Hauptsitz in Mumbai. Ihre Büros findet man auch in den meisten größeren Städten des Bundesstaats, sie können aber meist nur bei der Buchung von MTDC-Unterkünften und -Touren weiterhelfen. Sonntag ist kein Werktag und viele Regierungsbüros bleiben auch jeden zweiten Samstag geschlossen.

VISUMSVERLÄNGERUNGEN

Foreigners' Regional Registration Office (FRRO; Karte S. 58; ☎ 22620446; www.immigrationindia.nic.in; Annexe Bldg No 2, CID, Badaruddin Tyabji Marg, nahe Special Branch; ⌚ Mo–Fr 9.30–13 Uhr) Theoretisch kann das FRRO im Falle eines „hinreichend begründeten Verzugs" Touristenvisa gegen eine Gebühr von 70 US$ verlängern, die Anträge werden aber von Fall zu Fall entschieden. Verlassen darf man sich darauf nicht.

ℹ An- & Weiterreise

BUS

Viele private und staatliche Busunternehmen bieten Fernverbindungen von bzw. nach Mumbai an.

BELIEBTE FERNBUSSTRECKEN

ZIEL	PRIVATBUS OHNE/MIT KLIMAANLAGE; SLEEPER (₹)	STAATLICHER BUS OHNE KLIMAANLAGE (₹)	DAUER (STD.)
Ahmedabad	500/800	–	13
Aurangabad	500/800	461 (4-mal tgl.)	10
Hyderabad	800/1100	–	16
Mahabaleshwar	450/600	302 (3-mal tgl.)	7
Panaji (Panjim)	600/900	–	15
Pune	300 (Sitzplatz; klimatisiert)	202 (alle 30 Min.)	4
Udaipur	800/1400	508 (1-mal tgl.)	16

Fernbusse der Regierung starten am übersichtlichen **Busbahnhof Mumbai Central** (Karte S. 58; ☎ Auskunft 23024075), gleich beim Mumbaier Hauptbahnhof. Diese Busse sind preiswerter und fahren häufiger als die privaten Unternehmen, können aber sehr voll und schlechter ausgestattet sein. Das Streckennetz von **MSRTC** (Maharashtra State Road Transport Corporation; ☎ 1800 221250; www.msrtc.gov.in), des staatlichen Verkehrsunternehmens von Maharashtra, ist nicht so gut entwickelt wie das in vielen anderen Bundesstaaten.

Die Busse privater Anbieter sind meist komfortabler und einfacher zu buchen, können aber deutlich teurer sein als die staatliche Konkurrenz. Die meisten starten an der Dr. Anadrao Nair Rd nahe dem Mumbaier Hauptbahnhof, viele Busse nach Süden fahren aber an der Paltan Rd nahe dem Crawford Market ab. Infos zu Abfahrtszeiten und Preisen gibt's bei **Citizen Travels** (Karte S. 58; ☎ 23459695; D Block, Sitaram Bldg, Paltan Rd) oder beim **National CTC** (Karte S. 58; ☎ 23015652; Dr. Anadrao Nair Rd). Allerdings unterscheiden sich die meisten privaten Busanbieter kaum in Preis und Qualität. Während der Urlaubszeit steigen die Preise zu beliebten Zielen (wie Goa) um bis zu 75 %.

Für Fahrten nach Goa und zu anderen Zielen im Süden sind die Privatbusse von **Chandni Travels** (Karte S. 54; ☎ 22713901, 22676840) die bessere Alternative. Sie starten sechsmal täglich vor dem Azad Maidan.

FLUGZEUG

Flughäfen

Mumbai ist der internationale Verkehrsknotenpunkt für Südindien und bietet das dichteste Streckennetz für Inlandsflüge. Der **Chhatrapati Shivaji International Airport** (Karte S. 68; BOM; ☎ 66851010; www.csia.in), etwa 30 km vom Zentrum entfernt, wird seit seiner Privatisierung 2006 für 2 Mrd. US$ modernisiert. Zum Zeitpunkt der Recherche war die Eröffnung des nagelneuen Terminals T2 (für Inlands- und Auslandsflüge) für 2014 geplant. Die bestehenden Inland-Terminals sollen dann zur Abwicklung der Luftfracht dienen.

Zum Zeitpunkt der Recherche hatte der Flughafen drei Inlandsterminals (1A, 1B und 1C; Karte S. 58) und zwei internationale Terminals (2B und 2C; Karte S. 58). Der Zugang zum Inlandsflughafen, der allgemein auch als Santa Cruz Airport bekannt ist, liegt in Vile Parle. Die internationalen Terminals – der Zugang befindet sich 5 km entfernt in Andheri – werden von den Einheimischen auch unter dem Namen Sahar zusammengefasst. In allen Terminals gibt's Geldautomaten, Wechselstuben und Touristeninformationen. Ein für Fluggäste kostenloser Shuttlebus pendelt alle 30 Minuten zwischen den beiden Flughafenbereichen hin und her.

Fluglinien

Flugbuchungen nimmt man am besten bei Reisebüros oder direkt auf der Website der Fluggesellschaft vor, da die Airlines ihre Kunden zunehmend an Callcenter verweisen. Die folgenden nationalen und internationalen Fluggesellschaften sind in Mumbai und/oder am Flughafen vertreten:

WICHTIGE NONSTOP-INLANDSFLÜGE AB MUMBAI:

ZIEL	KLEINSTER PREIS, EINFACHE STRECKE (₹)	DAUER (STD.)
Bengaluru	5500	1½
Chennai	7200	2
Delhi	7600	2
Goa	4000	1
Hyderabad	4000	1½
Jaipur	5500	1¾
Kochi	7200	2
Kolkata	8200	2¾

Air India (Karte S. 54; ☎ 27580777, Flughafen 28318666; www.airindia.com; Air India Bldg, Ecke Marine Dr & Madame Cama Rd, Nariman Point; ⏲ Mo–Fr 9.15–18.30, Sa & So bis 17.15 Uhr)

Cathay Pacific (☎ 66572222, Flughafen 66859002/3; www.cathaypacific.com; 2 Brady Gladys Plaza, Senapati Bapat Marg, Lower Parel; ⏲ Mo–Sa 9.30–17.30 Uhr)

Emirates Airlines (Karte S. 54; ☎ 33773377, Flughafen 26829917; www.emirates.com; 3 Mittal Chambers, 228 Nariman Point; ⏲ Mo–Sa 9–17.30 Uhr)

GoAir (☎ Flughafen 26264789; www.goair.in)

IndiGo (Karte S. 50; ☎ Callcenter 1800 1803838; www.goindigo.in)

Jet Airways (Karte S. 50; ☎ Callcenter 39893333; www.jetairways.com; Amarchand Mansion, Madame Cama Rd, Colaba; ⏲ Mo–Fr 9.30–18, Sa bis 16 Uhr) Wickelt auch JetLite-Buchungen ab.

Qantas (Karte S. 68; ☎ 61111818, Flughafen 66859110; www.qantas.com.au; 4. Stock, Sunteck Centre, 37-40 Subhash Rd, Vile Parle; ⏲ Mo–Fr 9–13.15 & 14.30–17.30 Uhr)

SpiceJet (☎ Flughafen 9920172863; www.spicejet.com)

Swiss (☎ 67137200; www.swiss.com; 10. Stock, Urmi Estate, Ganpatrao Kadam Marg, Lower Parel; ⏲ Mo–Sa 9–17.30 Uhr)

Thai Airways (Karte S. 54; ☎ 1800 1021225, Flughafen 26828950; www.thaiairways.com; 2A Mittal Towers A Wing, Nariman Point; ⏲ Mo–Fr 9.30–17.30, Sa bis 16 Uhr)

ZUG

Es gibt insgesamt drei Zugsysteme in Mumbai, die wichtigsten Anbieter für Traveller sind aber Central Railways und Western Railways. Fahrscheine können an jedem Bahnhof in South Mumbai oder in den Vororten gekauft werden, der eine elektronische Fahrkartenausgabe hat.

Central Railways (☎ 139) bietet Verbindungen in Richtung Osten und Süden, teilweise aber auch nach Norden an. Die Abfahrt findet jeweils am CST statt. Das **Reservierungszentrum** (Karte S. 54; ⏲ Mo–Sa 8–20, So bis 14 Uhr) befindet sich auf der Südseite des CST. Touristentickets (*tourist quota*) und Indrail-Pässe sind am Schalter 52 erhältlich. Normale Tickets können an den Schaltern 10 und 11 mit Kreditkarte (die Gebühr beträgt 90 ₹) gekauft werden.

Einige Züge von Central Railways fahren in Dadar (D), ein paar Stationen nördlich des CST, oder in Lokmanya Tilak (LTT), 16 km nördlich vom CST, ab.

Western Railways (☎ 139) fährt vom Hauptbahnhof Mumbai Central – oft noch Bombay Central (BCT) genannt – nach Norden.

Das **Reservierungszentrum** (Karte S. 54; ⏲ Mo–Sa 8–20, So bis 14 Uhr) gegenüber dem Bahnhof Churchgate verkauft an Schalter 14 Touristentickets.

WICHTIGE ZÜGE AB MUMBAI

ZIEL	ZUGNR. & -NAME	PREIS (₹)	DAUER (STD.)	ABFAHRT
Agra	12137 Punjab Mail	410/1139/1770/3050 (A)	22	19.40 Uhr CST
Ahmedabad	12901 Gujarat Mail	232/616/910/1560 (A)	9	22 Uhr BCT
	12009 Shatabdi Exp	721/1535	7	6.25 Uhr BCT
Aurangabad	11401 Nandigram Exp	176/480/715 (B)	7	16.35 Uhr CST
	17617 Tapovan Exp	102/376 (C)	7	6.10 Uhr CST
Bengaluru	16529 Udyan Exp	363/1028/1600/2750 (A)	25	8.05 Uhr CST
Bhopal	12534 Pushpak Exp	325/889/1345/2295 (A)	13	8.20 Uhr CST
Chennai	12163 Chennai Exp	403/1116/1730/2980 (A)	23½	20.30 Uhr CST
Delhi	12951 Rajdhani Exp	1550/2270/3870 (D)	16	16.40 Uhr BCT
	12137 Punjab Mail	442/1231/1925/3330 (A)	25½	19.40 Uhr CST
Hyderabad	12701 Hussainsagar Exp	312/854/1285/2195 (A)	14½	21.50 Uhr CST
Indore	12961 Avantika Exp	320/878/1325/2265 (A)	14	19.05 Uhr BCT
Jaipur	12955 Jaipur Exp	383/1059/1630/2805 (A)	18	18.50 Uhr BCT
Kochi	16345 Netravati Exp	430/1222/1935 (B)	26½	11.40 Uhr LTT
Margao	10103 Mandovi Exp	288/811/1235/2105 (A)	12	6.55 Uhr CST
	12133 Mangalore Exp	308/842/1265 (B)	9	23.05 Uhr CST
Pune	12127 Intercity Exp	76/277 (C)	3	6.45 Uhr CST

Abkürzungen der Bahnhöfe: CST (Chhatrapati Shivaji Terminus); BCT (Mumbai Central); LTT (Lokmanya Tilak)
Preise: (A) Sleeper/3AC/2AC/1AC, (B) Sleeper/3AC/2AC, (C) Sleeper/CC, (D) 3AC/2AC/1AC

Unterwegs vor Ort

AUTO

Autos werden pro Tag (8 Std.) mit einem Limit von 80 km vermietet. Wer diese Werte überzieht, bezahlt extra. Der Preis für ein Auto ohne Klimaanlage liegt momentan bei etwa 1200 ₹.

BUS

Mumbais Stadtbusse sind gut und preiswert. Der Betreiber ist **BEST** (www.bestundertaking.com), auf dessen Webseite sich eine hilfreiche Suchfunktion für Busrouten innerhalb der Stadt findet. Ticketpreise beginnen bei 5 ₹ (Tagestickets kosten 40 ₹) und bezahlt wird im Bus. Es ist sehr hilfreich, die Devanagiri-Symbole für Nummern zu lernen, sodass man gleich erkennt, um welche Buslinie es sich handelt. LTD-Busse halten nicht überall an.

Im Folgenden sind einige praktische Verbindungen aufgelistet; die Busse halten alle entlang dem Colaba Causeway sowie vor dem Museum.

ZIEL	BUS
Breach Candy	132, 133
Churchgate	70, 106, 123, 132
CST & Crawford Market	1, 3, 21, 103, 124
Girgaum Chowpatty	103, 106, 107, 123
Haji Ali	83, 124, 132, 133
Hanging Gardens	103, 106, 108
Mani Bhavan	123
Mohammed Ali Rd	1, 3, 21
Bahnhof Mumbai Central	70, 124, 125

VOM/ZUM FLUGHAFEN

Internationale Terminals

Der **Prepaid-Taxistand** am internationalen Flughafen hat Fixpreise für jeden Stadtteil. Der Taxistand befindet sich vor der Ankunftshalle. Eine Taxifahrt nach Colaba, Fort und zum Marine Dr kostet 650/750 ₹ (ohne/mit Klimaanlage), nach Bandra werden 380/450 ₹ fällig. Hinzu kommen eine Servicegebühr von 10 ₹ sowie 10 ₹ pro Gepäckstück. Die Fahrt nach Colaba dauert nachts etwa 45 Minuten, tagsüber 1½ bis 2 Stunden. Trinkgeld wird nicht erwartet.

Meru Cabs (☎44224422; www.merucabs.com) hat einen Schalter in der Ankunftshalle. Die klimatisierten Taxis haben Taxameter und verlangen für den ersten Kilometer 27 ₹, danach 20 ₹ pro Kilometer (nachts 25 % mehr). Die Routen werden per GPS aufgezeichnet. Man kann also nicht über den Tisch gezogen werden!

Autorikschas warten in einiger Entfernung vom Ankunftsterminal. Sie dürfen aber nicht weiter südlich als Bandra fahren. Zwischen 24 und 5 Uhr erhöht sich der Preis auch hier um 25 %, eine große Tasche kostet zusätzlich 3 ₹.

Wer tagsüber (außerhalb der Hauptverkehrszeit von 6 bis 11 Uhr) ankommt und kein schweres Gepäck dabei hat, kann auch den **Zug** nehmen: mit der Autorikscha (etwa 55 ₹) bis zum Bahnhof in Andheri fahren und dann den Zug nach Churchgate oder zum CST (8 ₹, 45 Min.) nehmen. Alternativ fährt Bus 308 zum Bahnhof in Andheri und Bus 321 zum Bahnhof in Vile Parle. Die Bushaltestelle ist einen kurzen Fußmarsch vom Ankunftsbereich entfernt.

Ein Taxi von South Mumbai zum internationalen Terminal sollte um die 500 ₹ kosten. Den Preis auf jeden Fall vorab festlegen. Pro Gepäckstück kommen nochmal 10 ₹ dazu und nachts wird ein Aufpreis von 25 % auf den Taxameterpreis fällig. Zwischen 16 und 20 Uhr dauert die Fahrt zudem eine Stunde länger als zu anderen Tageszeiten.

Inlandsterminals

In der Ankunftshalle befindet sich ein **Prepaid-Taxistand**. Eine Taxifahrt nach Colaba oder ins Fort-Viertel kostet 380/465 ₹ (ohne/mit Klimaanlage), nach Bandra werden 220/265 ₹ fällig. Hinzu kommen eine Servicegebühr von 10/15 ₹ sowie 10 ₹ pro Gepäckstück. Nachts erhöht sich der Fahrpreis um 25 %.

Alternativ kann man mit der Autorikscha (etwa 35 ₹) oder Bus 312 vom Flughafen zum Bahnhof in Vile Parle fahren und dort in einen Zug nach Churchgate (7 ₹, 45 Min.) umsteigen. Während der Hauptverkehrszeit (6–11 Uhr) ist das jedoch keine gute Idee.

METRO

Die Bauarbeiten an der neuen oberirdischen **Metro** (www.mumbaimetroone.com) sind in vollem Gange. Abschnitt Eins, der Versova (nordwestlich von Andheri) mit Ghatkopar verbindet und unterwegs an beiden Flughäfen vorbeikommt, wird vermutlich Ende 2013 in Betrieb genommen. Die unterirdische Metrolinie Colaba–Bandra–Flughafen wird wohl erst in einigen Jahren fertiggestellt werden.

MOTORRAD

Allibhai Premji Tyrewalla (Karte S. 58; ☎23099313/9417; www.premjis.com; 205 Dr. D Bhadkamkar (Lamington) Rd; ⌚Mo–Sa 10–19 Uhr) verkauft seit 1922 neue und gebrauchte Motorräder. Dazu gibt es noch eine Rückkaufgarantie. Das bedeutet, dass man für eine „Miet"-Dauer von zwei bis drei Wochen trotzdem zunächst den vollen Kaufpreis bezahlen muss. Das Unternehmen hat aber eher Interesse an längerfristigen Vermietungen von zwei Monaten und mehr, was im Endeffekt ohnehin günstiger ist. Eine gebrauchte Bajaj oder Honda mit 150 ccm oder 225 ccm kostet etwa 50 000 ₹. Der Rückkaufpreis nach drei Monaten liegt bei etwa 60 %. Kleinere Krafträder (100–180 ccm) beginnen bei 25 000 ₹. Der Laden kann auch den

Versand nach Übersee organisieren (nach Großbritannien kostet das z. B. um die 30 000 ₹).

SCHIFF/FÄHRE

Die Fähren von **PNP** (Karte S. 50; ☎ 22885 220) und **Maldar Catamarans** (☎ 22829695) fahren regelmäßig nach Mandwa (einfache Strecke 110–135 ₹). Von dort aus kommt man gut nach Murud-Janjira und zu anderen Orten an der Konkan-Küste, ohne die lange Busfahrt aus Mumbai heraus auf sich nehmen zu müssen. Fährtickets gibt's nahe dem Gateway of India.

TAXI & AUTORIKSCHA

Mumbais schwarz-gelbe Taxis sind die praktischste Art, um im südlichen Mumbai von A nach B zu kommen und die Fahrer stellen fast immer freiwillig das Taxameter an. Der Mindestfahrpreis liegt bei 19 ₹ für die ersten 1,6 km. Danach sind es für jeden weiteren Kilometer 12 ₹.

Wer von Bandra in Richtung Norden fährt, ist mit einer Autorikscha am besten dran. Der Mindestfahrpreis beträgt 15 ₹ für die ersten 1,6 km. Danach sind es für jeden weiteren Kilometer 10 ₹.

Taxis und Autorikschas haben eine Mischung aus mechanischem und elektronischem Taxameter, die nicht auf den tatsächlichen, aktuellen Fahrpreis geeicht ist. Die Fahrer sind eigentlich gesetzlich dazu verpflichtet, die aktuellsten Umrechnungstabellen in ihrem Fahrzeug mitzuführen. Also ruhig danach fragen oder selbst eine Liste ausdrucken. Man findet sie auf der Internetseite der **Verkehrspolizei Mumbai** (www.trafficpolicemumbai.org/Tariffcard_Auto_taxi_form.htm).

Zwischen 24 und 5 Uhr erhöht sich der Fahrpreis sowohl bei Taxis als auch bei Autorikschas um 25 %.

Tipp: Die Bewohner Mumbais orientieren sich nicht an Straßennamen (besonders nicht an den neuen), sondern navigieren nach bekannten Orten oder Sehenswürdigkeiten. Man sollte also immer ein paar Details zum Ziel kennen.

ZUG

Mumbais Vorortzüge fahren von 4 Uhr morgens bis 1 Uhr nachts. Es gibt drei Hauptlinien, von denen die **Western Line** für Traveller am hilfreichsten ist. Sie führt von Churchgate nach Norden und hält dabei u. a. an den Bahnhöfen Charni Rd (Girgaum Chowpatty), Mumbai Central, Mahalaxmi (Dhobi Ghat), Vile Parle (Inlandsflughafen), Andheri (internationaler Flughafen) und Borivali (Sanjay Gandhi National Park).

Die **Central Line** fährt vom CST nach Byculla (Veermata Jijabai Bhonsle Udyan, ehemals Victoria Gardens), Dadar und bis nach Neral (Matheran).

Eine Fahrt von Churchgate zum Mumbai Central kostet in der 2./1. Klasse 4/45 ₹, nach Vile Parle 7/80 ₹ und nach Borivali 9/110 ₹.

Um nicht ständig in der Schlange stehen zu müssen, holt man sich am besten ein **Couponheft** (50 ₹), das für alle Züge verwendet werden kann. Diese Coupons werden vor dem Einsteigen entwertet.

„Touristentickets" für unbegrenzt viele Fahrten in der 2./1. Klasse kosten für einen Tag 50/170 ₹, für drei Tage 90/330 ₹ und für fünf Tage 105/390 ₹.

In der Hauptverkehrszeit sind die Züge bis zum Bersten voll. Dann muss man besonders auf seine Wertsachen achten. Frauen sollten nur in den „Ladies-only"-Abteilen fahren. Außer spät am Abend: Dann ist es wichtiger, nicht alleine in einem Abteil zu sitzen.

Maharashtra

Inhalt ➡

Gut essen

➡ Malaka Spice (S. 122)
➡ New Sea Rock Restaurant (S. 112)
➡ Khyber (S. 94)
➡ Grapevine (S. 126)
➡ Dario's (S. 122)

Schön übernachten

➡ Verandah in the Forest (S. 115)
➡ Hotel Sunderban (S. 121)
➡ Lemon Tree (S. 99)
➡ Beyond (S. 95)
➡ Hotel Plaza (S. 108)

Auf nach Maharashtra!

Maharashtra hat von allen Bundesstaaten Indiens die drittgrößte Fläche und die zweithöchste Bevölkerungszahl. Das riesige Gebiet umfasst viele der Attraktionen, die Indien ausmachen. Es gibt hier palmengesäumte Strände, erhabene, von kühlendem Grün bedeckte Berge, Sehenswürdigkeiten, die zum Weltkulturerbe zählen, und turbulente Städte.

Ein Ausflug von Mumbai nordwärts bringt einen nach Nasik, einer Mischung aus Spiritualität, Meditation und Indiens wichtigster Weinbauregion. Weiter landeinwärts liegen die aus dem Fels geschlagenen Höhlentempel Ellora und Ajanta, die das kulturelle Erbe vergangener Dynastien repräsentieren. Wer auf Abkühlung aus ist, fährt nach Matheran, der einzigen Hill Station Maharashtras, wo eine Kleinbahn durch die Wälder tuckert. Pilger und Neugierige sollten das kosmopolitische Pune im Süden besuchen. Die Stadt ist berühmt für ihren „Sex-Guru" und ihre alternative Spiritualität. Der Westen wiederum lockt mit goldenen Stränden und Ruinen an der romantischen Konkanküste am Arabischen Meer.

Reisezeit

Nasik

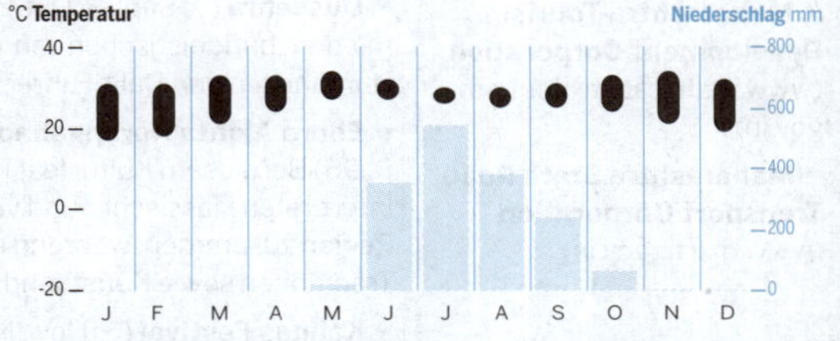

Jan. In den Weingütern von Nasik ist bei der Weinlese und beim Traubenstampfen Party angesagt.

Sept. Die stürmischen Feierlichkeiten zum Ganesh Chaturthi erreichen ihren Höhepunkt.

Dez. Jetzt ist es an den abgeschiedenen Stränden Murud, Ganpatipule und Tarkarli sehr schön.

ANKUNFT

In Mumbai gibt es einen internationalen und einen Inlandsflughafen. Flughäfen für Inlandsflüge gibt es auch in Aurangabad, Pune und Nagpur. Jalgaon ist ein wichtiges Verkehrskreuz im Bahnverkehr auf der Strecke zwischen Delhi und Mumbai und liegt in bequemer Nähe zu Ajanta und Ellora.

Kurzinfos

- **Bevölkerung:** 112,4 Mio.
- **Fläche:** 307690 km²
- **Hauptstadt:** Mumbai
- **Hauptsprachen:** Marathi, Hindi, Englisch
- **Unterkunftspreise: $** bis 1000 ₹, **$$** 1000–4000 ₹, **$$$** mehr als 4000 ₹

Wirtschaft

Maharashtra gehört zu den wirtschaftlich stärksten Bundesstaaten Indiens. Das Pro-Kopf-Einkommen liegt hier 60 % über dem Landesdurchschnitt.

Infos im Internet

- **Maharashtra Tourism Development Corporation** (www.maharashtratourism.gov.in)
- **Maharashtra State Road Transport Corporation** (www.msrtc.gov.in)

Top-Yoga- & Meditationszentren

Die Vipassana International Academy (S. 96) in Igatpuri ist schon lange ein Ziel jener, die spirituelle Erfahrungen durch eine strenge Form buddhistischer Meditation erlangen wollen. Die Grenzen des Yoga werden im Ramamani Iyengar Memorial Yoga Institute (S. 120) in Pune und im Kaivalyadhama Yoga Hospital (S. 116) in Lonavla ständig erweitert. Wer sich bei der Sinnsuche lieber nicht kasteien will, wählt das superluxuriöse Osho International Meditation Resort (S. 119) in Pune, wo man mit Stil meditieren und beim einzigartigen „Zennis" (Zen-Tennis) ein bisschen seine Muskeln lockern kann.

NICHT VERSÄUMEN!

Die uralten Felsentempel von **Ellora** und **Ajanta** zählen zu den größten architektonischen und künstlerischen Wunderwerken Indiens. Die Felsreliefs, Skulpturen und Malereien in diesen Weltkulturerbestätten sind von außergewöhnlicher Schönheit und Perfektion.

In Bezug auf mittelalterliche Festungen und Zitadellen kommt Maharashtra gleich an zweiter Stelle und wird eigentlich nur von Rajasthan übertroffen. Am schönsten ist die Bastion in der Stadt **Daulatabad**, das für kurze Zeit sogar Indiens Hauptstadt war. Ebenso umwerfend ist **Janjira**, eine Inselfestung aus dem 12. Jh., einst ein Außenposten afrikanischer Handelsschiffe. Darüber hinaus gibt es noch viele Forts, die in Verbindung mit Chhatrapati Shivaji stehen, darunter in **Raigad** und in **Shivneri**, wo der Anführer der Marathen geboren wurde.

Top-Feste

- **Naag Panchami** (Juli/Aug., Pune, S. 117; Kolhapur, S. 127) Traditionelles Fest zu Ehren der Schlangen.
- **Ganesh Chaturthi** (Sept., Pune, S. 117) Wird überall in Maharashtra groß gefeiert. In Pune sind die Feierlichkeiten zu Ehren der elefantenköpfigen Gottheit besonders frenetisch.
- **Dussehra** (Sept. & Okt.) Das Hindu-Fest fällt zusammen mit dem buddhistischen Jahrestag des Übertritts des Humanisten und Dalit-Führers Ambedkar zum Buddhismus.
- **Ellora Ajanta Aurangabad Festival** (Nov., Aurangabad, S. 96) Bei diesem Kulturfest kommen die besten Interpreten klassischer und volkstümlicher Musik aus der Region zusammen, während eine Reihe künstlerischer Traditionen sowie Kunsthandwerk präsentiert werden.
- **Kalidas Festival** (Nov., Nagpur, S. 109) Mit Musik, Tanz und Theater wird munter des literarischen Genius' des legendären Dichters Kalidasa gedacht.
- **Sawai Gandharva Sangeet Mahotsav** (Dez., Pune, S. 117) Bei diesem extravaganten Fest bekommt man unvergessliche Aufführungen einiger der bedeutendsten Künstler der klassischen indischen Musik zu hören.

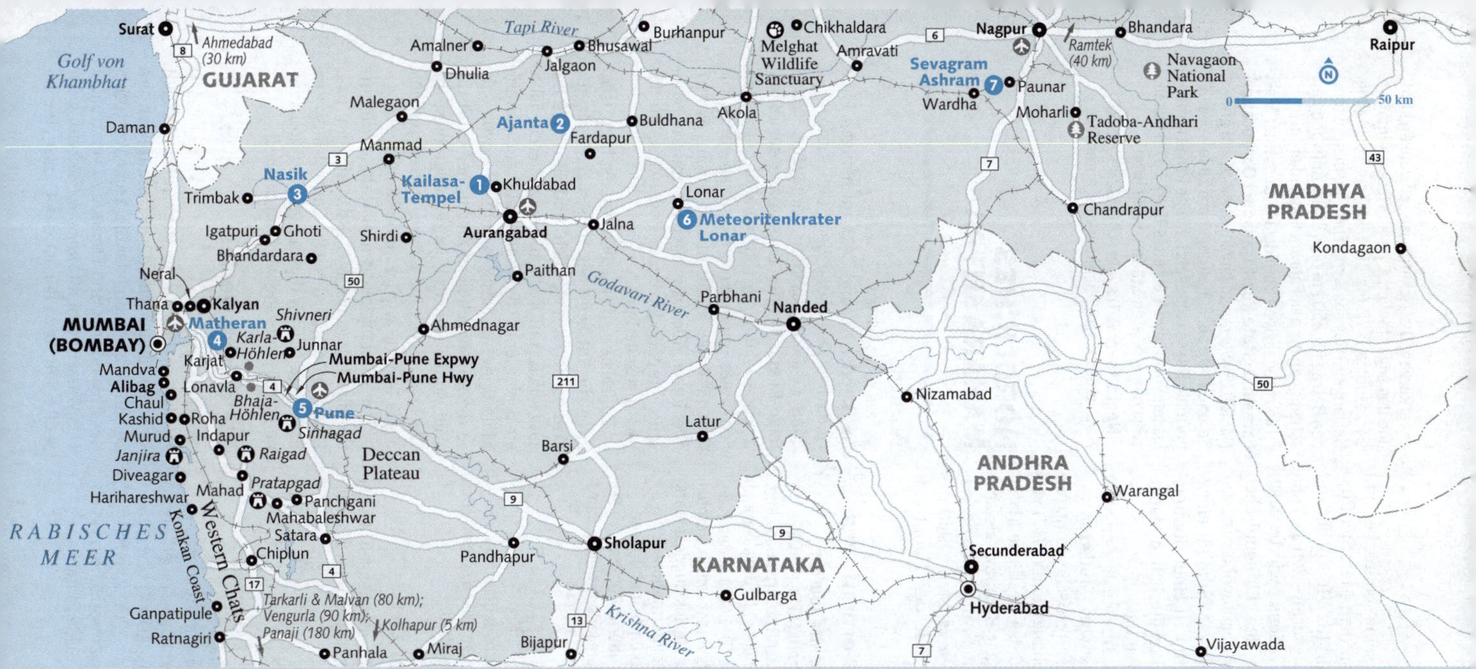

Highlights

1 Sich von der unglaublichen Schönheit des **Kailasa-Tempels** (S. 102, dem Glanzstück im monumentalen Tempelkomplex von Ellora, bezaubern lassen

2 In **Ajanta** (S. 104) durch die uralten Höhlengalerien schlendern und die außergewöhnliche buddhistische Kunst bewundern

3 In **Nasik** (S. 92) ein Glas Zinfandel genießen oder sich in dem Strudel aus Glauben und Ritualen verlieren

4 In der Hill Station **Matheran** (S. 114) auf einem Pferd zu spektakulären Aussichtspunkten reiten und die reine Luft tief einatmen

5 In **Pune** (S. 117) New-Age-Spiritualität und die indische Küche erleben

6 Beim Wandern um den **Meteoritenkrater Lonar** (S. 108) die Natur bestaunen

7 Im **Sevagram Ashram** (S. 110) Gandhis Lebensart nachspüren

Geschichte

Maharashtra erhielt seine politische und ethnische Identität von dem Marathenfürsten Chhatrapati Shivaji (1627–1680), der von seiner Residenz in Raigad aus den Dekkan und große Teile Westindiens regierte. Noch heute ist Shivaji bei den Einheimischen hoch angesehen, da er der Bevölkerung der Region eine starke eigene Mentalität eingehaucht und Maharashtra zu einer dominierenden Position im mittelalterlichen Machtgefüge Indiens verholfen hat.

Ab dem frühen 18. Jh. wurde der Staat von verschiedenen Peshwas (Ministern) regiert, bis er 1819 unter britische Kontrolle geriet. Nach der Unabhängigkeit (1947) vereinte man Gujarat und das westliche Maharashtra zum Bundesstaat Bombay, der aber nur kurz existierte: Unter Ausschluss der gujaratisprachigen Gebiete entstand 1960 das heutige Maharashtra mit der Hauptstadt Mumbai (Bombay).

Praktische Informationen

Die Zentrale der **Maharashtra Tourism Development Corporation** (MTDC; ☎ 022-22044040; www.maharashtratourism.gov.in; Madame Cama Rd, gegenüber LIC Bldg, Nariman Point, Mumbai; ⏱ Mo–Sa 10–17 Uhr, jeden 2. & 4. Sa im Monat geschl.) befindet sich in Mumbai. Die meisten größeren Städte des Bundesstaats haben ebenfalls Touristeninformationen, die aber oft nur MTDC-Unterkünfte und -Touren vermitteln. Sonntags ist überall Ruhetag; viele der Büros haben außerdem jeden zweiten Samstag geschlossen.

An- & Weiterreise

Mumbai ist Maharashtras bedeutendster Verkehrsknotenpunkt. Wichtige Rollen spielen auch Pune, Jalgaon und Aurangabad.

Unterwegs vor Ort

Aufgrund der Größe des Staates können Inlandsflüge (z. B. von Pune nach Nagpur) die Reisedauer verkürzen. Die Ticketpreise schwanken stark, und das sogar täglich. Überall stehen klimatisierte Indica-Taxis (ca. 10 ₹/km) zur Verfügung. Bei langen Trips sollte man pro Tag mindestens den Betrag für 250 km plus 250 ₹ Aufwandsentschädigung für den Fahrer einkalkulieren.

Die erstklassigen Semideluxe-Busse der **Maharashtra State Road Transport Corporation** (MSRTC; www.msrtc.gov.in) steuern alle größeren Städte an. Für entlegenere Ziele werden normale Busse eingesetzt. Einige Privatfirmen lassen Volvo- und Mercedes-Benz-Luxusbusse zwischen größeren Städten verkehren.

Neeta Tours & Travels (☎ 02228902666; www.neetabus.in) hat einen sehr guten Ruf.

HOTELSTEUERN

In Maharashtra wird für Übernachtungen im Hotelzimmer ab 1000 ₹ pro Nacht neben der Dienstleistungssteuer von 7,42 % noch eine „Luxussteuer" von 4 % (Zimmerpreis bis 1200 ₹) bzw. 10 % (Zimmerpreis mehr als 1200 ₹) erhoben. In der Nebensaison verzichten viele Hotels auf eine oder beide Steuern.

NÖRDLICHES MAHARASHTRA

Nasik

☎ 0253 / 1,5 MIO. EW. / 565 M

Nasik (oder Nashik) liegt am heiligen Fluss Godavari. Der Name der Stadt basiert auf einer Legende aus dem Ramayana, derzufolge Ramas Bruder Lakshmana der dämonischen Zauberin Surpanakha (Ravanas Schwester) die *nasika* (Nase) abschlug. Die faszinierende Stadt macht ihrem Namen alle Ehre: Alle paar Meter erinnern exotische Tempel oder bunte Bade-Ghats an das hinduistische Epos.

Zu Nasiks spiritueller Atmosphäre trägt auch die Tatsache bei, dass hier Pilger gen Trimbak (33 km westlich) und Shirdi (79 km südöstlich) aufbrechen. In Letzterem lebte einst der erste Sai Baba. Mit der Kumbh Mela findet in Nasik zudem alle zwölf Jahre die größte religiöse Zusammenkunft der Welt statt. Alle drei Jahre steigt diese im Wechsel an vier religiösen Stätten Indiens. Nasik ist 2015 wieder an der Reihe.

Das Handelszentrum ist die Mahatma Gandhi Rd (alias MG Rd), die ein paar Blocks nördlich des Old-Central-Busbahnhofs liegt. Östlich davon fließt der von Tempeln gesäumte Godavari durch Nasik.

Sehenswertes

★ **Ramkund** GHAT

Zu diesem Becken im Herzen der Altstadt strömen täglich Hunderte Hindupilger, um zu baden, zu beten oder die Asche verstorbener Angehöriger und Freunde zu verstreuen: Das Wasser verheißt *moksha* (Befreiung der Seele). Für Traveller ist das Ganze eine in-

Nasik

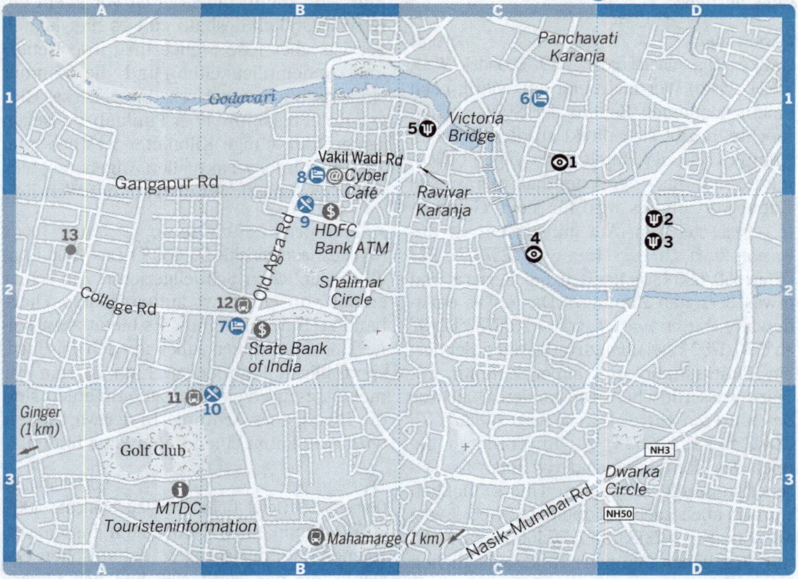

tensive kulturelle Erfahrung, die durch das farbenfrohe Getümmel des **Marktes** weiter flussabwärts noch verstärkt wird. Fotografieren ist möglich, sollte aber angemessen diskret geschehen.

Tempel HINDUTEMPEL
(⏲6–21 Uhr) Nach einem kurzen Fußmarsch bergauf stößt man östlich des Ramkund auf den **Kala-Rama-Tempel** von 1794. Nasiks heiligster Schrein beherbergt außergewöhnliche Darstellungen von Rama, Sita und Lakshmana aus schwarzem Stein. Er steht an jenem Ort, an dem Lakshmana die Nase der Surpanakha abschlug. Im nahen **Gumpha Panchavati** soll sich Sita vor den Angriffen des bösen Ravana versteckt haben.

Der baufällige **Sundar-Narayan-Tempel** am Westende der Victoria Bridge beherbergt drei schwarze Vishnus. Rund 7 km südöstlich der Stadt findet man in Bahnhofsnähe den modernen **Muktidham-Tempel,** dessen Innenwände mit Bildern aus 18 Kapiteln der Bhagavadgita verziert sind.

Nasik

Highlights
1 Ramkund ... C1

Sehenswertes
2 Gumpha Panchavati ... D2
3 Kala-Rama-Tempel ... D2
4 Markt ... C2
5 Sundar-Narayan-Tempel ... C1

Schlafen
6 Hotel Abhishek ... C1
7 Hotel Samrat ... B2
8 Panchavati ... B1

Essen
9 Annapoorna Lunch Home ... B2
Khyber ... (siehe 8)
10 Talk of the Town ... B3

Transport
11 New-Central-Busbahnhof ... A3
12 Old-Central-Busbahnhof ... B2
13 Zugreservierungsbüro ... A2

Schlafen & Essen

Hotel Abhishek HOTEL $
(☎2514201; www.hotelabhishek.com; Panchavati Karanja; EZ/DZ 335/455 ₹, mit Klimaanlage 728/775 ₹; ❄) Das hübsche Budgethotel gleich abseits vom Kreisverkehr Panchavati Karanja bietet für wenig Geld makellose Zimmer mit vielen Extras (z. B. warme Duschen, Fernseher oder leckere vegetarische Gerichte). Es liegt ein paar Gehminuten hügelaufwärts vom Fluss Godavari und somit mitten im spirituellen Kommen und Gehen. Es ist also absolut ideal, um den Farbreich-

tum und die heiligen Rituale Indiens kennenzulernen.

Panchavati HOTEL $$
(www.panchavatihotels.com; 430 Chandak Wadi, Vakil Wadi Rd) Wer nicht erst langwierig nach einem bequemen Bett in der Stadt suchen möchte, begibt sich direkt zu diesem tollen Komplex aus vier Hotels und einigen beliebten Restaurants – der Aufenthalt hier ist jede Rupie wert und es wird für jeden Geldbeutel etwas geboten. Am günstigsten ist das **Panchavati Guest House** (☎2578771; EZ/DZ ab 550/650 ₹; ❄) mit fixem Service und etwas beengten Zimmern. Das etwas einladendere **Panchavati Yatri** (☎2578782; EZ/DZ ab 1530/1760 ₹; ❄) hat zuverlässigen Service, ein Fitnessstudio und super Zimmer mit Warmwasserduschen. Die noblen Quartiere des teureren **Hotel Panchavati** (☎2575771; EZ/DZ ab 2350/2950 ₹; ❄) im vorderen Bereich des Komplexes sind vor allem für Geschäftsreisende vorgesehen. Und schließlich wäre da auch noch das opulente **Panchavati Millionaire** (☎2312318; EZ/DZ 1600/1950 ₹; ❄) mit fürstlichen Zimmern und behaglichen Sitznischen, in denen man morgens prima seine dampfende Tasse Tee genießen kann.

Hotel Samrat HOTEL $$
(☎2577211; www.hotelsamratnasik.com; Old Agra Rd; EZ/DZ ab 950/1290 ₹, mit Klimaanlage 1560/1775 ₹; ❄) Hier, direkt neben dem Busbahnhof, gibt's kaum was zu meckern: Die einladenden Zimmer in Beige- und Brauntönen haben große Fenster sowie Mobiliar mit Elementen aus Kiefernholz. Das tadellose vegetarische Restaurant hat rund um die Uhr geöffnet und ist auch immer gut besucht.

Ginger HOTEL $$
(☎1860 2663333, 6616333; www.gingerhotels.com; Trimbak Rd, Plot P20, Satpur MIDC; EZ/DZ 2935/3520 ₹; ❄📶) Ginger-Hotels sind einander sehr ähnlich, recht vorhersehbar und sehr komfortabel. Es ist vor allem ein Geschäftshotel, deshalb gibt es hier keinen Service, aber jede Menge luxuriöse Details und Annehmlichkeiten, und die Zimmer sind frisch wie eine Herbstbrise. Dieses Ginger-Hotel bekommt aber Punktabzug wegen seiner Lage einige Kilometer westlich vom Zentrum. Infos zu aktuellen Angeboten, teils mit Frühstück, findet man auf der Website.

Annapoorna Lunch Home FAST FOOD $
(MG Rd; Hauptgerichte 50–100 ₹) Das Lokal hat all die üblichen Schnellgerichte, die schier endlos von einer Art kulinarischem Fließband zu rollen scheinen. Es bietet zwar keine Überraschungen, aber an den frischen, spottbilligen Pfannengerichten ist rein gar nichts auszusetzen. Sehr zu empfehlen sind die Dosas, aber Achtung: In der Mittagszeit wird man kaum einen freien Platz finden!

★ **Khyber** MULTICUISINE $$
(Panchavati Hotel Complex; Hauptgerichte 180–300 ₹) Schon nach dem ersten Bissen von irgendeinem der saftigen afghanischen Gerichte, die das Markenzeichen des Khyber sind, hat man das Gefühl, in Kandahar zu sein. Das Khyber ist eines der besten feinen Abendrestaurants in Nasik und bietet passend zum großartigen Ambiente (sanfte Beleuchtung, glänzendes Glasgeschirr, Teakmöbel) eine große Auswahl köstlicher Gerichte. Das *murgh shaan-e-khyber*, saftige Hühnchenteile, die mit Kräutern eingelegt und in einer sahnigen Bratensauce zubereitet wurden, sollte man nicht versäumen.

Talk of the Town MULTICUISINE $$
(Old Agra Rd; Hauptgerichte 150–280 ₹) Das mehrstöckige Restaurant neben dem Busbahnhof New Central lockt vor allem Leute an, die nur etwas trinken und nicht unbedingt etwas essen wollen. Das sagt aber

SAI BABA VON SHIRDI

Sein Kultstatus als Guru ist legendär, und manche sind von seiner Göttlichkeit überzeugt. Doch trotz seiner Popularität bleibt Sai Baba eine der rätselhaftesten Figuren Indiens: Niemand kennt seine Herkunft, seinen wirklichen Namen, sein Geburtsdatum oder Fakten zu seiner Kindheit. Mitte des 19. Jhs. erschien Sai Baba als ca. 16-Jähriger erstmals in der Stadt Shirdi bei Nasik. Dort predigte und praktizierte er religiöse Toleranz, indem er abwechselnd in einer Moschee und in einem Hindutempel übernachtete bzw. betete. So wurde Sai Baba schnell sehr beliebt. Als er 1918 starb, hatten ihm die vielen ihm zugeschriebenen Wunder zahllose Anhänger eingebracht. Heute wird seine Tempelanlage in Shirdi pro Tag von ca. 40 000 Pilgern besucht. Erstaunlicherweise starb in Andhra Pradesh vor wenigen Jahren ein ebenfalls angesehener Guru: Sathya Sai Baba (1926–2011) – die selbsternannte Reinkarnation von Sai Baba.

WEIN AUS NASIK

Nasiks Weine haben einen langen Weg voller laschen Lesen hin zu vollmundigen Sorten hinter sich. Seit Ewigkeiten waren hier schon Weintrauben zum Essen angebaut worden. Doch erst Anfang der 1990er-Jahre begriffen ein paar Unternehmer, dass Nasik mit seinen fruchtbaren Böden und dem kühlem Klima ähnliche Bedingungen bietet wie Bordeaux. 1997 investierte **Sula Vineyards** (☎09970090010; www.sulawines.com; Gangapur-Savargaon Rd, Govardhan; ⏰11–22 Uhr) scheinbar furchtlos in einen Bestand von Sauvignon und Chenin Blanc. So landete 2000 die erste Charge einheimischer Weine in den Regalen. Und das haben die Branchenpioniere nie bereut.

Heute reicht das Spektrum der meisten örtlichen Weingüter von Zinfandel, Syrah, Merlot und Cabernet bis hin zu einigen Réserve- und Schaumweinsorten. Bei Betriebsbesuchen kann man den Großteil dieser guten Tropfen selbst probieren. Im obersten Stock eines Gebäudes veranstaltet die **York Winery** (☎02532230700; www.yorkwinery.com; Gangapur-Savargaon Rd, Gangavarhe; ⏰15–22 Uhr) Verkostungen (100 ₹) mit malerischem Blick auf den See und die umliegenden Hügel. Etwa 15 km westlich von Nasik rundet Sula Vineyards seine Weinbergtour mit der Verkostung (150 ₹) von vier der besten hauseigenen Sorten ab. Manche Weingüter ermöglichen auch Übernachtungen. Ein extrem entspanntes Erlebnis bietet das Luxusresort **Beyond** (☎09970090010; www.sulawines.com; DZ inkl. Steuer & Frühstück ab 6100 ₹; ❄), das 3 km landeinwärts an einem See zwischen sanft geschwungenen Hügeln liegt. Dort kann man durch die Landschaft radeln, Kajaktouren auf ruhigem Wasser unternehmen oder stundenlang im Wellnessbereich faulenzen.

Während der Weinernte (Jan.–März) organisieren manche Betriebe ausgelassene Wettbewerbe im Traubenstampfen, die meist auf den Websites angekündigt werden.

nichts über die Qualität des Essens hier aus. Zur Auswahl stehen eine Reihe guter Gerichte aus der Küstenregion, aus Nordindien und China, zu denen am besten ein erfrischendes Bier passt.

ℹ Praktische Informationen

Cyber Café (Vakil Wadi Rd; 20 ₹/Std.; ⏰10–22 Uhr) Nahe dem Panchavati-Hotelkomplex.

HDFC-Bank-Geldautomat (MG Rd) Geldautomat (24 Std.).

MTDC (☎2570059; T/I, Golf Club, Old Agra Rd; ⏰Mo–Sa 10.30–17.30 Uhr) Touristeninfos ca. 1 km südlich des Old-Central-Busbahnhofs, hinter dem Golfplatz.

State Bank of India (Old Agra Rd; ⏰Mo–Fr 11–17, Sa 11–13 Uhr) Gegenüber vom Old-Central-Busbahnhof; die Bank hat einen Geldautomaten und tauscht außerdem Bargeld sowie Reiseschecks um.

ℹ Anreise & Unterwegs vor Ort

BUS

Nasiks **Old-Central-Busbahnhof** (CBS; ☎02532309310) ist nützlich, wenn man eine Tour nach Trimbak (30 ₹, 45 Min.) machen möchte. Vom **New-Central-Busbahnhof** geht's einen Block weiter südlich nach Aurangabad (Semideluxe 216 ₹, 4½ Std.) und Pune (Semideluxe/Deluxe 230/389 ₹, 4½ Std.). An der **Mahamarg-Bushaltestelle** südlich der Stadt besteht Verbindung nach Mumbai (Semideluxe 220 ₹, 4 Std.) und Shirdi (90 ₹, 2½ Std.).

Die **privaten Busfirmen** nahe dem CBS bedienen Pune, Mumbai, Aurangabad und Ahmedabad kaum günstiger als staatliche Linien. Achtung: Die Privatbusse starten an der Old Agra Rd! Mit Mumbai als Ziel endet die Fahrt meist am Dadar.

ZUG

Der Bahnhof an der Nasik Rd liegt 8 km südöstlich vom Zentrum. Allerdings gibt es 500 m westlich vom Old-Central-Busbahnhof ein praktisches **Zugreservierungsbüro** (1. Stock, Commissioner's Office, Canada Corner; ⏰Mo–Sa 8–20 Uhr). Der *Panchavati Express* rollt am schnellsten nach Mumbai (2. Klasse/Chair Class 85/351 ₹, 3½ Std., 7.10 Uhr). Der *Tapovan Express* verlässt den CST in Mumbai um 6.10 Uhr, kommt in der Nasik Rd um 9.45 Uhr an und ist eine recht praktische Verbindung nach Aurangabad (2. Klasse/Chair Class 76/319 ₹, 3½ Std., 9.50 Uhr). Eine Autorikscha zum Bahnhof kostet ungefähr 80 ₹.

Rund um Nasik

Bhandardara

Rund 70 km von Nasik entfernt liegt das malerische Dorf Bhandardara, tief in den Tälern der Sahyadris. Dieser wenig besuchte Ort inmitten schroffer Berge ist einer von Maharashtras besten Rückzugsorten vor dem Trubel des städtischen Indiens.

Die meisten Ortsansässigen wohnen rund um den hufeisenförmigen **Arthur-Stausee**. Dieser wird vom Pravara gespeist, dessen Wasser der kolonialzeitliche **Wilson-Damm** von 1910 auf einer Seeseite am Abfließen hindert. Für Wanderfreunde empfiehlt sich der Aufstieg zum Gipfel des **Mt. Kalsubai** (1646 m), der den Marathen einst als Beobachtungspunkt diente. Eine Alternative ist der Marsch zu einem weiteren Ex-Bollwerk des Shivaji: Die Ruinen von **Fort Ratangad** punkten mit herrlichem Blick auf die umliegenden Gebirgszüge.

Das charmante und umweltfreundliche **Anandvan Resort** (☎9920311221; www.anandvanresorts.com; DZ ab 7050 ₹; ❄) vermietet gemütliche Hütten und Villen mit Blick auf den Arthur-Stausee – sehr stilvoll. Ein bisschen weiter bergab liegt auch noch die gute Budgetoption **MTDC Holiday Resort** (☎02424257032; DZ ab 900 ₹; ❄).

Um herzukommen, einfach von der Mahamarg-Bushaltestelle in Nasik per Regionalbus nach Ghoti (35 ₹, 1 Std.) fahren und eine Autorikscha (70 ₹) nach Bhandardara nehmen. Wer will, kann auch ein Taxi ab Nasik direkt zum Resort nehmen (1500 ₹).

Igatpuri

Interesse an *vipassana*? Dann auf zum Dorf Igatpuri! Etwa 44 km südlich von Nasik kann man nämlich selbst erleben, wo und wie das Ganze vonstatten geht. Mit der **Vipassana International Academy** (☎02553244076; www.dhamma.org) befindet sich hier der Hauptsitz des weltgrößten *vipassana*-Meditationszentrums. Man kann Unterricht in dieser strengen Meditationsform nehmen, die erstmals im 6. Jh. v. Chr. von Gautama Buddha vermittelt und während der 1960er-Jahre vom Lehrmeister S.N. Goenka erneut in Indien eingeführt wurde. Vor Ort finden ganzjährig Kurse mit Übernachtung statt. Eine Teilnahme muss immer im Voraus gebucht werden, und die Kursleiter sagen, dass extreme Disziplin vonnöten ist. Meditationsunterricht plus einfache Unterkunft und Essen gibt's gratis. Spenden nach dem Kurs sind jedoch willkommen.

Trimbak

Einer der heiligsten Tempel Indiens, der **Trimbakeshwar-Tempel**, steht 33 km westlich von Nasik im Zentrum Trimbaks. Mit dem *jyoti linga* beherbergt er einen der zwölf wichtigsten Shiva-Schreine. Nur Hindus haben Zutritt, Andersgläubige dürfen aber in den Hof hineinspähen. In der Nähe strömt das Wasser des Godavari in das **Gangadwar-Badebecken**, das jeden zum Abwaschen seiner Sünden einlädt. Ansonsten kann man auch den **Brahmagiri-Hügel** besteigen (hin & zurück 4 Std.) und dabei der Quelle des Godavari einen Besuch abstatten.

Vom CBS in Nasik fahren regelmäßig Busse nach Trimbak (30 ₹, 45 Min.).

Aurangabad

☎0240 / 1171330 EW. / 515 M

Im turbulenten mittelalterlichen Indien war Aurangabad noch eine ganz kleine Nummer. Zwischen 1653 und 1707 rückte es unter dem letzten Großmogul Aurangzeb kurz als Hauptstadt ins Rampenlicht, mit dem Tod des Herrschers schwand Aurangabads Bedeutung aber schnell wieder. Von der kurzen Ruhmeszeit zeugen dennoch faszinierende Bauten, u.a. ein Nachbau des Taj Mahal (Bibi-qa-Maqbara), die einen kleinen, aber steten Besucherstrom anlocken. Auch weitere historische Relikte wie eine Reihe uralter buddhistischer Höhlen machen Aurangabad zu einem lohnenden Ziel für Wochenendausflüge. Der Hauptgrund für den langen Weg hierher besteht jedoch darin, dass die Stadt ein super Startpunkt für Trips zu den Welterbestätten Ellora und Ajanta ist.

Der wichtigste Wirtschaftsfaktor hier war einst die Seidenproduktion. Noch heute ist Aurangabad weltweit für seine handgewebten Himroo- und Paithani-Saris bekannt.

Der Bahnhof, die Budgethotels und die günstigen Restaurants sind vor allem entlang der Station Rd East bzw. West im Süden der Stadt zu finden. Der MSRTC-Busbahnhof liegt 1,5 km nördlich vom Bahnhof. Nordöstlich vom Busbahnhof befindet sich die belebte Altstadt mit ihren engen Straßen und dem muslimischen Viertel. Interessant: Aurangabad hat auch eine große buddhistische Gemeinde, die im Geist des Humanisten B.R. Ambedkar agiert. Zu Dussehra feiert sie dessen Bekehrung zum Buddhismus.

Sehenswertes

★ **Bibi-qa-Maqbara** DENKMAL

(Inder/Ausländer 5/100 ₹; ⏲Sonnenaufgang–22 Uhr) Aurangzebs Sohn Azam Khan errichtete das Bibi-qa-Maqbara 1679 als Mausoleum für seine Mutter Rabia-ud-Daurani. Vier Minarette flankieren den zentralen Bau mit seiner zwiebelförmigen Kuppel. Weithin als „Taj Mahal für Arme" bekannt, sieht das weiße Grabmal dem Original in Agra verblüffend ähnlich. Allerdings ist es deutlich kleiner und besteht, abgesehen von ein paar Marmorverzierungen (z.B. am Sockel und an der Kuppel), größtenteils aus Kalkmörtel. Eigentlich wollte der Prinz ursprünglich das ganze Mausoleum aus weißem Marmor errichten. Diesen Plan durchkreuzte jedoch sein sparsamer Vater, der gar nichts davon hielt, Staatsgelder für so einen extravaganten Bau zu verschwenden. Doch trotz des günstigeren Materials und der unübersehbaren Verwitterung wirkt das Ganze einfach deutlich eindrucksvoller als eine x-beliebige Grabstätte.

Höhlen von Aurangabad HÖHLEN
(Inder/Ausländer 5/100 ₹; ⏲ Sonnenaufgang–Sonnenuntergang) Rein vom architektonischen Gesichtspunkt her betrachtet können die Höhlen von Aurangabad keinesfalls mit denen von Ellora oder Ajanta konkurrieren. Dennoch sind sie ein Stück frühbuddhistischer Architekturgeschichte und punkten in erster Linie mit friedvoller Ruhe. Die zehn durchweg buddhistischen Höhlen wurden im 6. oder 7. Jh. n. Chr. aus dem Fels geschlagen. Sie bilden zwei Gruppen, die 1 km voneinander entfernt liegen und mit demselben Ticket besichtigt werden können. Besonders beliebt ist Höhle 7 mit Skulpturen spärlich bekleideter Liebespaare in recht eindeutigen Positionen. Die Höhlen liegen ca. 2 km nördlich des Bibi-qa-Maqbara. Von dort aus sollte eine Fahrt mit der Autorikscha höchstens 180 ₹ (hin & zurück) kosten.

Panchakki GARTEN
(Inder/Ausländer 5/20 ₹; ⏲ 6.15–21.15 Uhr) Das Gartengelände von Panchakki (wörtl. „Wasserrad") ist nach jener Mühle benannt, die einst als Wunder der Technik galt und Getreide für die Pilger mahlte. Die schlichte Anlage funktioniert heute noch und wird durch Wasser angetrieben, das durch tönerne Leitungen vom 6 km entfernten Wasserbecken hierher fließt.

Vor Ort findet man auch das Grab des Sufi-Heiligen Baba Shah Muzaffar, der Aurangzeb spirituell begleitete. Nahe einem großen Banyan-Feigenbaum wird sein **Gedenkgarten** an der Südseite der Hauptzisterne von einer Reihe fischreicher Teiche flankiert.

Shivaji Museum MUSEUM
(Dr Ambedkar Rd; Eintritt 5 ₹; ⏲ Fr–Mi 10.30–18 Uhr) Das schlichte Museum widmet sich dem Leben des Marathen-Helden Shivaji. Es zeigt z.B. ein 500 Jahre altes Kettenhemd und die Kopie eines Koranexemplars aus Aurangzebs eigener Feder.

Geführte Touren

Classic Tours (S. 100) sowie die **Indian Tourism Development Corporation** (ITDC; ☎ 2331143) veranstalten täglich Bustouren zu den Höhlen von Ajanta (450 ₹) und Ellora (300 ₹). Der Tourpreis beinhaltet jeweils einen Führer, aber nicht den eigentlichen Eintritt. Die Ellora-Tour führt auch zu allen anderen Attraktionen Aurangabads sowie zu Fort Daulatabad und Aurangzebs Grabstätte in Khuldabad – ganz schön viel für einen einzigen Tag! Alle Touren starten am MTDC Holiday Resort. Wenn nicht viel los ist, arbeiten die Anbieter oft zusammen und setzen ihre Kunden in einen gemeinsamen Bus.

Tipp für individuelle Trips: **Ashoka Tours & Travels** (S. 100) betreibt eigene, anständige Taxis für maßgeschneiderte Fahrten durch Aurangabad bzw. nach Ajanta (bis zu 4 Pers. 1600 ₹) und Ellora (bis zu 4 Pers. 1100 ₹).

Schlafen

Hotel Panchavati HOTEL $
(☎ 2328755; www.hotelpanchavati.com; Station Rd West; EZ/DZ 525/625 ₹, mit Klimaanlage 775/900 ₹; ❄) Das Panchavati ist bei Budgettravellern beliebt – und das mit gutem Grund. Es hat eine Reihe kompakter, farbenfroh und sorgfältig gestalteter Zimmer mit komfortablen Betten und Balkonen. Man hat die Wahl zwischen den Zimmern nach vorne (mit Blick zum Park) oder den viel ruhigeren Zimmern nach hinten hinaus (mit Blick auf die Bäume). Es gibt hier auch zwei Restaurants und eine Bar. Die Betreiber sind patent und freundlich, und das Hotel ist in puncto Preis-Leistungs-Verhältnis wirklich spitze.

Hotel Oberoi HOTEL $
(☎ 2323841; www.hoteloberoi.in; Osmanpura Circle, Station Rd East; EZ/DZ 855/969 ₹, mit Klimaanlage 1082/1197 ₹; ❄) Das kürzlich renovierte Hotel trägt frecherweise den Namen einer Fünfsternehotelkette, hat aber gar nichts damit zu tun. Trotzdem ist es eine gute Budgetunterkunft in praktischer Lage. Die Zimmer sind bemerkenswert modern mit Flachbildfernsehern und bequemen Betten

Aurangabad

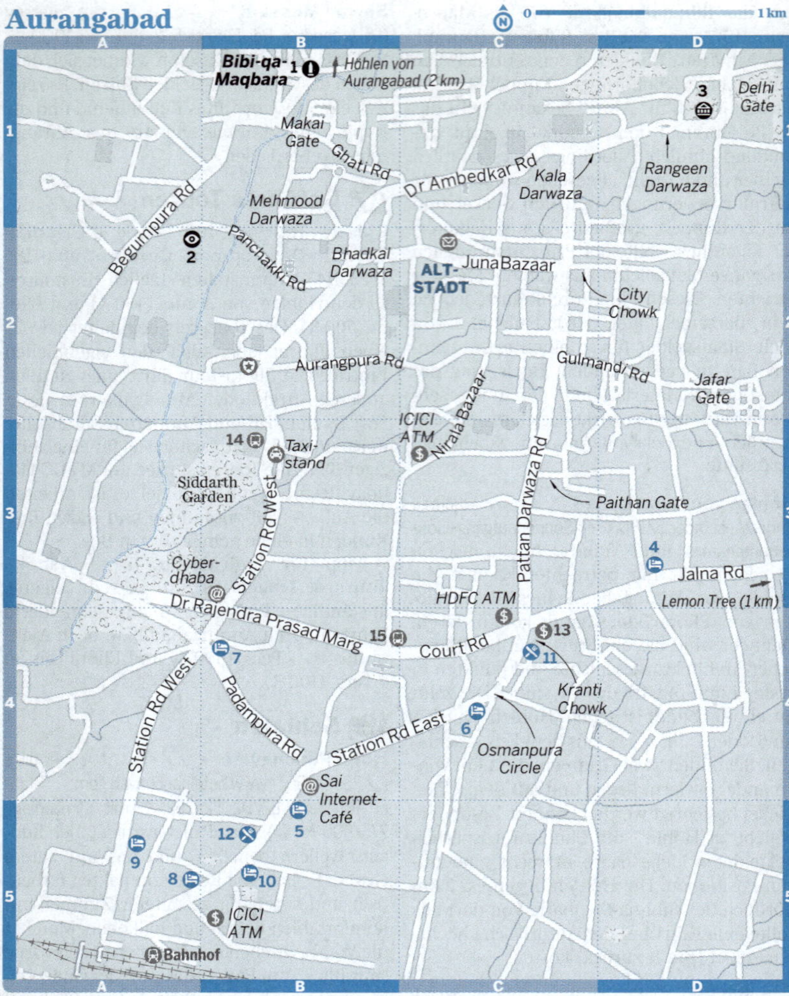

ausgestattet, und die Badezimmer glänzen. Man kann sich auch vom Bahnhof/Busbahnhof abholen lassen.

Hotel Nandanvan HOTEL **$**
(☎2338916; Station Rd East; EZ/DZ 450/550 ₹, mit Klimaanlage 650/750 ₹; ❄) Ungewöhnlich große, saubere Zimmer machen das gut geführte Hotel in zentraler Lage in der Nähe des Kailash Restaurant aus. Ab und an weht aber der Lärm der Hauptstraße herüber.

Tourist's Home HOTEL **$**
(☎2337212; Station Rd West; B 375 ₹, DZ 500 ₹, mit Klimaanlage 1000 ₹; ❄) Das Hotel ist so schlicht, wie man es sich nur vorstellen kann. Die meisten Zimmer sind sehr kahl, aber gut belüftet und sauber. Es gibt allerdings ein paar Regeln, die man beachten muss – sie hängen am Schwarzen Brett am Eingang. Ein Plus ist die Nähe zum Bahnhof.

Hotel Amarpreet HOTEL **$$**
(☎6621133; www.amarpreethotel.com; Jalna Rd; EZ/DZ ab 3875/5166 ₹; ❄@📶) Die altmodischen, geräumigen Zimmer lassen einen manchmal denken, dass man für sein Geld anderswo wohl etwas Besseres hätte bekommen können. Aber die immer lächelnden Angestellten machen mit ihrem freundli-

Aurangabad

Highlights
1 Bibi-qa-Maqbara B1

Sehenswertes
2 Panchakki A2
3 Shivaji Museum D1

Schlafen
4 Hotel Amarpreet D3
5 Hotel Nandanvan B5
6 Hotel Oberoi C4
7 Hotel Panchavati B4
8 MTDC Holiday Resort A5
9 Tourist's Home A5
10 VITS B5

Essen
China Town .... (siehe 4)
Hotel Panchavati .... (siehe 7)
Kailash .... (siehe 5)
11 Swad Veg Restaurant C4
12 Tandoor B5

Praktisches
Ashoka Tours & Travels .... (siehe 7)
Classic Tours .... (siehe 8)
MTDC-Büro .... (siehe 8)
13 State Bank of India C4

Transport
14 MSRTC-Busbahnhof B3
15 Private Busanbieter B4

chen Service, der exzellenten Organisation und der großen Auswahl an Essen und Trinken alles wieder wett. Am besten lässt man sich ein Zimmer im Westflügel mit tollem Blick auf das Bibi-qa-Maqbara geben. Im neuen Flügel, der während der Recherchen gerade gebaut wurde und durch den das Hotel auf seine doppelte Größe anwachsen wird, soll es zudem noch einen Pool, einen Fitnessraum und ein Spa geben.

MTDC Holiday Resort HOTEL $$
(☎2331513; Station Rd East; DZ ab 1260 ₹, mit Klimaanlage ab 1560 ₹; ❄) Dieses etwas unorganisierte Hotel liegt im Schatten von robusten Bäumen, besitzt schönen grünen Rasen und gehört zu den besseren bundesstaatlich betriebenen Unterkünften in Maharashtra. Den Zimmern fehlt es zwar an Charakter, aber sie sind groß und sauber. Pärchen und Alleinreisende werden in den lauten Zimmern mit Blick auf die Station Rd untergebracht, Familien dagegen bewohnen den ruhigeren Block. Es gibt hier auch eine gut bestückte Bar, ein ordentliches Restaurant und einige Reisebüros (für Touren nach Ellora und Ajanta). Zwischen März und Juli zahlt man 20 % weniger.

★ **Lemon Tree** HOTEL $$$
(☎6603030; www.lemontreehotels.com; Airport Rd, R7/2 Chikalthana; EZ/DZ inkl. Frühstück ab 7345/8815 ₹; ❄@📶🏊) Frisch wie Zitronenlimonade – das schicke Hotel befindet sich rund um den (unserer Meinung nach) besten Swimmingpool im ganzen Dekkan. Die Standard-Zimmer sind zwar nicht sehr groß, werden aber durch tropisch bunte Farben auf den schneeweißen Wänden gefälliger. Für etwas Klasse sorgen das schicke Citrus Café und die Slounge Bar, wo man einen Drink kippen und vielleicht einen Mitreisenden zu einer Partie Billard überreden kann. Es ist eines der Hotels, in denen ein guter Aufenthalt praktisch garantiert ist.

VITS HOTEL $$$
(☎2350701; www.vitshotelaurangabad.com; Station Rd East; DZ mit Frühstück 7632 ₹; ❄@📶🏊) In praktischer Nähe zum Bahnhof befindet sich das mit einer netten Lobby ausgestattete VITS. Es hat das Motto „Gäste wohnen hier am besten". Konkret heißt das: Man hat ein wunderbares Luxuszimmer, in dem man es sich gut gehen lassen kann, mit all den luxuriösen Details, die in Spitzenklassehotels üblich sind. Es lohnt sich, nach Rabatt zu fragen, zumal man hier scharf auf Gäste ist.

Essen

Hotel Panchavati MULTICUISINE $
(Station Rd West; Hauptgerichte 60–280 ₹) Das Familienrestaurant in diesem Budgethotel bietet neben einer umfangreichen Karte mit indischen Gerichten auch chinesische und koreanische Speisen an. Sehr zu empfehlen ist hier das koreanische Essen, ebenso das Tandoori-Hähnchen und das kalte Bier. Das Ambiente ist zwar nicht wirklich berauschend, aber man kann sich im Fernsehen Fußball ansehen.

Swad Veg Restaurant INDISCH $
(Station Rd East, Kanchan Chamber; Hauptgerichte 70–80 ₹) Das Swad bietet in seinem sauberen Untergeschoss eine große Auswahl indischer Snacks und Gerichte wie Dosas und einige Pizza-Sorten, Eis und Shakes. Probieren sollte man das Gujarat-Thali, eine schier endlose Folge an Gerichten, die die Gäste unter dem wohlwollenden Blick des Schutzheiligen Swami Yogiraj Hanstirth verschlingen, dessen Porträt eine Hinterwand des Restaurants ziert.

Kailash INDISCH $

(Station Rd East; Hauptgerichte 85–110 ₹) Das geschäftige, rein vegetarische Restaurant neben dem Hotel Nandanvan bietet ein elegantes Ambiente aus Glas und Chrom. Nach einem langen Tag unterwegs kann man sich hier gut zurücklehnen und lokale Spezialitäten probieren, die eine der schick gekleideten Bedienungen an den Tisch bringt.

China Town CHINESISCH $$

(Hotel Amarpreet, Jalna Rd; Hauptgerichte 180–200 ₹) Dies ist eines der beiden nebeneinanderliegenden Restaurants im Hotel Amarpreet. Das andere bietet die üblichen indischen und europäischen Gerichte, das China Town hingegen besticht mit seinem überraschend erstklassigen chinesischen Essen. Zur Auswahl stehen diverse Nudelsorten, die richtig gut zu den zahlreichen Hühnchen- und Lammgerichten passen, die in dem gut aufgemachten Restaurant appetitlich angerichtet werden.

Tandoor NORDINDISCH $$

(Shyam Chambers, Station Rd East,; Hauptgerichte 160–290 ₹) Das Tandoor ist eines der besten Restaurants in Aurangabad und serviert gute Tandoori-Gerichte sowie köstliche nordindische vegetarische und nicht-vegetarische Speisen in fürstlichem Ambiente. Es gibt auch ein paar chinesische Gerichte, aber die Stammkunden bevorzugen das Essen, das aus dem Tandur kommt.

Shoppen

Aurangabad ist für sein traditionelles, handgewebtes Himroo bekannt. Es wurde als billigere Alternative zum prächtigen Brokatstoff Kam Khab entwickelt, der für die Königshäuser des 14. Jhs. aus Seide und Goldfäden gewebt wurde. Heute entstehen die meisten Schals und Saris aus Himroo als Massenartikel auf mechanischen Webstühlen. Dennoch produzieren ein paar lokale Geschäfte ihre Ware immer noch in traditionellen Werkstätten und erhalten so diese aussterbende Kunst am Leben.

Saris aus Himroo gibt's ab 1000 ₹. Hochwertigere Paithani-Varianten kosten 5000 bis 300 000 ₹. Über die Preise muss man sich aber wirklich nicht wundern: An manchen Stücken wird über ein Jahr gearbeitet. Wer etwas kauft, sollte darauf achten, dass er echtes Himroo kriegt und keine „Aurangabad-Seide".

Das **Paithani Weaving Centre** (Jalna Rd; ⌚11.30–20 Uhr) hinter dem Büro von Indian Airlines zählt zu den besten Orten, an denen Besucher den Webern zuschauen können. Es befindet sich 6 km östlich des Kranti Chowk, weshalb man ein Taxi braucht.

Praktische Informationen

Die Bank of Baroda, die ICICI, die State Bank of India (SBI), die State Bank of Hyderabad (SBH) und die HDFC Bank haben mehrere Geldautomaten an der Station Rd East, der Court Rd, am Nirala Bazaar und an der Jalna Rd.

Ashoka Tours & Travels (☎2359102, 9890340816; atkadam88@gmail.com; Hotel Panchavati, Station Rd West) Organisiert auf Kundenwünsche zugeschnittene Touren durch die Stadt und die Region, vermietet Autos und sorgt für die Abholung von den Hotels. Inhaber ist der von *Lonely Planet* empfohlene ehemalige Autorikschafahrer Ashok T. Kadam.

Classic Tours (☎2337788; www.classictours.info; MTDC Holiday Resort, Station Rd East) Bucht Transportmittel und Touren, vor allem nach Ellora und Ajanta.

Cyber-dhaba (Station Rd West; 20 ₹/Std.; ⌚8–23 Uhr) Wechselt auch Geld.

MTDC-Büro (☎2331513; MTDC Holiday Resort, Station Rd East; ⌚Mo–Sa 10–17.30 Uhr)

Post (Juna Bazaar; ⌚Mo–Sa 10–18 Uhr)

Sai Internet Café (Station Rd East; 15 ₹/Std.; ⌚8–22 Uhr)

State Bank of India (Kranti Chowk; ⌚Mo–Fr 11–17, Sa 11–13 Uhr) Wechselt ausländische Währungen.

An- & Weiterreise

BUS

Vom **MSRTC-Busbahnhof** (Station Rd West) fahren etwa stündlich Busse nach Pune (Semideluxe/Deluxe/Volvo 250/270/530 ₹, 5 Std.) und Nasik (Semideluxe/Deluxe 225/250 ₹, 5 Std.). Fast alle **privaten Busgesellschaften** haben ihren Standort an jener Ecke, an der die Dr Rajendra Prasad Marg zur Court Rd wird; ein paar wenige liegen näher am Busbahnhof. Deluxe-Nachtbusse fahren u. a. nach Mumbai (mit/ohne Klimaanlage 550/400 ₹, Liegeplatz 750 ₹, 8 Std.), Ahmedabad (Sitzplatz/Liegeplatz 550/820 ₹, 15 Std.) und Nagpur (450 ₹, 12 Std.).

Normale Busse fahren vom MSRTC-Busbahnhof alle halbe Stunde nach Ellora (25 ₹, 45 Min.) und stündlich über Fardapur (95 ₹, 2 Std.) nach Jalgaon (140 ₹, 4 Std.). Wer nach Ajanta will, steigt an der T-Kreuzung nahe Fardapur aus.

FLUGZEUG

Der Flughafen liegt 10 km östlich der Stadt. Auf dem Weg dorthin befinden sich die Büros von **Indian Airlines** (☎2485241; Jalna Rd) und **Jet Airways** (☎2441392; www.jetairways.com;

Jalna Rd). Es gibt täglich Direktflüge nach Delhi (rund 7000 ₹) und Mumbai (rund 4000 ₹).

ZUG

Der **Bahnhof** (Station Rd East) von Aurangabad liegt zwar nicht auf der Hauptstrecke, aber immerhin fahren zwei meistens sehr volle Direktzüge von/nach Mumbai. Der Tapovan Express (2. Klasse/Chair Class 112/476 ₹, 7½ Std.) fährt 14.35 Uhr von Aurangabad und 6.10 Uhr von Mumbai ab. Der Janshatabdi Express (2. Klasse/Chair Class 142/555 ₹, 6½ Std.) startet 6 Uhr in Aurangabad und 13.50 Uhr in Mumbai. Nach Hyderabad (Secunderabad) nimmt man den Devagiri Express (Sleeper Class/2AC 299/1180 ₹, 10 Std., 4.10 Uhr). Wer ins nördliche oder östliche Indien will, fährt mit dem Bus nach Jalgaon (S. 108) und steigt dort in den Zug.

ℹ Unterwegs vor Ort

Autorikschas sind so zahlreich wie Mücken im Sumpf. Der **Taxistand** befindet sich neben dem MSRTC-Busbahnhof; von hier aus fahren auch Sammeljeeps zu Zielen rund um Aurangabad, darunter nach Ellora und Daulatabad. Eine Tagestour kostet mit einer Rikscha etwa 600 ₹, mit einem Taxi rund 1100 ₹.

Rund um Aurangabad

Daulatabad

Die wunderschöne Hügelfestung Daulatabad aus dem 12. Jh. scheint Tolkiens Fantasie entsprungen. Ihre Ruinen liegen ca. 15 km von Aurangabad entfernt auf dem Weg nach Ellora. Die Zitadelle wurde als uneinnehmbares Bollwerk von den Yadava-Königen erbaut. Ihre Blüte erlebte sie 1328, als sie von Sultan Mohammed Tughlaq aus Delhi auf den Namen Daulatabad (Stadt des Glücks) getauft und zur Hauptstadt erklärt wurde. Um sie zu bevölkern, ließ der exzentrische Tughlaq alle Einwohner Delhis 1100 km gen Süden zwangsumsiedeln. Die Ironie dabei: Daulatabad lag zwar strategisch günstiger als Delhi, eignete sich wegen Wassermangels aber bald nicht mehr als Hauptstadt. So zwang Tughlaq die erschöpfte Bevölkerung zum langen Rückweg nach Delhi, das inzwischen zur Geisterstadt geworden war.

Daulatabads Hauptbastion thront auf einem 200 m hohen, schroffen Felsen namens Devagiri (Götterhügel), der von einer 5 km langen **Festungsmauer** (Inder/Ausländer 5/100 ₹; ⏲6–18 Uhr) umgeben wird. Beim Aufstieg zum Gipfel (ca. 1 Std.) passiert man eine Reihe ausgeklügelter Verteidigungsanlagen. Dazu zählen mehrere Portale, die Elefantenangriffe mittels schiefer Winkel und dornenbesetzter Torflügel abwehren sollten. Auf der rechten Seite der Anlage erhebt sich der 60 m hohe Siegesturm **Chand Minar** (Mondturm) von 1435, der aber für Besucher gesperrt ist. Weiter oben kann man den **Chini Mahal**, das Gefängnis von Abul Hasan Tana Shah, betreten: Der König von Golkonda war dort zwölf Jahre lang eingesperrt, bis er 1699 starb. Die 6 m lange **Kanone** in der Nähe wurde aus fünf verschiedenen Metallen gegossen, und man hat Aurangzebs Namen eingraviert.

Der Aufstieg führt teilweise durch einen völlig finsteren, gewundenen Tunnel mit vielen Fledermäusen und Wasser auf dem Boden. Nahe dem Ticketschalter warten Guides (450 ₹), deren fackeltragende Assistenten einen gegen ein kleines Trinkgeld durch den dunklen Durchgang geleiten. Da man beim Abstieg aber auf sich allein gestellt ist, sollte man unbedingt eine Taschenlampe mitbringen. Achtung: Die verfallenden Treppen und steilen Wände sind problematisch für ältere Menschen, Kinder und Leute mit Höhen- oder Platzangst!

Khuldabad

Wenn es der Zeitplan zulässt, empfiehlt sich ein Zwischenstopp im malerischen und fröhlichen Khuldabad (Der Name bedeutet „Himmlische Bleibe"). Das muslimische Pilgernest mit den leicht maroden Gemäuern liegt nur 3 km von Ellora entfernt. An diesem geschichtsträchtigen Ort wurden einige historisch wichtige Persönlichkeiten (wie Aurangzeb) begraben. Obwohl der letzte bedeutende Großmogul so reich wie der legendäre König Salomon war, lebte er asketisch: Für seine Beerdigung bestand Aurangzeb auf einer schlichten Grabstätte – und zwar ausschließlich gebaut mit dem Geld, das er selbst mit dem Nähen muslimischer Kopfbedeckungen verdient hatte. Deshalb erhielt er ein schnörkelloses, schlichtes Marmorgrab in einem Hof des **Alamgir Dargah** (⏲7–20 Uhr).

Jeden April überrennen Pilger das sonst ruhige Khuldabad. Dann ist öffentlich ein Gewand Mohammeds zu sehen, das sonst im Dargah (Schrein) aufbewahrt wird. Ein weiterer Schrein gegenüber vom Alamgir Dargah beherbergt Barthaare des Propheten und Stücke eines Baums aus massivem Silber, der hier wundersamerweise nach dem Tod eines Heiligen gewachsen sein soll.

Ellora

☎ 02437

Man gebe einem Mann Hammer und Meißel in die Hand, und er wird Kunstwerke für die Nachwelt schaffen. Besucher der **Höhlentempel von Ellora** (Inder/Ausländer 10/250 ₹; ⌚ Mi–Mo Sonnenaufgang–Sonnenuntergang) werden verstehen, was damit gemeint ist. Diese Welterbestätte in 30 km Entfernung zu Aurangabad ist der Inbegriff uralter indischer Felsenarchitektur: Über fünf Jahrhunderte lang schlugen Generationen von buddhistischen, hinduistischen und jainistischen Mönchen die Räume mühsam aus dem Fels. Die Höhlen dienten als Klöster, Kapellen oder Tempel. Zudem verzierte man sie stilvoll mit einer Unmenge bemerkenswert detailreicher Skulpturen. Im Gegensatz zur ebenfalls gemeißelten Ajanta-Anlage in einer steilen Felswand säumen die Höhlen von Ellora einen 2 km langen Geländeabbruch mit sanfter Neigung. So konnten die Architekten vor den Schreinen kunstvolle Höfe anlegen und diese mit Skulpturen von surrealer Qualität versehen.

Mit seinen zwölf buddhistischen (600–800 n. Chr.), 17 hinduistischen (600–900 n. Chr.) und fünf jainistischen (800–1000 n. Chr.) Ausgestaltungen umfasst Ellora insgesamt 34 Höhlen. Am prächtigsten wirkt die größte monolithische Skulptur der Welt: Insgesamt 7000 Arbeiter hämmerten den großartigen Kailasa-Tempel (Höhle 16) in über 150 Jahren von oben nach unten in einen Felshang. Der Tempel ist Shiva geweiht und gehört zweifellos zu den absoluten Highlights der alten indischen Architektur.

In historischer Hinsicht steht die Stätte für das Wiedererstarken des Hinduismus unter den Dynastien der Chalukya und Rashtrakuta, den darauffolgenden Niedergang des indischen Buddhismus und eine kurze, offiziell geförderte Renaissance des Jainismus. Die Fertigungsart der Skulpturen reflektiert den wachsenden Einfluss tantrischer Elemente auf die drei großen Glaubensrichtungen Indiens. Deren Nebeneinander an einem Ort zeugt außerdem von einer langen Periode religiöser Toleranz.

Am Schalter vor dem Kailasa-Tempel können offizielle Führer (750 ₹) engagiert werden, die sich meist bestens mit Höhlenarchitektur auskennen und ihr Geld daher wert sind. Wenn die Zeit nur für Ellora oder Ajanta reicht, unbedingt Ellora wählen!

Sehenswertes

★ Kailasa-Tempel — HINDUTEMPEL

Dieser **Felsentempel** entstand 760 n. Chr. unter König Krishna I. aus der Rashtrakuta-Dynastie. Er soll den Berg Kailasa (Kailash), Shivas Sitz im Himalaja, versinnbildlichen. Das Bauprojekt als gewagt zu bezeichnen, wäre eine glatte Untertreibung: Mit Hammer und Meißel schlug man zuerst drei riesige Schächte in die steile Felswand, die bereits grob der Endform entsprachen. Dabei mussten 200 000 t Gestein entfernt werden. Zudem war wichtig, dass jene Felsbereiche unversehrt blieben, die zu Skulpturen werden sollten. Dieses Architekturwunder ist doppelt so groß und zudem um die Hälfte höher als der Athener Parthenon. Seine Ausführung entsprang direkt den Planerköpfen und bot offenbar keinerlei Raum für Fehler. Heutige Konstrukteure könnten hier wohl noch einiges lernen!

Außer durch Größe beeindruckt der Tempel auch mit wunderbaren Bildhauerarbeiten. Er beherbergt kunstvolle Wandreliefs, die Szenen aus dem Ramayana bzw. Mahabharata und Abenteuer Krishnas darstellen. Gleichermaßen bewundernswert sind die gewaltigen monolithischen Säulen im Hof, die den Eingang beiderseits flankieren – und ebenso die zehn tollen Riesenreliefs der südöstlichen Galerie, die die verschiedenen Erscheinungsformen Vishnus zeigen. Der Kailasa-Tempel wird bis heute intensiv genutzt. Vor dem Betreten des Hauptschreins sind die Schuhe auszuziehen.

Nach der Besichtigung der Hauptanlage lässt man die Scharen vespernder Tagesausflügler am besten einfach hinter sich, um die vielen vergessenen Reliefs in den vom Fledermausurin feuchten Tempelecken zu erkunden. Danach empfiehlt sich der ansteigende Pfad zum „Höhlengipfel" im Süden des Komplexes: Von dort schweift der Blick über die ganze Anlage.

Buddhistische Höhlen — HÖHLE

Die südlichen zwölf Höhlen sind buddhistische *viharas* (Klöster); eine Ausnahme bildet Höhle 10, bei der es sich um eine *chaitya* (Versammlungshalle) handelt. Während die frühen Höhlen eher einfach sind, wurden die Höhlen 11 und 12 eindrucksvoller gestaltet und nehmen es locker mit den Hindu-Tempeln auf.

Höhle 1, die einfachste *vihara*, war wohl ein Kornspeicher. In **Höhle 2** sind die verzierten Säulen und die imponierende Buddhafigur ein Hingucker. Sie schaut zur untergehenden Sonne. **Höhle 3** und **Höhle 4** sind unvollendet und weniger gut erhalten.

Höhle 5 ist die größte *vihara* in dieser Gruppe, ca. 18 m breit und 36 m lang; die Reihen von Steinbänken lassen vermuten, dass diese Höhle als Versammlungshalle genutzt wurde.

Höhle 6 ist eine reich verzierte *vihara* mit wunderschönen Bildern von Tara, der Gemahlin von Bodhisattva Avalokitesvara, und von der buddhistischen Göttin des Lernens, Mahamayuri, die Saraswati (ihrem hinduistischen Gegenstück) bemerkenswert ähnelt. **Höhle 7** ist eine schmucklose Halle mit Durchgang zu **Höhle 8**, der ersten Höhle, in der das Heiligtum frei vor der hinteren Wand steht. **Höhle 9** ist wegen ihres verzierten Gesimses bemerkenswert.

Höhle 10 ist die einzige *chaitya* der buddhistischen Gruppe und eine der schönsten in Indien. Ihre Felsdecke weist Rippen auf; die Rillen wurden einst mit Holztafeln bestückt. Der Balkon und die obere Galerie bieten einen besseren Blick auf die Decke und den Fries, auf dem sich liebende Paare dargestellt sind. Ein dekoratives Fenster beleuchtet sanft die riesige Figur eines lehrenden Buddhas.

Höhle 11, die Do-Thal-(Zwei-Stockwerke-)Höhle, wird durch ein weiteres Stockwerk betreten, das erst 1876 entdeckte Kellergeschoss. Wie Höhle 12 verdankt sie ihre Größe möglicherweise dem Wettbewerb mit den hinduistischen Höhlen aus derselben Zeit.

Höhle 12, die riesige Tin-Thal-(Drei-Stockwerke-)Höhle, erreicht man durch einen Hof. Im (verschlossenen) Schrein im obersten Stockwerk thront eine große Buddhafigur, die von ihren sieben früheren Inkarnationen umgeben ist. Die Wände sind mit Reliefs geschmückt.

Hinduistische Höhlen HÖHLE

Die buddhistischen Höhlen sind von Ruhe und Besinnung geprägt. Ganz anders die hinduistische Höhlengruppe (Höhlen 13–29), die vor Dramatik und Spannung nur so strotzt. Die Höhlen sind eine Klasse für sich – egal ob in Sachen Größe, Ideenreichtum oder meisterhafter Ausführung.

Mit dem Bau der Tempel wurde oben begonnen, sodass keine Gerüste benötigt wurden – die Arbeiter fingen mit dem Dach an und arbeiteten sich zum Fußboden runter.

Höhle 13 ist eine schlichte Höhle und war wahrscheinlich ein Kornspeicher. **Höhle 14**, die Ravana-ki-Khai, war zunächst eine bud-

Ellora (Höhlen)

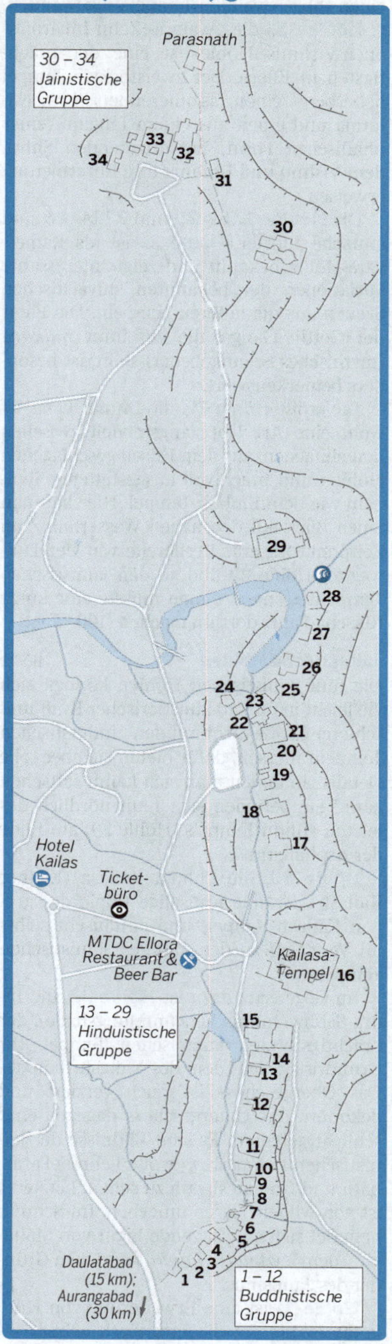

dhistische *vihara* und wurde im 7. Jh. in einen shivageweihten Tempel umgewandelt.

Höhle 15, die Avatara-(Zehn-Inkarnationen-Vishnus-)Höhle, ist eine der prächtigsten in Ellora. Der zweistöckige Tempel beherbergt einen faszinierenden Shiva Nataraja und einen aus einem Lingam (einer phallischen Form) hervortretenden Shiva, dem Vishnu und Brahma ihre Ehrerbietung erweisen.

Die **Höhlen 17** bis **20** und **22** bis **28** sind einfache Klöster. **Höhle 21** ist als Ramesvara-Höhle bekannt und zeigt interessante Variationen der bekannten shivaistischen Szenen aus den älteren Tempeln. Die Figur der Göttin Ganga, die auf ihrer *makara* (mythisches Seeungeheuer) steht, ist besonders bemerkenswert.

Die große **Höhle 29**, die Dumar Lena, ist wohl eine Art Übergangsmodell zwischen den einfachen, aus dem Felsen geschlagenen Höhlen und prachtvoll ausgestatteten Tempeln wie dem Kailash-Tempel. Hier hat man einen Blick auf den nahen Wasserfall. Zum Zeitpunkt unserer Recherche war der Fußweg zu Höhle 29 und zu den jainistischen Tempeln gesperrt – man musste eine kurze Rikscha-Fahrt dorthin machen (100 ₹).

Jainistische Höhlen HÖHLE

Die fünf jainistischen Höhlen können sich vielleicht in puncto künstlerischer Kraft und schierer Größe nicht mit den hinduistischen Tempeln messen, dafür bieten sie aber tolle Details, an denen man sich kaum sattsehen kann. Sie befinden sich 1 km nördlich des letzten Hindu-Tempels (Höhle 29) am Ende der Asphaltstraße.

Höhle 30, die Chhota Kailasa (Kleiner Kailash), ist eine armselige Kopie des großen Kailash-Tempels und enttäuscht selbst im Vergleich zu den anderen jainistischen Tempeln.

Im Gegensatz dazu ist **Höhle 32**, die Indra Sabha (Indras Versammlungshalle), der prächtigste der jainistischen Tempel. Ihr Grundriss gleicht dem des Kailash-Tempels. Das Obergeschoss ist reich verziert und dekoriert, das Untergeschoss dagegen eher schlicht gehalten. Es sind Bildnisse der jainistischen *tirthankar* (große Lehrer) Parasnath und Gomateshvara zu sehen, Letzterer ist von wilden Tieren umgeben. Im Schrein befindet sich eine sitzende Figur von Mahavira, dem letzten *tirthankar* und dem Gründer des Jainismus.

Höhle 31 ist eine Erweiterung von Höhle 32. **Höhle 33**, die Jagannath Sabha, ähnelt Höhle 32, hat aber einige gut erhaltene Skulpturen, genau wie der letzte Tempel, die kleine **Höhle 34**. Auf dem Hügel über den jainistischen Tempeln steht eine 5 m hohe Statue von Parasnath, die auf Ellora herabschaut.

Schlafen & Essen

Hotel Kailas HOTEL $$

(☎ 244446; www.hotelkailas.com; DZ 1761 ₹, mit Klimaanlage 2435 ₹, Hütte ab 2935 ₹; ❄) Das einzige anständige Hotel in Tempelnähe sollte eigentlich nur in Betracht gezogen werden, wenn man nach einem Tag noch nicht genug von Ellora hat. Gästen stehen behagliche Hütten mit Heißwasserduschen (und manchmal mit Höhlenblick), ein gutes Restaurant (Hauptgerichte 100–250 ₹) und eine üppige Rasenfläche zur Verfügung, die sich perfekt für den Genuss eines abendlichen Drinks eignet.

MTDC Ellora Restaurant & Beer Bar INDISCH $

(Hauptgerichte 80–130 ₹; ⏲ 8–17 Uhr) Innerhalb der Tempelanlage gelegen ist dieses Lokal prima fürs Mittagessen – oder für Gerichte zum Mitnehmen, falls ein Picknick neben den Höhlen geplant ist.

An- & Weiterreise

Achtung: Dienstags sind die Tempel nicht zugänglich! Zwischen Aurangabad und Ellora verkehren regelmäßig Busse (25 ₹). Um 20 Uhr fährt der letzte in Ellora ab. Wenn die Busse voll besetzt sind, rollen Sammeljeeps zu einer Absetzstelle außerhalb von Aurangabads Busbahnhof (60 ₹). Eine ganztägige Ellora-Tour per Autorikscha kostet 600 ₹ (inkl. Zwischenstopps). Taxifahrer verlangen dafür ca. 1100 ₹.

Ajanta

☎ 02438

Die **buddhistischen Höhlen von Ajanta** bergen eine Reihe unbezahlbarer Kunstschätze aus vergangenen Zeiten. Sie liegen 105 km nordöstlich von Aurangabad und könnten recht treffend als Louvre des alten Indiens bezeichnet werden. Diese abgelegenen Höhlen sind ebenso ehrwürdige Welterbestätten wie die in Ellora, aber sie sind deutlich älter. Die Höhlen sind zwischen 200 v. Chr. und 600 n. Chr. entstanden – damit bilden sie eine der frühesten Klosteranlagen des Landes. Ironischerweise führte Elloras Aufstieg zum Niedergang Ajantas: Historikern zufolge gab man Letzteres auf,

Ajanta (Höhlen)

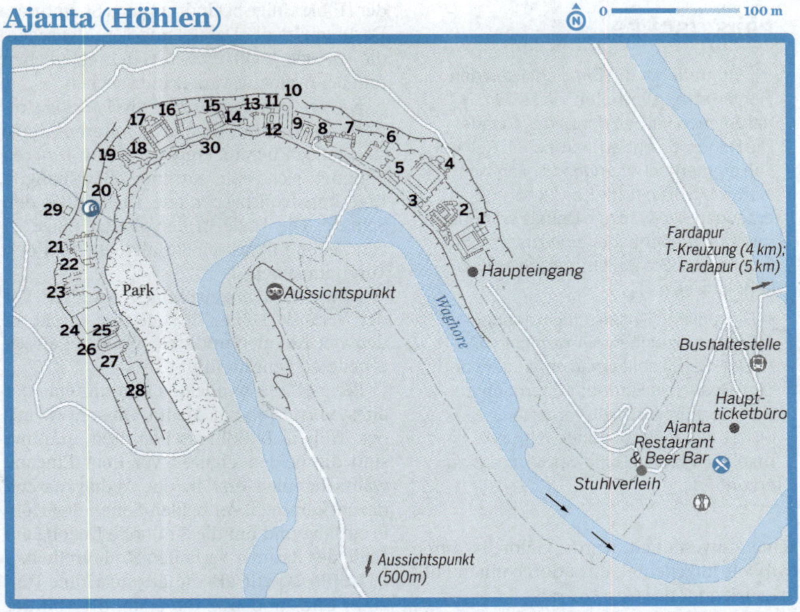

sobald die damals neu angelegten Höhlen von Ellora an Bedeutung gewannen. Danach wurde Ajanta schnell von der Natur zurückerobert und geriet in Vergessenheit, bis 1819 schließlich eine britische Jagdgesellschaft unter der Leitung des Offiziers John Smith ganz zufällig auf die bis dahin vergessene Anlage stieß.

Hauptgrund für die Besichtigung Ajantas sind die berühmten „Fresken" (eigentlich Temperabilder), die das Innere vieler Höhlen zieren und einen unschätzbaren historischen Wert haben: Nur wenige andere Beispiele aus uralter Zeit können mit der künstlerischen Klasse und der wirklich atemberaubenden Ausführung dieser Malereien konkurrieren. Damit sie auf der trockenen Oberfläche hafteten, wurden die natürlichen Farbpigmente wohl mit tierischem Leim und pflanzlichem Gummi gemischt. Die kleinen, kraterähnlichen Löcher in vielen Höhlenböden dienten den Künstlern einst als Farbpaletten.

Trotz ihres Alters sind die meisten Malereien in den Höhlen bis heute gut erhalten. Dies wird oft auf ihre jahrhundertelange Abgeschiedenheit von jeglicher Zivilisation zurückgeführt. Dennoch hat zweifellos der Verfall eingesetzt.

Offizielle Guides führen Besucher für ca. 600 ₹ herum.

Sehenswertes & Aktivitäten

Die Höhlen HÖHLE

(Inder/Ausländer 10/250, Video 25; Di–So 9–17.30 Uhr) Die 30 Höhlen von Ajanta breiten sich über die steile Front einer hufeisenförmigen Schlucht am Waghore aus. Mit Ausnahme der Höhlen 29 und 30 sind alle von dem einen Ende der Schlucht bis zum anderen durchnummeriert. Mit dem Entstehungsdatum der Höhlen hat die Nummerierung nichts zu tun; die ältesten liegen in der Mitte.

Die Höhlen 3, 5, 8, 22 und 28 bis 30 bleiben geschlossen oder sind gar nicht zugänglich. Weitere Höhlen sind möglicherweise während Restaurierungsarbeiten vorübergehend geschlossen. Höhle 10, die größte Höhle von allen, war während ihrer Erforschung außen mit einem Gerüst versehen. Herrscht großer Andrang, darf man sich in jeder Höhle nur 15 Minuten aufhalten. Einige dürfen nur barfuß betreten werden (Socken/Schuhüberzieher sind erlaubt).

Fünf der Höhlen sind *chaityas*, die anderen 25 *viharas*. Bei den Höhlen 8, 9, 10, 12 und 13 sowie bei Teilen von 15 handelt es sich um Höhlen aus dem frühen Buddhismus, die anderen stammen etwa aus dem 15. Jh. (der Mahayana-Zeit). In der einfacheren, strengeren Lehre des frühen Buddhismus wurde Buddha nie direkt dargestellt;

PRAKTISCHES

➡ Fotografieren mit Blitzlicht ist in den Höhlen streng verboten, da es den natürlichen Farben der Bilder schadet. Die Behörden haben inzwischen Reihen von pigmentschonenden Minilampen installiert, die ein sanftes Licht erzeugen. Wer winzige Details erkennen möchte, braucht aber eine zusätzliche Lichtquelle. Die Belichtungszeit muss sehr lang sein.

➡ Die meisten Busse mit lärmenden Touristen erreichen Ajanta nicht vor 12 Uhr. Somit sollte man entweder vor dem Besuch in Fardapur übernachten oder Aurangabad früh verlassen, um die Höhlen in der angenehmen, menschenleeren Ruhe des Morgens zu erkunden.

seine Anwesenheit wurde vielmehr durch Symbole angedeutet, etwa durch einen Fußabdruck oder das Gesetzesrad.

Höhle 1, eine *vihara* aus der Mahayana-Zeit, gehört zu den zuletzt freigelegten und am schönsten geschmückten Höhlen. Hier ist eine Wiedergabe des Bodhisattva Padmapani zu bewundern – das bekannteste ikonenhafte Kunstwerk Ajantas. Eine Veranda an der Vorderseite führt zu einer großen Versammlungshalle, die Skulpturen und illustrative Wandbilder schmücken. Diese sind für die beindruckende Perspektive sowie die kunstvolle Darstellung der Kleidung, des alltäglichen Lebens sowie der Gesichtszüge bekannt. Die Farben der Bilder entstanden aus Mineralien aus der Gegend; eine Ausnahme bildet das kräftige Blau, das aus zentralasiatischem Lapislazuli hergestellt wurde. Blickt man nach oben, entdeckt man ein Relief von vier Hirschen, die aber alle gemeinsam einen Kopf besitzen.

Höhle 2 ist ebenfalls eine *vihara* aus der späten Mahayana-Zeit. Die Pfeiler und Kapitelle sind mit aufwendigen Verzierungen und kunstvollen Malereien geschmückt, und die Decke zieren geometrische und florale Muster. Die Wandbilder zeigen Szenen aus den *Jataka*-Erzählungen, darunter auch den Traum der Mutter Buddhas, der dessen Empfängnis ankündigte: Er handelte wohl von einem Elefanten mit sechs Stoßzähnen.

Höhle 4 ist die größte *vihara* in Ajanta und wird von 28 Säulen getragen. Obwohl sie nie fertiggestellt wurde, finden sich in der Höhle einige beeindruckende Skulpturen. Dazu gehört die Darstellung von Menschen, die vor den „acht großen Gefahren" fliehen und bei Avalokitesvara Schutz suchen.

Höhle 6 ist die einzige zweistöckige *vihara* in Ajanta, Teile der unteren Etage sind jedoch bereits eingestürzt. Im Inneren befindet sich eine sitzende Buddhafigur. Eine kunstvoll beschnitzte Tür schützt den Schrein. Die Halle in der oberen Etage ist von Zellen mit schönen Malereien über den Türen umgeben.

Höhle 7 ist ungewöhnlich gestaltet: Vor der Veranda stehen Portale, die direkt zu den vier Räumen und dem kunstvoll ausgearbeiteten Schrein führen.

Bei **Höhle 9** handelt es sich um eine der ältesten *chaityas* in Ajanta. Obwohl sie aus der frühen buddhistischen Zeit stammt, sind die beiden Figuren vor dem Eingang wahrscheinlich erst in der Mahayana-Zeit dazugekommen. An beiden Seiten der Höhle entlang und um die 3 m hohe Dagoba am Ende des Raumes verlaufen Säulenreihen.

Höhle 10 gilt als die älteste Höhle (um 200 v.Chr.) und war die erste, die von der britischen Jagdgesellschaft erspäht wurde. Sie gleicht Höhle 9 und ist die größte *chaitya*. Die Fassade ist eingestürzt, und die Wandmalereien im Inneren sind beschädigt, teilweise auch durch Schmierereien, die aus der Zeit kurz nach ihrer Wiederentdeckung stammen. Auf einer der Säulen auf der rechten Seite hat sich auch Smith mit seinem Namen für die Nachwelt verewigt.

Höhle 16, eine *vihara*, enthält einige der schönsten Malereien Ajantas und war wohl der ursprüngliche Eingang des Komplexes. Das berühmteste Bild ist die „sterbende Prinzessin" – Sundari, die Frau von Buddhas Halbbruder Nanda, die in Ohnmacht gefallen sein soll, als sie hörte, dass ihr Ehemann auf alle materiellen Annehmlichkeiten und auch auf sie verzichtete, um Mönch zu werden. Aus dem Stein gehauene Figuren scheinen die Decke zu tragen. Außerdem gibt's noch eine Buddhastatue, die auf einem Löwenthron sitzt und den Edlen Achtfachen Pfad lehrt.

Höhle 17 mit aus dem Fels geschlagenen Zwergen, die die Säulen tragen, hat die besterhaltenen und vielfältigsten Wandmalereien von Ajanta. Zu den berühmten Bildern gehört eine Prinzessin, die Make-up auflegt, ein Prinz, der seine Geliebte auf altbewährte Weise mit Wein verführt, und Buddha, der nach der Erleuchtung nach Hause zurückkehrt und bei seiner Frau und seinem erstaunten Sohn bettelt. Eine aufwendige Malerei erzählt die Geschichte von Prinz Simhalas Expedition nach Sri Lanka. Mit seinen 500 Gefährten strandete er auf einer Insel, wo Riesinnen als zauberhafte Frauen auftraten – nur um die Gestrandeten einzufangen und zu verschlingen. Simhala entkam auf einem fliegenden Pferd und kehrte zurück, um die Insel zu erobern.

Höhle 19, eine prächtige *chaitya*, hat eine tolle Fassade mit vielen Einzelheiten; besonders auffällig ist ein beeindruckendes hufeisenförmiges Fenster. Zwei prächtige Buddhafiguren stehen am Eingang. Innen wartet eine dreistufige Dagoba mit einer Buddhafigur auf der Vorderseite. Außerhalb der Höhle findet man in westlicher Richtung ein Bild des Nagakönigs mit sieben Kobras rund um den Kopf. Seine Frau, von einer Kobra beschirmt, sitzt neben ihm.

Höhle 24 wäre, wenn man sie denn fertiggestellt hätte, die größte *vihara* Ajantas. Hier lässt sich gut nachvollziehen, wie die Höhlen entstanden: Lange Gänge wurden in den Fels gehauen, dann schlug man den Stein dazwischen heraus.

Höhle 26 ist eine weitgehend zerstörte *chaitya*, die heute auf dramatische Weise beleuchtet wird. Sie hat einige schöne Skulpturen und man sollte sie unbedingt besuchen. An der linken Wand ist die riesige Figur des sterbenden Buddha zu sehen, der auf dem Rücken liegt und das Nirvana erwartet. Andere Szenen illustrieren die Versuchung Buddhas durch Maya.

Höhle 27 ist eine *vihara*, die eine Verbindung mit der *chaitya* von Höhle 26 hat.

Aussichtspunkte AUSSICHTSPUNKT
Zwei Aussichtspunkte bieten traumhafte Blicke auf die ganze hufeisenförmige Anlage. Der erste liegt ein paar Gehminuten jenseits des Flusses, der sich über eine Brücke unterhalb von Höhle 8 überqueren lässt. Ein weiterer Anstieg (40 Min.) führt zu dem Punkt, von dem aus die britischen Jäger die Höhlen erstmals erspähten. Achtung: Diese Route ist während des Monsuns zu gefährlich!

Schlafen & Essen

Da das Unterkunftsangebot in Höhlennähe begrenzt ist, empfehlen sich Quartiere in Aurangabad oder Jalgaon.

MTDC Holiday Resort HOTEL **$**
(☎ 244230; Aurangabad-Jalgaon Rd, Fardapur; DZ ohne/mit Klimaanlage 1262/1577 ₹; ❄) Das staatliche Hotel steht nahe Fardapurs Hauptstraße, 5 km von den Höhlen entfernt und zwischen Rasenflächen. Die Zimmer sind anständig, und die Bierbar im Freien macht den Deal perfekt. Bei Weitem die beste Unterkunft in dieser Ecke!

MTDC Ajanta Tourist Complex HOTEL **$$**
(☎ 09422204325; T-Kreuzung; Hütte 2103 ₹; ❄) Diese Anlage in frischem Minzgrün liegt direkt hinter der Einkaufs-„Plaza" und dem Busbahnhof. Ihre fünf charmanten und gut gepflegten Hütten stehen an grünen Rasenflächen mit Hügelblick. Gäste müssen sich ihr Essen jedoch selbst bei den Ständen in der Nähe besorgen.

Ajanta Restaurant & Beer Bar FASTFOOD **$**
(Hauptgerichte 100–150 ₹, Thali ab 120 ₹; ⏲ Di–So 9–17.30 Uhr) Restaurant und Raststätte gleich am Haupt-Ticketschalter am Eingang zu den Höhlen. Hier gibt's ordentliche vegetarische Thalis und kalte Getränke, ebenso Bier. Bei der Plaza (an der Fardapur-T-Kreuzung) befinden sich noch ein paar weitere billige Restaurants, wo man sich mit Thalis und Eis vollstopfen kann.

ℹ Praktische Informationen

Es gibt eine Gepäckaufbewahrung an der Fardapur-T-Kreuzung (aber nicht an den Höhlen), wo man sein Gepäck abgeben kann (10 ₹/Gepäckstück für 4 Std.), wenn man Ajanta auf dem Weg von Aurangabad nach Jalgaon oder umgekehrt besucht. Ein kurzer, steiler Weg führt vom Ticketschalter hinauf zu den Höhlen; ältere Menschen können sich aber auch von vier verschwitzten Trägern auf einem Stuhl hinaufbefördern lassen (600 ₹).

Für Verwirrung sorgt, dass in der Nähe der T-Kreuzung ein neuer touristischer Komplex gebaut wird, wo neben Restaurants und Läden auch die größten Höhlen als Nachbildungen entstehen sollen!

ℹ An- & Weiterreise

Achtung: Die Höhlen sind montags geschlossen! Die Busse ab Aurangabad und Jalgaon setzen einen 4 km von der Stätte entfernt an der T-Kreuzung ab (wo der Highway auf die Straße zu den Höhlen trifft). Hier bezahlt man die Kurtaxe (10 ₹) und läuft bis zur Haltestelle der grünen Busse (mit/ohne Klimaanlage 20/10 ₹), die zu den Höhlen fahren. Die Busse fahren regelmäßig (bis 17 Uhr alle halbe Std.) zur T-Kreuzung zurück.

Alle MSRTC-Busse, die durch Fardapur fahren, halten an der T-Kreuzung. Nach Schließung der Höhlen kann man vor dem MTDC Holiday Resort in Fardapur, 1 km die Hauptstraße Richtung Jalgaon hinunter, in einen Bus entweder nach Aurangabad oder nach Jalgaon steigen. Taxis gibt's in Fardapur; 1200 ₹ sollten bis Jalgaon reichen.

Jalgaon

☎ 0257 / 460 468 EW. / 208 M

Jalgaon ist eine praktische Ausgangsbasis zur Erkundung des 60 km entfernten Ajanta, darüber hinaus aber nichts mehr als eine praktische Durchgangsstation. Es liegt an der Hauptstrecke von Mumbai in den Nordosten und bietet Zugverbindungen zu allen großen Städten in Indien.

Schlafen

★ Hotel Plaza HOTEL $

(☎ 9370027354, 2227354; hotelplaza_jal@yahoo.com; Station Rd; B 200 ₹, EZ/DZ 500/700 ₹, Zi. mit Klimaanlage ab 1000 ₹; ❄@) Eine Übernachtung in diesem Hotel ist eigentlich schon Grund genug für einen Halt in Jalgaon. Nach der langen Zugfahrt ist es eine Wohltat, das Hotel mit seinen klaren Linien und den weißen Innenräumen zu betreten. Außerdem liegt es in kurzer Gehweite zum Bahnhof. Die Zimmer unterscheiden sich in Größe und Grundriss, sind aber alle blitzsauber und frisch. Der überschwängliche Inhaber ist eine Fundgrube an nützlichen Infos und hilft auch beim Reservieren von Zügen und beim Besorgen eines Taxis.

Hotel Royal Palace HOTEL $$

(☎ 2233555; www.hotelroyalpalace.in; Mahabal Rd, Jai Nagar; EZ/DZ mit Frühstück ab 2320/2436 ₹; ❄📶) Das für den Standard in Jalgaon geradezu luxuriöse Royal Palace hat so nichtssagende Zimmer wie ein Geschäftshotel. Sie sind zwar komfortabel, erfüllen aber nicht die Erwartungen, die die glitzernde Lobby weckt. Es gibt hier auch ein ordentliches, rein vegetarisches internationales Restaurant mit nordindischen, küstenregionalen, chinesischen und europäischen Gerichten.

Essen & Ausgehen

Hotel Arya INDISCH $

(Navi Peth; Hauptgerichte 55–95 ₹; ⏲8.30–22.50 Uhr) Hier gibt's nur vegetarische Speisen, die aber alle lecker sind. Probieren sollte man die schmackhaften Punjab-Spezialitäten. Auch chinesische und südindische Gerichte stehen zur Auswahl. Man läuft ein paar Schritte Richtung Süden die Station Rd entlang, biegt an der MG Rd links ab und geht am Uhrenturm noch mal nach links. Für einen Tisch muss man eventuell anstehen.

Silver Palace BAR

(Station Rd; Hauptgerichte 60–190 ₹) Der Luxusanspruch der Restaurantbar ist vielleicht etwas hoch gegriffen. Aber das Bier ist kalt, und Frauen haben nicht das Gefühl, reines Männerterritorium betreten zu haben. Neben dem Hotel Plaza.

Praktische Informationen

Ein paar Banken, Geldautomaten und Internetcafés findet man an der Nehru Rd, die oberhalb der Station Rd verläuft.

An- & Weiterreise

Mehrere Expresszüge, die Mumbai (Sleeper Class/2AC 286/1035 ₹, 8 Std.) mit Delhi (Sleeper Class/2AC 470/1900 ₹, 18 Std.), Ahmeda-

ABSTECHER

METEORITENKRATER IN LONAR

Wer außergewöhnliche Abenteuer liebt, sollte sich nach Lonar begeben, um ein urzeitliches Naturwunder zu erkunden: Vor ca. 50 000 Jahren hinterließ ein Meteorit dort einen riesigen Einschlagkrater von 2 km Breite und 170 m Tiefe. Die Fachwelt spricht vom weltweit einzigen Krater in Basaltgestein, der durch einen natürlichen Aufschlag mit extrem hoher Geschwindigkeit entstand. Und jetzt weniger wissenschaftlich: Dieser Ort mit seinem flachen grünen See inmitten von Wildnis ist zauberhaft ruhig und entspannend. Das Wasser des Sees soll alkalisch und somit gut für die Haut sein. Forscher vermuten, dass der Meteorit bis heute ca. 600 m tief unter dem südöstlichen Kraterrand im Boden steckt.

Neben mehreren Hindutempeln beheimatet der Kraterrand auch Tiere wie Languren, Pfauen, Hirsche und zahlreiche Vögel.

Der **MTDC Tourist Complex** (☎ 07260221602; DZ ohne/mit Klimaanlage 1300/1060 ₹; ❄) punktet mit einer super Lage gegenüber dem Krater. Für diese Ecke haben die acht Zimmer ein gutes Preis-Leistungs-Verhältnis.

bad (Sleeper Class/2AC 326/1260 ₹, 14 Std.) und Varanasi (Sleeper Class/2AC 450/1870 ₹, 21 Std.) verbinden, halten am Bahnhof Jalgaon. Der Sewagram Express fährt nach Nagpur (Sleeper Class/2AC 282/1015 ₹, 8 Std., 22 Uhr), der Nizamuddin-Vasco-da-Gama Express nach Goa (Sleeper Class/2AC 465/1880 ₹, 23 Std., 7.55 Uhr).

Vom Busbahnhof gibt's ab 6 Uhr alle halbe Stunde Busse nach Fardapur (45 ₹, 1½ Std.), dann fahren sie weiter nach Aurangabad (160 ₹, 4 Std.).

Jalgaons Bahnhof und der Busbahnhof liegen etwa 2 km voneinander entfernt (Autorikscha 20 ₹). Private Busgesellschaften an der Station Rd betreiben Busse nach Aurangabad (140 ₹, 3½ Std.), Mumbai (350 ₹, 9 Std.) und Pune (350 ₹, mit Klimaanlage 550 ₹, 9 Std.).

Nagpur

☎0712 / 2,4 MIO. EW. / 305 M

Mitten in Indiens Orangenanbaugebiet liegt Nagpur abseits der großen Touristenrouten. Abgesehen von den Feierlichkeiten zum Dussehra-Fest gibt es in der Stadt praktisch nichts zu sehen. Als Ausgangspunkt für Erkundungen der östlichsten Ecke von Maharashtra ist Nagpur aber ideal. Die Tempel von Ramtek und die Ashrams von Sevagram sind nicht weit entfernt. Darüber hinaus ist Nagpur auch ein bequemer Halt für alle, die die im einsamen **Tadoba-Andhari-Tigerreservat**, 150 km südlich von Nagpur, Tiger sehen wollen oder sich zum Pench-Nationalpark, gleich hinter der Grenze in Madyha Pradesh, aufmachen möchten.

Wer abends noch etwas Zeit totschlagen will, kann einen Bummel durch das Viertel Civil Lines machen, wo es majestätische Gebäude aus der Zeit Britisch-Indiens gibt, die heute als Verwaltungsbüros genutzt werden. Der Sommer ist ideal, um sich den Bauch mit den berühmten Orangen vollzuschlagen.

Schlafen & Essen

Die überteuerten Hotels in Nagpur sind in erster Linie auf Geschäftsreisende und nicht auf Touristen ausgerichtet. Wer billig unterkommen oder am frühen Morgen mit dem Zug weiterfahren will, wohnt am besten in der Gegend um die Central Ave, 15 Gehminuten östlich vom Bahnhof. Ansonsten kann man sich eine Unterkunft in Ramdaspeth suchen, das näher am Stadtzentrum liegt.

Hotel Blue Diamond HOTEL $
(☎2727461; www.hotelbluediamondnagpur.com; 113 Central Ave; EZ/DZ 500/700 ₹, mit Klimaanlage 1350/1500 ₹; ❄) Die Spiegeldecke in der Rezeption wirkt wie aus einem Nachtclub der 1970er-Jahre, und die Zimmer sehen genauso aus, wie man sie über einem Nachtclub jener Zeit auch erwarten würde. Im Zwischengeschoss gibt's eine höhlenähnliche Bar. Die Zimmer haben Klimaanlage, LCD-Fernseher und rissige Linoleumböden.

Hotel Centre Point HOTEL $$
(☎2420910; www.centrepointgroup.org; 24 Central Bazar Rd, Ramdaspeth; EZ/DZ mit Frühstück ab 4345/4932 ₹; ❄📶🏊) Das Hotel ist eine bewährte Adresse und setzt in Nagpur schon seit einiger Zeit die Maßstäbe für Luxus. Die exklusiven Zimmer haben flauschige Betten und einen schnellen Internetzugang, und es gibt auch ein Café sowie ein Restaurant. Das Hotel befindet sich mitten im Geschäfts- und Unterhaltungsviertel und bietet einen kostenlosen Transfer zum Flughafen.

Pride Hotel HOTEL $$$
(☎2291102; www.pridehotel.com; Wardha Rd, gegenüber vom Flughafen; EZ/DZ ab 5262/5430 ₹; ❄📶🏊) Das schicke Businesshotel in der Nähe vom Flughafen und gleichzeitig weit weg vom Lärm der Stadt ist eine gute Übernachtungsmöglichkeit für Durchreisende. Im Royal Lancers (der Bar in der Lobby) und im Puran Da Dhaba, der aufgedonnerten Version eines traditionellen Punjab-Lokals, kann man gut den Abend verbringen.

Krishnum SÜDINDISCH $
(Central Ave; Hauptgerichte 50–80 ₹) Das populäre Lokal tischt südindische Snacks und großzügige Thalis sowie frisch gepresste Obstsäfte auf. Weitere Filialen gibt es in anderen Stadtteilen.

Picadilly Checkers FASTFOOD $
(VCA Complex, Civil Lines; Hauptgerichte 60–80 ₹) Nagpurs Collegestudenten kommen besonders gern hierher. Es gibt hier nämlich eine wirklich gute Auswahl an rein vegetarischen Schnellgerichten.

Praktische Informationen

An der Central Ave findet man zahlreiche Geldautomaten.

Computrek (18 Central Ave; 20 ₹/Std.; ⌚10–22 Uhr) Bietet Internetzugang an der Hauptstraße.

MTDC (☎2533325; nahe MLA Hostel, Civil Lines; ⌚Mo–Sa 10–17.45 Uhr)

State Bank of India (Kingsway; ⌚Mo–Fr 11–14 Uhr) Zwei Gehminuten westlich vom Bahnhof. Wechselt ausländische Währungen.

ABSEITS DER ÜBLICHEN PFADE

TADOBA-ANDHARI TIGER RESERVE

Dieser kaum erkundete Nationalpark mit seinem gesunden Bengaltiger-Bestand liegt 150 km südlich von Nagpur. Er wird vom indischen Project Tiger verwaltet und verzeichnet weniger Besucher als die meisten anderen Wälder des Landes. So kommt man hier nahe an Tiere wie Gauren, Axishirsche, Nilgauantilopen und Lippenbären heran, ohne sich durch Scharen knipswütiger Touristen kämpfen zu müssen. Kleiner Nachteil: Besucher müssen mit einfachen Einrichtungen und wenig Komfort auskommen. Der Park ist fast ganzjährig geöffnet.

Das **MTDC Resort** (☎ 9822713201; DZ ohne/mit Klimaanlage 1645/1996 ₹) im nahen Moharli besitzt einige Zimmer (eigenes Moskitonetz mitbringen!) und Speiseräume. Zudem arrangiert es Dschungelsafaris per Jeep oder Minibus. Das MTDC-Büro in Nagpur nimmt Buchungen entgegen. Für mindestens sechsköpfige Gruppen kann die MTDC pauschale All-Inclusive-Übernachtungstrips ab Nagpur arrangieren – da wird dann alles Organisatorische übernommen.

Mehrere staatliche Busse verkehren ganztägig zwischen Nagpur und Chandrapur (124 ₹, 3½ Std.).

An- & Weiterreise

BUS

Der MSRTC-Hauptbusbahnhof befindet sich 2 km südlich vom Bahnhof. Von hier fahren normale Busse nach Wardha (65 ₹, 3 Std.) und Ramtek (40 ₹, 1½ Std.). Zwei Busse fahren nach Jalgaon (370 ₹, 10 Std.) und drei nach Hyderabad (358 ₹, 12 Std.).

FLUGZEUG

Inlandsfluglinien, darunter **Indian Airlines** (☎ 2533962) und **Jet Airways** (☎ 5617888), bieten täglich Flüge nach Delhi (ab 6000 ₹, 1½ Std.), Mumbai (ab 5000 ₹, 1½ Std.) und Kolkata (ab 8000 ₹, 1½ Std.) sowie Anschluss nach Hyderabad, Ahmedabad, Bengaluru, Chennai und Pune an. Ein Taxi vom Flughafen zum Stadtzentrum kostet 400 ₹, eine Autorikscha 200 ₹.

ZUG

Vom Chhatrapati Shivaji Terminus (CST) in Mumbai fährt der Duronto Express täglich nach Nagpur (Sleeper Class/2AC 470/1825 ₹, 10 Std., 21.15 Uhr). Abfahrt in Nagpur ist um 20.50 Uhr und Ankunft am folgenden Morgen um 7.50 Uhr. Richtung Norden nach Kolkata fährt der Gitanjali Express (Sleeper Class/2AC 475/1920 ₹, 17½ Std., 19.05 Uhr). Mehrere Expresszüge Richtung Delhi und Mumbai halten auch in Jalgaon (wenn man zu den Ajanta-Höhlen will; Sleeper Class/2AC 282/1015 ₹, 8 Std.).

Rund um Nagpur

Ramtek

Dem Ramayana-Epos zufolge soll Rama einen Teil seines Exils mit Ehefrau Sita und Bruder Lakshmana in Ramtek verbracht haben, das rund 40 km nordöstlich von Nagpur liegt. Hier stehen mehrere **Tempel** (⏲ 6–21 Uhr) auf dem Rama-Hügel. Sie sind ca. 600 Jahre alt und werden von einheimischen Affen bevölkert. Autorikschas fahren vom Busbahnhof zum Tempelkomplex (80 ₹, 5 km). Auf dessen Rückseite führen 700 Stufen zurück in die Stadt. Die Straße zu den Tempeln passiert das reizende **Ambala-Wasserbecken**, das von kleinen Schreinen flankiert wird. Auf dem See sind Bootsfahrten möglich.

Nahe den Haupttempeln steht das **Rajkamal Resort** (☎ 07114202761; DZ ohne/mit Klimaanlage 1050/1410 ₹; ❄) mit Restaurantbar, TV und großen, schlichten Zimmern.

Busse pendeln zwischen Ramtek und dem MSRTC-Busbahnhof in Nagpur (41 ₹, 1½ Std., alle 30 Min.). Die letzte Fahrt nach Nagpur erfolgt um 19 Uhr.

Sevagram

☎ 07152

Rund 85 km von Nagpur entfernt, erkor Mahatma Gandhi das „Dorf des Dienstes" zur Basis seiner Unabhängigkeitsbewegung. Während des gesamten Freiheitskampfs kamen diverse Nationalistenführer regelmäßig nach Sevagram, um Mahatma in seinem **Sevagram Ashram** (☎ 284753; ⏲ 6–17.30 Uhr) zu besuchen. Die Aufseher des friedlichen Ashrams, der auf 40 ha Farmland gebaut wurde, haben die Originalhütten, in denen Gandhi lebte und arbeitete, vorsichtig restauriert. Heute sind dort einige persönliche Dinge von Gandhi untergebracht.

Gegenüber vom Eingangstor befindet sich das **Yatri Nivas** (☎284753; DZ 100 ₹) mit sehr einfachen Unterkünften (Reservierung ratsam). Bei Voranmeldung gibt's im Speisesaal des Ashrams schlichte vegetarische Kost.

Nur 3 km von Sevagram entfernt liegt das Dorf Paunar mit dem **Brahmavidya Mandir Ashram** (☎288388; Paunar; ⏱4–12 & 14–20 Uhr), der vom Nationalisten und Gandhi-Schüler Vinoba Bhave gegründet wurde. Der Ashram steht heute fast komplett unter weiblicher Leitung und folgt dem Prinzip der *swaraj* (Autarkie): Es gibt kein zentrales Führungsorgan, Entscheidungen werden immer einvernehmlich getroffen.

Von Nagpur aus ist Sevagram mit Bussen in Richtung Wardha erreichbar (55 ₹, 3 Std.).

SÜDLICHES MAHARASHTRA

Konkanküste

Die Konkanküste wird an beiden Enden von zwei der größten urbanen Ballungsräume Indiens flankiert. Dennoch hat sie sich ihre Ursprünglichkeit bis heute bewahrt. Ab Mumbai verläuft der wenig erschlossene Küstenstreifen südwärts bis hinunter nach Goa – ein malerisches Fleckchen Erde mit Bilderbuch-Stränden, üppig-grünen Reisfeldern, sanften Hügeln und verfallenden Forts. Trips durch dieses tropische Gebiet können das reine Glück sein. Andererseits gibt's vor Ort nur wenig Unterkünfte und kulinarische Abwechslung (trotz leckeren Essens), und die Einheimischen sind nicht an Reisegruppen und vor allem nicht an Ausländer gewöhnt. Zudem sind Verkehrsmittel hier rar und unzuverlässig. So bietet es sich an, in Mumbai ein Taxi zu mieten und der Küste bis hinunter nach Goa zu folgen. Mit Sicherheit ein unbezahlbares Erlebnis.

Murud

☎02144 / 12 700 EW.

Auch wenn man nicht die ganze Küste erkunden will, sollte das verschlafene Fischernest Murud unbedingt auf dem Reiseplan stehen. Denn wer dort, in 165 km Entfernung zu Mumbai, einen idyllischen Strand betritt und die warme Gischt an den Füßen spürt, wird froh sein, hergekommen zu sein.

In Sachen Sehenswürdigkeiten wartet Murud mit der herrlichen Inselfestung **Janjira** (Eintritt frei; ⏱7–17.30 Uhr) auf, die ca. 500 m vor der Küste liegt und 1140 von den Siddis errichtet wurde. Diese Nachkommen seefahrender Händler vom Horn von Afrika ließen sich hier nieder und bestritten ihren Lebensunterhalt angeblich als Piraten. Kein Angreifer konnte je die 12 m hohen Festungsmauern überwinden, die bei Flut scheinbar direkt aus dem Meer ragen. Doch was in Janjiras Geschichte keinem Menschen gelang, schaffte schließlich die Natur: Heute verfällt das Bollwerk allmählich, und die Wildnis erobert es zurück.

Janjira ist nur per Boot ab dem Hafen Rajpuri Port erreichbar (hin & zurück 20 ₹, 15 Min., tgl. 7–17.30 Uhr, min. 20 Pers.). Alternativ kann man ein ganzes Boot mieten (600 ₹), wobei der Ruderer meist auch als Führer (350 ₹; verhandelbar) fungiert. Von Murud nach Rajpuri geht's entweder per Autorikscha (70 ₹) oder mit einem Leihrad des Golden Swan Beach Resort.

Zurück in Murud kann man tagelang am Strand faulenzen, Karate trainieren oder mit Einheimischen Kricket spielen. Wer will, kann auch durch die Tore des **Ahmedganj-Palasts** (für Besucher gesperrt) in den Landsitz des Siddi Nawab von Murud hineinspähen. Im Süden der Stadt gibt es diverse Gräber und eine verfallende Moschee zu besichtigen.

🛏 Schlafen & Essen

Golden Swan Beach Resort HOTEL $$
(☎274078; www.goldenswan.com; Darbar Rd; DZ mit VP ab 4700 ₹; ❄) Nur im Wind wogende Palmen trennen den Strand und dieses gehobene Hotel mit gemütlichen Zimmern und Cottages. Von dort aus hat man Blick aufs Meer, den Ahmedganj-Palast und das Fort Kasa. Es gibt auch Zimmer in einem hübschen alten Bungalow, fünf Minuten vom Anwesen entfernt. Am Wochenende steigen die Preise um 25 %.

Sea Shell Resort HOTEL $$
(☎274306; www.seashellmurud.com; Darbar Rd; DZ ohne/mit Klimaanlage 2280/2500 ₹; ❄🏊) Ein munteres, unaufdringliches Hotel mit luftigen Zimmern zum Meer hin sowie einem Restaurant mit internationaler Küche, das besonders bei Wochenendtravellern aus Mumbai beliebt ist. Der erfrischende Swimmingpool am Eingang ist ein absolut willkommenes Extra. Außerdem werden auch Delfintouren arrangiert.

DIE GESCHICHTE VON „BABA" AMTE

Unter Humanisten in aller Welt wird gern die Geschichte von Murlidhar Devidas „Baba" Amte (1914–2008) erzählt. Als Spross einer vornehmen Bramahnenfamilie aus Wardha genoss Amte alle Vorzüge materialistischen Reichtums und schickte sich an, ein erfolgreicher Rechtsanwalt zu werden. Doch als er eines Nachts einen Leprakranken allein auf der Straße sterben sah, sollte sich sein Leben für immer verändern.

Kurz nach diesem Vorfall entsagte Amte allem Weltlichen zugunsten der Enthaltsamkeit. Fortan engagierte er sich aktiv für Leprakranke und Menschen am Rande der Gesellschaft. In den zivilisationslosen Wäldern des östlichen Maharashtra errichtete Amte seinen Ashram namens Anandwan (Wald der Freude; anandwan@gmail.com). Als aufrechter Anhänger Gandhis glaubte er fest an die Selbstbestimmung und erhielt mehrere Auszeichnungen (z. B. 1985 den Ramon Magsaysay Award) für sein lebenslanges Engagement.

Amtes Werk wird von seinen Söhnen Vikas und Prakash und deren Frauen weitergeführt. Prakash und dessen Frau bekamen 2008 ebenfalls den Magsaysay Award. Heute kümmern sich drei Ashrams der Familie um menschliche und tierische Bedürftige in abgelegenen Gebieten. Interessenten für Freiwilligenjobs könnten hier fündig werden.

★ **New Sea Rock Restaurant** INDISCH $

(Rajpuri; Hauptgerichte 50–160 ₹; ⏲7–20 Uhr) Das Restaurant thront auf einer Klippe über dem Strand von Rajpuri und hat einen sagenhaften Blick auf Janjira. Perfekt, um mit einem günstigen Chai (10 ₹) gleich auch den unbezahlbaren Sonnenuntergang zu genießen. Vermutlich wird man aber der Versuchung nicht widerstehen, eines der indischen oder chinesischen Gerichte zu probieren. Die Inhaber vermitteln in der Hauptsaison Kajaktrips und andere Wassersportaktivitäten.

Hotel Vinayak INDISCH $

(Darbar Rd; Hauptgerichte 70–190 ₹; ⏲8–22 Uhr) Ordentliches Lokal mit Blick auf den Strand, in dem man sich den Bauch mit köstlichen, feurigen Malvan-Thalis vollschlagen kann, die mit rosafarbenem Mangostan-Sirup serviert werden. Der macht das Ganze verträglicher. Es gibt hier sowohl vegetarische als auch nicht vegetarische Gerichte.

ℹ An- & Weiterreise

Klimatisierte Katamarane (120 ₹, 2 Std.) verkehren von 6 bis 19 Uhr zwischen dem Gateway of India in Mumbai und dem Mandva-Pier. Im Ticketpreis enthalten ist eine kostenlose Fahrt mit dem Shuttlebus nach Alibag (30 Min.), für die man ansonsten mit einer Autorikscha rund 200 ₹ zahlen würde. Von Alibag fahren klapprige Ortsbusse die Küste hinunter nach Murud (41 ₹, 2 Std.). Alternativ fahren vom Busbahnhof Mumbai Central Busse in knapp sechs Stunden nach Murud (Normal/Semideluxe 133/180 ₹).

Besser nicht mit dem Zug fahren, denn der nächste Bahnhof liegt im zwei Stunden entfernten Roha und hat eine schlechte Anbindung.

Ganpatipule

☎ 02357

Ganpatipule ist in erster Linie eine Tempelstadt, lockt aber mit seinem einsamen Sandstrand und dem warmen Wasser seit Jahren einen steten Strom von Meerliebhabern an. Das rund 375 km von Mumbai entfernte Dorf döst den größten Teil des Jahres vor sich hin, mit Ausnahme der Feiertage wie Diwali oder Ganesh Chaturthi. Dann kommen Horden von ausgelassenen „Touristen" zu dem am Meer gelegenen **Ganesha-Tempel** (⏲6–21 Uhr) und zu seinem aus einem einzigen Stein gehauenen (grellorange bemalten) Ganesha, der angeblich vor 1600 Jahren entdeckt wurde.

Am Strand von Ganpatipule werden verschiedene Aktivitäten angeboten, darunter Kamelreiten (50 ₹) und Bootsfahrten (100 ₹). Nichts geht allerdings über einen langen Strandspaziergang, weit weg von den Menschenmassen.

Rund 40 km südlich liegt **Ratnagiri**, die größte Stadt an der südlichen Küste Maharashtras und die Hauptbahnstation für Ganpatipule (an der Konkan-Bahnstrecke). An der Hauptstraße Ratnagiris findet man mehrere Geldautomaten. Hat man sich mit Bargeld eingedeckt und auch alle Einkäufe erledigt, gibt es – abgesehen von dem schmuddeligen Strand – aber nur eine lohnende Sehenswürdigkeit: die Ruinen des **Thibaw-Palasts** (Thibaw Palace Rd; Eintritt frei; ⏲Di–So 10–17.30 Uhr), wo der letzte birmanische König Thibaw von 1886 bis zu seinem Tod im Jahr 1916 von den Briten gefangen gehalten wurde.

Schlafen & Essen

MTDC Resort HOTEL $$
(☎235248; DZ ohne/mit Klimaanlage ab 1938/2280 ₹; ❄) Das weitläufige Anwesen mit toller Lage am Strand ist die beste Unterkunft hier. Eine kleine Armee von Gärtnern kümmert sich um die Pflege der Grünanlagen. Das Hotel bietet eine Reihe von Zimmern und Cottages. Auch ein ordentliches Restaurant, wo man ein schönes kaltes Bier bekommt, ist vorhanden. Die Konkan-Hütten nach Art traditioneller Malvan-Dörfer befinden sich ein Stück vom Hauptresort entfernt und bieten ein eigenes Restaurant mit Sitzbereich am Strand und etwas mehr Privatsphäre. Die Hütten selber sind einfache Betonblöcke, aber schon in Ordnung.

Hotel Vihar Deluxe HOTEL $$
(☎02352222944; Main Rd, Ratnagiri; DZ ohne/mit Klimaanlage 1285/1754 ₹; ❄) Das gigantische Anwesen ist eines der wenigen funktionalen Hotels, die die Hauptstraße in Ratnagiri säumen. Bei unserem Besuch wurde das Hotel gerade gründlich renoviert. Die Zimmer entsprechen den Vorstellungen Geschäftsreisender und sind alles andere als luxuriös, das Essen hingegen – insbesondere die Meeresfrüchte – ist sehr zu empfehlen. Das südindische Frühstück ist gratis.

Tarang Restaurant INDISCH $
(MTDC Resort; Hauptgerichte 80–190 ₹) Eines von mehreren gleichwertigen Lokalen in Ganpatipule, in denen man ein ordentliches, preisgünstiges Mahl wie Thalis oder chinesische Nudeln bekommt.

Anreise & Unterwegs vor Ort

Normale Busse verkehren zwischen Ganpatipule und Ratnagiri (49 ₹, 1½ Std.). Eine Autorikscha kostet 400 ₹. Die Fahrt mit einer Autorikscha vom MSRTC-Busbahnhof zum MTDC Resort kostet 25 ₹.

Ein MSRTC-Bus fährt um 8.45 Uhr nach Mumbai (428 ₹, 10 Std.); Abfahrt in Mumbai ist um 20 Uhr. Pro Tag fahren jeweils drei Busse nach Pune (330 ₹) und Kohalpur (135 ₹).

Ratnagiris Bahnhof befindet sich 6 km außerhalb der Stadt an der Straße nach Kohalpur. Von Ratnagiri fährt der Mandovi Express nach Mumbai (2. Klasse/1. Klasse 123/1365 ₹, 6½ Std., 14.25 Uhr). Der Zug zurück von Mumbai Richtung Goa (2. Klasse/1. Klasse 105/1125 ₹, 3½ Std.) fährt um 13.15 Uhr. Vom alten Busbahnhof in Ratnagiri fahren Semideluxe-Busse nach Goa (255 ₹, 7 Std.) und Kolhapur (150 ₹, 4 Std.).

Praktische Informationen

Am Eingang zum Ganesha-Tempel gibt es einen Geldautomaten der Bank of Maharashtra; einen deutlich verlässlicheren Geldautomaten der Bank of India findet man im Ort, rund 400 m vom MTDC Resort entfernt. Wer ins Internet (100 ₹/Std.) will, wendet sich an Tapaswi Sandanand Niwas, der im Spanco-Büro neben der Bank of Maharashtra (nicht beim genannten Geldautomat) arbeitet.

Tarkarli & Malvan

☎02365

Die staatliche Tourismuswerbung vergleicht diesen Ort gern mit Tahiti, was aber schon ein wenig zu hoch gegriffen ist. Allerdings hat das unberührte Tarkarli in unmittelbarer Nähe zu Goa, rund 200 km von Ratnagiri entfernt, nahezu weiße Sandstrände und funkelndes blaues Wasser zu bieten. Was fehlt, ist jedoch die touristische Infrastruktur und der Resort-Komfort – aber wen interessiert das schon.

Das 1664 von Shivaji erbaute monströse **Fort Sindhudurg** befindet sich auf einer Insel vor der Küste und ist von Malvan aus mit regelmäßig verkehrenden Fähren (30 ₹) zu

ABSTECHER

STRÄNDE OHNE ENDE

Außer den bekannten Stränden gibt es an der Konkanküste eine Reihe weniger besuchter, aber herrlicher Strände mit Resorts für gestresste Wochenendausflügler aus Mumbai. Rund 17 km nördlich von Murud liegt der fantastische Strand **Kashid**, der gut mit Sammel-Autorikschas (100 ₹) erreichbar ist und an dem man es sich prima mit einem Buch gemütlich machen und dabei genüsslich butterzarte Kokosnüsse genießen kann.

Südlich von Murud liegen **Diveagar** mit seinen Sandkrabben-Kolonien, das wegen seiner Tempel am Meer berühmte, malerische **Harihareshwar** und das beschauliche, von Tarkarli (S. 113) 10 km entfernte **Vengurla**, in dem man als Schiffbrüchiger sicher gern landen würde. Die meisten der Strände sind nur über Nebenstraßen erreichbar, wobei es hier kaum öffentliche Verkehrsmittel gibt – am besten mietet man ein Taxi.

erreichen. Die MTDC vermittelt Schnorchelausflüge zu den klaren Gewässern rund um die Festung.

Von den wenigen vorhandenen Hotels und Resorts ist das gute alte **MTDC Holiday Resort** (☎252390; DZ ab 2280 ₹; ❄) noch immer die günstigste Unterkunft. Es veranstaltet mit seinen fabelhaften **Hausbooten** (☎8805389003; Standard/Luxus mit VP 7410/9690 ₹) auch Touren in die Kanäle.

Der nächste Bahnhof liegt im 38 km entfernten Kudal. Vom Busbahnhof Malvan fahren häufig Busse (28 ₹, 1 Std.) dorthin. Eine Autorikscha von Kudal nach Malvan oder Tarkarli kostet etwa 500 ₹. Ab Malvan fahren täglich Busse nach Panaji (79 ₹, 3 Std.) und ein paar nach Ratnagiri (147 ₹, 5 Std.).

Matheran

☎02148 / 5287 EW. / 803 M

Nur einen Steinwurf von Mumbais Hitze und Schmutz entfernt, thront das kleine Matheran (wörtl. „vom Dschungel bekrönt") auf einem schroffen Gipfel der Sahyadri-Berge. Schattige Wälder mit Wanderpfaden und atemberaubenden Aussichtspunkten machen es zur wohl schönsten Hill Station Maharashtras.

1850 entdeckte Hugh Malet – einstiger Steuereintreiber des Bezirks Thane – dieses kleine Juwel zufällig während einer seiner Expeditionen. Kurz darauf entstand hier eine Hill Station, in der Parsenfamilien unter britischer Verwaltung lebten.

Die Anreise macht bereits die Hälfte des Reizes aus: Zwar geht sie über die Straße schneller vonstatten, aber nichts kann die Fahrt mit der Kleinbahn („Toy Train") toppen. Diese tuckert nach 21 mühsamen, aber malerischen Kilometern mitten ins Herz Matherans. Vor Ort sind motorbetriebene Fahrzeuge verboten – ideal, um Ohren bzw. Lunge eine Auszeit und den Füßen etwas Training zu gönnen.

Sehenswertes & Aktivitäten

In Matheran kann man absolut stressfrei spazieren gehen: Über schattige Waldwege sind die meisten Aussichtspunkte in wenigen Stunden zu Fuß erreichbar. Um den Sonnenuntergang zu genießen, empfiehlt sich der **Panorama Point**. Der **Porcupine Point** (alias Sunset Point) ist zwar am beliebtesten, aber auch am vollsten. **Louisa Point** und **Little Chouk Point** punkten ebenfalls mit toller Aussicht auf die Sahyadri-Berge.

Beim **Echo Point** ist der Name Programm – ausprobieren! Auf dem Rückweg vom Echo Point bietet sich ein Halt am **Charlotte-See** an, wo Baden und Waten streng verboten sind: Dies ist das Hauptwasserreservoir des Orts. Zum Tal unterhalb des **One Tree Hill** führt ein Weg namens **Shivajis Leiter**, den der Marathenfürst einst selbst benutzt haben soll.

Es gibt inzwischen ein paar **Seilbahnen** (250 ₹) – ganz zur Freude derjenigen, die diesen friedlichen Ort zu friedlich finden. Die beste von ihnen verbindet Honeymoon Point mit Louisa Point. Eine kürzere Seilbahn ist zwischen Myra Point und einem fast kümmerlich wirkenden Baum gespannt.

An der MG Rd kann man Pferde mieten, um einen Ausflug zu den Aussichtspunkten zu machen (ca. 300 ₹/Std.; verhandelbar).

Schlafen & Essen

Abgesehen von ein paar Ausnahmen sind die Hotels in Matheran für das, was sie bieten, zu teuer. Viele Unterkünfte bestehen auf einer Mindestbuchung von zwei Übernachtungen. Das macht durchaus Sinn, denn es bringt nichts, wenn man durch einen Ort, der ganz auf Entspannung setzt, nur hindurchrauscht. Die fürs Auschecken angesetzten Zeiten sind überall verschieden (bei manchen Hotels schon früh um 7 Uhr), und ebenso die Preise in der Haupt- und Nebensaison. In Matheran ist während des Monsuns alles geschlossen.

Hope Hall Hotel HOTEL $

(☎230253; MG Rd; DZ ab 1000 ₹) Auf einer Tafel am Eingang steht „seit 1875" – und so sieht das Hotel auch aus. Geht man aber von den vielen Danksagungen der Gäste aus, scheint dies eine nette Unterkunft zu sein. Man muss sich jedoch auf Moskitos (und ihre vielbeinigen Freunde und Feinde), auf Warmwasser im Eimer und auf das Fehlen eines Restaurants im Hause einstellen.

Lord's Central Hotel HISTORISCHES HOTEL $$

(☎230228; www.matheranhotels.com; MG Rd; DZ mit VP ab 4600 ₹; ❄@🏊) Seit mehr als sechs Generationen betreibt eine freundliche parsische Familie dieses charmante Hotel im Kolonialstil. Es gehört zu den Häusern mit dem besten Ruf in Matheran und garantiert einen angenehmen Aufenthalt hinter seinen Toren aus der alten Zeit. Die Zimmer sind komfortabel, der Swimmingpool auf der Terrasse bietet einen tollen Blick aufs Tal und die Berge in der Ferne, und an dem riesigen

Schachbrett auf dem Rasen lässt sich prima ein kühles Bier genießen.

Hotel Woodlands HOTEL $$
(☎ 230271; www.woodlandsmatheran.com; Chinoy Rd; DZ 1/2 Nächte 3765/5035 ₹) Das Woodlands ist ein altehrwürdiges Haus mit historischem Charme und dennoch ausreichend modernem Komfort, um selbst heikle Gäste zufriedenzustellen. Die Lage im Wald ist sehr angenehm, und auf dem Spielplatz können sich Kinder mal richtig austoben. Das eigentliche Highlight ist aber die Veranda, auf der man prima entspannen und essen kann.

★ **Verandah In The Forest** HISTORISCHES HOTEL $$$
(☎ 230296; www.neemranahotels.com; Barr House; DZ mit Frühstück ab 5883 ₹) Das gut erhaltene Gebäude aus dem 19. Jh. verströmt ungetrübte Nostalgie. Beim Betreten der anheimelnden luxuriösen Zimmer und Suiten mit kunstvollen Kandelabern, antiken Teakholzmöbeln, viktorianischen Gemälden, Standuhren und jeder Menge anderer Erinnerungsstücke fühlt man sich in längst vergangene Zeiten zurückversetzt. Die namensgebende Veranda ist der wohl schönste Ort, um die Wälder von Matheran zu bewundern. Außerdem wird man hier sehr gut mit Essen und Getränken versorgt.

Shabbir Bhai INDISCH $
(Merry Rd; Hauptgerichte 70–100 ₹; ⌚ 10–22 Uhr) Das witzige Lokal hat eine umfangreiche nordindische Speisekarte, aber hier dreht sich eigentlich alles um die würzigen Biryanis – ob mit Hühnchen, Lammfleisch oder vegetarisch. Deshalb heißt das Lokal im Volksmund einfach „Byrianiwala". Einfach neben der Jama Masjid an der MG Rd den Fußweg hügelaufwärts, immer der Nase nach, gehen.

Rasna INDISCH $
(MG Rd; Hauptgerichte 100–150 ₹; ⌚ 9–23 Uhr) Das schlichte, muntere Restaurant gegenüber vom Naoroji Lord Garden serviert leckeres vegetarisches Essen. Die beliebten nordindischen Punjab-Thalis sollte man probieren!

ℹ Praktische Informationen

Der Zugang zu Matheran kostet 40 ₹ (Kind 20 ₹), zahlbar bei Ankunft am Bahnhof oder am Parkplatz Dasturi.

Einen unterhaltsamen, wenn auch nicht ganz fehlerfreien Stadtführer mit Stadtplan (15 ₹) gibt's in vielen Läden an der MG Rd. Die **Union Bank of India** (MG Rd; ⌚ Mo–Fr 10–14, Sa bis 12 Uhr) hat einen Geldautomaten.

ℹ An- & Weiterreise

TAXI

Busse (25 ₹) und Sammeltaxis (70 ₹) fahren von Neral zum Parkplatz Dasturi in Matheran (30 Min.). Wer ein Taxi für sich alleine haben will, zahlt 350 ₹. Am Parkplatz warten Pferde (300 ₹) und Rikschas (400 ₹), die einen zum Hauptbasar von Matheran befördern. Man kann die Strecke auch zu Fuß gehen (knapp 1 Std.) und für das Gepäck einen Träger (200 ₹) anheuern.

ZUG

Die Kleinbahn (2. Klasse/1. Klasse 35/225 ₹) fährt fünfmal am Tag zwischen Matheran und Neral Junction – aber nicht während des Monsuns. Der Mumbai Suburban Rail (Central) verlässt auf der Strecke von Mumbai CST nach Khopoli den Bahnhof Mumbai CST um 12.19 Uhr und kommt um 14.03 Uhr in Neral Junction (2. Klasse/1. Klasse 19/155 ₹) an.

Expresszüge vom Mumbai CST sind u. a. der Deccan Express mit Abfahrt um 7.10 Uhr und der Koyna Express (2. Klasse/Chair Class 56/249 ₹, 1½ Std.) um 8.40 Uhr, die beide in Neral Junction halten. Andere aus Mumbai kommende Expresszüge halten in Karjat, das hinter Neral Junction liegt; von dort aus kann man mit einem Nahverkehrszug zurückfahren oder einen Bus nach Matheran (30 ₹) nehmen. Von Pune erreicht man Karjat mit dem Sinhagad Express (2. Klasse/Chair Class 57/249 ₹, 2 Std., 6.05 Uhr). Achtung: Züge aus Pune halten nicht in Neral Junction!

ℹ Unterwegs vor Ort

Abgesehen von den per Hand gezogenen Rikschas und den Pferden sind die einzigen Fortbewegungsmittel in Matheran Schusters Rappen!

Lonavla

☎ 02114 / 625 M

Lonavla ist eine ziemlich verbaute (und überteuerte) Handelsstadt etwa 106 km südöstlich von Mumbai. Es ist gewiss kein schöner Ort: Auf der Hauptstraße gibt es fast nur grell beleuchtete Läden, die *chikki* verkaufen – die steinharten zerbrechlichen Süßwaren aus dieser Gegend.

Der einzige Grund hierherzukommen, ist der Besuch der nahe gelegenen Höhlen Karla und Bhaja, die nach den Felsentempeln von Ellora und Ajanta zu den interessantesten in Maharashtra zählen.

Hotels, Restaurants und die Hauptstraße zu den Höhlen finden sich nördlich vom Bahnhof (Ausgang am Bahnsteig 1 nehmen). Der größte Teil von Lonavla an sich, einschließlich der Märkte, befindet sich hingegen südlich vom Bahnhof.

Aktivitäten

Das 1924 gegründete **Kaivalyadhama Yoga Hospital** (☎273039; www.kdham.com; EZ/DZ mit VP ab 4700/8000 ₹ pro Woche) liegt etwa 2 km außerhalb von Lonavla auf dem Weg zu den Höhlen Karla und Bhaja und verbindet Yogakurse mit Naturheilverfahren. Im Zimmerpreis enthalten sind Unterkunft, Yogastunden, Programme und Vorträge für sieben Tage. Es gibt auch Paketangebote für zwei, drei oder vier Wochen.

Nirvana Adventures (☎022-26053724; www.flynirvana.com) mit Sitz in Mumbai bietet diverse Kurse im Gleitschirmfliegen (mit VP ab 8000 ₹) an sowie zehnminütige Tandemflüge (2500 ₹) in Kamshet, 25 km von Lonavla entfernt.

Schlafen & Essen

Die Hotels in Lonavla haben überzogene Preise, und das bei schlechtem Standard. In allen Hotels muss man um 10 Uhr auschecken.

Hotel Adarsh HOTEL $$
(☎272353; nahe dem Busbahnhof; DZ ab 3248 ₹; ❄🏊) Das Hotel mit dem eindeutig besten Preis-Leistungs-Verhältnis in der Stadt. Es hat eine zentrale Lage, schicke Zimmer und einen guten Service. Ein weiteres Plus ist der Pool auf der Terrasse.

Hotel Lonavla HOTEL $$
(☎272914; Mumbai–Pune Rd; DZ ab 1495 ₹, mit Klimaanlage 2495 ₹) Das nach hiesigen Maßstäben relativ preisgünstige Hotel ist oft ausgebucht – also im Voraus reservieren. Die Betreiber bestehen darauf, dass man seine Rechnung alle drei Tage begleicht (aber wer bleibt schon so lange?).

Biso ITALIENISCH $$
(Citrus Hotel, DT Shahani Rd; Hauptgerichte 220–300 ₹) Dieses erstklassige Freiluftrestaurant rund um die Rasenfläche eines schicken Businesshotels, rund 15 Minuten östlich vom Busbahnhof, hat das Zeug, einen mit Lonavla zu versöhnen. Es bietet eine ausgezeichnete Auswahl an Pasta, Holzofenpizzas und Desserts.

Praktische Informationen

An der Tankstelle gegenüber vom Hotel Rama Krishna gibt es inzwischen drei Geldautomaten, an denen man sich mit Bargeld eindecken kann. Internetzugang bietet das **Balaji Cyber Café** (Khandelwal Bldg, New Bazaar; 15 ₹/Std.; ⏲12.30–22.30 Uhr), gleich südlich vom Bahnhof.

An- & Weiterreise

Von Lonavlas **Busbahnhof** fahren MSRTC-Busse nach Mumbai (Dadar; Normal/Semideluxe 74/107 ₹, 2 Std.) und Pune (Normal/Semideluxe 62/91 ₹, 2 Std.). Beide Städte werden auch von klimatisierten Deluxe-Bussen (200 ₹) bedient.

Alle Expresszüge von Mumbai nach Pune (2. Klasse/Chair Class 65/273 ₹, 2½ Std.) halten in Lonavla. Der Ort ist auch stündlich mit Shuttlezügen ab Pune (15 ₹, 2 Std.) erreichbar.

Höhlen von Karla & Bhaja

Die aus dem Fels geschlagenen Höhlen, die ungefähr aus dem 2. Jh. v. Chr. stammen, können dem Vergleich mit Ajanta oder Ellora zwar nicht standhalten, sind jedoch trotzdem durchaus ansehnliche Beispiele buddhistischer Höhlenarchitektur in Indien. Außerdem eignen sich die von Touristen eher ignorierten Anlagen wunderbar für einen entspannten Ausflug. In Karla lässt sich die beeindruckendste Höhle besichtigen, Bhaja ist ruhiger und die Erkundung der Anlage macht mehr Spaß.

Sehenswertes

Höhle von Karla HÖHLE
(Inder/Ausländer 5/100 ₹; ⏲9–17 Uhr) Nach einer 20-minütigen Kletterpartie von einem kleinen Basar am Fuße des Hügels aus hat man die **Höhle von Karla**, die größte frühbuddhistische *chaitya* Indiens, erreicht. 80 v. Chr. fertiggestellt, ist diese *chaitya* rund 40 m lang und 15 m hoch und erinnert von der Architektur her an die *chaityas* in Ajanta und Ellora. Neben dem Kailash-Tempel in Ellora ist dies wohl der eindrucksvollste Felsentempel des Bundesstaats.

Durch ein halbrundes „Sonnenfenster" fällt Licht in die Dagoba bzw. auf den Stupa (dieser soll Buddha darstellen), der von einem geschnitzten Schirm, dem einzigen erhalten gebliebenen Exemplar dieser Art, geschützt wird. Die Decke der Höhle ist außerdem mit alten Teakholzbalken abgestützt. Die 37 Pfeiler an den Seiten sind von knieenden Elefanten bekrönt. Die geschnitzten Elefantenköpfe an den Seiten des Vorraums hatten einst Stoßzähne aus Elfenbein.

Es gibt einen **Hindu-Tempel** direkt vor dem Höhleneingang, der jede Menge Pilger anzieht, welche die Szenerie etwas beleben.

Höhlen von Bhaja HÖHLE
(Inder/Ausländer 5/100 ₹; ⏲8–18 Uhr) Jenseits der Autobahn sind es von der Hauptstraße

aus noch 3 km bis zu den Höhlen von Bhaja, die schöner, grüner und ruhiger liegen als ihr Pendant in Karla. Die Anlage entstand angeblich um 200 v. Chr. Zehn der 18 Höhlen sind *viharas*. Höhle 12 mit ihrer einfachen Dagoba ist eine offene *chaitya* und älter als die in Karla. Dahinter befindet sich ein seltsames Chaos aus 14 Stupas, von denen fünf innerhalb und neun außerhalb einer kleineren Höhle stehen.

Schlafen & Essen

MTDC Karla Resort HOTEL $$
(☎ 02114-282230; DZ ohne/mit Klimaanlage ab 1740/2090 ₹; ❄) In diesem Hotel gleich abseits vom Highway, am Zugang zu den Höhlen Karla und Bhaja, wohnt man viel friedlicher als in Lonavla. Die Zimmer und Cottages sind gepflegt, und es gibt auch ein gutes Restaurant.

An- & Weiterreise

Wer Karla und Bhaja besuchen will, fährt mit dem Ortsbus (15 ₹, 30 Min.) bis zum Zugangspunkt und läuft von dort aus bis zu den beiden Höhlen (hin & zurück jeweils ca. 6 km). Wem der Fußweg zu anstrengend und das Wetter zu heiß ist, der kann auch von Lonavla aus eine Autorikscha anheuern (gesamte Tour inkl. Wartezeit rund 500 ₹).

Pune

☎ 020 / 3,1 MIO. EW. / 535 M

Einst war Pune (auch „Poona“ genannt) kaum mehr als ein Armeestützpunkt. Heute steht die Stadt mit ihrer verwirrenden Mischung aus Kapitalismus, Spiritualität, dem Alten und dem Modernen jedoch für das „Neue Indien“. Sie ist ein blühendes Zentrum von Wissenschaft und Wirtschaft. Pune ist außerdem für seinen größten Exportschlager berühmt-berüchtigt: den verstorbenen Guru Bhagwan Shree Rajneesh und seinen Ashram, das Osho International Meditation Resort.

Pune wurde ursprünglich von Shivaji und den herrschenden Peshwas „entdeckt“, die es zu ihrer Hauptstadt machten. 1817 nahmen die Briten die Stadt ein und machten sie aufgrund ihres kühlen, trockenen Klimas während der Monsunzeit zum Zweitsitz der Präsidentschaft von Bombay. In den 1990er-Jahren drang die Globalisierung auch nach Pune vor, woraufhin die Stadt einen Imagewandel vollzog. Trotzdem ist in einigen der alten Gebäude und Wohnviertel noch der alte Charme der Kolonialzeit zu spüren. Das schafft ein angenehmes Nebeneinander von Alt und Neu und macht Pune (trotz Luftverschmutzung und hektischem Verkehr) zu einem lohnenden Ziel. Im September bringt das Ganesh Chaturthi eine Menge Festivitäten in die Stadt und öffnet damit eine Art Fenster zu ihrer Kultur. Ein düsteres Kapitel war der verheerende Terroranschlag 2010 auf die bei Touristen und Ashram-Besuchern gleichermaßen beliebte German Bakery. Die Tat blieb der friedliebenden Stadt in schmerzlicher Erinnerung.

Pune liegt am Zusammenfluss der Flüsse Mutha und Mula. Die Mahatma Gandhi (MG) Rd, rund 1 km südlich vom Bahnhof Pune, ist die Hauptgeschäftsstraße. Backpacker und Pilger tummeln sich in Koregaon Park nordöstlich vom Bahnhof, wo man unzählige Hotels, Restaurants, Cafés und natürlich auch den Osho-Ashram findet.

Sehenswertes & Aktivitäten

Raja Dinkar Kelkar Museum MUSEUM
(www.rajakelkarmuseum.com; Bajirao Rd, 1377-1378 Natu Baug; Inder/Ausländer 20/200 ₹; ⏲ 9.30–17.30 Uhr) Dieses besondere Museum zählt zu Punes absoluten Highlights. Es zeigt nur einen Bruchteil jener ca. 20 000 indischen Alltagsgegenstände, die von Dinkar Kelkar (gest. 1990) akribisch zusammengetragen wurden. Unter den skurrilen Objekten aus ganz Indien sind Hunderte von Hookahs (Wasserpfeifen), Schreibgeräte, Lampen, Textilien, Spielzeuge, ganze Türen und Fenster, Küchenutensilien, Möbel, Marionetten, Schmuck, Betelnussschneider und eine wirklich beeindruckende Reihe von Musikinstrumenten.

Tribal Cultural Museum MUSEUM
(28 Queens Garden; Eintritt 10 ₹; ⏲ Mo–Sa 10.30–17.30 Uhr) Das kleine, aber feine Museum steht ca. 1,5 km östlich vom Bahnhof in der Nähe des Militärstützpunkts. Die ausgestellten Gegenstände (Schmuck, Geräte, Musikinstrumente und sogar schwarzmagische Utensilien) kommen aus den entlegensten Regionen Indiens. Pflicht ist der hintere Bereich mit den aufwendigen Festmasken aus Pappmaché.

Aga-Khan-Palast PALAST
(Ahmednagar Rd; Inder/Ausländer 5/100 ₹; ⏲ 9–17.45 Uhr) Jenseits des Mula steht der prächtige Aga-Khan-Palast auf einem 6,5 ha großen Parkgelände in Yerwada. Er beherbergt die

Pune

Gandhi-Nationalgedenkstätte und ist der größte Publikumsmagnet Punes. Sultan Aga Khan III. errichtete den erhabenen Bau im Jahr 1892. Hier wurden Gandhi und andere bekannte Nationalistenführer etwa zwei Jahre lang von den Briten festgehalten, nachdem der Mahatma 1942 den sofortigen Abzug der Kolonialmacht gefordert hatte. Während dieser Gefangenschaft starben hier sowohl Gandhis Frau Kasturba als auch Mahadeobhai Desai, der 35 Jahre lang sein Sekretär gewesen war. Die beiden Schreine mit deren Asche stehen in einem friedlichen Garten.

Pune

Sehenswertes
1 Osho Teerth Gardens C2
2 Tribal Cultural Museum C2

Aktivitäten, Kurse & Touren
3 Osho International Meditation Resort C2

Schlafen
4 Hotel Homeland A3
5 Hotel Lotus D2
6 Hotel Ritz A4
7 Hotel Srimaan B1
8 Hotel Sunderban C1
9 Hotel Surya Villa C1
10 National Hotel A3
11 Osho Meditation Resort Guesthouse C2
12 Samrat Hotel A3

Essen
13 Café Barista B4
14 Coffee House A4
Dario's .... (siehe 8)
15 German Bakery C1
16 Juice World B5
17 Kayani Bakery B5
18 Malaka Spice D1
19 Prem's D1
20 The Place: Touche the Sizzler B4

Ausgehen & Nachtleben
21 1000 Oaks B6
22 Mocha C1

Unterhaltung
23 Inox A3

Shoppen
24 Bombay Store B5
25 Crossword B5
26 Crossword A2
Either Or .... (siehe 26)
27 Fabindia A2
28 Pune Central B1

Praktisches
29 Internetcafé C1
30 MTDC-Schalter A3
31 Thomas Cook B6
32 Yatra.com D1

Transport
33 Jet Airways B1
34 PMT Depot A3
35 Busbahnhof am Bahnhof Pune A3
36 Simran Travels D1
37 Taxistand A3

Im Hauptpalast können Besucher einen Blick in Gandhis bevorzugten Aufenthaltsraum werfen. Eine Ausstellung zeichnet sein außergewöhnliches Leben mit Fotos und Gemälden nach.

Shaniwar Wada FORT
(Shivaji Rd; Inder/Ausländer 5/100 ₹; ⌚8–18 Uhr) Die Ruinen dieses befestigten Peshwa-Palastes von 1732 stehen in Punes Altstadt. Der Shaniwar Wada brannte 1828 nieder. Davon übrig blieben nur die massiven Mauern bzw. Sockel sowie die robusten Portale mit ihren immer noch ziemlich abschreckenden Stacheln. Abends gibt's eine einstündige **Sound- & Lightshow** (Eintritt 25 ₹; ⌚Do–Di 20.15 Uhr).

Pataleshvara-Höhlentempel TEMPEL
(Jangali Maharaj Rd; ⌚6–21.30 Uhr) Dieser kleine und unvollendete (aber dennoch genutzte) Höhlentempel wurde am anderen Flussufer aus dem Fels geschlagen. Er stammt aus dem 8. Jh. und ähnelt der größeren Anlage auf Elephanta Island. Der benachbarte **Jangali-Maharaj-Tempel** (⌚6–21.30 Uhr) ist ebenfalls erwähnenswert: Er ehrt einen hinduistischen Asketen, der hier im Jahr 1818 starb.

★ **Osho International Meditation Resort** MEDITATION
(☎66019999; www.osho.com; 17 Koregaon Park) Entweder man hasst oder man liebt diesen opulenten Ashram in einem grünen Nobelvorort im Norden der Stadt. Seit Oshos Tod im Jahr 1990 sind Tausende von – oft westlichen – *sanyasins* (Suchenden) hierhergeströmt. Mit idyllischem Pool, Sauna, Buchladen, Feldern für „Zennis" oder Basketball, Massage- bzw. Schönheitssalon und einem luxuriösen Boutiquegasthaus ist die Anlage für manche der ideale Ort, um sich der Stressreduktion durch Meditation zu widmen. Andere kritisieren das Ganze wegen der unverhohlenen Kommerzialisierung, die hier zum Ausdruck komme: Sie werfen den Ashram-Betreibern vor, naiven Abendländern eine verzerrte Version des mystischen Orients zu verkaufen.

Das Osho Auditorium ist der Hauptort für Meditation und den spirituellen Abendtanz in weißen Gewändern – hier also nicht mal husten oder niesen! Das Osho Samadhin berherbergt die Asche des Gurus und steht Meditierenden ebenfalls offen. Die „Multiversity" der Gemeinschaft veranstaltet zahllose Kurse in Meditation und eso-

OSHO, DER SEXGURU

Spiritualität plus natürliche Instinkte, gewürzt mit einem kräftigen Schuss teurem Klimbim, und fertig ist die Mixtur. Das war das Rezept von Bhagwan Shree Rajneesh (1931–90). Osho, wie er sich lieber nennen ließ, war einer von Indiens schillerndsten und zweifellos umstrittensten „Exportgurus". Er vermarktete den mystischen Orient international und wirkte ursprünglich in Pune, wobei er keiner bestimmten Religion oder Philosophie folgte. Die Welt empörte sich über seine Ansicht, dass Sex ein Weg zur Erleuchtung sei. Als Liebling der internationalen Presse erhielt Osho schnell den Spitznamen „Sexguru". 1981 brachte er den kruden Mix aus kalifornischer Pop-Psychologie und indischer Mystik mit in die USA, wo er in Oregon eine landwirtschaftliche Kommune gründete. Doch die Unbeliebtheit des Ashrams wuchs so schnell wie Rajneeshs (materielle und daher doch eigentlich wertlose!) Rolls-Royce-Flotte. Schließlich war die örtliche Erregung über sein Wirken so groß, dass die Behörden den Inder der illegalen Einwanderung beschuldigten. So wurde der Guru zu 400 000 US$ Geldstrafe verurteilt und ausgewiesen. Um ein neues Hauptquartier zu finden, begannen Osho und sein Gefolge zu reisen und wurden aus 21 Ländern ausgewiesen bzw. gar nicht erst hineingelassen. 1987 kehrte Osho zum Ashram in Pune zurück, wo sich bald Tausende Ausländer zu seinen abendlichen Vorträgen und Meditationskursen einfanden.

Auch heute kommen die Menschen noch von überall her. Das Ganze ist so populär, dass die Preise ständig steigen und die Ausstattung täglich luxuriöser wird. Interessant: Trotz Oshos Aussage, dass niemand arm sein sollte, geht der Gewinn aus dem Resortbetrieb nicht an Bedürftige – laut Management sollen denen dann doch lieber andere helfen.

terischen Techniken. Wer teilnehmen oder lediglich meditieren möchte, muss eine Gebühr (Inder/Ausländer 1150/1550 ₹) bezahlen. Diese beinhaltet die Anmeldung, einen obligatorischen HIV-Schnelltest mit sterilen Nadeln, Einführungsveranstaltungen und einen Meditationspass mit eintägiger Gültigkeit. Zudem werden ein kastanienbraunes und ein weißes Gewand (jeweils ab 200 ₹) benötigt. Weitere Meditationspässe kosten extra (Inder/Ausländer pro Tag 300/700 ₹), wobei man nach Belieben kommen und gehen kann. Wer sich eher für längere Aufenthalte interessiert, darf auch am Programm „Work as Meditation" (Arbeit als Meditation) teilnehmen.

Neugierige können sich im Besucherzentrum eine Videopräsentation ansehen und sich danach schweigend durch die Anlage führen lassen (10 ₹/10 Min.; nur für Erw., Kameras und Handys verboten; tgl. 9.15 & 14 Uhr). Tickets sind spätestens am Vortag zu buchen (9.30–13 & 14–16 Uhr). Ebenfalls interessant ist der **Osho Teerth** (Eintritt frei; ⏲6–9 & 15–18 Uhr) hinter dem Ashram. Inhaber eines Meditationspasses dürfen diesen 5 ha großen Garten nach Wunsch betreten.

Ramamani Iyengar Memorial Yoga Institute YOGA
(☎25656134; www.bksiyengar.com; Model Colony, 1107 B/1 Hare Krishna Mandir Rd) Wer 7 km nordwestlich vom Bahnhof an Kursen dieses berühmten Instituts teilnehmen möchte, muss Yoga schon seit mindestens acht Jahren praktizieren.

Schlafen

Die meisten Unterkünfte befinden sich rund um den Bahnhof und in Koregaon Park. In den meisten Mittelklassehotels muss man um 12 Uhr auschecken; Kreditkartenzahlung ist größtenteils möglich. Viele Familien in Koregaon Park vermieten außerdem Zimmer ab 500 ₹. Die Rikschafahrer wissen am besten, wo es private Gästezimmer gibt.

National Hotel HOTEL $
(☎26125054; 14 Sassoon Rd; EZ/DZ/4BZ 750/850 ₹, Cottage EZ/DZ 550/650 ₹) Was das National Hotel an Komfort nicht bieten kann, macht es mit seinem altmodischen Charme wieder wett. Es befindet sich gegenüber vom Bahnhof in einer verfallenen Villa aus der Kolonialzeit. Die geräumigen, schon etwas schäbigen Zimmer hier entsprechen allerdings nicht jedermanns Vorstellung von „sauber". Die Cottages auf der anderen Seite des Gartens sind etwas beengter, haben aber kleine geflieste Veranden.

★**Hotel Surya Villa** HOTEL $$
(☎26124501; www.hotelsuryavilla.com; 294/2 Koregaon Park; EZ/DZ ab 1490/1761 ₹, mit Klimaanlage 1761/2348 ₹; ❄) Das helle, freundliche Hotel mit makellosen, großen Zimmern ist

eine der besten Mittelklasseunterkünfte in Pune. Es befindet sich gleich abseits des Backpackerzentrums Koregaon Park, sodass man immer über die coolsten Events in der Stadt informiert ist. Ordentliches Frühstück und andere Mahlzeiten gibt's im angeschlossenen Yogi Tree Cafe.

★ Hotel Sunderban HOTEL **$$**

(☎ 26124949; www.tghotels.com; 19 Koregaon Park; EZ/DZ mit Frühstück ab 2936/3523 ₹; ❄ 📶) Das renovierte Art-déco-Gebäude mit seinem gepflegten Rasen direkt neben dem Osho Resort kombiniert mühelos das Flair des etwas Altmodischen mit dem Reiz eines Boutiquehotels. Die riesigen Zimmer ohne Klimaanlage im Haupthaus sind mit diversen antiken Möbeln ausgestattet und verströmen eine angenehme Atmosphäre. Die teureren Zimmer auf der anderen Seite des Rasens sind in einem schicken Gebäude mit Glasfassade untergebracht. Ein weiterer Pluspunkt ist das im Haus befindliche piekfeine Restaurant Dario's (S. 122).

Hotel Lotus HOTEL **$$**

(☎ 26139701; www.hotelsuryavilla.com; Lane 5, Koregaon Park; EZ/DZ 1644/2231 ₹, mit Klimaanlage 2231/2818 ₹; ❄) Das Lotus ist ein Schwesterhotel des Hotels Surya Villa, und tatsächlich zahlt man hier wegen der ruhigen Lage in Koregaon Park ein wenig drauf, und die Zimmer hier sind auch nicht so groß. Es gibt hier außerdem kein angeschlossenes Restaurant; allerdings findet man im Umkreis eine ganze Menge Lokale.

Hotel Ritz HOTEL **$$**

(☎ 26122995; Fax 26136644; 6 Sadhu Vaswani Path; EZ/DZ mit Frühstück ab 2348/2936 ₹; ❄) Elegant, freundlich und stimmungsvoll sind die drei Worte, die das Ritz (in einem für diese Stadt einzigartigen Gebäude aus der Zeit Britisch-Indiens) am besten beschreiben. Es gibt nur drei Royal-Deluxe-Zimmer im Haupthaus; die billigeren Zimmer befinden sich in einem Anbau neben dem Gartenrestaurant, das gute Gerichte der Gujarat- und Maharashtra-Küche serviert. Es gibt hier auch einen sicheren Parkplatz und ein hilfreiches Reisebüro.

Hotel Homeland HOTEL **$$**

(☎ 26123203; www.hotelhomeland.net; 18 Wilson Garden; EZ/DZ 1050/1292 ₹, mit Klimaanlage ab 1521/1755 ₹; ❄) Das erstaunlich erholsame Homeland liegt in bequemer Entfernung zum Bahnhof, ist aber trotzdem noch weit genug davon entfernt, um vom Bahnhofslärm verschont zu bleiben. Die labyrinthartigen Flure führen zu Zimmern mit frisch gestrichenen Wänden und sauberer Bettwäsche. Im Restaurant unten laufen abends Filme.

Samrat Hotel HOTEL **$$**

(☎ 26137964; thesamrathotel@vsnl.net; 17 Wilson Garden; EZ/DZ mit Frühstück ab 2114/2583 ₹; ❄ 📶) Das Samrat ist ein schickes Hotel für Geschäftsreisende mit ausgezeichneten Zimmern, die auf ein zentrales Foyer mit Oberlicht ausgerichtet sind. Hier weiß man genau, wie man Gäste dazu bringt, sich besonders zu fühlen. Die Angestellten sind höflich und beflissen, und die gut ausgestatteten Zimmer erfüllen alle Erwartungen, die man an ein Hotel dieser Preisklasse nur haben kann. Die Abholung vom Flughafen ist gratis.

Hotel Srimaan HOTEL **$$**

(☎ 26136565; srimaan@vsnl.com; 361/5 Bund Garden Rd; EZ/DZ 2936/3405 ₹; ❄ @ 📶) Die zentrale Lage, das kostenlose WLAN und das sehr gute italienische Restaurant, Little Italy La Pizzeria, bringen dem Hotel schon jede Menge Pluspunkte ein, bevor man die kompakten, aber doch luxuriösen Zimmer überhaupt erst betreten hat. Die teureren Zimmer haben Fenster mit schönem Blick auf das angenehme Grün vor dem Hotel.

Osho Meditation Resort Guesthouse PENSION **$$$**

(☎ 66019900; www.osho.com; Koregaon Park; EZ/DZ 7397/7985 ₹; ❄) Die superschicke Pension kann nur betreten, wer zum Meditieren ins Osho International Meditation Resort kommt. Die Zimmer und Gemeinschaftsbereiche sind eine elegante Übung in modern-minimalistischer Ästhetik und haben mehrere super-luxuriöse Annehmlichkeiten, z. B Luftreiniger in allen Zimmern. Auf jeden Fall weit im Voraus buchen!

Westin HOTEL **$$$**

(☎ 67210000; www.starwoodhotels.com; 36/3B Koregaon Park Annexe; DZ mit Frühstück ab 8983 ₹; ❄ 📶 🏊) Wie eine gigantische Luxusjacht erstreckt sich das schicke Hotel mit internationalem Standard über die östlichen Randgebiete von Koregaon Park. Es verbindet das Beste von Luxus und Muße mit einwandfreiem Service. Die Zimmer haben Ausblick auf den Fluss und die Stadt.

Essen

★ Kayani Bakery BÄCKEREI **$**

(6 East St; Kuchen & Kekse ab 200 ₹/kg; ⏲ 7.30–13 & 15.30–20 Uhr) Eine Institution aus der Zeit

Britisch-Indiens, die scheinbar in einer Zeitschleife steckt. Eingeweihte stehen hier Schlange, um sich mit Shrewsbury Biscuits (240 ₹/kg), Brot und leckerem Madeira Cake einzudecken.

Juice World CAFÉ $
(2436/B East St; Snacks 60–70 ₹; ⌚11–23.30 Uhr) Das gemütliche Café mit Sitzbereich im Freien serviert leckere Obstsäfte und Shakes sowie preisgünstige Snacks zum Sattwerden. Außerdem gibt's Pizza und *pav bhaji* (gewürztes Gemüse und Brot).

Coffee House CAFÉ $
(Moledina Rd; Hauptgerichte 60–130 ₹; ⌚8–23.30 Uhr) Ein ruhiges und sauberes, kaffeebraunes Refugium im Art-déco-Stil mit Sitznischen, einem riesigen, bezahlbaren Angebot und gutem Filterkaffee. Zu den Gerichten zählen u.a. Dosas sowie andere ausgezeichnete südindische Kreationen, zudem nordindische Currys und chinesische Speisen.

German Bakery BÄCKEREI $
(North Main Rd; Gerichte 80–150 ₹, Kuchen 30–70 ₹; ⌚6.30–23.30 Uhr) Nach dem verheerenden Terroranschlag von 2010 wurde das seit Langem bestehende Café, der Schmelztiegel von Pune und bei den Backpackern in Koregaon Park so etwas wie Pflichtprogramm, inzwischen wiedereröffnet. Es ist bekannt für seine leichten, gesunden Snacks und seine tolle Auswahl an Kuchen und Pudding.

★ **Malaka Spice** ASIATISCH-FUSION $$
(North Main Rd, Lane 5, Koregaon Park; Hauptgerichte 275–650 ₹; ⌚11.30–23.30 Uhr) Dieses gehobene Freiluftrestaurant serviert köstliche Speisen der südostasiatischen Küche, die von Sterneköchen mit viel Kreativität immer weiter optimiert werden. Es gibt viele Meeresfrüchtegerichte (wie gegrillte Makrele in Bananenblättern oder knusprigen Reis mit Knoblauch und Shrimps) sowie Speisen mit Hühnchen-, Enten- und Lammfleisch. Aber auch vegetarische Kost findet man hier. Der klimatisierte Speiseraum fungiert zugleich als Kunstgalerie, während die Gäste im Freien mit Sprühnebel abgekühlt werden.

Prem's MULTICUISINE $$
(North Main Rd, Koregaon Park; Hauptgerichte 140–340 ₹; ⌚8–23.30 Uhr) Das Prem's liegt versteckt hinter einem Gewerbegebäude in einem ruhigen Hof. Unter dem Blätterdach der Bäume lässt sich perfekt ein entspanntes Mittagessen oder ein Bier genießen. Die relaxte Atmosphäre lockt im Laufe des Tages scharenweise Stammgäste an, die es sich an den Tischen gemütlich machen und Unmengen von gezapftem und importiertem Bier trinken, bevor sie ihre Essensbestellung abgeben. Die „Sizzler" sind bei allen beliebt – also unbedingt auch mal probieren.

The Place: Touche the Sizzler MULTICUISINE $$
(7 Moledina Rd; Hauptgerichte 310–440 ₹; ⌚11.30–15.30, 19–22.45 Uhr) Ein Restaurant der alten Schule. In dem von einem Parsen betriebenen Familienlokal gibt es eine große Auswahl an Gegrilltem (vegetarisch, Meeresfrüchte, Rindfleisch, Hühnchen) sowie allerlei andere indische Gerichte. Das Ambiente erinnert an eine Kantine, aber das Essen ist wirklich eine Wucht.

★ **Dario's** ITALIENISCH $$$
(www.darios.in; Hotel Sunderban, 19 Koregaon Park, Hauptgerichte 310–380 ₹; ⌚11.30–15 & 19–23 Uhr) Dieses Bistro bietet das Beste aus der italienischen Küche mit regionalen Bioprodukten und aus Italien eingeführten Zutaten. Es gibt leckere hausgemachte Penne, Gnocchi und Spaghetti sowie viele weitere wunderbare Gerichte, z.B. *torta di funghi* (Pilzpfanne mit Knoblauch, Zwiebeln und Chili). Auf jeden Fall noch Platz lassen für die verführerischen Desserts!

Ausgehen & Unterhaltung

Pune bietet ein pulsierendes Nachtleben, aber manche Kneipen machen schon ziemlich früh dicht – am besten einfach mal etwas herumfragen. Die meisten sind ungefähr zwischen 19 und 1.30 Uhr geöffnet.

Café Barista CAFÉ $
(Sterling Centre, 12 MG Rd; ⌚8–21 Uhr) Diese Filiale einer beliebten Kaffeehauskette tischt ordentlichen Espresso auf.

1000 Oaks NACHTCLUB
(2417 East St; ⌚19 Uhr–open End) Der Nachtclub ist ein alter Favorit von Punes Nachtschwärmern und bietet eine gemütliche Bar im Pub-Stil, eine kompakte Tanzfläche und für alle, die es lieber etwas ruhiger haben, einen hübschen, schummrig beleuchteten Sitzbereich unter dem Blätterdach im Freien. Sonntags ist Livemusik angesagt.

Mocha CAFÉ
(North Main Rd, Koregaon Park; ⌚8–20 Uhr) Das beliebte Café wurde während unserer Recherchen gerade renoviert. Aber sicher wird es bald wieder freundliche Angestellte

WICHTIGE ZUGVERBINDUNGEN AB PUNE

Die Preise verstehen sich bei Expresszügen für die Sleeper Class/2AC; die Preise von Deccan Queen gelten für die 2. Klasse/Chair Class.

ZIEL	ZUG-NR. & NAME	PREIS (₹)	DAUER (STD.)	ABFAHRT
Bengaluru	16529 Udyan Express	414/1735	21	11.45 Uhr
Chennai	12163 Chennai Express	465/1880	19½	12.10 Uhr
Delhi	11077 Jhelum Express	547/2295	27	5.20 Uhr
Hyderabad	17031 Hyderabad Express	321/1320	13½	4.35 Uhr
Mumbai CST	12124 Deccan Queen	86/355	3½	7.15 Uhr

und eine tolle Auswahl an Kaffees aus aller Welt – vom berühmten Blue Mountain aus Jamaica bis hin zum Peaberry aus Indien – geben. Es gibt außerdem Wasserpfeifen mit verschiedenen Tabaksorten.

Arc Asia BAR
(ABC Farms; ⌚19.30 Uhr–open end) Eine erstklassige Bar im Anwesen der ABC Farms östlich von Koregaon Park. Es gibt eine große Auswahl an Malzgetränken, Scotch und Bier, die man genießt, während man von der Musikanlage beschallt wird.

Inox KINO
(Bund Garden Rd) Das Multiplexkino zeigt die neuesten Blockbuster aus Hollywood und Mumbai.

Shoppen

Bombay Store SOUVENIRS
(322 MG Rd; ⌚Mo–Sa 10.30–20.30 Uhr) Der beste Laden für hochwertige Souvenirs und moderne Einrichtungsgegenstände.

Pune Central KLEIDUNG
(Bund Garden Rd, Koregaon Park) Das Einkaufszentrum mit Glasfassade beherbergt allerhand Geschäfte weltweit bekannter Marken und großer indischer Labels.

Crossword BÜCHER
(Sohrab Hall, RBM Rd, 1. OG; ⌚10.30–21 Uhr) Ausgezeichnete Auswahl an Literatur, Sachbüchern und Zeitschriften. Eine kleinere **Filiale** befindet sich an der East St.

Either Or KLEIDUNG
(24/25 Sohrab Hall, 21 Sassoon Rd; ⌚Fr–Mi 10.30–20 Uhr) Moderne indische Designerkleidung und Accessoires findet man in dieser beliebten Boutique.

Fabindia KLEIDUNG
(Sassoon Rd, Sakar 10; ⌚10–20 Uhr) Indische Saris, Seide und Baumwolle sowie diverse Accessoires und handgemachte Produkte.

Praktische Informationen

An den Hauptstraßen von Pune gibt's mehrere Internetcafés.

Der *Destination Finder* (65 ₹) ist ein guter Stadtplan mit wichtigen Reiseinfos.

Einen Geldautomaten der Citibank gibt's an der North Main Rd. Bei der HSBC bekommt man Bargeld in der Hauptfiliale an der Bund Garden Rd. Geldautomaten der ICICI Bank sowie der State Bank of India findet man am Bahnhof, einen Geldautomaten der Axis Bank an der MG Rd und einen der HDFC Bank an der East St.

DHL (Bund Garden Rd; ⌚Mo–Sa 10–20 Uhr)

Hauptpost (Sadhu Vaswani Path; ⌚Mo–Sa 10–18 Uhr)

Internetcafé (Koregaon Park; 20 ₹/Std.) Nur einen kurzen Spaziergang vom Hotel Surya Villa entfernt.

MTDC-Touristeninformation (☎26126867; I Block, Central Bldg, Dr Annie Besant Rd; ⌚Mo–Sa 10–17.30 Uhr, 2. & 4. Sa geschl.) Liegt versteckt in einem Gebäude der Stadtverwaltung südlich vom Bahnhof. Es gibt auch einen **MTDC-Schalter** (⌚Mo–Sa 10–17.30 Uhr) am Bahnhof.

Thomas Cook (☎66007903; 2418 G Thimmaya Rd; ⌚Mo–Sa 9.30–18 Uhr) Löst Reiseschecks ein und wechselt ausländische Währungen.

Yatra.com (☎65006748; www.yatra.com; North Main Rd; ⌚Mo–Sa 10–19 Uhr) Das Stadtbüro der bekannten gleichnamigen Website für Online-Ticketverkauf.

An- & Weiterreise

BUS

Mehrere private Busgesellschaften bieten regelmäßig Busfahrten nach Panaji (Panjim) in Goa (Normal/Liegeplatz mit Klimaanlage 650/850 ₹, 12 Std.), nach Nasik (Semideluxe/Deluxe 290/500 ₹, 5 Std.) und Aurangabad (200 ₹, 6 Std.) an. In Pune gibt es gleich drei Busbahnhöfe:

→ **Busbahnhof am Bahnhof Pune** (☎02026126218) Busse nach Mumbai, Goa, Belgaum, Kolhapur, Mahabaleshwar und Lonavla. Deluxe-Busse fahren von hier stündlich (296 ₹, 4 Std.) nach Dadar (Mumbai).

➡ **Busbahnhof Shivaji Nagar** (☎ 02025536970) Busse nach Aurangabad, Ahmedabad und Nasik.

➡ **Busbahnhof Swargate** (☎ 02024441591) Busse nach Sinhagad, Bengaluru und Mangalore.

FLUGZEUG

Die unten genannten Fluglinien unternehmen täglich Flüge von Pune nach Mumbai (ab 5700 ₹, 45 Min.), Delhi (6300 ₹, 2 Std.), Bengaluru (3400 ₹, 1½ Std.), Nagpur (5600 ₹, 1½ Std.), Goa (7500 ₹, 1½ Std.) und Chennai (6000 ₹, 1½ Std.). Außerdem gibt es Anschlussflüge nach Kolkata (9000 ₹, 4 Std.).

GoAir (☎ 9223222111; www.goair.in)

Indian Airlines (☎ 26052147; www.indian-airlines.nic.in; 39 Dr B Ambedkar Rd)

IndiGo (☎ 9910383838; www.goindigo.in)

Jet Airways (☎ 02239893333; www.jetairways.com; 243 Century Arcade, Narangi Baug Rd)

SpiceJet (☎ 1800 1803333; www.spicejet.com)

TAXI

Sammeltaxis (für bis zu 4 Pers.) verkehren rund um die Uhr zwischen Pune und dem Flughafen Mumbai. Abfahrt ist am **Taxistand** (☎ 02026121090) vor dem Bahnhof Pune (750 ₹/Pers., 2½ Std.). Mehrere Tourveranstalter vermieten für größere Entfernungen Langstrecken-Taxis über einen Zeitraum von mehreren Tagen oder sogar Wochen, mit denen man auch in andere Bundesstaaten fahren kann. Zu empfehlen ist **Simran Travels** (☎ 26153222; North Main Rd, Koregaon Park).

ℹ Unterwegs vor Ort

Der Flughafen befindet sich 8 km nordöstlich der Stadt und hat ein schickes, neues Gebäude. Die Fahrt mit der Autorikscha kostet rund 120 ₹, mit dem Taxi 300 ₹.

Autorikschas gibt es überall.

Die Fahrt vom Bahnhof nach Koregaon Park kostet rund 40 ₹ (nachts 80 ₹).

Im Schneckentempo fahren Stadtbusse vom **PMT-Depot** (gegenüber vom Bahnhof Pune) nach Swargate (Bus 4), Shivaji Nagar (Bus 5) und Koregaon Park (Bus 159).

Rund um Pune

Sinhagad

Rund 24 km südwestlich von Pune liegen die Ruinen von **Sinhagad** (Eintritt frei; ⏲ Sonnenaufgang–Sonnenuntergang). Der Marathenführer Shivaji entriss die „Löwenfestung" 1670 den Königen von Bijapur. Bei dieser monumentalen Schlacht verlor er seinen Sohn Sambhaji und ließ Warane mit Seilen versehen, um die unregelmäßigen Mauern des Bollwerks zu vermessen. Heute ist Sinhagad nur noch ein trauriges Abbild seiner selbst, aber aufgrund der weiten Aussicht und der Wandermöglichkeiten in den Bergen ist es trotzdem einen Besuch wert.

Bus 50 verbindet Swargate regelmäßig mit dem Dorf Sinhagad (25 ₹, 45 Min.). Von dort fahren Sammeljeeps zum Fuß des Festungshügels (50 ₹, 10 km).

Shivneri

Rund 90 km nordwestlich von Pune gelegen, wird der **Festung Shivneri** (Eintritt frei; ⏲ Sonnenaufgang–Sonnenuntergang) die Ehre zuteil, der Geburtsort Shivajis zu sein. Die zerstörten Wälle oberhalb des Dorfes Junnar umgeben die alten königlichen Stallungen, eine Moschee aus der Mogulzeit und in den Fels geschlagene Wasserspeicher. Der bedeutendste Bau ist der Pavillon Shivkunj, in dem Shivaji geboren wurde.

Etwa 4 km von Shivneri entfernt findet man auf der anderen Seite Junnars eine interessante Höhlengruppe des Hinayana-Buddhismus: **Lenyadri** (Inder/Ausländer 5/100 ₹; ⏲ Sonnenaufgang–Sonnenuntergang) besteht aus ca. 30 Höhlen, von denen Nr. 7 am eindrucksvollsten ist und interessanterweise ein Abbild des Hindugotts Ganesha beherbergt.

Vom Shivaji-Nagar-Busbahnhof in Pune fährt ein Bus nach Junnar (80 ₹, 2 Std., 7.15 Uhr). Um 11.30 Uhr fährt ein anderer Bus wieder zurück. Ein Taxi-Tagestrip ab Pune kostet mindestens 2500 ₹.

Mahabaleshwar

☎ 02168 / 12 750 EW. / 1372 M

Hoch droben in den Western Ghats wurde Mahabaleshwar 1828 vom britischen Gouverneur Sir John „Boy" Malcolm gegründet. Die einstige Sommerhauptstadt der Präsidentschaft Bombay war früher eine schmucke und mit viel altmodischem Charme gesegnete Hill Station. Heute jedoch ist sie ein Dickicht aus gedankenlosen Bauprojekten, das zu allem Übel noch von lärmigen Urlauberscharen überflutet und komplett ins Chaos gestürzt wird. Mahabaleshwars einziger Pluspunkt ist die herrliche Aussicht, die aber leider nicht so toll ist, wie sie sein könnte: Wer sie genießen möchte, muss sich mit den Touristenmassen herumschlagen.

Wenn hier während der Monsunzeit (Juni–Sept.) unglaubliche 6 m Regen fallen, wird die Hill Station quasi zur Geisterstadt.

Der größte Betrieb herrscht entlang des Hauptbasars (Main bzw. Dr Sabane Rd), einer kitschigen Touristenmeile von etwa 200 m Länge. Der Busbahnhof liegt am westlichen Ortsrand. Bei Ankunft werden 20 ₹ „Touristensteuer" fällig.

Sehenswertes & Aktivitäten

Aussichtspunkte AUSSICHTSPUNKT

Die Hügel sind voller Musik – doch die dröhnt meistens aus den Autoradios von Leuten, die sämtliche Aussichtspunkte so schnell wie möglich abklappern möchten. Um dem Trubel zu entgehen, bricht man besser in aller Frühe auf – dann kann man tolle Ausblicke vom **Elphinstone**, **Babington**, **Kate's**, **Lodwick** oder **Wilson's Point** (Sunrise Point) genießen. Letzterer liegt nur einen kurzen Fußmarsch vom Ort entfernt.

Den atemberaubenden Sonnenuntergang am **Bombay Point** bewundert man garantiert (!) nicht alleine. Wesentlich ruhiger – da 9 km vom Ort entfernt – ist **Arthur's Seat** am Rande einer 600 m hohen Steilkante. Zu den schönsten Wasserfällen rund um Mahabaleshwar zählen die **Chinaman-**, **Dhobi-** und **Lingmala-Fälle**. Eine nette Wanderung durch die Umgebung führt zuerst zum Bombay Point (2 Std.) und dann entlang des **Tiger Trail** zurück zum Ort. Karten (20–65 ₹) verschiedener Genauigkeit gibt's in mehreren Läden auf dem Basar.

Geführte Touren

Ab 14.15 Uhr beginnen am Busbahnhof insgesamt drei MSRTC-Sightseeingtouren durch den Ort (80 ₹, 4½ Std.), die im Rahmen einer Rundfahrt neun Aussichtspunkte und Old Mahabaleshwar abklappern. Eine Alternative sind die tollen zweieinhalbstündigen Taxitrips (ca. 450 ₹). Weitere Touren führen nach Panchgani (500 ₹, 2½ Std.), zum Fort Pratapgad (750 ₹, 3 Std.).

Schlafen

Am Wochenende und in der Hauptsaison (Nov.–Juni) schießen die Zimmerpreise in die Höhe. Zu anderen Zeiten sind kräftige Rabatte drin. Die meisten Hotels stehen rund um den Hauptbasar, und Dutzende resortartiger Lodges verteilen sich über ganz Mahabaleshwar. Check-out ist meist um 8 oder 9 Uhr morgens. Wer als Mann allein nach Mahabaleshwar tourt, sollte wissen, dass die meisten Hotels sich mit Hinweis auf geltende Vorschriften weigern werden, ein Zimmer zu vermieten.

MTDC Resort HOTEL $

(☎260318; Bombay Point Rd; DZ ab 1645 ₹) Dieses große Anwesen befindet sich etwa 2 km südwestlich der Stadt und liegt mitten im Grünen. Die Zimmer gibt's in verschiedener Ausführung, aber alle wirken wie Amtszimmer und sind unglaublich klamm. Ein Taxi vom Stadtzentrum hierher kostet rund 50 ₹.

Hotel Panorama HOTEL $$

(☎260404; www.panoramaresorts.net; 28 MG Rd; DZ ohne/mit Klimaanlage ab 4150/4750 ₹; ❄ 🏊) Mahabaleshwars angesehenste Adresse im Zentrum teilen sich Geschäftsleute und Urlauber. Das professionell geführte Hotel hat saubere, komfortable und geschmackvoll eingerichtete Zimmer. Das Restaurant bietet wunderbares vegetarisches Essen. Der Pool ist recht groß, und im Kanal kann man sogar paddeln.

Hotel Vyankatesh HOTEL $$

(☎260575; hotelvkt@yahoo.com; MG Rd; DZ ab 2000 ₹) Ein überteuertes Hotel, das von dem nicht enden wollenden Tourismusboom in Mahabaleshwar profitiert. Das Haus liegt hinter einem Textillager und bietet recht trübselige, schachtelförmige Zimmer – wie viele andere Hotels in der Stadt auch.

Essen & Ausgehen

Elsie's Dairy & Bakery BÄCKEREI $

(MG Rd; ⏲7.30–13 Uhr) Auf dem Ladenschild steht „seit 1849". Eine gute Adresse für frische Kuchen, Kekse, Brot und Nostalgie.

BEERENSTARK!

Als Indiens Zentrum des Beerenanbaus produziert Mahabaleshwar einige der tollsten Erdbeeren, Himbeeren und Stachelbeeren des Landes. Während der Erntezeit (Nov.–Juni) sind die Erträge im Februar am höchsten. Frische Ware gibt's auf dem örtlichen Basar. Säfte, Süßigkeiten, Bonbons und Marmelade bzw. Konfitüre verkaufen auch renommierte Obstfarmen wie die **Mapro Gardens** (☎02168240112; ⏲10–13 & 14–18.30 Uhr) auf halbem Weg zwischen Mahabaleshwar and Panchgani.

Aman Restaurant INDISCH $

(MG Rd; Hauptgerichte 80–150 ₹) Das Lokal ist eigentlich wenig mehr als eine Bude am Straßenrand, liefert aber erstaunlich gute Kebabs und andere fleischige Leckerbissen.

★ **Grapevine** MULTICUISINE $$

(Masjid Rd; Hauptgerichte 130–350 ₹; ⏲ 9.30–15 & 17–22 Uhr) Wer hier nicht einkehrt, hat wirklich etwas verpasst. Das winzige Restaurant versteckt sich hinter der Hauptstraße und bietet köstliche indische, westliche und thailändische Gerichte mit Biogemüse und (unbedenklichen) Meeresfrüchten. Zu empfehlen sind die ausgezeichneten parsischen Gerichte, etwa das *dhansak*, die Spezialität des Hauses, oder die mit Zimt gegrillten Hühnchenstücke mit Harissa. Ein schmiedeeiserner Tisch am Eingang verleiht dem Restaurant ein geschmackvoll mediterranes Flair. Die Bar überzeugt mit kaltem Bier und gutem Weinen (im Glas oder als Flasche).

Cafe Coffee Day CAFÉ

(Masjid Rd; ⏲ 9–18 Uhr) Im hiesigen Cafe Coffee Day geht's langsam zu, aber ein guterEspresso winkt als Lohn für die Geduld.

ℹ Praktische Informationen

Joshi's Newspaper Agency (Main Rd; 50 ₹/Std.; ⏲ 9–21 Uhr) Langsame Internetverbindung – wenn überhaupt.

MTDC-Touristeninformation (☎ 260318; Bombay Point Rd) Im MTDC Resort südlich der Stadt.

RB Travels (☎ 260251; Main Rd) Touren im Umland, Ticketverkauf, Taxivermietung und Infos zu Busverbindungen.

State Bank of India (Main Rd; ⏲ Mo–Fr 11–17, Sa 11–13 Uhr) Wechselt ausländische Währungen. Hat einen Geldautomaten an der Masjid Rd.

ℹ An- & Weiterreise

Vom Busbahnhof fahren regelmäßig staatliche Busse über Panchgani (25 ₹, 30 Min.) nach Pune (Semideluxe 150 ₹, 3½ Std.). Ein normaler Bus fährt über Kolhapur (150 ₹, 5 Std.) nach Goa (370 ₹, 8 Std., 8.30 Uhr); sieben Busse unternehmen die lange Reise zur Central Station in Mumbai (Normal/Semideluxe 210/275 ₹, 7 Std.).

Bei privaten Unternehmen im Basar kann man Luxusbusse (Mercedes und Volvo) zu Zielen in Maharashtra sowie nach Goa (Sitzplatz/Liegeplatz 1000/1300 ₹, 12 Std., mit Umsteigen in Surur) buchen. Unbedingt nachfragen, wo die Busse einen absetzen. Die Busse nach Mumbai (550 ₹, 6½ Std.) fahren in der Regel nur bis Borivali, bei jenen nach Pune (350 ₹) ist in Swargate Endstation.

ℹ Unterwegs vor Ort

Taxis und Kleinbusse nahe dem Busbahnhof bringen einen zu den wichtigsten Aussichtspunkten oder nach Panchgani.

Man kann durchaus auch mit dem Fahrrad fahren, muss aber vor allem am Stadtrand auf schnelle Autos achten. Fahrräder vermietet **Vasant Cycle Mart** (Main Rd; 50 ₹/Tag; ⏲ 8–20 Uhr).

Rund um Mahabaleshwar

Fort Pratapgad

Seit seiner Errichtung durch Shivaji im Jahr 1656 (es ist immer noch im Besitz seiner Nachkommen) thront **Fort Pratapgad** (Eintritt frei; ⏲ 7–19 Uhr) 24 km nordwestlich von Mahabaleshwar auf einem Bergrücken. Um eine Pattsituation zu beenden, stimmte Shivaji 1659 einem Treffen mit Afzal Khan (General der Bijapuri) zu. Es war vereinbart worden, dabei keine Waffen zu tragen, doch gleich nach der Begrüßung schlitzte Shivaji den Bauch seines Feindes mit einem Satz eiserner *baghnakh* (Tigerkrallen) auf. Khans nicht zugängliches Grab markiert den Schauplatz dieser blutigen Begegnung am Fuß der Festung.

Über 500 Stufen geht's mit herrlicher Aussicht hinauf nach Pratapgad. Touristenguides verlangen 200 ₹ und führen einen innerhalb von knapp zwei Stunden zu 20 Highlights. Ein staatlicher Bus (hin & zurück 90 ₹, 1 Std., 9.30 Uhr) fährt täglich ab Mahabaleshwar zum Fort und nach einer Stunde wieder zurück. Die Hin- und Rückfahrt per Taxi (inkl. 2 ½ Std. Zeit vor Ort) kostet ca. 750 ₹.

Fort Raigad

Rund 80 km hinter Mahabaleshwar steht das entlegene **Fort Raigad** (Inder/Ausländer 5/100 ₹; ⏲ 8–17.30 Uhr) einsam auf einem hohen Hügel. Von 1648 bis zu Shivajis Tod im Jahr 1680 diente es dem Marathenfürsten als Hauptstadt. Später wurde es von den Briten eingenommen und im Kolonialstil erweitert. Dennoch blieben Bauten wie Königshof, Hauptmarkt, das Grab Shivajis und einige Sockel der königlichen Gemächer erhalten. Ein Tagesausflug lohnt sich!

Wer dem Aufstieg über 1475 Stufen ein „freischwebendes" Erlebnis vorzieht, nimmt die schwindelerregend hohe **Seilbahn** (hin & zurück 175 ₹; ⏲ 8.30 –17.30 Uhr). Die flitzt recht fix die Steilwand hinauf und bietet dabei einen Panoramablick auf die Schluchten darunter. Das **Sarja Restaurant** (Snacks 30–100 ₹) an der Talstation ist prima für Snacks oder ein Mittagessen. Innerhalb des Forts stehen Guides (200 ₹) zur Verfügung.

Öffentliche Verkehrsmittel fahren nur unregelmäßig nach Raigad, und die Straße ab Mahabaleshwar ist in einem furchtbaren Zustand. Eine Taxifahrt ab und anschließend wieder nach Mahabaleshwar kostet mindestens 2500 ₹.

Kolhapur

☎0231 / 549 283 EW. / 550 M

Das wenig besuchte Kolhapur eignet sich perfekt, um Indiens bunte Seite hautnah zu erleben. Die historische Stadt liegt nur wenige Stunden von Goa entfernt und hat einen ungemein faszinierenden Tempelkomplex. Im August ist sie am lebendigsten, wenn beim **Naag Panchami** (🕒Juli/Aug.) die Schlange gefeiert wird (es gibt auch ein parallel stattfindendes Fest in Pune). Feinschmecker aufgepasst: Die Küche Kolhapurs ist pikant und vor allem für Hühnchen- und Lammgerichte berühmt.

Die Altstadt rund um den Mahalaxmi-Tempel liegt 3 km südwestlich von Bahnhof und Busbahnhof. Der „neue" Palast steht etwa gleich weit entfernt in Richtung Norden. Etwa 5 km südwestlich der Bahnhöfe liegt mit dem Rankala-See ein beliebtes Ziel für Abendspaziergänge.

Sehenswertes

★ Shree Chhatrapati Shahu Museum MUSEUM
(Inder/Ausländer 18/30 ₹; 🕒9.30–17.30 Uhr) Der „neue" Palast ist ein indosarazenisches Monstrum, das der britische Architekt „Mad" Charles Mant 1884 für die Könige von Kolhapur entwarf. Der Begriff „bizarr" bekommt hier eine ganz neue Bedeutung: Das skurrile Museum im Untergeschoss zeigt zahllose Jagdtrophäen, die der schießwütige Namensgeber von seinen königlichen Dschungelsafaris mitbrachte und kreativ verwerten ließ. Darunter sind z. B. Spazierstöcke aus Leopardenwirbeln und Aschenbecher aus Tigerschädeln oder Nashornfüßen. Die Waffen in der Rüstkammer reichen locker für einen kleinen Putsch. Das Horrorkabinett wird durch eine Sammlung ausgestopfter Tiere komplettiert. Nicht verpassen sollte man auch die recht prächtig verzierte Durbar-Halle, in der die Herrscher einst Hofversammlungen abhielten. Fotografieren ist drinnen strengstens verboten! Eine Rikscha ab dem Bahnhof hierher kostet 30 ₹.

Altstadt STADTVIERTEL
Kolhapurs atmosphärische Altstadt umgibt den belebten und farbenfrohen **Mahalaxmi-Tempel** (🕒5–22.30 Uhr), der die Muttergottheit Amba Bai ehrt und landesweit zu den bedeutendsten seiner Art zählt. Die Anlage hat ihre Ursprünge im Jahr 10 n. Chr. und heißt auch Nicht-Hindus willkommen. In der Nähe würdigt der **Bhavani Mandap** (🕒6–20 Uhr) die Göttin Bhavani hinter einer Eingangshalle des alten Palasts.

Kolhapur ist auch für seine erfolgreichen Ringer bekannt. Neben dem Eingang zum Bhavani Mandap (nach dem Weg fragen!) liegt ein Hof namens **Motibag Thalim** (erreichbar durch eine niedrige Tür und eine Passage), in dem junge Sportler ihr Schlammgrubentraining absolvieren. Wer sich nicht an den schwitzenden, halbnackten Männern und dem stechenden Uringeruch aus den Toiletten stört, darf hier jederzeit zusehen. Ein paar Gehminuten südlich des Motibag Thalim finden Profikämpfe (Juni–Dez.) im **Kasbagh Maidan** auf roter Arena-Erde statt.

Shoppingsüchtige können nach Kolhapurs berühmten Ledersandalen Ausschau halten, die weltweit wegen ihrer aufwendigen Nähte gepriesen werden und meist 300 bis 500 ₹ kosten. Die Blasen beim Einlaufen gibt's gratis dazu.

Schlafen & Essen

Hotel Tourist HOTEL $
(☎2650421; www.hoteltourist.co.in; Station Rd; EZ/DZ mit Frühstück ab 888/1099 ₹, mit Klimaanlage 1480/1714 ₹; ❄) Dies ist eines der besseren Hotels an der Hauptstraße. Es hat gemütliche, wenn auch minimalistisch eingerichtete Zimmer. Das empfehlenswerte Restaurant serviert großartige vegetarische Gerichte und hat freundliche Angestellte.

Hotel Panchshil HOTEL $$
(☎2537517; www.hotelpanchshilkolhapur.com; 517 A2 Shivaji Park; EZ/DZ mit Frühstück 1937/2348 ₹, mit Klimaanlage 2583/3053 ₹; ❄📶) Das professionell geführte Businesshotel mit hilfreicher Rezeption hat ein trübsinnig einfaches, braunes Dekor. Aber die geräumigen Zimmer mit Fernseher und Internet sind sehr komfortabel. Das Business Center kann man kostenlos nutzen, und es gibt auch eine

Filiale der italienischen Restaurantkette **Little Italy** (Shivaji Park; Hauptgerichte 250–450 ₹) im Erdgeschoss.

Hotel Pavillion HOTEL $$
(☎ 2652751; www.hotelpavillion.co.in; 392 Assembly Rd; EZ/DZ mit Frühstück 1350/1585 ₹, mit Klimaanlage ab 1761/1996 ₹; ❄ @) Das mediterran aufgemachte Hotel liegt am Ende eines grünen Park-/Büro-Viertels und garantiert mit seinen großen, sauberen Zimmern, aus deren Fenstern man auf blühende Blumen blickt, einen geruhsamen Aufenthalt. Ganz in der Nähe der MTDC-Touristeninformation.

Hotel Pearl HOTEL $$
(☎ 6684451; reservation@hotelpearl.biz; New Shahupuri; EZ/DZ mit Frühstück 2583/2936 ₹, mit Klimaanlage ab 3170/3757 ₹; ❄ @) Das nach dem Vorbild großstädtischer Businesshotels gestaltete Haus hat gute Zimmer, ein Spa, einen Infoschalter und ein ordentliches, rein vegetarisches Restaurant mit internationaler Küche.

Surabhi INDISCH $
(Hotel Sahyadri Bldg; Hauptgerichte 70–100 ₹) Das Surabhi in der Nähe des hektischen Busbahnhofs ist ideal, um Kolhapurs legendäre Snacks wie das pikante *misal* (Puffreis mit frittierten Teigringen, Linsen, Zwiebeln, Kräutern und Chutney), Thalis und Lassi zu genießen. Die Saawan Dining Hall daneben serviert auch Speisen mit Fleisch.

ℹ Praktische Informationen

Geldautomat der Axis Bank Der Geldautomat nahe dem Mahalaxmi-Tempel ist rund um die Uhr in Betrieb.

Internet Zone (Station Rd, Kedar Complex; 20 ₹/Std.; ⊙ 8–23 Uhr) Internetzugang.

MTDC-Touristeninformation (☎ 2652935; Assembly Rd; ⊙ Mo–Sa 10–17.30 Uhr) Gegenüber dem Collector's Office.

State Bank of India (Udyamnagar; ⊙ Mo–Sa 10–14 Uhr) Eine kurze Autorikschafahrt südwestlich vom Bahnhof nahe dem Hutatma Park. Wechselt ausländische Währungen. Es gibt auch einen rund um die Uhr zugänglichen **Geldautomaten** (Indumati Rd) in einer Parallelstraße der Station Rd.

ℹ Anreise & Unterwegs vor Ort

Autorikschas gibt's in Kolhapur jede Menge. Viele Fahrer haben Umrechnungstabellen dabei, um den auf ihrem nicht aktuell eingestellten Taxameter angezeigten Preis umzurechnen.

Vom Busbahnhof gibt es regelmäßig Verbindungen nach Pune (Semideluxe/Deluxe 262/449 ₹, 5 Std.) und Ratnagiri (Normal/Semideluxe 115/154 ₹, 4 Std.). Die meisten privaten Busgesellschaften finden sich an der Westseite des Platzes in den Mahalaxmi Chambers, gegenüber vom Busbahnhof. Nachtbusse mit Klimaanlage fahren nach Mumbai (Sitzplatz/Liegeplatz 450/750 ₹, 9 Std.) und Nachtbusse ohne Klimaanlage nach Panaji (245 ₹, 5½ Std.).

Der Bahnhof Chattrapati Shahu Maharaj Terminus befindet sich zehn Gehminuten westlich vom Busbahnhof. Pro Tag fahren drei Expresszüge über Pune (Sleeper Class/2AC 236/855 ₹, 8 Std.) nach Mumbai (Sleeper Class/2AC 302/1195 ₹, 13 Std.), darunter der Sahyadri Express um 22.50 Uhr. Der Rani Chennama Express unternimmt die lange Fahrt nach Bengaluru (Sleeper Class/2AC 371/1575 ₹, 17½ Std., 14.20 Uhr).

Vom Flughafen von Kolhapur aus starteten zur Zeit unserer Recherchen keine Flüge.

Goa

Inhalt ➡

Gut essen

- ➡ Upper House (S. 140)
- ➡ Fiesta (S. 153)
- ➡ La Plage (S. 169)
- ➡ Plantain Leaf (S. 153)
- ➡ Meeresfrüchte in Strandbars (in der Saison überall)

Top-Strände

- ➡ Palolem (S. 178)
- ➡ Mandrem (S. 169)
- ➡ Cola Beach (S. 178)
- ➡ Anjuna (S. 154)
- ➡ Arambol (S. 170)

Auf nach Goa!

Goa ist mit keinem anderen Bundesstaat Indiens vergleichbar. Das mag am Erbe der portugiesischen Kolonialzeit liegen oder an den endlosen Stränden, den prachtvollen Kirchen oder der Lässigkeit des *sossegado*: das in etwa mit „ruhiger Gelassenheit" zu übersetzende Wort charakterisiert die Entspanntheit Goas, die so typisch für alle Bereiche des täglichen Lebens und vor allem für die Einheimischen ist.

Aber Goa ist viel mehr als das ehemalige Hippie-Paradies oder ein angesagtes Ferienziel von Pauschalurlaubern. Goa ist ebenso schön und kulturell interessant wie klein und problemlos. Hier kann man Vögel in Wäldern voller Schmetterlinge beobachten, alte Kathedralen bewundern, zu Wasserfällen wandern oder durch die Gassen der alten Hauptstadt bummeln. Dazu kommen noch die Küche und Architektur Portugals, die Vielfalt der verschiedensten Religionen und Partys am laufenden Band – fertig ist die Mischung, die Goa so liebenswert macht, dass man nie wieder von hier weg möchte.

Reisezeit

Goa (Panaji)

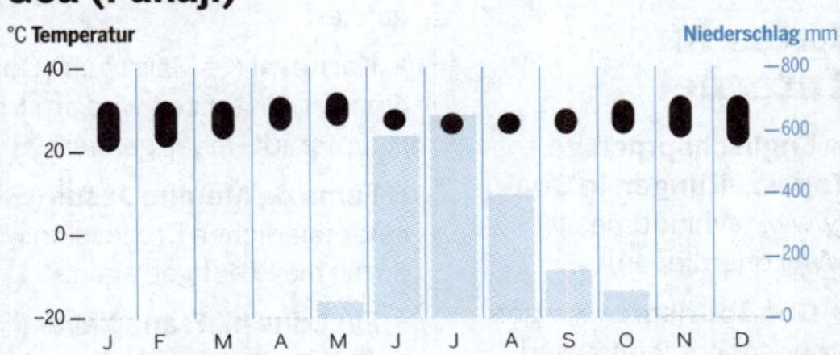

Anfang Nov. Nach dem Monsun sind Hütten und Strandbars geöffnet, aber noch nicht überlaufen.

Anfang Dez. Jetzt kann man bunte Feste, vorweihnachtliche Stimmung und tolles Wetter genießen.

März Zum Ende der Saison wird Karneval und Ostern gefeiert.

ANKUNFT

Auf dem Flughafen Dabolim landen alle Flüge. Der Bahnhof von Margao ist der größte des Bundesstaates und hat die meisten Verbindungen. Überlandbusse aus anderen Bundesstaaten kommen in Mapusa, Panaji und Margao an.

Kurzinfos

- **Bevölkerung:** 1,46 Mio.
- **Fläche**: 3702 km²
- **Hauptstadt:** Panaji (Panjim)
- **Vorwahl:** ☎ 0832
- **Hauptsprachen:** Konkani, Marathi, Englisch & Hindi
- **Übernachtungspreise:** **$** unter 1200 ₹, **$$** 1200–4000 ₹, **$$$** über 4000 ₹

Top-Tipps

- Nie schwimmen, wenn man Alkohol getrunken oder Drogen genommen hat!
- Wer Weihnachten oder Neujahr in Goa verbringen will, muss lang im Voraus buchen und mit astronomischen Preisen rechnen.

Infos im Internet

- **Englischsprachige Tageszeitungen in Goa** (www.navhindtimes.in, www.oheraldo.in) .
- **Goa Tourism** (www.goa-tourism.com) Infos und Tourenvorschläge.
- **Goacom** (www.goacom.com) Neueste Nachrichten.
- **Lonely Planet** (www.lonelyplanet.com/india/goa) Infos zur Reiseplanung.

Essen & Trinken

Die Küche Goas ist die faszinierende Verbindung der portugiesischen Küche mit südindischen Gewürzen. Die Goaner lieben herzhafte Fleisch- und Fischgerichte sowie frische Meeresfrüchte. Ein typisches Mittagessen in Goa ist *fish-curry-rice*, d.h. gebratene Makrele in Kokos-Tamarinden-Chili-Sauce. Weitere typische Gerichte sind die extrem scharfen Vindaloos (mit Essig-Knoblauch-Marinade) und *xacuti* (Hühnchen oder Fleisch in einer scharfen roten Kokossauce) sowie das Blätterteiggebäck *bebinca* zum Nachtisch.

Goas Nationalgetränk ist *feni,* ein doppelt gebrannter, extrem scharfer Schnaps aus Cashew-Äpfeln oder Kokospalmsaft.

NICHT VERSÄUMEN!

Die **Strände** sind nicht zu verfehlen, denn die 100 km lange Küste am Arabischen Meer besteht zum größten Teil aus spektakulären Sandstränden. **Frische Meeresfrüchte** gibt's mehr als genug in den unzähligen Strandbars an der Küste. Aber Goa hat auch faszinierende Überbleibsel aus der **Kolonialzeit**, die es zu entdecken gibt, wie die geschichtsträchtigen Städte Panaji (Panjim), Old Goa, Quepem und Chandor.

Top-Feste

- Beim **Fest der Drei Könige** (⏲ 6. Jan.; Chandor, S. 174, & Reis Magos) spielen Jungen die Geschichte der Heiligen Drei Könige nach, wie sie dem neugeborenen Jesus ihre Geschenke bringen.
- **Shigmotsav (Shigmo) of Holi** (⏲ Feb./März; ganz Goa) Bei der goanischen Version des hinduistischen Frühlingsfestes Holi bewerfen sich die Menschen mit bunt gefärbtem Puder und bestaunen die Umzüge in den größeren Städten.
- **Sabado Gordo** (⏲ Feb./März; Panaji, S. 135) Am Samstag vor der Fastenzeit wird dieses Fest mit bunt geschmückten Umzugswagen und ausgelassenen Partys in den Straßen gefeiert.
- **Karneval** (⏲ März; ganz Goa) Das viertägige Fest zu Beginn der Fastenzeit wird am fröhlichsten und lautesten in der Hauptstadt Panaji gefeiert (S. 135).
- **Fama de Menino Jesus** (⏲ 2. Mo im Okt.; Colva, S. 175) In einer feierlichen Prozession wird eine Statue des Jesuskindes durch die Stadt getragen.
- **Fest des hl. Franz Xaver** (⏲ 3. Dez.; Old Goa, S. 143) Der Schutzheilige der Stadt wird zehn Tage lang gefeiert.
- **Fest unserer Lieben Frau der Unbefleckten Empfängnis** (⏲ 8. Dez.; Margao & Panaji, S. 135) In Panaji finden rund um die berühmte, gleichnamige Kirche Jahrmärkte und Konzerte statt.

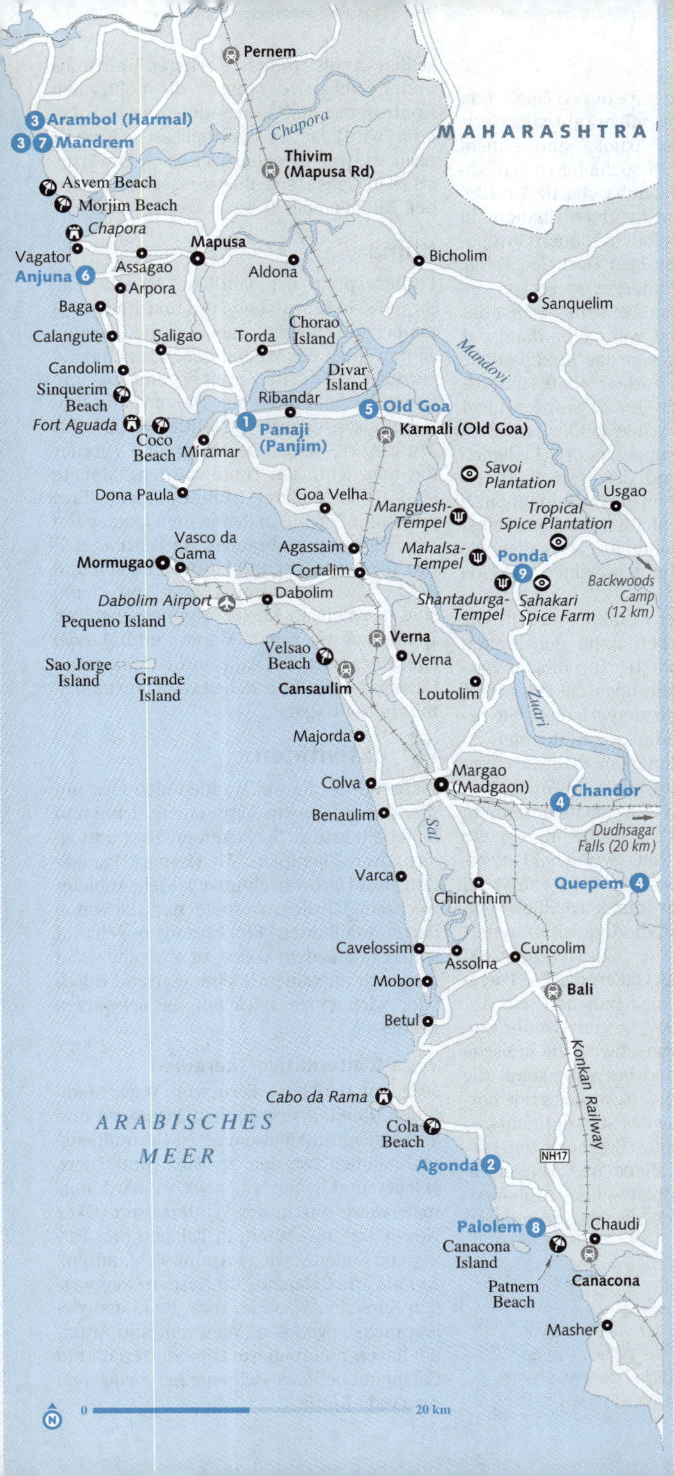

Highlights

1. Durch die alten portugiesischen Viertel von **Panaji** (S. 135) schlendern und die Küche Goas in einem der vielen Restaurants genießen
2. In Agonda (S. 178) und an den anderen endlos langen **Stränden** (S. 171) im Süden Goas barfuß laufen
3. Beim **Yoga** (S. 132) am Strand von Mandrem (S. 169) oder Arambol (S. 170) die Chakren weit öffnen
4. In den Herrenhäusern von **Quepem** (S. 173) und **Chandor** (S. 174) von vergangenen Zeiten träumen
5. Die Kathedralen in **Old Goa** (S. 143) bestaunen
6. Auf dem **Flohmarkt von Anjuna** (S. 154) um jede Rupie feilschen
7. Fernab der Massen die Sonne am Strand von **Mandrem** (S. 169) anbeten
8. Bei Sonnenuntergang zu den Delfinen vor dem **Strand von Palolem** (S. 178) paddeln
9. Auf einer **Gewürzplantage** (S. 146) bei Ponda alles über die Gewürze lernen, die Goa einst berühmt machten

Geschichte

In seiner Geschichte musste sich Goa schon einer schwindelerregenden Zahl von Herrschern beugen, von Ashoka und seinem Maurya-Reich im 3. Jh. v. Chr. bis zu den lange herrschenden Kadamba, die 1054 n. Chr. ihre Hauptstadt vom heutigen Chandor in eine neue Siedlung mit dem Namen Govepuri verlegten, dem heutigen Dorf Goa Velha. Die folgenden Jahrhunderte waren von vielen Konflikten geprägt, bei denen zuerst das muslimische Sultanat von Delhi, dann das Bahmani-Sultanat gegen das hinduistische Vijayanagar um die Vorherrschaft kämpfte. In diesen Zeiten der Gewalt wurden nicht nur zahlreiche Menschen getötet, sondern auch viele Hindu-Tempel zerstört. (Lediglich der winzige, während der Herrschaft der Kadamba erbaute Tempel von Tambdi Surla überlebte.) Die Adil Shahi aus Bijapur, einst Teil des Bahmani-Sultanats, gründeten die Hauptstadt, die heute den Namen Old Goa trägt, im 15. Jh.

Die Portugiesen erreichten Goa 1510. Sie wollten mit der Übernahme der breiten natürlichen Häfen und der unzähligen Wasserwege die Kontrolle über die lukrativen Gewürzstraßen der Region erlangen. Sie besiegten die Bijapur-Könige und dehnten ihren Machtbereich allmählich über die Grenzen ihrer Hauptstadt Old Goa bis in die Provinzen hinein aus (in Goas Staatsmuseum in Panaji befinden sich zahlreiche interessante Artefakte aus dieser Zeit). Schon bald breiteten sich die portugiesische Herrschaft und ihre Religion – nicht immer friedlich – im ganzen Staat aus und die Inquisition unterdrückte im Namen des Christentums auf brutalste Weise die Bevölkerung. Die Portugiesen widersetzten sich Indiens Unabhängigkeitbestreben (1947) gegen Großbritannien und erst 1961 marschierte die indische Armee in Goa ein und beendete somit die beinahe fünf Jahrhunderte andauernde portugiesische Besetzung des Subkontinents.

Heute hat Goa eines der höchsten Pro-Kopf-Einkommen Indiens und vergleichsweise hohe Gesundheits- und Alphabetisierungsraten. Die Wirtschaftsgrundlagen stellen Landwirtschaft, Fischerei, Tourismus und Erzabbau (der durch die politischen Kontroverse und Korruptionsvorwürfe belastet wird) dar . Das portugiesische Erbe ist nach wie vor beinahe überall gegenwärtig, sei es in Goas Herrenhäusern, seiner Küche, den Kirchen oder sogar in seiner Sprache.

> **NOTFÄLLE**
>
> Die Telefonnummer für alle Arten von Notfällen in Goa ist die ☎108. Von dort wird man mit der Polizei, der Feuerwehr oder einer Ambulanz verbunden.

Klima

Früher spülte der jährliche Monsun die Strände Goas zwischen Juni und Ende September zuverlässig sauber, in den letzten Jahren spielt das Wetter jedoch zunehmend verrückt und die Regenzeit beginnt spät und endet erst im November. Die offizielle Touristensaison dauert von Mitte Oktober bis Mitte April, wobei Dezember und Februar die angenehmsten (und vollsten) Monate sind – blauer klarer Himmel, warme Tage und kühle Nächte in denen man ganz selten eine Klimaanlage braucht. Ab Februar steigen Temperaturen und Luftfeuchtigkeit und in der Zwischensaison (Ende April–Sept.) sind die meisten Küstenorte menschenleer. In Städten wie Panaji, Mapusa und Margao allerdings geht alles ganz normal weiter und Calangute und Baga ziehen vor allem einheimische Touristen an.

Aktivitäten

Während der Saison wandelt sich Goa immer mehr zu einem Aktivsportzentrum und bietet ein großes Spektrum an Yoga und alternativen Therapien, Wassersport, Paragliding und Tierbeobachtungen. Viele Anbieter wechseln jährlich, weshalb nur die schon länger etablierten Einrichtungen genannt sind. Um aus dem Vollen zu schöpfen, fragt man sich an seinem Lieblingsstrand durch oder wirft einen Blick auf die schwarzen Bretter.

Yoga & alternative Therapien

Jede nur denkbare Form von Yoga, Meditation, Reiki, ayurvedischen Massagen und anderen spirituell orientierten Gesundheitsmaßnahmen werden in Goa praktiziert, gelehrt und genossen, aber es wird normalerweise nur in der Wintersaison (Okt./Nov–März) angeboten. In Palolem und Patnem im Süden sowie in Arambol, Mandrem, Anjuna und Calangute im Norden Goas werden Kurse in Ayurveda, Yoga, Reiki und vielem mehr angeboten. Mandrem und Arambol haben renommierte Yogazentren und in Calangute befindet sich eine hervorragende Ayurveda-Klinik.

WIE DIE EINHEIMISCHEN DENKEN ...

Wer sich etwas abseits der Touristenpfade wagt, wird sicher Einheimische treffen, die mit einem traurigen Kopfschütteln bestätigen, dass sich Goa zum Schlechten hin verändert hat. Der steigende Konsum harter Drogen unter den Einheimischen, eine zu schnelle Entwicklung, Umweltschäden und die Tatsache, dass Goa innerhalb Indiens immer mehr zum Sinnbild für schlechtes Benehmen wird, sind die dunklen Seiten dieses tropischen Paradieses. Jeder kann durch das Beachten von ein paar einfachen Regeln dazu beitragen, Goas Image wieder zu verbessern:

- Abseits der Strände sollte dieselbe zurückhaltende Kleiderordnung gelten wie in anderen Teilen des Landes. Im Allgemeinen bedeutet dies, die Schultern und Knie zu bedecken und sein T-Shirt anzubehalten. Das Sonnenbaden oben ohne und nackt ist in Goa verboten und kann zu Geldstrafen führen.
- Seine unartigsten Verhaltensweisen sollte man nur im angemessenen Rahmen ausleben. Es könnte vielleicht sein, dass es die Besitzer der familiengeführten Pension, in der man untergekommen ist, stört, wenn man bis tief in die Nacht hinein illegale Drogen nimmt und feiert – man könnte die Behörden auf sich aufmerksam machen.
- Frauen sollten beim Feiern vorsichtig sein, denn leider nimmt in Goa die Zahl der Vergewaltigungen in letzter Zeit zu. Obwohl man dafür sicher nicht den Bikini verantwortlich machen kann (wie viele meinen), ist es sinnvoll, seine Umgebung im Blick zu haben.

Tiere beobachten

Obwohl viele Traveller am Strand bleiben, ist Goa ein Paradies für Naturliebhaber und dank seiner schillernden Vielfalt an Vögeln und einer wunderbaren (jedoch meist gut versteckten) Fauna – mit Sambarhirschen, Muntjaks und dem einen oder anderen Leoparden in verschiedenen Tierschutzgebieten – das perfekte Ziel für Tierbeobachtungen. Im Cotigao Wildlife Sanctuary (S. 179) oder Backwoods Camp (S. 145) in Bhagwan Mahaveer Sanctuary kann man Vögel und andere Tiere beobachten. Day Tripper (S. 150) in Calangute bietet diverse Naturtouren an, während John's Boat Tours (S. 147) in Candolim mit dem Boot zur Vogelbeobachtung aufbricht und auch Krokodil- und Delfinbeobachtungen im Programm hat.

Wassersport

Barracuda Diving (S. 150) mit Sitz in Baga hat Tauchkurse und -ausflüge im Programm. Möglichkeiten zum Parasailing und Jetskifahren finden sich problemlos an den Stränden von Baga, Benaulim und Colva, und wer sich schon immer mal im Paragliding versuchen wollte, ist in Anjuna und Arambol richtig. In Palolem kann man sehr gut Kajakfahren, da das Wasser relativ ruhig ist.

Gefahren & Ärgernisse

Eine der trügerischsten Gefahren in Goa befindet sich direkt vor seiner wunderschönen Küste: Die starken Strömungen und gefährlichen Soge des Arabischen Meers fordern jedes Jahr Dutzende Menschenleben, und darunter sind immer viele Ausländer, die sehr wohl schwimmen konnten. Obwohl einige von Goas beliebtesten Stränden tagsüber nun von Rettungsschwimmern bewacht werden und die überwachten Schwimmbereiche durch Flaggen markiert sind, sollte man unbedingt die örtlichen Warnhinweise beachten und nie, unter keinen Umständen, ins Wasser gehen, wenn man Alkohol getrunken oder gar Drogen konsumiert hat. Dies gilt besonders bei Nacht.

Die anderen Gefahren und Ärgernisse sind eher der üblichen Art, ebenso die Gegenmaßnahmen. Wertsachen sind immer wegzuschließen, vor allem wenn man in einer Kokoshütte übernachtet, die einfach aufzubrechen ist. Zudem sollte, wer alleine unterwegs ist, nachts einsame Strandabschnitte meiden.

Zu den größten Vergnügen in Goa gehört es, mit einem der sehr preiswert zu mietenden Roller oder Motorräder durch die Gegend zu brausen. Allerdings finden sich viele Touristen schnell im Straßengraben wieder, denn der Verkehr in den Touristengegenden und Städten ist dicht und chaotisch. Deshalb sollte man immer sehr vorsichtig und keinesfalls unter Alkohol- oder Drogeneinfluss fahren und unbedingt einen Helm tragen (seit 2012 besteht in Goa Helmpflicht!). Zudem sollte man stets den Führerschein und die Fahrzeugpapiere bei sich tragen, um unliebsamen Reaktionen der Polizei vorzubeugen.

DROGEN

LSD, Ecstasy, Kokain, Hasch, Marihuana und alle anderen relaxierenden Drogen sind in ganz Indien verboten, in Goa allerdings immer noch vielerorts erhältlich, und der Erwerb oder Besitz von Drogen ist eine hochriskante Angelegenheit. Goas Gefängnis Fort Aguada ist voller Häftlinge, darunter auch einigen Ausländern, die langjährige Strafen für Drogendelikte verbüßen. Schon der Besitz einer geringen Menge illegaler Drogen kann eine zehnjährige Haftstrafe in einer Zelle voller Kakerlaken bedeuten.

Praktische Informationen

Die **Goa Tourism Development Corporation** (GTDC; www.goa-tourism.com), kurz „Goa Tourism", liefert Karten- und Informationsmaterial, betreibt ein paar durchschnittliche Hotels im ganzen Bundesstaat und veranstaltet jede Menge ein- und mehrtägige Touren. Das Hauptbüro ist in der Hauptstadt Panaji, aber auch in den behördeneigenen Hotels sind einfache Karten von Goa erhältlich und kann man Touren buchen. Das Büro von Indiatourism in Panaji (S. 135) bietet ebenfalls Informationsmaterial über Goa.

UNTERKUNFT

Die Preise für Unterkünfte sind in Goa generell höher als in den meisten anderen indischen Staaten und variieren je nach Saison gewaltig. In der Hauptsaison (Anfang Dez.–Anfang Feb.) steigen die Preise oft auf das Doppelte der Zwischensaison an, während man in den extrem geschäftigen Tagen rund um Weihnachten und Neujahr (ca. 22. Dez.–3. Jan.) sogar noch tiefer in die Tasche greifen muss. Die Zwischensaison dauert von Mitte Oktober bis Ende November (dann werden die meisten Strandhütten erst gebaut), und von Februar bis April. Als Nachsaison gilt die Monsunzeit von April bis Oktober. Alle genannten Preise gelten für die Hauptsaison – nicht für die Weihnachtszeit, in der die Preise am höchsten sind und man immer weit im Voraus buchen muss. Die Preise können auch von einem Jahr aufs andere schwanken und manche Hotels ihre Tarife in der Hauptsaison höher schrauben als andere, was abhängig von der Nachfrage ist. Deshalb vorher am besten telefonisch nachfragen! In den meisten Unterkünften ist Checkout bis 12 Uhr, nur in Panaji wollen viele Hotels grausamerweise die Zimmerschlüssen schon um 9 Uhr oder früher zurück.

An- & Weiterreise

BUS

Von und nach Panaji, Margao, Mapusa und Chaudi bei Palolem fahren jede Menge Fernbusse von staatlichen und privaten Busunternehmen. Die Fahrpreise in den privaten Bussen sind zwar nur wenig höher als die der staatlichen Kadamba-Busse, schwanken aber beträchtlich je nach Saison. Die Fernbusse gibt's in den Varianten Standard, Klimatisiert (AC), Volvo (die über die bequemsten Sitze verfügen) und Schlafbus. Die Schlafbusse sind in den letzten Jahren immer besser geworden und verfügen nun über Klappliegen oder sogar Liegesessel, sind aber nicht zu vergleichen mit einem Schlafwagen im Zug. Es ist gut möglich, dass man morgens um 3 Uhr auf dem Fußboden landet, weil der Bus zu scharf um die Ecke gebogen ist! Die Fernbusse starten zumeist zwischen 18 und 22 Uhr.

FLUGZEUG

Goas einziger, winziger Flughafen ist der Dabolim Airport. Er liegt 29 km südlich von Panaji, 30 km nördlich von Margao und eine kurze Taxifahrt von jedem Strand des Staates entfernt. Es gibt nur wenige internationale Direktflüge hierher und wenn, dann sind es meist gecharterte Maschinen mit Pauschalurlaubern aus Russland, Europa oder Großbritannien. Individualurlauber können es bei **Condor** (www.condor.de) versuchen, wo man auch Flüge ohne Hotel bekommt. Meist führt der schnellste Weg aus dem Ausland mit dem Flugzeug über Mumbai (Bombay) oder Chennai (Madras), von wo es dann mit einer indischen Fluggesellschaft (1 Std. Flugzeit) nach Goa geht. Täglich gibt es viele Inlandsflüge zu den meisten Hauptstädten mit Jet Airways, SpiceJet, Air India und vielen anderen Billigfliegern.

Im Dabolim Airport gibt es eine Wechselstube, einen Schalter des GTDC, Büros verschiedener Charterfluglinien, einen Geldautomaten und zwei Prepaid-Taxihäuschen.

ZUG

Die **Konkan Railway** (www.konkanrailway.com) verläuft zwischen Mumbai und Mangalore, und ist die wichtigste Bahnlinie durch Goa. Der größte Bahnhof Goas ist Madgaon in Margao, von dem aus es täglich mehrere gute Zugverbindungen nach Mumbai gibt. Weitere kleinere und dennoch praktische Bahnhöfe unterwegs sind Pernem (für Arambol), Thivim (für Mapusa und die Strände im Norden), Karmali in Old Goa (für Panaji), und Canacona (für Palolem).

Fahrkarten kauft man online, am Bahnhof Madgaon, im Zug-Reservierungsbüro am Busbahnhof Kadamba in Panaji oder in jedem Reisebüro, das Zugtickets verkauft (auch wenn hier eine kleine Gebühr fällig wird). Lediglich die Bahnhöfe von Margao und Vasco da Gama (in der Nähe des Dabolim Airports) haben Schalter, an denen man Tickets aus dem Kontingent für ausländische Touristen bekommen kann. Schlafwagenplätze sollte man im Voraus buchen, da sie schnell ausverkauft sind.

Unterwegs vor Ort

AUTO & MOTORRAD

In Goa kann man leicht ein privates Auto mit Fahrer organisieren, wenn man einen längeren Ausflug plant. Die Preise variieren, liegen aber zwischen 1000 (wenn man Glück hat) und 1500 ₹ für einen ganzen Tag – was in der Regel eine Mietzeit von acht Stunden und eine Fahrleistung von 80 km bedeutet. Wer lieber unabhängig sein möchte und starke Nerven hat, kann sich auch ein Auto mieten und selber fahren. Ein kleiner Maruti kostet zwischen 700 und 1000 ₹ am Tag, ein Jeep zwischen 1200 und 1400 ₹, jeweils ohne Benzin und in der Regel mit Kilometerbeschränkung. Die besten Angebote finden sich im Internet unter www.mygoatour.com oder www.goa2u.com. Auf Goas wichtigster Schnellstraße, dem National Highway 17 (NH17), sollte man auf leicht verwirrende Schilder gefasst sein, die – auf der größtenteils einspurigen Straße – unterschiedliche Höchstgeschwindigkeiten für unterschiedliche Fahrzeugtypen angeben.

Wenn man in Goa unterwegs ist, dauert es nie lange, bis man einen wagemutigen Touristen sieht, der auf einem Roller oder Motorrad vorbeizischt. Ein Zweirad zu mieten, ist ein Kinderspiel – es zu fahren dagegen eine Herausforderung. Ein Motorroller kostet zwischen 200 und 300 ₹ am Tag, eine kleinere Yamaha 400 ₹ und eine „königliche" Royal Enfield Bullet 500 ₹. Die Preise können drastisch sinken, wenn man die Maschine für mehrere Tage mietet oder gerade keine Saison ist. Wie so oft wird auch hier der Preis von Angebot und Nachfrage bestimmt. Wenn also viele Maschinen herumstehen, kann man den Mietpreis bestimmt ordentlich drücken. Die Vermieter sind in jedem Küstenort am Taxistand oder Busbahnhof sowie in Panaji beim Postamt zu finden.

Man sollte bedenken, dass die Straßen in Goa, obwohl besser als im übrigen Indien, doch sehr tückisch sind und überall Menschen, Rinder, Hunde, Katzen, Vögel und Schrottteile im Weg sein können. Dazu kommen noch jede Menge Schlaglöcher und Haarnadelkurven. Deshalb sollte man es langsam angehen lassen, möglichst nicht bei Nacht fahren – wenn sich schwarze Kühe als große Gefahr erweisen können – und nicht versuchen, mit einem 50-ccm-Roller an einem Tag die komplette Strecke von Nord nach Süd zurückzulegen. Und nicht vergessen, nach einem Helm zu fragen, denn nachdem das vorgeschriebene Tragen eines Helmes jahrelang sowohl von Einheimischen als auch Touristen geflissentlich ignoriert wurde, besteht nun allgemeine Helmpflicht.

BUS

Goa hat ein gut ausgebautes Netz an Busverbindungen, die in fast jedes Dorf führen. Es gibt keine nummerierten Buslinien, aber die Busse fahren sehr oft und sind in einem relativ guten Zustand. Eine Fahrt kostet selten mehr als 30 ₹ und das ganze System ist recht leistungsfähig.

VOM/ZUM FLUGHAFEN

Am Flughafen Dabolim gibt's zwei Schalter für Prepaid-Taxis: einen in der Ankunftshalle, der andere direkt davor. Nach dem Kauf des Fahrscheins wird man zum nächsten freien Taxi geleitet. Sparsame Reisende mit wenig Gepäck können auch bis zur Hauptstraße gehen und einen der häufig verkehrenden Busse anhalten, die von Vasco da Gama nach Margao fahren. Von dort gibt's gute Verbindungen in alle Teile Goas.

TAXI & AUTORIKSCHA

Für Fahrten von Stadt zu Stadt stehen überall Taxis und Autos mit Fahrer bereit. Je nach Entfernung kostet eine eintägige Sightseeingtour etwa 1500 ₹. Anders als im übrigen Indien sind Autorikschas hier nicht wesentlich billiger als Taxis und auch nicht so allgegenwärtig, für kurze Fahrten aber durchaus geeignet. Die als *pilots* bezeichneten Motorräder dienen ebenfalls als offizielle Taxis. Sie sind preiswert, überall zu finden und am gelben Schutzblech vorn zu erkennen. Für ihre Fahrer scheinen selbst die größten und schwersten Rucksäcke kein Problem zu sein.

ZENTRAL-GOA

Panaji (Panjim)

115 000 EW.

Die wohl entspannteste Hauptstadt eines indischen Bundesstaates, die eher unter dem Namen Panjim bekannt ist, liegt an der Mündung des mächtigen Mandovi, auf dem Schaufelraddampfer und schwimmende Spielkasinos dahingleiten und sich nachts die riesigen Neonreklamen spiegeln. Eine prachtvolle, schneeweiße Kirche ragt aus dem Stadtzentrum heraus, neben grandiosen Kolonialbauten drängen sich pseudokünstlerische Boutiquen, traditionelle Buchläden und zwielichtige Bars.

Der absolute Hit aber ist das Gewirr der engen Gassen in der Altstadt, wo mehr als irgendwo sonst der portugiesische Einfluss bis heute zu spüren ist. Am späten Nachmittag erstrahlen die gelben Häuser mit ihren roten Türen in einem ganz besonderen Licht. Überall stehen ockerfarbene Villen mit schmiedeeisernen Balkonen und Katzen liegen vor Fahrrädern, die unter Fenstern mit Perlmuttverglasung stehen. In Panjim kann man herrlich spazieren gehen, die Ruhe der nachmittäglichen Siesta genießen, gut essen und echte Einheimische treffen. Das alles sollte man sich keinesfalls entgehen lassen.

Sehenswertes & Aktivitäten

Am besten erlebt man Panaji bei einem langen, gemütlichen Spaziergang durch die verschlafenen Viertel Sao Tomé, Fontainhas und Altinho aus der portugiesischen Kolonialzeit.

Panaji (Panjim)

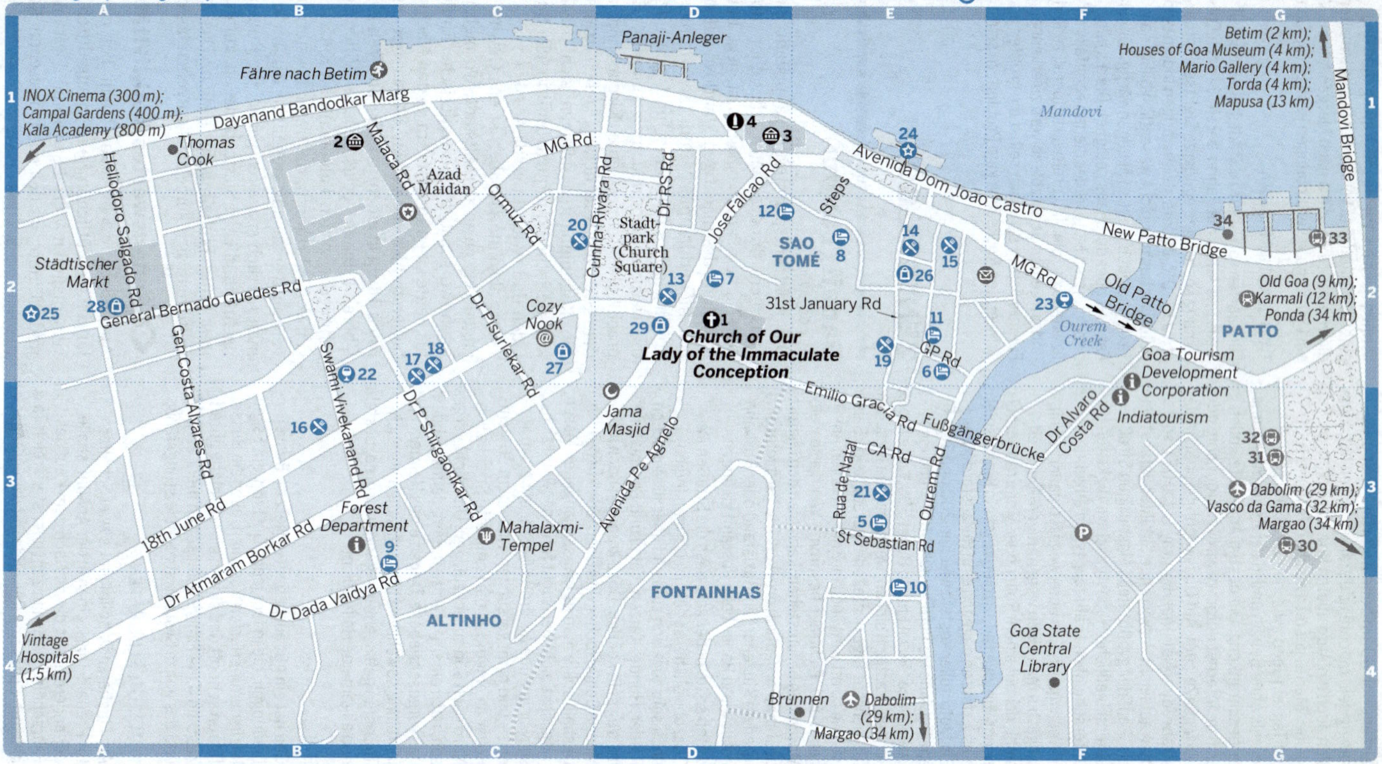

Panaji (Panjim)

Highlights
1 Church of Our Lady of the Immaculate Conception ... D2

Sehenswertes
2 Menezes Braganza Institute ... B1
3 Secretariat Building ... D1
4 Statue von Abbé Faria ... D1

Aktivitäten, Kurse & Touren
Flussfahrten ... (siehe 34)

Schlafen
5 Afonso Guest House ... E3
Casa Morada ... (siehe 6)
6 Casa Nova ... E2
7 Casa Paradiso ... D2
8 Crown Hotel ... E2
9 Mayfair Hotel ... B3
10 Panjim Inn ... E4
11 Pousada Guest House ... E2
12 Republica Hotel ... D2

Essen
13 George Bar & Restaurant ... D2
14 Hotel Venite ... E2
15 Hotel Vihar ... E2
16 Legacy of Bombay ... B3
17 Satkar Vegetarian Restaurant ... C2
18 Sher-E-Punjab ... C2
19 Tea Cafe Goa ... E2
20 Upper House ... C2
Verandah ... (siehe 10)
21 Viva Panjim ... E3

Ausgehen & Nachtleben
22 Cafe Mojo ... B2
23 Riverfront & Down the Road ... F2

Unterhaltung
24 Casino Royale ... E1
25 INOX Cinema ... A2

Shoppen
26 Barefoot Handicrafts ... E2
27 Khadi Gramodyog Bhavan ... C2
28 Städtischer Markt ... A2
29 Singbal's Book House ... D2

Transport
30 Kadamba-Busbahnhof ... G3
Konkan-Zug-Reservierungsbüro ... (siehe 30)
31 Paulo Travels ... G3
32 Private Busunternehmen ... G3
33 Private Bushaltestelle ... G2
34 Santa-Monica-Anleger ... G2

★ Church of Our Lady of the Immaculate Conception — KIRCHE

(Ecke Emilio Gracia Rd & Jose Falcao Rd; ⌚ Mo–Sa 10–12.30 & 15–17.30, So 11–12.30 & 15.30–17 Uhr) Die 1541 geweihte, strahlend weiße und überaus fotogene Kirche ist das spirituelle wie geografische Zentrum der Stadt. Als Panaji noch ein kleines, verschlafenes Fischerdorf war, pilgerten die Seeleute aus Portugal als erstes hierher, um der Heiligen Jungfrau für ihre glückliche Überfahrt zu danken. Erst danach reisten sie weiter flussaufwärts bis nach Old Goa, das bis ins 19. Jh. die Hauptstadt von Goa war. Abends ist die Kirche in der Regel geschlossen, wird aber von außen herrlich angeleuchtet. Ein Gottesdienst auf Englisch wird an Wochentagen ab 8 Uhr und sonntags ab 8.15 Uhr gehalten.

Goa State Museum — MUSEUM

(☎ 2438006; www.goamuseum.gov.in; EDC Complex, Patto; ⌚ Mo–Sa 9–17.30 Uhr) GRATIS Dieses sehr große Museum im sich entwickelnden Patto-Viertel nahe der Bushaltestelle, mutet etwas verschlafen an, bietet jedoch ein faszinierendes Sammelsurium an Ausstellungsstücken. Neben den hinduistischen und jainistischen Skulpturen und Bronzen gibt es eine gute Sammlung von christlichen Holzskulpturen, einen Raum, der der Geschichte des Buchdrucks in Goa gewidmet ist (inklusive klobiger, alter Pressen), eine Ausstellung über die goanischen Freiheitskämpfer und hübsche Möbel aus der portugiesischen Ära, u.a. ein aufwendig geschnitzter Tisch, der während der für ihre Brutalität bekannten Zeit der goanischen Inquisition benutzt wurde.

Secretariat Building — HISTORISCHES GEBÄUDE

(Avenida Dom Joao Castro) Dort, wo früher der Sommerpalast des Sultans von Bijapur, Yusef Adil Shah, stand, befindet sich heute dieses koloniale Gebäude aus dem 16. Jh, das ab 1759 offizielle Residenz des portugiesischen Vizekönigs war. Heute beherbergt es die Regierungsbüros, als eines der ältestes Kolonialgebäude der Stadt lohnt es aber nach wie vor einen Besuch. Unmittelbar westlich steht die **Statue** eines Mannes, der eine auf dem Rücken liegende weibliche Gestalt zu bedrohen scheint. Dargestellt ist hier der goanische Priester Abbé Faria, der „Vater der Hypnose" und ein Freund Napoleons.

Menezes Braganza Institute HISTORISCHES GEBÄUDE
(Malaca Rd) Ein kurzer Besuch dieses wunderschönen Gebäudes aus dem frühen 20. Jh lohnt schon aufgrund der hübschen blauweißen *azulejos* (Wandbilder aus glasierten Kacheln) in der Eingangshalle.

Campal STADTVIERTEL
Das Viertel Campal liegt westlich des eigentlichen Panaji. Hier gibt's einige Grünflächen, die zu einem entspannten Nachmittag einladen. Goas wichtigstes Kulturzentrum, die Kala Academy (S. 141), hat hier einen netten Campus mit Kunstgalerie, Leuchtturm, einer Anlegestelle und Bänken am Wasser sowie eine Bibliothek mit tollen Büchern über indische Kunst. Östlich von hier liegen die **Campal Gardens** (Bhagwan Mahaveer Bal Vihar), ein friedlicher, großer Park mit Spielplätzen, von dem man über den Fluss blickt.

Houses of Goa Museum MUSEUM
(☎2410711; www.archgoa.org; Torda; Erw./Kind 100/25 ₹; ⏲Di–So 10–19.30 Uhr) Das kleine Museum 8 km nördlich von Panaji wurde von dem bekannten goanischen Architekten Gerard da Cunha errichtet, um die Geschichte der Architektur in Goa zu dokumentieren. Nach dem Besuch der Ausstellung über verschiedene Bauweisen sowie europäisches und einheimisches Design wird man die alten Wohnhäuser in Goa mit anderen Augen sehen. Direkt daneben ist die **Mario Gallery** (☎2410711; Eintritt frei; ⏲ Mo–Fr 10–17.30, Sa 10–13 Uhr), in der die Arbeiten des beliebten indischen Karikaturisten Mario Miranda (1926–2011) zu sehen sind. Um hierher zu kommen, nimmt man einen Bus in Richtung Mapusa und steigt am Okukora Circle, der auch als Kokeru bekannt ist, aus. Von dort geht's mit einer Autorikscha weiter. Wenn der Fahrer wartet und einen auch wieder zurückfährt, kostet das 150 ₹ inklusive Wartezeit. Die einfache Fahrt mit einem Taxi oder einer Autorikscha von Panaji aus kostet 350 ₹.

Kurse

On the Menu KOCHEN
(www.holidayonthemenu.com; Kurs ab 149 US$) Der in London ansässige Veranstalter bietet eine Vielzahl von (nicht ganz preiswerten) Kochkursen in Goa an, die von einem Curry-Vormittag am Samstag bis hin zu einem einwöchigen Kochurlaub reichen (1599 US$), in dem die Teilnehmer auch eine Gewürzplantage und einen einheimischen Markt besuchen.

Geführte Touren

Die Tourismusbehörde Goa Tourism Development Corporation (GTDC; Goa Tourism) veranstaltet beliebte Ausflüge auf dem Mandovi, wie etwa einstündige **Bootsfahrten** zum Sonnenuntergang und in den Abendstunden (150 ₹; ⏲18 & 19.15 Uhr) oder zweistündige **Fahrten mit Abendessen** (500 ₹; ⏲Mi & Sa 8.45 Uhr) an Bord der *Santa Monica*. Bei allen Fahrten sind eine Liveband und Tänzer mit an Bord, die – teilweise sehr lebhaft, teilweise auch lustlos – goanische Volkslieder und -tänze vorführen. Das Boot legt am Santa-Monica-Anleger neben der New Patto Bridge ab. Dort ist auch ein **Kartenhäuschen der GTDC** (☎2438754; Santa-Monica-Anleger), wo die Tickets verkauft werden.

Drei private Unternehmen bieten ähnliche **Nachtfahrten** (Erw./Kind 150 ₹/frei; ⏲18.15, 19.30 & 20.45 Uhr) an, die jeweils eine Stunde dauern und ebenfalls an der Santa Monica Pier starten. Mit Bordbars und lauter DJ-Musik geht es hier wesentlich lebhafter zu als auf den Schiffen der GTDC, allerdings auch etwas rauer, insbesondere wenn an den Wochenenden ganze Gruppen indischer Männer an Bord sind.

Die GTDC bietet auch eine ganztägige **Backwater-Tour** (750 ₹; ⏲9.30–16 Uhr) nach Old Goa an, wo ein Bus die Gäste zum Mittagessen auf eine Gewürzplantage bringt.

Alternativ kann man den Fluss auf eigene Faust an Bord der örtlichen Fähren erkunden, die regelmäßig (sobald sie voll sind) am Kai neben dem Quarterdeck ablegen. Nach Aussage der Einheimischen sind abends sogar Delfine zu beobachten. Allerdings sollte man die Hauptverkehrszeiten meiden, da die Boote dann überfüllt sind.

Historische Stadtspaziergänge
(☎9823025748; ajit_sukhija@yahoo.com; 500 ₹/Pers., mind. 5 Pers. 250 ₹/Pers.) durch die alten portugiesischen Stadtviertel, die vom Tobacco Square durch Sao Tomé, Fountainhas und das hinduistische Mala führen, werden auf Anfrage von erfahrenen einheimischen Führern veranstaltet.

Feste & Events

Sabado Gordo STRASSENFEST
(Panaji; ⏲Feb./März) Am „Fetten Samstag" (Sa vor Beginn der Fastenzeit) wird mit Umzugswagen und Straßenfesten gefeiert.

Karneval FEST
(ganz Goa; ⏲März) Das viertägige Spektakel zu Beginn der Fastenzeit wird besonders

kräftig in Panaji gefeiert, wo kunstvoll geschmückte Wagen durch die Straßen fahren.

International Film Festival of India FILMFESTIVAL
(www.iffi.nic.in; Panaji; ⏲ Nov.) Überall in Panaji werden Filme aus aller Welt und natürlich auch Bollywood-Streifen gezeigt.

Fest Unserer Lieben Frau der Unbefleckten Empfängnis RELIGIÖSES FEST
(Margao, Panaji; ⏲ 8. Dez) Neben Jahrmärkten und Konzerten findet auch ein wunderbarer Gottesdienst in der Kirche Our Lady of the Immaculate Conception in Panaji statt.

Schlafen

Wie im restlichen Goa variieren auch in Panaji die Preise gewaltig und orientieren sich an Angebot und Nachfrage. In der 31st January Rd gibt's einige spottbillige Absteigen, in denen man für eine meist karge Zelle mit Check-out um 9 Uhr oder früher 500 ₹ oder weniger bezahlt. Sich vorher etwas umzuschauen, lohnt sich.

Pousada Guest House PENSION $
(☎ 2422618; sabrinateles@yahoo.com; Luis de Menezes Rd; EZ/DZ 525/630 ₹, DZ mit Klimaanlage 750 ₹; ❄) Die vier Zimmer in dem hellgelben Gebäude in der Altstadt sind einfach, aber sauber und haben TVs. Die Betten sind mit angenehmen Sprungfedermatratzen ausgestattet. Inhaberin Sabrina ist freundlich und unkompliziert. Bei dem Preis eindeutig eine der besten Budgetunterkünfte der Stadt.

Republica Hotel HOTEL $
(☎ 2224630; Jose Falcao Rd;EZ/DZ ab 400/800 ₹, DZ mit Klimaanlage 1000 ₹; ❄) Das Hotel hat viel ungenutztes Potenzial und obwohl die architektonische Schönheit dem Verfall preisgegeben ist, war es bei unserem letzten Besuch komplett ausgebucht. Die Gründe dafür dürften die gute Lage und der für diesen Stadtteil durchaus akzeptable Preis sein.

Afonso Guest House PENSION $$
(☎ 2222359, 9764300165; www.afonsoguesthouse.com; St Sebastian Rd; Zi. 1500–2000 ₹; ❄) Die von der freundlichen Jeanette geführte Pension in einem hübschen Stadthaus aus der portugiesischen Kolonialzeit hat gepflegte, geräumige Zimmer mit Holzdecken. Auf der kleinen Dachterrasse wird Frühstück im Sonnenschein serviert. Zudem befindet sich die einfache, friedliche Unterkunft mitten im stimmungsvollsten Teil der Stadt. Am Abreisetag muss das Zimmer bis 9 Uhr geräumt sein. Reservierungen werden per Internet, nicht aber telefonisch entgegengenommen.

Casa Paradiso HOTEL $$
(☎ 3290180; www.casaparadisogoa.com; Jose Falcao Rd; Zi. mit Klimaanlage 1575–2100 ₹; ❄) Allein die Lage lohnt einen Versuch in diesem Hotel. Es ist zwar ein wenig beengt, aber nur einen Katzensprung von der Kirche Our Lady of the Immaculate Conception entfernt. Die hellen Zimmer haben Klimaanlage und TV, das Personal ist sehr freundlich.

Mayfair Hotel HOTEL $$
(☎ 2223317; manishafernz@yahoo.com; Dr Dada Vaidya Rd; EZ/DZ ab 980/1180 ₹, DZ mit Klimaanlage 1500 ₹; ❄) Was die Fenster mit Perlmuttverglasung und die Mosaiken an den Wänden der Eingangshalle versprechen, können die Zimmer bei weitem nicht halten. Deshalb sollte man sich vor der Zusage einige der sehr unterschiedlichen Räume im alten und neuen Gebäudeteil ansehen. Die Inhaberfamilie ist sehr freundlich, es gibt einen eigentlich recht hübschen Garten hinter dem Haus und die Zimmer müssen am Abreisetag erst bis 12 Uhr geräumt werden.

★ **Panjim Inn** HISTORISCHES HOTEL $$
(☎ 2226523, 9823025748; www.panjiminn.com; 31st January Rd; EZ/DZ inkl. Frühstück ab 2900/3450 ₹, Suite 5950 ₹; ❄@📶) Das wunderbare Haus aus dem 19. Jh. ist seit langem eines der besten historischen Hotels der Stadt. Neben vielen Zimmern, die ganz im originalen Stil belassen wurden, gibt's auch einige neuere, die etwas moderner eingerichtet sind, aber dennoch mit Himmelbetten, Kolonialmöbeln und Werken einheimischer Künstler versehen sind. Auf der anderen Straßenseite betreibt die Inhaberfamilie das Hotel **Panjim Peoples**, das über vier riesige Zimmer im Obergeschoss und die Gitanjali Gallery im Untergeschoss verfügt. Direkt daneben befindet sich noch die Pension **Panjim Pousada** mit neun ruhigen Zimmern in einem alten hinduistischen Haus.

Crown Hotel HOTEL $$$
(☎ 2400000; www.thecrowngoa.com; abseits der Jose Falcao Rd; DZ inkl. Frühstück 6600–10 450 ₹, Suite ab 13 750 ₹; ❄@📶🏊) Das Wellnesshotel mit Spielkasino thront auf einem Hügel über dem Viertel Sao Tomé und bietet einen tollen Blick auf den Fluss. Eine herrlich luxuriöse Unterkunft mitten in der Innenstadt. Die luftigen, frisch renovierten Zimmer sind in geschmackvollem Weiß und Senfgelb gehalten

und haben teilweise einen Balkon. Der Pool mit Poolbar ist herrlich erfrischend (Nicht-Hotelgäste bezahlen 250 ₹) und es gibt noch einen Fitnessraum. Der Wellnessbereich steht auch Tagesgästen zur Verfügung.

Casa Nova PENSION $$$
(☎ 9423889181, 7709886212; www.goaholidayaccommodation.com; Gomez Pereira Rd; 4300 ₹; ❄) Hier kann man in einem großartigen alten Haus (von 1831) im portugiesischen Stil übernachten. Die Casa Nova hat stilvolle, komfortable Appartements mit Bogenfenstern, Holzbalkendecke und modernen Annehmlichkeiten wie Kochnischen. Eine kleine Gasse führt hierher. Gleich nebenan liegt die **Casa Morada** (☎ 9822196007, 9881966789; agomes@tbi.in; Gomes Pereira Rd; EZ/DZ mit Frühstück 5000/10 000 ₹), die so schick ist, wie die Casa Nova modern ist. Die zwei Schlafzimmer und das Wohnzimmer sind bis obenhin voller alter Möbel und Kunstgegenständen.

Essen

In Panaji muss keiner Hunger leiden – hier isst man gern, gut und oft. Bei einem Spaziergang in der 18th June Rd oder der 31st January Rd eröffnen sich viele fantastische und günstige Optionen im Kantinenstil; weitere findet man auf einem Rundgang durch den Stadtpark.

★ Viva Panjim GOANISCH $
(31st January Rd; Hauptgerichte 90–120 ₹; ⏲ Mo–Sa 11.30–15.30 & 19–23, So 19–23 Uhr) Obwohl in Touristenkreisen bestens bekannt, serviert das kleine Restaurant in einem alten portugiesischen Haus in einer kleinen Seitenstraße immer noch leckere Klassiker der goanischen Küche zu vernünftigen Preisen. Eine ganze Seite der Speisekarte ist ausschließlich Gerichten mit Schweinefleisch gewidmet, aber es gibt auch köstliche *xacuti-* und *cafreal*-Gerichte sowie Desserts wie die traditionelle *bebinca* und *serra durra*. Die Getränkepreise sind ebenfalls o.k.

Satkar Vegetarian Restaurant INDISCH $
(18th June Rd; Thali 70–90 ₹, Hauptgericht 50–100 ₹; ⏲ 7–22.30 Uhr) Das zwanglose, preiswerte Lokal bietet gute, rein vegetarische Gerichte und leckere Thalis.

Legacy of Bombay INDISCH $
(Hotel Fidalgo, 18th June Rd; Hauptgerichte 40–150 ₹; ⏲ 7–23.15 Uhr) Eines der vielen Restaurants im Hotel Fidalgo serviert im Erdgeschoss ausgezeichnete vegetarische Küche mit rein vegetarischen Pizzas und Burgern.

Hotel Vihar VEGAN $
(MG Rd; Hauptgerichte 40–100 ₹; ⏲ 7.30–22 Uhr) Die riesige Auswahl an rein vegetarischen Gerichten, großen, superleckeren Thalis und frisch gepressten Säften macht diese einfache, saubere Cafeteria bei Einheimischen und Reisenden gleichermaßen beliebt.

Tea Cafe Goa CAFÉ $$
(5/218 31st January Rd; Kuchen ab 80 ₹, Hauptgerichte 150–250; ⏲ 10.30–18.30 Uhr) Das hübsche, moderne Café bildet einen krassen Gegensatz zu den älteren Gebäuden der Gegend. Im bezaubernd gemütlichen und angenehm klimatisierten Innenraum werden ausgezeichnete Sandwiches, Quiches, Muffins und andere Leckereien serviert.

★ Upper House GOANISCH $$
(☎ 2426475; www.theupperhousegoa.com; Cunha Rivara Rd; Hauptgerichte 125–385 ₹; ⏲ 11–22 Uhr) Über zahlreiche Treppenstufen gelangt man in ein kühles Restaurant im europäischen Stil, dessen eleganter Speiseraum auf die Municipal Gardens vor dem Haus hinausgeht. Nebenan befindet sich eine schicke Cocktailbar mit Neonlicht und an der Rückseite noch ein vornehmeres Restaurant. Im Gegensatz zum europäischen Ambiente ist die Küche sehr goanisch und bietet erstklassige Spezialitäten aus der Region wie etwa *xec xec* (in einer Sauce aus gerösteten Kokosnüssen gekochte Krabben), Schweinefleisch-Vindaloo und ganz traditionell zubereitetes Fish-Curry-Rice. Auch die vegetarischen Varianten wie das *xacuti* mit Gemüse und Pilzen sind sensationell.

Hotel Venite GOANISCH $$
(31st January Rd; Hauptgerichte 210–280 ₹; ⏲ 9–22.30 Uhr) In das stimmungsvolle Restaurant mit den kleinen, wackeligen Gartentischchen strömen seit ewigen Zeiten die Touristen zum Mittagessen. Dies ist dem Inhaber offensichtlich zu Kopf gestiegen, denn das goanische Essen ist zwar gut, aber völlig überteuert. Dennoch ist es ein nettes Plätzchen, um sich bei einem kühlen Bier oder einem kleinen Imbiss zu entspannen.

Sher-E-Punjab NORDINDISCH $$
(18th June Rd; Hauptgerichte 80–200; ⏲ 10.30–23.30 Uhr) Mit den perfekt gewürzten Gerichten aus dem Punjab gilt das Sher allgemein als eines der besten nordindischen Restaurants der Stadt. Hier verkehren vor allem wohlhabendere Einheimische, die die schöne, grüne Terrasse hinter dem Haus genießen. Das Essen im nobleren Ableger

des **Sher-E-Punjab** im Hotel Aroma (Cunha-Rivara Rd; Hauptgerichte 120–270 ₹; ⌚11–15 & 19–22.30 Uhr) ist ebenso gut.

George Bar & Restaurant GOANISCH $$

(Church Sq; Hauptgerichte 90–170 ₹; ⌚9.30–22.30 Uhr) In dem bodenständigen Lokal sitzt eine starke Mischung aus Betrunkenen und Familien an den dicht an dicht stehenden Holztischen. Im Obergeschoss gibt's noch einen klimatisierten Speiseraum. Spezialität des Hauses sind Meeresfrüchte und goanische Klassiker.

Verandah GOANISCH $$

(☎2226523; 31st January Rd; 150–280 ₹; ⌚11–23 Uhr) Von dem luftigen Restaurant über dem Panjim Inn, das sich tatsächlich auf einer „Veranda" mit Springbrunnen im ersten Stock befindet, kann man gut das Treiben auf der Straße beobachten. Zu essen gibt's vor allem leckere goanische Küche, aber auch einige indische und europäische Gerichte. Dazu passen die Weine aus der Region.

Ausgehen & Nachtleben

In Panaji gibt's jede Menge Kneipen zum Abhängen (und Anbaggern), die sich vor allem in Sao Tomé und Fontainhas befinden. In den oft sehr einfachen, kleinen Bars mit ein paar Plastiktischen kommt man bei einem Glas Feni schnell mit den Einheimischen ins Gespräch.

Cafe Mojo BAR

(www.cafemojo.in; Menenzes Braganza Rd; ⌚Mo–Do 10–4, Fr–So 10–6 Uhr) Das Cafe Mojo ist einfach nur cool: gemütliche Einrichtung im Stil eines englischen Pub, junges Publikum in Feierlaune und ein geniales E-Bier-System. Jeder Tisch hat einen eigenen Zapfhahn und einen LCD-Bildschirm. Man kauft eine Art Geldkarte (1000 ₹), zieht sie durch den Leseschlitz am Tisch und zapft sich sein Bier, was automatisch vom Guthaben auf der Karte abgezogen wird. Natürlich kann die Karte ebenso für Schnaps, Cocktails oder Essen verwendet werden. Jeden Mittwoch ist Ladies' Night und an den Wochenenden wird bis zum Morgengrauen gefeiert.

Riverfront & Down the Road BAR

(Ecke MG und Ourem Rd; ⌚11–3 Uhr) Auf dem Balkon des Restaurants mit Bar kann man toll beobachten, wie die Sonne über dem Ourem Creek und der Old Patto Bridge untergeht. In der Bar im Erdgeschoss gibt's oft Livemusik.

Unterhaltung

Nachts treiben Kasinoschiffe auf dem Mandovi, auf denen man sich überraschend gut amüsieren kann.

Casino Royale KASINO

(☎6519471; www.casinoroyalegoa.com; Eintritt Mo–Do 3000 ₹, Fr–So 3500 ₹; ⌚24 Std.) Im größten und besten der drei schwimmenden Spielkasinos von Panaji kann man nicht nur auf nobelste Weise die Reisekasse verspielen, sondern sich auch anderweitig vergnügen. Das Abendessen am üppigen Buffet, alle Getränke, Livemusik und Jetons im Wert von 2000 ₹ sind im Eintrittspreis enthalten. Es gelten diverse Altersbeschränkungen und Dresscodes.

Kala Academy KULTURPROGRAMME

(☎2420452; Dayanand Bandodkar Marg) Auf der Westseite der Stadt, in Campal, liegt Goas wichtigstes Kulturzentrum, in dem das ganze Jahr über Tanz-, Theater- und Musikaufführungen sowie Kunstausstellungen zu sehen sind. Viele Shows sind auf Konkani, ab und zu gibt's aber auch englischsprachige Produktionen. Am besten ruft man schon vor der Ankunft an und informiert sich, was geboten wird.

INOX Cinema KINO

(☎2420900; www.inoxmovies.com; auf dem Gelände des alten GMC; Karten 160–200 ₹; ⌚10.30–23.30 Uhr) Das moderne Multiplex-Kino zeigt aktuelle Hollywood- und Bollywood-Filme.

Shoppen

Im überdachten **städtischen Markt** (⌚ab 7.30 Uhr) kann man herrlich Leute beobachten und natürlich alle Dinge des täglichen Lebens kaufen. Die nagelneue **Caculo Mall** (www.caculomall.in; St Inez) ist das größte Einkaufszentrum Goas und bietet von Designermarken über Food-Courts und Spielhöllen alles, was das Herz begehrt.

Singbal's Book House BÜCHER

(Church Sq; ⌚Mo–Sa 9.30–13 & 15.30–19.30 Uhr) Das leicht muffige Buch- und Zeitschriftengeschäft ist eine echte Institution und hatte sogar einen kurzen Auftritt in dem Film *Die Bourne Verschwörung*.

Barefoot Handicrafts KUNSTHANDWERK

(31st January Rd; ⌚Mo–Sa 10–20 Uhr) Der Laden gehört zu einer Reihe neuer, nobler Geschäfte der Stadt, die sich auf den Verkauf von Designerstücken verschiedenster Art spezialisiert haben. So bekommt man beim recht teuren „Barfuß“ hübsche Mitbringsel wie christliche Holzikonen, Schmuck oder mit Perlen geschmückte Untersetzer.

Khadi Gramodyog Bhavan KUNSTHANDWERK
(Dr Atmaram Borkar Rd; ⌚ Mo–Sa 9–12 & 15–19 Uhr) Goas einzige Außenstelle der staatlichen Khadi & Village Industries Commission hat eine tolle Auswahl an handgewebten Baumwollartikeln, aber auch viele Öle, Seifen, Gewürze und andere selbstgemachte Produkte werden hier angeboten. Sie kommen direkt aus den Dörfern der Region, die auch unmittelbar vom Verkauf profitieren.

ℹ Praktische Informationen

In dem neuen Tourismuszentrum in Patto am Ostufer des Ourem Creek befinden sich die Büros von GTDC (Goa Tourism) und Indiatourism sowie mehrere Reiseagenturen. Geldautomaten gibt's vor allem in der 18th June Rd und rund um das Büro von Thomas Cook.

Cozy Nook (18th June Rd; 45 ₹/Std.; ⌚ 9–20.30 Uhr) Freundliches Internetcafé und Reisebüro.

Goa State Central Library (Sanskruti Bhavan, Patto; ⌚ Mo–Fr 9–19.30, Sa & So 9.30–17.45 Uhr) Die supermoderne neue staatliche Bibliothek bietet Lesestoff auf sechs Etagen, einen Buchladen und eine Galerie. Internetzugang steht theoretisch nur für wissenschaftliche Zwecke zur Verfügung.

Bei der **Goa Tourism Development Corporation** (GTDC; ☎ 2424001; www.goa-tourism.com; Dr. Alvaro Costa Rd, Paryatan Bhavan; ⌚ Mo–Sa 9.30–17.45 Uhr) sind nicht nur Reisekarten von Goa und Stadtpläne von Panaji erhältlich, sondern können auch die vielen von der Touristeninformation durchgeführten Touren gebucht werden.

Indiatourism (Staatliche indische Touristeninformation; ☎ 2223412; www.incredibleindia.org; Dr. Alvaro Costa Rd, Paryatan Bhavan; ⌚ Mo–Fr 9.30–18 Uhr, Sa 9.30–14 Uhr) Das hilfsbereite Personal kann qualifizierte Führer für Touren und Ausflüge in ganz Goa vermitteln. So kostet eine halb- bzw. ganztägige Tour für bis zu fünf Personen 700/875 ₹.

Hauptpost (MG Rd; ⌚ Mo–Sa 9.30–17.30 Uhr)

Thomas Cook (☎ 2221312; Dayanand Bandodkar Marg, 8 Alcon Chambers; ⌚ Mo–Sa 9.30–18 Uhr) Hier kann man Reiseschecks provisionsfrei einlösen, Geld tauschen, Überweisungen vornehmen, mit der Kreditkarte Bargeld abheben und Flugtickets buchen.

Vintage Hospitals (☎ 6644401, Krankenwagen 9764442220; www.vintagehospitals.com; Caculo Enclave, St Inez; ⌚ 24 Std.) Das hoch angesehene Krankenhaus befindet sich ein paar Kilometer südwestlich von Panaji und verfügt über alle erforderlichen Einrichtungen.

ℹ An- & Weiterreise

Eine Taxifahrt von Panaji zum Flughafen Dabolim dauert etwa eine Stunde und kostet 600 ₹.

BUS

Alle paar Minuten fahren die staatlichen Busse vom großen, betriebsamen **Kadamba-Busbahnhof** (☎ Auskunft über Fernverbindungen 2438035, regionale Verbindungen 2438034; www.goakadamba.com; ⌚ Reservierung 8–20 Uhr) zu Zielen in der Region ab. Um zu den Stränden im Süden Goas zu kommen, nimmt man einen Expressbus nach Margao und steigt dort um. Die Busse, die nach Ponda fahren, halten auch in Old Goa. Am Kadamba-Busbahnhof gibt's einen Geldautomaten, ein Internetcafé – und einen Ganesha-Tempel.

Calangute (15 ₹, 45 Min.)
Candolim (13 ₹, 30 Min.)
Mapusa (11 ₹, 20 Min.)
Margao (Expressbus; 30 ₹, 35 Min.)
Old Goa (9 ₹, 15 Min.)

Auch die staatlichen Überlandbusse fahren hier ab. Die privaten Busunternehmen haben vor dem Eingang zum Kadamba-Busbahnhof ein Tickethäuschen, die Busse fahren aber am Fernbusbahnhof bei der New Patto Bridge ab. Sehr zuverlässig ist **Paulo Travels** (☎ 2438531; www.paulotravels.com; Kardozo Bldg). Im Folgenden sind einige Fernziele aufgeführt, die von den staatlichen und privaten Busunternehmen in der Hochsaison angefahren werden:

Bengaluru (650 ₹, 15 Std., 5-mal tgl.)
Bengaluru (private Unternehmen: 550–1000 ₹, 14–15 Std.)
Hampi (Schlafbus privater Unternehmen: 700–800 ₹, 10–11 Std.)
Mumbai (650 ₹, 12–14 Std.)
Pune (550–650 ₹, 11 Std.)
Pune (private Unternehmen: 550–800 ₹, 10–11 Std.)

ZUG

Der nächstgelegene Bahnhof von Panaji ist in Karmali (Old Goa), 12 km weiter östlich. Dort halten viele Fernzüge (s. die entsprechenden Fahrpläne). Die Taxifahrt zum Bahnhof kostet 300 ₹. Das **Konkan-Zug-Reservierungsbüro** (☎ 2712940; www.konkanrailway.com; ⌚ Mo–Sa 8–20 Uhr) in Panaji befindet sich im ersten Stock des Kadamba-Busbahnhofs.

ℹ Unterwegs vor Ort

Panaji kann im Allgemeinen sehr gut zu Fuß erkundet werden. Das ist recht angenehm, da Autorikschas und Motorradtaxis gerade für kurze Strecken extrem teuer sind. So kostet eine Autorikscha von Kadamba ins Zentrum 60 ₹, während in den regelmäßig zwischen Kadamba und dem städtischen Markt verkehrenden Bussen eine Fahrt nur 5 ₹ kostet.

Eine Fahrt mit dem Taxi oder der Autorikscha nach Old Goa kostet etwa 300 ₹. Die Taxis stehen vor allem rund um die Municipal Gardens. Autorikschas und Motorradtaxis warten vor der Hauptpost, in der 18th June Rd und südlich der Kirche auf Kundschaft.

Rund um die Hauptpost werden auch überall Roller und Motorräder für 200–300 ₹ am Tag verliehen.

Old Goa

Vom 16. bis zum 18. Jh., als Old Goa mehr Einwohner hatte als Lissabon oder London, wurde Goas ehemalige Hauptstadt auch als „Rom des Ostens" bezeichnet. Wenn man hier zwischen den hoch aufragenden Kirchen, der Kathedrale und den majestätischen Klöstern umherwandelt, ist diese Pracht immer noch zu erahnen. Unter portugiesischer Herrschaft begann ab 1510 der rasante Aufstieg Old Goas, Cholera- und Malariaepidemien zwangen die Bevölkerung Anfang des 17. Jhs. aber, die Stadt aufzugeben. Die Hauptstadt wurde 1843 offiziell nach Panaji verlegt.

Einige der eindruckvollsten Kirchen, die Kathedrale und das eine oder andere Kloster sind immer noch in Gebrauch und außergewöhnlich gut erhalten, während viele der übrigen historischen Gebäude mittlerweile Museen oder Ruinen sind – ein faszinierendes Ziel für einen Tagesausflug. Da es hier sehr schnell sehr voll werden kann, bietet sich ein Besuch morgens unter der Woche an, wenn man auch an einer Messe (in Konkani) in der Sé-Kathedrale oder der Basilika Bom Jesus teilnehmen kann (daran denken, in den Kirchen und der Kathedrale immer die Schultern und Beine zu bedecken!). Am 3. Dezember wird das **Fest des hl. Franz Xaver** begangen. Zu Ehren von Goas Schutzheiligem werden alle zehn Jahre (das nächste Mal 2014) die sterblichen Überreste des Heiligen durch die Straßen Goas getragen. Wer zufällig in den zehn Tagen davor in der Gegend ist, sollte unbedingt vorbeischauen.

Sehenswertes

★ Basilika Bom Jesus KIRCHE

(⌚7.30–18.30 Uhr; So 10.15 Uhr Messe auf Englisch) In der gesamten römisch-katholischen Welt ist sie für ihren schon ziemlich angegrauten Langzeitbewohner berühmt: Das weitläufige, vergoldete Innere der Basilika ist die letzte Ruhestätte von Goas Schutzheiligem, des hl. Franz Xaver (abgesehen von seinem mit Diamanten überzogenen Fingernagel, der in Chandor ruht). Der Heilige hatte sich 1541 auf eine Missionsreise begeben, um das sündig-rauschhafte Leben von Goas portugiesischer Kolonialgesellschaft zu verändern.

Die imposante Basilika aus rotem Stein wurde 1605 fertiggestellt; Franz Xaver selbst liegt in einem **Mausoleum** auf der rechten Seite in einem Sarg mit Glaswand inmitten eines wahren Regens aus goldenen Sternen.

Sé KIRCHE

(⌚7.30–18.30 Uhr) Die größte Kirche in Old Goa, die Kathedrale Sé de Santa Catarina, ist gleichzeitig auch die größte Kirche in Asien. Sie ist über 76 m lang und 55 m breit. Der Bau begann im Jahr 1562 auf Befehl des portugiesischen Königs Sebastian I., die letzten Feinarbeiten endeten 90 Jahre später. Insgesamt eher schlicht, verfügt die Kathedrale über drei besonders eindrucksvolle Merkmale: Oben im Glockenturm hängt die **Goldene Glocke**, die größte Glocke in Asien. In der abgeschirmten Kapelle rechts im Innern, die als **Kapelle des Wunder bringenden Kreuzes** bekannt ist, befindet sich ein 1619 von einer Gruppe einheimischer Schäfer hergestelltes Kreuz, das auf wundersame Weise angeblich immer größer wurde. Das dritte interessante Detail ist das massiv vergoldete *reredos* (Altaraufsatz), das das Leben der hl. Katharina zeigt, der die Kathedrale geweiht ist. Ihr Leben fand im ägyptischen Alexandria ein unschönes Ende – sie wurde geköpft.

Neben der Kathedrale ist im ehemaligen Haus des Erzbischofs die **Kunstgalerie Kristu Kala Mandir** (Eintritt 10 ₹; ⌚Di–So 9.30–17.30 Uhr) untergebracht. Hier gibt es moderne christliche Kunst und religiöse Objekte, darunter auch alte Beichtstühle und Altargemälde. Die dekorativen Wandfresken sind wohl die schönsten Stücke des Museums.

Kirche des hl. Franz von Assisi KIRCHE

(⌚8.30–17.30 Uhr) Das prächtige Innere dieser Kirche, die 1661 über einer Kapelle aus dem 16. Jh. erbaut wurde, ist mit vergoldeten Holzschnitzereien verziert und zeigt Wandmalereien, die das Leben des hl. Franziskus nacherzählen. Auch dekorative Blumenfresken und verschiedene Engel, ein portugiesischer Grabstein aus dem 16. Jh. und ein weiteres beeindruckendes *reredos* sind zu sehen.

Old Goa

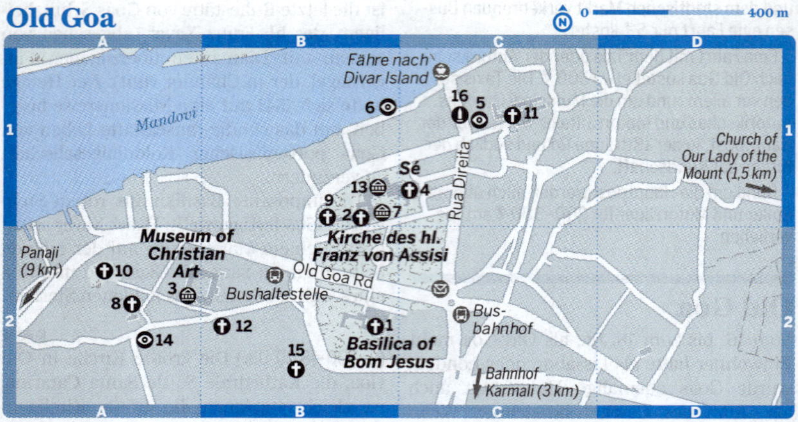

Old Goa

Highlights

1 Basilica Bom Jesus B2
2 Kirche des hl. Franz von Assisi B1
3 Museum of Christian Art A2
4 Sé C1

Sehenswertes

5 Adil Shah Palace Gateway C1
6 Albuquerque's Steps B1
7 Archäologisches Museum B1
8 Chapel of St. Anthony A2
9 Chapel of St. Catherine B1
10 Church of Our Lady of the Rosary A2
11 Church of St. Cajetan C1
12 Convent & Church of St. John B2
13 Kristu Kala Mandir Art Gallery B1
14 Augustinerkloster A2
15 Sisters' Convent B2
16 Viceroy's Arch C1

Unmittelbar hinter der Kirche ist im ehemaligen Kloster das **archäologische Museum** (Eintritt 10 ₹; 9–17 Uhr) untergebracht, zu dessen kleiner, aber interessanter Sammlung eine Porträtgalerie portugiesischer Vizekönige, einige Bronzestatuen, Fragmente einer Skulptur aus einem Hindu-Tempel und einige interessante „Heldensteine" zählen. Letztere wurden zu Ehren der einst im Kampf gefallenen Hindu-Krieger behauen.

★ **Museum of Christian Art** MUSEUM
(http://christianartmuseum.goa-india.org; Erw./Kind 30 ₹/frei; 9.30–17 Uhr) Dieses exzellente Museum ist in einer atemberaubenden Ecke des 1627 restaurierten **Convent of St. Monica** untergebracht und zeigt eine ausgewählte Sammlung christlicher Kunst aus dem 16. und 17. Jh., die aus Old Goa und dem ganzen Bundesstaat stammt. Das stimmungsvolle Innere stiehlt den hervorragenden Ausstellungsstücken – goldene und mehrfarbige Holzskulpturen, Prozessionslampen, Tabernakeltüren und weitere religiöse Objekte aus der Blütezeit Old Goas – beinahe die Show. Vier Stockwerke hohe Wände, freiliegende Holzverstrebungen und Terrakotten – die Schönheit dieses Ortes ist allein schon einen Besuch wert.

Church of St. Cajetan KIRCHE
(9–17.30 Uhr) Die nach dem ursprünglichen Entwurf des Petersdoms in Rom errichtete Kirche von St. Cajetan (1655) wurde von den Angehörigen des Theatinerordens gebaut, den Papst Urban III. zur Verbreitung des Christentums in das Königreich von Golkonda (bei Hyderabad) entsandt hatte. Da die Mönche ihren Auftrag in Golkonda nicht erfüllen durften, ließen sie sich 1640 in Old Goa nieder.

Church of Our Lady of the Mount KIRCHE
Einen wundervollen Blick über die Stadt hat man von dieser auf einem Hügel gelegenen Kirche, die auch die **Capela de Monte** genannt wird. Sie liegt 2 km östlich der Sé und lohnt den Aufstieg vor allem wegen der spektakulären Sonnenuntergänge (Einheimische warnen davor, alleine hinaufzugehen, da es hier recht abgeschieden ist). Die Kirche ist fast immer geschlossen, wurde kürzlich aber restauriert und beherbergt nun mit ihrer außergewöhnlichen Akustik

viele Konzerte, z. B. während des Fests des hl. Franz Xaver im Dezember, während des Monte-Musikfestivals im Februar und zu anderen Anlässen rund ums Jahr.

Augustinerkloster HISTORISCHE STÄTTE

Die melancholisch anrührenden Ruinen des einst großen und eindrucksvollen Gebäudekomplexes sind alles, was von dem 1572 begründeten und 1835 verlassenen Kloster noch übrig ist. Als 1942 die Fassade einstürzte, blieb nur der hohe Glockenturm inmitten der Trümmerhaufen stehen. Die Glocke konnte noch gerettet werden und hängt nun in der Kirche Our Lady of the Immaculate Conception in Panaji.

Andere Sehenswürdigkeiten

Es gibt zahlreiche weitere Baudenkmäler in Old Goa, die einen Besuch lohnen, so z. B. die der **Viceroy's Arch**, das **Adil Shah Palace Gateway**, die **Chapel of St. Anthony**, die **Chapel of St. Catherine**, die **Albuquerque's Steps**, der **Convent & Church of St. John**, der **Sisters' Convent** und die **Church of Our Lady of the Rosary**.

ℹ An- & Weiterreise

Von Old Goa fahren oft Busse zum Kadamba-Busbahnhof in Panaji (10 ₹, 25 Min.), die an der Old Goa Rd direkt neben dem Tourist Inn und am wichtigsten Kreisverkehr im Osten halten.

Ponda & Umgebung

Das 29 km südöstlich von Panaji im Landesinnern gelegene Ponda ist eine gewöhnliche Stadt mit zwei großen Attraktionen in der Nähe: Hindu-Tempel und Gewürzplantagen. Dafür lohnt es sich, einen Strandtag zu opfern. Echte Tempelfans könnten allerdings ein wenig enttäuscht sein, denn das meiste wurde nach der Zerstörung durch die Portugiesen wieder neu aufgebaut oder nachgebaut. Die Tempel hier sind also nicht so alt wie in anderen Teilen Indiens.

Der auf einem Hügel stehende **Mangueshi-Tempel** aus dem 18. Jh. liegt bei Priol, 5 km nordwestlich von Ponda, und ist Manguesh gewidmet, einem Gott, der nur in Goa bekannt ist. Der 1 km entfernte **Mahalsa-Tempel** in Mardol ist ebenfalls zu Ehren einer speziellen goanischen Gottheit erbaut, während der unmittelbar westlich von Ponda gelegene **Shantadurga-Tempel** von 1738 der Friedensgöttin Shantadurga gewidmet ist. Er ist einer der berühmtesten Schreine Goas.

Von Panaji (20 ₹, 45 Min.) und Margao fahren regelmäßig Busse nach Ponda. Von dort geht's mit dem Taxi weiter zu den Tempeln oder Gewürzplantagen. Ein Tagesausflug mit dem Taxi von Panaji aus kostet 1200 ₹ (für bis zu 8 Std. und 80 km).

NORD-GOA

Mapusa

40 100 EW.

Die angenehm geschäftige Marktstadt Mapusa („Mapsa" ausgesprochen) ist die größte Stadt in Nord-Goa und ein Verkehrsknotenpunkt für lokale und internationale Busse. Ihre Hauptattraktion ist der belebte **Freitagsmarkt** (⌚8–18.30 Uhr), der unzählige Käufer und Verkäufer aus den Nachbarstädten und -dörfern anzieht. Die Traveller, die von den Stränden im Norden herkommen, bereichern die bunte Mischung – der perfekte Ort, um sich mit der üblichen bestickten

ABSTECHER

BACKWOODS CAMP

Die Umgebung könnte kaum zauberhafter und wunderbarer sein: Das **Backwoods Camp** (☎9822139859; www.backwoodsgoa.com; 2 Tage 6000–7000 ₹, 3 Tage 8500–10 000 ₹) liegt mitten im Wald des Bhagwan Mahaveer Sanctuary, das voller Schmetterlinge und Vögel ist. Das Hüttendorf liegt ganz im Osten von Goa, 1 km vom Tempel von Tambdi Surla entfernt, und ist ein Eldorado für Vogelbeobachter. In einer der artenreichsten Gegenden Goas lebt vom Ceylonfroschmaul und Elfenblauvogel über Streifenbrusttimalie bis hin zu Bengalenpitta alles mögliche Federvieh. Geschlafen wird in gemütlichen Zelten auf erhöhten Plattformen sowie in den Bungalows und den Zimmern des Haupthauses (alle mit eigenem Bad), wobei alles getan wird, um das empfindliche Ökosystem zu schützen. Dies bedeutet, dass der Müll recycelt wird, heimische Baumarten wieder angepflanzt werden und die Dorfbewohner der Umgebung hier Arbeit finden.

Bettwäsche und Ähnlichem einzudecken, zudem sind die Preise hier niedriger als in den Strandorten!

In Mapusa befindet sich auch der unglaublich geniale **Other India Bookstore** (☎2263306; www.otherindiabookstore.com; Mapusa Clinic Rd; ⏲Mo–Fr 9–17, Sa bis 13 Uhr), ein Buchladen, der auf „abweichende Weisheiten" und alternative Literatur spezialisiert ist – eine kleine, aber spektakuläre Auswahl an Büchern über die Natur, die Landwirtschaft, Politik, Bildung und die natürliche Gesundheit. Man findet den Laden neben der alten Mapusa Clinic, einfach immer den Schildern folgen.

Freiwilligenarbeit

Wer während seines Aufenthalts in Goa benachteiligten Kindern helfen möchte, hat die Wahl zwischen mehreren bewährten Einrichtungen.

El Shaddai FREIWILLIGENARBEIT
(☎6513286, 6513287; www.childrescue.net; El Shaddai House, Socol Vaddo, Assagao) Die Organisation unterhält Tagesstätten, Nachtasyle und Heime für Straßenkinder und Waisen. Freiwillige Helfer müssen sich für mindestens vier Wochen verpflichten, eine Spende in Höhe von 500 £ (für Unterkunft und Verpflegung) leisten und sich einer Sicherheitsprüfung unterziehen – und sich frühzeitig bewerben. Oder man unterstützt eines der Kinder über das Internet.

Mango Tree Goa FREIWILLIGENARBEIT
(☎9881 261886; www.mangotreegoa.org; The Mango House nahe des Vrundavan Hospital, Karaswada, Mapusa) Die in Großbritannien ansässige Wohltätigkeitsorganisation kümmert sich in ihrem Mango House bei Mapusa um benachteiligte Kinder. Sie können dort übernachten, werden medizinisch versorgt, unterrichtet und ausgebildet. Besucher sind nach vorheriger Anmeldung willkommen. Vor allem Lehrer und Krankenpfleger sind als freiwillige Helfer gefragt.

Schlafen & Essen

Es lohnt sich kaum, über Nacht in Mapusa zu bleiben, da die Strände der Nordküste ganz in der Nähe sind und die meisten Fernbusse sowieso nachts fahren. Wer dennoch bleiben möchte, kann im zentralen **Hotel Vilena** (☎2263115; Feira Baixa Rd; DZ/3BZ 600/750 ₹, mit Klimaanlage 840 ₹; ❄), der besten Budgetunterkunft der Stadt, nächtigen. Rund um den Markt gibt's jede Menge ordentliche, traditionelle Cafés. Das betriebsame **Ashok Snacks & Beverages** (Thalis & Hauptgerichte 40–70 ₹; ⏲Mo–Sa 6–22.30, So 6–16 Uhr) direkt am Markt serviert ausgezeichnete Thalis. Das rein vegetarische **Hotel Vrundavan** (Thalis 50–75 ₹; ⏲Mi–Mo 7–22 Uhr) am Rand des Stadtparks ist ebenfalls ausgezeichnet und bietet auch guten Tee und kleine Snacks. Nach dem Essen trinkt man noch etwas im **Pub** (beim Markt; ⏲9–22.30 Uhr) und beobachtet dabei das geschäftige Treiben auf dem Markt.

ABSTECHER

DEM LEBEN WÜRZE GEBEN

In der Gegend um Ponda befinden sich zahlreiche Gewürzplantagen, die gut im Rahmen eines Tagesausfluges besucht werden können. Eine der beliebtesten ist die **Tropical Spice Plantation** (☎2340329; www.tropicalspiceplantation.com; Eintritt inkl. Mittagessen 400 ₹; ⏲9–16 Uhr), 5 km nordöstlich von Ponda. Nach der 45-minütigen, sehr unterhaltsamen Besichtigung des knapp 49 ha großen „Demo-Gartens" wartet ein auf Bananenblättern angerichtetes Mittagsbuffet auf die Gäste. Elefantenreiten (600 ₹/10 Min.) und -baden (600 ₹) sind ebenfalls im Angebot. Die nur 2 km von Ponda entfernte **Sahakari Spice Farm** (☎2312394; www.sahakarifarms.com; Eintritt inkl. Mittagessen 400 ₹; ⏲9–16 Uhr) verfügt über ein Restaurant im Stil einer für die Gegend typischen Hütte. Außerdem werden Volkstänze gezeigt und die Gäste können sich durch den Palmenwald schwingen, um Betelnüsse zu ernten.

Die 200 Jahre alte **Savoi Plantation** (☎2340272, 9822133309; www.savoiplantation.com; ⏲9–16.30 Uhr) ist seit Generationen im Familienbesitz und wirtschaftet nach dem Motto „von Anfang an Bio". Sie ist wesentlich freundlicher, weniger touristisch und elefantenfrei. Äußerst kompetente Führer heißen die Besucher herzlich willkommen und zeigen ihnen ganz individuell und mit viel Begeisterung die gut 40 ha große Plantage. Es wird auch Kunsthandwerk verkauft, und zur Begrüßung gibt's frischen Mangostansaft, Kardamonbananen und andere Bio-Leckereien.

Praktische Informationen

Im Zentrum und rund um den Markt gibt's einige Geldautomaten und ein paar Internetcafés.

Mapusa Clinic (☎2263343; ⌚Sprechstunde Mo–Sa 10.30–13.30, Mo, Mi & Fr 15.30–19 Uhr) Die Notfallambulanz der gut geführten Klinik ist rund um die Uhr geöffnet. Unbedingt zur „neuen" Klinik gehen, sie ist hinter der „alten"!

An- & Weiterreise

Wer mit dem Bus von Mumbai nach Goa reist und an die Strände im Norden möchte, muss im **Kadamba-Busbahnhof** (☎2232161) von Mapusa aussteigen. Von dort fahren alle paar Minuten Busse zu Zielen in der Region, die jeweils auf dem Schild an der Windschutzscheibe stehen. Am besten nimmt man einen Expressbus. Um zu den Stränden im Süden Goas zu kommen, fährt man über Panaji nach Margao und steigt dort um.

Fahrtziele in der Region sind u.a.:

Anjuna (15 ₹, 20 Min.)
Arambol (27 ₹, 1½ Std.)
Calangute/Candolim (10/12 ₹, 20/35 Min.)
Panjim (15 ₹, 20 Min.)
Thivim (15 ₹, 20 Min.)

Die Fernbusse starten ebenfalls im Busbahnhof, die Büros der privaten Busgesellschaften sind aber außerhalb des Bahnhofs. Im Allgemeinen unterscheiden sich die Preise der privaten Anbieter kaum von denen der staatlichen Kadamba-Busse, aber ein Vergleich lohnt sich dennoch, da es verschiedene Varianten von Bussen gibt.

Hier eine Auswahl der angebotenen Fernziele:

Bengaluru (klimatisierter oder Schlafbus eines privaten Unternehmens: 1400 ₹, 13–14 Std.)

Mumbai (nicht klimatisierter Bus eines Privaten Unternehmens: 700 ₹, klimatisiert: 1200 ₹, 12–15 Std.)

Pune (nicht klimatisierter Bus eines privaten Unternehmens: ab 650 ₹, klimatisiert: 1200 ₹, Schlafbus: 1000 ₹, 11–13 Std.)

Außerhalb des Busbahnhofs ist ein Stand für Prepaid-Taxis mit einer Preisliste. So kostet ein Taxi nach Anjuna oder Calangute 300 ₹, nach Arambol 500 ₹ und nach Panaji 500 ₹. Autorikschas kosten in der Regel 50 ₹ weniger als Taxis.

Der nächstgelegene Bahnhof der Konkan Railway ist in Thivim, etwa 12 km nordöstlich von Mapusa. Die Stadtbusse orientieren sich an den Fahrzeiten der Züge. Eine Autorikscha von Thivim nach Mapusa kostet um die 200 ₹.

Candolim, Sinquerim & Fort Aguada

8600 EW.

Candolims weitläufiger Strand, der sich bis zum kleineren Strand von Sinquerim im Süden erstreckt, ist vor allem das Hoheitsgebiet älterer Pauschaltouristen aus Großbritannien, Russland und Skandinavien, die sich in der Sonne brutzeln lassen. Eine endlose Kette von saisonalen Strandhütten bieten Liegestühle und Schatten, wenn man bereit ist, seine Individualität dafür zu opfern.

Candolims Strand ist liebenswürdig, die Stadt ganz entspannt und es gibt auch einige gute Hotels, die unter Palmen hinter dem Strand versteckt sind. Auf der Hauptstraße befinden sich einige gute Restaurants. Allerdings verblasst Candolim langsam und kann nicht mit der Persönlichkeit anderer Strandorte mithalten. Postamt, Supermärkte, Reisebüros, Internetcafés, Apotheken und zahlreiche Banken mit Geldautomaten befinden sich in der Hauptstraße, der Fort Aguada Rd, die parallel zum Strand verläuft.

Sehenswertes & Aktivitäten

Fort Aguada FESTUNG

(⌚8.30–17.30 Uhr) Fort Aguada wurde 1612 von den Portugiesen erbaut und ist die beeindruckendste der noch erhaltenen Festungen in Goa. Sie bewacht die Mündung des Mandovi und ist bei indischen Touristen sehr beliebt. Der tolle Ausblick vom Hügel aus ist es wert, den Massen von Besuchern und Straßenhändlern, die die von einem Graben umgebenen Ruinen einnehmen, zu trotzen. Zum Zeitpunkt der Recherche war der vierstöckige **portugiesische Leuchtturm** der Festung, 1894 erbaut und der älteste seiner Art in Asien, leider geschlossen. Etwas weiter die Straße hinunter befindet sich aber der aktive **Leuchtturm** (Inder/Ausländer 10/50 ₹, Foto 25 ₹; ⌚15–17.30 Uhr) der Halbinsel, der bestiegen werden kann und mit einer außergewöhnlichen Aussicht belohnt. Die nette, 2 km lange Fahrt zur Festung führt über eine hügelige Asphaltstraße. Alternativ kann man den steilen Anstieg vorbei am Marbella Guest House aber auch zu Fuß wagen. Unterhalb der Festung liegen das **Fort-Aguada-Gefängnis**, dessen Zellen ursprünglich die Lagerräume der Festung waren, und **Johnny's Mansion**, das einer berühmten, wohlhabenden goanischen Familie gehört und oft als Schauplatz für indische Filme genutzt wird. Beide sind der Öffentlichkeit nicht zugänglich.

Bootsfahrten BOOTSFAHRTEN

Von den überall in der Stadt angebotenen Bootstouren sind die von **John's Boat Tours** (☎9822182814, 6520190; www.johnboattrips.com) am beliebtesten. Sie führen zum Beobachten von Delfinen (1000 ₹), zum Markt von Anjuna (800 ₹) oder zum Schnorcheln vor Grand Island (1400 ₹). Ein echter Hit ist die Fahrt auf einem Hausboot mit Übernachtung und Vollpension (5500 ₹/Person). Etwas bescheidener (sprich: preiswerter) sind die Touren der vielen kleinen Anbieter am **Anleger für Ausflugsboote** am Ufer des Nerul, wo die Bootsfahrt nach Anjuna nur 400 ₹ kostet. Die Fahrt zur Delfinbeobachtung (300 ₹) führt über Coco Beach auch am Fort-Aguada-Gefängnis, am Fort selbst und „Johnny's Millionaire House" vorbei.

Schlafen

Candolim verfügt über eine große Auswahl an guten Unterkünften, darunter auch einige der besten Hotels im Norden Goas. Der Süden der Stadt ist fest in den Händen der Taj-Hotelkette. Die besten Budgetunterkünfte befinden sich vor allem im üppig grünen Norden von Candolim. Wer durch die kleinen Gassen zwischen der Hauptstraße und dem Strand geht, findet bestimmt etwas.

Beach Nest PENSION $

(☎2489866, 9822381853; Monteiro's Rd, Escrivai Vaddo; DZ 900–1200 ₹) Die freundliche, makellos saubere Pension bietet zwar keinen Meerblick, ist aber nur einen kurzen Weg durch den Dschungel vom Strand entfernt. Die teureren Zimmer im Obergeschoss haben Balkone, kleine Küchen und Kühlschränke. Die Besitzer sind hilfsbereit und die ganze Atmosphäre ist heiter und heimelig.

Villa Ludovici Tourist Home PENSION $

(☎2479684; Fort Aguada Rd; DZ inkl. Frühstück 900 ₹) Die fünf abgenutzten Zimmer mit knarrenden Fußböden haben schon Generationen von Budgetreisenden gesehen. Die herrliche alte Villa aus der portugiesischen Kolonialzeit steht zwar nicht direkt am Strand, ist aber eine schöne und gemütliche Unterkunft.

★ **Bougainvillea Guest House** PENSION $$

(☎2479842, 9822151969; www.bougainvilleagoa.com; abseits der Fort Aguada Rd, Sinquerim; Zi. 2500 ₹, Penthouse 4500 ₹; ❄📶) Der großartige Familienbetrieb in einer ruhigen Seitenstraße am südlichen Ende der Fort Aguada Rd ist von einem üppig grünen und blühenden Garten umgeben. Die acht lichtdurchfluteten Suiten sind geräumig, makellos sauber und haben Kühlschrank, Flachbild-TVs und einen Balkon oder kleinen Freisitz. Das Penthouse im obersten Stock bietet eine eigene Dachterrasse. Hierher kommt man immer wieder gern. Deshalb unbedingt vorher reservieren.

D'Mello's Sea View Home HOTEL $$

(☎2489650; www.dmellos.com; Monteiro's Rd, Escrivao Vaddo; DZ 1200–1700 ₹; @) Wie der Name schon sagt, haben die Zimmer des von der Familie D'Mello betriebenen Hotels direkten Blick aufs Meer, denn der Balkon geht jeweils über die gesamte Zimmerbreite. Selbst die Zimmer nach hinten hinaus sind sehr stilvoll in frischen Farben gehalten und mit schicken Tagesdecken aus Baumwolle versehen. Alle Zimmer sind sehr sauber und haben Moskitonetze, aber sehr kleine Bäder. Ein Trampelpfad führt direkt zum Strand. Und wenn das Hotel ausgebucht sein sollte, ist das kein Problem, denn es gibt mehr als genug andere in der Nähe.

Candolim Villa Horizon View HOTEL $$

(☎2489105; www.candolimvilla.com; DZ mit Klimaanlage 2200–2750 ₹; ❄@📶🏊) Das freundliche, professionell geführte Mittelklassehotel hat einfache Zimmer mit Klimaanlage, die sich rund um einen kleinen Pool verteilen.

★ **Marbella Guest House** HOTEL $$$

(☎2479551, 9822100811; www.marbellagoa.com; abseits der Fort Aguada Rd, Sinquerim; Zi. 3200–6100 ₹; ❄) Die grandiose Villa aus der portugiesischen Kolonialzeit ist voller Antiquitäten und hat einen ruhigen, üppig grünen Garten hinter dem Haus. Die Zimmer dieses romantischen, kultivierten Überbleibsels aus einer anderen Welt sind nach verschiedenen Themen gestaltet und benannt – z. B. Moghul, Rajasthani oder Bougainvillea. Passend dazu serviert die Hotelküche entsprechend fantasievolle Gerichte. Die Penthouse-Suite ist ein Traum aus Himmelbetten und glänzend polierten Fliesen. Kinder unter 12 Jahren haben keinen Zutritt.

Essen & Ausgehen

In den zahlreichen Hütten am Strand von Candolim kann man gut essen und ein kühles Bier genießen.

★ **Café Chocolatti** BÄCKEREI & CAFÉ $$

(409A Fort Aguada Rd; Backwaren 45–100 ₹, Hauptgerichte 120–220 ₹; ⏲ Mo–Sa 9–17 Uhr) Die hübsche Teestube inmitten eines grünen Gartens scheint vom Trubel auf der Straße oder am Strand Lichtjahre weit entfernt zu sein. Kaffee, Sandwiches und Salate sind ausgezeichnet, der Schokoladenkuchen und die Waffeln einfach himmlisch.

GRÜNES GOA?

Goas Umwelt hat in den letzten 40 Jahren unter dem Touristenstrom und den Auswirkungen von Abholzung, Bergbau und lokaler Bräuche gelitten – so gelten z. B. die Eier seltener Schildkröten als Delikatesse. Ungeachtet dessen, was die lokale Infrastruktur oder das Ökosystem noch aushalten können, geht die Bebauung weiter, während sich überall Berge von Plastikflaschen türmen. Es gibt jedoch einige simple Wege, die Auswirkungen des eigenen Aufenthalts auf Goas Ökologie zu minimieren:

- Wo immer möglich, die eigene Einkaufstasche mitnehmen und Wasserflaschen mit gefiltertem Wasser auffüllen. Auf die 5-l-Wasserflaschen der Marke Bisleri wird Pfand erhoben, sodass sie zurückgegeben und wiederverwendet werden können. Noch besser ist es natürlich, seinen eigenen Wasserfilter dabei zu haben.
- Statt eines Rollers auch mal ein Fahrrad leihen – zumindest für kurze Ausflüge – und herumfragen, falls sich im ersten Moment kein Fahrradverleih findet. Sie werden nämlich aufgrund der Roller-Vernarrtheit der Traveller immer seltener und die Qualität der Fahrräder ist schlecht. Bei entsprechender Nachfrage erhöht sich ihre Zahl aber wieder.
- Zigarettenkippen sind nicht biologisch abbaubar. Deshalb gehören sie in den Mülleimer. Vögel und Meerestiere halten sie für Nahrung und ersticken daran.

Schildkröten stehen derzeit unter dem Schutz des **Forest Departments** (www.goaforest.com), das an den Stränden, an denen die Tiere ihre Eier ablegen (z. B. in Agonda und Morjim) Infohütten hat. Man sollte entweder dort vorbeischauen oder sich auf der Website über die Arbeit des Departments informieren. Auch Goas wichtigste Interessenvertretung in Sachen Umweltschutz, die **Goa Foundation** (☎2256479, 2263305; www.goafoundation.org; St Britto's Apts, G-8 Feira Alta, Mapusa), leistet gute Arbeit. Seit ihrer Gründung 1986, mit Sitz in Mapusa, hat sie bereits einige Projekte gestartet und auf ihrer Website kann man sich über die Umweltprobleme Goas informieren. Ihr hervorragendes Buch *Fish Curry & Rice* (400 ₹) bietet einen Überblick über Lebensweise und Umwelt in Goa. Zu kaufen ist es im Other India Bookstore (S. 146) in Mapusa. Die Stiftung betreut gelegentlich auch Freiwilligenprojekte. Wer darüber mehr Infos möchte, ruft am besten an oder schaut vorbei.

Stone House STEAKHOUSE & BAR $$
(Fort Aguada Rd; Hauptgerichte 150–500 ₹; ⌚11–15 & 19–24 Uhr) Fisch und Fleisch sind die Themen des alteingesessenen Restaurants in einem schönen Steinhaus mit grünem Vorgarten. In Bier gedünsteter „Schwedischer Hummer" führt die Karte an, gefolgt von deftigen Fleischgerichten, Meeresfrüchten und goanischen Klassikern. Unter der Regie des netten Chris gibt's in der Hauptsaison tolle Livemusik an fast allen Abenden.

Bob's Inn MULTICUISINE & BAR $$
(Fort Aguada Rd; Hauptgerichte 80–300 ₹; ⌚10.30–16 & 18.30–24 Uhr) In entspannter Atmosphäre sitzen Reisende neben alten Einheimischen am großen Tisch und genießen die tollen Fischgerichte. Afrikanische Wandbehänge, Strohmatten und Terrakotta-Figuren bilden die Kulisse zu *rava* (in Weizengrießteig fritierte Miesmuscheln) und „betrunkenen Garnelen".

Chili Hip THAI $$
(☎6650281; www.chilihipgoa.com; Accron Place, Fort Aguada Rd; Hauptgerichte 200–380 ₹; ⌚12–15 & 18.30–22.30 Uhr) In dem stilvollen, neuen Restaurant, das zum Wellnesstempel Centara gehört, bereitet der Küchenchef aus Bangkok authentische, gut gewürzte thailändische Gerichte zu. Im Obergeschoss ist das Vibes, eine schicke Cocktailbar.

Republic of Noodles ASIATISCH. FUSION $$$
(Hauptgerichte 375–450 ₹; ⌚11.30–15 & 19–23 Uhr) Das preisgekrönte asiatische Restaurant mit dunkler Bambuseinrichtung, Buddhabüsten und Schwimmkerzen ist genau das Richtige für ein nobles Abendessen. Auf der Speisekarte stehen köstliche Nudelgerichte (in riesigen Portionen), Kurzgebratenes aus dem Wok und Geschmortes aus dem Tontopf – wie Roter Schnapper in Kokosnuss-Kurkuma-Curry – sowie einige interessante Angebote für Vegetarier.

ℹ An- & Weiterreise

Es fahren regelmäßig Busse nach Panaji (12 ₹, 30 Min.) und Mapusa (12 ₹, 35 Min.), die an der Abzweigung in der Nähe von John's Boat Tours halten. Die Busse nach Calangute (5 ₹, 15 Min.) starten an der Haltestelle Fort Aguada und können in der gesamten Fort Aguada Rd angehalten werden.

Calangute & Baga

15 800 EW.

Egal was passiert, Calangute und Baga bleiben die beliebtesten Strände von Goa – zumindest bei den neureichen einheimischen Touristen und den europäischen Pauschaltouristen. Einst war Calangute Rückzugsort wohlhabender Goaner, dann, in den 1960er-Jahren, ein berauschender Hotspot für nackte, ausgelassene Hippies. Calangute hat sich angepasst und ist jetzt vor allem bei einheimischen Großfamilien, indischen Junggesellen und feiernden Ausländern beliebt. Wer einmal die indische (in diesem Fall eher russische) Tourismusszene erleben will, der ist in Calangute genau richtig. Die nördlichen Strände können ganz schön voll werden – ebenso wie das Wasser, das sich mit Menschen, Booten und Jetskis füllt –, während es im Süden entspannter zugeht. Baga im Norden hingegen ist die Trink- und Tanzhochburg, wobei Nord-Baga wiederum, auf der anderen Seite des Flusses Baga gelegen, überraschend ruhig ist und entlang der Küste einige gute und günstige Übernachtungsmöglichkeiten bietet.

Aktivitäten

Wassersport

An den Stränden von Baga und Calangute findet man zahlreiche Jetski- und Parasailinganbieter. Eine Runde Parasailing kostet um die 650 ₹, fürs Jetskiing bezahlt man für 15 Minuten 1000 ₹.

Barracuda Diving TAUCHEN
(Karte S. 152; ☎2279409, Handy 9822182402; www.barracudadiving.com; Sun Village Resort, Baga; Kurse ab 4500 ₹) Diese gut etablierte Tauchschule bietet eine breite Palette an Tauchausflügen und Kursen an vom zweitägigen Entdeckungstauchgang (4500 ₹) bis zum viertägigen PADI open water (20 000 ₹). Auch ihr „Project A.W.A.R.E" ist außergewöhnlich: Es beinhaltet Initiativen zur Erhaltung des Meeres und alljährliche Unterwasser- und Strandsäuberungen.

Yoga & Ayurveda

Ayurvedic Natural Health Centre AYURVEDA, YOGA
(☎08322409275; www.healthandayurveda.com; Chogm Rd, Saligao; ⏲7.30–19.30 Uhr) Das hoch angesehene Zentrum liegt 5 km im Landesinneren bei Saligao und bietet Massagen und andere ayurvedische Behandlungen, die zwischen einer Stunde und drei Wochen dauern können. Es gibt außerdem Heilkräuter zu kaufen und man kann sich von einem ayurvedischen Arzt behandeln lassen. Es werden professionelle Kurs in Ayurveda, Yoga und verschiedenen anderen Therapien angeboten; dafür sollte man sich weit im Voraus anmelden. Wer spontan ist, kann auch unangemeldet am täglichen Yogaunterricht (300 ₹) teilnehmen.

Bootsfahrten

Am nördlichen Ende des Strands von Baga bieten die einheimischen Fischer Bootstouren zum Beobachten von Delfinen (500 ₹/Pers.) und zum Markt von Anjuna (300 ₹/Pers.) sowie ganztägige Ausflüge nach Arambol und Mandrem (1100 ₹/Pers.) an.

Geführte Touren

Day Tripper (Karte S. 151; ☎2276726; www.daytrippergoa.com; Gaura Vaddo, Calangute; ⏲Nov.–April Mo–Sa 9–17.30 Uhr) veranstaltet verschiedene Touren in Goa, darunter alle zwei Wochen einen Ausflug zu den Dudhsagar Falls (1330 ₹), Hausbootfahrten mit Übernachtung auf einem Reistransporter aus Kerala (5300 ₹/Pers.) und einen Segeltörn durch die Mangroven des Cumbarjua River (1650 ₹).

Die von der Tourismusbehörde GTDC angebotenen Touren können per Internet (www.goa-tourism.com) oder im Hotel **Calangute Residency** (Karte S. 151; ☎2276024; ⏲24 Std.) am Haupteingang zum Strand gebucht werden.

Schlafen

In Calangute und Baga gibt's jede Menge Unterkünfte, die sich jeweils in den kilometerlangen Hauptstraßen und Gassen in Richtung Strand befinden. Im Süden von Calangute und jenseits der Brücke im Norden von Baga sind die Hotels im Allgemeinen am ruhigsten.

Calangute

★ **Johnny's Hotel** HOTEL $
(Karte S. 151; ☎2277458; Calangute; DZ 700–900 ₹, mit Klimaanlage 1100–1300 ₹; ❄📶) Das gesellige, bei Rucksackreisenden sehr beliebte Hotel hat 15 einfache Zimmer und im Untergeschoss ein Restaurant mit Bar. Regelmäßig finden Yoga- und Reiki-Kurse statt. Wer länger bleiben will, kann eines der Apartments oder Häuschen mieten.

Calangute

Calangute

Aktivitäten, Kurse & Touren

1 Calangute Residency A1
2 Day Tripper B3

Schlafen

3 Casa de Goa B2
4 Coco Banana A1
5 Garden Court Resort B1
6 Johnny's Hotel A1
7 Ospy's Shelter A3

Essen

8 A Reverie A3
9 Infantaria A1
10 Plantain Leaf B1

Shoppen

11 Literati Bookshop & Cafe B3

Ospy's Shelter PENSION $
(Karte S. 154; ☎2279505; oscar_fernandes@sify.com; DZ 700–800 ₹) Zwischen dem Strand und der Kapelle St. Anthony stehen auf einem ruhigen, grünen Gelände voller Palmen und weichem Sand die Häuschen der von einer Familie geführten Pension. Nicht nur wegen der Entfernung von nur zwei Gehminuten zum Strand ist sie eine gute Wahl: Die blitzsauberen Zimmer im Obergeschoss haben Kühlschrank und Balkon, das Erdgeschoss schmückt ein herrlicher, alter Fliesenboden. Das Ganze hat eine gemütliche, familiäre Ausstrahlung. Die Pension liegt an der Straße westlich der Kapelle, ist aber schwer zu finden. Deshalb vorher anrufen!

Garden Court Resort PENSION $
(Karte S. 151; ☎2276054; luarba@dataone.in; Zi. 600–1000 ₹, mit Klimaanlage 700–1200 ₹; ❄📶🏊) Obwohl die Villa im portugiesischen Stil mit hübschem Garten direkt an der geschäftigen Straße zum Markt liegt, sind die Zimmer bemerkenswert ruhig. Sie sind zwar nichts Besonderes, aber ihr Geld wert und haben sogar einen Balkon.

Coco Banana PENSION $
(Karte S. 151; ☎2279068; www.cocobananagoa.com; DZ 750–950 ₹, mit Klimaanlage 1200 ₹) Die ruhige Pension einer schweizer-goanischen Familie steht unter den Palmen südlich des Haupeingangs zum Strand von Calangute. Die geräumigen Zimmer sind blitzsauber und es herrscht eine freundliche Atmosphäre. Für Familien oder Gruppen gibt's im Casa Leyla nebenan ein Apartment mit separatem Wohnzimmer und Küchenzeile.

★ **Casa de Goa** HOTEL $$$
(Karte S. 151; ☎6717777; www.casadegoa.com; Tivai Vaddo; Zi./Suite/Haus 11 500/14 000/15 400 ₹; ❄@📶🏊) Das schöne Hotel ist bei indischen Familien sehr beliebt und deshalb an Wochenenden und in der Hauptsaison schon Monate im Voraus ausgebucht. Bei den üppigen Preisen kommt es eigentlich auch nur von April bis Oktober in Frage, wenn die Zimmer weniger als die Hälfte kosten. Ockergelbe Gebäude im portugiesischen Stil stehen rund um einen hübschen Pool im Innenhof, die Einrichtung ist hell und frisch und die großen, sauberen Zimmer haben alle einen Safe, Flachbild-TVs und andere gute Extras.

Baga

Indian Kitchen PENSION $
(☎2277555; www.indian-kitchen-goa.com; EZ/DZ/Hütte 770/990/1200 ₹; ❄@📶🏊) Wer einen abwechslungsreichen Urlaub machen will, ist hier genau richtig. Der Familienbetrieb bietet einfache Zimmer, die von ganz eigenem Reiz sind und sich rund um einen belebten Innenhof verteilen. Hinter dem Haus gibt's einen kleinen Swimmingpool, einen winzigen Fitnessraum und eine Sauna.

Melissa Guest House PENSION $
(Karte S. 152; ☎2279583; DZ 600 ₹) Kleine, hübsche Zimmer, alle mit eigenem Bad und

Baga

0 400 m

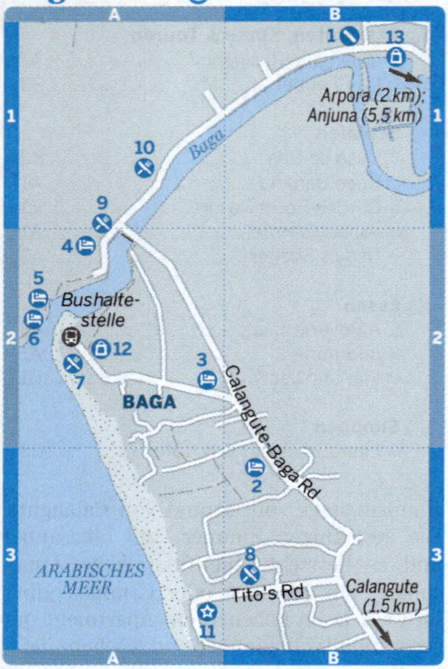

Baga

Aktivitäten, Kurse & Touren

1 Barracuda Diving B1

Schlafen

2 Alidia Beach Cottages B3
3 Cavala Seaside Resort A2
4 Divine Guest House A2
5 Melissa Guest House A2
6 Nani's Bar & Rani's Restaurant A2

Essen

7 Britto's A2
8 Fiesta B3
9 Le Poisson Rouge A1
10 Lila Café A1

Unterhaltung

11 Café Mambo A3

Shoppen

12 Karma Collection A2
13 Saturday Night Market B1

Warmwasserdusche, ausgezeichnetes Preis-Leistungs-Verhältnis. Die kleine, ruhige Pension liegt in einem hübschen, grünen Garten in der Nähe des Baga River und bietet einen guten Blick auf den Strand.

Divine Guest House PENSION $
(Karte S. 152; ☎2279546, 9370273464; www.indivinehome.com; DZ ab 800 ₹, mit Klimaanlage 1200 ₹; ❄@wifi) Die „göttliche" Pension grüßt schon an der Eingangstür mit einem „Lobet den Herren"-Türpfosten und im ganzen Haus geht's mit solchen munteren Sprüchen weiter. Wer keine Lust auf vergnügliche Bekehrungsversuche hat, ist hier eher falsch. Die Zimmer sind nett und heimelig, in bunten Farben und mit viel Kitsch eingerichtet, und haben hier und da auch eine ganz persönliche Note. Friedvolle Lage am Fluss.

Alidia Beach Cottages PENSION $$
(Karte S. 152; ☎2279014; www.alidiabeachcottages.com; Calangute-Baga Rd, Saunta Waddo; DZ 1500 ₹, mit Klimaanlage 2500–2800 ₹, Suite 3500 ₹; ❄wifi pool) Die fröhliche Pension hinter einer weißen Kirche hat sehr schöne, gepflegte Zimmer im mediterranen Stil, die rund um einen tollen Pool angeordnet sind. Die billigeren Zimmer gehen nach hinten hinaus, sind aber ebenfalls in gutem Zustand. Das Personal ist sehr zuvorkommend. Ein kleiner Weg führt direkt zum Strand.

Cavala Seaside Resort HOTEL $$
(Karte S. 152; ☎2276090; www.cavala.com; Calangute-Baga Rd; EZ/DZ inkl. Frühstück ab 1050/2100 ₹, DZ mit Klimaanlage 3250–5400 ₹, Suite 3900–4750 ₹; ❄wifi pool) Seit mehr als 30 Jahren begeistert das efeubewachsene Lateritsteinhaus die Besucher von Baga. Die Zimmer sind immer noch einfach, aber sauber und hübsch möbliert. Das Restaurant mit Bar ist sagenhaft und in der Hauptsaison gibt's fast jeden Abend Livemusik. Zum Hotel gehört auch die Banana Republic Bar auf der anderen Straßenseite. Dort befindet sich ein zweiter **Swimmingpool**, in dem für 200 ₹ Nicht-Hotelgäste planschen dürfen.

Nani's Bar & Rani's Restaurant PENSION $$
(Karte S. 152; ☎2276313; www.naniranigoa.com; Zi. ohne/mit Klimaanlage 1400/1600 ₹; ❄@) Das ebenso bezaubernde wie günstig gelegene Haus hat neun saubere, einfach möblierte Zimmer (die zum Zeitpunkt der Recherche renoviert wurden) und einen hübschen Garten im Innenhof. In einer prachtvollen Villa aus der portugiesischen Kolonialzeit befindet sich das Restaurant Balcao, das gute goanische Küche bietet. Im Vergleich zu den Nachbarn etwas teuer, aber es lohnt sich!

★ **Nilaya Hermitage** HOTEL $$$
(☎2269793, 2269794; www.nilaya.com; Arpora; DZ inkl. Frühstück, Abendessen & Spa 350 €; ❄@wifi pool) Den ultimativen Luxus in Goa findet man 5 km landeinwärts von Baga auf einem Hügel in Arpora. Wer hier absteigt,

kann sich neben Stars wie Giorgio Armani, Sean Connery und Kate Moss ins Gästebuch eintragen. Die zehn wunderbaren Zimmer in roten Steinhäusern und vier Luxuszelte stehen direkt am zentralen Pool. Das Essen ist so traumhaft wie die Umgebung und im Spa kann man sich mit dem kompletten Ayurveda-Programm verwöhnen lassen.

Essen

In Calangute und Baga findet man alles, was die goanische und internationale Küche hergibt, von frischem Fisch, der am Strand gegrillt wird, bis zum feinsten italienischen Schinken in hausgemachter Pasta. Am Hauptstrand wimmelt es von Verkaufsständen, die gegrillte Maiskolben, *pav bhaji* (scharfes Gemüsecurry mit Brot), leuchtend bunte Zuckerwatte und natürlich die in den Strandbars üblichen Snacks anbieten. Nach Norden und Süden hin wird kultivierter gegessen. So befinden sich einige der besten Restaurants in Baga an der Straße nördlich des Flusses. In der geschäftigen Gegend rund um den Markt in Calangute drängen sich mittlerweile die Teestuben und Thali-Lokale.

Calangute

★ Plantain Leaf INDISCH $

(Karte S. 151; Thalis 100–125 ₹, Hauptgerichte 80–200 ₹; ⌚11–22 Uhr) Das rein vegetarische Restaurant befindet sich im ersten Stock eines Gebäudes, das ein Stück von der chaotischen Straßenkreuzung am Marktplatz entfernt ist. Die vielen indischen Familien, die die Sitzecken bevölkern, beweisen die Qualität des geschäftigen, aber gemütlichen und freundlichen Lokals: Das vegetarische Thali zählt sicher zu den besten in Goa.

Infantaria BÄCKEREI, ITALIENISCH $$

(Karte S. 151; Calangute-Baga Rd; Gebäck 80–150 ₹, Hauptgerichte 180–300 ₹; ⌚7.30–24 Uhr) Aus der ehemals besten kleinen Bäckerei in Calangute ist längst ein fantastisches, kleines italienisches Restaurant geworden, das sich über zwei Ebenen erstreckt. Das Frühstück mit frisch gebackenen Croissants, luftigem Gebäck und echtem Bohnenkaffee ist immer noch sagenhaft, aber mittlerweile gibt's auch mittags und abends goanische und italienische Spezialitäten, Wein und raffinierte Cocktails.

A Reverie INTERNATIONAL $$$

(Karte S. 151; ☎9823505550; Holiday St; Hauptgerichte 340–600 ₹; ⌚19 Uhr–open end) Die tolle Lounge-Bar mit bequemen Sesseln, coolem Jazz und glitzerndem Kristall verwöhnt ihre Gäste mit Serrano-Schinken, gegrilltem Spargel, italienischem Käse und französischem Wein. Am besten beginnt man mit einem Teller voller Tapas und isst sich dann durch ein internationales Menü mit europäischen, asiatischen und indischen Zutaten.

Baga

Lila Café CAFÉ $$

(Karte S. 152; Hauptgerichte 40–280 ₹; ⌚8.30–18 Uhr) In dem von Deutschen geführten Gartenlokal gibt's zum Frühstück selbst gebackenes Brot, Croissants und perfekt geschäumten Cappuccino, später dann deftige Hausmannskost wie Gulasch mit Spätzle.

Britto's MULTICUISINE, BAR $$

(Karte S. 152; Hauptgerichte 100–380 ₹; ⌚8.30–24 Uhr) Der riesige Laden am nördlichen Ende des Strands ist eine Institution in Baga. Hier kann man nicht nur gut frühstücken, auch mittags und abends ist es meist rappelvoll. Die Getränkeliste ist viel umfangreicher als die Speisekarte und in der Hauptsaison gibt's an fast allen Abenden Livemusik.

★ Fiesta WESTLICH $$$

(Karte S. 152; www.fiestagoa.in; Tito's Rd; 250–600 ₹; ⌚19 Uhr–open end) Der versteckt hinter der lauten Tito's Lane liegende tropische Garten auf zwei Ebenen, der von Kerzen beleuchtet wird, hat etwas Magisches. Bei leiser Musik und umgeben von exotischem Mobiliar genießen die Gäste erstklassige mediterrane Küche von hausgemachter Pizza und Pasta – z. B. Ravioli mit Ricotta-Kräuter-Füllung oder Penne mit Gorgonzolasauce – über französisch inspirierte Meeresfrüchte bis hin zu exquisiten Desserts. Sündhaft teuer, aber jede Rupie wert!

Le Poisson Rouge FRANZÖSISCH $$$

(Karte S. 152; Hauptgerichte 390–480; ⌚19–24 Uhr) Das indisch-französische Gartenlokal am Fluss ist eines der besten Abendrestaurants in Baga. Einfache Zutaten aus der Region werden zu sagenhaften Gerichten wie Rote-Beete-Carpaccio, Hühncheneintopf in Burgunder oder Tintenfisch-Garnelen-Risotto verarbeitet und unter dem Sternenhimmel serviert.

Ausgehen & Nachtleben

Im Gegensatz zu den Küstenorten weiter nördlich scheint Bagas Clubszene keine

Sperrstunde zu kennen. Wer eine Nacht lang ausgiebig trinken und auf den Tischen tanzen will, ist hier richtig. Das Epizentrum ist die Gegend rund um die Tito's Lane, wo es jede Menge kleiner Bars gibt, die an den Wochenenden zumeist auch Livemusik bieten.

Café Mambo NACHTCLUB
(Karte S. 152; ☎ 9822765002; www.titos.in; 500 ₹/Paar; ⌚ 22.30–3 Uhr) In dem für Bagas Verhältnisse recht kultivierten Nachtclub legen die DJs meist kommerziellen House und Hip-Hop auf. Ab und zu gibt's auch (westliche) Oldie-Nights. Eigentlich kommen hier nur Pärchen rein, aber auch einzelne Frauen werden oft (kostenlos) eingelassen, einzelne Männer haben keine Chance. Das **Tito's** nebenan war einmal *der* Club in Baga überhaupt, lohnt sich heute aber eigentlich nur noch zu den „Bollywood-Nights". Öffnungszeiten, Eintrittspreise und Einlassregeln sind dieselben wie im Mambo.

Shoppen

Mackie's Saturday Nite Bazaar (www.mackiesnitebazaar.com; ⌚ Nov.–April Sa ab 18 Uhr) in Baga und der noch größere **Saturday Night Market** (Karte S. 152; www.snmgoa.com; ⌚ Nov.–April Sa ab 18 Uhr) im 2 km nordöstlich gelegenen Arpora, die beide nur in der Hauptsaison stattfinden, sind eine witzige Alternative zum berühmten Mittwochsmarkt in Anjuna. Auch hier gibt's die üblichen Essens- und Souvenirstände sowie gute Unterhaltung. In den letzten Jahren wurden die Nachtmärkte aus unbekannten Gründen immer wieder abgesagt. Deshalb unbedingt vorher nachfragen, ob sie auch wirklich stattfinden.

Karma Collection SOUVENIRS
(Karte S. 152; www.karmacollectiongoa.com; ⌚ 9.30–22.30 Uhr) Feilschen verboten! Der Laden am Ende der Straße zum Strand von Baga verkauft zu festen Preisen die üblichen Patchwork-Wandbehänge, aber auch Antiquitäten aus ganz Südasien.

Literati Bookshop & Cafe BÜCHER
(Karte S. 151; ☎ 2277740; www.literati-goa.com; ⌚ Mo–Sa 10–18.30 Uhr) Der erfrischend andere Buchladen ist im Wohnhaus des Eigentümers in Calangute. Hier finden auch Lesungen und ähnliche Veranstaltungen statt.

Praktische Informationen

Wechselstuben, Geldautomaten, Apotheken und Internetcafés scharen sich rund um Calangutes größten Markt und im Gebiet rund um den Busbahnhof sowie entlang der Hauptstraßen nach Candolim bzw. Baga.

MGM International Travels (☎ 2276037; www.mgmtravels.com; Umta Vaddo, Calangute; ⌚ Mo–Sa 9.30–18.30 Uhr) Ein lang etabliertes und vertrauenswürdiges Reisebüro mit günstigen Preisen für In- und Auslandsflüge.

Thomas Cook (☎ 2282455; Calangute-Anjuna Rd, Calangute; ⌚ Mo–Sa 9–18 Uhr) Geldwechsel.

Anreise & Unterwegs vor Ort

Es gibt regelmäßig Busse nach Panaji (15 ₹, 45 Min.) und Mapusa (10 ₹), die von den Haltestellen in Baga und Calangute starten. Zwischen diesen Haltestellen fährt alle paar Minuten ein Stadtbus (5 ₹); man kann unterwegs überall in ihn einsteigen. Ein Taxi von Calangute nach Baga kostet läppische 100 ₹. Ein Prepaid-Taxi vom Flughafen Dabolim nach Calangute kostet 750 ₹.

Anjuna

Das gute alte Anjuna, ein fester Bestandteil der indischen Hippieszene, bringt immer noch jeden Mittwoch Sarongs und Sandelholz auf seinem berühmten – und einst auch berüchtigten – Flohmarkt, und hat auch noch die Kleinstadtatmosphäre, die wir so lieben. Mit seinen langen Stränden, Reisfeldern und günstigen Pensionen, die in recht friedlichen Ecken eng beieinander liegen, zieht es weiterhin scharenweise Backpacker und Langzeit-Hippies an – es kommen aber auch immer mehr Mittelklassetouristen hierher. Die Stadt selbst ist mittlerweile an den Rändern etwas ausgefranst, aber das ist Teil ihres gemütlichen Charmes, und Anjuna ist und bleibt einer der Lieblingsorte, von Langzeitgästen wie auch von Ersttätern.

Sehenswertes & Aktivitäten

Der berühmte **Strand** von Anjuna erstreckt sich über fast 2 km vom Norden des Dorfes bis zum Flohmarkt. Das nördliche Ende besteht zumeist aus Felsenklippen, die von preiswerten Cafés und einfachen Pensionen gesäumt sind. Der eigentliche Strand beginnt erst südlich des Restaurants San Francisco. Von dort bis zum südlichen Ende stehen eine ganze Reihe von Strandbars im feinen Sand. Wem es am Strand zu langweilig ist, kann an Markttagen von der Landzunge am südlichen Ende des Strands mit dem **Gleitschirm fliegen** (Tandemflug 1800 ₹).

Yoga

Überall in Anjuna werden Yoga, Reiki und Ayurveda angeboten, Infos findet man im Café Diogo und in der German Bakery. Für die Kurse von **Brahmani Yoga** (☎9370568639; www.brahmaniyoga.com) neben dem Hotel Bougainvillea und **Oceanic Yoga** (☎9545112278; www.oceanicyoga.com; Anjuna; ⌚1½-stündiger Kurs 400 ₹) ist keine Voranmeldung nötig. Letzeres bietet auch Intensivkurse und eine Ausbildung zum Yoga-Lehrer an.

Schlafen

Die meisten Unterkünfte und touristischen Einrichtungen befinden sich auf den Klippen am Strand, in der Anjuna-Mapusa Rd, wo auch der Busbahnhof ist, und in den schattigen Gassen landeinwärts. Zimmer der Kategorie „ziemlich viel Beton" reihen sich auf den Klippen im Norden der Stadt dutzendweise aneinander. Die meisten kosten zwischen 500 und 700 ₹ pro Nacht (in der Nebensaison). Fast zum gleichen Preis bieten etwas weiter vom Hauptstrand entfernt unzählige kleine, von Familien geführte Pensionen wesentlich hübschere Doppelzimmer an. Einfach nach den Schildern mit „Zimmer zu vermieten" Ausschau halten.

Elephant Art Cafe ZELTLAGER $
(☎9970668845; elephantartcafe@gmail.com; Zelt 800–1000 ₹) Die geräumigen Zelte haben geflieste Fußböden, jeweils ein eigenes Bad und sind mit bestickten Stoffen ausgekleidet. Durch das kleine Zeltdorf auf einem hübschen Gelände führen beleuchtete Fußwege. Das gleichnamige Restaurant hinter der Strandbar ist auch recht gut.

Vilanova PENSION $
(☎6450389, 9225904244; mendonca90@rediffmail.com; DZ ohne/mit Klimaanlage 800/1100 ₹; ❄) Die großen, sauberen Zimmer sind mit Kühlschrank, TV, Warmwasser rund um die Uhr und Insektengitter am Fenster ausgestattet. Sie sind in drei Bungalows im portugiesischen Stil untergebracht, die auf einem netten kleinen Grundstück stehen. Hier herrscht gute Stimmung und eine familienfreundliche Atmosphäre. Zudem ist das Personal nett und das Restaurant preiswert.

Florinda's PENSION $
(☎9890216520; Zi. 400–700 ₹, mit Klimaanlage 1200 ₹; ❄) Die Pension gehört zu den besseren Budgetunterkünften in Strandnähe. Die sehr unterschiedlichen, sauberen Zimmer rund um einen blühenden Garten haben Fliegengitter vor den Fenstern und immer warmes Wasser.

Paradise PENSION $
(☎9922541714; janet_965@hotmail.com; Anjuna-Mapusa Rd; DZ 1000 ₹, mit Klimaanlage 2000 ₹; ❄@📶) Die freundliche Pension mit sauberen Zimmern befindet sich in einem alten portugiesischen Haus. Auf dem ländlichen Grundstück krähen Hähne und schlafen Katzen. Inhaberin Janet betreibt mit ihrer geschäftstüchtigen Familie auch einen Tante-Emma-Laden, ein Restaurant, ein Internetcafé und vieles mehr.

Peace Land PENSION $
(☎2273700; EZ/DZ ab 600/1000 ₹, mit Klimaanlage 1500–2000 ₹; ❄📶) Die Zimmer sind recht klein, aber um einen ruhigen Innenhof mit Garten gruppiert. Es gibt einen Billardtisch, einen gemütlichen Aufenthaltsbereich und Hängematten. Nach Meinung einiger Gäste lässt der Service aber zu wünschen übrig.

Palacete Rodrigues HISTORISCHES HOTEL $$
(☎2273358; www.palacetegoa.com; Mazal Vaddo; EZ/DZ ab 1575/2100 ₹, DZ/Suite mit Klimaanlage 2620/3150 ₹; ❄) Die herrlich altmodische Villa ist vollgestopft mit Antiquitäten, kunstvoll geschnitzten Holzmöbeln, Witzigem und Skurrilem – etwas heruntergekommen, aber immer noch bezaubernd! Jedes Zimmer ist in einem anderen Stil gestaltet: chinesisch, vietnamesisch, portugiesisch und natürlich goanisch.

Banyan Soul BOUTIQUEHOTEL $$
(☎9820707283; www.thebanyansoul.com; DZ 2200 ₹; ❄) Das elegante Hotel mit zwölf Zimmern befindet sich direkt hinter der German Bakery. Es ist mit viel Liebe eingerichtet und wird von einem jungen Aussteiger aus der IT-Tretmühle in Mumbai geführt. Die Zimmer sind schick und mit Kabel-TV, Klimaanlage und weiteren Annehmlichkeiten ausgestattet. Damit gehört es eindeutig zu den besten Mittelklasse-Hotels der Stadt.

Hotel Bougainvillea HISTORISCHES HOTEL $$$
(Granpa's Inn; ☎2273270, 2273271; www.granpasinn.com; Anjuna Beach Rd; DZ/Suite inkl. Frühstück ab 3950/4450 ₹; ❄📶🏊) Das altmodische Hotel in einer 200 Jahre alten, gelben Villa ist einfach nur schön. Die eleganten Zimmer sind in einer seltenen Mischung aus betulichem Charme und echtem Luxus eingerichtet und der Poolbereich ist sagenhaft. Umgeben von einem üppig grünen, schattigen Garten scheint es hier deutlich kühler zu sein als im Rest der Stadt. Einziger Nachteil: es ist sehr weit vom Strand entfernt.

Anjuna

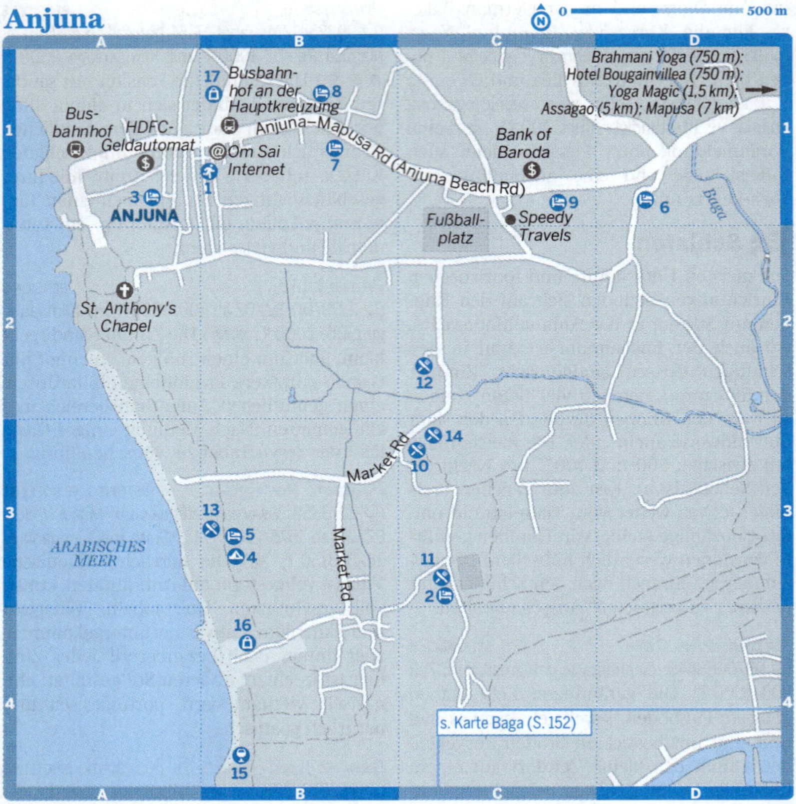

Casa Anjuna HOTEL $$$
(☎2274123-5; www.casaboutiquehotels.com; D'Mello Vaddo 66; Zi. ab 7700 ₹; ❄📶🏊) Das hübsche historische Hotel ist von einem ebenso schönen, blühenden Garten mit einem einladenden Pool umgeben. Alle Zimmer sind mit alten Möbeln und Accessoires ausgestattet. Genau wie viele andere Hotels der Spitzenklasse ist es vor allem in der Nebensaison zu empfehlen, wenn die Preise nur noch halb so hoch sind.

✕ Essen & Ausgehen

Am südlichen Ende des Strandes von Anjuna stehen mehr oder weniger dauerhaft ein paar überdimensionale Strandbars, in denen es den ganzen Tag über etwas zu essen und zu trinken gibt. Zu den wirklich guten gehören das Cafe Lilliput und die Shore Bar. **Curlie's** (Hauptgerichte 90–280 ₹; ⏲9–3 Uhr), ganz am äußersten Ende, ist der perfekte Ort, um den Sonnenuntergang zu beobachten und danach mit dem alternativen Publikum eine der vielen spontanen Partys zu feiern. Beim Busbahnhof und auf den Klippen befinden sich jede Menge Restaurants, die besten verstecken sich aber in der Straße zum Flohmarkt. **Oxford Arcade** (☎2273436; ⏲Mo–Sa 8.30–20 Uhr) bei der Starco-Kreuzung ist ein ausgezeichneter Supermarkt, in dem man sich mit Importwaren und preiswerten Alkoholika eindecken kann.

Café Diogo CAFÉ $
(Market Rd; Snacks 60–140 ₹; ⏲8.30–19 Uhr) Der vermutlich beste Obstsalat von Goa wird im Diogo serviert, einem kleinen, von Einheimischen betriebenen Café auf dem Weg zum Markt. Die großzügig belegten Sandwiches mit gegrillter Avocado, Käse und Pilzen sind auch nicht übel.

Whole Bean Tofu CAFÉ $
(Market Rd; Hauptgerichte 60–150 ₹; ⏲8–17 Uhr) Einer der wenigen Orte in Goa, wo Veganer wirklich gut essen können. In diesem tofu-

Anjuna

Aktivitäten, Kurse & Touren

1 Oceanic Yoga ... B1

Schlafen

2 Banyan Soul ... C3
3 Casa Anjuna ... A1
4 Elephant Art Cafe ... B3
5 Florinda's ... B3
6 Palacete Rodrigues ... D1
7 Paradise ... B1
8 Peace Land ... B1
9 Vilanova ... C1

Essen

10 Café Diogo ... C3
11 German Bakery ... C3
12 Martha's Breakfast Home ... C2
13 Shore Bar ... B3
14 Whole Bean Tofu ... C3

Ausgehen & Nachtleben

15 Curlie's ... B4

Shoppen

16 Flohmarkt ... B4
17 Oxford Arcade ... B1

schwangeren Gesundheits-Café dreht sich alles um die wandlungsfähige Sojabohne.

Martha's Breakfast Home CAFÉ $$
(Hauptgerichte 80–300 ₹; 7–14 Uhr) Hier gibt's den ganzen Tag lang Frühstück, das in einem ruhigen Garten am Weg zum Flohmarkt serviert wird. Porridge und Fruchtsäfte sind klasse, aber der Hit sind eindeutig die noch dampfenden Pfannkuchen und Waffeln, die mit echtem Ahornsirup getränkt werden. Im Haus nebenan werden ein paar saubere Zimmer vermietet (1000 ₹).

German Bakery MULTICUISINE $$
(www.german-bakery.in; Brot & Gebäck 40–80 ₹, Hauptgerichte 80–270 ₹; 8–23 Uhr;) In dem allseits beliebten Lokal voller Grünpflanzen, Gebetsfahnen, bunten Lichtern und stimmungsvollen Nischen mit Vorhängen gibt's Frühstück, Crêpes und zwangloses vegetarisches Mittag- und Abendessen. Spezialität des Hauses sind kreative Tofu-Gerichte.

Shore Bar MULTICUISINE $$
(Hauptgerichte 120–400 ₹) Im Lauf der Zeit in der großen Konkurrenz am Strand etwas untergegangen, ist das Lokal immer noch eine echte Institution in Anjuna – nicht zuletzt wegen des schalldichten Nachtclubs mit Lounge-Bar im Obergeschoss. Das Essen ist ausgezeichnet, aber teuer. Besonders toll ist es, hier an Markttagen einen Sundowner zu genießen.

Praktische Informationen

In Anjuna gibt's drei Geldautomaten, die sich alle in der Hauptstraße zum Strand befinden.

Speedy Travels (2273266; Mo–Sa 9–18.30, So 10–13 Uhr) Zuverlässige Agentur zum Buchen von Flug- und Zugtickets, die auch verschiedene Touren organisiert, Bargeld auf Kreditkarten auszahlt und Geld tauscht.

An- & Weiterreise

Am größten **Busbahnhof** nahe des Strandes startet etwa alle 30 Minuten ein Bus nach Mapusa (15 ₹) und fährt teilweise auch weiter bis nach Vagator und Chapora. Zweimal täglich fährt ein Bus vom **Busbahnhof an der Hauptkreuzung** nach Calangute. An beiden Busbahnhöfen warten Taxis und Motorradtaxis, am Busbahnhof an der Kreuzung werden auch Roller und Motorräder vermietet.

Vagator & Chapora

Für goanische Verhältnisse sind die Zwillingsstrände von Vagator eher winzig, aber mit den glühend roten Felsenklippen, sanften grünen Hügeln, kleinen Wäldchen und den Ruinen einer portugiesischen Festung aus dem 17. Jh. gehören sie zu den schönsten im nördlichen Goa. Waren sie früher weithin für wilde Trance-Partys und Hippies im Drogenrausch bekannt, geht es hier heute wesentlich seriöser zu. Vagator ist immer noch sehr beliebt bei Rucksackreisenden und Partywütigen, im kleineren Chapora – erinnert an die Mos Eisley Cantina in *Star Wars* – wird heute noch gekifft und *charas*-Duft liegt überall in der Luft. In Vagator gibt's die meisten Restaurants und Unterkünfte sowie das, was von der einst wilden Partykultur übrig geblieben ist.

Über kurz oder lang bekommt man einen Flyer in die Hand gedrückt, der zu einer der vielen Partys einlädt, auf denen oft DJs aus der ganzen Welt auflegen und die von göttlich bis grässlich alles sein können.

Schlafen

Vagator

An vielen Häusern und Pensionen in der Ozran Beach Rd und ihren Seitenstraßen hängen Schilder mit der Aufschrift „Zimmer zu vermieten". Ein Doppelzimmer kostet etwa 600 ₹.

FLOHMARKT IN GOA

Für Goa ebenso typisch wie der tropische Traumstrand ist der **Flohmarkt** (⏲ meist Ende Okt.–Ende März, Mi 8 Uhr–open end), der jeden Mittwoch in Anjuna stattfindet. War er vor 30 Jahren noch ein reiner Treffpunkt der Hippies, die hier ihre Megajoints rauchten und Erfahrungen ihrer berauschenden Indien-Trips austauschten, ist er heute eine große Touristenattraktion. An den Ständen wird Kunsthandwerk aus Kaschmir und Karnataka sowie Schmuck aus Tibet verkauft, und die Pauschaltouristen sind den Rucksackreisenden mittlerweile nicht nur in der Kaufkraft, sondern auch in der Zahl weit überlegen. Wer hier ein paar Stunden verbracht hat, kann lebenslang keine Tagesdecken mit Spiegelblättchen, Messingfigürchen und wallende, indische Baumwollkleider mehr sehen. Trotz allem ist es immer noch ganz nett, einfach nur die Leute zu beobachten, und vielleicht findet man doch ein einzigartiges Souvenir oder Kleidungsstück zwischen all dem Ramsch. Grundsätzlich wird um alles hart gefeilscht und die Verkaufsgespräche mit einheimischen wie auswärtigen Händlern erfordern ebenso viel Geduld wie Standfestigkeit.

Asterix HOSTEL $
(☎9766267606; www.asterixhostel.com; B/DZ inkl. Frühstück 500/1300 ₹, B mit Klimaanlage 600 ₹; ❄@📶) Echte Hostels sind in Goa Mangelware, aber dieses ist eine rühmliche Ausnahme. Geführt wird es von einem weitgereisten, goanischen Paar, die Schlafsäle mit jeweils sechs Betten sind sauber und freundlich. Annehmlichkeiten wie abschließbare Schränke, WLAN, Gemeinschaftsküche und Reiseinfos stehen kostenlos zur Verfügung. Das Hostel befindet sich beim Café Mango Tree hinter der kleinen Kapelle. Buchungen sind nur über das Internet möglich.

Bean Me Up PENSION $
(Enterprise Guest House; ☎2273479; www.beanmeup.in; 1639/2 Deulvaddo; DZ ohne/mit Bad 475/680 ₹; 📶) Die Zimmer rund um den grünen, mit Fallschirmseide überspannten Innenhof sind einfach, aber individuell und exotisch eingerichtet. Moskitonetze sind ebenso vorhanden wie Gemeinschaftsterrassen. Die meditative Stimmung wissen auch die Gäste des beliebten veganen Restaurants zu schätzen. Sehr gutes Preis-Leistungs-Verhältnis.

Paradise on the Earth STRANDHÜTTEN $
(☎2273591; www.moondance.co.nr; Hütte ohne Bad 600–700 ₹) Einfache Bambus-Kokos-Hütten, wie sie in dieser Gegend eigentlich nicht üblich sind, kleben an den Klippen über dem Little Vagator Beach und sind eine wirklich tolle Unterkunft direkt am Strand, wenn auch nicht gerade das „Paradies auf Erden".

Shalom PENSION $$
(☎2273166; jul_and@hotmail.com; DZ 800–1200, mit Klimaanlage 1500 ₹; ❄📶) Die von einer freundlichen Familie geführte Pension mit einem friedlichen Garten nahe des Wegs zum Little Vagator Beach hat mehrere, sehr gepflegte Zimmer, darunter eines mit Klimaanlage, und eine kleine Wohnung mit zwei Schlafzimmern für längere Aufenthalte.

Alcove Resort HOTEL $$$
(☎2274491; www.alcovegoa.com; Little Vagator Beach; DZ ohne/mit Klimaanlage ab 3300/3850 ₹, Hütte 4400/4950 ₹; ❄@📶🏊) Die Lage hoch über dem Little Vagator Beach und nur einen Katzensprung von der beliebten Nine Bar entfernt ist kaum zu übertreffen. Die ansprechend möblierten Zimmer, etwas größeren Hütten und vier Suiten liegen rund um einen kleinen Pool. Mit Bar und Restaurant ist das Alcove eine gute Wahl für alle, die einen Hauch von Luxus zu vernünftigen Preisen haben möchten.

Chapora

An der Straße zum Hafen hinunter werden jede Menge Zimmer und auch ganze Häuser vermietet. Man sollte sich ruhig einige ansehen, bevor man sich entscheidet.

Casa de Olga PENSION $
(☎2274355, 9822157145; eadsouza@yahoo.co.in; Zi. 1200 ₹, ohne Bad 600 ₹) Das einladende, von einer Familie geführte Haus steht in ruhiger Lage an der Straße zum Hafen. Die Zimmer gehen alle auf einen hübschen Garten hinaus. Die preiswerteren sind einfach, aber sauber und gemütlich, die teureren haben Duschen mit Warmwasser, eine Küchenzeile mit Kühlschrank und einen Balkon.

Essen

Vagator

Neben den üblichen, immer gleichen Strandbars am Wasser gibt's am Eingang zum Little Vagator Beach auch ein paar Restaurants.

★ Thalassa GRIECHISCH $$
(☎ 9850033537; Hauptgerichte 180–400 ₹; ⏲ 16–24 Uhr) Auf einer luftigen Terrasse mit Blick auf den Little Vagator Beach wird sehr gute, original griechische Küche serviert. Frische Zutaten, meisterhafte Zubereitung und kreative Gerichte begründen den guten Ruf des Lokals. Unbedingt reservieren.

Yangkhor Moonlight TIBETISCH, MULTICUISINE $$
(Hauptgerichte 70–200 ₹) Fangfrischer Fisch wird zu tibetischen und italienischen Gerichten veredelt. Die tibetische *momo*-Suppe (mit vegetarischen Klösschen) ist einzigartig. Stühle und Tischdecken sind aus Plastik und die Wände knallgrün, aber das Essen und die Atmosphäre sind hervorragend.

Mango Tree CAFÉ, BAR $$
(Hauptgerichte 50–170 ₹; ⏲ 9–4 Uhr) Dröhnender Reggae, schlechter Service, düstere Holzmöbel vor mangofarbenen Wänden, grölende Gäste am Tresen, Bier vom Fass, rustikale Terrakottalampen und allgemein gute Stimmung – deswegen und trotz alledem ist die Kneipe schon immer ein beliebter Treffpunkt, wo man zudem richtig gut essen kann. An den meisten Abenden laufen Filme oder Sport-Übertragungen im Fernsehen.

Vagator & Chapora

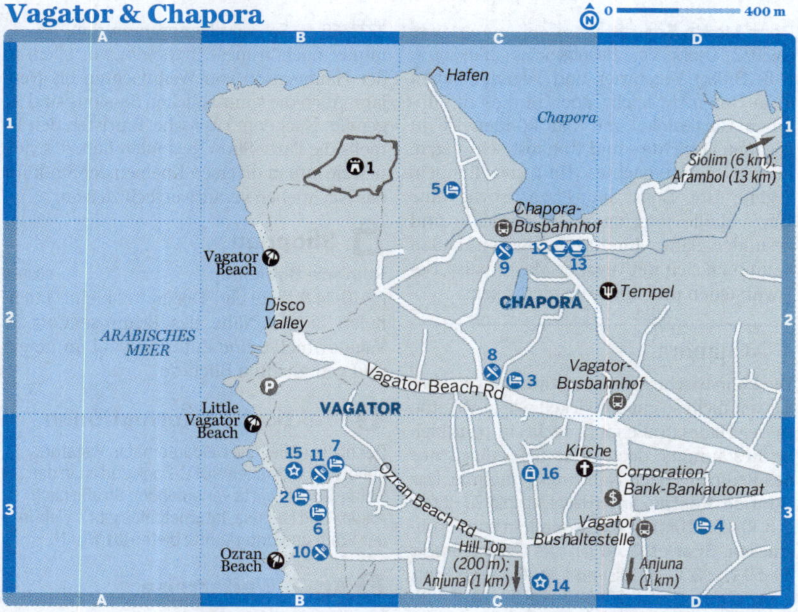

Vagator & Chapora

◎ Sehenswertes
1 Chapora Fort B1

Schlafen
2 Alcove Resort B3
3 Asterix C2
4 Bean Me Up D3
5 Casa de Olga C1
6 Paradise on the Earth B3
7 Shalom B3

Essen
Bean Me Up Soya Station .... (siehe 4)
8 Mango Tree C2
9 Sunrise Restaurant C2
10 Thalassa B3
11 Yangkhor Moonlight B3

Ausgehen & Nachtleben
12 Jai Ganesh Fruit Juice Centre C2
13 Scarlet Cold Drinks C2

Unterhaltung
14 Hilltop C3
15 Nine Bar B3

Shoppen
16 Rainbow Bookshop C3

YOGAZENTREN

In der Gegend um Anjuna und Vagator befinden sich zahlreiche noble Yogazentren, bei denen man von Oktober bis März verschiedene Kurse und Schulungen belegen und sich in die Zen-Lehre vertiefen kann.

Yoga Magic (☎6523796; www.yogamagic.net; EZ/DZ in Lodge 6400/8000 ₹, Suite 8400/10 500 ₹;) Solarleuchten, Komposttoiletten und Gemüseanbau kennzeichnen dieses superluxuriöse Yoga-Resort. Die Zimmer der Lodge befinden sich in tollen rajasthanischen Zelten unter Strohdächern. Mindestaufenthaltsdauer sind drei Nächte, das Frühstück ist im Preis inbegriffen. Wer nicht die All-Inclusive-Yoga-Ferienwoche bucht, muss die täglich stattfindenden Yoga-Kurse extra bezahlen.

Purple Valley Yoga Retreat (☎2268364; www.yogagoa.com; 142 Bairo Alto, Assagao; B/EZ ab 580/720 £ pro Woche;) Das beliebte Yoga-Hotel im nahen Assagao bietet ein- und zweiwöchige Kurse in Ashtanga-Yoga mit und ohne Unterkunft. Im Preis des einwöchigen Hotelaufenthalts sind Unterkunft, Verpflegung und Kurse enthalten.

Bean Me Up Soya Station VEGAN $$
(1639/2 Deulvaddo; Hauptgerichte 120–250 ₹; 8–23 Uhr) Vegetarier und Veganer haben es in Goa nicht leicht, doch in diesem hübschen Gartenlokal mit Bar können sie in veganen Gerichten und Rohkost schwelgen. Es gibt hausgemachten Tofu und Tempeh, vegane Hot Dogs und Pizzas sowie eine ganze Reihe internationaler Gerichte und gesunder Säfte. Im dazugehörigen Laden kann man sich mit veganer Mayonnaise, Sojawürstchen und anderem eindecken.

Chapora

Die kulinarische Szene im winzigen Chapora ist weit nicht so gut entwickelt wie in Vagator. In der Hauptstraße gibt's zwar ein paar kleine Restaurants, doch diese befriedigen nur das Bedürfnis nach Nahrungsaufnahme. Das **Sunrise Restaurant** (Hauptgerichte 70–180 ₹; 8.30–22.30 Uhr) ist o.k., vor allem zum Frühstücken. **Scarlet Cold Drinks** (Säfte & Snacks 30–50 ₹; 8.30–24 Uhr) und **Jai Ganesh Fruit Juice Centre** (Säfte 25–60 ₹; 8.30–24 Uhr) direkt daneben sind beliebte Treffpunkte, aber immer von dicken *charas*-Schwaden durchzogen. Im Scarlet hängt ein sehr informatives Schwarzes Brett, das Jai Ganesh serviert Eiskaffee und Avocado-Lassis.

Ausgehen & Unterhaltung

Abgesehen von heimlichen Privatpartys ist in Vagator und Chapora heute nicht mehr viel los, denn für Nachtschwärmer und Trance-Partys am Strand ist um 22 Uhr Schluss. Zumindest in Vagator gibt's noch so etwas wie ein Nachtleben in der **Nine Bar** (18–4 Uhr), einer lang geöffneten Kneipe mit Freiluftbereich am Strand, und im **Hilltop** (☎2273025, 2273665; Sonnenuntergang–open end), wo es immer noch Trance-Partys gibt, vor allem in der Hauptsaison von Weihnachten bis Neujahr. Auch die sonntäglichen Sessions sind legendär. Nachdem russische Touristen den Israelis die Party-Show gestohlen haben, scheinen sie nun in diversen Kneipen der Stadt für das Nachtleben verantwortlich zu sein.

Shoppen

Rainbow Bookshop BÜCHER
(10–14 & 15–19 Uhr) Der nette, kleine Buchladen in der Nähe des Primrose Café in Vagator bietet eine gute Auswahl an neuen und gebrauchten Büchern.

Praktische Informationen

Der nächstgelegene Geldautomat in Vagator gehört zur indischen HDFC-Bank und ist in der weiter landeinwärts verlaufenden Straße nach Anjuna und Mapusa. Internetcafés gibt's viele in der Stadt und Unterkünfte bieten oft WLAN.

An- & Weiterreise

Von Chapora fahren tagsüber regelmäßig Busse über Vagator nach Mapusa (10 ₹), teilweise auch über Anjuna. Die Busse starten mitten in Chapora, halten aber auch an anderen Stellen in Chapora und Vagator. Roller bzw. Motorräder können in der Hochsaison für etwa 200 bzw. 300 ₹ am Tag gemietet werden.

Morjim & Asvem

Der hübsche und größtenteils menschenleere Küstenstreifen zwischen Morjim und Asvem gehört zu zwei Stränden in Nord Goa, an denen Sonnenanbeter nicht von Scharen von

(Fortsetzung auf S. 169)

Ruinen & Historische Stätten

Indien kann eine bemerkenswerte und außergewöhnliche Sammlung historischer Denkmäler und alter Ruinen vorweisen, die Zeugnis geben von der reichen architektonischen und spirituellen Vielfalt in diesem Teil der Welt. Von ruhigen Gotteshäusern bis zu den Überresten früherer grandioser Reiche – es gibt zahlreiche Möglichkeiten, einen Blick in die Vergangenheit zu werfen.

Inhalte

Bergtempel nahe Hampi (S. 227)

1

2

RELIGIOUS IMAGES/UIG / GETTY IMAGES ©

1. Minakshi-Amman-Tempel (S. 413), Madurai **2.** Tempel in Hampi (S. 227) **3.** Strandtempel (S. 374), Mamallapuram

Hindu-Heiligtümer

Der Hinduismus ist eine der ältesten Religionen der Welt, und die Bevölkerungsmehrheit der Hindus in Indien besitzt eine angemessen beeindruckende Reihe heiliger Stätten, die Höhepunkte sakraler Architektur darstellen: hohe *gopurams*, erlesene *mandapas* und so detaillierte Skulpturen von Göttern und Göttinnen wie sonst nirgendwo.

Madurai

In Madurai, einer der ältesten Städte Indiens, steht der Minakshi-Amman-Tempel, Domizil der dreibrüstigen Göttin Minakshi. Der 6 ha große Komplex gilt vielen als Inbegriff klassischer südindischer Tempelarchitektur. Das Hauptgebäude stammt überwiegend aus dem 17. Jh., aber die Ursprünge des Tempels reichen wahrscheinlich über 2000 Jahre zurück, als Madurai Hauptstadt eines alten Königreichs war.

Hampi

Die alten Ruinen in diesem Gebiet sind UNESCO-Welterbe und liegen verstreut zwischen Felsblöcken – Ergebnis von Hunderttausenden (wenn nicht Millionen) Jahren vulkanischer Aktivitäten und Erosion. Dieses heute verschlafene Nest war von 1336 bis 1565 das Zentrum des mächtigen Vijayanagar-Reiches. Einige schöne Beispiele der Tempelkunst Vijayanagars sind im Virupaksha-Tempel aus dem 15. Jh. und im Vittala-Tempel aus dem 16. Jh. zu sehen.

Mamallapuram

Heute sind die Ruinen hier nur noch eine verblasste Erinnerung an die Blütezeit des Ortes während der Pallava-Dynastie (7.–9. Jh.), aber immer noch berührend. Zu den Highlights gehören ein als „Buße des Arjuna" bekanntes Relief, die Fünf Rathas, die aus Monolithen herausgemeißelt wurden, und der Strandtempel, der für den Höhepunkt der Architektur der Pallava-Ära steht. Und dann gibt's noch einen riesigen Felsbrocken, der gefährlich auf einer felsigen Anhöhe balanciert.

1

2

1. Buddhastatuen schmücken einen Höhleneingang, Ajanta (S. 104) 2. Höhlenwandbild, Ajanta 3. Höhlen bei Ellora (S. 103)

Buddhistische, Hindu- & jainistische Höhlen

Die zum Welterbe gehörenden Höhlen von Ajanta und Ellora beherbergen eine ganze Galerie alter Höhlenkunst: Skulpturen, Säulen und mit Pflanzenfarben ausgeführte Malereien. Die Höhlen bei Ajanta stammen aus dem 2. Jh., die Ellora-Höhlen 100 km entfernt aus dem 5. Jh.

Ajanta

Die 30 buddhistischen Höhlen von Ajanta umgeben eine hufeisenförmige Schlucht über dem Fluss Waghora. Zu den berühmtesten Highlights des Ensembles von Ajanta gehören die mit pflanzlichen Temperafarben gemalten Fresken, die das Innere vieler Höhlen schmücken. Die Wandbilder zeigen Szenen aus dem Leben Buddhas, manche sind sogar mit winzigen Stückchen aus Halbedelsteinen verziert. Die Höhlen sind durchnummeriert, aber manche sind aus Sicherheitsgründen oder wegen Restaurierungsarbeiten für die Öffentlichkeit gesperrt. Höhle 10, die für die älteste gehalten wird, kann jedoch besichtigt werden. Höhle 1 wurde erst vor Kurzem zugänglich gemacht und weist einige aufwendige Kunstwerke auf, u.a. ein Bild des Bodhisattvas Padmapani.

Ellora

Die Höhlen von Ellora – hinduistische, jainistische und buddhistische Schreine, die über fünf Jahrhunderte hinweg entstanden sind – liegen an einem 2 km langen Steilhang. Insgesamt gibt es 34 Höhlen: 17 Hindu-, zwölf buddhistische und fünf jainistische Schreine. Der berühmteste ist der Kailasa-Tempel (Höhle 16), der zu Ehren Shivas eingerichtet wurde. Er ist die größte monolithische Skulptur der Welt und wurde von Tausenden Arbeitern in 150 Jahren in die Klippen gemeißelt. Andere bekannte Ellora-Höhlen sind Indra Sabha (Höhle 32), der kunstvollste der Jain-Tempel, und der Vishvakarma-Tempel (Höhle 10), der einzige buddhistische Schrein hier, der eine *chaitya* (Versammlungshalle) aufweist.

1

1. Torbogen, Golconda Fort (S. 249) 2. Golconda Fort
3. Bidar Fort (S. 242) 4. Festung bei Daulatabad (S. 101)

3

2

KAY MAERITZ / GETTY IMAGES ©

4

Festungen

Sie sind hier zwar nicht so zahlreich wie im Norden, aber auch Südindien hat fantastische Festungen, die die Zeit überdauert haben. Die meisten stehen auf strategisch günstig gelegenen Hügeln und sind von dicken Mauern umgeben, die eine Fülle von Bauten und Monumenten schützen.

Golconda Fort

Hyderabads majestätisches Fort aus dem 16. Jh. wurde aus strategischen Gründen auf einem Granithügel errichtet. Seine Erbauer sorgten für eine – für die damalige Zeit – ausgeklügelte Akustik, die es den Wachen ermöglichte, sämtliche Zugangspunkte zu überwachen. Golconda besteht aus einer Vielzahl zinnenbewehrter Befestigungsmauern, mit Kanonen bestückter Bollwerke, knarrender Zugbrücken und eindrucksvoller Tore, gespickt mit abschreckenden eisernen Stacheln, die Kriegselefanten abwehren sollten.

Daulatabad

Die verfallende Bergfestung von Daulatabad aus dem 12. Jh. ist eine der geschichtsträchtigsten und architektonisch bedeutendsten Stätten Maharasthras. Daulatabads zentrale Bastion krönt einen 200 m hohen Berg, den Devagiri (Götterberg), und ist umgeben von einem ausgedehnten Festungskomplex. Ein früherer Herrscher – der Sultan von Delhi, Mohammed Tughlaq – hatte sogar geplant, Daulatabad wegen seiner günstigen geografischen Lage zur Hauptstadt zu machen. Sein Traum wurde jedoch durch den Wassermangel in der Region zunichte gemacht.

Bidar Fort

In Bidar liegt die größte Festung Südindiens. Die heute verlassene Stätte war einst das Verwaltungszentrum für den größten Teil des südlichen Indiens. Die Anlage verfällt zusehends, aber es gibt immer noch einige bemerkenswerte Überbleibsel ihrer glorreichen Tage, u. a. den Rangin Mahal mit einigen besonderen Fliesendesigns, Holzarbeiten und Intarsien und eine Moschee mit 16 Säulen und uralten Inschriften.

Buddhistische Höhle, Ellora (S. 102)

(Fortsetzung von S. 160)

Straßenhändlern, Hunden und Spannern belagert werden. Die Wasserqualität hier leidet aber etwas unter dem Abwasser des weiter südlich ins Meer fließenden Flusses und kann nicht gerade als kristallklar beschrieben werden. Dessen ungeachtet nisten zwischen September und Februar seltene Oliv-Bastardschildkröten am südlichen Ende des Strandes. Deshalb wurde hier auch ein Schutzgebiet eingerichtet, was, theoretisch, die weitere Erschließung und herumliegenden Müll unterbindet. In Morjim und Asvem finden sich eine Handvoll einfacher Strandhütten und einige Übernachtungs- und Essensoptionen. Das hervorragende **Goan Café & Resort** (☎2244394; www.goancafe.com; Apt. & Hütten ab 1050 ₹, mit Klimaanlage 1250 ₹, Baumhaus ohne/mit Bad ab 800/1150 ₹; ❄📶) direkt am Strand ist eine von ihnen und die drei freundlichen Brüder, denen der Laden gehört, haben eine tolle Reihe von Baumhaushütten und ganzjährigen Appartements errichtet. Auch das **Meems' Beach Resort** (☎3290703; www.meemsbeachresort.com; Hütte 1500–2500 ₹, Zi. 2000 ₹, mit Klimaanlage 3000 ₹; ❄📶) hat eine Reihe von Hütten und Zimmern am Strand, hinzu kommen kostenloses WLAN und ein stimmungsvolles Restaurant. Das **La Plage** (Hauptgerichte 210–320 ₹) ist wahrscheinlich das beste Strandlokal in Goa. Es ist für seine hochkarätige französische Küche bekannt.

Mandrem

Das friedliche, versteckte Mandrem hat sich zu einem Zufluchtsort für all diejenigen entwickelt, die eine Pause von der anstrengenden Travellerszene in Arambol und Anjuna brauchen – und jene, die sie schon von vornherein meiden. Der Strand ist wunderschön, und außer Faulenzen mit einem guten Buch gibt's hier nicht viel zu tun. Kokoshütten können ab 600–1000 ₹ gemietet werden, allerdings ist Mandrem mit öffentlichen Verkehrsmitteln nur schwer zu erreichen. Am besten, man leiht sich in Arambol einen Roller oder nimmt sich ein Taxi.

Das Yoga-Angebot ist hier während der Saison riesig; die meisten Kurse werden von Ausländern gegeben. Das **Himalaya Yoga Valley** (☎9922719982; www.yogagoaindia.com) hat sich auf Kurse für angehende Hatha- und Ashtanga-Lehrer spezialisiert, bietet aber zweimal täglich auch Kurse ohne vorherige Anmeldung (300 ₹).

Schlafen & Essen

★ **Dunes Holiday Village** STRANDHÜTTEN $

(☎2247219; www.dunesgoa.com; Hütte 900/1100 ₹; @📶) An einer Allee, die durch einen kleinen Palmenhain verläuft und zum Strand führt, liegen ein paar hübsche Hütten verstreut. Nachts, wenn das Grundstück mit Kugellampen erleuchtet wird, fühlt man sich hier wie im Palmenwunderland. Das Dunes hat freundliches und hilfsbereites Personal und eine gutes Strandrestaurant.

Cuba Retreat HOTEL $$

(☎2645775; www.cubagoa.com; DZ ohne/mit Klimaanlage 1650/2200 ₹; ❄) Eine von vielen vornehmen kubanischen Besitzungen in Goa. Hinter der nostalgisch anmutenden, weiß-grünen Fassade verbergen sich saubere Zimmer, in denen Betten mit Sprungfedermatratzen stehen. Das Personal ist sehr freundlich und im Innenhof gibt's ein gutes Restaurant mit Bar.

Villa River Cat PENSION $$$

(☎2247928; www.villarivercat.com; 438/1 Junasawaddo; DZ 3015 ₹, mit Bad 3770–4800 ₹; ❄) Das ungewöhnliche, runde Haus im portugiesischen Stil rühmt sich gern als Zufluchtsort von Künstlern, Schriftstellern und anderen Feingeistern. Die mit Kunstwerken, Anti-

WO GEHT'S HIER BITTESCHÖN ZUR PARTY?

Obwohl Goa dank seiner nächtelangen Freiluft-Trance-Partys unter Besuchern aus dem Westen lange als legendär galt, wurde die für ihre Drogenfülle berüchtigte Partyszene durch ein Gesetz gegen „Lärmverschmutzung" gezügelt, das laute Musik auf öffentlichen Plätzen zwischen 22 und 6 Uhr verbietet. Die Folge: Goas Partys sind nicht mehr das, was sie mal waren. Da aber auch die Tourismusindustrie gehegt werden muss, drücken die Behörden bei Partys in der absoluten Hauptsaison zwischen Weihnachten und Neujahr meist ein Auge zu. In geschlossenen Räumen darf weiterhin bis in die Puppen gefeiert werden, was erklärt, weshalb die Clubs keine Probleme haben. Wer nach den Überbleibseln der echten Partyszene sucht, wird aber viel Glück brauchen, muss Augen und Ohren offen halten und hoffen, dass er in Vagator oder Anjuna zufällig etwas zugeflüstert bekommt.

quitäten und unzähligen Haustieren vollgestopfte Pension direkt am Fluss – und in Strandnähe – ist wirklich schön, rechtfertigt aber keinesfalls den horrenden Preis.

Arambol (Harmal)

Das schöne Arambol, mit seinen felsigen Klippen und tollen Stränden, erschien erstmals in den 1960er-Jahren als Paradies für langhaarige Langzeiturlauber auf der Bildfläche. Bis heute zieht die Hippie-Atmosphäre viele Traveller in diese unbekümmerte Ecke Goas. Als Folge davon können der Strand und die Zufahrtsstraße zum Strand (bekannt als Glastonbury St) in der Hauptsaison recht voll werden. Dann drängen sich überall Hütten, Menschen und Stände, die den üblichen Touristenkram verkaufen. Wer nach einem Ort mit echtem Traveller-Flair sucht, ist hier richtig; um dagegen entspannte Trägheit zu erleben, sollte man es lieber ein Stück die Küste runter in Mandrem oder Morjim versuchen.

Aktivitäten

Die Klippen nördlich des Strandes von Arambol sind sehr beliebt zum **Gleitschirmfliegen**. Die **Arambol Paragliding School** (☎9822867570) und **Arambol Hammocks** (☎9822389005; www.arambol.com; 1800 ₹/20 Min.; ⏲9–18 Uhr) bieten in der Hauptsaison Tandemflüge für um die 1800 ₹. Im Ort gibt's auch verschiedene **Yoga**-Zentren, die Kurse und Schulungen anbieten.

Der Weg über die Klippen nördlich des Strandes von Arambol führt zum hübschen **Kalacha Beach**, in dessen kleinem „Süßwassersee" man herrlich baden kann.

Himalayan Iyengar Yoga Centre YOGA
(www.hiyogacentre.com; Madhlo Vaddo; 5-tägiger Yogakurs 3000 ₹; ⏲Nov.–März) Hier überwintert das beliebte Yogazentrum Iyengar, das sonst in Dharamsala ansässig ist. Im Angebot sind fünftägige Kurse, die – mit einer Einführung am Dienstag – jeweils freitags beginnen, Intensiv-Workshops, Kurse für Kinder und Ausbildung von Yogalehrern. Das Zentrum liegt fünf Gehminuten vom Strand entfernt, etwas abseits der Hauptstraße. Einfach nach dem großen Transparent Ausschau halten. Die Yogaschüler können auch in einfachen **Hütten** (EZ/DZ ohne Bad 250/300 ₹) übernachten.

Schlafen

Arambol ist bekannt für einfache Hütten, die an den Klippen hoch über dem Strand kleben. Die besten Budgetunterkünfte dieser Art befinden sich an den Klippen nördlich des Hauptstrandes. Da es fast nirgends möglich ist, im Voraus zu buchen, sollte man früh am Tag da sein, um eine freiwerdende Hütte zu ergattern. Vergleichbare Pensionen gibt's auch rund um den Narayan-Tempel, links der Hauptstraße am Ortseingang.

Chilli's HOTEL $
(☎9921882424; DZ 300–450 ₹, mit Klimaanlage 600 ₹; ⏲ganzjährig) Das freundliche, gelbe Haus an der Hauptstraße zum Strand wird von dem hilfsbereiten Derick Fernandes geführt und gehört zu den besten Unterkünften des Ortes, die nicht an oder auf den Klippen liegen. Die zehn einfachen, aber freundlichen Zimmer haben alle ein eigenes Bad, Ventilator und Warmwasserduschen, manche auch einen Kühlschrank und Balkon.

Shree Sai Cottages STRANDHÜTTEN $
(☎9420767358, 3262823; shreesai_cottages@yahoo.com; Hütte ohne Bad 500–600 ₹) Ganz am Ende der Klippen, am Übergang zum Kalacha („Süßwasser")-Strand, stehen die einfachen, aber netten Hütten mit kleinem Balkon und schönem Blick aufs Meer. Die Anlage ist herrlich ruhig und völlig entspannt.

Om Ganesh STRANDHÜTTEN $
(☎9404436447; Zi. od. Hütte 400–800 ₹) Die vom freundlichen Sudir geführten Hütten und Zimmer in massiven Häusern auf den Klippen mit Blick aufs Meer sind überaus beliebt. Im gleichnamigen Restaurant am Strand kann man hervorragend zu Mittag und Abend essen. Kein Wunder, dass so ziemlich jeder in der Gegend das Om Ganesh als seine Unterkunft bezeichnet.

Famafa Beach Resort HOTEL $$
(☎2242516; www.famafaarambolgoa.com; Glastonbury St; Zi. ab 1200 ₹; ❄@) Das nicht sehr ansprechende, aber saubere und ordentliche Mittelklassehotel bietet in seinen teilweise klimatisierten Zimmern etwas mehr Komfort als die ortsüblichen Hütten und liegt zudem sehr nahe am Strand.

Essen & Ausgehen

Die Tische und Stühle der Strandbars unter Dächern aus Fallschirmseide stehen dicht an dicht im feinen Sand des Strandes von Arambol. Viele wechseln jährlich, aber das **21 Coconuts** (Meeresfrüchte) und das **Relax Inn** (italienische Küche) gehören zum festen Bestand. Weitere Restaurants und Cafés befinden sich in der Hauptstraße, die vom Ort zum Strand führt. Wer's einfacher mag, wird rund um die Bushaltestelle mitten im Dorf fündig. In den kleinen Lokalen bekommt man Thali und Tee für unter 50 ₹.

Shimon NAHÖSTLICH $
(Hauptgerichte 70–140 ₹; ⌚9–23 Uhr) Das verständlicherweise bei israelischen Travellern besonders beliebte Restaurant hinter dem Strand serviert tolle Falafel (110 ₹) und andere Spezialitäten wie *sabikh* (Pita-Sandwich mit gebratenen Auberginen, hartgekochten Eiern, Kartoffeln und Salat) oder scharfes Gemüse im Pita-Fladen. Zum Abschluss gibt's türkischen Mokka oder Fruchtshake.

German Bakery BÄCKEREI $
(Welcome Inn; Gebäck 20–70 ₹) Das eher düstere Eck-Café ist überraschend beliebt. Das liegt bestimmt an dem guten Zitronenkäsekuchen (60 ₹) und anderen leckeren Backwaren sowie dem starken Kaffee.

Fellini ITALIENISCH $$
(Hauptgerichte 140–300 ₹; ⌚11–23 Uhr) Pizza ist hier der Renner – es gibt sage und schreibe 40 verschiedene Sorten und sie sind gut –, aber auch Pasta, Calzone und Panini, vor allem die mit Meeresfrüchten sind sehr lecker. An das Tiramisu wird man noch tagelang schwärmerisch zurückdenken.

Loeki Café MULTICUISINE $$
(Glastonbury St; Hauptgerichte 50–200; ⌚8.30 Uhr–open end) In dem zwanglosen Café mit Sitzkissen auf dem Boden kann man ebenso gut essen wie entspannen und Livemusik genießen, die es immer donnerstags und samstags gibt. Auf der umfangreichen Speisekarte stehen die üblichen Gerichte aus aller Welt und auch ein paar goanische.

Double Dutch MULTICUISINE $$
(Hauptgerichte 100–290 ₹) Das alteingesessene, sehr beliebte Restaurant mit einem hübschen Garten serviert gute Steaks, Salate, thailändische und indonesische Gerichte sowie einen sagenhaften Apfelkuchen.

Praktische Informationen

Internetläden, Reisebüros und Wechselstuben gibt's an der Straße, die hinunter zum Strand von Arambol führt, so häufig wie Sand am Meer. Der nexte Geldautomat ist im Dorf Arambol in der Nähe von der Bushaltestelle.

Anreise & Unterwegs vor Ort

Busse nach Mapusa (27 ₹, 1½ Std.) fahren jede halbe Stunde in Arambols Zentrum ab. Es liegt zwar nur etwa 1,5 km vom Hauptstrand entfernt, man muss aber Glück haben, um ein Taxi oder eine Autorikscha für 60 ₹ zu bekommen. Ein Prepaid-Taxi vom Dabolim Airport nach Arambol kostet 1000 ₹; von Mapusa aus sind es 400 ₹.

Überall in Arambol können Roller/Motorräder geliehen werden (200/300 ₹ pro Tag).

SÜD-GOA

Margao (Madgaon)

94 400 EW.

Die Stadt mit den zwei Namen (Madgaon heißt eigentlich nur der Bahnhof) ist der bevölkerungsreichste Ort im Süden Goas und dank des größten Bahnhofs des Staates und mehrerer Busbahnhöfe ein wichtiger Verkehrsknotenpunkt. Sie ist zwar nicht so bezaubernd wie Panaji, aber eine lebhafte Marktstadt von übersichtlicher Größe, die alles hat, was Reisende brauchen, ohne im Chaos einer indischen Großstadt zu versinken.

Sehenswertes

Es lohnt sich, durch das hübsche, kleine Stadtviertel **Largo de Igreja** zu schlendern und die vielen malerisch verfallenen und prächtig restaurierten Villen aus der portugiesischen Kolonialzeit zu bewundern. Empfehlenswert ist auch ein Blick auf und in die skurrile, reich verzierte **Church of the Holy Spirit** aus dem 17. Jh., die während der Messe am Sonntagmorgen besonders eindrucksvoll ist. An Wochentagen findet der Gottesdienst um 16 Uhr statt. Ansonsten ist die Kirche nur unregelmäßig geöffnet.

Das Geschäftsviertel liegt rund um die kleine rechteckige, grüne Oase der **Municipal Gardens**. Im Rathaus an der Südseite des Platzes ist die ehrwürdige, leicht verstaubte **Municipal Library** (⌚ Mo–Fr 8–20, Sa & So 9–12 & 16–19 Uhr) untergebracht, in der großartige Bücher über Goa zu finden sind. Im altmodischen Lesesaal kann man sich neben vornehmen Herren in Anzug und Krawatte in aktuelle Zeitungen vertiefen.

Schlafen

Hotel Tanish HOTEL $
(☎2735656; hoteltanishgoa@gmail.com; Reliance Trade Centre, Valaulikar Rd; EZ/DZ 650/900 ₹, EZ/DZ/Suite mit Klimaanlage 800/1100/1800 ₹; ❄) Die Lage im Obergeschoss eines Einkaufszentrums ist etwas merkwürdig, aber

Margao (Madgaon)

Margao (Madgaon)

Schlafen

1 Hotel Tanish B4
2 Om Shiv Hotel B4

Essen

3 Café Tato B4
4 Longhuino's A4
5 Swad B4

Shoppen

6 Golden Heart Emporium A3
7 MMC New Market B4

Praktisches

8 Goa Tourism Desk A4
Grace Cybercafe .... (siehe 1)
9 Municipal Library A4

Transport

10 Paulo Travel Masters A4

die beste Budgetunterkunft der Stadt hat freundliches Personal und saubere, gut ausgestattete Zimmer mit toller Aussicht auf die ländliche Umgebung. Die Suiten haben Badewannen und große TVs, und der Blick reicht bis nach Colva. Die meisten Zimmer gehen nach draußen, einige aber auch in den Innenhof des Einkaufszentrums.

Om Shiv Hotel HOTEL $$
(☎2710294; www.omshivhotel.com; Cine Lata Rd; DZ mit Klimaanlage 2700–3800 ₹, Suite 4850 ₹; ❄) Die noblen „Businesszimmer" des hellgelben Hotels hinter der Bank of India haben alle Klimaanlage sowie Balkon und wirken streng geordnet. Von den Suiten hat man einen sagenhaften Blick und im Haus befindet sich mit dem Rockon Pub auch die einzige richtige Kneipe der Stadt.

Essen

Swad INDISCH $
(New Market; 25–110 ₹; ⌚7.30–20 Uhr) Das familienfreundliche Lokal gilt allgemein als das beste rein vegetarische Restaurant der Stadt. Tatsächlich sind die nordindischen Thalis ebenso köstlich wie die Snacks oder südindischen *tiffins* und *dosas*.

Café Tato INDISCH $
(Valaulikar Rd; Thalis 60 ₹, Hauptgerichte 30–70 ₹; ⌚Mo–Sa 7–22 Uhr) Die geschäftige Cafeteria in einer Seitenstraße ist ein beliebter Treffpunkt zum Mittagessen, das aus leckeren vegetarischen Gerichten und Thalis besteht.

★**Longhuino's** GOANISCH, MULTICUISINE $$
(Luis Miranda Rd; Hauptgerichte 80–160 ₹; ⌚8.30–23 Uhr) In der schrägen Restaurant-Bar mit alten Holzstühlen, summenden Ventilatoren und langsamem Personal kommen schon seit 1950 leckere goanische, indische und chinesische Gerichte auf den Tisch. Kein Wunder, dass sie bei Einheimischen und Fremden gleichermaßen beliebt ist. Zum Nachtisch gibt's ordentliche *bebinca* und Tiramisu. Außerdem kann man prima das Treiben auf der Straße beobachten.

Shoppen

MMC New Market MARKT
(⌚Mo–Sa 8.30–21 Uhr) Der geschäftige, überdachte Markt ist einer der interessantesten in Goa.

Golden Heart Emporium BÜCHER
(Confidant House, Abade Faria Rd; ⌚Mo–Sa 10–13.30 & 16–19 Uhr) Der mit Romanen, Sach-

büchern und vor allem Bildbänden über Goas Küche, Architektur und Geschichte vollgestopfte Buchladen gehört wohl zu den besten im Bundesstaat.

Praktische Informationen

Banken mit Wechselstuben und Geldautomaten gibt's überall in der Stadt, vor allem aber rund um den Stadtpark und in der Luis Miranda Rd. Ein praktischer Geldautomat der HDFC-Bank befindet sich im Caro Centre in der Nähe des Longuinho's.

Apollo Victor (☎2728888; Station Rd, Malbhat) Gute medizinische Versorgung.

Cyberlink (Caro Centre; Abade Faria Rd; 20 ₹/Std.; ⏰Mo–Sa 8.30–19.30 Uhr)

Hauptpost (⏰Mo–Sa 9–13.30 & 14.30–17 Uhr) nördlich des Stadtparks.

Goa Tourism Desk (Margao Residency; ☎2715096; www.goa-tourism.com; Luis Miranda Rd) Hier kann man die Touren des GTDC buchen.

Grace Cybercafe (Valaulikar Rd, 1. Stock, Reliance Trade Centre; 30 ₹/Std.; ⏰9.30–18.30 Uhr) hat die schnellsten Computer und das freundlichste Personal.

Anreise & Unterwegs vor Ort

BUS

Sowohl die staatlichen als auch die privaten Fernbusse starten am Kadamba-Busbahnhof, der 2 km nördlich der Municipal Gardens liegt. Von dort fährt alle paar Minuten ein Shuttle-Bus (30 ₹, 35 Min.) nach Panaji. Wer in den Norden Goas reisen möchte, nimmt am besten einen Bus nach Panaji und steigt dort um. Nahverkehrsbusse, die etwa alle 15 Minuten nach Benaulim (10 ₹, 20 Min.), Colva (10 ₹, 20 Min.) und Palolem (30 ₹, 1 Std.) fahren, halten am Busbahnhof an der Ostseite der Municipal Gardens.

Die Überlandbusse der privaten Unternehmen verkehren mehrmals täglich. Abfahrt ist zumeist zwischen 17.30 und 19.30 Uhr, die Fahrscheine sind in den Büros in der Stadt erhältlich. Sehr zu empfehlen ist **Paulo Travel Masters**. (☎2702922; Luis Miranda Rd, 1. Stock, Bella Vista Apt; ⏰8–19 Uhr) Im folgenden eine Auswahl der Fahrtziele und Preise in der Hochsaison:

Bengaluru (normaler/klimatisierter Bus eines Privatunternehmens: 600/850 ₹, 13 Std.)

Hampi (Schlafbus; 750 ₹, 9 Std.)

Mumbai (normaler/klimatisierter Bus eines Privatunternehmens: 700/1000 ₹, 14 Std.)

Pune (normaler/klimatisierter Bus: 500/850 ₹, 12 Std.)

TAXI

Taxis gibt's jede Menge rund um den Stadtpark, den Bahnhof und den Kadamba-Busbahnhof. Sie fahren nach Palolem (800 ₹), Panaji (800 ₹), zum Flughafen Dabolim (600 ₹), nach Calangute (1100 ₹), Anjuna (1200 ₹), Arambol (1700 ₹) und allen anderen Zielen in ganz Goa. Mit Ausnahme der Taxen am Bahnhof, für die man die Fahrt mit einem Prepaid-Ticket bezahlt, muss man den Preis jeweils mit dem Fahrer aushandeln.

ZUG

Von Margaos gut organisiertem Bahnhof, der etwa 2 km südlich der Stadt liegt, starten die Züge zur Konkan Railway und andere Strecken. Die **Halle mit den Ticketschaltern** (☎Buchungen 2700730, Auskunft 2712790,;⏰ Mo–Sa 8–14 & 14.15–20, So 8–14 Uhr) ist im ersten Stock. Am häufigsten fahren Züge nach Mumbai, Mangalore, Ernakulum und Thiruvanantha-

DER GRÜNDERVATER VON QUEPEM

Wenn Vater José Paulo de Almeida aus seinen mit Austernschalen verzierten Fenstern und Türen herauslugte, sah er vorn durch die Palmen seine Kirche des Heiligen Kreuzes und den Fluss, der ihm als Straße diente. Hinter dem Haus lagen, etwas tiefer und außerhalb des Waldes, üppig grüne Gärten, die in Kreuzmustern angelegt waren. Der portugiesische Priester und Adelige erreichte Goa 1779 und gründete wenig später den Ort Quepem. Heute sieht der **Palácio do Deão** (☎2664029, 9823175639; www.palaciododeao.com; ⏰Sa–Do 10–17 Uhr) vermutlich nicht viel anders aus als Vater José Paulo noch dort wohnte. Das ursprüngliche Gebälk, die Möbel und der religiöse Eindruck bleiben, und selbst das Muster der Gärten wurde liebevoll vom goanischen Paar Ruben und Celia Vasco da Gama wieder hergerichtet Die Vasco da Gamas bieten auf ihrer Veranda hinterm Haus auch Mittagessen und Mittagssnacks an; Preisauskunft und Reservierungen sind telefonisch möglich. Alle Spenden, die der Palácio erhält, werden für die weiteren Restaurierungsarbeiten verwendet, und irgendwann soll hier auch ein Kulturzentrum entstehen.

Ein Taxi aus dem 14 km entfernten Margao kostet hin und zurück inklusive Wartezeit 600 ₹. Allerdings hält der Bus (10 ₹, alle paar Min.) auch nicht weit von hier. Zu Fuß sind es ein paar Minuten die Straße entlang.

WICHTIGE ZÜGE AB MARGAO (MADGAON

ZIEL	ZUG	PREIS (RS)	DAUER (STD.)	ABFAHRT
Bangalore	02779 Vasco da Gama-SBC Link	278/779 (D)	15	15.30 Uhr
Chennai (Madras; über Yesvantpur)	17312 Vasco-da-Gama-Chennai Express	343/971/1500 (C)	21	Do 15.20 Uhr
Delhi	12431 Rajdhani Express	2110/3050 (A)	27	Di, Do & Fr 10.20 Uhr
Ernakulum	12618 Lakshadweep Express	325/889/1345 (C)	14½	19.25 Uhr
	16345 Netravati Express	305/858/1315 (C)	15	23.10 Uhr
Hubli	02779 Vasco da Gama-SBC Link	144/359 (D)	6½	15.50 Uhr
Mangalore	12133 Mangalore Express	214/564/830 (C)	5½	7.10 Uhr
Mumbai (Bombay)	10112 Konkan Kanya Express	288/811/1235 (C)	12	18 Uhr
	10104 Mandovi Express	288/811/1235 (C)	12	9.30 Uhr
Mumbai (Dadar)	12052 Jan Shatabdi Express	197/700 (B)	8½	14.30 Uhr
Pune	12779 Goa Express	264/714/1060 (C)	12	15.30 Uhr
Thiruvananthapuram	12432 Rajdhani Express	1405/2005 (A)	19	Mo, Mi & Do 14.45 Uhr
	16345 Netravati Express	347/982/1520 (C)	19½	23.10 Uhr

Wagenklassen: (A) 3AC/2AC, (B) 2S/CC, (C) Schlafwagen/3AC/2AC, (D) Schlafwagen/3AC

puram. Eine Fahrt mit dem Taxi oder einer Autorikscha von und in die Stadt kostet etwa 100 ₹.

Chandor

Das herrlich grüne Dorf 15 km östlich von Margao bietet die perfekte Abwechslung vom Faulenzen am Strand. Mehr als irgendwo sonst in Goa ist hier noch vom opulenten Lebensstil der ehemaligen Großgrundbesitzer zu sehen, die sich nach dem Vorbild der portugiesischen Kolonialherren die prachtvollsten Herrenhäuser errichten ließen. Hier findet am 6. Januar auch das farbenprächtige **Fest der Drei Könige** statt, bei dem die Ankunft der Heiligen Drei Könige im Stall von Bethlehem von Jungen des Ortes nachgespielt wird.

Das im 17. Jh. erbaute **Braganza House** ist wohl das beste Beispiel für den verblassten Prunk in den Villen der Kolonialzeit. Von Anfang an war das auf einem vom portugiesischen König verliehenen Grundstück errichtete Haus in zwei Flügel unterteilt, in denen zwei Familien der Braganzas lebten. Der **Westflügel** (☎2784201; Eintritt 150 ₹; ⏲9–17 Uhr, Einlass bis 16 Uhr) ist bis heute im Besitz der Familie Menezes-Bragança und voller glitzernder Kronleuchter, italienischer Marmorböden, Rosenholzmöbel und alter Kostbarkeiten aus Macao, Portugal, China und Europa. Auch nach dem Tod der betagten Aida Menezes-Bragança 2012 ist die grandiose alte Villa, die beträchtliche Summen an Instandhaltungskosten verschlingt, weiterhin für die Öffentlichkeit zugänglich. Der **Ostflügel** (☎2857630; Eintritt 100 ₹; ⏲9–17.30 Uhr) ist im Besitz der Braganza-Pereiras, der anderen Linie der Familie. Er ist nicht annähernd so prachtvoll wie der Westflügel, ist aber noch bewohnt und hat eine kleine, bemerkenswerte Familienkapelle, in der sich ein sorgfältig versteckter Fingernagel des hl. Franz Xaver befindet, der verständlicherweise der ganze Stolz der Familie ist. Beide Villen sind täglich geöffnet und es findet sich eigentlich immer jemand, der Besucher einlässt.

Etwa 1 km östlich der Kirche von Chandor erhebt sich das beeindruckende, mehr als 500 Jahre alte **Fernandes House** (☎2784245; Eintritt 200 ₹; 9–18 Uhr), das auch als „Casa Grande“ bekannt ist. Allerdings wurde der portugiesische Teil des Hauses erst 1821 von der Familie Fernandes hinzugefügt. Das Geheimversteck im Keller ist voller Schießscharten und verfügt über einen Fluchttunnel zum Fluss, damit die Familie bei einer Belagerung entfliehen konnte,

Am besten kommt man mit einem Taxi von Margao hierher (350 ₹ hin & zurück inkl. Wartezeit).

Colva & Benaulim

12 000 EW.

Colva und Benaulim haben breite, offen zugängliche Strände, die aber schon lange nicht mehr die Top-Favoriten der Rucksacktouristen im Süden Goas sind. Die meisten Urlauber kommen heute aus Indien oder sind ältere Europäer jedweder Nation. Hier gibt's keine Partys wie im Norden Goas und auch nicht die Schönheit und die Lässigkeit wie in Palolem. Dennoch liegen diese Strände am nächsten zu den Hauptverkehrsknotenpunkten von Margao und dem Flughafen von Dabolim. Dabei ist Benaulim der schönere Ort von beiden, denn er hat eine kleine Geschäftsstraße und die idyllische Atmosphäre eines Dorfes – in der Nebensaison gleicht er aber einer Geisterstadt am Meer. Das Dorf ist jedoch ein guter Ausgangspunkt für dier Erkundung dieses Teils der vielerorts menschenleeren und grandiosen Südküste Goas: der Strand erstreckt sich immerhin von Velsao im Norden bis zur Mündung des Flusses Sal in Mobor im Süden. Die Straße, die landeinwärts entlang dieses Küstenabschnitts verläuft, ist ideal zum Radeln oder Roller fahren und führt an zahlreichen, pittoresken Villen aus portugiesischer Zeit und strahlend weißen Kirchen vorbei.

Sehenswertes & Aktivitäten

Am Eingang zu den Stränden in Colva und in geringerem Umfang auch in Benaulim wimmelt es von Tourveranstaltern, die **Parasailing** (700 ₹/Flug), **Jetski fahren** (800 ₹ für 15 Min.) und einstündige Bootsfahrten zum **Delfine beobachten** (400 ₹/Pers.) anbieten.

★ **Goa Chitra** MUSEUM

(☎6570877; www.goachitra.com; St. John the Baptist Rd, Mondo Vaddo, Benaulim; Eintritt 200 ₹; ⌚Di–So 9–18 Uhr) Der Künstler und Restaurator Victor Hugo Gomes bemerkte als erster, dass immer mehr traditionelle Alltagsobjekte aus dem Leben der Menschen verschwinden. Daher gründete er dieses ethnografische Museum, in dem mittlerweile mehr als 4000 ausrangierte Gegenstände zu sehen sind, die er in den letzten 20 Jahren in Goa gesammelt hat. Eine Besichtigung des Museums ist nur im Rahmen einer einstündigen Führung möglich, die jeweils zur vollen Stunde beginnt. Neben einem kompletten Bio-Bauernhof hinter dem Haus sind Unmengen an traditionellem Handwerkszeug und Küchenutensilien, christlichen Kultgegenständen und faszinierenden Geräten aus der Landwirtschaft ausgestellt. Das Museum liegt 3 km östlich der Maria-Hall-Kreuzung.

Schlafen

Colva

Nach wie vor gibt's in Colva ein paar einfache, preiswerte Pensionen, die in den Palmenwäldchen hinter dem Strand liegen. Am besten man hört sich in der Stadt um.

Sam's Guesthouse HOTEL $

(☎2788753; Zi. 500 ₹) Das freundliche Hotel mit preiswerten Zimmern rund um einen Garten steht abseits des Getümmels, etwa 1 km nördlich der Hauptstraße. Zum Strand muss man nur die Straße überqueren.

ABSEITS DER ÜBLICHEN PFADE

DUDHSAGAR-WASSERFÄLLE

An der östlichen Grenze zu Karnataka liegen die Dudhsagar-Wasserfälle (603 m), Goas eindrucksvollste und Indiens zweithöchste Fälle. Am besten besucht man sie gleich nach dem Ende der Monsunzeit. Mit dem Zug geht's um 8.13 Uhr von Margao nach Colem (es gibt täglich nur 3 Züge in jede Richtung), von wo aus man dann nach 40 holprigen Minuten im Jeep zu den Wasserfällen gelangt (4000 ₹ für einen Jeep mit Platz für 6 Pers.). Dort angekommen liegt noch ein kurzer aber steiniger Anstieg zum Rande des Wasserfalls vor einem. Eine viel einfachere Option ist eine ganztägige **GTDC-Tour** (750 ₹; ⌚Mi & So) ab Panaji, Mapusa oder Calangute. Auch die Reisebüros in den Strandresorts bieten Ausflüge hierher an.

La Ben HOTEL $
(☎2788040; www.laben.net; Colva Beach Rd; Zi. ohne/mit Klimaanlage 860/1300 ₹; ❄📶) Nett, sauber und nicht völlig frei von jeder Atmosphäre. Angesichts der zentralen Lage ist es auch noch äußerst preiswert. Ein weiterer Pluspunkt ist das Restaurant auf dem Dach. WLAN kostet 40 ₹ pro Stunde.

Skylark Resort HOTEL $$
(☎2788052; www.skylarkresortgoa.com; 4th Ward; Zi. ohne/mit Klimaanlage ab 2380/2970 ₹; ❄🏊) Eindeutig das beste Hotel am Platz. Die farbenprächtigen Zimmer sind einwandfrei, die teureren gehen auf den großen Pool hinaus. Von örtlichen Handwerkern geschreinerte Teakmöbel, Tagesdecken mit Baumwolldruck und riesige Duschköpfe sind nette Extras. Und Colvas beste Bar ist gleich nebenan.

Benaulim

Im ganzen Ort bieten Dorfbewohner einfache Fremdenzimmer an. Zusammen mit ein paar ordentlichen Budgetunterkünften machen sie Benaulim im Vergleich zu Colva zu einer wesentlich besseren Alternative für Rucksacktouristen.

Rosario's Inn PENSION $
(☎2770636; Zi. ohne/mit Klimaanlage 400/700 ₹; ❄) Der alteingesessene Familienbetrieb liegt gegenüber einem Fußballplatz, auf dem jede Menge Libellen um die jungen Spieler kreisen, und ist ein echtes Schnäppchen.

D'Souza Guest House PENSION $
(☎2770583; DZ 700 ₹) Wem eine gemütliche Atmosphäre wichtiger ist als die Nähe zum Strand, wird die von einer freundlichen goanischen Familie geführte Pension in einem für Goa typischen Haus lieben. Leider gibt's nur drei große, saubere Zimmer, deshalb unbedingt im Voraus buchen.

Palm Grove Cottages HOTEL $$
(☎2770059, 2771170; www.palmgrovegoa.com; DZ 1450 ₹, mit Klimaanlage 1730–3100 ₹; ❄) Das Hotel steht wirklich inmitten eines üppig grünen Palmenwaldes und scheint weit abgeschieden von der Welt, ist aber in unmittelbarer Nähe der Hauptgeschäftsstraße von Benaulim. Die Zimmer sind sehr stimmungsvoll eingerichtet, manche haben auch einen Balkon. Mitten im Garten liegt das sehr beliebte Palm Garden Restaurant. Die Luxuszimmer im neuen Gebäude im portugiesischen Stil sind absolute Spitzenklasse.

Anthy's Guesthouse PENSION $$
(☎0832 2771680; anthysguesthouse@rediffmail.com; Sernabatim Beach; Zi. 1400–1950 ₹) Als eine der wenigen Unterkünfte direkt am Strand ist sie bei Travellern natürlich äußerst beliebt. Unbedingt im Voraus buchen! Die sehr gepflegten Zimmer im Chalet-Stil stehen hinter dem Strand und sind von einem hübschen Garten umgeben, in dem sich auch ein Restaurant befindet.

Essen & Ausgehen

Colva

Am Strand von Colva stehen ein paar Hütten, die die üblichen Speisen nebst frischen Meeresfrüchten anbieten. Am Kreisverkehr bei der Kirche gibt's Tee- und Thali-Lokale, Verkaufsstände für Obst, Gemüse und Fisch sowie die *bhelpuri*-Verkäufer am Abend. Wer es lieber moderner mag, kann sich auch bei Subway oder Cafe Coffee Day versorgen.

Sagar Kinara INDISCH $
(Colva Beach Rd; Hauptgerichte 40–160 ₹; ⏰7–22.30 Uhr) Die Köstlichkeiten dieses rein vegetarischen Restaurants könnten selbst eingeschworene Fleischesser überzeugen. Das äußerst professionell geführte Lokal im

COLVAS MENINO JESUS

In der im 18. Jh. erbauten Kirche **Our Lady of Mercy** in Colva sollen Erzählungen zufolge schon zahlreiche Wunder geschehen sein. Im Innern befindet sich, wohl behütet und hinter Schloss und Riegel, eine kleine Statue, die als „Menino" (Baby) Jesus bekannt ist. Sie kann angeblich auf wundersame Weise Kranke heilen und erblickt nur einmal im Jahr, am zweiten Montag im Oktober, während des **Fama de Menino Jesus Festivals**, das Tageslicht. Dann wird die kleine Figur in einer Parade durch die Straßen getragen, in den Fluss getaucht und auf dem Hochalter der Kirche aufgestellt, wo die Pilger dann zu ihr beten können. Das Jahr über ist die Kirche am frühen Abend geöffnet. Wer ein Gebrechen hat, der möchte dann vielleicht am Eingang eine Votivgabe aus Plastik in der Form des betroffenen Körperteils kaufen oder sie dem Jesus-Baby als Opfergabe bringen.

TIERLIEBE

Das Tierheim *Animal Tracks* in Assagao im Norden von Goa wird von der US-amerikanischen Tierschutzorganisation **International Animal Rescue** (IAR; ☎2268328; www.internationalanimalrescue.org; Animal Tracks, Madungo Vaddo, Assagao) geleitet. Im **Goa Animal Welfare Trust Shop** (⏲Mo–Sa 9.30–13 & 16–19 Uhr) nahe des Skylark Resort in Colva kann man Souvenirs kaufen, Kleidungsstücke u. a. spenden sowie Bücher ausleihen. Oder man informiert sich einfach über die Arbeit der **GAWT**-Stiftung (☎2653677; www.gawt.org; Old Police Station, Curchorem; ⏲Mo–Sa 9–17.30, So 10–13 Uhr), die in Curchorem, in der Nähe von Margao, ein Tierheim betreibt. Auch das **Animal Rescue Centre** (☎2644171; arcingoa@gmail.com; Chapolim; ⏲Mo–Sa 10–13 & 14.30–17 Uhr) in Chapolim, einige Kilometer nordöstlich von Palolem, nimmt kranke, verletzte und herumstreunende Tiere auf. In allen Tierheimen können freiwillige Helfer gern mitarbeiten, und sei es auch nur für ein paar Stunden, um mit den Hunden zu spielen und Gassi zu gehen.

obersten Stockwerk serviert leckere nord- und südindische Küche zum günstigen Preis.

Leda Lounge & Restaurant WESTLICH, BAR
(Hauptgerichte 200–600 ₹; ⏲7.30–24 Uhr) Das Speisenangebot in dem stilvollen, aber teuren Restaurant reicht von Meeresfrüchten über Steaks und indische Nationalgerichte bis zu italienischer Pasta. Viel interessanter aber ist die gemütliche, großstädtische Bar mit Livemusik an fast allen Abenden.

Benaulim

Malibu Restaurant INDISCH, ITALIENISCH $$
(Hauptgerichte 100–180 ₹; ⏲8.30–23 Uhr) Die Tische stehen zwar nicht direkt am Strand, aber mit dem abgeschiedenen Garten voller blühender Blumen, Schmetterlinge und einer immer frischen Brise ist das Restaurant eines der kultiviertesten im Ort. Und die italienischen Gerichte sind wirklich superlecker. In der Hauptsaison betreiben die Besitzer auch eine gleichnamige Strandbar.

Pedro's Bar & Restaurant GOANISCH, MULTICUISINE $$
(Vasvaddo Beach Rd; Hauptgerichte 110–300 ₹; ⏲7–24 Uhr) Das sowohl bei indischen als auch ausländischen Gästen gleichermaßen beliebte Restaurant liegt in einem großen, schattigen Garten direkt hinter dem Strand und serviert Klassiker der indischen, chinesischen und italienischen Küche sowie eine Reihe guter goanischer Gerichte und glühend heiß Gebratenes.

Johncy Restaurant GOANISCH, MULTICUISINE $$
(Vasvaddo Beach Rd; Hauptgerichte 110–195 ₹; ⏲7–24 Uhr) Das Restaurant am Haupteingang zum Strand gibt's schon ewig und hat in der Saison immer noch das übliche Angebot einer Strandbar.

Praktische Informationen

In Colva gibt's in der von Ost nach West verlaufenden Colva Beach Rd jede Menge Banken und Geldautomaten. Die Post befindet sich in der Straße, die im Osten an der Kirche vorbeiführt. In Benaulim gibt's einen Geldautomaten bei der Bank of Baroda an der Maria-Hall-Kreuzung und, falls dieser ausfallen sollte, einen bei der HDFC-Bank an der Inlandsstraße nach Colva. Alle anderen nützlichen Einrichtungen wie Apotheken, Supermärkte, Internetcafés und Reisebüros befinden sich zumeist in der Ortsmitte von Benaulim, in und an der von Ost nach West verlaufenden Vasvaddo Beach Rd.

Anreise & Unterwegs vor Ort

Wie in all den anderen Strandorten können auch in Colva und Benaulim Motorroller für um die 200 ₹ gemietet werden.

COLVA

Bis gegen 19 Uhr fährt alle paar Minuten ein Bus von Colva nach Margao (10 ₹, 20 Min.). Eine Autorikscha bzw. ein Taxi nach Margao kostet 200 bzw. 250 ₹.

BENAULIM

Von Benaulim fahren ebenso häufig Busse nach Margao (10 ₹, 20 Min.), die jeweils an der Maria-Hall-Kreuzung, 1,2 km östlich des Strandes, halten. Einige Busse fahren von Margao weiter in Richtung Süden nach Varca und Cavelossim. Eine Fahrt mit der Autorikscha oder dem Motorradtaxi nach Margao kostet etwa 200 ₹, die fünf Minuten zum Strand 60 ₹.

Von Benaulim nach Agonda

Südlich von Benaulim locken die Küstenorte **Varca** und **Cavelossim** mit breiten, unberührten Sandstränden und schicken Fünf-

Sterne-Hotels inmitten von herrlich gestalteten Landschaftsgärten. 3 km südlich von Cavelossim liegt auf der Spitze einer Halbinsel der kleine Ort **Mobor**, dessen Strand zu den schönsten an dieser Küste zählt. In den einfachen Strandbars gibt's das übliche, gute Essen.

Wer mit dem eigenen fahrbaren Untersatz anreist, kann auf der rostigen **Fähre** von Cavelossim nach Assolna übersetzen, bis die (nicht zu verfehlende) Brücke über den Sal River Ende 2014 fertig ist. Die Fähren legen von 6.15 bis 20.30 Uhr etwa alle 30 Minuten ab und sind für Fußgänger und Motorräder kostenlos. Etwa 7 km weiter südlich liegt das bezaubernde Fischerdorf **Betul**.

Durch eine grandiose Hügellandschaft voller dichter Palmenwälder windet sich die Straße von Betul weiter in Richtung Süden bis nach Agonda. Einen Abstecher wert ist die düstere, portugiesische Festung von **Cabo da Rama**, die mit grün-rot-weißen Hinweistafeln ausgeschildert ist. Innerhalb der Festungsmauern, von denen man einen tollen Ausblick hat, befinden sich eine kleine Kirche und mehrere alte Gebäude, die nach und nach unter den Bäumen verschwinden.

Wieder zurück auf der Hauptstraße nach Agonda zweigt rechts (Richtung Westen) eine Straße zum **Cola Beach** ab, einem der großartigsten Strände im Süden Goas, der sich zudem mit einer smaragdgrünen Lagune schmückt. Von der Schnellstraße führt eine 2 km lange, holprige Staubpiste zum Strand, der dennoch nicht ganz einsam ist: in der Hauptsaison stehen dort ein paar Strandbars und ein Zelthotel. Nach der Abzweigung nach Cola Beach sind es nur noch 2,5 km weiter südlich bis nach Agonda.

Agonda

Das friedliche, kleine Städtchen hat einen breiten, feinen und relativ einsamen Sandstrand, an dem die seltenen Oliv-Bastardschildkröten zuweilen ihre Eier ablegen. Auch wenn es in der Hauptsaison hier die üblichen Strandbars und Restaurants gibt, geht es in Agonda im Vergleich zu Palolem doch eher bescheiden zu. Das liegt vermutlich an der starken, schwimmerunfreundlichen Strömung, die hier manchmal herrscht und den Strand davor bewahrt hat, allzu beliebt zu werden.

Dafür gibt's hier jede Menge Yoga-Kurse und Ayurveda-Behandlungen, die überall an den Schwarzen Brettern angekündigt werden, und ein allgegenwärtiges Gefühl der alles überspannenden Gemeinschaft in den Geschäften und Cafés der Straße, die parallel zum Strand verläuft. In der HDFC-Bank bei der Kreuzung an der Kirche gibt's einen Geldautomaten.

Schlafen & Essen

Von November bis Mai säumen Kokospalmhütten und Snackbars den Strand. In der Seitenstraße, die parallel zum Strand verläuft, befinden sich ein paar Restaurants, die das ganze Jahr über geöffnet haben.

Agonda White Sand STRANDHÜTTEN $$
(☎ 9823548277; www.agondawhitesand.com; Agonda Beach; Hütte 2800–3500 ₹; 📶) Die wundervoll gestalteten, schicken Hütten mit Sprungfedermatratzen und Bad unter freiem Himmel stehen rund um ein Restaurant mit Bar direkt am Strand. Keine 100 m entfernt vermieten die Besitzer auch zwei fantastische Fünf-Sterne-**Villen** (8500 ₹) direkt am Meer mit riesigen Betten und großen Badezimmern, in denen ein ganzer Garten mit Fischteich Platz hätte.

Fatima Restaurant GOANISCH $
(Thalis 65–75 ₹; ⏲ 12.30–20 Uhr) Das winzige Lokal mit gerade einmal vier Tischen ist eine echte Institution in Agonda, denn die leckeren Gemüse- und Fisch-Thalis sind wirklich preiswert.

Palolem & Umgebung

Das schon vor langem „entdeckte" Palolem ist immer noch der Star unter Goas tropischen Traumstränden: ein nahezu perfekter Halbmond aus feinem Sand, ruhiges Wasser und wogende Kokospalmen verleihen ihm das Flair einer einsamen Insel, die auch in der Hauptsaison tatsächlich nicht überlaufen ist. Ein herrlich entspannter, backpacker- und familienfreundlicher Ort mit zahlreichen Budgetunterkünften in Bambushütten am Strand, guten Restaurants, ruhigem Wasser zum Schwimmen und Kajakfahren sowie alle Yogakurse, Massagen und alternativen Therapien, die man sich denken kann. Dafür ist das Nachtleben eher verschlafen – es gibt nur die üblichen Strandbars und ein paar „Stille Discos". Dennoch bleiben viele Besucher wesentlich länger in Palolem als ursprünglich geplant.

Wem es selbst in Palolem zu hektisch ist, kann weiter Richtung Süden in die kleine Felsenbucht **Colomb Bay** fahren, in der es ein paar einfache Unterkünfte gibt, oder auch nach **Patnem Beach**, wo eine Reihe nobler Strandhütten und ein nicht ganz so schöner, aber noch wesentlich ruhigerer Sandstrand locken.

Da in Palolem mehr noch als in anderen Küstenorten nur in der Hauptsaison etwas los ist, sind viele Unterkünfte und Restaurants bis November geschlossen.

Aktivitäten

Yoga

Wer den ganzen Tag mit Yoga, Bauchtanz, Reiki, Tai Chi oder Tarot verbringen will, ist in Palolem und Patnem genau richtig. Überall in den beiden Orten werden Kurse und Schulungen angeboten, wobei die Veranstaltungsräume und Lehrer in jeder Saison wechseln. Bhakti Kutir bietet täglich Yoga-Kurse ohne Voranmeldung sowie längerfristige Kurse an, ist aber nur einer von vielen in der ständig wechselnden alternativen Meditationsszene des Ortes. Infos über die täglichen Yoga- (200 ₹) und Kochkurse (1000 ₹) sind im Butterfly Book Shop (S. 182) erhältlich.

Aktivitäten am Strand

An den Stränden von Patnem und Palolem werden **Kajaks** für 100 bis 150 ₹ pro Stunde inklusive Rettungsweste vermietet. Fischer und andere Bootseigner am Strand bieten Fahrten zur Beobachtung von Delfinen oder zum herrlichen **Butterfly Beach** nördlich von Palolem an, die jeweils 1000 ₹ für zwei Personen inklusive einer Stunde Wartezeit kosten. Angesichts der vielen Anbieter sollte es möglich sein, einen günstigeren Preis auszuhandeln.

Trekking

Cotigao Wildlife Sanctuary NATURSCHUTZGEBIET

(☎2965601; Eintritt/Fotoerlaubnis 5/25 ₹; ⏲7–17.30 Uhr) Das wunderbare, abgeschiedene Naturschutzgebiet liegt 9 km südlich von Palolem. Man wird zwar kaum auf die wirklich exotischen Bewohner wie Gaurs, Sambarhirsche, Leoparden oder Axishirsche stoßen, dafür aber auf die in Hülle und Fülle vorhandenen Frösche, Schlangen, Affen und grellbunt gefiederten Vögel. Zu den beiden Beobachtungstürmen, die sich 6 bzw. 9 km vom Eingang entfernt im Wald befinden, führen gut markierte Wege. Um möglichst viele Tiere zu erspähen, sollte man frühmorgens da sein. Eine Rikscha oder ein Taxi von Palolem hierher kostet 600 bzw. 700 ₹ und

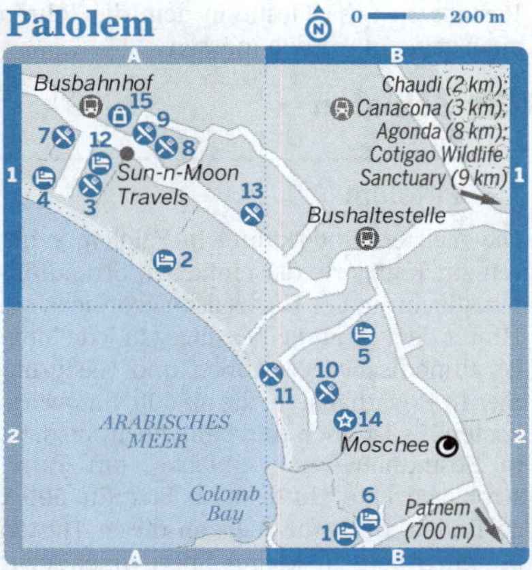

Palolem

Aktivitäten, Kurse & Touren
Bhakti Kutir ..... (siehe 1)

Schlafen
1 Bhakti Kutir B2
2 Ciaran's A1
3 My Soulmate A1
4 Palolem Beach Resort A1
5 Palolem Guest House B2
6 Sevas B2

Essen
7 Café Inn A1
8 Casa Fiesta A1
9 Cheeky Chapati A1
10 Fern's By Kate's B2
11 German Bakery B2
12 Magic Italy A1
13 Shiv Sai A1

Unterhaltung
14 Silent Disco @ Alpha Bar B2

Shoppen
15 Butterfly Book Shop A1

der Fahrer wartet auch ein paar Stunden bis zur Rückfahrt.

Goa Jungle Adventure OUTDOORAKTIVITÄTEN

(☎9850485641; www.goajungle.com; Trekking-/Canyoning-Tour ab 1700/1900 ₹) Die Trekking-Touren durch den Dschungel und das Canyoning der sehr professionellen, französischen Veranstalter werden allgemein in den höchsten Tönen gelobt. Sie dauern von einem halben bis zu mehreren Tagen. Gelegentlich werden auch Rafting-Touren angeboten. Schuhe können für 190 ₹ pro Tag geliehen werden. Weitere Infos gibt's im

Restaurant Casa Fiesta, in dem die Touren auch gebucht werden müssen.

Schlafen

Palolem

Die meisten Unterkünfte in Palolem gehören zur Kategorie der einfachen Strandhütten, die nur in der Hochsaison geöffnet sind. Hinter dem Strand gibt's dagegen jede Menge altmodischer Pensionen und Gästezimmer in Privathäusern, die ab 500 ₹ aufwärts kosten. Es ist auch durchaus noch möglich, in Strandnähe eine einfache, mit Palmstroh gedeckte Hütte ohne Bad für 500 ₹ zu finden, doch die meisten dieser Hütten bestehen heutzutage aus Sperr- oder sogar Massivholz und verfügen über ein eigenes Bad und mehrere Ebenen. Für solch eine Luxushütte am Strand bezahlt man in der Hochsaison locker 5000 ₹ und mehr! Da die Hütten jedes Jahr ab- und wieder neu aufgebaut werden, können sich die Ausstattung und die Eigentumsverhältnisse immer mal wieder ändern. Daher sind im Folgenden nur „solide" Pensionen und alteingesessene Hüttendörfer aufgeführt. Zu den beliebtesten Unterkünften dieser Art zählen Cozy Nook, Dreamcatcher und Bridge N Tunnel.

My Soulmate PENSION $
(☎9823785250; mysolmte@gmail.com; abseits der Palolem Beach Rd; DZ 800 ₹, mit Klimaanlage 1200–2000 ₹; ❄📶) Die freundliche Pension befindet sich in einer kleiner Gasse, ungefähr hinter dem Magic Italy, ist aber nur einen Katzensprung vom Strand entfernt. Auf zwei Stockwerken verteilen sich saubere Zimmer mit TVs und Warmwasser, die neueren haben auch tolle runde Betten.

Sevas HÜTTEN $
(☎2639194; www.sevaspalolemgoa.com; Hütte 500–1500 ₹; @) Die soliden, sehr gepflegten Hütten und einfachen Cabanas stehen mitten im Dschungel an der Colomb Bay. Der Standard reicht von primitiv bis stilvoll, wobei die meisten ein eigenes Bad haben und einige auf Pfählen gebaut sind. Außerdem wartet das Hüttendorf auch mit Yogakursen, Ayurveda und einem Restaurant auf.

Bhakti Kutir COTTAGE $
(☎2643472; www.bhaktikutir.com; Colomb Bay; Cottages 1000–1600 ₹; @) Versteckt in einem dichten Wäldchen zwischen Palolem und Patnem stehen die rustikalen, etwas heruntergekommenen Ferienhäuschen, bei denen manchmal sogar wildlebende Tiere vorbeischauen. In dem einzigartigen Öko-Dschungelcamp werden täglich Yogakurse (ohne Voranmeldung) und ayurvedische Behandlungen angeboten. Passend zur entspannten Atmosphäre serviert das Restaurant gesundes und sehr kreatives Essen unter freiem Himmel.

Palolem Beach Resort RESORT $$
(☎2645775, 9764442778; www.cubagoa.com/palolem; Zi. ohne/mit Klimaanlage 1750/2500 ₹, Cottages 2000 ₹; ❄📶) Die Lage direkt am Haupteingang zum Strand ist unschlagbar. Die nur in der Hauptsaison geöffneten Hütten sind zwar nichts Besonderes, aber sauber und gemütlich, und das Personal ist freundlich und tüchtig. Einige der wenigen Zimmer direkt am Strand haben eine Klimaanlage und werden das ganze Jahr über vermietet. Dagegen sind die vom Meer weiter entfernten Sperrholz-Cottages ohne Klimaanlagen hoffnungslos überteuert.

Palolem Guest House HOTEL $$
(☎2644879; www.palolemguesthouse.com; DZ 1200–1800 ₹, mit Klimaanlage 1750–2800 ₹; ❄) Wer von Strandhütten und dem Trubel am Wasser genug hat, kann in das fünf Gehminuten vom südlichen Ende des Strandes von Palolem gelegene Hotel flüchten. Die Zimmer sind einfach, aber sauber und gemütlich; manche haben auch Balkone. Das Restaurant im schattigen Garten ist perfekt für ein zwangloses, entspanntes Abendessen.

★ Ciaran's STRANDHÜTTEN $$$
(☎2643477; www.ciarans.com; Hütte inkl. Frühstück 3500–4000 ₹, Zi. mit Klimaanlage 3500 ₹; ❄📶) Die stabilsten und ansprechendsten Hütten an diesem Strand haben richtige Fenster, Steinfußböden, deckenhohe Wandspiegel, Holzverkleidungen und hübschere Badezimmer als so manches Hotel. Zudem stehen sie auf echtem Rasen inmitten eines friedlichen Gartens voller Palmen – die perfekte Mischung aus rustikal und elegant. Im Preis inbegriffen sind Frühstück, Nachmittagstee und die Nutzung der Bibliothek. Zum Hotel gehören auch zwei erstklassige Restaurants mit der einzigen Tapas-Bar in Palolem.

Patnem

Wer länger bleiben will, kann eines der zahlreichen Häuser oder Apartments im Ort mieten. So kostet ein sehr einfaches Haus etwa 10 000 ₹ pro Monat, ein komplett ausgestattetes Apartment bis zu 40 000 ₹.

Micky Huts & Rooms STRANDHÜTTEN $
(☎9850484884; www.mickyhuts.com; Patnem Beach; Hütte 300 ₹, Zi. & Hütte mit Bad 1500–3000 ₹) Die äußerst preiswerten Hütten sind auch äußerst einfach und haben noch nicht einmal Strom. Aber keine Panik, es gibt auch bessere, sprich teurere Hütten mit eigenem Bad und Stromanschluss sowie eine entspannte Bar und ein gutes Restaurant. Das Ganze liegt versteckt in einem dichten Bambus- und Kokoswäldchen am nördlichen Ende des Strands von Patnem.

Papaya's COTTAGES $$
(☎9923079447; www.papayasgoa.com; Hütte 2500–3500 ₹; 📶) Die schönen Hütten stehen im Palmenwald hinter dem beliebten, gleichnamigen Restaurant. Sie sind mit viel Holz gebaut und mit Himmelbetten, zarten Musselinstoffen und Veranden liebevoll ausgestattet. Das Personal ist unglaublich zuvorkommend und hilfsbereit.

Sea View Resort HOTEL $$
(☎2643110; www.seaviewpatnem.com; Hütte 500 ₹, DZ 1000–2000, mit Klimaanlage 3000 ₹; ❄@) Die das ganze Jahr über geöffnete Unterkunft ist nur 100 m vom Strand entfernt und von einem hübschen Garten umgeben. Einfache Hütten und saubere Zimmer, teilweise mit Balkon oder Küche, stehen zur Auswahl.

Essen

Da die Strände von Palolem und Patnem nicht allzu groß sind, gibt's hier auch nicht die üblichen Strandbars. Dafür bekommt man in den zahlreichen Restaurants in der Nähe des Strands den ganzen Tag über etwas zu essen, vor allem frische Meeresfrüchte. In Palolem befinden sich auch einige interessante Restaurants in der Hauptstraße, die zum Strand führt.

Shiv Sai INDISCH $
(Thalis 50–60 ₹, Hauptgerichte 40–100 ₹; ⏲9–23 Uhr) Hier treffen sich die Einheimischen zum Mittagessen, denn neben günstigen, leckeren Thalis gibt's auch goanische Fischgerichte und Vegetarisches.

★**Café Inn** CAFÉ $$
(www.cafeinn.in; Hauptgerichte 110–330 ₹; ⏲10–23 Uhr; 📶) Das witzige Lokal mit Außenbewirtung bietet laute Musik, Bedienungen im Sari und eine lässige Kaffeehausatmosphäre. Der italienische Kaffee ist ebenso ausgezeichnet wie die Snacks, Shakes, Burgers und Salate, aber der Hit ist das allabendliche Barbecue: Jeder Gast kann sich mit Fleisch, Gemüse, Saucen und Brot sein individuelles Grillmenü zusammenstellen.

German Bakery BÄCKEREI, MULTICUISINE $$
(Gebäck 25–80 ₹, Hauptgerichte 115–180; ⏲8–22 Uhr) Der lange Weg vom Strand in die heimelige deutsche Bäckerei wird mit leckeren Backwaren, ausgezeichnetem Kaffee und Croissants mit Yakmilchkäse belohnt. Das Frühstück ist ebenfalls gut und abends gibt's italienische, indische, chinesische und israelische Gerichte.

Fern's By Kate's GOANISCH $$
(☎9822165261; 120–350 ₹; ⏲8.30–22.30 Uhr; 📶) In dem soliden Holzhaus mit der nautisch angehauchten Ausstattung kommt ausgezeichnetes, typisch goanisches Essen mit traditionellen Würstchen und *amok-tik* mit Haifischfleisch auf den Tisch. Über dem Restaurant werden zwei wunderbar ausgestattete Zimmer mit Klimaanlage, großem Bad, Himmelbett und Meerblick vermietet (4000 ₹).

Magic Italy ITALIENISCH $$
(Hauptgerichte 230–380 ₹; ⏲15–24 Uhr) In der langen Zeit, in der es das Restaurant an der

STILLE PARTYS

Zur Umgehung des in ganz Goa geltenden Verbots lauter Musik nach 22 Uhr werden in Palolem zwei große, äußerst beliebte, stille Rave-Partys veranstaltet, bei denen alle Gäste Kopfhörer tragen und in absoluter Stille abtanzen. Dabei haben sie in der Regel die Wahl zwischen zwei oder drei Kanälen, für die DJs aus Goa und aller Welt Hip Hop, House, Electro und Funk auflegen. Im Allgemeinen kommen diese Partys erst nach Mitternacht in Schwung. Die Kopfhörer sind im Eintrittspreis enthalten.
Im **Silent Noise** (www.silentnoise.in; Neptune's Point, Colomb Bay; Eintritt 500 ₹; ⏲Nov.–April Sa 21–4 Uhr), einer tollen Disco am Neptune Point hinter dem Strand von Palolem, wurden die stillen Partys erfunden und finden bis heute jeden Samstagabend statt. Donnerstags geht die stille Post in der **Silent Disco@Alpha Bar** (Eintritt 500 ₹; ⏲Nov.–April Do 21–4 Uhr) unter den Palmen am südlichen Ende des Strandes von Palolem ab.

Hauptstraße zum Strand schon gibt, wurden die kreativen Pizzas aus dem Holzbackofen und Gerichte mit selbstgemachten Nudeln immer besser. Kein Wunder, schließlich werden alle Zutaten wie Schinken, Salami und Olivenöl aus Italien importiert. Die Atmosphäre ist betriebsam, aber locker.

Casa Fiesta MEXIKANISCH **$$**
(Hauptgerichte 90–280 ₹; ⌚8.30–24 Uhr) Die Speisekarte ist zwar sehr international, doch der Schwerpunkt liegt mit guten Fajitas, Burritos und Tacos eindeutig auf der mexikanischen Küche. Die meisten Gerichte kosten weniger als 200 ₹, und die angenehme Atmosphäre trägt ebenso zur Beliebtheit bei wie die Margarita-Cocktails.

Cheeky Chapati MULTICUISINE **$$**
(Hauptgerichte 110–270 ₹; ⌚7–23 Uhr) Das einladend rustikale, von dem Auswanderer Cheeky Chapati geführte Lokal bietet die gesamte Palette an westlichen und indischen Gerichten, orientalischem Kebab und amerikanischen Burgern. Sonntag abends gibt's Braten aus dem Ofen.

★ **Home** WESTLICH **$$**
(☎2643916; www.homeispatnem.com; Patnem Beach; Hauptgerichte 160–260 ₹; ⌚8.30–21.30 Uhr) Das hippe, sehr entspannte vegetarische Restaurant serviert Nudelgerichte, Salate, Leckereien und Desserts der Mittelmeerküche. Das Lieblingslokal der Einheimischen vermietet auch freundliche, hübsch eingerichtete Zimmer (EZ/DZ 1000/3000 ₹), die telefonisch oder im Restaurant reserviert werden können.

Shoppen

Butterfly Book Shop BÜCHER
(☎9341738801; www.yogavillapalolem.com; ⌚9–22.30 Uhr) In dem tollen Buchladen werden neben einer riesigen Auswahl an Büchern über Yoga, Meditation und Spiritualität auch hübsche Souvenirs verkauft. Außerdem werden Yoga- und Kochkurse organisiert.

Praktische Informationen

In Palolems Hauptstraße wimmelt es von Reisebüros, Internetcafés und Wechselstuben. Der nächste Geldautomat befindet sich 1,5 km entfernt an der Kreuzung der großen Schnellstraße mit der Palolem Beach Rd. Ein weiterer ist im benachbarten Chaudi.

Sun-n-Moon Travels (Palolem Beach Rd; 40 ₹/Std.; ⌚9–22.30 Uhr; 📶) Eines der zahlreichen Reisebüros, das auch schnellen Internetzugang bietet. Außerdem werden SIM-Karten verkauft und Handys aufgeladen.

Anreise & Unterwegs vor Ort

Überall in der Hauptstraße, die zum Strand führt, werden Roller und Motorräder ab 200 ₹ vermietet. Fahrräder (100 ₹/Tag) kann man im Laden neben der Palolem Dental Clinic leihen.

BUS

Die Busse nach Margao (30 ₹, 1 Std., alle 30 Min.) und in den Nachbarort Chaudi (5 ₹, alle 15 Min.) starten am Busbahnhof beim Strand und halten an der Abzweigung nach Patnem. Chaudi hat sehr gute Busverbindungen, allerdings nicht nach Panaji und in den Norden Goas. Wer dorthin möchte, fährt besser nach Margao und steigt dort in einen Expressbus um.

Von Chaudi fahren regelmäßig Busse nach:

Agonda (8 ₹, alle 30 Min.)
Cabo da Rama (20 ₹, 9 Uhr; der Bus nach Chaudi fährt um 15 Uhr in Cabo da Rama ab)
Gokarna (70 ₹, 14 Uhr)
Karwar (35 ₹, alle 30 Min.)
Margao (30 ₹, alle 10 Min.)
Panaji (55 ₹, 3-mal tgl.)

TAXI & AUTORIKSCHA

Eine Autorikscha von Palolem nach Patnem oder Chaudi kostet 60 ₹, nach Agonda 200 ₹. Für die Fahrt mit einem Prepaid-Taxi vom Flughafen Dabolim nach Palolem sind 1100 ₹ zu veranschlagen.

ZUG

Die meisten Züge, die Margao in Richtung Norden oder Süden verlassen, halten am **Bahnhof von Canacona** (☎2643644, 2712790).

Karnataka & Bengaluru

Inhalt ➡

Gut essen

- Karavalli (S. 194)
- Koshy's Bar & Restaurant (S. 193)
- Sapphire (S. 209)
- Lalith Bar & Restaurant (S. 221)

Schön übernachten

- Casa Piccola Cottage (S. 192)
- Green Hotel (S. 207)
- Vivanta (S. 216)
- Dhole's Den (S. 212)

Auf nach Karnataka & Bengaluru!

Das mit einer vielfältigen Landschaft gesegnete Karnataka ist ein berauschender Cocktail, der ganz Indien in sich vereint – eine bestechende Mischung aus Palästen, Stränden, Bananenhainen, Tigerschutzgebieten, alten Ruinen und legendären Backpackertreffs.

Karnatakas Lebensnerv ist die IT-Hauptstadt Bengaluru (Bangalore). Um diese genusssüchtige Stadt verstreut liegen sanfte Hügel mit Gewürz- und Kaffeeplantagen, die majestätische Pracht Mysores, und Dschungel, in denen Affen, Tiger und der größte Bestand an Elefanten in Indien leben. Wem all das zu massentauglich ist, der sollte sich in die Enklave der Gegenkultur aufmachen, ins ruhige Hampi mit seinen Hängematten, psychedelischen Sonnenuntergängen und Ruinen. Oder zu den Stränden von Gokarna, einem Strandparadies ohne den sonst üblichen Trubel. Oder er könnte sogar den Tourismus ganz hinter sich lassen und zu den erstaunlichen islamischen Ruinen Nord-Karnatakas reisen.

Reisezeit

Bengaluru

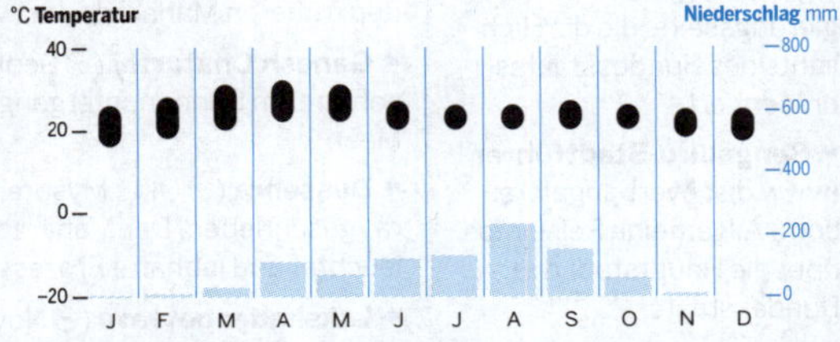

Jan. Die beste Zeit, um in Karnatakas Nationalparks Tiger und Elefanten zu beobachten.

Okt. Zu Mysores Dasara- (Dussehra-) finden nächtelange Feierlichkeiten und eine Parade statt.

Dez. Die kühlste Zeit, um die Forts, Paläste, Höhlen und Tempel im Norden des Staates zu erkunden.

ANKUNFT

Die meisten Besucher kommen am funkelnden modernen Flughafen Bengalurus an, 40 km nördlich der Stadt. Mangalore an der Westküste ist der Umsteigeort für alle, die Richtung Norden nach Goa oder Richtung Süden nach Kerala wollen. Hubli in Zentral-Karnataka ist auch ein Eisenbahnknotenpunkt, der Hampi mit Goa und Mumbai verbindet.

Kurzinfos

- **Bevölkerung:** 61,1 Mio.
- **Fläche:** 191791 km²
- **Hauptstadt:** Bengaluru (Bangalore)
- **Hauptsprachen:** Kannada, Hindi, Englisch
- **Übernachtungspreise:** **$** unter 1000 ₹, **$$** 1000–4000 ₹, **$$$** über 4000 ₹

Infos im Internet

- **Karnataka Tourism** (KSTDC; www.karnatakatourism.org) Schicke Regierungsseite, die die Highlights des Bundesstaates präsentiert.
- **Bengaluru-Stadtführer** (www.discoverbangalore.com) Allgemeine Reiseinfos über die Hauptstadt des Bundesstaates.
- **Hampi. India!** (www.hampi.in) Tolle Quelle zu allem rund um Hampi.

Essen

Die vielfältige und köstliche Küche Karnatakas ist vielleicht schon Grund genug für einen Besuch in diesem Staat. Die erfolgreichste aller Delikatessen hier ist das würzige *pandhi*-(Schweinefleisch-)Masala, ein typisches und sehr leckeres Kodava-Gericht. In Mangalore an der Küste gibt's viele scharfe Gerichte, vor allem mit Meeresfrüchten. Das knusprige gebratene Krabben-*rawa* (Grieß) und das sündhaft gute Ghee-Brathähnchen sind zwei der vielen Gerichte aus Mangalore, die in ganz Indien Freunde gefunden haben. Und dann sind da noch die klassischen Steak- und Bierlokale in Bengalaru!

NICHT VERSÄUMEN!

Die **Tempel** von Hampi, Pattadakal, Belur und Halebid sowie Somnathpur gehören zu den besten archäologischen Stätten Indiens und sind mit Skulpturen von herausragender Qualität gestaltet.

Top-Feste

- **Udupi Paryaya** (Jan., Udupi, S. 223) Findet in Jahren mit gerader Jahreszahl statt. Neben Prozessionen gibt es ein Ritual um den Wechsel der Swamis im Krishna-Tempel.
- **Festival des klassischen Tanzes** (Jan./Feb., Pattadakal, S. 239) Einige der besten klassischen Tanzaufführungen Indiens.
- **Vijaya Utsav** (Hampi Festival; Jan., Hampi, S. 227) Eine dreitägige Extravaganza der Kultur, des historischen Erbes und der Künste am Fuße des Matanga Hill in Hampi.
- **Tibetisches Neujahr** (Feb., Bylakuppe, S. 218) Lamas in tibetischen Flüchtlingssiedlungen wechseln sich bei den ununterbrochenen Gebeten ab, die über die gesamten einwöchigen Feierlichkeiten andauern.
- **Vairamudi-Festival** (März/April, Melkote, S. 211) Vishnu wird im Cheluvanarayana-Tempel mit Juwelen geschmückt, darunter eine mit Diamanten besetzte Krone, die den früheren Maharadschas von Mysore gehört.
- **Ganesh Chaturthi** (Sept., Gokarna, S. 224) Familien gehen zum Sonnenuntergang mit ihren Ganesh-Figuren ans Meer.
- **Dussehra** (Okt., Mysore, S. 206) In Mysore auch „Dasara" geschrieben. Der Maharadscha-Palast wird abends erleuchtet und lebhafte Prozessionen ziehen durch die Stadt.
- **Lakshadeepotsava** (Nov., Dharmasthala, S. 222) Abertausende Lampen werden in dieser jainistischen Pilgerstadt entzündet und bieten spektakuläre Fotomotive.
- **Huthri** (Nov./Dez., Madikeri, S. 214) Die Kodava-Gemeinschaft feiert eine Woche lang den Beginn der Erntesaison mit Zeremonien, Musik, traditionellem Tanz und viel Schlemmerei.

Highlights

1 Sich vom grandiosen **königlichen Palast** (S. 200) in Mysore die Sprache verschlagen lassen

2 Im kühlen Hochland der **Kodagu-Region** (S. 214) bei einem aromatischen Kaffee die Seele baumeln lassen

3 Sich in **Bengaluru** (S. 193) selbst unter den Tisch trinken oder erstklassige internationale Küche genießen

4 In **Bijapur** (S. 239) durch die friedlichen, gepflegten Anlagen kunstvoller islamischer Architektur aus dem 16. Jh. spazieren

5 Die der Schwerkraft trotzenden Felsen bewundern und zwischen den melancholischen Ruinen **Hampis** (S. 227) umherwandern

6 Am Om Beach in **Gokarna** (S. 224) mal so richtig faulenzen

7 In den Wäldern an der Grenze zum ruhigen **Kabini-See** (S. 213) Elefanten beobachten und exotischen Vögeln lauschen

Geschichte

Karnataka war schon immer ein weitläufiger Tummelplatz der Religionen, Kulturen und Königreiche und wurde im Laufe der Geschichte von einer Reihe charismatischer Führer regiert. Indiens erster großer Herrscher Chandragupta Maurya zog sich in diesen Staat zurück, als er sich im 3. Jh. v. Chr. in Sravanabelagola dem Jainismus zuwandte. Vom 6. bis zum 14. Jh. wurde das Land von mehreren Dynastien wie den Chalukyas, Cholas, Gangas und Hoysala beherrscht, die sich in erstaunlichen Höhlen und Tempeln in ganz Karnataka verewigten.

1327 plünderte Mohammed Tughlaqs Armee Halebid. 1347 führte Hasan Gangu, ein persischer General aus Tughlaqs Armee, eine Rebellion an, um ein Bahmani-Königreich zu errichten, das später in fünf Dekkan-Sultanate unterteilt wurde. Mittlerweile gewann das Hindu-Königreich Vijayanagar mit seiner Hauptstadt Hampi immer mehr an Bedeutung. In den frühen 1550er-Jahren erreichte es seine Blüte und fiel 1565 an die Sultanate, die gemeinsam darum gekämpft hatten.

In den folgende Jahren erstarkten die hinduistischen Wodeyar von Mysore und dehnten ihre Herrschaft auf einen großen Teil Südindiens aus. Lange regierten sie unangefochten, bis sie von Hyder Ali, einem ihrer Generäle, 1761 gestürzt wurden. Die Franzosen unterstützten Hyder Ali und seinen Sohn Tipu Sultan, die ihre Hauptstadt in Srirangapatnam errichteten und ihre Macht festigten. 1799 besiegten jedoch die Briten Tipu Sultan und brachten die Wodeyar wieder an die Macht. Das war der Beginn der territorialen Expansion der Briten in Südindien

Mysore blieb bis zur Unabhängigkeit unter der Herrschaft der Wodeyar – nach 1947 wurde der regierende Maharadscha der erste Gouverneur. 1956 wurden die Grenzen des Bundesstaates entlang der Sprachgrenzen neu gezogen, so entstand der erweiterte Bundesstaat Mysore mit seinen Kannada sprechenden Bewohnern. 1972 wurde er in Karnataka umbenannt und Bangalore (heute Bengaluru) wurde die Hauptstadt.

ℹ Praktische Informationen

In Karnataka wird auf Zimmer eine gestaffelte Luxussteuer erhoben: 4 % auf Zimmer zwischen 151 und 400 ₹, 8 % auf Zimmer zwischen 401 und 1000 ₹ und 12 % auf alle Zimmer, die mehr als 1000 ₹ kosten. Einige Mittel- und Spitzenklassehotels schlagen noch eine Servicegebühr drauf.

ℹ An- & Weiterreise

Das wichtigste Tor nach Karnataka ist Bengaluru, das von den meisten Inlandsfluggesellschaften und einigen internationalen Airlines bedient wird.

Mangalore an der Küste ist ein Drehkreuz für Reisende, die weiter nach Goa im Norden oder nach Kerala im Süden wollen. Hubli in Zentral-Karnataka ist ein bedeutendes Eisenbahnkreuz für Züge nach Maharashtra und Nordindien.

ℹ Unterwegs vor Ort

Die Karnataka State Road Transport Corporation (KSRTC; www.ksrtc.in) betreibt in ganz Karnataka ein hervorragendes Busnetz. Für kurze Strecken findet man in allen Städten Autorikschas. Die meisten Taxis verlangen für längere Fahrten etwa 7 ₹ pro km bei mindestens 250 km und eine tägliche Aufwandsentschädigung für den Fahrer von 200 ₹.

SÜD-KARNATAKA

Bengaluru (Bangalore)

☎080 / 8,5 MIO. / 920 M

Das kosmopolitische Bengaluru ist die wichtigste Stadt im tiefen Süden Indiens. Es zeichnet sich durch ein angenehmes Klima und eine boomende Bar-, Restaurant- und Shoppingszene aus. Bengaluru ist nicht unbedingt der Ort, um Sehenswürdigkeiten von Weltrang zu bewundern, obwohl es hier einige hübsche Parks und beeindruckende Bauwerke aus der viktorianischen Ära gibt, sondern um das neue Gesicht Indiens zu erleben. Hier trifft man auf viele Einheimische, die sich auf Englisch statt in regionalen Dialekten unterhalten und die statt der traditionellen Kleidung Jeans und Heavy-Metal-T-Shirts tragen.

Als Zentrum der boomenden IT-Industrie wetteifert Bengaluru mit Mumbai um den Rang als progressivste Stadt Indiens, und seine leiblichen Genüsse können für erschöpfte Traveller, die eine anstrengende Tour hinter sich haben, eine echte Wohltat sein.

Im vergangenen Jahrzehnt erlebte die Stadt eine geradezu manische Entwicklung, inklusive Verkehrsstaus und zunehmender Umweltverschmutzung. Doch Bengaluru ist eine Stadt, die sich auch darum kümmert, ihr Grün und ihr Erbe aus der Kolonialzeit zu bewahren. Daher bleibt das Zentrum der Stadt (das aus der Zeit der britischen Herrschaft stammt) mehr oder weniger unverändert, während die Urbanisierung die Stadtgrenzen ständig weiter nach außen verschiebt.

Geschichte

Wörtlich bedeutet Bengaluru „Stadt der gekochten Bohnen", der Name soll von einem Zwischenfall herrühren, bei dem eine alte Dorfbewohnerin einem verirrten und hungrigen Hoysala-König gekochte Hülsenfrüchte serviert hat. Der feudale Herrscher Kempegowda war der erste, der Bengalurus Gebiet markierte, als er 1537 ein Lehmfort baute. Bis 1759 blieb die Stadt unbedeutend, dann machte der Maharadscha von Mysore sie Hyder Ali zum Geschenk.

1809 trafen die Briten ein. Sie erklärten die Stadt 1831 zu ihrem regionalen Verwaltungssitz und benannten sie in Bangalore um. Während der britischen Herrschaft kamen viele britische Offiziere in die Stadt, unter ihnen Winston Churchill, der hier in seinen Anfangsjahren das Leben genoss und dem Club von Bangalore eine Schuld von 13 ₹ hinterließ, die noch immer in den Büchern steht.

Heute ist die Stadt Sitz zahlloser Software-, Elektronik- und anderer Firmen, die Bereiche „outgesourct" haben. Bengaluru hat seinen Hang zur Technologie schon früh entwickelt. 1905 war es die erste indische Stadt mit elektrischer Straßenbeleuchtung. Seit den 1940er-Jahren hat die Hindustan Aeronautics Ltd (HAL), Indiens größtes Raumfahrtunternehmen, hier ihren Sitz. Und wer ohne E-Mail nicht leben kann, muss einem Einwohner von Bangalore dankbar sein: Sabeer Bhatia, der Erfinder von Hotmail, wuchs hier auf.

Der Name der Stadt wurde im November 2006 wieder in Bengaluru geändert, doch nur wenige benutzen diesen Namen.

Orientierung

Es ist nicht immer leicht, sich in Bengaluru zurechtzufinden. In einigen Gegenden sind die Straßen nach ihrer Breite benannt (z. B. 80ft Rd). Die Stadt benutzt auch ein System aus Haupt- und Querstraßen, so bezieht sich die Angabe „3rd cross, 5th main, Residency Rd" z. B. auf die dritte Querstraße an der fünften Straße, die von der Residency Rd abzweigt.

Sehenswertes

Lalbagh Botanical Gardens — GARTEN

(www.lalbaghgardens.com; Eintritt 10 ₹; 5.30–19.30 Uhr) Die weitläufigen Lalbagh Gardens, die sich über fast 100 ha landschaftlich gestalteten Geländes erstrecken, wurden 1760 von Hyder Ali, dem berühmten Herrscher Mysores, angelegt. Der Garten, in dem erstaunliche, jahrhundertealte Bäume stehen, wirbt damit, die weltweit größte Pflanzenvielfaltt zu bieten. Besucher können bei Bangalore Walks (S. 191) an einer geführten Tour in umweltfreundlichen Buggys (100 ₹/Pers.) teilnehmen oder einfach nach Belieben herumspazieren. An den Wochenenden kommen viele gesundheitsbewusste Einheimische her, um im Park zu joggen oder Badminton zu spielen.

National Gallery of Modern Art — KUNSTGALERIE

(NGMA; 22342338; www.ngmaindia.gov.in/ngma_bangaluru.asp; 49 Palace Rd; Eintritt 150 ₹; Di–So 10–17 Uhr) Im früheren Sommersitz des Radschas von Mysore, einer 200 Jahre alten Villa, befindet sich dieses Museum, das neben einer beeindruckenden ständigen Sammlung auch Wechselausstellungen zeigt. Der „Old Wing" stellt Werke aus der Zeit vor der Unabhängigkeit aus, darunter Gemälde von Raja Ravi Varma und Abanindranath Tagore (ein Neffe von Rabindranath Tagore und Gründer der avantgardistischen Kunstbewegung Bengal School), während im „New Wing" mit Arbeiten von M.F. Hussain und F.N. Souza der Schwerpunkt auf der Zeit seit der Unabhängigkeit liegt.

Cubbon Park — GARTEN

Im Herzen des Business Districts liegt der Cubbon Park, ein ausgedehnter, 120 ha großer Garten, der nach dem früheren britischen Kommissar Mark Cubbon benannt ist. Unter seinen belaubten Zweigen treffen sich die Einwohner von Bengaluru, um für einen Moment der Hektik des Alltags zu entfliehen, die ringsum in der Stadt herrscht. Am Rand des Cubbon Parks steht die rot gestrichene **State Central Library** im gotischen Stil. Am nordwestlichen Parkende befinden sich die gewaltige, 1954 im neodrawidischen Stil erbaute **Vidhana Soudha** und das neoklassische **Attara Kacheri**, in dem der High Court seinen Sitz hat; beide sind für die Öffentlichkeit geschlossen.

Government Museum — MUSEUM

(Kasturba Rd; Eintritt 4 ₹; Di–Sa 10–17 Uhr, jeden 2. Sa geschl.) Das Museum in einem schönen, 1877 erbauten roten Gebäude aus der Kolonialzeit, zeigt eine verstaubte Sammlung von Steinskulpturen aus dem 12. Jh. und Ausstellungsstücke, die aus Ausgrabungen

Bengaluru (Bangalore)

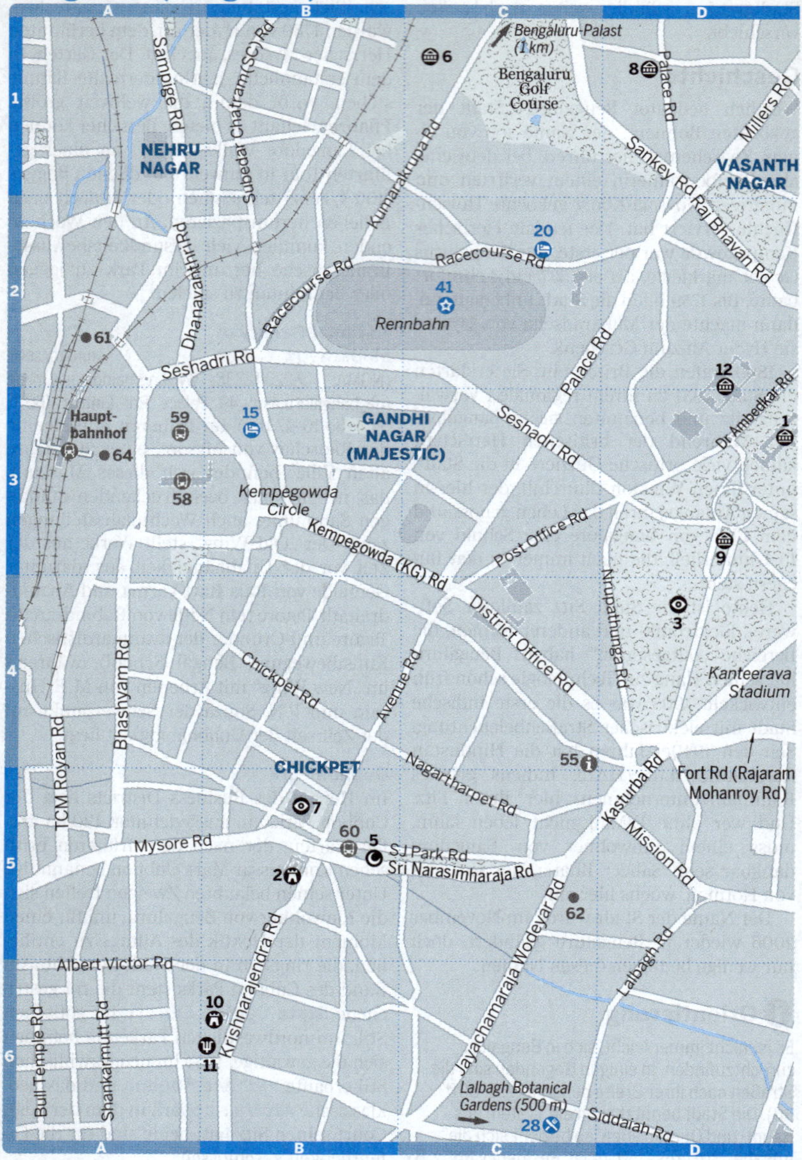

in Halebid, Hampi und Attriampakham stammen. Die Eintrittskarte berechtigt auch zum Besuch der benachbarten **Venkatappa Art Gallery** (Eintritt frei; ⏲Di–Sa 10–17 Uhr) GRATIS, in der Werke und persönliche Gegenstände des Hofmalers der Wodeyars, K. Venkatappa (1887–1962), zu sehen sind.

Visvesvaraya Industrial and Technical Museum MUSEUM
(Kasturba Rd; Erw./Kind 20 ₹/frei; ⏲10–18 Uhr) Der Besuch dieses Museums zum Mitmachen erinnert ein wenig an einen Schulausflug, doch es bietet einige coole elektrische und technische Ausstellungen, lustige Zerr-

spiegel und ein begehbares Piano sowie eine Nachbildung eines Flugapparats der Gebrüder Wright aus dem Jahr 1903.

Bengaluru-Palast PALAST
(Palace Rd; Inder/Ausländer 210/400 ₹, Foto/Video 600/1250 ₹; ⌚10–17,30 Uhr) Der Bengaluru-Palast, die private Residenz der Wodeyars, der ersten Maharadschas des Bundesstaates, bewahrt ein Stück der vergangenen königlichen Pracht. Er ist noch immer die Residenz des Maharadschas aus dem 20. Jh. Ein Audioguide erklärt das Gebäude, das nach dem Vorbild von Schloss Windsor entworfen

Bengaluru (Bangalore)

Sehenswertes
1 Attara Kacheri (High Court) ... D3
2 Bangalore Fort ... B5
3 Cubbon Park ... D4
4 Government Museum ... E3
5 Jama Masjid ... B5
6 Karnataka Chitrakala Parishath ... C1
7 Krishnarajendra- (Stadt-) Markt ... B5
8 National Gallery of Modern Art ... D1
9 State Central Library ... D3
10 Tipu Sultans Palast ... B6
Venkatappa Art Gallery ... (siehe 4)
11 Venkataraman-Tempel ... B6
12 Vidhana Soudha ... D2
13 Visvesvaraya Industrial and Technical Museum ... E3

Schlafen
14 Casa Piccola Cottage ... F5
15 Hotel Adora ... B3
16 Hotel Ajantha ... H4
17 Hotel Empire International ... G5
18 Monarch ... H6
19 St. Mark's Inn ... F6
20 Taj West End ... C2
21 Tom's Hotel ... G5

Essen
22 Caperberry ... H3
23 Ebony ... G5
24 Fava ... E4
25 Harima ... F4
26 Karavalli ... H6
27 Koshy's Bar & Restaurant ... F5
28 Mavalli Tiffin Rooms ... C6
29 Olive Beach ... G4
30 Only Place ... G6
31 Queen's Restaurant ... G6
32 Sunny's ... E4

Ausgehen & Nachtleben
13th Floor ... (siehe 23)
33 Biere Club ... E4
34 Café Coffee Day ... H6
35 Café Coffee Day ... G5
36 Infinitea ... E1
37 Matteo ... H6
38 Monkey Bar ... G4
39 Pecos ... H6
40 Plan B ... G4
Shiro ... (siehe 24)

Unterhaltung
41 Bangalore Turf Club ... C2
INOX ... (siehe 48)
42 M-Chinnaswamy-Stadion ... E3

Shoppen
43 Bookworm ... G5
44 Cauvery Arts & Crafts Emporium ... H6
45 Fabindia ... G2
46 Fabindia ... G4
47 Forest Essentials ... E4
48 Garuda Mall ... G4
49 Magazines ... H6
50 Mysore Saree Udyog ... G2
Page Turners ... (siehe 35)
UB City ... (siehe 24)

Praktisches
51 Government of India Tourist Office ... G5
52 Hosmat ... H4
53 Jungle Lodges & Resorts Ltd ... G5
54 Karnataka State Tourism Development Corporation ... F4
55 Karnataka State Tourism Development Corporation ... C4
56 Mallya Hospital ... E4
Skyway ... (siehe 54)
STIC Travels ... (siehe 57)
57 TT Forex ... E2

Transport
Air India ... (siehe 62)
58 Zentraler Busbahnhof ... A3
59 City-Busbahnhof ... A3
60 City-Market-Busbahnhof ... B5
61 Divisional Railway Office ... A2
62 Jet Airways ... C5
63 Skyway ... F4
64 Zugreservierungsbüro ... A3

wurde, ausführlich. Besucher können die prächtigen Interieurs, Galerien mit Jagdtrophäen (und grausigen Fotos von Expeditionen), Familienfotos und eine Sammlung von Aktbildern bewundern.

Karnataka Chitrakala Parishath — KUNSTGALERIE

(www.karnatakachitrakalaparishath.com; Kumarakrupa Rd; Eintritt ₹50; ⏲Mo–Sa 10–17.30 Uhr) Eine von Bengalurus führenden Kunsteinrichtungen. In ihren Ausstellungsräumen ist eine breite Palette indischer und internationaler moderner Kunst zu sehen und Dauerausstellungen von Gemälden im Stil von Mysore sowie Volks- und Stammeskunst aus ganz Asien. Eine Abteilung ist den Arbeiten des russischen Künstlers Nicholas Roerich gewidmet, der für seine lebendigen Himalaja-Gemälde bekannt ist.

Tipu Sultans Palast — PALAST

(Albert Victor Rd; Inder/Ausländer 5/100 ₹, Video 25 ₹; ⏲8.30–17.30 Uhr) In der Nähe des lebhaften Krishnarajendra-Markts steht der elegante Palast von Tipu Sultan, der vor allem wegen seiner Teakholzsäulen und ornamentalen Freskos bemerkenswert ist. Er ist zwar nicht so schön (und gut erhalten) wie Tipus Sommerpalast in Srirangapatnam, doch ein interessantes Baudenkmal ist er auf jeden Fall. Der Besuch lohnt sich, wenn man ihn mit anderen Sehenswürdigkeiten in der Nähe kombiniert, wie der massiven **Jama Masjid** (Silver Jubilee (SJ) Park Rd; ⌚Eintritt frei) und dem schön verzierten **Venkataraman-Tempel** (Krishnarajendra Rd; ⌚8.30–18 Uhr) – genauso wie mit dem Fort und dem Markt.

Krishnarajendra- (Stadt-) Markt MARKT
(Silver Jubilee Park Rd; ⌚6–22 Uhr) Wer einen starken Eindruck vom traditionellen städtischen Indien erleben will, sollte in den lebhaften Krishnarajendra-Markt und das enge Geflecht von Handelsstraßen ringsum eintauchen und sich seinen Weg durch diesen bunten, lebhaften Markt voller Obst und Gemüse, kräftiger Farben, Gewürze und Kupferwaren bahnen. Das Highlight ist der farbenfrohe Blumenmarkt in der Mitte. Am meisten ist sonntags los, wenn noch mehr Straßenhändler kommen.

Bangalore Fort FORT
GRATIS Die letzten erhaltenen Ruinen dieses Forts von 1761 bilden mit ihrem gepflegten Rasen und den rosa Steinmauern eine friedliche Oase abseits der chaotischen Umgebung. In der Anlage gibt's einen kleinen Kerker und einen Ganesha-Tempel mit einer Mooshak-Statue (rattenähnliches Wesen).

Bull-Tempel & Dodda-Ganesha-Tempel HINDU-TEMPEL
(Bull Temple Rd, Basavangudi; ⌚7–20.30 Uhr) Kempegowda baute den Bull-Tempel im 16. Jh. im drawidischen Stil. Er enthält einen riesigen Nandi-Monolithen aus Granit und ist einer der atmosphärischsten Tempel Bengalurus. In der Nähe befindet sich der **Swee-Dodda-Ganapathi-Tempel** (Bull Temple Rd, Basavangudi; ⌚7–20.30 Uhr) mit einer nicht weniger gigantischen Ganesha-Figur. Die Tempel liegen etwa 1 km südlich vom Tipu Sultans Palast die Krishnarajendra Rd hinunter.

Iskcon-Tempel HINDU-TEMPEL
(www.iskconbangalore.org; Chord Rd, Hare Krishna Hill; ⌚7–13 & 16–20.30 Uhr) Die International Society of Krishna Consciousness (ISKCON), auch als Hare Krishnas bekannt, baute diesen strahlenden Tempel, der 1997 eingeweiht wurde. Er ist aufwändig in einer Mischung aus supermodernen und traditionellen Stilen dekoriert.

Aktivitäten

Ayurvedagram YOGA
(☎65651090; www.ayurvedagram.com; Hemmandanhalli, Whitefield) Das Zentrum liegt in einem mehr als 6 ha großen, ruhigen Garten mit alten Häusern, die aus Kerala hierher gebracht wurden, und hat sich auf maßgeschneiderte Ayurveda-Behandlungen und Verjüngungskuren spezialisiert.

Soukya YOGA
(☎28017000; www.soukya.com; Soukya Rd, Samethanahalli, Whitefield; ⌚6–20.30 Uhr) Das Soukya bietet in seiner international bekannten Einrichtung in einer 12 ha großen Bilderbuch-Biofarm einige tolle Langzeitprogramme für ayurvedische Therapien und Yoga (7 Tage ab 6600 ₹) sowie medizinische und therapeutische Hautbehandlungen (2750 ₹/Stunde).

Geführte Touren

In einer Stadt, der die ganz großen Sehenswürdigkeiten fehlen, bieten die folgenden Unternehmen tolle Touren, die einen genaueren Blick auf Bengaluru ermöglichen.

Bangalore Walks STADTSPAZIERGANG
(☎9845523660; www.bangalorewalks.com) Besucher können zwischen einer traditionellen Stadtführung, dem mittelalterlich-historischen Spaziergang in der Altstadt, Gartenspaziergängen durch die Lalbagh Gardens und einem Spaziergang durch das viktorianische 19. Jh. wählen. Bei den Stadtspaziergängen (Erw./Kind 500/300 ₹), die Samstag und Sonntag (7–10 Uhr) stattfinden, geht es immer darum, Bengaluru auf eine Weise kennen und lieben zu lernen, die viele Einheimische vergessen haben. Unterwegs gibt's leckeres Frühstück. Im Voraus buchen.

Art of Bicycle RADFAHREN
(☎9538973506, 8105289167; www.artofbicycletrips.com; ab 950 ₹/Pers.) Die empfehlenswerten Radtouren auf maßgeschneiderten Routen führen durch die Stadt, den Bundesstaat und noch weiter. Darunter sind Touren in die viktorianische Ära, anspruchsvolle Toure hinauf in die Nandi Hills und zehntägige Fahrten nach Gokarna. Die gesamte Ausrüstung wird gestellt, einschließlich Mountainbikes mit 21 Gängen und eines Begleittransporters.

Getoff ur Ass ABENTEUERTOUR
(☎26722750; www.getoffurass.com; 858 1D Main Rd, Giri Nagar Phase II) Getoff ur Ass hat das perfekte Rezept für Abenteuer in freier Wildbahn, darunter ausgefallene Kulturexkursionen, Rafting und Trekking in Karnataka und andernorts. Es verkauft und verleiht auch Ausrüstung für Outdooraktivitäten.

Bustouren SEHENSWÜRDIGKEITEN
Die **Touristenorganisation des Bundesstaates** (☎43344334; www.karnatakaholidays.net) bietet verschiedene Stadtrundfahrten per Bus, die alle am Badami House beginnen. Die halbtägige Basistour durch die Stadt findet täglich um 7.30 und 14 Uhr statt (ohne/mit Klimaanlage 230/295 ₹), eine Ganztagstour startet täglich um 7.15 Uhr (ohne/mit Klimaanlage 385/485 ₹).

Die Tagestouren können lohnenswert sein, besonders die tägliche Fahrt zu den schwer erreichbaren Orten Belur, Halebid und Shravanabelagola (ohne/mit Klimaanlage 910/970 ₹). Die Touristenorganisation kann auch Bahnfahrten im luxuriösen **Golden Chariot** (☎11-42866600; www.thegoldenchariot.co.in) durch Karnataka organisieren.

Schlafen

Gute Budgetzimmer sind Mangelware, doch einige billige Bleiben liegen an der Subedar Chatram (SC) Rd, östlich von den Busbahnhöfen und rings um den Bahnhof – praktisch, wenn man auf der Durchreise ist.

Rund um die MG Rd

Hotel Ajantha HOTEL $
(☎25584321; www.hotelajantha.in; 22A MG Rd; EZ/DZ inkl. Frühstück ab 988/1541 ₹, DZ inkl. Frühstück mit Klimaanlage ab 1899 ₹; ❄📶) Unmengen von Topfpflanzen begrüßen Gäste in diesem alten Hotel an der Ashley Park Rd, das verschiedene recht typische Zimmer auf einem halbwegs ruhigen Gelände bietet. Leider haben sich die Preise verdoppelt, darum ist es nicht mehr so ein Schnäppchen wie früher, aber immer noch die beste Budgetunterkunft rund um die Mahatma Gandhi (MG) Rd.

★ **Casa Piccola Cottage** HISTORISCHES HOTEL $$
(☎22270754; www.casapiccola.com; 2 Clapham Rd; Zi. inkl. Frühstück ab 4300 ₹; ❄📶) Das schön renovierte historische Gebäude von 1915 in einer ruhigen Seitenstraße bildet eine friedliche Oase in der Hektik der Stadt. Mit seiner ganz individuellen Art der Gastfreundschaft hat sich das Hotel einen guten Ruf erworben. Die Zimmer sind mit Kachelböden, blitzsauberen Bädern und farbenfrohen Überdecken eingerichtet. Die Deluxe-Zimmer haben einen eigenen Sitzbereich mit Rohrmöbeln in einer Veranda, umgeben von Papaya- und Avocadobäumen, und bieten das beste Preis-Leistungs-Verhältnis. Tipp: Zimmer Nr. 1 mit einem Schlafzimmer im Loftstil und einem geräumigen Wohn- und Küchenbereich. Die Laube im Garten ist ein schönes Plätzchen für das Frühstück.

St. Mark's Inn HOTEL $$
(☎41122783; www.stmarkshotels.com; St. Marks Rd; Zi. DZ inkl. Frühstück 2500 ₹; ❄📶) In dem frischen neuen Boutiquehotel gibt's nur sechs schicke Zimmer, also nicht lange zögern! Die makellosen Zimmer sind modern eingerichtet und mit großen, komfortablen Betten, Zimmersafe, glänzenden Badezimmerarmaturen aus Edelstahl, kostenlosem WLAN und Doppelfenstern ausgestattet.

Hotel Empire International HOTEL $$
(☎42678888; www.hotelempire.in; 36 Church St; EZ/DZ inkl. Frühstück ab 1789/2135 ₹; ❄@🏊) Das Hotel Empire liegt mitten im Herzen des Geschehens und des Nachtlebens und ist eine sichere Bank. Die Zimmer sind unterschiedlich groß und schön, darum besser zuerst einige anschauen. Die Zimmer oben sind sauber, hell und luftig und haben guten WLAN-Zugang. Die Mitarbeiter an der Rezeption sind professionell und höflich, und unten befindet sich ein lebhaftes, geselliges Restaurant.

Monarch HOTEL $$
(☎42507000; www.monarchhotels.in; 54 Brigade Rd; EZ/DZ inkl. Frühstück ab 3060/4285 ₹; ❄📶) Das praktisch gelegene Monarch bietet auch günstige Preise und ist eine erstklassige Mittelklasseunterkunft mit superkomfortablen Zimmern und zahlreichen Annehmlichkeiten wie kostenloses WLAN, einen rund um die Uhr geöffneten Wechselschalter und einen Kurierdienst.

Tom's Hotel HOTEL $$
(☎25575875; 1/5 Hosur Rd; EZ/DZ inkl. Frühstück ab 1632/1924 ₹; ❄📶) Im hellen, fröhlichen Tom's, das wegen seiner guten Preise seit Langem beliebt ist, kann man mitten in der Stadt preiswert übernachten. Die Mitarbeiter sind freundlich. Der Verkehrslärm ist der einzige Wermutstropfen, darum am besten nach einem Zimmer weit weg von der Hauptstraße fragen.

The Park HOTEL $$$
(☎25594666; 14/7 MG Rd; EZ/DZ inkl. Frühstück ab 15 000/16 000 ₹) Schickes Designerhotel mit viel Glamour und Glitzer. Hier ist das renommierte italienische Restaurant i-t.ALIA.

Ista Hotel HOTEL $$$
(☎25558888; www.istahotels.com; 1/1 Swami Vivekananda Rd, Ulsoor; EZ/DZ ab 8000/8500 ₹; ❄@≋) Das Ista, dessen Name „heiliger Ort" bedeutet, sorgt mit seinen Unterkünften im coolen, minimalistischen Business-Boutiquestil für Freude. Die kleinen, aber eleganten Zimmer haben große Fenster mit Blick über den Ulsoor-See. Die Bar und das Restaurant gehen auf den Infinity Pool hinaus, und das Spa verwöhnt die Gäste mit verschiedenen Anwendungen, die ab etwa 1200 ₹ kosten.

Andere Gebiete

Hotel Adora HOTEL $
(☎22200024; 47 SC Rd; EZ/DZ 546/780 ₹, mit Klimananlage 936/1444 ₹; ❄) Eine große, beliebte Budgetunterkunft nahe des Bahnhofs mit schlichten Zimmern mit sauberer Bettwäsche. Unten ist ein gutes vegetarisches Restaurant, das Indraprastha.

Youth Hostel Bangalore HOSTEL $
(☎25924040; www.youthhostelbangalore.com; 65/2 Millers Rd; B/DZ 150/650 ₹, DZ mit Klimananlage 850 ₹) Ein Hostel für Pfennigfuchser, das nur das Nötigste bietet; gegen Aufpreis gibt's aber einen Eimer heißes Wasser (15 ₹), WLAN (20 ₹/Stunde) und Schließfächer im Erdgeschoss (15 ₹/Tag). Es ist bei indischen Studenten beliebt; YHA-Mitglieder bekommen Rabatt.

Villa Pottipati HISTORISCHES HOTEL $$
(☎23360777; www.neemranahotels.com; 142 8th Cross, 4th Main, Malleswaram; EZ/DZ inkl. Frühstück ab 3000/4000 ₹; ❄@≋) Das historische Gebäude, das etwas abseits vom Zentrum liegt, war die Gartenvilla einer wohlhabenden Auswandererfamilie aus Andhra Pradesh. Natürlich wimmelt es hier von Erinnerungsstücken, die in den Räumen verteilt sind. Zum altmodischen Flair tragen auch Elemente wie die alten Himmelbetten und die Bogentore bei, und das Ambiente gewinnt durch einen Garten mit zeitlosen Bäumen, jahreszeitlichen Blüten und einem kleinen Pool.

Taj West End HISTORISCHES HOTEL $$$
(☎66605660; www.tajhotels.com; Racecourse Rd; EZ/DZ inkl. Frühstück ab 14 000/15 000 ₹; ❄📶≋) Die Geschichte dieses Hauses geht zurück auf das Jahr 1887, als es von einer britischen Familie als Hostel mit zehn Zimmern für durchreisende Armeeoffiziere gegründet wurde. Seitdem ist in diesem hübschen Anwesen, das sich über mehr als 8 ha tropischer Gärten ausbreitet, die Nostalgie zu Hause, und das Hotel ist zu einer Ikone indischer Luxusgastlichkeit geworden.

Essen

Bengalurus abenteuerlustige kulinarische Szene hält mit den Launen und wachsenden Ansprüche der hungrigen, gut betuchten Einwohner und ausländischen IT-Experten Schritt. Hier gibt's Luxusrestaurants, Gastro-Pubs und bei den Einheimischen beliebte günstige Optionen.

Rund um die MG Rd

Queen's Restaurant INDISCH $
(Church St; Hauptgerichte 100–220 ₹; ⏲12.30–15.30 & 19–22.30 Uhr, Mo geschl.) In diesem renommierten Lokal gibt es schnelle und geschmackvolle indische Happen, z. B. eine Auswahl an Gerichten mit Gemüse und Dhal, die mit lockeren, heißen *chapati* serviert werden. Das Innere ist im rustikalen Dorfstil gehalten und gemalte Motive schmücken die erdigen Wände.

Koshy's Bar & Restaurant MULTICUISINE $$
(39 St Mark's Rd; Hauptgerichte 127–380 ₹; ⏲9–23 Uhr) Es heißt, die Hälfte aller Gerichtsverfahren in Bengalaru wird an den Tischen des Koshy's diskutiert, und viele knallharte Zeitungsartikel werden hier beim dampfenden Kaffee geschrieben. Seit Jahrzehnten stillt die Intelligenz der Stadt in dem fröhlichen Gastro-Pub ihren Durst, in dem die Gäste zwischen hitzigen Diskussionen und den Bierkrügen leckere nordindische Gerichte oder die beliebten Fish & Chips verschlingen können. Die altmodische Einrichtung wartet mit quietschenden Deckenventilatoren und staubigen hölzernen Fensterläden auf.

Only Place STEAK $$
(13 Museum Rd; Hauptgerichte 260–540 ₹; ⏲12–15 & 19–23 Uhr) Saftige Lendensteaks, wuchtige Burger und klassischer Shepherd's Pie – nirgends sind sie besser als in diesem alteingesessenen Restaurant, zu dessen Stammgästen viele in der Stadt lebende Ausländer gehören.

Sunny's ITALIENISCH $$
(☎41329366; 34 Vittal Mallya Rd; Hauptgerichte 300–700₹; ⏲12–23 Uhr; 📶) Das Sunny's ist

FOOD STREET

Wer einmal wie die Einheimischen essen will, geht in die Harrar St, auch **Food Street** genannt, die einen kurze Abschnitt mit mehreren winzigen Lokalen bietet, die typische Straßengerichte servieren. Gegen 17 Uhr werfen die Stände den Herd an und die Kunden stehen rundum und beobachten, wie *rotis* in der Luft gewendet, oder *bhaji* in heißes Öl getaucht werden, ehe man sie auf Papiertellern anrichtet und im Stehen auf der Straße isst. Hier gibt es nur Vegetarisches, darunter verschiedene *dosa*, Curries, *rotis* und Pfannengerichte. Am Wochenende gegen 21 Uhr ist die Straße gerammelt voll.

eine etablierte Säule der Restaurantszene der Stadt. Hier dreht sich alles um authentische dünnkrustige Pizzas, hausgemachte Pastas, importierten Käse und mit die besten Desserts der Stadt, wie die Crème brulé mit Blaubeeren. Oben gibt's stimmungsvolle Sitzgelegenheiten im Loungestil, unten einen modernen Speisebereich und die oft vollen Tische im Freien. Eine zweite Filiale befindet sich in Indiranagar.

Ebony MULTICUISINE **$$**
(☎ 41783344; 84 MG Rd, 13. OG, Barton Centre; Hauptgerichte 200–450 ₹) Trotz der Karte mit köstlichen indischen, Thai- und französischen Gerichten, die das Wasser im Munde zusammenlaufen lassen, steht hier, dank der himmlischen Lage auf dem Dach, die prächtige Aussicht im Mittelpunkt. Es gibt auch eine gute Alkoholauswahl, die zuckersüßen Cocktails sollte man sich aber schenken.

★ **Karavalli** SEAFOOD **$$$**
(☎ 66604545; 66 Residency Rd, Gateway Hotel; Hauptgerichte 325–1200 ₹; ⏲ 12.30–15 & 19–23.30 Uhr) Das Arabische Meer mag zwar 500 km entfernt sein, doch in diesem erstklassigen Restaurant kann man Indiens beste Meeresküche genießen. Die Einrichtung ist eine stilvolle Mischung aus Strohdächern und traditioneller Holzkunst. Die Küche serviert großartige, feurige Fischgerichte aus Mangalore und die Spezialität des Hauses, den Hummer Balchao (1200 ₹).

Fava MEDITERRAN **$$$**
(UB City; Hauptgerichte 350–850 ₹; ⏲ 12–23 Uhr) Der stilvolle Newcomer in Bangalore entführt seine Gäste ans Mittelmeer. Er befindet sich zwar in einer Mall, doch er bietet eine klassische Atmosphäre,. sowohl drinnen als auch auf der von einem Vordach geschützten Terrasse. Große Teller mit Mezze, Hummus und Pita, Fischkebabs, Moussaka im griechischen Stil und Zatar-Würstchen verführen zum Schlemmen, doch es gibt auch Gesundes von der Bio-Karte. Zum Abschluss empfiehlt sich ein starker türkischer Kaffee mit einer Blaubeer-Panna-cotta. Wem danach ist, der kann das zweistündige All-you-can-drink-Angebot für Alkohol zum Preis von 1200 ₹ annehmen.

Olive Beach MEDITERRAN **$$$**
(☎ 41128400; 16 Wood St, Ashoknagar; Hauptgerichte 350–400 ₹; ⏲ 12–23.30 Uhr) In einer eleganten Villa im noblen Ashoknagar liegt diese weiße Villa, die aus Santorini zu stammen scheint. Das Essen weckt melancholische Erinnerungen an Ferien am sonnigen Mittelmeer. Gut sind die Königsmakrele in Mandelkruste oder die Pizza mit Spinat und Ziegenkäse, und zum Dessert empfiehlt sich ist die üppige Mousse au Chocolat. Die ordentlich beleuchteten Tische auf Kiesboden im Freien sind nicht gerade stimmungsvoll; Liebespaare können im spärlich beleuchteten Speisesaal zwischen Kerzen und Blumen romantisch speisen.

Anderswo

★ **Mavalli Tiffin Rooms** SÜDINDISCH **$**
(MTR; Lalbagh Rd; Hauptgerichte 40–60 ₹; ⏲ 6.30–11, 12.30–14.45, 15.30–19.30 & 20–21.30 Uhr) Das Restaurant ist für seine südindische Hausmannskost legendär und steht bei den Einwohnern von Bengaluru seit 1924 hoch im Kurs. Man geht hinauf in den Speisesaal und stellt sich an, bis man einen Tisch bekommt. Dann bewundert man die alten Bilder südindischer Schönheiten, die in Rauchglas radiert sind, während einem die Kellner das leckere regionale Essen bringen. Gekrönt wird das Mahl von schäumendem Filterkaffe in silbernen Kannen. Eine für Bengaluru typische Erfahrung.

Gramin INDISCH **$$**
(☎ 41104104; 20, 7. Block Raheja Arcade, Koramangala; Hauptgerichte 70–150 ₹; ⏲ 12.30–15.30 & 19–23 Uhr) Das Gramin, übersetzt „aus dem Dorf", bietet eine große Auswahl köstlicher Gerichte aus dem ländlichen Norden Indiens. Das gemütliche, bunt dekorierte vegetarische Restaurant ist bei den Einhei-

mischen sehr beliebt. Empfehlenswert: das tolle Angebot an Linsengerichten, die mit ofenfrischen *roti* oder vegetarischen Kebabs am besten schmecken, und dazu ein süßer Lassi mit Rosenaroma, der in einem Kupfergefäß serviert wird.

Harima JAPANISCH $$
(☎ 41325757; Residency Rd, 4. OG, Devatha Plaza; Hauptgerichte 250–280 ₹; ⏲12–15 & 18–23 Uhr) Der Koch und Besitzer aus Osaka fabriziert hier authentische japanische Standardgerichte. Dazu schmecken kühle Asahis und zum Abschluss ein Grüner-Tee-Eis. Die Dekoration ist traditionell und stimmungsvoll.

Windsor Pub MULTICUISINE $$
(1st Main Vasanthnagar, 7 Kodava Samaja Bldg.; Hauptgerichte 230–300₹; ⏲11.30–15 & 18–23 Uhr) Die dunkle Pub-Einrichtung wirkt zwar nicht sehr inspirierend, doch die fantastische Karte bietet regionale Klassiker wie geschmackvollen Fisch aus Mangalore und das scharfe *pandhi-* (Schweinefleisch-) Masala aus den Hügeln von Kodagu. Auch das großartige Filetsteak ist empfehlenswert. Dazu gibt's Bier aus dem Hahn und Blues, Jazz und 1970er-Jahre-Rock aus den Boxen.

Caperberry WESTLICH $$$
(☎ 25594567; 121 Dickenson Rd; Tapas 275–625 ₹, Hauptgerichte 425–950 ₹; ⏲12.30–15.30 & 19–23.30 Uhr) Die elegante Mischung aus moderner europäischer Einrichtung und glitzernden indischen Goldarbeiten schafft in diesem noblen Restaurant eine kultivierte Atmosphäre. Es hat sich auf spanische Küche spezialisiert. Empfehlenswert: gegrillte Lammkoteletts mit Knoblauch und Rosmarin oder Tintenfischringe mit Knoblauchmayonnaise, und dazu ein Krug Sangria. Es gibt auch Probiermenüs ab 1950 ₹. Das Restaurant liegt versteckt auf der Rückseite des Blocks.

Ausgehen & Nachtleben

Bars & Lounges

Trotz des unerschütterlichen Rufs Bengalurus müssen die Kneipen und Discos nach den örtlichen Gesetzen schon um 23.30 Uhr schließen (geöffnet wird meist um 19 Uhr). Angesichts der vielen schicken Bars kann man sich aber in dieser Original-Bierstadt Indiens in eine feurige Kneipentour stürzen. Die angesagtesten Nachtclubs verlangen in der Regel einen Grundpreis von ca. 1000 ₹ pro Paar, er wird aber oft mit Getränken oder Speisen verrechnet.

Monkey Bar KNEIPE
(www.mobar.in; 14/1 Wood St; ⏲12–23 Uhr) Die Besitzer des Olive Beach eröffneten diesen schicken Gastro-Pub im industriellen Stil mit einer stilvollen Retro-Atmosphäre. Die günstigen Cocktails und die guten Kneipengerichte ziehen ein gemischtes, geselliges Publikum an, das die Drinks an der Bar oder an den in Nischen stehenden Holztischen hinterkippt. Im Untergeschoss ist „Party" angesagt, hier kann man Billard und Kicker spielen oder zu knalliger Musik abrocken.

Shiro BAR
(UB City; ⏲12.30–23 Uhr) Im Shiro, einer niveauvoll Bar mit elegantem Interieur, die mit monumentalen Buddha-Büsten und *apsara*-Statuen dekoriert ist, kann man sich stilvoll betrinken. Die Gäste sind vom empfehlenswerten Cocktail- und Getränkeangebot wild begeistert und kommen oft zum Sonntagsbrunch (unbegrenztes Essen und Trinken 220 ₹) wieder, um ihren Kater vom Samstag zu bekämpfen.

Biere Club KNEIPE
(20/2 Vittal Mallya Rd; ⏲11–23 Uhr) Bierliebhaber können sich freuen, denn die erste Kleinbrauerei Südindiens serviert Biere vom Fass, darunter sechs vor Ort gebraute. Die Brauausrüstung und große Kupferboiler stehen hinter der Bar. Manchmal sind hier bekannte DJs und Bollywood-Stars zu Gast. Im geräumigen Obergeschoss dröhnt die Musik, und auf der Karte stehen gute Kneipengerichte und Sachen zum Knabbern. Die Kneipe zieht eine angenehme Mischung aus Studenten, Angestellten, Reisenden und ausländischen IT-Experten an.

Plan B KNEIPE
(20 Castle St, Ashoknagar; ⏲12–23 Uhr) „Trink dein Bier aus. Es gibt nüchterne Kids in Indien", besagt ein Poster, das diese Kneipe im industriellen Stil ziert. Bei dieser überaus erfreulichen Aufgabe hilft es, dass ein 3,5-l-Bierturm für 1000 ₹ zu haben ist. Außerdem gibt's tolle Kleinigkeiten, von 14 Arten Burger bis zu Schweinefleischtellern, und im Wechsel Rock und Heavy Metal aus den Boxen.

Pecos BAR
(Rest House Rd; ⏲10.30–23 Uhr) Poster von Jimi Hendrix, den Grateful Dead und Frank Zappa schmücken die Wände dieser charmant schäbigen, schmalen Bar mit drei Etagen. Sie ist eine Reminiszenz an einfachere Tage, als die Regale hinter der Bar mit Kassetten gefüllt waren, im TV Sport lief und

nur ein Bier vom Fass zur Auswahl stand, um den Durst zu stillen. Kein Wunder, dass es sich bei Studenten anhaltender Beliebtheit erfreut.

13th Floor BAR
(84 MG Rd, 13. OG, Barton Centre; ⌚17–23 Uhr) Früh kommen, um einen Platz auf der Terrasse zu ergattern, wo einem das glitzernde Bengaluru zu Füßen liegt! Hierher kommt ein niveauvolles, aber lebhaftes Publikum um an Martinis zu nippen. Von 17 bis 19 Uhr ist Happy Hour, dann kosten Drinks 30 % weniger.

Cafés & Teehäuser

Überall in Bengaluru gibt's gute Cafés, die zu Ketten gehören. Café Coffee Day hat mehrere Filialen, darunter eine in der **Brigade Rd** (Brigade Rd; ⌚8–23.30 Uhr) und eine in der **MG Rd** (MG Rd; ⌚8–23.30 Uhr).

★ **Matteo** CAFÉ
(Church St; ⌚9–23 Uhr; 📶) Der coolste Ort für ein Rendezvous im Zentrum. Hier loungen die einheimischen Hipster auf Retro-Couches, trinken erstklassiges Bier und chatten dabei über das kostenlose WLAN oder blättern in der großen Auswahl an Zeitungen und Zeitschriften. Es gibt auch einfache Gerichte wie Toasts.

Infinitea CAFÉ
(Cunningham Rd, 2 Shah Sultan Complex; Kanne Tee ab 100 ₹; ⌚11–23 Uhr; 📶) Das elegante, aber gemütliche Café bietet eine eindrucksvolle Tee-Auswahl, darunter klassische Sorten aus den besten Teegebieten und einige ausgefallenere Kreationen wie Schoko-Ingwer-Roibusch sowie Blütentees wie Peony Rosette. Am besten schmeckt der Tee zu einer leckeren Süßigkeit oder einem leichten Mittagessen.

☆ Unterhaltung

Kino

INOX KINO
(☎41128888; www.inoxmovies.com; Magrath Rd, 4. OG, Garuda Mall) Zeigt die neuesten Bollywood- und westlichen Streifen.

Sport

Um Indiens Sportbegeisterung aus der Nähe zu erleben, kann man ein turnusmäßiges Kricketmatch im **M-Chinnaswamy-Stadion** (ksca.co.in; MG Rd) besuchen, die aktuellen Termine stehen auf der Website.

Auch Pferderennen wird in Bengaluru groß geschrieben; der Besuch eines Rennens kann ein amüsanter Ausflug sein. Die Rennsaison dauert hier von November bis Februar und von Mai bis Juli. Einzelheiten erfährt man beim **Bangalore Turf Club** (www.bangaloreraces.com; Racecourse Rd).

Theater

Ranga Shankara THEATER
(☎26592777; www.rangashankara.org; 36/2 8th Cross, JP Nagar) In diesem Kulturzentrum werden Theater aller Art (in verschiedenen Sprachen und unterschiedlichen Genres) und Tanzaufführungen gezeigt.

Shoppen

In Bengaluru gibt's keinen Mangel an Einkaufsmöglichkeiten, von wimmelnden Basaren bis zu glitzernden Malls. Gute Gegenden zum Shoppen sind die Commercial St, die Vittal Mallya Rd und die MG Rd. Kleidung kauft man am besten in der Commercial St, die am Wochenende rammelvoll ist.

Zu den guten Einkaufszentren der Stadt gehören die **Garuda Mall** (McGrath Rd), das **Forum** (Hosur Rd, Koramangala) und die **Leela Galleria** (23 Airport Rd, Kodihalli).

Mysore Saree Udyog BEKLEIDUNG
(www.mysoresareeudyog.com; 316 Kamaraj Rd, 1. OG; ⌚10.30–23 Uhr) Der gut besuchte Laden, der seit über 70 Jahren im Geschäft ist und für jeden Geldbeutel etwas bietet, ist eine tolle Option, um Blusen sowie Hemden, Tücher und Saris aus Seide zu kaufen. Die Kleidungsstücke sind zu 99 % aus Mysore-Seide, und auch Schals aus 100 % Paschmina sind im Angebot. Alles zu Festpreisen.

Cauvery Arts & Crafts Emporium SOUVENIRS
(49 MG Rd; ⌚10–20 Uhr) Präsentiert eine tolle Auswahl an Produkten aus Sandel- und Rosenholz sowie Textilien.

Forest Essentials KOSMETIK
(www.forestessentialsindia.com; 4/1 Lavelle Junction Bldg., Vittal Mallya Rd; ⌚11–20.30 Uhr) Der Duft nach Zitronengras erfüllt dieses ruhige Geschäft, das reine Biokosmetik verkauft.

Fabindia BEKLEIDUNG
(www.fabindia.com; 54 17th Main, Koramangala; ⌚10–20 Uhr) Commercial St (152 Commercial St; ⌚10–20.30 Uhr) Garuda Mall (McGrath Rd, Garuda Mall) Diese Filialen verkaufen die gesamte Palette Fabindias an stilvoller Kleidung und Haushaltswäsche in traditionellen Baumwolldruck- und Seidenstoffen.

UB City BEKLEIDUNG
(Vittal Mallya Rd; ⌚11–21 Uhr) Internationale Haute Couture (Louis Vuitton, Jimmy Choo,

Burberry) und gehobene indische Mode gibt's in dieser hohen Mall im Zentrum.

Magazines BÜCHER
(55 Church St; ⌚10–22 Uhr) Eine erstaunliche Auswahl an internationalen Zeitschriften. Bis zu 70 % Rabatt auf alte Ausgaben.

Bombay Store SOUVENIRS
(100Ft Rd; ⌚10.30–20.30 Uhr) Geschenke von Biokosmetik bis zu Leinen.

Bookworm BÜCHER
(Shrungar Shopping Complex, MG Rd; ⌚10–21 Uhr) In dem tollen Secondhand-Buchladen gibt's viele zeitgenössische Bücher und Klassiker sowie Reiseführer.

Page Turners BÜCHER
(☎25595111; www.pageturners.in; 89 Kannan Bldg., MG Rd; ⌚Mo–Sa 10–20.30, So 11–20 Uhr) Bietet auf drei Etagen eine sehr gute Auswahl an Penguin-Büchern von indischen und internationalen Autoren.

ℹ Praktische Informationen

GELD

Geldautomaten gibt es überall, Geldwechsler ebenfalls, darunterg **TT Forex** (☎22254337; 33/1 Cunningham Rd; ⌚Mo–Fr 9.30–18.30, Sa 9.30–13.30 Uhr).

GEPÄCKAUFBEWAHRUNG

Am Hauptbahnhof und am zentralen Busbahnhof befinden sich rund um die Uhr geöffnete Gepäckaufbewahrungen (10 ₹/Tag).

INTERNETZUGANG

Als IT-Stadt hat Bengaluru viele Internetcafés, und viele Hotels bieten WLAN-Zugang.

KARTEN

Die Touristeninformationen verteilen brauchbare Stadtpläne; ausgezeichnete Karten gibt es in den meisten großen Buchläden.

MEDIEN

Time Out Bengaluru (50 ₹) ist eine tolle Zeitschrift mit aktuellen Events und Infos zum Nachtleben, zu den Restaurants und zum Shoppen in Bengaluru. *080* und *What's Up Bangalore* sind gute Monatszeitschriften, die über das gesellschaftliche Leben in Bengaluru berichten. *Kingfisher Explocity Nights* (200 ₹) informiert über die besten Orte zum Ausgehen. Alle Zeitschriften sind in großen Buchhandlungen erhältlich.

MEDIZINISCHE VERSORGUNG

Hosmat (☎25593796; www.hosmatnet.com) Für ernsthafte Verletzungen und allgemeine Erkrankungen.

Mallya Hospital (☎22277979; www.mallyahospital.net; 2 Vittal Mallya Rd) Notversorgung und rund um die Uhr geöffnete Apotheke.

POST

Hauptpost (Cubbon Rd; ⌚Mo–Sa 10–19, So 10–13 Uhr)

REISEBÜROS

Jungle Lodges & Resorts Ltd (☎25597944; www.junglelodges.com; MG Rd, Shrungar Shopping Complex, Bengaluru; ⌚Mo–Sa 10–17.30 Uhr) Bucht staatliche Unterkünfte im ganzen Bundesstaat, auch in Naturschutzgebieten; wegen der aufgeblähten Preise für Ausländer sind sie jedoch nicht billig.

Skyway (☎22111401; www.skywaytour.com; St. Mark's Rd, 8 Papanna Lane; ⌚Mo–Sa 9–18 Uhr) Eine durch und durch professionelle und zuverlässige Agentur, um Taxis für Langstrecken und Flüge zu buchen.

STIC Travels (☎911244595300; www.stictravel.com; 33/1 Cunningham Rd, G5 Imperial Ct; ⌚Mo–Sa 9.30–18 Uhr) Arrangiert Flugtickets, Verkehrsmittel, Hotels und Urlaubspakete.

TOURISTENINFORMATION

Government of India Tourist Office (☎25585417; 48 Church St, 2. OG; ⌚Mo–Fr 9.30–18, Sa 9–13 Uhr) Sehr nützlich für Bengaluru und Umgebung.

Karnataka State Tourism Development Corporation (KSTDC) Badami House; ☎43344334; Badami House, Kasturba Rd; ⌚Mo–Sa 10–19 Uhr) Karnataka Tourism House (☎41329211; 8 Papanna Lane, St Mark's Rd, Karnataka Tourism House; ⌚Mo–Sa 10–19 Uhr) Bucht vor allem Touren und Unterkünfte, hat aber auch Stadtpläne und eine gute Website und kann einen Überblick zu Sehenswürdigkeiten und Aktivitäten in Bengaluru geben.

ℹ An- & Weiterreise

BUS

Bengalurus riesiger, gut organisierter **zentraler Busbahnhof** (Gubbi Thotadappa Rd), der auch **Majestic** genannt wird, liegt direkt vor dem Hauptbahnhof. Busse der **Karnataka State Road Transport Corporation** (KSRTC; ☎44554422; www.ksrtc.in) fahren nach ganz Karnataka und in die Nachbarstaaten. Weitere Busunternehmen, die in andere Bundesstaaten fahren, sind:

Andhra Pradesh State Road Transport (APSRTC; www.apsrtc.gov.in)

Kadamba Transport Corporation (☎22351958, 22352922) Busse nach Goa.

Maharashtra State Road Transport Corporation (MSRTC; www.msrtc.gov.in)

Tamil Nadu State Transport Corporation (SETC; www.tnstc.in)

WICHTIGE BUSSE AB BENGALURU

ZIEL	PREIS (₹)	DAUER (STD.)	HÄUFIGKEIT
Chennai	363 (R)/650 (V)	7–8	6.35–23.55 Uhr, stündl.
Ernakulam	532 (R)/902 (V)	10–12	7-mal tgl., 4–21.45 Uhr
Gorkana	517 (R)/650 (V)	12	3-mal tgl.
Hampi	444 (R)	8½	1-mal tgl., 23 Uhr
Hospet	411 (R)/381 (V)	8	14–23 Uhr, stündl.
Hyderabad	640 (R)/904 (V)	11	16-mal tgl., ab 7.30–22.30 Uhr
Jog Falls	500 (R)	9	1-mal tgl., 21.50 Uhr
Mangalore	451 (R)/650 (V)	9	alle 30 Min. 6.30–14 & 19–23.30 Uhr
Mumbai	1200 (V)	19	5-mal tgl., ab 15 Uhr
Mysore	180 (R)/290 (V)	3	alle 10 Min., rund um die Uhr
Ooty	360 (R)/600 (V)	8	8-mal tgl., 6.30–23.15 Uhr
Panaji	602 (R)/847 (V)	15	3-mal tgl., ab 5 Uhr

R – Rajahamsa Semideluxe, V – Airavath AC Volvo

Für die meisten Busse gibt's im Busbahnhof eine computergestützte Fahrkartenreservierung. **KSRTC** hat auch günstig zu erreichende Buchungsschalter in der Stadt. Fahrten über lange Entfernungen sollte man im Voraus buchen.

Zahlreiche private Busunternehmen bieten komfortablere und nur wenig teurere Busverbindungen an. Ihre Büros säumen die Straße gegenüber vom zentralen Busbahnhof. Fahrten kann man aber auch bei Reisebüros buchen.

FLUGZEUG

Internationale Flüge kommen am Flughafen Bengaluru in Hebbal an. Dort starten täglich Direktflüge in große Städte in ganz Indien, darunter Chennai (2500 ₹, 2 Std.), Mumbai (3000 ₹, 2 Std.), Hyderabad (2500 ₹, 1 Std.), Delhi (4500 ₹, 2½ Std.) und Goa (2500 ₹, 1 Std.).

Air India (☎22277747; www.airindia.com; JC Rd, Unity Bldg.)

GoAir (☎47406091; www.goair.in; Flughafen Bengaluru)

IndiGo (☎9910383838; www.goindigo.in)

Jet Airways (☎39893333; www.jetairways.com; JC Rd, Unity Bldg.)

SpiceJet (☎18001803333; www.spicejet.com)

ZUG

An Bengalurus **Hauptbahnhof** (Gubbi Thotadappa Rd) kann man auch Fahrkarten reservieren. Am **Bahnhof Cantonment** (Station Rd) steigt man aus, wenn man in die Gegend um die MG Rd will, und vom **Bahnhof Yeshvantpur** (Rahman Khan Rd), der 8 km nordwestlich vom Zentrum liegt, fahren die Züge nach Goa.

Wenn ein Zug ausgebucht ist, können ausländische Reisende die Quote für ausländische Touristen nutzen. Man kauft ein Wartelistenticket und füllt dann im Gebäude des **Divisional Railway Office** (Gubbi Thotadappa Rd) direkt nördlich vom Hauptbahnhof ein Formular aus. Etwa zehn Stunden vor Abfahrt des Zuges erfährt man, ob man einen Platz bekommt (die Chancen stehen gut), wenn nicht, bekommt man den Ticketpreis zurück. Das computergestützte **Zugreservierungsbüro** (☎139; ⏲Mo–Sa 8–20, So 8–14 Uhr) ist rechts, wenn man aus dem Bahnhof kommt, und hat verschiedene Schalter für Kreditkartenzahlung, Frauen und Ausländer. Gepäck kann man am Hauptbahnhof in der rund um die Uhr geöffneten Gepäckaufbewahrung auf Bahnsteig 1 lassen (10 ₹/Tag & Gepäckstück).

ℹ Unterwegs vor Ort

Autorickscha

Die Fahrer der Autorikschas müssen laut Gesetz ihr Taxameter einschalten, doch nur wenige halten sich daran. Nach 22 Uhr werden 50 % auf den Taxameterpreis aufgeschlagen. Der Grundpreis beträgt 20 ₹ für die ersten 2 km, für jeden weiteren Kilometer werden 11 ₹ fällig.

BUS

Bengaluru hat ein umfangreiches städtisches Busnetz, das von der **Bangalore Metropolitan Transport Corporation** (BMTC; www.bmtcinfo.com) betrieben wird. Die roten, klimatisierten Vajra-Busse fahren kreuz und quer durchs Zentrum, die grünen Big10-Deluxe-Busse fahren in die Vororte. Normale Busse starten am **zentralen Busbahnhof** neben dem Majestic, ein paar fahren auch vom **Busbahnhof am City Market** weiter südlich ab.

Um vom Hauptbahnhof in die Gegend der MG Rd zu kommen, nimmt man am zentralen Busbahnhof jeden Bus von Bahnsteig 17 oder 18. Zum City Market fahren die Busse 31, 31E, 35 und 49 von Bahnsteig 8.

VOM/ZUM FLUGHAFEN

Der **Flughafen** (☎66782251; www.bengaluru-airport.com) ist in Hebbal, etwa 40 km nördlich der MG Rd. Prepaid-Taxis fahren vom Flughafen ins Zentrum (750 ₹). Man kann auch den stündlichen klimatisierten Shuttlebus von Vayu Vajra zum Majestic oder zur MG Rd (170 ₹) nehmen.

METRO

Bengalurus neue Metro mit Klimaanlage, Namma Metro genannt, hat nun endlich einige Linien in Betrieb genommen (von Baiyappanahalli zur MG Rd), während andere noch im Bau sind. Mit Zügen, die alle 15 Minuten fahren und Preisen, die nur wenig mehr als eine Stadtbusfahrt kosten, dürfte die Metro nach ihrer Fertigstellung eine gute Alternative zum überlasteten Nahverkehr der Stadt sein. Die aktuellsten Infos zur Metro stehen auf der Seite ww.bmrc.co.in.

TAXI

Verschiedene Unternehmen bieten Miettaxis mit Fahrer an. Die Standardpreise für einen Tata Indica für lange Entfernungen sind 7 ₹ pro Kilometer bei mindestens 250 km sowie eine tägliche Aufwandsentschädigung von 200 ₹ für den Fahrer. Ein Miettaxi für acht Stunden kostet um die 2000 ₹. Man kann es bei **Skyway** (☎22111401) oder **Meru Cabs** (☎44224422) versuchen.

Rund um Bengaluru

Hessaraghatta

In Hessaraghatta, 30 km nordwestlich von Bengaluru, befindet sich die führende Tanzakademie **Nrityagram** (☎080-28466313; www.nrityagram.org; ⌚Di–So 10–14 Uhr), die 1990 gegründet wurde, um den klassischen indischen Tanz wiederzubeleben und ihn populärer zu machen.

Die Akademie ist das geistige Kind und das lebendige Erbe der gefeierten Tänzerin Protima Gauri Bedi (1948–1998). Der Komplex wurde vom in Goa lebenden Architekten Gerard da Cunha in Form eines Dorfes entworfen. Für begabte Schüler werden Langzeitkurse angeboten, und sonntags werden die einheimischen Kinder kostenlos unterrichtet. Besichtigungen auf eigene Faust kosten 50 ₹, man kann aber auch eine Führung mit Vortrag, Tanzvorführung und vegetarischer Mahlzeit buchen (1500–2000 ₹, mind. 12 Pers.).

Das **Taj Kuteeram** (☎080-28466326; www.tajhotels.com; B 4000 ₹; ❄@) gegenüber vom Dorf ist ein Hotel, das Komfort mit rustikalem Charme verbindet. Es bietet auch Ayurveda- und Yogastunden an.

Our Native Village (☎9591700577; 080-41140909; www.ournativevillage.com; EZ/DZ inkl. VP & Aktivitäten 5100/7500 ₹; ✱) ist ein umweltfreundlicher Erholungsort. Hier kann man sich stilvoll beim Yoga, bei der Meditation und bei der Musiktherapie erholen, während man sich mit so vergnüglichen Dingen wie Drachen steigen lassen oder Ochsengespanne lenken beschäftigt.

Vom City Market in Bengaluru fahren die Busse 266, 253, 253D und 253E nach Hessaraghatta (25 ₹, 1 Std.), Bus 266 fährt weiter

WICHTIGE ZÜGE AB BENGALURU

ZIEL	ZUGNR. & -NAME	PREIS (₹)	DAUER (STD.)	ABFAHRT
Chennai	12658 *Chennai Mail*	193/735	6½	22.45 Uhr
	12028 *Shatabdi*	529/1155	5	Mi–Mo 6 Uhr
Delhi	12627 *Karnataka Express*	546/2485	39	19.20 Uhr
	12649 *Sampark Kranti Express*	536/2425	35	Mo, Mi, Fr, Sa & So 22.10 Uhr
Hospet	16592 *Hampi Express*	191/785	9½	22 Uhr
Hubli	16589 *Rani Chennamma Express*	203/840	8	21.15 Uhr
Kolkata	12864 *YPR Howrah Express*	508/2625	35	19.35 Uhr
Mumbai	16530 *Udyan Express*	363/1600	24	20.10 Uhr
Mysore	12007 *Shatabdi*	316/665	2	Do–Di 11 Uhr
	12614 *Tippu Express*	66/233	2½	15 Uhr
Trivandrum	16526 *Kanyakumari Express*	307/1320	22	21.40 Uhr

Shatabdi-Preise gelten für AC Chair/AC Executive; Express- und Mail-Preise gelten für 2. Klasse/AC Chair in tagsüber fahrenden Zügen und für Sleeper/2AC in Nachtzügen.

ABSEITS DER ÜBLICHEN PFADE

LEPAKSHI

Lepakshi liegt zwar eigentlich in Andhra Pradesh, ist aber am einfachsten von Bengaluru aus erreichbar. Hier befindet sich der **Veerbhadra-Tempel** (Eintritt frei). Der Name der Stadt stammt aus dem Ramayana: Als der Dämon Ravana Ramas Ehefrau Sita entführte, kämpfte der Vogel Jatayu gegen ihn und fiel verletzt an der Stelle des Tempels zu Boden. Rama forderte den Vogel auf, sich zu wieder zu erheben; „Lepakshi" bedeutet auf Sanskrit „Erhebe dich, Vogel".

Am Eingang zur Stadt fällt der 9 m lange monolithische **Nandi** auf, der größte Indiens. Von hier aus kann man den **Naga-lingam** (ein Phallussymbol von Shiva) des Tempels sehen, der von einer siebenköpfigen Kobra gekrönt wird. Der Tempel ist für seine unvollendete **Kalyana Mandapam** (Hochzeitshalle) mit Darstellungen der Hochzeit von Parvati und Shiva sowie für seine **Natyamandapa** (Tanzhalle) mit Reliefs tanzender Gottheiten bekannt. Das Highlight des Tempels sind aber die **Deckenfresken** der Natyamandapa.

Von Bengaluru nimmt man einen Bus Richtung Hindupur (70 ₹, 1½ Std.) oder einen Zug, von dort sind es noch 11 km bis zum Tempel. Die Fahrt mit einem Privatwagen ab Puttaparthi kostet 1000 ₹.

bis Nrityagram. Von Hessaraghatta kostet eine Autorikscha 70 ₹.

Nandi Hills

Die **Nandi Hills** (www.nandihills.co.in; Eintritt 5 ₹; ⌚6–22 Uhr), die 60 km nördlich von Bengaluru liegen und auf 1455 m ansteigen, beherbergten früher die Sommerresidenz von Tipu Sultan (sein Palast ist noch hier). Heute sind sie das beliebteste Wochenendziel der Technikfreaks aus Bengaluru und damit samstags und sonntags vorhersehbar überfüllt. Dennoch, hier kann man sehr schön wandern, die Aussicht ist toll und es gibt zwei bemerkenswerte **Chola-Tempel**. Busse zu den Nandi Hills (50 ₹, 2 Std.) fahren vom zentralen Busbahnhof in Bengaluru.

Janapada Loka Folk Arts Museum

53 km südlich von Bengaluru liegt dieses **Museum** (Erw./Kind 10/5 ₹; ⌚9–17.30 Uhr), das sich der Bewahrung der ländlichen Kultur widmet und eine wunderbare Sammlung von Folkloreobjekten hat, darunter 500 Jahre alte Schattenpuppen, Festtrachten und Musikinstrumente. Busse die von Bengaluru kommen und nach Mysore (1 Std.) fahren, können Fahrgäste hier absetzen; man steigt 3 km hinter Ramnagar aus.

Mysore

☎0821 / 887 500 EW. / 707 M

Wer nicht in Mysore war, hat Südindien einfach nicht gesehen. So eingebildet, wie das auch klingen mag, ist es doch keine Übertreibung. Mysore, eine alte Stadt mit einem glorreichen Erbe, das mehr als 600 Jahre umfasst, ist einer der extravagantesten Orte Indiens. Es ist für sein schillerndes königliches Erbe, seine quirligen Märkte und seine freundliche Bevölkerung bekannt, doch es ist auch ein blühendes Zentrum der Produktion von erstklassiger Seide, Sandelholz und Weihrauch. Zudem wirbt es mit seiner großen Expertise in Yoga und Ayurveda und vermarktet diese auch weltweit.

Geschichte

Mysore verdankt seinen Namen dem mythischen Mahisuru, einem Ort, wo der Dämon Mahisasura von der Göttin Chamundi getötet wurde. Die königliche Geschichte begann 1399, als die Wodeyear-Dynastie von Mysore gegründet wurde, die aber bis zur Mitte des 16. Jhs. im Dienst des Vijayanagar-Reiches stand. Mit dem Sturz der Vijayanagar im Jahr 1565 erklärten die Wodeyar ihre Unabhängigkeit, die sie – von einer kurzen Periode der Übermacht Hyder Alis und Tipi Sultans im späten 18. Jh. mal abgesehen – bis 1947 bewahrten.

Sehenswertes

★ **Mysore Palace** PALAST

(Maharaja's Palace, Amba Vilas; www.mysorepalace.tv; Inder/Ausländer 40/200 ₹, Kinder bis 10 Jahre frei; Sound & Light Show Erw./Kind 40/25 ₹; ⌚10–17.30 Uhr) Dieser fantastische Palast, der zu den großartigsten königlichen Bauwerken Indiens zählt, war der frühere Sitz der Wodeyar-Maharadschas. Der alte Palast fiel 1897 einem Brand zum Opfer, der heutige wurde 1912 von dem englischen Architekten Henry Irwin fertiggestellt und kostete 4,5 Mio. ₹. (s. Abbildung S. 202)

Das Innere dieses indo-sarazenischen Traums, ein Kaleidoskop aus farbigem Glas, Spiegeln und knallbunten Farben, ist zweifellos übertrieben. Die Dekoration wird durch geschnitzte Holztüren, Mosaikfußböden und Gemälde, die das Leben in Mysore während der edwardianischen Raj-Ära darstellen, ergänzt. Nicht verpassen sollte man die Waffenkammer mit einer beeindruckenden Sammlung von über 700 Waffen.

An allen Wochenenden, an nationalen Feiertagen und während des Dasara-Festivals (Duesshera) wird der Palast von fast 100 000 Glühlampen beleuchtet, die sein majestätisches Profil vor dem Dunkel der Nacht noch betonen.

Der Eingang zum Palastgelände ist am Südtor an der Purandara Dasa Rd. Von draußen darf man den Palast fotografieren, im Inneren ist das Fotografieren aber streng verboten. Fotoapparate müssen in Schließfächern am Eingang des Palastes deponiert werden.

Auf dem Palastgelände wird auch eine geführte Audiotour durch den Palast in mehreren Sprachen angeboten. Sie ist im Preis des Tickets für Ausländer enthalten.

An den meisten Abenden findet um 19 Uhr eine Sound-&Light-Show statt, die die Geschichte des Palastes mit visuellen Effekten erzählt; zum Zeitpunkt der Recherche wurden gerade Shows in englischer Sprache eingeführt.

Devaraja-Markt — MARKT

(Sayyaji Rao Rd; ⌚6–20.30 Uhr) Auf dem lebhaften Basar, der auf die Zeit Tipu Sultans zurückgeht, verkaufen örtliche Händler traditionelle Waren wie Blumengirlanden, Gewürze und kegelförmige Haufen *kumkum* (gefärbtes Pulver für die *bindi*-Punkte auf der Stirn), die alle tolle Fotomotive sind. Vor dem Shoppen sollte man seine Feilschkünste auffrischen.

Chamundi Hill — AUSSICHTSPUNKT

Auf dem Gipfel des Chamundi Hill, auf 1062 m Höhe, steht der **Sri-Chamundeswari-Tempel** (⌚7–14, 15.30–18 & 19.30–21 Uhr), der von einem 40 m hoch aufragenden *gopuram* (Eingangstor) beherrscht wird. Er eignet sich für einen schönen Halbtagesausflug und bietet spektakuläre Aussichten. Am Wochenende bilden sich lange Schlangen, besser kommt man also unter der Woche her. Bus 201 (23 ₹, 30 Min.) rumpelt die schmale Straße zum Gipfel hinauf. Die Hin- und Rückfahrt mit der Autorikscha kostet etwa 400 ₹.

Alternativ kann man auch den aus mehr als 1000 Stufen bestehenden Pfad nehmen, auf dem die Hindu-Pilger zum Tempel gehen. Nach einem Drittel des Weges nach unten kommt man zur 5 m hohen Statue eines **Nandi** (Shivas Reittier), der 1659 aus dem blanken Fels geschlagen wurde.

Jayachamarajendra Art Gallery — KUNSTGALERIE

(Jaganmohan Palace Rd; Erw./Kind 100/50 ₹; ⌚8.30–17 Uhr) Gleich westlich vom Palast befindet sich im **Jaganmohan Palace**, der 1861 als königliches Auditorium gebaut wurde, die Jayachamarajendra Art Gallery. Sie zeigt auf drei Etagen eine Sammlung von kitschigen Objekten und von Erinnerungsstücken der königlichen Familie von Mysore, darunter seltene Musikinstrumente, japanische Kunst sowie Gemälde des bekannten Künstlers Raja Ravi Varma.

Indira Gandhi Rashtriya Manav Sangrahalaya — MUSEUM

(Nationales Museum der Menschheit; ☎2448231; www.igrms.com; Irwin Rd, Wellington Lodge; zweiwöchige Workshops 50 ₹; ⌚Di–So 10–17.30 Uhr) Dieses Kunst- und Kulturzentrum zeigt nicht nur tolle Wanderausstellungen mit Kunst aus dem ländlichen Indien, es organisiert auch zweiwöchige Workshops für traditionelle, volkstümliche und ethnische Kunstformen, die öffentlich sind. Das können Malerei, Stickerei oder der Bau von Pappmascheemasken sein. Die Workshops werden von Experten geleitet. Man muss mindestens eine Woche vorher buchen und sich für den ganzen zweiwöchigen Workshop verpflichten.

Jayalakshmi Vilas Mansion Museum Complex — MUSEUM

(Camous der Mysore University; ⌚Mo–Sa 10.15–17 Uhr) GRATIS Das Museum befindet sich in einer prächtigen Villa und ist auf Volkskunst spezialisiert, z. B. Steintäfelchen und Skulpturen, darunter eine hölzerne Marionette des zehnköpfigen Dämonen Ravana, und ländliche Trachten.

Rail Museum — MUSEUM

(KRS Rd; Erw./Kind 5/2 ₹, Foto/Video 10/25 ₹; ⌚Di–Sa 9.30–18.30 Uhr) Das wichtigste Ausstellungsstück dieses Open-Air-Museums ist der Salonwagen einer Maharani aus Mysore, ein holzgetäfeltes Schmuckstück aus dem Jahr 1899. Der Wagen gibt eine Vorstellung

Mysore Palace

Im Innern des Palastes verstecken sich reich geschmückte Säle, königliche Gemälde, aufwendig gestaltete dekorative Elemente sowie Skulpturen und Zeremonialgegenstände. Es gibt unglaubliche Mengen von verborgenen Details und so viel zu bestaunen, dass man sich für einen Besuch zumindest einige Stunden Zeit nehmen sollte. Ein Führer kann äußerst wertvoll sein.

Nachdem man den Palast betreten hat, kommt man zunächst in den **Doll's Pavilion** 1, in dem eine Sammlung traditioneller Puppen und Skulpturen gezeigt wird, die der Maharadscha in der ganzen Welt zusammengetragen hat. Gegenüber dem **Elephant Gate** 2 kann man die sieben Kanonen sehen, die früher zu speziellen Anlässen, z.B. den Geburtstagen der Maharadschas, abgeschossen wurden. Auch heute werden sie während des Dasara noch abgefeuert. Am Ende des Pavillon steht der **Golden Howdah** 3. Man beachte die Fliegenwedel auf beiden Seiten; die Borsten sind aus feinem Elfenbein.

Auf dem Weg durch die Säle zum **Marriage Pavilion** 4 sollte man sich unbedingt die Gemälde ansehen, die die Dasara-Prozession zeigen. Zudem sollte man einen Blick in den Hof werfen, in dem früher Ringkämpfe stattfanden. Heute wird er nur noch während des Dasara benutzt. Im Hochzeitspavillon lohnt sich auch ein längerer Aufenthalt: Drei Religionen haben das Design geprägt. Das Christentum zeichnet für die Glasdecke verantwortlich, der Hinduismus für die Reliefe und der Islam für die Bögen des Balkons.

Auf dem Weg zur **Privaten Durbarhalle** 5 kann man die aufwendigen Einlegearbeiten in den Rosenholztüren betrachten, die Krishna darstellen. Die **Öffentliche Durbarhalle** 6 ist normalerweise der letzte Punkt, von dem man durch islamische Bögen einen großartigen Blick in die Gärten hat.

Private Durbarhalle
Rosenholztüren führen in diese reich verzierte Halle mit Buntglasdecken, Ziergittern und Kronleuchtern. Hier steht der Goldene Thron, der nur während des Dasara öffentlich zugänglich ist.

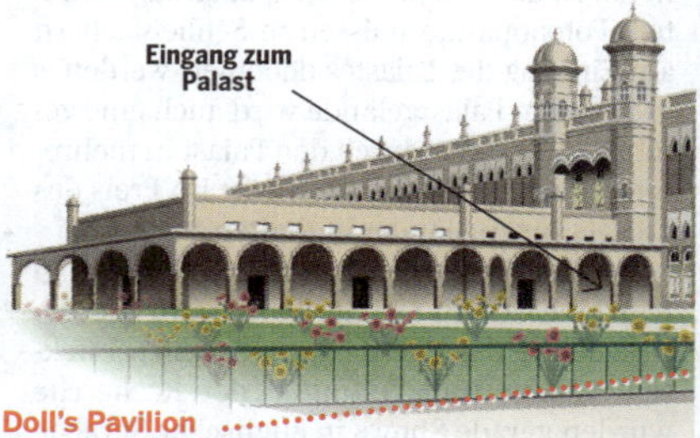

Doll's Pavilion
Der „Puppen-Pavillon" zeigt Puppen, Statuen und hinduistische Götter-Statuetten aus dem 19. und frühen 20. Jh., die der Maharadscha von Würdenträgern aus der ganzen Welt geschenkt bekam.

MYSORE PALACE BOARD ©

Öffentliche Durbarhalle

In dieser seitlich offenen Halle befindet sich eine unbezahlbare Sammlung von Gemälden des Malers Raja Ravi Varma. Die Halle mündet in einen großen, von Pfeilern getragenen Balkon mit einer üppig verzierten Decke, die zehn Inkarnationen von Vishnu zeigt.

MYSORE PALACE BOARD ©

Marriage Pavilion

Dieser verschwenderisch gestaltete Saal, in dem königliche Hochzeiten stattfanden, weist christliche, hinduistische und islamische Designelemente auf. Die tolle achteckige Buntglasdecke mit dem Bronzekronleuchter hat Pfauenmotive.

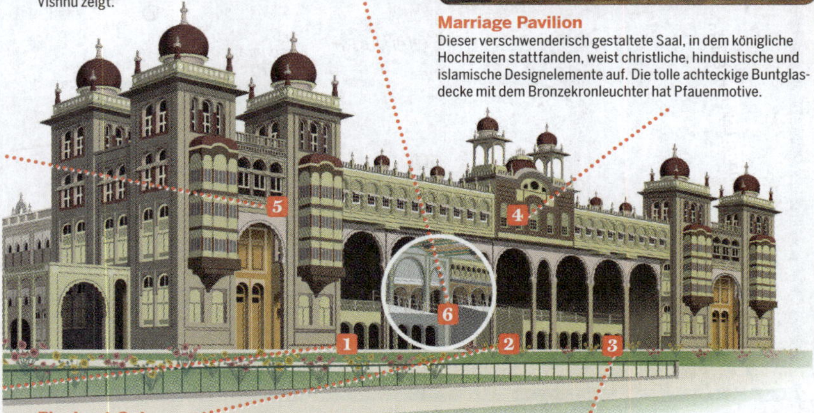

Elephant Gate

Am Messingtor neben dem Doll's Pavilion befinden sich unten vier Elefanten aus Bronze, oben ein detaillierter doppelköpfiger Adler und in der Mitte ein Mischwesen aus Elefant und Löwe (das Staatsemblem von Karnataka).

Golden Howdah

Am hinteren Ende des Doll's Pavilion steht ein hölzerner Howdah, der mit 80 kg Gold verziert ist. In ihm ritt der Maharadscha bei Dasara auf einem Elefanten. Heute trägt der Howdah die Statuette der Göttin Chamundeswari.

MYSORE PALACE BOARD ©

MYSORE PALACE BOARD ©

Mysore

davon, wie stilvoll die Königsfamilie einst mit der Bahn reiste. Das Museum zeigt auch sechs Dampfloks, jede mit ihrer eigenen Geschichte (die jeweils wunderbar in den Beschriftungen erzählt wird), und Erinnerungsstücke aus der Geschichte der indischen Eisenbahn. Rund um das Museum kurvt eine Kindereisenbahn (Erw./Kind 5/2 ₹).

Zoo Mysore ZOO
(Indiranagar; Erw./Kind 40/20, Foto 20 ₹; ⌚Mi–Mo 8.30–18.30 Uhr) Im Gegensatz zu vielen anderen erbärmlichen indischen Zoos hält der Zoo von Mysore viel höhere Standards ein. Er liegt in einem hübschen Garten von 1892. Highlights sind u.a. die weißen Tiger, die Tieflandgorillas und die Nashörner.

Koloniale Bauwerke ARCHITEKTUR
Architekturliebhabern bietet Mysore viele charmante Bauwerke. Das 1805 erbaute **Government House** (Irwin Rd), die frühere britische Residenz, ist ein toskanisch-dorisches Gebäude, das in 20 ha großen Gärten liegt. Gegenüber vom Nordtor des Palastes steht der **Silver Jubilee Clock Tower** (Ashoka Rd) aus dem Jahr 1927; in der Nähe befindet sich die imposante, 1884 erbaute **Rangacharlu Memorial Hall**. Prächtige Buntglasfenster betonen die Schönheit der hoch aufragenden **St. Philomena's Cathedral** (St Philomena St; ⌚8–17 Uhr), die zwischen 1933 und 1941 im neogotischen Stil erbaut wurde.

Aktivitäten

Royal Mysore Walks STADTSPAZIERGANG
(☎9632044188; www.royalmysorewalks.com; 2-stünd. Spaziergänge ab 600 ₹) Ein Stadtspaziergang ist eine tolle Möglichkeit, um die Geschichte Mysores und seines Erbes kennenzulernen. Der ehemalige Techniknarr Vinay, der sich zum Historiker gewandelt hat, und sein Team organisieren Wochenendspaziergänge mit speziellen Schwerpunkten wie der königlichen Geschichte, den Märkten

Mysore

Highlights
1 Mysore Palace ... D4

Sehenswertes
2 Devaraja-Markt ... C2
3 Government House ... F1
4 Indira Gandhi Rashtriya Manav Sangrahalaya ... E1
Jaganmohan Palace ... (siehe 5)
5 Jayachamarajendra Art Gallery ... B3
6 Rail Museum ... A1
7 Rangacharlu Memorial Hall ... D2
8 Silver Jubilee Clock Tower ... D2

Aktivitäten, Kurse & Touren
Shruthi Musical Works ... (siehe 18)

Schlafen
9 Hotel Dasaprakash ... D2
10 Hotel Maurya Residency ... E3
11 Hotel Mayura Hoysala ... A2
12 Parklane Hotel ... E3
13 Royal Orchid Metropole ... A2

Essen
14 Hotel RRR ... D2
15 Hotel Sree Annapoorna ... C3
Parklane Hotel ... (siehe 12)
Tiger Trail ... (siehe 13)

Shoppen
16 Cauvery Arts & Crafts Emporium ... C1
17 Sapna Book House ... B2
18 Shruthi Musical Works ... C1

Praktisches
HDFC-Geldautomat ... (siehe 19)
19 HDFC Bank ... B3
20 ICICI Bank ... E2
ICICI-Bank-Geldautomat ... (siehe 20)
21 KSTDC-Transportbüro ... A2
22 Pal Net ... D2
23 Bahn-Buchungsbüro ... A1
24 State Bank of Mysore ... C2
25 Thomas Cook ... D2

Transport
26 Zentraler Busbahnhof ... E2
27 City-Busbahnhof ... C3
28 Privater Busbahnhof ... C1

oder dem Kunsthandwerk der Stadt. Ausgefallenere Spaziergänge, z. B. eine spirituelle und Yoga-Tour oder eine Mysore-Seidentour, können gegen zusätzliches Entgelt arrangiert werden. Außerdem veranstaltet Royal Mysore Walks Fahrrad- und Jeeptouren.

Emerge Spa AYURVEDA
(☎2522500; www.thewindflower.com; Maharanapratap Rd, Windflower Spa & Resort, Nazarbad; ⏰7–19 Uhr) Das schicke Resort liegt außerhalb der Stadt und verwöhnt seine Kunden mit ayurvedischen Sitzungen (empfehlenswert ist die einstündige Abhayanga-Massage für 1800 ₹ mit 2 Therapeuten), gefolgt von einem Dampfbad oder verschiedenen balinesischen Massagen, Hydrotherapieanwendungen und Schönheitsbehandlungen. Die Preise beinhalten die Abholung und den Rücktransport.

Indus Valley Ayurvedic Centre AYURVEDA
(☎2473263; www.ayurindus.com; Lalithadripura) Das elegante Zentrum, das von mehr als 6 ha großen Gärten umgeben ist, leitet seine Therapien von alten Schriften und Rezepten ab. Das Übernachtungspaket (EZ/DZ inkl. VP 9500/16 900 ₹) umfasst eine Yogastunde, eine Ayurveda-Sitzung und eine Schönheitsbehandlung.

Swaasthya Ayurveda Centre AYURVEDA
(☎6557557; www.swaasthya.com; No 726/B, 6th Cross, gegenüber vom Yoganarsimhaswamy-Tempel;

DUSSEHRA-FEST

Das zehntägige **Dussehra-Fest** (Mysore; ⏲Okt.) (regional „Dasara") im Oktober ist in Mysore eine rauschende, karnevalartige Feier. In dieser Zeit wird der Mysore Palace jeden Abend dramatisch beleuchtet und die Stadt verwandelt sich in einen gigantischen Festplatz mit Konzerten, Tanzaufführungen, Sportvorführungen und kulturellen Veranstaltungen vor einem riesigen Publikum. Am letzten Abend werden die Feierlichkeiten in großem Stil beendet: Eine beeindruckende Prozession mit geschmückten Elefanten, mit Blumengirlanden verzierten Figuren, livrierten Bediensteten und Reitern setzt sich gegen 1 Uhr in Bewegung und marschiert zum Rhythmus der scheppernden Blaskapellen den ganzen Weg vom Palast zum Bannimantap-Paradeplatz. Eine Fackelparade am Bannimantap und ein spektakuläres Feuerwerk bilden den krönenden Abschluss.

Während des Fests ist Mysore total überfüllt mit Touristen, besonders am letzten Tag. Um dem Gedränge zu entgehen, kann man eine Dasara VIP Gold Card (7500 ₹ für 2 Pers.) kaufen. Sie ist zwar teuer, garantiert einem aber gute Sitzplätze bei der Abschlussgala, und bei den anderen Veranstaltungen und Vorführungen kann man damit einfach an den Schlangen am Eingang vorbeigehen. Außerdem gibt's Rabatte in Unterkünften und Restaurants sowie beim Shoppen. Es gibt auch Tickets, die nur für das Betreten des Palastes und des Bannimantap am letzten Tag gültig sind (250–1000 ₹). Genaueres erfährt man im **Dasara Information Centre** (☎2418888; www.mysoredasara.gov.in).

Behandlungen ab 250 ₹) Professionalle Ayurveda-Therapeuten führen traditionelle Behandlungen durch. Das Zentrum bietet auch All-inclusive-Pakete, die die Unterkunft und die Mahlzeiten enthalten. In Coorg gibt es ebenfalls ein Zentrum.

Karanji Lake Nature Park NATURPARK, VOGELBEOBACHTUNG
(Indiranagar; Eintritt 20 ₹, Foto 20 ₹; ⏲8.30–17.30 Uhr) In diesem Naturpark neben dem Zoo leben verschiedene Vogelarten, u. a. Kormorane, Reiher, Warzenibisse, Halsbandsittiche und Buntstörche sowie viele Schmetterlinge.

Kurse

Sehr empfohlen wird der Tabla-Unterricht bei Jayashankar, dem Musiklehrer bei **Shruthi Musical Works** (☎9845249518; Irwin Rd, 1189 3rd Cross; ⏲Mo–Sa 10.30–21, So 10.30–14 Uhr; 300 ₹/Std.).

Geführte Touren

Der KSTDC veranstaltet täglich eine Stadttour in Mysore (ab 725 ₹), die die gesamte Stadt, Chamundi Hill, Srirangapatnam und die Brindavan Gardens beinhaltet. Sie beginnt täglich um 6.30 Uhr und endet um 23.30 Uhr, und hinterher dürften die meisten Teilnehmer wohl außer Atem sein.

Eine andere KSTDC-Tour führt dienstags, mittwochs, freitags und samstags von 7.30 bis 21 Uhr nach Belur, Halebid und Sravanabelagola (450 ₹). Sie findet nur bei mindestens zehn Teilnehmern statt, d. h.: vorher anrufen!

Alle Touren starten am Tourenbüro im Hotel Mayura Hoysala (S. 206). Buchen kann man im KSTDC Transport Office im Hotel und bei Reisebüros in der Stadt.

Schlafen

Mysore zieht das ganze Jahr über Touristen an und füllt sich zu Dussehra schnell. Eine frühe Buchung ist also empfehlenswert.

Mysore Youth Hostel HOSTEL $
(☎2544704; www.yhmysore.com; Gangothri Layout; B/Studenten ab 100/75 ₹) Das Hostel liegt 3 km westlich der Stadt in einem Garten und hat gepflegte Schlafsäle für Männer und Frauen. Um 23 Uhr ist Zapfenstreich, Alkohol ist verboten, warmes Wasser gibt's nur im Eimer und Handtücher gar nicht – aber der Preis ist unschlagbar. Man nimmt einen Bus zum Maruthi-Tempel, von dort ist es ein kurzer Spaziergang. Eine Autorikscha kostet 60 ₹.

Hotel Dasaprakash HOTEL $
(☎2442444; www.mysoredasaprakashgroup.com; Gandhi Sq; EZ/DZ ab 400/702 ₹, DZ mit Klimaanlage 1732 ₹; ❄) Die Zimmer in dem bei indischen Touristen und Pilgergruppen beliebten Hotel sind leicht heruntergekommen, doch das Gebäude hat Charakter. Alles in allem eine ordentliche Budgetunterkunft. Das Hotel hat ein preiswertes vegetarisches Restaurant, das gute *dosa* serviert.

Hotel Mayura Hoysala HOTEL $
(☎2426160; 2 Jhansi Lakshmi Bai Rd; EZ/DZ inkl. Frühstück ab 953/1050 ₹; ❄) Das staatlich

betriebene Hotel bietet nach wie vor seine Kombination aus altmodischer, eingemotteter Tradition (Vorhänge mit Spitzenbesatz, schwere Holztüren, diverse Rohrmöbel und alte Schwarz-Weiß-Fotos in den Fluren) und bezahlbaren Preisen. Die Bar unten ist bei Mysores Zechern beliebt.

★ Green Hotel HISTORISCHES HOTEL **$$**
(☎4255000; www.greenhotelindia.com; 2270 Vinoba Rd, Jayalakshmipuram; EZ/DZ inkl. Frühstück ab 3550/4050 ₹;) Das charaktervolle Green Hotel, das im Lauf der Jahre mehrere Reinkarnationen erlebte, wurde ursprünglich vom Maharadscha in den 1920er-Jahren für seine drei Töchter gebaut; damals hieß es Chittaranjan Palace. Danach war es von den 1950er-Jahren bis 1987 ein Filmstudio. Heute werden die 31 Zimmer des Hotels, die in einem hübschen Garten liegen, mit Solarenergie versorgt. Unter den Zimmern im Palastgebäude sind Themenzimmer wie der „Writers Room" oder solche im kitschigem Bollywood-Stil. Das Beste: Die Profite gehen an Wohltätigkeits- und Umweltprojekte in ganz Indien. Es liegt 3 km westlich der Stadt.

Parklane Hotel HOTEL **$$**
(☎4003500; www.parklanemysore.com; 2720 Harsha Rd; Zi. ab 2000 ₹;) Das Hotel liegt für Traveller praktisch direkt an der Touristenroute Mysores und ist unglaublich kitschig, doch es ist schwer, die ultrakomfortablen, massiven und makellosen Zimmer nicht zu mögen. Sie sind mit Handyladegeräten und nützlichen Toilettenartikeln versehen. Im gut besuchten Restaurant in der 1. Etage herrscht eine gesellige Atmosphäre.

Hotel Maurya Residency HOTEL **$$**
(☎2523375; www.hotelmauryaresidency.com; Harsha Rd; DZ ab 1400 ₹;) Ebenso wie das benachbarte Schwesterhotel Maurya Palace bleibt die Maurya Residency eine zuverlässige Adresse unter den Mittelklasseunterkünften in der Harsha Rd. Das freundliche Hotel hat gute Zimmer im Budget- bis Mittelklassebereich. Das Restaurant unten, der **Veg Kourt**, serviert ein üppiges „All you can eat"-Frühstück für 85 ₹.

★ Lalitha Mahal Palace HISTORISCHES HOTEL **$$$**
(☎8212526100; Turmzi. inkl. Frühstück 4834 ₹, klassisches historisches Zi. inkl. Frühstück 12 080 ₹;) Das 1921 erbaute frühere Maharadscha-Gästehaus ist seit 1974 ein Hotel. Das imposante alte Gebäude steht ganz im Zeichen der Tradition, vom vergitterten Fahrstuhl aus den 1920er-Jahren bis zu den Böden mit Mosaikfliesen. Die „Standard"-Turmzimmer mit Holzböden und hellen Bädern bieten ein gutes Preis-Leistungs-Verhältnis, doch in den klassischen historischen Zimmern wird Geschichte wirklich erlebbar. Geräumige Himmelbetten erheben sich neben alten Möbeln, frei stehende alte Badewannen stehen auf Marmorböden, und die von hölzernen Läden beschatteten Fenster blicken auf prächtige, gepflegte Gärten. Es gibt einen Fitnessraum und Tennisplätze. Vorsicht vor den frechen Affen!

Royal Orchid Metropole HISTORISCHES HOTEL **$$$**
(☎4255566; www.royalorchidhotels.com; 5 Jhansi Lakshmi Bai Rd; EZ/DZ inkl. Frühstück ab 6568/7160 ₹;) Das ursprünglich von den Wodeyars als Residenz für die britischen Gäste des Maharadschas gebaute Hotel ist zweifellos eines der führenden historischen Hotels Mysores. Das charmante Gebäude aus der Kolonialzeit hat 30 Zimmer, die historische Atmosphäre verströmen. Wenn Reisegruppen zu Gast sind, finden Shows mit Zauberern, Musikern, Tänzern und Schlangenbeschwörern statt.

Essen & Ausgehen

Malgudi Café CAFÉ **$**
(Green Hotel; Hauptgerichte 60–80 ₹; ⏲10–19 Uhr;) Das stimmungsvolle Café in einem Innenhof des Green Hotel serviert hervorragende Kaffees und Himalaja-Tees sowie verschiedene leckere Snacks, Kuchen und frisches Brot, das hier täglich gebacken wird. Die Mitarbeiter kommen aus benachteiligten Schichten und sind überwiegend Frauen; mit dem Profit werden unterdrückte Gemeinschaften unterstützt. Selbst kann man auch etwas beitragen – indem man einfach eine zweite Tasse bestellt. Der Service ist manchmal langsam.

Hotel RRR SÜDINDISCH **$**
(Gandhi Sq; Hauptgerichte 75–102 ₹) In dem immer geschäftigen Lokal, in dem man mittags schon mal auf Plätze warten muss, kommen klassische Gerichte nach Art von Andhra Pradesh auf den Tisch. Empfehlenswert: das kochend heiße vegetarische Thali (85 ₹), das auf einem Bananenblatt serviert wird. In der Harsha Rd gibt's eine zweite Filiale.

Vinayaka Mylari SÜDINDISCH **$**
(769 Nazarbad Main Rd; Hauptgerichte 30–50 ₹; ⏲7.30–11.30 & 16–20 Uhr) Den einheimischen Feinschmeckern zufolge ist dies eines der

besten Lokale Südindiens, um die südindischen Klassiker *masala dosa* (mit Gemüse gefüllte Linsenmehlpfannkuchen) und *idlis* (schwammige, runde fermentierte Reiskuchen) zu essen. Die Straße hoch befindet sich ein ähnliches Restaurant, das vom Bruder des Besitzers betrieben wird.

Pelican Pub KNEIPE $
(Hunsur Rd; Hauptgerichte 75–150 ₹; ⏲11–23 Uhr) Die beliebte, relaxte Kneipe, die auf dem Weg zum Green Hotel liegt, serviert Bier für 65 ₹ pro Krug im traditionellen Gastraum drinnen oder hinten im Garten. Das leckere Essen, z. B. ein paar sündige Schweine-

ASHTANGA-YOGA IN MYSORE

Nicht nur der Palast lockt viele Besucher nach Mysore; die Stadt ist auch für ihren Yoga-Unterricht berühmt – und jedes Jahr kommen Tausende von Schülern aus aller Welt, um Ashtanga-Yoga zu lernen, zu praktizieren oder sich als Lehrer zertifizieren zu lassen.

Im Gegensatz zu zwangloseren Zentren wird hier von den Schülern erwartet, dass sie der Kunst des Yogas ernsthaft verpflichtet sind und sich mindestens einen Monat Zeit nehmen. Sie müssen sich auch lange im Voraus anmelden, denn oft sind die Kurse ausgebucht. Einzelheiten kann man telefonisch oder per E-Mail bei den Zentren erfragen.

Die meisten Yoga-Institute verlangen ebenso wie die örtlichen Gesetze, dass alle Besucher, die zum Yoga-Unterricht nach Mysore kommen, ein Studentenvisum statt eines Touristenvisums besitzen. Außerdem müssen sie sich innerhalb von 14 Tagen nach der Ankunft bei der örtlichen Polizei registrieren lassen.

Yoga-Zentren

Ashtanga Yoga Research (AYRI; ☎9880185500; www.kpjayi.org; 235 8th Cross, 3rd Stage, Gokulam; 1 Monat 28 600 ₹) Vom renommierten Ashtanga-Lehrer K. Pattabhi Jois gegründet, der Madonna Yoga-Unterricht gab. Inzwischen ist er verstorben, und seine Arbeit wird von seinem Sohn weitergeführt, der sehr beliebt ist. Ein Touristenvisum reicht aus, man muss sich aber zwei Monate im Voraus anmelden.

Yoga India (Abhyasa Yoga Shala; www.aananda.in; 7th Main, 3rd Stage, Gokulam) Bietet Hatha- und Ashtanga-Yoga mit Bharath Shetty, einem jungen Guru, der beim legendären B. K. S. Iyengar aus Pune studierte.

Atma Vikasa (☎2341978; www.atmavikasayoga.com; 18, 80ft Rd, Ramakrishnanagar) Yogacharya Venkatesh, der „Rückbeugenexperte", veranstaltet Yoga-, Sanskrit- und Meditationskurse. Das Zentrum befindet sich nun in neuer Lage in einem friedlichen Vorort, 5 km südwestlich vom Palast.

Sri Patanjala Yogashala (Yoga Research Institute; ☎2430721, 9986390093; www.bnsiyengar.org; 490 Devamba Agrahara, KR Mohalla; ⏲6–8 & 17–19 Uhr) Das Projekt des hoch angesehenen Ashtanga-Experten B. N. S. Iyengar (nicht verwechseln mit B. K. S. Iyengar, dem berühmten Vertreter des Iyengar-Yogas). Liegt günstig im Zentrum.

Schlafen & Essen

Die Yoga-Zentren bieten alle keine Übernachtungsmöglichkeit an, daher muss man sich selbst eine besorgen. Viele ausländische Yoga-Schüler bleiben im Wohnvorort Gokulam, in dem sich die folgenden Unterkünfte befinden.

Anokhi Garden Guest House (☎4288923; www.anokhigarden.com; 408 Contour Rd, 3rd Stage, Gokulam; EZ/DZ ab 1700/2400 ₹; ⏲Café Do–So 8–12.30 Uhr; 📶) Boutiquepension mit vier Zimmern in grüner Umgebung. Im hübschen Café gibt's leckere vegetarische Mahlzeiten, veganes Frühstück und Brunchs.

Urban Oasis (☎2410713; www.urbanoasis.co.in; 7 Contour Rd, 3rd Stage, Gokulam; Zi. ab 1500 ₹, ab 26 000 ₹/Monat; ❄📶) Erinnert eher an ein Geschäftshotel, ist aber bei Yoga-Schülern wegen seiner komfortablen Zimmer beliebt.

Anu's Bamboo Hut (☎9900909428; anugan@gmail.com; 365, 2nd Main, 3rd Stage, Gokulam; Mittagsbüffet 250 ₹, Kochkurs 450 ₹; ⏲Fr–Mi 13–15 & 17–19 Uhr) Das schlichte Café auf der Dachterrasse versorgt die Yoga-Schüler mit gesunden vegetarischen Mittagsbüffets und abendlichen Smoothies. Außerdem bietet es Kochkurse an.

fleisch-Chilis für 135 ₹ pro Teller oder die Spinatbällchen in einer dicken Sauce, passt wunderbar zu einem kalten Bier. Mittwochs gibt's Livemusik.

Hotel Sree Annapoorna SÜDINDICH $
(Sayyaji Rao Rd; Hauptgerichte 30–80 ₹; ⌚ 7.30–22 Uhr) Das typisch südindische Lokal, das immer voll ist, serviert morgens den Angestellten auf dem Weg ins Büro dampfende Frühstücksteller und begrüßt sie abends auf dem Rückweg mit aromatischem Filterkaffee und einer Palette köstlicher Snacks, darunter täglich ein anderes spezielles *dosa*.

★ **Sapphire** INDISCH $$
(Hauptgerichte 180–450 ₹; ⌚ Mittagessen 12.30–14.45 Uhr, Snacks 14.45–19.45 Uhr, Abendessen 20–23 Uhr) Im großen Tanzsaal des Hotels Lalitha Mahal Palace kann man so stilvoll wie indische Maharadschas essen. Dafür sorgen die hohen Buntglasdecken, die Spitzendecken auf den Tischen und die glänzenden Teakholzböden. Tipp: Das königliche Mysore-Silber-Thali (390 ₹) bestellen: verschiedene Gemüse- und Brotsorten sowie Süßigkeiten, die auf edlem Messinggeschirr serviert werden, während im Hintergrund zum Mittag- und Abendessen Sitarspieler musizieren.

Parklane Hotel MULTICUISINE $$
(2720 Harsha Rd, Parklane Hotel; Hauptgerichte 100–140 ₹) Mysores geselligstes Restaurant mit gut belegten einfachen Tischen im Garten, die von stimmungsvollen Laternen beleuchtet werden. Die Küche bietet die typischen indischen Gerichte, doch die traditionelle Livemusik und die gut bestückte Bar garantieren einen tollen Abend.

Tiger Trail INDISCH $$
(5 Jhansi Lakshmi Bai Rd, Royal Orchid Metropole; Hauptgerichte 150–300 ₹; ⌚ 12.30–15.30 & 19–23 Uhr) Das niveauvolle Restaurant fabriziert köstliche indische Gerichte in einem abends von Fackeln und Lichterketten erleuchteten Hof. Auf der Karte stehen Dschungelrezepte, die in Tigerschutzgebieten in ganz Indien gesammelt wurden. Es gibt auch ein Mittagsbüffet ab 450 ₹.

Shoppen

Mysore ist toll, um die berühmten Sandelholzprodukte, Seidensaris und Holzspielzeuge der Stadt zu kaufen. Es ist auch ein wichtiges indisches Zentrum der Weihrauchherstellung. Beim Seidenkauf auf das schmetterlingsartige Zeichen „Silk Mark" achten: Es ist ein Siegel für Qualitätsseide!

Government Silk Factory BEKLEIDUNG
(Mananthody Rd, Ashokapuram; ⌚ Mo–Sa 10–18.30 Uhr, Outlet Mo–Sa 10.30–19.30 Uhr) Angesichts der Tatsache, dass Mysores Seide direkt hier produziert wird, ist dies der beste und preiswerteste Laden für den exklusiven Stoff. Hinter dem Laden ist die Fabrik, wo man bei der Seidenherstellung zusehen kann.

Sandalwood Oil Factory SOUVENIRS
(Mananthody Rd; Ashokapuram; ⌚ Mo–Sa 9.30–13 & 14–17 Uhr) Hier gibt's Qualitätsprodukte aus Sandelholz wie Weihrauch, Seife, Kosmetik und das unglaublich teure reine Sandelholzöl. Möglich sind auch geführte Touren durch die Fabrik, bei denen man erfährt, wie die Produkte hergestellt werden.

Cauvery Arts & Crafts Emporium BEKLEIDUNG
(Sayyaji Rao Rd; ⌚ 10–19.30 Uhr) Nicht gerade billig, doch die Auswahl ist groß und es gibt keinen Kaufdruck.

Fabindia BEKLEIDUNG
(☎ 2334451; www.fabindia.com; Jaya Lakshmi Vilas Rd, Chamrajpuram; ⌚ 10.30–20.30 Uhr) Eine Filiale des verlässlichen Geschäfts für Kleidung und Haushaltswaren mit Artikeln aus Nordindien und Festpreisen.

Shruthi Musical Works MUSIKLADEN
(Irwin Rd, 1189 3rd Cross; ⌚ Mo–Sa 10–21 Uhr) Verkauft zahlreiche traditionelle Musikinstrumente wie Tabla-Sets und verschiedene Schlaginstrumente.

Sapna Book House BÜCHER
(1433 Narayana Shastri Rd; ⌚ 10.30–20.30 Uhr) Taschenbücher und Zeitschriften sowie Reiseführer, Yoga-Bücher und ein ausgezeichnetes Angebot an Landkarten.

Praktische Informationen

GELD

HDFC Bank (Devaraj Urs Rd) Geldautomat.

ICICI Bank Geldautomat(BN Rd) Geldautomat am Hotel Pai Vista.

State Bank of Mysore (Ecke Irwin Rd & Ashoka Rd; ⌚ Mo–Fr 10.30–14.30 & 15–16, Sa 10.30–12.30 Uhr) Geldwechsel und Geldautomat.

Thomas Cook (☎ 2420090; 9/2 Ashoka Rd, Silver Tower; ⌚ Mo–Sa 9.30–18 Uhr) Ausländische Währungen.

GEPÄCKAUFBEWAHRUNG

Die Gepäckaufbewahrung im City-Busbahnhof ist von 6 bis 23 Uhr geöffnet; je Gepäckstück bezahlt man 10 ₹ für 12 Stunden.

KSRTC-BUSSE AB MYSORE

ZIEL	PREIS (₹)	DAUER (STD.)	HÄUFIGKEIT
Bandipur	75 (O)/200 (V)	2	alle 30 Min. (6.30–15.30 Uhr)
Bengaluru	110 (O)/162 (R)/270 (V)	3	alle 20min
Channarayapatna	70 (O)	2	stündl.
Chennai	930 (V)/ 531 (R)	12	4-mal tgl.
Ernakulam	593 (V)	11	4-mal tgl.
Gokarna	412 (O)	12	1-mal tgl.
Hassan	110 (O)	3	stündl.
Hospet	372 (O)/491 (R)	10	4-mal tgl.
Mangalore	210 (O)/310 (R)/500 (V)	7	stündl.
Ooty	127 (O) 191 (R)/300 (V)	5	8-mal tgl.

O – Ordinary, R – Rajahamsa Semideluxe, V – Airavath AC Volvo

INTERNETZUGANG

Pal Net (40 ₹/Std.; ⏲Mo–Sa 9–21, So bis 14 Uhr)

KSE Internet (BN Rd, Hotel Ramanashree Complex; 60 ₹/Std.; ⏲8–22 Uhr)

MEDIZINISCHE VERSORGUNG

Government Hospital (☎4269806; Dhanvanthri Rd) Hier gibt's eine rund um die Uhr geöffnete Apotheke.

POST

Hauptpost (Ecke Irwin Rd & Ashoka Rd; ⏲Mo–Sa 10–18 Uhr)

TOURISTENINFORMATION

Karnataka Tourism (☎2422096; adtourism mysore@gmail.com; Irwin Rd, Old Exhibition Bldg.; ⏲10–17.30 Uhr) Ausgesprochen hilfsbereit, viele Broschüren.

KSTDC Transport Office (☎2423652; 2 Jhansi Lakshmi Bai Rd; ⏲8.30–20.30 Uhr) Bietet allgemeine Touristeninfos und einen praktischen Stadtplan. Außer diesem Büro neben dem Hotel Mayura Hoysala gibt's auch am Bahnhof und am zentralen Busbahnhof Schalter.

ℹ An- & Weiterreise

BUS

Vom **zentralen Busbahnhof** (BN Rd) starten alle KSRTC-Fernbusse. Vom **City-Busbahnhof** (Sayyaji Rao Rd) fahren Stadtbusse und Busse nach Srirangapatnam und Chamundi Hill.

Vom **privaten Busbahnhof** (Sayyaji Rao Rd) verkehren auch Busse nach Hubli, Bijapur, Mangalore, Ooty und Ernakulam. Rund um den Busbahnhof gibt es mehrere Fahrkartenschalter.

FLUGZEUG

Zum Zeitpunkt der Recherchen starteten und landeten keine Flugzeuge auf dem Flughafen von Mysore, es gab aber Diskussionen über die mögliche zukünftige Wiederaufnahme von regulären Passagierflügen. Die aktuellesten Infos gibt's bei der Touristeninformation.

ZUG

In Mysores **Bahn-Buchungsbüro** (☎131; ⏲Mo–Sa 8–20, So 8–14 Uhr) gibt's Fahrkarten für den *Chamundi Express* (57/202 ₹) um 6.45 und den *Tippu Express* um 11 Uhr nach Bengaluru (2. Klasse/AC Chair Class 66/233 ₹, 3 Std. 11 Uhr). Der *Shatabdi Express* um 14.15 Uhr fährt täglich außer Mittwoch ebenfalls nach Bengaluru (AC Chair Class/AC Executive Class 285/620 ₹, 2 Std.) und Chennai (AC Chair Class /AC Executive Class 741/1535 ₹, 7 Std.). Mehrere Personenzüge nach Bengaluru (25 ₹, 3½ Std.) halten in Srirangapatnam (15 ₹, 20 Min.). Der *Mysore Dharwad Express* um 22.30 Uhr fährt nach Hubli (Sleeper Class/2AC 212/880 ₹, 9½ Std.).

ℹ Unterwegs vor Ort

Agenturen in den Hotels und in der Stadt vermieten Taxis für ca. 7 ₹ pro Kilometer mit mindestens 250 km täglich, plus einen Tagessatz von 200 ₹ für den Fahrer.

Die Grundgebühr für Autorikschas beträgt 20 ₹, danach kostet jeder Kilometer 10 ₹. Für eine Tagestour zu den Sehenswürdigkeiten sollte man 800 ₹ einplanen.

Rund um Mysore

Srirangapatnam

☎08236

Die Geschichte der Festungsstadt Srirangapatnam, 16 km von Mysore entfernt, ist blutig. Sie wurde auf einer Insel im Cauvery errichtet und von hier aus beherrschten im 18. Jh.

Hyder Ali und Tipu Sultan einen großen Teil Südindiens. Die glanzvollen Tage Srirangapatnams endeten mit den langen Kriegen zwischen den Briten und Tipu Sultan, der schließlich 1799 geschlagen wurde und bei der Verteidigung seiner Festung fiel. Die Wälle und Wehrgänge sowie einige Tore der Festung sind noch erhalten, genau wie einige weitere Denkmäler. Die Insel ist jetzt über eine Brücke mit dem Festland verbunden.

Eigentlich gibt es keinen Grund, hier zu übernachten, doch das **Mayura River View** (☎ 252114; DZ ab 2300 ₹, Restaurant Hauptgerichte 100–120 ₹; ❄) liegt hübsch am Flussufer und man kann hier mittags auch sehr nett essen.

Sehenswertes

Daria Daulat Bagh PALAST
(Inder/Ausländer 5/100 ₹; ⏲9–17 Uhr) Die Hauptattraktion Srirangapatnams ist der Sommerpalast Tipus, der 1 km östlich vom Fort inmitten hübscher, gepflegter Anlagen liegt. Von außen sieht er vielleicht nach nichts aus, doch die prächtige Dekoration im Inneren, die jeden Quadratzentimeter bedeckt, ist sehr beeindruckend. Die Decken sind mit Blumenmustern verziert, während die Wandmalereien an den Wänden Szenen aus dem höfischen Leben und aus Tipus Feldzügen gegen die Briten zeigen. Ein kleines Museum stellt Artefakte und interessante Gemälde aus.

Gumbaz MAUSEOLEUM
(Eintritt frei; ⏲8–18.30 Uhr) GRATIS Der historisch bedeutende Gumbaz, der in einem ruhigen Garten liegt, ist die Ruhestätte Tipu Sultans, seines ebenso berühmten Vaters Hyder Ali und seiner Frau. Das Innere des zwiebelförmigen Mausoleums ist als Hommage an den Sultan im Tigermuster bemalt. Gegenüber vom Mausoleum befindet sich die **Masjid-E-Aska** (Moschee).

Sri-Ranganathaswamy-Tempel HINDU-TEMPEL
(⏲7.30–13 & 16–20 Uhr) Dieser schöne Tempel von 894 ist teils im Hoysala-Stil, teils im Vijayanagar-Stil gebaut. Innen befinden sich höhlenartige Wege, Säulen, und das Herzstück, eine 4,5 m lange liegende Statue von Ranganatha, einer Manifestation Vishnus.

Jamia Masjid MOSCHEE
Die cremefarbene Moschee mit zwei Minaretten wurde 1787 vom Sultan gebaut und weist eine interessante Mischung aus islamischer und hinduistischer Architektur auf. Wer die Treppen im hinteren Teil hinaufsteigt, wird mit einem Panoramablick über die Stätte belohnt.

Colonel Bailey's Dungeon HISTORISCHE STÄTTE
GRATIS Nördlich der Insel am Ufer des Cauvery befindet sich dieses gut erhaltene Verlies aus dem 18. Jh., in dem britische Kriegsgefangene eingesperrt waren, darunter auch Colonel Bailey, der hier 1780 starb. An den weißen Wänden ragen steinerne Vorrichtungen hervor, an die die Gefangenen angekettet wurden. Östlich vom Fluss versteckt sich in welligem Gelände das **Thomas Inman's Dungeon**, das noch unentdeckter wirkt; es ist ein kleines Abenteuer, hier herumzustreifen.

An- & Weiterreise

Die Busse 313 und 313a (15 ₹, 50 Min.) fahren stündlich vom City-Busbahnhof in Mysore nach Srirangapatnam. Auch die Personenzüge von Mysore nach Bengaluru (2 ₹, 20 Min.) halten hier. Gleich gegenüber vom Hauptbusbahnhof in Srirangapatnam fährt Bus 307 (18 ₹, 30 Min.) zu den Brindavan Gardens.

Unterwegs vor Ort

Die Sehenswürdigkeiten liegen recht weit verstreut, sodass es am besten ist, eine Autorikscha (250 ₹/3 Std.) zu mieten.

Melkote

Das Leben in der religiösen, hinduistischen Stadt Melkote, etwa 50 km nördlich von Mysore, dreht sich um den stimmungsvollen **Cheluvanarayana-Tempel** (Raja St; ⏲8–13 & 17–20 Uhr) aus dem 12. Jh. mit seinem rosenfarbenen *gopuram* (Eingangstor) und den kunstvoll gestalteten Säulen. Beim Fußweg zum auf einem Hügel gelegenen **Yoganarasimha-Tempel**, der schöne Aussichten auf die Hügel der Umgebung bietet, kann man gleich etwas für die Gesundheit tun. Während des **Vairamudi-Festivals** (Melkote; ⏲März/April) im März oder April erwacht die Stadt wirklich zum Leben und zieht mehr als 400 000 Pilger an, die die Krönung der Vishnu-Statue sehen wollen.

Täglich fahren drei KSRTC-Busse von Mysore nach Melkote (60 ₹, 1½ Std.) und zurück.

Somnathpur

Der unglaublich schöne **Keshava-Tempel** (Inder/Ausländer 5/100 ₹; ⏲8.30–17.30 Uhr) ist eines der herrlichsten Beispiele der Hoysala-Architektur, nur noch zu vergleichen mit den Meisterwerken in Belur und Halebid. Der Tempel mit dem sternförmigen Grundriss, der etwa 33 km von Mysore entfernt ist, wurde 1268 errichtet. Er ist mit wunderbaren Steinreliefs und -skulpturen geschmückt, die Szenen aus dem Ramayana, dem Mahabharata und der Bhagavadgita sowie Thron- und Alltagsszenen der Hoysala-Könige darstellen.

Somnathpur liegt 12 km südlich von Bannur und 10 km nördlich von Tirumakudal Narsipur. Man nimmt einen der halbstündlichen Busse zu einem der beiden Dörfer (35 ₹, 30 Min.) und steigt dort um. Es gibt auch staatlich organisierte Tagestouren von Mysore aus.

Bandipur National Park

Der **Bandipur National Park** (Inder/Ausländer 75/1000 ₹, Video 100 ₹; ⌚6–18 Uhr) ist als Teil des Nilgiri Biosphere Reserve eines der berühmtesten Wildnisgebiete Südindiens. Er ist 880 km² groß und war früher das private Naturreservat der Maharadschas von Mysore. Heute ist er eine Schutzzone für über 100 Säugetierarten, darunter Tiger, Elefanten, Leoparden, Gaurs (indisches Wildrind), Axishirsche, Philippinenhirsche, Lippenbären und Languren. Außerdem leben hier beeindruckende 350 Vogelarten. Der Park liegt nur 80 km südlich von Mysore an der Straße nach Ooty und ist sowohl von Begaluru als auch von Mysore aus sehr gut zu erreichen.

Nur Fahrzeuge der Regierung dürfen im Park Safaris durchführen; die beste Option sind die zweistündigen Safaris der Bandipur Safari Lodge (s. rechte Spalte), die inklusive des Parkeintritts 2000 ₹ kosten. Das Forest Department arrangiert ebenfalls **Safaris** (2-stündige Safari 3000 ₹; ⌚6 & 16 Uhr), doch dessen rumpelige Minibusse sind nicht empfehlenswert.

Schlafen & Essen

Es ist auch möglich, in den **Bungalows des Forest Departments** (☎236021; dc_bandipur@yahoo.com; 20-Betten-Schlafssal B 1000 ₹, Bungalow Ausländer ab 3000 ₹) zu übernachten, wahrscheinlich muss man aber 1000 ₹ Eintritt zahlen, und das macht es verdammt teuer für einen 20-Betten-Schlafsaal.

Hotel Bandipur Plaza HOTEL $$
(☎8547680406; Ooty-Mysore Hwy; Zi. 1500 ₹) Die Lage an der Hauptstraße ist vielleicht nicht gerade das, was man sich von einem Besuch im Nationalpark erhofft hat, doch die Zimmer sind funktionell und angesichts der teuren Preise des Parks bezahlbar. Das Hotel liegt nahe der Bandipur Safari Lodge, sodass es einfach ist, Safaris im Park zu buchen.

Tiger Ranch LODGE $$
(☎8095408505; www.tigerranch.net; Mangala Village; Zi. inkl. VP 1105 ₹) Die einzige Unterkunft in Bandipur mit einer echten Outdoor-Atmosphäre hat sehr einfache Zimmer, die sich wunderbar in die Natur einfügen. Sie bietet einen stimmungsvolle Speisesaal mit Strohdach und abendliche Lagerfeuer. Die Affen können hier wirklich nerven, Wertsachen (und Essen!) sollte man daher niemals im Zimmer rumliegen lassen. Es gibt keinen Alkohol, die Gäste dürfen aber ihren eigenen mitbringen. Die Lodge liegt ungünstig weg vom Park, darum muss man vorher anrufen, um sich abholen zu lassen (300 ₹).

★ **Dhole's Den** LODGE $$$
(☎8229-236062; www.dholesden.com; Kaniyanapura Village; EZ/DZ inkl. VP & Safari ab 9000/10 000 ₹; 🛜) 🍃 Mit einem Boutiquedesign, das direkt aus einer Architekturzeitschrift stammen könnte, verbindet das Dhole die hübsche ländliche Umgebung wunderbar mit Komfort. Die stilvollen Zimmer sind mit Kunstwerken und bunten Stoffen geschmückt und mit Couchs und Liegestühlen ausgestattet. Der Blick geht auf den Damm. Die umweltfreundliche Lodge wird mit Solarenergie und Wasser aus Wassertanks versorgt, und zum Essen gibt's Biogemüse. Vom Park-Hauptquartier braucht man 20 Minuten mit dem Auto. Der Transfer und die Safaris sind im Preis inbegriffen, der Parkeintritt (1000 ₹) jedoch nicht.

Bandipur Safari Lodge CAMPING $$$
(www.junglelodges.com/index.php/resorts/bandipur.html; Mysore-Ooty Rd; Zi. inkl. VP & Safari Inder/Ausländer 3750/7000 ₹; ❄) Auf diesem weitläufigen staatlichen Campingplatz gibt's gepflegte, komfortable Cottages, doch es fehlt an Charakter und „Safari"-Atmosphäre. Dafür liegt der Platz günstig am Rand des Nationalparks, und zwei Safaris pro Tag sind im Preis inbegriffen.

An- & Weiterreise

Busse, die zwischen Mysore und Ooty unterwegs sind, können Fahrgäste bei Bandipur absetzen (65 ₹, 3 Std.), die Strecke ist 88 km lang. Skyway (S. 197) kann von Mysore aus ein Nachttaxi für ca. 2000 ₹ arrangieren.

ABSEITS DER ÜBLICHEN PFADE

BILIGIRI RANGANNA (BR) HILLS

Das **Biligiri Ranganna Temple Wildlife Sanctuary** in den Biligiri Rangann Hills (meist einfach BR Hills genannt) ist viel weniger bekannt als Bandipur oder Nagarhole und ist eine tolle Alternative, um die Dschungelbuch-Fantasien auszuleben. Das über 570 km² große Gebiet wurde 2010 zum Tigerschutzgebiet erklärt. Hier leben 36 Tiger, doch wie in den meisten Parks bekommt man sie nur mit extremem Glück zu Gesicht. Auch Elefanten, Leoparden, Lippenbären und Wildhunde streifen hier durch die Hügel.

Das staatliche **K. Gudi Wilderness Camp** (www.junglelodges.com; Zelthütten inkl. VP & Aktivitäten 7000 ₹/Pers., Hütten 7500 ₹) liegt fantastisch inmitten des friedlichen Waldes, wo Warzenschweine und Axishirsche grasen. Die Unterkunft erfolgt in Zelthütten oder hinreißenden hölzernen Stelzenhütten. Die Mahlzeiten, zwei Safaris und die abendlichen Naturfilme sind im Preis enthalten.

Das Tierschutzgebiet liegt eine 4½-stündige Fahrt von Bengaluru entfernt. Am besten mietet man ein Fahrzeug. Theoretisch kann man auch mit öffentlichen Verkehrsmitteln fahren: Man nimmt den Direktbus um 7.45 Uhr von Mysore nach K. Gudi, oder man fährt mit einem Bus nach Chamarajanagar und steigt in den Bus um 13.30 Uhr nach K. Gudi um. In Chamarajanagar kann man auch für 700 ₹ einen Jeep chartern.

Nagarhole National Park & Umgebung

Der **Nagarhole National Park** (Rajiv Gandhi National Park; Inder/Ausländer 200/1000 ₹, Video 100 ₹; ⊙6–18 Uhr), ausgesprochen Nag-ar-hol-ie, der mit einer großen Artenvielfalt, einem schönen Dschungel und einem malerischen See gesegnet ist, ist eines der besten Naturschutzgebiete Karnatakas. Er grenzt an den **Kabini-See** und bildet einen wichtigen Tierkorridor, der durch den benachbarten Bandipur National Park verläuft und ein Teil des Nilgiri Biosphere Reserve ist. Hier leben zwar dieselben Tiere, doch es kommen viel weniger Besucher als nach Bandipur, was den Nationalpark noch attraktiver macht. Nagarhole ist über 643 km² groß und bietet eine gute Mischung aus dichtem Dschungel und offenen Sichtachsen am Flussufer, die für großartige Möglichkeiten zur Tiebeobachtung sorgen. In den üppigen Wäldern sind Tiger, Leoparden, Elefanten, Gaurs, Muntjaks, Wildhunde, Indische Hutaffen und Hanuman-Languren sowie 270 Vogelarten zu Hause. Zwischen Juli und Oktober kann der Park für längere Zeit geschlossen sein, wenn der Regen den Wald in eine riesige Matschrutschbahn verwandelt.

Die traditionellen Bewohner des Landes, das Jäger- und Sammlervolk der Jenu Kuruba, leben noch im Park, obwohl die Regierung versucht, sie umzusiedeln.

Die beste Zeit, um Tiere zu beobachten, ist der Sommer (April–Mai), allerdings ist es im Winter (Nov.–Feb.) angenehmer.

Die staatlichen **Jeepsafaris** (2½-stünd. Jeepsafari 1750 ₹) und **Bootsfahrten** (1750 ₹) starten zwischen 6.30 und 9.30 Uhr sowie zwischen 16 und 19 Uhr an der Kabini River Lodge, beide bieten gute Möglichkeiten, um Tiere zu sehen.

Schlafen & Essen

Da die Regierung private Fahrzeuge im Park verboten hat, übernachten die meisten Besucher in Lodges rund um den Kabini-See. Leider gibt's keine echten Budgetunterkünfte, es lohnt sich aber, bei der Waterwoods Lodge nachzufragen, ob sie Camping auf ihrem Grundstück abbietet.

★ **Bison Wilderness** LODGE $$$
(☎80-41278708; www.thebisonresort.com; Gundathur Village; EZ/DZ inkl. VP 250/260 US$; ❄) Das von den Luxus-Safarilodges in Afrika inspirierte Bison reproduziert erfolgreich das klassische Erlebnis der Wildnis. Die Lodge liegt toll am Seeufer und hat luxuriöse Zelte und Stelzenbungalows, die durch eine wacklige Holzplattform miteinander verbunden sind. Alle sind mit wunderbaren polierten Holzböden, Läufern und frei stehenden Badewannen eingerichtet. In eine hölzerne Terrasse ist ein Swimmingpool eingebaut. Jeden Abend werden in der Lodge Lagerfeuer entfacht, und erfahrene Naturkundler leiten die Safaris.

Waterwoods Lodge PENSION $$$
(☎082-28264421; www.waterwoods.in; EZ/DZ inkl. VP 5500/7800₹; ❄) Die gemütliche Atmosphäre des Waterwoods, einer Boutiquepen-

sion am grasbewachsenen Ufer des hübschen Sees, sorgt für einen entspannten Aufenthalt. Es wird von den beiden sympathischen jungen, umweltbewussten Besitzern geführt, die gut über die Gegend Bescheid wissen. Mit dem Trampolin, dem Infinity Pool und den Pizzas aus dem Holzofen ist es sehr kinderfreundlich. Jeden Abend gibt's ein Lagerfeuer, zu dem Naturfilme gezeigt werden.

Kabini River Lodge LODGE **$$$**
(☎080-40554055; www.junglelodges.co; Inder/Ausländer pro Pers. inkl. VP & Aktivitäten ab 5000/9000 ₹; ❄) Die hübschen staatlichen Bungalows glänzen mit einer tollen Lage neben dem See im ruhigen, von Bäumen gesäumten Grundstück der früheren Jagdhütte des Maharadschas von Mysore. Es gibt große Zelthütten und Bungalows und eine stimmungsvolle Bar im Kolonialstil. Die Preise beinhalten Safaris, Bootsfahrten und den Parkeintritt.

An- & Weiterreise

Der Parkeingang liegt 93 km südwestlich von Mysore. Täglich fahren einige Busse von Mysore ins Dorf Kabini, für den letzten Teil der Fahrt braucht man jedoch ein Fahrzeug.

Distrikt Kodagu (Coorg)

Inmitten der zeitlosen Hügel im äußersten Süden Karnatakas liegt der liebliche Distrikt Kodagu (Coorg) mit seiner smaragdgrünen Landschaft und hektarweise Plantagen. Das große, ländliche Gebiet ist ein wichtiges Zentrum des Kaffee- und Gewürzanbaus und zudem die Heimat der Kodava, eines einzigartigen Volks, das wohl von eingewanderten Persern, Kurden oder gar Griechen aus der Armee Alexanders des Großen abstammt. Das hügelige Gelände mit seinem kühlen Klima ist ideal zum Wandern, zur Vogelbeobachtung oder auch zum gemächlichen Schlendern über wenig benutzte Wege, die sich durch die üppig bewachsenen Hügel ziehen. Insgesamt ist Kodagu ein erholsamer Jungbrunnen.

Kodagu war bis zur Zusammenlegung mit Karnataka 1956 ein eigener Staat. Die wichtigste Stadt der Region und ihr Transportzentrum ist Madikeri; wer aber das authentischere Kodagu kennenlernen möchte, muss die Plantagen besuchen. Das sollte man nur nicht am Wochenende tun, wenn die Wochenendausflügler aus Bengaluru in Massen dorthin strömen.

Madikeri (Mercara)

☎08272 / 32 500 EW. / 1525 M

Diese verstopfte Marktstadt, die auch Mercara genannt wird, erstreckt sich über mehrere Höhenrücken. Der einzige Grund für einen Besuch sind die Organisation von Trekkingtouren oder praktische Reiseangelegenheiten. Eine schöne Zeit für den Besuch Madikeris ist im November oder Dezember, wenn die Kodava das **Huthri-Festivals** feiern, ein einwöchiges Fest zu Ehren des Beginns der Reisernte.

Sehenswertes

Fort Madikeri HISTORISCHE STÄTTE
GRATIS Das Fort war im 16. Jh. ursprünglich Tipu Sultans Fort, ehe es Radscha Lingarajendra II. im Jahr 1812 übernahm. Heute ist es der weniger glamouröse Sitz der Stadtverwaltung. Innerhalb der Mauern des Forts befinden sich der sechseckige Palast (nun der staubige Sitz des Distriktvorsitzenden) und eine Kirche aus der Kolonialzeit, in der sich ein merkwürdiges **Museum** (⏲So–Fr 10–17.30 Uhr) GRATIS befindet, das alles mögliche zeigt.

Raja's Seat AUSSICHTSPUNKT
(MG Rd; 5; ⏲6–19.30 Uhr) Der perfekte Ort, um wie der Radscha früher den Sonnenuntergang zu beobachten. Die Aussicht über die Hügel und endlosen Täler ist fantastisch.

Raja's Tombs HISTORISCHES GEBÄUDE
GRATIS Auf dem Weg zu den Abbi-Wasserfällen lohnt ein Stopp an den schönen, ruhigen Raja's Tombs, besser bekannt als Gaddige. Das von Kuppeln gekrönte Mausoleum im indo-sarazenischen Stil ist die Ruhestätte der Herrscher und Würdenträger der Kodava. Es liegt 7 km von der Stadt entfernt, die Hin- und Rückfahrt mit der Autorikscha kostet 200 ₹.

Abbi-Wasserfälle WASSERFALL
Die mächtigen, 21,3 m hohen Wasserfälle bieten nach der Regenzeit einen spektakulären Anblick. Die Hin- und Rückfahrt mit der Autorikscha kostet inklusive eines Stopps an den Raja's Tombs 250 ₹.

Aktivitäten

In Coorg dreht sich alles um Outdoor-Aktivitäten, und eine Novität sind Flüge mit Ultraleichtflugzeugen von **Coorg Sky Adventures** (☎9448954384; www.coorgskyadventures.com; 10/30 Min. 2250/4850 ₹).

Ayurveda

★ Jiva Spa AYURVEDA
(☎ 0827-2665800; www.tajhotels.com/JivaSpas/index.html; Vivanta, Galibeedu) Mitten im Regenwald liegt das atemberaubende Vivanta (S. 216), *der* Ort, an dem man sich mit einer Reihe von Verjüngungskuren in nobler Atmosphäre verwöhnen lassen kann. Unbedingt einen Termin vereinbaren!

Ayurjeevan AYURVEDA
(☎ 224466; www.ayurjeevancoorg.com; Kohinoor Rd; ⏲ 7.30–19 Uhr) Das Ayurjeevan, einen kurzen Fußweg von der ICICI Bank gelegen, ist ein ayurvedisches „Krankenhaus", das eine ganze Palette faszinierender und regenerierender Methoden anbietet; Einzelheiten stehen auf der Website. Einstündige Behandlungen kosten 900 ₹.

Swaasthaya Ayurveda Retreat Village AYURVEDA
(www.swaasthya.com; Bekkesodlur Village; EZ/DZ inkl. VP & Yoga-Unterricht 2500/3500 ₹) Im Süden Coorgs bietet dieses Institut auf 1,6 ha üppig grüner Kaffee- und Gewürzplantagen außergewöhnlich friedliche und erfrischende Ayurveda-Ferien, die der Seele guttun. Von Madikeri geht's mit einem Bus nach Gonikoppa (1½ Std.), dort wechselt man in einen Bus Richtung Kutta und steigt im Dorf Bekkesodlur aus.

Trekking

Für viele Besucher der Gegend ist die Erkundung der Region zu Fuß ein Highlight, das einerseits eine kulturelle Erfahrung und andererseits die Begegnung mit der Natur ermöglicht. Die beste Zeit für Trekkingtouren ist von Oktober bis März; während des Monsuns sind keine Wanderungen möglich. Die beliebtesten Routen führen zu den Gipfeln Tadiyendamol (1745 m) und Pushpagiri (1712 m) sowie zum kleineren Kotebetta (1620 m). Neben guten Wanderschuhen braucht man auch Insektenschutz. Um sich im Labyrinth der Waldwege zurechtzufinden, benötigt man auf jeden Fall einen Guide.

V-Track TREKKING
(☎ 229102, 229974; v_track@reddiffmail.com; College Rd, gegenüber d. Corporation Bank; ⏲ Mo–Sa 10–14 & 16.30–20 Uhr) Die erfahrenen Guides Raja Shekhar und Ganesh können ein- bis zehntägige Trekkingtouren einschließlich Führer, Unterkunft und Essen organisieren. Die Unterkünfte sind eine Mischung aus Zimmern bei Gastfamilien in den Dörfern und schlichten Hütten. Pro Tag und Person kosten die Touren je nach Gruppengröße 950 bis 1250 ₹.

Coorg Trails TREKKING
(☎ 9886665459; www.coorgtrails.com; Main Rd; ⏲ 9–20.30 Uhr) Coorg Trails, eine weitere empfehlenswerte Agentur, kann Tagestouren rund um Madikeri für 450 ₹ pro Person und eine 16-km-Wanderung nach Kotebetta inklusive einer Übernachtung in einem Dorf (850 ₹/Pers.) arrangieren.

Schlafen & Essen

Angesichts der fantastischen Pensionen in der Gegend gibt es eigentlich keinen Grund, in Madikeri zu übernachten, es sei denn, man kommt sehr spät abends an.

Hotel Chitra HOTEL $
(☎ 225372; www.hotelchitra.net; School Rd; B 200 ₹, DZ ab 728 ₹, DZ mit Klimaanlage 1620 ₹; ❄) Einen kurzen Fußweg von der Hauptkreuzung Madikeris liegt dieses schlichte Hotel, das preiswerte, schnörkellose Zimmer bietet. Die Kombination aus sauberer Bettwäsche, effizientem Service und zentraler Lage machen es zu einer guten Budgetunterkunft.

Hotel Mayura Valley View HOTEL $$
(☎ 228387; DZ inkl. Frühstück ab 1600 ₹; ❄) Das staatliche Hotel, das auf einem abgelegenen Hügel hinter dem Raja's Seat liegt, ist mit seinen großen, hellen Zimmern und dem tollen Blick aufs Tal eines der besten der Stadt. Das Restaurant mit Bar und Terrasse mit Talblick ist ein netter Ort für ein Bier.

★ Coorg Cuisine INDISCH $
(Main Rd; Hauptgerichte 70–90 ₹; ⏲ 12–16 & 19–22 Uhr) Endlich mal ein Restaurant, das sich die Mühe macht, regionale Gerichte zu servieren und einzigartige Spezialitäten der Kodava kocht, z. B. *pandhi barthadh* (Schweinefleisch im eigenen Saft) und *kadambuttu* (Reisknödel). Es liegt in der Hauptstraße im 1. Stock über einem Geschäft.

Hotel Popular Guruprasad SÜDINDISCH $
(Main Rd; Hauptgerichte 30–50 ₹; ⏲ 6.30–21.30 Uhr) Wegen der Auswahl an herzhaften vegetarischen Speisen, darunter ein preiswertes Thali (50 ₹), ist dieses Restaurants bei den Einheimischen sehr beliebt.

Praktische Informationen

Travel Coorg (☎ 321009; www.travelcoorg.in; außerhalb des KSRTC-Busbahnhofs; ⏲ 24 Std.) hilft mit sehr guten Reiseinformationen und kann Gastfamilienaufenthalte und Guides arrangieren.

WÜRZE DES LEBENS

Wer noch Platz im Gepäck hat, sollte vom größten Markt in Madikeri unbedingt ein paar regionale Gewürze und Naturprodukte mitnehmen. In den Läden, die die Straßen säumen, gibt es eine ganze Palette an Gewürzen, darunter Vanille, Muskat, Zitronengras, Pfeffer und Kardamon sowie nicht gekennzeichnete aromatische Kaffeebohnen, die direkt von den Plantagen kommen. Man bekommt überall unglaublich süße, hausgemachte Weine.

Die **State Bank of India** (☎229959; College Rd) und **HDFC** (Racecourse Rd) haben Geldautomaten. **Cyber Inn** (Kohinoor Rd; 20 ₹/Std.; ⌚9–21 Uhr) gegenüber vom Ayurjeebah bietet Internetzugang.

An- & Weiterreise

Täglich fahren sieben Deluxe-Busse vom KSRTC-Busbahnhof über Mysore (195 ₹, 3 Std.) nach Bengaluru (Ventilator/Klimaanlage 315/450 ₹, 6 Std.). Deluxe-Busse fahren nach Mangalore (169/250 ₹, 4 Std., 3-mal tgl.), häufig verkehrende normale Busse steuern Hassan (95 ₹, 4 Std.) und Shimoga (210 ₹, 8 Std.) an.

Die Plantagen

Rund um Madikeri verstreut liegen Kodagus malerische grüne Gewürz- und Kaffeeplantagen. Zahlreiche dieser Farmen bieten Unterkünfte an, die eigentlich eher B&Bs sind (und in der Regel während des Monsuns schließen). Auch einige teurere Resorts eröffnen nach und nach.

Schlafen

★ **Golden Mist** — GASTFAMILIE $$

(☎08272-265629; www.golden-mist.net; Galibeedu; EZ/DZ inkl. VP 2500/4000 ₹; @) Eine der schönsten Plantagen-Unterkünfte Coorgs, das freundliche, indisch-deutsche Golden Mist, bietet auf seiner hübschen, mehr als 10 ha großen Reis-, Tee-, Kaffee- und Gewürzplantage Bungalows im Loftstil, die viel Charakter haben. Zu den Mahlzeiten gibt's leckere rustikale vegetarische und nichtvegetarische Gerichte mit Biozutaten von der Farm, darunter hausgemachten Käse und selbstgebackenes Brot. Im Preis enthalten sind Naturspaziergänge und Plantagenführungen. Alkohol müssen die Gäste selbst mitbringen. Eine Rikscha von Madikeri kostet 150 ₹.

Rainforest Retreat — PENSION $$

(☎08272-265639; www.rainforestours.com; Galibeedu; B 1000 ₹, EZ/DZ Zelt 1500/2000 ₹, Zi. ab 2000/4000 ₹) Das Rainforest Retreat, ein Refugium auf einer Bioplantage mitten in der Natur, ist eine gemeinnützige Organisation, die sich der Förderung einer umweltfreundlichen Lebensweise verschrieben hat. Hier geht es um Bio-Landbau, nachhaltige Landwirtschaft und Abfallmanagement; Genaueres steht auf der Website. Übernachtet wird in Zelten und schicken Öko-Cottages mit Solarstrom. Zu den Aktivitäten gehören Plantagentouren, Vogelbeobachtung und Wandern. Eine Autorikscha ab Madikeri kostet 200 ₹.

Honeypot Homes — B&B $$

(☎9448720382; www.honeypothomes.com; abseits der Bangalore Rd; DZ inkl. Frühstück 4000 ₹; WLAN) Diese gemütliche Unterkunft, die auf einer über 90 ha großen Kaffee- und Gewürzplantage liegt, besteht aus drei rote Ziegelbungalows mit Blick auf die grüne Umgebung. Wanderungen und die Erklärung der Kaffeeproduktion sind im Preis enthalten. Es liegt 7 km von Madikeri entfernt.

★ **Vivanta** — HOTEL $$$

(☎0827-665800; www.vivantabytaj.com; Galibeedu; Zi. inkl. Frühstück ab 17 900 ₹; @ WLAN Pool) Ein weiteres Prachtstück der Taj-Gruppe, das sich auf über 70 ha Nebelregenwald verteilt. Das stilvolle Design verbindet räumliche und minimalistische Prinzipien und fügt sich mühelos in seine Umgebung ein. Zu den Zimmern führen alten Kuhpfade, und die teureren bieten eigene Innenpools, Kamine und Butler. Die über 8000 m² große Präsidentensuite, die sagenhafte 1 Lakh (100 000 ₹) kostet, hat die Größe eines kleines Dorfes. Weitere Highlights sind die tolle Aussicht von der Lobby und vom Infinity Pool aus, das Amphitheater im Freien, das von Wasser umgeben ist, das ayurvedische Spa und der Xbox-Raum.

Kakkabe

☎08272

Das Dorf Kakkabe, das etwa 40 km von Madikeri entfernt ist, ist der ideale Ausgangspunkt, um Kodagus höchsten Gipfel, den Tadiyendamol, in Angriff zu nehmen. Am Fuß des Berges, 3 km von Kakkabe, liegt der malerische **Nalakunad Palace** (⌚9–17 Uhr) GRATIS, die restaurierte Jagdhütte eines Kodagu-Königs aus dem Jahr 1794. Der Hausmeister zeigt Besuchern den Palast gerne, man sollte aber eine Taschenlampe mitnehmen.

Das **Honey Valley Estate** (☎08272-238 339; www.honeyvalleyindia.in; DZ ab 800 ₹) liegt wunderbar in 1250 m Höhe. Hier wacht man in kühler, frischer Morgenluft auf. Die freundlichen Besitzer, die Umweltfreundlichkeit und das üppige Bio-Essen sind weitere Pluspunkte. Das von der gleichen Familie geführte **Chingaara** (☎08272-204488; www.chingaara.com; Zi. inkl. VP ab 1800 ₹) ist ein hinreißendes Bauernhaus an derselben Straße mit großen Zimmern und umherstreifenden Eseln. Beide Unterkünfte sind eine gute Ausgangsbasis für Wanderungen, für ca. 400 ₹ kann man Guides anheuern. Die Straße hierher ist holprig und steil, darum muss man die Abholung von Kabbinakad (im Zimmerpreis enthalten) vorher arrangieren.

Von Madikeri (35 ₹, 1½ Std.) und von Virajpet (20 ₹, 1 Std.) aus fahren regelmäßig Busse nach Kabbinakad.

Belur & Halebid

☎08177 / 968 M

Die Hoysala-Tempel in Halebid (auch Halebeedu genannt) und Belur (auch Beluru genannt) bilden den Höhepunkt einer der künstlerisch überbordendsten Perioden in der Entwicklung der alten Hindu-Kultur. Sie sind Südindiens architektonische Antwort auf Khajuraho in Madhya Pradesh und Konark bei Puri in Odisha (Orissa).

Belur und Halebid liegen nur 16 km voneinander entfernt; häufig fahrende Busse verbinden die beiden Orte zwischen 6.30 und 19 Uhr (20 ₹, 40 Min.).

Die Fahrt nach Belur und Halebid führt über den lebhaften Verkehrsknotenpunkt **Hassan**, der gute Verbindungen nach Mysore und Bengaluru hat. Alle 30 Minuten fahren Busse nach Mysore (96 ₹, 3 Std.), Bengaluru (Semideluxe/Deluxe 155/340 ₹, 4 Std.) und Mangalore (150 ₹, 340 ₹). Von Hassans gut organisiertem Bahnhof fahren täglich drei Personenzüge nach Mysore (2. Klasse 120 ₹, 3 Std.). Nach Bengaluru fährt um 1.30 Uhr der *Yeshvantpur Express* (Sleeper Class 140 ₹, 5½ Std.). Es ist auch möglich, von Bengaluru aus mit einer KSTDC-Tour (S. 192) einen Tagesausflug hierher zu unternehmen.

Belur

Der **Channakeshava-Tempel** (Temple Rd; Eintritt frei; ⏲7.30–19.30) wurde 1116 gestiftet, um den Sieg der Hoysala über die benachbarten Chola zu feiern. Sein Bau zog sich über einhundert Jahre hin. Heute ist er die einzige der drei wichtigen Hoysala-Kultstätten, die noch täglich genutzt wird; deshalb schaut man am besten zum *puja*-Ritual um etwa 8.45 oder 18.45 Uhr vorbei. Die Reliefverzierung wurde an einigen Teilen des Tempels, z. B. an den unteren Friesen der Außenfassade, nicht fertiggestellt und wirkt daher weniger kunstvoll als die an den übrigen Hoysala-Tempeln. Die Arbeiten am oberen Teil sind jedoch unübertroffen detailliert und kunstfertig und bilden ein wunderbares Zeugnis für menschliches Schaffen. Besonders betörend sind die Figuren der Konsolen, die Frauen in rituellen Tanzposen darstellen. An der Vorderseite des Tempels sind erotische Abschnitte aus dem Kamasutra illustriert, aber die Rückseite ist ausschließlich den Göttern vorbehalten. Das Dach des inneren Schreins wird von fein mit Reliefs übersäten Pfeilern getragen, von denen keiner dem anderen gleicht.

Rund um den Tempelkomplex findet man kleinere Tempel, eine Hochzeitshalle, die noch heute benutzt wird, und den siebenstöckigen *gopuram* mit sinnlichen Figuren tanzender Mädchen.

Führer kann man für 250 ₹ anheuern, sie helfen, viele Details der Skulpturen zum Leben zu erwecken.

Das **Hotel Mayura Velapuri** (☎222209; Kempegowda Rd; DZ 950 ₹; mit Klimaanlage 1200 ₹; ❄), ein staatliches Hotel, das nach der Renovierung neu erstrahlt, liegt auf dem Weg zum Tempel und ist die beste Unterkunft in Belur. Im Restaurant mit Bar gibt's verschiedene indische Gerichte und Snacks (70–90 ₹) und dazu Bier. Das billigerer **Sumukha Residency** (Temple Rd, Ventilator/Klimaanlage 500/700 ₹) ist eine weitere Option.

An der Straße zum Tempel steht ein Axis-Geldautomat.

Von Hassan fahren jede halbe Stunde Busse hin und zurück (24 ₹, 1 Std.). Einfache Strecke 38 km.

Halebid

Der Bau des umwerfenden **Hoysaleswara-Tempels** (Eintritt frei; ⏲Sonnenaufgang–Sonnenuntergang), für den Halebid berühmt ist, begann um 1121 und zog sich dann über mehr als 190 Jahre hin. Fertig wurde der Tempel zwar nie, aber er gilt heute dennoch als ein Meisterwerk der Hoysala-Architektur. Der Innenraum des inneren Schreins,

ABSEITS DER ÜBLICHEN PFADE

BYLAKUPPE

Das winzige Bylakuppe, das 5 km südöstlich von Kushalnagar liegt, war eines der ersten Flüchtlingslager, die nach der chinesischen Invasion in Tibet 1959 in Südindien für die zu Tausenden geflohenen Tibeter errichtet wurden. Hier leben mehr als 10 000 Tibeter (darunter etwa 3300 Mönche); damit ist es die größte tibetische Siedlung in Südindien. Die Atmosphäre ist herzerwärmend gastfreundlich, und während des **tibetischen Neujahrsfestes** (Bylakuppe; ⌚Feb.) finden hier viele Festlichkeiten statt.

Das Highlight der Gegend ist das stimmungsvolle **Namdroling-Kloster** (www.palyul.org) mit dem atemberaubenden **Goldenen Tempel** (Padmasambhava Buddhist Vihara; ⌚7–20 Uhr), über den drei 18 m hohe, vergoldete Buddhastatuen wachen. Am schönsten und feierlichsten ist es im Tempel während der Gebete, wenn Gongs, Trommeln und das Summen der vielen jungen singenden Mönche zu hören sind. Gäste sind eingeladen, sich niederzulassen und zu meditieren; dafür liegen die kleinen blauen Gästekissen bereit. Der kunstvoll dekorierte **Zangdogpalri-Tempel** (⌚7–20 Uhr) liegt gleich daneben.

Ausländer dürfen in Bylakuppe nur übernachten, wenn sie eine PAP-Genehmigung (Protected Area Permit) vom Innenministerium in Delhi haben, und die zu bekommen, kann bis zu fünf Monate dauern. Näheres erfährt man beim **Tibet Bureau Office** (☎11-26474798; www.tibetbureau.in; New Delhi). Tagesausflügler sind jedoch willkommen, und viele Besucher übernachten im nahen Kushalnagar. Wer eine Genehmigung hat, kann im einfachen **Paljor Dhargey Ling Guest House** (☎258686; pdguesthouse@yahoo.com; DZ ab 350 ₹) gegenüber vom Goldenen Tempel schlafen. In Kushalnagar gibt es viele Hotels, darunter das **Iceberg** (☎9880260544; Main Rd; EZ/DZ ab 550/750 ₹), das saubere, funktionale Zimmer hat und neben einem guten vegetarischen Restaurant liegt.

Köstliche momos und *thukpa* (Nudelsuppe) gibt's im von Tibetern geführten **Malaya Restaurant** (*momos* 60–90 ₹; ⌚7–21 Uhr).

Autorikschas (Sammel-/Einzelrikscha 10/40 ₹) fahren vom 5 km entfernten Kushalnagar nach Bylakuppe. Regelmäßig legen Busse die 34 km von Kushalnagar nach Madikeri (40 ₹, 1½ Std.) sowie nach Hassan (98 ₹, 4 Std.) zurück. Die meisten Busse auf der Strecke Mysore–Madikeri halten in Kushalnagar.

der aus schwarzem Stein herausgemeißelt wurde, ist überwältigend, und seine Außenwände sind über und über mit Reliefs bedeckt, die Hindu-Gottheiten, weise Männer, stilisierte Tiere und in den Friesen Szenen aus dem Leben der Hoysala-Herrscher zeigen. Zwei Statuen von Nandi (Shivas Reittier) stehen links vom Haupttempel vor dem inneren Schrein. Für 250 ₹ kann man Guides engagieren, die einen herumführen.

Der Tempel steht auf einem großen gepflegten Parkgelände. Direkt daneben ist ein kleines **Museum** (Eintritt 5 ₹; ⌚Sa–Do 9–17 Uhr) mit einer tollen Sammlung von Skulpturen aus der Umgebung von Halebid.

Man sollte sich etwas Zeit nehmen und sich zum nahe gelegenen, kleineren **Kedareswara-Tempel** oder in den wenig besuchten Bezirk um die drei **jainistischen Tempel** begeben, die ebenfalls mit schönen Reliefs verziert sind.

Die beste Übernachtungsmöglichkeit ist das **Hotel Mayura Shanthala** (☎273224; DZ 850 ₹), das von einem Laubgarten umgeben ist und gegenüber vom Tempel liegt.

Regelmäßig fahren Busse ins 33 km entfernte Hassan (34 ₹, 1 Std.).

Sravanabelagola

☎08176

Lange bevor man die Pilgerstadt Sravanabelagola erreicht, kann man die 17,5 m hohe Statue der jainistischen Gottheit Gomateshvara (Bahubali) sehen, die auf dem kahlen Felsen des Vindhyagiri-Hügels steht. Sie ist angeblich die höchste aus einem einzigen Steinblock heraus gehauene Statue der Welt. Sich die Statue aus der Nähe anzuschauen, ist der Hauptgrund für eine Reise in diese beschauliche Stadt, deren Name „Der Mönch des weißen Teichs" bedeutet.

Sehenswertes

Gomateshvara-Statue DENKMAL

(Bahubali; ⌚6–18.15 Uhr) GRATIS Ein steiler Aufstieg über 614 Stufen bringt einen auf den Vindhyagiri-Hügel, auf der sich die hohe, unbekleidete Statue der jainistischen Gottheit **Gomateshvara** erhebt. Sie wurde um das Jahr 981 von dem Bildhauer Aristenemi aus einem einzigen Felsblock gehauen, im Auftrag eines militärischen Befehlshabers, der im Dienst des Ganga-Königs Rachamalla stand. Ihre Ruhe und Schlichtheit steht in deutlichem Kontrast zu den Hoysala-Stätten in Belur und Halebid.

Bahubali war der Sohn des Kaisers Vrishabhadeva, der später unter dem Namen Adinatha der erste jainistische *tirthankara* („verehrter Lehrer") wurde. Während heftiger Kämpfe mit seinem Bruder Bharatha um die Nachfolge seines Vaters erkannte er die Eitelkeit aller materiellen Gewinne und verzichtete auf das Königreich. Als Einsiedler meditierte er in vollständiger Unbeweglichkeit, bis er Erleuchtung erlangte – die Weinranken um seine Beine und der Ameisenhügel zu seinen Füßen sind Zeichen für die lange Dauer seiner Meditation.

Die Schuhe muss man am Fuß des Hügels zurücklassen, es ist aber erlaubt, Socken zu tragen.

Alle zwölf Jahre strömen Millionen von Pilgern zur **Mahamastakabhisheka**-Zeremonie (⌚Feb.) hierher, bei der die Statue mit heiligem Wasser, Salben, Puder, Gold und Edelsteinen behandelt und geschmückt wird. Die nächste Zeremonie findet 2018 statt.

Jainistische Tempel JAINISTISCHE TEMPEL
Neben der Bahubali-Statue gibt's im Ort mehrere interessante jainistische Tempel. Der **Chandragupta Basti** (⌚6–18 Uhr) auf dem Chandragiri-Hügel (gegenüber vom Vindhyagiri-Hügel) soll angeblich von Kaiser Ashoka errichtet worden sein. Der **Bhandari Basti** (⌚6–18 Uhr) im Südosten der Stadt ist der größte Tempel in Sravanabelagola. Im nahen **Chandranatha Basti** (⌚6–18 Uhr) kann man gut erhaltene Malereien sehen, die jainistische Legenden darstellen.

Schlafen & Essen

Die hiesige jainistische Organisation **SDJMI** (☎257258) wickelt die Buchungen für ihre 15 Gästehäuser ab (DZ/3BZ 210/260 ₹). Das Büro befindet sich hinter dem Vidyananda Nilaya Dharamsala, am Postamt vorbei.

Hotel Raghu HOTEL $
(☎257238; DZ ab 500 ₹; ⌚Restaurant 6–21 Uhr; ❄) Das einzige private Hotel in der Gegend bietet einfache, aber saubere Zimmer. Unten befindet sich ein vegetarisches Restaurant, das ein himmlisches vegetarisches Thali (50 ₹) auftischt.

An- & Weiterreise

Es gibt keine Direktbusse von Sravanabelagola nach Hassan oder Belur – man muss nach Channarayapatna (41 ₹, 20 Min.) fahren und dort einen Anschlussbus nehmen. Drei Busse täglich fahren direkt nach Bengaluru (120 ₹, 3½ Std.) und Mysore (80 ₹, 2½ Std.). Die Fernbusse fahren alle vor 15 Uhr ab. Wenn man sie verpasst, sollte man einen lokalen Bus nach Channarayapatna nehmen und dort umsteigen.

KARNATAKAS KÜSTE

Mangalore

☎0824 / 484 785 EW.

Das Wechselspiel zwischen entspannter Küstenstadt und hektischem Albtraum erinnert an Jekyll und Hyde, insgesamt ist Mangalore aber eine angenehme Stadt für einen Zwischenstopp. Es gibt hier zwar nicht viel zu tun, doch die Atmosphäre ist angenehm untouristisch, und die würzigen Meeresfrüchtegerichte sind einfach sensationell.

Die Stadt liegt an der Mündung der malerischen Flüsse Netravathi und Gurupur in das Arabische Meer und ist seit dem 6. Jh. eine wichtige Station auf internationalen Handelrouten.

Sehenswertes

Ullal Beach STRAND
Es ist zwar kein Om Beach, doch dieser Streifen goldenen Sandes ist ein gutes Fleckchen, um der Hitze in der Stadt zu entfliehen. Am schönsten genießt man den Strand im Summer Sands Beach Resort, das einen Pool (300 ₹) hat. Die Fahrt von der Stadt nach Süden dauert ca. eine Stunde. Eine einfache Fahrt mit der Autoriksc ha kostet 200 ₹, und Bus 44 (9 ₹) fährt oft vom City-Busbahnhof und setzt Fahrgäste direkt vor dem Tor ab.

St Aloysius College Chapel KIRCHE
(Lighthouse Hill; ⌚9–18 Uhr) Die Wurzeln des Katholizismus gehen in Mangalore auf die Ankunft der Portugiesen Anfang des 16. Jhs. zurück, und eines der beeindruckendsten Zeugnisse dieses Erbes ist die Kapelle von St. Aloysius von 1880, die an die Sixtinische Kapelle erinnert, denn ihre Wände und Decken sind mit prächtigen Fresken bemalt.

Sultan's Battery FESTUNG
(Sultan Battery Rd; ⌚6–18 Uhr) Das einzige, was noch von der Festung Tipu Sultans übrig ist,

Mangalore

ist dieser kleine Aussichtspunkt mit einem Ausblick über die malerischen Backwaters. Es befindet sich 4 km vom Zentrum auf der Landspitze des alten Hafens; mit Bus 16 kommt man hin.

Kadri-Manjunatha-Tempel HINDU-TEMPEL
(Kadri; ⏲ 6–13 & 16–20 Uhr) Dieser Tempel im Stil Keralas beherbergt eine 1000 Jahre alte Bronzestatue von Lokeshwara.

Schlafen

Hotel Manorama HOTEL $
(☎ 2440306; KS Rao Rd; EZ/DZ ab 530/650 ₹, mit Klimaanlage 884 ₹; ❄) Eine ordentliche, zentral gelegene Budgetunterkunft mit sauberen, günstigen Zimmern und einer Lobby voller Kopien von Kunstwerken.

Adarsh Hotel HOTEL $
(☎ 2440878; Market Rd; EZ/DZ 230/330 ₹) Bewährte Billigabsteige mit einfachen, aber gepflegten Zimmern, die ihren Zweck erfüllen.

Nalapad Residency HOTEL $$
(☎ 2424757; www.nalapad.com; Lighthouse Hill Rd; EZ/DZ inkl. Frühstück ab 800/1000 ₹; ❄) Die beste Mittelklasseunterkunft Mangalores bietet schmucke Zimmer mit raumhohen Fenstern und schweren roten Vorhängen. Das Dachterrassenrestaurant **Kadal** würzt den Aufenthalt mit großartigen Aussichten.

Hotel Ocean Pearl HOTEL $$$
(☎ 2413800; www.theoceanpearl.in; Navabharath Circle; EZ/DZ ab 4300/5280 ₹; ❄ @ 📶) Designerhotel mit frischen, mintgrünen Zimmern und allem Komfort, mit dem Businesshotels so aufwarten. Die Hotelbar **Jazz** ist ein schönes Plätzchen für einen Drink.

Gateway Hotel HOTEL $$$
(☎ 6660420; www.tajhotels.com/gateway; Old Port Rd; EZ/DZ inkl. Frühstück ab 6570/7460 ₹; ❄ @ 📶 🏊) In diesem verlässlichen Vier-Sterne-Hotel, das zu einer Kette gehört, ist der Standard durchgängig hoch, von den Flachbild-

Mangalore

Sehenswertes	
1 Kadri-Manjunatha-Tempel	D1
2 St. Aloysius College Chapel	C2
Schlafen	
3 Adarsh Hotel	C3
4 Gateway Hotel	B4
5 Hotel Manorama	C3
6 Hotel Ocean Pearl	C2
7 Nalapad Residency	C3
Essen	
8 Gajalee	D1
9 Janatha Deluxe	C3
Kadal	(siehe 7)
10 Lalith Bar & Restaurant	C3
Ausgehen & Nachtleben	
11 Liquid Lounge	C3
Praktisches	
12 HDFC	C3
13 ICICI-Bank-Geldautomat	C3
14 State-Bank-of-Mysore-Geldautomat	C3
Transport	
15 Air India	B1
16 City-Busbahnhof	B4
17 Jet Airways	C2
18 KSRTC-Busbahnhof	C1

TVs und den mit Kissen übersäten Betten bis zum von Rasen umgebenen Pool mit Liegestühlen. Es lohnt sich nicht, etwas Teureres als die Standardzimmer zu nehmen.

Summer Sands Beach Resort HOTEL $$$
(☎ 2467690; www.summersands.in; DZ ab 5971 ₹; ❄ @ ≋) Das Summer Sands liegt an einem entlegenen Streifen am Ullar Beach unter Palmen und bietet einige schicke Bungalows, die im Stil eines Tropenresorts angeordnet sind. Das Restaurant hat eine gute Seafood-Auswahl, Nichtgäste müssen aber unmögliche 100 ₹ zahlen, um hier zu essen.

Essen und Ausgehen

Bei einem Besuch der Stadt sollte man sich solche Köstlichkeiten aus Mangolore wie den gebratenen Masala-Fisch in einem roten Kokos-Curry oder das leckere frittierte Krabben-*rawa* nicht entgehen lassen.

Janatha Deluxe SÜDINDISCH $
(Hotel Shaan Plaza; Hauptgerichte 50–70 ₹; ⏲ 7–23 Uhr) Das bei den Einheimischen beliebte Lokal serviert ein leckeres vegetarisches Thali (70 ₹) und vegetarische Gerichten aus Nord- und Südindien im Komfort gepolsterter Stühle und einer Klimaanlage.

Lalith Bar & Restaurant SEAFOOD $$
(Balmatta Rd; Hauptgerichte 150–400 ₹; ⏲ 11.30–15.30 & 18.30–23.30 Uhr) Der erste Eindruck kann täuschen, also ignoriert man am besten die schäbige Einrichtung und bestellt den gebratenen Masala-Fisch und ein kühles Bier – und schon ist man im siebten Himmel. Das Seafood-Angebot ist auch eine gute Wahl.

Kadal SÜDINDISCH $$
(Lighthouse Hill Rd, Nalapad Residency; Hauptgerichte 150–220 ₹; ⏲ 11.30–15.30 & 18.30–23 Uhr) Dieses Hochhaus-Restaurant ist elegant eingerichtet, warm beleuchtet und bietet einen tollen Panoramablick. Tipp: das scharfe chicken *uruval* (ein Kokos-Curry von der Küste) oder die köstlichen gebratenen Garnelen mit Ghee. Nach dem Meeresfrüchte-Tagesangebot fragen!

Gajalee SEAFOOD $$$
(www.gajalee.com/rest_mangalore.html; Circuit House, Kadri Hills; Hauptgerichte 150–1200 ₹; ⏲ 11–15.30 & 18.30–23 Uhr) In dieser für ihre Meeresfrüchte bekannten Stadt gelten die im Gajalee bei Einheimischen oft als die besten. Innen ist es recht schick eingerichtet, die Tische draußen sind zwangloser.

Liquid Lounge KNEIPE
(☎ 4255175; Balmatta Rd; ⏲ 19–23.30 Uhr) Einen starken Cola-Whisky oder ein kaltes Corona, und die Welt ist in diesem trendigen Pub mit funkigen Postern und Neonbeleuchtung wieder in Ordnung. Gutes Essen gibt es ebenfalls.

Praktische Informationen

Die **State Bank of Mysore**, **HDFC** und die **ICICI Bank** haben in der Balmatta Rd und in der Lighthouse Hill Rd Geldautomaten.

Preiswerte Internetcafés befinden sich in der **Balmatta Rd** (15 ₹/Std.) und in der Nähe des KSTRC-Busbahnhofs.

An- & Weiterreise

BUS

Der **KSRTC-Busbahnhof** (☎ 2211243; Bejai Main Rd) ist 3 km vom Zentrum entfernt in der Bejai Main Rd. Verschiedene Deluxe-Busse nach Bengaluru (Normal/Semideluxe/Deluxe 290/451/650 ₹, 9 Std.) fahren alle 30 Minuten über Madikeri (Normal/Semideluxe/Deluxe

RANI ABBAKKA, DIE KRIEGERKÖNIGIN

Die legendären Heldentaten von Rani Abbakka, einer der ersten Freiheitskämpfer Indiens – der zufällig eine Frau war –, sind außerhalb der Region Mangalore eher unbekannt. Sie war eine indische Johanna von Orleans, und ihre Geschichte wartet nur darauf, von einem Drehbuchautor in Bollywood oder Hollywood aufgegriffen zu werden.

Als die Portugiesen im 16. Jh. ihre Macht an der indischen Westküste festigten und in Goa und bis nach Mangalore hinunter Städte besetzten, hatten sie große Probleme Ullal einzunehmen. Dies war der „furchtlosen Königin" zu verdanken. Sie erwies sich als hartnäckiges Hindernis bei der Verwirklichung des großen Plans, die Kontrolle des lukrativen Gewürzhandels zu übernehmen. Ihre unermüdlichen Anstrengungen, die portugiesischen Angriffe anzuwehren, sind das Thema hiesiger Legenden.

Sie war hervorragend in den Kriegskünsten ausgebildet, sowohl in der Strategie als auch im Kampf, und konnte mit dem Schwert umgehen. Schließlich wurde sie zwar geschlagen, doch dies war ihrem heimtückischen Ex-Ehemann zu verdanken, der sich gegen sie verschworen hatte und dem Feind Informationen zukommen ließ.

Die Einheimischen haben ihre Bemühungen, ihre Leute gegen die mächtigen Portugiesen zu mobilisieren, nicht vergessen: Sie ist in einer Reiterstatue aus Bronze am Kreisverkehr an der Straße zum Ullal Beach verewigt, und ein jährliches Festival ist ihr ebenfalls gewidmet.

An der Stelle des Ufertempels, der ein paar Kilometer südlich von Ullal auf den schönen Strand Someshwara schaut, stand früher ihre Festung; heute sind nur noch Teile ihrer Mauern erhalten.

103/190 ₹, 9 Std.) und Mysore (Normal/Semideluxe/Deluxe 220/320/396 ₹, 7 Std.). Semideluxe-Busse steuern Hassan (175 ₹, 5 Std.) an. Um 22.30 Uhr fährt ein Deluxe-Bus nach Panaji (Semideluxe/Deluxe 440/586 ₹, 7 Std.).

Gegenüber vom **City-Busbahnhof** fahren die privaten Busse nach Udupi (75 ₹, 1½ Std.), Dharmasthala (55 ₹, 2½ Std.) und den Jog-Fällen. Busse nach Gokarna (130 ₹, 7 Std.) starten um 11 und 13.30 Uhr.

FLUGZEUG

Der Flughafen liegt sehr beengt auf einem Plateau in Bajpe, etwa 20 km nordöstlich der Stadt. **Air India** (☎2451046; Hathill Rd), **Jet Airways** (☎2441181; KS Rao Rd, Ram Bhavan Complex) und **SpiceJet** (☎18001803333) fliegen nach Mumbai, Bengaluru, Hyderabad und Chennai.

ZUG

Der Hauptbahnhof Mangalore Central liegt südlich vom Zentrum. Der *Malabar Express* fährt um 18.25 Uhr nach Thiruvananthapuram (Trivandrum; Sleeper/2AC 257/1085 ₹, 15 Std.). Der *West Coast Express* startet um 21.30 Uhr nach Chennai (Sleeper/2AC 317/1370 ₹, 18 Std.).

Mehrere Züge der Konkan Railway (nach Mumbai, Margao, Ernakulam und Trivandrum) fahren über Mangalore Junction (auch Kankanadi genannt), das 5 km östlich von Mangalore liegt, darunter der *Netravati Express* um 0.20 Uhr, der in Margao in Goa (Sleeper/2AC 214/800 ₹, 5½ Std.) hält und nach Mumbai (Sleeper/2AC 367/1620 ₹, 15 Std.) weiterfährt.

ℹ Unterwegs vor Ort

Zum Flughafen geht es mit den Bussen 47B und 47C vom City-Busbahnhof oder mit dem Taxi (500 ₹).

Die Grundgebühr für Autorikschas beläuft sich auf 20 ₹, danach kostet jeder Kilometer 13 ₹. Für Fahrten am späten Abend wird ein Zuschlag von 50 % fällig. Eine Autorikscha zum Bahnhof Kankanadi kostet etwa 60 ₹, die Busse 9 und 11B fahren ebenfalls dorthin.

Dharmasthala

In der Nähe von Mangalore befinden sich im Landesinneren mehrere Städte mit jainistischen Tempeln, z.B. Venur, Mudabidri und Karkal. Die interessanteste von ihnen ist Dharmasthala, das 75 km östlich von Mangalore am Fluss Netravathi liegt. Jeden Tag kommen etwa 10 000 Pilger durch die Stadt. Zu Feiertagen und wichtigen Festivals wie dem fünftägigen Pilgerfestival **Lakshadeepotsava** (Dharmasthala; ⏲ Nov.) können es auch zehnmal so viele sein.

Die wichtigste Pilgerstätte der Stadt ist der **Manjunatha-Tempel** (⏲ 6.30–14 & 17–21 Uhr), der dem Hindu-Gott Shiva geweiht ist. Männer müssen den Tempel mit bedeckten Beinen betreten. Einfache kostenlose Mahlzeiten gibt es in der **Tempelküche** (⏲ 11.30–14.15 & 19.30–22 Uhr) neben einem Saal, in dem bis zu 3000 Menschen Platz finden.

Andere Sehenswürdigkeiten in Dharmasthala sind die 12 m hohe **Statue von Bahubali** auf dem Ratnagiri Hill und das **Manjusha Museum** (Eintritt 5 ₹; ⏲9–13 & 16.30–21 Uhr), das von umfassenden Sammlungen von Artefakten bis zu skurrilen Zusammenstellungen alter Kameras, Telefonen und Schreibmaschinen (das ist interessanter als es klingt!) so ziemlich alles zeigt. Das fantastische **Car Museum** (Eintritt 2 ₹; ⏲8.30–13 & 14–19 Uhr) lohnt sich unbedingt: Es beherbergt 48 Oldtimer, darunter einen Renault von 1903, einen Studebaker President aus den 1920er-Jahren, den Mahatma Gandhi benutzt hat, und einen Jaguar von 1951.

Wer hier übernachten möchte, wendet sich an das hilfsbereite **Tempelbüro** (☎08256-277121; www.shridharmasthala.org), das Unterkünfte in Pilgerherbergen (50 ₹/Pers.) arrangiert.

Von Dharmasthala fahren häufig Busse nach Mangalore (55 ₹, 2½ Std.).

Udupi (Udipi)

☎0820

Udupi ist eine geschäftige, aber entspannte Pilgerstadt, in der sich der stimmungsvolle **Krishna-Tempel** (Car St; ⏲3.30–22 Uhr) aus dem 13. Jh. befindet, der das ganze Jahr über Tausende Hindu-Pilger anzieht. Er ist von acht *math* (Klöster) umgeben und ist ein Zentrum ritueller Aktivitäten: Am Eingang spielen Musiker, Elefanten stehen für die *puja* bereit und ein ständiger Strom von Pilgern zieht hindurch. Nicht-Hindus sind im Tempel willkommen, Männer müssen ihn mit entblößter Brust betreten. Auch während des jährlichen **Festivals Udupi Paryaya** (Udupi; ⏲Jan.), bei dem die bisherigen Swamis jedes der acht *math* ihre Pflichten auf die neuen Swamis übertragen, ist der Tempel Schauplatz aufwändiger Rituale.

Nahe des Tempels gibt's mehrere Pilgerhotels, darunter das **Shri Vidyasamuda Choultry** (☎2520820; Car St; Zi. 150 ₹), die aber oft ausgebucht sind. Die schickste Unterkunft ist das **Hotel Sriram Residency** (☎2530761; www.hotelsriramresidency.com; Zi. mit Ventilator/Klimaanlage 780/1445 ₹) mit einem fantastischen Restaurant mit Bar im Obergeschoss.

Udupi ist für sein vegetarisches Essen berühmt und in ganz Indien für seine üppigen Thalis bekannt – zudem ist es der Geburtsort des schlichten *dosa*. Ein guter Ort, um die lokale Küche zu probieren, ist das unterirdische **Woodlands** (Dr. UR Rao Complex; Hauptgerichte 60–90 ₹; ⏲8–21.30 Uhr), das einen kleinen Fußweg südlich vom Tempel liegt.

ICICI (Car St) hat einen Geldautomaten in der Nähe des Tempels.

Udupi liegt 58 km nördlich von Mangalore an der Küste, auf der Strecke verkehren viele reguläre Busse (75 ₹, 1½ Std.). Busse fahren auch nach Gokarna (170 ₹, 6 Std.) und Bengaluru (350/500/720 ₹, 10 Std.). Nach Malpe (7 ₹) starten ebenfalls regelmäßig Busse.

Malpe

☎0820

Malpe, ein entspannter Fischerhafen, der 4 km westlich von Udupi an der Küste liegt, hat schöne Strände, die sich bestens zum Baden in der Brandung eignen. Eine gute Unterkunft ist das **Paradise Isle Beach Resort** (☎2538777; www.theparadiseisle.com; EZ/DZ ab 1300/1500 ₹, mit Klimaanlage 3000/3500 ₹; ❄@📶🏊); hier sollte man nach einem Zimmer mit Meerblick fragen. Es kann auch **Hausbootfahrten** (pro Paar 4000 ₹; ⏲Okt.–März) in den Backwaters organisieren, die ähnlich reizvoll wie die in Kerala, aber vom Tourismus noch unberührt sind.

Vom Pier in Malpe fährt zwischen 9.30 und 17.30 Uhr alle 30 Minuten ein Boot (hin & zurück 100 ₹, 45 Min.) zur winzigen **St. Mary's Island**, an der Vasco da Gama 1498 angelegt haben soll. An den Wochenenden kommen viele Einheimische auf die Insel, um die merkwürdigen sechseckigen Basaltformationen zu begutachten, die aus dem Sand ragen; unter der Woche kann es sein, dass man die Insel für sich alleine hat.

Busse nach Udupi kosten 7 ₹, Autorikschas 70 ₹.

Jog-Fälle

☎08186

Die Jog-Fälle sind zwar die höchsten Wasserfälle Indiens, doch so richtig zum Leben erwachen sie nur während des Monsuns. Das restliche Jahr über begrenzt der Linganamakki-Damm weiter oben am Fluss Sharavati die Wassermenge und verdirbt das Erlebnis. Der höchste der vier Wasserfälle ist der Raja mit 293 m.

Für einen guten Blick auf die Fälle umgeht man das rumpelige Gebiet in der Nähe der Bushaltestelle und geht einen Pfad mit etwa 1200 Stufen nach unten. In der Regenzeit auf Blutegel achten!

ABSTECHER

DIE SURFENDEN SWAMIS

Zwischen dem Ozean und den Surfern gab es zwar schon immer eine spirituelle Verbindung, doch im **Surfing Swamis** (☎9880659130; www.surfingindia.net; 6-64 Kolachikambla, Mulki; EZ/DZ inkl. VP ab 2500/3000 ₹; 📶) in Mulki, 30 km nördlich von Mangalore, erreicht diese eine ganz neue Dimension. Dieser aktive Aschram wurde von einem amerikanischen Guru gegründet, der seit 1963 surft (und seit vier Jahrzehnten in Indien lebt). Die Anhänger folgen zwischen dem Wellenreiten einem täglichen Ritual der *puja*, des Singens und der Meditation sowie einer rein vegetarischen Diät.

Die besten Wellen gibt es hier im Mai und Juni sowie im September und Oktober. Das Swamis hat auch viele Informationen zum Surfen in ganz Indien. Surfbretter kann man für 500 ₹ pro Tag ausleihen (Surfbretter und Stehpaddel-Bretter gibt es ebenfalls), Unterricht kostet 500 ₹ pro Tag. Die Übernachtung ist teuer, doch die Strandhaus-Atmosphäre ist sehr gemütlich und die Mahlzeiten sind im Preis inbegriffen.

Alle Besucher sind willkommen, sollten sich aber bewusst sein, dass dies ein Ort des Gebets ist, in dem sie während des Aufenthalts gewisse Regeln einhalten müssen, etwa die Abstinenz von Alkohol und Sex. Weitere Einzelheiten stehen auf der Website.

Von den Jog-Fällen fahren ungefähr stündlich Busse nach Shimoga (65 ₹, 3 Std.), außerdem gibt es drei Busse am Tag nach Karwar über Kumta (25 ₹, 3 Std.), von wo man nach Gokarna (21 ₹, 1 Std.) weiterfahren kann. Wer nach Mangalore will, steigt in Shimoga um. Eine Hin- und Rückfahrt mit dem Taxi ab Gokarna kostet um die 1800 ₹.

Gokarna

☎08386

Gokarna, eine lockerere und weniger kommerzialisierte Version von Goa, wird von Travellern regelmäßig als einer der beliebtesten Strände Indiens genannt. Er zieht Leute an, die auf ruhigen, entspannten Urlaub aus sind und nicht auf riesige Partys. Die meisten Unterkünfte sind strohgedeckte Bambushütten, die an verschiedenen Abschnitten der herrlichen Küste liegen.

Eigentlich gibt es zwei Gokarnas. Zuallererst ist es nämlich eine heilige Hindu-Pilgerstadt mit vielen alten Tempeln und wichtigen Festivals wie dem **Shivaratri** (⌚Feb./März) und dem **Ganesh Chaturthi** (Gokarna; ⌚Sept.). Ein Besuch auf dem lebhaften Basar ist sehr interessant, doch 99 % der ausländischen Gäste lassen sich hier nicht blicken, sondern begeben sich auf dem kürzesten Weg zu den angrenzenden Stränden.

Sehenswertes & Aktivitäten

Tempel

Ausländer und Nicht-Hindus dürfen die Tempel in Gokarna nicht betreten. Farbenprächtige Rituale lassen sich aber überall im Ort beobachten. Am westlichen Ende der Car St steht der **Mahabaleshwara-Tempel** mit einem verehrten Lingam (phallisches Shiva-Symbol). In der Nähe befindet sich der **Ganapati-Tempel**, den **Venkataraman-Tempel** findet man am anderen Ende der Straße. Ungefähr 100 m weiter südlich liegt der **Koorti Teertha**, ein großes Tempelbecken. Hier an den Ghats (Stufen oder Anlegestellen) vollziehen Einheimische, Pilger und traditionell gekleidete Brahmanen ihre Waschungen, während neben ihnen Wäscher ihrer Arbeit nachgehen.

Strände

Gokarnas „Stadtstrand", der bei indischen Touristen sehr beliebt ist, ist schmutzig und zum Baden ungeeignet. Ein kurzer Spaziergang Richtung Norden führt zu einem hübscheren Sandstrand mit ein paar schlichten Bungalows. Die **Cocopelli Surf School** (☎8105764969; www.cocopelli.org) kann den Verleih von Surfbrettern (750 ₹) und Surfunterricht (1½ Std. 1000 ₹) organisieren.

Die besten Strände liegen im Süden der Stadt, am beliebtesten sind der Om Beach und der Kudle Beach.

Nach Einbruch der Dunkelheit oder allein sollte man nie auf den Pfaden unterwegs sein, man kann leicht ausrutschen oder sich verlaufen, und es gab auch schon Überfälle.

OM BEACH

Gokarnas berühmtester Strand zieht sich kurvenreich über mehrere Kilometer; es heißt, dass die Strandlinie dem Om-Symbol ähneln soll. Der Om Beach ist eine tolle Mischung aus schönen langen Strandabschnitten und kleineren schattigen Sandfleckchen und eignet sich perfekt zum Sonnenbaden und Schwimmen. Am Strand gibt's etliche Pensionen und kleine Restaurants in Strandhütten. Vom Kudle Beach sind es 20 Minuten zu Fuß, eine Autorikscha nach Gokarna kostet etwa 150 ₹.

KUDLE BEACH

Auch der Kudle Beach, der sich zu einer beliebten Alternative zum Om Beach gemausert hat, ist von Restaurants und Pensionen gesäumt. Er ist der längste und breiteste Strand Gokarnas und bietet viel Platz, um sich auf dem schönen Sand auszustrecken. Leider stört ab und zu ein Jet-Ski die Idylle des ansonsten perfekten Strandes.

Von der Stadt oder vom Om Beach sind es zu Fuß jeweils 20 Minuten auf einem Pfad, der oben über kahle Hügel führt und tolle Aussichten aufs Meer bietet. Die Fahrt mit der Autorikscha von der Stadt kostet 60 ₹.

HALF MOON BEACH & PARADISE BEACH

Die kleinen Sandbuchten des Half Moon Beach und des Paradise Beach liegen gut versteckt südlich vom Om Beach. Der Half Moon Beach ist mit seinem schönen, geschwungenen feinen Sandstrand der schönere der beiden; hier gibt es einfache Unterkünfte in Hütten. Der Paradise Beach ist eine Mischung aus Sand und Steinen und das Paradies der Langzeitaussteiger, deren Motto Timothy Learys „turn on, tune in, drop out" ist. Leider hatte die Regierung zum Zeitpunkt unserer Recherchen alle Hütten hier zerstört und den Strand in einem maroden Zustand hinterlassen.

Vom Om Beach sind es zu Fuß 30 Minuten bzw. eine Stunde zu diesen Stränden. Auf dem Weg sollte man auf Schlangen achten und dort auf keinen Fall nach Einbruch der Dunkelheit entlanggehen. Ein Fischerboot vom Om Beach, in das zehn Personen passen, kostet etwa 700 ₹.

Schlafen & Essen

Von ein paar Ausnahmen abgesehen, sind die Unterkünfte hier einfache, aber durchaus komfortable Strandhütten. Die meisten schließen von Mai bis August.

Auch am Half Moon Beach und Richtung Norden am Gokarna Beach stehen ein paar schlichte Hütten (150 ₹). In der Stadt selbst sind Betonzimmer im Angebot, die etwas mehr Komfort bieten, aber keine Atmosphäre haben.

Om Beach

Om Shree Ganesh BUNGALOWS $
(☎8386257310; www.omshreeganesh.com; Hütte 500 ₹, ohne Bad 300 ₹) Die einnehmende Kombination aus preiswerten Bungalows, einem freundlichen Management und der Lage am Strand macht diese Unterkunft zu Recht sehr beliebt. Im stimmungsvollen zweistöckigen Restaurant geht nachts die Party ab. Es serviert leckere Gerichte, beispielsweise Tandoori-Garnelen, Pilz-Tikka und *momos*.

Sangham BUNGALOWS $
(☎9448101099; Zi. mit/ohne Bad 400/ 200 ₹) Im Sangham, einem herrlichen Fleckchen mit Meerblick und Sandwegen, die zu den unter Bananenbäumen liegenden Bungalows hinten führen, ist das Leben wirklich paradiesisch.

DIE FORMEL 1 DER BÜFFEL

Man könnte es als eine regionale Konkurrenz zum Grand Prix sehen: Kambla, das traditionelle Büffelrennen, ist bei den Dorfbewohnern an der Südküste Karnatakas außerordentlich beliebt. Die Idee zu den Rennen, die im frühen 20. Jh. populär wurden, stammt von der Angewohnheit der hiesigen Bauern, ihre Büffel nach einem Tag auf den Feldern eilig nach Hause zu treiben. Inzwischen sind die Rennen ein Riesenereignis mit Tausenden Zuschauern bei jeder Veranstaltung und Rennbüffeln, die wie Vollblutpferde gepflegt und trainiert werden.

Kambla-Veranstaltungen finden zwischen November und März meistens an den Wochenenden statt. In Reisfeldern werden parallele Bahnen angelegt, auf denen die Büffel zur Ziellinie rasen. In den meisten Fällen steht der Reiter auf einem Brett, das an einer Pflugschar befestigt ist und surft hinter den Büffeln regelrecht über den Weg.

Die Kamera sollte bereit sein, aber bloß nicht versuchen, die Büffel beim Rennen von vorne zu knipsen – sie schaffen die 120 m lange Strecke in etwa 14 Sekunden!

Dolphin Shanti PENSION $
(☎973962790; Zi. ab 150 ₹) Auf dem letzten Grundstück am Om Beach liegt diese legere Pension oben auf den Felsen. Der Meerblick ist fantastisch, und das Dolphin Shanti macht seinem Namen alle Ehre, denn oft kann man tatsächlich Delfine beobachten. Die Pension wird von einer freundlichen Familie geführt. Die Zimmer sind sehr einfach, aber ansprechend.

Nirvana Café PENSION $
(☎329851; DZ 250 ₹, Cottage 400–600 ₹; @) Das Nirvana liegt am südlichen Ende des Om Beach und bietet günstige Hütten und geräumige Cottages in einem schattigen Garten. Internet kostet 40 ₹ pro Stunde.

Namaste Café PENSION $
(☎257141; Om Beach; EZ/DZ 300/936 ₹, Zi. mit Klimanlage 200 ₹; ❄@) Die etablierte Pension am Anfang des Om Beach hat leicht überteuerte Zimmer, ist aber eine gute Option für die, die eine Klimaanlage wollen. Im beliebten Open-Air-Restaurant mit verträumtem Meerblick gibt's kaltes Bier.

★ **SwaSwara** HOTEL $$$
(☎257132, 0484-3011711; www.swaswara.com; Om Beach; EZ/DZ 5 Nächte 1725/1875 €; ❄@🛜≋) Dieses Gesundheitsresort, eines der besten in Südindien, bietet Ferien auf der Grundlage von Yoga und Ayurveda. Kurzaufenthalte sind hier nicht möglich, doch wer die eleganten privaten Villen – teils mit Waldblick, teils mit Flussblick, erst mal gesehen hat, wird gern länger bleiben. Alle haben kleine Hofgärten voller Basilikum und Zitronengras, Duschen im Freien und hübsche Sitzbereiche. Es gibt eine interaktive Küche, und der „Artist in Residence" hilft den Gästen, ihre kreativen Fähigkeiten zu vervollkommnen. Im Preis enthalten sind der Transport von Goa, Freizeitaktivitäten und tägliche Yoga-Stunden.

Dolphin Bay Cafe MULTICUISINE $
(Hauptgerichte 60–180 ₹; ⏲8–22 Uhr) Das Dolphin Bay liegt direkt am Strand und ist eine der typischen lässigen Strandhütten, wegen denen Gokarna so beliebt ist.

Kudle Beach

Sea Rock Cafe PENSION $
(☎7829486382; Zi. ab 300 ₹) Hier gibt's ebenfalls coole Bungalows, aber auch komfortablere Zimmer und ein fröhliches Strandrestaurant.

Ganga Guesthouse PENSION $
(☎08386257195; Zi. ab 250 ₹; @🛜) Das lockere Ganga ganz hinten am Kudle Beach erfreut sich ungebrochener Beliebtheit. Hier gibt's Internet und WLAN (50 ₹/Std.).

Goutami Prasad PENSION $
(☎9379481358; Hütten ab 150 ₹, Zi. 500 ₹) Entspannte, familiengeführte Pension an einem tollem Plätzchen in der Mitte des Kudle Beach. Man hat die Wahl zwischen einfachen Hütten mit Sandboden oder komfortableren Zimmern aus Beton.

Gokarna

Kamat Lodge PENSION $
(☎256035; Main St; EZ/DZ/3BZ 275/500/675 ₹, EZ/DZ mit Klimanalage 1175/1325 ₹; ❄) Das Kamat liegt an der Hauptstraße Gokarnas und bietet saubere Zimmer mit frischen Laken und großen Fenstern. Extras wie Zimmerservice oder Ähnliches darf man hier aber nicht erwarten.

Shastri Guest House PENSION $
(☎256220; narasimha.shastri@gmail.com; Main St; EZ/DZ/3BZ 150/250/350 ₹) Eine hostelartige Unterkunft mit guten, luftigen Doppelzimmern im neuen Block auf der Rückseite. Die Einzelzimmer sind allerdings sehr eng.

Shoppen

Shree Radhakrishna Bookstore BÜCHER
(⏲10–18 Uhr) Eine gute Auswahl an Secondhand-Romanen, Postkarten und Landkarten.

Praktische Informationen

Axis Bank (Main St)

Postfiliale (1. OG, Ecke Car St & Main St; ⏲Mo–Sa 10–16 Uhr)

SBI (Main St, Gorkana Town) Hat einen Geldautomaten.

Shama Internet Centre (Car St; 40 ₹/Std.; ⏲10–23 Uhr) Schnelle Internetverbindung.

An- & Weiterreise

Wer mit dem Zug aus Mumbai oder Goa oder mit Privatbussen aus Hampi/Hospet anreist, kommt möglicherweise um 3 Uhr morgens, einer unchristlichen Zeit an; es empfiehlt sich daher, vorher die Unterkunft zu kontaktieren, um zu erfragen, ob einen jemand einlassen kann.

BUS

Vom KSRTC-Busbahnhof fahren Busse um 8.15 Uhr nach Madgaon in Goa (100 ₹, 4 Std.), alternativ fährt man nach Karwar (33 ₹, 1½ Std.) und steigt dort in einen Bus nach Goa. Außerdem starten Busse nach Hospet (240 ₹, 9 Std.), wo man nach Hampi umsteigt, nach Bengaluru (ab 415 ₹, 12 Std.) und nach Mangalore (200 ₹, 6½ Std.) sowie nach Kunda (25 ₹), von wo es zu den Jog-Fällen (100 ₹) geht. Häufige Direktbusse steuern auch Hubli (134 ₹, 4 Std.) an.

ZUG

Viele Expresszüge halten am Bahnhof Gokarna Rd, der 9 km außerhalb der Stadt liegt; da einige im 26 km entfernten Ankola stoppen, sollte man seine Fahrkarte sicherheitshalber noch mal überprüfen. Viele der Hotels und kleinen Reisebüros in Gokarna können Fahrkarten buchen.

Der *Matsyagandha Express* um 3 Uhr fährt nach Mangalore (Sleeper Class 200 ₹, 3½ Std.); der Zug in die Gegenrichtung fährt gegen 18 Uhr vom Bahnhof Kumta nach Margao (Sleeper Class 200 ₹, 2½ Std.) und Mumbai.

Autorikschas zum Bahnhof Gokarna Rd verlangen 250 ₹ (vom Bahnhof Ankola 500 ₹); Busse kosten 35 ₹ und fahren alle 30 Minuten.

ZENTRAL-KARNATAKA

Hampi

08394

Die unwirklichen, magischen verlassenen Ruinen von Hampi stehen in einer überirdischen Landschaft, die Besucher vom ersten Moment an in ihren Bann zieht. Haufen riesiger Felsblöcke, die scheinbar jeden Moment einstürzen könnten, erstrecken sich kilometerweit auf dem welligen Gelände. Jadegrüne Palmenhaine, Bananenplantagen und Reisfelder bilden einen Kontrast zu den rostigen Farbtönen der Felsen. Hampi, eine Welterbestätte, ist ein Ort, an dem man sich zwischen den schwermütigen Ruinen verlieren oder sich von den Launen der Natur einfach verzaubern lassen kann.

Hampi ist eine wichtige Station auf der Traveller-Route; die Hochsaison dauert hier von November bis März. Es ist zwar möglich, die wichtigsten Stätten an einem oder zwei Tagen zu sehen, doch das läuft der entspannten Atmosphäre in Hampi zuwider. Lieber sollte man etwas mehr Zeit einplanen, um hier zu verweilen.

Das Haupt-Travellerghetto ist Hampi Bazaar, ein Dorf, das mit Budgetunterkünften, Geschäften und Restaurants vollgestopft ist und über dem der majestätische Virupaksha-Tempel thront. Beliebt ist auch das Gebiet auf der anderen Flussseite, das ruhiger ist und in das sich viele Traveller sofort verlieben.

Ein guter Zeitpunkt für einen Besuch ist das Festival Vijaya Utsav (S.184) im Januar, ein dreitätiges Spektakel mit Tanz, Musik, Marionettentheater und einer großen Prozession zum Abschluss. Das **Virupaksha-Car-Festival** (März/April) im März/April ist ein weiteres großes Event: eine farbenfrohe Prozession, in deren Mittelpunkt ein gigantischer hölzerner Festwagen steht (der Tempelwagen des Virupaksha-Tempels), der die Hauptstraße von Hampi Bazaar entlanggezogen wird.

Geschichte

Hampi und die Gebiete ringsum werden im Hindu-Epos Ramayana als Kishkindha, das Reich der Affengötter, erwähnt. Im Jahr 1336 wählte der Telugu-Fürst Harihara I. Hampi als Platz für seine neue Hauptstadt Vijayanagara, die während der nächsten Jahrhunderte zum Zentrum eines der größten Hindu-Reiche in der Geschichte Indiens wurde. Im 16. Jh. war die Stadt eine blühende Metropole mit ca. 500 000 Einwohnern und geschäftigen Basaren, auf denen Händler und Waren aus aller Welt, vor allem Edelsteine, zu finden waren. All das endete 1565, als die vereinten Heere der Dekkan-Sultanate Vijayanagara eroberten und plünderten. Von diesem Todesstoß erholte es sich nicht mehr.

Sehenswertes

Etwa 3700 Monumente, die sich auf über 36 km² verteilen, warten darauf, erkundet zu werden; es würde Monate dauern, ihnen allen gerecht zu werden. Die Ruinen sind in zwei Hauptbereiche unterteilt: Das Sacred Centre rund um Hampi Bazaar und das Royal Centre in Richtung Kamalapuram.

Das Ticket für den Vittala-Tempel für 250 ₹ gilt am selben Tagen übrigens auch für die meisten anderen Stätten, die Eintritt kosten, man sollte es also gut aufbewahren.

Virupaksha-Tempel HINDU-TEMPEL

(Karte S. 230; Eintritt 2 ₹, Foto 50 ₹; Sonnenaufgang–Sonnenuntergang) Der Mittelpunkt von Hampi Bazaar ist der Virupaksha-Tempel, eines der ältesten Gebäude der Stadt, und der einzige Tempel von Hampis, der noch benutzt wird. Der größte *gopuram* ist fast 50 m hoch und wurde 1442 gebaut, 1510 wurde ein kleinerer ergänzt. Der Haupt-

Hampi & Anegundi

schrein ist Virupaksha gewidmet, einer Inkarnation Shivas.

Wenn die **Tempelelefantin** Lakshmi mit ihrem Wärter da ist, gibt sie für eine Münze einen Stupser als Segen. Die bezaubernde Lakshmi wird morgens um 8 Uhr zum Baden geführt, gleich den Weg zu den Ghats am Fluss hinunter.

Auf dem **Hemakuta Hill**, der im Süden über dem Virupaksha-Tempel in die Höhe ragt, stehen ein paar frühe Ruinen, darunter monolithische Skulpturen von Narasimha (Vishnu in der Inkarnation als Mann-Löwe) und Ganesha. Am östlichen Ende von Hampi Bazaar steht eine monolithische Nandi-Statue (Karte S. 230), um die herum sich die Kolonnaden des antiken Marktplatzes befinden. Über dieser Stätte erhebt sich der Matanga Hill, von dessen Gipfel sich bei Sonnenaufgang dramatische Blicke auf das Gelände bieten. Im Januar findet am Fuß des Hügels das **Festival Vijaya Utsav** (S. 184) statt.

Vittala-Tempel HINDU-TEMPEL

(Karte S. 228; Inder/Ausländer 10/250 ₹; ⏲ 8.30–17.30 Uhr) Das unbestrittene Highlight der Ruinen von Hampi, der Vittala-Tempel aus dem 16. Jh., steht 2 km von Hampi Bazaar entfernt inmitten von Felsblöcken. Es wur-

Hampi & Anegundi

Sehenswertes

1 Archäologisches Museum C5
2 Durga-Tempel C1
3 Elefantenställe C4
4 Hanuman-Tempel B1
5 Hazarama-Tempel B4
6 Krishna-Temple A3
7 Lakshimi Narasmiha A3
Lotus Mahal ....(siehe 13)
8 Mahanavami-diiba B4
9 Bad der Königin C4
10 Ranganatha-Tempel D1
11 Sule Bazaar B3
12 Vittala-Tempel C2
13 Zenana Enclosure B4

Aktivitäten, Kurse & Touren

14 Banana Fibre Craft Workshop D1
15 Kishkinda Trust D1

Schlafen

Champa Guest House ....(siehe 14)
16 Durga Huts A2
17 Hotel Mayura Bhuvaneshwari C5
18 Manju's Place B2
Peshagar Guest House ....(siehe 14)
19 Shanthi A2
20 Sunny Guesthouse A2
TEMA Guest House ....(siehe 14)
21 Uramma Cottage D1
22 Uramma House D1

Essen

Hoova Craft Shop & Café ....(siehe 14)
23 Mango Tree A2

den zwar ein paar Zementgerüste errichtet, um den Hauptteil vor dem Einsturz zu bewahren, doch insgesamt ist die Stätte in ziemlich gutem Zustand.

Die Arbeit an dem Tempel begann möglicherweise während der Herrschaft von Krishnadevaraya (reg. 1509–1529). Der Tempel wurde niemals fertiggestellt oder geweiht, doch die unglaublichen Skulpturen bilden bis heute den Höhepunkt der Vijayanagar-Kunst.

Das Paradestück des Tempels ist der **steinerne Wagen**, der im Hof steht, er repräsentiert Vishnus Fahrzeug und ist mit dem Bild eines Garudas geschmückt. Die Räder haben sich einst sogar gedreht.

Die äußeren „musikalischen" Säulen hallen wider, wenn man draufklopft; sie sollen so entworfen worden sein, dass sie den Klang von 81 verschiedenen indischen Musikinstrumenten nachbilden können. Die Behörden haben aus Sorge vor weiteren Beschädigungen jedoch dafür gesorgt, dass sie außer Reichweite der Besucher sind, die nun nicht mehr musizieren können. Neben dem Haupttempel, dessen Heiligtum mithilfe von reflektierendem Wasser beleuchtet wurde, befinden sich links bzw. rechts vom Eingang die Hochzeits- und die Gebetshalle.

Sule Bazaar HISTORISCHE STÄTTE

(Karte S. 228) Auf halbem Weg von Hampi Bazaar zum Vittala-Tempel führt ein Weg nach rechts über die Steine zum verlassenen Sule Bazaar, einem der wichtigsten Handelszentren des alten Hampi, das gleichzeitig auch das Rotlichtviertel gewesen sein soll. Am südlichen Ende dieses Gebiets steht der stimmungsvolle verlassene Achyutaraya-Tempel.

Royal Centre HISTORISCHE STÄTTE

Zum Royal Centre führt zwar ein 2 km langer Fußweg vom Achyutaraya-Tempel, doch am besten erreicht man es über die Straße Hampi–Kamalapuram. Hier stehen mehrere der wichtigsten Stätten Hampis.

Das **Mahanavami-diiba** (Karte S. 228) ist eine 12 m hohe Plattform mit drei Ebenen, die mit kunstvollen Reliefs geschmückt ist und eine Panoramaaussicht auf den ummauerten Komplex mit den Tempelruinen, den von Stufen gesäumten Wasserbecken und der Audienzhalle des Königs bietet. Die Plattform war früher der königliche Aussichtsbereich bei den Dasara-Festlichkeiten, den religiösen Zeremonien und den Prozessionen.

Noch ein Stück weiter steht der **Hazarama-Tempel** (Karte S. 228) mit schwarzen Säulen aus poliertem Granit, dessen wunderbare Reliefs Szenen aus dem Ramayana zeigen.

Nordöstlich von hier befindet sich im ummauerten Frauenbezirk die **Zenana Enclosure** (Karte S. 228; Inder/Ausländer 10/250 ₹; ⌚8.30–17.30 Uhr). Die friedliche Anlage mit dem grünen Rasen wirkt in der trockenen Umgebung wie eine Oase. Der kunstvoll gestaltete Pavillon **Lotus Mahal** (Karte S. 228) soll das Lustschloss der Königin gewesen sein. Er blickt auf die elf prächtigen **Elefantenställe** (Karte S. 228; ⌚8.30–17.30 Uhr) mit gewölbten Eingängen und überkuppelten Kammern. Innerhalb der Zenana Enclosure gibt es auch noch ein kleines Museum und Armeegebäude.

Weiter südlich befinden sich verschiedene Tempel und aufwendige Wasserspiele, darunter ist auch das **Bad der Königin** (Karte S. 228; ⌚8.30–17.30 Uhr), das von außen

Hampi Bazaar

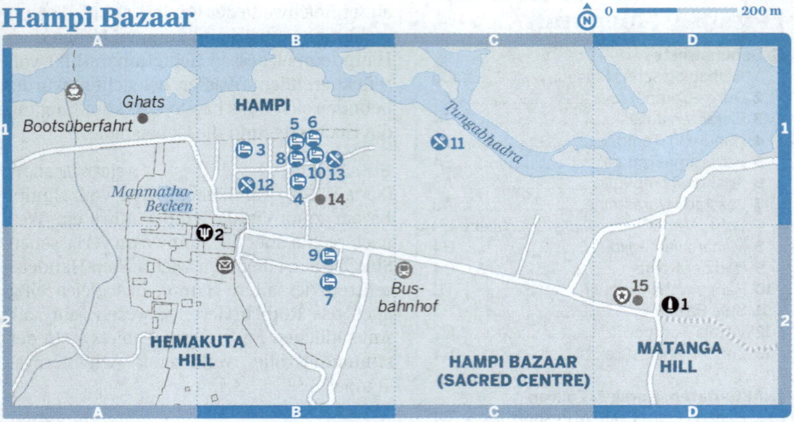

Hampi Bazaar

Sehenswertes
1 Nandi-Statue D2
2 Virupaksha-Tempel B2

Schlafen
3 Archana Guest House B1
4 Gopi Guest House B1
5 Kiran Guest House B1
6 Netra Guesthouse B1
7 Padma Guest House B2
8 Pushpa Guest House B1
9 Ranjana Guest House B2
10 Vicky's B1

Essen
11 Garden Paradise C1
12 Prince Restaurant B1
13 Ravi's Rose B1

Praktisches
14 Akash Art Gallery & Bookstore B1
15 Hampi Heritage Gallery D2
Internet .... (siehe 10)
Touristeninformation .... (siehe 2)

trügerisch schlicht wirkt, innen aber mit erstaunlicher indo-islamischer Architektur aufwartet.

Eine weitere interessante Sehenswürdigkeit an der Straße zum Virupaksha-Tempel ist die 6,7 m hohe monolithische Statue der glubschäugigen **Lakshimi Narasmiha** (Karte S. 228) im Yoga-Sitz und mit einer Kopfbedeckung, die aus sieben Schlangen besteht. In der Nähe erhebt sich der 1513 erbaute **Krishna-Tempel** (Karte S. 228), vor dem eine *apsara*-Figur mit Körbchengröße D und zehn Inkarnationen von Vishnu stehen.

Archäologisches Museum MUSEUM
(Karte S. 228; Kamalapuram; ⏲ Sa–Do 10–17 Uhr) Die hochwertige Sammlung von Skulpturen aus den hiesigen Ruinen sowie die jungsteinzeitlichen Werkzeuge, die fazinierenden Münzen, die Waffen aus dem 16. Jh. und das großformatige Bodenmodell der Vijayanagar-Ruinen lohnen einen Besuch.

Hampi Heritage Gallery GALERIE
(Karte S. 230; ⏲ Di–So 10–13 & 15–18 Uhr) Bücher und Fotoalben zur Geschichte und Architektur Hampis; kann auch Stadtführungen arrangieren.

Aktivitäten

Der Kishkinda Trust (S. 234) hat Infos zu Aktivitäten in der Region.

Klettern KLETTERN
(Rund um Hampi) Hampi ist die unangefochtene indische Hauptstadt des Boulderns. Die gesamte Landschaft ist mit ihren Granitfelsen und -steinen, die teilweise die uralten Spuren früherer Steinmetze aufweisen, ein einziger Spielplatz für Kletterer. **Tom & Jerry** (☎ 9481093862, 9482746697; luckykoushik1@gmail.com; Virupapur Gaddi; 3 Std. Unterricht 350 ₹), zwei Jungs aus der Gegend, kümmern sich toll um die Bedürfnisse von Kletterern und stellen hochwertige Matten, Schuhe und ihr Wissen über die Gegend bereit. Sie können auch All-inclusive-Klettertouren nach Badami für 1600 ₹ organisieren. Anspruchsvolle Felswände gibt es außerdem in Ramnagar, 40 km südlich von Bengaluru, in Savandurga, 50 km westlich der Hauptstadt, und in Tuahalli am südlichen Stadtrand von Bengaluru.

Schlafen

Viele Pensionen sind gemütliche familiengeführte Bleiben, die sich bestens für Budgetreisende eignen. Ein paar Unterkünfte haben auch größere, komfortablere Zimmer mit Klimaanlage und Fernseher. Wer auf höheren Komfort Wert legt, findet in Hospet eine größere Auswahl an gehobenen Unterkünften.

Hampi Bazaar

★ Padma Guest House PENSION $
(Karte S. 230; ☎241331; padmaguesthouse@gmail.com; DZ ab 500–800 ₹, mit Klimaanlage ab 1600; WLAN) In einer ruhigen Ecke von Hampi Bazaar bietet das clevere, liebenswerte Padma einfache, aber blitzsaubere Zimmer – eine nette Abwechslung zu den sonst so üblichen Unterkünften in Hampi. Die Zimmer im 1. Stock bieten einen schönen Blick auf den Virupaksha-Tempel, die neuen Zimmer warten dagegen mit dem Luxus eines TVs und einer Klimaanlage auf. Unten gibt's kostenloses WLAN.

Archana Guest House PENSION $
(Karte S. 230; ☎241547; addihampi@yahoo.com; DZ ab 500 ₹, mit Klimaanlage 1200 ₹; ❄@WLAN) Das ruhige, fröhliche Archana, das am Ende einer Gasse am Flussufer liegt, wird ebenfalls von einer freundlichen Familie geführt und ist eine tolle Budgetunterkunft. Die ordentlichen Zimmer sind in kräftigem Lila und Grün gestrichen, und es gibt eine hübsche Dachterrasse zum Abhängen.

Pushpa Guest House PENSION $
(Karte S. 230; ☎9948795120; pushpaguesthouse99@yahoo.in; DZ ab 750 ₹, mit Klimaanlage ab 1100 ₹; ❄) Das Pushpa, rundum eine tolle Option, ist etwas teurer, doch dafür bekommt man komfortablere Zimmer und eine extrem herzliche Gastfamilie. In der 1. Etage befinden sich ein netter Sitzbereich und ein verlässliches Reisebüro.

Gopi Guest House PENSION $
(Karte S. 230; ☎241695; www.gopiguesthouse.com; Zi. 500–700₹; @WLAN) Die nette Unterkunft in zentraler Lage mitten im Trubel des Basars leistet Travellern nach wie vor empfehlenswerte Dienste. Der neue Block ist für Hampi schon ziemlich gehoben; vor den Zimmern mit eigenem Bad befindet sich eine sonnige Terrasse. Das Café auf der Dachterrasse mit schönem Blick auf den Virupaksha-Tempel ist ein angenehmes Plätzchen zum Chillen.

Ranjana Guest House PENSION $
(Karte S. 230; ☎241696; Zi. ab 800 ₹, mit Klimaanlage 1200 ₹) Das Ranjana wird von einer freundlichen, eng verbundenen Familie geführt und ist etwas überteuert, rühmt sich aber seiner gut ausgestatteten Zimmer und des tollen Tempelblicks von der Terrasse aus.

Vicky's PENSION $
(Karte S. 230; ☎241694; vikkyhampi@yahoo.co.in; Zi. 520 ₹; WLAN) Solide, altehrwürdige Unterkunft mit ordentlichen Zimmern, einem Dachterrassencafé und kostenlosem WLAN.

Kiran Guest House PENSION $
(Karte S. 230; ☎9448143906; kiranhampi2012@gmail.com Zi. 400–600 ₹) Coole Pension am Fluss und am Rand von Bananenpflanzungen.

Netra Guesthouse PENSION $
(Karte S. 230; ☎9483419731; Zi. ab 300 ₹, ohne Bad ab 200 ₹) Einfache, aber lockere Option für Traveller mit kleinem Geldbeutel.

Virupapur Gaddi

Viele Traveller bevorzugen die ruhige Atmosphäre in Virupapur Gaddi, das gegenüber von Hampi Bazaar auf der anderen Seite des Flusses liegt.

Sunny Guesthouse PENSION $
(Karte S. 228; ☎9448566368; www.sunnyguesthouse.com; Zi. 200–750; @WLAN) Nicht nur der Name, auch der Charakter dieser beliebten Pension ist sonnig. Die preiswerten Zimmer, der tropische Garten, die Hängematten und das coole Restaurant kommen bei Backpackern bestens an. Es bietet eine gute Auswahl an Zimmern, die alle ein eigenes Bad haben.

ÄRGER VERMEIDEN

Hampi Bazaar ist eine extrem sichere Gegend, man sollte aber nicht nach Einbruch der Dunkelheit oder allein in den Ruinen herumwandern. Es ist ein gefährliches Gebiet, um sich zu verlaufen; langjährige Führer haben nachts sogar Lippenbären in der Nähe des Vittala-Tempels gesehen!

Die örtlichen Gesetze verlangen, dass sich alle ausländischen Besucher bei der Ankunft mit ihrem Pass bei der Polizei (Karte S. 230) melden und die Behörden über die beabsichtigte Dauer ihres Aufenthalts informieren.

HAMPI BAZAAR

Während es im Jahr 1565 die Dekkan-Sultanate waren, die Vijayanagar dem Erdboden gleichmachten, tobt heutzutage in Hampi ein Kampf der ganz anderen Art: der zwischen den Denkmalschützern, die Hampis architektonisches Erbe bewahren wollen, und den Einheimischen, die sich hier dauerhaft niedergelassen haben. Mitte 2012 wurde der Plan, an dem seit mehreren Jahren gearbeitet wurde, und der zum Ziel hat, alle Ruinen Hampis unter Denkmalschutz zu stellen, schließlich in die Tat umgesetzt. Über Nacht wurden deshalb viele Geschäfte, Hotels und Wohnhäuser in Hampi Bazaar abgerissen, wodurch sich die Hauptstraße in einen Trümmerhaufen verwandelte, während Dorfbewohner, die aus der Stätte ein lebendes Museum gemacht hatten, zwangsgeräumt wurden.

Während die Dorfbewohner als Kompensation ein kleines Stück Land in Kaddirampur, 4 km von Hampi Bazaar (wo inzwischen von der Eröffnung neuer Pensionen die Rede ist) erhielten, hatten viele Einheimische noch Monate später keine dauerhafte Unterkunft, weil sie auf ihre Entschädigungszahlung warteten.

Doch was bedeutet das für den Tourismus, und haben in Hampi Bazaar Pensionen diese Aktion überstanden? Bis jetzt hat sich zum Glück nur wenig geändert, was die touristische Infrastruktur angeht. Während zum Zeitpunkt der Recherche noch die Trümmer der abgerissenen Gebäude herumlagen und die Haupttempelstraße wie nach einem Bombenangriff aussah, blieben alle Hotels gleich hinter dem Basar unbeeinträchtigt, und die Besitzer waren zuversichtlich, dass sie weitermachen könnten. Es war jedoch auch davon die Rede, dass stärkere Einschränkungen in Kraft treten könnten, nach denen dreistöckige Gebäude auf zwei Stockwerke zurückgebaut werden müssten. Dies würde bedeuten, dass viele der schönen Dachterrassenrestaurants in Hampi verschwinden würden.

Shanthi PENSION **$**
(Karte S. 228; ☎9449260162; www.shanthihampi.com; Zi. ohne Bad 200 ₹, Cottage 500–1650 ₹; @☏) Die Stroh-Cottages des Shanthi sind in erdigen Tönen gehalten und von den Hänge-Liegen auf der Veranda der Pension bieten sich großartige Aussichten auf die Reisfelder, den Fluss und den Sonnenuntergang. Das Restaurant serviert gute Thalis und Pizzas.

Manju's Place PENSION **$**
(Karte S. 228; ☎9449247712; Zi. 300 ₹, ohne Bad ab 100 ₹) Mit seiner idyllischen Lage zwischen Reisfeldern und in der Nähe von Felsbrocken ist Manu's Place das Richtige für all jene, die es gern ruhig haben. Die netten Lehmhütten sind wundervoll und insgesamt ist es eine erstklassige Unterkunft, um zu chillen.

Durga Huts PENSION **$**
(Karte S. 228; ☎9482051515; durgahuts@yahoo.com; Hütten ohne Bad 100 ₹, Zi. 700 ₹) Nachdem Hampi Bazaar von Bulldozern niedergewalzt wurde, sind die Durga Huts auf die andere Seite des Flusses umgezogen und bieten nun einfache, strohgedeckte Hütten mit Hängematten, die ideal für Pfennigfuchser sind. Das Restaurant bekommt gute Bewertungen.

Kamalapuram

Hotel Mayura Bhuvaneshwari HOTEL **$$**
(Karte S. 228; ☎241474; EZ/DZ ab 1200/1500 ₹; ❄) Das ansehnliche staatliche Hotel etwa 3 km vom Royal Centre hat gut ausgestattete Zimmer, einen reizenden großen Garten, eine Bierbar, die viel Anklang findet, und ein gutes internationales Restaurant.

Essen

Wegen der religiösen Bedeutung Hampis gilt in allen Restaurants striktes Fleischverbot, und auch Alkohol ist nicht erlaubt (einige Restaurants können ihn aber für die Gäste bestellen).

★ **Garden Paradise** INDISCH, MULTICUISINE **$**
(Karte S. 230; Hauptgerichte ab 120 ₹) Das Garden Paradise glänzt nicht nur mit einer herrlichen Lage am Fluss, sondern auch mit dem wohl besten Essen. Sitzen kann man draußen unter schattigen Mangobäumen oder drinnen auf Kissen, umgeben von psychedelischen Wandbildern. Hier gibt's die beste Pizza außerhalb Bangalores, und die Spezialität des Hauses, *paneer lavadar* in einer cremigen Spinatsauce und mit Cashewnüssen, ist einfach unglaublich. Auch das Frühstück ist gut und bietet Toast mit

verschiedenen Aufstrichen, starken Kaffee und tolle Säfte. Übernachten kann man hier ebenfalls.

Ravi's Rose MULTICUISINE $
(Karte S. 230; Hauptgerichte ab 70 ₹) Das leicht zwielichtige Dachterrassenrestaurant ist der geselligste Treff in Hampi Bazaar und bietet eine gute Auswahl an *dosas*, doch die meisten Gäste kommen wegen der, äh, leckeren Lassis (Hüstel, Hüstel). Es ist in einen Felsen gebaut, und wer unter den Felsbrocken durchklettert, kann eine unglaubliche Aussicht auf den Sonnenuntergang genießen.

Laughing Buddha MULTICUISINE $
(Hauptgerichte ab 100 ₹; ⌚8–22 Uhr) Das Gegenstück des Mango Tree auf der anderen Seite des Flusses bietet friedliche Blicke auf den Fluss und die Tempel und Ruinen dahinter. Auf der Karte stehen Currys, Burger, Pizzas und die üblichen Sachen …

Mango Tree MULTICUISINE $$
(Karte S. 228; Hauptgerichte 80–150 ₹; ⌚7.30–21.30 Uhr) Das legendäre coole Restaurant im ländlichen Stil, das unter dem namengebenden Mangobaum am Fluss liegt, vereint Kreativität und kulinarische Exzellenz. Das einstige Paradies der Hippies ist heute bei indischen Familien ebenso beliebt. Die Plätze auf der Terrasse sind ideal, um sich einen faulen Nachmittag mit einem Buch zu machen. Zum Mango Tree geht's durch eine Bananenplantage. Empfehlenswert: das spezielle Gemüsecurry oder die Spaghetti mit Cashewnüssen und Käse (100 ₹).

Prince Restaurant MULTICUISINE $$
(Karte S. 230; Hauptgerichte 70–180 ₹; ⌚7.30–22 Uhr) Hier dauert's ein Weilchen, bis das Essen kommt, doch dankenswerterweise ist die stimmungsvolle schattige Hütte mit ihren Sitzkissen am Boden ein guter Ort zum Chillen. Hier gibt's *momos*, Pizzas usw.

Shoppen

Akash Art Gallery & Bookstore BÜCHER
(Karte S. 230; ⌚6–21 Uhr) Hat eine tolle Auswahl an Büchern zu Hampi und Indien sowie Secondhand-Romane und einen kostenlosen Plan von Hampi.

Praktische Informationen

In Hampi gibt es keinen Geldautomaten; der nächste befindet sich 3 km entfernt in Kamalapuram, die Hin- & Rückfahrt mit der Autorikscha kostet 100 ₹.

Das Internet (40 ₹/Std.) ist in Hampi Bazaar allgegenwärtig; einige Pensionen haben kostenpflichtiges WLAN. Eine gute Informationsquelle ist www.hampi.in.

Touristeninformation (Karte S. 230; ☎241339; ⌚Sa–Do 10–17.30 Uhr) Das düstere Büro im Virupaskha-Tempel hat Broschüren und kann für 600/1000 ₹ pro halben/ganzen Tag einen Führer organisieren.

An- & Weiterreise

Ein Semideluxe-Bus fährt um 8 Uhr von Hampi Bazaar nach Bengaluru (434 ₹, 8 Std.). Private Sleeper-Busse von/nach Goa und Gokarna fahren manchmal ab Hampi, meistens aber ab Hospet. Zahlreiche Reisebüros in Hampi Bazaar buchen Tickets für die Weiterfahrt und können Taxis arrangieren.

Der erste Bus von Hospet (15 ₹, 30 Min., alle 30 Min.) nach Hampi fährt um 6.30 Uhr, der letzte von Hampi Bazaar zurück nach Hospet um 20.30 Uhr. Eine Autorikscha kostet 150 bis 200 ₹.

Der nächste Bahnhof ist in Hospet.

Unterwegs vor Ort

Fahrräder werden in Hampi Bazaar für 30 ₹ pro Tag verliehen, Mopeds für 100 bis 150 ₹. Ein Liter Benzin kostet 90 ₹.

Ein kleines **Boot** (Karte S. 230; Person/Fahrrad/Moped 15/10/20 ₹; ⌚7–18 Uhr) fährt zwischen 7 und 18 Uhr häufig über den Fluss nach Virupapur Gaddi. Ein großer Rucksack wird extra berechnet, und für eine zusätzliche Fahrt nach 18 Uhr fallen je nach Uhrzeit 50 bis 100 ₹ an.

Es empfiehlt sich, die Ruinen zu Fuß zu besuchen; allein um die wichtigsten Stätten zu sehen, läuft man aber schon mindestens 7 km. Man kann auch Autorikschas und Taxis für Sightseeing-Touren chartern, sie fahren so dicht wie möglich an die wichtigen Ruinen heran. Eine Tagestour mit der Autorikscha kostet 750 ₹.

In Hospet starten organisierte Touren.

Rund um Hampi

Anegundi

Etwa 5 km nordöstlich von Hampi Bazaar auf der anderen Seite des Tungabhadra liegt Anegundi, ein altes befestigtes Dorf, das zur Welterbestätte Hampi gehört, aber schon länger als Hampi bewohnt war. Die Landschaft ähnelt der von Hampi, doch das malerische Anegundi blieb von der Verschandelung durch die Kommerzialisierung verschont und hat sich so das Lokalkolorit ohne die touristische Atmosphäre bewahrt.

Sehenswertes & Aktivitäten

HinduTempel HINDU-TEMPEL
In den alten Mythen wurde Anegundi als Kishkinda, das Königreich der Affengötter, bezeichnet. Viele seiner historischen Monumente sind noch erhalten, etwa Teile der Wehrmauern und -tore und der Rama geweihte **Ranganatha-Tempel** (Karte S. 228; ⌚Sonnenaufgang–Sonnenuntergang). Der weiß getünchte **Hanuman-Tempel** (Karte S. 228; ⌚Sonnenaufgang–Sonnenuntergang) auf dem Anjanadri Hill, zu dem 570 steile Stufen führen, bietet schöne Aussichten auf die schroffe Umgebung. Viele glauben, dass hier der hinduistische Affengott Hanuman geboren wurde. Auf dem hübschen Weg nach oben wird man von schelmischen Affen belagert, und im Tempel stößt man auf einen Trupp *chillum* rauchender Sadhus, die hier leben. Der **Durga-Tempel** (Karte S. 228; ⌚Sonnenaufgang–Sonnenuntergang), ein alter Schrein näher am Dorf, lohnt ebenfalls einen Besuch.

★ **Kishkinda Trust** KULTURELLE PROGRAMME, OUTDOORAKTIVITÄTEN
(TKT; Karte S. 228; ☎08533-267777; www.thekishkindatrust.org) Der Kishkinda Trust, eine Nichtregierungsorganisation, die den nachhaltigen Tourismus in Anegundi fördert, organisiert Aktivitäten wie Klettern, Trekking, Exkurisonen zu prähistorischen Höhlenmalereien, Kanaltouren, Vogelbeobachtung und Gemeindeaktivitäten wie Theateraufführungen. Für 250 ₹ pro Tag werden Mountainbikes verliehen. Freiwillige sind hier willkommen.

Banana Fibre Craft Workshop KUNSTHANDWERKS-WORKSHOP
(Karte S. 228; Eintritt 10 ₹, Foto 100 ₹; ⌚Mo–Sa 10–13 & 14–17 Uhr) Besucher können zusehen, wie Arbeiter in dieser kleinen Werkstatt aus der Rinde des Bananenbaumes und aus recycelten Materialien kunsthandwerkliche Stücke und Accessoires herstellen. Natürlich werden alle Erzeugnisse auch verkauft.

Schlafen & Essen

In Anegundi gibt es wundervolle Zimmer bei Gastfamilien in restaurierten historischen Gebäuden, die eine tolle Erfahrung bieten und eine Pause vom Hippieleben in Hampi ermöglichen. Die folgenden werden vom Kishkinda Trust gemanagt.

Peshagar Guest House PENSION $
(Karte S. 228; ☎09449972230; www.urammaheritagehomes.com; EZ/DZ 450/850 ₹) Die sechs einfachen, im ländlichen Stil eingerichteten Zimmer in diesem historischen Haus, das heute eine Budgetpension ist, öffnen sich auf einen netten Gemeinschaftsbereich. Einen hübschen Hofgarten gibt es ebenfalls.

TEMA Guest House PENSION $
(Karte S. 228; 350 ₹/Pers.) Die beiden Zimmer in diesem historischen Dorfhaus sind sehr bunt und mit Böden aus Kuhdung im traditionellen Stil gestaltet. Es gibt eine komplett ausgestattete Küche.

Champa Guest House PENSION $
(Karte S. 228; EZ/DZ inkl. Frühstück 350/650 ₹) Das Champa bietet zwei einfache, aber nette Zimmer und wird von einer liebenswerten Dorffamilie betreut.

Uramma House PENSION $$
(Karte S. 228; www.urammaheritagehomes.com; Haus inkl. VP 8000 ₹/4 Pers.; 📶) Das historische Haus aus dem 4. Jh. ist ein echtes Juwel; die Zimmer im traditionellen Stil sind durchgängig mit Boutique-Elementen versehen. Für Gruppen ist es ein echtes Schnäppchen. Zum Haus gehören ein schöner Speiseraum, ein Dachbereich und sogar ein Butler.

★ **Uramma Cottage** COTTAGE $$$
(Karte S. 228; ☎08533-267792; www.urammaheritagehomes.com; EZ/DZ inkl. VP 3700/5500 ₹; ❄📶) Hinreißende Cottages mit Strohdächern und rustikalem Landhauscharme, die sowohl komfortabel als auch attraktiv sind. Zu jedem Cottage gehören ein Sitzbereich im Freien und Hängematten, außerdem gibt's eine Bibliothek mit einer schönen Literaturauswahl, die man sich im entspannten, gepflegten Garten zu Gemüte führen kann.

Hoova Craft Shop & Café CAFÉ $
(Karte S. 228; Hauptgerichte 40–60₹; ⌚8.30–21.30 Uhr) Ein hübscher Ort für ein geruhsames, leckeres regionales Essen.

An- & Weiterreise

Nach Anegundi kann man mit einem Coracle (flaches, rundes Boot; 10 ₹) von der Anlegestelle östlich vom Vittala-Tempel fahren. Mit Abstand am bequemsten ist es, in Virupapur Gaddi ein Moped oder (für Fitte) ein Fahrrad auszuleihen oder eine Autoriksha für ca. 200 ₹ zu nehmen.

Hospet

☎08394 / 206159 EW.

Das geschäftige regionale Zentrum Hospet ist der Verkehrsknotenpunkt für Hampi.

Kaum jemand bleibt länger hier – es sei denn, man sucht ein gehobenes Hotel –, denn Hospet ist eine staubige, wenig attraktive Stadt, in der nicht viel los ist.

Schlafen & Essen

Hotel Malligi HOTEL $$
(☎228101; www.malligihotels.com; Jabunatha Rd; Zi. 450–2680₹; ❄@≋) Hospets führendes Luxushotel verdankt seinen Ruf den sauberen Zimmern mit gutem Service, dem aquamarinblauen Pool und dem guten internationalen Restaurant. Es hat auch ein paar Budgetzimmer.

Royal Orchid HOTEL $$$
(☎300100; www.royalorchidhotels.com; Zi. inkl. Frühstück 6890 ₹; ❄@☏≋) Wer auf der Suche nach Komfort in Hospet gelandet ist, hat sein Ziel im Royal Orchid mit seinem noblen Business-Standard inklusive WLAN, Flachbilder-TVs, Fitnessraum, vier Restaurants und Bar erreicht. Es ist bei Touristengruppen beliebt und die Mitarbeiter sind sehr professionell.

Udupi Sri Krishna Bhavan SÜDINDISCH $
(Busbahnhof; Hauptgerichte 40–80 ₹; ⏲6–23 Uhr) Das saubere Restaurant gegenüber vom Busbahnhof serviert indische vegetarische Gerichte, darunter Thalis für 45 ₹.

Praktische Informationen

An der Hauptstraße und am Shanbagh Circle gibt's Geldautomaten. Internetcafés sind weit verbreitet und kosten 40 ₹ pro Stunden.

An- & Weiterreise

BUS

Vom Busbahnhof fahren alle 30 Minuten Busse nach Hampi (15 ₹, 30 Min.). Express-Busse fahren nach Bengaluru (Normal/Deluxe 290/412 ₹, 9 Std.). Busse nach Gokarna (315 ₹, 8 Std.) starten um 9.15 Uhr; alternativ kann man einen Bus nach Hubli (108 ₹, 4½ Std.) nehmen und dort umsteigen. Um 13 Uhr und 13.30 Uhr fahren zwei Busse nach Badami (180 ₹, 4 Std.). Außerdem gibt's regelmäßige Busse nach Bijapur (210 ₹, 6 Std.) und um 20.30 Uhr einen Nachtbus nach Hyderabad (Semideluxe/Deluxe 435/654 ₹, 10 Std.). Wer nach Mangalore oder Hassan möchte, nimmt morgens einen Bus nach Shimoga (240 ₹, 5 Std.) und steigt dort um.

Nach Goa (355, 11 Std.) fährt um 19 Uhr ein Bus von **Paulo Travels** (☎0832-6637777) mit Halt in Gokarna (700–800 ₹), er kommt aber ungünstigerweise um 3 Uhr morgens in Gokarana an, darum ist es besser, mit dem KSTRC-Bus zu fahren.

DAS DAROJI SLOTH BEAR SANCTUARY

Etwa 30 km südlich von Hampi liegt in einem struppigen hügeligen Gelände das **Daroji Sloth Bear Sanctuary** (Eintritt Inder/Ausländer 50/300 ₹; ⏲13.30–18 Uhr), in dem auf über 83 km² etwa 150 Lippenbären in Freiheit leben. Die Chancen sind gut, welche zu sehen, denn wenn Besucher kommen, wird Honig auf die Felsen gegossen. Allerdings kann man die Bären nur von einer Aussichtsplattform aus der Ferne sehen. Man sollte besser Ferngläser mitbringen, sonst lohnt es sich eigentlich nicht, herzukommen. Die beste Zeit für einen Besuch ist in der Regel zwischen 16 und 18 Uhr.

Im Schutzgebiet leben auch Leoparden, Wildschweine, Hyänen, Schakale und andere Tiere, doch Besucher sehen wahrscheinlich nur den einen oder anderen Pfau. Für die Anfahrt muss man ein Fahrzeug mieten; eine Autorikscha kostet etwa 500 ₹, ein Auto 1000 ₹.

ZUG

Die Fahrt mit der Autorikscha zum Bahnhof von Hospet kostet 30 ₹. Der *Rayalaseema Express* fährt um 5.30 Uhr nach Hubli (2. Klasse 120 ₹, 3½ Std.). Nach Bengaluru geht es um 20.40 Uhr mit dem *Hampi Express* (Sleeper/2AC 191/785 ₹, 9 Std.). Jeden Montag, Mittwoch, Donnerstag und Samstag fährt um 6.30 Uhr ein Expresszug nach Vasco da Gama (Sleeper/2AC 194/715 ₹, 8½ Std.).

Wer nach Badami reist, fährt mit einem Zug in Richtung Hubli bis Gadag und steigt dort um.

Hubli

☎0836 / 943 857 EW.

Das reiche Hubli ist ein Eisenbahnknotenpunkt für Züge nach Mumbai, Bengaluru, Goa und Nord-Karnataka. Vom alten Busbahnhof sind es zu Fuß 15 Minuten bis zum Bahnhof. Entlang dieser Strecke liegen die meisten Hotels.

Schlafen & Essen

Ananth Residency HOTEL $$
(☎2262251; ananthresidencyhubli@yahoo.co.uk; Jayachamaraj Nagar; DZ ab 1500 ₹; ❄) Eine komfortable Unterkunft, die wie ein schickes Business-Hotel aussieht und wirkt. Die

Zimmer bieten ein gutes Preis-Leistungs-Verhältnis, der Service ist gut, und im freundlichen Restaurant gibt's kühles Bier.

Hotel Ajanta HOTEL $
(☎ 2362216; Jayachamaraj Nagar; EZ/DZ ab 300/400 ₹) Das gut geführte Hotel in der Nähe des Bahnhofs hat einfache, zweckmäßige Zimmer. Das beliebte Restaurant im Erdgeschoss serviert leckere Thalis nach regionaler Art für 35 ₹.

Praktische Informationen

SBI hat gegenüber vom Busbahnhof einen Geldautomaten. In der gleichen Gegend gibt es mehrere Internetcafés, die etwa 30 ₹ pro Stunde verlangen.

An- & Weiterreise

BUS

Die Busse halten kurz am alten Busbahnhof und fahren dann weiter zum 2 km entfernten Busbahnhof, Viele Semideluxe-Busse fahren nach Bengaluru (Semideluxe/AC Volvo/Sleeper 352/401/600 ₹, 10 Std.), Bijapur (180 ₹, 6 Std.) und Hospet (164 ₹, 4½ Std.). Regelmäßige Busse verkehren nach Mangalore (300 ₹, 10 Std., mehrmals tgl.), Borivali in Mumbai (Semideluxe/Sleeper 515/780 ₹, 14 Std., 4-mal tgl.), Mysore (320 ₹, 10 Std., 3-mal tgl.), Gokarna (175 ₹, 5 Std., 2-mal tgl.) und Panaji (161 ₹, 6 Std., 6-mal tgl.).

Private Deluxe-Busse nach Bengaluru fahren gegenüber vom alten Busbahnhof ab.

FLUGZEUG

SpiceJet fliegt täglich vom sehr einfachen Flughafen in Hubli nach Bengaluru.

ZUG

Vom Bahnhof fahren Expresszüge nach Hospet (2. Klasse 120 ₹, 3½ Std., 6-mal tgl.), Bengaluru (Sleeper/2AC 203/910, 11 Std., 4-mal tgl.) und Mumbai (Sleeper/2AC 285/1215 ₹, 14 Std.). Der *Hubli-Vasco Link Express* fährt um 23 Uhr nach Goa (Sleeper 153 ₹, 6 Std.).

NORD-KARNATAKA

Badami

☎ 08357 / 26 000 EW.

Badami, die einstige Hauptstadt des mächtigen Chalukya-Reiches, ist für seine prächtigen, aus den Felsen herausgeschlagenen Tempel und die roten Sandsteinfelsen, die an den Wilden Westen erinnern, bekannt. Die staubige Hauptstraße ist zwar so hässlich, dass man am liebsten sofort wieder verschwinden würde, doch die Nebenstraßen sind mit ihren alten Häusern, geschnitzten Holztüren, vereinzelten Chalukya-Ruinen und den Scharen neugieriger Kinder eine nette Gegend für Streifzüge.

Geschichte

Von etwa 540 bis 757 n. Chr. war Badami die Hauptstadt eines riesigen Königreichs, das sich von Kanchipuram in Tamil Nadu bis zum Fluss Narmada in Gujarat erstreckte. Es fiel schließlich an die Rashtrakutas und wechselte danach mehrmals den Besitzer, und jede Dynastie bereicherte Badami mit Skulpturen in ihrem eigenen Stil.

Zum bildhauerischen Erbe der Chalukya-Künstler in Badami gehören einige der frühesten und schönsten Beispiele drawidischer Tempel und aus dem Fels gehauener Höhlen. Während der Blütezeit von Badamai waren Aihole und Pattadakal die Experimentierstätten für neue Formen der Tempelarchitektur; Pattadakal ist Welterbe.

Sehenswertes

Höhlentempel HÖHLEN
(Inder/Ausländer 5/100 ₹, Video 25 ₹; ⌚ 6–18 Uhr) Badamis Highlights sind seine herrlichen Höhlentempel. Unaufdringliche und sachkundige Führer verlangen 300 ₹ für eine Höhlentour. Die beste Zeit für den Besuch ist am späten Nachmittag. Vorsicht vor aufdringlichen Affen – kein Essen mitnehmen!

Höhle 1 liegt gleich über dem Eingang zum Komplex und ist Shiva geweiht. Sie ist die älteste der vier Höhlen und entstand wahrscheinlich in der zweiten Hälfte des 6. Jhs. An der Wand rechts von der Vorhalle befindet sich eine hinreißende Darstellung von Nataraja in 81 Tanzposen. Rechts von der Vorhalle ist eine riesige Ardhanarishvara-Figur zu sehen. Die rechte Hälfte der Figur trägt Züge von Shiva, während die linke Hälfte Merkmale seiner Frau Parvati zeigt. Auf der Wand gegenüber befindet sich eine große Darstellung von Harihara – halb als Shiva und halb als Vishnu.

Die Gestaltung der Vishnu geweihten **Höhle 2** ist schlichter. Wie in den Höhlen 1 und 3 ist die Vorderseite der Plattform mit Bildern dickbäuchiger Zwerge in verschiedenen Posen geschmückt. Die Veranda wird von vier Säulen getragen, die oben in einem *yali* (mythische Löwengestalt) abschließen. Auf der linken Wand der Vorhalle ist ein stierköpfiger Varaha zu sehen, eine Inkar-

ABSTECHER

ABENTEUER WILDNIS

Etwa 100 km von Goa entfernt liegt **Dandeli** im Dschungel der Western Ghats, ein Refugium in der Wildnis, das nahe Begegnungen mit verschiedenen exotischen wilden Tieren wie Elefanten, Leoparden, Lippenbären, Gaurs, Wildhunden und Flughörnchen verspricht. Auch Vogelfreunde kommen gern her, denn hier leben Nashornvögel, Orangespechte, Schlangenweihe und Braunlieste. Außerdem werden zahlreiche Aktivitäten von Kajaktouren bis zu atemberaubendem Wildwasser-Rafting auf dem aufgewühlten Wasser des Flusses Kali angeboten.

Das **Kali Adventure Camp** (☎08-25597944; www.junglelodges.com/index.php/resorts/kali.html; pro Pers. inkl. VP & Aktivitäten Inder/Ausländer ab 2500/4000 ₹; ❄) bietet Übernachtungsmöglichkeiten in Zelthütten und Zimmern, die aufwendig, aber umweltfreundlich eingerichtet sind.

Häufig fahrende Busse verkehren zwischen Dandeli und Hubli (50 ₹, 2 Std.) sowie Dharwad (42 ₹, 1½ Std.), von wo es Verbindungen nach Goa, Gokarna, Hospet und Bengaluru gibt.

nation Vishnus, und das Emblem des Chalukya-Reiches. Zu seiner Linken befindet sich Naga, eine Schlange mit menschlichem Gesicht. Auf der rechten Wand ist eine große Skulptur von Trivikrama, einer anderen Inkarnation Vishnus.

Zwischen der 2. und der 3. Höhle liegen rechterhand zwei Treppen. Die erste führt zu einer **natürlichen Höhle**, in der Affen leben. An der Ostwand dieser Höhle befindet sich eine kleine Darstellung von Padmapani (eine Inkarnation Buddhas). Die zweite Treppe, die leider durch ein Tor verschlossen ist, führt zum auf einem Hügel liegenden **South Fort**.

In **Höhle 3**, die 578 n. Chr. entstanden ist, ist die größte und eindruckvollste. An der linken Wand ist eine Skulptur von Vishnu zu sehen, der auf einer Schlange sitzt und dem die Höhle geweiht ist. In der Nähe befindet sich eine Darstellung Varahas mit vier Händen. Die oberen Säulenenden haben die Form von *yalis*. Die Decke ist u. a. mit Darstellungen von Indra, der auf einem Elefanten reitet, von Shiva auf einem Stier und von Brahma auf einem Schwan verziert. Man sollte sich das Bild mit den betrunkenen Nachtschwärmern ansehen, und insbesondere die Frau, die sich auf ihren Mann stützt. Es gibt auch Originalfarben an der Decke; die Vertiefungen im Boden am Eingang der Höhle wurden als Mal-Paletten genutzt.

Die dem Jainismus geweihte **Höhle 4** ist die kleinste Höhle, sie wurde zwischen dem 7. und 8. Jh. geschaffen. Die Säulen, die mit röhrenden *yalis* abschließen, ähneln denen in den anderen Höhlen. An der rechten Wand befindet sich eine Darstellung von Suparshvanatha (dem 7. jainistischen *tirthankar*), umgeben von 24 jainistischen *tirthankars*. Das innere Heiligtum enthält eine Skulptur von Adinath, dem ersten jainistischen *tirthankar*.

Noch mehr Sehenswertes HISTORISCHE STÄTTEN

Von den Höhlen aus sieht man das **Agastyatirtha-Becken** aus dem 5. Jh. und die am Wasser liegenden **Bhutanatha-Tempel**. Auf der anderen Seite des Wasserbeckens befindet sich ein **Archäologisches Museum** (Eintritt 5 ₹; ⌚Sa–Do 9–17 Uhr), das großartige Beispiele der hiesigen Skulpturenkunst zeigt, darunter eine bemerkenswert freizügige Lajja-Gauri-Darstellung eines Fruchtbarkeitskults, der in der Gegend einst weit verbreitet war. Die Treppe hinter dem Museum führt durch eine Sandsteinspalte und befestigte Tore zu den Ruinen des **North Fort**.

Aktivitäten

Die Felsen und die hufeisenförmigen roten Sandsteinklippen von Badami bieten ein paar tolle Klettermöglichkeiten in geringer Höhe. Mehr Infos stehen auf www.indiaclimb.com.

Schlafen & Essen

In der Station Rd, der Hauptstraße von Badami, befinden sich mehrere Hotels und Restaurants.

Mookambika Deluxe HOTEL $

(☎220067; Station Rd; DZ ab 750 ₹, mit Klimaanlage 1650 ₹; ❄) Falsche alte Lampenschirme hängen in diesem freundlichen Hotel in den Fluren, die zu komfortablen Zimmern in gedämpftem Orange und Grau führen. Die

Mitarbeiter sind eine gute Quelle für Reiseinformationen.

Hotel New Satkar HOTEL $
(☎220417; Station Rd; DZ mit/ohne Klimaanlage 1000/600 ₹; ❄) In dieser früher eher schäbigen Unterkunft gibt's jetzt ordentliche Budgetzimmer, die Preise haben sich allerdings verdreifacht.

Hotel Mayura Chalukya HOTEL $
(☎220046; Ramdurg Rd; DZ ab 990 ₹, mit Klimaanlage 1600 ₹; ❄) Dieses staatlich betriebene, renovierte Hotel liegt hinter Verwaltungsgebäuden abseits vom Getümmel und hat große und saubere, wenn auch etwas langweilige Zimmer. Im ordentlichen Restaurant werden indische Standardgerichte serviert.

Hotel Badami Court HOTEL $$$
(☎220231; badamicourt@bsnl.in; Station Rd; DZ inkl. Frühstück ab 4403 ₹; ❄ ≋) In idyllischer ländlicher Umgebung, 2 km von der Stadt entfernt, liegt dieses Luxushotel. Die Zimmer sind eher funktional als nobel. Nichtgäste können für 150 ₹ den Swimmingpool benutzen.

Banashree INDISCH $
(Station Rd; Hauptgerichte 60–90 ₹; ⏲6.30–22.30 Uhr) Die großartigen nordindischen Thalis (80 ₹) in diesem gut besuchten, beliebten Lokal vor dem Hotel Rajsangam sind bis zum letzten Bissen ein Genuss.

Golden Caves Cuisine MULTICUISINE $
(Station Rd; Hauptgerichte 55–100 ₹; ⏲8.30–17 & 19.30–23.30 Uhr) Ein schlichtes Restaurant, das gute nord- und südindische Gerichte serviert und einen schönen Bereich im Freien hat, der ideal ist, um an warmen Abenden ein Bierchen zu trinken.

ℹ Praktische Informationen

Die **KSTDC-Touristeninformation** (☎220414; Ramdurg Rd; ⏲Mo–Sa 10–17.30 Uhr) neben dem Hotel Mayura Chalukya hat außer Broschüren über Badami nicht viel zu bieten.

In der Hauptstraße stehen Geldautomaten von SBI und Axis.

Internet gibt es im **Hotel Rajsangam** (Station Rd; 20 ₹/Std.) im Zentrum.

ℹ An- & Weiterreise

Busse fahren regelmäßig vom Busbahnhof an der Station Rd nach Kerur (20 ₹, 45 Min.), von dort bestehen Verbindungen nach Bijapur und Hubli. Drei Busse fahren direkt nach Hospet (180 ₹, 6 Std.).

Züge fahren ebenfalls, so der *Bijapur Express* um 7.30 Uhr nach Bijapur (Sleeper/2. Klasse 120/39 ₹, 3½ Std.), und der *Hubli Express* um 11 Uhr nach Hubli (2. Klasse 120 ₹, 3½ Std.). Nach Bengaluru fährt der *Gol Gumbaz Express* um 20 Uhr (2. Klasse 244 ₹, 13 Std.).

ℹ Unterwegs vor Ort

Regelmäßige und pünktliche Regionalbusse erleichtern Besichtigungstouren in der Gegend. Aihole und Pattadakal kann man von Badami aus an einem Tag besuchen, wenn man früh aufbricht. Am besten beginnt man die Tour mit einer Fahrt nach Aihole (37 ₹, 1 Std.; Abfahrt um 7.45 Uhr) und tuckert dann weiter nach Pattadakal (15 ₹, 30 Min.), von wo aus es schließlich nach Badami (18 ₹, 1 Std.) zurückgeht. Der letzte Bus von Pattadakal nach Badami fährt um 17 Uhr. Essen sollte man mitnehmen.

Taxis/Autorikschas kosten um die 1000/600 ₹ für Tagestouren nach Pattadakal, Aihole und ins nahe gelegene Mahakuta. Die Hotels in Badami können Taxis bestellen.

Rund um Badami

Weder in Pattadakal noch in Aihole gibt es Restaurants oder Unterkünfte.

Pattadakal

Pattadakal, die zweite Hauptstadt der Chalukya von Badami, ist für seine **Tempelgruppe** (Inder/Ausländer 10/250 ₹, Video 25 ₹; ⏲6–18 Uhr) berühmt, die alle zusammen eine Welterbestätte bilden. Abgesehen von einigen, die noch aus dem 3. Jh. stammen, wurden die meisten im 7. und 8. Jh. errichtet. Die Historiker glauben, dass Pattadakal damals als eine Art Testgelände für die Entwicklung einer eigenständigen südindischen Tempelarchitektur fungierte. Ein Guide kostet etwa 250 ₹.

Zwei Haupttypen von Tempeltürmen hat man hier offenbar ausprobiert: Gekrümmte Linien dominieren das Design der Türme des Kadasiddeshwara-, des Jambulinga- und des Galaganatha-Tempels, während der Mallikarjuna-, der Sangameshwara- und der Virupaksha-Tempel Türme mit stufenförmigem Aufbau und einem quadratischen, flachen Abschluss haben.

Der Haupttempel ist der **Virupaksha-Tempel**, ein massiver Bau, dessen Säulen mit feinen Reliefs geschmückt sind, die Szenen aus dem Ramayana und dem Mahabharata darstellen. Eine riesige Nandi-Skulptur findet man östlich von diesem Tempel. Der

Mallikarjuna-Tempel, der direkt neben dem Virupaksha-Tempel steht, ist diesem vom Entwurf her sehr ähnlich. Ungefähr 500 m südlich des Hauptgebiets steht der jainistische **Papanatha-Tempel**, dessen Eingang von Elefantenskulpturen flankiert wird. Der Tempelkomplex bildet die Kulisse für das alljährliche **Classical Dance Festival** (Pattadakal; ⌚ Jan./Feb.), das im Januar oder Februar stattfindet.

Pattadakal ist 20 km von Badami entfernt und Busse fahren bis 17 Uhr alle 30 Minuten (18 ₹). Zwei Busse fahren in das 13 km entfernte Aihole um 8 und 14.30 Uhr (15 ₹).

Aihole

Etwa 100 Tempel, die zwischen dem 4. und dem 6. Jh. n. Chr. gebaut wurden, gibt es in Aihole (*ai*-ho-leh), der alten regionalen Hauptstadt der Chalukya-Könige. Die meisten sind allerdings nur noch Ruinen oder wurden vom modernen Dorf vereinnahmt. Aihole dokumentiert die embryonalen Phasen der südindischen Hindu-Architektur, von den frühesten einfachen Schreinen wie dem uralten Ladkhan-Tempel bis zu späteren und komplexeren Bauwerken wie dem Meguti-Tempel.

Der beeindruckendste Tempel ist der **Durga-Tempel** (Inder/Ausländer 5/100 ₹, Foto 25 ₹; ⌚ 8–18 Uhr) aus dem 7. Jh., an dem vor allem die halbrunde Apsis (die von der buddhistischen Architektur inspiriert wurde) und die Reste des gekrümmten *sikhara* (Tempelturm) bemerkenswert sind. Im Inneren befinden sich kunstvolle Steinmetzarbeiten. Das kleine **Museum** (Eintritt 5 ₹; ⌚ Sa–Do 9–17 Uhr) hinter dem Tempel zeigt weitere Skulpturen aus der Chalukya-Zeit.

Südlich vom Durga-Tempel befinden sich mehrere andere Tempelgruppen, unter ihnen frühe Bauwerke wie die Gandar-, Ladkhan-, Kontigudi- und Hucchapaya-Gruppen, die alle im Pavillonstil mit leicht geneigten Dächern gebaut wurden. Etwa 600 m südöstlich steht auf einem kleinen Hügel der jainistische **Meguti-Tempel**. Beim Aufstieg auf Schlangen achten!

Aihole liegt etwa 40 km von Badami und 13 km von Pattadakal entfernt.

Bijapur

☎ 08352 / 253 900 EW. / 593 M

Das staubige Bijapur, ein faszinierendes Freiluftmuseum, das auf die islamische Ära der Dekkan-Region zurückgeht, erzählt eine glorreiche Geschichte von vor etwa 600 Jahren. Die mit zahlreichen Moscheen, Mausoleen, Palästen und Festungsanlagen geschmückte Stadt war von 1489 bis 1686 die Hauptstadt der Adil-Shahi-Könige und einer der fünf Splitterstaaten, die sich bildeten, nachdem das islamische Bahmani-Königreich 1482 auseinandergebrochen war. Trotz seines stark islamischen Charakters ist Bijapur zugleich ein Zentrum der Lingayat-Form des Shivaismus, der die Betonung auf einen einzigen, personalisierten Gott legt. Im Januar/Februar wird acht Tage lang das **Festival Lingayat Siddeshwara** gefeiert.

Sehenswertes

Hier gibt's viel zu sehen, und wer alles an einem Tag schaffen möchte, sollte früh anfangen.

★ Golgumbaz — DENKMAL

(Inder/Ausländer 5/100 ₹, Foto 25 ₹; ⌚ 6–18 Uhr) Das überwältigende Golgumbaz, das inmitten friedlicher Gärten liegt, ist groß genug, um optische Täuschungen hervorzurufen: Trotz der perfekten Konstruktion kann es schlecht proportioniert wirken. Das Golgumbaz ist ein Mausoleum von 1659 und beherbergt die Gräber des Herrschers Adil Shah (reg. 1627–1656) und seiner beiden Ehefrauen, seiner Geliebten (Rambha), einer seiner Töchter und eines Enkelsohns.

An jeder Ecke des Bauwerks, das von einer riesigen Kuppel überdacht ist, stehen achteckige Türme mit sieben Etagen. Die Kuppel hat einen Durchmesser von erstaunlichen 38 m und soll nach der des Petersdoms in Rom die zweitgrößte Kuppel der Welt sein. Über die steilen, engen Treppen, die einen der Türme hinaufführen, gelangt man zur „Flüstergalerie" in der Kuppel. Sie ist ein bauliches Meisterwerk mit perfekter Akustik: Flüstert jemand an einem Ende in die Mauer, so kann man es am anderen Ende der Galerie deutlich hören. Die meisten Besucher probieren dies leider ziemlich laut aus (diese nervende Geräuschkulisse hat dieselbe Wirkung wie ein schlechter LSD-Trip), am besten kommt man deshalb frühmorgens, wenn viele Touristen noch schlafen. Man sollte besser die Treppen am Hinterausgang nehmen.

Auf dem Rasen vor dem Mausoleum befindet sich ein fantastisches **Archäologisches Museum** (Eintritt 5 ₹; ⌚ Sa–Do 10–17 Uhr), in dem eine großartige Sammlung mit persischen Teppichen, chinesischem Porzellan, Waffen, Rüstungen und Schriftrollen

Bijapur

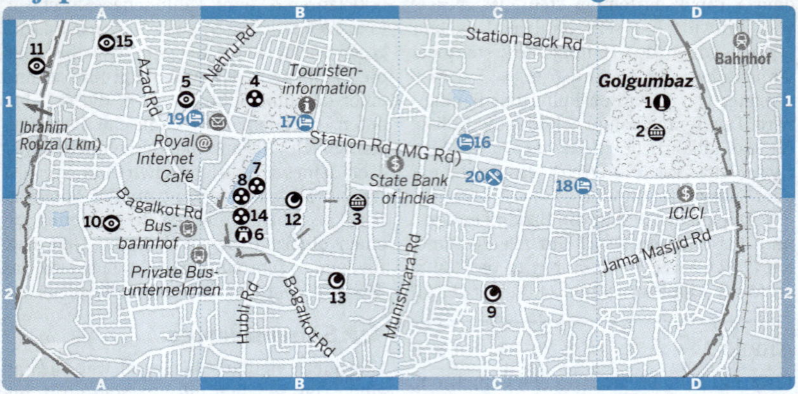

Bijapur

Highlights

1 Golgumbaz D1

Sehenswertes

2 Archäologisches Museum D1
3 Asar Mahal B2
4 Bara Kaman B1
5 Central Market A1
6 Zitadelle B2
7 Gagan Mahal B1
8 Jala Manzil B1
9 Jama Masjid C2
10 Jod Gumbad A2
11 Malik-e-Maidan A1
12 Mecca Masjid B2
13 Mihtar Mahal B2
14 Sat Manzil B2
15 Upli Buruj A1

Schlafen

Hotel Basava Residency .... (siehe 16)
16 Hotel Madhuvan International C1
17 Hotel Mayura Adil Shahi Annexe B1
18 Hotel Pearl C1
19 Hotel Tourist A1

Essen

Hotel Madhuvan International .(siehe 16)
20 Kamat Restaurant C1
Swapna Lodge Restaurant ..... (siehe 19)

sowie viele alltägliche Gegenstände aus Bijapurs Blütezeit zu sehen sind.

★ Ibrahim Rouza DENKMAL
(Inder/Ausländer 5/100 ₹, Video 25 ₹; 6–18 Uhr) Das wunderschöne Ibrahim Rouza gehört zu den elegantesten und wohlproportioniertesten islamischen Monumenten in Indien. Seine Geschichte ist recht ergreifend: Es wurde vom Herrscher Ibrahim Adil Shah II. (reg. 1580–1627) als zukünftiges Mausoleum für seine Königin Taj Sultana gebaut. Aber dann starb er zuerst und war daher die erste Person, die hier zur Ruhe gebettet wurde. Außer ihm und der Königin liegen auch seine Tochter, seine beiden Söhne und seine Mutter Haji Badi Sahiba hier begraben.

Während das Golgumbaz durch seine immense Größe auffällt, liegt die Betonung hier eher auf Anmut und architektonischer Finesse. Die 24 m hohen Minarette sollen die des Taj Mahal inspiriert haben. Für ein Trinkgeld (150 ₹ sind o.k.) zeigen die Wärter Besuchern das Bauwerk, einschließlich des dunklen Labyrinths rund um die Katakomben, in dem sich die eigentlichen Gräber befinden.

Zitadelle FESTUNG
GRATIS In der von verstärkten Mauern und einem breiten Burggraben umgebenen Zitadelle befanden sich früher die Paläste, Lustgärten und der *durbar* (Königshof) der Adil-Shahi-Könige. Heute sind fast nur noch Ruinen übrig. Das beeindruckendste erhaltene Fragment ist der monumentale Torbogen des **Gagan Mahal**, der gegen 1561 von Ali Adil Shah I. als königliche Residenz und als *durbar*-Saal erbaut wurde. Die Tore sind verschlossen, doch in der Regel ist jemand da, der Besucher einlässt.

In der Nähe stehen die Ruinen des **Sat Manzil**, des siebenstöckigen Palastes von Mohammed Adil Shah. Auf der anderen Straßenseite erhebt sich der anmutige **Jala Manzil**, früher ein Wasserpavillon, der von abgeschiedenen Höfen und Gärten umgeben ist. Auf der anderen Seite der Station Rd (MG Rd) stehen die eleganten Bögen des **Bara Kaman**, des Mausoleums von Ali Roza, das heute nur noch eine Ruine ist.

Central Market MARKT
(⏲9–21 Uhr) Der lebhafte Markt, der einen erfrischenden Tempowechsel zu den Ruinen bietet, ist eine Explosion der Farben und Düfte. Hier werden Blumen, Gewürze, frisches Obst und Gemüse verkauft. Herzliche Muslime und Hindus mischen sich hier wunderbar.

Jama Masjid MOSCHEE
(Jama Masjid Rd; Eintritt frei; ⏲9–17.30 Uhr) Die wohlproportionierte Jama Masjid, die von Ali Adil Shah I. (reg. 1557–1580) gebaut wurde, hat anmutige Bögen, eine schöne Kuppel und einen riesigen Innenhof, in dem mehr als 2200 Gläubige Platz finden. Man kann einen schweigenden Rundgang durch die Versammlungshalle machen, in der noch einige der kunstvollen Wandbilder erhalten sind. Frauen sollten ihren Kopf bedecken und keine freizügige Kleidung tragen.

Asar Mahal HISTORISCHES BAUWERK
(Eintritt frei) Mohammed Adil Shah ließ den Asar Mahal 1646 als Gerichtssaal errichten. Hier wurden einst zwei Haare vom Bart des Propheten Mohammed aufbewahrt. Frauen dürfen ihn nicht betreten.

Mecca Masjid MOSCHEE
(Eintritt frei) An der Ostseite der Zitadelle steht die winzige, von einer Mauer umgebene Mecca Masjid, die wahrscheinlich im frühen 17. Jh. gebaut wurde. Es gibt Spekulationen, dass sie mit ihren hohen Mauern eine Moschee für Frauen gewesen sein könnte.

Upli Buruj HISTORISCHE STÄTTE
(Eintritt frei) Der Upli Buruj ist ein 24 m hoher Wachturm aus dem 16. Jh. nahe der westlichen Mauern der Stadt. Eine Außentreppe führt nach oben, wo zwei mächtige Kanonen stehen und sich ein schöner Blick auf die anderen Monumente der Stadt bietet.

Malik-e-Maidan HISTORISCHE STÄTTE
(Herrscher der Ebenen) GRATIS Auf einer Plattform steht diese kolossale Kanone, die mehr als 4 m lang ist, einen Durchmesser von fast 1,5 m hat und geschätzte 55 t wiegen soll. Sie wurde 1549 gegossen und wurde vermutlich als Kriegstrophäe nach Bijapur gebracht – dank der Anstrengungen von von zehn Elefanten, 400 Ochsen und Hunderten Männern!

Jod Gumbad HISTORISCHE STÄTTE
GRATIS Im Südwesten der Stadt, von der Bagalkot Rd abgehend, stehen die Doppelgräber Jod Gumbad, die schöne gewölbte Kuppeln haben. Ein General von Adil Shahi und sein spiritueller Berater Razzaq Quadiri sind hier begraben.

Schlafen

Hotel Tourist HOTEL $
(☎250655; Station Rd; EZ/DZ 150/230 ₹) Die schlichten (aber saubereren) Zimmer liegen mitten im Basar. Der Service ist apathisch, besser kümmert man sich selbst um alles.

Hotel Mayura Adil Shahi Annexe HOTEL $
(☎250401; Station Rd; EZ/DZ ab 519/577 ₹, mit Klimaanlage 831/923 ₹; ❄) Eines der besseren staatlichen Hotels mit großen Zimmern, Balkonen und einem Garten, der ihm den Charakter einer Oase verleiht. Es hat ein ansprechendes Open-Air-Restaurant, in dem man nett ein Bier trinken kann, und die Mitarbeiter sind freundlich.

Hotel Pearl HOTEL $$
(☎256002; www.hotelpearlbijapur.com; Station Rd; DZ mit Ventilator/Klimananlage ab 936/1296 ₹; ❄) Sehr gutes Mittelklassehotel in praktischer Nähe zum Golgumbaz mit sauberen, hellen Zimmern, die um ein zentrales Atrium liegen.

Hotel Madhuvan International HOTEL $$
(☎255571; Station Rd; DZ mit Ventilator/Klimaanlage 988/1326 ₹; ❄) Versteckt in einer Gasse, die von der Station Rd abzweigt, liegt dieses nette Hotel mit lindgrünen Wänden, getönten Fenstern, einem freundlichen Management und einem hübschen Gartenrestaurant im Freien.

Hotel Basava Residency HOTEL $$
(☎243777; www.hotelbasavaresidency.com; Station Rd, Makund Nagar; EZ/DZ inkl. Frühstück ab 2160/2800 ₹; ❄📶) Das Basava Residency ist ein neues Boutiquehotel in einer ruhigen Straße. Es hat geräumige Zimmer mit Flachbild-TVs und gemusterten Wänden sowie ein elegantes vegetarisches Restaurant. In der Lobby gibt's WLAN.

Essen & Ausgehen

Kamat Restaurant SÜDINDISCH $
(Station Rd; Hauptgerichte 60–80 ₹; ⏲7–22 Uhr) Dieses beliebte Restaurant unter dem Hotel Kanishka International bietet diverse südindische Snacks und Mahlzeiten, darunter ein großartiges Thali mit regionalem Touch.

Swapna Lodge Restaurant INDISCH $
(Station Rd; Hauptgerichte 90–160 ₹; ⏲12–23 Uhr) Hierher kommt man über eine schäbige Treppe neben dem Hotel Tourist. Es gibt gutes Essen, kühles Bier und die Atmosphäre einer Lounge der 1970er-Jahre. Auf der Terrasse im Freien kann man schön relaxen, auch wenn der Verkehr unten etwas laut ist.

Hotel Madhuvan International INDISCH $
(Station Rd; Hauptgerichte 60–80 ₹; ⏲9–11, 12–16 & 19–23 Uhr) Von der motelartigen Fassade sollte man sich nicht abschrecken lassen, denn das hübsche Gartenrestaurant im Freien serviert fantastische vegetarische Gerichte, darunter acht Sorten *dosa* und 14 Paneer-Gerichte. Aber: Es gibt keinen Alkohol!

Praktische Informationen

In der Stadt gibt es verschiedene Geldautomaten, u. a. von **SBI** (Station Rd) und **ICICI**. Preiswertes Internet bietet das **Royal Internet Cafe** (Station Rd, unter dem Hotel Pearl; 30 ₹/Std.; ⏲9.30–21.30 Uhr) in der Nähe vom Golumbaz.

In der **Touristeninformation** (☎250359; Station Rd; ⏲Mo–Sa 10–17.30 Uhr) im Anbau des Hotel Mayura Adil Shahi Annexe bekommt man eine gute Broschüre über Bijapur mit einer brauchbaren Karte.

An- & Weiterreise

BUS

Vom **Busbahnhof** (☎251344) fahren abends um 22 und 23 Uhr zwei Busse nach Bidar (250 ₹, 7 Std.). Häufig verkehren normale Busse nach Gulbarga (125 ₹, 4 Std.) und Hubli (160 ₹, 6 Std.). Außerdem starten Busse nach Bengaluru (Normal/Sleeper 438/650 ₹, 12 Std., 7-mal tgl.) mit Halt in Hospet (180 ₹, 5 Std.), nach Hyderabad (500 ₹, 11 Std., 4-mal tgl.) und nach Mumbai (500 ₹, 12 Std., 8-mal tgl.) über Pune (380 ₹, 10 Std.).

ZUG

Vom Bahnhof Bijapur fahren Expresszüge nach Sholapur (2. Klasse 80 ₹, 2½ Std., 3-mal tgl.), Bengaluru (Sleeper/2AC 277/1190, 17 Std., 3-mal tgl.), um 15 Uhr nach Mumbai (2. Klasse 150 ₹; 12 Std., 4-mal wöchentl.) und um 18 Uhr nach Hyderabad (Sleeper 150 ₹, 14 Std., 1-mal tgl.). Nach Badami (120 ₹) fahren drei Züge.

Unterwegs vor Ort

Angesichts der vielen Sehenswürdigkeiten und der Entfernungen sind 450 ₹ ein fairer Preis für einen Tag mit der Autorikscha. Für die Fahrt vom Bahnhof ins Zentrum sollte man mit 40 ₹ rechnen, für die Fahrt vom Golgumbaz zum Ibrahim Rouza mit 50 ₹.

Bidar

☎08482 / 174 200 EW. / 664 M

Die äußerste Ecke im Nordosten Karnatakas birgt Bidar, ein kleines Schmuckstück, das die meisten Traveller ignorieren. Niemand weiß so genau, warum das so ist, denn die alte ummauerte Stadt, die erst die Hauptstadt des Bahmani-Sultanats (1428–1487) und dann der Barid-Shahi-Dynastie war, hat eine reiche Geschichte zu bieten. Außerdem sind hier einige faszinierende Ruinen und Monumente zu bewundern, darunter das kolossale Bidar Fort – und das ist immerhin das größte Südindiens! Bidar verdient also wirklich viel mehr als nur etwas beiläufige Aufmerksamkeit. Die Altstadt vermittelt eine konservativ-islamische Atmosphäre.

Sehenswertes

Bidar Fort FORT
(⏲9–17 Uhr) GRATIS Für einen friedlichen Spaziergang durch die Ruinen dieser großartigen Festung aus dem 15. Jh. sollte man sich ein paar Stunden Zeit nehmen. Die Festung, die sich 2 km östlich der Ugdir Rd auf welligem Gelände erstreckt, war früher die Verwaltungshauptstadt großer Teile Südindiens. Sie ist von einem dreifachen Burggraben, der aus dem festen roten Gestein geschlagen wurde, und 5,5 km langen Verteidigungsmauern (den zweitlängsten Indiens) umgeben. Der Eingang der Festung, der sich in einer kunstvollen Schikane durch drei Tore windet, wirkt wie aus dem Märchen.

Der Eintritt ins Fort ist zwar frei, doch der Haken ist, dass Besucher einen Führer (150–200 ₹) benötigen, der die Tore zu den meisten interessanteren Ruinen in der Festung aufschließt. Dazu gehört der **Rangin Mahal** (Bemalter Palast), der mit aufwendigen Kacheln, Holzarbeiten und Vertäfelungen mit Perlmutt-Intarsien dekoriert ist, die **Solah-Khamba-Moschee** (Sechzehn-Säulen-Moschee), und der **Tarkash Mahal** mit kunstvollen islamischen Inschriften und wundervoller Aussicht vom Dach.

In den früheren königlichen Bädern ist ein kleines **Museum** mit Exponaten aus der Region und groben Holzgewehren. Die Angestellten des **archäologischen Büros** neben dem Museum fungieren oft als Führer.

Gräber der Bahmani-Sultane HISTORISCHE STÄTTE
(⏲Sonnenaufgang–Sonnenuntergang) Die riesigen Kuppelgräber der Bahmani-Sultane in

Ashtur, 3 km östlich von Bidar, strahlen eine verlassene, melancholische Schönheit aus, die wunderbar mit den sonnigen Hügeln in ihrer Umgebung harmoniert. Die eindrucksvollen Grabmäler, in denen die sterblichen Überreste der Sultane ruhen – ihre Gräber werden noch immer mit Satinbändern und frischen Blumen geschmückt – stehen in einer langen Reihe am Straßenrand. Am eindrucksvollsten ist der bemalte Innenraum des Grabmals von Ahmad Shah I. Wali Bahmani; hier finden regelmäßig Gebete statt.

Ungefähr 500 m vor den Gräbern findet sich links von der Straße das **Chaukhandi** (Eintritt frei; ⌚ Sonnenaufgang–Sonnenuntergang), das friedvolle Mausoleum des Sufi-Heiligen Syed Kirmani Baba, der während der Blütezeit des Bahmani-Sultanats aus Persien nach Bidar gekommen war. Unheimliche Stille herrscht in dem Monument und in dem polygonalen Hof mit mittelalterlichen Gräbern, an denen Frauen im Hidschab sitzen und fast lautlos Gebete murmeln.

Khwaja Mahmud Gawan Madrasa RUINEN, HISTORISCHE STÄTTE

(Eintritt frei; ⌚ Sonnenaufgang–Sonnenuntergang) Das Zentrum der Altstadt prägen die Ruinen der Khwaja Mahmud Gawan Madrasa, einer höheren Bildungseinrichtung, die der damalige Ministerpräsident des Reiches 1472 bauen ließ. Später wurde sie vom Mughal-Herrscher Aurangzeb als Arsenal genutzt; eine Schießpulverexplosion zerriss das Gebäude damals in zwei Teile. Die Reste der farbigen Fliesen am Eingangstor und an einem der Minarette, das noch intakt ist, ermöglichen eine Vorstellung von der früheren Pracht des Bauwerks.

Schlafen & Essen

Hotel Mayura HOTEL $

(☎ 228142; Udgir Rd; DZ mit Ventilator/Klimaanlage 500/800 ₹; ❄) Das elegante und freundliche Hotel Mayura ist mit seinen heiteren, gut ausgestatteten Zimmern (allerdings mit harten Betten) die beste Unterkunft in Bidar. Es liegt direkt gegenüber vom Busbahnhof – auf das pfauenartige NBC-Symbol achten.

Hotel Mayura Barid Shahi HOTEL $

(☎ 221740; Udgir Rd; EZ/DZ 350/450 ₹, Zi. mit Klimaanlage 785 ₹; ❄) Die ziemlich unauffällige Unterkunft mit einfachen, minimalistischen Zimmern (aber gutem Service) punktet mit ihrer zentralen Lage. Im hübschen Restaurant mit Bar im Garten hinter dem Haus geht es abends immer sehr fröhlich zu.

Jyothi Fort INDISCH $

(Bidar Fort; Hauptgerichte 45–90 ₹) Wunderbares Open-Air-Restaurant in friedlicher Lage am Eingang des Forts. Die Tische stehen unter ausladenden Feigenbäumen auf dem Rasen, während sich die Küche, aus der leckere vegetarische Gerichte kommen, in einem Ziegelbau im Stil eines Gehöfts befindet. Es gibt auch Tische in privaten Steinräumen.

Praktische Informationen

Geldautomaten (Udgir Rd) und **Internet** (20 ₹/Std.; ⌚ 9–21 Uhr) findet man in der Hauptstraße und gegenüber vom Hotel Mayura Barid Shahi.

An- & Weiterreise

Vom Busbahnhof aus fahren häufig Busse nach Gulbarga (110 ₹, 3 Std.), dort gibt es Verbindungen nach Mumbai und Bengaluru. Busse steuern auch Hyderabad (112 ₹, 4 Std.) und Bijapur (260 ₹, 7 Std.) an, und um 6 Uhr fährt ein Bus nach Bengaluru (Semideluxe/AC 700/900 ₹, 12 Std.).

Vom Bahnhof, der etwa 1 km südwestlich vom Busbahnhof liegt, fahren Züge nach Hyderabad (Sleeper 120 ₹, 5 Std., 3-mal tgl.) und Bengaluru (Sleeper 280 ₹, 17 Std., 1-mal tgl.).

Unterwegs vor Ort

Sehr einfache Fahrräder verleiht **Sami Cycle Taxi** (Basveshwar Circle; 20 ₹/Tag; ⌚ 10–22 Uhr) gegen Vorlage eines Ausweises; eine Tagestour mit einer Autorikscha kostet etwa 450 ₹.

Andhra Pradesh

Inhalt ➡

Gut essen

- Hotel Shadab (S. 258)
- Shah Ghouse Cafe (S. 258)
- So. (S. 259)
- Southern Spice (S. 259)
- Dharani (S. 267)

Abseits der Touristenpfade

- Maredumilli (S. 270)
- Guntupalli (S. 273)
- Sankaram (S. 269)
- Moula Ali Dargah (S. 251)
- Bhongir (S. 266)

Auf nach Andhra Pradesh!

Andhra Pradesh ist auf den ersten Blick nicht sonderlich attraktiv: Dieser wenig beworbene Bundesstaat gibt sich längst nicht so prunkvoll wie Rajasthan oder so stolz wie Tamil Nadu. Wer ihn erkundet, ist vielerorts der einzige Tourist oder sogar der einzige Anwesende überhaupt. Doch genau diese Einsamkeit kann immer wieder den Eindruck erzeugen, etwas Tolles ganz allein entdeckt zu haben – z. B. die prächtigen Paläste, Grabmale und Moscheen von Hyderabads früheren Königsfamilien oder die menschenleeren Ruinen von Hügelklöstern, in denen einst Mönche aus ganz Asien lebten.

Aber eines ist klar: Traveller erwartet in Andhra Pradesh eine echte Schatzsuche zwischen Reisfeldern, 500 Jahre alten Stadtmärkten und glatten Granithügeln – verbunden mit dem befreiend neuen Gefühl, abseits von Touristenpfaden durch ein wahres Wunderland der vergessenen Geschichte zu streifen.

Reisezeit

Hyderabad

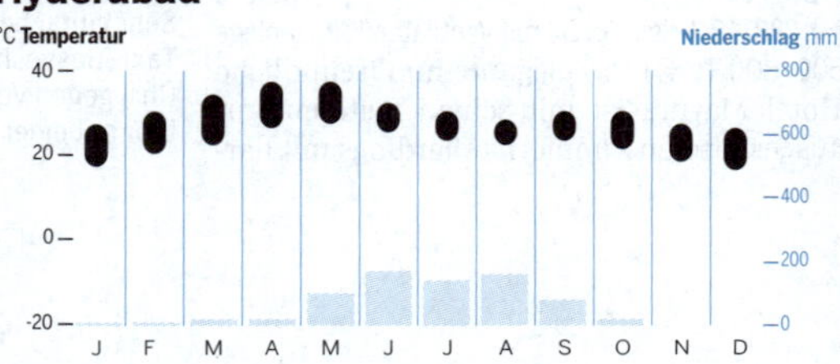

Dez.–Jan. Hyderabads Highlights bei perfekten 20 bis 25° C erkunden.

Juni–Juli Mit Einheimischen die beliebte *Ramzan*- bzw. Ramadan-Speise *haleem* genießen.

Juni–Sept. Der Monsun erschwert das Reisen, aber Surfen bei Vizag ist zu dieser Zeit super.

Essen

Die Einheimischen sind für ihre Liebe zu gutem Essen bekannt – vor allem Hyderabads Einwohner mit ihrem Stolz auf das kulinarische Angebot der Stadt. Andhra Pradeshs Speiseplan ist von zwei Einflüssen besonders geprägt: Der Mogulküche verdankt er leckere Biryanis, Kebabs und *haleem* (gestampfter, würziger Weizen mit Ziegen- oder Hammelfleisch); die traditionellen Regionalrezepte sind dagegen fleischlos und für ihre köstliche Würze berühmt. Wer während des Ramadan (hier *Ramzan* genannt) in „AP" weilt, sollte nach sogenannten *bhattis* Ausschau halten. Die Arbeit an den Tonöfen hört man aber wahrscheinlich lange, bevor man sie sieht: Rund herum versammeln sich Männer, um *haleem* mit großem Krafteinsatz in speziellen Behältern zu stampfen. Nach Einbruch der Dunkelheit wird dann geschmaust – und es ist die Warterei wert. Die Liebe zu diesem Gericht geht nun noch einen Schritt weiter: 2010 wurde „Hyderabadi Haleem" offiziell als regionales Markenzeichen eingetragen und darf seitdem nur als solches serviert werden, wenn es strengen Qualitätskriterien entspricht.

NICHT VERSÄUMEN!

Größter Besuchermagnet der Region ist die herrliche Architektur von **Hyderabads** Königsdynastien, die vom 16. Jh. bis zu Indiens Unabhängigkeit regierten. Zu den baulichen Meisterwerken der Qutb Shahi zählen der imposante **Charminar**, das **Golconda Fort** und die prächtigen **Qutb-Shahi-Gräber** als deren Ruhestätten. Ganz Hyderabad zeugt zudem vom verschwenderischen Lebensstil der Nizam – besonders mit dem **Chowmahalla Palace**, dem **HEH the Nizam's Museum** und dem **Falaknuma Palace** (heute ein extravagantes Hotel). Doch vor all den reichen Blaublütern herrschte hier ein anderer Prinz: Buddha. Dessen Friedfertigkeit verströmen noch immer die malerischen Klosterruinen von **Nagarjunakonda**, **Guntupalli** und **Sankaram**.

Top-Feste

- **Sankranti** (Jan.; in ganz Andhra Pradesh) Das Telugu-Festival markiert das Ende der Erntesaison mit Drachen am Himmel und bunten *kolams* (Reismehlmustern) auf den Türschwellen. Außerdem verzieren Männer die Rinder mit Glocken und Farbe an den Hörnern.
- **Brahmotsavam** (Sept./Okt.; Tirumala, S. 272) Für das neuntägige Fest mit *pujas* und Wagenparaden wird der Venkateshwara-Tempel üppig geschmückt. Es gilt auch als günstige Zeit für die rituelle Götterbetrachtung (*darshan*).
- **Muharram** (Okt./Nov.; Hyderabad, S. 245) Das Fest erinnert an das Martyrium von Mohammeds Enkel. Schiiten tragen Trauer und versammeln sich am Badshahi Ashurkhana.
- **Visakha Utsav** (Dez./Jan.; Visakhapatnam, S. 266) Visakhapatnam feiert sich selbst mit Tanz und Musik.

ANKUNFT

Hierher geht's meist über den Rajiv Gandhi International Airport, den Mahatma-Gandhi-Busbahnhof (Imlibun) oder die Bahnhöfe Nampally und Secunderabad.

Ab Visakhapatnam schippern einmal im Monat Fähren nach Port Blair auf den Andamanen.

Kurzinfos

- **Bevölkerung:** 84,7 Mio.
- **Fläche:** 276 754 km²
- **Hauptstadt:** Hyderabad
- **Sprachen:** Telugu, Urdu, Hindi
- **Übernachtungspreise:** **$** unter 1000 ₹, **$$** 1000–3000 ₹, **$$$** über 3000 ₹

Top-Tipp

Obwohl Tee hier langsam ebenfalls Fuß fasst, ist Andhra traditionell eine Kaffeeregion. Bei entsprechender Gelegenheit empfiehlt sich daher ein Filterkaffee statt Chai.

Infos im Internet

- **APTDC Tourism** (www.aptdc.in)
- **Deccan Chronicle** (www.deccanchronicle.com)
- **Full Hyderabad** (www.fullhyderabad.com)
- **Zomato** (www.zomato.com)

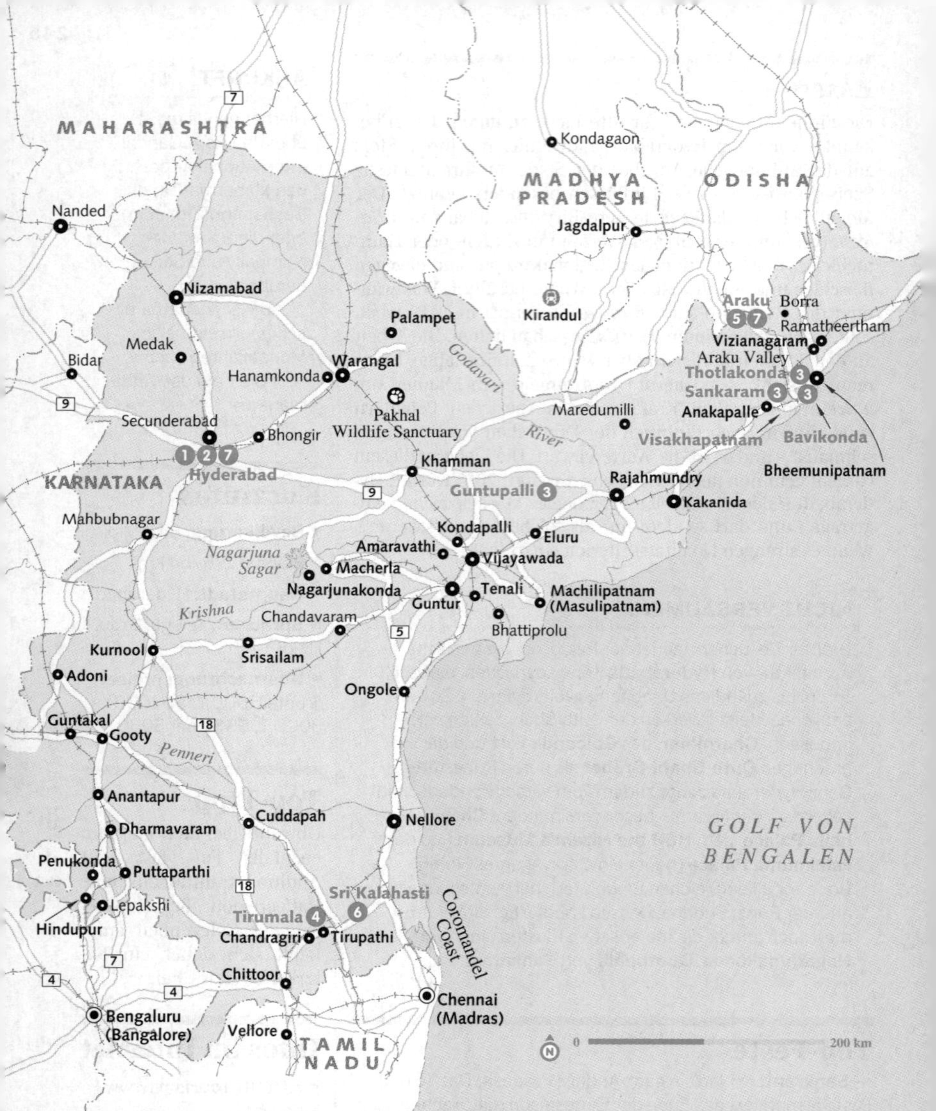

Highlights

1 In **Hyderabads** vielen Palästen und königlichen Bauten von einem Leben voller Reichtum träumen (S. 247)

2 Im Ambiente von Hyderabads farbenfrohem, jahrhundertealtem **Laad-Basar** (S. 249) schwelgen

3 In **Sankaram** (S. 269), **Bavikonda** (S. 269), **Thotlakonda** (S. 269) und **Guntupalli** (S. 273) die Schwingungen auf einer 2300 Jahre alten Pilgerroute spüren

4 Mit zahllosen Hindupilgern in **Tirumala** (S. 272) eine bislang ungekannte Hingabe erleben

5 Mit dem Zug durch die dramatischen Ostghats nach **Araku** (S. 269) fahren und dabei die Aussicht genießen

6 Sich in **Sri Kalahasti** (S. 274) von der Farbenpracht der *kalamkari*-Malereien hypnotisieren lassen

7 In **Hyderabads** (S. 253) und **Arakus** (S. 269) Stammesmuseen Andhras ethnischen Reichtum erleben

Geschichte

Ab dem 3. Jh. v. Chr. herrschte die Satavahana-Dynastie – auch unter der Bezeichnung Andhra bekannt – über das Dekkan-Plateau. Hervorgegangen war die Dynastie aus dem Volk der Andhras, die in Südindien möglicherweise schon um 1000 v. Chr. gesiedelt hatten. Buddhistisches Gedankengut hatte hier schon zur Zeit des Erleuchteten Wurzeln geschlagen, sodass die Andhras bereitwillig den buddhistischen Glauben annahmen und riesige Bauwerke zu Ehren ihres Religionsstifters errichteten. In den folgenden Jahrhunderten brachten es die Andhras zu einer blühenden Zivilisation, deren Einfluss sich in ganz Südindien ausbreitete.

Zwischen dem 7. und dem 10. Jh. herrschten in der Region des heutigen Andhra Pradesh die Chalukyas, die besonders an der Küste den drawidischen Architekturstil pflegten. Im 11. Jh. verschmolzen die Chalukya- und die Chola-Dynastie miteinander, um dann von den Kakatiyas zu Fall gebracht zu werden, die die südindische Sakralarchitektur um die Säulentempel ergänzten. Auf die Herrschaft der Kakatiyas folgte die der Vijayanagars. Und diese errichteten eines der mächtigsten Reiche Indiens.

Bis zum 16. Jh. wurde Hyderabad von der islamischen Qutb-Shahi-Dynastie beherrscht. 1687 musste diese dem Reich des Großmoguls Aurangzeb weichen. Im 18. Jh. konnten die den Moguln folgenden Herrscher, die Nizams, Hyderabad mehr oder weniger kontrollieren – in einer Zeit, in der Briten und Franzosen um das Handelsvorrecht wetteiferten. Doch ihr Einfluss wurde schwächer. 1947 wurde die Region widerwillig Teil des unabhängigen Indiens, und 1956 entstand dann der Staat Andhra Pradesh als Zusammenschluss der teluguspracbigen Gebiete mit der urdusprachigen Hauptstadt.

Eine der drei Hauptregionen, aus denen Andhra Pradesh formiert wurde, ist bis heute umkämpft: 2009 erhielt Telanganas Separationsbewegung Aufwind, als die Regierung die Schaffung eines neuen Bundesstaats billigte. Nach Protesten von Andhras Küstenregionen und nordöstlichen Gebieten wurde Telanganas Loslösung jedoch verschoben – worüber bis heute heftigst diskutiert wird.

Hyderabad

☎ 040 / 6,81 MIO. EW.

Die „Stadt der Perlen" wirkt wie eine betagte, tadellos gekleidete Prinzessin mit abgenutztem Juwelenschmuck. Als früherer Sitz mächtiger, reicher Adelsfamilien (Qutb Shahi und Asaf Jahi) war Hyderabad lange Zeit von Innovation und hohem Wohlstand geprägt. Die heutige „Altstadt" strotzt nur so vor jahrhundertealten islamischen Monumenten und vielen noch älteren, faszinierenden Bauten. Tatsächlich verteilen sich zahllose architektonische Schätze über die ganze Stadt – darunter prächtige Mausoleen, Moscheen, Paläste und Wohnhäuser aus längst vergangenen Zeiten. Einige davon sind charmant verwittert, andere glänzen frisch restauriert.

In den 1990er-Jahren rückte schließlich die fröhliche, stilvolle Enkelin jener betagten Prinzessin ins Rampenlicht: Der Aufstieg von Hyderabads Westteil brachte eine neue Dekadenz mit sich. Zusammen mit Bengaluru (Bangalore) und Pune ist „Cyberabad" nun der Sitz von Indiens mächtiger „Software-Dynastie". Dementsprechend sind hier Spitzenrestaurants und Nobelbars für den neuen Geldadel entstanden.

Die frühere britische Garnisonsstadt Secunderabad liegt nördlich des Hussain Sagar und ist heute vor allem wegen ihres riesigen Bahnhofs für Traveller von Nutzen.

Achtung: Die Verkehrsverhältnisse sind ein Problem – selbst für kurze Distanzen braucht man oftmals sehr lang!

Geschichte

Ende des 16. Jhs. litt Golconda unter Wassermangel, und die Qutb-Shahi-Herrscher waren dazu gezwungen, ihren Wohnsitz zu verlegen. Diesem Umstand verdankt Hyderabad seine Existenz. Sie verließen das Golconda-Fort und errichteten eine neue Residenz unter dem Namen Hyderabad am Ufer des Musi. Und als neues Wahrzeichen ließ Mohammed Quli Qutb Shah gleich zu Beginn den Charminar aus dem Boden stampfen.

1687 wurde die Stadt von den Truppen des Großmoguls Aurangzeb überrannt. Fortan hatten Vizekönige in Hyderabad das Sagen, die von der Mogulregierung in Delhi eingesetzt wurden. Als der Stern des Mogulreichs aber immer weiter sank, nutzte der damalige Vizekönig Asaf Jah die Gunst der Stunde: 1724 erklärte er Hyderabad zu einem unabhängigen Staat und sich selbst zu dessen Oberhaupt. So nahm die Nizam-Dynastie von Hyderabad ihren Anfang – und damit die Blütezeit der muslimischen Tradition, als deren indisches Zentrum Hyderabad ganz im Zeichen von Kunst, Kultur und Bildungswesen stand. Auch

Hyderabad

kostbare Edelsteine und Mineralien waren in Hülle und Fülle vorhanden. Dies verhalf den Nizams zu ihrem gewaltigen Reichtum. Beispielsweise stammt der weltberühmte Koh-I-Noor-Diamant ursprünglich von hier. William Dalrymples Buch *White Mughals* zeichnet ein faszinierendes Porträt von Hyderabad, wie es zur Zeit der Nizam-Dynastie ausgesehen haben muss.

Nachdem Indien 1947 seine Unabhängigkeit erlangt hatte, zog der damalige Nizam von Hyderabad, Osman Ali Khan, zunächst einen Zusammenschluss mit Pakistan in Betracht. Letztendlich entschied er sich aber doch für einen souveränen Fürstenstaat. Als die Spannungen zwischen den Hindus und den Muslimen immer weiter zunahmen, griff das Militär ein. Dadurch wurde Hyderabad im Jahr 1948 gezwungen, der Indischen Union beizutreten.

Die Stadt leidet noch immer unter Spannungen und Gewalt: 2007 starben insgesamt 55 Menschen bei Bombenattentaten (u. a. an der Mecca Masjid). Ende 2012 entflammte heftiger Protest gegen den Plan, den Hindutempel in Hyderabads islamischem Wahrzeichen – dem Charminar – zu erweitern. Dies gipfelte in Auseinandersetzungen mit mehreren Verletzten, brennenden Autos und einer mehrtägigen Polizeiblockade der Altstadt. Zwei Sprengstoffanschläge in Marktvierteln kosteten im Jahr 2013 mindestens 16 Menschen das Leben.

Sehenswertes

★ Charminar DENKMAL, MARKT

(Karte S. 258; Inder/Ausländer 5/100 ₹; 9–17 Uhr) Hyderabads bedeutendstes Wahrzeichen ließ Mohammed Quli Qutb Shah 1591 errichten, um sowohl der Gründung von Hyderabad als auch des Endes der Epidemien, die durch den Wassermangel in Golconda ausgelöst worden waren, zu gedenken. Das 56 m hohe Gebäude mit vier Türmen hat vier Torbögen, die jeweils in eine Himmelsrichtung weisen. Jeder Turm hat ein Minarett als Abschluss. Das zweite Stockwerk mit Hyderabads ältester Moschee und die oberen Bereiche der Türme sind für Besucher gesperrt. Das Bauwerk wird von 19 bis 21 Uhr illuminiert.

Die belebten Gassen rund um den Charminar – die Nachbarschaft ist ebenfalls bekannt als Charminar – sind der perfekte Ort, um sich hoffungslos zu verlaufen. Entlang der Gehwege findet man fast alles, vom Parfüm bis zu Küchengeräten und Kokosnüssen. Spaziergänger mit Orientierungssinn finden vielleicht den Vogelmarkt oder den Betrieb, der *varakh* (Alufolie) zum Verpacken von Süßigkeiten herstellt. Westlich des Denkmals liegt der **Laad Bazaar** (Karte S. 258), der in ganz Südindien bekannt ist für seine Hochzeitssaris, Juwelen und Armreifen. Hier ist auch auch das Zentrum von Indiens Perlenhandel: Wer Ahnung hat, kann hier ein tolles Schnäppchen machen.

★ Golconda Fort FESTUNG

(Inder/Ausländer 5/100 ₹, Sound- & Lightshow Erw./Kind 50/30 ₹; 9–17 Uhr; Sound- & Lightshow Nov.–Feb. 18.30 Uhr, März–Okt. 19 Uhr) Die Festung wurde größtenteils im 16. Jh. von den Qutb-Shah-Herrschern errichtet. Teile der ursprünglich aus Lehm bestehenden Anlage sind jedoch auch auf die älteren Yadava- und Kakatiya-Epochen datierbar.

Fast 80 Jahre lang war Golconda die Hauptstadt des gleichnamigen, unabhängigen Staats. 1590 gab Sultan Mohammed Quli Qutb Shah die Stätte jedoch auf und verlegte seine Residenz ins neue Hyderabad.

Die Zitadelle auf einem 120 m hohen Granithügel wird von zinnenbesetzten Schutzwällen aus mächtigen Mauerblöcken umgeben. Rundherum verläuft noch ein mit Zinnen besetzter Wall (Umfang 11 km); diesem wiederum ist ein dritter Mauerring vorgelagert. Die massiven Tore besetzte man einst mit Eisendornen, um Kriegselefanten abzuwehren.

Das Überleben der Festungsbewohner basierte auch auf Wasser und Akustik: Glasierte, unterirdisch verlaufende Tonrohre stellten eine zuverlässige Wasserversorgung sicher. Parallel garantierte die hervorragende Akustik, dass selbst die leisesten Geräusche am Eingang im ganzen Festungskomplex zu hören waren.

Zum Naya Qila (neuen Fort) gehört ein herrlicher, 400 Jahre alter **Baobab-Baum** (*hatiyan ka jhad* bzw. Elefantenbaum) mit einem Umfang von 27 m. Der Setzling soll einst von arabischen Händlern aus Abessinien mitgebracht worden sein. Von den bröckelnden Mauern aus hat man einen tollen Blick auf das Fort und die Gräber.

Guides verlangen stolze 600 ₹ für eine 90-minütige Tour. Alternativ gibt's kleine Übersichtsbroschüren zum Fort. Jeden Abend findet zudem eine **Sound- and -Lightshow** statt. Morgens ist es hier jedoch am ruhigsten.

Das Fort liegt ca. 12 km von Abids entfernt. Hin kommt man z. B. mit Autorikschas (hin & zurück 400 ₹ inkl. Wartezeit) oder Bus 119 ab dem Bahnhof Nampally. Alternativen vom Charminar aus sind die Buslinie 66G und der Setwin-Bus 66 (jeweils 1 Std.).

Chowmahalla-Palast MUSEUM

(Karte S. 258; www.chowmahalla.com; Inder/Ausländer 40/150 ₹, Foto 50 ₹; Sa–Do 10–17 Uhr) Als letzten Akt ihrer architektonischen Selbstdarstellung restaurierte die Nizam-Dynastie diesen atemberaubenden Palast – um genau zu sein: eigentlich gleich vier (*char*) Paläste (*mahalla*). Der 1750 begonnene Bau wurde über die folgenden 100 Jahre im persischen, indo-sarazenischen, rajasthanischen und europäischen Stil erweitert. Ein *mahal* im Südhof beherbergt zeitgenössische Räume mit extrem opulentem Nizam-Mobiliar. Ein anderer präsentiert das Leben in den *zenana* (Frauenquartieren) mit Teppichen, juwelenbesetzten Gewändern und einer Brautsänfte. Zu sehen gibt's außerdem Kuriositäten wie Elefantensättel und diverse Oldtimer – ein Nizam soll einen Rolls Royce gerne als Müllbehälter benutzt haben.

Der **Khilwat Mubarak** im Nordhof ist ein prächtiger Durbar-Saal, in dem Nizam-Zeremonien unter 19 riesigen Lüstern aus belgischem Kristall stattfanden. Heute sind hier Fotos, Waffen und Kleidungsstücke aus-

DER STAAT DES GUTEN KARMAS

Bescheidenheit ist ein typischer Charakterzug von Andhra Pradesh. Der Bundesstaat macht nicht viel Aufhebens um seine zahlreichen archäologischen Funde und sein gutes Karma. Aber er ist voller Zeugnisse einer langen buddhistischen Geschichte. Nur ein Bruchteil von Andhras 150 Stupas, Klöstern, Höhlen und anderen historischen Stätten wurde bis dato freigelegt. Seltene Buddhareliquien und Opfergaben, z. B. goldene Blumen, zählen jedoch zu den besonders bemerkenswerten Funden.

Sie stammen aus einer Zeit, in der Andhra Pradesh – oder Andhradesa – noch ganz im Zeichen des Buddhismus stand, und als Mönche aus aller Welt hierher kamen, um von den berühmtesten Lehrern dieser Glaubensrichtung zu lernen und indische Mönche nach Sri Lanka und Südostasien über den Krishna und den Godavari reisten, um Buddhas Lehren zu verbreiten.

Andhradesas buddhistische Kultur nahm im 6. Jh. v. Chr. ihren Anfang. In den nächsten 1500 Jahren vereinte sie die *sangha* (Gemeinschaft der Mönche und Nonnen), Laien und Adlige unter einem religiösen Dach. Angeblich soll Buddha sogar persönlich in der Region vorbeigeschaut haben, auch wenn es dafür keine historischen Beweise gibt.

In Andhradesa wurde der Buddhismus höchstwahrscheinlich erstmals von den Schülern Bavaris praktiziert. Der Asket lebte einst am Ufer des Godavari und entsandte seine Anhänger nach Norden, um die Lehre Buddhas zurückzubringen. Doch erst im 3. Jh. v. Chr. schlug das *dharma* unter Ashoka endgültig Wurzeln. Ashoka schickte Mönche in alle Winkel seines Reichs, wo sie neben ihrer Lehrtätigkeit auch Stupas errichteten, in denen Buddhareliquien aufbewahrt wurden. (Wer sich in der Nähe eines solchen Schreins aufhielt, kam auf dem Pfad der Erleuchtung angeblich schneller voran.)

Die auf Ashoka folgenden Satavahanas und Ikshvakus förderten ebenfalls den Buddhismus. Die Satavahanas ließen Ashokas schlichten Stupa in ihrer Hauptstadt Amaravathi mit eleganten Elementen verzieren. Außerdem errichteten sie Klöster im Krishna-Tal und exportierten das *dharma* mittels ihres ausgedehnten Handelsnetzes übers Meer und in alle Welt.

Nagarjuna lebte zur Zeit der Satavahana-Dynastie und betätigte sich zu gleichen Teilen als Logiker, Philosoph und Meditator. Viele bezeichnen ihn als Stammvater des Mahayana-Buddhismus. Seine Schriften trugen maßgeblich zur Entwicklung des Buddhismus in seiner heutigen Form bei. In den folgenden Jahrhunderten brachte die Region jedoch noch weitere bedeutende Philosophen hervor. Dank dieser Mönche wurde Andhradesa auf gewisse Weise zum südlichen Vaterland des Buddhismus.

Heute schreien die vielen Stätten des Bundesstaats geradezu nach einer Erkundungstour: Selbst als Ruinen vermitteln manche Klosterkomplexe und Stupas noch einen guten Eindruck von ihrer früheren Größe – und gleichermaßen davon, wie die Mönche einst lebten, in Höhlen schliefen oder Regenwasser aus in den Fels geschlagenen Zisternen holten. Die meisten Stätten warten zudem mit einem herrlichen Meeres- und Landschaftspanorama auf.

Die einst blühenden buddhistischen Komplexe von Nagarjunakonda (S. 264) und Amaravathi (S. 271) haben beide eine gute Infrastruktur (inkl. hilfreicher Museen). Für noch stimmungsvollere Abenteuer empfehlen sich Guntupalli (S. 273) und Bhattiprolu in der Nähe von Vijayawada oder Thotlakonda (S. 269), Bavikonda (S. 269), Sankaram (S. 269) und Ramatheertham bei Visakhapatnam.

gestellt. Über der Haupthalle befindet sich ein mit Vorhängen versehener Balkon, auf dem einst die Damen der Familie verschleiert an den Durbars teilnahmen.

Auf dem Weg zum Ausgang kann man sich im **Royal Photo Studio** einfach mal als Adliger verkleiden und davon ein auf alt gemachtes Foto in Sepiatönen schießen lassen (100 ₹).

Qutb-Shahi-Gräber HISTORISCHE STÄTTE
(Erw./Kind 10/5 ₹, Foto/Video 20/100 ₹; ⌚9.30–17.30 Uhr) Rund 1,5 km nordwestlich vom Eingang des Golconda Fort stehen diese würdevollen Kuppelmausoleen inmitten ruhiger Landschaftsgärten. Neben sieben der neun Qutb-Shahi-Herrscher wurden hier auch andere Angehörige dieser Dynastie begraben – und ebenso angesehene Bürger,

vom Arzt bis hin zum Unterhaltungskünstler. Mit dem Erkunden und Fotografieren der Grabmale kann man locker einen halben Tag verbringen. Die obere Ebene von Mohammed Qulis Grab (über eine schmale Treppe erreichbar) bietet einen tollen Blick auf die Umgebung. Der Ticketschalter verkauft auch eine **Broschüre** (20 ₹) zu den Qutb-Shahi-Gräbern.

Vom Fort aus sind die Gräber leicht per pedes, Autorikscha (ca. 30 ₹) oder Bus (80S bzw. 142K) erreichbar. Von der Stadt aus nimmt man Bus 142M ab Nampally und ab Charminar den Setwin-Bus 66.

Paigah-Gräber HISTORISCHE STÄTTE

(Phisalbanda, Santoshnagar; ⏲10–17 Uhr) GRATIS Die aristokratischen Paigahs, angebliche Nachfahren des zweiten Kalifen, waren treue Anhänger der Nizams und dienten unter bzw. neben ihnen als Staatsmänner, Wohltäter und Generäle. Die Nekropole der Paigah-Familie liegt etwas abseits in einer ruhigen Wohngegend, 4 km südöstlich vom Charminar. Es ist eine kleine Ansammlung von edlen Mausoleen aus Marmor mit einer Menge Kalksteinstuck. Die Hauptanlage umfasst 27 aufwendig mit Intarsien verzierte Gräber, die von kunstvoll gemeißelten Wänden und Baldachinen sowie von beeindruckenden, filigran gearbeiteten Paravents mit geometrischen Mustern umgeben sind. Auf ihnen thronen hohe, graziöse Türmchen. Die Gräber befinden sich am Ende einer kleinen Gasse gegenüber vom Owasi Hospital. Um hinzukommen, einfach nach dem Schild mit der Aufschrift „Preston Junior College" Ausschau halten! Die Heftchen *The Paigah Tombs* (20 ₹) kriegt man im AP State Museum, hier aber leider nicht.

Moula Ali Dargah HEILIGE STÄTTE

Auf der Spitze des Moula-Ali-Hügels warten ein toller Stadtblick, ein kühles Lüftchen und ein prachtvoller Dargah. Dessen Inneres mit zahllosen Minispiegeln soll voll von heilendem Segen sein: In einer Nacht des Jahres 1578 träumte ein erkrankter Angehöriger des Qutb-Shahi-Hofs, dass Ali (Schwiegersohn des Propheten Mohammed) den Hügel besuchte. Am nächsten Tag war nicht nur der Patient geheilt – man fand auch Alis Handabdrücke an besagter Stelle. Daraufhin ließ der Sultan sofort eine Moschee und einen Dargah über den Handabdrücken errichten. Heute ist der glatte, 600 m hohe Hügel aus massivem Fels eine Wallfahrtsstätte für Erkrankte und zugleich eine der eindrucksvollsten örtlichen Sehenswürdigkeiten. Lieber nicht in der Mittagshitze über die 484 Stufen hinauf zur Spitze steigen!

Der Ostzugang zum Hügel liegt neben dem erst kürzlich restaurierten **Mausoleum** der Dichterin und Kurtisane Mah Laqa Bai (1768–1824), die am Hof des zweiten und dritten Nizam erheblichen Einfluss hatte.

Der Moula-Ali-Hügel erhebt sich ca. 10 km nordöstlich von Secunderabad. Vom Busbahnhof dort starten Busse regelmäßig zur 2 km entfernten ECIL-Haltestelle, wo auch der Bus 136H ab Nampally hält.

Salar Jung Museum MUSEUM

(Karte S. 258; www.salarjungmuseum.in; Salar Jung Marg; Inder/Ausländer 10/150 ₹; ⏲Sa–Do 10–17 Uhr) Die große und facettenreiche Sammlung dieses Museums reicht bis ins 1. Jh. zurück. Zusammengestellt wurde sie von Mir Yusaf Ali Khan (Salar Jung III.), dem Großwesir des siebten Nizam (Osman Ali Khan; reg. 1910–49). Unter den 14 000 Objekten aus aller Welt sind z. B. Skulpturen, Holzschnitzereien, religiöse Gegenstände, mogulische Miniatur-Malereien, illuminierte Handschriften, Waffen, Spielzeuge und Textilien. Fotografieren ist hier verboten. Wegen extremen Hochbetriebs sind Sonntagsbesuche nicht empfehlenswert. Die Busse 8 und 8A ab Abids halten vor dem Museum. Alternativ nimmt man Bus 7 zur **Afzal-Gunj-Haltestelle** nördlich der nahegelegenen Brücke über den Musi.

Direkt westlich der Brücke (an deren Nordseite) steht das spektakuläre **Osmania General Hospital,** das wie der **High Court** und das **Government City College** auf der Südseite vom siebten Nizam im indo-sarazenischen Stil errichtet wurde.

HEH The Nizam's Museum MUSEUM

(Purani Haveli; Karte S. 258; Erw./Stud. 70/15 ₹, Foto 150 ₹; ⏲Sa–Do 10–16.30 Uhr) Das Purani Haveli war einst das Heim des sechsten Nizam (Fath Jang Mahbub Ali Khan; reg. 1869–1911), der nie zweimal dieselbe Kleidung getragen haben soll – daher rührt vermutlich der 72 m lange, zweistöckige Kleiderschrank aus burmesischem Teakholz. Die früheren Quartiere der Palastdienerschaft beherbergen neben persönlichen Besitztümern des siebten Nizam (Osman Ali Kahn) auch generöse Geschenke, die dieser zu seinem Silbernen Thronjubiläum erhielt (u. a. eine Sammlung von Art-déco-Briefkästen). Die Museumsführer erklären alles sehr gut im Kontext.

Abids & Umgebung

Der übrige Teil des Purani Haveli ist heute eine Schule. Trotzdem kann man über das Gelände schlendern und sich das Verwaltungsgebäude in der ehemaligen Residenz des Nizam ansehen.

Badshahi Ashurkhana HISTORISCHES GEBÄUDE
(Karte S. 258) Das „königliche Trauerhaus" von 1594 war eines der ersten Gebäude, das die Qutb Shah in ihrer neuen Stadt Hyderabad errichteten. Abseits der Straße steht es in einer Ecke des Charminar und ist daher leicht zu übersehen. Die komplexen, farbenprächtigen Mosaike im Inneren scheinen fast gar zu glühen. Wer deren unteren Bereich genauer betrachtet, wird entdecken, dass die Fliesen dort nur aufgemalt sind: 1908 zerstörte ein Hochwasser die ersten zwei Mosaik-Meter. Jeden Donnerstag und immer zu Muharram herrscht hier Hochbetrieb, wenn die Schiiten gemeinsam des Martyriums des Hussain Ibn Ali gedenken. Besucher müssen ihre Schuhe ausziehen und in angemessener Kleidung kommen (Frauen müssen auch ein Kopftuch tragen!).

Nehru Centenary Tribal Museum MUSEUM
(Karte S. 260; Masab Tank Rd; Inder/Ausländer 10/100 ₹; ⏲10.30–17 Uhr) Andhra Pradeshs 33 Stammesgruppen zählen mehrere Millionen

Abids & Umgebung

Sehenswertes
1 AP State Museum ... B3
2 Birla Mandir ... A2
Birla Modern Art Gallery ... (siehe 3)
3 BM Birla Science Centre ... B3
4 Buddhastatue & Hussain Sagar ... B1
5 Health Museum ... A3
6 Parlamentsgebäude ... A3
7 Lumbini Park ... B2

Aktivitäten, Kurse & Touren
8 APTDC-Bashirbagh-Büro ... B3
9 APTDC-Tankbund-Road-Büro ... B2

Schlafen
10 Hotel Harsha ... B4
11 Hotel Rajmata ... B4
12 Hotel Suhail ... B5
13 Mercure ... B4
14 Taj Mahal Hotel ... B4

Essen
15 G Pulla Reddy ... B5
16 Gufaa ... B2
17 Kamat Andhra Meals ... B5
18 Kamat Hotel ... B4
19 Kamat Hotel ... A2
Kamat Jowar Bhakri ... (siehe 17)
Kamat Restaurant ... (siehe 17)
20 Paradise ... A1
21 Subhan Bakery ... A4
Taj Mahal Hotel ... (siehe 14)

Unterhaltung
22 Prasads Multiplex ... A1
23 Ravindra Bharathi Theatre ... A3

Shoppen
24 AA Husain & Co ... B4
25 Bidri Crafts ... B4
26 Lepakshi ... B4
27 Sheela's Arts & Crafts ... B3

Praktisches
28 Care Hospital ... B5
29 Mor Chemists ... B2
30 Net World ... A2
31 Reliance Web World ... B5

Transport
32 Air India ... B3
33 Jet Airways ... B3
34 Koti-Bushaltestelle ... C5
35 Nampally Bahnhof ... A4
36 Neo Globe Tours & Travels ... A3

Menschen, die vor allem im Nordosten des Bundesstaats leben. Dieses staatliche Museum unter Leitung des Tribal Welfare Department zeigt z. B. Fotos, Musikinstrumente, ein paar erlesene Naikpod-Masken und einige Dioramen zum Dorfleben. Es ist zwar insgesamt recht einfach gestaltet, gewährt aber einen guten Einblick in die Kultur der ethnischen Minderheiten. Zudem gibt's hier eine hervorragende **Bibliothek** (geöffnet 13–14 & 16–17 Uhr).

AP State Museum MUSEUM

(Karte S. 252; Public Gardens Rd, Nampally; Eintritt 10 ₹, Foto/Video 100/500 ₹; ⌚ Sa–Do 10.30–16.30 Uhr) Die Sammlung dieses weitläufigen Museums umfasst u. a. bedeutende archäologische Regionalfunde, ornamentale Kunst und eine 4500 Jahre alte Mumie aus Ägypten. Außerdem gibt's eine Ausstellung zu Andhras buddhistischer Geschichte (inkl. Buddha-Reliquien) sowie Galerien mit verschiedenen Skulpturen (jainistische und bronzene) zu sehen.

Der siebte Nizam errichtete den schmucken Bau 1920 zur Freude einer seiner Töchter als Theater. In seinem Auftrag entstand auch das nahegelegene, prächtige **Parlamentsgebäude** (Karte S. 252), dessen Fassade (wie die des Museums) abends beleuchtet ist.

Buddhastatue & Hussain Sagar DENKMAL, SEE

(Karte S. 252; Bootsfahrt Erw./Kind 50/25 ₹) Der Hussain-Sagar-See wurde einst von den Qutb Shah angelegt. Mittendrin erhebt sich malerisch eine der weltgrößten freistehenden Buddha-Steinstatuen auf ihrem Sockel. Vor allem im abendlichen Flutlicht bietet sie einen grandiosen Anblick.

Regelmäßig fahren **Boote** zur Statue (hin & zurück 30 Min.); sie starten an der **Eat Street** (Karte S. 260; ⌚ Abfahrt 14.30–20.15 Uhr) oder am **Lumbini Park** (Karte S. 252; Eintritt 10 ₹; ⌚ 9–21 Uhr). In letzterem kann man auch prima den Sonnenuntergang und die Lasershow am beliebten Springbrunnen genießen.

British Residency HISTORISCHES GEBÄUDE

(☎ 24657813) Dieses prächtige Wohnhaus wurde 1803 von James Achilles Kirkpatrick errichtet und hat einen Auftritt in William Dalrymples historischem Liebesroman *White Mughals* (2002). Als britischer Resident begeisterte sich Kirkpatrick für die Mogulkultur und heiratete schließlich Khair-un-Nissa, die jugendliche Enkelin von Hyderabads Premierminister. Die Residency (heute Teil des Koti Women's College) war zum Recherchezeitpunkt recht baufällig, stand aber kurz vor der Restaurierung. Mit ihren prächtigen Sälen und Treppenaufgängen ist sie aber so oder so sehenswert. Schuldirektorin Seetha erteilt Besichtigungsgenehmigungen.

Taramati Baradari HISTORISCHES GEBÄUDE
(Ibrahimbagh; ⌚11.30–20.30 Uhr) Der elegante Pavillon steht 4 km hinter dem Golconda Fort auf einem Hügel. Sultan Abdullah Qutb Shah errichtete ihn der Legende nach für seine Kurtisane Taramati, um deren Gesangs- und Tanzdarbietungen von einem Festungsbalkon aus beobachten zu können. Vom Fort aus fahren Autorikschas hierher (hin & zurück 300 ₹).

Birla Mandir HINDU-TEMPEL
(Karte S. 252; ⌚7–12 & 14–21 Uhr) Der himmlische Birla Mandir (erb. 1976) aus weißem Rajasthan-Marmor ziert den Kalabahad (Schwarzer Berg), der als einer von zwei Felshügeln über dem Hussain Sagar emporragt. Der Tempel ist Venkateshwara geweiht und ein beliebtes hinduistisches Pilgerzentrum. Vor allem zu Sonnenuntergang hat man hier einen traumhaften Blick auf die Stadt.

Birla Modern Art Gallery MUSEUM
(Karte S. 252; www.birlasciencecentre.org; Eintritt 40 ₹; ⌚10.30–18 Uhr) Früher war hier eher mittelmäßige Regionalkunst ausgestellt. Seit seiner Renovierung zeigt das Museum jedoch eine kompetent kuratierte Sammlung von modernen und zeitgenössischen Werken – in ganz Südindien die beste ihrer Art. Zu sehen gibt's u. a. Gemälde von Berühmtheiten wie Jogen Chowdhury, Tyeb Mehta, Arpita Singh und Thota Vaikuntam.

Mecca Masjid MOSCHEE
(Karte S. 258; Shah Ali Banda Rd, Charminar; ⌚9–17 Uhr) Mit Platz für 10 000 Gläubige ist diese Moschee weltweit eine der größten. Frauen haben hier allerdings keinen Zutritt.

In einige Ziegel oberhalb des Portals ist Erde aus Mekka eingearbeitet – daher der Name. Auf dem eingezäunten Gelände links der Moschee befinden sich die Grabstätten von Nizam Ali Khan und dessen Nachfolgern. Seit den Bombenanschlägen von 2007 herrschen hier verschärfte Sicherheitsbestimmungen (u. a. besteht ein Taschenverbot im Gebäudeinneren).

BM Birla Science Centre MUSEUM
(Karte S. 252; www.birlasciencecentre.org; Wissenschaftsmuseum/Planetarium 35/40 ₹; ⌚Museum 10.30–20 Uhr, Shows im Planetarium 11.30, 16 & 18 Uhr) Das unterhaltsame, altmodisch gestaltete Birla Science Centre umfasst ein Wissenschaftsmuseum, ein Planetarium, ein „Dinosaurium“, archäologische Ausstellungen und Galerien mit bildender Kunst.

Freiwilligenarbeit

Blue Cross of Hyderabad FREIWILLIGENARBEIT
(☎23544355; www.bluecrosshyd.in; Rd No 35, Jubilee Hills) Das 0,8 ha große Tierheim mit 1000 tierischen Bewohnern rettet kranke Tiere und impft bzw. sterilisiert streunende Hunde. Freiwillige können im Büro, im Adoptionszentrum (Hunde ausführen und sozialisieren) oder anderweitig mit den Vierbeinern (Füttern, Fellpflege) arbeiten.

Kurse

Vipassana International Meditation Centre MEDITATION
(Dhamma Khetta; ☎24240290; www.khetta.dhamma.org; Nagarjuna Sagar Rd bei Km 12,6) Die zehntägigen Meditations-Intensivkurse (Anmeldung online) finden 20 km außerhalb der Stadt auf einem ruhigen Gelände statt. Das Zentrum ist zwar durchaus zweckdienlich, aber nicht so komfortabel wie das am Nagarjuna Sagar (S. 254). In der Nähe (1 km Fußweg) hält Bus 277 ab der MGBS (Mahatma-Gandhi-Busbahnhof) oder dem Koti Women's College.

Geführte Touren

Andhra Pradesh Tourism Development Corporation GEFÜHRTE TOUR
(APTDC; ☎24-Std.-Infotelefon 23450444; www.aptdc.in; ⌚7–20 Uhr) Die Trips der APTDC führen durch die Stadt (300 ₹), in die Ramoji Film City (900 ₹), zur Nagarjuna-Sagar-Talsperre (am Wochenende; 500 ₹) und zu anderen Zielen im ganzen Bundesstaat. Die Sound & Light-Tour (230 ₹) zur entsprechenden Show im Golconda Fort bleibt oft unterwegs im Stau stecken. Reservieren kann man in **Bashirbagh** (Karte S. 252; ☎66746370; NSF Shakar Bhavan gegenüber der Polizeileitstelle), **Secunderabad** (Karte S. 256; ☎27893100; www.aptdc.in; Yatri Nivas Hotel, SP Rd) oder an der **Tankbund Road** (Karte S. 252; ☎65581555).

Heritage Walks STADTSPAZIERGANG
(☎9849728841; www.aptdc.in/heritage_walks; 50 ₹/Pers.) Der Architekt Madhu Vottery hat sich diese Touren am Sonntagmorgen ausgedacht und leitet sie z. T. auch selbst. Als Autor des Führers *A Guide to Heritage of Hyderabad: The Natural and the Built*

KITSCHABAD

Neben Sehenswürdigkeiten von Weltklasse hat Hyderabad auch einige ziemlich ungewöhnliche Attraktionen.

Ramoji Film City (www.ramojifilmcity.com; Erw./Kind ab 600/500 ₹; ⌚9–22 Uhr) Andhra Pradeshs gewaltige Filmindustrie („Tollywood") hat ein wirklich riesiges Hauptstudio: Die 670 ha große Film City produziert u. a. Kinostreifen und Fernsehshows auf Telugu, Tamil oder Hindi. Während der Bustour (4 Std.) bekommt man kunterbunte Springbrunnen, Filmkulissen aus Pappe, Tanz- und Stuntshows zu sehen. Ab dem Koti Women's College fahren die Busse 204A, 205/205A/205B, 206, 207 und 299 hierher (1 Std., 20 km).

Health Museum (Karte S. 252; Public Gardens Rd, Nampally; Eintritt frei; ⌚Sa–Do 10.30–17 Uhr) Dieses Museum erinnert an ein Klassenzimmer aus den 1950er-Jahren. Seine bizarre Sammlung von medizinischen Geräten und Aufklärungsobjekten umfasst auch das geradezu furchterregende Riesenmodell einer Filzlaus.

Sudha Cars Museum (www.sudhacars.com; Bahadurpura; Inder/Ausländer 40/150 ₹; ⌚9.30–18.30 Uhr) Unter Sudhakars genial verrückten Autodesigns sind z. B. Autos mit der Optik eines Computers, Kricketschlägers, Hamburgers und eines Kondoms. Bei einem Werkstattbesuch kann man sein aktuelles Projekt bewundern. Das Museum liegt östlich des Nehru Zoological Park.

repräsentiert er eine Bewegung, die Hyderabads reiches Architekturerbe bewahrt und Besuchern näher bringen möchte.

Society To Save Rocks STADTSPAZIERGANG
(☎23552923; www.saverocks.org; 1236 Rd No 60, Jubilee Hills) Diese NRO organisiert einmal monatlich Wanderungen zu Andhras surrealen Felsformationen (2,5 Mrd. Jahre alt!).

Abbas Tyabji GESCHICHTSTOUR
(☎9391010015; abbastyabji@gmail.com; 8-stündige Tour inkl. Shuttles 3500 ₹) Der passionierte Fotojournalist Abbas Tyabji stammt von hier und führt einen zu weniger touristischen Attraktionen. Besucht werden z. B. alteKarawanenrouten oder Palmensaftzapfer am Stadtrand.

Feste & Events

Muharram MUSLIMISCH
(⌚Okt./Nov.) Als erster Monat des islamischen Jahrs erinnert der Muharram an das Martyrium von Mohammeds Enkel. Massentrauer und Predigten bis zum Morgengrauen sind angesagt. Hyderabads berühmte Riesenprozession am zehnten Tag des Monats zieht Gläubige aus der ganzen Region an.

Sankranti HINDUISTISCH
(Im ganzen Bundesstaat; ⌚Jan.) Das Telugu-Erntefest füllt den Himmel mit Drachen.

Schlafen

Am Mahatma-Gandhi-Busbahnhof (S. 263) gibt's Schlafsaalbetten für Männer (mit/ohne Klimaanlage 100/60 ₹).

Hotel Suhail HOTEL $
(Karte S. 252; ☎24610299; www.hotelsuhail.in; Troop Bazaar; EZ/DZ/3BZ ab 475/650/945 ₹; ❄@) Wären alle Budgethotels wie das Suhail, würde es Travellern weitaus besser ergehen: An einer Gasse hinter der Hauptpost und dem Grand Hotel gibt's hier freundliches Personal und günstiges Internet. Die großen, ruhigen Zimmer punkten mit Balkonen und Warmwasser.

Hotel Rajmata HOTEL $
(Karte S. 252; ☎66665555; royalrajmata@gmail.com; Public Gardens Rd; EZ/DZ 900/1012 ₹; ❄) Die Lage ist spitze – gegenüber vom Bahnhof Nampally – und dank ausreichend Abstand zur Straße auch schön ruhig. Die betagten Standardzimmer haben ein gutes Preis-Leistung-Verhältnis. Von vielen der fröhlichen und geräumigen, aber trotzdem überteuerten Deluxe-Varianten (EZ/DZ 2023/2248 ₹) blickt man auf den Bahnhof.

YMCA HOSTEL $
(Karte S. 256; ☎27806049; secunderabadymca@yahoo.co.in; SP Rd, Secunderabad; B/EZ/DZ 125/500/650 ₹, EZ/DZ mit Gemeinschaftsbad 350/450 ₹; ❄) Belebtes, ruhig gelegenes Hostel nahe Secunderabads Uhrenturm; manche der schlichten, sauberen Zimmer haben Balkone.

Secunderabad Retiring Rooms BAHNHOFS-RUHERÄUME $
(Karte S. 256; B/EZ/DZ ab 75/500/600 ₹; ❄) Trotz der Auscheckzeit um 5 Uhr super bei später Ankunft in Secunderabad.

Secunderabad

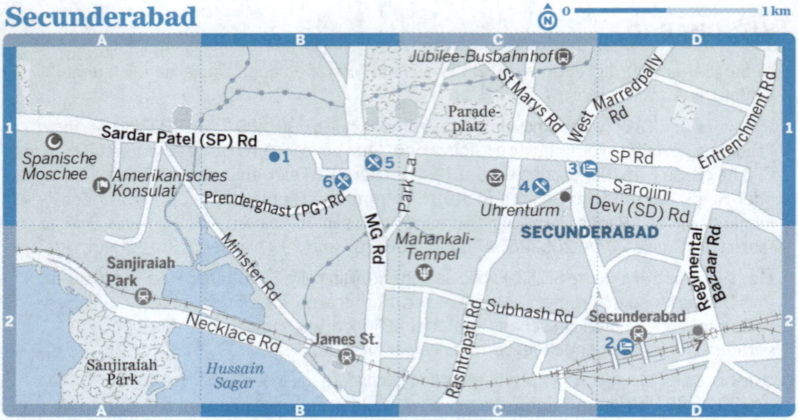

★ Taj Mahal Hotel HOTEL $$
(Karte S. 252; ☎ 66120606; www.hoteltajmahalindia.com; Abids Rd; EZ/DZ mit Klimaanlage ab 1349/1855 ₹; ❄📶) Hinter der historischen Prachtfassade von 1924 verstecken sich viele Grünpflanzen sowie Räumlichkeiten mit Charakter (u.a. dank Boudoirs, hölzerner Balkendecken oder Kristallknäufen an den Kleiderschränken). Das Hotel hat kürzlich ein modernes Nachbargebäude aufgekauft und renoviert. Obwohl dies das altmodische Ambiente schmälert, sucht das Preis-Leistungs-Verhältnis in Hyderabad immer noch seinesgleichen. Dafür sorgen tägliche Zimmerreinigung, äußerst hilfsbereites Rezeptionspersonal, prima WLAN bzw. Breitband-Internet (100 ₹/Tag) und ein hervorragendes vegetarisches Restaurant.

Hotel Imperial Classic HOTEL $$
(☎ 66137698/99; www.imperialclassic.in; RTC Cross Rd, Chikkadpally; EZ/DZ ab 1012/1124 ₹; ❄) Das schlichte Hotel steht in einem Geschäftsbezirk abseits der typischen Touristenviertel. Es beschränkt sich aufs Wesentliche: freundliches Personal, vernünftige Preise, Schallschutzfenster und saubere Zimmer, allerdings mit wenig Charme.

Golden Glory Guesthouse PENSION $$
(Karte S. 260; ☎ 23554765; www.goldengloryguesthouse.com; abseits der Rd No 3, Banjara Hills; EZ/DZ inkl. Frühstück ab 900/1236 ₹, EZ ohne Bad 393 ₹; ❄📶) Das kleine Hotel punktet mit seiner tollen Lage an einer ruhigen Wohnstraße im schicken Banjara Hills. Die durchschnittlichen, aber sauberen und gemütlichen Zimmer haben z. T. Balkone. Ein Minuspunkt ist der nicht unbedingt herzliche Empfang.

Hotel Harsha HOTEL $$
(Karte S. 252; ☎ 23201188; www.hotelharsha.net; Public Gardens Rd; EZ/DZ inkl. Frühstück ab 1798/2023 ₹; ❄📶) Die Quartiere wirken nicht sonderlich stimmungsvoll und bekommen teilweise den Straßenlärm ab (darum eines im hinteren Bereich nehmen). Dafür sind sie hell, geschmackvoll möbliert und mit Kühlschränken ausgestattet. Auch die Kunst an den Wänden ist attraktiver als der übliche Schund. Zudem gibt's hier WLAN (100 ₹/Std.) und freundliches Personal. Der geschniegelte, aber gemütliche Gesamteindruck geht also mit einem der besten Preis-Leistungs-Verhältnisse der Gegend einher.

★ Taj Falaknuma Palace HOTEL $$$
(☎ 66298585; www.tajhotels.com; Engine Bowli, Falaknuma; EZ/DZ ab 25 852/27 538 ₹; ❄@📶🏊) Die Taj-Gruppe brauchte über zehn Jahre, um die frühere Residenz des sechsten Nizam zu restaurieren. Königliche Luxuselemente wie geprägte Ledertapeten oder

Deckenzierrat aus 24-karätigem Gold wurden dabei akribisch instand gesetzt. Allein die Standardzimmer sind schon großartig, doch Bewohner der Suiten genießen das vollkommene Ambiente des 19. Jhs. Selbst wenn man hier nicht wohnt, empfiehlt sich der Nachmittagstee (1500 ₹) im Jade Room.

★ **Marigold** HOTEL $$$
(Karte S. 260; ☎ 67363636; www.marigoldhotels.com; Greenlands Rd, Begumpet; EZ/DZ inkl. Frühstück ab 8430/9554 ₹; ❄@📶≋) Das neue Marigold mit seinem tollen Dachpool wirkt gleichermaßen funktional und stilvoll. Frische Blumen und goldene bzw. neutrale Farbtöne lassen die Zimmer attraktiv, aber nicht affektiert erscheinen. Die Lobby zieren randlose Springbrunnen, kunstvolle Kronleuchter und säulenartige Reservierungsschalter. Hinweis: Die aufgeführten Tarife sind Listenpreise; oft bezahlt man weniger.

GreenPark HOTEL $$$
(Karte S. 260; ☎ 66515151; www.hotelgreenpark.com; Greenlands Rd, Begumpet; EZ/DZ inkl. Frühstück ab 6744/7868 ₹; ❄@📶) Hier gibt es eigentlich keinen Grund, etwas Teureres als eines der behaglich-eleganten Standardzimmer mit ihren schicken Schreibtischen, Bambusböden und Blütenblättern in den Bädern zu buchen. Guter Geschmack und sinnvolle Extras (z. B. Gratis-WLAN) prägen das ganze Hotel. Die Lobby ist der Inbegriff von Ruhe und sanftem Licht, während das Personal stets freundlich lächelt.

Mercure HOTEL $$$
(Karte S. 252; ☎ 67122000; www.mercure.com; Chirag Ali Lane, Abids; EZ/DZ inkl. Frühstück ab 4496/5058 ₹; ❄@📶) Ein schwarzer Riesenkronleuchter, verspiegelte Aufzüge und Hintergrund-Jazz in der Lobby verleihen dem Mercure einen Hauch von Manhattan – und das in einem geschäftigen und sehr praktisch gelegenen Teil von Abids. In den Zimmern gibt's schöne Textilien und große Glasduschen. Das Hotel serviert nur vegetarische Kost und keinen Alkohol.

Essen

Am frühen Abend heißt es nach Straßenständen Ausschau halten, die *mirchi bhajji* (frittierte, gefüllte Chilis) mit Tee servieren. Und Hyderabad gibt diesem Gericht seine berühmte persönliche Note: Die entkernten Chilis werden hier mit Tamarinde, Sesam und Gewürzen gefüllt, in Kichererbsenteig getaucht und schließlich ausgebacken.

Hinweis: Da vor Ort niemand von „Thali" redet, wird hier der Begriff „Gerichte" verwendet. Bei Restaurantrechnungen werden 14 % Mehrwertsteuer fällig.

Zentrum

Kamat Andhra Meals ANDHRA-KÜCHE $
(Karte S. 252; Troop Bazaar; Gerichte ab 80 ₹; ⏲12–16 & 19–23 Uhr) Hier gibt's authentische Andhra-Spitzenküche ohne Fleisch – serviert auf Bananenblättern, herrlich üppig und so scharf, dass einem fast die Zunge abfällt. Im selben Komplex befinden sich noch zwei gute Lokale: Das **Kamat Restaurant** (Karte S. 252; Gerichte 75–150 ₹; ⏲7–22.30 Uhr) und das **Kamat Jowar Bhakri** (Karte S. 252; Gerichte ab 130 ₹; ⏲12–16 & 19–23 Uhr) mit Essen à la Maharashtra. Mit dem Kamat Hotel hat dieses Trio übrigens nichts zu tun.

Kamat Hotel SÜDINDISCH $
(Karte S. 252; Nampally Station Rd; Hauptgerichte 60–120 ₹, Gerichte 50–135 ₹; ⏲7–23 Uhr) Bei Kamats ist zwar jedes ein bisschen anders, sie sind aber alle günstig und verlässlich gut. Zu den Ablegern zählen das **Kamat Hotel** (Karte S. 256; SD Rd; Hauptgerichte 80–120 ₹; ⏲8–22 Uhr) beim Paradise Circle (Secundarabad), das **Kamat** (Karte S. 256; SD Rd, Secunderabad; Hauptgerichte 80–120 ₹; ⏲8–22 Uhr) nahe dem Uhrenturm und das **Kamat Hotel** (Karte S. 252; Gerichte 80–150 ₹, Hauptgerichte 125–175 ₹; ⏲8–22 Uhr) in Saifabad.

Subhan Bakery BÄCKEREI $
(Karte S. 252; www.subhanbakery.com; Yousufain Dargah Cross Rd, Nampally; Backwaren 10–150 ₹; ⏲7–23 Uhr) Der mit Kardamom verfeinerte Osmania Biscuit ist ein Klassiker, zu dem Tee schmeckt. Das Buttergebäck heißt so, weil es der Nizam Osman Ali Khan so liebte. Neben einer berühmten Variante produziert Subhan ebenso bekanntes *dil khush* (wörtl. „glückliches Herz") – eine Trockenfruchtpastete, die Laune macht.

Eat Street FAST FOOD $
(Karte S. 260; Necklace Rd; kleine Gerichte ab 40 ₹; ⏲7.30–23 Uhr) Zur kitschigen Gastromeile gehören ein Café Coffee Day, witzige Fastfoodläden, ein Minerva Coffee Shop mit super Mittagessen, Tische auf einer Uferpromenade und kleine Fahrgeschäfte. Außerdem starten hier Bootstrips zur Buddhastatue.

G Pulla Reddy SÜSSIGKEITEN $
(Karte S. 252; www.gpullareddysweets.org; Nampally Station Rd, Abids; Süßigkeiten ab 10 ₹;

Charminar

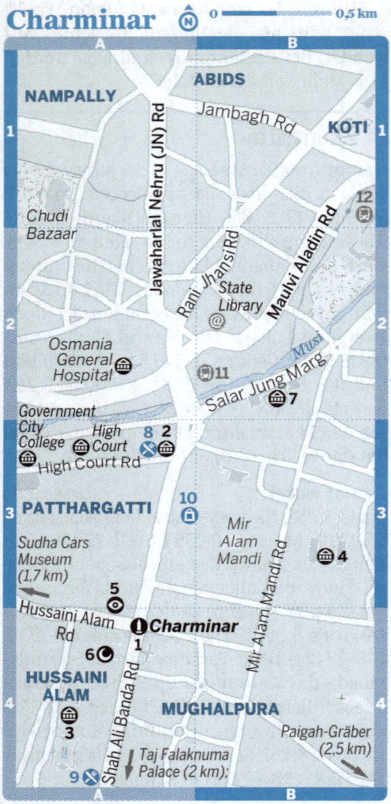

Charminar

Highlights
1 Charminar A4

Sehenswertes
2 Badshahi Ashurkhana A3
3 Chowmahalla-Palast A4
4 HEH The Nizam's Museum B3
5 Laad Bazaar A3
6 Mecca Masjid A4
7 Salar Jung Museum B2

Essen
8 Hotel Shadab A3
9 Shah Ghouse Cafe A4

Shoppen
10 Hyderabad Perfumers A3

Transport
11 Afzal-Gunj-Bushaltestelle B2
12 Mahatma-Gandhi-Busbahnhof B1

⏲8.30–22 Uhr) Für diese Süßigkeiten würde manch einer sterben – vor allem für das *ariselu,* eine Telugu-Spezialität aus Reismehl, Ghee und Palmzucker.

★ Hotel Shadab HYDERABADER KÜCHE $$
(Karte S. 258; High Court Rd, Charminar; Hauptgerichte 120–280 ₹; ⏲12–24 Uhr) Wer einmal im fröhlichen Shadab speist, wird ihm auf ewig verfallen. Viele Familien aus der Altstadt besuchen das brummende Lokal, das die Nummer Eins bei Biryani, Kebab oder Hammel in allen Variationen ist. Während des Ramzan (Ramadan) gibt's hier auch *haleem.*

★ Shah Ghouse Cafe HYDERABADER KÜCHE $$
(Karte S. 258; Shah Ali Banda Rd; Hauptgerichte 90–220 ₹; ⏲5–24 Uhr) Während des Ramzan warten Einheimische hier scharenweise auf das berühmte *haleem*, das vom Shah Ghouse aber – ungewöhnlicherweise – das ganze Jahr über serviert wird. Die anderen Gerichte (z. B. das Biryani) sind ebenso beliebt und zudem echte Schnäppchen: Eine „halbe Portion" reicht für zwei. Mit Ambiente ist weniger zu rechnen – wohl aber mit guter, sorgsam zubereiteter Traditionsküche.

Taj Mahal Hotel ANDHRA-KÜCHE $$
(Karte S. 252; Abids Rd; Hauptgerichte 120–180 ₹, Gerichte ab 130 ₹; ⏲7–22.30 Uhr) Viele Familien schätzen das Hotelrestaurant vom Taj für seine Andhra-Küche. Mittags sind hier kaum Tische frei, wenn die Kellnerarmee permanent Nachschub an Reisbergen und höllisch scharfen Spitzengerichten ohne Fleisch heranschleppt.

Paradise HYDERABADER KÜCHE $$
(Karte S. 252; ☎66661138; www.paradisefoodcourt.com; NTR Gardens; Hauptgerichte 170–350 ₹; ⏲11.30–23 Uhr) Vor Ort gilt der Restaurantname als Synonym für Biryani. Dieser neue Ableger im NTR-Gardens-Komplex mit dem Prasads-Kino (S. 261) ist netter als das Hauptlokal namens **Paradise Secunderabad** (Karte S. 256; Ecke SD & MG Rd; Hauptgerichte 170–300 ₹; ⏲11.30–23 Uhr).

Gufaa NORDINDISCH $$$
(Karte S. 252; Ohri's, Bashirbagh Rd; Hauptgerichte 250–350 ₹; ⏲12–15.30 & 19–23 Uhr) Hier trifft Essen aus Peshawar auf künstliche Felswände, „Sterne" an der Decke und Hintergrundmusik (Bollywood-Oldies). Der Mix funktioniert – selbst das *dhal* ist etwas Besonderes.

Waterfront MULTICUISINE $$$
(Karte S. 260; ☎65278899; Necklace Rd; Hauptgerichte 175–575 ₹; ⏲12–15.30 & 18–23 Uhr)

Von der ruhigen Uferterrasse schaut man auf die Buddhastatue, den Hussain Sagar und die funkelnden Lichter der Stadt. Das chinesische und westliche Essen schmeckt annehmbar, ebenso die Gerichte aus dem Tandur. Unter den Desserts ist die Lokalspezialität *qubani ka meetha* aus Sahne und geschmorten Aprikosen.

Banjara Hills & Jubilee Hills

24-Letter Mantra LEBENSMITTELLADEN $
(Karte S. 260; www.24mantra.com; Rd No 12; ⌚ 9–21 Uhr) Als Pionier der Bio-Landwirtschaft verkauft der winzige Lebensmittelladen Gemüse, Snacks und Säfte. Außerdem gibt's Gewürze, traditionelle Seifen, Kosmetika und „grüne" Veranstaltungstipps.

★ **Southern Spice** SÜDINDISCH $$
(Karte S. 260; Rd No 3; Hauptgerichte 225–375 ₹; ⌚ 12–15.30 & 19–22.30 Uhr) Das Southern Spice serviert prima Andhra-Küche und Spezialitäten aus dem Süden. Es eignet sich gut, um regionale Gerichte wie *natu kodi iguru* (Landhühnchen) oder *chapa pulusu* (Flussfisch mit Kokosaroma) zu probieren.

Chutneys SÜDINDISCH $$
(Karte S. 260; Rd No 3; Hauptgerichte 170–215 ₹, Gerichte 170 ₹; ⌚ 7–23 Uhr) Das pseudo-elegante Chutneys ist für seine südindischen Thalis und Mittagsgerichte berühmt – diese enthalten allerdings vergleichsweise wenig Chili. So schwelgen Gäste schmerzfrei im vollen Andhra-Genuss.

Big Dosa Company SÜDINDISCH, FUSIONSKÜCHE $$
(Rd No 45, Jubilee Hills; Dosas 95–250 ₹; ⌚ 8.30–22.30 Uhr) Das Lokal mit coolen weißen Tischnischen ist winzig, alles andere aber ganz groß: die Portionen, der Geschmack und der Anspruch, Dosa neu zu erfinden. Varianten wie die mit Cheddarkäse und roter Chilipaste (250 ₹) sind besonders lecker.

Mocha CAFÉ
(Karte S. 260; Rd No 7, Banjara Hills; Kaffee 50–150 ₹, kleine Gerichte 90–200 ₹; ⌚ 9–23 Uhr; WLAN) Das leicht schäbige Mocha wird von allerhand möchtegerncoolen Twens vollgequalmt. Dafür entschädigt es aber mit super Kaffee, Frühstück, Paninis und WLAN.

★ **So.** MEDITERRAN $$$
(☎ 23558004; www.notjustso.com; 550F Aryan's, 4. Stock, Rd No 92; Hauptgerichte 250–425 ₹; ⌚ 11–23 Uhr) Die stimmungsvollste Speise- und Ausgeh-Adresse der Stadt: Auf einem ruhigen Dach in Jubilee Hills verzaubern Kerzen, entspannte Hintergrundmusik und Holztische inmitten von Zuckerrohr- und Bananenstauden. Obendrein gibt's mediterrane Spitzenküche mit indischem Touch. Das sehr beliebte **Little Italy** (☎ 23558001; www.littleitaly-india.com; Rd No 92, Jubilee Hills; Hauptgerichte 245–450 ₹; ⌚ 12–15 & 19–23 Uhr) im Untergeschoss kredenzt Pasta und Wein.

Fusion 9 INTERNATIONAL $$$
(Karte S. 260; ☎ 65577722; www.fusion9.in; Rd No 1; Hauptgerichte 445–555 ₹; ⌚ 12.30–15.30 & 19–23.30 Uhr) Sanfte Beleuchtung und behagliches Dekor schaffen das Ambiente für eine der interessantesten internationalen Speisezusammenstellungen der Stadt. Auf der Karte stehen z. B. persischer Lammkebab mit Safranreis (475 ₹) oder marokkanisches Panir-Steak mit Harissa-Zitronen-Couscous (445 ₹). Einen Stock tiefer, im **Deli 9** (Karte S. 260; Rd No 1; Snacks 35–100 ₹; ⌚ 9–22.30 Uhr; WLAN), gibt's Quiches, Kuchen und WLAN.

Barbeque Nation INDISCH $$$
(Karte S. 260; ☎ 64566692; www.barbeque-nation.com; Rd No 1; mittags veg./nichtveg. 425/475 ₹, abends veg./nichtveg. 550/650 ₹; ⌚ 12–15 & 19–22.30 Uhr) In bodenständiger Atmosphäre heißt's hier „All-You-Can-Eat" mit Grillspießen bzw. Kebabs. Zum öfters wechselnden Angebot könnten z. B. Vegetarisches mit Kokosnuss oder Garnelen aus Goa gehören. Am Wochenende ist eine Reservierung ratsam; wer früh erscheint, bekommt Rabatt.

Ausgehen & Nachtleben

Für Hyderabads Nachtleben gilt eine behördliche Sperrstunde (23.30 Uhr). Einige Adressen verlangen abends einen Grundpreis (500–2000 ₹) – und zwar pro Paar. Konkret heißt dies, dass Männer meist nur in weiblicher Begleitung eingelassen werden.

★ **Lamakaan** CAFÉ, THEATER
(Karte S. 260; www.lamakaan.com; abseits der Rd No 1, Banjara Hills; Tee & Snacks 10–50 ₹; ⌚ Di–So 10–22.30 Uhr; WLAN) Nördlich vom Einkaufszentrum GVK1 liegt diese „nichtkommerzielle Kooperative" an einer kleinen Nebenstraße der Road No 1. Sie ist ein offenes Künstlerzentrum mit interessantem Programm (u. a. Theaterstücke, Filmabende, gemeinsames Musikhören) und einer grünen Veranda voller Bohemiens. Zugleich fungiert sie als tolles Café mit günstigem Tee, Snacks, Gratis-WLAN und vielen News zu Hyderabads spannendsten Optionen.

Banjara Hills

Beyond Coffee CAFÉ

(www.beyondcoffee.in; Rd No 36, Jubilee Hills, in der Nähe des Kontrollpostens Jubilee; Kaffee 55–100 ₹, kleine Gerichte 170–300 ₹; ⏲7–22.30 Uhr; 📶) Hyderabad hat zahllose Baristas und Café Coffee Days. Der hiesige Kaffee kickt aber in einer anderen Liga. Livemusik am Donnerstag, Gratis-WLAN und wechselnde Ausstellungen mit zeitgenössischer Kunst sind sozusagen das Sahnehäubchen.

Coco's BAR

(☎23540600; 217 Rd No 2, Banjara Hills, gegenüber vom KBR Park; Hauptgerichte 145-295 ₹) Dachlage, Livemusik und Bambussofas mit weißen Kissen machen das Coco's perfekt für kühle Drinks an lauen Abenden. Zudem gibt's hier anständiges Essen aus Indien und Europa (am Wochenende für abends reservieren).

Syn LOUNGE

(Karte S. 260; Taj Deccan, Rd No 1, Banjara Hills; ⏲Di–So) Trotz glänzender schwarzer Fußböden, blauer Lampen und futuristischer Sitzmöbel mit weißem Vinylbezug macht das Syn einen eleganten Eindruck (im Space-Age-Sinn). Der Außenbereich wirkt gleichermaßen atmosphärisch. Zu Hyderabads In-Treff wird der Laden aber durch Sushi, Cocktails und Wochenendpartys.

Aqua BAR

(Karte S. 260; www.theparkhotels.com/hyderabad; The Park, Raj Bhavan Rd, Somajiguda) Die Livemusik passt prima zum Ensemble aus Infinitypool, Stadtblick, Chaiselongues und Wasserpfeifen zu später Stunde. Am frühen Abend empfiehlt sich eine Runde Schwimmen plus Thai-Vorspeise und Sundowner. Samstags gibt's eine DJ-Poolparty.

Kismet NACHTCLUB

(Karte S. 260; www.theparkhotels.com/hyderabad; The Park, Raj Bhavan Rd, Somajiguda; ⏲Mi–So) Das teure, glamouröse Kismet empfängt Gäste mit Hängesesseln aus Makramee,

Banjara Hills

Sehenswertes	
1 Nehru Centenary Tribal Museum	C4
Aktivitäten, Kurse & Touren	
2 Eat Street – Boote	D2
Schlafen	
3 Golden Glory Guesthouse	B2
4 GreenPark	C1
5 Marigold	C1
Essen	
6 24-Letter Mantra	B3
7 Barbeque Nation	C3
8 Chutneys	C2
9 Deli 9	C3
10 Eat Street	D2
Fusion 9	(siehe 9)
11 Southern Spice	B2
12 Waterfront	D2
Ausgehen & Nachtleben	
13 Aqua	D2
14 Lamakaan	C2
15 Mocha	B3
16 Syn	C3
Unterhaltung	
Kismet	(siehe 13)
17 Liquids Et Cetera	C3
Shoppen	
18 Anokhi	B3
19 Fabindia	B3
Gandhi Handmade Papers	(siehe 20)
20 Malkha	C4
21 Suvasa	B3
Praktisches	
22 Care Hospital Outpatient	C3
23 Indiatourism	C1
Transport	
Boote zur Buddhastatue	(siehe 2)
24 Emirates	C3
25 Etihad Airways	C2
26 Qatar Airways	C3
Thai Airways	(siehe 9)

Korridoren voller Spiegel, Bollywood-Abenden (freitags) und einem versteckten Raucherraum (besonders beliebt bei Damen, die ihren guten Ruf wahren wollen). Als Decke fungiert ein beleuchteter Glasbodenpool, zu dem Lichtschächte hinaufführen.

Liquids Et Cetera NACHTCLUB
(Karte S. 260; ☎66259907; www.liquidsetc.com; 5. Stock, Bhaskar Plaza, Rd No 1, Banjara Hills) Taucht oft in den Gesellschaftsrubriken der Zeitungen auf und hält ein Eingangsschild für unnötig. Hinein geht's durch den Keller.

☆ Unterhaltung

Ravindra Bharathi Theatre THEATER
(Karte S. 252; ☎23210295; www.ravindrabharathi.org; Public Gardens Rd) Veranstaltet regelmäßig Konzerte, Tanz- und Theatervorstellungen (Details dazu gibt's in den Lokalzeitungen).

Prasads Multiplex KINO
(Karte S. 252; ☎23448888, Reservierungen 39895050; www.prasadz.com; NTR Gardens; Tickets 150–250 ₹) Sechs Kinosäle (und ein Imax-Monster) plus Geschäfte und Gastrobereiche.

Shoppen

Erlesene Perlen, Slipper, Textilien, Schmuckstücke aus Gold und Armreifen en masse machen den Umkreis des Charminar zum interessantesten Shoppingrevier.

Hyderabad Perfumers PARFÜMERIE
(Karte S. 258; Patthargatti; ⏲Mo–Sa 10–20.30 Uhr) Wird seit vier Generationen von derselben Familie betrieben und kreiert spontan ganz persönliche Duftnoten.

AA Husain & Co BUCHLADEN
(Karte S. 252; Abids Rd; ⏲Mo–Sa 10.30–20.30 Uhr) In den winzigen Laden quetscht sich auf schier wundersame Weise ein hervorragend zusammengestelltes Angebot an indischen und ausländischen Titeln.

Malkha BEKLEIDUNG
(Karte S. 260; www.malkha.in; Khadi Bhavan, Humayan Nagar, Masab Tank Rd, gegenüber vom NMDC; ⏲Mo–Sa 10.30–19 Uhr) Im Gegensatz zu industriell verarbeiteter Baumwolle werden die Malkha-Textilien in Plantagennähe von Hand hergestellt und mit Naturfarben behandelt – und das ist besser für das Material, die Umwelt und den ländlichen Arbeitsmarkt. Ergebnis sind z. B. tolle Schals oder Stoffe zu vernünftigen Preisen. **Gandhi Handmade Papers** (Karte S. 260; Khadi Bhavan, Humayun Nagar; ⏲Mo–Sa 10.30–19.30 Uhr) verkauft Papierwaren, Bücher und Geschenke.

Suvasa BEKLEIDUNG
(Karte S. 260; www.suvasa.in; Rd No 12, Banjara Hills) Die bedruckten *kurtas* (lange Blusen mit kurzem bzw. ohne Kragen), *patialas* (plissierte Pluderhosen) oder *dupattas* liegen in puncto Stil, Schnitt und Druck eine

WICHTIGE BUSVERBINDUNGEN AB HYDERABAD & SECUNDERABAD

BUS-NR.	ROUTE
65G, 66G	Charminar–Golconda (über Abids)
87	Charminar–Nampally
2/2V, 8A/8U	Charminar–Bahnhof Secunderabad
20D	Busbahnhof Jubilee–Nampally
142K	Koti–Golconda
142M	Nampally–Golconda
1P, 25	Bahnhof Secunderabad–Busbahnhof Jubilee
1K, 1B, 3SS, 40	Bahnhof Secunderabad–Koti
20P, 20V, 49, 49P	Bahnhof Secunderabad–Nampally

Stufe über dem Angebot der Mainstream-Boutiquen. Eine Suvasa-*kurta* mit Leggins hat das Zeug zum neuen Lieblingsreiseoutfit.

Sheela's Arts & Crafts KUNSTHANDWERK
(Karte S. 252; www.sheelashandicraftindia.com; Rd No 17, Lal Bahadur Stadium; ⌚ Mo–Sa 10–20 Uhr) Im winzigen Sheela's stapeln sich Kunsthandwerk und Souvenirs – und zwar aller Kategorien. Allerdings bietet das riesige Angebot bestimmt etwas Passendes.

Lepakshi KUNSTHANDWERK
(Karte S. 252; www.lepakshihandicrafts.gov.in; Gunfoundry; ⌚ Mo–Sa 10–20 Uhr) Tolle Auswahl an regionalem Kunsthandwerk.

Bidri Crafts KUNSTHANDWERK
(Karte S. 252; Abids Rd, Gunfoundry; ⌚ Mo–Sa 11–21 Uhr) Miniladen mit guter Bidri-Ware.

Anokhi BEKLEIDUNG
(Karte S. 260; www.anokhi.com; Rd No 10, Banjara Hills; ⌚ Mo–Sa 10.30–19.30 Uhr) Raffinierte Klamotten mit handgemachten Druckmustern.

Fabindia BEKLEIDUNG
(Karte S. 260; www.fabindia.com; Rd No 9, Banjara Hills; ⌚ 11–20.30 Uhr) Handgefertigte Kleidung und Accessoires aus traditionellem Material.

ℹ Praktische Informationen

GELD

Banken bieten hier die besten Wechselkurse. Geldautomaten gibt's in der ganzen Stadt.

State Bank of India (Karte S. 252; HACA Bhavan, Saifabad; ⌚ Mo–Fr 10.30–16 Uhr)

INTERNETZUGANG

Net World (Karte S. 252; Taramandal Complex, Saifabad; 15 ₹/Std.; ⌚ 10–21 Uhr)

Reliance Web World (Karte S. 252; MPM Mall, Abids Circle; 100 ₹/4 Std.; ⌚ Mo–Sa 11–21, So 12–19 Uhr)

State Library (Karte S. 258; Digitalisierungsabteilung, 2. Stock, Maulvi Aladin Rd; 10 ₹/Std.; ⌚ Mo–Sa 10.30–17 Uhr) Besucher können ihre E-Mails dort checken, wo Hyderabads kostbare Bücher und Manuskripte (z. T. von 1650) digitalisiert werden.

MEDIEN

Zu den guten Szenemagazinen zählen z. B. **Channel 6** (25 ₹), *GO Hyderabad* und *City Info*. **Wow! Hyderabad** (www.wowhyderabad.com; 35 ₹) ist besonders hip. *Hindu* heißt die beste Zeitung der Stadt. Dem *Deccan Chronicle* liegt der Veranstaltungskalender *Hyderabad Chronicle* bei.

MEDIZINISCHE VERSORGUNG

Care Hospital (www.carehospitals.com) Banjara Hills (Karte S. 260; ☎ 30418888; Rd No 1); Banjara Hills Outpatient (Karte S. 260; ☎ 39310444, 1800 1086666; 4th Lane); Nampally (Karte S. 252; ☎ 30417777; Mukarramjahi Rd) Angesehenes Krankenhaus mit Apotheke (24 Std. geöffnet).

Mor Chemists (Karte S. 252; ☎ 65547111; Bashirbagh Rd; ⌚ Mo–Sa 9.30–21.30, So 10–14 Uhr) Hilfreich und gut sortiert.

POST

Hauptpost (Karte S. 252; Abids Circle; ⌚ Mo–Sa 8–20, So 10–14 Uhr)

Postamt Secunderabad (Karte S. 256; Rashtrapati Rd; ⌚ Mo–Sa 8–19 Uhr)

TOURISTENINFORMATION

Indiatourism (Staatl. Touristeninformation; Karte S. 260; ☎ 23409199; www.incredibleindia.org; Paryatak Bhavan, Tourism Plaza, Greenlands, Begumpet; ⌚ Mo–Fr 9.30–18, Sa 9.30–13 Uhr) Sehr hilfreiche Infos zu Hyderabad, Andhra Pradesh und anderen Regionen.

ℹ An- & Weiterreise

BUS

Hyderabads Fernbusbahnhöfe sind ein Musterbeispiel für Effizienz. Unter www.apsrtc.co.in

gibt's Fahrplan- und Preisdetails zu den z. T. recht guten, klimatisierten Bussen der **APSRTC** (Andhra Pradesh State Road Transport Corporation; ☎1800 2004599); die meisten Fernverbindungen starten abends. Beim Reservieren verlangen Frauen am besten einen der speziellen Damenplätze im vorderen Fahrzeugbereich.

Der meist „Imlibun" genannte **Mahatma-Gandhi-Busbahnhof** (Mahatma Gandhi Bus Station, MGBS; Karte S. 258; ☎23434268) nahe Abids hat **Reservierungsbüros** (MGBS; ☎23434269; ⊙8–22 Uhr). Gen Karnataka empfiehlt sich die **KSRTC** (☎24656430; ⊙8–21 Uhr), deren Vehikel nahe Bussteig 30 starten (für nützliche Verbindungen s. S. 263).

Der **Jubilee-Busbahnhof** (Karte S. 256; ☎27802203) in Secunderabad ist relativ klein. Hier einige Beispiele für beliebte Ziele:

Bengaluru (Volvo AC 895 ₹, 10 Std., 3-mal tgl.)

Mumbai (Express 655 ₹, 14 Std., 14 Uhr)

Tirupathi (Express/Volvo AC 650/885 ₹, 14 Std., 19.30/19 Uhr)

Visakhapatnam (Volvo AC 960 ₹, 12 Std., 17 Uhr)

Private Busfirmen findet man in Bahnhofsnähe an der Nampally High Rd.

FLUGZEUG

Hyderabads riesiger, moderner **Rajiv Gandhi International Airport** (☎1800 4192008, 66546370; www.hyderabad.aero) liegt 22 km weiter südwestlich in Shamshabad.

Die günstigsten Tickets gibt's online oder bei Reisebüros wie **Neo Globe Tours & Travels** (Karte S. 252; ☎66751786; Saifabad; ⊙Mo–Sa 10–20 Uhr).

Viele Fluglinienbüros haben montags bis freitags (9.30–17.30 Uhr inkl. 1 Std. Mittagspause) sowie samstags (9.30–13.30 Uhr) geöffnet.

Air India (Karte S. 252; ☎23389744, Flughafen 66605163; HACA Bhavan, Hill Fort Rd)

Emirates (Karte S. 260; ☎33773377; Reliance Classic Building, Rd No 1, Banjara Hills)

Etihad Airways (Karte S. 260; ☎1800 2090808; Rd No 1, Banjara Hills)

IndiGo (☎Flughafen 24255052)

Jet Airways (Karte S. 252; ☎39893333; Hill Fort Rd; ⊙Mo–Sa 9–19 Uhr) Bucht auch Flüge für JetKonnect.

Qatar Airways (Karte S. 260; ☎7930616000, Flughafen 66605121; Rd No 1, Banjara Hills)

Thai Airways (Karte S. 260; ☎23333030, Flughafen 66605022; Rd No 1, Banjara Hills)

ZUG

Secunderabad, Hyderabad (alias Nampally) und Kacheguda sind die drei Hauptbahnhöfe der Stadt. Die meisten durchgehenden Züge halten in Kacheguda, wo ein praktischer Anschluss nach Abids und Secunderabad besteht. Für Infos zu wichtigen Routen s. S. 264.

Die Reservierungszentren von **Nampally** (Karte S. 252; ☎27829999) und **Secunderabad** (Rathifile; Karte S. 256; Regimental Bazaar Rd, Secunderabad) haben Schalter für Tickets aus dem Touristenkontingent (Reisepass und Visum inkl. Fotokopien erforderlich). Secunderabads Buchungsgebäude steht in Bahnhofsnähe beim Busbahnhof. Telefonische Anfragen (u. a. zum PNR-Status) sind unter ☎139 möglich.

ℹ Unterwegs vor Ort

AUTO & MOTORRAD

Mietfahrzeuge organisiert man am besten über **Links Travels** (☎9348770007) oder das Hotel. Zum Recherchezeitpunkt kostete Sightseeing im nichtklimatisierten Leihwagen durchschnittlich 950 ₹ (inkl. Fahrer; max. 8 Std. bzw. 80 km).

AUTORIKSCHA

Der erste Kilometer kostet 16, jeder weitere 9 ₹ (22–5 Uhr 50% Zuschlag). Achtung, potenzielle

BUSSE AB HYDERABAD

ZIEL	PREIS (₹)	DAUER (STD.)	HÄUFIGKEIT (PRO TAG)
Bengaluru	640–905	10–12	20
Bidar	140	4½	alle 30 Min.
Chennai	645–1010	12–14	4
Hospet	305–650	10	5
Mumbai	1065	15	1
Mysore	1215	14	3
Nagarjuna Sagar (Hill Station)	144	4	stündl.
Tirupathi	550–1320	12	23
Vijayawada	265–390	6	alle 30 Min.
Visakhapatnam	630–1500	14	18
Warangal	135	3½	regelm.

WICHTIGE ZUGVERBINDUNGEN AB HYDERABAD & SECUNDERABAD

ZIEL	ZUG-NR. & -NAME	PREIS (₹)	DAUER (STD.)	ABFAHRTSZEIT & BAHNHOF
Bengaluru	12430-Rajdhani	1475/1037 (B)	12	18.50 Uhr Secunderabad (Di, Mi, Sa & So)
	12785-Bangalore-Express	274/742/1105 (A)	11½	19.05 Uhr Kacheguda
Chennai	12604-Hyderabad-Chennai-Express	295/801/1200 (A)	12½	17.20 Uhr Hyderabad
	12760-Charminar-Express	312/854/1285 (A)	14	18.30 Uhr Hyderabad
Delhi	12723-AP-Express	465/1298/2045 (A)	27	6.25 Uhr Hyderabad
	12429-Rajdhani	1789/2595 (B)	22	7.50 Uhr Secunderabad (Mo, Di, Do & Fr)
Kolkata	12704-Falaknuma-Express	442/1231/1925 (A)	26	16 Uhr Secunderabad
Mumbai	12702-Hussainsagar-Express	313/883/1355 (A)	14½	14.45 Uhr Hyderabad
	12220-Duranto-Express	892/1390 (B)	12	23.05 Uhr Secunderabad (Di & Fr)
Tirupathi	12734-Narayanadri-Express	284/772/1155 (A)	12	18.05 Uhr Secunderabad
	12797-Venkatadri-Express	277/750/1115 (A)	11½	20.05 Uhr Kacheguda
Visakhapatnam	12728-Godavari-Express	297/808/1210 (A)	13	17.15 Uhr Hyderabad

Preise: A – Sleeper Class/3AC/2AC; B – 3AC/2AC

Preisverhandlung: Die Gebührenzähler sind oft defekt bzw. falsch geeicht und werden von vielen Rikschafahrern gar nicht erst benutzt!

BUS

Da viele Lokalbuslinien am **Koti-Busbahnhof** (Karte S. 252; Turrebaz Khan Rd) starten, sind die Chancen auf einen Sitzplatz hier am höchsten. Das „Travel as you like"-Ticket (60 ₹; direkt an Bord erhältlich) erlaubt unbegrenzte Stadtfahrten am Tag des Erwerbs. Buchläden im Umkreis des Koti-Busbahnhofs verkaufen den *City Bus Route Guide* (20 ₹).

VOM/ZUM FLUGHAFEN

Der Flughafen liegt ca. 45 Fahrtminuten außerhalb der Stadt.

Bus

APSRTC-Busse (15–20 ₹) verbinden den Flughafen mit den Busbahnhöfen Jubilee und Imlibun.

Die neuen, klimatisierten **Pushpak**-Shuttlebusse der APSRTC bedienen verschiedene Ziele im Stadtgebiet – darunter die Road No 1 (Banjara Hills; 150 ₹, alle 30 Min.), Secunderabad (200 ₹, 2-mal stündl.) oder Secretariat (200 ₹, stündl.) mit praktischem Anschluss Richtung Abids.

Bei allen Buslinien gilt Betriebsruhe von 23 bis 3 Uhr.

TAXI

Vom **Prepaid-Taxistand** im Terminal geht's für 500 ₹ nach Abids und Banjara Hills.

Vor dem Ankunftsbereich warten viele „Funktaxis" von **Meru** (☎ 44224422) und **Sky Cabs** (☎ 49494949) auf Fahrgäste (pro Km tagsüber/nachts 18/22,50 ₹, nach Abids od. Banjara Hills max. 700 ₹).

ZUG

MMTS-Züge (www.mmtstraintimings.in; Einzelfahrt 2–10 ₹) sind vor allem für Fahrten zwischen den drei Hauptbahnhöfen recht praktisch; jedoch verkehren sie nur etwa alle halbe Stunde. Die eine der zwei Hauptlinien verbindet Hyderabad (Nampally) mit Lingampalli nordwestlich von Banjara Hills (über die Stationen Necklace Rd, Begumpet und Hitec City). Die andere Strecke ab Falaknuma (südlich der Altstadt) führt über die Bahnhöfe Kacheguda und Secunderabad zur Station Begumpet, wo Anschluss zur Linie Hyderabad–Lingampalli besteht. Die Züge sind mit Start- und Endstation gekennzeichnet (z. B. „HF" für Hyderabad–Falaknuma).

Nagarjunakonda

Der „Hügel von Nagarjuna" ist eine idyllische Insel mit vielen alten buddhistischen Bauwerken, die 150 km südöstlich von Hyderabad im Nagarjuna Sagar liegt. Vom 3. Jh. v. Chr. bis zum 4. Jh. n. Chr. beheimatete das Krishna-Tal mächtige Königreiche, welche die sogenannten *sanghas* (buddhistische Mönchs- bzw. Nonnengemeinschaften) und damit auch die Ikshvakus in deren Hauptstadt Nagarjunakonda unterstützten. So gab es in dieser Gegend rund 30 Klöster.

Überreste der zahlreichen Gebäude wurden 1926 im Nachbartal entdeckt. Ab 1953 bestand jedoch die Gewissheit, dass der geplante **Nagarjuna-Sagar-Stausee** das Gebiet überfluten würde. Daraufhin begann eine große Ausgrabungsaktion, um die vielen Ruinen in der Region freizulegen. Zutage kamen dabei Stupas, *viharas* (Klöster), *chaityagrihas* (Versammlungshallen mit Stupas), *mandapas* (Säulenpavillons) sowie einige schöne weiße Marmorplatten mit Szenen aus Buddhas Leben. Auf Nagarjunakonda wurden die Funde dann zusammengesetzt.

Das sorgfältig gestaltete **Nagarjunakonda Museum** (Inder/Ausländer 5/100 ₹; ⏲8–17 Uhr, Fr geschl.) zeigt Buddha-Statuen und mit wunderschönen Reliefs versehene Kalksteinplatten, die einst Stupas schmückten. Draußen stehen die wieder aufgebauten **Monumente** auf der Hügelspitze.

Ab Vijayapuri fahren Barkassen zur Insel (90 ₹, 1 Std.; 9.30, 11.30 & 13.30 Uhr) und machen dort jeweils eine Stunde lang fest. Am besten schippert man morgens hin und nachmittags wieder zurück.

Das Meditationszentrum **Dhamma Nagajjuna** (☎9440139329, 9348456780; www.nagajjuna.dhamma.org; Hill Colony) bewahrt Buddhas Vermächtnis. Zehntägige Gratiskurse (Voranmeldung nötig) finden auf einem schönen, blumenreichen Gelände mit Blick auf den Nagarjuna Sagar statt. Wer per Bus aus Hyderabad kommt, steigt am Buddha Park aus.

Das angenehme **Nagarjuna Resort** (☎08642242471; Zi. ohne/mit Klimaanlage 674/1349 ₹; ❄) gegenüber vom Bootsanleger vermietet etwas schäbige Zimmer mit Durchlauferhitzern und Aussichtsbalkonen. Rund 2 km oberhalb der Bushaltestelle steht das staatliche **Vijaya Vihar Haritha** (☎08680277362/3; Zi. mit Klimaanlage Werktag/Wochenende 1574/2810 ₹; ❄🏊) mit seinem hauseigenen APTDC-Büro und Zimmern mit Seeblick. Beide Hotels haben Restaurants.

Idealerweise fährt man nicht selbst: Am einfachsten nach Nagarjunakonda geht's mit einer APTDC-Tour ab Hyderabad (500 ₹; S. 254). Diese Trips finden nur am Wochenende statt – dann ist die Stätte stark besucht.

Wer sie von Hyderabad aus auf eigene Faust erreichen will, nimmt einen Bus gen Hill Station/Nagarjuna Sagar (144 ₹, 4 Std., stündl.) und steigt in Pylon aus. Dort starten Sammel-Autorikschas nach Vijayapuri (20 ₹).

Warangal

☎0870 / 620 000 EW.

Warangal war früher die Hauptstadt des Königreichs Kakatiya, das sich vom späten 12. bis zum frühen 14. Jh. über den Großteil des heutigen Andhra Pradesh erstreckte. Die hinduistischen Kakatiya waren nicht nur große Baumeister, sondern auch engagierte Förderer der Telugu-Kunst und -Literatur. Unter ihrer Herrschaft erreichte die Chalukya-Tempelarchitektur ihren Höhepunkt.

Sehenswertes

Fort FESTUNG

(Inder/Ausländer 5/100 ₹; ⏲9–18 Uhr) Warangals Fort war früher ein massiver Bau mit drei separaten Rundbastionen hinter einem ringsum verlaufenden Festungsgraben. Vier Wege mit verzierten Toren führten zum Swayambhava, einem gewaltigen Shiva-Tempel. Obwohl die Tore noch erkennbar sind, besteht das übrige Bollwerk größtenteils aus Ruinen. Neben dem Kinderpark gegenüber steht noch eine **Säulenhalle**. Von Warangal aus fahren Busse (4-mal tgl.) und Autorikschas (hin & zurück 300 ₹) hierher. Der Eintritt beinhaltet auch den Zugang zum **Kush Mahal**, einem königlichen Palast aus dem 16. Jh.

1000-Säulen-Tempel HINDU-TEMPEL

(⏲6–18 Uhr) Der 1000-Säulen-Tempel (1163 erbaut) an den grünen Hängen des Hanamkonda-Hügels ist ein tolles Beispiel für den Chalukya-Stil. Der Shiva, Vishnu und Surya geweihte Schrein wurde sorgfältig restauriert. Er beherbergt u.a. aufwendige Reliefsäulen und einen eindrucksvollen Nandi (Stier; Shivas Reittier) aus schwarzem Granit.

Rund 3 km bergabwärts steht rechts der kleine **Siddheshwara-Tempel**. Zwischen Hanamkonda und Warangal thront der **Bhadrakali-Tempel** auf einem Hügel am Seeufer. Sein beeindruckendes Kali-Bildnis hält eine Waffe in jeder seiner acht Hände.

Schlafen & Essen

Vijaya Lodge HOTEL $

(☎2501222; Station Rd; EZ/DZ ab 200/350 ₹) Das bahnhofsnahe, gut geführte Vijaya punktet mit hilfsbereitem Personal und Nadelstreifenmustern in den Fluren. Die ziemlich tristen Zimmer sind ansonsten akzeptabel.

Hotel Ashoka HOTEL $$

(☎2578491-94; hotelashoka_wgl@yahoo.co.in; Main Rd, Hanamkonda; Zi. ab 1349 ₹; ❄@) In der Nähe des Busbahnhofs Hanamkonda und des 1000-Säulen-Tempels findet man hier Quartiere mit gutem Preis-Leistungs-Verhältnis. Hinzu kommen ein Restaurant, eine Restaurantbar, eine Kneipe und das vegetarische Lokal **Kanishka** (Gerichte 90 ₹).

Sri Geetha Bhavan REGIONALKÜCHE $
(Market Rd, Hanamkonda; Hauptgerichte 60–100 ₹; ⏲7–23 Uhr) Tolle südindische Gerichte (75 ₹).

Praktische Informationen

Die Stadt hat viele Geldautomaten und Internet-cafés. Gegenüber von Indian Oil liegt eine nützliche Filiale der **APTDC** (☎2571339; 1. Stock, Hanamkonda-Kazhipet Rd, Hanamkonda; ⏲10.30–17 Uhr).

Anreise & Unterwegs vor Ort

Busse nach Hyderabad (Express/Deluxe/Luxury 120/130/140 ₹, 4 Std.) starten häufig am **Busbahnhof Hanamkonda** (☎9959226056) und stündlich am **Busbahnhof Warangal** (☎9959226057).

Vom großen Bahnknotenpunkt Warangal aus fahren Züge mehrmals täglich zu folgenden Zielen (Preise jeweils für Sleeper Class/3AC/2AC):

Chennai (277/750/1115 ₹, 11 Std.)
Delhi (442/1231/1925 ₹, 25 Std.)
Hyderabad (140/292/640 ₹, 3 Std.)
Vijayawada (144/328/610 ₹, 4 Std.)

Sammel-Autorikschas (15 ₹) bedienen feste Routen rund um Warangal und Hanamkonda.

Rund um Warangal

Bhongir

Auf der Route Hyderabad–Warangal halten die meisten Busse und Züge in Bhongir, rund 50 km von Hyderabad entfernt. Hier lohnt sich ein mehrstündiger Aufenthalt, um zur großartigen **Hügelfestung** (Eintritt 3 ₹; ⏲10–17 Uhr) im Chalukya-Stil des 12. Jhs. hinaufzusteigen. Die glatte Kuppe sieht aus wie ein steinernes Riesenei und ist von Stufen umgeben. Der Legende nach führt ein unterirdischer (aber bislang unentdeckter) Gang vom Fort aus nach Golconda.

Palampet

Rund 65 km nordöstlich von Warangal entstand 1234 der **Ramappa-Tempel** (⏲6–18.30 Uhr) im Stile der Kakatiya-Architektur: Die Säulen sind mit komplexen Reliefs verziert, während die Dachvorsprünge tolle Statuen mit weiblichen Formen beschirmen. Als Tempelbecken legten die Kakatiya rund 1 km weiter südlich einen künstlichen See namens **Ramappa Cheruvu** an, auf dem sich heute Zugvögel tummeln. Die APTDC unterhält hier eine **Pension** (☎08715200200; Zi. 950 ₹).

Am einfachsten kommt man mit einem eigenen Auto (1200 ₹) hierher. Alternativ fahren Busse von Hanamkonda nach Mulugu (40 ₹) und dann weiter nach Palampet (15 ₹, 13 km). Von dort aus sind's noch ca. 500 m bis zum Tempel.

Visakhapatnam

☎0891 / 1,73 MIO. EW.

Während der Urlaubszeit ist in Visakhapatnam alias Vizag (Aussprache *vie*-seg) eine interessante Form des einheimischen Tourismus zu sehen: mit Luftballons, Zuckerwatte und natürlich Hochzeiten! Doch die Menschenmassen verleihen der kitschigen Küste nur noch mehr Reiz. Auf der heruntergekommenen Promenade am Ramakrishna Beach ist einiges geboten, während in Rushikonda der beste Strand des Bundesstaats wartet.

Vizag ist weitläufig, staubig und als Andhra Pradeshs zweitgrößte Stadt auch für Stahlwerke bzw. Werften berühmt. Dennoch hat es sich das Flair eines in die Jahre gekommenen Strandorts bewahrt. Zudem verteilen sich rundherum kleine Juwelen wie reizende Strände und ein toller Tempel; weiter draußen liegen das Araku-Tal und ein paar alte buddhistische Stätten.

Wer im Dezember oder Januar hier weilt, sollte das **Visakha Utsav** besuchen: Bei Vizags größtem Fest steigen Events am Strand.

Yo! Vizag (25 ₹) gibt aktuelle Veranstaltungstipps und ist in Buchläden erhältlich.

Sehenswertes & Aktivitäten

Strände STRAND
An den langen Stränden von **Waltair** blickt man auf Riesenschiffe und bunt gestrichene Fischerboote im Golf von Bengalen. Die **Beach Road** am Ufer ist von Parks gesäumt und eignet sich super für lange Spaziergänge.

Am **Kailasagiri Hill** (Beach Rd; Eintritt 5 ₹, Seilbahn Erw./Kind 60/30 ₹; ⏲11–20.30 Uhr) gibt's Kinderspielplätze, eine Minibahn, eine Seilbahn mit toller Aussicht und eine riesige Doppelstatue, die Shiva und Parvati darstellt. Ein Museum für Telugu-Kultur befindet sich derzeit im Bau.

Rund 10 km nördlich der Stadt, an einem der schönsten Ostküsten-Abschnitte, liegt mit **Rushikonda** der beste lokale Badestrand.

Am Wochenende herrschen hier Hochbetrieb und Partystimmung. **Surfer** bekommen beim Surfpionier Melville von der **SAAP** (Sports Authority of Andhra Pradesh; ☎ 9848561052; Rushikonda; Surfkurs/Leihbrett 300/300 ₹) anständige Leihbretter. Um keine unerwünschte Aufmerksamkeit zu erregen, sollten Frauen keine allzu freizügige Badebekleidung tragen (am besten ein T-Shirt plus Shorts).

Submarine Museum MUSEUM
(Beach Rd; Erw./Kind 40/20 ₹, Foto 50 ₹; ⌚ Di–Sa 14–20.30, So 10–12.30 & 14–20.30 Uhr) Das indische Marine-U-Boot *Kursura* (91 m) nahm 1971 am Befreiungskrieg teil, in dem Indien an Ostpakistans Seite für dessen Unabhängigkeit kämpfte. Im Inneren ist ein faszinierendes Durcheinander aus Schaltern, Messgeräten und Einstellrädern zu sehen.

Simhachalam-Tempel HINDU-TEMPEL
(⌚ 6–10 & 16–18 Uhr) Dieser bedeutende Tempel aus dem 11. Jh. ist der Vishnu-Inkarnation Narasimha geweiht. Rund 10 km nördlich der Stadt krönt er den Simhachalam (wörtl. „Löwenhügel“), der mit Bus 6A/H erreichbar ist.

Geführte Touren

Die **APTDC** (www.aptdc.in) offeriert Stadttouren (350 ₹) und Trips zum Araku-Tal, die jeweils am RTC Complex (S. 268) oder am **Bahnhof** (☎ 2788821; ⌚ 6–20.30 Uhr) starten.

Schlafen

An der Beach Road stehen die meisten Hotels. Aber kaum eines von ihnen ist günstig.

Hotel Morya HOTEL $
(☎ 2731112; www.hotelmorya.com; Bowdara Rd; EZ/DZ ab 438/618 ₹; ❄) Nichts Besonderes, aber in Ordnung, günstig und in Bahnhofsnähe.

Railway Retiring Rooms BAHNHOFS-RUHERÄUME $
(B/Zi. 150/450 ₹, B/Zi. mit Klimaanlage 225/750 ₹; ❄) Ganz in der Nähe des Bahnhofs.

Haritha Hotel HOTEL $$
(☎ 2788824; Beach Rd, Appughar; Zi. inkl. Frühstück ab 1236 ₹; ❄) Beim Kailasagiri Hill steht dieses etwas betagte APTDC-Hotel nicht weit vom Strand. Die günstigsten Quartiere (ohne Aussicht) sind so lala – daher nach Möglichkeit ein paar Rupien mehr ausgeben.

Haritha Beach Resort HOTEL $$
(☎ 2788826; www.aptdc.in; Rushikonda; Zi. mit Klimaanlage inkl. Frühstück ab 2136 ₹) Für den zweifelhaften Service entschädigt das Hotel mit herrlicher Lage: In Rushikonda steht es hoch oben auf einem Hügel. Die Terrasse des hangabwärts gelegenen **Vihar** (Rushikonda; Hauptgerichte 100–240 ₹; ⌚ 11–22.30 Uhr) ist super für Bier oder Essen bei Traumaussicht.

Sai Priya Resort HOTEL $$
(☎ 2790333444; www.saipriyabeachresorts.com; Hütte/Zi. ab 955/2136 ₹; ❄@🏊) In Spitzenlage am Strand von Rushikonda ruht sich das Sai Priya auf seinen Lorbeeren aus: Obwohl die Zimmer z. T. mit Meerblick aufwarten und die Bambushütten malerisch wirken, schöpft das Resort sein Potenzial nicht aus. Zudem muss man um 8 Uhr auschecken. Den **Pool** darf auch nutzen, wer kein Gast ist (100 ₹).

Hotel Supreme HOTEL $$
(☎ 278247234; hotelsupreme@hotmail.co.in; Beach Rd, nahe der Küstenbatterie; EZ/DZ ab 1461/1686 ₹; ❄) Die Zimmer werden ihrem Preis nicht ganz gerecht; die Lage unweit vom Strand ist aber durchaus ein paar Rupien wert. Von den teureren Zimmern aus schaut man aufs Meer.

The Park HOTEL $$$
(☎ 3045678; www.theparkhotels.com; Beach Rd; EZ/DZ ab 7714/9918 ₹; ❄@🏊) Vizags bestes Hotel ist sehr elegant und durchgestylt, aber auch behaglich und einladend. Auf einem 2,4 ha großen Gartengelände am Strand gibt's hier gemütliche, raffinierte Zimmer mit internetfähigem Flachbild-TV.

Essen

Abends brummen die Imbissstände am Ramakrishna Beach.

Pastry, Coffee n' Conversation BÄCKEREI $
(PCC; Dutt Island, Siripuram Junction; Backwaren 20–60 ₹, kleine Gerichte 60–200 ₹; ⌚ 11–22.30 Uhr) Vizags Hipster treffen sich hier bei Kaffee, Pizza und leckerem „Lava-Kuchen“.

New Andhra Hotel ANDHRA-KÜCHE $
(Sree Kanya Lodge, Bowdara Rd; Hauptgerichte 50–125 ₹; ⌚ 11–16 & 19–22.30 Uhr) Schlichtes Lokal mit anständiger, scharfer Andhra-Küche (Gerichte ab 55 ₹); Biryani wird auch serviert.

★ **Dharani** ANDHRA-KÜCHE $$
(Daspalla Hotel, Suryabagh; Hauptgerichte 110–135 ₹; ⌚ 7–15.30 & 18.30–23.30 Uhr) Dieses familiengeführte, vegetarische Restaurant mit unbeschreiblich leckeren Gerichten (98 ₹) ist eines von mehreren Lokalen im tollen Daspalla Hotel. Unbedingt den himmlischen Kaffee im südindischen Stil probieren!

Masala INDISCH $$

(Signature Towers, 1. Stock, Asilmetta; Hauptgerichte 100–190 ₹; ⌚11.30–15.30 & 19–22.30 Uhr) In der Nähe des Sampath-Vinayaka-Tempels gibt's hier äußerst Köstliches aus dem Tandur. Serviert wird Andhra- und China-Küche. Freundlich-familiäres Ambiente.

Sea Inn SEAFOOD $$

(Beach Rd, Rushikonda; Hauptgerichte 100–150 ₹; ⌚Di–So 12–15.30 Uhr) Die Küchenchefin des Sea Inn bereitet Andhra-Seafood nach Rezepten ihrer Mutter zu und tischt es in einem schlichten Speiseraum mit Sitzbänken auf. Der Laden liegt im Keller und hat kein Schild; potenzielle Gäste achten 500 m südlich vom Sai Priya Resort auf ein Schilfdach nebst weißem Tor.

Bamboo Bay ANDHRA-KÜCHE $$$

(The Park, Beach Rd; Hauptgerichte 300–650 ₹; ⌚19–23 Uhr) Umgeben von den Palmen und Magnolien eines Strandgartens genießt man hier tolles Essen im Andhra-, Chettinad- oder Mughlai-Stil. Das zwanglosere **Beach Shack** kredenzt Drinks und Seafood vom Grill.

Shoppen

Tribes India KUNSTHANDWERK

(www.tribesindia.com; GCC, East Point Colony, Beach Rd; ⌚Mo–Sa 10.30–20 Uhr) Hier findet man einzigartige Textilien, Kunstwerke und Handwerksobjekte aus Stammesdörfern in Andhra oder anderen Regionen.

Fabindia BEKLEIDUNG

(www.fabindia.com; 1. Stock, Dutt Island, Siripuram Junction; ⌚11.30–20.30 Uhr) Traditionell bedruckte und modern geschnittene Damen- oder Herrenmode aus Baumwolle.

Praktische Informationen

Geldautomaten findet man hier überall. Im RTC Complex gibt's mehrere Internetcafés (20 ₹/Std.).

Apollo Pharmacy (☎2788652; Siripuram Junction; ⌚24 Std.)

Thomas Cook (☎2588112; Eswar Plaza, Dwarakanagar; ⌚Mo–Sa 9–18 Uhr) In der Nähe der ICICI-Bank.

Anreise & Unterwegs vor Ort

Vor einem Autoriksha-Trip muss man fast immer mit dem Fahrer feilschen (Stadtfahrten meist ca. 40 ₹). Gegenüber vom „out gate" (Außentor) des RTC Complex ist **Guide Tours & Travels** (☎9866265559, 2754477) mit seinem verlässlichen Mietwagenservice ansässig.

BUS

An Vizags gut strukturiertem **RTC Complex** (☎9177101947) gibt's regelmäßige Busverbindung nach:

Hyderabad (Superluxury/Volvo 629/987 ₹, 14/12 Std.)

Rajahmundry (209 ₹, 4 Std.)

Vijayawada (Superluxury/Volvo 373/469 ₹, 8/7 Std.)

FLUGZEUG

Vizags Flughafen liegt 12 km weiter westlich; er ist mit Autorikschas (200 ₹), Taxis (270 ₹) oder mit Bus 38 (10 ₹, 30 Min.) erreichbar. Im Ankunftsbereich ist ein Prepaid-Taxistand.

Täglich starten Direktflüge gen Hyderabad, Chennai, Delhi, Bhubaneswar, Kolkata und Mumbai.

Air India (☎2746501, Flughafen 2572521; LIC Bldg) Einzige Fluglinie mit einer Filiale in der Stadt.

SCHIFF/FÄHRE

Einmal pro Monat schippern Boote nach Port Blair auf den Andamanen (2000–8000 ₹, 56 Std.). Beim Buchen im **Shipping Office** (Schifffahrtsbüro; ☎2565597, 9866073407; Av Bhanoji Row; ⌚Mo–Sa 9–17) auf dem Hafengelände ist der Reisepass vorzulegen.

ZUG

Der **Bahnhof** befindet sich unweit des Hafens am westlichen Stadtrand. Die Gepäckaufbewahrung und der Stand für Prepaid-Autorikschas haben jeweils rund um die Uhr geöffnet.

Vizag liegt an der Hauptstrecke Kolkata–Chennai. Mit dem *12841-Coromandel-Express* erreicht man beide Städte am schnellsten.

Chennai (Sleeper Class/3AC/2AC 312/854/1285 ₹, 12½–16 Std.)

Kolkata (über Bhubaneswar; Sleeper Class/3AC/2AC 333/914/1385 ₹, 14–16 Std.)

Vijayawada (über Rajahmundry; Sleeper Class/3AC/2AC 190/495/720 ₹, 7 Std.)

Montags bzw. freitags hält der *18512-Visakhapatnam-Koraput-Intercity-Express* nahe Chatikona, Onkadelli und Chandoori Sai in Odisha.

Rund um Visakhapatnam

Bheemunipatnam

Die frühere niederländische Siedlung ist die älteste Gemeinde auf dem indischen Festland. Rund 25 km nördlich von Vizag empfängt sie Besucher mit bizarren Strandskulpturen, einem Leuchtturm von 1861, einem interessanten niederländischen Friedhof und dem Bheemli Beach, an dem die einheimischen Kinder auf groben, selbstgemachten Brettern surfen. Hierher geht's mit Bus 999 bzw. 900 (22 ₹, 40 Min.) oder einer Sammel-Autorikscha.

Bavikonda & Thotlakonda

Die natürlichen Häfen rund um Vizag luden schon immer dazu ein, dort vor Anker zu gehen. Mönche aus Sri Lanka, China und Tibet kamen, um die Kunst der Meditation zu lernen. In den bekannten Klöstern **Bavikonda** (⌚9–17 Uhr) und **Thotlakonda** (⌚8–18 Uhr) auf einem Berg an der Küste lebten zeitweise 150 Mönche gleichzeitig; die Wasserversorgung stellten riesige Regenwassertanks und eine natürliche Quelle im Thotlakonda-Kloster sicher.

Die Klöster erlebten ihre Blütezeit etwa im 3. Jh. v. Chr. bis zum 3. Jh. n. Chr. Damals gehörten geweihte Stupas, Gebetshallen, *chaitya-grihas*, *viharas* und Speisesäle zum Klostergelände. Heute sind nur noch die Ruinen der riesigen Klosteranlagen übrig, die jedoch mit ihrer friedlichen, fast magischen Atmosphäre und fast schon meditativen Ausblicken aufs Meer nach wie vor beeindrucken. Bavikonda und Thotlakonda liegen 14 km bzw. 16 km von Vizag entfernt an der Bheemli Beach Road. Von Vizag aus zahlt man für die Autorikscha (Hin- und Rückfahrt vom RTC-Komplex) etwa 500 ₹, wenn man beide Klöster sehen will.

Sankaram

40 km nordwestlich von Vizag befindet sich eine beeindruckende **buddhistische Klosteranlage** (⌚Sonnenaufgang–Sonnenuntergang), die unter den Namen von zwei Hügeln, Bojjannakonda und Lingalakonda, bekannt ist. Der Komplex wurde vom 2. bis zum 9. Jh. n. Chr. von Mönchen genutzt, und so finden sich hier in den Fels gehauene Höhlen, Stupas, Klosterruinen und Reliefs aus der Zeit des Theravada-, Mahayana- und Vajrayana-Buddhismus. Auf dem Bojjannakonda gibt's zweistöckige, in die Felsen geschlagene Höhlen, umrahmt von *dwarapalakas* (Wächtern). Drinnen sind ein Stupa und Wandbilder von Buddha zu bewundern. Auf dem Hügel thronen die Ruinen eines riesigen Stupas und eines Klosters. Die Kammern, in denen die Mönche meditierten, sind noch zu erkennen. Den Lingalakonda schmücken teils riesige Stupas.

Wer mit dem Mietauto nach Vizag fährt, zahlt etwa 900 ₹. Alternativ nimmt man den Bus (32 ₹, 1½ Std.) oder den Zug (30 ₹, 1 Std.) ins 3 km entfernte Anakapalle und fährt von dort aus per Autorikscha (hin & zurück 100 ₹, inkl. Wartezeit) zur Anlage.

Araku-Tal

☎08936 / 975 M

Andhras schönste Bahnstrecke führt durch die herrlichen Ostghats ins Araku-Tal, das sich 115 km nördlich von Vizag erstreckt. Hier leben Stammesgemeinschaften fernab der Zivilisation. Ein kleines **Heimatmuseum** (Eintritt 10 ₹; ⌚8–20 Uhr) beleuchtet das indigene Leben.

Der regionale Spitzenkaffee ist zumeist biologisch angebaut und mit leichtem Beeren- oder Schoko-Aroma versetzt. Angeboten wird er u.a. an Straßenständen bei der **Kaffeeplantage Ananthagiri**, die 28 km hinter Araku liegt. Vor Ort produzierten Kaffee und Kaffeebohnen mit Schoko-Überzug kann man auch im **Araku Valley Coffee House** (⌚8–20 Uhr) probieren, das neben dem Stammesmuseum steht und ein winziges Kaffeemuseum betreibt.

APTDC-Touren (ab 550 ₹) ab Vizag führen zu einer Aufführung von Dhimsa-Stammestänzen und zu den Millionen von Jahren alten **Kalksteinhöhlen von Borra** (Erw./Kind 40/30 ₹, Foto 25 ₹; ⌚10–13 & 14–17 Uhr) in 30 km Entfernung zu Araku.

Stimmungsvollste Unterkunft ist das **Jungle Bells** (www.aptdc.in; Tyda; Hütte inkl. Frühstück ab 1200 ₹; ❄), dessen Hütten sich 45 km hinter Araku im Wald verstecken und über die APTDC (S. 254) gebucht werden können.

Der Bahnhof besitzt **Ruheräume** (225 ₹). Zu den Hotels in seiner Nähe zählt z.B. das recht unfreundliche, aber gepflegte **Hotel Rajadhani** (☎249580; www.hotelrajadhani.com; DZ/3BZ ab 700/900 ₹; ❄). Das **Valley Resort** (☎249202; Zi. inkl. Frühstück ab 1200 ₹; ❄) der APTDC liegt näher zum Zentrum, ist aber nichts Besonderes. Das Restaurant des **Hill Resort Mayuri** (☎249204; Gerichte 100 ₹, Hütte ab 850 ₹; ❄) serviert gute Regionalküche.

Der Kirandol-Personenzug (22 ₹, 5 Std.) verlässt Vizag um 6.50 Uhr und Araku um 15 Uhr. Wer die gemächliche, spektakuläre Fahrt in Vizag antritt, setzt sich wegen der besseren Aussicht am besten auf die rechte Seite. Gäste des Jungle Bells steigen in Tyda, 500 m vom Resort entfernt, aus. Busse verbinden Araku regelmäßig mit Vizag (90 ₹, 4½ Std., bis 19 Uhr alle 30 Min.).

Vijayawada

☎ 0866 / 1,05 MIO. EW.

Die Kanäle der geschäftigen, wichtigen Hafenstadt werden von Ghats gesäumt. Die üppig grüne Umgebung prägen Reisfelder und Palmenhaine.

Vijayawada hat nur wenige Sehenswürdigkeiten, aber einen bedeutenden Durga-Tempel. Zudem gilt es als das kulturelle und sprachliche Herz Andhras. Von hier aus kann man prima die bedeutenden buddhistischen Stätten der Region besuchen.

Sehenswertes

Undavalli-Höhlentempel HISTORISCHE STÄTTE, HINDU-TEMPEL

(Inder/Ausländer 5/100 ₹; ⏲ 9–17 Uhr) Rund 7 km südwestlich von Vijayawada hebt sich die Silhouette der herrlichen Höhlentempel wunderbar von den Palmen und Reisfeldern der Umgebung ab. Die Schreine sind Brahma, Shiva und Vishnu geweiht; als liegende Riesenstatue ziert Letzterer eine Grotte auf der dritten Ebene. In ihrer hinduistischen Form stammt die Anlage aus dem 7. Jh. Allerdings wird vermutet, dass sie schon 500 Jahre früher für buddhistische Mönche angelegt wurde. Hierher geht's mit Bus 301 (11 ₹, 20 Min.) oder per Autorikscha (hin & zurück 250 ₹).

Victoria Jubilee Museum MUSEUM

(MG Rd; Inder/Ausländer 30/100 ₹, Foto 3 ₹; ⏲ Sa–Do 10.30–17 Uhr) Das Highlight ist das Gebäude selbst, das 1887 zu Königin Viktorias Krönungsjubiläum errichtet wurde. Den Garten zieren Tempelskulpturen aus ganz Andhra, während drinnen u.a. eine kleine Kunst- und Waffensammlung untergebracht sind.

Schlafen

Hotel Sripada HOTEL $

(☎ 6644222; hotelsripada@rediffmail.com; Gandhi Nagar; EZ/DZ ab 913/1028 ₹; ❄) Das bahnhofsnahe Sripada zählt zu den wenigen Budgethotels vor Ort, die ausländische Gäste aufnehmen dürfen. Es hat ein anständiges Restaurant, hilfsbereites Personal und kleine, aber helle Zimmer.

Railway Retiring Rooms BAHNHOFS-RUHERÄUME $

(B/EZ/DZ ab 75/180/375 ₹; ❄) Die sauberen, großen Ruheräume des Bahnhofs sind eine tolle Option.

Alankar Inn HOTEL $$

(www.alankarinn.com; Alankar Circle, Gandhi Nagar; EZ/DZ mit Klimaanlage ab 1686/2248 ₹; ❄ 📶) Zum Recherchezeitpunkt war das Alankar noch brandneu und damit beschäftigt, die letzten kleinen Probleme zu beheben. Dies dürfte nun hoffentlich so erledigt sein, dass

ABSEITS DER ÜBLICHEN PFADE

MAREDUMILLI

Beim Dorf Maredumilli hat die örtliche Stammesgemeinschaft zusammen mit der staatlichen Forstbehörde einen kleinen **Naturerlebnisweg** (☎ 088642449968; www.vanavihari.com; Zugang zu allen Stationen 25 ₹, Führer 250 ₹/Tag, Zi. & Hütte 562–1124 ₹) eingerichtet: Eine Pension mit tollem Essen (50 ₹) und Hütten im Wald stehen am Ende einer 16 km langen Straße, die von insgesamt acht tollen Naturerlebnissen gesäumt wird. Darunter sind z. B. zwei versteckte Waldwasserfälle, ein Heilpflanzengarten oder eine 70 ha große Kaffeeplantage mit schönen Wanderpfaden, Pfeffersträuchern sowie wilden Mango- und Orangenbäumen. Ebenfalls besucht werden kann ein 260 ha großes Heilkräuterreservat mit noch mehr Wanderwegen, 203 Pflanzen- und 170 Vogelarten.

Alle Stationen sind sorgsam mit natürlichen Materialien gestaltet und erlauben ein müheloses Eintauchen in die Waldwelt. Einige Wanderrouten erfordern jedoch einen Führer. Die Pension, die auch Fahrräder verleiht und Autorikschas (450 ₹/Tag) organisiert, kann einem einen Guide vermitteln.

Die Gegend um Maredumilli ist für ihr „Bambushühnchen" bekannt, das in einem Bambusstamm geröstet wird. Von Oktober bis Februar ist außerdem Palmwein-Saison.

Von Maredumilli sind es ca. 80 km bis Rajahumundry, das etwa auf halbem Weg zwischen Vijayawada und Vizag liegt. Alle Busse auf der Route von Rajahmundry bis Bhadrachalam halten in Maredumilli (63 ₹, 3 Std., bis 16 Uhr alle 2–3 Std.). Für eine angenehme Übernachtung in Rajahmundry sorgt der **Akanksha Inn** (☎ 0883-2477775/6; akanksha.inn@gmail.com; Alcot Gardens, Rajahmundry; EZ/DZ mit Klimaanlage ab 400/1000 ₹; ❄) gegenüber vom Bahnhof.

die schicken Zimmer mit Gratis-WLAN allesamt ihr Potenzial beweisen können.

Hotel Golden Way HOTEL $$
(☎ 2576693; Purnanandapet; EZ/DZ inkl. Frühstück ab 1574/2019 ₹; ❄) Gutes Mittelklassehotel in unmittelbarer Bahnhofsnähe.

Essen

★ Minerva Coffee Shop INDISCH $
(Museum Rd; Hauptgerichte 75–170 ₹, Gerichte 65–145 ₹; ⏲ 6.30–23 Uhr) Dieser Ableger der grandiosen Minerva-Kette serviert seine tolle nord- und südindische Kost (u.a. tolle Dosas) nahe dem Big Bazaar. Ein neueres, zweites **Minerva** (MG Rd; Hauptgerichte 125–185 ₹; ⏲ 7–23 Uhr) kredenzt ebenso hervorragendes Essen in luftigem Nobelambiente.

Lotus Food City INDISCH $$
(www.lotusthefoodcity.com; Seethanagaram; Hauptgerichte 110–190 ₹; ⏲ 12.30–23 Uhr) Die Lotus Food City, ein APTDC-Restaurantkomplex, erfreut sich einer reizenden Lage am Krishna: Oberhalb der Prakasam Barrage kann man hier drinnen oder draußen mit Blick aufs Wasser speisen.

Praktische Informationen

APTDC (☎ 2571393; MG Rd, gegenüber vom PWD-Gelände; ⏲ 8–20 Uhr) Gute Broschüren.

Department of Tourism (☎ 2578880; Bahnhof; ⏲ 10.30–17 Uhr)

MagicNet (Swarnalok Complex, Eluru Rd; 20 ₹/Std.; ⏲ 10–22 Uhr) Internetcafé.

Anreise & Unterwegs vor Ort

BUS

Zumeist abends fahren Linienbusse zu folgenden Zielen:

Amaravathi (Normal/Express 26/36 ₹, 2 Std.)
Chennai (Superluxury/Venella 453/1074 ₹, 9 Std.)
Hyderabad (Express/Venella 197/630 ₹, 7/5 Std.)
Rajahmundry (Express/Superluxury 114/149 ₹, 3 Std.)
Tirupathi (Express/Indra 312/508 ₹, 9 Std.)
Visakhapatnam (Express/Venella 281/895 ₹, 9 Std.)

ZUG

Vijayawada liegt an den Hauptstrecken Chennai–Delhi und Chennai–Kolkata; auf letzterer verkehrt u.a. der schnelle *12842-Coromandal-Express*. Das **Reservierungsbüro** (☎ Infos 2577775; ⏲ Mo–Sa 8–20, So 8–14 Uhr) befindet sich im Untergeschoss des Bahnhofs. Die folgenden Preise gelten jeweils für die Sleeper Class/3AC/2AC.

Chennai (214/564/830 ₹, 7 Std.)
Hyderabad (190/495/720 ₹, 6½ Std., 17-mal tgl.)
Kolkata (395/1093/1690 ₹, 20 Std.)
Tirupathi (178/490/730 ₹, 7 Std., 11-mal tgl.)
Warangal (144/359/640 ₹, 3 Std., 20-mal tgl.)

Am Bahnhof gibt's einen Stand mit Prepaid-Autorikschas.

Rund um Vijayawada

Eluru

Dhamma Vijaya MEDITATION
(Vipassana-Meditationszentrum; ☎ 9441449044, 08812225522; www.dhamma.org; Eluru-Chintalapudi Rd, Vijayarai) Auf einem üppig grünen Gelände mit Palmen und Kakaosträuchern finden hier zehntägige Intensivkurse in *Vipassana*-Meditation statt (Voranmeldung nötig). Obwohl man theoretisch gratis mitmachen kann, sind Spenden gern gesehen. Busse fahren von Vijayawada nach Eluru (50 ₹, 1½ Std., 64 km, alle 30 Min.), wo Anschluss nach Vijayarai (15 ₹, 20 Min., alle 30 Min.) besteht. Für weitere Details zur Anreise einfach beim Zentrum anrufen.

Amaravathi

Amaravathi war einst Andhras Hauptstadt und ein bedeutendes buddhistisches Zentrum. Im 3. Jh. v. Chr., als Kaiser Ashoka Mönche zur Verbreitung von Buddhas Lehren gen Süden schickte, entstand hier Indiens größter **Stupa** (Inder/Ausländer 5/100 ₹; ⏲ 8–18 Uhr). Von dem 30 m hohen Bau mit 51 m Durchmesser sind nur noch ein Hügel und ein paar Steine übrig. Die kleine Replik im benachbarten **Museum** (Eintritt 5 ₹; ⏲ 10–17 Uhr, Fr geschl.) wird jedoch wie das frühere Original von aufwendig behauenen Säulen, Reliefs mit Szenen aus Buddhas Leben und einer Kuppel mit Marmorverkleidung geziert. Im Hof vermittelt ein Teilnachbau der umlaufenden Brüstung einen Eindruck von den gewaltigen Dimensionen des Stupas. Obwohl Amaravathis schönste Skulpturen im British Museum (London) und im Government Museum (Chennai) stehen, lohnt sich ein Besuch.

Etwa 1 km weiter die Straße hinunter erhebt sich der 20 m hohe **Dhyana-Buddha** genau dort, wo der Dalai Lama 2006 eine Ansprache hielt.

Bustrips zwischen Vijayawada und Amaravathi (Normal/Express 26/36 ₹, 2 Std., alle 30 Min.) sind landschaftlich recht reizvoll.

Tirumala & Tirupathi

☎ 0877 / 287 000 EW.

Auf dem heiligen Hügel von Tirumala tummeln sich an jedem Tag des Jahres Zehntausende Gläubige, von denen viele lange Pilgerreisen auf sich genommen haben, um dem mächtigen Venkateshwara hier, in seinem Zuhause, zu begegnen. Der Ort gehört zu Indiens meistbesuchten Pilgerzentren. Täglich kommen 50 000 Pilger her, und ein *darshan* ist rund um die Uhr möglich. 14 000 Menschen gehören zum Tempelpersonal, und der gut organisierte Verband **Tirumala Tirupathi Devasthanams** (TTD; ☎ 2233333, 2277777; www.tirumala.org) weiß mit dem Ansturm von Gläubigen umzugehen. So herrscht hier – trotz der Menschenmassen – meistens eine gewisse Ordnung, Gelassenheit und Ruhe. So kann ein Besuch des heiligen Hügels durchaus zu einer bereichernden Erfahrung werden, auch wenn man kein Pilger ist.

„Man sagt, dass Sri Venkateshwara Festlichkeiten liebte", so der TTD. Seine Anhänger tun es ihm nach: Die *darshan*-Schlangen während des **Brahmotsavam-Festes** im September/Oktober sind meist mehrere Kilometer lang. Und dann kommen täglich bis zu 500 000 Besucher.

In **Tirupathi**, am Fuß des Berges, finden Pilger Hotels, Restaurants und Transportmöglichkeiten vor. Eine ganze Busflotte bringt die Gläubigen die 18 km hoch und wieder runter. Auch für eher weltliche Bedürfnisse ist hier gesorgt, und zwar rund um den Tirupathi-Busbahnhof (TP Area) und den Bahnhof in ca. 500 m Entfernung.

Sehenswertes

Venkateshwara-Tempel HINDU-TEMPEL

Pilger strömen nach Tirumala, um Venkateshwara zu sehen. Der Inkarnation Vishnus werden viele Fähigkeiten nachgesagt, so soll sie u. a. die Macht besitzen, Wünsche zu erfüllen, wenn sie vor dem Abbild der Gottheit in Tirumala geäußert wurden. Viele Pilger bringen ihr Haar als Opfer dar und bedanken sich so für einen erfüllten Wunsch oder schwören ihrem Ego ab. Hunderte Friseure begleiten deshalb die Gläubigen – in Tirumala und Tirupathi wimmelt es nur so vor kahlgeschorenen Männern, Frauen und Kindern.

Legenden über den Hügel und seine Umgebung werden schon in den Puranas erzählt. Die Geschichte des Tempels reicht wahrscheinlich 2000 Jahre zurück. Der Haupttempel ist ein stimmungsvoller Ort, wenn man ihn erreicht, wird man sich aber zwischen den unzähligen Pilgern wie in einer Sardinendose fühlen. Das innere Heiligtum selbst ist dunkel und magisch. Hier riecht es nach Weihrauch und überall erklingen Gesänge – schon manch einer soll bei dieser Stimmung gläubig geworden sein. Im hinteren Teil des Heiligtums spendet Venkateshwara den Besuchern Segen und Liebe. Man darf kurz ein Gebet sprechen und wird dann gleich wieder nach draußen geschoben. Nicht vergessen, am Tresen einen leckeren *ladoo* à la Tirumala mitzunehmen: Diese süßen Bällchen aus Kichererbsenmehl, Kardamom und Dörrobst sind in ganz Indien berühmt.

Ein gewöhnlicher *darshan* erfordert zwei- bis achtstündiges Warten in höchst beengten Metallkäfigen am Tempelrand. Diverse Tickets für einen speziellen *darshan* (300 ₹) verkürzen das Stehen in der Schlange. Trotzdem müssen dann noch die Herausforderungen des Käfigs gemeistert werden – aber das gehört ja irgendwie auch dazu. Tickets für einen speziellen *darshan* (jeweils gesonderte Einlasszeiten; vorher anrufen) gibt's beim Supatham-Komplex oder bei den Seeghra-Darshan-Schaltern im Vaikuntam Queue Complex 1.

Am Eingang ist per Unterschrift auf einem Formular zu bestätigen, dass man Vishnu verehrt.

Geführte Touren

Traveller mit wenig Zeit besuchen Tirumala am besten mit einer dreitägigen APTDC-Tour (2300 ₹; S. 254) ab Hyderabad. Die KSTDC und die TTDC veranstalten identische Trips ab Bengaluru bzw. Chennai. Die **APTDC** (☎ 2289126; Sridevi Complex, 2. Stock, Tilak Rd; ⏱ 8.30–20 Uhr) bietet zudem eintägige Tempeltouren (310 ₹) in Tirupathis Umgebung an.

Schlafen & Essen

Rund um Tirumalas Tempel betreibt das TTD riesige **Schlafsäle** (B gratis) und **Pensionen** (Zi. 50–6000 ₹), die eigentlich Pilgern vorbehalten sind. Wer darin übernachten will, muss beim Central Reception Office einchecken. Die gigantischen **Speisesäle** (Essen gratis) auf dem Hügel verköstigen täg-

ABSEITS DER ÜBLICHEN PFADE

GUNTUPALLI

Die Anreise ist ein Abenteuer in malerischer Landschaft: Dieser frühere **Klosterkomplex** (Inder/Ausländer 5/100 ₹; ⏲10–17 Uhr) war vom 2. Jh. v. Chr. bis zum 3. Jh. n. Chr. in Betrieb. Hoch droben auf einer Hügelspitze bietet er Aussicht auf eine weite Landschaft voller Wälder und Reisfelder. Besonders bemerkenswert ist seine runde, in den Fels geschlagene *chaitya-griha*. Die Kuppeldecke dieser Höhle überspannt einen gut erhaltenen Stupa und imitiert die Holzbalken einer Hütte. Auch die großartige Bogenfassade scheint aus Holz zu bestehen (man beachte die „Sparren"). Dasselbe gilt für die Mönchsbehausungen am Rand derselben Steilkante. Ebenfalls sehenswert sind die steinernen Betten in den Mönchszellen und die über 60 Votivstupas der Anlage.

Guntupalli erreicht man am leichtesten ab Eluru über die Hauptbahnstrecke zwischen Vijayawada und Visakhapatnam. Alternativ fahren Busse von Vijayawada aus nach Eluru (50 ₹, 1½ Std., alle 30 Min.). Dort besteht Busanschluss nach Kamavarapukota (30 ₹, 1 Std., 35 km, alle 30 Min.), wo wiederum Lokalbusse und Autorikschas westwärts nach Guntupalli abfahren (10 km). Ein Mietauto ab Eluru kostet inklusive Rückfahrt ca. 900 ₹.

lich Tausende Pilger. Außerdem gibt's vegetarische Restaurants mit Gerichten für 25 ₹.

Rund um Tirupathis Bahnhof und Busbahnhof findet man einige günstige, kleine Lokale. Alle folgenden Adressen befinden sich in Tirupathi.

Hotel Mamata Lodge HOTEL $
(☎2225873; 1. Stock, 170 TP Area; EZ/DZ/3BZ/4BZ 250/300/400/500 ₹) Freundliches, blitzblankes Billighotel. Manche Bettlaken sind nicht mehr ganz so blütenweiß, aber stets stramm gespannt und mit reizenden weißen Flicken verziert. Um die gleichnamige Lodge im Erdgeschoss besser einen großen Bogen machen!

Railway Retiring Rooms BAHNHOFS-RUHERÄUME $
(B/Zi. ab 75/225 ₹, B/Zi. mit Klimaanlage 225/450 ₹) Super Preis-Leistungs-Verhältnis.

Hotel Annapurna HOTEL $$
(☎2250666; Nethaji Rd; Zi. ohne/mit Klimaanlage 1236/1911 ₹; ❄) Das komfortable, gut geführte Hotel besitzt saubere Quartiere in Rosatönen. Wegen der Ecklage gegenüber vom Bahnhof leiden manche der unklimatisierten Vorderzimmer aber unter Lärm. Die Varianten mit Klimaanlage haben jedoch ein schlechteres Preis-Leistungs-Verhältnis. Das vegetarische **Restaurant** (Hauptgerichte 100–175 ₹) tischt frischgepresste Säfte und super Essen auf.

★ **Minerva Grand** ANDHRA-KÜCHE $$
(☎6688888; www.minervagrand.com; Renigunta Rd; Hauptgerichte & Gerichte 130–185 ₹, EZ/DZ mit Klimaanlage ab 3147/3822 ₹; ⏲7–23.30 Uhr; 📶) Das Minerva gehört zu einer neuen, schicken Generation von Hotels. Für den Wohlfühlfaktor im modernen, aber kalt wirkenden Speiseraum sorgt hervorragendes Essen – durchweg gelungene Andhra-Küche, auf die am besten noch der spitzenmäßige Filterkaffee folgt. Die Zimmer sind die besten der Stadt.

Maya INDISCH $$
(Bhimas Deluxe Hotel; ☎2225521; bhimasdeluxe@rediffmail.com; G Car St; Hauptgerichte & Gerichte 135–190 ₹, Zi. mit Klimaanlage 1855–2023 ₹; ⏲6–22 Uhr) Obwohl die Zimmer des bahnhofsnahen Bhimas Deluxe (Maya) ihr Geld wert sind, lässt man von den fensterlosen Varianten besser die Finger. Im Untergeschoss gibt's tolle vegetarische Kost. Nicht mit dem Bhimas Hotel verwechseln!

ℹ Praktische Informationen

Anu Internet Centre (20 ₹/Std.; ⏲9–19.30 Uhr) Eines von mehreren Internetcafés neben dem Busbahnhof.

Apollo Pharmacy (G Car St; ⏲24 Std.)

ℹ An- & Weiterreise

Tirupathi kann man auf einem (sehr) langen Tagesausflug ab Chennai besuchen. Bus- und Zugpassagiere kaufen am besten ein „Link Ticket", das die Fahrt von Tirupathi nach Tirumala beinhaltet.

BUS

Tirupathis **Busbahnhof** (☎2289900) ist ein Logistikwunder, das praktischerweise u. a. folgende Ziele bedient:

Bengaluru (Express/Volvo/Volvo-Nachtbus 201/400/450 ₹, 4–6 Std.)

Chennai (Express/Volvo 110/208 ₹, 4 Std.)

Hyderabad (Superluxury/Volvo 548/896 ₹, 10–12 Std.)

Vijayawada (Express/Superluxury/Volvo 300/412/600 ₹, 9 Std.)

Private Busfirmen starten auf der TP Area gegenüber vom Busbahnhof.

FLUGZEUG

Der Renigunta Airport liegt 14 km außerhalb von Tirupathi und wurde zum Recherchezeitpunkt gerade internationalisiert. **SpiceJet** (☎ Flughafen 2275595) und **JetKonnect** (☎ Flughafen 2274155) fliegen täglich nach Hyderabad – ebenso die **Air India** (☎ 2283992, Flughafen 2283992; Tirumala Bypass Rd; ⏲ 9.30–17.30 Uhr), die 2 km außerhalb der Stadt ein weiteres Büro unterhält. Bei **Mitta Travels** (☎ 2225981; DR Mahal Rd; ⏲ 11–23 Uhr) sind Tickets auch per Handy buchbar.

ZUG

Am Bahnhof Tirupathi halten viele Expresszüge. Das **Reservierungsbüro** (⏲ Mo–Sa 8–20, So 8–14 Uhr) liegt auf der anderen Straßenseite. Die folgenden Preise gelten jeweils für die Sleeper Class/3AC/2AC.

Bengaluru (168/470/665 ₹, 7 Std.)
Chennai (140/298/640 ₹, 3 Std.)
Hyderabad (284/764/1075 ₹, 12 Std.)
Vijayawada (198/502/730 ₹, 7 Std.)

ℹ Unterwegs vor Ort

BUS

Die Link-Busse nach Tirumala haben eine Haltestelle neben dem zentralen Busbahnhof und eine andere vor dem Bahnhof. Die 18 km lange Fahrt nach Tirumala führt durch eine idyllische Landschaft und dauert eine Stunde (hin & zurück 72 ₹). Wer keine Höhenangst hat, sollte einen Platz auf der linken Seite wählen und die Aussicht genießen.

ZU FUSS

Manche Pilger gehen lieber zu Fuß nach Tirumala. Für sie hat der TTD den vermutlich besten Fußweg Indiens angelegt. Der 15 km lange Marsch von Tirupathi dauert vier bis sechs Stunden. In der Nähe der Hanuman-Statue in Alipiri ist eine Gebührenstelle, wo man Gepäck abgeben kann. Es wird kostenlos zum Empfangszentrum gebracht. An der ganzen Strecke gibt es Ruhepunkte im Schatten und einige Kantinen.

Rund um Tirumala & Tirupathi

Chandragiri Fort

Vom **Fort** (Inder/Ausländer 10/100 ₹; ⏲ Sa–Do 9–17 Uhr) aus dem 15. Jh., das 14 km westlich von Tirupathi liegt, sind nur noch wenige Gebäude übrig. Dazu zählen der Rani Mahal und der Raja Mahal. Letzterer beherbergt ein kleines **Museum** (⏲ Sa–Do 9–17 Uhr). Beide Paläste wurden unter der Herrschaft der Vijayanagar errichtet und erinnern architektonisch an das Royal Centre in Hampi. Der Bollywood-Star Amitabh Bachchan moderiert die allabendliche **Sound-&-Light-Show** (Eintritt 35 ₹; ⏲ März–Sept. 19 Uhr, Okt.–Feb. 18.30 Uhr). Vom Busbahnhof in Tirupathi fahren alle 15 Minuten Busse nach Chandragiri (14 ₹). Die Hin- und Rückfahrt mit dem Prepaid-Taxi kostet 450 ₹.

Sri Kalahasti

Etwa 36 km nordöstlich von Tirupathi liegt Sri Kalahasti mit dem bedeutenden **Sri-Kalahasteeswara-Tempel**. Neben Machilipatnam in der Nähe von Vijayawada ist auch Sri Kalahasti ein Zentrum der alten *kalamkari*-Kunst. Für diese Gemälde werden nur natürliche Materialien verwendet: Die Leinwand wird mit *myrabalam* (Harz) und Milch grundiert, dann werden darauf die Figuren mittels eines angespitzten Bambusstockes gezeichnet, der immer wieder mit eingedicktem Rohrzucker und Wasser benetzt wird. Als Basis für die Farben dienen Mist, gemahlenes Saatgut, Blumen und andere Pflanzen. Die Werkstätten der Künstler liegen im Viertel Agraharam, 2,5 km vom Busbahnhof entfernt. **Sri Vijayalakshmi Fine Kalamkari Arts** (☎ 9441138380; Eingang Nr. 15-890) ist ein altes Familienunternehmen mit 40 angestellten Künstlern.

Busse fahren alle zehn Minuten von Tirupathi nach Sri Kalahasti (30 ₹, 45 Min.). Ein Prepaid-Taxi kostet hin und zurück 700 ₹.

Kerala

Inhalt ➡

Tiere beobachten

- ➡ Wayanad Wildlife Sanctuary (S. 342)
- ➡ Thattekkad Bird Sanctuary (S. 337)
- ➡ Periyar Wildlife Sanctuary (S. 314)
- ➡ Parambikulam Wildlife Sanctuary (S. 321)

Übernachten in Homestays

- ➡ Green Woods Bethlehem (S. 327)
- ➡ Cherukara Nest (S. 308)
- ➡ Tranquil (S. 345)
- ➡ Graceful Homestay (S. 282)
- ➡ Reds Residency (S. 329)

Auf nach Kerala!

Dieser schmale Landstrich im tiefsten Süden Indiens lebt von seiner Landschaft – etwa 600 km herrlicher Küste am Arabischen Meer, ein Netz an Backwaters und die mit Gewürzen und Teepflanzen bewachsenen Hügel der Westghats. Dieses Stückchen Grün bewirkt bei Travellern ein Gefühl wie nach einer ayurvedischen Massage. In Kerala ist es, als hätte man eine Welt betreten, die all den Trubel hinter sich lässt – als wäre Indien durch einen Spiegel gestiegen und dabei zu einem komplett entspannteren Ort geworden.

Neben den bekannten Backwaters, den Reisfeldern, Kokosnusshainen, eleganten Hausbooten, köstlichen Gewürzen und einer Küche, die die Geschmacksnerven tanzen lässt, ist Kerala die Heimat wilder Elefanten, exotischer Vögel und des seltenen Tigers. Verrückt lebendige Traditionen wie die Kathakali und Schlangenbootrennen sind hier außerdem zuhause.

Nur wenige Besucher verzichten auf einen Besuch in Kerala, wenn sie nach Südindien kommen!

Reisezeit

Thiruvananthapuram

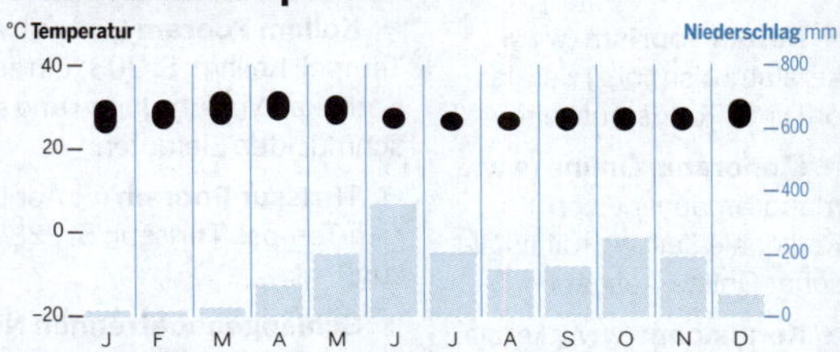

Jan.–Feb. Bestes Wetter für Strand und Backwaters. In Kochi steigt das Ernakulathappan Utsavam.

April Kathakali bei den Festen in Kottayam und Kollam und die Elefantenprozession in Thrissur.

Aug.–Sept. Ende der Monsunzeit: Das Erntefest Onam und Schlangenbootrennen finden statt.

ANKUNFT

In Thiruvananthapuram (Trivandrum), Kozhikode (Calicut) und Kochi (Cochin) befinden sich Keralas wichtigste Flughäfen und Bahnhöfe.

Kurzinfos

- **Bevölkerung:** 33,34 Mio.
- **Fläche:** 38 864 km²
- **Hauptstadt:** Thiruvananthapuram (Trivandrum)
- **Hauptsprache:** Malayalam
- **Übernachtungspreise:**
  $ unter 1000 ₹
  $$ 1000 ₹–3500 ₹
  $$$ über 3500 ₹

Reiseplanung

Die Hauptsaison an den Backwaters und in den Strandresorts geht von November bis März. Zwischen Mitte Dezember und Mitte Januar sind die Preise am höchsten. In der Monsunzeit gibt's immer günstige Angebote (Juni–Sept.).

Infos im Internet

- **Kerala Tourism** (www.keralatourism.org) Keralas offizielle Tourismusseite
- **Manorama Online** (www.manoramaonline.com) Regionale Zeitung mit englischer Online-Ausgabe
- **Kerala.com** (www.kerala.com) Neuigkeiten, Tourismus und viele Links
- **Lonely Planet** (www.lonelyplanet.com/india/kerala) Reiseberichte, Empfehlungen und Insidertipps

Essen

Zur köstlichen südindischen Küche gehören *puttu* (gekochtes Reispulver und Kokosnuss), *idli* (weicher, runder, gegorener Reiskuchen), *sambar* (duftendes Gemüse-Dhal) und Dosas mit Kokosnuss-Chutney.

Keralas Gewürzplantagen, Kokosnusshaine und seine lange Küstenlinie haben auch die regionale Küche beeinflusst, die sich durch köstliche Gerichte wie Fisch-*molee* oder scharfes Malabar-Hühnchencurry auszeichnet. Fisch, z. B. Seebrassen, Königsmakrelen und Garnelen, wird von den Fischern entlang der Küste frisch verkauft.

Als Nachspeise lohnt es sich, *payasam* zu probieren, das aus braunem Sirup, Kokosnussmilch und Gewürzen zubereitet und mit Cashewnüssen und Rosinen garniert wird.

NICHT VERPASSEN!

Fort Cochin ist eine außergewöhnliche Stadt, die auf eine Kolonialtradition von 500 Jahren zurückblickt. Auf einem Hausboot, Kanu oder sogar Kajak über **Keralas Backwaters** zu schippern, ist nicht die einzige magische Erfahrung, die man hier machen kann. Die Gastfreundschaft von Kerala erfährt man am besten, wenn man in einem **Homestay** übernachtet, wo zusammen gegessen (und gekocht) wird.

Top-Feste

- **Ernakulathappan Utsavam** (Jan./Feb., Shiva-Tempel, Ernakulam, Kochi, S. 327) Die Feierlichkeiten dauern acht Tage an und gipfeln in einer Parade mit Elefanten, Musik und Feuerwerk.
- **Thirunakkara Utsavam** (März, Thirunakkara-Shiva-Tempel, Kottayam, S. 312) Kathakali-Tänze, die am dritten oder vierten Tag des zehntägigen Festivals stattfinden und die ganze Nacht gehen.
- **Kollam Pooram** (April, Asraman-Shri-Krishna-Swami-Tempel, Kollam, S. 303) Ein zehntägiges Fest mit nächtlichen Kathakali-Vorführungen und einem Umzug mit 40 geschmückten Elefanten.
- **Thrissur Pooram** (April/Mai, Vadakkunathan-Kshetram-Tempel, Thrissur, S. 338) Der ultimative Elefantenumzug!
- **Schlangenbootrennen Nehru Trophy** (2. Sa im Aug., Alappuzha, S. 307) Keralas beliebtestes Bootsrennen.
- **Onam** (Aug./Sept., im ganzen Staat) Die größte kulturelle Veranstaltung von Kerala: Der gesamte Staat zelebriert zehn Tage lang das goldene Zeitalter des mythischen Königs Mahabali.

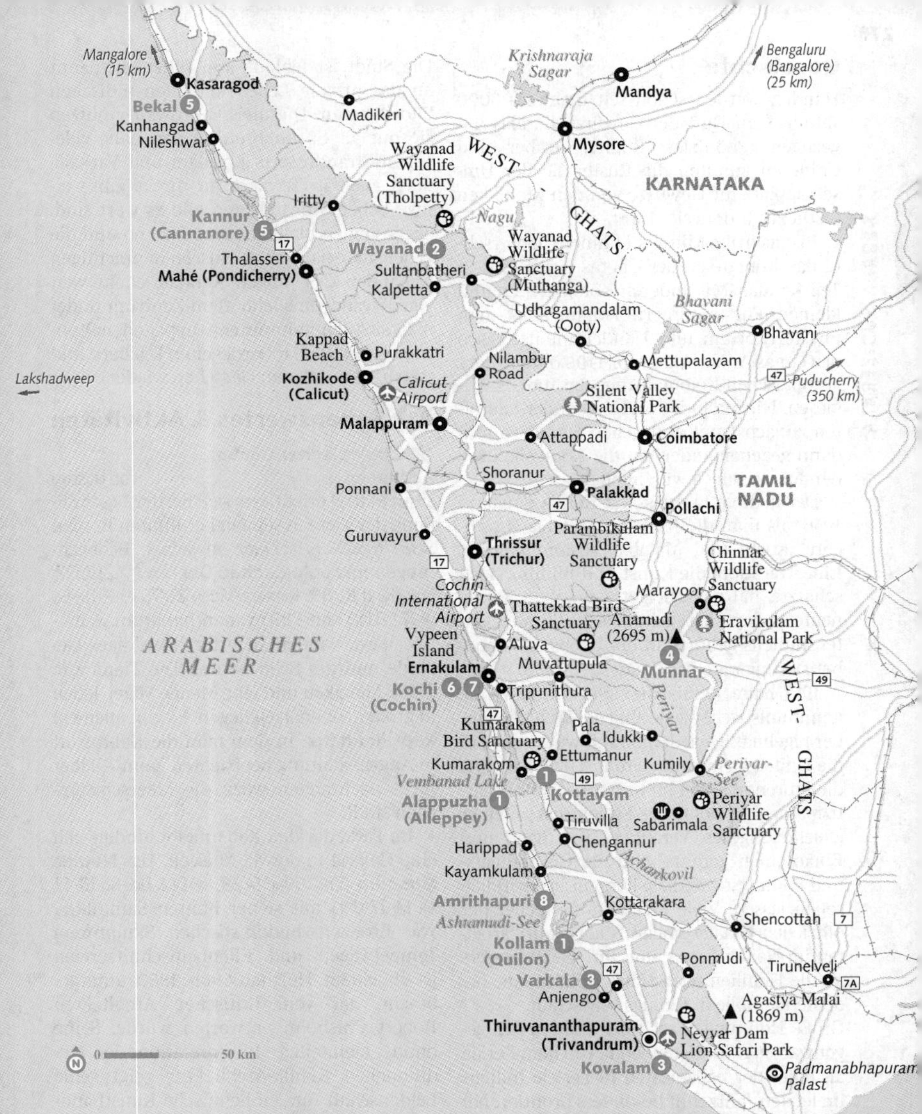

Highlights

1. Mit einem Hausboot oder Kanu durch die **Backwaters** (S. 310) fahren
2. In **Wayanad** (S. 342) wilde Elefanten in einer tollen Umgebung besuchen
3. Durch das Strandresort **Varkala** (S. 297) bummeln und sich in **Kovalam** (S. 284) entspannen
4. In einem abgelegenen Resort um **Munnar** (S. 318) absteigen und die Teeplantagen der Gegend durchstreifen
5. Die goldenen Sandstrände und Backwaters um **Kannur** (S. 345) und **Bekal** (S. 348) erkunden
6. Die einzigartige Atmosphäre einer Privatunterkunft in **Fort Cochin** (S. 327) genießen
7. Kathakali oder Kalarippayat in **Kochi** (S. 333) erleben
8. Eine Bootsfahrt zwischen Kollam und Alappuzha unternehmen, mit Halt in **Amritapuri**, um den Ashram „Matha Amrithanandamayi" (S. 305) zu besichtigen

Geschichte

Händler werden schon seit mehr als 3000 Jahren vom Duft der Gewürze Keralas angezogen. Phönizier, Römer, Araber und Chinesen kannten die Küste, die der Umschlagplatz für Gewürze von den Molukken (östliches Indonesien) war.

Bis ins frühe Mittelalter hinein beherrschte das Königreich der Cheras einen großen Teil Keralas. Mit anderen Königreichen und kleinen Fürstentümern konkurrierte man um Territorium und Handelsanteile. Vasco da Gamas Ankunft im Jahr 1498 öffnete dem europäischen Kolonialismus die Tore. Portugiesen, Niederländer und Engländer kämpften zunächst mit arabischen Händlern und dann gegeneinander um die Kontrolle über den lukrativen Gewürzhandel.

Der heutige Bundesstaat Kerala entstand 1956, als man die früheren Staaten Travancore, Kochi und Malabar zusammenlegte. Eine Tradition, die Kunst und Bildung hoch schätzte, hat dazu beigetragen, dass Kerala heute zu den fortschrittlichsten Bundesstaaten Indiens gehört mit der höchsten Alphabetisierungsrate des Staates.

1957 hatte Kerala die erste frei gewählte kommunistische Regierung der Welt, die seither regelmäßig wiedergewählt wird – obwohl die United Democratic Front (UDF) seit 2011 die führende Partei im Kongress ist. Das partizipatorische politische System hat zu einer gleichmäßigeren Verteilung von Land und Einkommen geführt, und die Gesundheits- und Bildungsstatistiken können sich wirklich sehen lassen. Viele Malayalis (Sprecher der offiziellen Staatssprache Malayalam) arbeiten im Nahen Osten, und ihre Geldtransfers an die Familien nach Hause spielen eine bedeutende Rolle in Keralas Wirtschaft.
Große Hoffnungen setzt der Staat in den gegenwärtigen Touristenboom, von dem Kerala als eines der beliebtesten Reiseziele Indiens im letzten Jahrzehnt besonders profitiert hat – 2011 waren es mehr als 10 Mio. Besucher.

SÜD-KERALA

Thiruvananthapuram (Trivandrum)

☎ 0471 / 752 500 EW.

Keralas Hauptstadt ist – aus offensichtlichen Gründen – noch immer unter ihrem Namen aus der Kolonialzeit, Trivandrum, bekannt. Die Stadt ist lebhaft und führt entspannt an das urbane Leben im tiefen indischen Süden heran. Die meisten Traveller nutzen sie nur als Sprungbrett zu den nahe gelegenen Strandresorts Kovalam und Varkala, doch auch in Trivandrum direkt gibt's einige Sehenswürdigkeiten, die es wert sind, ein wenig zu bleiben: etwa der Zoo und die vielen viktorianischen Museen in prächtigen Gebäuden des jungen Keralas. Nicht weit von Trivandrums lebhaftem Zentrum findet man sich schon inmitten von pagodenähnlichen Gebäuden, rotgeziegelten Dächern und engen, gewundenen Gässchen wieder.

Sehenswertes & Aktivitäten

★ Zoologischer Garten & Museen ZOO, MUSEUM

Yann Martel orientierte sich bei der Beschreibung der Tiere in seinem berühmten Roman *Schiffbruch mit Tiger* an seinen Beobachtungen im **zoologischen Garten** (☎ 2115122; Erw./Kind 10/5 ₹, Kamera/Video 25/75 ₹; ⊙ Di–So 9–17.15 Uhr) von Thiruvananthapuram. Schattige Wege winden sich durch waldiges Gelände und um Seen herum. Die Tiere, z. B. Tiger, Makaken und eine Menge Vögel, leben in großen, offenen Gehegen. Es gibt auch ein **Reptilienhaus**, in dem man die Kobras oft in Angriffshaltung beobachten kann – lieber nicht nachfragen, wozu die Meerschweinchen sind!

Im Park, der den Zoo umgibt, finden sich eine Galerie und zwei Museen. Das **Napier Museum** (Erw. /Kind 5/2 ₹; ⊙ Di & Do–So 10–17, Mi 13–17 Uhr) mit seiner bunten Sammlung von Bronzen, buddhistischen Skulpturen, Tempelwagen und Elfenbeinschnitzereien ist in einem Holzhaus von 1880 untergebracht, das vom britischen Architekten Robert Chisholm entworfen wurde. Seine bunte, kleinteilige Interpretation der traditionellen Kerala-Architektur zeigt seine Leidenschaft fürs einheimische Kunsthandwerk. Verblüffend und schon allein einen Besuch wert sind die knallbunt bemalten Innenräume. Das verstaubte **Natural History Museum** (Erw./Kind 5/2 ₹; ⊙ Di & Do–So 9–16.30, Mi 13–16.30 Uhr) zeigt Hunderte ausgestopfter Tiere und Vögel und eine gute Skelettsammlung. Im Osttor sind in der **Shri Chitra Art Gallery** (Eintritt 5 ₹; ⊙ Di & Do–So 9–17, Mi 13–17 Uhr) Malereien der Rajput-, Mogul- und Tanjur-Schulen sowie Werke von Ravi Varma ausgestellt. Nebenan zeigt das **Aquarium** (Erw./Kind 5/2 ₹; ⊙ 9–17 Uhr) eine Reihe von langweiligen Becken mit Fischen.

Museum of History & Heritage MUSEUM
(☎ 9567019037; www.museumkeralam.org; Park View; Inder Erw./Kind 20/10 ₹, Ausländer Erw./Kind 200/50 ₹, Kamera 25 ₹; ⏲ Di–So 10–17.30 Uhr) In einem zauberhaften Baudenkmal mitten im Tourismuskomplex von Kerala befindet sich ein großzügiges neues Museum, das sich mit Keralas Geschichte und Kultur beschäftigt und sie mit fantastischen Ausstellungsstücken und interaktiven, audiovisuellen Präsentationen darstellt. Die Palette reicht von Werkzeugen aus der Eisenzeit bis hin zu Skulpturen aus Bronze und Terrakotta, Wandgemälden, *dhulichitra* (Fußbodengemälde) und Nachbildungen traditioneller Häuser Keralas. Der Eintritt ist nicht ohne, aber es lohnt sich!

Shri-Padmanabhaswamy-Tempel HINDU-TEMPEL
(⏲ nur Hindus 4–19.30 Uhr) Der 260 Jahre alte Tempel ist Thiruvananthapurams spirituelles Zentrum. Den Haupteingang bildet der 30 m hohe östliche *gopuram* (Torturm). Im inneren Heiligtum lehnt die Gottheit Padmanabha auf der heiligen Schlange. Das Bildwerk besteht aus über 10 000 *salagramam* (heiligen Steinen), das angeblich mithilfe eines Elefanten von Nepal transportiert wurde.

Der Tempel ist nur für Hindus zugänglich, aber vom Weg rechts neben dem Tor hat man eine ausgezeichnete Sicht auf den *gopuram*.

Puthe Maliga Palace Museum MUSEUM
(Fort; Inder/Ausländer 15/50 ₹, Kamera/Video 30/250 ₹; ⏲ Di–So 8.30–13 & 15–17 Uhr) Der 200 Jahre alte Palast der Maharadschas von Travancore lockt mit beschnitzten Holzdecken, Marmorskulpturen und sogar importiertem belgischen Glas. Es gibt Bilder von Kathakali-Aufführungen, eine Waffenkammer, Porträts der Maharadschas, verzierte Throne und andere Artefakte zu sehen. Im Eintritt ist eine 45-minütige Führung inklusive. Man kann den ganzen Innenbereich auch auslassen und stattdessen (kostenlos) das Palastgelände besichtigen. Hier befindet sich auch das **Chitrali Museum** (50 ₹), ein neu eröffneter Teil des Palasts mit zahlreichen historischen Erinnerungsstücken, Fotografien und Porträts der Travancore-Dynastie.

Jedes Jahr im Januar findet hier ein **Festival klassischer Musik** statt.

TRADITIONELLE KUNSTFORMEN KERALAS

Kathakali

Die Kunstform Kathakali entstand ungefähr zur selben Zeit, als Shakespeare seine Stücke schrieb. Kathakali-Vorführungen stellen eine dramatisierte Handlung dar, die meistens auf den Hindu-Epen Ramayana, Mahabharata oder auf den Purana-Legenden basiert. Dabei werden alle großen Themen des Lebens behandelt: Gut und Böse, Schwäche und Mut, Armut und Reichtum, Krieg und Frieden.

Trommler und Sänger begleiten die Schauspieler, die die Geschichte durch sehr präzise Bewegungen vermitteln, durch besondere *mudras* (Gesten) und Mimik.

Die Vorbereitungen für die Aufführung sind langwierig und verlangen Disziplin. Durch Schminke, Kostüme, kunstvollen Kopfschmuck und Meditation verwandeln sich die Schauspieler äußerlich und mental in die Götter, Helden und Dämonen, die sie darstellen.

Traditionelle Aufführungen können über Stunden gehen, aber in den Touristenhochburgen überall im Bundesstaat kann man gekürzte Fassungen miterleben. Außerdem gibt es Kathakali-Schulen in Thiruvananthapuram (S. 280) und in der Nähe von Thrissur (S. 340), die gerne Besucher empfangen.

Kalarippayat

Kalarippayat ist eine uralte Lehre von Kampfkunst und Disziplin, die noch heute überall in Kerala gelehrt wird. Manche Leute halten Kalarippayat für den Vorläufer aller Kampfkünste, denn ihre Wurzeln reichen zurück bis zu den Auseinandersetzungen zwischen Keralas kleinen Feudalstaaten im 12. Jh.

Die Meister des Kalarippayat heißen Gurukkal. Sie lehren ihre Kunst in einer speziellen Arena, *kalari* genannt.

Kalarippayat-Bewegungen findet man in allen traditionellen darstellenden Künsten in Kerala, z. B. im Kathakali und im *kootiattam* sowie in Ritualen wie dem *theyyam*.

Oft finden Kalarippayat-Aufführungen am selben Veranstaltungsort wie Kathakali statt.

Thiruvananthapuram

Kurse

Ayushmanbhava Ayurvedic Centre AYURVEDA, YOGA
(☎ 4712556060; www.ayushmanbhava.com; Pothujanam; Massage ab 600 ₹; ⏰ Yogakurse 6.30 Uhr) In diesem Zentrum, 3 km westlich der MG Rd, werden Massagen, tägliche therapeutische Yogakurse und längere ayurvedische Behandlungen angeboten.

Margi Kathakali School KULTURPROGRAMM
(☎ 2478806; www.margitheatre.org; Fort) Hier werden Kurse in Kathakali und *kootiattam* (traditionelles Sanskrit-Schauspiel) für An-

Thiruvananthapuram

Sehenswertes
1 Aquarium C1
2 Museum of History & Heritage C1
3 Napier Museum C1
4 Natural History Museum C1
5 Puthe Maliga Palace Museum A6
6 Reptilienhaus C1
7 Shri Chitra Art Gallery C1
8 Shri-Padmanabhaswamy-Tempel A6
9 Zoologischer Garten C1

Aktivitäten, Kurse & Touren
10 CVN Kalari Sangham A6
11 Margi Kathakali School A5

Schlafen
12 Greenland Lodge C5
13 Hotel Regency B4
14 Princess Inn B4
15 Taj Vivanta D3
16 Varikatt Heritage B3
17 Wild Palms Home Stay A4
18 YMCA International Guesthouse B3

Essen
19 Ananda Bhavan B3
Ariya Nivaas .... (siehe 12)
20 Azad Restaurant B4
21 Cherries & Berries D2
22 Indian Coffee House B5
23 Vibhav B3

Shoppen
24 Connemara Market B2
25 Sankers Coffee & Tea B4
26 SMSM Institute B3

fänger und Fortgeschrittene angeboten. Für einen zweistündigen Kurs zahlt man rund 300 ₹. Besucher können bei den Übungsstunden ohne Kostüme (Mo–Fr ab 10–12 Uhr) zuschauen. Das nicht ausgewiesene Gebäude befindet sich 200 m westlich vom Fort hinter der Fort School.

CVN Kalari Sangham KAMPFKUNST
(☎2474182; www.cvnkalari.in; South Rd; 15-tägiger/1-monatiger Kurs 1000/2000 ₹) Hier werden langfristige Kurse in *kalarippayat* für ernsthaft interessierte Schüler (unter 30 Jahren) angeboten, die schon ein wenig Erfahrung in der Kampfkunst mitbringen. Das Training findet von Montag bis Samstag zwischen 7 und 8.30 Uhr statt.

Geführte Touren

Die **KTDC** (Kerala Tourist Development Corporation) veranstaltet zahlreiche Touren, die alle vom Tourist Reception Centre am KTDC Hotel Chaithram oder der Central Station Rd losgehen. Die City Tour (300 ₹) beinhaltet den Zoo und andere Sehenswürdigkeiten; die Kanyakumari Day Tour (700 ₹) besucht den Padmanabhapuram-Palast, Kanyakumari in Tamil Nadu und den nahe gelegenen Suchindram-Tempel. Andere Touren fahren auch zum Neyyar-Damm (400 ₹) und nach Kovalam (200 ₹).

Schlafen

YMCA International Guesthouse HOSTEL $
(☎2330059; www.ymcatvm.org; YMCA Rd; EZ/DZ 376/732 ₹, mit Klimaanlage 788/1125 ₹; ❄) Im Zentrum und dennoch in einer relativ ruhigen Straße befindet sich das beste Budgetangebot der Stadt. Die Zimmer sind großzügig, sauber und haben geflieste Badezimmer und Fernseher. Es werden Männer und Frauen akzeptiert.

Princess Inn HOTEL $
(☎2339150; Manjalikulam Rd; EZ/DZ 350/600 ₹, mit Klimaanlage ab 750/850 ₹; ❄) Das Princess Inn liegt in einem Gebäude mit Glasfront und verspricht einen relativ ruhigen Schlaf in seiner zentralen Seitenstraßenlage. Es ist sauber und gemütlich, bietet Satellitenfernsehen und lupenreine Badezimmer. Die Zimmer mit dem Prädikat „Luxus" sind sehr geräumig.

Hotel Regency HOTEL $
(☎2330377; www.hotelregency.com; Manjalikulam Cross Rd; EZ/DZ 600/900 ₹, mit Klimaanlage 1125/1350 ₹; ❄ WLAN) Diese saubere und einladende Unterkunft bietet kleine, aber makellose Zimmer mit Satellitenfernsehen. Die Luxuszimmer sind etwas größer und im Erdgeschoss steht den Gästen WLAN zur Verfügung.

Greenland Lodge HOTEL $
(☎2328114; Thampanoor Junction; EZ/DZ 435/680 ₹, mit Klimaanlage 900/1070 ₹; ❄) Wenn man bedenkt, wie nah das Greenland an dem gedämpft hörbaren Chaos des Bahnhofs und der Bushaltestellen liegt, ist es für die Lage keine schlechte Wahl mit seinen vielen Ruhe ausstrahlenden Pastellfarben. Die Zimmer sind relativ sauber, sie variieren jedoch, weshalb man vorher darum bitten sollte, sich ein paar ansehen zu dürfen. Das übereifrige Personal fordert eine saftige Vorauszahlung für zwei Nächte.

★ **Graceful Homestay** HOMESTAY $$

(☎2444358; www.gracefulhomestay.com; Pothujanam Rd, Philip's Hill; EG EZ/DZ 1300/1500 ₹, OG & Suite EZ/DZ inkl. Frühstück 2000/2500 ₹; @ 📶) In den grünen westlichen Vororten von Trivandrum liegt dieses schöne, ruhige Haus inmitten von mehreren Hektar Garten. Betrieben wird es von Giles, dem Bruder der Besitzerin Sylvia. Die vier Zimmer sind nett eingerichtet und haben Zugang zur Küche, Gemeinschaftsräumen und Balkonen. Von den Zimmern aus geht es auf die fantastische überdachte Terrasse mit Ausblick über ein Meer aus Palmen.

Wild Palms Home Stay HOMESTAY $$

(☎2471175; www.wildpalmsonsea.com; Mathrubhumi Rd; EZ 1095–1495 ₹, DZ 1395-1795 ₹, Suite EZ/DZ 1795/2195 ₹; ❄ @) Bei der Ankunft wird man von einem grünen Garteninnenhof begrüßt. Die Unterkunft selbst ist ein gemütliches Familienhaus mit jeder Menge Charakter. Die sieben Zimmer sind geräumig und haben riesige Badezimmer. Das Highlight ist die Suite im oberen Geschoss mit einem Balkon, den man über eine Wendeltreppe erreicht. Frühstück inklusive.

★ **Varikatt Heritage** HOMESTAY $$$

(☎2336057; www.varikattheritage.com; Punnen Rd; Zi. inkl. Frühstück 3950–5050 ₹; 📶) Die charismatischste Unterkunft von Trivandrum befindet sich im 250 Jahre alten Haus von Oberst Roy Kuncheria, ein wunderbarer, indo-sarazenischer Bungalow mit vier Zimmern mit Verandas, die zu einem hübschen Garten hinausgehen. Zu jeder Antiquität – und dem Haus an sich – gehört eine Familiengeschichte. Mittag- und Abendessen erhältlich (300 ₹).

Taj Vivanta HOTEL $$$

(☎6612345; www.vivantabytaj.com; Thycaud Hospital Rd; EZ/DZ inkl. Frühstück ab 9500/10 700 ₹, Suite 25 500 ₹; ❄ @ 📶 🏊) Das Taj hat eine größere Eingangshalle als die meisten Hotels der Stadt. Es bietet einen gewissen Wow-Faktor: Die Zimmer sind ziemlich vornehm, der Garten und der Swimmingpool werden gut in Schuss gehalten und außerdem gibt's ein Fitnessstudio und ein paar gute Restaurants.

Essen

Als Erfrischung zum Essen eignen sich besonders gut *karikku* (Kokosnusswasser) und *sambharam* (Buttermilch mit Ingwer und Chili).

★ **Indian Coffee House** INDISCH $

(Maveli Café; Central Station Rd; Snacks 10–45 ₹; ⏰7–23 Uhr) Die Filiale des Indian Coffee House an der Central Station Rd serviert Kaffee und Snacks in einem verrückten Turm aus roten Ziegeln, der wie eine Kreuzung aus Leuchtturm und Taubenverschlag aussieht und in seinem spiralförmigen Inneren mit Betonbänken und -tischen ausgestattet ist. Die emsigen Kellner muss man einfach bewundern. Es gibt noch eine andere, eher gewöhnliche Filiale in der Nähe vom Zoo.

Ariya Nivaas INDISCH $

(Manorama Rd; Thalis 70 ₹; ⏰6.45–22 Uhr) Hier ist immer was los, was wohl an den fantastischen südindischen vegetarischen Thalis liegt, von denen man zum Festpreis so viele essen darf, wie man will. Ariya Nivaas liegt ein wenig abseits vom Geschehen, ist aber vom Bahnhof aus gut zu erreichen.

Ananda Bhavan INDISCH $

(☎2477646; MG Rd; Gerichte 28–40 ₹; ⏰mittags & abends) Ein klassischer Fall von „Hinsetzen und mit den Fingern essen" mit Dosas und vegetarischen Snacks.

INDIAN COFFEE HOUSE

Das Indian Coffee House wirkt, als sei hier die Zeit stehengeblieben. Die über ganz Indien verstreuten Filialen haben noch alte indische Preise, und die Kellner laufen mit gestärkten weißen Hemden und pfauenartigem Kopfschmuck herum. Die Geschichte der Kaffeehauskette beginnt Anfang der 1940er-Jahre während der britischen Kolonialherrschaft mit dem Coffee Board. In den 1950er-Jahren begann der Board, seine Cafés überall in Indien zu schließen, wodurch die Angestellten arbeitslos wurden. Der Kommunistenführer Ayillyath Kuttiari Gopalan Nambiar stellte sich hinter die Arbeiter und gründete mit ihnen die India Coffee Board Worker's Co-operative Society. Das Ziel war, den Arbeitern bessere Chancen zu ermöglichen und den Kaffeeverkauf zu fördern. Seitdem gibt es das Coffee House – voller Flair wie eh und je und immer mit preisgünstigen Snacks wie *idli* und Getränken wie indischem Filterkaffee mit Rosenmilch. Es wird noch immer von seinen Angestellten betrieben, die alle Mitglieder der Genossenschaft sind.

Cherries & Berries CAFÉ $$
(www.cherriesandberries.in; Carmel Towers, Cotton Hill; 45–130 ₹; ⏲9.45–22 Uhr; 📶) Für gute Hausmannskost, eine eiskalte Klimaanlage und kostenloses WLAN geht man am besten ins Zentrum zu Cherries & Berries. Waffeln, Mini-Pizzas, Toasts, guter Kaffee und milde Schokomilchshakes.

Azad Restaurant INDISCH $$
(Press Rd; Gerichte 75–145 ₹; ⏲12–23.30 Uhr) Ein lebhaftes Ziel für Familien mit authentischen Fischgerichten aus Kerala, beispielsweise Fisch-*molee* und eine exzellente Auswahl an Biryanis und Tandoori.

Vibhav INTERNATIONAL $$
(☎4076000; Vanross Junction; Hauptgerichte 80–250 ₹; ⏲8–22.30 Uhr) Dieses ausgeklügelte Restaurant am Magic Days Hotel bietet ein großartiges Buffet zum Mittag- und zum Abendessen an, außerdem Indisch, Chinesisch und kontinentale Küche von der Karte.

Shoppen

Auf dem **Connemara Market** (MG Rd) werden Gemüse, Fisch, Ziegen, Stoffe, Kleidung, Gewürze und mehr Bananen verkauft, als eine Horde hungriger Affen fressen könnte.

SMSM Institute KUNSTHANDWERK
(www.keralahandicrafts.in; YMCA Rd; ⏲Mo–Sa 9–20 Uhr) Das von Keralas Stadtverwaltung geführte Kunsthandwerkswarenhaus ist eine Schatzhöhle mit günstigem Angebot.

Sankers Coffee & Tea ESSEN & TRINKEN
(☎2330469; MG Rd; ⏲Mo–Sa 9–21 Uhr) Noch bevor man diesen kleinen Laden erreicht, nimmt man den Duft von frischem Kaffee wahr. Im Angebot sind der Blättertee von Nilgiri Export OP (520 ₹/kg) sowie eine Vielzahl von Kaffeesorten und Nüssen.

Praktische Informationen

ABC Internet (MG Rd, Capital Centre; 20 ₹/Std.; ⏲8.30–21 Uhr) Eines von mehreren guten Internetcafés in dieser kleinen Einkaufspassage.

KIMS (Kerala Institute of Medical Sciences; ☎3041000, Notruf 3041144; www.kimskerala.com; Kumarapuram; ⏲24 Std.) Die beste Wahl bei medizinischen Problemen. Etwa 3 km nordwestlich von Trivandrum.

Hauptpost (☎2473071; MG Rd)

Thomas Cook (☎2338140, 2338141; MG Rd; ⏲Mo–Sa 10.30–18 Uhr) Um Bargeld und Reiseschecks umzutauschen.

Tourist Facilitation Centre (☎2321132; Museum Rd; ⏲24 Std.) Beim Zoo. Stellt Karten und Broschüren bereit.

Tourist Reception Centre (KTDC Hotel Chaithram; ☎2330031; Central Station Rd; ⏲7–21 Uhr) Organisiert von der KTDC geleitete Touren.

An- & Weiterreise

BUS

Der Fahrplan für Busse, die von der KSRTC-Bushaltestelle gegenüber dem Bahnhof abfahren, ist unten abgedruckt (AC = klimatisiert).

Die Busse der State Express Transport Corporation (SETC) nach Tamil Nadu fahren am östlichen Ende der KSRTC-Bushaltestelle ab.

Abfahrt der Busse zum Strand von Kovalam (15 ₹, 30 Min., 6–21 Uhr alle 20 Min.) ist am Südende der East-Fort-Haltestelle an der MG Rd.

FLUGZEUG

Air India (☎2317341; Mascot Sq.), **Jet Airways** (☎2728864; Sasthamangalam Junction) und

BUSSE AB TRIVANDRUM (KSRTC-BUSHALTESTELLE)

ZIEL	PREIS (₹)	DAUER (STD.)	HÄUFIGKEIT
Alappuzha	100, AC 191	3½	alle 15 Min.
Chennai	560	17	10-mal tgl.
Ernakulam (Kochi)	135, AC 250	5	alle 20 Min.
Kanyakumari	50	2	6-mal tgl.
Kollam	43	1½	alle 15 Min.
Kumily (nach Periyar)	200	8	2-mal tgl.
Munnar	250	7	2-mal tgl.
Neyyar Dam	30	1½	alle 40 Min.
Thrissur	200	7½	alle 30 Min.
Ooty (Udhagamandalam)	485	14	1-mal tgl.
Varkala	40	1¼	stündl.

ZÜGE AB TRIVANDRUM

ZIEL	ZUGNR. & NAME	PREIS (₹, SLEEPER/3AC/2AC)	DAUER (STD.)	ABFAHRT (TGL.)
Bengaluru	16525 Bangalore Express	307/864/1320	18	13 Uhr
Chennai	12696 Chennai Express	341/936/1425	16½	17.10 Uhr
Coimbatore	17229 Sabari Express	191/524/785	9¼	7.15 Uhr
Delhi	12625 Kerala Express	595/1676/2780	50½	11.15 Uhr
Mangalore	16347 Mangalore Express	257/719/1085	14½	20.40 Uhr

SpiceJet (☎ 09871803333; www.spicejet.com; Trivandrum Airport) fliegen vom Trivandrum Airport aus nach Mumbai, Kochi, Bengaluru, Chennai und Delhi.

Es gibt außerdem Direktflüge von Trivandrum nach Colomba auf Sri Lanka, Male auf den Malediven und in wichtige Golfküstenregionen wie Dubai, Kuwait und Bahrain.

Reservierungen laufen über die effizienten **Airtravel Enterprises** (☎ 3011300; www.ate.travel; MG Rd, New Corporation Bldg.).

ZUG

Die Züge sind schnell ausgebucht, ein Besuch beim **Reservierungsbüro** (☎ 139; ⏲ Mo–Sa 8–20, So 8–14 Uhr) im Hauptbahnhof lohnt sich also. Die meisten Züge fahren im Stadtzentrum an der Trivandrum Central Station ab und kommen auch dort an. Ein paar Expressverbindungen enden an der Vikram Sarabhai Station (Kochuveli) etwa 7 km nördlich der Innenstadt, also lieber vorher nachprüfen!

In Kerala fahren mehrere Expresszüge nach Varkala (Sleeper/3AC 57/175 ₹, 1 Std.), Kollam (64/175 ₹, 1¼ Std.) und Ernakulam (128/342 ₹, 4½ Std.), mit Stopps in Alappuzha (120/267 ₹, 3 Std.) oder in Kottayam (120/313 ₹, 3½ Std.). Es gibt mehrere tägliche Verbindungen nach Kanyakumari (Sleeper/3AC 120/218 ₹, 3 Std.).

ℹ Unterwegs vor Ort

Der **Flughafen** (☎ 2501424) ist 8 km von der Stadt und 15 km von Kovalam entfernt. Hin kommt man mit Bus 14 von den Bushaltestellen East Fort und City (7₹). Eine Fahrt mit dem Prepaid-Taxi vom Flughafen zur Stadt kostet 350 ₹, nach Kovalam 500 ₹.

Am einfachsten kommt man mit Autorikschas herum (kurze Strecken 20–30 ₹).

Rund um Trivandrum

Neyyar Wildlife Sanctuary

Um einen idyllischen See herum, der 1964 durch den Bau des Neyyar-Damms 35 km nördlich von Trivandrum entstanden ist, liegt die Hauptattraktion des Schutzgebiets, der **Lion Safari Park** (☎ 2272182, 9744347582; Inder/Ausländer 200/300 ₹; ⏲ Di–So 9–16 Uhr). Im Eintritt inbegriffen ist eine Bootsfahrt, eine Löwensafari per Bus, ein Besuch im **Wildpark** und im **Crocodile Production Centre** (benannt nach der australischen Legende Steve Irwin). Im Wald am Ufer leben indische Bisons, Pferdehirsche, Faultiere, Elefanten, Bartaffen und der ein oder andere Tiger.

Die Anfahrt erfolgt von der KSRTC-Haltestelle mit einem regelmäßig fahrenden Bus (30 ₹, 1½ Std.). Das Taxi kostet hin und zurück 900 ₹ (mit zwei Stunden Wartezeit) ab Trivandrum, 1300 ₹ ab Kovalam. Die KTDC-Zentrale in Trivandrum veranstaltet auch Touren zum Neyyar-Damm (400 ₹).

Sivananda Yoga Vedanta Dhanwantari Ashram

Vor dem Neyyar-Staudamm befindet sich in bester Lage dieser 1978 gegründete **Ashram** (☎/Fax 0471-2273093; www.sivananda.org/ndam), der für seine Hatha-Yoga-Kurse bekannt ist. Sie beginnen immer am 1. und am 16. des Monats, dauern mindestens zwei Wochen und kosten 800 ₹ pro Tag bei Unterbringung in einem Doppelzimmer (1500 mit Klimaanlage) und 500 ₹ im Schlafsaal (inkl. Essen). In der Nachsaison (Mai–Sept.) bezahlt man 100 ₹ weniger. Es gibt einen genauen Stundenplan (5.30–22 Uhr), der Yoga-Übungen, Meditation, Gesang und Pausen regelt (Buchung erforderlich!). Wer will, kann sich in einem Monat zum Yogalehrer ausbilden lassen und Kurse in Ayurveda-Massage belegen.

Kovalam

☎ 0471

Einst war Kovalam ein verlassenes Fischerdorf an einem halbmondförmigen Strand, heute ist es das am weitesten entwickelte Resort in Kerala. Der wichtigste Küstenstreifen, **Lighthouse Beach**, lebt vom Tourismus. Zahlreiche Hotels und Restaurants wurden am Ufer gebaut, während **Hawa Beach** im Norden normalerweise nur von Tagesgästen bevölkert wird, die direkt vom Taxistand an den Strand strömen. Keiner der beiden Strände ist besonders sauber, aber nicht mal 15 km vom Zentrum entfernt gibt's ein nettes Plätzchen, an dem man sich am Meer tummeln kann, und auch anständige Wellen für Surfer. Hier kann man sich auch mit Ayurveda und Yoga beschäftigen.

Etwa 2 km die Straße entlang Richtung Norden liegt **Samudra Beach** mit einigen exklusiven Resorts und einem friedlichen, aber steilen Strand.

Gefahren & Ärgernisse

Frauen im Bikini ziehen oft die Blicke der Männer auf sich – das ist wohl eher ärgerlich als gefährlich. Wenn frau aus dem Wasser kommt, sollte sie sich besser mit einem Sarong bedecken.

An beiden Enden des Lighthouse Beach gibt es starke Strömungen, denen jedes Jahr mehrere Schwimmer zum Opfer fallen. Daher nur in dem von Flaggen markierten und von Rettungsschwimmern bewachten Bereich baden! Während des Monsuns sollte man nicht schwimmen gehen.

In Kovalam gibt es häufig Stromausfälle, und die Wege hinter dem Lighthouse Beach

Kovalam

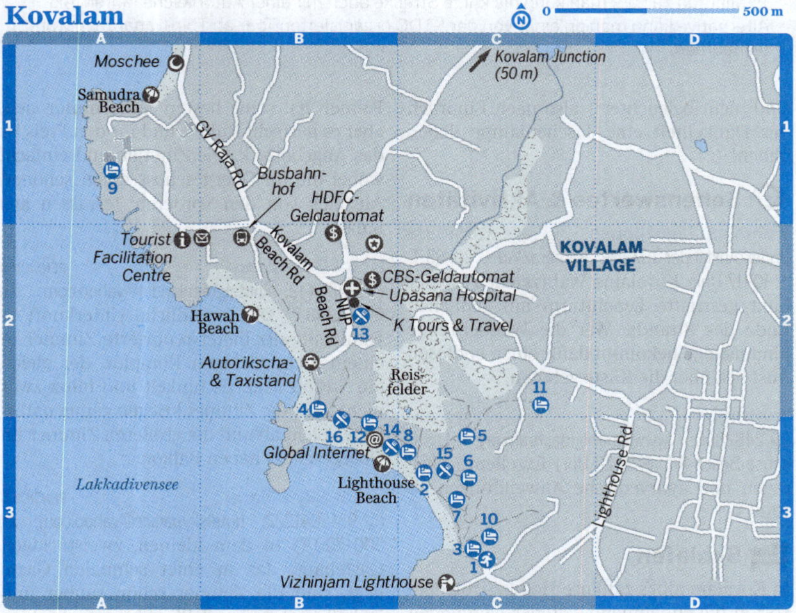

Kovalam

Aktivitäten, Kurse & Touren
1 Santhigiri C3

Schlafen
2 Beach Hotel C3
3 Beach Hotel II C3
4 Dwaraka Lodge B2
5 Green Valley Cottages C3
6 Hotel Greenland C3
7 Hotel Sky Palace C3
8 Jeevan Ayurvedic Beach Resort C3
9 Leela A1
10 Maharaju Palace C3
11 Paradesh Inn C2
Sea Flower .... (siehe 3)
12 Sea Star Hotel B3
Treetops .... (siehe 11)

Essen
13 Devi Garden Restaurant B2
Fusion .... (siehe 3)
14 Malabar Café B3
15 Suprabhatham C3
16 Swiss Café B3
Waves Restaurant & German Bakery .... (siehe 2)

ABSEITS DER ÜBLICHEN PFADE

PADMANABHAPURAM-PALAST

Dieser **Palast** (☎04651250255; Inder/Ausländer 25/200 ₹, Foto/Video 25/1500 ₹; ⏲Di–So 9–17 Uhr) mit kunstvoll geschnitzten Decken und lackierten Teakholz-Balken gilt bis heute als bestes Beispiel der traditionellen Kerala-Architektur. Teile von ihm lassen sich auf das Jahr 1550 datieren, und da jeder einzelne Herrscher seine Spuren hinterlassen wollte, wurde der Komplex immer weiter und prunkvoller ausgebaut, bis er 14 Paläste umfasste, die heute noch erhalten sind.

Der weltweit größte aus Holz gefertigte Palastkomplex Asiens war einst der Sitz der Herrscher von Travancore, eines Fürstenstaats, der Teile von Tamil Nadu und Kerala umfasste. Das Innere ist prunkvoll: Teakholz und Granit, mit Schnitzereien verzierte Decken aus Rosenholz, Wandschirme im chinesischen Stil und tiefschwarz lackierte Böden.

Padmanabhapuram liegt ungefähr 60 km südöstlich von Kovalam kurz hinter der Grenze in Tamil Nadu. Man steigt in Kovalam (oder Thiruvananthapuram) in den Regionalbus Richtung Kanyakumari und steigt in Thuckalay aus. Von dort sind es nur noch 15 Minuten zu Fuß; man kann die kurze Strecke auch mit einer Autorikscha fahren. Als Alternative kann man an einer von der KTDC organisierten Tour ab Thiruvananthapuram teilnehmen.

sind nicht beleuchtet – also nach Einbruch der Dunkelheit eine Taschenlampe dabeihaben!

Sehenswertes & Aktivitäten

Vizhinjam Lighthouse LEUCHTTURM
(Inder/Ausländer 10/25 ₹, Kamera/Video 20/25 ₹; ⏲10–17 Uhr) Kovalams Wahrzeichen ist der bunt gestreifte Leuchtturm am südlichen Ende des Strands. Wer die Wendeltreppe hinaufsteigt, bekommt dafür einen endlosen Ausblick über die Küste geboten.

Santhigiri AYURVEDA
(☎2482800; www.santhigiriashram.org; Lighthouse Beach Rd; ⏲9–20 Uhr) Exzellente Massagen und ayurvedische Anwendungen ab 1000 ₹.

Schlafen

In Kovalam gibt's zahllose Hotels. Trotzdem kosten die zunehmend seltener werdenden Budgetunterkünfte hier in der Hauptsaison mehr als anderswo. Die teuersten Unterkünfte sind die Anlagen am Strand. Ein wesentlich besseres Preis-Leistungs-Verhältnis bieten die kleineren Unterkünfte im Labyrinth der Gassen hinter dem Strand inmitten von Palmenhainen und Reisfeldern. Überall bekommt man billige Angebote außerhalb der Hauptsaison von Dezember bis Januar, aber in den Stoßzeiten sollte man frühzeitig reservieren.

Green Valley Cottages PENSION $
(☎2480636; indira_ravi@hotmail.com; Zi. 500–800 ₹) Dieser ruhige Komplex inmitten von Palmen hat seine besten Jahre hinter sich, aber es herrscht Ruhe – und für den Preis ist das Angebot o.k. Die Zimmer sind einfach, wobei die im Obergeschoss einen schönen Ausblick von den vorderen Terrassen aus haben.

Hotel Greenland PENSION $
(☎2486442; hotelgreenlandin@yahoo.com; Zi. 600–1200 ₹) Die freundliche Unterkunft in Familienbesitz bietet renovierte Zimmer in einem mehrstöckigen Komplex, der gleich am Strand liegt. Es funkelt und blitzt zwar nicht, aber die Zimmer kriegen genug natürliches Licht ab und die größeren Zimmer im Obergeschoss haben Balkone.

Hotel Sky Palace PENSION $
(☎9745841222; hotelskypalace@yahoo.com; Zi. 500–700 ₹) In dem kleinen, zweistöckigen Gästehaus, das in einer schmalen Gasse liegt, sind die Zimmer schön sauber und in hellen Grün- und Blautönen gestrichen. Einige haben einen Fernseher. Die Räume im Erdgeschoss sind billiger (aber genauso ausgestattet wie die anderen).

Dwaraka Lodge PENSION $
(☎2480411; DZ 500 ₹) Mit regelmäßigen Anstrichen werden die Kriegsverletzungen dieses müden, alten Gebäudes, das zum Rock Café gehört, überpinselt. Dwaraka ist eine freundliche Unterkunft, außerdem die billigste und einfachste Option direkt am Meer.

★ **Paradesh Inn** PENSION $$
(☎9995362952; inn.paradesh@yahoo.com; Avaduthura; DZ inkl. Frühstück 1600 ₹, Suite 2500 ₹; @)

Ein ganzes Stück vom Strand entfernt und oberhalb der Palmen liegt das ruhige, von Italienern geführte Paradesh Inn, das einem Refugium auf einer griechischen Insel ähnelt: ein weißgestrichenes Haus mit blauen Akzenten. Jedes der sechs Zimmer hat einen Ventilator und einen Hängestuhl vor der Tür. Der Ausblick von der Dachterrasse aus ist wahnsinnig, ebenso wie das tolle Frühstück und das *satya*-Essen („Yoga-Essen") für Gäste.

Treetops PENSION $$
(9847912398, 2481363; treetopsofkovalam@yahoo.in; Zi. 1000 ₹; @) Zwischen den Baumwipfeln hoch überm Strand, gleich neben dem Paradesh Inn, liegt diese freundliche, von Zugezogenen bewirtschaftete Unterkunft, die einem Hauch frischer Luft gleichkommt. Die drei hellen, blitzsauberen Zimmer haben Hängestühle auf der Terrasse, Fernseher, Warmwasser und einen tollen Ausblick von der Dachterrasse. Yogakurse sind möglich. Unbedingt im Voraus reservieren!

Beach Hotel PENSION $$
(2481937; www.thebeachhotel-kovalam.com; EZ/DZ 1850/2850 ₹) Achtung, tolle Lage! Unter dem Waves Restaurant & German Bakery liegen die acht Zimmer mit Blick auf den Strand, die im minimalistischen Stil, Ockertönen und mit gewieften künstlerischen Details eingerichtet sind.

Maharaju Palace PENSION $$
(2485320; www.maharajupalace.com; EZ/DZ inkl. Frühstück 2300/2875 ₹, Hütte 3680/4600 ₹;) Das skurrile, von Holländern geführte Gästehaus ist eher ein ruhiger Rückzugsort als ein Palast. Es hat aber mehr Charakter als die meisten anderen: Einrichtung aus Holz, witzige Himmelbetten, und es gibt auch eine alleinstehende Hütte im Garten. Auf der Frühstücksterrasse hängen kitschige Kronleuchter.

Jeevan Ayurvedic Beach Resort RESORT $$
(9846898498, 2480662; www.jeevanresort.net; DZ 2025–3150 ₹, mit Klimaanlage 3950–4150 ₹;) Zu erwarten sind hier unscheinbar dekorierte, normalgroße Zimmer mit Badewannen und einem verlockenden Pool – einer der wenigen am Wasser. Alle Zimmer außer den billigen im Erdgeschoss, haben Ausblick aufs Meer und Balkone.

Sea Flower HOTEL $$
(2480554; www.seaflowerkovalam.com; DZ 1150–2300 ₹, mit Klimaanlage 2600 ₹;) Am südlichen Ende vom Lighthouse Beach liegt diese leicht schäbige Unterkunft, die jedoch vernünftige Preise für ihre Lage am Strand bietet. Die Zimmer sind einfach und sauber. Die im Obergeschoss sind teurer.

Sea Star Hotel HOTEL $$
(2488088; www.patanjaliresort.com; Lighthouse Beach; Zi. 1800–2500 ₹, mit Klimaanlage ab 3000 ₹; @) Praktisch gelegen in einer Gasse am nördlichen Ende des Lighthouse Beach. Große, blitzblanke Zimmer – hier sind Profis am Werk. Auf der Dachterrasse mit Aussicht finden Yogasessions statt.

★ **Beach Hotel II** HOTEL $$$
(9400031243, 2481937; www.thebeachhotel-kovalam.com; DZ 4500 ₹, mit Klimaanlage 5600 ₹;) Am südlichen Ende des Lighthouse Beach befindet sich diese schicke Unterkunft mit zehn Zimmern mit Meeresblick, die alle Balkone und große Schiebefenster haben. Die Einrichtung ist einfach. Im Haus befindet sich auch das exzellente Restaurant Fusion.

Leela HOTEL $$$
(2480101; www.theleela.com; DZ ab 14 000 ₹, Suite ab 33 750 ₹; @) Das luxuriöse Leela befindet sich auf einem riesigen Grundstück auf der Landzunge nördlich vom Hawah Beach. Hier gibt's drei Swimmingpools, ein ayurvedisches Zentrum, ein Fitnessstudio, zwei private Strände, mehrere Restaurants und noch viel mehr. Die großen Zimmer haben einen modernen Einschlag, kombiniert mit bunten Stoffen und Kunstwerken aus Kerala.

Essen & Ausgehen

Jeden Abend bieten Dutzende Restaurants an der Strandpromenade den Fang des Tages an. Man muss bloß einen Fisch aussuchen, sich auf einen Preis einigen (pro Filet etwa 350 ₹, Riesengarnelen 550 ₹ pro halbem Kilo) und überlegen, wie man ihn gerne zubereitet hätte. Die Speisekarten und Preise sind größtenteils schwer auseinanderzuhalten und ähneln sich sehr. In Lokalen ohne Lizenz wird Alkohol in Bechern oder in versteckten Flaschen serviert, die diskret und unauffällig gehalten werden. Wer viel Geld ausgeben will, sollte es im Leela und Vivanta by Taj probieren.

Suprabhatham KERALESISCH $
(Gerichte 60–125 ₹; 9–22 Uhr) Das kleine vegetarische Restaurant liegt ein wenig versteckt vom Strand aus und macht von außen

keinen besonderen Eindruck. Die Kerala-Gerichte sind aber nicht nur fantastisch, sondern auch günstig. Die Atmosphäre ist rustikal: schmutzige Böden und Plastikstühle.

Devi Garden Restaurant INDISCH $
(NUP Beach Rd; Hauptgerichte 30–170 ₹; ⌚7.30–23 Uhr) „Garten" ist ein wenig übertrieben, aber dieses kleine Lokal in Familienbesitz, gleich vom Taxistand aus die Straße hinauf, serviert tolle vegetarische und nichtvegetarische, indische und chinesische Gerichte zu erfrischend günstigen Preisen. Die meisten vegetarischen Gerichte kosten unter 80 ₹.

Waves Restaurant & German Bakery INTERNATIONAL $$
(Beach Hotel; Frühstück 70–300 ₹, Hauptgerichte 150–550 ₹; ⌚7–23 Uhr) Mit seinem großen orangefarbenen Balkon, atmosphärischer Hintergrundmusik und einer vielfältigen Speisekarte ist das Waves immer ein Anziehungspunkt für ausländische Touristen. Dazu gehört auch die German Bakery, wo sich ein Frühstück mit frischem Brot, Croissants, Gebäck und ordentlichem Kaffee lohnt, während es zum Abendessen Thai Currys, deutsche Würste und Fisch gibt. Ein kleiner Buchladen gehört ebenfalls mit zum Lokal.

Swiss Café CAFÉ $$
(Hauptgerichte 70–390 ₹; ⌚7.30–23 Uhr) Das Swiss Café ist für seine leckeren europäischen Gerichte bekannt, beispielsweise Rösti, Schnitzel, Pasta und Pizza, aber auch für die Region typischer frischer Fisch und indische Klassiker. Der Balkon mit seinen Korbstühlen eignet sich bestens dazu, die Atmosphäre zu genießen.

Malabar Café INDISCH $$
(Hauptgerichte 100–450 ₹; ⌚8–23 Uhr) Die vollbesetzten Tische erzählen ihre eigene Geschichte bei Kerzenschein am Abend und mit Blick durch die Blumentöpfe auf die Brandung. Das Malabar bietet leckeres Essen und freundlichen Service.

Fusion INTERNATIONAL $$
(Hauptgerichte 120–340 ₹; ⌚8.30–22.30 Uhr) Das Terrassenrestaurant des Beach Hotel II gehört zu den besten Lokalen am Lighthouse Beach. Die Speisekarte variiert zwischen einfallsreichen Gerichten aus Ost und West, einigen kontinentalen Klassikern, asiatischer Fusionsküche und interessanten Fischoptionen wie Hummer in Wodka gekocht. Außerdem gibt's französischen Kaffee und Kräutertees.

☆ Unterhaltung

In der Hauptsaison wird jeden Abend eine abgewandelte Version des Kathakali aufgeführt. Im Tourist Facilitation Centre bekommt man Informationen über den genauen Ort und die Zeit.

ℹ Praktische Informationen

In beinahe jedem Geschäft und Hotel kann man Geld umtauschen. Beim Krankenhaus gibt's einen CBS-Geldautomaten, der auch Visakarten nimmt. Etwa 500 m vom Strand aus den Berg hinauf gibt's HDFC- und Axis-Geldautomaten und an der Kovalam Junction Automaten der Federal Bank und der ICICI. In ein paar kleineren Internetcafés zahlt man etwa 30 ₹ pro Stunde fürs Surfen.

Global Internet (Leo Restaurant; 30 ₹/Std.; ⌚8.30–23 Uhr; 📶) Bei einem kühlen Bier mit WLAN E-Mails checken.

Postamt (Kovalam Beach Rd; ⌚Mo–Sa 9–13 Uhr)

Tourist Facilitation Centre (☎2480085; Kovalam Beach Rd; ⌚9.30–17 Uhr) Sehr hilfreich; das Centre befindet sich im Eingang zum Government Guesthouse in der Nähe der Bushaltestelle und des Leela Hotel.

Upasana Hospital (☎2480632) Hier gibt es einige englischsprechende Ärzte, die sich um kleinere Verletzungen kümmern können.

ℹ An- & Weiterreise

BUS

Die Busse fahren an einer inoffiziellen Haltestelle an der Hauptstraße vor dem Eingang zum Leela Hotel ab. Alle Busse halten aber auch an der Kovalam Junction, die etwa 1,5 km nördlich vom Lighthouse Beach liegt. Sie fahren zwischen 5.30 und 22.10 Uhr alle 20 Minuten zwischen Kovalam und Trivandrum (9 ₹, 30 Min.). Es gibt zwei Busse pro Tag nach Ernakulam (200 ₹, 5½ Std.) mit Halt in Kallambalam (nach Varkala, 70 ₹, 1½ Std.), Kollam (80 ₹, 2½ Std.) und Alappuzha (120 ₹, 4 Std.). Ein weiterer Bus fährt um 6.30 Uhr nach Ernakulam über Kottayam. Er hält nicht in Varkala!

MOTORRADVERLEIH

K Tours & Travel (☎2127003) Am Devi Garden Restaurant. Verleiht Roller/Enfields für etwa 400/550 ₹ pro Tag.

TAXI

Ein Taxi zwischen Trivandrum und dem Strand in Kovalam kostet etwa 400 ₹, für eine Autorikscha legt man 250 ₹ hin. Die Strecke von der Bushaltestelle zum Lighthouse Beach kommt auf etwa 50 ₹.

(Fortsetzung auf S. 297)

Kerala

Kerala begeistert durch seine Gelassenheit und seine wundervollen Naturlandschaften: eine langgezogene, üppige Küste, die sich ständig verändernden Wasserläufe, üppige Palmen- und Gewürzplantagen sowie kühle Rückzugsgebiete in den Bergen. Hinzu kommt noch ein Kaleidoskop der Kulturen, am besten verkörpert in der einzigartigen darstellenden Kunst. Kerala sollte man sich auf keinen Fall entgehen lassen!

Inhalt

Kanäle in den Backwaters nahe von Kumarakom (S. 313)

1

Strände

Goa mag ein Magnet für Pauschalreisende sein, aber Keralas fast 600 km lange Küstenlinie trumpft mit einer atemberaubenden Kette goldfarbener Sandstrände auf, die von Palmen gesäumt sind und vom Arabischen Meer umspült werden. An den südlichen Strände ist sehr viel los, die im Norden sind dagegen noch wenig bekannt und wilder.

Die Strände im Süden

Der am besten erschlossene Urlaubsort an der Küste ist Kovalam, nur einen Katzensprung von der Hauptstadt Thiruvananthapuram (Trivandrum) entfernt. Früher war Kovalam ein ruhiges Fischerdorf, heute blickt die Stadt, die fast nur aus Hotels besteht, auf zwei geschützte halbmondförmige Strände hinab, die zum Paddeln einladen. Wer es etwas weniger bebaut möchte, findet südlich davon einige herrliche Strände und Urlaubsorte, die sich in der Gegend um Pulinkudi und Chowara drängen, beliebt vor allem dank ihrer ayurvedischen Behandlungen.

Weiter nördlich liegt Varkala, das sich um dramatische Klippen windet. Varkala ist eine bei Hindu-Pilgern beliebte heilige Stadt, hat sich aber auch zu einem Schlupfloch für Backpacker entwickelt. Entlang der Klippen ziehen sich Gästehäuser, zum Meer hin offene Restaurants sowie Bars – und alles wiegt sich im Rhythmus von Reggae-, Rock- und Trance-Klängen. Traveller, die es ruhiger mögen, ziehen weiter nach Norden zu den Stränden von Odayam und Kappil.

Noch weiter nördlich ist Alappuzha (Alleppey) am besten für seine Backwaters bekannt, hat aber auch einen annehmbaren Strand. Kochis (Cochin)

1. Strand von Papanasham, Varkala (S. 297) **2.** Die idyllische Küste Keralas **3.**. Strand bei Sonnenuntergang, Kovalam (S. 284)

Strand Cherai liegt auf der Insel Vypeen, ein wundervoller Streifen weißer Sand, mit kilometerlangen ruhigen Lagunen und Wasserläufe nur wenige hundert Meter vom Meer entfernt.

Nord-Kerala & die Inseln

Wenige Besucher finden den Weg in den Norden Keralas. Hier gibt's wunderbar verlassene Buchten mit traditionellerem Dorfleben. Zu den besten gehören die friedlichen weißsandigen Strände südlich von Kannur oder diejenigen weiter im Norden rund um die Valiyaparamba Backwaters zwischen Kannur und Bekal.

Noch weiter verstreut liegen die Inseln von Lakshadweep – ein Archipel 300 km westlich von Kerala. Die Inselkette bietet nicht nur unberührte Strände, sondern auch einige der besten Spots in Indien zum Gerätetauchen und Schnorcheln.

DIE BESTEN STRANDORTE

Varkala (S. 297) Die schöne von Klippen gesäumte Küste von Varkala ist ein heiliger Ort für Hindus und ein bei Backpackern beliebter Urlaubsort. Gute Basis für Yoga, zum Surfen oder zum Chillen.

Kovalam (S. 284) Einer der kommerziellsten Strandorte Keralas, der aber trotz der Menschenmassen noch Spaß und landschaftliche Schönheit verspricht. Die Orte hier und weiter südlich sind auf ayurvedische Behandlungen spezialisiert.

Kannur (S. 345) Kannur ist nichts Besonderes, aber 8 km südlich bei Thottada gibt's tolle Strände und in den Dörfern Homestays direkt am Meer. Der 4 km lange Payyambalam-Strand von Kannur ist bei den Einheimischen beliebt.

1

Backwaters

900 km Wasserwege schlängeln sich durch eine saftig grüne Landschaft. Palmen säumen die Kanäle, an denen verstreut Dörfer liegen. Dort scheint die Zeit stehen geblieben zu sein, auch weil viele der Dörfer nur per Boot erreichbar sind. Ein unvergessliches südindisches Erlebnis in einer einzigartigen Umgebung!

Hausboote

In einem Kanu lautlos übers Wasser zu gleiten oder unter Sternen auf einem traditionellen Hausboot zu übernachten, ist einfach bezaubernd. Die Boote, die in den Zentren der Region Alleppey (Alappuzha) und Kollam (Quilon) dicht an dicht im Wasser liegen, ähneln den traditionellen Reiskähnen (*kettuvallam* – „Boot mit Knoten" –, so genannt, weil die Aufbauten von Kokosfasern zusammengehalten werden).

Es gibt verschiedene Optionen zur Erkundung der Backwaters. Die beliebteste ist ein ein- oder zweitägiger Trip mit einem gemieteten Hausboot. Darauf finden zwei bis 14 oder mehr Personen Platz, Ausstattung und Komfort unterscheiden sich erheblich. Im Preis enthalten sind die Crew (auf jeden Fall ein Bootsführer und ein Koch, meist aber auch Küchenpersonal) und die Verpflegung mit traditionellen Gerichten (Fisch und Gemüse in Kokosmilch). Die Touren sind so beliebt, dass in der Hauptsaison die wichtigsten Wasserstraßen manchmal regelrecht verstopft sind. Man sieht nicht so viel von den Backwaters, wenn man eine Hausboot-Tour über Nacht macht.

Fähren & Kanus

Die preiswerteste Möglichkeit, die Backwaters kennenzulernen, ist eine Fahrt mit

SARAVANAN ALAGARSAM / GETTY IMAGES ©

PETER ADAMS / GETTY IMAGES ©

1. Hausboote kreuzen in Keralas Backwaters
2. Backwaters rund um Alleppey (S. 305)
3. Fischer in Kollam (S. 302)

MITCHELL KANASHKEVICH / GETTY IMAGES ©

öffentlichen Fähren. Sie schippern von Ort zu Ort, befahren aber kaum die kleineren Kanälen, in denen es himmlisch ruhig ist. Die zwei beliebtesten Touren sind die ganztägige touristische Ausflugsfahrt von Kollam nach Alleppey – eine malerische aber gemächliche Tour – und die Fähre von Alleppey nach Kottayam (2½ Std.).

Um tief ins Labyrinth der Kanäle vorzudringen und zugleich den größeren Schiffen zu entkommen, empfiehlt sich eine Paddeltour: Mit dem Kanu kann man auch die schmaleren Kanäle befahren und so das Dorfleben am Ufer in einer Weise kennenlernen, wie das mit einem Hausboot oder einer Fähre unmöglich ist. Sehr geruhsam und zudem äußerst informativ sind zudem Ausflüge zu Dörfern unter Leitung eines kundigen Führers.

WELCHES HAUSBOOT?

Die Auswahl an Hausbooten – vor allem in Alleppey – ist riesig, und die richtige Wahl von Boot und Betreiber entscheidet, ob der Ausflug gelingt oder nicht.

➡ Keine Vorabbuchungen! Das Hausboot wird erst gemietet, wenn man einige Boote besichtigt hat.

➡ Die Zulassung des Betreibers anschauen! Hausbooteigner mit einem „Green Palm"- oder „Gold Star"-Zertifikat haben Solarzellen, Toilettentanks und schadstoffarme Motoren. Stechkähne sind noch besser.

➡ Informieren! Man kann die Anlegestelle in Alleppey besichtigen, mit zurückkehrenden Travellern oder den Eigentümern der Gästehäuser reden und im Internet Kosten und Qualität vergleichen.

➡ Die Hauptsaison (Mitte Dez.–Mitte Jan.) meiden. Dann ist es am teuersten und die Wasserwege sind verstopft.

1

Darstellende Kunst

Kerala hat eine unglaublich reiche Kultur – die darstellenden Künste werden in Schulen und Kunstzentren an die nächsten Generationen weitergegeben.

Kathakali

Das Kathakali mit seiner komplizierten, ritualisierten Gestik und dem intensiven, maskenhaften Make-up erzählt dramatische Geschichten über Liebe, Leidenschaft und Macht, die auf dem Ramayana, dem Mahabharata und den Puranas beruhen. Die Kunstform geht teils auf Tempelrituale des 2. Jhs. zurück, die heutige Form bildete sich im 16. Jh. heraus. Die Schauspieler erzählen die Geschichte mit präzisen *mudras* (Handgesten) und genau kalkuliertem Gesichtsausdruck. Traditionsgemäß beginnen die Darbietungen gegen 20 Uhr auf dem Gelände eines Tempels und dauern die ganze Nacht. Für Touristen mit weniger Ausdauer zeigt man in Touristenzentren Kurzfassungen.

Theyyam

Theyyam ist eine noch ältere Kunst; vielleicht ist es in vorhinduistischer Zeit aus Volkstänzen beim Erntefest hervorgegangen. Die Aufführungen finden in *kavus* (heiligen Hainen) im Norden Keralas statt. Das Wort bezieht sich auf das Ritual wie auch auf die Gestalt des dargestellten Gottes oder der Helden, von denen es etwa 450 gibt. Die Kostüme – u.a. Gesichtsbemalung, Rüstungen und Kopfschmuck – sind prachtvoll. Die Darsteller tanzen ekstatisch zu wilden Trommelschlägen.

Kalarippayat

Mit den beiden Kunstformen verwandt ist die Kampfkunst *kalarippayat*. Trai-

MITCHELL KANASHKEVICH / GETTY IMAGES ©

CHRISTOPHER PILLITZ / GETTY IMAGES ©

1. Künstler legen vor einer Kathakali-Aufführung Makeup auf 2. *Kalarippayat*-Kampfkünstler 3. *Theyyam*-Ritual

NEIL MCALLISTER / GETTY IMAGES ©

ning und Aufführungen finden in einer *kalari* genannten Arena statt, die ein Zwischending aus Turnhalle, Schule und Tempel ist.

Veranstaltungsorte

Im Frühjahr kann man bei vielen Festen Kathakali erleben, etwa im März beim Thirunakkara in Kottayam oder beim Pooram-Fest in Kollam im April. Am einfachsten können Traveller sich die Darbietungen in den Kulturzentren überall in Kerala ansehen, etwa im Kerala Kathakali (S. 333), in der See India Foundation (S. 333) oder im Greenix Village (S. 333) in Kochi, im Mudra Kathakali (S. 317) in Kumily und im Thirumeny (S. 321) in Munnar. In der Hauptsaison gibt's in Kovalam und Varkala Kurzfassungen.

Wer mehr über die Kunst des Kathakali lernen möchte, kann im Kerala Kalamandalam (S. 340) nahe Thrissur und an der Schule Margi Kathakali (S. 280) in Trivandrum Kurse für ernsthaft Interessierte besuchen oder sich an diesen Schulen Aufführungen und praktische Übungen ansehen. Die Zentren in Kochi und Kumily zeigen auch *kalarippayat*-Shows, oder man besucht die Kampfkunst-Trainingszentren CVN Kalari Sangham (S. 281) in Trivandrum und Ens Kalari (S. 333) in Nettoor, ganz in der Nähe von Ernakulam.

Die besten Regionen für *theyyam*-Aufführungen sind rund um Kannur, Payyannur und Valiyaparamba im nördlichen Backwaters-Gebiet, wo es mehr als 500 *kavus* gibt. Saison ist von Oktober bis Mai. Tipps zum Finden von Aufführungsorten gibt's im Tourist Desk (S. 334) in Kochi oder in den Homestays am Thottada Beach.

Teeplantage in der Nähe der Top Station (S. 322)

Hill Stations & Schutzgebiete

Keralas Hill Stations liegen in üppigen Landschaften und luftigen Höhen – unglaublich erholsame Orte, an denen man alle Nöte und Sorgen vergisst. Enge Straßen schlängeln sich durch dichte Dschungelvegetation, die immer wieder Blicke auf dunkelgrüne Teeplantagen ermöglichen. Spindeldürre Betelnusspalmen schwanken im Wind und Malabar-Lackbäume setzen rote Farbakzente.

Munnar

Am bekanntesten ist Munnar, wo grüne Teefelder die Hügel bedecken. Hier ist das Kernland des südindischen Teeanbaus, aber auch ein ideales Gelände für Wanderungen, auf denen man tolle Aussichtspunkte über das herrliche Bergpanorama finden kann. Einsame Unterkünfte verstecken sich in den Hügeln tief in Gewürz- und Blumengärten oder Kardamon- und Kaffeeplantagen.

Wayanad & Periyar

Im Norden rund um das Wayanad Wildlife Sanctuary finden sich schimmernd grüne Reisfelder sowie Kaffee-, Kardamon-, Ingwer- und Pfefferpflanzungen, so weit das Auge reicht. In den sanft gewellten Hügeln duftet es nach wilden Gräsern, und immer wieder ragen riesige Bambusbäume aus der Landschaft. Wer Wildelefanten beobachten möchte, hat in dieser Gegend mit die besten Chancen in ganz Indien. Es gibt auch zahllose Wandertouren, beispielsweise die auf den Chembra Peak, den mit 2100 m höchsten Berg in der Region.

Im Periyar Wildlife Sanctuary, seit 1978 ein Schutzgebiet des Project Tiger und der meistbesuchte Nationalpark Keralas, kann man den Periyar-Stausee mit dem Boot befahren, in einem Inselpalast übernachten oder sich mit einem ausgebildeten Stammesführer auf eine Dschungelwanderung begeben.

(Fortsetzung von S. 288)

Rund um Kovalam

Pulinkudi & Chowara

Etwa 8 km südlich von Kovalam gibt's ein paar ayurvedische Resorts inmitten von endlos scheinenden, schwankenden Reihen von Palmen, buntem Dorfleben und leeren Stränden mit goldenem Sand. Die Resorts stellen eine professionelle Alternative zu den überfüllten Zentren in Kovalam dar.

Dr Franklin's Panchakarma Institute (☎2480870; www.dr-franklin.com; Chowara; EZ/DZ Hütte 15/20 €, Zi. ab 25/32 €, mit Klimaanlage 38/55 €; @ ᯤ) ist die angesehene und günstigere Alternative zu den protzigen Resorts. Die tägliche Behandlung mit kompletter Verpflegung kostet 56 €. Die Unterkünfte sind sauber und gemütlich, aber nicht mit den Resorts zu vergleichen.

Surya Samudra Private Retreats (☎2480413; www.suryasamudra.com; Pulinkudi; Zi. inkl. Frühstück 14 100–22 600 ₹; ❄ ≋) bietet eine 1A abgelegene Lage mit 22 hierher verpflanzten traditionellen Kerala-Häusern, die Himmelbetten und Badezimmer unter freiem Himmel bieten und in einem Palmenwald über dem glitzernden Meer liegen. Es gibt einen Infinitypool, der aus einem einzigen Granitblock geschlagen wurde, ayurvedische Anwendungen, ein Fitnessstudio und spektakuläre Freiluft-Yogaterrassen.

Bethsaida Hermitage (☎2267554; www.bethsaidahermitage.com; Pulinkudi; EZ 80–140 €, DZ 140–155 €; ❄) macht den kleinen Unterschied. Dies ist eine wohltätige Organisation, die zwei nahe gelegene Waisenhäuser und ein Altersheim unterstützt. Außerdem ist das Hermitage ein einladendes und irgendwie altmodisches Refugium am Strand mit hübschen Gärten, einem freundlichen Service und perfekt gemähtem Rasen.

Thapovan Heritage Home (☎2480453; www.thapovan.com; Hanglage EZ/DZ ab 2700/3480 ₹, Hütten 4500/5700 ₹, Strandhütte EZ/DZ 4800/6000 ₹) Besteht aus zwei Grundstücken, die etwa 100 m voneinander entfernt liegen. Auf dem einen befinden sich Strandhütten im Kerala-Stil, und das andere ist zauberhaft auf einem Hügel gelegen und bietet Teakholzhütten, die mit handgearbeiteten Möbeln ausgestattet sind und auf einem perfekt in Schuss gehaltenen Gelände stehen, von dem man einen tollen Ausblick auf den Ozean und schwankende Palmenwälder hat.

Varkala

☎0470 / 42 270 EW.

Das Resort Varkala ist beinahe gefährlich nahe entlang der Kante atemberaubender Klippen gebaut worden und liegt in einer natürlichen, wunderschönen Umgebung. Der Streifen oben an den Klippen hat sich langsam zu Keralas beliebtestem Backpackertreff entwickelt. Ein goldener Strandstreifen schmiegt sich an die Kante der Klippen. In den Restaurants wird verträgliche Trancemusik gespielt, und kleine Stände verkaufen T-Shirts, Baggyhosen und Silberschmuck. Während einem dieser Batik-Kommerz auf die Nerven gehen kann – die tägliche Wanderung auf dem Klippenpfad wird von den konstanten Lockgesängen der Verkäufer ein wenig gestört –, ist Varkala immer noch ein toller Ort, um dabei zuzusehen, wie Tage langsam in Wochen übergehen. Außerdem fällt es hier leicht, den Massen zu entgehen, die sich weiter im Norden und Süden aufhalten.

Trotz seiner Backpacker-Atmosphäre nennt sich Varkala eigentlich eine Tempelstadt. Der Hauptstrand Papanasham ist ein heiliger Ort, den die Hindus aufsuchen, um verstorbenen Geliebten Gaben zu bringen. Begleitet werden sie dabei von Priestern, die neben dem Hindustan Hotel ein Geschäft aufgemacht haben. Hier kann man die Tage damit verbringen, den Fischern, Hindu-ritualen, volleyballspielenden Touristen, aufs Meer starrenden Einheimischen und entspannten Backpackern zuzusehen, die den Strand bevölkern.

ℹ Gefahren & Ärgernisse

Die Strömungen können hier ziemlich stark sein. Sogar erfahrene Schwimmer können abgetrieben werden. Varkalas Strand ist einer der gefährlichsten Strände von Kerala, also nur zwischen den Flaggen schwimmen oder Einheimische fragen! In der Monsunzeit verschwindet der Strand komplett und das Kliff wird langsam abgetragen. Achtung beim Spazierengehen am Kliff, besonders bei Dunkelheit! Der größte Teil ist schnell rutschig und nicht eingezäunt.

Wenn man als Frau am Strand Bikini oder auch nur einen Badeanzug trägt, ist man höchstwahrscheinlich unangenehmen Blicken ausgesetzt. Außerhalb des Wassers sollte man in einen Sarong schlüpfen, damit man die Gefühle der Einheimischen nicht verletzt. Es zahlt sich aus, stets angemessen gekleidet zu sein, besonders wenn man sich in Varkala in der Stadt aufhält.

Varkala

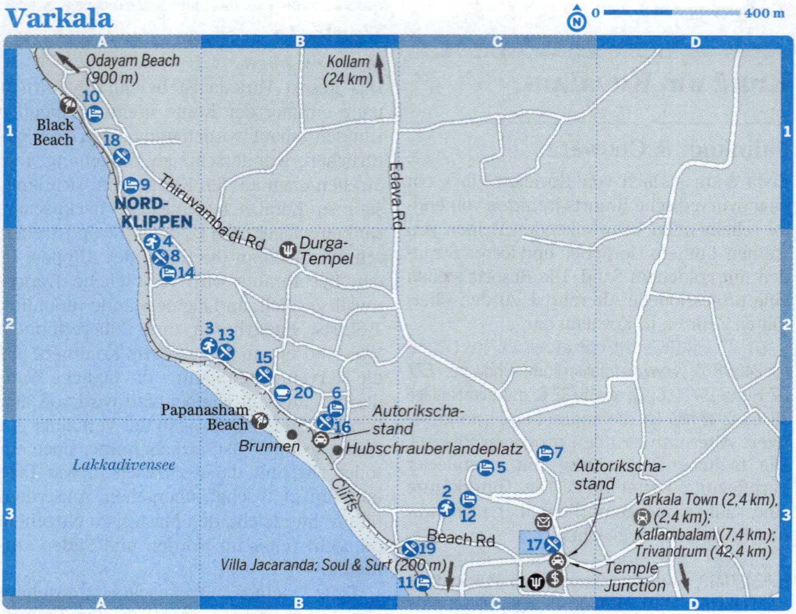

Varkala

Sehenswertes
1 Janardhana-Tempel C3

Aktivitäten, Kurse & Touren
2 Eden Garden C3
3 Haridas Yoga B2
4 Laksmi's A2

Schlafen
Eden Garden .... (siehe 2)
5 Guest House Varkala C3
6 Jicky's B2
7 Kaiya House C3
8 Kerala Bamboo House A2
9 Puthooram A1
10 Sea Breeze A1
11 Sea Pearl Chalets C3
12 Taj Gateway Hotel C3

Essen
13 Café del Mar B2
14 Hungry Eye Kitchen A2
15 Juice Shack B2
16 Oottupura Vegetarian Restaurant B3
17 Sreepadman C3
18 Trattorias A1
19 Wait n Watch C3

Ausgehen & Nachtleben
20 Coffee Temple B2

Unterhaltung
Rock n Roll Cafe .... (siehe 14)

Sehenswertes

Janardhana-Tempel HINDU-TEMPEL

Varkala ist eine Tempelstadt, und ihre Hauptattraktion ist der 2000 Jahre alte Janardhana-Tempel, der farbenfroh über die Beach Rd aufragt. Janardana Swami ist eine Verkörperung von Vishnu. Nicht-Hindus dürfen den Tempel allerdings nicht betreten. Manchmal dürfen Besucher aber auf das Gelände, wo eine riesige Banyan-Feige und Schreine für Ayyappan, Hanuman und andere hinduistische Gottheiten stehen.

Sivagiri Mutt HEILIGE STÄTTE

(☎2602807; www.sivagirimutt.org) Der Ashram ist Shri Narayana (1855–1928), dem prominentesten Guru Keralas geweiht und beherbergt gleichzeitig die Zentrale des Shri Narayana Dharma Sanghom Trust. Das Haus ist eine beliebte Pilgerstätte, und der ansässige Swami plaudert gerne mit den Besuchern.

Aktivitäten

Eine Reihe von Pensionen bietet für 200 bis 300 ₹ pro Sitzung **Yoga** an. **Bodyboards** können am Strand für 100 ₹ geliehen werden. Achtung: Es herrschen starke Strömungen! Viele Resorts und Hotels am Northcliff haben ayurvedische Behandlungen und Massagen im Programm.

Laksmi's MASSAGEN
(☎9895948080; Clafouti Beach Resort; Maniküre/Pediküre ab 400/600 ₹, Henna 300 ₹, Massage 800 ₹; ⏲9–19 Uhr) Das winzige Haus hat diverse Anwendungen im Angebot, u. a. Epilation mit Wachs oder mit einem Faden sowie Massagen (nur für Frauen).

Haridas Yoga YOGA
(www.pranayogavidya.com; Hotel Green Palace; Kurse 250 ₹; ⏲Aug.–Mai 8–16.30 Uhr) Zu empfehlen sind die anderthalbstündigen Hatha-Yogakurse mit erfahrenen Lehrern.

Eden Garden MASSAGE
(☎2603910; www.eden-garden.net; Massage ab 1000 ₹) Bietet anspruchsvolle ayurvedische Anwendungen, darunter Einzelanwendungen und Pakete.

Soul & Surf SURFEN, YOGA
(☎9746512584; www.soulandsurf.com; South Cliff; Surfguide 800 ₹, mit Brettverleih 1200 ₹) Dieser britische Ausstatter organisiert Surftrips und Yogafreizeiten je nach Saison, meist im Paket mit Unterkunft. Wenn genug Plätze frei sind, können auch Nicht-Gäste an den Surftouren teilnehmen.

Schlafen

Die meisten Unterkünfte versammeln sich entlang der Nordklippen, wo sich die Backpacker aufhalten. Weiter unten, an den südlichen Klippen, befinden sich aber auch noch ein paar nette Unterkünfte. Einige sind nur für die Touristenschwemme im November geöffnet. Der weniger ausgebaute Odayam Beach, etwa 1 km weiter nördlich von Varkalas schwarzem Strand, ist eine ruhige Alternative.

So gut wie alle Unterkünfte können per Taxi oder Autorikscha über die zahlreichen Gassen erreicht werden, die zu den Klippen führen. Aber Achtung, denn betrügerische Taxifahrer sind keine Seltenheit! Also immer darauf achten, dass man auch wirklich dort rausgelassen wird, wo man hinwollte.

★ Jicky's PENSION $
(☎2606994; www.jickys.com; EZ 400 ₹, DZ 600–1000 ₹, Hütte 1250–1750 ₹, Zi. mit Klimaanlage 2500 ₹) In den Palmenwäldern gleich hinter der Klippe in der Nähe des Taxistands befindet sich Jicky's, ein freundliches Gästehaus in Familienbesitz, das sich über mehrere Gebäude ausbreitet und Gästen so eine große Auswahl an Unterkünften bietet. Die Zimmer im weißgestrichenen Hauptgebäude sind nett und frisch. Nebenan befinden sich zwei charmante achteckige Doppelhütten und ein paar größere Zimmer mit Klimaanlage.

Guest House Varkala PENSION $
(☎2602227; DZ 220 ₹, mit Klimaanlage 440 ₹) Man muss schon ein regelrechter Preisfuchs sein, um sich in diesem von der Regierung geführten Gästehaus (ironischerweise neben dem Fünf-Sterne-Taj gelegen) einzumieten. Aber die spartanischen Zimmer sind in der Saison ein wahres Schnäppchen, wenn einen die Lage etwas weg von den Klippen und die einfachen Zimmer nicht stören.

★ Kaiya House PENSION $$
(☎9746126909, 9995187913; www.kaiyahouse.com; EZ/DZ inkl. Frühstück 1500/2000 ₹, DZ mit Klimaanlage 2500 ₹; ❄📶) Ein gutes Stück von den Klippen entfernt liegt Kaiya House. Der Seeblick fehlt zwar, aber das machen die charmanten und freundlichen Besitzer und die pure Entspannung wieder wett. Jedes der fünf Zimmer ist sorgfältig und nach Themen mit Himmelbetten und Kunstwerken an den Wänden eingerichtet (afrikanisch, indisch, chinesisch, japanisch und englisch). Die herrliche Dachterrasse und der Hinterhof versprühen eine beruhigende Atmosphäre. Bis zu den Klippen läuft man zehn Minuten.

Eden Garden RESORT $$
(☎2603910; www.edengarden.in; Hütten16–25 €, Luxushütten inkl. Frühstück 83 €) Dieses empfehlenswerte ayurvedische Resort genießt einen Ausblick auf idyllische Reisfelder ein wenig abgelegen vom Hauptstrand. Die Zimmer, um einen hübschen Lilienteich herum angeordnet, sind stilvoll mit attraktiven Möbeln eingerichtet und haben hohe Decken. Außerdem gibt's ein paar Bambushütten und die Deluxe-Variante, eigenartig geformte Häuschen, die wie weiße Magic-Mushrooms-Pilze aussehen und mit komplexen Bemalungen, runden Betten und kreisförmigen Mosaikbädern bezirzen. Die ayurvedischen Angebotspakete gelten für drei bis 30 Tage.

Kerala Bamboo House RESORT $$
(☎9895270993; www.keralabamboohouse.com; DZ Hütten 1500–3000 ₹) Für die gewisse Bambushüttenerfahrung hat diese beliebte Un-

AYURVEDA

Das aus dem Sanskrit stammende Wort Ayurveda setzt sich aus *ayus* (Leben) und *veda* (Wissen) zusammen, bedeutet also: das Wissen oder die Wissenschaft vom Leben. Die Prinzipien der ayurvedischen Heilkunde wurden erstmals vor rund 2000 Jahren in den Veden dokumentiert, aber möglicherweise schon Jahrhunderte vorher angewendet.

Ayurveda geht davon aus, dass die Welt eine innere Ordnung und Ausgewogenheit besitzt. Laut dieser Lehre bestehen wir aus drei *doshas* (Säften): *vata* (Wind oder Luft), *pitta* (Feuer) und *kapha* (Wasser und Erde) – alle zusammen werden als *tridoshas* bezeichnet. Ein Mangel oder Übermaß an einem der Säfte kann zu Krankheiten führen: So kann ein Übermaß an *vata* Benommenheit und Schwäche verursachen, ein Übermaß an *pitta* Fieber, Entzündungen und Infektionen. *Kapha* wiederum ist wesentlich für den Wasserhaushalt des Körpers.

Die Ayurveda-Behandlung zielt darauf ab, das Gleichgewicht der Säfte und damit die Gesundheit wiederherzustellen. Prinzipiell nutzt sie dazu zwei Methoden: Panchakarma (innere Reinigung) und Kräutermassagen. Panchakarma wird zur Behandlung ernsthafter Erkrankungen angewandt und ist eine intensive Entgiftungskur. Dazu werden fünf verschiedene Therapieformen miteinander kombiniert, um den Körper von angestauten Endotoxinen zu reinigen: *vaman* (therapeutisches Erbrechen), *virechan* (Fasten), *vasti* (Einläufe), *nasya* (Ausscheiden der Toxine über die Nase) und *raktamoksha* (Aderlass). Vor dem Einsatz von Panchakarma wird der Körper zunächst mehrere Tage lang mit einer speziellen Diät, Ölmassagen (*snehana*) und Kräuterdampfbädern (*swedana*) vorbereitet. Das alles klingt ziemlich grausam, aber bei einer Panchakarma-Entgiftung werden nur einige dieser Behandlungen gleichzeitig eingesetzt, und nur in den seltensten Fällen wird zum Aderlass oder zu Blutegeln gegriffen. Dennoch ist Ayurveda kein Wellnessurlaub! Die beim Ayurveda eingesetzten Kräuter wachsen in Keralas feuchtem Klima im Überfluss. Als beste Zeit für eine Behandlung gilt die Monsunzeit, weil dann weniger Staub in der Luft liegt, die Poren offen sind und der Körper am besten auf die Behandlung anspricht. Jedes Dorf hat seine eigene Ayurveda-Apotheke.

terkunft Dutzende hübscher Hütten in balinesischem Stil und einen ordentlich gehaltenen Garten auf ein Grundstück oben an den Klippen gequetscht. Manche der Hütten sind schöner als die anderen, also lieber vorher ein paar ansehen. Ayurvedische Anwendungen, Yoga und Kochkurse werden ebenfalls angeboten.

Puthooram RESORT $$

(☎3202007; www.puthooram.com; Zi. 1150–2875 ₹, mit Klimaanlage 3450–4500 ₹; ❄@) Die mit Holz verkleideten Hütten des Puthooram sind um einen hübschen kleinen Garten mit Blumentöpfen herum angeordnet. Die Zimmer mit Meerblick kosten mehr.

Sea Pearl Chalets RESORT $$

(☎2660105; www.seapearlchalets.com; DZ 1500 ₹) Auf Varkalas ruhigerer Südklippe liegen diese einfachen, runden Hütten mit unschlagbarem Ausblick, umgeben von einem penibel rasierten Rasen. Unbedingt noch besuchen, bevor sie irgendwann ins Meer plumpsen!

Sea Breeze PENSION $$

(☎9746079790; www.seabreezevarkala.in; Zi. 1725 ₹, mit Klimaanlage 2500–3450 ₹; ❄ WLAN) Die geräumigen und ordentlichen, wenn auch langweiligen Zimmer dieser freundlichen Pension haben Seeblick und eine gemeinsame große Veranda – perfekt für die abendliche Anbetung des Sonnenuntergangs.

Villa Jacaranda PENSION $$$

(☎2610296; www.villa-jacaranda.biz; DZ inkl. Frühstück 5600–7000 ₹; WLAN) Dieses romantische Refugium, das Nonplusultra des subtilen Luxus, bietet nur ein paar riesige, helle Zimmer in dem großen, zweistöckigen Haus an. Jedes hat einen Balkon und ist in einer schicken Mischung aus minimalistisch Modernem und stilechten Kleinigkeiten dekoriert. Die Zimmer im Obergeschoss haben eigene Dachgärten mit Meerblick.

Blue Water Beach Resort COTTAGES $$$

(☎94468 48534; www.bluewaterstay.com; Odayam Beach; Hütten 3000–5000 ₹) Am ruhigen Odayam Beach, nördlich von Vakala, liegt das Blue Water, die beste Wahl der Unterkünfte am Wasser. Die individuellen Holzhütten mit Ziegeldächern sind auf einer schönen Rasenlandschaft angeordnet, die runter bis zum Strand reicht.

Taj Gateway Hotel HOTEL $$$
(☎ 6673300; www.thegatewayhotels.com; DZ inkl. Frühstück ab 7700 ₹; ❄@📶🏊) Das auffälligste Hotel von Varkala sieht ziemlich cool aus. Die renovierten Zimmer sind mit weiß glänzenden Laken und mokkafarbenen Kissen ausgestattet und haben Ausblick auf den Garten. Die teureren Räume haben Seeblick und private Balkone. Es gibt einen fantastischen Pool mit Bar (Nicht-Gäste zahlen 500 ₹), Tennisplatz und ein hoch geschätztes GAD-Restaurant.

Essen & Ausgehen

Die meisten Restaurants in Varkala bieten den gleichen Mischmasch aus indischer, asiatischer und westlicher Küche zu leichtem Trance und Bob Marley als Hintergrundmusik, aber die Qualität der „Buden" an den Klippen hat sich still und heimlich im Laufe der Jahre verbessert und die meisten bieten kostenloses WLAN an. Also auf zu einem abendlichen Bummel durch Varkala, bis das richtige Restaurant gefunden ist! Lokale ohne Lizenz servieren normalerweise trotzdem Alkohol, aber ein wenig diskreter.

Sreepadman SÜDINDISCH $
(Thali 40 ₹) Gegenüber vom Janardhana-Tempel liegt Sreepadman, ein Imbiss mit spottbilligen und authentischen Gerichten aus Kerala – vor allem Dosas und Thali. Hier trifft man eher auf Rikschafahrer als auf Touristen.

Oottupura Vegetarian Restaurant INDISCH $
(Hauptgerichte 35–80 ₹) In der Nähe des Taxistands befindet sich dieses Budgetlokal mit einer ansehnlichen Auswahl an günstigen vegetarischen Gerichten, z. B. *puttu* (Mehlspeise mit Milch, Bananen und Honig) zum Frühstück.

Juice Shack CAFÉ $
(Säfte 50 ₹, Snacks 30–150 ₹; ⏲7–19 Uhr; 📶) Neben den ganzen teuren Lokalen sieht dieses ein wenig aus wie eine Hütte, aber die flippige kleine Saftbar ist der richtige Ort für leckere Säfte, Smoothies und Snacks, etwa mexikanische Wraps.

Café del Mar INTERNATIONAL $
(Gerichte 80–350 ₹; 📶) Die große Terrasse, wie sie einige der Nachbarlokale haben, fehlt zwar, aber das Café del Mar hat immer gut zu tun, was es seinem guten Service, leckerem Kaffee und stets tollem Essen zu verdanken hat, wenn auch von einer zehnseitigen Speisekarte.

Hungry Eye Kitchen INTERNATIONAL $
(Gerichte 70–250 ₹; ⏲8–23 Uhr) Das Hungry Eye ist eine zuverlässige Option oben auf den Klippen mit mehreren Stockwerken und einer Mischung aus tibetischen Momos, Thai-Currys und Steaks neben dem typischen indischen und chinesischen Essen.

Trattorias INTERNATIONAL $$
(Gerichte 100–400 ₹; ⏲8.30–23 Uhr) Das Trattorias hat sich auf die italienische Küche spezialisiert, mit einem kleinen Angebot an Pastagerichten und Pizza, bietet aber auch japanische – Sushi – oder Thai-Gerichte an. Es war eines der ersten Lokale mit einer italienischen Kaffeemaschine, und die Korbstühle und Terrasse mit Meerblick sind sehr gemütlich.

Wait n Watch INDISCH $$
(Hindustan Hotel; Hauptgerichte 120–280 ₹; ⏲11–22 Uhr) Restaurant und Cocktailbar im Obergeschoss dieses Hotelblocks am Strand servieren recht leckere indische Gerichte und Fisch. Der wahre Grund, aus dem man herkommt, ist aber der Blick vom Balkon (mit nur ein paar wenigen Tischen) über den Strand. Am Pool gibt's noch ein weiteres Restaurant unter freiem Himmel.

Coffee Temple CAFÉ
(⏲ab 6 Uhr; 📶) Für den Kaffee am frühen Morgen kommt man hierher: Engländer betreiben den „Tempel" und mahlen die Kaffeebohnen frisch. Es gibt auch leckere Kuchen und frischgebackenes Brot.

Unterhaltung

In der Hauptsaison werden Kathakali-Aufführungen veranstaltet. Auf Hinweise vor Ort achten!

Rock n Roll Cafe LIVEMUSIK
(⏲24 Std.) Die Musik steht in dieser ansonsten eher unscheinbaren Restaurantbar im Mittelpunkt. An einem Großteil der Abende während der Saison gibt's Livemusik, DJs oder Filmnächte – oder auch Tablakurse. Kühles Bier und eine gute Cocktailauswahl.

Praktische Informationen

Der Geldautomat an der Temple Junction akzeptiert Visakarten und ist rund um die Uhr zugänglich. Weitere Geldautomaten sind im Zentrum Varkalas zu finden. Viele der Reisebüros entlang der Klippen nehmen Barauszahlungen auf Kreditkarten vor und lösen Reiseschecks ein. Oben auf den Klippen gibt's diverse **Internetcafés** (rund 40 ₹/Std.), aber die meisten Restaurants und Cafés bieten WLAN kostenlos an. E-Mails öfter abspeichern, denn Stromausfälle sind keine Seltenheit!

Post (⏲ Mo–Sa 10–14 Uhr) Nördlich der Temple Junction.

An- & Weiterreise

Nahverkehrs- und Schnellzüge nach Thiruvananthapuram (Sleeper/3AC 140/249 ₹, 1 Std.) und Kollam (140/249 ₹, 40 Min.) fahren häufig, nach Alappuzha (2. Klasse/Chair Class 50/185 ₹, 2 Std.) viermal am Tag. Es ist möglich, dass man rechtzeitig in Kollam ankommt, um mit der morgendlichen Flussfähre nach Alappuzha weiterzufahren. An der Temple Junction halten täglich drei Busse auf ihrem Weg nach Thiruvananthapuram (40 ₹, 1½–2 Std.), darunter einer nach Kollam (30 ₹, 1 Std.).

Ein Taxi nach Trivandrum kostet 1100 ₹ und nach Kollam 800 ₹.

Unterwegs vor Ort

Vom Bahnhof zum Strand in Varkala sind es etwa 2,5 km, mit einer Rikscha kommt man zum Tempel Junction für 60 ₹ und zu den Nordklippen für 80 ₹. Regelmäßig verkehren Busse zwischen Bahnhof und Temple Junction (4 ₹).

An den Klippen kann man überall Motorroller und Enfields mieten (250/350 ₹/Tag).

Rund um Varkala

Kappil Beach

Etwa 9 km nördlich von Varkala liegt Kappil Beach, ein schöner und bislang unverdorbener Sandstrand. Hier beginnt auch ein kleines Netzwerk an Backwaters. Der **Kappil Lake Boat Club** an der Brücke verleiht Boote für kurze Trips auf dem See.

Kappil Paradise Resort COTTAGES $$
(☎ 938775509; mohdrafi20@rediffmail.com; Zi. 1200 ₹) Nur ein paar Schitte von Kappils goldenem Sand entfernt und sehr friedvoll und ungestört liegt diese einfache, aber schöne Unterkunft mit ein paar soliden Zimmern im Hüttenstil unter Palmen. Man bekommt auch etwas zu essen, und die Besitzer helfen einem mit der Organisation von Transportmöglichkeiten nach/aus Varkala (ca. 150 ₹) und dem Motorradverleih.

Kollam (Quilon)

☎ 0474 / 380 100 EW.

Das nicht touristische Kollam (Quilon) ist der südliche Zugang zu Keralas Backwaters und ein Ziel der bekannten Backwater-Bootstour nach Alappuzha. Als einer der ältesten Häfen am Arabischen Meer war es einst ein wichtiges Handelszentrum, das in Scharen römische, arabische und chinesische, später portugiesische, holländische und britische Händler anzog – allesamt gierig danach, Gewürze und die kostbaren Cashewkerne aus der Region in die Hände zu bekommen. Im Ortszentrum geht's ziemlich hektisch zu, aber in der Umgebung findet man die ruhigen Wasserläufe des Ashtamudi-Sees, deren Ufer Kokospalmen, Cashewplantagen und traditionelle Dörfer säumen – ein großartiger Ort, um ohne große Menschenmassen ein Gefühl für die Backwaters zu bekommen.

Sehenswertes

Das Beste, was man in Kollam tun kann, ist, die Backwaters rund um **Munroe Island** zu erkunden. Am Strand von Kollam gibt's einen rustikalen **Fischmarkt**, auf dem die Kunden und Fischer um den Preis des Tagesfangs feilschen. Auch abends wird hier ein Fischmarkt abgehalten (17–21 Uhr). Der lange, aber nicht besonders spektakuläre **Strand** liegt 2 km südlich vom Ort; die Fahrt mit der Autoriksche kostet 35 ₹.

Aktivitäten

Santhigiri Ayurveda Centre AYURVEDA
(☎ 2763014; http://santhigiriashram.com; Asramam Rd, Kadappakada) Das ayurvedische Zentrum mit einer eher institutionellen als entspannten Atmosphäre ist besonders beliebt für seine sieben- bis 21-tägigen Anwendungen. Die Unterkunft kostet 500 ₹ pro Nacht. Man kann aber auch nur für eine Verjüngungsmassage vorbeikommen (1000 ₹).

Geführte Touren

★ **Canal Cruise** BOOTFAHREN
(www.dtpckollam.com; 400 ₹/Pers.; ⏲ 9–13.30 & 14–18.30 Uhr) Der DTPC (District Tourism Promotion Council) und einige private Anbieter organisieren tolle Bootstouren durch die Kanäle von Munroe Island und über den Ashtamudi-See. Nach einer 25 km langen Fahrt bis zum Ausgangspunkt beginnt der dreistündige Trip mit dem Stechkahn. Bei den geführten Ausflügen kann man den Dorfalltag, den Bau eines *kettuvallam* (Reiskahns), die Gewinnung von Toddy (Palmensaft), die Verarbeitung von Kokosfasern, die Krabben- und Fischzucht und im Gewürzgarten Vögel beobachten.

Kollam

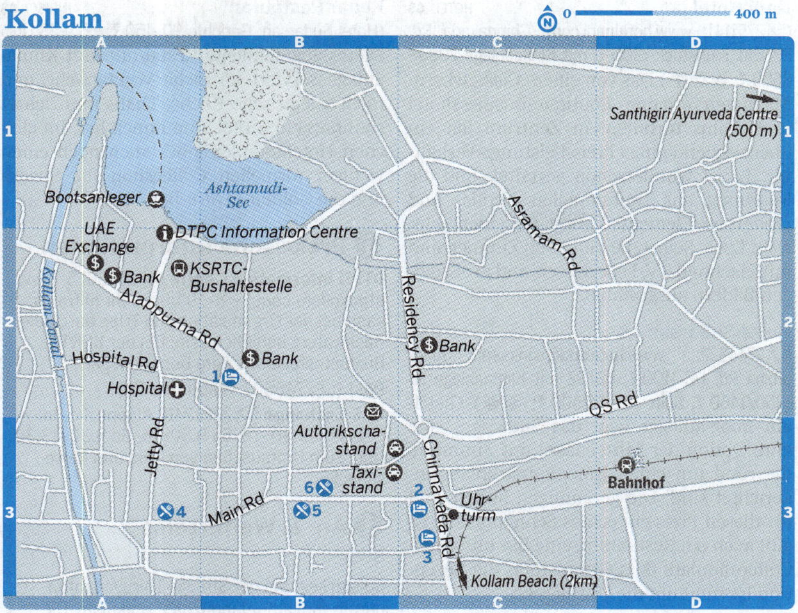

Kollam

Schlafen

1 Hotel Sudarsan B2
2 Karuna Residency C3
3 Nani Hotel C3

Essen

4 Fayalwan Hotel...........................A3
5 Hotel Guru Prasad B3
6 Indian Coffee House B3
Kedar Restaurant ....(siehe 1)
Prasadam..........................(siehe 3)

Hausbootfahrten BOOTFAHREN
(www.dtpckollam.com; 2/4/6 Pers. über Nacht ab 3000/4000/5500 ₹, Fahrt von Kollam nach Alappuzha 10 000/12 000/14 000 ₹) In Kollam gibt's nicht so viele Hausboote wie in Alappuzha, also ist mit einem weniger touristischen Erlebnis zu rechnen. Die DTPC bietet verschiedene Angebote für Hausbootfahrten, entweder vor Ort oder nach Alappuzha und Kochi.

Feste & Events

Kollam Pooram ist ein buntes Tempelfest, das jedes Jahr im April stattfindet. Dazu gehören Elefanten und nachgestellte Schwertkämpfe. Schlangenbootrennen sind in den Dörfern um Kollam üblich. Das **President's Trophy Bootsrennen**, das auf dem Ashtamudi-See am 1. November stattfindet, ist das größte und renommierteste Rennen der Gegend.

Schlafen

Im DTPC Büro gibt's eine Liste mit **Homestays** in und um Kollam.

Karuna Residency PENSION $
(☎3263240; Main Rd; EZ/DZ 350/450 ₹, Zi. mit Klimaanlage 700 ₹; ❄) Dieser kleinen Budgetunterkunft sieht man ihr Alter langsam an. Sie ist zudem ziemlich einfach gehalten, dafür aber immer noch ganz gut in Schuss, und der Besitzer ist an Traveller gewöhnt.

★ **Ashtamudi Villas** PENSION $$
(☎98471 32449, 2706090 www.ashtamudivillas.com; Nähe Kadavoor Church, Mathilil; DZ 1000–1500 ₹; 📶) Das charmante Backsteingebäude direkt am Wasser ist die beste Wahl für einen entspannten, aber erschwinglichen Aufenthalt in Kollam. Der überschwängliche Gastgeber, Prabhath Joseph, strahlt eine warme Gastfreundlichkeit aus und zieht mit der einfallsreichen architektonischen Ausstattung, bunter Einrichtung, blitzenden Badezimmern, Hängematten zwischen den Palmen am See und einer Bibliothek voller Bücher über Kerala alle Register. Die Anreise erfolgt über die Straße oder per Boot – vorher anrufen und nach dem Weg fragen!

Nani Hotel HOTEL $$
(☎ 2751141; www.hotelnani.com; Chinnakada Rd; DZ inkl. Frühstück 1300 ₹, mit Klimaanlage 2080–3650 ₹; ❄@📶) Das von einem Cashewkern-Magnaten erbaute Boutique-Businesshotel in Kollams turbulentem Zentrum hat ein überraschend gutes Preis-Leistungs-Verhältnis. Es ist wunderschön gestaltet, und die Mischung aus traditionellen Kerala- und modernen Elementen sorgt für einen schicken Look. Selbst die billigeren Zimmer sind mit Flachbild-TV, Federkissen und großzügigen Bädern ausgestattet.

Hotel Sudarsan HOTEL $$
(☎ 2744322; www.hotelsudarsan.com; Alappuzha Rd; DZ 1100 ₹, EZ/DZ mit Klimaanlage ab 1350/1460 ₹, Suite 2250/2500 ₹; ❄@) Gleich am Bootsanleger liegt das Sudarsan, eine gute Option der Mittelklasse mit Zimmern, die rund um einen Innenhofparkplatz angerichtet sind. Die geräumigen Suiten sind für diesen Preis ein echtes Schnäppchen. Es gibt auch ein Restaurant, eine Bar und einen Coffeeshop auf dem Grundstück, die Rezeption ist rund um die Uhr besetzt.

Essen

Indian Coffee House INDISCH $
(Main Rd; Gerichte 10–40 ₹; ⏲ 7–22 Uhr) Für sein gutes Frühstück und den anständigen Kaffee bekannt.

Hotel Guru Prasad INDISCH $
(Main Rd; Gerichte 10–25 ₹) In einem gepflegten Kolonialgebäude befindet sich dieses emsige Mittagslokal, das (meist männliche) Kunden mit spottbilligen Menüangeboten anlockt.

Fayalwan Hotel INDISCH $
(Main Rd; Gerichte 15–50 ₹) Ein richtiges indisches Arbeiterlokal, das mittags rappelvoll ist. In die Betonsitzgruppen und langen Bänke kann man sich immer noch reinquetschen. Unbedingt probieren: das Hammel-Biryani!

Prasadam INTERNATIONAL $$
(☎ 2751141; Chinnakada Rd, Nani Hotel; Hauptgerichte 60–240 ₹; ⏲ 8–22 Uhr) Das Restaurant im Nani Hotel kommt arg formell rüber: Stühle mit hoher Rückenlehne und komplexe Kupferrelief-Kunstwerke, die die Geschichte von Kollam darstellen. Das Essen, darunter Gerichte aus Kerala wie das Travancore-Masala-Ei, klassisches Tandoori und chinesische Speisen, werden lecker zubereitet. Mittags werden köstliche Thalis aufgetischt.

Kedar Restaurant INDISCH $$
(Hotel Sudarsan; Gerichte 90–150 ₹; ⏲ 7–23 Uhr) Dieses abgedunkelte Restaurant mit Klimaanlage serviert köstliche vegetarische und nichtvegetarische Küche, Thalis und richtet sonntags ein Buffet zum Lunch her. Im gleichen Hotelkomplex gibt's auch noch einen weniger formellen Coffeeshop für Snacks und die Golden Tavern Bar.

Praktische Informationen

DTPC Information Centre (☎ 2745625; www.dtpckollam.com; ⏲ 8–19 Uhr) Sehr hilfreich, kann bei der Organisation von Trips durch die Backwaters behilflich sein. Bei der KSRTC-Bushaltestelle und dem Bootsanleger.

Post (☎ 2746607; Alappuzha Rd)

UAE Exchange (☎ 2751240; Alappuzha Rd; ⏲ Mo–Fr 9.30–18, Sa 9.30–16, So 9.30–13.30 Uhr) Zum Umtauschen von Geld und Reiseschecks.

An- & Weiterreise

BUS

Kollam liegt auf der Strecke Thiruvananthapuram–Kollam–Alappuzha–Ernakulam. Die Busse fahren alle zehn oder 20 Minuten nach Thiruvananthapuram (50 ₹, 1¾/2 Std.), Alappuzha (55 ₹, 2/2½ Std.) und Ernakulam (Kochi, 95 ₹, 3¼/3½ Std.). Abfahrt der Busse ist an der **KSRTC-Bushaltestelle** (☎ 2752008) praktischerweise in der Nähe des Bootsanlegers.

SCHIFF/FÄHRE

Es gibt Bootsfahrten nach Alappuzha (S. 310). Vom größten Bootsanleger tuckern häufig öffentliche Fähren über den Ashtamudi-See nach Guhanandapuram (1 Std.). Die Fahrt hin und zurück kostet rund 10 ₹, eine Kurzstreckenfahrt 3 ₹.

ZUG

Häufig fahren Züge nach Ernakulam (Sleeper/3AC 140/308 ₹, 3½ Std., 6-mal tgl.) und Thiruvananthapuram (140/249 ₹, 1 Std.) über Varkala (36/165 ₹, 30 Min.). Täglich gehen auch ein paar Züge nach Alappuzha (2. Klasse/AC chair 45/165 ₹, 1½ Std.).

Rund um Kollam

Palastmuseum Krishnapuram

Der restaurierte **Palast** (☎ 04792441133; Eintritt 10 ₹, Foto/Video 25/250 ₹; ⏲ Di–So 9–13 & 14–16.30 Uhr) liegt 2 km südlich von Kayamkulam zwischen Kollam und Alappuzha und ist ein außerordentlich schönes Beispiel für die meisterhafte Kerala-Architektur. Das Museum zeigt Gemälde, Antiquitäten, Skulpturen und ein berühmtes 3 m hohes Wandbild, das die Gajendra Moksha (die Befreiung des Elefantenkönigs Gajendra) zeigt, wie sie im Mahabharata beschrieben ist.

Alle paar Minuten fährt ein Bus (26 ₹, 1 Std.) von Kollam nach Kayamkulam. An der Bushaltestelle beim Tempeltor, 2 km vor dem Palast, heißt es aussteigen.

Alappuzha (Alleppey)

☎0477 / 174 200 EW.

Alappuzha – das von den Romantikern immer noch Alleppey genannt wird – ist der Ausgangspunkt für Touren auf den Backwaters von Kerala, die ein riesiges Netzwerk an Kanälen mit mehr als 1000 Hausbooten bilden. Bei einem Spaziergang durch das kleine, aber chaotische Stadtzentrum mit seinem bescheidenen Netz an Kanälen drängt sich einem der Begriff „Venedig des Ostens" auf. Die Flucht aus diesem Miniatur-Durcheinander lohnt sich: Also bloß weg Richtung Westen an den Strand, oder in so ziemlich alle anderen Richtungen zu den Backwaters, und schon wird Alappuzha zum grazilen und grünen Städtchen, das in eine Wasserwelt voller Dörfer, Kanus, Toddy-Shops und natürlich Hausboote übergeht. Hier muss man sich einfach treiben lassen und den Blick über die saftig grünen Reisfelder, die üppig beladenen Reiskähne und die Dörfer entlang der Ufer schweifen lassen. Dies ist eines von Keralas faszinierendsten Erlebnissen, zugleich beeindruckend und entspannend.

Sehenswertes & Aktivitäten

Alleppey Beach STRAND

Der Hauptstrand von Alappuzha liegt etwa 2 km westlich vom Stadtzentrum. Am Strand direkt gibt's keine geschützten Stellen, und ins Wasser wagt sich hier auch nicht jeder. Dafür sind die Sonnenuntergänge sehr schön, und an ein paar Stellen lohnt es sich, für ein Getränk oder einen Snack anzuhalten. Der Strand erstreckt sich nach Norden und Süden die Küste entlang.

Kerala Kayaking KAJAKFAHREN

(☎2245001, 9846585674; www.keralakayaking.com; pro Person 4/7/10 Std. 1000/3000/4000 ₹) Als erster (und einziger) Kajakverleih in Alappuzha bietet diese junge Crew exzellente geführte Touren mit dem Kajak durch die engen Binnenkanäle an. Trips mit dem Einer- oder Zweierkajak beinhalten ein Bei-

MATHA AMRITHANANDAMAYI MISSION

Wer an einer **Fahrt durch die Backwaters** (S. 310) zwischen Kollam und Allepey teilnimmt, sollte in der unwahrscheinlich unpassend pinken **Matha Amrithanandamayi Mission** (☎04762897578; www.amritapuri.org; Amrithapuri) vorbeischauen. Amrithanandamayi ist als eine der wenigen weiblichen, indischen Gurus auch unter dem Namen Amma (Mutter) oder als „umarmende Mutter" bekannt, da sie bei der *darshan* (Audienz), die sie gibt, oft Tausende von Menschen in Marathonsessions umarmt, die die ganze Nacht dauern. Offiziell werden vom Ashram täglich Touren veranstaltet – vorher anrufen und nach den Zeiten fragen! Es handelt sich um einen riesigen Komplex, in dem etwa 3000 Menschen durchgehend leben – Mönche, Nonnen, Schüler und Familien, indisch oder auch aus dem Ausland. Angeboten werden Essen, ayurvedische Anwendungen, Yoga und Meditationen. Einen Großteil des Jahres ist Amma unterwegs auf Reisen, also wer dringend eine Umarmung braucht, könnte auch Pech haben.

Besucher sollten sich nicht zu freizügig kleiden und den strengen Verhaltenskodex einhalten. Nach Absprache – man kann sich online anmelden – ist es möglich, für 200 ₹ pro Tag im Ashram zu wohnen (einfache vegetarische Mahlzeiten inklusive) und ein oder zwei Tage später mit dem Boot weiterzufahren. Alternativ kann man auch den Kanal überqueren und mit der Rikscha ins 20 km südlich gelegene Karunagappally oder ins 12 km nördlich gelegene Kayankulam fahren (etwa 200 ₹). Von dort fahren Busse und Züge.

Wer nicht auf dem Wasser unterwegs ist, kann mit dem Zug nach Karunagappally oder Kayankulam fahren, von dort aus eine Autorikscha (etwa 100 ₹) nach Valluckavi nehmen und über die Fußgängerbrücke laufen oder mit einem Kahn über den Kanal schippern. Wer ein wenig länger bleiben will, kann online ein Ashram-Taxi buchen, das einen sogar aus Kochi oder Trivandrum abholt.

Alappuzha
0
500 m
Punnamada-See
Sona Heritage Home (280 m); Palmy Lake Resort (450 m); Malayalam (1,3 km); Palm Grove Lake Resort (1,8 km)
Gowri Residence (550 m)
Punnamada Rd
KSRTC-Bus-haltestelle
DTPC Tourist Reception Centre
Boots-anleger
Mullackal Rd
Meerjungfrau-statue
Internet-zugang
UAE Exchange
North Canal
South Canal
CCSB Rd
YMCA Rd
Cullan Rd
CCNB Rd
Vazhicherry Bridge
AC Rd
Palace Rd
VCSB (Boat Jetty) Rd
VP Rd
Zachariya Bazar
CCNB Rd
Bahnhof

Alappuzha

Sehenswertes

Aktivitäten, Kurse & Touren

Schlafen

Essen & Ausgehen

boot und Transport zum Anfangspunkt mit dem Motorboot.

Shri Krishna Ayurveda Panchkarma Centre AYURVEDA
(☎ 3290728; www.krishnayurveda.com) Mit ayurvedischen Anwendungen. Die einstündigen Verjüngungsmassagen kosten 800 ₹, doch das Zentrum ist eigentlich auf drei-, fünf- oder siebentägige Pakete mit Unterkunft und Yogakursen spezialisiert. Es liegt am Zielpunkt des Nehru-Rennens.

Geführte Touren

Eines der zahlreichen Reisebüros in der Stadt, Gästehäuser, Hotels oder die KTDC können Kanu- oder Hausboottouren auf den Backwaters organisieren.

Feste & Events

Nehru Trophy Bootsrennen BOOTSRENNEN
(http://nehrutrophy.nic.in; Tickets ab 50 ₹) Findet am zweiten Samstag im August auf dem Punnamada-See statt: das beliebteste und am härtesten umkämpfte Schlangenbootrennen von ganz Kerala.

Schlafen

Selbst wer sich nicht an Bord eines Hausboots begeben will, findet in Alappuzha ein paar der charmantesten und günstigsten Unterkünfte in Kerala, angefangen bei den alten denkmalgeschützten Häusern und Resorts bis hin zu Privatunterkünften mit Wasserblick.

Auch unter den Rikschafahrern gibt es Halsabschneider, besonders an den Bahnhöfen und Bushaltestellen. Am besten lässt man sich an einem prägnanten Punkt in der Nähe seiner Unterkunft absetzen. Wer im Voraus gebucht hat, lässt sich im Idealfall abholen.

Mathews Palmy Residency PENSION $
(☎ 2235938; www.palmyresidency.com; abseits der Finishing Point Rd; Zi. 400–700 ₹) Dies ist eine der besseren Budgetoptionen der Stadt mit sechs blitzblanken Zimmern mit italienischen Marmorböden, von denen drei Verandas zum Garten hinaus haben. Die ruhige Lage ist ein weiteres Plus. Das Gästehaus liegt nördlich vom Kanal, nur fünf Minuten zu Fuß von der Bushaltestelle entfernt, aber ein ganzes Stück abseits der Straße im saftigen Grün. Östlich vom Busbahnhof geht man über die neue Matha-Fußgängerbrücke, hält sich dann rechts und nimmt schließlich das erste Gässchen nach links.

Mandala Beach House PENSION $
(www.mandalabeachhouse.com; Alleppey Beach; DZ 600–900 ₹, Hütte 750 ₹, Suite 2000 ₹) Eine bessere günstige Unterkunft direkt am Strand wird man in Alappuzha kaum finden. Vor dem extrem entspannten Mandala beginnt gleich der Sandstrand und zu dem schönsten seiner einfachen Zimmer zählt das „Penthouse" mit Glasfront, das unbezahlbare Ausblicke auf den Sonnenuntergang bietet. In der Saison finden hier oft spontane Partys statt.

Johnson's PENSION $
(☎ 2245825; www.johnsonskerala.com; DZ 400–750 ₹; @ 📶) Diese besonders bei Backpackern beliebte Unterkunft in einem baufälligen Herrenhaus ist genauso skurril wie ihr Besitzer, der äußerst gesellige Johnson Gilbert. Die entspannte Bleibe hat nach Themen eingerichtete Zimmer mit flippigen Möbeln, eine Vielzahl an Pflanzen vor der Tür und ein kanuförmiges Aquarium als Tisch. Johnson verleiht sein „Öko-Hausboot" (6500–9000 ₹) und besitzt außerdem ein abgelegenes Gästehaus am Fluss in den Backwaters.

Palmy Lake Resort HOMESTAY $
(☎ 2235938; www.palmyresorts.com; Punnamada Rd East; Hütten DZ 850 ₹) Sechs niedliche indi-

viduelle Hütten, einige aus Bambus, andere aus Beton, machen mit viel Charme und friedlicher Atmosphäre diese freundliche Privatunterkunft aus, die sich 3,5 km nördlich von Alappuzha befindet. Die netten Besitzer (die auch Mathews Palmy Residency führen) holen ihre Gäste kostenlos aus der Stadt ab und bieten hausgemachte Mahlzeiten an.

Nanni Beach Residence PENSION $
(☎9895039767; nannitours@gmail.com; Cullan Rd; DZ 250–400 ₹) Die Preise in diesem einfachen Gästehaus, das nur einen kurzen Fußweg vom Strand entfernt und etwa 1,5 km nördlich vom Bahnhof liegt, sind unschlagbar. Der junge Besitzer Shibu weiß viel über die Gegend zu erzählen und ist eifrig damit beschäftigt, das Haus herauszuputzen.

★ **Cherukara Nest** HOMESTAY $
(☎2251509; www.cherukaranest.com; DZ/3BZ inkl. Frühstück 750/900 ₹, mit Klimaanlage 1200 ₹, Hütte mit Klimaanlage 1500 ₹; ❄@📶) In einem hübschen Garten mit einem Taubenverschlag in der Ecke liegt dieses herrliche alter Gebäude, das eine so einladende familiäre Atmosphäre ausströmt, dass man sich am liebsten adoptieren lassen würde. Im Haupthaus befinden sich vier große, charmante Zimmer mit hohen Decken, zahlreichen polierten Holzdetails und vorsintflutlichen Türen mit verzierten Schlössern. Nicht verpassen: das große Zimmer mit zwei Ebenen und Klimaanlage. Tony, der Besitzer, vermietet auch ein Hausboot relativ günstig (5500 ₹ für zwei Personen) – eines der wenigen, das noch als Stechkahn betrieben wird.

Gowri Residence PENSION $
(☎2236371; www.gowriresidence.com; SH40; DZ 675–1350 ₹, Hütten mit Klimaanlage 1350–2250 ₹; ❄📶) Dieser weitläufige Komplex, etwa 550 m nördlich vom North Canal gelegen, bietet eine erstaunliche Anzahl an Zimmern und Hütten in einem großen Garten. Im Haupthaus befinden sich traditionell mit Holz verkleidete Zimmer. Und dann wären da noch zahlreiche verschiedene schöne Bungalows aus Stein, Holz, Bambus oder Stroh, die tollsten haben hohe Decken, Klimaanlage und Flatscreen-TVs. Ein ziemlich cooles Baumhaus thront hoch oben. Es wird leckeres Essen serviert, man kann kostenlos Fahrräder ausleihen und es gibt eine Voliere, in der sogar ein Emu lebt.

Tharavad HOMESTAY $$
(☎242044; www.tharavadheritageresort.com; westlich der North Police Station; DZ 1200–1500 ₹, mit Klimaanlage 2000 ₹; ❄) In ruhiger Lage am Kanal zwischen Stadtzentrum und Strand befindet sich dieses charmante alte Gebäude mit viel glänzendem Teak und Antiquitäten, urigen Fensterläden, fünf schönen Zimmern und gut in Schuss gehaltenen Gärten.

Sona Heritage Home PENSION $
(☎2235211; www.sonahome.com; Lakeside, Finishing Point; Zi. 800–900 ₹, mit Klimaanlage 1125 ₹; ❄📶) Das wunderschöne alte Haus wird von einem freundlichen Kerl namens Joseph geführt und vermietet leicht heruntergekommene, aber hohe Zimmer mit verblassten Blumenvorhängen, christlichen Motiven und Himmelbetten mit Aussicht auf einen schönen Garten.

Malayalam RESORT $$
(☎2234591; malayalamresorts@yahoo.com; Punnamada; Zi. 1200–2500 ₹) Diese Unterkunft in Familienbesitz mit Blick auf den See steht in der Nähe des Startpunkts des Nehru-Trophy-Bootsrennens. Sie besteht aus vier niedlichen Bambushütten, Baumhäusern und einem großen, neuen, zweistöckigen Haus mit vier Zimmern. Die Aussicht vom Balkon der Zimmer im Obergeschoss ist herrlich. Zu finden ist es nicht so einfach: an der Rezeption des Keraleeyam Resorts vorbei und das Kanalufer entlanggehen!

Palm Grove Lake Resort RESORT $$
(☎2235004; www.palmgrovelakeresort.com; Punnamada; Hütten DZ 1970–2200 ₹, mit Klimaanlage 3320 ₹) In der Nähe des Startpunkts für das Nehru-Trophy-Bootsrennen auf dem Punnamada-See. Stilvolle, individuellen Doppelhütten in einem Garten voller Palmen und mit Seeblick.

★ **Raheem Residency** HOTEL $$$
(☎2239767; www.raheemresidency.com; Beach Rd; DZ 112–146 €; ❄📶🏊) In diesem geschmackvoll renovierten Haus aus den 1860er-Jahren wohnt man gern. Den zehn Zimmern wurde wieder ihr alter Glanz verliehen. Sie haben Badewannen und antike Möbel. Die Gemeinschaftsräume sind luftig und gemütlich, es gibt ein paar schöne überdachte Innenhöfe, eine gut ausgestattete Bibliothek, einen tollen kleinen Pool und ein fantastisches Restaurant.

Essen & Ausgehen

Mushroom ARABISCH, INDISCH $
(Nähe South Police Station; Hauptgerichte 40–90 ₹; ⏲12–24 Uhr) Ein Freiluftrestaurant mit schmiedeeisernen Stühlen, das sich auf güns-

tige, köstliche und scharfe Halal-Gerichte spezialisiert hat, z.B. Kali-Mirch-Hühnchen, Fisch-Tandoori und Chilipilze. Die gute Mischung an Einheimischen und Travellern schafft eine angenehme Atmosphäre.

Kream Korner Art Café INTERNATIONAL $
(☎2252781; www.kreamkornerartcafe.com; Mullackal Rd; Gerichte 25–150 ₹; ⏲9–22 Uhr) In dem buntesten Lokal der Stadt wird man unter dem Motto „Essen trifft Kunst" mit hell gestrichenen Tischen und zeitgenössischer einheimischer Kunst an den Wänden empfangen. Der entspannte und luftige Laden ist sowohl bei indischen als auch ausländischen Familien für seine günstige und leckere Auswahl an indischen und chinesischen Gerichten beliebt. In der **Cullan Rd** (vegetarische Thalis 45 ₹) gibt's noch eine winzige, beliebte Zweigstelle des Kream Korner mit nur ein paar Tischen.

Thaff INDISCH $
(YMCA Rd; Gerichte 45–110 ₹) Ein beliebter Imbiss mit köstlichen indischen Snacks und ein paar arabischen Einflüssen. Köstlich sind die Brathähnchen, *shwarmas* und Eiscremeshakes, die einem einen Kälteschock verpassen. Eine weitere Filiale gibt's in der Punnamada Rd.

Indian Coffee House CAFÉ $
(Snacks 8–40 ₹; ⏲8–21 Uhr) Filialen gibt's in der Mullackal Rd, YMCA Rd und Beach Rd – letztgenannte ist ein Pavillon in luftiger Strandlage.

Harbour Restaurant INTERNATIONAL $$
(☎2230767; Beach Rd; Gerichte 100–290 ₹; ⏲10–22 Uhr) Dieses schöne Lokal am Strand wird von der nahe gelegenen Raheem Residency betrieben. Es ist lockerer und preisgünstiger als das Restaurant im Hotel, verspricht aber eine große Auswahl an lecker zubereiteten indischen, chinesischen und kontinentalen Gerichten und das kühlste Bier der ganzen Stadt.

Royale Park Hotel INDISCH $$
(YMCA Rd; Gerichte 100–200 ₹; ⏲7–22.30, Bar 10.30–22.30 Uhr; 📶) Dieses Hotelrestaurant mit Klimaanlage besticht mit einer langen Speisekarte und exzellentem Essen, beispielsweise fabelhafte vegetarische Thalis (120 ₹) oder Thalis mit Fisch (150 ₹). Die gleiche Karte gibt's auch in der überraschend schönen Bar im Obergeschoss, wo man das Essen mit einem kalten Kingfisher genießen kann.

Chakara Restaurant INTERNATIONAL $$$
(☎2230767; Beach Rd; Mini-Kerala-Mahlzeit 420 ₹, Hauptgerichte ab 450 ₹; ⏲12.30–15 & 19–22 Uhr) Das Restaurant in der Raheem Residency ist definitiv das beste Lokal in ganz Alappuzha. Die offene Dachterrasse, die man über eine Wendeltreppe erreicht, ist ein reines Juwel und bietet einen schönen Ausblick über den Strand. Die Speisekarte kombiniert geschickt traditionelle europäische Küche und Keralas kulinarische Besonderheiten, zudem ist das Restaurant auf frischen Fisch aus der Region spezialisiert.

ABSTECHER

GREEN PALM HOMES

Die Backwaters von Kerala schlängeln sich von Alappuzha aus in alle Richtungen. Die Reise mit dem Hausboot ist ein tolles Erlebnis, aber es lohnt sich genauso, sich ein wenig Zeit zu lassen und in einem der Dörfer zu übernachten.

Nur 12 km von Alappuzha entfernt liegen die **Green Palms Homes** (☎9495557675, 0477-2724497; www.greenpalmhomes.com; Chennamkary; Zi. inkl. Bad ohne Vollpension 2250 ₹, Zi. 3250–4000 ₹) auf einer Kanalinsel, eine Reihe an Privatunterkünften, die aus einer anderen Welt zu kommen scheinen. Sie liegen in einem malerischen Dorf, wo man in einfachen Zimmern in Häusern der Dorfbewohner zwischen Reisfeldern schläft (obwohl „Premiumzimmer" mit Badezimmer und Klimaanlage auch zu haben sind). Hier ist es unglaublich ruhig, keine Straße ist in Sicht (oder Hörweite). Man kann an geführten Wanderungen teilnehmen, Fahrräder (50 ₹/Std.) oder Kanus (100 ₹/Std.) leihen oder Kochkurse der Gastgeber besuchen (150 ₹).

Um Details zur Anfahrt zu erfahren, muss man unbedingt vorher anrufen und dann eine der stündlich abfahrenden Fähren von Alappuzha nach Chennamkary nehmen (5 ₹, 1¼ Std.)! Zugänglich ist das Dorf auch mit der Autorikscha (etwa 150 ₹) und dem Kanu über den Kanal zur Insel. Es ist ein traditionelles Dorf – angemessene Kleidung ist also angebracht!

KERALAS BACKWATERS

Das unbestrittene Highlight jeder Reise durch Kerala ist eine Fahrt durch das 900 km umfassende Netz von Wasserstraßen, die die Küste säumen und bis weit ins Landesinnere hineinreichen. Lange bevor es Straßen gab, dienten diese Wasserläufe in Kerala als Hauptverkehrswege, und viele Dorfbewohner nutzen auch heute noch überwiegend Paddelboote als Transportmittel. Bei einem Trip durch die Backwaters passiert man gemächlich palmengesäumte Seen, die von ausladenden Fischernetzen überspannt sind, und schmale, schattige Kanäle, wo Kokosfasern, Kopra (getrocknetes Kernfleisch von Kokosnüssen) und Cashewkerne auf Boote verladen werden. Entlang der Ufer sieht man isolierte Dörfer, in denen die bäuerliche Lebensweise seit Ewigkeiten unverändert geblieben ist.

Bootstouren für Besucher

Die beliebte Touristenbootstour zwischen Kollam und Alappuzha (400 ₹) findet zwischen August und März täglich und sonst alle zwei Tage statt. Abfahrt ist um 10.30 Uhr, Ankunft um 18.30 Uhr. Prinzipiell gibt's zwei Stopps: eine Mittagspause um 13 Uhr (inkl. einfacher Mahlzeit) und eine Teepause am Nachmittag. Die Crew hat eine Kühlbox voller Obst, Erfrischungsgetränke und Bier zum Verkauf. Sonnenschutz und Hut nicht vergessen!

Die Strecke zwischen beiden Orten ist malerisch (die Tour dauert 8 Std.), und das Boot gleitet gemächlich dahin – allerdings nur durch die großen Kanäle, sodass man von Bord aus kaum einen genaueren Blick auf das dörfliche Leben werfen kann, das die Backwaters so magisch macht. Man kann auch nur die halbe Tour (250 ₹) buchen und an der Matha-Amrithanandamayi-Mission (S. 305) aussteigen und eine von den wenigen **weiblichen Gurus** Indiens treffen.

Hausboote

Wenn die Sterne gut stehen, sollte man ein Hausboot mieten, das wie ein *kettuvallam* (Reiskahn) gestaltet ist. Was wohl zu einem Highlight auf jeder Indientour wird. Es kann ziemlich teuer werden (abhängig vom Budget), aber ein Paar auf einem romantischen Ausflug oder eine Reisegruppe können sich auch die Kosten teilen – das Erlebnis ist jede Rupie wert! Man gleitet über die ruhigen, von Kokospalmen gesäumten Kanäle, genießt leckere Kerala-Speisen, trifft Dorfbewohner und schläft auf dem Wasser – Welten entfernt vom Trubel Indiens.

Es gibt Hausboote für Paare (mit 1 oder 2 Doppelkabinen) und Gruppen (mit bis zu 7 Kabinen). Das Essen und die Dienste des Kochs an Bord sind meist im Preis inbegriffen sowie ein Bootsführer/Käpten. Private Hausbootsverleiher gibt es viele in Alappuzha, Kollam und Kottayam. Aber Vorsicht: Dies ist das größte Geschäft in Kerala, und einige Veranstalter sind skrupellos! Die Qualität der Boote variiert erheblich – von reinsten Schrottkähnen bis zu schwimmenden Palästen. Bevor man einem Preis zustimmt, sollte man also unbedingt das Boot gesehen haben. Manche Reisebüromitarbeiter versuchen einem sofort nach Ankunft in Kerala ein Hausboot aufzuschwatzen, aber es ist besser, sich nicht vorschnell

ℹ Praktische Informationen

DTPC Tourist Reception Centre (☎ 2251796; www.dtpcalappuzha.com; Boat Jetty Rd; ⏲ 9–17 Uhr) In der Nähe der Bushaltestelle und dem Bootsanleger. Das Personal ist hilfsbereit und berät einen in Bezug auf Homestays und Hausboote.

Mailbox (☎ 2339994; Boat Jetty Rd; 20 ₹/Std.; ⏲ 9–20 Uhr) Internetzugang.

Touristenpolizei (☎ 2251161; ⏲ 24 Std.) Gleich neben der DTPC.

UAE Exchange (☎ 2264407; Ecke Cullan & Mullackal Rd; ⏲ 9.30–18, Sa 9.30–16, So 9.30–13 Uhr) Zum Umtauschen von Bargeld und Reiseschecks.

ℹ An- & Weiterreise

BUS

Von der KSRTC-Bushaltestelle fahren regelmäßig Busse nach Trivandrum (120 ₹, 3½ Std., alle 20 Min.), Kollam (55 ₹, 2½ Std.) und Ernakulam (Kochi, 50 ₹, 1½ Std.). Busse nach Kottayam (40 ₹, 1¼ Std., alle 30 Min.) sind sehr viel schneller als die Fähre. Einmal pro Tag um 6.40 Uhr fährt ein Bus nach Kumily (120 ₹, 5½ Std.). Der Bus nach Varkala (100 ₹, 3½ Std.) fährt jeden Tag um 9 und 10.40 Uhr ab.

SCHIFF/FÄHRE

Fähren nach Kottayam starten am Bootsanleger an der VCSB (Boat Jetty) Rd.

festzulegen, sondern erst mal in die Backwater-Zentren zu fahren, denn die Auswahl ist in Alappuzha (wo es 1000 und mehr Boote gibt) viel größer, und man kann den Preis eher runterhandeln, wenn man sich gut umschaut.

Die meisten Gästehäuser und Privatunterkünfte buchen einem auch ein Hausboot.

In der Hauptsaison gerät man leicht in einen „Backwater-Stau". Angesichts der vielen Boote auf dem Wasser sind manche Traveller enttäuscht. Außerdem ist es möglich, mit einem Hausboot von Alappuzha nach Kollam oder nach Kochi zu fahren – die DTPC in Kollam kann die Tour organisieren. Ein Boot für zwei Personen kostet für 24 Stunden ca. 5000 bis 8000 ₹ in diesem Budgetsegment, für vier Personen 8000 bis 12000 ₹; größere oder mit Klimaanlage ausgestattete Boote kosten 12000 bis 30000 ₹. Einen guten Preis auszuhandeln, ist in der Hauptsaison schwieriger. Zwischen 20. Dezember und 5. Januar verdreifachen sich die Preise.

Dorfbesichtigungen & Kanutouren

Immer mehr Traveller interessieren sich für Dorf- oder Kanutouren. Bei Letzteren werden Kleingruppen (5–6 Pers.) von einem sachkundigen Führer begleitet; meist fährt man in einem offenen Kanu oder einem überdachten *kettuvallam.* Die Ausflüge (ab Kochi, Kollam oder Alappuzha) dauern zweieinhalb bis sechs Stunden und kosten etwa 400 bis 800 ₹ pro Nase. Man besucht Dörfer und beobachtet, wie Kokosfasern verarbeitet, Boote gebaut, Toddy gewonnen und Fische gezüchtet werden. Eine super Tour ist der Trip von Kollam zur Munroe Island. Die Touristeninformation in Ernakulam organisiert ebenfalls gute Touren.

In Alappuzha kann man auch kleine, überdachte Kanus für bis zu vier Personen (2 Pers. 2/4 Std. 200/400 ₹) mieten und die Kanäle auf eigene Faust erkunden.

Fähren

Wer sich wie die Einheimischen auf den Backwaters bewegen will, kann für ein paar Rupien die Fähren des State Water Transport (www.swtd.gov.in) zwischen Alappuzha und Kottayam (10–12 ₹, 2½ Std.) nutzen. Abfahrt in Alappuzha ist um 7.30 Uhr (5-mal tgl.). Man überquert den Vembanad-See und bekommt eine abwechslungsreichere Landschaft zu sehen als bei einer Bootsfahrt zwischen Kollma und Alappuzha.

Umweltschutz

Die Verschmutzung durch Bootsmotoren nimmt proportional zur Zahl der Hausboote zu. Deshalb haben die Behörden Keralas ein umweltfreundliches Akkreditierungssystem für Hausbootsbetreiber eingeführt. Um das „Green Palm Certificate" zu bekommen, müssen die Betreiber u. a. Solarzellen installieren und Sanitärbehälter für die Abfallentsorgung bereitstellen. Einfach den Betreiber fragen, ob er das Zertifikat hat! Darum sollte man eigentlich statt eines Motorboots lieber einen der wenigen verbliebenen Stechkähne mieten, sie können aber nur in flachen Gewässern genutzt werden.

ZUG

Ein paar Züge fahren nach Ernakulam (2. Klasse/Sleeper/3AC 39/120/218 ₹, 1½ Std.) und Trivandrum (59/120/267 ₹, 3 Std.) über Kollam (66/140/250 ₹, 1½ Std.). Vier Züge pro Tag halten in Varkala (2. Klasse/AC chair 71/218 ₹, 2 Std.). Der Bahnhof liegt 4 km westlich der Stadt.

ℹ Unterwegs vor Ort

Die Autorikscha vom Bahnhof zum Bootsanleger und zur KSRTC-Bushaltestelle kostet etwa 60 ₹. Mehrere Gästehäuser in der Umgebung verleihen Motorroller für 200 ₹ pro Tag.

Kottayam

☎ 0481 / 172 878 EW.

Eingezwängt zwischen den Westghats und den Backwaters liegt Kottayam, hauptsächlich bekannt als Keralas Zentrum des Gewürz- und Kautschukhandels und weniger für seine ästhetischen Reize. Für die meisten Traveller ist es lediglich ein Verkehrsknotenpunkt, von dem aus man eine gute Anbindung in die Berge und zu den Backwaters hat. Viele Traveller nehmen die Backwaterbootsfahrt von oder nach Alappuzha. Die Stadt selbst hat ein verrücktes und völlig durch Verkehr verstopftes Zentrum, aber es ist nicht weit zu den Küstendörfern und Wasserstraßen.

Kottayams Geschichte ist fest mit dem Buchdruck verbunden: Hier wurde in den 1820er-Jahren die erste Druckerpresse für Malayalam eingeführt, und es war der erste indische Distrikt, der eine Alphabetisierungsrate von 100% erreichte. Kottayam, der Ort der Kirchen und Seminare, war im 16. Jh. eine Zuflucht für die traditionellen Thomas-Christen, als die Portugiesen begannen, die Christen Keralas zwangsweise zum Katholizismus zu bekehren.

Das **Thirunakkara-Utsavam-Fest** wird im März im Thirunakkara-Shiva-Tempel gefeiert.

Schlafen

In Kottayam sind die Unterkunftsoptionen ziemlich durchschnittlich. Besser ist es, man fährt weiter nach Kumarakom, wo man schöner am See wohnen kann.

Ambassador Hotel HOTEL **$**
(☎2563293; ambassadorhotelktm@yahoo.in; KK Rd; DZ ab 560 ₹, mit Klimaanlage ab 950 ₹) Diese recht altmodische Bleibe kriegt die meisten Punkte für die beste Budgetoption in der Stadt. Die Zimmer haben Fernseher, sind aber spartanisch, wenn auch ziemlich sauber, groß und ruhig für diesen Preis. Im Hotel gibt's eine Bar, ein ordentliches Restaurant, eine Gebäcktheke und ein Aquarium in Bootsform in der Lobby.

Homestead Hotel HOTEL **$**
(☎2560467; KK Rd; EZ/DZ ab 425/782 ₹, DZ mit Klimaanlage 1500 ₹; ❄) Hier gibt's ordentlich sauber gehaltene Zimmer, obwohl einige ein wenig muffig sind und einem die Augen vor lauter grüner Einrichtung tränen. In einem herrlich ruhigen Gebäude abseits der Straße gelegen.

Pearl Regency HOTEL **$$**
(☎2561123; www.pearlregency.in; MC Rd, TB Junction; EZ/DZ ab 2430/2950 ₹; ❄@) Businessorientierte Unterkunft in einem mehrstöckigen Gebäude. Effizient, gute Preise – eine passable Option, wenn man in Kottayam festsitzt. Die zwei Restaurants und der rund um die Uhr geöffnete Coffee Shop sorgen dafür, dass man nicht mal das Hotel verlassen muss.

Windsor Castle & Lake Village Resort HOTEL **$$$**
(☎2363637; www.thewindsorcastle.net; MC Rd; EZ/DZ ab 3375/4500 ₹, Hütten 6750 ₹; ❄📶🏊) In dieser grandiosen weißen Box befinden sich einige der besten Hotelzimmer von Kottayam. Interessanter als das Hotel ist allerdings das Lake Village dahinter. Hochwertige Hütten liegen um private Gewässer herum im kurzgeschnippelten Rasen und sind ziemlich teuer, dafür aber erstklassig. Es gibt auch ein angenehmes Restaurant mit Blick auf die landschaftlich gestalteten Wasserwege.

Essen

Thali SÜDINDISCH **$**
(1. Stock, KK Rd; Gerichte 45–95₹; ⏰8–20.30 Uhr) Der hübsche, tipptopp gehaltene Speiseraum im ersten Stock mit Lamellenfensterläden ist eine schickere Version eines typischen Kerala-Diners. Das Essen hier ist großartig, z.B. das Malabar-Fischcurry und die Thalis.

Meenachil INTERNATIONAL **$**
(2. Stock, KK Rd; Gerichte 50–125 ₹; ⏰12–15 & 18–21.30 Uhr) Ein beliebtes Lokal in Kottayam: Hier kann man sich mit indischem und chinesischem Essen vollstopfen. Die Atmosphäre ist freundlich-familiär, der Speiseraum modern und ordentlich und die Speisekarte sehr lang.

★ **Nalekattu** SÜDINDISCH **$$**
(MC Rd, Windsor Castle; Gerichte 140–210 ₹; ⏰12–15 & 19–22 Uhr) Das traditionelle Kerala-Restaurant am Windsor Castle überblickt ein paar nette Binnengewässer und serviert leckere Kerala-Spezialitäten wie *chemeen* (Mangocurry). Das exklusivere Restaurant **Lake Paradise** im Hotel serviert ein spektakuläres Buffet mit unterschiedlichen Spezialitäten und Abendessen für 300 ₹.

Praktische Informationen

Die KSRTC-Bushaltestelle befindet sich 1 km südlich vom Zentrum; der Bootsanleger ist 2 km weiter (in Kodimatha). Der Bahnhof liegt 1 km nördlich von Kottayam. In der Gegend gibt's eine Handvoll Geldautomaten.

DTPC-Büro (☎2560479; www.dtpckottayam.com; ⏰Mo–Sa 10–17 Uhr) Am Anleger. Bietet täglich Backwater-Touren nach Alappuzha und Kumarakom für 250 ₹.

UAE Exchange (☎2303865; 1. Stock, MC Rd; ⏰Mo–Sa 9.30–18, So 9.30–13 Uhr) Wechselt Geld und löst Reiseschecks ein.

An- & Weiterreise

BUS

Von der **KSRTC-Bushaltestelle** fahren Busse nach Thiruvananthapuram (98 ₹, 4 Std., alle

20 Min.), Alappuzha (40 ₹, 1¼ Std., alle 30 Min.) und Ernakulam (Kochi, 52 ₹, 2 Std., alle 20 Min.). Häufig gehen auch Busse zum nahe gelegenen Kumarakom (15 ₹, 30 Min., alle 15 Min.), Thrissur (98 ₹, 4 Std.), Kozhikode (190 ₹, 7 Std., 13-mal tgl.), Kumily (zum Periyar Wildlife Sanctuary, 71 ₹, 4 Std., alle 30 Min.) und Munnar (100 ₹, 5 Std., 5-mal tgl.). Außerdem fahren Busse nach Kollam (65 ₹, 4-mal tgl.), hier kann man nach Varkala umsteigen.

SCHIFF/FÄHRE

Täglich fahren Fähren vom Anleger nach Alappuzha (S. 310).

ZUG

Kottayam ist ein Haltepunkt der häufig verkehrenden Züge zwischen Thiruvananthapuram (2. Klasse/Sleeper/AC Chair Class 82/140/307 ₹, 3½ Std.) und Ernakulam (60/140/225 ₹, 1½ Std.).

Unterwegs vor Ort

Eine Autoriksch von der Bootsanlegestelle zum KSRTC-Busbahnhof kostet rund 40 ₹ und vom Busbahnhof zum Bahnhof rund 30 ₹. Ein Trip durch die Stadt beläuft sich etwa auf 30 ₹.

Rund um Kottayam

Kumarakom

☎0481

Kumarakom liegt 16 km westlich von Kottayam am Ufer des Vembanad-Sees – Keralas größter See – und ist ein gemütliches Backwater-Städtchen mit einer ganzen Reihe prachtvoller Spitzenklasseunterkünfte und einem berühmte Vogelschutzgebiet. Man kann auf Hausbooten auf Kumarakoms wenig befahrenen Kanälen übernachten, muss aber deutlich mehr dafür zahlen als in Alappuzha.

Arundhati Roy, die Autorin des 1997 mit dem Booker Prize ausgezeichneten Romans *Der Gott der kleinen Dinge*, wuchs in dem nahe gelegenen Dorf Aymanam auf.

Sehenswertes & Aktivitäten

Kumarakom Bird Sanctuary NATURSCHUTZGEBIET
(Inder/Ausländer 30/100 ₹, Video 1000 ₹; ⏲6–17 Uhr) Das Reservat liegt auf dem 5 ha großen Gelände einer ehemaligen Kautschukplantage und bietet Stand- und Zugvögeln eine Heimat. Oktober bis Februar ist die Zeit der Zugvögel, darunter Garganey-Krickenten, Fischadler, Rohrweihen und Steppenadler, während von Mai bis Juli die heimischen Vogelarten wie Braunwangenscharben, Schopfreiher, andere Reiherarten und Schlangenhalsvögel hier brüten. Frühmorgens ist die beste Zeit zur Vogelbeobachtung. Eine Führung kostet 200 ₹ für eine zweistündige Tour (300 ₹ von 6–8 Uhr).

Die Busse, die zwischen der KSRTC-Bushaltestelle in Kottayam und Kumarakom (15 ₹, 30 Min., alle 15 Min.) verkehren, halten auch am Eingang des Vogelreservats.

Schlafen

Cruise 'N Lake RESORT $$
(☎2525804; www.homestaykumarakom.com; Puthenpura Tourist Enclave, Cheepunkal; Zi. 1500 ₹, mit Klimaanlage 2000 ₹; ❄) Die Lage macht's aus! Umgeben von Wasser auf der einen und einem Reisfeld auf der anderen Seite, ist dies der perfekte Rückzugsort in Kumarakom, den man sich auch noch leisten kann. Die drei Doppelzimmer sind einfach, aber mit Veranda zum Wasser raus. Das Resort liegt ein paar Kilometer hinter dem Schutzgebiet Richtung Cheepunkal und dann links, von dort aus 2 km eine unebene Schotterpiste entlang. Auf Wunsch kümmert sich das Management darum, dass die Gäste aus Kottayam abgeholt werden (450 ₹). Hausboote und alle Mahlzeiten sind hier erhältlich.

Tharavadu Heritage Home PENSION $$
(☎2525230; www.tharavaduheritage.com; DZ 1070–2025 ₹, Bambushütte 1575 ₹, DZ mit Klimaanlage 2475–2800 ₹; ❄@) Die Zimmer sind in dem wunderschön restaurierten Teakherrenhaus der Familie aus dem Jahr 1870 oder in den ebenso gemütlichen Bambushütten am Fluss untergebracht. Sie sind alle exzellent gebaut und mit künstlerischen Details ausgestattet. Das Grundstück liegt 4 km vor dem Vogelschutzgebiet.

Santitheeram Heritage Home HOMESTAY $$
(☎04811 2525122; Pushpalayam, Kavanattinkara; Zi. 1200 ₹) Es gibt nur zwei Zimmer in diesem gemütlichen und einladenden traditionellen Familienhaus am Ufer, das nur ein paar hundert Meter vom KTDC-Bootsanleger entfernt liegt.

Ettumanur

Der **Shiva-Tempel** in Ettumanur, 12 km nördlich von Kottayam, ist mit Inschriften aus dem Jahr 1542 verziert, aber Teile des Gebäudes könnten sogar noch älter sein. Der Tempel ist für seine außergewöhnlichen Holzschnitzereien und Wandgemälde bekannt, die denen in Kochis Mattancherry-Palast sehr ähneln. Das jährliche **Fest** findet im Februar/März statt.

Sri-Vallabha-Tempel

Hindus bringen an diesem Tempel, der 2 km von Tiruville entfernt liegt, Opfergaben in Form von traditionellen, regelmäßigen **KathakaliAufführungen** dar. Sie dauern meist die ganze Nacht, und jeder darf zuschauen. Etwa 10 km östlich von hier findet das **Aranmula-Bootsrennen** während des Onam Fests im August/September statt, es ist eines der wichtigsten Schlangenbootrennen von Kerala.

DIE WESTGHATS

Periyar Wildlife Sanctuary

☎04869

Das **Periyar** (☎224571; www.periyartigerreserve.org; Inder/Ausländer 25/300 ₹; ⏰6–18 Uhr, letzter Einlass 17 Uhr) mit einer Fläche von 777 km² ist Südindiens bekanntestes Naturschutzgebiet. 1895 legten die Briten hier einen 26 km² großen künstlichen See an. In dem riesigen Gebiet leben Bisons, Sambarhirsche, Wildschweine, Languren, 900 bis 1000 Elefanten und 35 bis 40 Tiger. Es ist ein sehr beliebtes Ziel von indischen und ausländischen Touristen und daher manchmal ziemlich überfüllt, aber die Bergkulisse und die Spazierwege durch den Urwald entschädigen. Warme und wetterfeste Kleidung mitbringen!

Kumily liegt 4 km vom Naturschutzgebiet entfernt, ist die nächste Stadt und eine wachsende Ansammlung von Hotels, Gewürzläden, Schokoladenläden und Kaschmir-Verkaufsstellen. Der Ort Thekkady mit seinen KTDC-Hotels und einer Anlegestelle ist das Zentrum innerhalb des Parks. Verwirrenderweise sprechen die Leute oft von Kumily, Thekkady oder Periyar, wenn sie das Naturschutzgebiet meinen.

Sehenswertes & Aktivitäten

Viele verschiedene Touren und Trips gehen ins Periyar Wildlife Sanctuary. Die meisten Hotels und Agenturen organisieren ganztägige **Dschungelsafaris** (1600–2000 ₹/Pers.; ⏰5–18.30 Uhr) mit Fahrzeugen mit Allradantrieb. Dabei werden mehr als 40 km an Weg im Dschungel an der Grenze zum Park abgefahren, obwohl viele Reisende sich darüber beschweren, dass mindestens 30 km des Weges über geteerte Straßen führen.

In den meisten Hotels und Agenturen in der Stadt kann man **Elefantenritte** (pro 30 Min./1 Std./2 Std. 350/750/1000 ₹) organisieren. Wer das ganz ausführliche Elefantenerlebnis möchte, zahlt 2500 ₹ für einen zweieinhalbstündigen Ritt, inklusive Fütterung und Wäsche der Elefanten. Von den meisten Homestays werden **Kochkurse** (etwa 200–400 ₹) angeboten.

Periyar Lake Cruise BOOTFAHREN
(Erw./Kind 150/50 ₹; ⏰Abfahrt 7.30, 9.30, 11.15, 13.45 & 15.30 Uhr) Die anderthalb Stunden dauernden Bootstrips um den See sind die beste Möglichkeit, das Schutzgebiet zu erkunden, ohne eine geführte Tour mitmachen zu müssen. Zu den Tieren, die man vielleicht sieht, gehören Hirsche, Wildschweine und Vögel, doch das Ganze ähnelt eher einer Vergnügungsfahrt (oft sogar einer ziemlich ausgelassenen) als einer Tierbeobachtungstour. Für die Boote sind das Forest Department und die KTDC zuständig. Die **Ticketschalter** befinden sich alle im Hauptgebäude oberhalb vom Bootsanleger, und das Ticket muss gekauft werden, bevor man an Bord geht. In der Hauptsaison sollte man mindestens anderthalb Stunden vor Beginn am Ticketschalter sein. Bei der ersten und der letzten Fahrt hat man die besten Chancen darauf, viele Tiere zu sehen, die beste Zeit ist Oktober bis März.

Ecotourism Centre OUTDOORAKTIVITÄT
(☎224571; www. periyartigerreserve.org; Thekkady Rd; ⏰9–13 & 14–17 Uhr) Das vom Forest Department betriebene Zentrum kann eine Reihe von Abenteuertouren vermitteln, z. B. Wanderungen am Parkrand (1000 ₹; 8–17 Uhr), zweieinhalbstündige „Naturtouren“ (200 ₹), ganztägige Touren mit Bambusflößen (1500 ₹) und in Begleitung eines ausgebildeten einheimischen Führers 4 bis 5 km lange Dschungelmärsche (750 ₹), bei denen man den Park super aus der Nähe erkunden kann. Normalerweise müssen mindestens vier oder fünf Teilnehmer zusammenkommen, damit der Trip stattfindet. Im Angebot sind auch Touren auf den Spuren der Tiger mit Übernachtung (4000 ₹/Pers., Einzelpers. 6000 ₹) unter der Leitung ehemaliger Wilderer (umgeschult zu Guides), bei denen man 20 bis 30 km zurücklegt.

Gavi Ecotourism OUTDOORAKTIVITÄTEN
(☎ 223270, 994792399; http://gavi.kfdcecotourism.com; Treks 1000 ₹, Jeep-Safaris 1500 ₹; ⏲ 9–20 Uhr) Auf diesen Touren, die das Forest Department veranstaltet, gelangt man auf Jeep-Safaris, Wanderungen und Bootstouren nach Gavi, zu einer Kardamomplantage und Dschungelregion am Rande des Schutzgebiets, etwa 45 km von Kumily entfernt.

Gewürzgärten & Teeplantagen GÄRTEN, TEEPLANTAGE
Dieser Teil der Ghats zählt als besonders wichtige Region zum Gewürzanbau. Auf dem Basar in Kumily kann man in den zahlreichen Gewürzgeschäften herausfinden, was alles geerntet wird. Mehrere Gewürzplantagen sind auch für Besucher geöffnet, und die meisten Hotels organisieren Touren (450/750 ₹ per Autorikscha/Taxi für 2–3 Std.). Wer eine Teefabrik bei der Arbeit besichtigen will, sollte das hier tun: Der Besuch von Teefabriken, die in Betrieb sind, ist in Munnar nicht erlaubt.

Wer lieber eine unabhängige Gewürztour unternehmen will, sollte einen der fantastischen Gärten außerhalb von Kumily besichtigen. Der 1 ha große **Abraham's Spice Garden** (☎ 222919; www.abrahamspice.com; Spring Valley; geführte Touren 100 ₹; ⏲ 7–18.30 Uhr) wird schon seit 56 Jahren betrieben. **Highrange Spices** (☎ 222117; geführte Touren 100 ₹; ⏲ 7–18 Uhr), 3 km von Kumily, bietet 4 ha mit ayurvedischen Kräutern und Gemüse. Eine Rikscha/ein Taxi zu den Gewürzgärten und zurück kosten etwa 200/300 ₹. Rund 13 km von Kumily entfernt liegt die **Connemara-Teeplantage** (Vandiperiyar; geführte Touren 100 ₹; ⏲ 8–17 Uhr), die thematische Touren durch die Felder und zum Prozess der Teeproduktion anbietet. Alle Busse, die nach Kottayam fahren, halten auf Wunsch an der Teefabrik in Vandiperiyar (11 ₹, alle 15 Min.).

Santhigiri Ayurveda AYURVEDA
(☎ 223979; www.santhigiri.co.in; Munnar Rd, Vandanmedu Junction; ⏲ 8–20 Uhr) Ein exzellenter und authentischer Ort für ayurvedische Erfahrungen mit erstklassigen Massagen (650–1500 ₹) und langfristigen Behandlungen von sieben bis 14 Tagen.

Schlafen

Im Schutzgebiet

Die KTDC betreibt drei ziemlich teure Hotels im Park: Periyar House, Aranya Nivas und das große Lake Palace. Reservierung im Voraus (bei jedem KTDC-Büro) ist besonders für die Wochenenden zu empfehlen. Außerdem ist zu beachten, dass es in diesen Hotels eine Sperrstunde gibt. Den Gästen ist es nicht erlaubt, nach 18 Uhr durch das Schutzgebiet zu laufen.

Das Ecotourism Centre arrangiert Übernachtungen im Zelt im Park beim **Jungle Camp** (DZ-Zelt 5000 ₹). Die Preise beinhalten Wanderungen und Mahlzeiten, nicht aber die Eintrittsgebühr für den Park. Auch interessant: das **Bamboo Grove** (DZ 1500 ₹), ein paar einfache Hütten und Baumhäuser nicht weit von Kumily entfernt.

Lake Palace HOTEL $$$
(☎ 223887; www.lakepalacethekkady.com; Zi. inkl. alle Mahlzeiten 20 000–25 000 ₹) Ein leichter Hauch von Adel weht durch diesen alten, restaurierten Sommerpalast, der auf einer Insel mitten im Periyar-See liegt. Die sechs charismatischen Zimmer sind geschmackvoll mit antiken Möbeln und einer Auswahl an modernen Geräten (z. B. Flachbild-TVs) ausgestattet. Da man hier mitten im Schutzgebiet wohnt, stehen die Chancen gut, auf der eigenen Terrasse wilden Tieren zu begegnen. Mahlzeiten, die Überfahrt mit dem Schiff und Wanderungen sind im Preis enthalten.

Kumily

Mickey Homestay PENSION $
(☎ 223196; www.mickeyhomestay.com; Bypass Rd; Zi. 500–850 ₹) Mickey ist eine authentische Privatunterkunft mit nur ein paar intimen Zimmern im Haus der Familie und einer Hütte. Die heimeligen Details machen das Mickey Homestay zur gemütlichsten Bleibe der ganzen Stadt. Auf den Balkonen gibt es Rattanmöbel und hängende Bambussessel, und das Haus liegt wunderbar mitten im Grünen.

Coffee Inn PENSION $
(☎ 222763; coffeeinn@sancharnet.in; Thekkady Rd; Zi. ohne Bad 400 ₹, DZ 800–2000 ₹, Baumhaus 600 ₹) Dieses schrullige Holzhotel mit Café bietet ein paar geräumig eingerichtete und skurril mit Holz ausgestattete Zimmer, außerdem rustikale Baumhäuser und Hütten im hinteren Garten mit Blick über einen eher urbanen Teil des Schutzgebiets. Ordentliches Restaurant.

★ **Green View Homestay** HOMESTAY $
(☎ 224617; www.sureshgreenview.com; Bypass Rd; Zi. inkl. Frühstück 500–1750 ₹; 📶) Das Green-

view hat sich von seinen bescheidenen Wurzeln einer Privatunterkunft zu einer niedlichen Bleibe entwickelt, die es dank der Besitzer Suresh und Sulekha geschafft hat, eine persönliche und freundliche Familienatmosphäre beizubehalten. Die zwei Gebäude beherbergen verschiedene Kategorien an wunderschön gepflegten Zimmern mit privaten Balkonen, ein paar mit Blick über einen reizenden Gewürzgarten hinter dem Haus. Fantastisches vegetarisches Essen und Kochkurse (vegetarisch/nichtvegetarisch 200/350 ₹).

Kumily & Periyar Wildlife Sanctuary

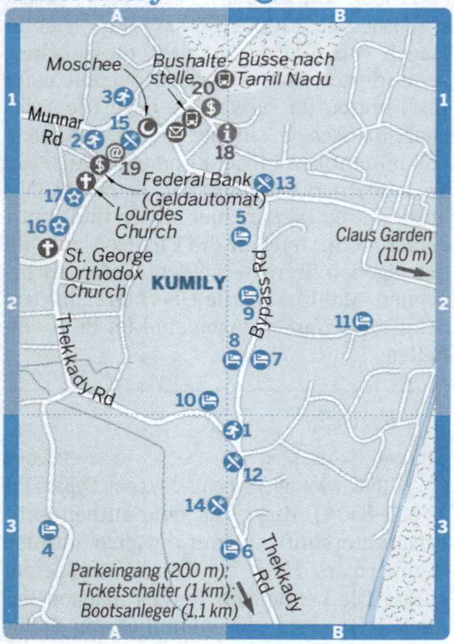

El-Paradiso HOMESTAY $

(☎ 222350; www.goelparadiso.com; Bypass Rd; DZ 750–1250 ₹, 4BZ 1850 ₹; @ wifi) Diese makellose Familienunterkunft hat frische Zimmer mit Balkonen und Hängesesseln oder Zimmer, die in eine Terrasse übergehen, mit Blick ins Grüne hinterm Haus. Kochkurse (400 ₹ inkl. Essen) sind eine Spezialität des Hauses.

Tranquilou HOMESTAY $$

(☎ 223269; www.tranquilouhomestay.com; abseits der Bypass Rd; Zi. inkl. Frühstück 800–1200 ₹; @ wifi) Eine weitere freundliche Unterkunft in familiärer Atmosphäre und ruhiger Lage. Ordentlich eingerichtete Zimmer sind um einen netten Garten herum angeordnet. Die zwei Doppelzimmer grenzen an ein gemeinsames Wohnzimmer und eignen sich deshalb gut für Familien.

Claus Garden HOMESTAY $$

(☎ 222320; www.homestay.in; EZ/DZ ohne Bad 800/950 ₹, DZ/3BZ 1500/1600 ₹; wifi) Ruhig und weit weg von all dem Tohuwabohu und einen steilen Hügel hinauf liegt dieses schöne große Gebäude mit krummen Balkonen, Farbtupfern und sechs Zimmern um einen grünen Garten herum.

Chrissie's Hotel PENSION $$

(☎ 9447601304, 224155; www.chrissies.in; Bypass Rd; Zi. 1920–2400 ₹) Dieses vierstöckige Gebäude hinter dem beliebten, von einer Engländerin und ihrem ägyptischen Mann geführten Restaurant mit demselben Namen schafft es irgendwie, sich der waldgrünen Umgebung genau anzupassen. Die schicken Zimmer sind riesig und hell mit freundlicher Einrichtung, Lampen und bunten Kissen. Yoga-, Shiatsu- und Reiki-Kurse können organisiert werden.

Kumily & Periyar Wildlife Sanctuary

Aktivitäten, Kurse & Touren
1 Ecotourism Centre B3
2 Gavi Ecotourism A1
3 Santhigiri Ayurveda A1

Schlafen
4 Bamboo Grove A3
5 Chrissie's Hotel B2
6 Coffee Inn B3
7 El-Paradiso B2
8 Green View Homestay B2
9 Mickey Homestay B2
10 Spice Village A2
11 Tranquilou B2

Essen
12 Ambadi Restaurant B3
Chrissie's Cafe .... (siehe 5)
13 Ebony's Café B1
14 French Restaurant & Bakery A3
15 Shri Krishna A1

Unterhaltung
16 Kadathanadan Kalari Centre A2
17 Mudra Kathakali Centre A2

Praktisches
18 DTPC-Büro A1
Ecotourism Centre .... (siehe 1)
19 Mt Sinai Cyber Cafe A1
20 State Bank of Travancore A1

Spice Village HOTEL $$$
(☎ 04843011711; www.cghearth.com; Thekkady Rd; Villas 14 000–20 000 ₹;) Diese CGH-Earth-Unterkunft nimmt ihre grüne Stellung recht ernst und lockt mit hinreißenden, geräumigen Hütten, die adrett, wenn auch gemütlich rustikal sind und auf einem makellos in Schuss gehaltenen Grundstück stehen. Das Restaurant bietet großzügige Buffets zum Mittag- und zum Abendessen (jeweils 1000 ₹), es gibt eine Bar im Kolonialstil und hier befindet sich auch das **Wildlife Interpretation Centre** (☎ 222028; ⏱ 6–18 Uhr), in dem ein einheimischer Naturforscher Diashows zeigt und Fragen zum Park beantwortet. Ein gutes Angebot außerhalb der Hauptsaison, denn dann halbieren sich die Preise!

Essen

Gute und günstige vegetarische Restaurants gibt's in der Gegend um den Basar im Überfluss. An der Straße zum Schutzgebiet befinden sich ein paar ordentliche, auf Traveller eingestellte Restaurants.

Shri Krishna INDISCH $
(KK Rd; Gerichte 60–120 ₹) Das Lieblingslokal vieler Einheimischer am Basar serviert würzige, rein vegetarische Mahlzeiten, z. B. ein paar unterschiedliche Thalis.

Ebony's Café INTERNATIONAL $
(Bypass Rd; Gerichte 40–240 ₹; ⏱ 8.30–21.30 Uhr) Dieses freundliche Lokal auf einer Dachterrasse mit seinen vielen Blumentöpfen, den karierten Tischtüchern und touristenfreundlicher Musik serviert eine leckere Auswahl an indischem und westlichem Essen, von Kartoffelbrei bis Pasta, und kühles Bier (150 ₹).

French Restaurant & Bakery CAFÉ, BÄCKEREI $
(Gerichte 40–175 ₹; ⏱ 7.30–22 Uhr) Dieser Familienbetrieb abseits der Hauptstraße eignet sich bestens für ein gutes Frühstück oder Mittagessen. Es werden Croissants, Pfannkuchen und Baguettes serviert, außerdem gute Pasta- und Nudelgerichte.

Chrissie's Café INTERNATIONAL $
(Bypass Rd; Gerichte 80–200 ₹; ⏱ 8–21.30 Uhr) Dieses luftige Café im ersten Stock ist bei Reisenden ein beständig beliebtes Ziel. Es gibt Kuchen und Snacks, erstklassigen Kaffee und leckere West-Leibgerichte wie Pizza und Pasta.

Ambadi Restaurant INDISCH $
(Gerichte 80–250 ₹; ⏱ 7.30–21.30 Uhr) Das Lokal im gleichnamigen Hotel versprüht eine etwas formellere Atmosphäre als die meisten anderen mit seinem beinahe kirchenähnlichen Dekor. Das breitgefächerte Speiseangebot mit nord- und südindischen Gerichten ist seinen Preis aber wert.

☆ Unterhaltung

Mudra Kathakali Centre KULTURPROGRAMM
(☎ 9446072901; www.mudraculturalcentre.com; Lake Rd; Eintritt 200 ₹, Kamera/Video frei/200 ₹; ⏱ Shows 16.30 & 19 Uhr) Zweimal täglich finden in diesem Kulturzentrum höchst unterhaltsame Kathakali-Shows statt. Maske und Kostüm beginnen schon 30 Minuten vor jeder Show, das ist ein Foto wert. Für einen guten Platz muss man früh da sein.

Kadathanadan Kalari Centre KULTURPROGRAMM
(www.kalaripayattu.co.in; Thekkady Rd; Eintritt 200 ₹; ⏱ Shows 18 Uhr) Jeden Abend werden hier einstündige Vorführungen der aufregenden Kerala-Kampfkunst *kalarippayat* geboten. Der Ticketschalter ist den ganzen Tag über geöffnet.

ℹ Praktische Informationen

An der Kreuzung mit Straße nach Kottayam gibt's einen Geldautomaten der Federal Bank, der internationale Karten akzeptiert. In der Basar-Gegend findet man viele Internetcafés.

DTPC-Büro (☎ 222620; ⏱ Mo–Sa 10–17 Uhr) Hinter der Bushaltestelle, nicht so nützlich wie das Ecotourism Centre.

Ecotourism Centre (☎ 224571; www.periyar tigerreserve.org; ⏱ 9–13 & 14–17 Uhr) Für Parktouren, Informationen und Wanderungen.

Mt Sinai Cyber Cafe (☎ 222170; Thekkady Junction; 20 ₹/Std.; ⏱ 9–22 Uhr)

State Bank of Travancore (⏱ Mo–Fr 10–15.30, Sa 10–12.30 Uhr) Zum Umtauschen von Reiseschecks und Währungen. Mit Geldautomat, der ausländische Karten akzeptiert.

ℹ An- & Weiterreise

Die KSRTC-Bushaltestelle von Kumily befindet sich am Rande der Stadt.

Pro Tag verkehren elf Busse zwischen Ernakulam (Kochi) und Kumily (120 ₹, 5 Std.). Nach Kottayam fährt alle 30 Minuten ein Bus (71 ₹, 4 Std.) mit zwei direkten Verbindungen nach Trivandrum um 8.45 und 11 Uhr (210 ₹, 8 Std.) und einer Verbindung am Tag nach Alappuzha um 13.10 Uhr (120 ₹, 5½ Std.). Private Busse nach Munnar (75 ₹, 4 bis 5 Std.) fahren ebenfalls von der Bushaltestelle ab, um 6, 6.30 und 9.45 Uhr.

Busse nach Tamil Nadu fahren alle 30 Minuten nach Madurai (80 ₹, 4 Std.) von einer eigenen Bushaltestelle ab.

Unterwegs vor Ort

Von der Bushaltestelle in Kumily sind es nur 1,5 km bis zum Haupteingang des Parks und weitere 3 km von dort aus bis zum Periyar-See. Man kann einen Bus nehmen (der ebenso selten vorbeikommt wie ein Tiger) oder eher mit der Autorikscha (50 ₹) vom Eingang aus fahren – oder zu Fuß gehen. Aber nicht vergessen, dass es keinen Fußweg gibt! Man muss also dem Verkehr auf der Straße ausweichen. Autorikschas bringen einen für 30 ₹ von Ort zu Ort innerhalb der Stadt. Viele Gästehäuser **verleihen Fahrräder**.

Munnar

☎ 04865 / 68 200 EW. / 1524 M

Die weichen Hügel rund um Munnar, Südindiens größtem Teeanbaugebiet, sind von smaragdgrünen Teeplantagen überzogen, die wie kunstvolle Hecken gehegt und in Form gebracht werden. Die tiefe Bergkulisse ist hinreißend. Oft befindet man sich oberhalb der Wolken und kann dabei zusehen, wie sich Nebelschleier um die Berggipfel schlängeln. Munnar selbst ist ein ungepflegtes Verwaltungszentrum, einer nordindischen Hill Station nicht unähnlich. Aber man muss nur ein paar Kilometer aus der Stadt hinauswandern, schon wird man von einem Meer aus tausend unterschiedlichen Grüntönen umgeben.

Einst war es als der obere Bereich von Travancore bekannt, heute ist Munnar das Geschäftszentrum einer der höchstgelegenen Teeanbaugebiete der Welt. Die Mehrheit der Plantagen ist inzwischen im Besitz der Kannan Devan Hills Plantation Company (KDHP), einer einheimischen Genossenschaft, seit 2005 der Nachfolger des Riesenkonzerns Tata Tea.

ABSEITS DER ÜBLICHEN PFADE

SABARIMALA

Tief in den Westghats, etwa 20 km westlich von Gavi und rund 50 km von Erumeli entfernt, liegt ein Ort namens Sabarimala, wo der Ayyappan-Tempel steht. Angeblich ist dies eines der meistbesuchten Pilgerzentren auf der ganzen Welt. Zwischen 40 und 60 Mio. Hindus wandern jedes Jahr hierher (neu sind die Wege also nur für Traveller!). Sie glauben, dass der Gott Ayyappan an diesem Ort einst meditierte. Das Pilgern ist strengen Regeln unterworfen, mehr Informationen: www.sabarimala.org.

Sehenswertes & Aktivitäten

Der wahre Grund, aus dem man Munnar besucht, sind die prächtigen, mit Tee bewachsenen Hügel, die die Stadt umgeben. Hotels, Privatunterkünfte, Reiseveranstalter, Autorikschafahrer und eigentlich jeder Passant werden einen davon überzeugen wollen, eine Besichtigungstour organisieren zu können – also nach den besten Angeboten umschauen! Am besten erkundet man die Hügel mit einer **geführten Wanderung**, die zwischen einer mehrstündigen „leichten Wanderung" um die Teeplantagen und beschwerlicheren ganztägigen Bergtreks variieren können – letztere versprechen allerdings einige atemberaubende Ausblicke. Die Wanderführer lassen sich ganz einfach über Hotels und Gästehäuser oder die DTPC für etwa 100 ₹ pro Person und pro Stunde (normalerweise mind. 4 Std.) organisieren.

Teemuseum MUSEUM

(☎ 230561; Erw./Kind 75/35 ₹, Kamera 20 ₹; ⏲ Di–So 10–16 Uhr) Etwa 1,5 km nordwestlich der Stadt liegt dieses Museum, näher als jede aktive Teefabrik in der Gegend von Munnar. Es handelt sich hier um ein Modell einer wirklichen Fabrik, das den Grundprozess zeigt. Eine Auswahl an Ausstellungsstücken aus der Kolonialzeit, etwa Fotos und ein Teeblattroller aus dem Jahr 1905, werden ebenfalls hier aufbewahrt. Ein 30-minütiges Video erzählt jede Stunde von der Geschichte Munnars, seinen Teeunternehmen und dem Programm, das für seine Arbeiter ins Leben gerufen wurde. Der kurze Weg aus der Stadt hierher und zurück führt an einer Straße und ein paar der am besten zugänglichen Teeplantagen von Munnar entlang. Vom Basar kostet die Autorikschafahrt 20 ₹.

Geführte Touren

Die DTPC (S. 321) veranstaltet drei ziemlich hektische Ganztagestouren an Orte rund um Munnar. Die **Sandal Valley Tour** (350 ₹/Pers.; ⏲ 9–18 Uhr) besucht das Chinnar Wildlife Sanctuary, mehrere Aussichtspunkte, Wasserfälle, Plantagen, einen Sandelholzwald und Dörfer. Die **Tea Valley Tour** (300 ₹/Pers.; ⏲ 10–18 Uhr) führt zum Echo Point, zur Top Station und nach Rajamalai (zum Nationalpark Eravikulam). Die **Village Sightseeing Tour** (400 ₹; ⏲ 9.30–18 Uhr) deckt unter anderem Devikulam, den Anayirankal-Damm, Ponmudy und eine Farmbesichtigung ab. Die wichtigsten Sehenswürdigkeiten in der Region kann man mit dem Taxi für rund 1200 ₹ am Tag besuchen.

Munnar

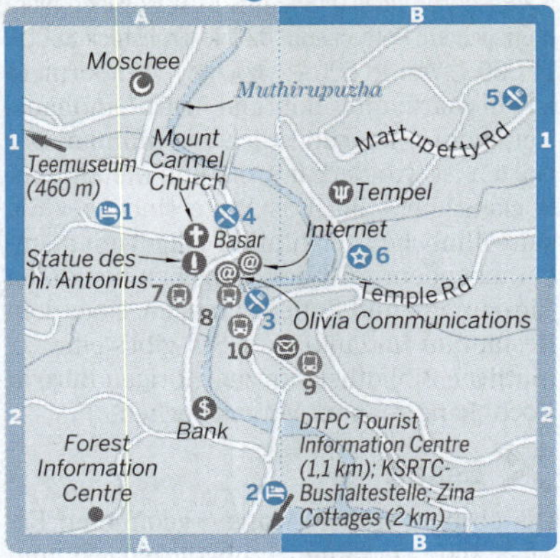

Munnar

Schlafen
1 Kaippallil Inn A1
2 Tea Sanctuary A2

Essen
3 Eastend A2
4 Rapsy Restaurant A1
5 Sree Mahaveer B1

Unterhaltung
6 Thirumeny Cultural Centre B1

Transport
Autorikschastand .... (siehe 10)
7 Busse nach Coimbatore A2
8 Busse nach Ernakulam, Kottayam & Trivandrum A2
9 Busse nach Kumily & Madurai B2
10 Busse zur Top Station A2

Schlafen

In Munnar gibt's eine Vielzahl an Unterkünften. Die besten Budgetoptionen liegen allerdings südlich vom Stadtzentrum. Wer gerne die Ruhe spüren möchte und bereit ist, ein wenig mehr zu zahlen, sollte in den Hügeln wohnen.

Rund um die Stadt

★ **JJ Cottage** HOMESTAY $
(☎230104; jjcottagemunnar@sancharnet.in; DZ 350–800 ₹; @) Die nette Familie, der diese herrlich lilafarbene Unterkunft ein paar Kilometer südlich der Stadt (aber nur einen kurzen Fußweg von der Bushaltestelle entfernt) gehört, reißt sich fast ein Bein dafür aus, dass es ihren Gästen gut geht. Die unterschiedlichen und unkomplizierten Zimmer sind gnadenlos sauber, hell, ihren Preis wert und mit Fernsehern und Warmwasser ausgestattet. Das Luxus-Zimmer im Obergeschoss verfügt über ein separates Wohnzimmer und gigantischen Ausblick. Zugang zum Internet ist kostenlos, aber es gibt kein WLAN.

Green View PENSION $
(☎230940; www.greenviewmunnar.com; DZ 450–700 ₹; @ WLAN) Das ordentliche Gästehaus bietet zehn frische Budgetzimmer, eine herzliche Begrüßung und zuverlässige Tipps für Unternehmungen. Die schönsten Zimmer liegen im oberen Stockwerk, wo es auch einen herrlichen Dachgarten gibt, auf dem man 15 verschiedene Teesorten probieren kann. Der junge Besitzer organisiert Trekkingtrips und führt außerdem das **Green Woods Anachal** (DZ inkl. Frühstück 750 ₹) außerhalb von Munnar, eine Budgetunterkunft mit vier Zimmern draußen in den Tee- und Gewürzplantagen.

Zina Cottages HOMESTAY $
(☎230349; Zi. 700–900 ₹) Außerhalb der Stadt, aber inmitten von Teeplantagen und mit einem sagenhaften Ausblick. Die gastfreundliche Unterkunft ist ein wirklich guter Deal! Die Zimmer sind ziemlich einfach, mit warmem Wasser aus dem Eimer, dafür ist aber der Blick sensationell. Es wird ein kostenloser Abholservice aus der Stadt angeboten (die Autorikscha kostet etwa 40 ₹).

Kaippallil Inn PENSION $
(☎9495029259; www.kaippallil.com; Zi. 300–800 ₹) Ein strammer Marsch oder eine Fahrt mit der Rikscha führt einen vom Basar bergauf zum Kaippallil Inn. Die nette Budgetoption im Stadtzentrum wird von Benoy geführt, der auf seine gelassene Art kostenlos Yoga- und Meditationssessions und Tee im Überfluss anbietet. Von außen sieht es ein wenig schäbig aus, aber die Zimmer sind sauber und aus dem Obergeschoss hat man von den kleinen Eckbalkonen aus einen tollen Ausblick.

Royal Retreat HOTEL $$
(☎230240; www.royalretreat.co.in; DZ 2200–2800 ₹, Suite 3900 ₹; @) Weit weg vom Gedränge, gleich südlich vom Busbahnhof, liegt diese zuverlässige Unterkunft der Mittelklasse mit angenehmen Zimmern im Erdgeschoss mit Blick auf einen hübschen Garten, und anderen Räumen mit Aussicht auf die Teeplantage.

Munnar Hills

Dew Drops PENSION $$
(☎ 04842216455; wilsonhomes2003@yahoo.co.in; Kallar; Zi. inkl. Frühstück 1500 ₹) Diese fantastisch ruhige Unterkunft liegt in einem dichten Wald etwa 20 km südlich von Munnar auf einem 97 ha großen Gelände mit Gewürzplantage und Landwirtschaftsflächen. In dem prächtigen Gebäude gibt's acht helle, einfache Zimmer, jedes mit Veranda, auf denen man sitzen, den Geräuschen der Wildtiere lauschen und den tollen Ausblick genießen kann. Der Frieden, der hier herrscht, ist zen-artig. Wer abgeholt werden will, ruft vorher an (50 ₹/Pers.).

Tea Sanctuary BUNGALOWS $$$
(☎ 230141; www.theteasanctuary.com; KDHP House; EZ/DZ inkl. Frühstück 4500/5000 ₹) Die KDHP betreibt vier charmante, denkmalgeschützte Hütten, die unter dem Namen Tea Sanctuary in den Hügeln von Munnar verstreut liegen. Die abgelegene Lage ist unglaublich, man ist umgeben von Teeplantagen. Buchungen nimmt das KDHP-Haus in Munnar entgegen.

★ **Rose Gardens** HOMESTAY $$$
(☎ 04864278243; www.munnarhomestays.com; NH49 Rd, Karadipara; Zi. inkl. Frühstück 4000 ₹; @ 📶) Trotz seiner praktischen Lage an der Hauptstraße nach Kochi, etwa 10 km südlich von Munnar, und den guten Busverbindungen, ist dies ein friedlicher Ort geblieben, mit Blick über den idyllischen Pflanzengarten des Besitzers Tomy. Hier wachsen mehr als 240 Pflanzenarten, und es gibt kleine Gewürz- und Obstgärten. Die fünf Zimmer sind groß und gemütlich, Balkone blicken über das Tal. Die Familie ist sehr charmant. Kochkurse kosten nichts, frische Kokosnusspfannkuchen zum Frühstück und köstlich gewürzte Kerala-Gerichte zum Abendessen sind inklusive.

Bracknell Forest PENSION $$$
(☎ 9446951963; www.bracknellforestmunnar.com; Bison Valley Rd, Ottamaram; Zi. inkl. Frühstück 5000–6000 ₹; @ 📶) Für ein Gefühl von Abgeschiedenheit eignet sich diese Unterkunft, etwa 9,5 km südöstlich von Munnar, mit elf ordentlichen, schönen Zimmern mit Balkonen und toller Aussicht über das grüne Tal und eine Kardamomplantage. Auf allen Seiten wird sie von tiefem Wald umgeben. Von dem kleinen Restaurant aus hat man Aussicht in alle Himmelsrichtungen. Der Transfer von Munnar kostet 350 ₹.

Windermere Estate RESORT $$$
(☎ Reservierungen 04842425237; www.windermeremunnar.com; Pothamedu; DZ inkl. Frühstück 8300–14 000 ₹, Villa 18 500 ₹; ❄ @ 📶) Windermere ist ein charmantes Boutique-trifft-Landhaus-Refugium, 4 km südöstlich von Munnar. Der Garten ist wunderbar groß, und die Zimmer blicken übers Tal. Das Beste sind aber die suite-ähnlichen „Plantation Villas" mit atemberaubendem Ausblick, umgeben von 26 ha Kardamom- und Kaffeeplantagen. Über dem Restaurant im ländlichen Stil gibt's eine gemütliche Bibliothek. Im zugehörigen Büro in Kochi kann man im Voraus buchen.

Essen

Die ab dem frühen Morgen geöffneten Basar-Stände verkaufen Frühstücksnacks und günstige Mahlzeiten.

Rapsy Restaurant INDISCH $
(Basar; Gerichte 30–140 ₹; ⏲ 8–21 Uhr) Dieses lupenreine Refugium mit Glasfront am Basar ist mittags überbevölkert. Die Einheimischen schwören auf Rapsys berühmte *paratha* oder Biryani (ab 50 ₹). Man versucht sich hier außerdem an beliebten internationalen Gerichten wie spanischem Omlett, *shakshuka* aus Israel (gewürzte Tomaten mit Spiegelei) und mexikanischer Salsa. Das Ergebnis ist ganz ordentlich.

SN Restaurant INDISCH $
(AM Rd; Gerichte 35–90 ₹; ⏲ 7.30–22 Uhr) Gleich südlich vom DTPC-Büro liegt das SN, ein freundliches Lokal mit schicker roter Innenausstattung. Hier trifft man stets auf Trauben von Leuten, die Masala-Dosas und andere vegetarische und nicht-vegetarische indische Gerichte in sich hineinfuttern.

Aromas INDISCH $
(www.royalretreat.co.in; Kannan Devan Hills; Gerichte 35–120 ₹; ⏲ 7.30–10, 12–15, 19–21 Uhr) Gleich südlich der Stadt, im Royal Retreat Hotel, befindet sich dieses langjährige Lieblingslokal mit zuverlässig köstlichen und frischen indischen Speisen, die in netten Räumen mit karierten Tischdecken serviert werden.

Sree Mahaveer INDISCH $
(Mattupetty Rd; Gerichte 85–185 ₹; ⏲ 8.30–22.30 Uhr) In diesem rein vegetarischen Restaurant, das zum SN Annex Hotel gehört, dominiert eine schöne, tief orangefarbene Einrichtung mit Lamellenvorhängen vor den Fenstern. Besonders bei Familien ist es extrem beliebt wegen seiner überwältigenden Auswahl an Thalis (aus Rahasthan, Gujarati

ABSEITS DER ÜBLICHEN PFADE

PARAMBIKULAM WILDLIFE SANCTUARY

Das **Parambikulam Wildlife Sanctuary** (www.parambikulam.org; Inder/Ausländer 10/100 ₹, Foto/Video 25/150 ₹; ⏲7–18 Uhr, letzter Einlass 16 Uhr) ist das wohl am besten abgeschirmte Stück Natur in ganz Südindien: Es schmiegt sich hinter drei Dämmen in ein Tal, das wiederum von anderen zu Kerala und Tamil Nadu gehörenden Schutzgebieten umgeben ist. Auf 285 km² kann man hier in dschungelartiger Landschaft super Tiere beobachten. Es gibt weit weniger Tourismus als in Periyar. Hier leben Elefanten, Bisons, Gauren, Faultiere, Sambarhirsche, Krokodile, Tiger und Leoparden. Zudem wachsen in dem Gebiet ein paar der höchsten Teakbäume Asiens. Während des Monsuns (Juni–Aug.) sollte man das Schutzgebiet meiden, und im März und April ist es manchmal gesperrt.

Das **Ecocare Centre** (☎04253245025) in Anappady organisiert Touren im Park, **Wanderungen** (1/2 Tage ab 3000/6000 ₹, kürzere Touren ab 600 ₹) und Übernachtungen auf der Süßwasserinsel im See (Zi. 5000 ₹). Im Park gibt es 150 Schlafplätze in **Baumhütten** (3500 ₹); sie können über das Ecocare Centre gebucht werden. Boots- und Raftingtouren kosten 600 ₹ pro Stunde.

Zugang zum Park hat man nur von Pollachi in Tamil Nadu aus (40 km von Coimbatore und 49 km von Palakkad entfernt). Zwischen Pollachi und Parambikulam (über Annamalai, 17 ₹, 1½ Std.) fahren zwei Busse täglich in beide Richtungen

oder dem Punjab) und anderen vegetarischen Gerichten.

Eastend INDISCH $$
(Temple Rd; Gerichte 110–250 ₹; ⏲7.30–10.30, 12–15.30 & 18.30–22.30 Uhr) In einem leicht edlen Hotel mit demselben Namen befindet sich dieses hell erleuchtete, pfiffige Lokal, das beste in der Stadt für nicht-vegetarische indische Gerichte sowie chinesische, nord-, südindische und Kerala-Spezialitäten.

☆ Unterhaltung

Thirumeny Cultural Centre KULTURPROGRAMM
(☎9447827696; Temple Rd; Shows 200 ₹; ⏲Kathakali-Shows 17–18 & 19–20 Uhr; Kalarippayat 18–19 & 20–21 Uhr) Hinter dem Eastend Hotel liegt dieses Theater, das zweimal am Abend einstündige Kathakali-Shows und *kalarippayat*-Kampfkunstaufführungen zeigt.

ℹ Praktische Informationen

An der Brücke südlich vom Basar gibt's Geldautomaten.

DTPC Tourist Information Center (☎231516; keralatourismmunnardtpc@gmail.com; Alway-Munnar Rd; ⏲8.30–19 Uhr) Kaum hilfreich. Organisiert ein paar Touren und kann sich um Trekkingguides kümmern.

Forest Information Centre (☎231587; enpmunnar@gmail.com; ⏲10–17 Uhr) Wildlife Warden's Office, für Unterkunftsbuchungen im Chinnar Wildlife Sanctuary.

Olivia Communications (pro Std. 35 ₹; ⏲9–21 Uhr) Eng, aber mit erstaunlich schnellem Internet am Basar.

ℹ An- & Weiterreise

Die Straßen rund um Munnar sind in schlechtem Zustand und können vom Monsunregen akut geschädigt sein. Die wichtigste **KSRTC-Bushaltestelle** (AM Rd) liegt im Süden der Stadt. Man steigt aber lieber an den Haltestellen in der Stadt ein (hier fahren auch öfter private Busse ab). Die Haupthaltestelle liegt am Basar.

Etwa 13 Busse fahren am Tag nach Ernakulam (Kochi, 81 ₹, 5½ Std.), zwei direkte Busse nach Alappuzha (110 ₹, 5 Std.) um 6.20 und 13.10 Uhr, und fünf nach Trivandrum (226 ₹, 9 Std.). Private Busse fahren nach Kumily (75 ₹, 4 Std.), jeweils um 11.25, 12.20 und 14.25 Uhr.

Ein Taxi nach Ernakulam kostet um die 2000 ₹, eines nach Kumily 1800 ₹.

ℹ Unterwegs vor Ort

Gokulam Bike Hire (☎9447237165; pro Tag 250–300 ₹; ⏲7.30–19.30 Uhr) verleiht im ehemaligen Busbahnhof südlich der Stadt Mofas und Roller. Vorher anrufen!

Durch die Hügel um Munnar fahren mit beeindruckender Effizienz Autorikschas. Für eine ganztägige Sightseeingtour zahlt man 700 ₹.

Rund um Munnar

Eravikulam National Park

Der 16 km von Munnar entfernte **Eravikulam National Park** (☎04865231587; www.eravikulam.org; Inder/Ausländer 15/200 ₹; Foto/Video 25/2000 ₹; ⏲März–Dez. 8–17 Uhr) ist die Heimat des vom Aussterben bedrohten, aber fast domestizierten Nilgiri-Tahrs (einer Art Bergziege). Von Munnar kostet eine Autorikscha-/Taxifahrt hin und zurück etwa 300/500 ₹; mit einem staatlichen Bus kann man die letzten 4 km vom Checkpoint aus zurücklegen (40 ₹).

Chinnar Wildlife Sanctuary

Rund 10 km hinter Marayoor und 60 km nordöstlich von Munnar liegt dieses **Naturschutzgebiet** (www.chinnar.org; Inder/Ausländer 100/150 ₹, Foto/Video 25/150 ₹; ⌚7–18 Uhr), in dem Hirsche, Leoparden, Elefanten und das vom Aussterben bedrohte Sri-Lanka-Riesenhörnchen leben. Im Schutzgebiet kann man **trekken** und in einem **Baumhaus** (EZ/DZ 1000/1250 ₹) oder einer **Hütte** nächtigen. Außerdem sind Ökotour-Programme wie Wanderungen am Fluss, kulturelle Touren und Wanderungen zu Wasserfällen (rund 150 ₹) im Angebot. Detaillierte Infos erhält man im Forest Information Centre in Munnar. Die von Munnar kommenden Busse können einen in Chinnar (35 ₹, 1½ Std.) absetzen. Es ist auch möglich, ein Taxi für einen ganzen Tag zu mieten (1300 ₹).

Top Station

Hoch oben an der Grenze zwischen Kerala und Tamil Nadu ist die Top Station sehr bekannt für ihren spektakulären Blick über die Westghats. Von Munnar aus schnaufen täglich vier Busse (35 ₹, ab 7.30 Uhr, 1½ Std.) den steilen, 32 km langen Anstieg in etwa einer Stunde hoch. Man kann auch ein Taxi mieten (hin & zurück 1000 ₹).

ZENTRAL-KERALA

Kochi (Cochin)

☎0484 / 601 600 EW.

Das gelassene Kochi lockt schon seit mehr als 600 Jahren Händler und Entdecker an seine Ufer. Nirgendwo sonst in Indien findet man eine solch faszinierende Mischung: riesige Fischernetze aus China, eine 400 Jahre alte Synagoge, uralte Moscheen, portugiesische Herrenhäuser und zerfallende Überreste aus der Zeit Britisch-Indiens. Es ergibt sich ein unwirklich erscheinender, einzigartiger Mix aus mittelalterlichem Portugal, Holland und einem englischen Dorf, versetzt an die tropische Malabarküste. Das herrliche Kochi lädt dazu ein, ein bisschen zu verweilen und in den schönsten Privatunterkünften und historischen Unterkünften des Landes zu übernachten.

Ernakulam auf dem Festland ist ein Verkehrsknotenpunkt und das kosmopolitische Zentrum von Kochi. Die idyllischen historischen Stätten Fort Cochin und Mattancherry bilden den Ausgleich – hier kann man die Vergangenheit förmlich riechen. Andere Inseln, darunter Willingdon und Vypeen, sind durch ein Netzwerk von Fähren und Brücken miteinander verbunden.

Die perfekte Lektüre für den Aufenthalt hier ist Salman Rushdies *Des Mauren letzter Seufzer*, das größtenteils rund um Mattancherry und die Synagoge spielt.

Sehenswertes

Fort Cochin

In Fort Cochin gibt's ein paar kleine Sandstrände, die sich eigentlich nur gut zum abendlichen Leutegucken eignen und um auf die hereinkommenden Tanker hinauszustarren. Eine beliebte Promenade führt um die inoffiziellen Symbole der Backwaters von Kerala herum: die freischwebenden **Chinesischen Fischernetze** (Karte S. 324). Hierbei handelt es sich um das Vermächtnis der Händler am Hof von Kublai Khan um 1400. Die Gegengewichte der enormen, spinnenähnlichen Vorrichtungen können bei Flut nur mit Hilfe von mindestens vier Personen bewegt werden. Leider sorgen moderne Fischereitechniken dafür, dass diese arbeitsintensive Methode immer weniger profitabel wird.

Indo-Portugiesisches Museum MUSEUM
(Karte S. 324; ☎2215400; Inder/Ausländer 10/25 ₹; ⌚Di–So 9–13 & 14–18 Uhr) Das Museum im Garten des Bischofshauses zeigt das Erbe einer der frühesten katholischen Gemeinden Indiens: Gewänder, silberne Prozessionskreuze und Altäre aus der Diözese Kochi. Der Keller birgt Relikte aus dem portugiesischen Fort Immanuel.

Maritime Museum MUSEUM
(Beach Rd; Eintritt 75 ₹, Kamera/Video 100/150 ₹; ⌚9.30–12.30 & 14.30–17.30 Uhr) In ein paar ehemaligen Luftschutzbunkern befindet sich dieses Museum, das mit einer Reihe an Mauergemälden und Informationstafeln die Geschichte der indischen Marine zurückverfolgt, ebenso wie den Seehandel, der noch auf die Portugiesen und Holländer zurück-

Kochi

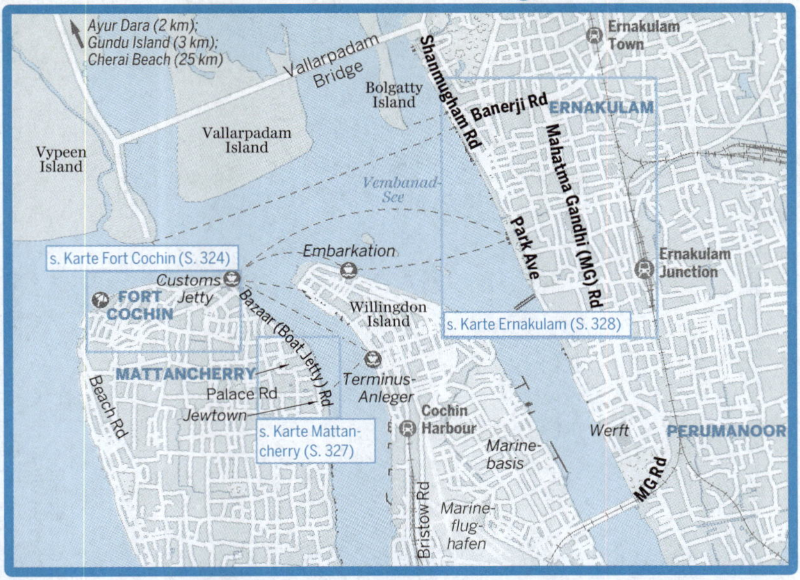

geht. Die Besucher erwarten eine Menge Erinnerungsstücke rund um die Seefahrt, z.B. ein paar Modellkampfschiffe draußen im Garten.

St. Francis KIRCHE

(Karte S. 324; Church Rd; ⌚ 8.30–17 Uhr) Die angeblich erste von Europäern in Indien erbaute Kirche wurde 1503 von portugiesischen Franziskanermönchen errichtet. Das Gebäude, das heute hier steht, wurde Mitte des 16. Jhs. als Ersatz für die ursprüngliche Holzkonstruktion gebaut. Die sterblichen Überreste des Entdeckers Vasco da Gama, der 1524 in Kochi verstorben war, lagen 14 Jahre lang hier, bevor sie nach Lissabon überführt wurden – sein Grabstein steht immer noch.

Santa Cruz Basilica KIRCHE

(Karte S. 324; Ecke Bastion St & KB Jacob Rd; ⌚7–20.30 Uhr) Die imposante katholische Basilika wurde an dieser Stelle ursprünglich im Jahr 1506 erbaut, das heutige Gebäude geht allerdings auf das Jahr 1902 zurück. Im Inneren findet man Artefakte aus unterschiedlichen Epochen und auffällige Pastellfarben.

Holländischer Friedhof HISTORISCHE STÄTTE

(Karte S. 324; Beach Rd) Dieser Friedhof in der Nähe vom Strand wurde 1724 geweiht. Hier befinden sich die verschlissenen und verfallenen Gräber niederländischer Händler und Soldaten. Die Tore sind meist verschlossen, doch wer nett bei der Kirche St. Francis nachfragt oder einen Gärtner trifft, wird vielleicht hereingelassen.

Mattancherry & Jüdisches Viertel

Etwa 3 km südöstlich von Fort Cochin liegt Mattancherry, ein alter Basarbezirk und das Zentrum des Gewürzhandels. Heutzutage ist die Gegend voll von Gewürzläden und teuren, von Kashmiri betriebenen Warenhäusern. Die Fahrer der Autorikschas überschlagen sich förmlich, um einen für eine saftige Gage dorthin zu fahren. Inmitten dieses Getümmels liegt das Jüdische Viertel, eine geschäftige Hafengegend mit einer schönen Synagoge. Zahlreiche kleine Betriebe drängen sich in den alten, verfallenen Gebäuden aneinander, und die Luft ist vom beißenden Duft nach Ingwer, Kardamom, Kreuzkümmel, Kurkuma und Nelken erfüllt. Die Gassen rund um den Holländischen Palast und die Synagoge sind jedoch eher durch Antiquitäten- und Souvenirgeschäfte gekennzeichnet als durch Gewürzhändler. Manche der Gebäude tragen noch jüdische Namen.

Fort Cochin

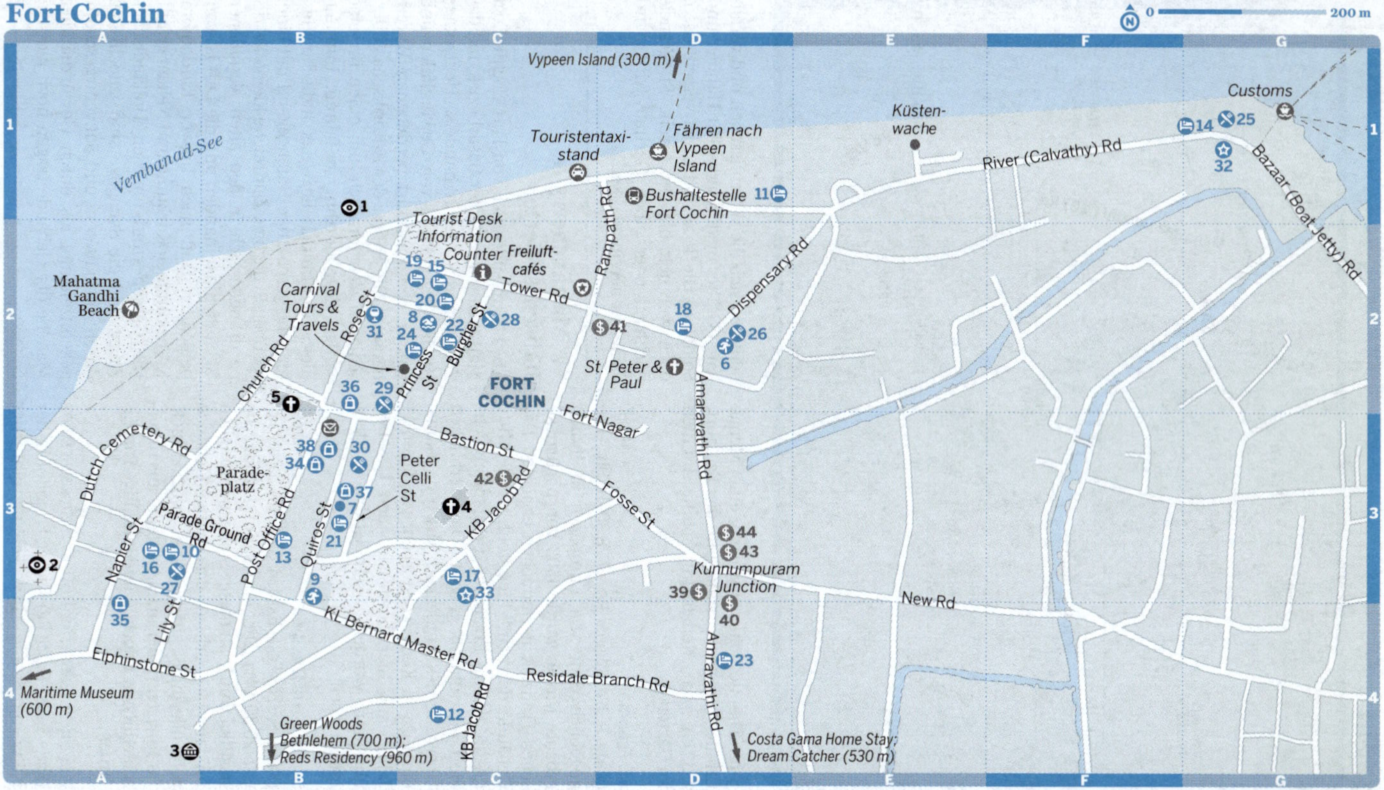
0
200 m
A
B
C
D
E
F
G
1
2
3
4
Vypeen Island (300 m)
Customs
14
25
32
Küsten-
wache
Fähren nach
Vypeen
Island
Touristentaxi-
stand
Vembanad-See
River (Calvathy) Rd
Bazaar (Boat Jetty) Rd
Bushaltestelle
Fort Cochin
11
1
Tourist Desk
Information
Counter
Freiluft-
cafés
Tower Rd
Rampath Rd
Dispensary Rd
Mahatma
Gandhi
Beach
Carnival
Tours &
Travels
Rose St
19
15
20
8
22
28
24
31
18
41
26
6
Princess
St
Burgher St
St. Peter &
Paul
Amaravathi Rd
FORT
COCHIN
Church Rd
5
36
29
Fort Nagar
Bastion St
Dutch Cemetery Rd
38
30
34
Parade-
platz
Peter
Celli
St
42
KB Jacob Rd
37
7
4
Fosse St
Parade Ground
Rd
Post Office Rd
Quiros St
21
13
44
43
Kunnumpuram
Junction
39
40
2
Napier St
16
10
27
9
17
33
New Rd
35
Lily St
KL Bernard Master Rd
Elphinstone St
Residale Branch Rd
23
Maritime Museum
(600 m)
12
3
Green Woods
Bethlehem (700 m);
Reds Residency (960 m)
KB Jacob Rd
Amravathi Rd
Costa Gama Home Stay;
Dream Catcher (530 m)

Fort Cochin

Sehenswertes

1 Chinesische Fischernetze ... B1
2 Holländischer Friedhof ... A3
3 Indo-Portugiesisches Museum ... A4
4 Santa Cruz Basilica ... C3
5 St. Francis ... B2

Aktivitäten, Kurse & Touren

6 Ayush ... D2
7 Cook & Eat ... B3
8 Grande Residencia Hotel ... C2
9 SVM Ayurveda Centre ... B3

Schlafen

10 Bernard Bungalow ... A3
11 Brunton Boatyard ... D1
12 Daffodil ... C4
13 Delight Home Stay ... B3
14 Fort House Hotel ... G1
15 Koder House ... C2
16 Malabar House ... A3
17 Mother Tree ... C3
18 Noah's Ark ... D2
19 Old Harbour Hotel ... C2
20 Princess Inn ... C2
21 Raintree Lodge ... B3
Royal Grace Tourist Home ... (siehe 6)
22 Sonnetta Residency ... C2
23 Tea Bungalow ... D4
24 Walton's Homestay ... C2

Essen

25 Arca Nova ... G1
26 Casa Linda ... D2
27 Dal Roti ... A3
28 Kashi Art Café ... C2
29 Loafers Corner ... B2
Malabar Junction ... (siehe 16)
30 Teapot ... B3

Ausgehen & Nachtleben

31 XL Fishnet Bar ... B2

Unterhaltung

32 Greenix Village ... G1
33 Kerala Kathakali Centre ... C3

Shoppen

34 Cinnamon ... B3
35 Fabindia ... A4
36 Idiom Bookshop ... B2
37 Niraamaya ... B3
38 Tribes India ... B3

Praktisches

39 Federal Bank (Geldautomat) ... D3
40 ICICI (Geldautomat) ... D4
41 SBI (Geldautomat) ... D2
42 South India Bank (Geldautomat) ... C3
43 UAE Exchange ... D3
44 UAE Exchange ... D3

★ **Mattancherry-Palast** MUSEUM

(Holländischer Palast; Karte S. 327; ☎ 2226085; Palace Rd; Erw./Kind 5 ₹/frei; ⏱ Sa–Do 9–17 Uhr) Der Mattancherry-Palast war einst ein großzügiges Geschenk, das dem Raja von Kochi, Veera Kerala Varma (1537–1561) als eine Geste des Wohlwollens im Jahr 1555 von den Portugiesen gemacht wurde. Wahrscheinlich diente es aber einfach nur als Bestechung, um Handelsprivilegien festzulegen. Die Niederländer renovierten den Palast im Jahr 1663. Daher stammt auch sein zweiter Name: Holländischer Palast.

Zu den größten Attraktionen im Palast zählen die erstaunlich gut erhaltenen hinduistischen **Wandgemälde**, die Szenen aus Ramayana, Mahabharata und aus puranischen Legenden in kleinsten Details wiedergeben. Die zentrale Halle im ersten Stock dient heute als Porträtgalerie der Maharadschas aus dem Jahr 1864. Eine beeindruckende Sammlung an Sänften, mit Juwelen besetzten Kleidungsstücken und wunderschön geschnitzten Decken in jedem Zimmer sind hier ebenfalls zu bewundern. Informationstafeln erzählen die Geschichte der königlichen Kochi Dynastie. Fotografieren ist nicht erlaubt!

★ **Pardesi-Synagoge** SYNAGOGE

(Karte S. 327; Eintritt 5 ₹; ⏱ So–Do 10–13 & 15–17 Uhr, an jüdischen Feiertagen geschl.) Die ursprünglich 1568 erbaute Synagoge wurde 1662 teilweise von den Portugiesen zerstört, aber zwei Jahre später wieder aufgebaut, als die Niederländer Kochi einnahmen. Das Gotteshaus enthält eine hübsche vergoldete Kanzel und aufwendig mit Weidenmustern handbemalte Bodenfliesen aus dem chinesischen Kanton, die 1762 verlegt wurden. Das Innere ist prachtvoll mit belgischen Kandelabern und Buntglaslampen beleuchtet. Der elegante Uhrenturm wurde 1760 errichtet. Oben gibt es einen Balkon für Frauen, die nach orthodoxem Ritus während der Gottesdienste von den Männern getrennt sitzen. Achtung: Kurze Hosen, ärmellose Tops und Taschen sind drinnen nicht gestattet!

Ernakulam

Kerala Folklore Museum MUSEUM

(☎ 04842665452; www.folkloremuseum.org; Folklore Junction, Thevara; Inder/Ausländer 100/200 ₹, Vorführungen Inder/Ausländer 100/140 ₹; ⏱ 9.30–19 Uhr, Vorführungen Okt.–März 18–19.30 Uhr) Schade, dass dieses interessante Museum ein wenig abseits der üblichen Touristenpfade, südöstlich vor Ernakulam, liegt. Der Weg lohnt sich aber! Das private Museum wurde im Kerala-Stil aus alten Tempeln und wunderschönen alten Häusern errichtet, die von seinem Besitzer, einem Antiquitätenhändler, gesammelt wurden. Man findet hier mehr als 4000 Artefakte und architektonische Stilrichtungen aus drei Regionen: im Erdgeschoss Malabar, im 1. Stock Kochi und im 2. Travancore. Im Obergeschoss ist ein zauberhaftes, mit Holz verkleidetes Theater mit einer Holzdecke aus dem 17. Jh. eingerichtet, wo allabendlich Vorführungen stattfinden. Eine Rikscha aus Ernakulam kostet etwa 80 ₹, oder man nimmt den Bus nach Thevara, von wo aus die Rikscha 20 ₹ kostet. Die Autorikscha aus Fort Cochin kostet etwa 180 ₹.

Aktivitäten

Grande Residencia Hotel SCHWIMMEN
(Karte S. 324; Princess St., Fort Cochin; ⌚7–18.30 Uhr) Wer nicht im Hotel wohnt, kann den kleinen Swimmingpool für 350 ₹ pro Person benutzen.

Cherai Beach (Vypeen Island) SCHWIMMEN
Wer ins Meer springen will, macht einen Tagesausflug zum Cherai Beach (S. 336), 25 km entfernt auf Vypeen Island.

Ayur Dara AYURVEDA
(☎2502362, 9447721041; www.ayurdara.com; Murikkumpadam, Vypeen Island; ⌚9–17.30 Uhr) Dieses angenehme Behandlungszentrum am Wasser wird in der dritten Generation vom ayurvedischen Arzt Dr. Subhash geführt. Das Haus ist spezialisiert auf Anwendungen von einer bis zu drei Wochen (9100 ₹ pro Woche) – man braucht einen Termin. Es liegt 3 km vom Fährterminal nach Vypeen Island entfernt (Autorikscha 35 ₹).

Ayush AYURVEDA
(Karte S. 324; ☎6456566; Amaravathi Rd, Fort Cochin; Massage ab 900 ₹; ⌚8–20 Uhr) Als Teil einer in ganz Indien vertretenen Kette von ayurvedischen Zentren hat sich dieses auch auf langfristige Anwendungen spezialisiert.

SVM Ayurveda Centre AYURVEDA
(Kerala Ayurveda Pharmacy Ltd; Karte S. 324; ☎9847371667; www.svmayurveda.com; Quieros St.; Massage ab 600 ₹, Hatha-Yoga 400 ₹, 1½ Std.; ⌚9.30–19 Uhr) Ein kleines Zentrum in Fort Cochin. Täglich werden Massagen und um 8 Uhr Hatha-Yoga angeboten. Man kann auch längere Verjüngungspakete buchen.

Kurse

Das Kerala Kathakali Centre (S. 333) gibt Kurse in klassischem Kathakali: Tanz, Musik und Schminken (Schnupper- und lange Kurse ab 350 ₹/Std.).

Einen Crashkurs in der Kampfkunst *kalarippayat* kann man im berühmten Trainingszentrum Ens Kalari (S. 333) machen. Es werden Intensivkurse von einer Woche bis zu einem Monat abgehalten.

Cook & Eat KOCHEN
(Karte S. 324; ☎2215377; www.leelahomestay.com; Quiros St; Kurs veg./nichtveg. 550 ₹; ⌚11 & 18 Uhr) Mrs. Leelu Roy veranstaltet in ihrer großen Familienküche einen beliebten zweistündigen Kochkurs. Dabei bringt sie fünf bis zehn Teilnehmern die Zubereitung von fünf Gerichten bei. Einige der Homestays von Kochi organisieren ebenfalls gerne Kochkurse für ihre Gäste.

Geführte Touren

Die meisten Hotels und Touristeninformationen arrangieren die beliebten Tagesausflüge zum **Elefanten-Trainingscamp** (⌚7–18 Uhr) in Kudanadu, 50 km von Kochi entfernt. Hier kann man auf den Dickhäutern reiten (200 ₹), und wer um 8 Uhr ankommt, darf sogar beim Waschen der sanften Riesen helfen. Der Eintritt ist frei, die Trainer erwarten aber ein Trinkgeld. Die Fahrt mit dem Taxi hin und zurück kostet 1000 bis 1200 ₹.

Tourist Desk Information Counter BOOTSTOUREN, NATURBEOBACHTUNGEN
(☎2371761; www.touristdesk.in) Diese private Agentur organisiert die beliebte ganztägige **Water Valley Tour** (650 ₹) durch die Gewässer und Lagunen der Region. Eine Kanutour durch die kleineren Kanäle und Dörfer ist ebenso enthalten wie ein Mittagessen und ein Abholservice am Hotel. Außerdem sind die **Wayanad Wildlife Tour** (6000 ₹) über zwei Nächte und die **Munnar Hillstation Tour** (3000 ₹) für eine Nacht im Programm. Die Preise beinhalten Unterkunft, Fahrt und Mahlzeiten.

KTDC BOOTSFAHRTEN
(☎2353234; halbtägige Touren 450 ₹, Motorbootstouren 2½ Std. 250 ₹, Hausboot-Tagestouren 650 ₹) Die KTDC bietet um 8.30 und 14 Uhr **Touren durch die Backwaters** und um 9 und 14 Uhr **Motorbootstouren** rund um Fort Cochin an. Die ganztägige **Fahrt mit dem Hausboot durch die Backwaters** (⌚8–18.30 Uhr) besucht regionale Webereien, Gewürzgärten und Palmweinhändler.

Mattancherry

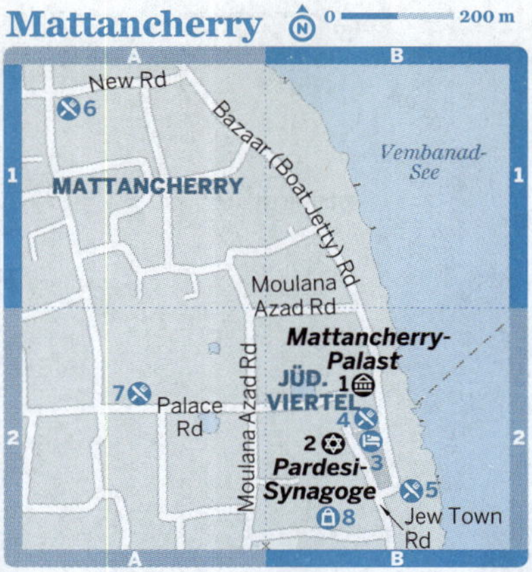

Mattancherry

Hightlights

1 Mattancherry-Palast B2
2 Pardesi-Synagoge B2

Schlafen

3 Caza Maria B2

Essen

4 Café Jew Town B2
Caza Maria .... (siehe 3)
5 Ginger House B2
6 Ramathula Hotel A1
7 Shri Krishna A2

Shoppen

8 Niraamaya B2

Kerala Bike Tours MOTORRADTOUREN
(☎04842356652, 9388476817; www.keralabiketours.com; Kirushupaly Rd, Ravipuram) Veranstaltet Motorradtouren durch Kerala und die Westghats und verleiht Enfield Bullets mit Touring-Tauglichkeit, ohne Kilometerbegrenzung, mit kompletter Versicherung und kostenlosen Bergungs- und Wartungsoptionen (ab 155 US$ die Woche).

Feste & Events

Das achttägige **Ernakulathappan Utsavam** (Jan./Feb.) gipfelt in einem Umzug mit 15 herausgeputzten Elefanten, ekstatischer Musik und einem Feuerwerk. Der **Cochin Carnival** (www.cochincarnival.org; 21.–31. Dez.) ist die größte Veranstaltung in Fort Cochin. Das zehn Tage andauernde Fest endet am Silvesterabend. Straßenparaden, bunte Kostüme, geschmückte Elefanten, Musik, Volkstänze und viel Spaß gehören dazu.

Schlafen

Fort Cochin wirkt in der Hauptsaison ein wenig touristisch und überladen, trotzdem ist es der richtige Ort, um dem Chaos und Lärm auf dem Festland zu entgehen. Hier ist es generell ruhig und romantisch, und man findet einige der schönsten Unterkünfte in Kerala. Wahrscheinlich ist es die indische Hauptstadt der Homestays: Zahlreiche Familien bieten in ihren Häusern große und saubere Zimmer zu günstigen Preisen und in herzlicher Atmosphäre an.

Ernakulam ist günstiger und praktischer, wenn man nur auf der Durchreise ist. Die Atmosphäre und die Unterkünfte sind allerdings weniger verlockend. Wo auch immer man wohnt, sollte man in den Monaten Dezember und Januar im Voraus buchen. Zu jeder anderen Zeit holt man auch schon mal ein Schnäppchen heraus.

Fort Cochin

★ **Green Woods Bethlehem** HOMESTAY $
(☎3247791; greenwoodsbethlehem1@vsnl.net; ggü. vom ESI Hospital; EZ/DZ inkl. Frühstück 800/900 ₹) Sheeba, der gastfreundliche Besitzer, begrüßt jeden noch so müden Reisenden mit einem freundlichen Lächeln und würde einen am liebsten adoptieren, sobald man durch die Tür kommt. In einem ruhigen Gässchen und inmitten eines ummauerten Gartens voller Pflanzen und Palmen liegt eine der idyllischsten Privatunterkünfte von Kochi. Die Zimmer sind einfach, aber gemütlich. Das Frühstück wird in einem unglaublich grünen Café auf dem Dach serviert, wo auch Kochkurse und -vorführungen stattfinden.

Princess Inn PENSION $
(Karte S. 324; ☎2217073; princessinnfortkochi@gmail.com; Princess St.; Zi. 400–800 ₹) Das freundliche Princess Inn hält sich an seine günstigen Preise und hat dennoch die langweiligen, kleinen Zimmer mit hell leuchtenden Farben ausgestattet. Die gemütlichen Gemeinschaftsräume sind einfach wunderbar, und die drei großen, nach vorne ausgerichteten Zimmer sind für diese Lage wirklich günstig.

Mother Tree HOMESTAY $
(Karte S. 324; ☎9447464906; www.hotelmothertree.com; abseits der KL Bernard Master Rd; DZ inkl. Frühstück 700 ₹, mit Klimaanlage 1000 ₹; ❄@📶) In dieser kompakten Privatunterkunft gibt's nur ein paar winzige Zimmer. Die Sauber-

Ernakulam

keit und schöne Gemeinschaftsdachterrasse machen es dennoch zu einer guten Wahl.

Dream Catcher HOMESTAY $
(☎ 2217550; www.dreamcatcherhomestays.com; Vasavan Lane; Zi 800–1000 ₹, mit Klimaanlage ab 2000 ₹; ❄) Versteckt in einer engen Seitenstraße steht dieses weitläufige, alte Kolonialhaus mit seinen blitzblanken Zimmern der mittleren Preisklasse. Es gibt ein Gemeinschaftswohnzimmer, das fast schon gotisch anmutet, und Balkone voller Topfblumen. Die Familie mit portugiesischen Vorfahren heißt alle Gäste, auch Backpacker, freundlich willkommen.

Costa Gama Home Stay HOMESTAY $
(☎ 2216122; www.stayincochin.com; Thamaraparambu Rd; Zi. ohne/mit Klimaanlage 800/1200 ₹; ❄ 📶) Obwohl sie nur drei Zimmer hat, wird diese kleinen gemütliche Unterkunft immer gut bewertet. Auf der anderen Straßenseite befinden sich nochmal drei Zimmer in einem alten Gebäude mit schöner Terrasse.

Royal Grace Tourist Home PENSION $
(Karte S. 324; ☎ 2216584; Amaravathi Rd; Zi. 350–500 ₹, mit Klimaanlage 1200 ₹; ❄) Dieser Oldtimer ist einer der wenigen Budgetverfechter, der in Fort Cochin noch übrig ist. In dem vierstöckigen Gebäude in gebrochenem

Ernakulam

Schlafen
1 Bijus Tourist Home B3
2 Grand Hotel C4
3 John's Residency B3
4 Saas Tower B3

Essen
5 Chillies C4
6 Frys Village Restaurant C1
Grand Pavilion ....(siehe 2)
7 Kochin Food Mall B3
8 Subhiksha B5

Unterhaltung
9 See India Foundation D5

Shoppen
10 DC Books B1

Praktisches
11 Citibank C2
12 College-Postamt C3
13 Ernakulam-Postamt C4
14 Federal Bank (Geldautomat) A2
15 HDFC Bank (Geldautomat) C1
16 Idbi Bank (Geldautomat) C2
17 Postamt C5
18 Postamt B3
19 SBI (Geldautomat) B3
20 UAE Exchange C3

Weiß befinden sich zahlreiche biedere Zimmer, die alle mit kaum mehr als einem Bett, vier Wänden und einem winzigen Badezimmer ausgestattet sind. Die schönsten gehen auf einen Balkon hinaus.

★ Reds Residency HOMESTAY $$
(☎3204060; www.redsresidency.in; 11/372 A, KJ Herschel Rd; DZ inkl. Frühstück 800–1000 ₹, mit Klimaanlage 1000–1200 ₹, Hütte mit Klimaanlage 1500 ₹; ❄@📶) Das Reds ist eine relativ neue Privatunterkunft mit Zimmern, die Hotelstandards entsprechen. Die sachkundigen Gastgeber Philip und Maryann bieten ihren Gästen eine warme Atmosphäre. Die fünf Doppelzimmer sind modern und tadellos sauber. In der „Penthouse"-Hütte für Selbstversorger gibt's eine Küche auf dem Dach. Das Haus liegt in friedlicher Lage beim Maritime Museum.

Noah's Ark HOMESTAY $$
(Karte S. 324; ☎2215481; www.noahsarkcochin.com; 1/508 Fort Kochi Hospital Rd; Zi. inkl. Frühstück 2800–3000 ₹; ❄@📶) Diese große, moderne Familienunterkunft empfängt ihre Gäste mit offenen Armen, bietet aber auch genug Privatsphäre. Von der Rezeption führt eine beeindruckende Wendeltreppe nach oben, und die vier Zimmer sind sauber und hochwertig. Zwei haben einen Balkon.

Walton's Homestay PENSION $$
(Karte S. 324; ☎2215309; www.waltonshomestay.com; Princess St.; Zi. inkl. Frühstück 1200–2600 ₹; ❄📶) Der anspruchsvolle Mr. Walton bietet in seinem liebenswerten alten Haus, das in Seemannsweiß mit blauen Bordüren gestrichen ist und versteckt hinter einem Buchladen liegt, große, mit Holzmöbeln eingerichtete Zimmer an. Von den Räumen im Erdgeschoss hat man Zugang zu einem grünen Garten, die im Obergeschoss sind mit Balkon ausgestattet. Es gibt außerdem einen netten Gemeinschaftsraum zum Frühstücken.

Raintree Lodge PENSION $$
(Karte S. 324; ☎3251489; www.fortcochin.com; Peter Celli St.; Zi. 2800 ₹; ❄) Die intimen und eleganten Zimmer in dieser historischen Unterkunft kommen einem Boutiquehotel sehr nahe. Alle Zimmer sind mit einer tollen Mischung aus zeitgenössischen Stilrichtungen und alten geschnitzten Holzmöbeln ausgestattet, und die vorderen Zimmer haben wunderbare, mit Wein bewachsene Romeo-und-Julia-Balkone. Ein sehr gutes Angebot.

Bernard Bungalow HOMESTAY $$
(Karte S. 324; ☎2216162; www.bernardbungalow.com; Parade Ground Rd; DZ inkl. Frühstück 2000–3000 ₹, mit Klimaanlage 2500–3500 ₹; ❄@📶) Dieses liebenswürdige Haus erinnert an eine Sommerhütte aus den 1940er-Jahren und ist in einem schönen, 350 Jahre alten Familiensitz mit einer Ansammlung interessanter Zimmer untergebracht. Im Haus finden sich polierte Bodenbretter, hölzerne Fensterläden, Balkone und Verandas und ein Haufen schöner antiker Möbel. Die Zimmer im Obergeschoss sind die schönsten.

Sonnetta Residency PENSION $$
(Karte S. 324; ☎2215744; www.sonnettaresidency.com; 1/387 Princess St.; EZ/DZ/FZ 900/1000/1500 ₹, mit Klimaanlage 1500–2000 ₹; ❄📶) Mitten im Getümmel von Fort Cochin liegt diese nette Unterkunft in einem Haus aus der portugiesischen Epoche mit seinen sechs Zimmern, die allesamt lupenrein gehalten und schön hergerichtet werden. Schöne, kitschige Details wie Vorhänge, bunte Laken und Pflanzen im Inneren dürfen nicht feh-

len. Alle Zimmer sind mit Klimaanlage ausgestattet, wer diese aber nicht nutzen will, zahlt weniger.

Delight Home Stay PENSION $$

(Karte S. 324; ☎ 2217658; www.delightfulhomestay.com; Post Office Rd; Zi. 1400–1800 ₹, mit Klimaanlage 2500 ₹; ❄📶) Delight, das ist nicht nur ein Name. Das Äußere dieses großen Gebäudes ist mit aufgeputztem, weißem Holz verziert und die Zimmer sind geräumig und blitzeblank. Es gibt einen charmanten kleinen Garten, einen eleganten Frühstücksraum und einen imposanten Aufenthaltsraum, der komplett mit Teak verkleidet ist. Das Essen ist gut, und in der offenen Küche werden Kochkurse angeboten.

Daffodil PENSION $$

(Karte S. 324; ☎ 2218686; Njaliparambu Junction; DZ inkl. Frühstück ohne/mit Klimaanlage 2000/2500 ₹; ❄@📶) Das Daffodil wird von einem einheimischen Pärchen geführt und hat acht große und hell gestrichene, moderne Zimmer. Das Beste ist der aus Holz geschnitzte Kerala-Balkon im Obergeschoss.

★ **Malabar House** HOTEL $$$

(Karte S. 324; ☎ 2216666; www.malabarhouse.com; Parade Ground Rd; Zi. 230 €, Suite inkl. Frühstück 330–380 €; ❄@🏊) Das Malabar, wohl eines der schicksten Boutiquehotels in ganz Kerala, protzt mit einer extrem hippen Mischung aus modernen Farben und antiken Einrichtungsgegenständen. Die Suiten sind riesig und großzügig eingerichtet, aber die Standardzimmer dafür eher spießig. Das preisgekrönte Restaurant mit Weinbar entspricht Topstandards.

★ **Brunton Boatyard** HOTEL $$$

(Karte S. 324; ☎ 2215461; bruntonboatyard@cghearth.com; River Rd; Zi 21 000 ₹, Suite 28 000 ₹; ❄@📶🏊) Dieses imposante Hotel stellt auf gewissenhafte Weise niederländische und portugiesische Architektur aus dem 16. und 17. Jh. in seinem großen Komplex nach. Alle Zimmer haben Blick auf die Bucht und sind mit Badewannen und Balkonen ausgestattet. Die frische Meeresbrise ist in jedem Fall der Klimaanlage vorzuziehen. Zum Haus gehört das exzellente History Restaurant und die Armoury Bar, außerdem ein paar Cafés unter freiem Himmel.

Tea Bungalow HOTEL $$$

(Karte S. 324; ☎ 3019200; www.teabungalow.in; 1/1901 Kunumpuram; Zi. 340 US$; ❄@📶🏊) Das senffarbene Gebäude im Kolonialstil wurde 1912 als Hauptsitz eines britischen Gewürzhandelsunternehmens erbaut, bevor es von Brooke Bond Tea übernommen wurde. Die zehn eleganten Boutiquezimmer – die alle nach Seehäfen benannt sind – sind teils mit kräftigen Farben und geschnitzten Kolonialholzmöbeln ausgestattet, die Badezimmer mit Bassetta-Fliesen. Außerhalb der Saison fallen die Preise um bis zu 60 %.

Old Harbour Hotel HOTEL $$$

(Karte S. 324; ☎ 2218006; www.oldharbourhotel.com; Tower Rd; Zi. 9250–13 050 ₹; ❄@🏊) Das ehrwürdige Old Harbour liegt in einem idyllischen Garten mit Lilienteichen und einem kleinen Swimmingpool. Untergebracht ist es in einem 300 Jahre alten, niederländisch-portugiesischen Gebäude. Die elegante Mischung aus antiken und modernen Stilrichtungen verleiht der Unterkunft eine heimeligere Atmosphäre als den meisten anderen seiner großen Konkurrenten. Es gibt 13 Zimmer, manche mit Blick auf den Garten und manche mit bepflanzten Badezimmern unter freiem Himmel.

Koder House HOTEL $$$

(Karte S. 324; ☎ 2217988; www.koderhouse.com; Tower Rd; Zi. ab 8000–9000 ₹; ❄🏊) Dieses schöne, alte Gebäude, ein historisches, 200 Jahre altes Herrenhaus mit Blick auf die chinesischen Fischernetze, bietet sechs charaktervolle Suiten und ein schönes Restaurant mit hohen Decken. In der Hauptsaison sind die Preise überteuert, aber zu anderen Zeiten ist die Unterkunft ihren Preis wert.

Fort House Hotel HOTEL $$$

(Karte S. 324; ☎ 2217103; www.hotelforthouse.com; 2/6A Calvathy Rd; Zi. inkl. Frühstück 5520 ₹; ❄@) In der Nähe der Fähre liegt eines der wenigen wahren Hotels direkt am Wasser. Die 16 pfiffigen Zimmer mit Klimaanlage gehen zwar in einen grünen Garten hinaus, aber das Restaurant hat eine tolle Lage am Wasser.

Mattancherry & Jüdisches Viertel

Caza Maria HOMESTAY $$$

(Karte S. 327; ☎ 9846050901; cazamaria@rediffmail.com; Jew Town Rd; Mattancherry; Zi. inkl. Frühstück 4500 ₹; ❄) Mitten im Herzen des Jüdischen Viertels bietet diese einzigartige historische Unterkunft zwei riesige, prächtige Zimmer mit Blick auf den Basar. Die Zimmer wären eines Maharadschas würdig: Sie sind mit Antiquitäten ausgestattet, bunt und haben hohe Decken.

Ernakulam

John's Residency HOTEL $

(Karte S. 328; ☎ 2355395; TD Rd; EZ/DZ ab 450/550 ₹, mit Klimaanlage 1350 ₹; ❄) Erfrischende Unterkunft für Backpacker, mit einem coolen gelben Foyer, das interessante Details zeigt, beispielsweise alte Ventilatoren. Die Zimmer sind klein (die Luxuszimmer sind größer), aber mit bunten Elementen dekoriert, die dem Ganzen etwas Originelles geben – in dieser Preisklasse eine willkommene Überraschung!

Bijus Tourist Home HOTEL $

(Karte S. 328; ☎ 2361661; www.bijustouristhome.com; Market Rd; EZ/DZ ab 700/850 ₹, mit Klimaanlage 1575/1750 ₹; ❄@) Diese freundliche und beliebte Option liegt praktischerweise gleich am Bootsanleger und bietet vernünftige, glanzlose, aber saubere Zimmer und eine gastfreundliche Atmosphäre.

Saas Tower HOTEL $$

(Karte S. 328; ☎ 2365319; www.saastower.com; Cannon Shed Rd; EZ/DZ 880/1460 ₹, mit Klimaanlage ab 1755/2100 ₹; ❄@) Die protzige Lobby verspricht mehr als die Zimmer in diesem billigeren Businesshotel. Wer aber nach etwas mehr sucht, als ihm in einem der Budgethotels am Bootsanleger geboten wird, der hat hier keine schlechte Wahl getroffen. Die sauberen Zimmer sind mit Holzmöbeln ausgestattet. Es gibt ein Restaurant, ein Geschäftszentrum und eine Schönheitsfarm mit ayurvedischen Anwendungen.

Grand Hotel HOTEL $$$

(Karte S. 328; ☎ 2382061; www.grandhotelkerala.com; MG Rd; EZ/DZ ab 3000/3600 ₹, Suite 5400 ₹; ❄@📶) Dieses Hotel aus den 1960er-Jahren besticht mit origineller Art-déco-Einrichtung und verströmt die Art Vintage, von der moderne Hotels nur träumen können. Die geräumigen Zimmer sind mit glänzenden Parkettböden und großen, modernen Bädern ausgestattet. Es gibt ein gutes Restaurant und die anspruchsvollste Bar in Ernakulam.

Rund um Kochi

★ Olavipe HOMESTAY $$

(☎ 04782522255; www.olavipe.com; Olavipe; EZ/DZ inkl. Mahlzeiten 5100/8500 ₹) Das wunderbare, traditionell syrisch-christliche Haus aus den 1890er-Jahren liegt auf einer 16 ha großen Farm 28 km südlich von Kochi und ist von Gewässern umgeben. Das restaurierte Herrenhaus aus Palisanderholz und glänzendem Teak bietet mehrere große und luftige Zimmer, die originell und wunderschön im antiken Stil dekoriert sind. Es gibt viele schattige Sonnendächer und Bereiche zum Sitzen, ein faszinierendes Archiv über sechs Generationen der Familiengeschichte – und dann wären da noch die liebenswürdigen Besitzer, die einem das Gefühl geben, als Freund und nicht als Gast hier zu wohnen.

Essen & Ausgehen

Das wohl beste Essen in Fort Cochin gibt's in den Privatunterkünften, aber es fehlt auch nicht an guten Restaurants und Cafés. Der heimliche Konsum von Bier in Teekannen ist in vielen billigeren Restaurants in Fort Cochin absolut üblich, dafür ist Alkohol in den Lokalen mit Lizenz ziemlich teuer.

Fort Cochin

Hinter den chinesischen Fischernetzen gibt's zahlreiche **Fischhändler**, die frischen Fisch verkaufen und auch Garnelen, Scampi oder Hummer. Anschließend bringt man seine Auswahl mit in eines der einfachen, aber beliebten Restaurants in der nahe gelegenen Tower Rd und lässt sich den Fang dort für eine zusätzliche Gebühr zubereiten und servieren. Die Marktpreise variieren.

Kashi Art Café CAFÉ $

(Karte S. 324; Burgher St; Frühstück & Snacks 80–110 ₹; ⏰ 8.30–19.30 Uhr) Dieses natürlich beleuchtete Café, eine Institution in Fort Cochin, versprüht eine zen-ähnliche und doch lockere Atmosphäre. Die soliden Holztische erstrecken sich auch in den Innenhof hinaus. Der Kaffee ist so stark, wie er sein muss, und die täglichen, westlichen Frühstücks- und Mittagsangebote sind exzellent. In einer kleinen Galerie stellen einheimische Künstler ihre Werke aus.

Teapot CAFÉ $

(Karte S. 324; Peter Celli St; Hauptgerichte 60–250 ₹) Das Café mit der besonderen Atmosphäre ist genau richtig für den Nachmittagstee: 16 Teesorten, Sandwiches, Kuchen und ganze Mahlzeiten werden in schicken, luftigen Räumen serviert. Originelle Akzente zum Thema Tee sind überall zu finden, z. B. alte Teekannen, Teekisten anstelle von Tischen und ein Glastisch mit einem Teebaum als „Tischbein".

Loafers Corner CAFÉ $

(Karte S. 324; Ecke Bastion & Princess St; 40–90 ₹; ⏰ 11–22 Uhr) Wer es schafft, einen der drei

Plätze am Fenster zu ergattern, wird kaum einen besseren Platz zum Leute beobachten finden als dieses Eckcafé mit seiner schönen Holzdecke und erdigen Farbtönen. Die Speisekarte besteht hauptsächlich aus Snacks wie Dosas und Kati-Rolls, aber auch Shakes, Säften und Lassis.

★ Dal Roti INDISCH $$
(Karte S. 324; ☎9746459244; 1/293 Lily St; Gerichte 100–230 ₹; ⌚Mi–Mo 12–15.30 & 18.30–22.30 Uhr) Das geschäftige Dal Roti muss man einfach mögen. Der freundliche und sachkundige Besitzer Ramesh hilft einem mit der gigantischen nordindischen Speisekarte, die sogar mit einem eigenen Wörterverzeichnis ausgestattet ist und vegetarische, nichtvegetarische und vegane Gerichten mit Ei enthält. Angefangen bei Kati-Rolls bis hin zu sieben Arten Thali, hier geht niemand hungrig wieder hinaus. Kein Alkohol!

Arca Nova SEAFOOD $$
(Karte S. 324; 2/6A Calvathy Rd; Hauptgerichte 220–380 ₹; ⌚7.30–22.30 Uhr) Das Restaurant am Wasser beim Fort House Hotel eignet sich besonders gut für ein leichtes Mittagessen. Spezialisiert hat es sich auf Fischgerichte. Draußen sitzt man an Tischen mit Blick aufs Wasser oder in einem ruhigen und geräumigen, überdachten Gartenbereich.

Casa Linda INTERNATIONAL $
(Karte S. 324; Dispensary Rd; Hauptgerichte 95–450 ₹; ⌚7–22.30 Uhr) Dieses moderne Lokal über dem Hotel mit demselben Namen sieht vielleicht nicht nach viel aus, aber das indisch-europäische Essen hier ist köstlich. Dipu, der Chefkoch, hat sein Handwerk von einem Franzosen erlernt und zaubert neben französischem Fusionsessen leckere Kerala-Gerichte.

★ Malabar Junction INTERNATIONAL $$$
(Karte S. 324; ☎2216666; Parade Ground Rd; Hauptgerichte 350–650 ₹) Das in einem offenen Pavillon untergebrachte Restaurant im Malabar House würde auch gut in einen Film passen: Die Tische mit blendend weißen Tischdecken stehen neben dem kleinen Pool im Hof. Die europäisch angehauchte Speisekarte bietet hauptsächlich Meeresfrüchte, die Spezialität des Hauses ist die eindrucksvolle Meeresfrüchteplatte mit gegrilltem Gemüse. Die im witzigen Stilmix gestaltete Weinbar im Obergeschoss serviert anspruchsvolle kleine Gerichte wie Tapioka-Bratlinge mit Kreuzkümmel.

XL Fishnet Bar BAR
(Karte S. 324; Rose St; ⌚10–22.30 Uhr) Die leicht schmuddelige Restaurantbar ist ideal für ein kühles Kingfisher, leckere Snacks und Gerichte wie frittiertes Rindfleisch. Das Restaurant im 1. Stock verkauft Alkohol zu etwas höheren Preisen.

Mattancherry & Jüdisches Viertel

Ramathula Hotel INDISCH $
(Karte S. 327; Kayees Junction, Mattancherry; Biryani 40–60 ₹; ⌚Mittag- & Abendessen) Unter Einheimischen ist dieses Lokal legendär und bekannt für seine Hühnchen- und Hammel-Biryanis. Man muss früh da sein, sonst geht man leer aus. Es ist besser bekannt unter dem Namen seines Kochs, Kayikka.

Shri Krishna INDISCH $
(Karte S. 327; Gerichte 10–55 ₹; ⌚7.30–21.30 Uhr) Einfach, geschäftig, aber mit leckeren Thalis.

Caza Maria INTERNATIONAL $$
(Karte S. 327; Bazaar Rd; Hauptgerichte ca. 150–290 ₹; ⌚10–20 Uhr) Dieses bezaubernde Lokal im 1. Stock, gleich gegenüber vom gleichnamigen Hotel, ist eine leuchtend blaue, mit Antiquitäten gefüllte Institution mit flippiger Musik und einem täglich wechselnden Angebot an nord- und südindischen sowie französischen Speisen.

Café Jew Town CAFÉ $$
(Karte S. 327; Bazaar Rd; Snacks ca. 120–150 ₹; ⌚9.30–18 Uhr) Um dieses niedliche, von Schweizern geführte Café zu erreichen, muss man durch schicke Antiquitätengeschäfte und Galerien laufen. Auf den wenigen Tischen werden gute Kuchen, Snacks und italienischer Kaffee kredenzt.

Ginger House INDISCH $$$
(Karte S. 327; Bazaar Rd; Hauptgerichte 300–700 ₹; ⌚8.30–18 Uhr) Fantastisches Restaurant direkt am Wasser, versteckt hinter einem riesigen, mit Antiquitäten gefüllten Lagerhaus. Zu essen gibt's indische Gerichte und Snacks wie Ingwergarnelen und Ingwereis. Das gigantische Schlangenboot-Kanu ist das Highlight der außergewöhnlichen Einrichtung.

Ernakulam

Frys Village Restaurant KERALESISCH $
(Karte S. 328; Veekshanam Rd; Gerichte 75–120 ₹; ⌚12–15.30 & 19–22.30 Uhr) Das hell dekorierte

und luftige Lokal mit gebogener Decke ist besonders für Familien zu empfehlen und serviert authentische Kerala-Gerichte, insbesondere Fisch wie *pollichathu* oder gebackene Krabben. Mittags gibt's auch Fisch- und vegetarische Thalis.

Subhiksha INDISCH $
(Karte S. 328; DH Road, Gandhi Sq; Gerichte 40–120 ₹; ⌚ 7.30–15.30 & 19–23 Uhr) Im Bharat Hotel befindet sich dieses beliebte, rein vegetarische Restaurant, ein kleines Lokal mit köstlichen Thalis.

Kochin Food Mall FOOD COURT $
(Karte S. 328; www.cochinfoodmall.com; Park Ave, Ernakulam; 70–170 ₹; ⌚ 10.30–23 Uhr) Gegenüber vom Bootsanleger liegt dieser supermoderne, neue Food Court mit zehn verschiedenen Essmöglichkeiten, darunter nord- und südindische und chinesische Spezialitäten, Pizza und am interessantesten: Ooru, das sich auf die Stammesgerichte aus Wayanad spezialisiert hat.

Chillies INDISCH $$
(Karte S. 328; Gerichte 100–210 ₹; ⌚ 11.30–15.30 & 19.30–22 Uhr) Ein dunkles, emsiges Lokal im 1. Stock, das Gerichte der würzigen Andhra-Küche auf Bananenblättern serviert. Wer auf All-you-can-eat steht, sollte die Thalis probieren.

★ **Grand Pavilion** INDISCH $$$
(Karte S. 328; MG Rd; Gerichte 180–500 ₹) Das Restaurant im Grand Hotel ist ebenso elegant und im Retrostil gehalten wie das Hotel selbst, mit cremefarbenen Möbeln und gestärkten Tischdecken. Auf der Speisekarte, ein wahrer Wälzer, stehen Gerichte aus dem Westen, Nord- und Südindien und vielen anderen asiatischen Ländern.

☆ Unterhaltung

Es gibt mehrere Orte in Kochi, an denen man sich eine Kathakali-Vorführung anschauen kann. Die Shows sind in erster Linie für Touristen inszeniert, aber trotzdem eine gute Einführung in diese faszinierende Kunstform. Das Standardprogramm beginnt mit dem öffentlichen aufwendigen Schminken und Einkleiden der Darsteller, gefolgt von einer Demonstration der Tänze mit Kommentar und schließlich der eigentlichen Aufführung – normalerweise zwei Stunden insgesamt. Auch Demonstrationen der schnellen traditionellen Kampfkunst *kalarippayat* sind in Fort Cochin mittlerweile überall zu sehen.

★ Fort Cochin

Kerala Kathakali Centre KULTUR
(Karte S. 324; ☎ 2217552; www.kathakalicentre.com; KB Jacob Rd, Fort Cochin; Eintritt 250 ₹; ⌚ Schminken ab 17 Uhr, Vorführung 18–19.30 Uhr) In einem lauschigen, holzgetäfelten Theater veranstaltet das Kulturzentrum gute Einführungen in die Kunst des Kathakali, bei denen auch umwerfende Augenbewegungen vorgeführt und praktischerweise auch Übersetzungen zur jeweiligen Geschichte, die an dem Abend aufgeführt wird, geliefert werden. In dem Zentrum finden auch Vorführungen der Kampfkunst *kalarippayat* (tgl. 16–17 Uhr), Konzerte mit traditioneller Musik (So–Fr 20–21 Uhr) und klassische Tanzaufführungen (Sa 20–21 Uhr) statt.

Greenix Village KULTURPROGRAMM
(Karte S. 324; ☎ 2217000; www.greenix.in; Calvathy Rd, Fort Cochin; ⌚ 10–18, Shows ab 17 Uhr) Das touristische „Kulturdorf" versucht, die volle Bandbreite der keralesischen Musik und Kunst in einem kleinen Kulturmuseum unter einen Hut zu bringen: In einem beeindruckenden Komplex gibt es Aufführungen von Kathakali und *kalarippayat* und andere Kulturdarbietungen.

☆ Ernakulam

See India Foundation KULTURPROGRAMM
(Karte S. 328; ☎ 2376471; devankathakali@yahoo.com; Kalathiparambil Lane, Ernakulam; Eintritt 200 ₹; ⌚ Schminken 18 Uhr, Show 19–20 Uhr) Eines der ältesten Kathakali-Theater in Kerala mit Shows im kleinen Rahmen. Der Schwerpunkt liegt auf den religiösen und philosophischen Wurzeln des Kathakali.

Ens Kalari KULTURPROGRAMM
(☎ 2700810; www.enskalari.org.in; Nettoor, Ernakulam; Eintritt gegen Spende; ⌚ Vorführungen 19.15–20.15 Uhr) Wer dabei sein möchte, wenn richtige Experten *kalarippayat* betreiben, geht am besten ins renommierte *kalarippayat*-Zentrum 8 km südöstlich von Ernakulam. Die einstündigen Vorführungen finden täglich statt (einen Tag vorher anmelden!).

Shoppen

Der Broadway in Ernakulam mit Gewürz- und Klamottenläden ist der richtige Ort, um ein authentisches Einkaufserlebnis zu bekommen. Rund um die Convent Rd und die Market Rd finden sich ein Haufen Schneider und an der Jew Town Rd in Mattancherry viele Geschäfte, die von Leuten aus Gujarat geführt werden und echte Antiquitäten sowie Imitationen und Kopien verkaufen. Die meisten Läden in Fort Cochin sind fast identisch: Sie werden von Leuten aus Kaschmir geführt, die eine bunte Mischung nordindischen Kunsthandwerks verkaufen. Nicht wenige Geschäfte rund um Fort Cochin und Mattancherry arbeiten auf lukrativer Kommissionsbasis mit Autorikschafahrern zusammen, die eine saftige Provision (die auf den Preis der Verkaufsstücke aufgeschlagen wird) kassieren, wenn sie Touristen vor der jeweiligen Ladentür absetzen. Jeder Fahrer, der anbietet, seine Fahrgäste zu einer Werksführung oder einem speziellen Aussichtspunkt zu fahren, wird direkt einen solchen Laden anfahren.

Niraamaya BEKLEIDUNG
Fort Cochin (Karte S. 324; ☎3263465; Quiros St, Fort Cochin; ⌚Mo–Sa 10–17.30 Uhr); Mattancherry (Karte S. 327; VI/217 AB Salam Rd, Jüdisches Viertel, Mattancherry) Der in ganz Kerala beliebte Laden verkauft „ayurvedische" Bekleidung und Stoffe – alles aus Biobaumwolle, die mit pflanzlichen Farben und Ayurveda-Ölen behandelt wurde.

DC Books BUCHLADEN
(Karte S. 328; ☎2391295; Banerji Rd, Ernakulam; ⌚Mo–Sa 9–19.30, So 11–18 Uhr) Eine exzellente Auswahl englischer Romane und Sachbücher. Weitere Filialen gibt's in Fort Cochin und Mattancherry.

Idiom Bookshop BUCHLADEN
(Karte S. 324; ⌚Mo–Sa 10.30–21 Uhr) Große Auswahl von guten neuen und gebrauchten Büchern.

Fabindia BEKLEIDUNG, HAUSHALTSWAREN
(Karte S. 324; ☎2217077; www.fabindia.com; Napier St, Fort Cochin; ⌚10.30–20.30 Uhr) Hat jede Menge feine indische Textilien, Stoffe, Bekleidung und Haushaltsleinen von bekannten Marken.

Cinnamon BEKLEIDUNG
(Karte S. 324; ☎2217124; Post Office Rd, Fort Cochin; ⌚Mo–Sa 10–19 Uhr) Verkauft herrliche, in Indien gefertigte Bekleidung, Schmuck und Haushaltswaren in einem ultraschicken weißen Verkaufsraum gegenüber vom Paradeplatz.

Tribes India KUNSTHANDWERK
(Karte S. 324; ☎2215077; Head Post Office, Fort Cochin; ⌚Mo–Sa 10–18.30 Uhr) Versteckt hinter der Post, verkauft das vom TRIFED (Ministerium für Stammesangelegenheiten) betriebene Kaufhaus Artefakte, Malereien, Schals, Figuren usw. zu Festpreisen. Mit dem Profit werden die Kunsthandwerker der Stammesvölker unterstützt.

ℹ Praktische Informationen

GELD

UAE Exchange (⌚Mo–Fr 9.30–18, Sa 9.30–16 Uhr) Ernakulam (☎2383317; MG Rd, Perumpillil Bldg., Ernakulam); Ernakulam (☎3067008; Chettupuzha Towers, PT Usha Rd Junction, Ernakulam); Fort Cochin (Karte S. 324; ☎2216231; Amravathi Rd, Fort Cochin) Umtausch internationaler Währungen und Reiseschecks.

INTERNETZUGANG

Rund um die Princess St in Fort Cochin gibt's mehrere Internetcafés, die pro Stunde 40 ₹ nehmen. Ein paar Privatunterkünfte bieten kostenloses WLAN an.

Net Park (Karte S. 328; Convent Rd, Ernakulam; 15 ₹/Std.; ⌚9–20 Uhr)

MEDIZINISCHE VERSORGUNG

Lakeshore Hospital (☎2701032; www.lakeshorehospital.com; NH Bypass, Marudu) Modernes Krankenhaus, 8 km südöstlich von Ernakulams Zentrum.

Medical Trust Hospital (Karte S. 328; ☎2358001; www.medicaltrusthospital.com; MG Rd)

POST

College-Post (Karte S. 328; ☎2369302; Convent Rd, Ernakulam; ⌚Mo–Sa 9–17 Uhr)

Ernakulam-Post (Karte S. 328; ☎2355467; Hospital Rd; ⌚Mo–Sa 9–20, So 10–17 Uhr) Weitere Filialen in der MG Rd und auf dem Broadway.

Hauptpost (Karte S. 324; Post Office Rd, Fort Cochin; ⌚Mo–Fr 9–17, Sa 9–15 Uhr)

TOURISTENINFORMATION

Am Flughafen gibt's einen Schalter mit Informationen für Touristen. Oft bekommt man eine kostenlose Broschüre mit einer Karte und einem Rundweg mit dem Titel „Historical Places in Fort Cochin" (Historische Orte in Fort Cochin).

KTDC Tourist Reception Centre (Karte S. 328; ☎2353234; Shanmugham Rd, Ernakulam; ⌚8–19 Uhr) Organisiert auch geführte Touren. Ein weiteres Büro ist am Bootsanleger in Fort Cochin.

Tourist Desk Information Counter Ernakulam (Karte S. 328; ☎2371761; www.touristdesk.in; Bootsanleger, Ernakulam; ⌚8–18 Uhr); Fort Cochin (Karte S. 324; ☎2216129; Fort Cochin; ⌚8–19 Uhr) Ein privater Tourveranstalter, der

BUSSE AB ERNAKULAM

Die folgenden Busse starten an der KSRTC-Bushaltestelle und am Vyttila Mobility Hub.

ZIEL	PREIS (₹)	DAUER (STD.)	HÄUFIGKEIT/ZEIT
Alappuzha	41	1½	alle 10 Min.
Bengaluru	405-495	14	4-mal tgl.
Calicut	133	5	stündl.
Chennai	555	16	14 Uhr
Coimbatore	139	4½	stündl.
Kannur	210	8	2-mal tgl.
Kanyakumari	210	8	2-mal tgl.
Kollam	94	3½	alle 30 Min.
Kothamangalam	35	2	alle 10 Min.
Kottayam	51	2	alle 30 Min.
Kumily (nach Periyar)	120	5	8-mal tgl.
Mangalore	305	12	18.30 Uhr
Munnar	90	4½	alle 30 Min.
Thrissur	51	2	alle 10 Min.
Trivandrum	138	5	alle 30 Min.

in und um Kochi sehr sachkundig und hilfreich sein kann. Organisiert mehrere beliebte und empfehlenswerte Touren. Im Büro in Ernakulam werden aktuelle, empfehlenswerte Kulturveranstaltungen in der Stadt ausgehängt. Hier gibt's auch einen Büchertausch.

Touristenpolizei Ernakulam (Karte S. 328; ☎2353234; Shanmugham Rd, Ernakulam; ⏲8–18 Uhr); Fort Cochin (Karte S. 324; ☎2215055; Fort Cochin; ⏲24 Std.)

ℹ An- & Weiterreise

BUS

Zur Zeit der Recherche gab es bereits Pläne für direkte Busverbindungen zwischen Fort Cochin und anderen Orten wie Munnar, Alappuzha und Periyar. Bis dahin fahren alle Langstreckenbusse in Ernakulam ab. Die **KSRTC-Bushaltestelle** (Karte S. 328; ☎2372033; ⏲Reservierungen 6–22 Uhr) liegt gleich neben den Bahnschienen, auf halbem Weg zwischen den zwei Bahnhöfen. An einem separaten Schalter kann man Reservierungen nach Tamil Nadu machen. Private und staatliche Busse fahren den riesigen neuen **Vyttila Mobility Hub** (☎2306611; www.vyttilamobilityhub.com; ⏲24 Std.) an, ein hochmodernes Transportterminal etwas 2 km östlich vom Bahnhof Ernakulam Junction. Mehrere private Busunternehmen bieten superluxuriöse, mit Klimaanlage und DVD-Playern ausgestattete Volvo-Busse an, die weiter entfernte Ziele wie Bengaluru, Chennai, Mangalore, Trivandrum und Coimbatore ansteuern. Die Preise hängen stark vom jeweiligen Standard ab. Die besten Busse kosten etwa 50 % mehr als die staatlichen Varianten. Agenturen in Ernakulam und Fort Cochin verkaufen die Tickets. Private Busse halten auch an der **Haltestelle Kaloor** 1 km nördlich der Stadt.

Eine im Voraus bezahlte Autorikscha ab Vyttila kostet 67 ₹ bis zum Bootsanleger, 62 ₹ bis zum Bahnhof und 171 ₹ nach Fort Cochin.

FLUGZEUG

Der Kochi International Airport ist ein frequentiertes Drehkreuz. Von hier gehen Flüge in die Golfstaaten, nach Sri Lanka oder Singapur. Täglich fliegen Jet Airways, Air India und Spicejet direkt nach Chennai, Mumbai und Bengalaru. Jet Airways und Spicejet schicken außerdem Maschinen nach Hyderabad, während IndiGo nach Trivandrum fliegt. Tägliche Verbindungen nach Delhi und sechs Mal die Woche nach Agatti auf den Laksgadweep Inseln hat Air India. Folgende Airlines sind mit Büros in Ernakulam vertreten:

Air India (☎2351295; MG Rd)

Jet Airways (☎2359334; MG Rd)

ZUG

In Ernakulam gibt's zwei Bahnhöfe, **Ernakulam Town** und **Ernakulam Junction**. Reservierungen für beide können im **Buchungsbüro** von Ernakulam Junction (☎132; ⏲Mo–Sa 8–20, So 8–14 Uhr) gemacht werden.

Es fahren Regional- und Expresszüge nach Trivandrum (2. Klasse/AC chair 73/264 ₹, 4½ Std.), entweder über Alappuzha (39/171 ₹, 1½ Std.) oder Kottayam (39/171 ₹, 1½ Std.). Es gibt außerdem Züge nach Thrissur (64/205 ₹, 1½ Std.), Calicut (67/237 ₹, 4½ Std.) und Kannur (105/341 ₹, 6½ Std.).

ZÜGE AB ERNAKULAM

Diese Verbindungen sind wichtige Langstreckenzüge, die von Ernakulam Town abfahren.

ZIEL	ZUGNR. & NAME	PREIS (₹, SLEEPER/ 3AC/2AC)	DAUER (STD.)	ABFAHRT (TGL.)
Bengaluru	16525 Bangalore Express	257/719/1085	13	17.55 Uhr
Chennai	12624 Chennai Mail	292/793/1185	12	18.40 Uhr
Delhi	12625 Kerala Express (A)	579/1630/2685	46	15.50 Uhr
Goa	16346 Netravathi Express (A)	305/858/1315	15	14.05 Uhr
Mumbai	16382 Mumbai Express	469/1337/2130	40	13.30 Uhr

(A) Abfahrt ab Ernakulam Junction

Unterwegs vor Ort

VOM/ZUM FLUGHAFEN

Kochi International Airport (☎ 2610125; http://cochinairport.com) Liegt bei Nedumbassery, 30 km nordöstlich von Ernakulam. Ein neuer Busservice verkehrt zwischen dem Flughafen und Fort Cochin (70 ₹, 1 Std., 8-mal tgl.), manche Busse fahren über Ernakulam. Taxis nach/ab Ernakulam kosten etwa 650 ₹ und nach/ab Fort Cochin etwa 900 ₹.

NAHVERKEHR

Eine richtige Busverbindung zwischen Fort Cochin und dem Mattancherry-Palast gibt's nicht wirklich, aber zu Fuß braucht man nur 30 Minuten durch die belebte Speicherregion entlang der Bazaar Rd. Die Autorikscha kostet ungefähr 40 ₹ und sehr viel weniger, wenn man verspricht, sich ein Geschäft anzusehen. Die meisten Fahrten mit der Autorikscha rund um Ernakulam sollten nicht mehr als 35 ₹ kosten.

Wer nach Fort Cochin fahren will, nachdem die Fähren nicht mehr gehen, muss ein Taxi oder eine Autorikscha nehmen. Die Fahrt vom Bahnhof Ernakulam Town nach Fort Cochin sollte um die 300 ₹ kosten; vorbestellte Autorikschas kosten tagsüber 150 ₹.

Roller/Enfields kann man für 250/350–600 ₹ pro Tag bei in Fort Cochin leihen.

SCHIFF/FÄHRE

Zwischen Fort Cochin und dem Festland gibt's keine schnellere und schönere Transportmöglichkeit als die Fähren. Der Anleger auf der östlichen Seite von Willingdon Island heißt **Embarkation** (Karte S. 323); auf der westlichen Seite, gegenüber von Mattancherry liegt der Anleger **Terminus** (Karte S. 323); der Hauptanleger in Fort Cochin nennt sich **Customs** (Karte S. 324) mit einem weiteren Halt am **Mattancherry-Anleger** bei der Synagoge. Die einfache Fahrt kostet 2,50 ₹ (3,50 ₹ zw. Ernakulam und Mattancherry).

Ernakulam

Die Fähren zu beiden Anlegern in Fort Cochin (Customs und Mattancherry) legen alle 25 bis 50 Minuten (⏲ 5.55 bis 21.30 Uhr) vom Hauptanleger in Ernakulam ab.

Alle 20 Minuten verkehren Fähren zwischen den Inseln Willingdon und Vypeen (Karte S. 328; ⏲ 6–22 Uhr).

Fort Cochin

Fähren gehen vom Customs Anleger nach Ernakulam (⏲ 6.20 bis 21.50 Uhr). 18-mal am Tag gibt's außerdem eine Fährverbindung zwischen dem Customs Jetty und Williongdon Island (⏲ Mo–Sa 6.40–21.30 Uhr).

Auto-und Passagierfähren fahren ständig zwischen Vypeen Island und Fort Cochin hin und her (Karte S. 324; ⏲ 6–22 Uhr).

Rund um Kochi

Cherai Beach

Auf Vypeen Island, 25 km von Fort Cochin entfernt, lohnt sich Cherai Beach für einen tollen Tagestrip ab Kochi. Auf dem weißen Sand liegen kilometerweit Backpacker, alle nur ein paar Hundert Meter vom Meer entfernt. An Infrastruktur gibt es noch entspannend wenig. Wer sich in Fort Cochin einen Roller oder ein Motorrad für einen Tagesausflug ausleiht, den erwartet eine tolle Fahrt. Es gibt aber auch eine wachsende Anzahl einfacher Resorts an der einzigen Straße, die parallel zum Stand verläuft. So können Traveller auch ein paar Tage bleiben.

Brighton Beach House (☎ 9946565555; www.brightonbeachhouse.org; DZ 1100 ₹) bietet fünf einfache Zimmer in einem kleinen Gebäude am Ufer. Der Strand ist steinig, aber die Unterkunft ist ruhig gelegen und mit Hängematten ausgestattet, in denen man relaxen kann. Es gibt auch ein solides Lokal auf Stelzen mit Blick über die Ufermauer.

Um eine gewundene Lagune steht eine Ansammlung charakteristischer Hütten: Das **Cherai Beach Resort** (☎ 04842416949;

www.cheraibeachresorts.com; Cherai Beach, Vypeen Island; Villas ab 3750 ₹, mit Klimaanlage ab 4500 ₹; ❄@) hat den Strand auf der einen, die Backwaters auf der anderen Seite. Die Bungalows sind individuell mit Naturmaterialien eingerichtet und es gibt auch eine Bar und ein Restaurant.

Versteckt hinterm Strand, aber mit den Backwaters direkt vor der Tür, liegt das **Les 3 Elephants** (☎04842480005, 9349174341; www.3elephants.in; Convent St; Hütten 4000–8000 ₹; ❄📶) ein fantastisches, von Franzosen betriebenes Ökoresort. Die elf wunderschön gestalteten Boutiquehütten sind alle unterschiedlich, aber mit privaten Sitzgruppen und mit sorgfältig ausgewählten Details ausgestattet und haben einen Ausblick auf die hübschen Gewässer drum herum. Das Restaurant serviert hausgemachte französisch-indische Speisen. Lohnenswert!

Für europäische Hausmannskost am Strand – etwa Burger, Pizza und Grillspezialitäten – geht man ins **Chilliout Café** (Hauptgerichte 180–250 ₹; ⏰Ende Okt.–Mai 9 Uhr–open end), ein cooler Ort mit frischer Meeresbrise und entspannter Atmosphäre.

Um von Fort Cochin aus herzufahren, nimmt man am besten die Autofähre nach Vypeen Island (2 ₹/Pers.) und nimmt sich entweder eine Autorikscha am Anleger (ca. 350 ₹) oder springt in einen der regelmäßig fahrenden Busse (15 ₹, 1 Std.). Ausstieg ist am Dorf Cherai, 1 km vom Strand entfernt. Aus Ernakulam gibt's auch direkte Busverbindungen hierher, die über die Villarpadam-Brücke gehen.

Tripunithura

In Tripunithura, 16 km südöstlich von Ernakulam befindet sich das **Hill Palace Museum** (☎0484-2781113; Eintritt 20 ₹; ⏰Di–So 10–12.30 & 14–16.30 Uhr). Es war früher die Residenz der Herrscherfamilie von Kochi. Der eindrucksvolle Palastkomplex aus 49 Gebäuden beherbergt heute die Sammlungen der

ABSTECHER

THATTEKKAD BIRD SANCTUARY

In einem ruhigen, 25 km² großen Park in den Hügeln der Westghats liegt das von zwei Flüssen und zwei Bächen durchkreuzte **Thattekkad Bird Sanctuary** (☎04852588302; Inder/ Ausländer 10/100 ₹, Kamera/Video 25/150 ₹; ⏰6.30–18 Uhr). Es ist Heimat für mehr als 320 Vogelarten. Ungewöhnlich ist, dass es sich dabei hauptsächlich um Wald- und nicht um Wasservögel handelt, z. B. Malabartokos, Ripley-Eulen, Dschungelnachtschwalben, Graue Dongos, Schlangenhalsvögel und noch seltenere Arten wie das Ceylonfroschmaul. Außerdem gibt es Eisvögel, Fliegenschnäpper, Laubsänger, Honigsauger und Mistelfresser (die nur 4 g wiegen). Wer im **Treetop Machan** (Inder/Ausländer B 80/150 ₹, DZ inkl. Mahlzeiten 1500–2500 ₹) im Schutzgebiet übernachten will, muss sich an die **Assistant Wildlife Wardens** (☎04852588302) in Kothamangalam wenden. Eine weitere Unterkunft ist das **Jungle Bird Homestay** (☎08452588143, 9947506188; inkl. Mahlzeiten 900 ₹/Pers.) im Inneren des Parks, das von der enthusiastischen Ms. Sudah und ihrem Sohn Gireesh geführt wird. Er begrüßt die Gäste schon am Tor. Ms. Sudah bietet auch geführte Vogelbeobachtungstouren für 600 ₹ an.

Wer mehr auf Luxus steht, geht in die herrliche **Soma Birds Lagoon** (☎04712268101; www.somabirdslagoon.com; Palamatton, Thattekkad; EZ/DZ inkl. Frühstück 70/85 €, mit Klimaanlage ab 75/90 €; ❄✉). Dieses unauffällige Resort liegt tief in den Dörfern bei Thattekkad an einem saisonalen See inmitten von weitläufigen und gepflegten Anlagen. Die einfachen Zimmer sind geräumig, und alles strahlt eine angenehme Ruhe aus, liegt aber nur 16 km von Kothamangalam entfernt. Zum Zelten gibt's noch das **Hornbill Camp** (☎04842092280; www.thehornbillcamp.com; DZ mit Vollpension 110 US$), wo man in großen, permanenten Zelten in erhaben friedlicher Lage mit Blick auf den Periyar River übernachtet. Kajak-, Rad- und Gewürzgarten-Touren sind im Preis enthalten. Geführte Vogelbeobachtungen kosten 1500 ₹. Das Camp liegt etwa 8 Straßenkilometer von Thattekkad entfernt.

Thattekkad liegt an der Straße zwischen Ernakulam und Munnar. Der direkte Bus fährt entweder von Ernakulam (30 ₹, 2 Std.) oder Munnar (55 ₹, 3 Std.) nach Kothamangalam, von wo aus ein Bus aus Thattekkad die letzten 12 km übernimmt (8 ₹, 25 Min.), oder man nimmt die Autorikscha für rund 150 ₹.

Herrscherdynastien: Ölgemälde aus dem 19. Jh., alte Münzen, Skulpturen, Malereien und Tempelmodelle. In Ernakulam nimmt man von der MG Rd oder der Shanmugham Rd hinter dem Tourist Reception Centre den Bus nach Tripunithura (5–10 ₹, 45 Min.). Eine Autorikschafahrt kostet hin und zurück rund 300 ₹ (inkl. 1 Std. Aufenthalt).

Parur & Chennamangalam

Nirgends wird einem deutlicher, wie eng die Religionen Indiens miteinander verwoben sind als in **Parur**, 35 km nördlich von Kochi. Eine der ältesten **Synagogen** (Eintritt 5 ₹; ⌚Di–So 9–17 Uhr) Keralas steht in **Chennamangalam**, 8 km von Parur entfernt, und wurde anspruchsvoll renoviert. In ihrem Inneren sieht man Holzreliefs in bezaubernden Farben an den Türen und Decken, während draußen einer der ältesten Grabsteine von Indien liegt – mit hebräischer Inschrift, die auf das Jahr 1269 zurückgeht. Die Jesuiten kamen im Jahr 1577 zuerst in Chennamangalam an, wo heute noch eine **Jesuitenkirche** und die Ruinen einer nahe gelegenen Jesuitenschule vorhanden sind. In der Nähe befinden sich ein **Hindutempel** auf einem Hügel mit Blick auf den Periyar River, eine **Moschee** aus dem 16. Jh. sowie muslimische und jüdische **Grabstätten**.

In der Stadt Parur findet man ein **Agraharam** (Ort der Brahmanen) – eine kleine Straße, die eng mit hellen, bunten Häusern bebaut ist, die einst von den Tamil-Brahmanen bewohnt wurden.

Parur ist übersichtlich, aber Chennamangalam besucht man am besten im Rahmen einer geführten Tour. Reiseagenturen in Fort Cochin organisieren sie. **Carnival Tours & Travels** (Karte S. 324; ☎9895224922; www.carnivaltourskochi.com; Princess St.) veranstaltet eine halbtägige Jewish Heritage Tour nach Parur, Chennamangalam und zu anderen Stätten für 3000 ₹ pro Person, die an der Fähre nach Vypeen Island beginnt. Eine Tagestour mit dem Taxi kann rund 1000 ₹ kosten.

Thrissur (Trichur)

☎0487 / 316 000 EW.

Auch wenn schon das restliche Kerala für seine vielen Feste bekannt ist, zählt das weniger touristische, ziemlich chaotische Thrissur als das kulturelle Sahnehäubchen auf dem Feierkuchen. Mit einer Liste an energiegeladenen Festen, die ebenso lang ist wie der Rüssel eines Tempelelefanten, unterstützt die Region mehrere Institutionen, die versuchen, die aussterbenden klassischen Kerala-Künste wieder zum Leben zu erwecken. Thrissur, das um einen als „Round" bekannten großen Park und einen Tempelkomplex herum gelegen ist, beheimatet sogar eine nestorianisch-christliche Gemeinschaft, deren Bekenntnis auf das 5. Jh. n. Chr. zurückzuführen ist. Wenn gerade kein Fest gefeiert wird, gibt's nicht sehr viel zu sehen, also sollte man zusehen, während der ausgelassenen Festivalsaison November bis Mitte Mai anzureisen.

Sehenswertes & Aktivitäten

Thrissur ist für seinen zentralen Tempel und seine zahlreichen beeindruckenden Kirchen bekannt, darunter die riesige Kathedrale **Our Lady of Lourdes**, die gewaltige, weiß gekalkte **Puttanpalli (Neue) Kirche** und die **Chaldäische (Nestorianische) Kirche**.

Vadakkunathan-Kshetram-Tempel HINDU-TEMPEL

Der Vadakkunathan-Kshetram-Tempel, einer der ältesten im ganzen Staat, krönt den Hügel im Mittelpunkt von Thrissur. Im Inneren des in klassischer Kerala-Architektur erbauten Tempels dürfen sich nur Hindus aufhalten, aber der Hügel um den Tempel besticht mit einer umwerfenden Aussicht und ist ein beliebter Ort zum Verweilen.

Archäologisches Museum MUSEUM

(Eintritt 10 ₹, Kamera/Video 25/50 ₹; ⌚Di–So 9–13 & 14–16.30 Uhr) Das Archäologische Museum befindet sich in einem wunderschönen, 200 Jahre alten Sakthan-Thampuran-Palast. Zu den zahlreichen Artefakten gehören fragile Manuskripte aus Palmblättern, Kerala-Bronzeskulpturen aus dem 12. Jh. und riesige Tontöpfe. Zur Zeit der Recherche war das Museum aufgrund von Renovierungsarbeiten geschlossen, inzwischen sollte aber wieder offen sein.

Feste & Events

Selbst in einem Bundesstaat, in dem Feste quasi der Alltag zu sein scheinen, schafft es Thrissur noch, sich mit Tempelfestlichkeiten besonders hervorzutun. Die Highlights sind das **Thrissur Pooram** (April/Mai), das farbenfrohste und größte Tempelfest in Kerala mit wundervollen Elefantenprozessionen, das **Uthralikavu Pooram** (März/April), zu dessen Höhepunkt gleich 20 Elefanten den Schrein umrunden, und das **Thypooya Ma-**

Thrissur

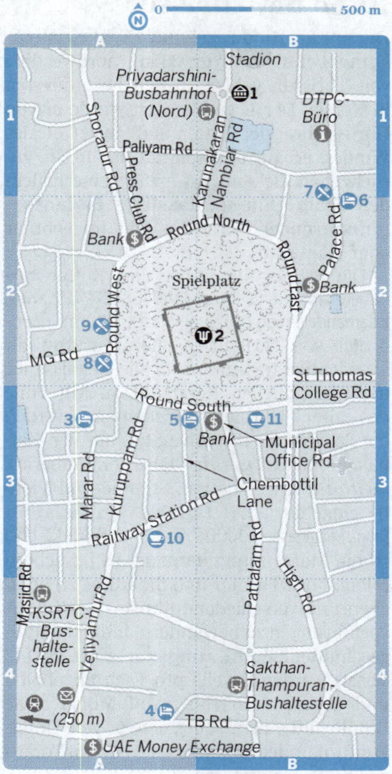

holsavam (Jan./Feb.) mit einer *kavadiyattam*-Prozession, einem rituellen Tanz, bei dem die Tänzer große, komplizierte Konstruktionen (sog. *kavadis*) tragen.

Schlafen

Pathans Hotel HOTEL $

(☎ 2425620; www.pathansresidentialhotel.com; Round South; ⏲ EZ/DZ ab 480/644 ₹, mit Klimaanlage 840/1200 ₹; ❄) Schnörkellose Zimmer, dafür auch schnörkellose Preise. Außerdem ist die Lage gleich gegenüber vom Stadtpark unschlagbar. Die einfachen und recht sauberen Zimmer liegen im 5. und 6. Stock (mit einem schmerzhaft langsamen Aufzug) und sind mit Fernsehern und ab und zu Warmwasser ausgestattet.

YMCA International Guesthouse PENSION $

(☎ 2331190; www.ymcathrissur.org; Palace Rd; DZ 650 ₹, mit Klimaanlage 1000 ₹) Sauber, gemütlich und ruhig gelegen. Eine gute Budgetoption.

Thrissur

Sehenswertes
1 Archäologisches Museum B1
2 Vadakkunathan-Kshetram-Tempel ...B2

Schlafen
3 Hotel Luciya Palace A3
4 Joys Palace A4
5 Pathans Hotel A3
6 YMCA International Guesthouse B2

Essen
7 India Gate B1
8 Navaratna Restaurant A2
9 New Ambady Restaurant A2
Pathans Restaurant ....(siehe 5)

Ausgehen & Nachtleben
10 Indian Coffee House A3
11 Indian Coffee House B3

Hotel Luciya Palace HOTEL $$

(☎ 2424731; www.hotelluciyapalace.com; Marar Rd; EZ/DZ mit Klimaanlage 1400/1600 ₹, Suite 2600 ₹; ❄) In einem cremefarbenen Gebäude im Kolonialstil befindet sich eine der wenigen Unterkünfte der Stadt, die unverfälschten Charakter zeigt und dabei auch noch relativ günstig ist. In einer ruhigen Sackgasse gelegen, aber nahe am Tempelgetümmel, erwarten einen gemütliche und geräumige Zimmer mit Klimaanlagen, ordentliche Rasenflächen, ein anständiges Restaurant und zwei der besten Bars von Thrissur.

Joys Palace HOTEL $$

(☎ 2429999; www.joyshotels.com; TB Rd; EZ/DZ inkl. Frühstück ab 2800/3400 ₹, Suite 6500/7000 ₹; ❄@📶) Dieses verzierte, weiß gekalkte, zehnstöckige Gebäude ist für Thrissurs Jetset. Die Zimmer sind mit großen Fenstern ausgestattet, um die umwerfende Aussicht aus den oberen Stockwerken genießen zu können. Es gibt ein Restaurant mit offenem Balkon im 2. Stock, eine Bar und einen coolen Glasfahrstuhl.

Essen & Ausgehen

Pathans Restaurant INDISCH $

(1. Stock, Round South; Gerichte 30–70 ₹; ⏲ 6.30–21.30 Uhr) Im 1. Stock des Pathans Hotel liegt dieses entspannte Lokal, das schon frühmorgens ein günstiges Frühstück serviert und besonders bei Familien für seine Mittagskarte bekannt ist (Thali 40 ₹).

New Ambady Restaurant SÜDINDISCH $

(Round West; Gerichte 25–70 ₹; ⏲ 8–21 Uhr) Dieses dunkelbraune Lokal, das nicht direkt an der

Hauptstraße liegt, ist besonders bei Familien beliebt. Es gibt viele unterschiedliche Varianten günstiger vegetarischer Tagesmenüs.

India Gate INDISCH $
(Palace Rd; Gerichte 55–125 ₹; ⏲8–22 Uhr) Helles, rein vegetarisches Restaurant mit altmodischer Atmosphäre im Kalliyath Royal Square Building. Die Auswahl an Dosas, z. B. mit Marmelade, Käse oder Cashewnüssen, ist erstaunlich groß. Im gleichen Komplex gibt's ein chinesisches Restaurant (China Gate) und ein Fast-Food-Lokal (Celebrations).

Navaratna Restaurant INTERNATIONAL $
(Round West; Gerichte 80–140 ₹; ⏲12–21.30 Uhr) Kühl, dunkel und intim, so kann man die stilvollste kulinarische Erfahrung der Stadt beschreiben. Hier sitzt man auf erhöhten Plattformen, im Untergeschoss wird vegetarisches, im Obergeschoss nicht-vegetarisches Essen serviert, darunter zahlreiche nordindische, chinesische und ein paar Kerala-Spezialitäten.

Indian Coffee House CAFÉ
(25–90 ₹; ⏲7.30–21.30 Uhr) Es gibt weitere Zweigstellen in Round South und an der Railway Station Rd.

ℹ Praktische Informationen

In der ganzen Stadt gibt's zahlreiche Geldautomaten und Internetcafés.

DTPC Büro (☎2320800; Palace Rd; ⏲Mo–Sa 10–17 Uhr)

UAE Money Exchange (TB Rd; ⏲Mo–Fr 9–18.30, Sa 9–13, So 9–16 Uhr)

ℹ An- & Weiterreise

BUS

KSRTC-Busse fahren alle 30 Minuten von der **KSRTC-Bushaltestelle** Richtung Trivandrum (182 ₹, 7½ Std.), Ernakulam (Kochi, 50 ₹, 2 Std.), Calicut (86 ₹, 3½ Std.), Palakkad (45 ₹, 1½ Std.) und Kottayam (86 ₹, 4 Std.) ab. Es gibt eine stündliche Route nach Coimbatore (79 ₹, 3 Std.).

Regelmäßig tuckern Busse nach Guruvayur (20 ₹, 1 Std.), Irinjalakuda (22 ₹, 1 Std.) und Cheruthuruthy (20 ₹, 1½ Std.). Zwei private Bushaltestellen (**Sakthan Thampuran** und **Priyadarshini**) bieten regelmäßigere Verbindungen zu denselben Zielen an. Allerdings geht es recht chaotisch zu, was es ziemlich nutzlos macht, diese Verbindungen zu nutzen.

ZUG

Es gibt regelmäßige Verbindungen nach Ernakulam (2. Klasse/AC chair 64/205 ₹, 1½ Std.) und Calicut (74/220 ₹, 3 Std.).

Rund um Thrissur

Der nur für Hindus geöffnete **Shri-Krishna-Tempel** in Guruvayur, 33 km nordwestlich von Thrissur, gehört zu den bekanntesten in Kerala. Der Legende nach wurde er von Guru, Lehrer der Götter, und Vayu, Gott des Windes, erbaut und soll auf das 16. Jh. zurückgehen. Bekannt ist er für seine heilenden Kräfte. Ein spektakuläres **Elefantenrennen** findet hier jedes Jahr im Februar oder März statt.

Die Schule für Kunst und Kultur **Kerala Kalamandalam** (☎04884262418; www.kalamandalam.org; ⏲Juni–März), 32 km nordöstlich von Thrissur in Cheruthuruthy, gilt als wichtige Institution für die Renaissance der traditionellen Kerala-Kunst. Mit Hilfe des alten Gurukula-Lernsystems werden die Schüler ins intensive Studium von Kathakali, *mohiniyattam* (Tanz der Zauberin), *kootiattam*, Percussion, Stimme und Violine eingeführt. **Ein Tag mit den Meistern** (inkl. Mittagessen 1000 ₹/Pers.; ⏲9.30–13 Uhr) ist ein Morgenprogramm, das es Besuchern erlaubt, das Theater und die Kurse zu besuchen und verschiedene Kunst- und Kulturvorführungen zu bewundern. Individuell zugeschnittene **Einführungskurse** (ca. 2500 ₹/Monat) werden jeweils pro Fach angeboten und dauern sechs bis zwölf Monate. Die Schule hilft einem dabei, eine private Unterkunft zu finden. Besucher müssen im Voraus per E-Mail reservieren.

Das **Natana Kairali Research & Performing Centre for Traditional Arts** (☎04802825559; natanakairali@gmail.com), 20 km südlich von Thrissur in der Nähe von Irinjalakuda gelegen, bietet Trainingskurse in traditionellen Künsten an, beispielsweise seltene Formen von Puppenspiel und Tanz. Manchmal werden für interessierte Ausländer kurze **Schnupperkurse** (ca. 400 ₹/Kurs) angeboten, die bis zu einem Monat dauern. Jedes Jahr im Dezember veranstaltet das Zentrum fünf Tage andauernde *mohiniyattam*-Vorführungen.

River Retreat (☎04884262244; www.riverretreat.in; Palace Rd, Cheruthuruthy; EZ/DZ ab 2600/3300 ₹) Liegt nur 1 km von Kerala Kalamandalam entfernt. Es dient als Hotel und als ayurvedisches Resort und ist im ehemaligen Sommerpalast des Maharadschas von Cochin untergebracht.

Es gibt regelmäßige Busverbindungen zwischen allen hier beschriebenen Orten und Thrissur.

NORD-KERALA

Kozhikode (Calicut)

☎0495 / 432 100 EW.

Nord-Keralas größte Stadt, Calicut (wie sie allgemein genannt wird), war schon immer eine wohlhabende Handelsstadt und einst die Hauptstadt der großartigen Zamorin Dynastie. Vasco da Gama kam hier im Jahr 1498 auf seinem Weg vorbei, einen Teil des Subkontinents für König und Vaterland (in diesem Fall Portugal) wegzuschnappen. Heute hängt der Handel hauptsächlich vom Export indischer Arbeitskräfte in den Nahen Osten ab, während Landwirtschaft und Holzindustrie das wirtschaftliche Standbein darstellen. Für Reisende ist es ein guter Ausgangspunkt in Richtung Wayanad oder für den langen Trip über die Ghats nach Mysore oder Bengaluru.

Sehenswertes

Mananchira Square, ein großer, zentral gelegener Park, war einst Garten der Zamorins und bewahrt noch immer das originale, durch eine Quelle gespeiste Wasserbecken. Südlich vom Zentrum liegt die 650 Jahre alte **Kuttichira-Moschee**, ein attraktives, vierstöckiges Holzgebäude, das von beeindruckenden Holzsäulen getragen wird und in leuchtendem Türkis, Blau und Weiß gestrichen ist. Die zentrale **Church of South India** wurde im Jahr 1842 von Schweizer Missionaren gegründet und besticht durch ihre einzigartige europäische Kerala-Architektur.

Etwa 1 km westlich von Mananchira Square liegt der **Strand** – kein besonders guter Platz zum Schwimmen, aber ideal für einen Abendspaziergang am Ufer entlang.

Schlafen

Alakapuri HOTEL $

(☎2723451; MM Ali Rd; EZ/DZ ab 300/900 ₹, mit Klimaanlage 750/1000 ₹; ❄) Im Stil eines Motels um einen grünen Rasen herum (mit Springbrunnen!) erbaut. Die Unterkunft liegt ein wenig abseits der lauten Straße und ist ruhiger als die meisten anderen. Einige Zimmer sind ein wenig abgenutzt und auch schmuddelig, aber für den Preis sind sie in Ordnung.

Beach Hotel HOTEL $$

(☎2762055; www.beachheritage.com; Beach Rd; Zi. mit Meerblick od. Klimaanlage 3000 ₹; ❄@) Das 1890 als Domizil des Malabar British Club erbaute Haus ist etwas abgenutzt, aber dennoch wunderhübsch. Manche der zehn Zimmer haben Badewannen und lauschige Veranden mit Blick aufs Wasser, andere private Balkone und noch das Originalparkett. Alle sind geschmackvoll und mit Stil eingerichtet.

Hyson Heritage HOTEL $$

(☎4081000; www.hysonheritage.com; Bank Rd; EZ/DZ ab 1300/1700 ₹, Luxus 2500/3250 ₹; ❄📶) In diesem zentralen Hotel für Geschäftsleute bekommt man ziemlich viel Glanz für seine Rupien. Die Zimmer sind allesamt geschniegelt und gebügelt, und aus den riesigen Luxuszimmern hat man einen Ausblick über die ganze Stadt. Es gibt ein gutes Restaurant und ein Fitnessstudio.

★**Harivihar** HOMESTAY $$$

(☎2765865; www.harivihar.com; Bilathikulam; EZ/DZ inkl. Vollpension 100/125 €) Im nördlichen Calicut liegt das alte Haus der königlichen Kadathanadu-Familie. Der traditionelle Familiensitz mit seinen makellosen Rasenflächen ist so ruhig gelegen wie nur möglich. Die sieben Zimmer sind riesig und wunderschön mit dunklen Holzantiquitäten eingerichtet. Es gibt ein Ayurveda- und Yoga-Zentrum, für das Paketangebote erhältlich sind. Das rein vegetarische Essen ist köstlich, außerdem werden Kochkurse gegeben.

Essen & Ausgehen

Paragon Restaurant INDISCH $

(Kannur Rd; Gerichte 50–220 ₹; ⏰11.45–24 Uhr) Es kann schwierig werden, in diesem 1939 gegründeten und stets vollen Restaurant einen Platz zu ergattern. Die überwältigende Speisekarte ist für ihre Fischgerichte bekannt, z. B. Fisch in Tamarindensauce, sowie die legendären Hühnchen Biryani.

Beach Hotel INDISCH $$

(Beach Rd; 85–250 ₹; ⏰7–22.30 Uhr) Hinter dem Beach Hotel liegt dieses coole Restaurant, das eine breite Auswahl an Fisch- und Hühnchengerichten und Speisen aus Malabari serviert. Das luftige Lokal eignet sich besonders für ein lockeres Mittagessen oder ein kühles Bier.

Indian Coffee House CAFÉ

(GH Rd; 10–60 ₹; ⏰8–21 Uhr) Leckere Snacks und großartiger Kaffee.

Praktische Informationen

Es gibt Geldautomaten der HDFC und State Bank of India in der Stadt und zahlreiche Internetcafés.

Kozhikode

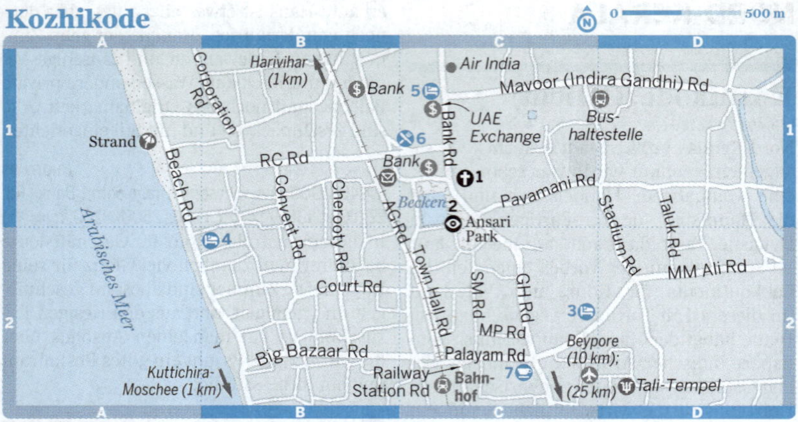

UAE Exchange (☎ 2762772; Bank Rd; ⌚ Mo–Fr 9.30–18, Sa 9.30–16, So 9.30–13 Uhr) In der Nähe des Hyson Heritage Hotels.

An- & Weiterreise

BUS

Die **Bushaltestelle** (Mavoor Rd) wird von Linienbussen nach Bengaluru (über Mysore, Ordinary/AC 256/355 ₹, 8 Std., 10-mal tgl.), Mangalore (250 ₹, 7 Std., 3-mal tgl.) und nach Ooty (100 ₹, 5½ Std., 3-mal tgl.) angefahren. Es gibt regelmäßige Verbindungen nach Thrissur (70 ₹, 3½ Std.) und Trivandrum (über Alappuzha und Ernakulam; Ordinary/Express/Deluxe 270/300/350 ₹, 10 Std., 8-mal tgl.). In den Wayanad-Bezirk fahren Busse alle 15 Minuten bis nach Sultanbatheri (55 ₹, 3 Std.) über Kalpetta (35 ₹, 2 Std.). Private Langstreckenbusse halten ebenfalls an dieser Haltestelle.

FLUGZEUG

Der Flughafen von Calicut liegt etwa 25 km südlich der Stadt in Karipur. Nationale Hauptverbindungen und internationale Flüge in die Golfregion werden von hier aus angeboten. **Air India** (☎ 2771974; 5/2521 Bank Rd, Eroth Centre) fliegt täglich nach Mumbai und Chennai und zwei Mal in der Woche nach Kochi. **Jet Airways** (☎ 2712375; Calicut Airport) fliegt einmal am Tag nach Mumbai, während **Spicejet** (www.spicejet.com; Calicut Airport) ebenfalls nach Chennai und Mumbai fliegt.

ZUG

Der Bahnhof liegt 1 km südlich von Mananchira Sqare. Regelmäßig fahren Züge nach Kannur (2. Klasse/Sleeper/3AC 67/140/250 ₹, 2 Std.), Mangalore (Sleeper/3AC/2AC 147/365/625 ₹, 5 Std.), Ernakulam (140/343/640 ₹, 4½ Std.) über Thrissur (140/275/625 ₹, 3 Std.) und sogar bis nach Trivandrum (181/498/745 ₹, 11 Std.).

Kozhikode

Sehenswertes
1 Church of South India C1
2 Mananchira Square C1

Schlafen
3 Alakapuri C2
4 Beach Hotel B2
5 Hyson Heritage C1

Essen
Beach Hotel .... (siehe 4)
6 Paragon Restaurant C1

Ausgehen & Nachtleben
7 Indian Coffee House C2

Richtung Südost gehen Verbindungen nach Coimbatore (Sleeper/3AC/2AC 120/303/610 ₹, 4½ Std.) über Palakkad (140/278/625 ₹, 3½ Std.).

Unterwegs vor Ort

In Calicut gibt's Autorikschas im Überfluss. Die meisten Fahrer sind damit einverstanden, ihren Zähler zu nutzen. Die Fahrt vom Bahnhof zur KSRTC-Bushaltestelle oder zu den meisten Hotels kostet etwa 30 ₹.

Wayanad Wildlife Sanctuary

☎ 04936 / 816 500 EW.

Wo auch immer man in Kerala nachfragt, welches der schönste Teil des Staats ist, die meisten werden nur flüstern: Wayanad. Die Landschaft von Wayanad umfasst einen Teil des abgelegenen Waldgebiets, das bis Tamil Nadu und Karnataka hinüberreicht, und kombiniert eine majestätische Bergkulisse, irrsinnige grüne Reisfelder, schlanke Betelpalmen, Bambus, rote Erde, stachlige Ingwerfelder, Kautschuk-, Kardamom- und Kaffeeplantagen. Reisende aus dem Ausland kommen immer häufiger hierher, auch weil die Region die Verbindung von Mysore oder Bengaluru nach Kerala bildet. Trotzdem ist die Gegend untouristisch und angenehm ruhig. Außerdem ist es einer der wenigen Orte, an dem man höchstwahrscheinlich wilde Elefanten zu sehen bekommt.

Das 345 km² große Schutzgebiet besteht aus zwei separaten Teilen: **Muthanga** im Osten, angrenzend an Tamil Nadu, und **Tholpetty** im Norden, an der Grenze nach Karnataka. Die drei wichtigsten Städte im Wayanad-Bezirk dienen als praktische Ausgangspunkte für Entdeckungstouren ins Schutzgebiet: **Kalpetta** im Süden, **Sultanbatheri** (Sultan Battery) im Osten und **Mananthavadi** im Nordwesten, wobei die schönsten Unterkünfte in der ganzen Region verteilt sind.

Die meisten Hotels und Privatunterkünfte arrangieren geführte Jeeptouren (7 & 15 Uhr) in verschiedene Teile Wayanads.

Sehenswertes & Aktivitäten

★ Wayanad Wildlife Sanctuary — NATURSCHUTZGEBIET

(www.wayanadsanctuary.org; Eintritt je Bereich Inder/Ausländer 150/200 ₹, Kamera/Video 25/150 ₹; 7–10 & 15–17 Uhr) Beide Teile des Schutzgebiets sind nur mit geführten Touren oder Jeep-Safaris zugänglich. Man kann sie an den Eingängen zum Schutzgebiet organisieren. Sowohl Tholpetty als auch Muthanga sind in der Monsunzeit zwischen Juni und August geschlossen.

In **Tholpetty** (04935250853; Jeep 450 ₹, Guide 300 ₹) können die zweistündigen **Jeeptouren** ziemlich holprig werden, aber es gibt keinen besseren Weg, um die Tiere zu beobachten. Die Parkaufseher organisieren **geführte Wanderungen** (bis zu 5 Pers. 1500 ₹, zusätzliche Pers. 400 ₹) von hier aus.

In **Muthanga** (271010; Jeep 450 ₹, Guide 300 ₹) können morgens und nachmittags ähnliche **Jeeptouren** gemacht werden.

Thirunelly-Tempel — HINDU TEMPEL

(Sonnenaufgang–Sonnenuntergang) Der 10 km von Tholpetty entfernte Tempel soll einer der ältesten in Indien sein. Nicht-Hindus dürfen ihn zwar nicht betreten, aber allein der Anblick der uralten, aufwendig hergestellten Säulen lohnt sich. Hinter dem Tempel führt ein Pfad zum Fluss **Papanasini**. Die Hindus glauben, dass man dort all seine Sünden wegwaschen kann.

Jain-Tempel — JAIN-TEMPEL

(8–12 & 14–18 Uhr) Der aus dem 13. Jh. stammende Jain-Tempel in der Nähe von Sultanbatheri weist prächtige Steinreliefs auf und ist ein wichtiges Zeugnis für das umfangreiche historische jainistische Erbe in der Region.

Edakal-Höhlen — HÖHLE

(Eintritt 40 ₹; 9–17 Uhr) Diese Höhlen unmittelbar am Jain-Tempel in der Nähe von Ambalavayal beherbergen Petroglyphen, die mehr als 3000 Jahre alt sein sollen. Außerdem eröffnet sich von hier aus ein Blick auf Wayanad.

Wayanad Heritage Museum — MUSEUM

(Ambalavayal; Eintritt 15 ₹; 9–17 Uhr) Im selben Abschnitt wie die Höhlen befindet sich dieses Museum. Es zeigt Kopfschmuck, Waffen, Töpferwaren, Reliefs und andere Artefakte aus dem 15. Jh., die Aufschluss geben über die Bedeutung der Adivasi in Wayanad.

Uravu — KUNSTHANDWERKSZENTRUM

(04936231400; www.uravu.net; Thrikkaippetta; Mo–Sa 8.30–17 Uhr) Etwa 6 km südöstlich von Kalpetta hat sich eine Gemeinschaft aus Kunsthandwerkern zusammengetan, die alle möglichen Gegenstände aus Bambus herstellen. Man kann die Werkstätten der Künstler besuchen, ihnen an Webstühlen, Staffeleien und beim Schnitzen zusehen und Vasen, Lampenschirme, Armreifen und Körbe kaufen kann.

Trekking & Rafting — OUTDOORAKTIVITÄT

In Wayanad gibt's ein paar tolle Gelegenheiten zum eigenständigen **Trekking**, z. B. der Anstieg zur Spitze des **Chembra Peak** (2100 m), der größten Erhebung der Gegend; andere Ziele sind **Vellarimala Peak**, mit gigantischem Ausblick und zahlreichen Möglichkeiten, freilebenden Tieren zu begegnen, und **Pakshipathalam**, eine siebenstündige Bergwanderung zu einer Formation großer Felsen tief im Wald und wieder zurück. Man braucht Genehmigungen, die in den Forest Offices im Süden und Norden von Wayanad besorgt werden können. Die normalen Kosten für die Genehmigung plus Guide liegen bei 1500 ₹ für bis zu fünf Personen, also besser im Voraus schon eine Gruppe zusammenstellen! Das **DTPC-Büro** in Kalpetta organisiert auch Trekking Guides und den

Wayanad

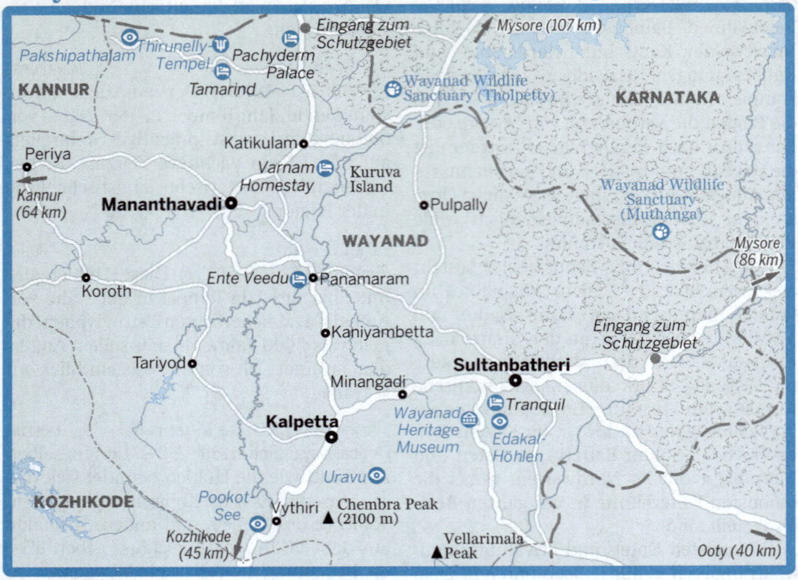

Transport, außerdem sanfte Raftingausflüge in aufblasbaren Booten (halb-/ganztägiger Trip 2500/5000 ₹ für 6 Pers.).

Kannur Ayurvedic Centre AYURVEDA
(☎ 0436203001; www.ayurvedawayanad.com; Kalpetta; Massage ab 500–800 ₹, Yoga & Meditation 750 ₹; ⏲ Yogakurse 6–7 Uhr) In dieser exzellenten, kleinen, von der Regierung zertifizierten und einer Familie geführten Klinik in den grünen Seitenstraßen von Kalpetta werden ayurvedische Verjüngungs- und Heilanwendungen angeboten. Unterkunft und Yogakurse sind ebenfalls erhältlich.

Schlafen & Essen

PPS Tourist Home HOTEL $
(☎ 04936203431; www.ppstouristhome.com; Kalpetta; EZ/DZ 250/400 ₹, DZ mit Klimaanlage 900 ₹; ❄) In dieser freundlichen Budgetunterkunft inmitten von Kalpetta erwarten die Gäste ziemlich saubere Zimmer in einem motelähnlichen Anwesen, außerdem ein Restaurant mit internationaler Küche und eine Bar. Die freundliche Hotelleitung organisiert Trips durch Wayanad.

★ **Varnam Homestay** HOMESTAY $$
(☎ 04935215666; www.varnamhomestay.com; Kadungamalayil House, Payyampally; inkl. Mahlzeiten 1000 ₹/Pers.; 📶) Diese friedliche und ruhige Oase liegt nur ein paar Kilometer von Katikulam entfernt im nördlichen Wayanad und ist eine ganz bezaubernde Unterkunft. Varghese und Beena versorgen ihre Gäste mit Geschichten über Wayanad, regionalen Informationen und köstlicher Hausmannskost. Die vier Zimmer in dem traditionellen Haus der Familie sind einfach, aber gemütlich, und das Anwesen ist von Dschungel und Gewürzplantagen umgeben. Fahrten durch den Wald und Wanderungen zu den Stammesdörfern können organisiert werden.

Pachyderm Palace PENSION $$
(☎ Reservierungen 04842371761; touristdesk@satyam.net.in; Tholpetty; EZ/DZ inkl. Mahlzeiten 1250–2500 ₹, Baumhaus 2500 ₹) Dieses schöne alte Kerala-Haus liegt gleich vor den Toren von Tholpetty, was besonders für frühmorgendliche Wanderungen, Touren und Tierbeobachtungen praktisch ist. Zu den unterschiedlichen Zimmern gehören auch zwei separate Stelzenbungalows, „Baumhäuser", die vom Wald und einer weiteren separaten Hütte umgeben sind. Venu ist ein hervorragender Koch und sein Sohn Dilip ein toller Guide, der Wanderungen in die Dörfer und Berge organisiert.

Ente Veedu HOMESTAY $$
(☎ 04935220008; www.enteveedu.co.in; Panamaram; Zi. inkl. Frühstück 2500–3500 ₹; @) Diese Privatunterkunft liegt isoliert und in einer

bezaubernden Lage mit Blick auf die ausgedehnten Bananenplantagen und Reisfelder auf halbem Weg zwischen Kalpetta und Mananthavadi und ist einen Besuch definitiv wert. Mehrere große Zimmer und zwei mit Bambus verkleidete Räume mit privaten Balkonen, Hängematten und Korblounges stehen zur Verfügung, um den sensationellen Ausblick zu genießen. Vegetarisches/nicht-vegetarisches Mittag- und Abendessen kosten 200/250 ₹.

Tamarind HOTEL **$$**
(☎ 04935210475; tamarindthirunelly@ktdc.com; Thirunelly; DZ mit Klimaanlage 1400 ₹, Suite 2000 ₹; ❄@) In einer bezaubernden Lage, 750 m vom Thirunelly-Tempel. Die abgelegene KTDC-Unterkunft bietet Ausblick auf den Wald und die Berge. Das Ganze wirkt ein wenig müde, ist aber seinen Preis wert und hat ein gutes Restaurant.

Haritagiri HOTEL **$$**
(☎ 04936203145; www.hotelharitagiri.com; Kalpetta; EZ/DZ inkl. Frühstück 1100/1400 ₹, mit Klimaanlage ab 1400/1800 ₹; ❄📶🏊) Diese gemütliche Unterkunft der mittleren Preisklasse liegt ein wenig abseits der hektischen Hauptstraßen von Kalpetta. Einige der Zimmer mit lebhaften Orange-, Grün- und Blautönen haben vom Balkon aus einen schönen Ausblick über die Vegetation der Stadt. Es gibt zwei gute Restaurants, ein Fitnessstudio, eine Bar und ein ayurvedisches „Dorf" auf dem Gelände.

Isaac's Hotel Regency HOTEL **$$**
(☎ 04936220512; www.issacsregency.com; Sultanbatheri; EZ/DZ/3BZ 1000/1400/1600 ₹, mit Klimaanlage ab 1400/1800/2000 ₹; ❄@🏊) Dieses ruhige, routinierte und nüchterne Hotel ist die erste Wahl der kunterbunten Reihe an Hotels in Sultanbatheri. Die Zimmer in dem U-förmigen Gebäude sind riesig und relativ sauber. Die Luxuszimmer unterscheiden sich eigentlich nur im Preis von den Standardvarianten.

★ **Tranquil** HOMESTAY **$$$**
(☎ 04936220244; www.tranquilresort.com; Kuppamudi Estate, Kolagapara; Vollpension EZ/DZ ab 10 101/13 750 ₹, Baumhaus 13 000/17 900 ₹, Baumvilla 14 850/19 500 ₹; 🏊) Diese wunderbar gelassene und exklusive Privatunterkunft liegt inmitten von 160 saftigen Hektar Pfeffer-, Kaffee-, Vanille- und Kardamomplantagen. Das elegante Haus hat drei atemberaubende Verandas voller Pflanzen und schöner Möbel, und die zwei Baumhäuser sind wahrscheinlich die besten im ganzen Land. Das romantischste bietet grandiose Blicke durch Panoramafenster, durch das Badezimmer wächst ein Ast. Ein Netzwerk an gekennzeichneten Wanderwegen schlängelt sich um die Plantagen.

ℹ Praktische Informationen

Das **DTPC-Büro** (☎ 04936202134; www.dtpcwayanad.com; Kalpetta; ⏲ Mo–Sa 10–17 Uhr) in Kalpetta hilft einem beim Organisieren von Touren, Genehmigungen und Wanderungen. In Kalpetta und Sultanbatheri gibt's UAE-Exchange-Büros, und in allen drei großen Städten findet man Geldautomaten der Federal und der Canara Bank, außerdem ein paar vereinzelte Internetcafés.

ℹ An- & Weiterreise

BUS

Trotz seiner ruhigen Lage ist Wayanad leicht von Calicut und Kannur in Kerala und aus Mysore (Karnataka) und Ooty (Tamil Nadu) zu erreichen. Busse trotzen alle 15 Minuten den kurvigen Straßen, darunter neun spektakuläre Haarnadelkurven, zwischen Calicut und Kalpetta (35 bis 50 ₹, 2 Std.). Einige fahren weiter bis nach Sultanbatheri (55 ₹, 3 Std.) und andere nach Mananthavadi (64 ₹, 3 Std.). Stündlich fahren Busse zwischen Kannur und Mananthavadi (55 ₹, 2½ Std.). Aus Sultanbatheri fährt um 8 Uhr ein Bus nach Ooty (76 ₹, 4 Std.), ein zweiter fährt um 13 Uhr durch die Stadt. Busse nach Mysore (101 bis 141 ₹, 3 Std.) fahren ca. alle 30 Minuten ab. Es gibt mindestens zwei Verbindungen am Tag nach Mysore (85 bis 90 ₹, 3 Std.) auf der alternativen, nördlichen Route aus Mananthavadi.

ℹ Unterwegs vor Ort

Wayanad ist ziemlich weitläufig, aber Mananthavadi, Kalpetta und Sultanbatheri werden tagsüber alle 10 bis 20 Minuten von unzähligen privaten Bussen miteinander verbunden (15 ₹ bis 25 ₹, 45 Min. bis 1 Std.). Ab Mananthavadi, fahren regelmäßig Busse nach Tholpetty (15 ₹, 1 Std.). Jeeps oder Taxis für die Fahrt von einer Stadt zur nächsten werden für 500 bis 700 ₹ pro Strecke verliehen. Pro Tag zahlt man 2000 ₹ dafür, ein Fahrzeug auszuleihen, um die ganze Region zu bereisen.

Es gibt Unmengen an Autorikschas und Taxis für kurze Strecken innerhalb der Städte.

Kannur & Umgebung

☎ 0497 / 1,6 MIO. EW.

Der Hauptanziehungspunkt in dieser Küstengegend sind die unerschlossenen Strände und verzaubernden *theyyam*-Rituale. Unter

THEYYAM

Keralas beliebteste rituelle Kunstform ist *theyyam*. Es wird angenommen, dass das Ritual älter ist als der Hinduismus und auf volkstümliche Tänze zurückgeht, die bei Erntefesten aufgeführt wurden. Das Ritual ist stark ortsgebunden und wird in *kavus* (heiligen Hainen) in ganz Nord-Kerala praktiziert.

Theyyam bezeichnet sowohl die Gestalt der dargestellten Gottheit bzw. des dargestellten Helden als auch das eigentliche Ritual. Es gibt rund 450 verschiedene *theyyams*, jeweils mit einem speziellen Kostüm. Gesichtsbemalung, Armreifen, Brustplatten, Röcke, Girlanden und besonders der Kopfschmuck, manchmal bis zu 6 oder 7 m hoch, sind elaboriert und fein gearbeitet.

Während des Rituals verlieren die Darsteller ihre eigene körperliche Identität und nehmen die Identität der jeweiligen Gottheit an, die sie darstellen. Sie sprechen zu den Anhängern, tanzen und segnen diese, als wären sie selbst die Gottheiten. Durch die ekstatischen Bewegungen und das wilde Trommeln entsteht eine Atmosphäre, in der sich die Gottheit, wenn sie denn will, in menschlicher Form zeigt.

Jedes Jahr von Oktober bis Mai finden in jedem der unzähligen *kavus* solche Rituale statt. Oft werden *theyyams* auch bei wichtigen Ereignissen wie Hochzeiten und Einweihungen als Glücksrituale abgehalten.

Die Dorftempel der Kannur-Region im nördlichen Kerala sind die besten Orte, um *theyyam* zu erleben, am regelmäßigsten von Ende November bis Mitte April.

Obwohl Touristen gerne teilnehmen dürfen, sollte man sich darüber klar sein, dass dies keine Tanzvorführung ist, sondern ein religiöses Ritual. Die gewöhnlichen Verhaltensregeln der Tempel gelten: angemessen kleiden, Teilnehmer und Dorfbewohner nicht stören, öffentlich keine Gefühle zeigen! Fotografieren ist erlaubt, aber besser ohne Blitz.

den Radschas von Kolathiri galt Kannur (Cannanore) als bedeutender Hafenort für den internationalen Handel. Der Entdecker Marco Polo nannte die Stadt „ein großes Emporium des Gewürzhandels". Seitdem haben die üblichen kolonialen Verdächtigen, darunter die Portugiesen, Niederländer und Briten, bei der Entwicklung der Region ihre Hand im Spiel gehabt. Heute ist die Stadt kaum spannend, aber ganz nett und hauptsächlich für gewebte Waren und den Handel mit Cashewnüssen bekannt.

Die Strände südlich und nördlich von Kannur – einige der schönsten in Kerala – und die wachsende Anzahl an Homestays sind die Hauptattraktionen. Während der Monsunzeit kann man hier aufgrund der aufgewühlten See allerdings nicht schwimmen. Die Gegend ist vorwiegend muslimisch, also sollte man Rücksicht nehmen und am Strand einen Sarong über dem Bikini tragen.

Sehenswertes & Aktivitäten

Kannurs Hauptstrand ist der 4 km lange **Payyambalam Beach**, der etwa 1,5 km östlich des Bahnhofs beginnt, gleich hinter den Militärunterkünften.

St. Angelo Fort FESTUNG
(9–18 Uhr) Es waren die Portugiesen, die die Festung St. Angelo im Jahr 1505 aus glänzend rotem Lateritstein auf einer Landzunge ein paar Kilometer südlich der Stadt erbauten

Loknath Weavers' Co-Operative HANDWERKSKUNST
(2726330; Mo–Sa 8.30–17.30 Uhr) Dies ist eine der ältesten Genossenschaften in Kannur. Sie wurde 1955 gegründet und befindet sich in einem großen Gebäude, in dem eifrig die Webstühle klackern. Man kann für eine schnelle (kostenlose) Führung reinschauen und das kleine Geschäft besuchen, das die Früchte der Arbeit präsentiert. Die Kooperative liegt 4 km südlich von Kannur.

Kerala Dinesh Beedi Co-Operative HANDWERKSKUNST
(2835280; www.keraladinesh.com; Di–Sa 8–18 Uhr) Die Region ist auch für die Herstellung von *beedis* bekannt, winzigen indischen Zigaretten, die geschickt in grüne Blätter eingerollt sind. Diese Kooperative ist einer der größten und – wie man sagt – besten Hersteller. Die Fabrik steht in Thottada, 7 km südlich von Kannur und etwa 4 km vom Strand in Thottada entfernt. Ein gelernter Arbeiter kann bis zu 1000 Zigaretten am Tag drehen! Die Autorikscha kostet für den Hin- und Rückweg von Kannur aus etwa 100 ₹.

Theyyam-Rituale RELIGION

Die Kannur-Region eignet sich bestens dafür, das Ritual der „Geistesbesessenheit" zu beobachten. An den meisten Abenden im Jahr findet in einem der vielen Dorftempel irgendwo in der Umgebung ein *theyyam*-Ritual statt. Wenn man mehr darüber erfahren möchte, kontaktiert man Kurien in der Pension Costa Malabari oder man fragt in der eigenen Unterkunft nach.

Kerala Folklore Academy KUNSTSCHULE

(☎04972778090; http://keralafolkloreakademy.com; Chirakkal) In dieser Akademie in der Nähe von Chirakkal Pond Valapattanam, etwa 6 km nördlich von Kannur, kann man leuchtend bunte Folklorekostüme von Nahem bewundern und manchmal sogar eine Vorführung mit ansehen.

Schlafen & Essen

Obwohl es in Kannur viele Hotels gibt, übernachtet man am besten in Honmestays in der Nähe des Strands in Thottada (8 km südlich) oder in Richtung Thalassery.

Kannur Town

Hotel Meridian Palace HOTEL $

(☎2761676; www.hotelmeridianpalace.com; Bellard Rd; EZ ab 300/400 ₹, mit Klimaanlage ab 900–1000 ₹) In der Gegend um den Markt, gegenüber vom Hauptbahnhof, liegt diese wenig prunkvolle, aber ziemlich freundliche Unterkunft, die eine Fülle an sauberen Budgetzimmern anbietet. Zum Haus gehört ein Punjabi-Restaurant.

Mascot Beach Resort HOTEL $$

(☎2708445; www.mascotresort.com; DZ 1350 ₹, mit Klimaanlage ab 1800 ₹, Suite 4500 ₹; ❄@📶🏊) Alle Zimmer in diesem kompakten Hotel der mittleren Preisklasse sind mit Meerblick. Es steht am kleinen, steinigen Baby Beach. Die Ausstattung ist gut, inklusive Pool und Restaurant.

Thottada Beach & Umgebung

★ **Blue Mermaid Homestay** HOMESTAY $$

(☎9497300234; www.bluemermaid.in; Thottadda Beach; Vollpension EZ/DZ 1850/2700 ₹, DZ mit Klimaanlage 3200 ₹; ❄) Das charmante und blitzsaubere Blue Mermaid besticht durch seine Toplage zwischen Palmen mit Blick auf Thottada Beach. Es gibt Zimmer in einem traditionellen Haus und helle, klimatisierte Räume in einem hübschen neuen Gebäude, außerdem eine charaktervolle „Flitterwochen-Hütte" auf Stelzen. Die freundlichen jungen Gastgeber kochen Kerala-Speisen für die Gäste.

Costa Malabari PENSION $$

(☎09447775691, Reservierungen 0484237 1761; touristdesk@satyam.net.in; Thottada Beach; EZ/DZ inkl. Mahlzeiten 1500/2750 ₹, DZ mit Klimaanlage 3000 ₹; ❄📶) Umgeben von sattem Grün gleich oberhalb vom Strand liegt das Costa Malabari, das den Startschuss für den Tourismus in dieser Gegend abgab. Die geräumigen Zimmer befinden sich in einer alten Handwebstuhlfabrik, die Gemeinschaftsräume und gemütlichen Lounges unter freiem Himmel. Zusätzlich werden noch Zimmer in zwei anderen Gebäuden angeboten. Das hausgemachte Kerala-Essen ist sättigend, abwechslungsreich und köstlich. Kurien, der die Pension betreibt, ist ein Experte für *theyyam*-Rituale und bei der Organisation eines Besuchs behilflich.

Waves Beach Resort HOMESTAY $$

(☎9447173889; EZ/DZ inkl. Mahlzeiten 1250/2500 ₹; 📶) Wer nicht vom Geräusch der donnernden Wellen in den Schlaf geschaukelt wird, der wird wahrscheinlich von ihnen wachgehalten in diesen extrem niedlichen, sechseckigen Lateritsteinhütten mit Blick auf einen halb-privaten kleinen Halbmondstrand. Es gibt vier Zimmer (zwei oben, zwei unten). Die freundlichen Besitzer vermieten außerdem Zimmer in zwei anderen, nahe gelegenen Unterkünften, darunter günstigere Zimmer in einem alten Kerala-Haus.

Kannur Beach House HOMESTAY $$

(☎04972708360, 9847184535; www.kannurbeachhouse.com; Thottada Beach; EZ/DZ 2200/3000 ₹) In dem traditionellen Kerala-Gebäude, einer originellen Strandunterkunft, sind die Zimmer mit schönen Holzfensterläden ausgestattet, sehen allgemein aber etwas abgewohnt aus. Trotzdem kann man hier sensationelle Sonnenuntergänge über dem Meer vom Balkon oder der Terrasse aus beobachten. Frühstück und Abendessen sind im Preis inbegriffen.

Ezhara Beach House HOMESTAY $$

(☎04972835022; www.ezharabeachhouse.com; 7/347 Ezhara Kadappuram; EZ/DZ inkl. Mahlzeiten 1250/2500 ₹; 📶) Am unberührten Kizhunna-Ezhara-Strand und auf halbem Weg zwischen den Bahnhöfen von Kannur und Thalassery (jeweils 11 km) liegt das blaue Ezhara Beach House, das von der gradlinigen Hyacinth geführt wird. Die fünf Zimmer

ABSEITS DER ÜBLICHEN PFADE

VALIYAPARAMBA BACKWATERS

Wer dem boomenden Kommerz rund um Alappuzha entkommen will, sollte es bei den so genannten nördlichen Backwaters probieren, sie sind eine wirklich gute Alternative. Dieses riesige Gewässer, das von fünf Flüssen gespeist wird und an unwirklich grünes Land grenzt, wird von Reihen schwankender Palmen gesäumt. Eine der am nächsten gelegenen Städte ist **Payyanur**, 50 km nördlich von Kannur. In Payyanur kann man eine Fähre ab Kotti nehmen, wo der KSWTD mehrere regionale Fähren zu den umliegenden Inseln betreibt. Zu Fuß läuft man vom Bahnhof in Payyanur in nur fünf Minuten zum Bootsanleger von Kotti. Die zweieinhalbstündige Bootsfahrt (10 ₹) endet am Anleger von Ayitti, das 8 km nördlich von Payyanur liegt. Von dort geht eine Fähre zurück nach Kotti/Payyanur.

Man kann übernachten, z. B. im winzigen **Valiyaparamba Retreat** (☎2371761; www.touristdesk.in/valiyaparambaretreat.htm; DZ Vollpension 3000 ₹), ein abgelegener Ort 3 km vom Anleger in Ayitti entfernt. Hier gibt's zwei einfache Zimmer und zwei Bungalows auf Stelzen direkt an einem leeren, goldenen Sandstrand. Der Tourist Desk in Kochi (S. 334) veranstaltet aber auch **Tagestrips** (⏲ inkl. Mittagessen 600 ₹/Pers.) für Gruppen von vier bis 15 Personen auf einem traditionellen Hausboot, das durch die Valiyaparamba Backwaters schippert.

Etwa 22 km südlich von Bekal befindet sich der **Bekal Boat Stay** (☎04672282633, 9447469747; www.bekalboatstay.com; Kottappuram, Nileshwar), einer der wenigen Veranstalter in der Gegend, der **Hausbootsfahrten** (2/4 Pers. pro 24 Std. 8500/10 500 ₹) in den Backwaters von Valiyaparamba über Nacht anbietet. Sonnenuntergangs-/Tagesfahrten (3000/6000 ₹ für bis zu 6 Pers.) sind ebenfalls im Programm. Das Unternehmen befindet sich etwa 2 km von Nileshwar entfernt – einfach einen der Busse zwischen Kannur und Bekal nehmen und von Nileshwar aus mit der Autorikscha weiterfahren (20 ₹).

sind einfach und klein, aber das Haus hat Charakter und es gibt eine Terrasse, auf der man sitzen, aufs Meer blicken und hausgemachte Gerichte genießen kann.

ℹ Praktische Informationen

Das **DTPC-Büro** (☎2706336; www.dtpckannur.com; ⏲Mo–Sa 10–17 Uhr) gegenüber von der KSRTC-Bushaltestelle gibt einfache Pläne von Kannur aus. Gleich neben der Haltestelle gibt's Geldautomaten der Federal Bank und der State Bank of India. **UAE Exchange** (☎2709022; Fort Rd, Stadtzentrum; ⏲Mo–Sa 9.30–18, So 11–13 Uhr) tauscht Reiseschecks und Bargeld. Das Büro liegt im Einkaufszentrum in der Stadt, fünf Minuten vom Bahnhof entfernt.

ℹ An- & Weiterreise

BUS

Kannur hat mehrere Bushaltestellen, aber der riesige **zentrale Busbahnhof** – der größte in Kerala – ist der Ort, an dem die privaten und staatlichen Langstreckenbusse abfahren. Er liegt etwa 500 m südöstlich vom Bahnhof. Manche der staatlichen Busse nutzen auch die **KSRTC-Bushaltestelle** an der Caltex Junction, 1 km nordöstlich vom Bahnhof.

Es gibt eine tägliche Verbindung nach Mysore (190 ₹, 8 Std., 5-mal tgl.), Mangalore (92 ₹, 4 Std., 2-mal tgl.), Madikeri (63 ₹, 2½ Std., 11 Uhr) und Mananthavadi (55 ₹, 2½ Std., stündl.) bis Wayanad. Es gibt pro Tag eine Verbindung nach Ooty (über Wayanad, 171 ₹, 9 Std., 22 Uhr).

Zum Thottada Beach fährt Bus 29 (7 ₹) von der Plaza Junction, gegenüber vom Bahnhof. Aussteigen muss man am Dorf Adikatalayi.

ZUG

Es gibt täglich mehrere Zugverbindungen nach Calicut (2. Klasse/AC chair 67/205 ₹, 1½ Std.), Mangalore (Sleeper/3AC/2AC 140/283/625 ₹, 3 Std.) und Ernakulam (166/420/625 ₹, 6½ Std.).

Bekal & Umgebung

☎0467

Bekal und das nahe gelegene Palakunnu sowie Udma ganz im Norden Keralas besitzen einige lange, weiße Sandstrände, die sich für Erkundungstouren anbieten. In dem Gebiet entstehen schrittweise immer mehr glitzernde Fünf-Sterne-Resorts, die auf frisch vom Golf kommende Millionäre ausgerichtet sind. Trotzdem lohnt sich der Trip noch für Abenteurer, die die Strände noch sehen wollen, bevor sie in die Hände von Bauunternehmern geraten.

Das aus Laterit-Ziegeln zwischen 1645 und 1660 erbaute **Fort Bekal** (Inder/Ausländer

5/100 ₹; ⌚8–17 Uhr) steht auf Bekals felsiger Landzunge und beherbergt einen kleinen Hindu-Tempel und jede Menge Ziegen. Der **Bekal Beach** (Zutritt 5 ₹) direkt daneben umfasst einen grasbewachsenen Park und einen langen, schönen Strand, der sich am Wochenende und an Feiertagen in einen Zirkus verwandelt, wenn die einheimischen Familien hier ihre Freizeit verbringen. Der isolierte **Kappil Beach**, 6 km nördlich von Bekal, ist ein wunderschöner, einsamer Strand mit feinem Sand und ruhigem Wasser. Achtung: Die Sandbänke verändern ihre Position!

Es gibt viele billige Hotels von minderer Qualität zwischen Kanhangad (12 km südlich) und Kasaragod (10 km nördlich), aber auch ein paar gute Ausnahmen.

Gitanjali Heritage HOMESTAY $$
(☎9447469747, 04672234159; www.gitanjaliheritage.com; EZ/DZ Vollpension 3500/5000 ₹; @) Diese herrliche Unterkunft liegt inmitten von Reisfeldern tief zwischen den Binnendörfern von Kasaragod versteckt. Das lauschige alte Gebäude befindet sich nur 5 km von Bekal entfernt, und seine gemütlichen Zimmer sind mit alten Möbelstücken und poliertem Holz ausgestattet.

★ **Neeleshwar Hermitage** RESORT $$$
(☎04672287510; www.neeleshwarhermitage.com; Ozhinhavalappu, Neeleshwar; EZ/DZ Hütten ab 10 600/12 600 ₹, mit Meerblick 16 000/17 300 ₹; 📶) Dieses spektakuläre Ökoresort direkt am Strand besteht aus 16 wunderschön gestalteten Hütten mit Strohdächern, die Kerala-Fischerhütten nachempfunden wurden, aber mit modernem Komfort wie iPod-Aufladestationen ausgestattet sind – natürlich hat da auch der Preis fünf Sterne. Nach den Prinzipien des keralesischen Vastu (eine Art indisches Feng Shui) erbaut, verfügt das Resort über einen Infinity Pool mit Blick aufs Meer und beinahe 5 ha Garten, der nach Frangipani duftet. Dazu gibt es tolles Bio-Essen und ayurvedische Massagen, Meditationen und Yoga-Programme.

ℹ Anreise & Unterwegs vor Ort

Ein paar Regionalbahnen halten am Bahnhof in Fort Bekal, rechts vom Strand. Kanhangad, 12 km weiter südlich, ist ein wichtiger Bahnhof, während Kasaragod, 10 km weiter nördlich, die größte Stadt der Region ist. Regelmäßig verkehren Busse zwischen Bekal und Kanhangad sowie Kadaragod (ca. 10 ₹, 20 Min.), von wo aus man Züge nach Mangalore oder Richtung Süden nach Kochi nehmen kann. Eine Autoriksch von der Bekal Junction zum Strand von Kappil kostet etwa 50 ₹.

LAKSHADWEEP

64 500 EW.

Lakshadweep umfasst eine Reihe von 36 mit Palmen bedeckten und von weißem Sand umrandeten Koralleninseln, 300 km von der Küste Keralas entfernt, und ist ebenso beeindruckend wie einsam. Nur zehn der Inseln sind bewohnt, meist von sunnitischen Muslimen, die als Fischer arbeiten. Fremde dürfen nur auf ein paar der Inseln übernachten. Das Leben hier ist mit seinen zwei wichtigsten Einnahmequellen, dem Fischen und der Kokosbastproduktion, sehr traditionell geblieben, und das Kastensystem unterteilt die Inselbewohner in Koya (Landbesitzer), Malmi (Segler) und Melachery (Bauern).

Die wahre Attraktion der Inseln befindet sich unter Wasser: die 4200 km² unberührter Archipel-Lagunen, einsame Korallenriffe und das warme Wasser sind ein Highlight für mit Flossen bewaffnete Traveller und ambitionierte Taucher.

Lakshadweep kann nur im Rahmen zuvor organisierter Packages besucht werden. Zur Zeit der Recherche waren die Resorts auf den Inseln Kadmat und Minicoy für Touristen geöffnet – bei den meisten Packages übernachtet man im Boot. Sie beinhalten die Überfahrt ab Kochi, Besuche auf den Inseln, Wassersport und Tauchen. Inbegriffen sind auch Genehmigungen und Mahlzeiten.

TAUCHEN

Lakshadweep ist ein Traum für Taucher mit exzellenter Unterwassersicht und einer unglaublichen Vielzahl an Meeresbewohnern, die in den Korallenriffen leben. Die beste Zeit für Tauchausflüge ist von November bis Mitte Mai, dann ist das Meer still und man sieht 20 bis 40 m weit.

Dive Lakshadweep (☎94460 55972; http://divelakshadweep.com; Agatti Island; einzelner Tauchgang 3000 ₹, PADI-Open-Water-Kurse 24 000 ₹) befindet sich auf Agatti Island und bietet verschiedene PADI-Kurse an, z. B. Discover Scuba (1700 ₹): Tauchgänge für Anfänger. Zur Zeit der Recherche war Ausländern der Zutritt zu Agatti Island leider nicht erlaubt, sie konnten diesen Anbieter aufgrund von Streitigkeiten mit der Verwaltung von Lakshadweep also nicht nutzen. Die Situation wird sich aber wahrscheinlich wieder ändern.

Die Pakete können über SPORTS organisiert werden.

Praktische Informationen

SPORTS (Society for the Promotion of Recreational Tourism & Sports; ☎ 9495984001, 04842668387; www.lakshadweeptourism.com; IG Rd, Willingdon Island; ⊙ Mo–Sa 10–17 Uhr) ist die größte Organisation, die Touristen berät und Packages anbietet.

GENEHMIGUNGEN

Zur Zeit der Recherche, durften Ausländer nur in den staatlichen Resorts auf den Inseln Kadmat und Minicoy wohnen, aber Agatti (mit privatem Resort und dem einzigen Flughafen), Kavaratti und Bangaram sollten demnächst wieder geöffnet werden. Bei SPORTS nachfragen! Für jeden Besuch benötigt man eine spezielle Genehmigung (einen Monat im Voraus), die von Anbietern oder SPORTS in Kochi organisiert werden kann.

An- & Weiterreise

Air India fliegt täglich außer sonntags zwischen Kochi und Agatti Island (ab 7000 ₹ hin & zurück). Der Transport mit dem Boot zwischen Agatti und Kadmat ist in den Packages inbegriffen, das gilt auch für die Fahrt von Kochi zu den Inseln Kadmat und Minicoy. Mehr Details gibt's unter der Kategorie „Tour Packages" auf www.lakshadweeptourism.com.

Kadmat Island

Kadmat Beach Resort (☎ 04844011134; www.kadmat.com; 4 Nächte ab 512 €/Pers.; ❄) Hat 28 moderne Hütten, die von Mint Valley (www.mintvalley.com) vermietet werden. Die Anreise erfolgt per Boot ab Kochi über Nacht oder dienstags und samstags mit dem Bootstransfer ab dem Flughafen auf Agatti.

Minicoy Island

Übernachten kann man auch auf dem abgelegenen Minicoy, der zweitgrößten und den Malediven am nächsten gelegenen Insel. Das **Minicoy Island Resort** (☎ 04842668387; www.lakshadweeptourism.com; EZ/DZ 3000/4000 ₹, mit Klimaanlage 5000/6000 ₹; ❄) besteht aus modernen Hütten und einer Pension mit 20 Zimmern, sie sind Teil des Swaying-Palms- und des Coral-Reef-Pakets von SPORTS.

Tamil Nadu & Chennai

Inhalt ➡

Schönste Tempel

- ➡ Minakshi-Amman-Tempel (S. 413)
- ➡ Brihadishwara-Tempel (S. 402)
- ➡ Sri-Ranganathaswamy-Tempel (S. 406)
- ➡ Arunachaleshwar-Tempel (S. 385)
- ➡ Nataraja-Tempel (S. 397)

Schön übernachten

- ➡ Visalam (S. 411)
- ➡ Les Hibiscus (S. 392)
- ➡ Bungalow on the Beach (S. 398)
- ➡ 180° McIver (S. 430)

Auf nach Tamil Nadu & Chennai!

Tamil Nadu ist die Heimat einer der letzten überlebenden alten Zivilisationen. Sie existiert seit zwei Jahrtausenden und ist noch immer stark mit der tamilischen Sprache, dem Tanz und der Dichtung sowie dem Hinduismus verflochten.

Der Bundesstaat mit dem uralten Handelstalent lebt jedoch keineswegs nur in der Vergangenheit, sondern ist auch sehr dynamisch. Feueranbeter, die sich in einem der spektakulären tamilischen Tempel eben noch ein Tika auf die Stirn gemalt haben, verschwinden kurz darauf in einem IT-Büro, um neue Software zu entwickeln – und entspannen abends in einer Bar im immer moderneren Chennai (Madras).

Und wenn die Hitze und der Lärm einen zu überwältigen drohen, flieht man ans äußerste Ende Indiens, wo sich drei Ozeane treffen, oder in die kühlen Westghats, die mit ihrer Flora und Fauna locken. All das und mehr versteckt sich in diesem Bundesstaat, der sich voller Stolz und sehr deutlich vom Rest Indiens abhebt, der aber gleichzeitig zu den verlockendsten und freundlichsten Gegenden des Landes gehört.

Reisezeit

Chennai

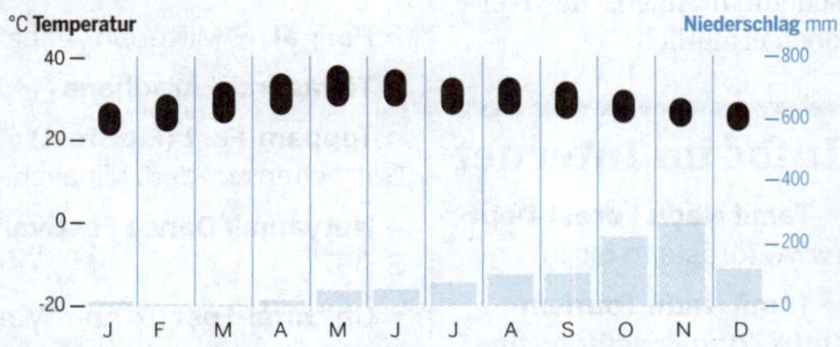

Jan. Das Wetter ist (relativ) kühl, und während der Pongal-Feiern (Erntedank) füllen sich die Straßen.

Juli–Sept. Auch nach der teuren Hochsaison ist das Wetter noch gut, also auf in die Hill Stations!

Nov.–Dez. Bei Vollmond wird das stimmungsvolle Lichterfest gefeiert.

ANKUNFT

Vermutlich landet man am Flughafen von Chennai, wenn man aus Übersee nach Tamil Nadu reist – aber auch Trichy, Madurai und Coimbatore bieten (begrenzt) internationale Verbindungen an. Diese vier Städte sind auch die wichtigsten Eisenbahnknotenpunkte des Bundesstaats.

Kurzinfos

- **Bevölkerung:** 72,1 Mio.
- **Fläche:** 130 058 km²
- **Hauptstadt:** Chennai (Madras)
- **Hauptsprache:** Tamil
- **Übernachtungspreise: $** unter 1000 ₹, **$$** 1000 ₹ bis 5000 ₹, **$$$** über 5000 ₹

Top-Tipp

Wer's eilig hat und noch ein Zugticket braucht, sollte sich an Foreign Tourist Cell im Hauptbahnhof von Chennai wenden – die hilfsbereiteste und effizienteste Anlaufstelle überhaupt: Tickets für ausgebuchte Züge zu Zielen in ganz Indien sind hier auf scheinbar magische Weise doch erhältlich.

Infos im Internet

- **Tamil Nadu Forest Dept** (www.forests.tn.nic.in)
- **Tamil Nadu Tourism** (http://tamilnadutourism.org)
- **Lonely Planet** (www.lonelyplanet.com.au/india)

Essen

Die beliebtesten Gerichte sind vegetarisch, mit jeder Menge Kokos und Chili. Es gibt Dosas, *idlis* (fermentierte Reiskuchen) und *vadas* (frittierte Linsen-Bratlinge), und alles gibt's mit Kokos-Chutney und *sambar* (Linsensoße). Allgegenwärtig sind *uttapam*, herzhafte Reispfannkuchen, zu denen Zwiebeln, grüne Chilis und Koriander gereicht werden. Die südindischen „Menüs" – Thalis auf Reisbasis, Linsengerichte, *rasam* (scharf-saure Tamarinden-Suppe) und Chutneys, oft auf einem Bananenblatt serviert – sind sehr gut. Der größte Exot unter den lokalen Küchen ist das Essen aus der Region Chettinad, südlich von Trichy, das auch in größeren Städten serviert wird. Die Gerichte sind würzig, aber nicht feurig-scharf. Auch wenn hier viel Tee angebaut wird, lieben die Menschen in Tamil Nadu Kaffee: Filterkaffee (mit Milch und Zucker und einem Hauch Zichorie) bekommt man oft leichter als Tee. In den Restaurantpreisen sind Steuern enthalten.

NICHT VERSÄUMEN!

Tamil Nadu verehrt die Götter mit großer Hingabe. Die Tempel begeistern mit spektakulärer Architektur, den bunten Massen von Gläubigen und lauten Festivals. Besucher mit Kunstsinn sollten das Weltkulturerbe-Trio **Thanjavur**, **Darasuram** (nahe Kumbakonam) und **Gangaikondacholapuram** nicht verpassen. Wer ein Spektakel zeitgenössischer Inbrunst erleben will, besucht **Madurai, Chidambaram, Srirangam** (Trichy) und **Tiruvannamalai**. Der Hitze entkommt man in den Hill Stations der kühlen, nebligen **Westghats.** Die Nilgiri Mountain Railway schlängelt sich über fast 2000 m den waldbedeckten Berg hinauf und macht die Reise nach **Ooty** (Udhagamandalam) unvergesslich. **Kodaikanal** ist eine hübsche und unkonventionelle Alternative zu Ooty.

Top-Feste

- **International Yoga Festival** (⏲ 4.–7. Jan., Puducherry, S. 391)
- **Pongal** (⏲ Mitte Jan., ganz Tamil Nadu) Erntedankfest.
- **Thyagaraja Aradhana** (⏲ Jan., Thiruvaiyaru, S. 404)
- **Teppam-Fest (Floßfest)** (⏲ Jan./Feb., Madurai, S. 414) Gottheiten aus dem Minakshi-Tempel machen eine Stadttour.
- **Natyanjali Dance Festival** (⏲ Feb./März, Chidambaram, S. 397)
- **Chithirai-Fest** (⏲ Apr./Mai, Madurai, S. 414) Es wird die Hochzeit von Minakshi und Sundareswarar (Shiva) gefeiert.
- **Karthikai Deepam Festival** (⏲ Nov./Dez.), Lichterfest.
- **Chennai Festival of Music & Dance** (⏲ Mitte Dez.–Mitte Jan., Chennai, S. 363) Fest mit Musik und Tanz des Südens.
- **Mamallapuram Dance Festival** (⏲ Dez.–Jan., Mamallapuram, S. 378) Ein Monat Tanz, Theater und Musik.

Highlights

1 In **Puducherry** (Pondicherry, S. 388) den franko-indischen Stil bestaunen

2 Von **Kodaikanal** (S. 422) oder **Ooty** aus (Udhagamadalam, S. 432) zu den kühlen Wäldern der Westghats hinaufklettern

3 Im **Brihadishwara-Tempel** in Thanjavur (S. 402) die atemberaubende Chola-Architektur bewundern

4 In **Chettinadu** (S. 410) eine Nacht in einer opulenten Villa verbringen.

5 Im **Minakshi-Amman-Tempel** in Madurai (S. 413) die prächtigen Farben des tamilischen Tempellebens in sich aufsaugen

6 Im friedlichen **Tranquebar** (S. 398), einer skurrilen ehemaligen dänischen Kolonie, entspannen

7 Die vielen Gesichter des traditionsbewussten, aber trotzdem immer kosmopolitischeren und moderneren **Chennai** (S. 355) kennenlernen

Geschichte

Die Tamilen betrachten sich selbst als die wichtigsten Stützen für den Erhalt der drawidischen – prä-arisch-indischen – Zivilisation. Als Drawiden werden alle Sprecher einer Sprache aus der drawidischen Sprachfamilie bezeichnet, wobei die vier wichtigsten ihre Wurzeln in Indien haben: Tamil, Malayalam (gesprochen in Kerala), Telugu (Andhra Pradesh) und Kannada (Karnataka). Die südindischen Kulturen und ihre Geschichte weisen große Unterschiede zum arischen Nordindien auf, und die Tatsache, dass die Tamilen ihre Identität in einer ununterbrochenen Linie bis ins klassische Altertum zurückverfolgen können, macht sie außerordentlich stolz.

Obwohl sich die Drawiden schon vor langer Zeit im Süden ansiedelten, existierten einige Bestandteile der drawidischen Kultur – etwa der meditierende Gott im Lotussitz, die vielleicht erste Darstellung eines Ur-Yogis – bereits vor 4000 Jahren in den frühen Indus-Zivilisationen im Nordwesten Indiens. Ob die drawidische Kultur vor dem Auftauchen der arischen Kulturen im Norden (2. Jt. v. Chr.) bereits in ganz Indien verbreitet war und ob sich die Drawiden nur deshalb im Süden ansiedelten, weil die Arier sie aus dem Norden vertrieben, ist noch immer Gegenstand der Diskussion. Es besteht jedoch kein Zweifel daran, dass es den Kulturen Südindiens durch die große Distanz möglich war, sich über 2000 Jahre hinweg ohne große Störungen durch nördliche Einflüsse oder Invasionen zu entwickeln.

Die tamilische Sprache war in Tamil Nadu bereits im 3. Jh. v. Chr., dem ungefähren Beginn der Sangam-Zeit, gut etabliert, als nämlich tamilische Dichter die klassischen Werke jener Literatur verfassten, die heute als Sangam-Literatur bezeichnet wird. Romantische Erzählungen aus dieser Ära beschreiben die Region unter dem Einfluss der Dichter-Könige, und ein Besucher der damaligen Zeit behauptete gar, die Tamilen würden Rosenblätter jederzeit Gold vorziehen.

Die Sangam-Ära dauerte bis ins Jahr 300 an, wobei drei große tamilische Dynastien in verschiedenen Teilen von Tamil Nadu („Land der Tamilen") aufstiegen: die frühen Cholas im Zentrum, die Cheras im Westen und die Pandyas im Süden.

Im 7. Jh. hatten die Pallavas, ebenfalls Tamilen, ihr Reich mit dem Regierungssitz in Kanchipuram aufgebaut. Es erstreckte sich von Tamil Nadu bis nach Andhra Pradesh im Norden. Die Pallavas zeichnen für die grandiosen Felsreliefs von Mamallapuram verantwortlich und errichteten darüber hinaus auch die ersten frei stehenden Tempel der Region.

Später folgten die mittelalterlichen Cholas (deren Verbindung zu den frühen Cholas jedoch recht unklar ist). Der Sitz der Cholas befand sich im Kaveri-Tal im Zentrum von Tamil Nadu. Zu ihrer Blütezeit herrschten sie auch über Sri Lanka und die Malediven sowie über den Großteil Südindiens. Sie weiteten schließlich ihr Einflussgebiet bis nach Südostasien aus und verbreiteten die tamilischen Ideen von Reinkarnation, Karma und

DER STOLZ DER DRAWIDEN

Schon vor der Unabhängigkeit Indiens im Jahr 1947 wetterten tamilische Politiker gegen das Kastenwesen (das in ihren Augen hellhäutige Brahmanen bevorzugte) und gegen die Sprache Hindi (sie betrachteten sie als nordindischen Kulturimperialismus). Die „Selbstachtungs-Bewegung" und die „Gerechtigkeitspartei", die vom Marxismus beeinflusst wurden, vermischten allgemeine südindische Werte mit der Rhetorik des Klassenkampfes und brachten tamilische Parteien hervor, die auch heute noch die stärksten politischen Kräfte in Tamil Nadu bilden. In den ersten Jahrzehnten nach der Unabhängigkeit bildete sich sogar eine Bewegung für eine unabhängige drawidische Nation, die die vier größten südindischen Völker vereinen sollte. Heute beschränkt sich die drawidische Politik jedoch größtenteils auf Tamil Nadu, und die Parteien werden oft von ehemaligen Filmstars angeführt.

Während des Konflikts im nahen Sri Lanka verteidigten viele tamilische Politiker in Indien lautstark die Tamil Tigers, jene Organisation, die Rajiv Gandhi 1991 in einem Dorf nahe Chennai mit einem Attentat getötet hatte. Auch heute noch hegen die ansonsten recht toleranten Tamilen noch starke Vorurteile gegen alles Singhalesische.

Im gesamten Bundesstaat tragen männliche Politiker ein weißes Hemd und einen weißen *mundu* (Sarong), die offizielle Uniform des tamilischen Nationalstolzes.

Yogi-Praktiken auch dort. Diese „Fremdbestäubung“ brachte architektonische Wunder wie Angkor Wat, den intellektuellen Reifeprozess des balinesischen Hinduismus und einen großen Teil der Philosophie des klassischen Buddhismus hervor.

Die Cholas verhalfen der drawidischen Architektur zu neuen Höhen – etwa bei den wundervollen, mit Türmen versehenen Tempeln von Thanjavur und Gangaikondacholapuram. Außerdem bescherten sie der Kunst des Bronzegusses ihren Höhepunkt, vor allem mit ihren Darstellungen von Shiva als Nataraja, dem kosmischen Tänzer. *Gopurams*, die hohen Türme der Tempeltore, sind heute charakteristisch für Tamil Nadu und gehen auf die späte Chola-Zeit zurück.

Ende des 14. Jhs. stand der größte Teil Tamil Nadus unter dem Einfluss des Vijayanagar-Reichs mit Sitz in Hampi in Karnataka. Als der Staat von Vijayanagar im 16. Jh. schwächer wurde, gründeten einige der örtlichen Gouverneure, die Nayaks, starke unabhängige Königreiche; die wichtigsten waren Madurai und Thanjavur. Die Bildhauer der Vijayanagar und Nayaks schufen unglaublich detaillierte Statuen und Reliefs in zahlreichen tamilischen Tempeln.

Im 16. Jh. erkundeten die ersten Europäer die tamilischen Gefilde, nämlich, als sich die Portugiesen in San Thome ansiedelten. Niederländer, Briten, Franzosen und Dänen folgten im 17. Jh. und schlossen Abkommen mit örtlichen Herrschern, um Handelskolonien an der Küste zu errichten. Schließlich kämpften die in Madras (dem heutigen Chennai) angesiedelten Briten und die Franzosen in Pondicherry (Puducherry) um die Vorherrschaft unter den kolonialen Rivalen. Am Ende entschieden die Briten die drei Karnatischen Kriege, die zwischen den beiden europäischen Mächten und wechselnden Allianzen mit indischen Prinzen im Zeitraum zwischen 1744 und 1763 ausgetragen wurden, für sich. Gegen Ende des 18. Jhs. war die britische Herrschaft über den Löwenanteil des Landes der Tamilen schließlich gesichert.

Das Gebiet, das die Briten von Madras aus regierten – die Präsidentschaft Madras – schloss auch Teile von Andhra Pradesh, Kerala und Karnataka ein. Dieses Arrangement hatte auch nach der indischen Unabhängigkeit von 1947 noch Bestand, bis in den 1950er-Jahren die vier heutigen südlichen Bundesstaaten entsprechend der sprachlichen Grenzen geschaffen wurden.

CHENNAI (MADRAS)

☎ 044 / 7,7 MIO. EW.

Die „Hauptstadt des Südens“ war dank der glühenden Hitze in der Region und des dröhnenden Verkehrslärms sowie der eher spärlich gesäten Sehenswürdigkeiten schon immer die weniger attraktive Schwester unter den vier größten Städten Indiens. Für viele Besucher ist sie nicht nur ein Reiseziel, sondern ebenso ein Ausgangspunkt für diverse Touren. Wer hier notgedrungen einen Zwischenstopp einlegen muss, sollte auf jeden Fall einen Abstecher in eines der Museen machen oder bei Sonnenuntergang am Marina Beach entlangschlendern. Wer mehr Zeit für die Erkundung von Chennais vielfältigen Vierteln hat, wird die Rolle der Stadt als Bewahrer der künstlerischen und religiösen Traditionen Südindiens schätzen lernen und bald feststellen, dass diese 70 km² große Ansammlung von städtischen Siedlungen ihm ans Herz gewachsen ist. In den letzten Jahren hat die Stadt mit neuen Luxushotels, schillernden Boutiquen, stilvoll-modernen Restaurants und sogar ein paar Nachtclubs und Bars, die bis in die frühen Morgenstunden geöffnet bleiben, einen Hauch kosmopolitischen Glamours hinzugewonnen.

Eines der größten Aushängeschilder Chennais sind jedoch seine Einwohner, deren Begeisterung für ihre Heimatstadt einfach ansteckt. Hier wird man nicht ständig genervt und bedrängt, und die meisten Einheimischen behandeln Besucher eher wie Gäste, nicht wie eine Einnahmequelle.

Das alte britische Fort St. George bildet gemeinsam mit zahlreichen schmalen Gassen und Bazaren George Town, das historische Zentrum der Stadt. Die beiden großen Bahnhöfe, Egmore und Central, liegen vom Fort aus gesehen im Landesinneren. Viele der besten Restaurants, Geschäfte und Unterkünfte befinden sich in den grünen Vororten im Süden und Südwesten, etwa in Nungambakkam, T Nagar (Thyagaraya Nagar) und Alwarpet. Die Anna Salai (Mount Rd) ist die Hauptverkehrsader und verbindet den Norden Chennais mit dem Süden der Stadt.

Geschichte

Das Viertel Mylapore im Süden existierte schon lange, bevor der Rest Chennais entstand, und es gibt Indizien, dass der Ort schon früh mit Römern, Chinesen und Griechen Handel trieb. Die Portugiesen gründeten 1523 ihre Siedlung San Thome ganz in

Chennai (Madras)

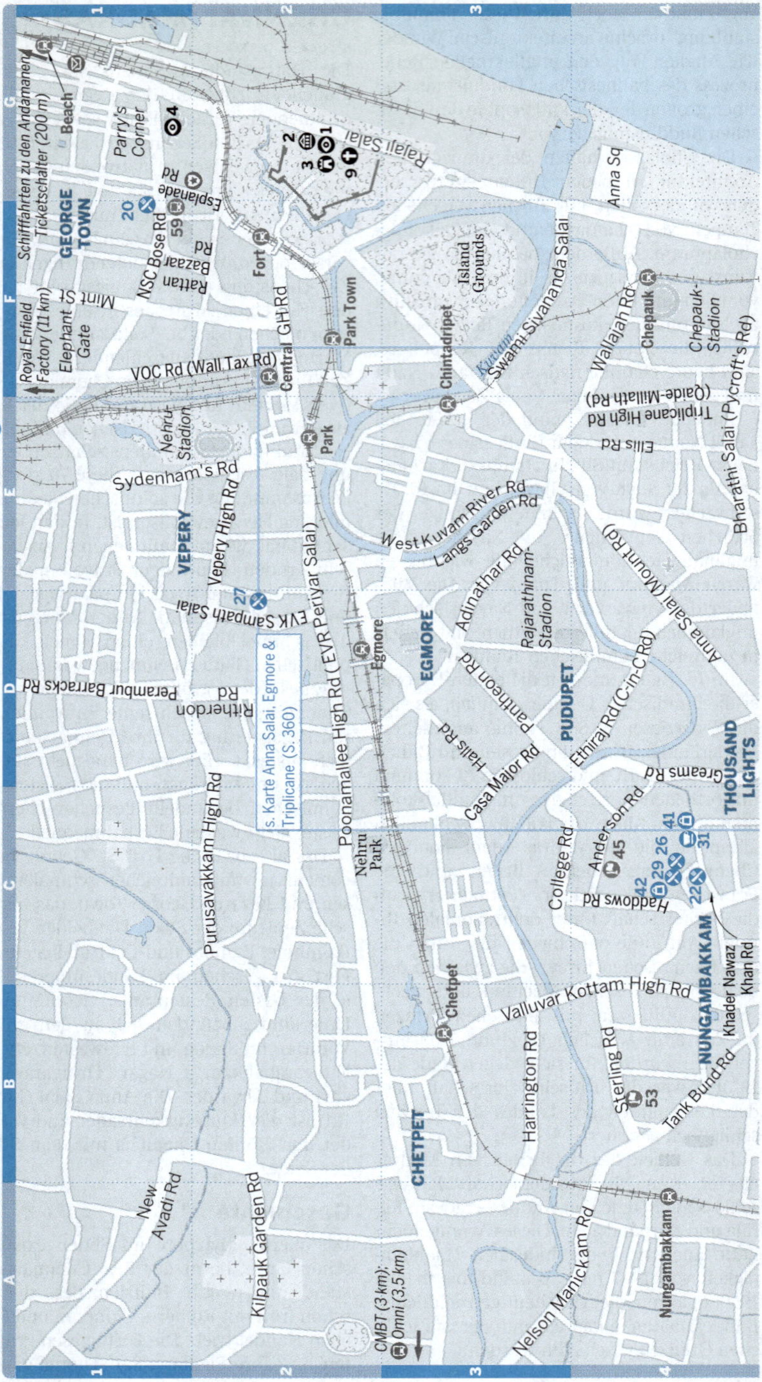

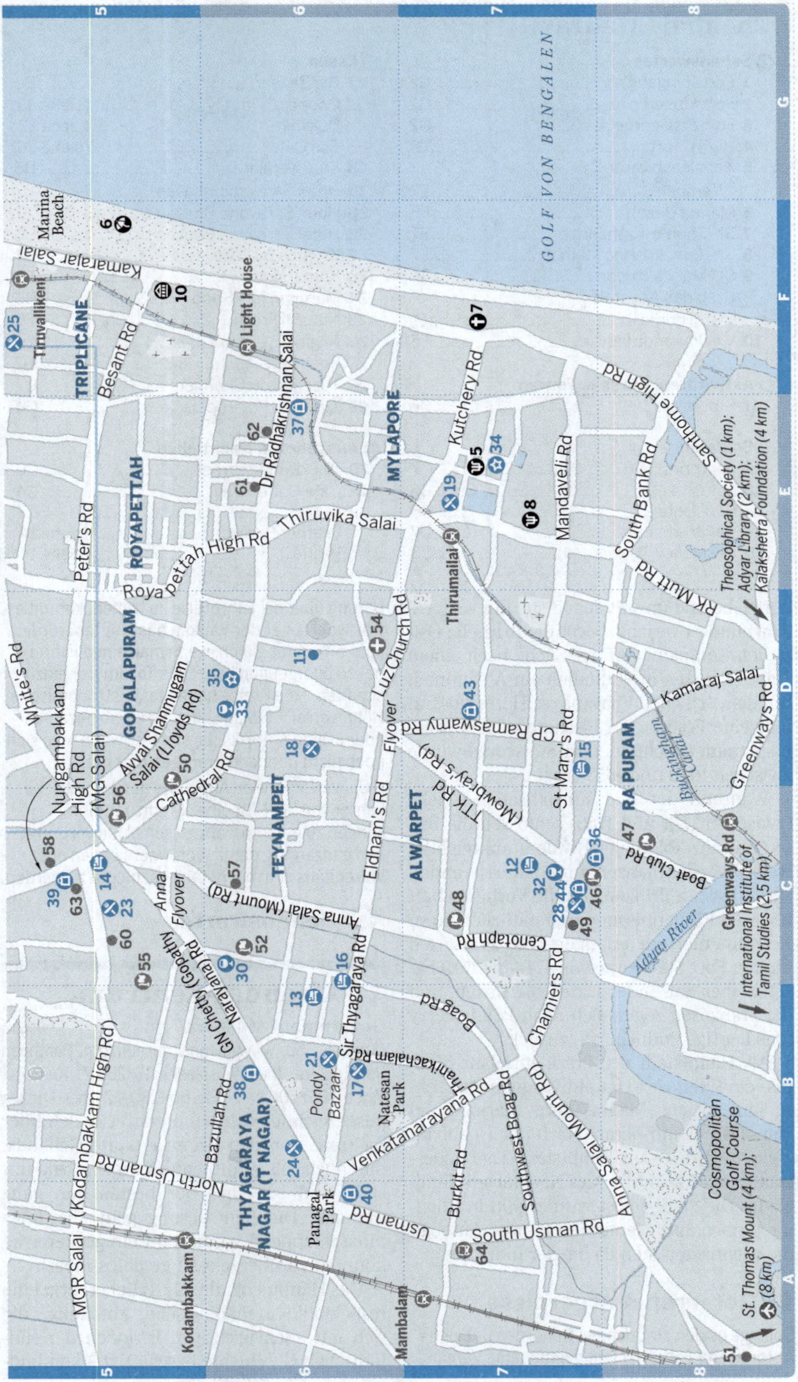
GOLF VON BENGALEN
Marina Beach
Kamarajar Salai
Tiruvallikeni
TRIPLICANE
Besant Rd
Light House
Dr Radhakrishnan Salai
MYLAPORE
Kutchery Rd
Santhome High Rd
Mandaveli Rd
South Bank Rd
Thirumailai
Thiruvika Salai
ROYAPETTAH
Royapettah High Rd
Peter's Rd
GOPALAPURAM
White's Rd
Nungambakkam High Rd
(MG Salai)
Avvai Shanmugam Salai (Lloyds Rd)
Cathedral Rd
Luz Church Rd
RK Mutt Rd
Theosophical Society (1 km); Adyar Library (2 km); Kalakshetra Foundation (4 km)
Kamaraj Salai
Greenways Rd
Buckingham Canal
RA PURAM
CP Ramaswamy Rd
St Mary's Rd
(Mowbray's Rd)
TTK Rd
Flyover
Eldham's Rd
ALWARPET
TEYNAMPET
Anna Salai (Mount Rd)
Anna Flyover
Boat Club Rd
Adyar River
International Institute of Tamil Studies (2.5 km)
Cenotaph Rd
Chamiers Rd
Boag Rd
Sir Thyagaraya Rd
GN Chetty (Gopathy Narayana) Rd
Thanikachalam Rd
Pondy Bazaar
Natesan Park
Venkatanarayana Rd
Southwest Boag Rd
Anna Salai (Mount Rd)
Burkit Rd
Bazullah Rd
THYAGARAYA NAGAR (T NAGAR)
North Usman Rd
Usman Rd
Panagal Park
South Usman Rd
MGR Salai (Kodambakkam High Rd)
Kodambakkam
Mambalam
Cosmopolitan Golf Course
St. Thomas Mount (8 km)
Cosmopolitan Golf Course (4 km);
A
B
C
D
E
F
G
5
6
7
8

Chennai (Madras)

Sehenswertes

1	Fort (Eingang)	G2
2	Fort Museum	G2
3	Fort St. George	G2
4	High Court	G1
5	Kapaleeshwarar-Tempel	E7
6	Marina Beach	F5
7	St.-Thome-Kathedrale	F7
8	Sri Ramakrishna Math	E7
9	St.-Mary's-Kirche	G2
	Grab des Apostels St. Thomas	(siehe 7)
10	Vivekananda House	F5

Aktivitäten, Kurse & Touren

11	Storytrails	D6

Schlafen

12	Footprint B&B	C7
13	Lotus	B6
14	Park Hotel	C5
15	Raintree	D7
16	Residency Towers	C6

Essen

17	Big Bazaar	B6
	Copper Chimney	(siehe 33)
	Dakshin	(siehe 32)
	Eco Cafe	(siehe 36)
18	Enté Keralam	D6
19	Hotel Saravana Bhavan	E7
20	Hotel Saravana Bhavan	F1
21	Hotel Saravana Bhavan	B6
22	Kryptos by Willi	C4
23	Kumarakom	C5
24	Murugan Idly Shop	B6
25	Natural Fresh	F5
26	Nilgiri's	C4
27	Spencer's	D2
28	Tuscana on Chamiers	C7
29	Tuscana Pizzeria	C4

Ausgehen & Nachtleben

30	10 Downing Street	C6
31	Café Coffee Day	C4
32	Dublin	C7
	Leather Bar	(siehe 14)
	Pasha	(siehe 14)

der Nähe und unweit der Küste. Ein weiteres Jahrhundert verging, bevor die Britische Ostindien-Kompanie auf der Suche nach einem Handelsposten in Südindien ein Abkommen mit dem örtlichen Vijayanagar-Herrscher traf und eine Festung im Fischerdörfchen Madraspatnam errichtete: Fort St. George wurde zwischen 1640 und 1653 erbaut.

Während der drei Karnatischen Kriege (zwischen 1744 und 1763) schlossen die Briten und ihr kolonialer Rivale Frankreich jeweils diverse Allianzen mit konkurrierenden südindischen Prinzen, um die Vorherrschaft über die Einheimischen und natürlich ihren Kontrahenten zu erlangen. Die Franzosen hielten Fort St. George von 1746 bis 1749 besetzt, aber am Ende siegten die Briten, und die Franzosen zogen sich nach Pondicherry (das heutige Puducherry) zurück.

Als Hauptstadt der Präsidentschaft Madras, eine der vier Hauptdivisionen Britisch-Indiens, wuchs Madras zum Marine- und Handelszentrum heran. Nach der Unabhängigkeit wurde es zur Hauptstadt des Bundesstaates Madras und seines Nachfolgers Tamil Nadu. Die Stadt selbst wurde 1996 in Chennai umbenannt. Heute sind IT- und Autobau die wichtigsten Standbeine der Industrie.

Gefahren & Ärgernisse

Solange es den städtischen Behörden und den Autorikscha-Fahrern nicht gelingt, eine Vereinbarung über die Fahrpreise zu treffen, kommt es, was wohl sogar der Vatikan bestätigten würde, einem Wunder gleich, wenn man einen Fahrer davon überzeugen kann, das Taxameter einzuschalten – die Preise haben fast astronomische Höhen erreicht. Man sollte nie vorab bezahlen oder in eine Autorikscha steigen, wenn man sich noch nicht über den Preis geeinigt hat.

Die verlockenden Angebote der Autorikscha-Fahrer von 50 ₹ für eine „Stadtrundfahrt" klingen zu gut, um wahr zu sein: Man verbringt den ganzen Tag damit, von einem Laden oder Warenhaus zum nächsten geschleppt zu werden.

Sehenswertes

Chennai-Zentrum

Government Museum MUSEUM

(Karte S. 360; www.chennaimuseum.org; Pantheon Rd, Egmore; Inder/Ausländer 15/250 ₹, Kamera/Video 200/500 ₹; Sa–Do 9.30–17 Uhr) Dieses ausgezeichnete Museum erstreckt sich über mehrere, von den Briten erbaute Gebäude, die auch als Pantheon-Komplex bekannt sind, und ist eines der besten von ganz Chennai. Die Renovierung geht allerdings nur schleppend voran, und einige Bereiche könnten vorübergehend geschlossen sein.

Das Hauptgebäude (Nr. 1) beherbergt eine respektable archäologische Abteilung, die sich mit allen wichtigen Perioden der südindischen Geschichte beschäftigt – von bud-

33	Zara the Tapas Bar	D6

Unterhaltung

34	Bharatiya Vidya Bhavan	E7
35	Music Academy	D6

Shoppen

	Anokhi	(siehe 36)
36	Chamiers	C7
37	Chennai Citi Centre	E6
38	Fabindia	B6
	Kumaran Silks	(siehe 40)
	Landmark	(siehe 37)
39	Landmark	C5
40	Nalli Silks	A6
41	Naturally Auroville	C4
42	Oxford Bookstore	C4
43	Shilpi	D7
44	Srushti	C7

Praktisches

45	Britisches Hochkommissariat	C4
	Kanadisches Konsulat	(siehe 22)
46	Holländisches Konsulat	C7
47	Deutsches Konsulat	C8
48	Malaysisches Konsulat	C7
49	Milesworth Travel	C7
50	Neuseeländisches Konsulat	D5
51	Principal Chief Conservator of Forests Office	A8
52	Singaporean Consulate	C6
53	Sri-lankisches Hochkommissariat	B4
54	St. Isabel's Hospital	D6
55	Thailändisches Konsulat	C5
56	US-Konsulat	C5
57	Wildlife Warden's Office	C6

Transport

58	Air Asia	C5
59	Broadway Bus	F1
60	Emirates	C5
61	Malaysia Airlines	E6
62	SilkAir & Singapore Airlines	E6
63	SriLankan Airlines	C5
64	T Nagar Bus	A7

dhistischen Skulpturen aus dem 2. Jh. v. Chr. bis hin zu Vijayanagar-Arbeiten aus dem 16. Jh. Hier ist außerdem ein zoologischer Bereich mit einer Sammlung von Skeletten und ausgestopften Tieren untergebracht.

Das große Highlight wartet in Gebäude Nr. 3: Die **Bronze-Galerie** bietet eine hervorragende, wunderschön präsentierte Sammlung südindischer Bronzen, die von der Pallava-Ära des 7. Jhs. bis in die moderne Zeit reicht, komplett mit Infomaterial auf Englisch. Vom 9. bis zum 11. Jh., während der Chola-Zeit, hatten Bronze-Skulpturen ihre Hochphase. Unter den beeindruckenden Werken finden sich auch zahlreiche Darstellungen von Shiva als Nataraja, dem kosmischen Tänzer, sowie eine grandiose Chola-Bronze von Ardhanarishvara, der androgynen Inkarnation von Shiva und Parvati.

Dasselbe Ticket berechtigt auch zum Eintritt in die **National Art Gallery**, die **Contemporary Art Gallery** und das **Children's Museum** im selben Komplex.

Fort St. George FESTUNG

(Karte S. 356; Rajaji Salai; 9–17 Uhr) Dieses Fort wurde 1653 von der Britischen Ostindien-Kompanie fertiggestellt und hat im Laufe der Jahre viele Renovierungen erlebt. Innerhalb der weitläufigen Mauern der Anlage sind heute die gesetzgebende Landesversammlung und das Sekretariat von Tamil Nadu untergebracht. Außerdem finden sich hier auch noch ein paar ältere Gebäude. Eines von ihnen, das **Fort Museum** (Karte S. 356; Inder/Ausländer 5/100 ₹, Video 25 ₹; Sa–Do 9–17 Uhr), zeigt Ausstellungen zu Chennais Ursprüngen und zum Fort selbst. Außerdem gibt's militärische Memorabilien aus Kolonialzeiten. Die Porträtgalerie präsentiert wichtige Persönlichkeiten der Kolonialzeit, unter ihnen auch ein sehr selbstsicher wirkender Robert Clive (Clive of India). Die **St.-Mary's-Kirche** (Karte S. 356) wurde 1680 fertiggestellt und ist die älteste noch erhaltene britische Kirche in Indien.

Marina Beach STRAND

(Karte S. 356) Wer früh morgens oder abends an diesem 3 km langen Hauptabschnitt des Marina Beach entlangflaniert – zu anderen Zeiten wird man hier regelrecht gegrillt – bekommt Kricketpartien, fliegende Drachen, Wahrsager, Fischmärkte und Familien zu Gesicht, die die kühle Meeresbrise genießen. Man sollte sich bei einem der Händler einen gerösteten Maiskolben mit Limette und Chilipulver kaufen – einfach köstlich. Nicht baden: Die starken Strömungen sind zu gefährlich!

Vivekananda House MUSEUM

(Vivekanandar Illam, Eishaus; Karte S. 356; www.vivekanandahouse.org; Kamarajar Salai; Erw./Kind 10/5 ₹; Do–Di 10–12.15 & 15–19.15 Uhr) Das Vivekananda House ist nicht nur dank sei-

Anna Salai, Egmore & Triplicane

ner Ausstellungen über den berühmten „wandernden Mönch" Swami Vivekananda interessant, sondern auch wegen seiner halbrunden Form: Es wurde 1842 erbaut, um dort Eis zu lagern. Vivekananda hielt sich hier 1897 für kurze Zeit auf und predigte der begeisterten Menge seine asketische Hindu-Philosophie. Die Ausstellungen bieten einen anschaulichen Überblick über diese Philosophie, die heilige Literatur, eine Fotosammlung zum Leben des Swamis sowie jenes Zimmer, in dem Vivekananda wohnte und das heute zum Meditieren genutzt wird. Kostenlose einstündige Meditationskurse finden mittwochs um 19 Uhr statt.

High Court HISTORISCHES GEBÄUDE

(Karte S. 356; Parry's Corner) Der imposante, rote indosarazenische Bau wurde 1892 fertiggestellt und ist nach den Courts of London angeblich das größte Gerichtsgebäude der Welt. Je nach Situation kann man es besichtigen oder auch nicht. Wer es versuchen möchte, sollte den Reisepass dabeihaben.

Süd-Chennai

Kalakshetra Foundation KUNSTSCHULE

(☎ 24524057; www.kalakshetra.net; Muthulakshmi St, Thiruvanmiyur; Eintritt 50 ₹; ⌚ Campus Ende

Anna Salai, Egmore & Triplicane

Sehenswertes
1 Government Museum A3

Schlafen
2 Bell Central C1
3 Broad Lands Lodge D4
4 Cristal Guest House D4
5 Fortel B1
6 Hotel Chandra Park B2
7 Hotel Park Plaza C2
8 Paradise Guest House D4
9 Raj Residency B2
10 Regal Lodge B2
11 Royal City D5
12 Vivanta by Taj – Connemara B4
13 YWCA International Guest House B1

Essen
14 A2B D5
15 Annalakshmi B3
Basil .... (siehe 5)
Express Avenue Garden .... (siehe 22)
16 Hotel Saravana Bhavan B2
17 Hotel Saravana Bhavan A5
18 Hotel Saravana Bhavan C3
Raintree .... (siehe 12)
19 Ratna Café D5

Ausgehen & Nachtleben
20 Café Coffee Day A1
21 Café Coffee Day A3
Café Coffee Day .... (siehe 22)

Shoppen
22 Express Avenue C5
Fabindia .... (siehe 26)
Fabindia .... (siehe 22)
23 Fabindia C4
24 Higginbothams C3
Landmark .... (siehe 26)
25 Poompuhar C3
26 Spencer Plaza B4

Praktisches
27 Apollo Hospital A4
28 Indiatourism B4
29 Tamil Nadu Tourism Development Corporation D1
30 Tamil Nadu Tourism Development Corporation D3
Thomas Cook .... (siehe 26)
Times Net Park .... (siehe 4)

Transport
31 Mit Computern ausgestattetes Reservierungsbüro D1
32 Air India B3
Air India Express .... (siehe 32)
33 Jet Airways B3
34 Maldivian A5
Parveen Travels .... (siehe 9)
35 Reservierungsbüro für Passagiere B1
36 Thai Airways International A3

Juni–Mitte März Mo–Sa 8.45–11.15 Uhr, Kunsthandwerkszentrum Mo–Sa 9–13 & 14–17 Uhr, jeden 2. & 4. Sa im Monat geschl.) Die Kalakshetra wurde 1936 gegründet und ist eine der führenden Schulen für klassischen tamilischen Tanz und Musik (die Kurse dauern vier bis sechs Jahre). Sie liegt auf einem wunderschönen, schattigen Gelände ganz im Süden der Stadt. Während der Kurse am Morgen können Besucher das Gelände besichtigen (aber ohne den Unterricht zu stören!) und das **Rukmini Devi Museum** erkunden. Auf der anderen Straßenseite, im Kalakshetra Craft Centre, gilt es, Handweberei, textilen Modeldruck und die ebenso faszinierende wie seltene Kunst des Kalamkari (textile Handmalerei mit Gemüsefarbstoffen) zu bewundern, alles im Kanchipuram-Stil. Die Bushaltestelle Thiruvanmiyur, an der etliche Busrouten der Stadt enden, liegt 500 m westlich des Eingangs zur Kalakshetra.

Wenn man schon mal hier ist, lohnt sich auch ein Besuch des **Book Buildings** (☎ 42601033; www.tarabooks.com; Plot 9, CGE Colony, Kuppam Beach Rd, Thiruvanmiyur; ⏲ Mo–Sa 10–19.30 Uhr), 700 m südlich der Kalakshetra, in dem Tara Books Ausstellungen und Veranstaltungen organisiert und eigene, originelle und schöne handgemachte Bücher zeigt. Wer sich vorher anmeldet, kann auch die Werkstatt besuchen, in der die Bücher hergestellt werden (zehn Autominuten entfernt).

Kapaleeshwarar-Tempel HINDU-TEMPEL
(Karte S. 356; Ponnambala Vathiar St, Mylapore; ⏲ 5–12 & 16–21.30 Uhr) Das Viertel Mylapore überzeugt mit Superlativen: Es gehört zu den charaktervollsten und traditionellsten in Chennai und existierte bereits mehrere Jahrhunderte vor dem kolonialen Madras. Der Kapaleeshwarar-Tempel ist der wichtigste und eindrucksvollste der Stadt. Er zeigt die grundlegenden architektonischen Elemente vieler Tempel in Tamil Nadu – einen regenbogenfarbenen *gopuram* (Torturm), *mandapas* (Pavillons) mit Säulen innen und außen und ein großes Becken – und ist der beliebtesten Gottheit des Bundesstaates gewidmet: Shiva. Die Legende besagt, Shiva habe seine Gemahlin Parvati

einst während eines Zornesausbruchs in einen Pfau verwandelt und von ihr verlangt, ihm hier zu huldigen, um ihre normale Gestalt zurückzuerlangen. Angeblich tat Parvati, wie ihr befohlen wurde – an einer Stelle direkt außerhalb der Nordostecke des zentralen Teils des Tempels, an der heute ein Schrein an das Ereignis erinnert.

St.-Thome-Kathedrale KIRCHE

(Karte S. 356; www.santhomechurch.com; Santhome High Rd) Diese riesige römisch-katholische Kathedrale liegt nur einen Steinwurf vom Strand entfernt. Sie wurde im 16. Jh. von den Portugiesen erbaut und in den 1890er-Jahren im neugotischen Stil umgestaltet. Hinter der Kathedrale befindet sich der Eingang zum **Grab des Apostels St. Thomas** (Karte S. 356; Eintritt frei; ⏲Grab & Museum 6–20.30 Uhr). Es heißt, der „ungläubige Thomas" habe das Christentum auf den Subkontinent gebracht und sei im Jahr 72 n. Chr. am St. Thomas Mount in Chennai gestorben. Der Großteil seiner sterblichen Überreste ruht inzwischen angeblich in Italien, aber ein kleines Kreuz an der Mauer der Kapelle enthält einen winzigen Knochensplitter und ist mit „Reliquie des Heiligen Thomas" beschriftet. Im Museum darüber sind mehrere Thomas-Artefakte zu sehen, darunter auch die Lanzenspitze, die ihn getötet haben soll.

Sri Ramakrishna Math HINDU-TEMPEL

(Karte S. 356; www.chennaimath.org; 31 RK Mutt Rd; ⏲Universeller Tempel 5–11.45 & 15.30–21 Uhr, Abendgebete 18.30–19.30 Uhr) Die friedliche, grüne Anlage des Ramakrishna Math scheint Welten vom Chaos und den wahnwitzigen Rikscha-Fahrern draußen entfernt zu sein. Die Mönche schweben förmlich vorüber, und die Stimmung ist sehr ehrfurchtsgeladen. Der Math ist ein Mönchsorden, der den Lehren des Weisen Sri Ramakrishna aus dem 19. Jh. folgt, welcher die Einheit aller Religionen predigte. Der Universelle Tempel ist ein hübsches modernes Gebäude, das architektonische Elemente verschiedener Religionen vereint. Er ist für alle offen, und man kann am Gottesdienst teilnehmen oder in der Stille beten oder meditieren.

TRADITIONELLE HÄNDLER

Auch wenn sich Chennai unermüdlich weiter nach Süden, Westen und Norden ausbreitet, ist und bleibt George Town – die Siedlung, die sich nahe dem britischen Fort St. George entwickelte – das Handelszentrum der Stadt. In vielen Straßen wird noch immer ausschließlich ein Handelsgut verkauft – wie schon seit Hunderten von Jahren: Papierwaren in der Anderson Street, Feuerwerk in der Badrian Street, Schmuck in der NSC Bose Road usw. Auch wenn man nach nichts Bestimmtem sucht, lohnt sich ein Bummel durch die labyrinthartigen Straßen, in denen Vergangenheit und Gegenwart ineinander übergehen.

Theosophical Society GARTEN

(www.ts-adyar.org; Südende der Thiru-Vi-Ka-Brücke, Adyar; Eintritt frei; ⏲Gelände Mo–Sa 8.30–10 & 14–16 Uhr) Zwischen dem Fluss Adyar und der Küste erstreckt sich die 100 ha große Anlage der Theosophical Society und bietet einen grünen, friedlichen Rückzugsort vor der Hektik der Stadt. In den Gärten kann man wunderbar flanieren, und sie haben eine Kirche, eine Moschee, einen buddhistischen Schrein und einen Hindu-Tempel im Angebot. Auch die große Vielfalt einheimischer und eingeführter Bäume beeindruckt. Die **Adyar Library** (Leseausweis für 1 Jahr 50 ₹; Pfand 250 ₹; ⏲Di–So 9–17 Uhr) verfügt über eine riesige Sammlung an Büchern über Religion und Philosophie, von denen auch einige ausgestellt sind: von 1000 Jahre alten buddhistischen Schriftrollen bis zu aufwendigen, handgefertigten Bibeln aus dem 19. Jh.

St. Thomas Mount HEILIGE STÄTTE

(Parangi Malai; abseits Lawrence Rd) Die altehrwürdige Stätte des Martyriums des heiligen Thomas erhebt sich südwestlich der Stadt, 2,5 km nördlich der Bahnstation St. Thomas Mount. Der St.-Thomas-Schrein, der 1523 von den Portugiesen errichtet wurde, enthält angeblich einen Knochensplitter von St. Thomas sowie ein von ihm geschnitztes Kreuz. Der Ausblick über die Stadt ist wunderschön.

Kurse

International Institute of Tamil Studies SPRACHE

(☎22542781; www.ulakaththamizh.org; CIT-Campus, 2nd Main Rd, Tharamani) Bietet drei- und sechsmonatige Intensivkurse in Tamil.

Kalakshetra Foundation TEXTILMALEREI

(☎24524057; www.kalakshetra.net; Muthulakshmi St, Thiruvanmiyur) Das Kunsthandwerkszentrum hier bietet ein- und zweimonatige Kurse in der alten Kalamkari-Kunst an (textile

Handmalerei mit Tinte auf Gemüsebasis), die nur noch an ganz wenigen Orten überdauert. Die Kurse umfassen meist drei Stunden täglich und kosten monatlich rund 10 000 ₹.

Touren

Die Tamil Nadu Tourism Development Corporation (S. 369) organisiert halbtägige Stadttouren (ohne/mit Klimaanlage 215/235 ₹) und Tagesausflüge nach Mamallapuram (275/350 ₹). Am Wochenende und an Feiertagen sollte man vorab buchen; an ruhigeren Werktagen muss man allerdings mit einer Absage rechnen. Immer bei Vollmond findet eine Pilgerfahrt nach Tiruvannamalai (650/780 ₹) statt.

Storytrails GEFÜHRTE TOUR
(Karte S. 356; ☎42124214, 9940040215; http://storytrails.in; 1, 2nd Cross St, CIT Colony, Mylapore; 3-stündige Tour 695–795 ₹.) Ebenso unterhaltsame wie informative Spaziergänge durch verschiedene Viertel. Alles dreht sich rund um die Themen Tanz, Tempel, Schmuck und Basare. Außerdem gibt's speziell auf Kinder zugeschnittene Touren.

Royal Enfield Factory FABRIKTOUR
(☎42230400; www.royalenfield.com; Tiruvottiyur High Rd, Tiruvottiyur) Das klassische Enfield-Bullet-Motorrad wird seit 1955 in der Royal Enfield Factory ganz im Norden von Chennai produziert. Touren (600 ₹/Pers.) finden am zweiten und vierten Samstag des Monats gegen 10.30 Uhr statt und dauern zwei Stunden. Unbedingt vorab buchen.

Feste & Events

Festival of Music & Dance MUSIK, TANZ
(Musik- & Tanzsaison Madras; Mitte Dez.–Mitte Jan.) Eines der größten seiner Art weltweit: Bei diesem Festival werden Musik und Tanz Südindiens gefeiert.

Schlafen

Die Hotels in Chennai sind teurer als im Rest von Tamil Nadu, und in der Regel bekommt man nicht sonderlich viel für sein Geld. Die Gegend um die Triplicane High Road ist die beste Anlaufstelle für Budgetunterkünfte. In Egmore gibt's ein paar sehr günstige Alternativen, aber auch einige gute Mittelklasseoptionen. Die meisten Spitzenklassehotels findet man in den Gegenden im Süden.

Es kann nie schaden, vorher anzurufen: Viele Hotels in Chennai sind schon zur Mittagszeit ausgebucht. Bei den teuersten Hotels sollte man sich unbedingt auf der Website über Sonderangebote informieren.

Egmore & Umgebung

Raj Residency HOTEL $
(Karte S. 360; ☎28192219; www.rajresidencyhotel.com; 2/22 Kennet Lane; EZ 675–1315 ₹, DZ 785–1555 ₹; ❄) Die Zimmer ohne Klimaanlage sind in Brauntönen gehalten und recht preiswert, wenn auch etwas schäbig und abgenutzt. Sie sind aber immerhin sauber!

Regal Lodge HOTEL $
(Karte S. 360; ☎28191122; 15 Kennet Lane; EZ/DZ 380/490 ₹) Wer in der Nähe des Bahnhofs von Egmore ein billiges Zimmer braucht, findet hier sicher ein kleines und schäbiges Exemplar mit dreckigen Wänden. Wenigstens wechseln sie die Bettwäsche und reinigen die Zimmer, bevor der nächste Gast absteigt.

YWCA International Guest House PENSION $$
(Karte S. 360; ☎25324234; ywcaigh@indiainfo.com; 1086 Poonamallee High Rd; EZ/DZ inkl. Frühstück 785/1045 ₹, mit Klimaanlage 1300/1500 ₹; ❄@📶) Diese YWCA-Pension in grüner, schattiger Umgebung bietet eine ruhige Atmosphäre und ist außergewöhnlich preiswert. Das freundliche Personal führt das Haus sehr effizient. Die geräumigen Zimmer sind tadellos sauber, die Gemeinschaftsbereiche großzügig und das Essen preisgünstig (150/225 ₹ für ein vegetarisches/nicht vegetarisches Essen). WLAN (in der Lobby) kostet 100 ₹ pro Tag.

Hotel Park Plaza HOTEL $$
(Karte S. 360; ☎30777777; www.hotelparkplaza.in; 29 Whannels Rd; EZ/DZ inkl. Halbpension 3238/3837 ₹; ❄📶) Im Preis sind Abendessen und WLAN enthalten, ebenso das Frühstück und natürlich ein ordentliches, geräumiges Zimmer: Im Park Plaza stimmt das Preis-Leistungs-Verhältnis.

Hotel Chandra Park HOTEL $$
(Karte S. 360; ☎28191177; www.hotelchandrapark.com; 9 Gandhi Irwin Rd; EZ 1319–2279 ₹, DZ 1499–2578 ₹ inkl. Frühstück; ❄) Die Preise des Chandra Park sind auf rätselhafte Weise immer niedriger als jene von vergleichbaren Unterkünften. Die Standardzimmer sind klein, aber mit Klimaanlage, sauberen Handtüchern und weißen Laken. Hinzu kommen eine anständige Bar und ein üppiges Frühstücksbuffet – insgesamt wirklich preiswert für Chennai-Verhältnisse.

Bell Central HOTEL $$
(Karte S. 360; ☎ 40412200; www.bellhotels.in; 47 Poonamallee High Rd; EZ 2399–2999 ₹, DZ 2999–3598 ₹ inkl. Frühstück; ❄📶) Das Bell bietet eine willkommene Abwechslung vom typisch eintönigen Mittelklasse-Dekor. Die Zimmer sind eher klein, aber fröhlich-modern, hell und bunt und mit Tee-/Kaffeemaschinen ausgestattet. Das Hotel liegt in praktischer Nähe zum Central-Bahnhof und bietet ein Restaurant mit internationaler Küche. WLAN kostet 50 ₹ pro Stunde.

Vivanta by Taj – Connemara HISTORISCHES HOTEL $$$
(Karte S. 360; ☎ 66000000; www.vivantabytaj.com; Binny Rd; EZ/DZ ab 11.992/13.191 ₹; ❄@📶🏊) Die Luxuskette Taj hat vier Hotels in und rund um Chennai, aber dieses ist das einzige mit echtem historischem Ambiente: Es wurde in den 1850er-Jahren als Residenz des britischen Gouverneurs erbaut und bietet einen wunderschönen Pool in einem tropischen Garten. Selbst die kleinsten Zimmer sind noch groß und sehr gemütlich und locken mit allen modernen Annehmlichkeiten.

Fortel HOTEL $$$
(Karte S. 360; ☎ 30242424; www.fortelhotels.com; 3 Gandhi Irwin Rd; EZ 4197–6596 ₹, DZ 4797–7195 ₹, alle inkl. Frühstück; ❄📶) Das lässige Fortel liegt in praktischer Nähe zum Egmore-Bahnhof und verfügt über eine stilvolle Einrichtung: Holz, Spiegel und weiße Wände prägen das Bild. Die mit Kissen überladenen Betten sind gemütlich, und die beiden Restaurants wirklich gut. WLAN kostet 200/500 ₹ für eine Stunde/einen Tag.

Triplicane

Paradise Guest House HOTEL $
(Karte S. 360; ☎ 28594252; paradisegh@hotmail.com; 17 Vallabha Agraharam St; EZ 400–500 ₹, DZ 500–600 ₹; ❄) Das Paradise ist mit die preiswerteste Unterkunft in Triplicane: schlichte Zimmer mit sauberen Fliesen, eine luftige Dachterrasse, freundliches Personal und heißes Wasser in dampfenden Behältnissen.

Broad Lands Lodge HOTEL $
(Karte S. 360; ☎ 28545573; broadlandshotel@yahoo.com; 18 Vallabha Agraharam St; EZ 350–400 ₹, DZ 400–525 ₹; 📶) Das Broad Lands ist seit 1951 im Geschäft. Es war einst ein beliebter Treff für Hippies, hat seither jedoch keine Auffrischung seines hellblauen Anstrichs oder einen richtigen Frühjahrsputz mehr gesehen. Die hübsche Villa aus der Kolonialzeit hat mit ihren drei begrünten Innenhöfen und den Zimmern, die über mehrere Wendeltreppen erreichbar sind, aber noch immer viele Anhänger. Sie lieben die entspannte Atmosphäre und scheinen sich an der kargen, eigenwilligen Einrichtung, den feuchten Bädern, der Katzen-Kolonie oder den stimmgewaltigen Muezzins der Wallajah-Moschee nicht zu stören. WLAN (ein Zugeständnis ans 21. Jh.) kostet 20 ₹ pro Stunde.

Royal City HOTEL $
(Karte S. 360; ☎ 28443819; 10 Venkatachalam St; EZ 368–968 ₹, DZ 605–1089 ₹; ❄) Ein freundliches Plätzchen in einer recht ruhigen Straße mit etwas kleinen, aber sehr sauberen Zimmern mit Marmorboden.

Cristal Guest House HOTEL $
(Karte S. 360; ☎ 28513011; 34 CNK Rd; Zi. 300 ₹, mit Klimaanlage 650 ₹; ❄) Die sauberen, rosafarbenen Zimmer in diesem modernen Haus sind zwar nicht die billigsten in Chennai, kosten aber nur rund 10 ₹ mehr als viele andere in der Nähe. Trotzdem sind hier eher mal Zimmer frei als bei der Konkurrenz.

Süd-Chennai

★ **Footprint B&B** B&B $$
(Karte S. 356; ☎ 9840037483; http://chennaibedandbreakfast.com; Gayatri Apartments, 16 South St, Alwarpet (hinterm Sheraton Park Hotel); Zi. inkl. Frühstück 4045 ₹; ❄@📶) Dieses B&B in einer ruhigen Straße mit grüner Umgebung bietet sich als praktisches und entspanntes Basislager für Erkundungstouren in Chennai an. Üppige Blumendekorationen und alte Madras-Gemälde geben den Ton an. Die neun gemütlichen, tadellosen Zimmer sind mit großen Betten ausgestattet. Das Frühstück (westlich oder indisch) ist großzügig, WLAN ist kostenlos, und die freundlichen Besitzer wissen genau, wie der Aufenthalt in der Stadt unvergesslich wird. Vorher anrufen oder mailen, sie bevorzugen eine Voranmeldung.

★ **Lotus** HOTEL $$
(Karte S. 356; ☎ 28157272; www.thelotus.in; 15 Venkatraman St, T Nagar; EZ 2980–4170 ₹, DZ 3930–4470 ₹ inkl. Frühstück; ❄📶) Das Lotus ist ein echtes Schmuckstück. Es hat eine ruhige Lage abseits der Hauptstraßen, ein gutes vegetarisches Restaurant und frisch anmutende, stilvolle Zimmer mit Holzboden und freundlicher Einrichtung. WLAN ist gratis (reicht aber nicht bis in alle Zimmer).

★ Residency Towers HOTEL $$$
(Karte S. 356; ☎ 28156363; www.theresidency.com; Sir Thyagaraya Rd, T Nagar; EZ 7135–8994 ₹, DZ 7675–8994 ₹ inkl. Frühstück; ❄@≋) Das Residency Towers vereint Fünf-Sterne-Eleganz mit Charakter, und das zu einem recht guten Preis für diese Unterkunftskategorie. Die Zimmer haben Schiebetüren vor den Fenstern, um den Lärm zu dämpfen, Möbel aus Walnussfurnier, eine Waage und andere kleine Besonderheiten. Drei Restaurants, einen netten Freiluftpool und einen Pub, der am Wochenende bebt, gibt's auch. WLAN ist gratis.

★ Park Hotel BOUTIQUE-HOTEL $$$
(Karte S. 356; ☎ 42676000; www.theparkhotels.com; 601 Anna Salai; EZ 12 592–17 988 ₹, DZ 13 791–17 988 ₹, Suite ab 19 187 ₹; ❄@≋) Wir lieben dieses durchgestylte, große Boutique-Hotel: Design, wo man hinschaut – Bambus, Stahl und goldene Kissen in der riesigen Lobby oder Poster südindischer Filmklassiker, welche in den Gemini Studios gedreht wurden, der vorigen Inkarnation des Hotelgrundstücks. Die Zimmer bieten herrlich weiche Bettdecken, alle modernen Annehmlichkeiten und stilsicher eingesetzte Details, z. B. Badezimmer mit gläsernen Wänden. Alles ist ziemlich schick, und das gilt auch für die drei Restaurants, den großen Pool, das luxuriöse Spa und die beiden Nachtlokale.

Raintree HOTEL $$$
(Karte S. 356; ☎ 24304050; www.raintreehotels.com; 120 St Mary's Rd, Alwarpet; EZ 10 000–12 500 ₹, DZ 11 250–13 750 ₹ inkl. Frühstück; ❄@≋) Die Böden dieses „ökosensiblen" Hotels sind aus Bambus oder Gummi. Wasser- und Stromsparen wird hier groß geschrieben, und mit der Wärme der Klimaanlage wird das Wasser beheizt. Die schicken, minimalistischen Zimmer sind stilvoll, aber gemütlich, und auf der Dachterrasse gibt's einen Infinity-Pool mit Blick zum Meer (der Pool dient auch als Isolierung) und ein Restaurant.

Essen

In Chennai gibt's jede Menge günstiger Lokale, die zum Mittag- und Abendessen Thalis und ansonsten Snacks wie *idlis* und Dosas servieren. Man kann aber auch sämtliche Mahlzeiten in einem der 20 Restaurants der Hotel-Saravana-Bhavan-Kette einnehmen, die allesesamt gute vegetarische Gerichte bieten. In der muslimischen Gegend rund um die Triplicane High Road findet man ein tolles Biryani-Lokal nach dem anderen.

Klassische, stilvolle indische Restaurants gibt es immer mehr, und auch die internationale Küche hat in Chennai inzwischen Fuß gefasst. Heute kann man zu vernünftigen Preisen gehobene Küche genießen, und in den Spitzenklassehotels gibt's stets eine Auswahl anständiger Restaurants.

Für Selbstversorger sind die Supermärkte **Spencer's** (Karte S. 356; 15 EVK Sampath Salai, Vepery; ⏲ 9–22 Uhr), ganz in der Nähe des Egmore- bzw. Central-Bahnhofs, **Big Bazaar** (Karte S. 356; 34 Sir Thyagaraya Rd; ⏲ 10.30–21.30 Uhr) in T Nagar und **Nilgiri's** (Karte S. 356; 14 Wallace Garden 3rd St, Nungambakkam; ⏲ 10–20 Uhr) abseits der Nungambakkam High Road praktisch.

Egmore

★ Hotel Saravana Bhavan INDISCH $
(Karte S. 360; www.saravanabhavan.com; 21 Kennet Lane; Hauptgerichte 60–150 ₹; ⏲ 6–22 Uhr) Die Thali-„Menüs" zum Mittag- und Abendessen im Saravana Bhavan sind lecker und kosten normalerweise zwischen 80 und 100 ₹. Die bekannte vegetarische Kette serviert außerdem ausgezeichnetes südindisches Frühstück (*idlis* und *vadas* für 49 ₹), Eis, Filterkaffee und vegetarische indische Gerichte, etwa Biryani und Pilau. Es gibt Filialen in **George Town** (Karte S. 356; 209 NSC Bose Rd; ⏲ 6–22.30 Uhr), **Triplicane** (Karte S. 360; Shanthi Theatre Complex, 44 Anna Salai; ⏲ 7–23 Uhr), **Thousand Lights** (Karte S. 360; 293 Peter's Rd; ⏲ 11.30–23 Uhr), **Mylapore** (Karte S. 356; 70 North Mada St; ⏲ 6–23 Uhr) und **T Nagar** (Karte S. 356; 102 Sir Thyagaraya Rd; ⏲ 6–23 Uhr). Nicht zu vergessen: auch in London, Paris und New York! Die Filiale in Thousand Lights ist etwas schicker als die anderen – hier gibt's sogar Silberbesteck.

Annalakshmi INDISCH $$
(Karte S. 360; ☎ 28525109; www.annalakshmichennai.co.in; 1. St., Sigapi Achi Bldg, 18/3 Rukmani Lakshmipathy Rd; Hauptgerichte 180–240 ₹, Mittagsmenü/-buffet 575/400 ₹; ⏲ 12–15 & 19–21 Uhr) Die feine vegetarische süd- und nordindische Küche wird in einem wunderschönen Speisesaal serviert, den Schnitzereien und Gemälde zieren. Das Restaurant befindet sich in einem Hochhaus hinter dem Air-India-Gebäude, aber das Buffet gibt's in einem anderen Teil des Hauses. Das Annalakshmi wird von Anhängern des Swamis Shanthanand Saraswathi geführt und unterstützt medizinische Hilfsprogramme für die Armen.

Basil INTERNATIONAL $$
(Karte S. 360; Fortel, 3 Gandhi Irwin Rd; Hauptgerichte 150–250 ₹; 7–23 Uhr) Dieses Restaurant im Hotel Fortel bietet eine beeindruckende westliche Frühstücksauswahl, falls man unbedingt mal Rösti essen möchte, und serviert köstliche nordindische und kontinentale Gerichte in angenehmer Umgebung.

Triplicane & Umgebung

Ratna Café SÜDINDISCH $
(Karte S. 360; 255 Triplicane High Rd; Gerichte 25–70 ₹; 6–22.30 Uhr) Das Ratna ist oft überfüllt und für seine leckeren *idlis* und die herzhafte *sambar* berühmt, mit der sie serviert werden. Eine Portion kostet 26,50 ₹, und man kann sich diese Köstlichkeit den ganzen Tag über genehmigen.

A2B SÜDINDISCH $
(Karte S. 360; 47/23 Bharathi Salai; Hauptgerichte 75–110 ₹; 6–23.30 Uhr) Man kann sich entweder oben einen Platz im sauberen, klimatisierten Gastraum suchen und südindische Klassiker sowie vegetarisches Biryani genießen oder sich unten bei der riesigen Auswahl an Süßem austoben. Wer dann noch Platz hat, sollte sich im nahen **Natural Fresh** (Karte S. 356; 35 Bharathi Salai; Kugel 50–60 ₹; 11–23 Uhr) eine Portion der sensationellen Eiscreme gönnen.

Express Avenue Garden INTERNATIONAL $$
(Karte S. 360; Express Avenue Shopping Centre, White's Rd, Royapettah; Gerichte 100–300 ₹; 10–23 Uhr) Die Restaurants im oberen Stock von Chennais neuestem Einkaufszentrum bieten rund 30 indische und internationale Optionen. Dank der Panoramafenster und der eingetopften Bäume sitzt man hier ganz nett.

Nungambakkam & Umgebung

Kumarakom KERALA-KÜCHE $$
(Karte S. 356; www.kumarakomrestaurant.com; 9 Kodambakkam High Rd; Hauptgerichte 75–300 ₹; 12–16 & 18.30–23 Uhr) Gut möglich, dass man hier anstehen muss. Das Restaurant hat dunkle Holzmöbel, eine Klimaanlage und fleißige Bedienungen. Die Meeresfrüchte sind sensationell – die Masala-Garnelen oder den *karimeen pollichatthu* (marinierter Gestreifter Buntbarsch, im Bananenblatt gedämpft) sollte man testen – aber auch alles andere ist herrlich frisch und lecker.

★ **Tuscana Pizzeria** ITALIENISCH $$$
(Karte S. 356; ☎ 45038008; www.tuscana.in; 19, 3rd St, Wallace Garden; Pizza & Pasta 315–690 ₹; 12–23.30 Uhr) Pizzafans, aufgepasst: Dieses Lokal ist absolut authentisch, und Chennai hat es mit offenen Armen empfangen. Das Tuscana serviert grandiose Pizza mit dünnem Boden und klassischem Belag wie Schinken & Co, aber auch interessante Varianten wie die Hoisin-Hühnchen-Pizza. Die Pasta und Desserts sind ebenfalls erstklassig. In Alwarpet wartet mit dem **Tuscana on Chamiers** (Karte S. 356; ☎ 45000008; www.tuscanaonchamiers.in; 89 Chamiers Rd, Alwarpet; 12.30–15.15 & 18.30–23.15 Uhr) eine weitere Filiale. Reservierungen sind immer eine gute Idee.

Kryptos by Willi GRIECHISCH $$$
(Karte S. 356; ☎ 45038001; www.kryptosbywilli.com; Basement, Yafa Tower, Khader Nawaz Khan Rd; Hauptgerichte 380–690 ₹; 12.30–15.30 & 18.30–23.30 Uhr) Das authentische, erfolgreiche mediterrane Restaurant kommt aus demselben Stall wie die nahe Tuscana Pizzeria. Es serviert gute Meeresfrüchte und griechische Lieblingsgerichte wie *spanakopita* (Spinat- und Käsetaschen), Souvlaki und Baklava.

Raintree CHETTINAD-KÜCHE $$$
(Karte S. 360; www.vivantabytaj.com; Vivanta by Taj - Connemara, Binny Rd; Hauptgerichte 475–700 ₹; 12.30–14.45 & 19.30–23.40 Uhr) Dieses Hotel-Restaurant ist wahrscheinlich die beste Wahl in ganz Chennai, wenn man Köstlichkeiten aus der Chettinad-Region Tamil Nadus genießen möchte. Die Gerichte sind wunderbar würzig, aber nicht zu sehr mit Chili überladen, und es wird viel mit Fleisch zubereitet. Bei gutem Wetter kann man auf der begrünten Terrasse sitzen.

Süd-Chennai

Murugan Idly Shop SÜDINDISCH $
(Karte S. 356; 77 GN Chetty Rd, T Nagar; Gerichte 25–75 ₹; 7–23.30 Uhr) Eingeweihte sind sich einig, dass diese spezielle Filiale einer kleinen Kette die besten *idlis* und südindischen Gerichte der ganzen Stadt serviert. Wir können da nur aus vollem Herzen zustimmen.

★ **Eco Cafe** INTERNATIONAL $$
(Karte S. 356; Chamiers, 106 Chamiers Rd, RA Puram; Hauptgerichte 250–375 ₹, Frühstück 175–305 ₹; 8.30–21.30 Uhr) In diesem Café im ersten Stock hat man das Gefühl, einen ganzen Kontinent weit von Chennai entfernt

zu sein – und die Einheimischen lieben es. Gründe dafür gibt's viele, z.B. diese hier: Laub-Tapeten, Blätter, die durch die Fenster hereinwachsen, großzügig verteilte Tische, wundervolles Bananen-Nussbrot, Cappuccino, englisches Frühstück, American Pancakes, Pasta, Quesadillas, Waffeln, Salate …

Enté Keralam KERALA-KÜCHE $$
(Karte S. 356; ☎ 32216591; www.orientalcuisines.in; 1 Kasturi Estate 1st St, Poes Garden; Hauptgerichte 175–475 ₹; ⏲ 12–15 & 19.30–23.30 Uhr) Die vier in Orangetönen gehaltenen Räume dieses Kerala-Restaurants strahlen wunderbare Ruhe aus, und in jedem stehen nur drei oder vier Tische. Am besten beginnt man mit dem leicht scharfen *pachakkari*-Gemüseeintopf oder dem *kozhi porichatu* (frittiertes mariniertes Hühnchen) und schließt mit *paal ada payasam*, einer Art süßen Reispuddings.

★ **Copper Chimney** NORDINDISCH $$$
(Karte S. 356; ☎ 28115770; 74 Cathedral Rd, Gopalapuram; Hauptgerichte 200–575 ₹; ⏲ 12–15 & 19–23.30 Uhr) Die vegetarischen Alternativen spielen hier zwar nicht die Hauptrolle, aber selbst Fleischfressern läuft bei den köstlichen nordindischen Tandoori-Gerichten, die in stilvoll-minimalistischer Umgebung serviert werden, das Wasser im Munde zusammen. Die *machchi*-Tikka – Spieße mit gebackenem Tandoori-Fisch – sind ein Gedicht.

Dakshin SÜDINDISCH $$$
(Karte S. 356; Sheraton Park Hotel, 132 TTK Rd, Alwarpet; Hauptgerichte 550–900 ₹; ⏲ 12.30–14.45 & 19–23.15 Uhr) Das Dakshin hat sich auf die Küche der vier südindischen Bundesstaaten spezialisiert. Traditionelle Skulpturen bestimmen das Ambiente, und jeden Abend (außer montags) spielen Flötisten und Tabla-Musiker. Wir empfehlen das Fischcurry aus Andhra Pradesh.

Ausgehen & Nachtleben

Cafés

Café Coffee Day (www.cafecoffeeday.com; ⏲ 9–23 Uhr) serviert in angenehmem Ambiente in verschiedenen Filialen eine Auswahl zuverlässig guter heißer (und kalter) Kaffee- und Teespezialitäten für 60 ₹ bis 120 ₹, und in der Regel gibt's auch sehr verlockenden Kuchen. Filialen findet man in **Egmore** (Karte S. 360; Alsa Mall, Montieth Rd), **Vepery** (Karte S. 360; 92 Dr. Alagappa Rd), **Nungambakkam** (Karte S. 356; Khader Nawaz Khan Rd) und der **Express Avenue Mall** (Karte S. 360; 1., 2. & 3. St., Express Avenue Mall, White's Rd).

Bars & Nachtclubs

In Chennai gelten die womöglich liberalsten Ausschankgesetze in ganz Indien – jedenfalls für Fünf-Sterne-Hotels. Die Bars und Clubs dieser Hotels können rund um die Uhr, sieben Tage die Woche Alkohol ausschenken; kein Wunder also, dass in diesen Läden richtig die Post abgeht. Andere Hotelbars schließen meist um Mitternacht. Aber es gibt auch ein paar weniger anstrengende Läden, in denen man ab 18 Uhr einen Drink ohne laute Musik genießen kann. Eine Liste gibt's unter www.timescity.com/chennai.

Zara the Tapas Bar BAR
(Karte S. 356; ☎ 28111462; zaratapasbar.in; 71 Cathedral Rd; Cocktails 400–500 ₹, Tapas 225–375 ₹; ⏲ 12.30–15 & 18.30–24 Uhr) Wo sonst findet man DJs, die unter Stierkampfpostern und direkt neben Fernsehern, auf denen gerade Kricket gezeigt wird, Clubmusik auflegen? Im Zara findet sich an den meisten Abenden ein Publikum aus 20- bis 40-Jährigen zusammen. Es gibt eine kleine Tanzfläche, aber die Tische nehmen fast den ganzen Platz ein, und es ist keine schlechte Idee, einen zu reservieren. Und die Tapas? Der *jamón serrano* wird frevelhafterweise zu Pastete zerhackt, aber die *tortilla española* ist authentisch lecker.

Leather Bar BAR
(Karte S. 356; Park Hotel, 601 Anna Salai; ⏲ 11–4 Uhr) Nur keine falsche Scheu: Das „Leder" aus dem Namen findet sich nur am Boden und an den Wänden wieder und hat nichts mit besonderen sexuellen Vorlieben zu tun. In dieser winzigen, modischen Bar mixen wahre Könner schicke Drinks, während DJs ab 21 Uhr Dance-Platten auflegen. Wie jedoch ganz Chennai freitag- und samstagabends hier reinpasst, ist uns ein Rätsel.

Dublin KNEIPE, NACHTCLUB
(Karte S. 356; Sheraton Park Hotel, 132 TTK RD, Alwarpet; Nachtclub pro Person 1500 ₹; ⏲ Mi–Sa ab 18 Uhr) Das Dublin ist bei den 30- bis 50-Jährigen und vielen Auswanderern beliebt: In diesem Irish Pub/Nachtclub kann man auf drei Ebenen tanzen und Musik von Hip-Hop bis Bollywood genießen. Bis 22 Uhr ist es ein Pub, dann verwandelt es sich in einen Club, der samstagabends bis 2 oder 3 Uhr brummt. Keine Männer ohne Begleitung (oder „stags", Junggesellen, wie sie hier genannt werden)!

10 Downing Street KNEIPE
(10D; Karte S. 356; North Boag Rd, T Nagar; Getränke 250–500 ₹, Essen 200–650 ₹; ⏲ 12–24

Uhr) Das 10D ist ein Pub nach englischem Vorbild (Bilder von Big Ben an den Wänden, Fischstäbchen auf der Karte) und mit kleiner Tanzfläche. Hier tummelt sich ein gemischtes Publikum aus 20- bis 50-jährigen, einheimischen Besserverdienern und Auswanderern. Mittwochs ist „Ladies' Night" (gratis Getränke für Frauen), freitags „Retro Night" (70er/80er) und samstags „Club Night".

Pasha NACHTCLUB
(Karte S. 356; Park Hotel, 601 Anna Salai; Männer 2000 ₹ inkl. 500 ₹ Getränkegutschein, Frauen frei; ⌚ Mi–Mo 21–4 Uhr) In diesem Club mit marokkanischem Flair und zwei Ebenen drängen sich hauptsächlich Modebewusste um die 20 und auch ein paar noch Jüngere auf der kleinen Tanzfläche.

☆ Unterhaltung

Fast jeden Abend findet irgendwo in Chennai ein Konzert mit *bharatanatyam* (klassischer tamilischer Tanz) und/oder karnatischer Musik statt. In der *Hindu*, der *Times of India* oder auf www.timescity.com/chennai gibt's eine Übersicht dazu. Die **Music Academy** (Karte S. 356; ☎ 28112231; www.musicacademymadras.in; 168 (alt 306) TTK Rd, Royapettah) ist der beliebteste Veranstaltungsort, aber in der Kalakshetra Foundation (S. 360) oder dem **Bharatiya Vidya Bhavan** (Karte S. 356; ☎ 24643420; www.bhavanchennai.org; East Mada St, Mylapore) gibt's viele Darbietungen, die meist kostenlos sind.

Shoppen

In Thyagaraya Nagar (kurz: T Nagar) kann man prima shoppen, vor allem auf dem Pondy Bazaar und rund um den Panagal Park. Die schattige Khader Nawaz Khan Road in Nungambakkam ist eine hübsche Straße voller Designer-Boutiquen, Cafés und Galerien.

Zu den besten Einkaufszentren gehören **Express Avenue** (Karte S. 360; White's Rd), **Chennai Citi Centre** (Karte S. 356; 10 Dr. Radhakrishnan Salai, Mylapore) und **Spencer Plaza** (Karte S. 360; Anna Salai), wo sich große internationale und indische Modeketten aneinanderreihen. Für gewöhnlich sind sie von 10 Uhr bis 21 Uhr geöffnet. Spencer Plaza ist ein wenig günstiger als die anderen und bietet viele kleinere Kunsthandwerks- und Souvenirläden.

Kunsthandwerk

Srushti (Karte S. 356; www.srushtihandicrafts.com; 86 Chamiers Rd, Alwarpet; ⌚ 10.30–20.30 Uhr) ist ein Kunsthandwerksladen mit einigen sehr guten (und einigen weniger guten) Bronze- und Holzskulpturen. **Shilpi** (Karte S. 356; 29 CP Ramaswamy Rd, Alwarpet; ⌚ 10–20 Uhr) verkauft wunderschöne Saris, Salware und Kurtas aus Seide und Baumwolle.

Fabindia KLEIDUNG, KUNSTHANDWERK
(Karte S. 360; www.fabindia.com; Woods Rd; ⌚ 10.30–20.30 Uhr) In dieser landesweit vertretenen Kette findet man attraktives, modernes Kunsthandwerk aus verschiedenen Dörfern. Diese Filiale bietet Keramik, Tisch- und Bettwäsche, Kosmetik sowie fabelhafte Kleidung. Fabindia gibt's auch im **Spencer Plaza** (Karte S. 360; 2. St., Phase 3, Spencer Plaza, Anna Salai; ⌚ 11–20.30 Uhr), **Express Avenue** (Karte S. 360; 1. St., Einkaufszentrum Express Avenue, White's Rd; ⌚ 11–21 Uhr) und in **T Nagar** (Karte S. 356; 84 GN Chetty Rd, T Nagar; ⌚ 10.30–20.30 Uhr).

Naturally Auroville KUNSTHANDWERK
(Karte S. 356; 8 Khader Nawaz Khan Rd, Nungambakkam; ⌚ Mo–Sa 10–20, So 11.30–19.30 Uhr) Kunstgegenstände (Tonwaren, Bettwäsche, Duftkerzen), Tees, Käse und Gebäck – alles aus Auroville in der Nähe von Puducherry.

Chamiers KLEIDUNG, KUNSTHANDWERK
(Karte S. 356; 106 Chamiers Rd, RA Puram; ⌚ 10–20 Uhr) Oben, neben dem Eco Cafe, ist ein Laden, der allerhand Originelles anbietet, etwa die lustigen Chennaigaga-T-Shirts. Unten befindet sich das **Anokhi** (Karte S. 356; ☎ 24311495; 85/47 Chamiers Rd; ⌚ 10–20 Uhr), das ebenso schöne wie preiswerte handbedruckte und andere Kleidung aus leichten Stoffen verkauft.

Poompuhar KUNSTHANDWERK
(Karte S. 360; 108 Anna Salai; ⌚ Mo–Sa 10–20, So 11–19 Uhr) Die große Filiale der staatlichen Kunsthandwerkskette mit festen Preisen ist die richtige Anlaufstelle – egal ob für billige, bunte Gottheiten aus Gips oder 200 000 ₹ teure, meterhohe Bronze-Nataraja-Figuren.

Seide

Feinste Kanchipuram-Seide findet ihren Weg nach Chennai, und in den Straßen rund um den Panagal Park folgt ein Seidengeschäft auf das nächste. Wer das Glück hat, eine indische Hochzeit besuchen zu dürfen, kann hier seinen Sari dafür kaufen.

Nalli Silks TEXTILIEN
(Karte S. 356; www.nalli.com; 9 Nageswaran Rd, T Nagar; ⌚ 9.30–21.30 Uhr) Der riesige, superbunte Großvater aller Seidenläden verkauft nebenan auch Schmuck.

GELDAUTOMATEN

In Tamil Nadu hebt man mit ausländischen Karten am besten an einem Geldautomaten von Axis Bank, Canara Bank, HDFC Bank, ICICI Bank oder State Bank of India Geld ab.

Kumaran Silks TEXTILIEN
(Karte S. 356; 12 Nageswaran Rd, T Nagar; ⏲9.30–21.30 Uhr) Saris, noch mehr Saris (auch „Billig-Saris") und jede Menge Kanchipuram-Seide.

Buchläden

Higginbothams BÜCHER
(Karte S. 360; higginbothams@vsnl.com; 116 Anna Salai; ⏲Mo–Sa 9–20, So 10.30–19.30 Uhr) Dieser Buchladen ist seit 1844 im Geschäft und gilt als der älteste in Indien. Er bietet ein anständiges englischsprachiges Sortiment, darunter auch Lonely Planets, und eine gute Auswahl an Karten.

Oxford Bookstore BÜCHER
(Karte S. 356; www.oxfordbookstore.com; 39/12 Haddows Rd, Nungambakkam; ⏲9.30–21.30 Uhr) Hier gibt's eine große Abteilung mit englischen Büchern und ein nettes Café.

Landmark BÜCHER
(Karte S. 360; www.landmarkonthenet.com; 1. St., Phase II, Spencer Plaza, Anna Salai; ⏲10.30–21 Uhr) Das Landmark umfasst mehrere große Läden, die DVDs, CDs und jede Menge Bücher in englischer Sprache verkaufen. In **Thousand Lights** (Karte S. 356; Apex Plaza, Nungambakkam High Rd; ⏲10.30–21.30 Uhr) und **Mylapore** (Karte S. 356; Chennai Citi Centre, Dr. Radhakrishnan Rd; ⏲10.30–21 Uhr) gibt's weitere Filialen.

Praktische Informationen

GELD

Geldautomaten findet man fast überall, auch am Bahnhof Central, am Flughafen sowie am Hauptbusbahnhof.

Thomas Cook (Karte S. 360; Phase I, Spencer Plaza, Anna Salai; ⏲Mo–Sa 10–18, So 10–16 Uhr) Verlangt nur 50 ₹ Gebühr für das Wechseln von Fremdwährungen und löst Reiseschecks von American Express ein.

GEPÄCKAUFBEWAHRUNG

Am Banhof Egmore bzw. Central gibt's eine Gepäckaufbewahrung (als „Cloakroom" ausgeschildert) für alle, die eine Fahrkarte haben. Auch am Flughafen kann man sein Gepäck abgeben.

INTERNETZUGANG

„Surf-Zentren" liegen in der ganzen Stadt verstreut.

Cyber Palace (Karte S. 360; 114 Bharathi Salai; 25 ₹/Std.; ⏲8–22.30 Uhr)

Internet (Karte S. 360; 6 Gandhi Irwin Rd, Egmore; 30 ₹/Std.; ⏲7.30–22 Uhr) Im Hof des Hotel Imperial.

MEDIZINISCHE VERSORGUNG

Apollo Hospital (Karte S. 360; ☎28293333, Notaufnahme 1066; www.apollohospitals.com; 21 Greams Lane) Hochmodernes, teures Krankenhaus, das bei „Medizin-Touristen" beliebt ist.

St. Isabel's Hospital (Karte S. 356; ☎24991081; www.stisabelshospital.in; 49 Oliver Rd, Mylapore) Erschwingliche, kompetente Versorgung.

POST

DHL (Karte S. 360; ☎42148886; www.dhl.co.in; 85 VVV Sq, Pantheon Rd, Egmore; ⏲Mo–Sa 8–23, So 9–18 Uhr) Sichere internationale Paketzustellung. Es gibt mehrere Filialen in der Stadt.

Hauptpost (Karte S. 356; Rajaji Salai, George Town; ⏲Mo–Sa 8–20.30, So 10–18 Uhr)

REISEBÜROS

Milesworth Travel (Karte S. 356; ☎24320522; http://milesworth.com; RM Towers, 108 Chamiers Rd, Alwarpet; ⏲Mo–Sa 9.30–18 Uhr) Sehr professionelles, freundliches Reisebüro, das bei so gut wie allen Reiseplänen weiterhelfen kann.

TOURISTENINFORMATION

Indiatourism (Karte S. 360; ☎28460285; www.incredibleindia.org; 154 Anna Salai; ⏲Mo–Fr 9–18 Uhr) Karten und Antworten zu allen Fragen rund um Indien und viele nützliche Informationen zu Chennai.

Tamil Nadu Tourism Development Corporation (TTDC; Karte S. 360; ☎25383333; www.tamilnadutourism.org; Tamil Nadu Tourism Complex, 2 Wallajah Rd, Triplicane; ⏲24 Std.) Das Hauptbüro der bundesstaatlichen Tourismusbehörde übernimmt Buchungen für die

TRANSPORT AN FEIERTAGEN

Alle Transportmittel in, nach und aus Tamil Nadu können für die Zeit rund um große Fest- und Feiertage schon Wochen im Voraus gebucht werden – etwa für Pongal, Karthikai Deepam und Diwali. Also unbedingt vorab planen!

DIREKTE INLANDSFLÜGE AB CHENNAI

ZIEL	AIRLINES	PREIS AB (₹, EINFACH)	DAUER (STD.)	HÄUFIGKEIT (TÄGLICH)
Bengaluru	AI, SG, S2, 6E	2668	1	8
Delhi	AI, SG, 6E, 9W	4840	2 ¾	16
Goa	AI, SG	2668	1 ¼–2	1–2
Hyderabad	AI, SG, S2, 6E	2668	1–1½	13
Kochi	SG, S2, 9W	2668	1 ½	6
Kolkata	AI, SG, S2, 6E	4137	2 ¼	8
Mumbai	AI, G8, SG, 6E, 9W	4136	2	16
Port Blair	AI, G8, SG, 9W	4137	2 ¼	4
Trivandrum	AI, SG, 6E, 9W	2668	1 ¼	5

Airline-Codes: AI – Air India, G8 – Go Air, SG – SpiceJet, S2 – JetKonnect, 6E – IndiGo, 9W – Jet Airways

eigenen Bustouren und mittelmäßigen Hotels, beantwortet Fragen und gibt Broschüren heraus. Im selben Gebäude befinden sich auch Büros der Tourismusbehörden anderer indischer Bundesstaaten, und die meisten sind von Montag bis Freitag von 9 Uhr bis 18 Uhr geöffnet. Das TTDC unterhält auch ein 24-Stunden-Büro (Karte S. 360; ☎25384356; 4 Poonamallee High Rd; ⏲24 Std.) nahe der Central Station sowie Schalter im Bahnhof Central bzw. Egmore.

ℹ An- & Weiterreise

AUTO

Sich ein Auto mit Fahrer zu mieten, ist die einfachste Möglichkeit, von A nach B zu kommen. Die meisten Reisebüros, Mittel- und Spitzenklassehotels oder die Prepaid-Taxistände am Flughafen helfen bei der Buchung. Beispielpreise: Ein Auto mit/ohne Klimaanlage kostet 1300/1550 ₹ nach Mamallapuram (Mahabalipuram) und 2700/3200 ₹ nach Puducherry.

BUS

Die meisten staatlichen Busse verkehren ab dem großen, aber überraschend gut organisierten **CMBT** (Chennai Mofussil Bus Terminus; Jawaharlal Nehru Rd, Koyambedu), 6 km westlich des Zentrums. Die komfortabelsten und teuersten Busse sind die klimatisierten AC-Busse, dicht gefolgt von UD-Bussen („Ultra Deluxe"), die man meist auch vorab reservieren kann. Vom **T Nagar Bus Terminus** (Karte S. 356; South Usman Rd) fahren täglich einige Busse nach Bengaluru, Madurai, Mysore, Thanjavur und Trichy sowie Bus 599 nach Mamallapuram (27 ₹, 2 Std., etwa stündl.).

Private Busse bieten zu allen Zielen normalerweise mehr Komfort als die staatlichen, unklimatisierten Busse, können aber das Doppelte kosten. Fahrplan- und andere Informationen gibt's unter www.redbus.in, und Tickets kann man bei vielen Reisebüros buchen. Ihre Haupthaltestelle ist der **Omni Bus Stand** (abseits Kaliamman Koil St, Koyambedu), 500 m westlich des CMBT, aber viele Unternehmen sammeln ihre Passagiere auch an anderen Stellen in der Stadt ein bzw. setzen sie dort ab. Parveen Travels bietet beispielsweise Verbindungen nach Ernakulam (Kochi), Kodaikanal, Madurai, Puducherry, Trichy und Trivandrum und sammelt die Passagiere am **Egmore-Büro** (Karte S. 360; ☎28193538; www.parveentravels.com; 11/5 Kennet Lane, Egmore) ein.

FLUGZEUG

Der **Chennai Airport** (☎22560551) liegt in Tirusulam, ganz im Südwesten der Stadt. Ein brandneues Inlandsterminal soll bald eröffnen, damit sich das internationale Terminal über das komplette alte Gebäude ausbreiten kann.

Es gibt Direktflüge in über 20 indische Städte, darunter auch Trichy, Madurai, Coimbatore und Thoothukudi (Tuticorin) in Tamil Nadu. International werden von Chennai aus zahlreiche Direktflüge nach/aus Colombo, Singapur, Kuala Lumpur und Bangkok sowie in die Golfstaaten angeboten. Die besten Preise für Verbindungen mit Europa findet man oft bei Jet Airways (mit Anschluss in Mumbai oder Delhi) oder Emirates (über Dubai). Cathay Pacific fliegt nach Hongkong, Maldivian nach Male.

Fluglinien

Air Asia (Karte S. 356; ☎33008000; www.airasia.com; Ispahani Centre, 123/12 Nungambakkam High Rd; ⏲Mo–Fr 9.30–13 & 14–18, Sa 9.30–13.30 Uhr)

Air India (Karte S. 360; ☎23453301; www.airindia.com; 19 Rukmani Lakshmipathy Rd, Egmore; ⏲Mo–Sa 9.30–13 & 14–17.15 Uhr)

Air India Express (Karte S. 360; ☎23453375; www.airindiaexpress.in; 19 Rukmani Lakshmipathy Rd, Egmore; ⏲Mo–Sa 9.30–13 & 14–17.15 Uhr)

Emirates (Karte S. 356; ☎ 33773377; www.emirates.com; 1. St., Riaz Garden, 12 & 13 Kodambakkam High Rd; ⌚ Mo–Sa 9–17.30 Uhr)
Go Air (☎ 1800 222111, 22560293; www.goair.in)
IndiGo (☎ 09910383838; www.goindigo.in)
Jet Airways (Karte S. 360; ☎ 39893333; www.jetairways.com; 43/44 Montieth Rd, Egmore; ⌚ Mo–Sa 10–18 Uhr)
JetKonnect (☎ 39893333; www.jetkonnect.com)
Malaysia Airlines (Karte S. 356; ☎ 42191919; www.malaysiaairlines.com; 90 Dr. Radhakrishnan Salai; ⌚ Mo–Sa 9–17.30 Uhr)
Maldivian (Karte S. 360; ☎ 45028833; www.maldivian.aero; Spencer's Travel Services, Lakshmi Bhavan, Sundaram Ave, 609 Anna Salai)
SilkAir & Singapore Airlines (Karte S. 356; ☎ 45921921; www.silkair.com; Westminster, 108 Dr. Radhakrishnan Salai, Mylapore; ⌚ Mo–Fr 9.15–17.45, Sa 9.15–13 Uhr)
SpiceJet (☎ 1800 1803333; spicejet.com)
SriLankan Airlines (Karte S. 356; ☎ 43921241; www.srilankan.com; 4 Kodambakkam High Rd; ⌚ Mo–Sa 9–17.30, So 9–13 Uhr)
Thai Airways International (Karte S. 360; ☎ 42063311; www.thaiair.com; 4. St., KGN Towers, Ethiraj Rd, Egmore; ⌚ Mo–Fr 9.30–17.30 Uhr)

SCHIFF

Passagierschiffe starten zweimal im Monat vom Hafen in George Town direkt nach Port Blair auf den Andamanen. Am Schalter von Andaman Shipping (S. 444) gibt's Fahrkarten für die 60-stündige Überfahrt (2160 ₹ bis 8420 ₹). Man sollte mehrere Tage vorab buchen, um sich einen Platz zu sichern, und je drei Kopien von der Datenseite des Reisepasses und des Indien-Visums mitbringen. Die Prozedur zieht sich manchmal leider ewig hin.

ZUG

Verbindungen in andere Bundesstaaten und Züge nach Westen fahren generell vom Central-Bahnhof ab, die meisten Züge nach Süden an der Egmore Station. Das **Reservierungsbüro** (Karte S. 360; 1. St., Nahverkehrsbahnhof Chennai Central; ⌚ Mo–Sa 8–20, So 8–14 Uhr) mit dem sehr hilfsbereiten Foreign Tourist Cell ist in einem separaten 11-stöckigen Gebäude gleich westlich des Hauptgebäudes des Central-Bahnhofs untergebracht. Das **Reservierungsbüro für Passagiere** (Karte S. 360; ☎ 28194579) in der Egmore Station hat dieselben Öffnungszeiten.

ℹ Unterwegs vor Ort

AUTORIKSCHA

Die Stadt versucht schon seit Langem, ein Abkommen mit den Autorikscha-Fahrern zu treffen und feste Preise von 10 ₹ pro Kilometer bei einer Mindestgebühr von 20 ₹ einzuführen. Sollten sie zu keiner Einigung gelangen, werden sich die Fahrer zweifellos auch weiterhin weigern, das Taxameter einzuschalten und stattdessen astronomische Preise von Einheimischen wie Touris-

STAATLICHE BUSSE VOM CMBT

ZIEL	PREIS (₹)	DAUER (STD.)	HÄUFIGKEIT
Bengaluru	355–650	8	60-mal täglich
Coimbatore	420	11	10-mal täglich (18 Uhr bis 22 Uhr)
Ernakulam (Kochi)	565	16	15 Uhr
Kanchipuram	47	2	38-mal täglich
Kodaikanal	495	13	17 Uhr
Madurai	350–420	10	33-mal täglich
Mamallapuram	80	2	alle 30 Min.
Mysore	530–900	11	7-mal täglich (19 Uhr bis 23.30 Uhr)
Ooty	430	13	16.30 Uhr, 17.45 Uhr, 19.15 Uhr
Puducherry	100	4	alle 30 Min.
Thanjavur	260–340	8½	40-mal täglich
Tirupathi	100–180	4	55-mal täglich
Trichy	260–300	7	alle 30 Min.
Trivandrum	570	16	stündlich, 10 Uhr bis 21 Uhr
Vellore	81	3½	58-mal täglich

ten verlangen: Man kann mit mindestens 40 ₹ für eine kurze Fahrt über ein paar Blocks, rund 80 ₹ für eine 3 km lange Fahrt und 100 bis 120 ₹ für 5 km rechnen. Die Preise sind nach 22 Uhr um mindestens 25 % höher. Prepaid-Schalter gibt's vor dem CMBT (160 ₹ nach Egmore) und an der Central Station.

BUS

Es lohnt sich, sich mit Chennais Bussystem vertraut zu machen, auch wenn die Busse zu den Stoßzeiten beinahe aus allen Nähten platzen. Die Preise bewegen sich zwischen 3 und 14 ₹ (bzw. doppelt so hoch für Express- und Deluxe-Busse, für AC-Verbindungen sogar fünfmal so hoch). Streckeninformationen gibt's online unter http://busroutes.in/chennai; s. S. 373.

ZUM/VOM FLUGHAFEN

Chennai Metro Rail soll 2014 an den Start gehen und eine günstige, einfache Verbindung zwischen dem Flughafen und der Stadt ermöglichen. Bis dahin ist die billigste Option ein Nahverkehrszug zur bzw. von der Station Tirusulam, die durch eine Fußgängerunterführung mit dem Parkplatz am internationalen Terminal verbunden ist. Die Züge verkehren zwischen 4 Uhr und Mitternacht mehrmals stündlich zum/vom Bahnhof Chennai Beach (7 ₹, 42 Min.) und halten u. a. in Kodambakkam, Egmore, Chennai Park und Chennai Fort.

Die Prepaid-Taxi-Schalter am Flughafen verlangen 380/515 ₹ für ein Taxi mit/ohne Klimaanlage nach Egmore, etwas weniger nach T Nagar.

METRO RAIL

Chennai Metro Rail, ein neues, teilweise unterirdisches und schnelles Transportnetz, soll 2014 an den Start gehen und es entschieden leichter machen, sich in der Stadt fortzubewegen. Die Linie 1 fährt dann vom Flughafen nach Teynampet, Thousand Lights, zum Central-Bahnhof, zum High Court und nach Washermanpet im Norden der Stadt und verläuft über mehrere Kilometer unter der Anna Salai. Linie 2 fährt vom Central-Bahnhof nach Egmore und zum CMBT im Westen und dann weiter zum St. Thomas Mount im Süden.

ZUG

Effiziente, billige Nahverkehrszüge verkehren von der Beach Station zu den Stationen Fort, Park (in der Nähe vom Bahnhof Central), Egmore, Chetpet, Nungambakkam, Kodambakkam, Mambalam, Saidapet, Guindy, St. Thomas

WICHTIGE ZÜGE AB CHENNAI

ZIEL	ZUGNUMMER & -NAME	PREIS (₹)	DAUER (STD.)	ABFAHRT
Bengaluru	12007-Shatabdi-Express*	529/1155	5	6 Uhr CC
	12609-Chennai-Bangalore-Intercity-Express	110/386	6½	13.35 Uhr CC
Coimbatore	12675-Kovai-Express	132/488	7½	6.15 Uhr CC
	12671-Nilgiri-Express	232/616/910	7½	21.15 Uhr CC
Delhi	12621-Tamil-Nadu-Express	528/1482/2375	33	22 Uhr CC
Goa	17311-Vasco-Express (nur Fr)	343/971/1500	22	14.10 Uhr CC
Hyderabad	12759-Charminar-Express	312/854/1285	14	18.10 Uhr CC
Kochi	16041-Alleppey-Express	275/770/955	12¼	20.45 Uhr CC
Kolkata	12842-Coromandel-Express	461/1242/1955	27	8.45 Uhr CC
Madurai	12635-Vaigai-Express	132/488	8	13.20 Uhr CE
	12637-Pandyan-Express	232/594/880	9	21.20 Uhr CE
Mumbai	11042-Mumbai-Express	383/1085/1700	26	11.55 Uhr CC
Mysore	12007-Shatabdi-Express*	679/1470	7	6 Uhr CC
	16222-Kaveri-Express	212/564/850	10¼	21.30 Uhr CC
Tirupathi	16053-Tirupathi-Express	60/206	3¼	13.50 Uhr CC
Trichy	12635-Vaigai-Express	104/381	5	13.20 Uhr CE
Trivandrum	12623-Trivandrum-Mail	337/925/1405	15¾	19.45 Uhr CC

Abfahrtscodes: CC – Chennai Central-Bahnhof, CE – Chennai Egmore-Bahnhof

*täglich außer Mittwoch

Shatabdi-Preise: Chair/Executive; Express- und Mail-Preise in der zweiten/Chair-Class für Züge tagsüber, Schlafwagen/3AC/2AC für Übernachtzüge

CHENNAIS BUSROUTEN

BUS-NR.	ROUTE
A1	Central–Anna Salai–Rd (Mylapore) –Theosophical Society–Thiruvanmiyur
1B	Parry's–Central–Anna Salai–Flughafen
10A	Parry's–Central–Egmore (S)–Pantheon Rd–T Nagar
11	Broadway–Central–Anna Salai–T Nagar
12	T Nagar–Pondy Bazaar–Eldham's Rd–Vivekananda-Haus
15B & 15F	Broadway–Central–Egmore (N)–CMBT
21H	Broadway–Fort St. George–Kamarajar Salai–Kathedrale St. Thome–Theosophical Society
27B	CMBT–Egmore (N)–Central–Bharathi Salai (Triplicane)
27C	T Nagar–CMBT
27D	Egmore (S)–Anna Salai–Cathedral Rd–Dr. Radhakrishnan Salai–Kathedrale St. Thome
32& 32A	Central–Triplicane High Rd–Vivekananda-Haus

Die Routen gelten in beide Richtungen: Broadway – Broadway Bus Terminus, George Town; Central – Central Station; Egmore (N) – Egmore Sation (Nordseite); Egmore (S) – Egmore Station (Südseite); Parry's – Parry's Corner; T Nagar – T-Nagar-Bushaltestelle

Mount, Tirusulam (Anschluss zum Flughafen) und bis nach Tambaram. In Egmore befinden sich die Gleise für die Nahverkehrszüge (10 und 11) sowie das Fahrkartenbüro an der Nordseite des Bahnhofs. Eine zweite Linie zweigt nach dem Fort nach Süden zu den Stationen Parktown, Chepauk, Tiruvallikeni (für Marina Beach), Light House und Thirumailai (nahe dem Kapaleeshwarar-Tempel) ab. Züge verkehren zwischen 4 Uhr und Mitternacht mehrmals stündlich, und eine Fahrt kostet 4 bis 7 ₹.

NÖRDLICHES TAMIL NADU

Von Chennai nach Mamallapuram

Wenn man auf der East Coast Road (ECR) nach Süden fährt, wird Chennais weitläufiges Stadtgebiet nach etwa einer Stunde lichter. Tamil Nadu zeigt sich nun als Land mit grünen Feldern, Bäumen, roter Erde, blauem Himmel und etlichen Städten und Dörfern (oder, wenn man auf dem „IT Expressway" ins Landesinnere fährt, mit riesigen, modernen Gebäuden).

Rund um das Dörfchen Injambakkam, 10 km südlich des Flusses Adyar, herrscht eine Art tropischer Boheme-Stimmung: Hier befindet sich das **Cholamandal Artists' Village** (☎044-24490092; Injambakkam; Museum 20 ₹; ⌚Museum & Galerien 9–18.30 Uhr). Diese 3 ha große Künstler-Kooperative – 1966 von Pionieren auf dem Gebiet der modernen Kunst in Südindien, den Künstlern der Madras-Bewegung, gegründet, ist ein entspannter Rückzugsort vom Trubel der Welt, und die Kunst, die im Museum und den Galerien ausgestellt wird, ist absolut sehenswert. Man sollte besonders nach Werken von K.C.S. Paniker, S.G. Vasudev, M. Senathipathi und S. Nandagopal Ausschau halten. Im hübschen Garten des **Shiraz** (Hauptgerichte 150–300 ₹, Sonntag Mittagsbuffet 600 ₹; ⌚Mi–Mo 11–23 Uhr), ein Stück die Gasse hinter dem Museum entlang, genießt man gutes iranisches Essen.

Was Cholamandal für zeitgenössische Kunst ist, ist **DakshinaChitra** (☎044-27472603; www.dakshinachitra.net; East Coast Rd, Muttukadu; Inder Erw./Student 75/30 ₹, Ausländer 200/70 ₹; ⌚Mi–Mo 10–18 Uhr), 12 km weiter südlich, für traditionelle südindische Kunst und Kunsthandwerk. Die Mischung aus Freiluftmuseum, traditioneller Architektur, Kunsthandwerker-Ateliers (u.a. Töpfer, Seidenweber, Puppenmacher und Korbflechter) sowie Theater- und Tanzdarbietungen lohnt einen Zwischenstopp, auch mit Kindern.

Kovalam, ein Fischerdorf 4 km südlich von DakshinaChitra, bietet wahrscheinlich die besten Surfwellen entlang der ganzen Küste von Tamil Nadu. Die Wellen werden bis zu 2 m hoch, und nicht selten kann man 200 m weit surfen. Wer Unterricht nehmen möchte oder einen Surfbegleiter sucht, kann sich an den Dorfbewohner Murthy wenden, Kovalams Surf-Pionier, der die „soziale Surfschule" **Covelong Point** (☎9840975916; www.covelongpoint.com) führt.

Die **Madras Crocodile Bank** (044-27472447; www.madrascrocodilebank.org; Vadanemmeli; Erw./Kind 35/10 ₹, Kamera/Video 20/100 ₹; Di–So 8.30–17.30 Uhr), 6 km auf der ECR von Kovalam entfernt, bietet einen faszinierenden Einblick in die Welt der Reptilien und eine unglaubliche Stiftung zur Erhaltung und Erforschung der Tiere obendrein. Inzwischen leben 18 der weltweit 23 Krokodilarten hier, und die Crocodile Bank leistet einen wichtigen Beitrag zum Erhalt der genetischen Ressourcen dieser Tiere. Viele von ihnen sind stark bedroht. Hier haben Tausende von Reptilien ein Zuhause gefunden, darunter Gangesgaviale (eine seltene nordindische Flusskrokodilart mit langer, dünner Schnauze), Indische Sumpfkrokodile und Salzwasserkrokodile von den Andamanen und Nikobaren sowie Meeres- und Landschildkröten und Schlangen. Wer Interesse an den wilden Tieren hat: Die Croc Bank bietet die Möglichkeit zu Freiwilligenarbeit (mindestens zwei Wochen). Weitere Informationen gibt's per Mail an volunteer.mcbt@gmail.com.

9 km hinter der Croc Band (nur 5 km vor Mamallapuram) wartet die Höhle **Tiger Cave** (Saluvankuppam; Eintritt frei; 6–18 Uhr), ein unvollendeter, aber beeindruckender Felsenschrein, der wahrscheinlich aus dem 7. Jh. stammt. Das Besondere daran ist die „Halskette" aus elf riesigen Köpfen, die die zentrale Öffnung des Schreins säumen. Am Nordende der parkartigen Anlage befindet sich ein in den Felsen gehauener **Shiva-Schrein** aus derselben Zeit. Gleich dahinter, außerhalb des Zauns, liegt der erst kürzlich ausgegrabene **Subrahmanya-Tempel**. Er beherbergt einen Granitschrein aus dem 8. Jh., der wiederum über einem Ziegeltempel aus der Sangam-Ära erbaut wurde. Dieser ist Murugan gewidmet und einer der beiden ältesten bekannten Tempel Tamil Nadus.

Wer einen dieser Orte besuchen möchte, kann von Chennai aus mit dem Bus Richtung Süden nach Mamallapuram fahren und den Fahrer bitten, in der Nähe der Sehenswürdigkeiten aussteigen zu dürfen. Eine Alternative ist die TTDC-Busrundfahrt Chennai–Mamallapuram (275 ₹, 10 Std.), die den Besuch mehrerer dieser Stätten und einen Abstecher nach Mamallapuram selbst umfasst. Eine ganztägige Tour mit dem Taxi von Chennai aus kostet rund 3000 ₹. Es ist nicht ratsam, entlang der Küste schwimmen zu gehen, weil die Strömungen und Gezeiten sehr stark sind.

Mamallapuram (Mahabalipuram)

044 / 17 666 EW.

Mamallapuram war der wichtigste Seehafen des antiken Pallava-Königreichs, das seinen Sitz in Kanchipuram hatte. Ein Stadtspaziergang vorbei an den grandiosen Tempeln und den Schnitzereien, die zum Weltkulturerbe gehören, ist äußerst inspirierend, besonders bei Sonnenuntergang.

Von den architektonischen Wundern einmal abgesehen, bilden die Othavadai Street und die Othavadai Cross Street ein beliebtes Traveller-Viertel. Die Restaurants servieren Pasta, Pizza und Pfannkuchen, und in den Läden werden Desinfektionsmittel und Waren aus Tibet verkauft – man erkennt sofort, dass man einmal mehr im Königreich Backpackistan gelandet ist.

„Mahabs", wie manche es nennen, liegt nur zwei Busstunden von Chennai entfernt, und eine ganze Menge Reisender strömt hierher. Die Stadt ist klein und entspannt, und ihre Sehenswürdigkeiten kann man prima zu Fuß oder per Fahrrad erkunden.

Sehenswertes

Man kann leicht einen ganzen Tag mit der Erkundung von Mamallapurams wunderschönen Tempeln und Felsreliefs verbringen. Das Gros wurde im 7. Jh. in den Stein gemeißelt, während der Herrschaft des Pallava-Königs Narasimhavarman I., dessen Spitzname Mamalla (Großer Ringer) der Stadt ihren Namen gab. Abgesehen vom Strandtempel und den Fünf Rathas ist der Eintritt frei. An den Stätten kann man für rund 50 ₹ einen der offiziellen Führer von Archaeological Survey of India anheuern, die ihr Geld wirklich wert sind.

★ **Strandtempel** HINDU-TEMPEL

(Kombi-Tagesticket mit Fünf Rathas Inder/Ausländer 10/250 ₹, Video 25 ₹; 6–18 Uhr) Der Strandtempel erhebt sich mit seinen zwei Türmen wie eine große Faust aus Stein über dem Meer und symbolisiert die Hochphase der Pallava-Architektur und der Seefahrerambitionen der Pallava-Könige. Er ist zwar klein, aber sein Stil ist einmalig, und seine Reliefs sind von erstklassiger Qualität – viele haben sich durch die Erosion in beinahe impressionistische Verzierungen verwandelt. Der Tempel wurde im 8. Jh. unter Narasimhavarman II. erbaut und ist der älteste der bedeutenden, freistehenden

Steintempel in Tamil Nadu. Die beiden Türme erheben sich über Shiva-Schreinen, und ihre original Lingams (Phallussymbole Shivas) fangen den Sonnenaufgang und -untergang wunderbar ein. Zwischen den Shiva-Schreinen steht ein weiterer, Vishnu gewidmeter Schrein, der hier schlafend dargestellt ist.

★ Fünf Rathas — HINDU-TEMPEL

(Pancha Ratha; Five Rathas Rd; Kombi-Tagesticket mit Strandtempel Inder/Ausländer 10/250 ₹, Video 25 ₹; ⌚6–18 Uhr) Am Südrand von Mamallapuram sind die Fünf Rathas versammelt. Sie sehen aus wie einzelne Gebäude, wurden jedoch, erstaunlicherweise, alle aus einem einzigen riesigen Felsen gehauen. Jeder dieser Tempel aus dem 7. Jh. wurde einer Hindu-Gottheit gewidmet und ist heute nach einem oder mehreren der Pandavas, den fünf Heldenbrüdern aus dem Epos Mahabharata, oder nach deren gemeinsamer Frau Draupadi benannt. Vor jedem der Tempel ist ein Relief der Tierform ihrer jeweiligen Gottheit zu sehen.

Ratha ist Sanskrit für „Streitwagen" und könnte sich entweder auf die Form der Tempel oder auf ihre Funktion als „Transportmittel" der Götter beziehen. Die *rathas* lagen unter dem Sand verborgen, bis sie vor etwa 200 Jahren von den Briten ausgegraben wurden. Man nimmt an, dass sie ursprünglich nicht als Stätten der Anbetung dienten, sondern als Modell für Bauten, die an anderer Stelle errichtet werden sollten.

Der erste *ratha,* auf der linken Seite hinter dem Eingangstor, ist der **Draupadi Ratha** in der Form einer stilisierten südindischen Hütte. Er ist der dämonenbekämpfenden Göttin Durga gewidmet, die von innen herausschaut und auf einem Lotus steht. Die riesige Skulptur eines Löwen, Durgas Tierform, steht draußen Wache.

Der nächste in der Reihe ist der **Arjuna Ratha**, der „Streitwagen" des wichtigsten Pandava, der Shiva gewidmet ist. Mit seinen Pilastern, Miniaturdachschreinen und der kleinen, achteckigen Kuppel stand er Pate für viele der späteren Tempel Südindiens. Ein mächtiger Nandi-Bulle, Shivas Reittier, steht dahinter. Shiva (mit Nandi) und andere Götter sind außerdem an den Außenwänden des Tempels abgebildet.

Der **Bhima Ratha** mit seinem Tonnendach wurde nie fertiggestellt, was auch der fehlende Säulengang an der Nordseite bezeugt. Im Inneren befindet sich ein Schrein für Vishnu. Der **Dharmaraja Ratha**, der größte unter den Tempeln, hat eine ähnliche Form wie der Arjuna Ratha, ist aber um eine Etage höher. Die großen Reliefs auf seinen Außenmauern zeigen meist Gottheiten, u.a. den androgynen Ardhanarishvara (halb Shiva, halb Parvati) auf der Ostseite. König Narasimhavarman I. taucht am Westende der Südseite auf.

Der **Nakula-Sahadeva Ratha** (nach einem Pandava-Zwillingspaar benannt) steht ein wenig abseits der anderen vier und ist Indra gewidmet. Der lebensgroße Steinelefant daneben zählt zu den besten Elefantenskulpturen Indiens. Wenn man vom nördlichen Tor her kommt, sieht man zuerst die Rückseite, daher auch sein Spitzname Gajaprishthakara (Elefantenhintern).

★ Arjunas Buße — HINDU-DENKMAL

(West Raja St) Dieses gigantische Relief ist das Meisterstück unter den Steinarbeiten von Mamallapuram und eines der großartigsten Beispiele für antike Kunst in Indien. Das in einen riesigen Felsen gehauene Denkmal quillt vor Szenen aus hinduistischen Mythen und Bildern aus dem südindischen Lebensalltag beinahe über. Im Zentrum steigen *nagas* (Schlangenwesen) eine Spalte hinab, die einst mit Wasser gefüllt war und die den Ganges darstellen sollte. Zur Linken übt sich Arjuna in Selbstkasteiung (er fastet und steht auf einem Bein), damit der vierarmige Shiva ihm seine mächtigste Waffe überlässt, die göttervernichtende Pasupata. Einige Experten glauben jedoch, das Relief zeige gar nicht Arjuna, sondern den Weisen Bagiratha, der eindringlich Buße tat, um mit Shivas Hilfe den Ganges auf die Erde bringen zu können. Shiva ist von Zwergen umgeben, und im oberen Bereich des Reliefs fliegen himmlische Wesen, darunter auch der Mondgott (über Shiva) und der Sonnengott (rechts neben der Spalte), jeweils mit Gestirnen hinter ihren Köpfen. Unter Arjuna/Bagiratha ist ein Tempel für Vishnu zu sehen, dem mystischen Vorfahren der Pallava-Könige. Zu den zahlreichen, wunderschön gearbeiteten Tieren gehören auch eine kleine Elefantenherde und – ein Hauch von Humor inmitten des Heiligen – eine Katze, die vor einer anerkennenden Mäusemenge Buße tut.

Südlich von Arjunas Buße, entlang der Straße, warten der **Panch Pandava Mandapa** (⌚6.30–18 Uhr), ein unvollendeter Höhlentempel, der **Krishna Mandapa** (⌚6.30–18 Uhr) mit seinen berühmten Reliefs von Krishna (dieser hebt den Govardhana Hill über Dorfbewohner und Kühe, um sie vor einem

Mamallapuram (Mahabalipuram)

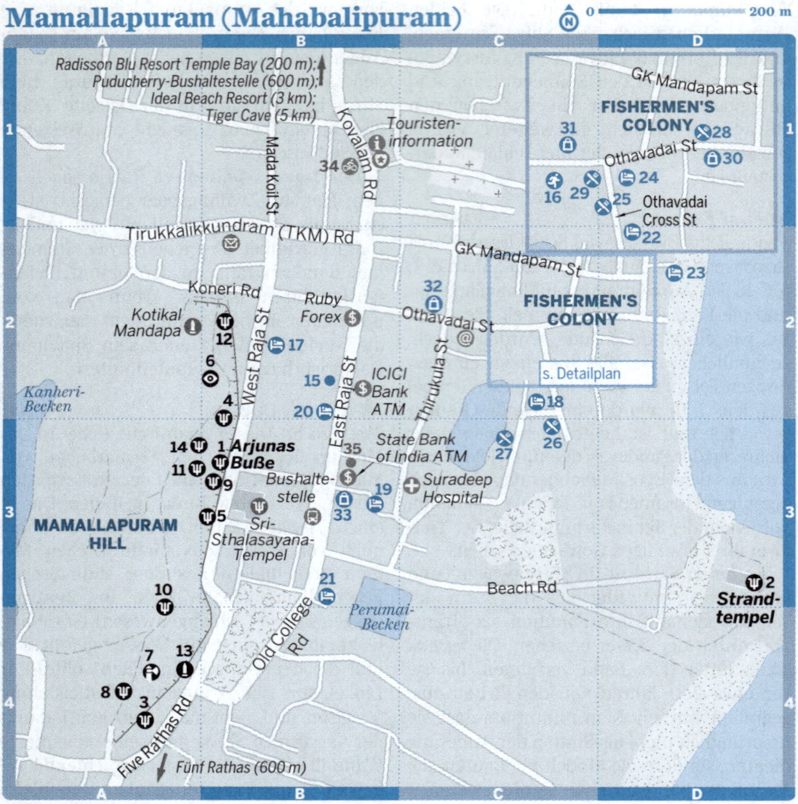

Sturm zu beschützen, der vom Gott Indra geschickt wurde), ein **unvollendetes Steinrelief** von ähnlicher Größe wie Arjunas Buße und der **Dharmaraja-Höhlentempel** (6.30–18 Uhr).

Mamallapuram Hill

Viele interessante Denkmäler liegen auf den felsigen Hügeln auf der Westseite der Stadt verstreut. Es dauert etwa eine Stunde, die wichtigsten von ihnen zu Fuß zu erkunden. Das Gelände ist von 6 bis 18 Uhr geöffnet, und es gibt zwei Eingänge: einen im Norden in der West Raja Street und einen im Süden ganz in der Nähe der Five Rathas Road.

Gleich hinter dem Nordeingang darf man den riesigen Felsen mit dem originellen Namen **Krishna's Butterkugel** nicht verpassen. Er ist unbeweglich, sieht aber aus, als würde er jede Sekunde wegrollen und ist deshalb ein beliebtes Fotomotiv. Weiter nördlich, hinter ein paar Felsen, liegt der **Trimurti-Höhlentempel**, der die hinduistische „Dreieinigkeit“ ehrt und jeder Gottheit einen Schrein widmet: Brahma (links), Shiva (Mitte) und Vishnu (rechts). Hinter demselben Felsen kann man eine wunderschöne Gruppe von steinernen Elefanten samt Affe und Pfau bewundern.

Weiter südlich von Krishnas Butterkugel erreicht man den **Ganesh Ratha**, der aus einem einzigen Felsen gehauen wurde. Er war einst ein Shiva-Tempel und wurde erst zu einem Schrein für Ganesh (Shivas elefantenköpfigen Sohn), nachdem der Lingam entfernt wurde. Südwestlich von hier beherbergt der **Varaha Mandapa** einige der schönsten Reliefs in Mamallapuram. Die linke Tafel zeigt Vishnus Inkarnation Varaha, einen Eber, der die Erde aus den Ozeanen hebt. Auf den nach außen zeigenden Tafeln ist Vishnus Gefährtin Lakshmi (die von Elefanten gewaschen wird) bzw. Durga zu sehen, während auf der rechten Seite Vishnu in seiner achtarmigen Riesenform Trivikra-

Mamallapuram (Mahabalipuram)

Highlights
1 Arjunas Buße ... B3
2 Strandtempel ... D3

Sehenswertes
3 Dharmaraja-Höhlentempel ... A4
4 Ganesh Ratha ... B2
5 Krishna Mandapa ... B3
6 Krishnas Butterkugel ... B2
7 Lighthouse ... A4
8 Mahishamardini Mandapa ... A4
9 Panch Pandava Mandapa ... B3
10 Ramanuja Mandapa ... A3
11 Raya Gopura ... A3
12 Trimurti-Höhlentempel ... B2
13 Unvollendetes Relief ... A4
14 Varaha Mandapa ... A3

Aktivitäten, Kurse & Touren
15 Hi! Tours ... B2
16 Sri Durga ... C1

Schlafen
17 Butterball Bed 'n Breakfast ... B2
18 Hotel Daphne ... C2
19 Hotel Mahabs ... B3
20 Hotel Mamalla Heritage ... B2
21 La Vie en Rose ... B3
22 Lakshmi Cottage ... D2
23 Sri Harul Guest House ... D2
24 Tina Blue View Lodge & Restaurant ... D1

Essen
Blue Elephant ... (siehe 31)
25 Freshly 'n Hot ... D1
26 Gecko Café ... C3
27 Gecko Café ... C3
28 Le Yogi ... D1
29 Moonrakers ... C1

Shoppen
30 Apollo Bookshop ... D1
31 Ponn Tailoring ... C1
32 Shriji Art Gallery ... C2
33 Southern Arts & Crafts ... B3

Transport
34 Fahrradverleih ... B1
35 Southern Railway Reservierungsbüro ... B3

ma abgebildet ist, wie er den Dämonenkönig Bali besiegt.

Ein Stück weiter südlich befindet sich links der **Raya Gopura** (Olakkanatha-Tempel) aus dem 16. Jh., bei dem es sich wahrscheinlich um einen unvollendeten *gopuram* (hoher Turm am Tempeleingang) handelt. Der Hauptpfad führt weiter nach Süden zum **Ramanuja Mandapa** und hinauf zum **Leuchtturm** von Mamallapuram, der einen tollen Ausblick bietet.

Gleich südwestlich des Leuchtturms steht der **Mahishamardini Mandapa**, der aus dem Felsen gehauen wurde und großartige Szenen aus den Puranas (Geschichten in Sanskrit aus dem 5. Jh. v. Chr.) zeigt. Die linke Tafel zeigt Vishnu, der auf einer eingerollten Schlange schläft. Rechts sitzt Durga auf ihrem Löwen, während sie den Dämonenbüffel Mahisha tötet. Im Inneren des zentralen Schreins ist Murugan dargestellt, der zwischen seinen Eltern Shiva und Parvati sitzt.

Aktivitäten

Strand

Der Strand des Ortes ist alles andere als unberührt und an manchen Stellen sogar richtig dreckig – aber südlich des Strandtempels lockt sehr feiner Sand. Außerdem ist man hier auch zumindest ein bisschen weiter von den glotzenden Männern weg, die ihren Tag damit verbringen, Touristen anzugaffen. Wie der Großteil von Tamil Nadus Küste eignen sich auch diese Strände nicht zum Schwimmen, da die Strömungen gefährlich sind.

Behandlungen

Massagen, Reiki, Yoga und ayurvedische Praktiken werden fast an jeder Ecke angeboten.

Sri Durga (☎9840288280; sridurgamassageyoga1999@yahoo.com; 35 Othavadai St; 45-min. Massage 700–900 ₹, 1 Std. Yoga 200 ₹) bietet Massagen und ayurvedische Behandlungen an (mit männlichen Therapeuten für Männer und weiblichen für Frauen) und hält zwischen 7 und 19 Uhr mehrere Yogasitzungen ab. Diverse andere Anbieter in der Stadt haben ähnliche Preise und Zeiten. Wie eigentlich immer – besonders bei einer solchen Dienstleistung – sollte man sich bei anderen Touristen umhören, den Therapeuten vorab gründlich unter die Lupe nehmen und einfach wieder gehen, wenn man irgendwelche Bedenken hat.

Im Radisson Ressort gibt's eine Filiale des beliebten ayurvedischen Behandlungszentrums Ayush sowie ein Spa mit einem breiten Angebot an Massagen, Schlammpackungen und vielem mehr – beide stehen auch allen offen, die nicht im Hotel wohnen.

Geführte Touren

Hi! Tours RADFAHREN, VOGELBEOBACHTUNG
(27443360; www.hi-tours.com; 123 East Raja St; Radtouren 350–400 ₹; Mo–Fr 9.30–18, Sa 9.30–14 Uhr) Bietet halbtägige Radtouren in nahe gelegene Dörfer und andere spannende Aktivitäten an. Man kann etwa bei der Verarbeitung von Reis und Masala oder bei der Entstehung von Kolams zuschauen („Willkommensmuster" an Eingängen, auch *rangoli* genannt). Organisiert werden außerdem Tagesausflüge zu verschiedenen Zielen, z. B. nach Kanchipuram oder zum Vedanthangal Bird Sanctuary. Umfangreichere Pakete inklusive Unterkunft und Transport zu vernünftigen Preisen sind ebenfalls im Angebot.

Feste & Events

Mamallapuram Dance Festival TANZ
(Ende Dez.–Ende Jan.) Bei diesem vierwöchigen Tanzfest werden klassische und folkloristische Tänze aus ganz Indien aufgeführt. Viele Darbietungen finden auf einer Freiluftbühne vor der eindrucksvollen Kulisse von Arjunas Buße statt. Zu den Tänzen gehören der Bharata Natyam (Tamil Nadu), der Stammestanz Kuchipudi (Andhra Pradesh) und der Ausdruckstanz Kathakali (Kerala). Außerdem werden Puppenspiele und klassische Musik dargeboten. Die Aufführungen finden nur von Freitag bis Sonntag statt.

Schlafen

Hotel Daphne HOTEL $
(27442811; www.moonrakersrestaurants.com; 17 Othavadai Cross St; Zi. 300–1500 ₹;) Die meisten Zimmer des Daphne sind akzeptabel, aber nichts Besonderes. Die neuen Zimmer (Nr. 12 und 13) im oberen Stock sind aber sehr preiswert und mit Klimaanlage, Himmelbett, Balkon und geflochtenen Schaukelstühlen ausgestattet. Der grüne Innenhof ist ein weiterer Pluspunkt.

Tina Blue View Lodge & Restaurant PENSION $
(27442319; 34 Othavadai St; EZ/DZ/3BZ 400/500/600 ₹) Das Tina gehört zu den Urgesteinen in Mamallapuram und sieht auch ein bisschen so aus: Es ist zwar ein wenig abgewohnt, aber es ist und bleibt dank seiner weiß getünchten Wände, der blauen Akzente und dem tropischen, angenehmen Garten sehr beliebt – und natürlich wegen seines unermüdlichen Besitzers Xavier, einem weiteren echten Urgestein („Ich bin genauso alt wie Tony Wheeler!").

Sri Harul Guest House PENSION $
(Sea View Guest House; 9384620173; 181 Bajanai Koil St, Fishermen's Colony; Zi. 500–1000 ₹) Die Brandung bricht direkt unter dem eigenen Balkon an den Felsen – jedenfalls, wenn man eines der sechs Zimmer mit Meerblick im Sri Harul ergattert, einer der besten Budgetoptionen am Wasser. Die Zimmer sind schlicht, durchschnittlich groß und ziemlich sauber.

La Vie en Rose HOTEL $
(9444877544; Old College Rd; DZ ohne/mit Klimaanlage 700/1200 ₹;) Hier gibt's einfache, saubere Zimmer in anständiger Größe (wenn auch ein wenig abgenutzt), einen netten, von Grün umgebenen Eingangsbereich und freundliches Personal.

Lakshmi Cottage HOTEL $
(27442463; lakshmilodge2002@yahoo.co.in; 5 Othavadai Cross St; Zi. 400–800 ₹, mit Klimaanlage 1200 ₹;) Eine der besseren unter mehreren Unterkünften entlang der Othavadai Cross Street, die sich an Backpacker richten. Das Lakshmi bietet jede Menge Zimmer in leuchtenden Farben und ein kleines Reisebüro im Erdgeschoss.

Butterball Bed 'n' Breakfast B&B $$
(9094792525; suhale2009@gmail.com; 9/26 West Raja St; EZ/DZ inkl. Frühstück 1600/1800 ₹;) Hier gibt's von der Dachterrasse aus einen tollen Ausblick auf den Riesenfelsen, der Namensgeber war, und auf eine nett angelegte Rasenfläche. Die kleinen, aber sauberen und angenehmen Zimmer sind mit alten englischen Drucken, Schreibtischen und blau gekachelten Bädern ausgestattet. Das Frühstück im westlichen Stil ist gut, und auch die Möglichkeit zum Checkout rund um die Uhr – in Mamallapuram eine Seltenheit – ist sehr willkommen. Außerdem gibt's überall WLAN gratis.

Hotel Mahabs HOTEL $$
(27442645; www.hotelmahabs.com; 68 East Raja St; Zi. 1319 ₹, mit Klimaanlage 2159–2518 ₹; @) Das freundliche Mahabs bietet einen attraktiven Pool (300 ₹ für Nicht-Gäste), der von Pflanzen und Wandmalereien umgeben ist. Die Zimmer sind in Brauntönen gehalten und sehr sauber und gemütlich. Es gibt ein anständiges Restaurant, und Internet kostet 50/200 ₹ pro Stunde/Tag.

Hotel Mamalla Heritage HOTEL $$
(27442060; www.hotelmamallaheritage.com; 104 East Raja St; EZ 2136–2611 ₹, DZ 2374–3086 ₹ inkl. Frühstück;) Das Mamalla ist bei Tour-

TAMIL NADUS TEMPEL

Tamil Nadu ist eine Goldmine für alle, die die indische Tempelkultur entdecken möchten. Der Bundesstaat verfügt nicht nur über die vielleicht spektakulärste Tempelarchitektur und die besten Skulpturen des Landes, seine Bewohner gehören auch zu den hingebungsvollsten Anhängern des hinduistischen Glaubens. In den rund 5000 Tempeln von Tamil Nadu herrscht immer ein reges Treiben von Gläubigen, die zur *puja* (Opfergabe oder Gebet) strömen, und farbenfrohe Tempelfeste werden zuhauf gefeiert. Auch wenn es eine Fülle von Hindugöttern gibt, sind wohl die meisten tamilischen Tempel Shiva gewidmet, der in vielen verschiedenen Formen erscheint. Besonders beliebt ist Nataraja, der kosmische Tänzer, der in einem Ring aus Feuer tanzt, während zwei seiner vier Hände die Flamme der Zerstörung und die Trommel der Schöpfung tragen, die dritte die Geste *abhaya mudra* (Fürchte dich nicht!) vollführt und die vierte auf den Zwerg der Ignoranz zeigt, der von Shivas Fuß zertrampelt wird. Tamilen haben außerdem eine Schwäche für Shivas Sohn Murugan, der auf einem Pfau reitet und auch Kartikeya oder Skanda genannt wird.

Die große Bedeutung vieler tamilischer Tempel macht sie zu einem beliebten Ziel unzähliger Pilger aus ganz Indien. Die Pancha Sabhai Sthalangal sind jene fünf Tempel, in denen Shiva seinen kosmischen Tanz aufgeführt haben soll (der wichtigste ist Chidambaram). In den fünf Tempeln Pancha Bootha Sthalangal wird Shiva jeweils als Manifestation eines der fünf Elemente verehrt: Land, Wasser, Luft, Himmel/All und Feuer. Jeder der neun Navagraha-Tempel im Kumbakonam-Gebiet wiederum ist das Zuhause einer der himmlischen Verkörperungen der Hindu-Astrologie – wichtige Stätten, wenn man die Bedeutung der Sterndeutung für den Hinduismus bedenkt.

Typisch für tamilische Tempel sind *gopurams*, hohe, abgestufte Eingangstürme, die oft mit bunt bemalten Skulpturen von Göttern und Dämonen geschmückt sind, *mandapas* (Vorhallen mit reich verzierten Säulen), heilige Wasserbecken und ein Grundriss, der aus mehreren ineinander liegenden Bereichen (*prakarams*) besteht, die immer kleiner werden, wobei ganz innen das zentrale Heiligtum liegt, in dem die Hauptgottheit des Tempels residiert. Die frühesten tamilischen Tempel waren nicht mehr als kleine Schreine, die direkt in den Felsen gehauen wurden. Die ersten freistehenden Tempel wurden im 8. Jh. v. Chr. erbaut, und *gopurams* tauchten ungefähr im 12. Jh. erstmals auf.

Der Eintritt zu den meisten Tempeln ist frei, aber der Zutritt zum inneren Heiligtum ist oftmals nur Hindus erlaubt, worüber viele Besucher enttäuscht sind. Bei einigen Tempeln wird man aber auch von den Priestern ins Innere eingeladen, und ehe man sich versieht, nimmt man an der *puja* teil, bekommt ein *tilak* auf die Stirn gemalt und wird um eine Spende gebeten.

Man wird an den Tempeln oft von aufdringlichen Anwerbern belästigt, aber es gibt auch viele ausgezeichnete Führer, die sowohl die Aufmerksamkeit der Besucher als auch ein paar Rupien verdienen. Am besten urteilt man mit gesundem Menschenverstand, spricht mit anderen Touristen und hält Ausschau nach offiziellen Führern, die ein Abzeichen tragen und ausgezeichnete Informationsquellen sind.

A South Indian Journey von Michael Wood ist ein tolles Buch, wenn man mehr über die tamilische Kultur erfahren will. Und TempleNet (www.templenet.com) ist eine der besten Internetquellen.

gruppen beliebt und bietet große, komfortable Zimmer mit tadellosem Bad. Der Pool hat eine vernünftige Größe, und es gibt ein ausgezeichnetes Restaurant auf dem Dach. WLAN kostet 50/200 ₹ pro Stunde/Tag.

★ Radisson Blu Resort Temple Bay RESORT **$$$**
(☎27443636; http://radissonblu.com/hotel-mamallapuram; 57 Kovalam Rd; EZ/DZ inkl. Frühstück ab 8934/9893 ₹; ❄@📶🏊) Die 144 luxuriösen Chalets, Villen und Bungalows des Radisson liegen weit verstreut in perfekt gepflegten Gärten, die an einen 500 m langen Strandstreifen angrenzen. Irgendwo in deren Mitte befindet sich Indiens längstes Schwimmbecken mit einer Länge von 220 m. Die Zimmer reichen von groß bis riesig, und die teuersten haben einen eigenen Pool. Das Radisson bietet außerdem das edelste (und teuerste) Restaurant in Mamallapuram und

zwei erstklassige Spas (eines ausschließlich ayurvedisch). Das Resort ist ein beliebter Rückzugsort für gut betuchte Chennai-Urlauber. WLAN ist überall kostenlos.

Ideal Beach Resort RESSORT $$$
(☎ 27442240; www.idealresort.com; East Coast Rd; EZ/DZ ab 5934/6527 ₹; ❄@≋) Dieses entspannte Resort liegt inmitten schöner Gärten und hat einen eigenen (sehr hübschen) Strandabschnitt. Es befindet sich 3 km nördlich der Stadt und ist bei Familien und Paaren sehr beliebt. Im netten Restaurant am Pool gibt's manchmal klassische Livemusik. Internet kostet 100 ₹ pro Tag.

Essen

Die Lokale auf der Othavadai Street und der Othavadai Cross Street haben (teilweise) Außenbereiche, anständige westliche Hauptgerichte, aber auch fade indische Currys. In den meisten bekommt man auch Bier. Wer echtes indisches Essen genießen möchte: In der Nähe der Bushaltestelle gibt's günstige vegetarische Speisen und Biryani.

Le Yogi INTERNATIONAL $$
(19 Othavadai St; Hauptgerichte 120–350 ₹; ⌚7.30–23 Uhr) Hier bekommt man mit das beste westliche Essen der Stadt: Steak, Pasta, Pizza und Crêpe sind authentisch und lecker (wenn auch etwas klein), der Service ist gut, und das luftige Ambiente mit Bambuspfosten und hübschen Hängelampen versprüht einen Hauch von Romantik.

Gecko Café INTERNATIONAL $$
(www.gecko-web.com; 14 Othavadai Cross St; Hauptgerichte 150–290 ₹; ⌚8–22.30 Uhr) Dieses nette kleine Lokal auf einem strohgedeckten Dach mit Blick auf einen großen Teich wird von zwei freundlichen Brüdern geführt. Angebot und Preise unterscheiden sich nicht groß von anderen Touristenlokalen, aber hier steckt mehr Liebe in den Gerichten, und es schmeckt einfach besser. Zur Zeit der Recherche war gleich um die Ecke eine **zweite Filiale** in Planung.

Freshly 'n' Hot CAFÉ $$
(Othavadai Cross St; Hauptgerichte 60–225 ₹; ⌚7.30–21 Uhr) O.K., der Name ergibt keinen Sinn, aber das Ambiente ist entspannt und die Einrichtung sauber und frisch. Die vergleichsweise übersichtliche Karte bietet Pizza, Pasta, Sandwiches, Crêpes, verschiedene Gerichte mit Ei und eine lange Liste mit Kaffee – und alles ist wirklich recht gut. Der Eiskaffee schmeckt ausgezeichnet.

Moonrakers INTERNATIONAL $$
(34 Othavadai St; Hauptgerichte 100–300 ₹; ⌚10–23.30 Uhr) Wahrscheinlich landet man irgendwann sowieso hier: Läden wie dieser dominieren die Straßen des Backpacker-Viertels. Das Essen gewinnt zwar nicht den Hauptpreis, ist aber okay, und auf den drei Etagen geht es ziemlich geschäftig zu. Wer lieber woanders hin will, kann es auch mal im **Blue Elephant** (Othavadai St) gegenüber versuchen, das denselben Besitzern gehört und fast dasselbe Essen, aber ein netteres Flair bietet.

Water's Edge Cafe INTERNATIONAL $$$
(Radisson Blu Resort Temple Bay, 57 Kovalam Rd; Hauptgerichte 250–700 ₹; ⌚24 Std.) Bietet von amerikanischem Frühstück über Lammgulasch bis hin zu indischen vegetarischen Gerichten nahezu alles. Im Radisson lockt außerdem noch das **Wharf** (Hauptgerichte 550–2000 ₹; ⌚12–15 & 19–23 Uhr), ein Gourmetrestaurant am Meer mit internationaler Küche.

Shoppen

Das Dröhnen der elektrischen Steinschleifer hat längst das Klappern der Meißel in den Ateliers der Steinmetze von Mamallapuram abgelöst. Heute sind die Kunsthandwerker in der Lage, Granitfiguren von unterschiedlichster Art und Qualität praktisch am Fließband zu produzieren, von Anhängern für 100 ₹ bis zu 400 000 ₹ teuren Ganesh-Statuen, die mit einem Kran transportiert werden müssen. Außerdem gibt's ein paar gute Kunstgalerien, Schneidereien und Antiquitätenläden. Wer nach Kleidung sucht, sollte bei **Ponn Tailoring** (Othavadai St; ⌚9.30–22 Uhr) vorbeischauen. Hübsche Drucke, Karten und originelle Kunst findet man in der **Shriji Art Gallery** (14/21 Othavadai St; ⌚9–22 Uhr). **Southern Arts & Crafts** (☎ 27443675; www.southernarts.in; 72 East Raja St; ⌚9–19.30 Uhr) bietet teure, aber wunderschöne Kuriositäten, die aus örtlichen Häusern stammen, sowie qualitativ hochwertige Skulpturen an.

Im **Apollo Bookshop** (89 Fishermen's Colony; ⌚9–21 Uhr) findet man eine gute Auswahl an Büchern in verschiedenen Sprachen zum Kaufen oder Tauschen.

Praktische Informationen

Geldautomaten findet man auf der East Raja Street.

Hi Tech Net-Centre (Othavadai St; Internet pro Std. 30 ₹; ⌚8–21.30 Uhr) Hier ist es einladend und geräumig.

Ruby Forex (East Raja St; ⌚Mo–Sa 9.30–19 Uhr) Wechselt Geld.

Suradeep Hospital (☎27442448; 15 Thirukula St; ⏲24 Std.) Von Lesern empfohlen.

Touristeninformation (☎27442232; Kovalam Rd; ⏲Mo–Fr 10–17.45 Uhr) Sehr hilfsbereit und freundlich.

An- & Weiterreise

Bus 599 fährt ab der **Bushaltestelle** (East Raja St) 24-mal täglich zur T-Nagar-Bushaltestelle in Chennai (27 ₹, 2 Std.), und AC-Bus 568C (samstags und sonntags 588C) steuert zwischen 8 und 21 Uhr etwa stündlich das CMBT in Chennai an (85 ₹, 2 Std.). Wer zum Flughafen von Chennai möchte, kann in Bus 515 nach Tambaram (alle 30 Min., zwischen 6.20 und 21.30 Uhr) steigen und sich dann ein Taxi oder eine Autorikscha nehmen oder mit einem Nahverkehrszug weiterfahren. Außerdem fahren von der Bushaltestelle täglich neun Busse nach Kanchipuram (31 ₹, 2 Std.). Busse nach Puducherry (50 ₹, 2 Std.) halten alle halbe Stunde an der Kreuzung der Kovalam Road und der Umgehungsstraße Mamallapuram, 1 km nördlich des Stadtzentrums.

Taxis warten am Busbahnhof, an Reisebüros und vor Hotels. Die Fahrt nach Chennai kostet 1000 ₹ bis 1200 ₹, nach Puducherry 1500 ₹.

Im **Southern Railway Reservation Centre** (32 East Raja St, 1. St.; ⏲Mo–Sa 10–13 & 14.30–17, So 8–14 Uhr) kann man Zugtickets reservieren.

Unterwegs vor Ort

Am einfachsten ist es, sich zu Fuß fortzubewegen, aber an heißen Tagen kann die Tour eine anstrengende Wanderung werden, wenn man alle Sehenswürdigkeiten sehen will. In einigen Pensionen und Hotels kann man Fahrräder ausleihen, und ein paar Stände mit Leihfahrrädern gibt's auch; sie kosten normalerweise 50 ₹ pro Tag.

Vedanthangal Bird Sanctuary

Dieses 30 ha große **Schutzgebiet** (Eintritt 5 ₹, Kamera/Video 25/150 ₹; ⏲6–18 Uhr) liegt 55 km südwestlich von Mamallapuram und ist eine spektakuläre Brutstätte für zahlreiche Wasservogelarten, die von Oktober bis März hier leben. In manchen Jahren tummeln sich 100.000 Vögel am Vedanthangal-See und im Sumpfland rundherum. Die besten Beobachtungszeiten sind früh morgens und am späten Nachmittag: Vom Aussichtsturm kann man auf die lärmenden Nestbewohner hinunterschauen.

Im **Forest Department Resthouse** (Zi. 750 ₹), 500 m vor dem Schutzgebiet, stehen drei schlichte Zimmer mit Klimaanlage zur Verfügung. Man sollte sie vorab im **Wildlife Warden's Office** (Karte S. 356; ☎044-24321471; DMS Compound, 259 Anna Salai, Teynampet) in Chennai buchen. Es kann nicht schaden, vorher im Büro anzurufen, da es hin und wieder den Standort wechselt – oder man bucht einfach über ein Reisebüro wie Hi! Tours (S. 378) in Mamallapuram oder Milesworth Travel (S. 369) in Chennai. Aber auch wer einfach so vorbeischaut, hat manchmal Glück, und der Hausmeister hat noch ein freies Zimmer. Essen und Getränke sollte man aber selbst mitbringen.

Viele Besucher machen von Mamallapuram aus einen Tagesausflug mit dem Taxi, der rund 1500 ₹ kosten sollte. Wer mit öffentlichen Verkehrsmitteln anreist, fährt zuerst nach Chengalpattu (eine Busstunde von Mamallapuram entfernt auf dem Weg nach Kanchipuram). Dort kann man in einen Bus über Padalam nach Vedanthangal steigen, wo man möglicherweise erneut umsteigen muss. Die meisten Busse nach Vedanthangal fahren zum Eingang des Schutzgebiets, aber einige halten auch an der Haltestelle im Dorf, etwa 1 km davon entfernt.

Kanchipuram

☎044 / 164 225 EW.

Kanchipuram, 80 km südwestlich von Chennai, war vom 6. bis zum 8. Jh. die Hauptstadt der Pallava-Dynastie – bis die Pallavas die grandiosen Steinbauten von Mamallapuram schufen. Heute ist es eine hektische, moderne, typisch indische Stadt, die für ihre vielen bedeutenden und gut besuchten Tempel berühmt ist. Einige stammen aus der Pallava-, andere aus der Chola- oder Vijayanagar-Ära. Aber auch die hochwertigen Seidensaris, die von Tausenden Familien auf Handwebrahmen in der Stadt und den umliegenden Dörfern gefertigt werden, sind überall bekannt. Seiden- und Sari-Läden reihen sich in der Gandhi Road südöstlich des Zentrums aneinander, aber ihre Waren sind für gewöhnlich nicht billiger als in den Seidengeschäften in Chennai. Kanchi kann man gut auf einem Tagesausflug von Mamallapuram oder Chennai aus besuchen.

Sehenswertes

Alle Tempel sind von 6 bis 12 Uhr und von 16 bis 20 Uhr geöffnet. Der Eintritt ist überall frei, aber manchmal muss man eine kleine Gebühr bezahlen, damit jemand auf die Schuhe aufpasst und/oder dafür, dass man seine Kamera benutzen darf.

Kanchipuram

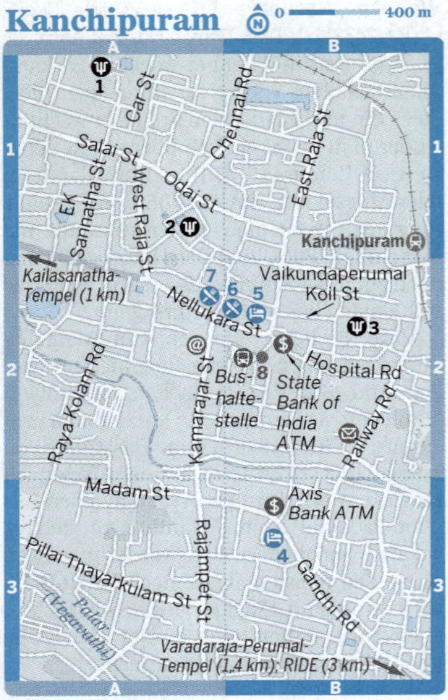

Kanchipuram

Sehenswertes
1 Ekambareshwara-Tempel A1
2 Kamakshi-Amman-Tempel A1
3 Vaikunta-Perumal-Tempel B2

Schlafen
4 GRT Regency B3
5 Sree Sakthi Residency B2

Essen
Dakshin .... (siehe 4)
6 Sangeetha Restaurant B2
7 Saravana Bhavan A2

Transport
8 Fahrradverleih B2

Kailasanatha-Tempel HINDU-TEMPEL

Kanchis ältester Tempel ist gleichzeitig der eindrucksvollste, aber das liegt nicht an seiner Größe, sondern an seiner historischen Bedeutung und an den feinen Steinarbeiten. Der Kailasanatha ist Denkmal und lebendiger Tempel zugleich und viel ruhiger als andere Tempel in der Stadt. Er ist Shiva gewidmet und wurde im 8. Jh. vom Pallava-König Narasimhavarman II. erbaut, der auch für den Strandtempel in Mamallapuram verantwortlich zeichnete. Die niedrige Sandsteinanlage umfasst faszinierende Reliefs, darunter auch viele der halb tierischen Gottheiten, die in der frühen drawidischen Architektur in Mode waren. Den Mittelpunkt des inneren Heiligtums bildet ein großer prismenförmiger Lingam, den Nicht-Hindus nur aus einer Entfernung von 8 m bestaunen dürfen. Der Turm, der sich darüber erhebt, ist ein Vorbild für die großen *vimanas* der späteren Chola-Tempel. Eine Autorikscha aus dem Zentrum kostet 40 ₹, aber der Spaziergang hierher ist wirklich nett.

Ekambareshwara-Tempel HINDU-TEMPEL

(Ekambaranathar-Tempel; Kamera/Video 20/100 ₹) In Südindien stehen fünf Shiva-Tempel, die den fünf Elementen zugeordnet sind, und diese 12 ha große Anlage ist der Schrein des Elements Erde. Man betritt sie durch einen 59 m hohen, unbemalten *gopuram* auf der Südseite, dessen lebendige Reliefs im Jahr 1509 unter der Vijayanagar-Herrschaft in den Stein gemeißelt wurden. Im Inneren führt links eine Säulenhalle zum Zentrum der Anlage: Nicht-Hindus dürfen das innere Heiligtum allerdings nicht betreten. Dieses umfasst auch eine Spiegelkammer, in der das Abbild Shivas endlos reflektiert wird, die so seine Unendlichkeit darstellt.

Der Legende nach huldigte die Göttin Kamakshi („sie, deren Augen Begehren erwecken", eine Erscheinungsform von Parvati, Shivas Gattin) Shiva hier unter einem Mangobaum. Der Name des Tempels bedeutet „Herr des Mangobaums", und in einem Innenhof hinter dem innersten Heiligtum steht ein angeblich 3500 Jahre alter Mangobaum mit vier Ästen, die die vier Veden (heilige Hindu-Texte) repräsentieren.

Kamakshi-Amman-Tempel HINDU-TEMPEL

Der imposante Tempel ist Kamakshi/Parvati gewidmet und einer von Indiens wichtigsten Orten zur Anbetung der *shakti*, der weiblichen Energie/Gottheiten. Man nimmt an, dass er von den Pallavas gegründet wurde. Das komplette Hauptgebäude im Inneren ist für Nicht-Hindus unzugänglich, aber die kleine, quadratische Hochzeitshalle rechts neben dem Südosteingang des Tempels ist dank ihrer wunderschönen, aufwendig verzierten Säulen einen Blick wert. Im Februar bzw. März werden Wagen mit den Tempelgöttern durch die Straßen gezogen – diese Prozession sollte man sich nicht entgehen lassen, falls man gerade in der Nähe ist.

Varadaraja-Perumal-Tempel HINDU-TEMPEL

(Devarajaswami-Tempel; 100-Säulen-Halle 1 ₹, Kamera/Video 5/100 ₹) Der riesige Varadaraja-

Perumal-Tempel im Südosten der Stadt ist Vishnu gewidmet und wurde im 11. Jh. von den Cholas erbaut. Den Hauptbereich dürfen nur Hindus betreten, das künstlerische Highlight ist jedoch auch hier die „100-säulige" Hochzeitshalle, die im 16. Jh. gleich hinter dem Westeingang angefügt wurde. Die Säulen (tatsächlich sind es nur 96) sind fantastisch verziert und zeigen unzählige Tiere und Ungeheuer, während an den Ecken vier steinerne Ketten hängen, die jeweils aus einem einzigen Felsen gemeißelt wurden.

Alle 40 Jahre wird das Wasser des Tempelbeckens abgelassen und so eine riesige Holzstatue von Vishnu freigelegt, die 48 Tage lang angebetet wird; nächste Besichtigung: 2019. In der Zwischenzeit kann man eine der beliebten Prozessionen besuchen, bei denen die Tempelgötter durch die Straßen getragen werden; sie finden mehrmals im Jahr statt.

Vaikunta-Perumal-Tempel HINDU-TEMPEL

Dieser Vishnu-Tempel ist rund 1200 Jahre alt und wurde von den Pallavas erbaut. Ein Gang rund um den zentralen Schrein zeigt Säulen mit Löwen und eine Fülle verwitterter Wandbilder, die teilweise historische Szenen zeigen. Der einzigartige Schrein, der sich über drei Ebenen erstreckt, enthält Darstellungen von Vishnu, der steht, sitzt, liegt und auf seinem bevorzugten Reittier, Garuda (halb Adler, halb Mensch), sitzt.

Freiwilligenarbeit

RIDE FREIWILLIGENARBEIT

(Rural Institute for Development Education; ☎27268223; www.rideindia.org; 48 Periyar Nagar, Little Kanchipuram) Kanchipurams gefeierte Seidenindustrie stützt sich seit jeher auf Kinderarbeit. RIDE kämpft an führender Stelle gegen Kinderarbeit, und der Organisation ist es laut eigenen Schätzungen gelungen, die Zahl von 40 000 arbeitenden Kindern im Jahr 1997 auf weniger als 1000 im Jahr 2010 zu verringern. RIDE arbeitet auch dafür, die Armen auf dem Land durch Bildung und Selbsthilfegruppen für Frauen zu stärken. Freiwillige sind in einer Vielzahl von Projekten herzlich willkommen, egal, ob sie eine Woche oder ein Jahr mitarbeiten wollen. Man muss mit 1500 ₹ bis 7000 ₹ pro Woche für Unterkunft, Essen und andere Kosten rechnen (je nach Aufenthaltsdauer).

Touren

RIDE bietet originelle und faszinierende **Touren** (pro Pers. inkl. Mittagessen halber/ganzer Tag 600/900 ₹) an, die sich mit so unterschiedlichen Themen wie Seidenweberei, Tempel, Kinderarbeit oder einem indischen Kochkurs mit Marktbesuch befassen.

Schlafen & Essen

RIDE PENSION $

(Rural Institute for Development Education; ☎27268223; www.rideindia.org; 48 Periyar Nagar, Little Kanchipuram; EZ/DZ inkl. Frühstück 350/700 ₹; ❄) An ihrem Standort in einem Wohngebiet bietet die Organisation mehrere schlichte, aber saubere und großzügige Zimmer an – 5 km südöstlich des Stadtzentrums (von der Hauptstraße ca. 1 km hinter dem Varadaraja-Perumal-Tempel). Wenn möglich, sollte man sich vorher anmelden. Hausgemachtes Mittag- und Abendessen gibt's auch (je 250 ₹).

GRT Regency HOTEL $$

(☎27225250; www.grthotels.com; 487 Gandhi Rd; EZ/DZ inkl. Frühstück 3000/3500 ₹; ❄📶) Das GRT hat die saubersten und gemütlichsten Zimmer in ganz Kanchi, mit Marmorböden, Badarmaturen sowie Tee- und Kaffeemaschinen. Das hoteleigene Restaurant **Dakshin** (Hauptgerichte 185–390 ₹; ⏲7–23 Uhr) ist ein bisschen überteuert, hat aber eine umfangreiche internationale Karte mit westlichem Frühstück, Meeresfrüchten und leckerem Tandoori.

Sree Sakthi Residency HOTEL $$

(☎27233799; www.sreesakthiresidency.com; 71 Nellukara St; EZ 1319–1439 ₹, DZ 1559 ₹; ❄) Schlichte, helle Holzmöbel und bunte Wände lassen die Zimmer recht modern erscheinen, zudem sind sie ordentlich und sauber. Das zugehörige **Sangeetha Restaurant** (Hauptgerichte 50–140 ₹; ⏲6–22.30 Uhr) hat getrennte Bereiche mit und ohne Klimaanlage, und das vegetarische Essen ist wirklich gut.

Saravana Bhavan SÜDINDISCH $$

(66 Nellukara St; Gerichte 80–230 ₹; ⏲6–22 Uhr) Ein zuverlässig gutes vegetarisches Restaurant mit klimatisiertem Speisesaal.

An- & Weiterreise

Nahverkehrszüge nach Kanchipuram (15 ₹, 2½ Std.) fahren 6-mal täglich am Bahnhof Egmore in Chennai ab.

Die viel genutzte **Bushaltestelle** befindet sich im Stadtzentrum. Abfahrten:

Chennai 47 ₹, 2 Std., alle 15–30 Min.

Mamallapuram 42 ₹, 2 Std., 10-mal tägl.

Puducherry 75 ₹, 3 Std., 11-mal tägl.

Tiruvannamalai 70 ₹, 3 Std., 11-mal tägl.
Vellore 41 ₹, 2 Std., alle 15 Min.

Unterwegs vor Ort

An diversen Ständen rund um die Bushaltestelle kann man sich ein **Fahrrad ausleihen** (5 ₹/Std.). Eine Autorikschafahrt im Rahmen einer Halbtagestour zu den fünf Haupttempeln (rund 400 ₹) beinhaltet einen unvermeidlichen Zwischenstopp in einem Seidenladen.

Vellore

☎ 0416 / 185 895 EW.

Für eine staubige Basar-Stadt versprüht Vellore ein fast schon kosmopolitisches Flair – dank einer Handvoll Hochschulen und des Christian Medical College (CMC), einem der besten Krankenhäuser Indiens, das Medizinstudenten und Patienten aus dem ganzen Land anzieht. Vellore liegt an der Hauptverbindungsstraße zwischen Chennai und Bengaluru und ist vor allem wegen seiner mächtigen Vijayanagar-Festung einen Abstecher wert.

Das Zentrum von Vellore wird im Norden von der Ida Scudder Road (Arcot Road) begrenzt, in der sich das Krankenhaus und mehrere günstige Unterkünfte und Restaurants befinden, und im Westen von der Officer's Line (Anna Salai), wobei das Vellore Fort auf der Westseite liegt. Busse fahren den New Bus Stand an, 1,5 km weiter nördlich.

Sehenswertes

Vellore Fort FESTUNG

Ein Rundgang (knapp 2 km) entlang der von einem Burggraben umgebenen Festungsmauern dieses großartigen Forts gehört zu den geruhsamsten Aktivitäten in Vellore. Die Festung wurde im 16. Jh. erbaut und ging durch Marathen- und Mogul-Hände, bevor die Briten sie 1760 besetzten. Heute beherbergt sie u.a. Regierungsbüros, zwei Paradeplätze (auf denen ein Dutzend Kricketspiele gleichzeitig ausgetragen werden können), eine Kirche und eine Schule für Polizeianwärter. Im Inneren befindet sich außerdem der **Jalakantesvara-Tempel** (⏲6–13 & 15–20.30 Uhr), ein echtes Juwel der späten Vijayanagar-Architektur, das etwa 1566 entstand. Eine Besichtigung der kleinen, detaillierten Skulpturen an den Wänden der Hochzeitshalle in der südwestlichen Ecke sollte man sich nicht entgehen lassen. Das Fort bietet außerdem zwei Museen: Die angestaubten Ausstellungen im **Government Museum** (Inder/Ausländer 5/100 ₹; ⏲Sa–Do 9.30–17 Uhr) haben schon bessere Zeiten gesehen, aber das **Archaeological Survey Museum** (Eintritt frei; ⏲Sa–Do 9–17 Uhr) zeigt eine gute Sammlung von Pallava-, Chola- und Nayak-Steinskulpturen sowie eine Ausstellung zur Vellore-Meuterei von 1806, dem ersten Aufstand indischer Truppen gegen die Briten. Die hübsche **St.-John's-Kirche** (1846) nebenan ist nur während des Gottesdienstes am Sonntag geöffnet.

Schlafen & Essen

Vellores günstige Hotels befinden sich entlang der Ida Scudder Road und in den geschäftigen, schmalen Straßen weiter südlich. Die billigsten davon sind ziemlich finster, und die besseren schnell ausgebucht.

Hotel Solai HOTEL $

(☎2222996; hotelsolai@gmail.com; 26 Babu Rao St; EZ/DZ 315/473 ₹, mit Klimaanlage 520/825 ₹; ❄) Wenn man hier ein Zimmer ergattert, bietet einem dieses fast neue Hotel in Krankenhausnähe das wahrscheinlich beste Preis-Leistungs-Verhältnis der Stadt. Es verfügt über saubere Zimmer, luftige Gänge und einen Notfallgenerator für den Fall, dass einer der lästigen Stromausfälle eintritt.

Darling Residency HOTEL $$

(☎2213001; www.darlingresidency.com; 11/8 Officer's Line; EZ 1882–2118 ₹, DZ 2235–2471 ₹ inkl. Frühstück; ❄@📶) Es hat zwar keine fünf Sterne, aber die Zimmer dieses Hotels sind sauber und gemütlich, auch wenn sie einem nicht im Gedächtnis bleiben. Das Personal ist freundlich, und es gibt vier Restaurants, darunter das herrlich kühle **Aaranya Roof Garden Restaurant** (Hauptgerichte 100–150 ₹; ⏲18.30–22.45 Uhr). Das Darling liegt 1,5 km südlich des Eingangs zum Vellore Fort.

Hotel Palm Tree HOTEL $$

(☎2222960; www.hotelpalmtree.co.in; 10 Thennamaram St; EZ/DZ 524/770 ₹, mit Klimaanlage EZ 1079–1319 ₹, DZ 1187–1499 ₹; ❄) Das Palm Tree liegt in einer schmalen Straße abseits der Officer's Line, 750 m südlich des Eingangs zum Vellore Fort. Es bietet saubere, herausgeputzte Zimmer mit Möbeln im IKEA-Look, und das Personal ist sehr hilfsbereit.

Hotel Arthy INDISCH $

(Ida Scudder Rd; Gerichte 20–60 ₹, Menüs 45–75 ₹; ⏲6.30–22.30 Uhr) Die Ida Scudder Road wird von einer Reihe günstiger vegetarischer Restaurants gesäumt. Dieses hier ist das sauberste von allen und serviert leckere nord-

und südindische Klassiker, darunter auch gute Thalis und billiges, köstliches Biryani.

Praktische Informationen

Sri Apollo (Ida Scudder Rd; Internet 30 ₹/Std.; ⌚8.30–21 Uhr)

State Bank of India ATM (Officer's Line) 700 m südlich vom Eingang zum Vellore Fort.

An- & Weiterreise

BUS

Abfahrten vom New Bus Stand:

Bengaluru 138 ₹, 5 Std., alle 30 Min.

Chennai AC-Volvo-Busse 161 ₹, 2½ Std., stündlich; andere Busse 81 ₹, 3 Std., alle 10–20 Min.

Kanchipuram 41 ₹, 2 Std., alle 15 Min.

Tiruvannamalai 47 ₹, 2 Std., alle 15 Min.

ZUG

Der Hauptbahnhof von Vellore liegt 5 km nördlich in Katpadi. Es gibt täglich mindestens 20 superschnelle Züge oder Expresszüge vom/zum Bahnhof Central in Chennai (2. Klasse/AC Chair 64/226 ₹, 2¼–3¾ Std.), wobei die meisten eine große Auswahl an Preisklassen anbieten, sowie zehn Verbindungen zum/vom Bangalore-City-Bahnhof. Bus 192 pendelt zwischen dem Bahnhof und der Stadt.

Tiruvannamalai

☎ 04175 / 144 683 EW.

Es gibt Tempelstädte, es gibt Bergstädte, und es gibt eine Tempel-Bergstadt, in der das Göttliche in einem Phallus aus Feuer erscheint – willkommen in Tiruvannamalai. Die Stadt liegt unterhalb des felsigen Mt. Arunachala und gehört zu den fünf „elementaren" Shiva-Städten Südindiens: Hier wird dem Gott in seiner Feuerinkarnation als Arunachaleshwar gehuldigt. Immer bei Vollmond strömen Tausende Pilger nach „Tiru", die bei einem Reinigungsritual, das Girivalam genannt wird, den Fuß des Arunachala umkreisen. Aber auch zu anderen Zeiten sieht man Shiva-Priester, Sadhus (heilige Menschen) und Gläubige, die sich rund um den großen Arunachaleshwar-Tempel versammeln. Da in dieser Gegend besonders starke spirituelle Energien fließen sollen, sind hier zahlreiche Ashrams entstanden, und Tiruvannamalai verzeichnet eine stetig wachsende Zahl spiritueller Reisender. Rund um die Ashram-Ansammlung an und nahe der Chengam Road, etwa 2 km südwestlich des Zentrums, findet man ein paar nette Cafés und Unterkünfte.

Sehenswertes & Aktivitäten

★ **Arunachaleshwar-Tempel** HINDU-TEMPEL

(Annamalaiyar Temple; http://live.arunachaleswarar.org; ⌚5–12.30 & 15.30–21.30 Uhr) Bei Festen scheint der Arunachaleshwar in goldene Flammen getaucht zu sein, während der Geruch von brennendem Ghee in der Luft liegt – passend zur Feuerinkarnation des Weltenzerstörers. Die 10 ha große Tempelanlage gehört zu den größten in Indien. Der älteste Teil stammt aus dem 9. Jh., aber die Stätte war schon lange vorher ein Ort der Anbetung. Vier große *gopurams* markieren den Eingang, wobei sich der größte Turm im Osten über 13 Etagen erhebt: unglaubliche 66 m. Im Inneren der Anlage befinden sich fünf weitere *gopurams* sowie zwei Becken und eine Fülle von Nebentempeln und Schreinen (die interaktive Karte auf www.arunachales warar.com/earunastructure.html ist sehr hilfreich). Um das innerste Heiligtum mit dem riesigen Lingam zu erreichen, müssen die Gläubigen fünf umliegende prakarams (Anlagen) passieren. Der Tempelelefant, von Osten aus gesehen im zweiten *gopuram*, segnet die Gläubigen.

Mt. Arunachala BERG

Dieser 800 m hohe, erloschene Vulkan dominiert nicht nur Tiruvannamalai, sondern auch die Vorstellung, die sich die Einheimischen vom Element Feuer machen, dessen heiliges Domizil sich angeblich im Herzen des Arunachala befindet. Ergebene, barfüßige Pilger nehmen besonders bei Vollmond und an Festtagen die 14 km lange Umrundung des Berges auf sich und halten unterwegs an acht berühmten Lingams an. Wer nicht ganz so fromm ist, kann sich im Buchladen im Sri Ramana Ashram (S. 386) eine Karte von Giripradakshina (15 ₹) kaufen, sich am Straßenrand ganz in der Nähe ein Fahrrad ausleihen und um den Berg radeln. Oder man heuert für die Tour eine Autorikscha für 250 ₹ an (zu Stoßzeiten kann sie das Doppelte kosten).

Wer den Berg ganz oder auch nur zur Hälfte hinaufsteigt, wird mit einem grandiosen Ausblick auf den Arunachaleshwar-Tempel und Tiruvannamalai belohnt. Auf- und Abstieg in der Hitze dauern fünf bis sechs Stunden: Am besten beginnt man früh und nimmt ausreichend Wasser mit. Ein Schild mit der Aufschrift „Skandasramam & Virupakshi Cave" an der Nordwestecke des Arunachaleshwar-Tempels, auf der anderen Straßenseite, weist den Weg bergauf, vorbei an Wohnhäusern und zu zwei Höhlen: **Virupaksha** (etwa 20 Min. bergauf) und **Skandasramam** (30 Min.). Sri Ramana Maharshi lebte und meditierte von 1899 bis 1922 in diesen Höhlen.

Sri Ramana Ashram ASHRAM

(Sri Ramanasramam; ☎ 237200; www.sriramanamaharshi.org; Chengam Rd; ⏲ Büro 7.30–12.30 & 14–20 Uhr) Dieser friedliche Ashram in grüner Umgebung liegt 2 km südwestlich des Stadtzentrums und zieht Anhänger von Sri Ramana Maharshi an, einem der ersten Hindu-Gurus, der eine internationale Anhängerschar gewinnen konnte und 1950 hier starb, nachdem er ein halbes Jahrhundert in Kontemplation verbracht hatte. Besucher können meditieren oder an den täglichen *pujas* und Gesängen teilnehmen, die meist in der Samadhi-Halle stattfinden, in der die sterblichen Überreste des Gurus in einem Schrein aufbewahrt werden. Es stehen kostenlose Unterkünfte in begrenzter Zahl zur Verfügung (Spenden werden angenommen; maximal drei Tage Aufenthalt), aber man muss sich mindestens einen Monat vorab schriftlich anmelden (per E-Mail ist in Ordnung).

Sri Seshadri Swamigal Ashram ASHRAM

(☎ 236999; www.tiruvarunaimahan.org; Chengam Rd) Der Ashram ist einem Zeitgenossen und ergebenen Helfer von Sri Ramana gewidmet und verfügt über Meditationsbereiche und Unterkünfte. Er liegt im Südwesten der Stadt in der Nähe des berühmten Sri Ramana Ashrams.

Weitere Ashrams ASHRAMS

Seite an Seite, 7 km westlich der Stadt und abseits der Straße nach Krishnagiri, befinden sich zwei Ashrams, die eher Rückzugsorte für Durchreisende sind als ständige Gemeinschaften. Beide haben einen schönen Ausblick auf den Arunachala und freundliches, junges Personal, das an Ausländer gewöhnt ist. Der **Sri Anantha Niketan** (☎ 9444862276; gopi.chitra@yahoo.com; Periya Paliyapattu Village; auf Spendenbasis) liegt unter Bäumen und bietet heimelige Zimmer und tägliche Gesänge in einer schönen Meditationshalle. Der **Singing Heart Ashram** (☎ 9443969220; www.cosmicairport.com; Periya Paliyapattu Village; inkl. Mahlzeiten ab 450 ₹/Tag; ⏲ Okt.–März) befindet sich auf einem großzügigen, offenen Gelände und bietet einfache Zimmer. Man kann sich organisierten Meditations-Klausuren anschließen, einfach an den morgendlichen Meditationen teilnehmen oder bei den alltäglichen Arbeiten im Haus helfen und sich danach „im Energiefeld entspannen".

Schlafen & Essen

Viele Besucher steigen gerne rund um die weniger hektische Chengam Road ab, aber in der Nähe des Arunachaleshwar-Tempels gibt's auch ein paar typische Tempelstadt-Unterkünfte. Während des Karthikai Deepam (November/Dezember) erhöhen einige Häuser ihre Preise um ein Vielfaches.

Hill View Residency HOTEL $

(☎ 9442712441; www.hillviewresidency.com; 120 Seshatri Mada St; Zi. ab 400 ₹, mit Klimaanlage ab 750 ₹) Das Hill View liegt in einer Gasse abseits der Chengam Road, ist äußerst preiswert und verfügt über große, saubere und kühle Zimmer mit Marmorboden und zwei kleine Gartenterrassen. Oben serviert das **Tasty Café** (Gerichte 50–130 ₹; ⏲ 7–22 Uhr; WLAN) unter einem großen Palmdach gut zubereitetes indisches, aber auch westliches Essen.

Arunachala Ramana Home HOTEL $

(☎ 236120; www.arunachalaramanahome.co.in; 70 Ramana Nagar; EZ/DZ 400/600 ₹, mit Klimaanlage Zi. 1000 ₹; ❄) Einfach, sauber und freundlich – dieses beliebte Haus liegt in einer Gasse abseits der Chengam Road und lockt mit einem Dachrestaurant.

Hotel Ganesh HOTEL $

(☎ 226701; lingam100@indiatimes.com; 111A Big St; EZ/DZ 250/500 ₹, mit Klimaanlage DZ/3BZ 825/1210 ₹; ❄) Liegt 400 m nordöstlich vom Osttor des Arunachaleshwar-Tempels. Die Zimmer sind klein, und die meisten haben Hocktoiletten, aber sie sind relativ sauber. Das Management ist freundlich und die auf den Innenhof ausgerichteten Balkone sehr angenehm. Auf dem Schild außen steht verwirrenderweise „Hotel Kanna".

Arunachala Inn HOTEL $$

(Hotel Arunachala; ☎ 228300; www.hotelarunachala.com; 5 Vada Sannathi St; EZ/DZ 525/770 ₹, mit Klimaanlage 880/1100 ₹, Deluxe-DZ 1687 ₹; ❄) Das Haus direkt neben dem Osteingang des Arunachaleshwar-Tempels ist sauber und ganz in Ordnung, aber die marmorartigen Böden und die hässlichen Möbel passen leider nicht zu den Luxusambitionen der Betreiber. Viele der leicht verblassten Standardzimmer werden nach und nach zu Deluxe-Zimmern aufgehübscht. Das **Hotel Sri Arul Jothi** (Gerichte 35–60 ₹; ⏲ 6.30–22.30 Uhr), das vegetarische Restaurant unten, serviert einfache, aber sehr gute südindische Küche.

Shanti Café CAFÉ $
(www.shanticafe.com; 115A Chengam Rd; Essen 50–100 ₹, Getränke 30–70 ₹; ⏲8.30–20.30 Uhr; 📶) In diesem entspannten Café sitzt man auf Kissen am Boden. Es liegt in einer Gasse abseits der Chengam Road, ist bei Kurz- und Langzeitbesuchern äußerst beliebt und serviert himmlische Croissants, Kuchen, Pies, Baguettes, Omeletts, Pfannkuchen, Säfte, Kaffees, Tees und Frühstück. WLAN kostet 25 ₹ pro Stunde, unten gibt's aber auch ein **Internetcafé** (⏲8.30–14 & 15.30–20 Uhr).

Shoppen

Shantimalai Handicrafts Development Society KUNSTHANDWERK
(www.smhds.org; 83/1 Chengam Rd; ⏲Mo–Sa 8.30–19, So 9–14 Uhr) Hübsche Bettwäsche, Düfte, Öle, Armreifen, Schals und vieles mehr – alles von Frauen aus den umliegenden Dörfern gefertigt.

Anreise & Unterwegs vor Ort

Ein Taxi nach Puducherry mit zwei- bis dreistündigem Zwischenstopp in Gingee kostet rund 2000 ₹.

Die Bushaltestelle liegt im Norden der Stadt, 800 m nördlich des Arunachaleshwar-Tempels. Eine Fahrt mit der Autorikscha aus dem Ashramgebiet kostet 50 bis 60 ₹.

Chennai 100–110 ₹, 3½ Std., alle 15 Min.
Puducherry 63 ₹, 3 Std., etwa stündl.
Trichy 120 ₹, 5–6 Std., 12-mal tägl.
Vellore 47 ₹, 2 Std., alle 15 Min.

Gingee (Senji)

Die Ruinen des riesigen **Gingee Fort** (Inder/Ausländer 5/100 ₹; ⏲9–17.30 Uhr) ragen 37 km östlich von Tiruvannamalai aus der tamilischen Ebene empor und wirken dabei wie Burgen, die auch aus *Der Herr der Ringe* entsprungen sein könnten. Sie bestehen aus drei Zitadellen auf separaten Hügeln und sind von Felswänden und dicken Mauern umgeben, die einen Umfang von 6 km besitzen. Das Fort wurde größtenteils im 16. Jh. von den Vijayanagars erbaut und später von den Marathen, Moguln, Franzosen und den Briten besetzt, bevor es im 19. Jh. schließlich verlassen wurde.

Heute verläuft die Hauptstraße von Tiruvannamalai in Richtung Puducherry kurz vor Gingee durch das Festungsgelände. Von den drei Zitadellen ist Krishnagiri, die sich nördlich der Straße erhebt, am leichtesten zu erreichen. Im Süden liegen die höchste, Rajagiri, und Chakklidurg, wobei Letztere am weitesten entfernt und außerdem am uninteressantesten ist.

Im unteren Teil der Stätte stehen noch immer die Überreste zahlreicher Gebäude, besonders am Fuß von Rajagiri. Das charakteristischste Merkmal des alten Palastgeländes ist die weiße restaurierte Kalyana Mahal (Hochzeitshalle) mit sieben Etagen. Gleich östlich des Geländes steht eine Moschee aus dem 18. Jh., und südöstlich davon liegt der große, verlassene Venkataramana-Tempel aus dem 16. Jh.

Der Aufstieg zum Krishnagiri ist eine ganz ordentliche Wanderung, aber der Weg zum Gipfel des Rajagiri (mehr als 150 m über der Ebene) ist noch anstrengender. Man braucht einen halben Tag, um beide Hügel zu bewältigen: früh loslegen und ausreichend Wasser mitnehmen!

Gingee liegt an der Busroute von Tiruvannamalai nach Puducherry, und Busse aus Tiruvannamalai (20 ₹, 1½ Std.) verkeh-

DER FEUER-LINGAM

Der Legende zufolge erschien Shiva als Feuer-Lingam auf dem Mt. Arunachala, um das Licht wieder in die Welt zu bringen, nachdem seine Gattin Parvati seine Augen geschlossen und damit im Scherz alles in Dunkelheit getaucht hatte. Jeden November/Dezember bei Vollmond wird in ganz Indien diese Legende mit dem **Karthikai Deepam Festival** gefeiert, aber in Tiruvannamalai hat es eine ganz besondere Bedeutung. Auf dem Gipfel des Mt. Arunachala wird in der Vollmondnacht mit einem 30 m hohen Docht, der von drei Tonnen Ghee umhüllt ist, ein Feuer entfacht – der Startschuss für das zehntägige Festival mit nächtlichen Prozessionen, zu dem viele hunderttausend Menschen in Tiruvannamalai einfallen. Die riesigen Menschenmengen erklimmen den Gipfel oder umrunden den Fuß des Bergs. Auf dem Weg nach oben werden die Stufen schon bald durch zerklüftete, unsichere Felsen abgelöst. Die Sonne ist gnadenlos, und die Reise muss barfuß unternommen werden – aber nichts von alledem schreckt die begeisterten Pilger ab, die fröhlich zum Gipfel und zum Domizil der Göttlichkeit hinaufsteigen.

ren etwa halbstündlich. Man sollte am Fort aussteigen, um sich den Weg von der Stadt zurück zu sparen.

Puducherry (Pondicherry)

☎ 0413 / 241773 EW.

Wir wollen erst mal eines klarstellen: Wer nach Puducherry kommt (früher hieß es Pondicherry, und auch heute wird es gerne „Pondi" genannt) und eine Art provençalisches Dorf am Golf von Bengalen erwartet, wird eine Enttäuschung erleben, chers amis. Pondi ist typisch Südindien – also eine brüllend laute, hupende, drängelnde südindische Stadt. Der ältere Teil dieser ehemaligen französischen Kolonie (in dem man vermutlich den Großteil seiner Zeit verbringen wird) verfügt aber in der Tat über jede Menge ruhige, saubere, schattige Pflasterstraßen, die von senfgelben kolonialen Stadthäusern gesäumt werden, die sogar beinahe logisch durchnummeriert sind. Und wer aus Chennai oder einer der Städte im Landesinneren anreist, dem mag das alte Pondi vielleicht tatsächlich wie ein Ozean der Stille erscheinen.

Puducherry stand bis 1954 unter französischer Herrschaft, und einige Einwohner hier sprechen noch immer Französisch (und Englisch mit französischem Akzent).

Puducherry (Pondicherry)

0 — 400 m

Die Hotels, Restaurants und „Lifestyle“-Shops verströmen eine verführerische Version subkontinentalen französischen Flairs, das durch die recht zahlreichen gallischen Kreativen unterstützt wird, die wiederum indische Kunsthandwerker und Designer anlocken. Pondis Atmosphäre gleicht jedoch weniger der einer verblassten *ville* aus der Kolonialzeit als der einer Stadt mit Boheme-Chic, in der New Age auf die Alte Welt trifft und die ein beliebtes Ziel auf internationalen Reiserouten darstellt. Einen Teil ihres Vibes hat sie dem international bekannten Sri Aurobindo Ashram und seinem Ableger Auroville, gleich außerhalb der Stadt, zu verdanken. Beide Ashrams ziehen spirituell interessierte Besucher in Scharen an und zeichnen für das Gros des kreativen Kunsthandwerks verantwortlich. Hier kann man einen Einkaufsbummel, französisches Essen (salut, Steak!), ein Bier (au revoir, Alkoholsteuer von Tamil Nadu – Pondi liegt auf Unionsterritorium), die Meeresluft und, wem der Sinn danach steht, Yoga und Meditation genießen.

Puducherry wird von Nord nach Süd durch einen z.T. gedeckelten Kanal geteilt. Der eher „französische“ Teil der Stadt liegt auf der Ostseite (Richtung Meer). Die Nehru (JN) Street und die Lal Bahadur Shastri Street (besser bekannt als Rue Bussy) sind die wichtigsten West-Ost-Verbindungen. Die Mahatma Gandhi (MG) Road und die Mission Street (Cathedral Street) bilden die Hauptverkehrsadern von Nord nach Süd. Viele Straßen ändern unterwegs ihren Namen und haben gleichzeitig englische, französische und tamilische Namen.

Sehenswertes

Französisches Viertel STADTVIERTEL

Diese als Französisches Viertel bekannte Gegend liegt fast direkt am Meer und setzt sich aus einer Reihe von Pflasterstraßen zusammen, die von weißen und senfgelben Gebäuden in verschiedenen Stadien des romantisch anmutenden Verfalls gesäumt sind. Sie strahlt noch immer einen Hauch der früheren gallischen Pracht aus. Einen **historischen Spaziergang** in Eigenregie

Puducherry (Pondicherry)

Sehenswertes
1 Bharathi Park ... D2
2 Gandhi-Denkmal ... D3
3 Hôtel de Ville ... D3
4 Notre Dame des Anges ... D3
5 Kathedrale Unserer Jungfrau der Unbefleckten Empfängnis ... B2
6 Puducherry Museum ... D2
7 Raj Nivas ... D2
8 Herz-Jesu-Basilika ... A5
9 Seafront ... D4
10 Sri Aurobindo Ashram ... D1
11 Sri-Manakula-Vinayagar-Tempel ... C2

Aktivitäten, Kurse & Touren
12 Sita ... B3

Schlafen
13 Coloniale Heritage Guest House ... C5
14 Dumas Guest House ... C5
15 Gratitude ... C4
16 Hotel De L'Orient ... C4
17 Hotel de Pondichéry ... C5
18 Kailash Guest House ... C1
19 Les Hibiscus ... C5
20 Meeranjali ... C2
21 New Guest House ... C5
22 Park Guest House ... D5
23 Sea Side Guest House ... D2

Essen
24 Baker Street ... B4
25 Café de Flore ... C5
26 Café des Arts ... C4
Carte Blanche Restaurant ... (siehe 16)
Kasha Ki Aasha ... (siehe 40)
27 La Pasta ... C1
28 Le Café ... D3
Le Club ... (siehe 17)
Le Hidesign ... (siehe 38)
29 Nilgiri's ... B2
30 Saravana Bhavan ... B1
31 Satsanga ... C5
32 Surguru ... C2

Ausgehen & Nachtleben
33 L'e-Space ... C4

Shoppen
34 Auroshikha Agarbathies ... C1
35 Fabindia ... C5
36 Focus the Book Shop ... B2
37 Geethanjali ... C4
38 Hidesign ... C2
39 Kalki ... C1
40 Kasha Ki Aasha ... C3
41 La Boutique d'Auroville ... C1
42 Libraire Kailash ... A4

Praktisches
43 Bureau Central ... C2
44 Shanti Travel ... C4

kann man beispielsweise am französischen Konsulat in der Nähe des Nordendes der Strandpromenade Goubert Avenue beginnen. Von hier geht's nach Süden und dann Richtung Landesinnere zum schattigen **Bharathi Park**, in dem die neoklassische Gouverneursresidenz **Raj Nivas** Richtung Norden ausgerichtet ist. Wieder Richtung Meer steht das **Gandhi-Denkmal.** Von hier geht's vorbei am **Hôtel de Ville** (Rathaus) und dann immer Richtung Süden durch das Gebiet, das als die „weiße Stadt" bekannt ist. Es liegt rund um die Dumas Street, Romain Rolland Street, Suffren Street und Labourdonnais Street. Hier ist einiges renoviert worden: Wer sich genauer für Pondis Geschichte und architektonisches Erbe interessiert, sollte **INTACH Pondicherry** (www.intachpondicherry.org) einen Besuch abstatten. Auch das Tourist Info Bureau (S. 395) beschreibt auf seiner Website gute historische Stadtspaziergänge.

Meeresufer PROMENADE

(Goubert Ave) Pondi ist zwar eine Stadt am Meer, aber das macht es noch lange nicht zu einer Strandstadt. Der örtliche Strand ist ein dünner, dreckig brauner Sandstreifen, der im Meer auf eine Mauer aus zerklüfteten Felsen trifft. Aber die Goubert Avenue (Beach Road) bietet sich für einen wirklich tollen Spaziergang an, besonders in der Dämmerung, wenn die halbe Stadt zur körperlichen Ertüchtigung oder mit romantischen Motiven hier entlangflaniert. Dank eines wahren Geniestreichs des Stadtrats ist die Straße zwischen 18 Uhr und 7.30 Uhr für den Verkehr gesperrt.

Nördlich und südlich der Stadt gibt's ein paar Sandstrände, aber wegen der Horden stieläugiger männlicher Wesen eignen sie sich eher nicht zum Sonnenbaden. Wegen des möglicherweise gefährlichen Sogs und starker Strömungen sollte man hier auch lieber nicht schwimmen gehen.

Sri Aurobindo Ashram ASHRAM

(www.sriaurobindoashram.org; Marine St; ⏲ Besuche 8–12 & 14–18 Uhr) Diese spirituelle Gemeinschaft wurde 1926 von Sri Aurobindo und einer in Frankreich geborenen Frau gegründet, die als „die Mutter" bekannt ist. Die Gruppe hat heute rund 1200 Mitglieder, die in verschiedenen Bereichen des Ashrams arbeiten, auch in den kaufmännischen Abteilungen und dem großen Bildungszentrum. Aurobindos Lehren konzentrieren sich auf „integrales Yoga" als Weg zu einem „supramentalen Bewusstsein, das die menschliche Natur vergöttlichen wird": Die Anhänger arbeiten lieber in der Welt, als sich von ihr zurückzuziehen.

Besuche des Hauptgebäudes des Ashrams in der Marine Street geben nur einen oberflächlichen Einblick – man sieht nur das mit Blumen geschmückte Samadhi von Aurobindo und der Mutter, dann den Buchladen und muss anschließend wieder gehen. Wer in einer der Ashram-Unterkünfte absteigt, erhält auch Zugang zu anderen Bereichen und Aktivitäten. Zur kollektiven Meditation versammelt man sich montags, dienstags, mittwochs und freitags von 19.25 Uhr bis 19.50 Uhr; sie steht allen offen.

Das **Bureau Central** (✆2233604; bureaucentral@sriaurobindoashram.org; Ambour Salai; ⏲6–20 Uhr) des Ashrams zeigt eine interessante Ausstellung zum Leben und den Lehren von Sri Aurobindo und der Mutter.

Puducherry Museum MUSEUM

(St Louis St; Inder/Ausländer 10/50 ₹; ⏲ Di–So 10–13 & 14–17 Uhr) Gott allein weiß, wie es dieses kleine Museum schafft, dass seine Ausstellungsstücke nicht verschimmeln. Dass das nicht passiert, ist erstaunlich, wenn man bedenkt, dass ein ganzes Stockwerk voller Möbel und anderer Einrichtungsgegenstände in der südindischen Luftfeuchtigkeit ausharrt. Im Erdgeschoss sollte man vor allem nach den Chola-, Vijayanagar- und Nayak-Bronzen Ausschau halten, aber die Stücke griechischer und spanischer Tonwaren und Amphoren (Lagergefäße) sind ebenfalls interessant. Sie wurden in Arikamedu ausgegraben, einst ein wichtiger Handelshafen ein paar Kilometer südlich von Puducherry.

Sri-Manakula-Vinayagar-Tempel HINDU-TEMPEL

(Manakula Vinayagar Koil St; ⏲5.45–12.30 & 16–21.30 Uhr) In Pondi mag es zwar mehr Kirchen geben als in den meisten anderen Städten, aber das hier ist immer noch Indien, und der hinduistische Glaube regiert hier nach wie vor. Man sollte die Gelegenheit nutzen und beobachten, wie sich Touristen, Pilger und Neugierige an diesem Ganesh gewidmeten Tempel vom Tempelelefanten den Kopf tätscheln lassen. Der Tempel beherbergt außerdem über 40 sehr kunstvoll gestaltete Friese.

Kirchen KIRCHEN

Puducherry hat die größte Ansammlung überbordender Kathedralen in ganz Indien – merci, liebe französische Missionare.

Die **Kathedrale unserer Jungfrau der Unbefleckten Empfängnis** (Mission St) wurde 1791 fertiggestellt. Sie ist ein typisches Jesuiten-Bauwerk in Weiß und leuchtendem Blau und im goaartigen portugiesischen Stil erbaut. Die braun-weiße, prachtvolle **Herz-Jesu-Basilika** (Subbaiah Salai) hingegen besticht durch Buntglas und einen geradezu gotischen Sinn für Proportionen. Die Zwillingstürme und die Kuppel der sanft rosa- und cremefarbenen **Notre Dame des Anges** (Dumas St), die in den 1850er-Jahren erbaut wurde, sehen im späten Nachmittagslicht sehr erhaben aus. Das Innere aus glattem Kalkstein wurde mit Eierschalen im Putz gestaltet.

Aktivitäten

Sita KUNST, KOCHEN

(☎9944016128; www.pondicherry-arts.com; 22 Candappa Moudaliar St; einzelner Kurs 250–1000 ₹) Dieses energiegeladene, französisch-indische Kulturzentrum bietet eine Fülle von Aktivitäten und Kursen für Erwachsene und Kinder an, an denen Besucher teilnehmen dürfen. Man kann sich an indischer oder französischer Küche, am *bharatanatyam* oder am Bollywood-Tanz versuchen, ein *kolam* oder *mehndi* (Henna-„Tattoo") anfertigen oder Yoga, Ayurveda und vieles mehr ausprobieren. Bei den meisten Aktivitäten kann man auch nur eine Stunde besuchen.

Temple Adventures TAUCHEN

(☎9940219449; www.templeadventures.com; 5 Veeramamunivar St, Colas Nagar; 1 Tag Sporttauchen 7500 ₹, 2 Tage für erfahrene Taucher 5000 ₹; ⏲9–18.30 Uhr) Im Meer vor Puducherry locken Korallenriffe und eine große Vielfalt tropischer Fische. Das erfahrene, mehrsprachige Personal von Temple Adventures bietet Tauchausflüge für erfahrene Taucher und eine Fülle von PADI- und NAUI-Tauchkursen an, von der Anfängerstufe aufwärts. Die besten Monate dafür sind Februar bis April und September bis November.

Yoga & Ayurveda

Im Sri Aurobindo Ashram (S. 390) und in Auroville kann man Yoga praktizieren (und studieren). Das **Ayurveda Holistic Healing Centre** (☎6537651; www.ayurojas.org; 6 Sengeniamman Koil St, Vazhakulam; ⏲9–19.30 Uhr) bietet ayurvedische und Varma-Punkt-Behandlungen für die unterschiedlichsten Beschwerden an und hält auch Yoga-, Ayurveda- und Varma-Kurse ab. Das **International Centre for Yoga Education & Research** (Ananda Ashram; ☎2241561; www.icyer.com; 16A Mettu St, Chinnamudaliarchavady, Kottukuppam), 5 km nördlich der Stadt, veranstaltet jedes Jahr sechsmonatige Kurse für Yoga-Trainer sowie dreiwöchige Einführungskurse (550 ₹ inkl. Kost und Logis).

Touren

Shanti Travel (S. 395) bietet empfehlenswerte zweistündige **Stadtspaziergänge** (pro Person 400 ₹) mit englisch- oder französischsprachigen Führern durch Puducherry an.

Feste & Events

International Yoga Festival YOGA

(⏲4.–7. Jan.) Puducherrys Ashrams und seine Yoga-Kultur werden bei diesem Festival mit Workshops, Vorführungen sowie Musik- und Tanzdarbietungen präsentiert. Das Ereignis zieht Experten aus ganz Indien und dem Ausland an.

Erstürmung der Bastille PARADE

(⏲14. Juli) Straßenumzüge und ein wenig französische Pracht und Herrlichkeit sind Teil des Vergnügens dieses Festtags.

Schlafen

Wer ein bisschen Geld für eine besondere Gelegenheit gespart hat – hier ist sie! Die Unterkünfte in Puducherry sind mit die besten von Südindien. Den historischen Häusern der Stadt gelingt es, die Romantik der Kolonialzeit mit Komfort und, wenn wir den Vergleich wagen dürfen, französischer Verspieltheit zu vereinen. Viele der Zimmer würden in Europa das Vier- oder Fünffache kosten. Es kann nicht schaden, vorab zu buchen, wenn man am Wochenende anreist.

Der Sri Aurobindo Ashram (S. 390) unterhält mehrere schlichte, aber saubere Pensionen. Sie richten sich vorwiegend an Ashram-Besucher, aber viele akzeptieren auch andere Gäste, sofern sie bereit sind, sich an ihre Regeln zu halten: Zapfenstreich ist um 22.30 Uhr, man darf nicht rauchen, und Alkohol und Drogen sind auch verboten. Nur einige von diesen Unterkünften kann man vorab buchen. Das Bureau Central (S. 390) des Ashrams hält eine Liste bereit.

Kailash Guest House HOTEL $

(☎2224485; http://kailashguesthouse.in; 43 Vysial St; EZ/DZ 600/800 ₹, mit Klimaanlage DZ 1000 ₹; ❄) Das beste Preis-Leistungs-Verhältnis in dieser Kategorie: Das Kailash bietet einfache, supersaubere Zimmer mit moskitosicheren Fenstern und freundlichem Management.

Mit Gemeinschaftsbereichen, Trockenräumen und einem Wäscheservice erfüllt es die Bedürfnisse seiner Gäste perfekt.

Park Guest House ASHRAM-PENSION $

(☎ 2233644; 1 Goubert Ave; Zi. 600 ₹, mit Klimaanlage 800–900 ₹; ❄) Dank der wunderschönen Lage am Meer eine der beliebtesten Ashram-Pensionen. Alle Zimmer sind zum Meer hin ausgerichtet und haben eine Terrasse oder einen großen Balkon. Außerdem gibt's einen großzügigen Garten, in dem man prima meditieren oder Yoga machen kann. Hier gibt's die preiswertesten Zimmer mit Klimaanlage in der ganzen Stadt, aber man kann sie leider nicht vorab reservieren.

New Guest House ASHRAM-PENSION $$

(☎ 2233634; newguesthouse@gmail.com; 64 Romain Rolland St; DZ/3BZ 300/450 ₹, Zi. für 6850 ₹) Spartanisch, riesig und voll mit Ashram-Anhängern – eine großartige Alternative für alle, die gerne in klostermäßigen Zellen absteigen. Man kann zwei Monate im Voraus buchen.

★ **Les Hibiscus** HISTORISCHE PENSION $$

(☎ 2227480; www.leshibiscus.in; 49 Suffren St; EZ/DZ inkl. Frühstück 2200/2500 ₹; ❄ @ 📶) Das Hibiscus verfügt über vier makellose Zimmer mit hohen Decken. Sie sind mit wunderschönen Betten, Kaffeemaschinen und einer Mischung aus skurriler indischer Kunst und Fotos des alten Pondi eingerichtet. Das ganze Haus ist wirklich geschmackvoll, das Frühstück fabelhaft, Internet kostenlos und das Management unglaublich freundlich und hilfsbereit. Es lohnt sich, vorab zu buchen.

Gratitude HISTORISCHE PENSION $$

(☎ 9442065029; www.gratitudeheritage.in; 52 Romain Rolland St; EZ 3335–5448 ₹, DZ 3891-6671 ₹ inkl. Frühstück; ❄ 📶) Ein wunderbar friedliches Haus (kein Fernsehen, keine Kinder!) aus dem 19. Jh. mit freundlichem Personal – das Gratitude wurde aufwendig renoviert und ist heute wahrscheinlich noch charmanter als in seinem Originalzustand. Die acht geräumigen, makellosen Zimmer verteilen sich auf zwei Etagen. Einen schattigen Innenhof, eine hübsche Dachterrasse und WLAN gratis gibt's auch.

Coloniale Heritage Guest House HISTORISCHE PENSION $$

(☎ 2224720; http://colonialeheritage.com; 54 Romain Rolland St; Zi. inkl. Frühstück 2000–4000 ₹; ❄ 📶) Dieses koloniale Wohnhaus mit sechs gemütlichen Zimmern steckt voller Charakter, nicht zuletzt dank der unglaublichen Sammlung von edelsteinbesetzten Tanjore-Gemälden, Ravi-Varma-Lithografien und anderen südindischen Kunstwerken aus dem 19. und 20 Jh. Frühstück wird auf einer verträumten Terrasse neben einem herrlich grünen Garten serviert. WLAN ist kostenlos.

Hotel de Pondichéry HISTORISCHES HOTEL $$

(☎ 2227409; www.hoteldepondicherry.com; 38 Dumas St; EZ 2000 ₹, DZ 2800–3800 ₹, alle inkl. Frühstück; ❄ 📶) Ein historisches Fleckchen mit gemütlichen, ruhigen Zimmern im Kolonialstil, hohen Decken und einer Prise origineller moderner Kunst. Im großen Hofbereich vorne befindet sich auch das gute Restaurant Le Club (S. 394). Das Personal ist reizend, und in der Lobby gibt's gratis WLAN.

Meeranjali PRIVATUNTERKUNFT $$

(☎ 2334009; www.meeranjali.com; 9 Capitaine Marius Xavier St; Zi. inkl. Frühstück 2500–3000 ₹; ❄ 📶) Dieses hübsche, moderne Stadthaus wurde von seinen freundlichen Besitzern selbst entworfen und gebaut, und sie haben lauter gute Ideen, wie man seine Zeit hier verbringen kann. Die Zimmer bieten gemütliche Betten, gute Bäder mit blauen Fliesen und edle birmanische Teak-Möbel. WLAN ist kostenlos.

Dumas Guest House HISTORISCHE PENSION $$

(☎ 2225726; www.dumasguesthouse.com; 36 Dumas St; Zi. 2400 ₹; ❄) Das mit Antiquitäten gefüllte Dumas zeigt mit seinen weiß getünchten Wänden und dem dunklen Holz viel Charakter, der von der hier und da abblätternden Farbe noch verstärkt wird. Die geschnitzten Türen und die ruhigen Gärten, die ungewöhnliche Einrichtung und das freundliche, mehrsprachige Personal sind wirklich toll. Alle Zimmer haben drei Betten.

Sea Side Guest House ASHRAM-PENSION $$

(☎ 2231700; seaside@aurosociety.org; 14 Goubert Ave; EZ 1208–1746 ₹, DZ 1396–1934 ₹ inkl. Frühstück; ❄ 📶) Das Sea Side liegt eine Kategorie über den typischen Ashram-Unterkünften, bietet makellos saubere, neu eingerichtete Zimmer, und das Meer liegt direkt auf der anderen Straßenseite. Die Zimmer mit Meerblick haben auch einen Balkon. Man kann vorab reservieren, und WLAN kostet 300 ₹ für 24 Stunden.

Hotel De L'Orient HISTORISCHES HOTEL $$$

(☎ 2343067; www.neemranahotels.com; 17 Romain Rolland St; Zi. inkl. Frühstück 3760–8056 ₹; ❄ 📶) Dieses Hotel in einer prächtigen renovierten Kolonialvilla lockt mit luftigen Veranden, charmanten Zimmern mit antiken Möbeln sowie einem großen, hübschen Innenhof. Hier kann man das Flair das alten Pondi genießen, und zum französischen, italienischen oder kreolischen (französisch-indischen) Essen im **Carte Blanche Restaurant** (Hauptgerichte 250–400 ₹; ⌚7.15–10.30, 12–18, 19–21.30 Uhr) gibt's überragenden Service.

Maison Perumal HISTORISCHES HOTEL **$$$**
(☎2227519; www.cghearth.com; 44 Perumal Koil St; Zi. inkl. Frühstück 9500 ₹; ❄📶) Im alten Tamil-Viertel gibt's fast genauso viele Villen wie im Französischen Viertel, aber es liegt außerhalb des Radarbereichs der meisten Touristen. Dieses kürzlich renovierte, 200 Jahre alte Gebäude verfügt über kühle, angenehme Zimmer und zwei hübsche, mit Säulen dekorierte Terrassen. Das ausgezeichnete tamilisch-französische **Restaurant** (Abendessen 990 ₹, Mittagessen 300–400 ₹) serviert Gerichte aus frischen Zutaten. Das Personal ist charmant, WLAN ist kostenlos. Von März bis Weihnachten sinken die Preise um 30 % oder mehr.

Essen

Puducherry ist in kulinarischer Hinsicht das Highlight Tamil Nadus: Neben guter südindischer Küche gibt es hier mehrere Restaurants, die auf gut zubereitete französische und italienische Cuisine spezialisiert sind. Wer Käse oder Pasteten schmerzlich vermisst, kommt hier auf seine Kosten und praktisch überall im Französischen Viertel bekommt man Crêpes und guten Kaffee.

Baker Street CAFÉ **$**
(123 Rue Bussy; Gebäck 40–130 ₹; ⌚7–22 Uhr) Diese etwas teurere französische Bäckerei ist dank ihrer köstlichen Kuchen, Croissants und Eclairs sehr beliebt. Die Baguettes, Brownies und Quiches sind aber auch nicht zu verachten. Man kann sie vor Ort genießen oder mitnehmen.

Surguru SÜDINDISCH **$**
(235 (früher 99) Mission St; Hauptgerichte 65–110 ₹; ⌚7.30–22.30 Uhr) Schlichte südindische Küche wird in relativ schicker Umgebung serviert. Im Surguru kommen alle Thali- und Dosa-Süchtigen auf ihre Kosten, die ihre vegetarischen Gerichte gern in gut klimatisierter Umgebung genießen. Thalis gibt's zum Mittagessen.

Saravana Bhavan SÜDINDISCH **$**
(Hotel Pondicherry; Nehru St; Gerichte 30–120 ₹; ⌚11–22.30 Uhr) Ein sauberes, klimatisiertes Lokal mit günstigem indischem Essen: alle Thalis, Dosas und *vadas*, die man sich nur wünschen kann.

★ **Satsanga** INTERNATIONAL **$$**
(☎2225867; www.satsanga.co.in; 54 Labourdonnais St; Hauptgerichte 150–340 ₹; ⌚8–23 Uhr) Das Satsanga ist dank seiner ausgezeichneten westlichen Küche sehr beliebt. Wie die meisten Restaurants dieser Art serviert es aber auch indische Speisen. Besonders lecker sind hier Steaks, Fisch, Garnelen und Pasteten. Gute vegetarische Optionen gibt's auch, und das selbstgebackene Brot und die hausgemachte Butter sind einfach köstlich. Einige beklagen sich über den langsamen Service, aber wir konnten uns nicht beschweren. Wer einen Tisch auf der angenehmen Terrasse möchte, sollte vorab reservieren.

Café des Arts CAFÉ **$$**
(Labourdonnais St; leichte Gerichte 100–190 ₹; ⌚Mo & Mi–Fr 8.30–19, Sa & So 9–17 Uhr; 📶) Gutes Frühstück und Kaffee, gratis WLAN und eine nette Veranda auf einer kleinen Galerie.

Café de Flore CAFÉ **$$**
(Maison de Colombani, 37 Dumas St; Gerichte 90–290 ₹; ⌚8.30–19.30 Uhr) Dieses Café befindet sich in der Galerie im Gebäude von Pondis Alliance Française auf einer luftigen Veranda mit Blick auf einen grünen Garten. Hier gibt's Mocktails, tollen Kaffee, Salate, *croques monsieur*, Pasta und vegetarische Burger.

Kasha Ki Aasha CAFÉ **$$**
(23 Rue Surcouf; Hauptgerichte 165–295 ₹; ⌚8–19 Uhr) Auf der hübschen Dachterrasse dieses Kolonialvilla-Cafés mit Kunsthandwerksladen kann man sich ein prima Pfannkuchen-Frühstück, gutes Mittagessen und köstliche Kuchen schmecken lassen. Die Fusionsküche bietet Pommes mit Chutney, „europäische Thalis" und „indische Enchiladas". Einigen Gerichten wurde die Schärfe genommen, um sie an den westlichen Geschmack anzupassen, aber alles ist wirklich lecker.

Le Café CAFÉ **$$**
(Goubert Ave; Gerichte 30–210 ₹; ⌚24 Std.) Dieses Café am Meer serviert gute Baguettes, Croissants, Salate, Kuchen und südindischen Bio-Kaffee (heiß oder geeist). Dazu gibt's eine frische Brise vom Golf von Bengalen. Es ist sehr beliebt: Manchmal muss man auf einen Tisch warten oder ihn mit anderen teilen.

La Pasta ITALIENISCH **$$**
(http://lapastapondy.blogspot.com; 55 Vysial St; Hauptgerichte 125–350 ₹; ⌚Di–So 12–14 &

18–21.30 Uhr) Pasta-Fans sollten zu diesem kleinen Lokal pilgern. Es hat nur drei Tische (mit kariertem Tischtuch), und eine waschechte Italienerin zaubert köstliche Soßen und perfekte Pasta in einer offenen Küche, die genauso groß ist wie der Gastraum. Kein Alkohol: Hier geht's nur ums Essen, und es gibt sogar Alternativen aus Vollkorn.

Le Club WESTLICH, INDISCH **$$$**
(38 Dumas St; Hauptgerichte 330–440 ₹; ⌚8.30–22.30 Uhr) Die Steaks (mit Béarnaise- oder Blauschimmelkäse-Soße), Pizzas und Crêpes in diesem romantisch beleuchteten Gartenrestaurant sind erstklassig. Zu den verführerischen Alternativen gehören kreolisches Garnelencurry und Fisch à la Malabar, und jede Menge Cocktails und Wein gibt's auch.

Selbstversorger

Nilgiri's SUPERMARKT
(23 Rangapillai St; ⌚9.30–21 Uhr) Ein gut sortierter Laden für Lebensmittel und Toilettenartikel, angenehm klimatisiert.

Ausgehen & Nachtleben

Auch wenn die Stadt einer der besseren Orte in Tamil Nadu ist, um sich ein Bierchen schmecken zu lassen, herrscht ab 23 Uhr Sperrzeit. Trotz der niedrigen Alkoholsteuern gibt's billiges Bier nur in „liquor shops" (Spirituosenläden) oder den düsteren, daran angeschlossenen Bars.

L'e-Space CAFÉ, BAR
(2 Labourdonnais St; Cocktails 200 ₹, Pfannkuchen 100 ₹; ⌚17–23 Uhr) Ein alternativ angehauchtes, kleines Café im oberen Stock, das anständige Cocktails serviert – aber einige der Gäste hier dürften wohl etwas mehr als nur Alkohol genossen haben. Hier treffen sich Einheimische und Touristen, und während der Hochsaison entwickelt es sich zu einem echten Backpacker-Treff.

Shoppen

Wegen all der Yoga-Yuppies, die in die Stadt strömen, hat sich Pondi auf Mode und Souvenirs aus der Sparte „Boutique-Chic trifft indischen Basar" spezialisiert. Man kann aber ein paar ganz ansprechende, originelle Sachen finden, und der Großteil wird im Sri Aurobindo Ashram oder in Auroville hergestellt.

★ **Kalki** KLEIDUNG, ACCESSOIRES
(134 Mission St; ⌚9.30–20.30 Uhr) Wunderschöne, edelsteinfarbene Kleidung aus Seide und Baumwolle sowie Räuchermittel, ätherische Öle, Produkte aus handgeschöpftem Papier und vieles mehr – fast alles in Auroville hergestellt.

Fabindia TEXTILIEN
(www.fabindia.com; 59 Suffren St; ⌚10–20 Uhr) Dieser Laden führt eine gute Auswahl an Kleidung aus Seide, Baumwolle und Wolle im indischen und westlichen Stil sowie hochwertige Tischdecken und Taschen. Fast alles wird von Dorfbewohnern in traditioneller Handarbeit hergestellt, aber mit zeitgenössischem Touch. Die Fabindia-Kette ist seit 1960 im Geschäft, und zu ihren Verkaufsargumenten gehören der Schwerpunkt auf handgefertigten Produkten und die Zusammenarbeit mit den Dorfbewohnern der Gegend.

La Boutique d'Auroville KUNSTHANDWERK
(38 Nehru St; ⌚Mo–Sa 9.30–13 & 15.30–20 Uhr) Es macht einfach Spaß, sich das Kunsthandwerk hier anzuschauen, darunter Schmuck, Kleidung, Pantoffeln und Holztabletts.

Hidesign TASCHEN
(www.hidesign.com; 69 Nehru St; ⌚9–22 Uhr) Hidesign wurde in den 1970er-Jahren in Pondi gegründet und verkauft wunderschöne Designer-Ledertaschen, Aktentaschen, Geldbörsen sowie Gürtel in verschiedenen Farben, und alles zu vernünftigen Preisen. Inzwischen gibt's auch Filialen in vielen anderen Ländern. Das Café im oberen Stock, **Le Hidesign** (69 Nehru St; Hauptgerichte 135–170 ₹; ⌚9.30–21.30 Uhr; 📶), serviert leckere Tapas und ausgezeichneten Kaffee.

Auroshikha Agarbathies RÄUCHERMITTEL
(17 Gingee Salai; ⌚Di–So 8.30–12.30 & 15–19 Uhr) Ein tolles Sortiment aus Räuchermitteln, Duftkerzen und ätherischen Ölen, hergestellt im Sri Aurobindo Ashram.

Geethanjali ANTIQUITÄTEN
(20 Rue Bussy; ⌚9–20.30 Uhr) Die Art von Laden, in dem bei Indiana Jones der Schweiß ausbricht: Hier gibt's jede Menge Antiquitäten und Kuriositäten, darunter Skulpturen, geschnitzte Türen, Holztruhen, Gemälde und Möbel, die aus Puducherrys kolonialer und vorkolonialer Geschichte gerettet wurden. Der Versand nach Europa kostet 12 000 ₹ pro Kubikmeter, und der Laden kann kostenlos Exportgenehmigungen besorgen.

Kasha Ki Aasha KLEIDUNG, KUNSTHANDWERK
(23 Rue Surcouf; ⌚8–19 Uhr) Fabelhafte Stoffe, wunderschöne Kleidung und bequeme Ledersandalen werden direkt vom Hersteller und von ausschließlich weiblichen Ange-

stellten in diesem hübschen Haus aus der Kolonialzeit verkauft.

Focus the Book Shop BÜCHER
(204 Mission St; ⌚ Mo–Sa 9.30–13.30 & 15.30–21 Uhr) Ein tolles Sortiment an Büchern über Indien und andere Werke in englischer Sprache (auch Lonely Planet Bände).

Libraire Kailash BÜCHER
(169 Rue Bussy; ⌚ Mo–Sa 9–13 & 15–19.30 Uhr) Gute Abteilung mit französischen Büchern über Indien und Asien.

ℹ Praktische Informationen

Geldautomaten gibt's zuhauf, und entlang der Mission Street, nahe der Ecke Nehru Street, reihen sich zahlreiche Wechselstuben aneinander.

Die Rue Bussy zwischen Bharathi Street und MG Road ist voll von Kliniken und Apotheken.

Citibank-Geldautomat (22 Rue Bussy) Dieser Geldautomat gibt auf einmal bis zu 30 000 ₹ aus – so spart man Bankgebühren.

Coffee.Com (11A Romain Rolland St; 80 ₹/Std.; ⌚ 9–22 Uhr) Ein echtes Internetcafé, mit gutem Kaffee und leichten Gerichten (60–100 ₹) zur Stärkung beim Surfen.

New Medical Centre (☎ 2225289; www.nmcpondy.com; 470 MG Rd; ⌚ 24 Std.) Empfohlene Privatklinik und Krankenhaus.

Shanti Travel (☎ 4210401; www.shantitravel.com; 13 Romain Rolland St; ⌚ 10–19 Uhr) Reisebüro, das Fahrkarten bucht, Stadtrundgänge, kulturelle Aktivitäten und Ausflüge anbietet und Kunden vom Flughafen in Chennai abholt.

Tourist Info Bureau (☎ 2339497; http://tourism.puducherry.gov.in; 40 Goubert Ave; ⌚ 9–18 Uhr) Sehr engagiertes Personal, und die Website bietet gute Karten.

ℹ An- & Weiterreise

BUS

Die **Bushaltestelle** (Maraimalai Adigal Salai) befindet sich im Westen der Stadt, 2 km vom Französischen Viertel entfernt. Private Busunternehmen bieten hauptsächlich Übernachtverbindungen zu verschiedenen Zielen an und haben ein Büro in der Maraimalai Adigal Salai, westlich der Bushaltestelle. Die einzige Verbindung nach Kodaikanal (600 ₹, 8 Std.) ist ein Bus mit Liegesitzen von **Parveen Travels** (www.parveentravels.com; 288 Maraimalai Adigal Salai) um 23 Uhr.

ZUG

Am Bahnhof von Puducherry existieren nur wenige Verbindungen. Täglich fahren zwei Züge zum Bahnhof Egmore in Chennai, aber man kann keinen Sitzplatz reservieren (28–53 ₹, 4–5 Std.). In Villupuram, 38 km westlich von Puducherry, kann man zu vielen anderen Zielen im Norden und Süden umsteigen. Der Bahnhof in Puducherry verfügt über ein computerbasiertes Buchungsbüro für Züge in ganz Indien.

ℹ Unterwegs vor Ort

Eine der besten Möglichkeiten, sich durch Pondis Straßen zu bewegen, ist zu Fuß. Autorikschas gibt's aber haufenweise. Die offiziellen Taxameter-Preise liegen bei 20 ₹ für bis zu 2 km und 1 ₹ je weitere 100 m, wodurch sich der Maximalpreis von der Bushaltestelle ins Französische Viertel eigentlich auf 25 ₹ belaufen sollte. Wenn die Fahrer sich weigern, das Taxameter einzuschalten, zahlt man am Ende wahrscheinlich 50 oder 60 ₹ für die Fahrt.

Auroville

☎ 0413 / 2249 EW.

Auroville ist eine jener Ideen, die alle mit idealistischen Tendenzen lieben werden: Eine internationale Gemeinschaft, die sich Frieden, Harmonie, einer nachhaltigen Lebensweise und einem „göttlichen Bewusstsein" verschrieben hat und in der Menschen aus allen Ecken des Erdballs ihren Glauben, ihre Hautfarbe und ihre Nationalität tolerieren und zusammen daran arbeiten, eine universelle, bargeldlose, religionsfreie Ge-

BUSSE AB DER BUSHALTESTELLE PUDUCHERRY (PONDICHERRY)

ZIEL	PREIS (₹)	DAUER (STD.)	HÄUFIGKEIT (TÄGLICH)
Bengaluru	188–200 (Volvo AC 500–600)	8	6 (Volvo AC 8.30 Uhr, 22.30 Uhr)
Chennai	97 (Volvo AC 190)	4	124 (25 Volvo AC)
Chidambaram	42	2½	40
Kumbakonam	80	4	6
Mamallapuram	50	2	70
Tiruvannamalai	63	3	11
Trichy	138	5	5

meinde zu schaffen, um damit die Einheit der Menschheit Realität werden zu lassen.

Aber es ist augenscheinlich, dass dieser Traum nicht leicht zu realisieren ist. Man stelle sich nur mal über 100 kleine Siedlungen vor, die weit über die tamilische Landschaft verstreut liegen, mit insgesamt 2100 Einwohnern aus über 40 Ländern. Fast 60% der Menschen in Auroville sind Ausländer, und die neuen Mitglieder benötigen mehr finanzielle Mittel, als die meisten Inder jemals haben werden. Externe Meinungen zu den Einwohnern von Auroville reichen von Bewunderung bis zum Vorwurf der selbstbezogenen Weltflucht. Aber der Vibe, den man bei einem Besuch hier spürt, ist mit ziemlicher Sicherheit positiv, und die Energie an diesem Ort ist beinahe greifbar.

Auroville liegt 12 km nordwestlich des Stadtzentrums von Puducherry. Die Gründung im Jahr 1968 war von der „Mutter" inspiriert, der Mitbegründerin des Sri Aurobindo Ashrams in Puducherry, und ihre Philosophie leitet die Gemeinde noch heute. Die Auroviller haben eine große Vielzahl von Projekten ins Leben gerufen, die von Schulen und IT bis hin zu Bio-Farmen, erneuerbaren Energien und Kunsthandwerk reichen, und sie beschäftigen mindestens 4000 Menschen aus den umliegenden Dörfern.

Die **Auroville-Website** (www.auroville.org) ist eine beinahe enzyklopädische Informationsquelle.

Sehenswertes & Aktivitäten

Auroville orientiert sich im Allgemeinen nicht am Tourismus – die meisten Einwohner leben einfach ihr Leben – aber es gibt ein gutes **Besucherzentrum** (☎2622239; ⏲9–18 Uhr) mit Informationen, Ausstellungen und ein paar Läden, die Produkte aus Auroville verkaufen. Man kann sich hier ein Handbuch und eine Karte besorgen, und nachdem man sich ein zehnminütiges Video angeschaut hat, bekommt man einen Pass, mit dem man das ausgelagerte **Matrimandir** (⏲Passausgabe täglich 9.30–12.30 & Mo–Sa 14–16 Uhr) besichtigen kann, Aurovilles „Seele", 1 km Fußweg entfernt im Wald.

Das große goldene, beinahe kugelförmige Matrimandir wurde schon mit einem Golfball und einem UFO verglichen. Aber es ist schon möglich, dass die grandiose Schlichtheit seiner Form, umgeben von grünem Parkland, bei dem einen oder anderen Besucher tatsächlich ein Gefühl jenes göttlichen Bewusstseins auslöst, das es symbolisieren soll. Die Hauptkammer im Inneren der Kugel, die mit weißem Marmor ausgekleidet ist, beherbergt einen großen Glaskristall, der den Raum mit Sonnenlicht durchflutet. Es ist als Ort der individuellen, stillen Einkehr gedacht, und wer ein wenig Zeit im Matrimandir verbringen möchte, nachdem er es vom Park aus bewundert hat, muss mindestens einen Tag im Voraus im **Matrimandir-Büro** (☎2622268; Besucherzentrum; ⏲Mi–Mo 10–11 & 14–15 Uhr) eine Zeit reservieren.

Besucher dürfen sich in Aurovilles Netz aus Straßen und Fußwegen ziemlich frei bewegen und sich einige der ungewöhnlichen, originellen Häuser ansehen. Das große Gebiet erstreckt sich über 20 km², und dank der rund zwei Millionen Bäume, die seit der Gründung von Auroville gepflanzt wurden, liegt es in einer schönen Waldlandschaft.

Wer mehr über Auroville erfahren möchte, dem empfiehlt die Gemeinde, mindestens zehn Tage lang zu bleiben und an einem der Einführungsprogramme oder den Klausuren teilzunehmen. Wer wirklich in dieses Leben eintauchen möchte, muss normalerweise Freiwilligenarbeit in einem der zahlreichen Programme leisten, für gewöhnlich für zwei bis zwölf Monate. Der **Auroville-Besucherservice** (☎2622675; www.aurovilleguestservice.org; Solar Kitchen Bldg, 2 km östlich des Besucherzentrums; ⏲Mo–Sa 9.30–12.45 Uhr) hält Informationen bereit und hilft bei der aktiven Teilnahme.

Schlafen & Essen

In Auroville gibt's über 40 **Pensionen** (300–1000 ₹/Pers.) mit unterschiedlichem Komfort, die über zwei bis 46 Betten verfügen. Man kann sie über den **Guest Accommodation Service** (☎2622704; www.aurovilleguesthouses.org; Besucherzentrum; ⏲9.30–12.30 & 14–17 Uhr) oder direkt buchen. Für die Hochsaison von Dezember bis März bzw. August und September sollte man drei bis vier Monate vorab reservieren.

Das **Right Path Cafe** (Besucherzentrum; Hauptgerichte 60–340 ₹; ⏲12.15–15 & 18.30–21 Uhr) serviert anständiges indisches und westliches Essen.

An- & Weiterreise

Die Hauptabzweigung von der East Coast Road nach Auroville befindet sich im Dorf Periyar Mudaliarchavadi, 6 km nördlich von Puducherry. Von hier aus sind es in westlicher Richtung weitere 6 km zum Besucherzentrum. Eine Autorikscha kostet für die einfache Strecke aus

TYPISCH TAMILISCHE FESTE

Neben lokalen Feiertagen, die oft nur in der Nähe eines bestimmten Tempels begangen werden, und nationalen Feiertagen hat Tamil Nadu auch einige Feste, die es nur in diesem Bundesstaat gibt.

Pongal (ganz Tamil Nadu; ⌚ Mitte Jan.), das Erntedankfest, wird Mitte Januar vier Tage lang gefeiert und ist eine wichtige Gelegenheit für Familienzusammenkünfte. Es ist nach einem tamilischen Reis- und Linsengericht benannt, das zu diesem Fest in neuen Tontöpfen gekocht wird. Meist beginnen die Feierlichkeiten mit Tempelritualen, gefolgt von Familientreffen. Später werden auch Tiere, vor allem Kühe, für ihren Beitrag zur Ernte geehrt.

Im November/Dezember wird bei Vollmond das **Karthikai Deepam** (S. 387) abgehalten, Tamil Nadus „Lichterfest". Es wird im ganzen Staat mit Lampen aus Steingut und Feuerwerk gefeiert, aber der beste Ort, um es mitzuerleben, ist Tiruvannamalai, wo die Legende ihren Ursprung nahm.

Puducherry rund 250 ₹, aber man kann auch den Kottukuppam-Bus Richtung Norden entlang der Ambour Salai zur Abzweigung Auroville nehmen (6 ₹) und dort in eine Autorikscha für 150 ₹ umsteigen. Eine gute Möglichkeit, Auroville zu erkunden, war früher ein zweirädriger Untersatz von einem Verleih im Gebiet der nördlichen MG Road und der Mission Street in Puducherry, aber die Behörden der Stadt haben diese Verleihunternehmen 2012 verboten. Falls sie ihre Entscheidung rückgängig machen, muss man mit rund 50/150/250 ₹ pro Tag für ein Fahrrad/einen Motorroller/ein Motorrad rechnen.

ZENTRALES TAMIL NADU

Chidambaram

✆ 04144 / 82 458 EW.

Im Prinzip gibt's nur einen wirklich guten Grund für den Besuch hier: die grandiose Tempelanlage für Nataraja (Shiva als Tänzer des Universums). Dabei handelt es sich um eine der heiligsten aller Shiva-Stätten und darüber hinaus um ein Highlight der drawidischen Architektur.

Die größten der vielen Feste hier sind die zehntägigen **Wagenfeste** im Juni/Juli und im Dezember/Januar. Im Februar/März lockt das fünftägige **Natyanjali Dance Festival** Tänzer aus ganz Indien in den Tempel.

Die meisten Unterkünfte befinden sich in Tempelnähe oder rund um die Bushaltestelle, 500 m südöstlich des Tempels. Der Bahnhof liegt 1 km weiter südöstlich.

Sehenswertes

★ **Nataraja-Tempel** HINDU-TEMPEL

(⌚ Innenbereich 6–12 & 16.30–22 Uhr) Die Legende besagt, dass Shiva und Kali eines Tages in einen Tanzwettstreit traten, mit Vishnu als Wertungsrichter. Als Shiva einen Ohrring verlor und ihn mit dem Fuß wieder vom Boden aufhob, konnte Kali die Bewegungen nicht nachmachen, und Shiva errang den Titel Nataraja (Herr des Tanzes). In dieser Form wird er auch in diesem grandiosen Tempel verehrt, der einen schier endlosen Strom von Pilgern und Gläubigen anzieht. Der Tempel wurde während der Chola-Zeit erbaut (Chidambaram war die Chola-Hauptstadt), aber die Schreine in seinem Innersten stammen mindestens aus dem 6. Jh.

Die 22 ha große Anlage ist von hohen Mauern umgeben und verfügt über vier mächtige *gopurams*, die mit beinahe wahnwitzigen drawidischen Stein- und Stuckarbeiten verziert sind. Der Haupteingang durch den östlichen *gopuram* befindet sich abseits der East Car Street. In diesen Durchgang sind die 108 heiligen Figuren des klassischen tamilischen Tanzes eingemeißelt. Rechts hinter dem *gopuram* befinden sich die tausendsäulige **Raja Sabha** (Königshalle; ⌚ an Festtagen) und das große Tempelbecken, das **Sivaganga**.

Die zentrale Anlage (keine Kameras!) betritt man von Osten aus. In ihrem Südteil (vom Eingang aus links) steht die **Nritta Sabha** (Tanzhalle) in Form eines Wagens mit 56 aufwendigen Säulen. Es heißt, dies sei die Stelle, an der Shiva Kali im Tanz besiegte.

Durch eine Tür nördlich der Nritta Sabha betritt man den Innenhof. Nun sieht man den **Kanaka Sabha** vor sich, einen Pavillon, in dem zahlreiche Tempelrituale vollzogen werden. Zu *puja*-Zeiten drängeln sich die Gläubigen im und rund um den Pavillon, um die Rituale mitzuerleben, die von Brahmanen-Priestern, den Dikshithars, durchgeführt werden. Die Priester erhalten ihre Stellung durch Erbfolge, rasieren sich einen Teil ihrer Haare ab und lassen den Rest wachsen, um es zu Knoten zusammenzubinden.

Hinter bzw. nördlich des Kanaka Sabha befindet sich das innerste Heiligtum, die **Chit Sabha** mit ihrem goldenen Dach, die das zentrale Bronze-Abbild des Nataraja beherbergt: Es zeigt Shiva, den kosmischen Tänzer, der einen Schöpfungszyklus vollendet, einen weiteren beginnt und alles Gegensätzliche vereint.

Manchmal bieten die Priester an, Besucher durch die Tempelanlage zu führen. Sie arbeiten in einer Art Kooperative, die den Tempel finanziell unterstützt. Man kann also ruhig etwas zum Erhalt dieses wunderbaren Bauwerks beisteuern, indem man einen von ihnen für eine Führung anheuert (der Preis liegt zwischen 30 und 300 ₹, je nach ihren sprachlichen Fähigkeiten und ihrem Wissensschatz).

ABSEITS DER ÜBLICHEN PFADE

DAS FRIEDLICHE TRANQUEBAR

Südlich von Chidambaram erstreckt sich das vielarmige Kaveri-Delta über 180 km entlang der Küste und bis tief ins Landesinnere. Die Kaveri ist der Herzschlag der tamilischen Landwirtschaft, und ihr Tal war das Kerngebiet des Chola-Reiches. Heute ist das Delta gleichzeitig einer der schönsten, ärmsten und traditionellsten Teile von Tamil Nadu.

Die kleine Küstenstadt Tharangambadi, den meisten noch immer unter ihrem früheren Namen Tranquebar bekannt, ist mit Abstand der attraktivste Ort zum Übernachten. Er eignet sich prima, um sich von den schweißtreibenden, überfüllten Städten im Landesinneren zu erholen. Die ehemalige dänische Kolonie liegt direkt an einem langen Sandstrand mit ein paar Fischerbooten und einer angenehmen Meeresbrise – sie ist ruhig, ordentlich und wirklich hübsch. Der alte Teil der Stadt hinter dem Landporten-Tor aus dem Jahr 1791 bietet sich für einen netten Spaziergang an und wurde nach dem Tsunami von 2004, der hier 800 Menschen das Leben kostete, aufwendig renoviert. Bei INTACH Pondicherry (S. 390) gibt's eine ausgezeichnete Karte zum Downloaden. Die alte dänische Festung **Dansborg** (Inder/Ausländer 5/50 ₹, Kamera/Video 30/100 ₹; ⌚ Sa–Do 10–13 & 14–17.30 Uhr) stammt aus dem Jahr 1624 und beherbergt ein interessantes kleines Museum. Weitere beachtenswerte Gebäude sind die **Neu-Jerusalem-Kirche** (Evangelisch-Lutherische Kirche von Tamil Nadu; King's St), die 1718 in einem interessanten indisch-europäischen Stilmix erbaut wurde, und der **Masilamani-Nathar-Tempel** am Strand, der aus dem 14. Jh. stammt und kürzlich in bunten Farben neu bemalt wurde.

Alle Unterkünfte hier werden vom **Bungalow on the Beach** (☎ 04364-288065; http://neemranahotels.com; 24 King's St; Zi. inkl. Frühstück 3600–7195 ₹, Budget-Zi. 990 ₹; ❄ 🏊) geführt, das sich in der ehemaligen Residenz des britischen Verwalters befindet (Dänemark verkaufte Tranquebar 1845 an die britische Ostindien-Kompanie). Insgesamt stehen im Hauptgebäude und an zwei weiteren Standorten in der Stadt 17 hübsche Zimmer im traditionellen Stil sowie fünf saubere, großzügige Budget-Zimmer im Hotel Tamil Nadu (gegenüber vom Hauptgebäude) zur Verfügung. Alle Zimmer haben eine Klimaanlage. Das Hauptgebäude bietet einen hübschen Pool und ein gutes internationales **Restaurant** (Hauptgerichte 150–250 ₹; ⌚ 7.30–9.30, 12.30–14.30, 19.30–21.30 Uhr). Am Wochenende und an Feiertagen sollte man vorab buchen.

Tranquebar ist ein gutes Basislager für die Erkundung des Deltagebiets. In Velankanni, 47 km weiter südlich, steht die **Basilica of Our Lady of Health** an jener Stelle, an der ein junger Buttermilchverkäufer im 16. Jh. die Jungfrau Maria erblickt haben soll. Das hiesige Bild der Jungfrau hat angeblich heilende Kräfte, und die Basilika ist ein wichtiger Pilgerort, an dem die Gläubigen in eindeutig hinduistischem Stil beten. Ein zehntägiges Fest findet am 8. September seinen Höhepunkt. Der größte Tempelwagen in ganz Tamil Nadu wird wiederum während des zehntägigen Wagenfestivals des Thyagararaja-Tempels im April/Mai durch Thiruvarur gezogen.

Die Busse sind in dieser Region oftmals extrem überfüllt. Aus Tranquebar gibt's regelmäßige Verbindungen nach Chidambaram (23 ₹, 2 Std., stündl.) und Karaikal (11 ₹, 30 Min., halbstündl.). Von Karaikal aus fahren Busse nach Kumbakonam (26 ₹, 2¼ Std., 36-mal tägl.), Thanjavur (68 ₹, 3½ Std., 3-mal tägl.) sowie nach Puducherry (65 ₹, 4 Std., 5-mal tägl.).

Schlafen & Essen

Es finden sich viele billige Pilgerunterkünfte rund um den Tempel, aber einige von ihnen sind ziemlich trostlos. Und falls man in Chidambaram irgendwo richtig nett absteigen kann, dann haben wir die betreffende Unterkunft noch nicht entdeckt. In Tempelnähe gibt's jede Menge billige vegetarische Lokale, aber in den Hotels isst man am besten.

Hotel Saradharam HOTEL $$
(☎ 221336; www.hotelsaradharam.co.in; 19 VGP St; Zi. inkl. Frühstück 990 ₹, mit Klimaanlage 2100 ₹; ❄ 📶) Das freundliche, geschäftige Saradharam ist das Beste, was die Stadt zu bieten hat, und liegt sehr praktisch auf der anderen Seite der Bushaltestelle. Es ist ein bisschen abgewohnt, aber ganz gemütlich, und bietet die willkommene Erholung vom Trubel der Innenstadt. Zum Frühstück labt man sich an einem guten Buffet. In der Lobby gibt's WLAN. Außerdem verfügt das Hotel über drei Restaurants – zwei vegetarische und das gute klimatisierte **Anupallavi** (Hauptgerichte 145–280 ₹; ⏲ 7–10, 12–15, 18–22.30 Uhr).

Hotel Akshaya HOTEL $$
(☎ 220192; www.hotel-akshaya.com; 17–18 East Car St; Zi. inkl. Frühstück 1090 ₹, mit Klimaanlage 2050–2400 ₹; ❄) Das Hotel in der Nähe des Tempels bietet eine große Auswahl an Zimmern in recht unterschiedlichem Zustand. Einige Zimmer ohne Klimaanlage sind besser in Form als die mit. Das **Annapoorani Restaurant** (Hauptgerichte 65–90 ₹; ⏲ 7–10, 11–15, 18–21.30 Uhr) serviert zum Mittagessen ausgezeichnete südindische Gerichte und gute vegetarische Speisen. Nebenan verkauft **Dravidian Handicrafts** (www.dravidiansculpturescom; 9 East Sannathi) hochwertige Bronze-Repliken.

Praktische Informationen

ICICI Bank ATM (Hotel Saradharam, VGP St)

An- & Weiterreise

Es starten halbstündlich Busse nach Chennai (140 ₹, 6 Std.). Viele fahren über Puducherry (42 ₹, 2½ Std.). Andere Ziele sind Kumbakonam (48 ₹, 2½ Std., alle 20 Min.), Thanjavur (90 ₹, 4 Std., alle 30 Min.) und Tranquebar (Tharangambadi; 23 ₹, 2 Std., stündl.). Universal Travels, gegenüber der Bushaltestelle, schickt täglich drei Volvo-AC-Busse nach Chennai (450 ₹).

Täglich fahren außerdem mindestens drei Züge über Kumbakonam und Thanjavur nach Trichy (2. Klasse/3AC/2AC 61/277/610 ₹, 3½ Std.) und fünf nach Chennai (78/362/610 ₹, 5 ½ Std.).

Kumbakonam

☎ 0435 / 140 113 EW.

Auf den ersten Blick ist Kumbakonam nur eine weitere indische Stadt an einem Verkehrsknotenpunkt. Aber dann entdeckt man die zahlreichen bunten *gopurams*, die vor den 18 Tempeln von Kumbakonam in den Himmel ragen und daran erinnern, dass die Stadt im Mittelalter der Sitz einer wichtigen südindischen Macht war. Ganz in der Nähe befinden sich außerdem zwei Chola-Tempel, die zum Weltkulturerbe gehören – ein Aufenthalt mit mindestens einer Übernachtung lohnt sich also auf alle Fälle.

Sehenswertes

Die meisten Tempel sind Shiva oder Vishnu gewidmet. Alle haben von 6.30 bis 12.30 Uhr und von 16.30 bis 20.30 Uhr geöffnet, und der Eintritt ist frei.

Der größte Vishnu-Tempel hier, dessen 45 m hoher, östlicher *gopuram* als Haupteingang dient, ist der **Sarangapani-Tempel** (Fotografieren ist im Inneren nicht erlaubt!). Wenn man am Kuhstall des Tempels, einem weiteren *gopuram* und einer Säulenhalle vorbeigeht, erreicht man das innere Heiligtum, eine Chola-Schöpfung aus dem 12. Jh. Mit den großen gemeißelten Elefanten, Pferden und Rädern sieht sie aus wie ein Wagen.

Der **Kumbeshwara-Tempel**, den man über einen neunstöckigen *gopuram* betritt, ist der größte Shiva-Tempel der Stadt. Er stammt aus dem 17. und 18. Jh. und beherbergt einen Lingam, der angeblich von Shiva selbst angefertigt wurde, indem er den Nektar der Unsterblichkeit mit Sand vermischte.

Der **Nageshwara-Tempel** wurde im Jahre 886 von den Cholas erbaut. Er ist der älteste in Kumbakonam und Shiva in Gestalt von Nagaraja, dem Schlangenkönig, gewidmet. An drei Tagen des Jahres (im April oder Mai) fallen die Sonnenstrahlen auf den Lingam.

Das riesige **Mahamaham-Becken** ist von 17 Pavillons umgeben und eine der heiligsten Stätten von Kumbakonam. Man glaubt, das Wasser des Ganges fließe alle zwölf Jahre in das Becken hinein, und dann wird hier auch ein Fest gefeiert. Das Nächste steht 2016 an.

Schlafen & Essen

Pandian Hotel HOTEL $
(☎ 2430397; 52 Sarangapani East Sannathi St; EZ/DZ 294/473 ₹, DZ mit Klimaanlage 990 ₹; ❄) Die Atmosphäre dieses Hotels ist ein bisschen institutionell, aber im Großen und Ganzen

Kumbakonam

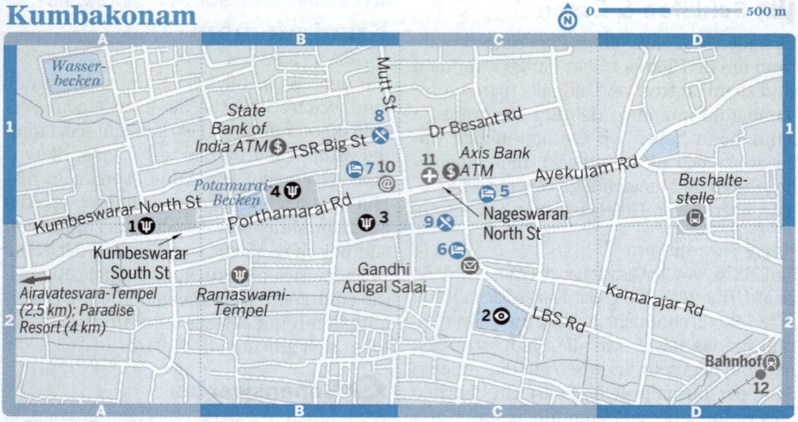

Kumbakonam

Sehenswertes
1 Kumbeshwara-Tempel ... A2
2 Mahamaham-Becken ... C2
3 Nageshwara-Tempel ... B1
4 Sarangapani-Tempel ... B1

Schlafen
5 Hotel Kanishka ... C1
6 Hotel Raya's ... C2
7 Pandian Hotel ... B1

Essen
8 Hotel Sri Venkkatramana ... B1
Sathars Restaurant ... (siehe 6)
9 Taj Samudra ... C1

Praktisches
10 Speed Systems ... B1
11 STH Hospital ... C1

Transport
12 Bahnhof ... D2

bietet diese Budgetoption ein gutes Preis-Leistungs-Verhältnis.

Hotel Raya's HOTEL $$
(☎2423170; www.hotelrayas.com; 18 Head Post Office Rd; Zi. 990 ₹, mit Klimaanlage 1320–2280 ₹; ❄) Freundlicher Service und große, saubere Zimmer: Dies ist die beste Budgetunterkunft der Stadt. Das Haus bietet einen Fahrservice für Ausflüge außerhalb der Stadt an, und das **Sathars Restaurant** (Hauptgerichte 85–175 ₹; ⏲11.30–23.30 Uhr) serviert gutes Essen in sauberer Umgebung.

Hotel Kanishka HOTEL $$
(☎2425231; 18/450 Ayekulam Rd; Zi. 770–880 ₹, Klimaanlage 1100–1238 ₹; ❄📶) Ein freundliches Haus mit kleinen, einfachen, aber stilvollen Zimmern mit einzelnen gelben oder rosafarbenen Wänden. Es gehört einem jungen Paar, das das Hotel familienfreundlich gestaltet. An der Rezeption gibt's gratis WLAN.

Paradise Resort RESORT $$$
(☎3291354; www.paradiseresortindia.com; Tanjore Main Rd, Darasuram; EZ 5396–10 193 ₹, DZ 5996–10 193 ₹; ❄📶🏊) Dieses charmante Resort liegt 5 km westlich der Innenstadt und erstreckt sich über ein großes Gelände, zu dem ein kleines Dorf gehört. Die luxuriösen Zimmer haben geschnitzte Holzmöbel und hübsche große Bäder. Man kann eine Kochvorführung besuchen, eine Fahrt mit dem Ochsenwagen machen oder sich für Ayurveda oder Yoga begeistern lassen. Das erstklassige internationale Restaurant bietet ein paar grandiose südindische Spezialitäten.

Hotel Sri Venkkatramana INDISCH $
(TSR Big St; Thalis 50–65 ₹; ⏲Mo–Sa 5.30–22 Uhr) Serviert gute, frische vegetarische Gerichte und ist bei Einheimischen sehr beliebt.

Taj Samudra INDISCH $$
(80 Nageswaran South St; Hauptgerichte 100–170 ₹; ⏲11–15 & 19–23 Uhr) Hier kann man leckere vegetarische und nicht-vegetarische Speisen in netter, stilvoller Umgebung genießen. Die Bilder auf der Speisekarte und dem Bildschirm sind ziemlich hilfreich, wenn man mit den Namen der Gerichte nicht vertraut ist!

Praktische Informationen

Speed Systems (Sarangapani East St; Internet 20 ₹/Std.; ⏲9.30–21.30 Uhr) Den Reisepass mitbringen.

ℹ An- & Weiterreise

Täglich fahren elf Züge nach Thanjavur (2. Klasse/3AC/2AC 35/218/610 ₹, 30 Min.–1 Std.) und Trichy (46/218/610 ₹, 2–2½ Std.). Zu den täglich vier Zügen zu Chennais Egmore-Bahnhof zählen die Übernachtverbindung Rock Fort Express (Sleeper Class/3AC/2AC/1AC 191/524/785/1340 ₹, 9½ Std.) über Thanjavur/Trichy und der Chennai Express/Trichy Express (158/428/635/1075 ₹, 6–7 Std., fährt tagsüber).

Staatliche Busse ab der **Bushaltestelle:**

Chennai 156₹ bis 230 ₹, 7–8 Std., alle 15 Min.

Chidambaram 48 ₹, 2½ Std., alle 20 Min.

Karaikal 26 ₹, 2¼ Std., alle 30 Min.

Thanjavur 29 ₹, 1½ Std., alle 10 Min.

Thanjavur (Tanjore)

☎ 04362 / 222 619 EW.

Hier stehen die ockerfarbenen Fundamente der vielleicht eindrucksvollsten Zivilisation der drawidischen Geschichte. Es war eines der wenigen Königreiche, das den Hinduismus auch über die Grenzen von Indien hinaus verbreitete. Die Bauten sind Stellvertreter verschiedener ästhetischer Stile, die sich

NICHT VERSÄUMEN

CHOLA-TEMPEL BEI KUMBAKONAM

Zwei der drei großartigen Baudenkmäler der Chola-Zivilisation befinden sich in Dörfern nahe Kumbakonam. Im Gegensatz zum Brihadishwara-Tempel in Thanjavur, der ebenfalls zum Weltkulturerbe gehört, werden diese Tempel heute aber nur noch relativ wenig von Gläubigen besucht. Doch beide verfügen nicht nur über eine wunderschöne Grundform (mit Pyramidentürmen, die aus der Mitte einer rechteckigen, von Mauern umgebenen Anlage aufragen), sondern auch über außergewöhnlich detaillierte Steinarbeiten.

Der **Airavatesvara-Tempel** (Eintritt frei; ⏲6.30–20.30 Uhr), nur 3 km westlich von Kumbakonam im Dörfchen Darasuram, ist Shiva gewidmet und wurde von Rajaraja II. (1146–63) erbaut. Für 100 ₹ bekommt man einen Führer, der einem alles im Tempel erklärt. An den Stufen der Rajagambhira-Halle sind Elefanten und Pferde zu erkennen, die Wagen ziehen. Die 108 Säulen des Pavillons sind sehr unterschiedlich und mit einer Vielfalt an Schnitzereien verziert, darunter sind Tänzer, Akrobaten und das Biest Yali, das einen Elefantenkopf, einen Löwenkörper, Ziegenhörner, Schweineohren und einen Kuhhintern hat. Am Hauptschrein sind verschiedene gemeißelte Bilder von Shiva zu sehen. Im Inneren des **Schreins** (⏲6–12 & 16–19 Uhr) kann man für 10 ₹ dem Lingam Ehre erweisen und bekommt anschließend ein *tilak* aufgemalt. Der **Nataraja-Mandapa** beherbergt ein Museum mit Skulpturen sowie Informationstafeln zur Geschichte der Stätte.

Der **Tempel** (Eintritt frei ⏲6.30–20.30 Uhr) in Gangaikondacholapuram („Stadt der Chola, die den Ganges eroberten“), 35 km nördlich von Kumbakonam, ist ebenfalls Shiva gewidmet. Er wurde im 11. Jh. von Rajendra I. erbaut, als er die Chola-Hauptstadt nach einem erfolgreichen Feldzug in Nordindien von Thanjavur hierher verlegte. Der Tempel weist viele Ähnlichkeiten mit dem früheren Brihadishwara in Thanjavur auf. Sein wunderschöner, 49 m hoher Hauptturm hat im Gegensatz zum leicht konvexen in Thanjavur jedoch eine leicht konkave Krümmung. Der Gangaikondacholapuram gilt daher als „weibliches“ Gegenstück zum Bauwerk in Thanjavur.

Ein großer Nandi-Bulle (Shivas Reittier) steht gegenüber dem Tempel auf Grasland. Der Hauptschrein unter dem Turm enthält einen riesigen Lingam und wird durch eine lange, düstere Halle betreten. Das Highlight der Anlage sind die anmutigen Skulpturen rund um den Turm. Z. B. ist Shiva hier als Bettler Bhikshatana (gleich links der Südtreppe), als Ardhanarishvara (halb Mann, halb Frau) und, auf der Südseite, als Nataraja zu sehen. Außerdem ist Shiva mit Ganga abgebildet, und als Shiva, der aus dem Lingam erscheint. Zudem sieht man Vishnu mit Lakshmi und Bhudevi (die ersten drei Abbildungen auf der Westseite). Am berühmtesten von allen ist jedoch die wunderschöne Tafel neben der Nordtreppe, auf der Shiva einen Kranz auf den Kopf seines Anhängers Chandesvara legt.

Von der Bushaltestelle in Kumbakonam starten häufig Busse in die nahen Dörfer und lassen ihre Passagiere in Darasuram aussteigen. Busse nach Gangaikondacholapuram (19 ₹, 1½ Std.) verkehren halbstündlich. Eine Autorikscha nach Darasuram kostet 120 ₹ hin und zurück. Und für einen Halbtagsausflug mit dem Auto zu beiden Tempeln, buchbar über das Hotel Raya's (S. 400), muss man mit 950 ₹ (1100 ₹ mit Klimaanlage) rechnen.

Thanjavur (Tanjore)

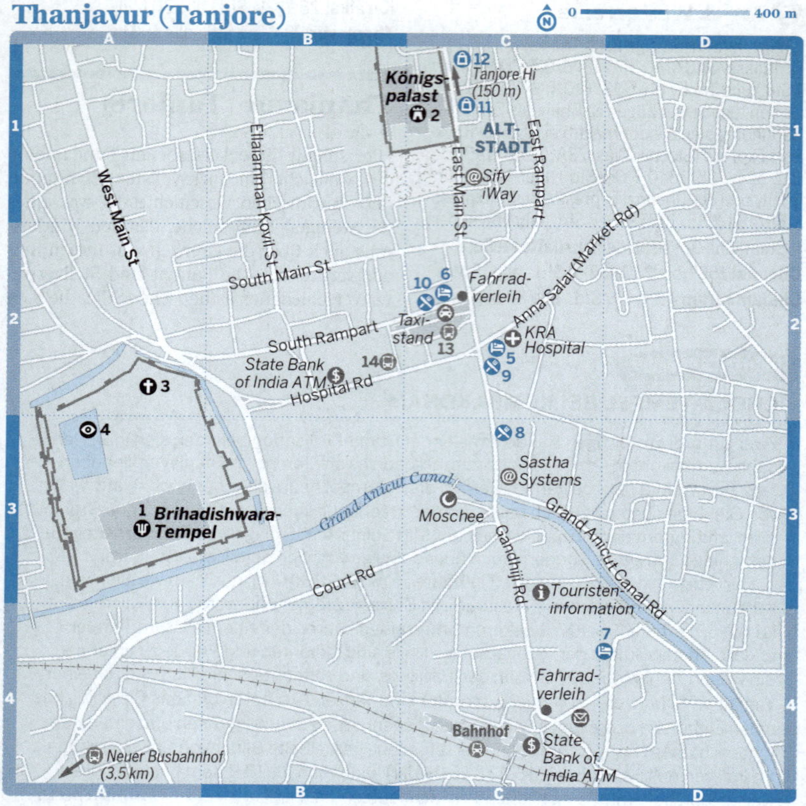

von Madurai bis zum Mekong ausbreiteten. In Thanjavur, einst Hauptstadt des großen Chola-Reichs, wurde während seiner Blütezeit ein schwindelerregendes, historisch bedeutsames Vermächtnis geschaffen. Doch heute ist Thanjavur nur noch eine hektische, überfüllte, laute, moderne indische Stadt unter vielen. Aber die Vergangenheit ist noch immer sehr präsent: Jeden Tag beten Tausende am grandiosen Brihadishwara-Tempel der Cholas, und der labyrinthartige Königspalast von Thanjavur bewahrt die Erinnerungen an die mächtigen Dynastien aus späteren Jahrhunderten.

Sehenswertes

★ Brihadishwara-Tempel HINDU-TEMPEL

(Eintritt frei; 6–20.30 Uhr) Man sollte zweimal herkommen – einmal ganz früh, wenn der gelbbraune Granit im weißen Sonnenlicht der Morgendämmerung erstrahlt, und noch einmal am Abend, wenn diese Krönung der Chola-Tempelarchitektur in eine glühende Palette aus Rot-, Orange-, Gelb- und Rosatönen getaucht wird. Der Brihadishwara-Tempel gehört zum Weltkulturerbe und wurde zwischen 1003 und 1010 von Rajaraja I. erbaut (dessen Name „König der Könige" bedeutet), einem offenbar sehr gut organisierten Monarchen, der die Namen und Adressen all seiner Tänzer, Musiker, Barbiere und Dichter in die Tempelmauern schreiben ließ. Die äußere Befestigungsanlage wurde von den Nayak- bzw. den britischen Regimen errichtet, die später in Thanjavur herrschten.

Man betritt den Tempel durch ein Nayak-Tor, dem zwei originale *gopurams* mit aufwendigen Stuckskulpturen folgen. Den Tempel-Elefanten findet man oft unter einem der *gopurams*, wo er mit einem Stupser seines Rüssels Glück an alle verteilt, die eine Rupie spenden. Über das weitläufige Grasgelände der von Mauern umgebenen Tempelanlage sind mehrere Schreine verteilt. Ei-

Thanjavur (Tanjore)

Highlights
1 Brihadishwara-Tempel A3
2 Königspalast C1

Sehenswertes
3 Schwartz-Kirche A2
4 Sivaganga-Becken A3

Schlafen
5 Hotel Gnanam C2
6 Hotel Ramnath C2
7 Hotel Valli D4

Essen
Diana .... (siehe 5)
Sahana .... (siehe 5)
8 Sathars C3
9 Sri Venkata Lodge C2
10 Vasanta Bhavan C2

Shoppen
11 Chola Art Galerie C1
12 Kandiya Heritage C1

Transport
13 Bushaltestelle C2
14 SETC-Bushaltestelle B2

ner von ihnen umfasst die größte Statue von Nandi (Shivas heiliger Bulle) in ganz Indien; sie steht gegenüber dem Hauptgebäude des Tempels. Sie stammt aus dem 16. Jh., wurde aus einem einzigen Felsen gehauen und ist 6 m lang.

Eine lange Versammlungshalle mit Säulen führt zum zentralen Schrein mit seinem 4 m hohen Shiva-Lingam, der sich unter einem grandiosen, 61 m hohen *vimana* (Turm) befindet. Die Südtreppe der Versammlungshalle wird von zwei riesigen *dvarapalas* (Tempelwächtern) flankiert. In den Nischen rund um die unteren Ebenen des *vimana* sind viele hübsche, anmutige Götterdarstellungen zu sehen: Shiva, der aus dem Lingam erscheint (neben der Südtreppe), Shiva als Bettler Bhikshatana (erstes Abbild, Südseite), Harihara (halb Shiva, halb Vishnu) auf der Westwand sowie Ardhanarishvara (halb Mann, halb Frau), der sich an Nandi lehnt, an der Nordseite. Zwischen den Götterabbildungen sind weitere Bilder zu sehen, die verschiedene Tanzfiguren zeigen.

Die Anlage umfasst außerdem ein interessantes Informationszentrum entlang der Südmauer, Hunderte weiterer Lingams im Säulengang entlang der West- und Nordmauer sowie einige tolle Wandgemälde aus der Nayak-Zeit. Nördlich der Tempelanlage, aber noch innerhalb der äußeren Befestigung, liegt ein Park, in dem sich das **Sivaganga-Becken** und die **Schwartz-Kirche** aus dem 18. Jh. befinden.

★ Königspalast — PALAST

(Inder/Ausländer/Fotos 10/50/30 ₹; ⏲ 9–17 Uhr) Thanjavurs Königspalast ist eine Mischung aus verfallenen und renovierten Bestandteilen, aus überragender Kunst und wahllosen royalen Erinnerungsstücken. In dem Gebäude riecht es nach Schmutz und Fäulnis. Die labyrinthartige Anlage wurde teils von den Nayaks erbaut, die Thanjavur 1535 übernahmen, teils von einer örtlichen Marathen-Dynastie, die von 1676 bis 1855 regierte.

Man kann sieben verschiedene Bereiche des Palastes besuchen, und man braucht vier unterschiedliche Eintrittskarten, um sie alle zu sehen! Auf keinen Fall verpassen sollte man aber die Kunstgalerie und das Saraswati Mahal Library Museum. Man betritt die Anlage von Norden aus, über eine Gasse abseits der East Main Street. Auf dem Weg hinein passiert man das Ticketbüro für das Maratha Palace Museum, das drei der sieben Bereiche umfasst: die Mahratta Dharbar Hall, den Glockenturm und den Saarjah Madi (der zur Zeit der Recherche renoviert wurde).

Vorbei am Ticketbüro führt ein Durchgang nach links zum **Royal Palace Museum** (Eintritt 1 ₹; ⏲ 9–18 Uhr), das eine kleine, bunte Sammlung von Skulpturen, Waffen, Elefantenglocken und Radscha-Kopfbedeckungen zeigt. Dahinter befindet sich die **Maharaja Serfoji Memorial Hall** (Eintritt 4 ₹; ⏲ 9–18 Uhr), die an den erleuchteten Marathen-Gelehrten und -König Serfoji II. (1798–1832) erinnert. Sie bietet eine etwas bessere Sammlung und ist auf einen einst prächtigen, aber heute überwucherten Innenhof ausgerichtet. Als Drittes folgt die **Mahratta Dharbar Hall**, innerhalb derer die Marathen-Herrscher Audienzen in einem mit bunten Wandgemälden geschmückten Pavillon abhielten. Die Bilder hinter dem Podium zeigen z. B. Porträts jener Herrscher, und auf der Nordwand sieht man Jagdszenen.

Wenn man dem Durchgang wie beschrieben folgt, kommt man zum **Saraswati Mahal Library Museum** (Eintritt frei; ⏲ 10–13 & 13.30–17.30 Uhr) auf der linken Seite (Fotografieren ist verboten!). Das Museum beherbergt das vielleicht größte Vermächtnis, das Serfoji II. der Nachwelt hinterließ. Es zeugt sowohl von der Besessenheit des 19. Jhs., Wissen anzuhäufen, als auch von einem vielseitig interessierten Geist, der Drucke chinesischer Foltermethoden, Darstellungen der indischen Flora und Fauna im Audubon-Stil und Skizzen der Londonder Skyline sammelte. Serfoji häufte außerdem über 65 000 Bücher und 50 000 Palmblatt- und Papiermanuskripte in indischen und europäischen Sprachen an, die in der Ausstellung allerdings nicht zu sehen sind.

Wenn man das Museum verlässt und sich wieder nach links wendet, gelangt man zur **Kunstgalerie** (Inder/Ausländer 7/60 ₹, Fotos 30/100 ₹; ⌚9–13 & 15–18 Uhr). Sie erstreckt sich über den Innenhof des Nayak-Palasts und beherbergt eine große Sammlung ausgezeichneter Bronzen und Steinreliefs, hauptsächlich aus der Chola-Zeit. Einer der Räume ist die Nayak Durbar Hall, die 1600 erbaut wurde und auch eine Statue von Serfoji II. enthält. Vom Innenhof aus führen Stufen etwa auf die halbe Höhe eines großen, *gopuram*-artigen Turms, der einen schönen Blick auf Thanjavur bietet. Den Marathen-Glockenturm vor dem Eingang zur Kunstgalerie kann man mit dem Ticket zum Palastmuseum besteigen.

Feste & Events

Thyagaraja Aradhana MUSIKFESTIVAL
(⌚Jan.) Das bedeutende achttägige Festival für karnatische Musik steigt in Thiruvaiyaru, 13 km nördlich von Thanjavur, zu Ehren des Heiligen und Komponisten Thyagaraja.

Schlafen

Hotel Ramnath HOTEL $
(☎272567; hotel_ramnath@yahoo.com; 1335 South Rampart; Zi. 900 ₹, mit Klimaanlage 1200 ₹; ❄) Das Ramnath ist die beste Option gegenüber dem zentralen Busbahnhof (und der Lärm ist nicht so schlimm, wie man befürchtet). Es ist eine anständige, „schickere" Budgetunterkunft mit sauberen, aber nicht sehr großen Zimmern mit Kiefernholzmöbeln.

Hotel Valli HOTEL $
(☎231580; www.hotelvalli.com; 2948 MKM Rd; EZ 504 ₹, DZ 605–715 ₹, Zi. mit Klimaanlage 1463 ₹; ❄) Das grün gestrichene Valli in Bahnhofsnähe verfügt über preiswerte, brandneue Zimmer. Das Personal ist freundlich, und das Hotel hat ein gutes Restaurant. Es befindet sich in relativ ruhiger Lage hinter einer Reihe schmutziger Hinterhofwerkstätten.

Hotel Gnanam HOTEL $$
(☎278501; www.hotelgnanam.com; Anna Salai; EZ/DZ inkl. Frühstück ab 2159/2518 ₹; ❄📶) Das Gnanam bietet im Allgemeinen das beste Preis-Leistungs-Verhältnis der Stadt, mit stilvollen, gemütlichen Zimmern (die teureren von ihnen haben hübsche, saubere Badewannen). Es eignet sich perfekt für alle, die WLAN (in der Lobby, gratis), gutes Essen und andere Annehmlichkeiten schätzen, und noch dazu steigt man hier direkt in Thanjavurs geographischer Mitte ab.

Tanjore Hi BOUTIQUE-HOTEL $$$
(☎252111; http://tanjorehihotel.com; 464 East Main St; Zi. inkl. Frühstück ab 9341 ₹; ❄📶) Dieses Haus aus dem Jahr 1926 wurde von einem deutschen Architekten renoviert. Das Tanjore Hi bietet hübsche, geschmackvolle, aber sehr unterschiedliche Zimmer in Blau und Weiß, mit soliden Holzböden, großen zeitgenössischen Kunstdrucken und gratis WLAN. Das nette **Restaurant** (Hauptgerichte 200–320 ₹; ⌚7.30–10, 12.30–14.30, 19.30–22-30 Uhr) im oberen Stock serviert appetittliche indische und internationale Gerichte.

Essen

Sri Venkata Lodge SÜDINDISCH $
(Gandhiji Rd; Thalis 50 ₹; ⌚5.15–22 Uhr) Ein freundliches, beliebtes Lokal. Es serviert ausschließlich vegetarische Speisen und liegt mitten im Geschehen – die Thalis sind auch gut.

Vasanta Bhavan INDISCH $
(1338 South Rampart; Hauptgerichte 50–70 ₹; ⌚6–23 Uhr) Das Vasanta Bhavan ist das attraktivste unter mehreren vegetarischen Lokalen gegenüber dem örtlichen Busbahnhof. Es bietet eine Klimaanlage und tischt Biryani, nordindische Currys sowie die üblichen Klassiker des Südens auf.

Sahana INDISCH $$
(Anna Salai, Hotel Gnanam; Hauptgerichte 95–115 ₹; ⌚7–23 Uhr) Dieses klassische Hotel-Restaurant lockt mit einer sehr guten Auswahl frischer, köstlicher, vorwiegend indischer vegetarischer Gerichte. Das teurere, nicht vegetarische **Diana** (Hauptgerichte 140–250 ₹; ⌚11–15 & 18.30–22 Uhr), das ebenfalls zum Hotel gehört, ist auch sehr gut. Es bietet eine große Vielfalt nordindischer und regionaler Chettinad-Gerichte – und Bier gibt's auch.

Sathars INDISCH $$
(167 Gandhiji Rd; Hauptgerichte 80–160 ₹; ⌚12–16 & 18.30–23.30 Uhr) Der gute Service und das ausgezeichnete Essen machen dieses Lokal überaus beliebt, und im oberen Stock gibt's sogar ein bisschen frische Luft. Hier kann man sich beispielsweise Biryani, fünf verschiedene Hühnchen-Tikka-Spieße, gute

parathas (mit Gemüse gefüllte Blätterteigtaschen), Hammelfleisch, Meeresfrüchte und jede Menge vegetarischer Gerichte schmecken lassen.

Shoppen

Thanjavur ist der richtige Ort, wenn man Kunsthandwerk kaufen will, und besonders gilt das für die Gegend rund um den Palast, wo Läden wie **Kandiya Heritage** (634 East Main St; Mo–Sa 9–19.30 Uhr) und **Chola Art Galerie** (78/79 East Main St; 10–19 Uhr) Antiquitäten, Bronze-Nachbildungen, bunt bemalte Holzpferde, alte europäische Keramik und vieles mehr verkaufen.

Praktische Informationen

Sify iWay (927 East Main St; Internet 20 ₹/Std.; 9–21 Uhr)

Touristeninformation (230984; Gandhiji Rd; Mo–Fr 10–17 Uhr) Eine der hilfsbereitesten Touristeninformationen in ganz Tamil Nadu.

An- & Weiterreise

BUS

Von der **SETC-Bushaltestelle** (Reservierungsbüro 7.30–21.30 Uhr) in der Stadtmitte fahren zwischen 5.30 und 13 Uhr alle 45 Minuten AC-Express-Busse nach Chennai (260 ₹, 8 Std.), und zwischen 20 und 22.45 Uhr weitere fünf. Busse in andere Städte fahren an der New Bus Station ab, 5 km südwestlich des Zentrums. Viele ankommende Busse lassen ihre Fahrgäste im Stadtzentrum raus, bevor sie dorthin fahren. Verbindungen ab der New Bus Station:

Chidambaram 90 ₹, 4 Std., alle 30 Min.

Karaikal 45 ₹, 3½ Std., 11-mal tägl.

Kumbakonam 29 ₹, 1½ Std., alle 15 Min.

Madurai 90 ₹, 4 Std., alle 15 Min.

Trichy 31 ₹, 1½ Std., alle 10 Min.

ZUG

Der Bahnhof liegt relativ zentral am Ende der Gandhiji Road. Täglich fahren fünf Züge zum Bahnhof Egmore in Chennai (7–9 Std.), darunter auch der Rock Fort Express (Sleeper Class/3AC/2AC/1AC 190/490/730/1225 ₹) um 20.30 Uhr. Außerdem verkehren 18 Züge nach Trichy (2. Klasse/3AC/2AC 37/218/610 ₹, 1½ Std.) und zwölf nach Kumbakonam (2. Klasse/3AC/2AC 35/218/610 ₹, 40 Min.–1½ Std.).

Unterwegs vor Ort

Der Bus 74 (6 ₹) pendelt zwischen der New Bus Station und der Bushaltestelle in der Innenstadt. Für eine Autorikscha muss man bis zu 100 ₹ einplanen.

Trichy (Tiruchirappalli)

0431 / 846 915 EW.

Willkommen in der (mehr oder weniger) geografischen Mitte von Tamil Nadu. Tiruchirappalli, allgemein als Trichy oder Tiruchi bekannt, ist jedoch viel mehr als ein Knotenpunkt für Reisende: Es ist wie ein lebendiger Basar und hat einige Tempel, die man unbedingt besuchen sollte. Die Stadt ist groß, überfüllt und geschäftig, und die Tatsache, dass sich die meisten Hotels am Busbahnhof befinden, gilt auch nicht gerade als Pluspunkt. Aber Trichy hat Charakter, eine lange Geschichte und das Talent, erste Eindrücke zu revidieren.

Trichy könnte im 3. Jh. v.Chr. eine Hauptstadt der frühen Cholas gewesen sein. Die Stadt ging später durch die Hände der Pallavas, der mittelalterlichen Cholas, der Pandyas, des Sultanats von Delhi und der Vijayanagars, bevor die Madurai-Nayaks ihr dann zu echtem Ruhm verhalfen, sie im 17. Jh. zur Hauptstadt machten und den berühmten Rock-Fort-Tempel erbauten.

Trichy erstreckt sich recht weitläufig von Nord nach Süd, und der Großteil der Attraktionen verteilt sich auf drei Gegenden. Im Gebiet Junction/Cantonment im Süden sind die meisten Hotels und Restaurants. Hier befinden sich auch der Hauptbusbahnhof und der Bahnhof. Der Rock-Fort-Tempel und der Main Bazaar liegen 4 km nördlich von hier, und die anderen wichtigen Tempel befinden sich in Srirangam, weitere 4 km nördlich hinter der Kaveri. Glücklicherweise sind alle Gebiete durch ein gutes Busnetz verbunden.

Sehenswertes

★ **Rock-Fort-Tempel** HINDU-TEMPEL

(Karte S. 406; Eintritt 3 ₹, Kamera/Video 20/100 ₹; 6–20 Uhr) Der Rock-Fort-Tempel thront auf einem mächtigen Felsvorsprung in 83 m Höhe und scheint mit steinerner Arroganz über Trichy zu blicken. Der Felsen wurde zuerst von den Pallavas und den Pandyas vereinnahmt, die kleine Höhlentempel in seine Südseite schlugen. Aber erst die kriegerisch-cleveren Nayaks machten sich seine natürliche Festungsposition strategisch zunutze. Wer ganz nach oben will, muss mehr als 400 in den Stein gemeißelte Stufen erklimmen. Von der NSB Road auf der Südseite aus geht man an kleinen Läden vorbei und überquert eine Straße, bevor man die eigentliche Tempelanlage betritt. Dann sind es nur noch 180 Stufen bis zum Thayumanaswamy-Tempel

Trichy (Tiruchirappalli)

Trichy (Tiruchirappalli)

Highlights
1 Rock-Fort-Tempel B4
2 Sri-Ranganathaswamy-Tempel A1

Sehenswertes
3 Lourdes-Kirche A5
4 Rajagopuram A1
5 St. Joseph's College Museum A5

Schlafen
6 Hotel Royal Sathyam B5
7 Hotel Susee Park B5

Essen
8 Banana Leaf A5
9 Vasanta Bhavan B5

Shoppen
10 Saratha's B5

Praktisches
11 Canara Bank ATM B5
12 ICICI Bank ATM A5

(Swami Amman Sannathi) auf der linken Seite (für Nicht-Hindus unzugänglich!). Er ist der größte Tempel auf dem Felsen, und er sticht von unten wie oben auch am meisten ins Auge. Über seinem Heiligtum erhebt sich ein Turm mit goldener Spitze, der einen 2 m hohen Shiva-Lingam beherbergt. Wenn man weiter hinaufsteigt, passiert man links einen Pallava-Höhlentempel aus dem 6. Jh. Er ist oft abgesperrt, aber falls man doch rein darf, sollte man sich die berühmte Gangadhara-Tafel auf der linken Seite nicht entgehen lassen: Sie zeigt Shiva, der das Wasser des Ganges mit einer einzigen Haarsträhne in Schach hält. Von hier sind es noch weitere 183 Stufen zum kleinen Uchipillaiyar-Tempel auf dem Gipfel, der Ganesh gewidmet ist. Der Ausblick ist einfach grandios: Unten kreisen die Adler, und man sieht ganz Trichy.

★ Sri-Ranganathaswamy-Tempel HINDU-TEMPEL

(Karte S. 406; Fotos/Video 50/100 ₹; ⏲ 6–21 Uhr) Das ist der Tempel, auf den wahrscheinlich alle echten Tempel-Fans gewartet haben. Er ist wohl der größte in ganz Indien – so groß, dass er als eigene Stadt durchgehen könnte. Die Anlage umfasst 49 Schreine, die allesamt Vishnu gewidmet sind, und wer das innere Heiligtum von Süden aus betritt, wie die meisten Gläubigen es tun, muss sieben *gopurams* passieren. Der erste, der **Rajagopuram** (Karte S. 406), kam 1987 dazu und soll mit 73 m Höhe der höchste Tempelturm Asiens sein. Man geht durch mehrere Straßen mit zahlreichen Läden, Restaurants und Autos, bevor man den vierten *gopuram* und damit das eigentliche Tempelgelände erreicht. Im Inneren befindet sich der Ticketschalter für den nahen **Aussichtspunkt auf dem Dach** (Ticket 10 ₹; ⏲ 8–18 Uhr), von dem aus sich ein guter Blick über die Anlage bietet. Nicht-Hindus dürfen allerdings den sechsten *gopuram* nicht passieren und können daher auch das innerste Heiligtum nicht besichtigen, das ein Bild von Vishnu als Lord Ranganatha zeigt, der auf einer fünfköpfigen Schlange liegt.

Direkt vor dem fünften *gopuram* kann man rechts zu dem kleinen, aber faszinierenden **Kunstmuseum** (Eintritt 5 ₹; ⏲9–13 & 14–18 Uhr) abbiegen, das Bronzen, Stoßzähne früherer Tempel-Elefanten und eine Sammlung mit ausgezeichneten Elfenbein-Nayak-Figuren aus dem 17. Jh. beherbergt, die Götter, Dämonen, Könige und Königinnen (einige von ihnen beim Liebesspiel) und sogar einen beleibten portugiesischen Soldaten zeigen. Von hier aus gesehen links am Museum vorbei, wartet der **Sesha-Mandapa**, eine Säulenhalle aus dem 16. Jh. mit großen, sehr detaillierten Vijayanagar-Reliefs von Pferden, die sich in der Schlacht aufbäumen.

Das wichtigste Fest des Tempels ist das 21-tägige Vaikunta Ekadasi (Paradies-Fest) im Dezember/Januar. Dann wird der Vaishnavaite-Text, Tiruvaimozhi, vor einem Abbild Vishnus rezitiert.

Bus 1 von oder zum Hauptbusbahnhof oder dem Rock-Fort-Tempel hält direkt vor dem Rajagopuram.

Sri-Jambukeshwara-Tempel HINDU-TEMPEL
(Tiruvanakoil; Kamera/Video 30/200 ₹; ⏲6–20 Uhr) Wer alle fünf elementaren Shiva-Tempel in Tamil Nadu sehen möchte, muss auch dem Shiva, Parvati und dem Element Wasser gewidmeten Sri Jambukeshwara einen Besuch abstatten. Das Thema wird im zentralen Schrein umgesetzt (für Nicht-Hindus unzugänglich), aus dessen Shiva-Lingam angeblich ununterbrochen ein Wasserrinnsal plätschert. Wer mit Bus 1 hierherfährt, muss nach „Tiruvanakoil" fragen; der Tempel liegt 350 m östlich der Hauptstraße.

Lourdes-Kirche KIRCHE
(Karte S. 406; College Rd) Die Stille in dieser Kirche aus dem 19. Jh. bildet einen beeindruckenden Kontrast zum frenetischen Jubel vor Trichys Hindu-Tempeln. Auf dem grünen, kühlen Campus des jesuitischen St. Joseph's College nebenan zeigt ein ebenso exzentrisches wie verstaubtes **Museum** (Karte S. 406; Eintritt frei; ⏲Mo–Sa 9–12 & 14–16 Uhr) die naturgeschichtliche Sammlung, die Jesuiten-Priester in den 1870er-Jahren von ihren Exkursionen in die Westghats mitbrachten. Einfach an die Tür klopfen, dann lässt einen der Hausmeister rein (wenn er da ist).

Schlafen & Essen

Die meisten Hotels befinden sich in der Nähe des Hauptbusbahnhofs, einen kurzen Spaziergang nördlich vom Bahnhof Trichy Junction.

Die angenehmsten Lokale findet man in den besseren Hotels, aber es gibt auch ein paar anständige günstigere Optionen.

Hotel Abbirami HOTEL $
(Karte S. 408; ☎2415001; 10 McDonald's Rd; Zi. 770–990 ₹, mit Klimaanlage 1439–2159 ₹; ❄) Die renovierten Zimmer im ersten Stock sind die attraktivsten des Hauses, und das helle Holz und die bunten Glasscheiben verleihen ihnen eine leichte, vergnügte Note. Die älteren Zimmer dagegen sind in dunklem Holz gehalten und ein bisschen abgenutzt, aber alle sind sauber. Im Haus geht es lebhaft zu, und das Personal ist sehr freundlich.

Hotel Mathura HOTEL $
(Karte S. 408; ☎2414737; www.hotelmathura.com; 1 Rockins Rd; Zi. 680 ₹, mit Klimaanlage 1100 ₹; ❄) Die Zimmer sind sehr gewöhnlich, aber immerhin einigermaßen sauber. Zumindest die im zweiten Stock wurden kürzlich neu gestrichen. Das **Hotel Meega** (Karte S. 408; ☎2414092; 3 Rockins Rd; EZ 446 ₹, DZ 605–660 ₹, EZ/DZ mit Klimaanlage 715/880 ₹; ❄) bietet ein ganz ähnliches Niveau.

Hotel Ramyas HOTEL $$
(Karte S. 408; ☎2414646; www.ramyas.com; 13-D/2 Williams Rd; Zi. 1089 ₹, mit Klimaanlage EZ 2039–2518 ₹, DZ 2878–3118 ₹, alle inkl. Frühstück; ❄@📶) Prima Zimmer, Service und Einrichtung machen dieses Hotel, das sich besonders an Geschäftsleute richtet, zu einer sehr guten Wahl. Die Zimmer der „Business Class" sind klein, aber für nur rund 200 ₹ mehr bekommt man auch ein ausgezeichnetes „Executive"-Zimmer. Das Dachgarten-Restaurant **Thendral** (Karte S. 408; Hauptgerichte 90–195 ₹; ⏲12–15.30 & 17–23 Uhr) ist wirklich hübsch, und zum Frühstück gibt's ein hervorragendes Buffet. Die **Chola Bar** (Karte S. 408; ⏲11–15.30 & 18.30–23 Uhr) ist belebter und weniger anrüchig als die meisten anderen Hotelbars (aber auch hier sind Männer in der Überzahl). WLAN auf dem Zimmer kostet 50 ₹ für drei Stunden.

Hotel High Point BOUTIQUE-HOTEL $$
(☎2416766; www.hotelhighpoint.in; Manghalam Towers, 9 Reynolds Rd; EZ 2159–3238 ₹, DZ 2998–3957 ₹ inkl. Frühstück; ❄📶) Das High Point liegt in einem relativ schicken, grünen Viertel und bietet sehr gemütliche, stilvolle Zimmer mit Pop-Art-Drucken, rot-gelb gestreiften Wänden, gratis WLAN und Duschen mit Glaswänden. Außerdem locken ein gutes internationales Restaurant und eine großzügige Bar. Es liegt eigentlich eine

Trichy Junction

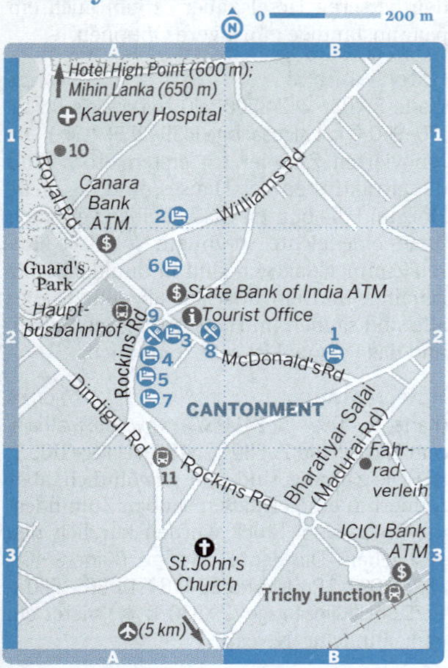

Trichy Junction

Schlafen

- 1 Breeze Residency ... B2
- 2 Femina Hotel ... A1
- 3 Hotel Abbirami ... A2
- 4 Hotel Mathura ... A2
- 5 Hotel Meega ... A2
- 6 Hotel Ramyas ... A2
- 7 PLA Krishna Inn ... A2

Essen

- 8 Banana Leaf ... A2
- Madras Restaurant ... (siehe 1)
- Round the Clock ... (siehe 2)
- Thendral ... (siehe 6)
- 9 Vasanta Bhavan ... A2

Ausgehen & Nachtleben

- Chola Bar ... (siehe 6)

Transport

- 10 Air Asia ... A1
- Femina Travels ... (siehe 2)
- 11 Parveen Travels ... A3
- SriLankan Airlines ... (siehe 2)

Kategorie über anderen Mittelklassehotels, und die Einzelzimmer sind genauso groß wie die Doppelzimmer. Autorikschas verlangen 40 ₹ vom Busbahnhof hierher. Das Hotel befindet sich im oberen Stockwerk des Reliance-Supermarkt-Gebäudes.

Femina Hotel HOTEL $$
(Karte S. 408; ☎2414501; www.feminahotels.in; 109 Williams Rd; EZ 1559–2998 ₹, DZ 2039–4797 ₹ inkl. Frühstück; ❄@≋) Das Femina sieht von draußen sehr nach 1950er-Jahre aus, aber dank einer Renovierung erstrahlt das Innere in einem zeitgenössischen Look. Die Einrichtung ist gut und das Personal hilfsbereit. Die günstigeren Zimmer liegen an der geschäftigen Straße und sind ein bisschen abgewohnt. Die Standardzimmer sind gemütlich, und auch der Lärmpegel ist hier niedriger. Draußen wartet ein netter **Pool** (Nicht-Gäste 100 ₹/Std.; ⏲Di–So 7–19 Uhr), und neben anderen Lokalen steht auch das stilvolle Café und vegetarische Restaurant **Round the Clock** (Karte S. 408; Hauptgerichte 90–110 ₹; ⏲24 Std.) zur Auswahl.

PLA Krishna Inn HOTEL $$
(Karte S. 408; ☎2406666; www.plakrishnainn.com; 8A Rockins Rd; EZ 2099–2758 ₹, DZ 2392–2758 ₹ inkl. Frühstück; ❄☰) Das PLA Krishna erschien mit seinen hellen, geräumigen Zimmern samt trendigen, rechteckigen Waschbecken und extra großen Duschköpfen im Jahr 2012 auf der Bildfläche. Zwei Restaurants, eine Bar, hervorragender Service und gratis WLAN auf den Zimmern – wer hier absteigt, kann nichts falsch machen.

Breeze Residency HOTEL $$
(Karte S. 408; ☎2414414; www.breezeresidency.com; 3/14 McDonald's Rd; EZ/DZ 2998/3478 ₹, Suite 4197–5996 ₹ inkl. Frühstück; ❄@☰≋) Das Breeze ist riesig, einigermaßen luxuriös und befindet sich in relativ ruhiger Lage. Die besten Zimmer sind die im oberen Stock, aber alle sind gut ausgestattet. Zu den Extras gehören ein Fitnessstudio, das gute **Madras Restaurant** (Karte S. 408; Hauptgerichte 100–300 ₹; ⏲12.30–15.30 & 19–23 Uhr) und eine bizarre Bar mit Wildwest-Motto.

Hotel Royal Sathyam HOTEL $$
(Karte S. 406; ☎4011414; www.sathyamgrouphotels.com; 42A Singarathope; EZ 1439–1919 ₹, DZ 1679–2998 ₹ inkl. Frühstück; ❄☰) Die Option mit der meisten Klasse – jedenfalls dann, wenn man nahe am Tempel und unweit vom Markttrubel absteigen möchte. Die Zimmer sind zwar klein, aber durchaus stilvoll, mit sehr gemütlichen Matratzen und frischer, weiß getünchter Holzeinrichtung. In der Lobby gibt's kostenloses WLAN. Das nahe **Hotel Susee Park** (Karte S. 406; ☎2812345; www.hotelsuseepark.com; 45 Singarathope; Zi. 1079 ₹, mit Klimaanlage 1498–2278 ₹) ist auch nicht schlecht.

Vasanta Bhavan INDISCH $

(Karte S. 406; 3 NSB Rd; Hauptgerichte 50–80 ₹, Thalis 80–110 ₹; ⌚6–23 Uhr) Hier, in der Nähe des Rock-Fort-Tempels, genießt man beim Essen einen wunderbaren Ausblick, und mit ein bisschen Glück erhascht man auch eine frische Brise. Die Tische auf der äußeren Galerie sind auf das Teppakulam-Becken ausgerichtet. Das nordindische vegetarische Essen ist gut – besonders *paneer* und *naan* – die südindischen Gerichte aber auch. Zum Mittagessen wird's voll, wenn sich alle die guten Thalis schmecken lassen. In Cantonment gibt's noch eine weitere **Filiale** (Karte S. 408; Rockins Rd; Hauptgerichte 40–55 ₹, Thalis 60–90 ₹; ⌚6–23 Uhr).

Banana Leaf INDISCH $$

(Karte S. 408; McDonald's Rd; Hauptgerichte 80–175 ₹; ⌚11–24 Uhr) Eine umfangreiche Karte mit vegetarischen und nicht-vegetarischen Lieblingsgerichten aus der Region, die in zwei kleinen, klimatisierten Räumen serviert werden. Die Spezialität ist die feurige, recht essiglastige Küche aus Andhra Pradesh. In der Nähe des Rock-Fort gibt's eine weitere **Filiale** (Karte S. 406; Madurai Rd).

Shoppen

Der Main Bazaar, gleich südlich des Rock-Fort, könnte chaotischer und überfüllter nicht sein: Man hat eigentlich immer das Gefühl, das hier ganz Trichy gleichzeitig bummeln geht. Wenn man aber schon mal hier ist, sollte man dem **Saratha's** (Karte S. 406; 45 NSB Rd; ⌚9–21.30 Uhr) einen Besuch abstatten, das von sich behauptet, es sei „der größte Verkaufsraum für Textilien in ganz Indien" (und das könnte durchaus stimmen). Der Laden verkauft Kleidungsstücke jeder nur erdenklichen Art für Männer und Frauen.

Praktische Informationen

Indian Panorama (☎4226122; www.indianpanorama.in; 5 Annai Avenue, Srirangam) Dieses professionelle, zuverlässige Reisebüro mit Touranbieter in Trichy deckt ganz Indien ab und wird von einem indisch-neuseeländischen Paar geführt.

Kauvery Hospital (Karte S. 408; KMC Speciality Hospital; ☎4077777; www.kmcspecialityhospital.in; 6 Royal Rd) Ein großes, gut ausgestattetes Privatkrankenhaus.

Touristeninformation (Karte S. 408; ☎2460136; McDonald's Rd; ⌚Mo–Fr 10–17.45 Uhr)

An- & Weiterreise

BUS

Staatliche Busse nutzen den geschäftigen **Hauptbusbahnhof** (Central Bus Station; Karte S. 408; Rockins Rd). Die besten Verbindungen für die meisten längeren Strecken sind die UD-Busse („Ultra Deluxe"), die weichere Sitze als normale Busse haben. In der Südwestecke des Busbahnhofs gibt's ein Buchungsbüro. Eine gute Option nach Kodaikanal sind die häufig verkehrenden Busse nach Dindigul (30 ₹, 2 Std.), wo man umsteigen muss.

Einige private Busunternehmen haben ein Büro in der Nähe des Hauptbusbahnhofs, darunter auch **Parveen Travels** (Karte S. 408; www.parveentravels.com; 12 Ashby Complex), das AC-Verbindungen nach Chennai (560–720 ₹, 4-mal tägl.), Coimbatore (260 ₹, 23.30 Uhr), Bengaluru (650 ₹, 23 Uhr) und Trivandrum (1300–1400 ₹, 0.30 und 1 Uhr) unterhält.

FLUGZEUG

Der Flughafen von Trichy bietet ein paar internationale Flüge sowie tägliche Verbindungen nach Chennai mit **JetKonnect** (www.jetkonnect.com), **Air India Express** (☎2341744; www.airindiaexpress.in), **SpiceJet** (www.spicejet.com) und Bengaluru SpiceJet an. **SriLankan Airlines** (Karte S. 408; ☎2460844; 14C Williams Rd;

STAATLICHE BUSSE AB TRICHY

ZIEL	PREIS (₹)	DAUER (STD.)	HÄUFIGKEIT
Bengaluru	350 Ultra Deluxe (UD)	8	6 UD tägl.
Chennai	180 regulär, 235 UD, 350 AC	6–7	15 UD, 4 AC tägl.
Coimbatore	140	5–6	alle 30 Min.
Kodaikanal	110	5	6.40 Uhr, 8.30 Uhr, 11.50 Uhr
Madurai	80	3	alle 15 Min.
Ooty	260 UD	8	22.15 Uhr UD
Rameswaram	180	6½	stündl.
Thanjavur	31	1½	alle 10 Min.

Mo–Fr 9–17.30 Uhr) fliegt zweimal täglich nach Colombo, **Mihin Lanka** (4200606; www.mihinlanka.com; Reynolds Rd, Translanka Air Travels; Mo–Fr 9.30–18, Sa 9.30–14 Uhr) viermal in der Woche. **Air Asia** (Karte S. 408; 4540393; www.airasia.com; 18/3-5 Ivory Plaza, Royal Rd) fliegt nach Kuala Lumpur, **Tiger Airways** (www.tigerairways.com) nach Singapur und Air India Express nach Singapur und Dubai; jeweils täglich.

TAXI

Viele Reisebüros können ein Auto mit Fahrer zur Verfügung stellen. **Femina Travels** (Karte S. 408; 2418532; 109 Williams Rd) offeriert einen effizienten Service zu vernünftigen Preisen. Klimatisierte Autos für bis zu zehn Stunden beginnen bei 1000 ₹ plus 6 ₹ pro Kilometer.

ZUG

Der Bahnhof Trichy Junction befindet sich an der Hauptverbindung von Chennai nach Madurai. Täglich fahren 15 Express-/SuperFast-Züge nach Chennai. Tagsüber ist die beste Option der *Vaigai Express* (2.Klasse/Chair Class 104/381 ₹, 5¾ Std.), der um 9 Uhr abfährt. Die Übernachtverbindung mit dem *Rock Fort Express* (Sleeper Class/3AC/2AC/1AC 164/430/640/1085 ₹, 7 Std.) verlässt den Bahnhof um 22.20 Uhr. Täglich fahren zwölf Züge nach Madurai, darunter auch der *Bharathi Express* (2. Klasse/Chair Class 71/244 ₹, 2¼ Std.) um 7.15 Uhr und der *Guruvaya Express* (2. Klasse/Sleeper Class/3AC/2AC 62/120/282/610 ₹, 3¼ Std.) um 13.15 Uhr. Außerdem gibt's 18 Verbindungen nach Thanjavur (2. Klasse/3AC 37/218 ₹, 40 Min.–1½ Std.).

Unterwegs vor Ort

Die 5 km lange Fahrt zwischen dem Flughafen und der Central Bus Station kostet rund 300 ₹ mit dem Taxi und 150 ₹ mit der Autorikscha. Am Flughafen gibt's einen Prepaid-Taxistand. Alternativ kann man mit Bus K1 fahren.

Bus 1 fährt von der Rockins Road vor dem Hauptbusbahnhof alle paar Minuten zum Sri-Ranganathaswamy-Tempel (6 ₹) und zurück. Er hält unterwegs in der Nähe des Rock-Fort-Tempels und des Sri-Jambukeshwara-Tempels.

SÜDLICHES TAMIL NADU

Chettinadu

Die Chettiars waren eine Gemeinschaft von Händlern, die in und um Karaikkudi, 95 km südlich von Trichy, ihre Basis hatten und die im 19. Jh. als Finanziers und Unternehmer im kolonialen Sri Lanka und in Südostasien ganz groß herauskamen. Sie gaben ihr Vermögen für den Bau von mindestens 10 000, wenn nicht 20 000 opulenten Herrenhäusern in den rund 90 Städten und Dörfern ihrer ländlichen Heimat Chettinadu aus. Sie scheuten weder Kosten noch Mühen und führten die meisten Materialen selbst ein, um ihre palastartigen Häuser zu schmücken: burmesisches Teakholz, italienischen Marmor, indisches Palisanderholz, belgische Kronleuchter, englischen Stahl und jede Menge Kunst und Skulpturen aus aller Herren Länder. Nach dem Zweiten Weltkrieg brach das Handelsnetz der Chettiars jedoch zusammen, und viele Familien mussten Chettinadu verlassen, um ihr Glück anderswo zu versuchen. Die verlassenen Villen waren dem Verfall preisgegeben und wurden abgerissen oder stückchenweise verkauft. Das Bewusstsein für ihren Wert erwachte erst mit der Wende zum 21. Jh. wieder neu. Inzwischen wurden viele der Häuser in wunderschöne historische Hotels verwandelt, in denen man auch die authentische Chettinad-Küche genießen kann, die in ganz Indien für ihre geniale Verwendung von Gewürzen bekannt ist.

Sehenswertes & Aktivitäten

In manchen Hotels finden Kochvorführungen oder -kurse statt, und einige Unterkünfte stellen Fahrräder oder Ochsenwagen für einen Ausflug aufs Land zur Verfügung. Außerdem können sie Besuche bei Sari-Webern organisieren, ebenso in Tempeln, in der Athangudi-Ziegelei (die die farbenfrohen, handgemachten Kacheln anfertigt, die man in vielen Chettiar-Villen sieht) oder in den Schreinen der beliebten prähinduistischen Gottheit Ayyanar (deren Tempel erkennt man ganz leicht an den großen Terrakotta-Pferden, die dem Reittier von Ayyanar nachempfunden sind). In den Antiquitätenläden in der Muneeswaran Koil Street in Karaikkudi sieht man, wie viel des Chettiar-Erbes hier noch immer feilgeboten wird.

Die nichtssagende Stadt Pudukkottai, 51 km südlich von Trichy und 44 km nördlich von Karaikkudi, ist von historischer Bedeutung – was man angesichts der Tatsache, dass sie heute fast vollkommen von der touristischen Landkarte verschwunden ist, gar nicht vermuten würde. Aber sie war die Hauptstadt des einzigen Prinzenstaates in Tamil Nadu, der offiziell unabhängig blieb und nicht unter britische Herrschaft fiel.

Vijayalaya Cholisvaram HINDU-TEMPEL
(Narthamalai) GRATIS Dieser kleine, aber imposante Tempel aus dem 8. Jh. steht 1 km südwestlich des Dorfes Narthamalai auf einem Felsen, rund 16 km nördlich von Pudukkottai. Er erinnert an den Strandtempel in Mamallapuram, aber ohne die Menschenmassen, und wurde wahrscheinlich in der späten Pallava-Ära erbaut. Falls er da ist, öffnet der Tempelwärter zwei Shiva-Schreine, die in die Felswand nebenan geschlagen worden sind. Einer der Schreine zeigt beeindruckend große Vishnu-Reliefs. Der Fußweg vom Dorf hierher ist wirklich schön: Man blickt auf weite Felder, Wasserspeicher und dramatische Felsvorsprünge. Die Abzweigung nach Narthamalai liegt 7 km südlich von Keeranur an der Straße von Trichy nach Pudukkottai, 2 km westlich des Dorfes.

Pudukkottai Museum MUSEUM
(Inder/Ausländer 5/100 ₹; ⏲ Sa–Do 9.30–17 Uhr) In diesem Museum, einem renovierten Palastgebäude in Pudukkottai, sind Relikte vergangener Zeiten ausgestellt. Die vielfältige Sammlung umfasst Musikinstrumente, Gegenstände aus Hünengräbern und einige bemerkenswerte Gemälde und Miniaturen.

Thirumayam Fort FESTUNG
(Inder/Ausländer 5/100 ₹; ⏲ 9–17.30 Uhr) Das schlichte, aber eindrucksvoll renovierte Thirumayam Fort liegt 20 km südlich von Pudukkottai. Allein das 360-Grad-Panorama von den Festungsmauern aus ist den Aufstieg wert. Über eine Metalltreppe auf der Westseite des kleinen Hügels erreicht man einen Shiva gewidmeten Felsenschrein.

Schlafen & Essen

Um ein Gefühl für das Palastleben zu bekommen, sollte man eine oder zwei Nächte in einem der Spitzenklassehotels von Chettinadu absteigen. Sie sind zwar teuer, aber es ist ein fantastisches Erlebnis.

★ **Visalam** HISTORISCHES HOTEL $$$
(☎ 04565-273301; www.cghearth.com; Local Fund Rd, Kanadukathan; Zi. inkl. Frühstück 9000–15 600 ₹; ❄@🛜🏊) Das Visalam, eine relativ „junge" Chettiar-Villa, wurde im schicken Art-déco-Stil der 1930er-Jahre renoviert und wird von der Malayali-Hotelkette professionell geführt. Es ist mit den Fotos, Möbeln und Gemälden der ursprünglichen Besitzer dekoriert, und das Personal kann den Gästen die traurige Geschichte der jungen Frau erzählen, für die das Haus gebaut wurde. Der Garten ist hübsch, die Zimmer sind groß und stilvoll, und die Poolanlage und das entspannte Café sind zauberhaft. Auf den Zimmern gibt's gratis WLAN. Kanadukathan liegt 9 km südlich von Thirumayam.

★ **Bangala** BOUTIQUE-HOTEL $$$
(☎ 04565-220221; www.thebangala.com; Devakottai Rd, Karaikkudi; Zi. 6400 ₹; ❄🛜🏊) Dieser hübsch renovierte, weiß getünchte „Bungalow" ist keine typische Villa, hat mit skurriler Deko, antiken Möbeln und faszinierenden alten Familienfotos aber dennoch viel Charme. Das Haus ist für sein Essen berühmt: Das Menü für 700 ₹ zum Mittag- oder Abendessen ist das traditionelle Chettiar-Hochzeitsmahl und jede einzelne Rupie wert (von 12 bis 15 Uhr können auch Nicht-Gäste für 1000 ₹ in diesen Genuss kommen; mindestens zwei Stunden vorher anrufen). Das Bangala bietet außerdem einen hübschen Pool und gratis WLAN auf den Zimmern.

Saratha Vilas BOUTIQUE-HOTEL $$$
(☎ 9884203175, 9884936158; www.sarathavilas.com; 832 Main Rd, Kothamangalam; Zi. inkl. Frühstück 6050–7060 ₹; ❄@🛜) Dieser Villa in französischer Hand, 6 km östlich von Kanadukathan, wohnt ein etwas anderer, aber ebenso stilvoller Chettiar-Charme inne. Die Zimmer vereinen Traditionelles und Zeitgenössisches mit eindeutig französischem Stil, und das Essen bietet eine aufregende Mischung aus Chettiar- und französischer Küche. Die Besitzer engagieren sich sehr aktiv in der von ihnen gegründeten Organisation **ArcHeS** (www.arche-s.com) für Erhaltung und Förderung des Chettinad-Erbes. Diese verfügt auch über ein Freiwilligenprogramm für Historiker, Geografen und Architekten – besonders für jene, die Tamil sprechen!

Chidambara Vilas HISTORISCHES HOTEL $$$
(☎ 0433-3267070; www.chidambaravilas.com; TSK House, Kadiapatti; EZ/DZ inkl. Frühstück 11 000/12 000 ₹; ❄@🏊) Diese Villa liegt in einem Dorf 5 km östlich von Thirumayam und wurde zu einem Luxushotel umgebaut, das mit original burmesischem Teak, Palisanderholz, Buntglasfenstern und freundlichen Farben für sich einnimmt. Die meisten Zimmer befinden sich im neueren Teil, aber auch sie versprühen echte Chettiar-Atmosphäre und haben Punkah-Ventilatoren, die man vom Himmelbett aus bedienen kann. In der Bar, im Pool oder im Gemeinschaftsraum kann man stilvoll entspannen. Vorher über Sonderangebote informieren!

Chettinadu Mansion HISTORISCHES HOTEL $$$
(☎ 04565-273080; www.chettinadumansion.com; 11 AR St, SARM House, Kanadukathan; EZ/DZ inkl. Frühstück 5200/7050 ₹, mit HP 5800/8250 ₹; ❄📶) Dieses hundert Jahre alte Haus, das noch immer in Familienhand ist, wirkt ein wenig abgenutzter als die meisten anderen Chettiar-Unterkünfte, aber es ist sehr farbenfroh eingerichtet. Der Service ist erstklassig, und jedes der zwölf großzügigen Zimmer hat einen eigenen Balkon mit Blick auf die anderen Villen im Dorf. WLAN kostet 100 ₹ pro Tag. Den Besitzern gehört auch das **Chettinadu Court** (☎ 04565-283776; www.deshadan.com; Raja's St, Kanadukathan; EZ/DZ inkl. Frühstück 3350/3850 ₹, mit HP 3800/4750 ₹; ❄📶) ein paar Blocks weiter, das über acht nette Zimmer mit einigen historischen Details verfügt. WLAN ist dort kostenlos.

ℹ An- & Weiterreise

Am besten kommt man in dieser Region mit dem Auto voran. Von Trichy, Thanjavur oder Madurai sollte ein Wagen mit Fahrer für zwei Tage etwa 3500 ₹ kosten. Ansonsten fahren etwa alle zehn Minuten Busse von Trichy nach Pudukkottai (31 ₹, 1½ Std.) und Karaikkudi (56 ₹, 2½ Std.), und man kann unterwegs zu- und aussteigen. Außerdem verkehren Busse nach Thanjavur, Madurai und Rameswaram.

Madurai

☎ 0452 / 1,02 MIO. EW.

Chennai mag die Hauptstadt von Tamil Nadu sein, aber Madurai ist seine Seele. Madurai ist durch und durch tamilisch und eine der ältesten Städte Indiens – eine Metropole, die schon mit dem antiken Rom Handel trieb und bereits eine große Hauptstadt war, lange bevor Chennai davon auch nur hätte träumen können.

Touristen, Inder und Ausländer kommen für gewöhnlich hierher, um den Minakshi-Amman-Tempel zu besichtigen, einen labyrinthartigen Bau, der zu den großartigsten Tempeln Indiens zählt. Ansonsten verkörpert Madurai viele der typischen Gegensätze Indiens – und das ist auch kein Wunder, wenn man das Alter der Stadt bedenkt. Das Zentrum wird von einem mittelalterlichen Tempel und einer zunehmend von der IT-Branche angetriebenen Wirtschaft dominiert, und überall sind Energie und Hektik einer indischen Großstadt zu spüren, wenn auch in kompakterer Form als im weitläufigen Chennai.

Geschichte

Antike Dokumente belegen, dass Madurai bereits im 3. Jh. v. Chr. existierte. Handel betrieb die Stadt vorwiegend mit Gewürzen.

Madurai

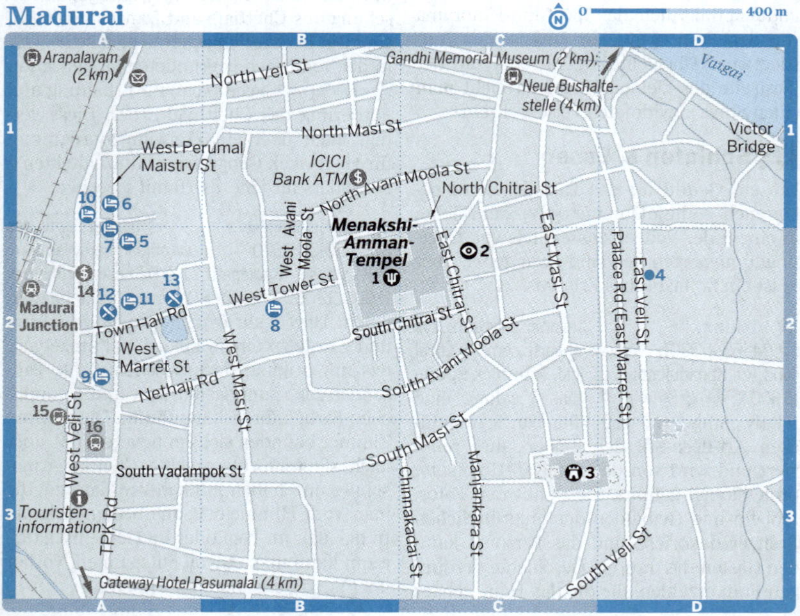

Der Legende zufolge fand hier außerdem das dritte *sangam* statt (Versammlung tamilischer Gelehrter und Dichter). Im Laufe der Jahrhunderte lag Madurai unter der Herrschaft der Cholas, Pandyas, örtlicher muslimischer Sultane, hinduistischer Vijayanagar-Könige und der Nayaks, die bis 1736 regierten. Unter Tirumalai Nayak (1623–59) wurde auch der größte Teil des Sri-Minakshi-Tempels erbaut. Madurai entwickelte sich zum Zentrum der tamilischen Kultur und spielte eine wichtige Rolle bei der Entstehung der tamilischen Sprache.

Im Jahr 1840 zerstörte die britische Ostindien-Kompanie das Fort von Madurai und füllte den Festungsgraben auf. Auf dieser Aufschüttung wurden die vier breiten Veli-Straßen gebaut, die bis heute die Grenzen der Altstadt bilden.

Sehenswertes

★ Minakshi-Amman-Tempel HINDU-TEMPEL
(Kamera/Video 50/250 ₹; ⌚ 4–12.30 & 16–21.30 Uhr) Das Haus der dreibrüstigen Göttin Minakshi („Die Fischäugige" – in der klassischen tamilischen Dichtung der Ausdruck für perfekte Augen) gilt als der Gipfel der südindischen Tempelarchitektur und ist für das ästhetische Erbe dieser Region ebenso bedeutend wie der Taj Mahal für Nordindien. Es ist eigentlich weniger ein Tempel als eine 6 ha große Anlage mit zwölf hohen *gopurams*, die allesamt mit einer verblüffenden Sammlung von Göttern, Göttinnen, Dämonen und Helden geschmückt sind (allein 1511 sind auf dem südlichen *gopuram* zu erkennen).

Der Legende nach kam die wunderschöne Minakshi (eine Version Parvatis) mit drei Brüsten und der Aussicht darauf zur Welt, dass ihre dritte Brust schmelzen werde, sobald sie ihren Ehemann finde. Dies trat ein, als sie Shiva begegnete und seine Gattin wurde. Der Tempel wurde im 17. Jh. während der Regentschaft von Tirumalai Nayak erbaut, aber seine Ursprünge reichen bis in jene Zeit zurück, als Madurai Pandya-Hauptstadt war, also 2000 Jahre zuvor.

Die vier Straßen, die den Tempel umgeben, sind Fußgängerzonen. Der Haupteingang befindet sich am östlichen *gopuram*. Als Erstes sollte man sich den **Pudhu Mandapa** (East Chitrai St) anschauen, die 100 m lange Säulenhalle gegenüber dem *gopuram*. Sie ist voller farbenfroher Stände, an denen Stoffe und Kunsthandwerk verkauft werden. Die vielen Schneider, die an ihren Nähmaschinen sitzen, verdecken die hübschen Säulenskulpturen aber leider teilweise. Trotzdem ist die dreibrüstige Minakshi in der Nähe der Südostecke leicht zu entdecken. Auch ihre Hochzeit mit Shiva, begleitet von Vishnu, ist gleich hinter dem Westeingang dargestellt. Ein besonders schöner hellblauer Nandi-Bulle (Shivas Reittier) sitzt vor dem Osteingang des *mandapa*.

Die Kleiderordnung für den Tempel ist strikt: keine nackten Frauenschultern oder nackte Beine beider Geschlechter. Trotzdem herrscht im Tempel eine fröhlichere Atmosphäre als in einigen der getragen feierlichen Schreine Tamil Nadus, und er ist mit besonders farbenfrohen Wand- und Deckengemälden geschmückt. Am Wochenende finden auf der Anlage klassische Tänze statt.

Hinter dem östlichen *gopuram* befindet sich rechts die 1000-Säulen-Halle aus der Nayak-Zeit. Sie ist heute ein **Kunstmuseum** (Inder/Ausländer 5/50 ₹, Kamera/Video 50/250 ₹; ⌚ 7–19.30 Uhr). Hier kann man außer einem Shiva-Schrein mit großer Nataraja-Bronze, der am Ende eines Korridors mit grandios

Madurai

Highlights
1 Menakshi-Amman-Tempel B2

Sehenswertes
Kunstmuseum .... (siehe 1)
2 Pudhu Mandapa C2
3 Tirumalai-Nayak-Palast C3

Aktivitäten, Kurse & Touren
4 Foodies Day Out D2

Schlafen
5 Hotel Keerthi A2
6 Hotel Park Plaza A1
7 Hotel Supreme A2
8 Hotel West Tower B2
9 Madurai Residency A2
10 Royal Court A1
11 TM Lodge A2

Essen
12 Anna Meenakshi Restaurant A2
13 Dhivya Mahal Restaurant A2
Surya Restaurant .... (siehe 7)

Praktisches
14 State Bank of India A2
Supreme Web .... (siehe 7)

Transport
Air India .... (siehe 14)
15 Periyar-Bushaltestelle A2
16 Bushaltestelle am Shopping Center.. A3

gemeißelten Säulen steht, auch viele andere schöne Bronzen und bunt bemalte Tafeln bewundern. Einige der besten Reliefs – darunter Krishna mit Flöte, Ganesh, der mit einer Frau auf dem Knie tanzt, und eine Göttin, die ein Baby wiegt – sind direkt hinter dem Museumseingang zu sehen. Im Tempel selbst steht ein Nandi-Schrein, der von wunderschön geschnitzten Säulen umgeben ist. Ein Stück weiter liegt der bedeutendste Shiva-Schrein, und links der wichtigste Minakshi-Schrein – aber beide sind nur für Hindus zugänglich. Doch jeder kann um das Tempelbecken spazieren und dann den Tempel durch eine Halle mit Blumenhändlern und den Ashta Shakti Mandapam mit seiner gewölbten Decke verlassen. Er wird von den meisten Gläubigen als Tempeleingang benutzt und ist von Reliefs gesäumt, die die acht Attribute der Göttin zeigen. Er bietet die vielleicht schönsten farbenfrohen Deckengemälde des Tempels.

Gandhi Memorial Museum MUSEUM
(Gandhi Museum Rd; Kamera 50 ₹; ⏲ Di–So 10–13 & 14–17.45 Uhr) GRATIS Dieses ausgezeichnete Museum ist in einem Nayak-Königinnenpalast aus dem 17. Jh. untergebracht und zeigt eine beeindruckende, bewegende und detaillierte Ausstellung zu Indiens Unabhängigkeitskampf zwischen 1757 und 1947 – und der englische Informationstext hält sich hier nicht zurück, was die britischen Herrscher angeht. Zur Ausstellung gehört auch das blutbefleckte *dhoti* (langer Lendenschurz), das Gandhi trug, als er 1948 in Delhi ermordet wurde. Es befindet sich hier, weil Gandhi in Madurai im Jahr 1921 zum ersten Mal ein *dhoti* als Zeichen des Stolzes auf seine Herkunft trug. Das kleine **Madurai Government Museum** (Inder/Ausländer 5/100 ₹, Kamera 20 ₹; ⏲ Sa–Do 9.30–17 Uhr) ist nebenan, und der **Gandhian Literary Society Bookshop** (⏲ Mo–Sa 10–13 & 14.30–18.30 Uhr) direkt dahinter. Bus 75 fährt von der Bushaltestelle Periyar zur Haltestelle Tamukkam in der Alagarkoil Road, 600 m vom Museum entfernt.

Tirumalai-Nayak-Palast PALAST
(Palace Rd; Inder/Ausländer 10/50 ₹, Kamera/Video 30/100 ₹; ⏲ 9–17 Uhr) Was der Minakshi-Tempel für die religiöse Architektur der Nayaks ist, ist der Tirumalai-Nayak-Palast für ihre weltliche. Und obwohl angeblich nur noch ein Viertel des ursprünglichen Baus erhalten ist, hinterlassen seine immense Größe und sein drawidisch-islamischer Stilmix nach wie vor ziemlichen Eindruck und zeugen von den hochtrabenden Ambitionen seiner Schöpfer. Man betritt ihn von Osten her. Ein großer Innenhof, der von hohen, massiven Säulen mit aufwendigen Stuckarbeiten umgeben ist, führt zum grandiosen Thronsaal mit seiner 25 m hohen Kuppel. Nebenan befindet sich ein Museum mit Steinreliefs und einer archäologischen Ausstellung.

Feste & Events

Teppam-(Floß-)Fest TEMPELFEST
Dieses beliebte Fest wird bei Vollmond im tamilischen Monat Thai (Januar/Februar) gefeiert. Die Götter aus dem Minakshi-Tempel werden in einer Prozession durch die Stadt getragen und schwimmen in einem hell erleuchteten „Mini-Tempel" auf dem riesigen Mariamman-Teppakkulam-Becken, 3 km östlich der Altstadt. Der Abend gipfelt darin, dass Shiva seine Frau verführt – dann werden die Götterdarstellungen zurück in den Tempel gebracht, um sich zu lieben und so das Universum zu erneuern (und Minakshis Diamantstecker wird aus ihrer Nase entfernt, damit er ihren Mann nicht stört).

Chithirai-Fest TEMPELFEST
Dies ist das wichtigste Fest in Madurais gut gefülltem Festkalender. Es wird im April/Mai über zwei Wochen lang zelebriert und feiert die Hochzeit von Minakshi mit Sundareswarar (Shiva). Die Gottheiten werden in riesigen Festwagen als Teil einer langen, bunten Prozession über das Gelände des Minakshi-Amman-Tempels gefahren.

Schlafen

Die Budgethotels im Zentrum sind meist eine eher trost- und lieblose Angelegenheit, aber entlang der West Perumal Maistry Street, nicht weit vom Bahnhof, gibt's eine große Auswahl guter Mittelklassehotels, die sich kaum voneinander unterscheiden. Die meisten haben ein Dachrestaurant mit Blick auf den Tempel und den Sonnenuntergang.

Hotel West Tower HOTEL $
(☎ 2346908; 42/60 West Tower St; EZ/DZ 473/825 ₹, Zi. mit Klimaanlage 1238 ₹; ❄) Der größte Vorzug des West Tower ist seine Nähe zum Tempel, aber es ist auch recht sauber und freundlich.

TM Lodge HOTEL $
(☎ 2341651; http://hellomadurai.in/tmlodge; 50 West Perumal Maistry St; EZ/DZ 399/605 ₹, Zi. mit Klimaanlage 1294 ₹; ❄) Die Wände sind ein bisschen dreckig, aber die Bettwäsche ist

sauber. Das TM wird effizient geführt, und es gibt sogar einen Liftboy!

Madurai Residency HOTEL $$
(☎438000; www.maduraiiresidency.com; 15 West Marret St; EZ 2039–2518 ₹, DZ 2398–2878 ₹ inkl. Frühstück; ❄📶) Der Service ist ausgezeichnet, und die Zimmer sind gemütlich und frisch – dieses Haus ist ein echter Treffer und bietet eines der höchstgelegenen Dachrestaurants der Stadt. Es ist sehr beliebt, und man sollte deshalb mindestens zwei Tage vorher buchen. In der Lobby gibt's WLAN.

Hotel Park Plaza HOTEL $$
(☎3011111; www.hotelparkplaza.net; 114 West Perumal Maistry St; EZ/DZ inkl. HP 2878/3358 ₹; ❄📶) Die Zimmer im Plaza sind gemütlich und schlicht, aber attraktiv eingerichtet (und sie haben gratis WLAN). Vier davon bieten Ausblick auf den Tempel. Es lockt darüber hinaus mit einem guten internationalen Dachrestaurant und der (irgendwie unpassend benannten) Sky High Bar – sie liegt im ersten Stock.

Hotel Supreme HOTEL $$
(☎2343151; www.hotelsupreme.in; 110 West Perumal Maistry St; EZ 2278–3118 ₹, DZ 2578–3298 ₹ inkl. Frühstück; ❄📶) Das Supreme ist ein gut ausgestattetes Hotel mit freundlichem Service, das bei indischen Touristen beliebt ist. Den Besuch in der Bar Apollo 96, die aussieht wie ein Raumschiff, sollte man nicht auslassen – aber gut möglich, dass man sich am nächsten Morgen fragt, ob der Lassi nicht doch mit Schuss war… Das hauseigene Surya Restaurant serviert gutes Essen, und auf den Zimmern gibt's kostenloses WLAN.

Hotel Keerthi HOTEL $$
(☎4377788; http://hellomadurai.in/hotelkeerthi; 40 West Perumal Maistry St; Zi. inkl. Frühstück 1379–1918 ₹; ❄) Dieses glänzende moderne Hotel bietet anständige Preise und Zimmer in den Kategorien „klassisch" und „deluxe". Dank ihrer minimalistischen Linien, der ungewöhnlichen Wandspiegel und farbig bemalten Einzelwänden könnte man sie schon fast als stylish bezeichnen. WLAN gibt's leider nirgends.

Royal Court HOTEL $$$
(☎4356666; www.royalcourtindia.com; 4 West Veli St; EZ 3957–4917 ₹, DZ 4797–5636 ₹ inkl. Frühstück; ❄@📶) Das Royal Court vereint die koloniale Eleganz weißer Laken und Hartholzböden mit Komfort, gutem Essen, professionellem Service und gratis WLAN auf den Zimmern. Es ist eine ausgezeichnete, zentral gelegene Wahl für alle, die sich ein bisschen verwöhnen lassen wollen.

Gateway Hotel Pasumalai HOTEL $$$
(☎6633000; www.thegatewayhotels.com; 40 TPK Rd, Pasumalai; EZ 5996–8394 ₹, DZ 7195–9594 ₹) Das Gateway bietet eine wunderbare Zuflucht vor dem Trubel der Stadt und liegt inmitten eines Gartens 4 km südwestlich des Zentrums. Der Ausblick, der Outdoorpool und die hauseigenen Pfauen sind toll, und die Zimmer sind gut ausgestattet, sehr komfortabel und fast alle schön groß. Das Panoramarestaurant **Garden All Day** (🕒6.30–23 Uhr) offeriert zum Abendessen ein fabelhaftes internationales Buffet für 717 ₹.

Essen

Die Dachrestaurants der Hotels entlang der West Perumal Maistry Street bieten ein luftiges Ambiente und Tempelpanorama (Anti-Mücken-Spray nicht vergessen!). Die meisten Hotels haben auch klimatisierte Speisesäle für Frühstück und Mittagessen. Wer sich mit einem einheimischen Gourmet einen Abend lang durch Madurai-Spezialitäten probieren möchte, sollte sich telefonisch oder per E-Mail mit **Foodies Day Out** (☎9840992340; www.foodiesdayout.com; 2. St., 56 East Veli St; Tour pro Person 1500 ₹) in Verbindung setzen. Man wird gegen 17.30 Uhr abgeholt und zu sieben oder acht Restaurants und Imbissständen geführt, um deren jeweilige Spezialität zu kosten. Vegetarier-Touren werden ebenfalls angeboten; Mindestanzahl: zwei Personen.

Dhivya Mahal Restaurant INTERNATIONAL $
(☎2342700; 21 Town Hall Rd; Hauptgerichte 50–150 ₹; 🕒12–23 Uhr) Das Dhivyar Mahal ist eines der besseren internationalen Restaurants der Stadt, das nicht zu einem Hotel gehört. Es ist sauber, hell, klimatisiert und freundlich. Die Currys sind spitze, und wo sonst gibt's in Mandurai gegrillte Lammkeule?

Anna Meenakshi Restaurant INDISCH $
(West Perumal Maistry St; Hauptgerichte 60–100 ₹; 🕒6–23 Uhr) Das Anna Meenakshi schenkt Dekor und Ambiente einen Hauch mehr Aufmerksamkeit als andere Budgetlokale. Es ist ziemlich beliebt und serviert anständige südindische Thalis für 60 ₹.

Surya Restaurant INTERNATIONAL $$
(110 West Perumal Maistry St; Hauptgerichte 70–160 ₹; 🕒16–24 Uhr) Das Dachrestaurant des Hotel Supreme bietet einen tollen Blick auf die Stadt, herausragenden Service und gute, rein vegetarische Gerichte – aber das Beste

STAATLICHE BUSSE AB MADURAI

ZIEL	PREIS (₹)	DAUER (STD.)	HÄUFIGKEIT (TÄGL.)
Chennai	325	9–10	40
Coimbatore	125	6	alle 15 Min.
Ernakulam (Kochi)	340	8	9 Uhr & 21 Uhr
Kanyakumari	140–150	4	31
Kodaikanal	75	4	14 (5–14 Uhr, & 17.50 Uhr)
Mysore	280–360	16	7 (16.30–21.45 Uhr)
Ooty	170	9	7.30 & 21.30 Uhr
Puducherry	265	8	20.45 & 21.30 Uhr
Rameswaram	110	5	alle 30 Min.
Trichy	90	3	40

hier ist der Eiskaffee. Wenn man ihn an einem staubig-heißen Tag genießt, könnte man glatt meinen, er sei ein Geschenk Gottes.

Shoppen

In Madurai wimmelt es vor Klamotten-Ständen und Schneidereien, was man schon daran merkt, dass man ständig von entsprechenden Werbern belästigt wird. Am besten lässt man sich seine Sachen aber im Pudhu Mandapa anfertigen. Hier warten reihenweise geschäftige Schneider, die in einer oder zwei Stunden praktisch alles nachschneidern können, was man sich wünscht. Ein Baumwoll-Top oder -Hemd kostet nur 350 ₹. Sämtliche Fahrer, Führer und Werber der Stadt drängen Besucher außerdem, die kaschmirischen Kunsthandwerksläden in der North Chitrai Street zu besuchen und wollen sie mit dem tollen Tempelblick locken, den man vom Dach aus hat. Die Aussicht überzeugt tatsächlich, aber die anschließende Verkaufsveranstaltung ist unvermeidlich.

Praktische Informationen

State Bank of India (West Veli St) Wechselt am Schalter Fremdwährungen und hat einen Geldautomaten.

Supreme Web (110 West Perumal Maistry St; pro Std. 30 ₹; ⏲7–23 Uhr) Sehr effizient; Surfen, Drucken, Scannen und Kopieren. Reisepass mitnehmen.

Touristeninformation (☎2334757; 1 West Veli St; ⏲Mo–Fr 10–17.45 Uhr) Recht hilfsbereit.

An- & Weiterreise

BUS

Die meisten staatlichen Busse fahren von der/zur **Neuen Bushaltestelle** (Melur Rd), 4 km nordöstlich der Altstadt. Busse nach Coimbatore, Kodaikanal und Ooty starten an der **Bushaltestelle Arapalayam** (Puttuthoppu Main Rd), 2 km nordwestlich der Altstadt. Tickets für die teureren (und meist komfortableren) privaten Busse werden von Agenturen auf der Südseite der **Haltestelle am Shopping Center** (zw. West Veli St & TPK Rd) verkauft. Die meisten fahren über Nacht.

FLUGZEUG

SpiceJet (www.spicejet.com) fliegt mindestens einmal täglich nach Bengaluru, Chennai, Colombo, Delhi, Hyderabad und Mumbai. Auch **JetKonnect** (☎2690771; www.jetkonnect.com; Flughafen) bietet drei- bis viermal täglich Flüge nach Chennai, **Air India** (☎2341795; www.airindia.com; 7A West Veli St) einmal täglich.

ZUG

Von der Station Madurai Junction fahren täglich 13 Züge Richtung Norden nach Trichy (2–5 Std.) und neun nach Chennai; der schnellste davon ist der *Vaigai Express* um 6.45 Uhr (Trichy 2. Klasse/Chair Class 71/253 ₹, 2 Std.; Chennai 132/488 ₹, 8 Std.). Eine gute Übernachtverbindung nach Chennai ist der *Pandyan Express* (Sleeper Class/3AC/2AC/1AC 232/730/880/1500 ₹, 9 Std.) um 20.35 Uhr. Der einzige tägliche Zug nach Kanyakumari (Sleeper Class/3AC/2AC 157/398/640 ₹, 5 Std.) fährt um 1.55 Uhr ab, aber an manchen Tagen gibt's auch eine spätere Verbindung (Abfahrtszeiten variieren). Außerdem fahren Züge nach Trivandrum (3-mal tägl.), Coimbatore (2-mal tägl.) und Bengaluru (1-mal tägl.).

Unterwegs vor Ort

Der Flughafen liegt 12 km südlich der Stadt, und ein Taxi ins Zentrum kostet 300 ₹. Alternativ fahren Bus 15 und 16 zur/von der **Haltestelle Periyar** (West Veli St). Von der Neuen Bushaltestelle (S. 416) pendelt Bus 5 in die Stadt, eine Autorikscha kostet 100 ₹.

Rameswaram

☎ 04573 / 46 461 EW.

Rameswaram war einst der südlichste Punkt des heiligen Indiens – und die Überschreitung der Grenze dorthin bedeutete, seine Kaste aufzugeben und unter die niedrigste Stufe zu sinken, noch unter die Abdecker der heiligen Kühe. Doch dann führte Rama, eine Inkarnation von Vishnu und der Held aus dem Ramayana, eine Armee aus Affen und Bären über eine von Affen erbaute Brücke auf die Insel (Sri) Lanka, wo er den Dämon Ravana besiegte und seine Frau Sita rettete. Anschließend kamen Prinz und Prinzessin her, um Shiva ihre Dankbarkeit zu erweisen.

Auch wenn dies für viele nur eine Sage sein mag – für Millionen von Hindus ist es die reine Wahrheit, und sie pilgern zuhauf zum Ramanathaswamy-Tempel, um an jener Stelle zu beten, an der einst ein Gott einen Gott anbetete.

Abgesehen davon ist Rameswaram nur ein ruhiges Fischerdorf auf der Insel Pamban, die durch eine 2 km lange Straße und Eisenbahnbrücken mit dem Festland verbunden ist. In der Stadt riecht es nach getrocknetem Fisch, und überall schwirren Fliegen umher. Wenn man selbst nicht als Pilger kommt, würde der Tempel allein die Reise hierher kaum lohnen. Aber der östlichste Punkt der Insel, Dhanushkodi, nur 30 km von Sri Lanka entfernt, bietet eine schlichtweg magische Natur, die einen Besuch in Rameswaram erheblich attraktiver macht.

Die meisten Hotels und Restaurants gibt's rund um den Ramanathaswamy-Tempel, der von der North, East, South und West Car Street umgeben ist. Die Middle Street führt nach Westen zur Bushaltestelle (2 km). Der Bahnhof ist 1,5 km südwestlich des Tempels.

Sehenswertes

Ramanathaswamy-Tempel HINDU-TEMPEL

(Fotos 25 ₹; 5–21.30 Uhr) Rama war der Ansicht, er benötige einen Lingam, um Shiva huldigen zu können. Er entsandte Hanuman, um nach dem größten Lingam der Gegend zu suchen – einem Berg im Himalaja. Aber der Affe brauchte einfach zu lange, und so fertigte Ramas Frau Sita einen einfachen Lingam aus Sand an. Er wird heute im innersten Heiligtum dieses Tempels bewahrt, das jedoch nur für Hindus zugänglich ist. Der Tempel, der aus dem 16. bis 18. Jh. stammt, beherbergt aber nicht nur den heiligsten Sandhaufen der Welt, er ist auch für seine sehr, sehr langen 1000-Säulen-Hallen und die 22 *theerthams* (Becken und Brunnen) bekannt. Von Pilgern wird erwartet, dass sie in allen 22 *theerthams* und im Meer baden, bevor sie die Gottheit besuchen. Das Bad im Tempel sieht so aus, dass Helfer Wassereimer über den (oft vollständig bekleideten) Gläubigen ausschütten, der dann zum nächsten *theertham* weitereilt. Durch das viele Planschen werden die Böden im Tempel ziemlich nass. Die Flure sind nicht so rutschig, wenn man den Tempel besucht, während das innere Heiligtum geschlossen ist (12.30–16.30 Uhr).

Schlafen & Essen

Viele Hotels richten sich hauptsächlich an Pilger, und einige Billigunterkünfte (die

ABSTECHER

DHANUSHKODI

Das Vorgebirge, das sich 22 km südwestlich von Rameswaram erstreckt, verengt sich etwa auf halber Strecke zu einem dünnen Streifen aus Sanddünen, und an dessen Ende erhebt sich die Geisterstadt Dhanushkodi. Dhanushkodi war einst ein blühender Hafen und wurde 1964 von einem mächtigen Zyklon und haushohen Wellen zerstört. Die Außenwände des Bahnhofs, der Kirche, des Postamts und anderer Ruinen stehen noch immer zwischen den verstreuten Fischerhütten, während sich im Osten die Adamsbrücke (oder Ramas Brücke) erstreckt, eine Kette von Riffen, Sandbänken und Inseln, die Indien beinahe mit Sri Lanka verbindet.

Autorikschas verlangen (inklusive Wartezeit) rund 400 ₹ für die Fahrt nach Moonram Chattram und zurück, einer Ansammlung von Fischerhütten 14 km außerhalb des Ortes. Von dort aus erreicht man Dhanushkodi auf einem heißen, 4 km langen Spaziergang entlang des wunderschönen Sandstreifens. Man kann aber auch für 100 ₹ eine zweistündige Tour mit einem Truck oder Minibus machen. Die Tour beginnt, wenn sich zwölf bis 20 Passagiere versammelt haben. Auch Schwimmen ist sehr verlockend – aber Vorsicht vor den starken Strömungen!

meist ziemlich trostlos sind) weigern sich, Alleinreisende aufzunehmen. Zum Glück gibt's ein paar vernünftige Mittelklasseoptionen. Während der Festtage sollte man vorher buchen. Budgetreisende können sich an das **Büro für Zimmerbuchungen** (East Car St; ⏲24 Std.) wenden, das Doppelzimmer für günstige 500 ₹ pro Nacht organisieren kann.

Eine Reihe günstiger vegetarischer Restaurants, etwa das **Vasantha Bhavan** (East Car St; Gerichte 28–50 ₹; ⏲6–22.30 Uhr) und das **Ananda Bhavan** (West Car St), servieren zum Mittagessen Thalis für rund 40 ₹ und abends Dosas und *uttapams* für etwa 30 ₹. In einigen Restaurants gibt's auch Fisch, aber Fleisch ist schwer zu finden.

Hotel Venkatesh HOTEL $
(☎221296; SV Koil St; Zi. 420–550 ₹, mit Klimaanlage 770 ₹; ❄) Die zitronengelben Zimmer sind recht sauber und für diesen Preis nicht übel, und das Hotel akzeptiert auch Alleinreisende. Es befindet sich auf der Westverlängerung der South Car Street.

Hotel Royal Park HOTEL $$
(☎221680; www.hotelroyalpark.in; Ramnad Hwy; EZ 1919–2638 ₹, DZ 2398–3358 ₹; ❄@) Dieses Haus liegt abseits des Tempeltrubels an der Hauptstraße, 400 m westlich der Bushaltestelle, und ist eines der friedlichsten der Stadt. Die guten, sauberen Zimmer sind nett dekoriert, und das klimatisierte vegetarische Restaurant ist preiswert (vor allem südindische Küche, aber der Käse-Toast ist auch lecker).

Hotel Sri Saravana HOTEL $$
(☎223367; http://srisaravanahotel.com; 1/9A South Car St; Zi. 1395–2815 ₹; ❄) Das Sri Saravana ist das beste Hotel im Stadtzentrum. Es ist freundlich und sauber, mit gutem Service und geräumigen, farbenfrohen Zimmern. Die oberen bieten Meerblick, aber sie kosten auch mehr.

Hotel Sunrise View HOTEL $$
(☎223434; www.hotelsunriseview.com; 1/3G East Car St; Zi. 1463 ₹; ❄) Die glänzenden Wandfliesen und Holzmöbel sind von etwas besserer Qualität als in anderen Hotels. Es ist ausreichend sauber, und einige Zimmer bieten in der Tat einen Blick auf den Sonnenaufgang (und aufs Meer): Man muss einfach versuchen, den Müll auf dem Boden zu ignorieren und direkt auf den Ozean schauen.

ℹ Praktische Informationen

Siva Net (Middle St; 40 ₹/Std.; ⏲Mo–Sa 8–21 Uhr)

State Bank of India ATM (South Car St) Akzeptiert internationale Karten.

ℹ Anreise & Unterwegs vor Ort

Busse fahren alle 30 Minuten nach Madurai (110 ₹, 5 Std.) und stündlich nach Trichy (180 ₹, 6½ Std.). „Ultra Deluxe"-Busse (UD-Busse) starten zweimal täglich nach Chennai (450 ₹, 12 Std.) und Kanyakumari (250 ₹, 8 Std.), fahren aber nicht immer planmäßig.

In den drei Zügen täglich nach/von Madurai (24 ₹, 4 Std.) kann man keinen Sitzplatz reservieren. Der Sethu Express fährt täglich über Trichy und Thanjavur um 20 Uhr nach Chennai (Sleeper Class/3AC/2AC 246/665/1000 ₹, 12 Std.). Der Rameswaram-Kanyakumari-Express fährt montags, donnerstags und samstags um 20.45 Uhr ab und erreicht Kanyakumari (Sleeper Class/3AC 204/519 ₹) um 4.05 Uhr.

Bus 1 (4 ₹) pendelt zwischen der Bushaltestelle und der East Car Stret. Autorikschas von der Bushaltestelle oder dem Bahnhof ins Zentrum sollten 40 ₹ kosten.

Kanyakumari (Kap Komorin)

☎ 04652 / 23844 EW.

Wenn man durch den äußersten Süden Indiens fährt, über die Spitze des „Vs" des Subkontinents, erreicht man die dramatischen Felsformationen der Westghats, die grünen Wiesen, die glitzernden Reisfelder und die sich langsam drehenden Windturbinen, und es stellt sich ein Gefühl der Erfüllung ein. Wie an anderen „Enden der Welt" herrscht hier eine leicht surreale Atmosphäre. Zu bestimmten Zeiten des Jahres kann man sehen, wie über drei Meeren gleichzeitig die Sonne unter- und der Mond aufgeht. Der „Tempel der jungfräulichen Meeresgöttin" und die Symbolkraft des „Endes der Welt" ziehen Pilger und Touristen in Scharen nach Kanyakumari, aber die Stadt ist und bleibt ein kleiner, erfrischender Zufluchtsort abseits aller Hektik.

Sehenswertes & Aktivitäten

Kumari-Amman-Tempel HINDU-TEMPEL
(⏲4.30–12.30 & 16–20.15 Uhr) Glaubt man den Legenden, besiegte die *kanya* (jungfräuliche) Göttin Kumari, eine Erscheinungsform der großen Göttin Devi, ganz allein Dämonen und rettete die Freiheit der Welt. Pilger danken ihr in dem intimen, wunderschön geschmückten Tempel (an der Spitze des Subkontinents), wo man im Dämmerschein der Ölfeuer und der vulvaförmigen

Kanyakumari (Kap Komorin)

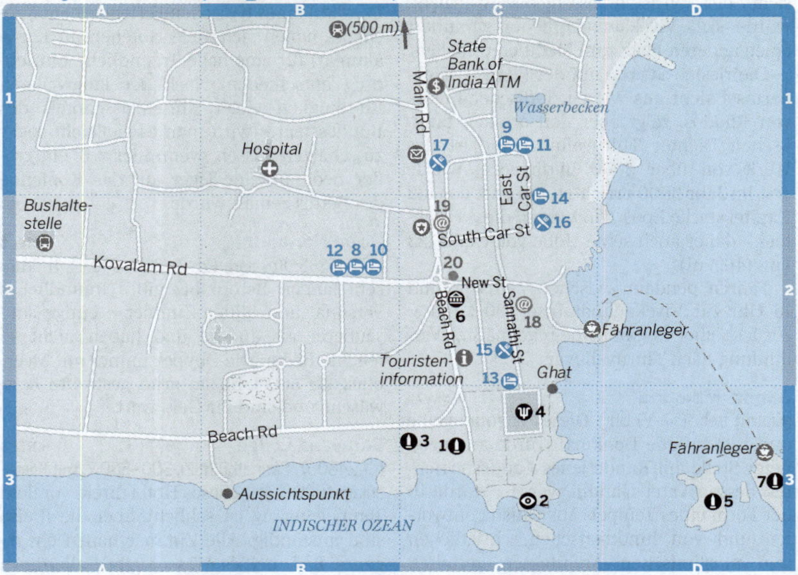

Kanyakumari (Kap Komorin)

Sehenswertes

1 Gandhi Memorial C3
2 Ghat C3
3 Kamaraj Memorial C3
4 Kumari-Amman-Tempel C3
5 Thiruvalluvar-Statue D3
6 Ausstellung des Wandernden Mönchs Swami Vivekananda C2
7 Vivekananda Memorial D3

Schlafen

8 Hotel Narmadha B2
9 Hotel Sivamurugan C1
10 Hotel Tri Sea B2
11 Manickhan Tourist Home C1
12 Santhi Residency B2
13 Saravana Lodge C2
14 Seashore Hotel C2

Essen

15 Hotel Saravana C2
16 Hotel Sea View C2
17 Sangam Restaurant C1
Seashore Hotel .... (siehe 14)

Praktisches

18 Tony Travels Internet Cafe C2
19 Xerox, Internet, Fax C2

Transport

20 SETC-Buchungsbüro C2

Votivkerzen (eine Anspielung auf die sakrale Weiblichkeit der Göttin) hören kann, wie die Wellen von drei Meeren am Strand brechen. Beim Betreten des Tempels wird man wahrscheinlich nach einer Spende gefragt, und Männer müssen ihre Hemden ablegen, Fotografieren ist verboten.

Die Küste rund um den Tempel bietet ein paar winzige Sandstrände und Ghats, an denen einige Gläubige abtauchen, bevor sie den Tempel besuchen. Ein *mandapa* südlich des Tempels ist ein beliebtes Plätzchen, um den Sonnenuntergang zu betrachten und sich tagsüber in den Schatten zu flüchten. Ein kleiner Markt mit Souvenirläden führt von hier zurück zur Hauptstraße.

Vivekananda Memorial DENKMAL

(Eintritt 10 ₹; ⌚8–17 Uhr) 400 m vor der Küste steht jener Felsen, auf dem der berühmte Hindu-Apostel Swami Vivekananda vom 25. bis 27. Dezember 1892 meditierte und beschloss, seine Moralbotschaft über die Küsten Indiens hinauszutragen. Ein Denkmal mit zwei *mandapas* wurde 1970 zu Vivekanandas Gedenken erbaut und spiegelt architektonische Stile aus ganz Indien wider. Angesichts der Touristenmassen, die es anzieht, würde sich Vivekananda heute garantiert einen anderen Platz zum Meditieren suchen.

Die riesige **Statue** auf der kleinen Nachbarinsel sieht aus wie ein indischer Koloss von Rhodos, zeigt aber den antiken tamilischen Dichter Thiruvalluvar. Sie ist das Werk von über 5000 Bildhauern, wurde erst im Jahr 2000 errichtet und ehrt das 133 Kapitel starke Epos *Thirukural* dieses Dichters – daher auch seine Höhe von exakt 133 Fuß (40,5 m)

Fähren pendeln zwischen 7.45 Uhr und 16 Uhr zur Vivekananda-Insel (30 ₹ hin & zurück), aber es gibt keine regelmäßige Verbindung nach Thiruvalluvar.

Gandhi Memorial DENKMAL

(Eintritt frei; 7–19 Uhr) Dieses zitronengelbe und rosafarbene Denkmal wurde an geeigneter Stelle am Rande jenes Landes errichtet, dessen Vater Gandhi war. Es wurde in der Form eines Tempels aus Odisha entworfen und von hinduistischen, christlichen und muslimischen Architekten gestaltet. Im zentralen Sockel wird ein Teil von Mahatmas Asche aufbewahrt, und jedes Jahr, an Gandhis Geburtstag (2. Oktober), fallen die Sonnenstrahlen auf den Stein. Die Ausstellung beschränkt sich auf ein paar Fotos ohne Bildunterschriften. Der Turm ist super, um den Sonneuntergang zu betrachten.

Ausstellung des Wandernden Mönchs Swami Vivekananda MUSEUM

(Main Rd; Eintritt 10 ₹; 8–12 & 16–20.15 Uhr) Diese neu überarbeitete Ausstellung beschäftigt sich mit Swami Vivekananda und mit seiner Weisheit, seinen Sprüchen und den Begegnungen des Mönchs mit Mächtigen und Geringen während seiner fünfjährigen Wanderschaft durch Indien von 1888 bis 1893. Die spirituelle Organisation **Vivekananda Kendra** (www.vivekanandakendra.org), die sich der Umsetzung von Vivekanandas Lehren verschrieben hat, hat ihr Hauptbüro in Vivekanandapuram, einem Ashram 1 km nördlich der Stadt mit einigen Unterkünften.

Kamaraj Memorial DENKMAL

(Eintritt frei; 7–19 Uhr) Dieses Denkmal in Küstennähe erinnert an K. Kamaraj, auch bekannt als „Gandhi des Südens". Kamaraj, einer der mächtigsten und beliebtesten Politiker des unabhängigen Indiens, war sowohl Ministerpräsident des Bundesstaates Madras als auch seines Nachfolgestaates Tamil Nadu. Die Fotos haben Bildunterschriften.

Schlafen

Dem Stil eines typischen Ferienorts entsprechend, haben sich viele Hoteliers in Kanyakumari für eine helle, freundliche Einrichtung entschieden. Nach der langweiligen Eintönigkeit vieler Mittelklassehotels des Bundesstaates wird man es vielleicht sogar zu schätzen wissen, wenn hier z.B. ein großer neonfarbener Tiger auf das Kopfende des Bettes gemalt wurde.

Hotel Narmadha HOTEL $

(246365; Kovalam Rd; Zi. 300–500 ₹) In diesem langen Betonklotz gibt's freundliches Personal und billige Zimmer – einige sind sauberer als andere und haben nicht so feuchte Bäder. Die Doppelzimmer mit Meerblick für 500 ₹ haben grün gestreifte Bettwäsche und sind ihr Geld wert.

Saravana Lodge HOTEL $

(246007; Sannathi St; Zi. 300–500 ₹, mit Klimaanlage 1000 ₹;) Dieses Hotel direkt vor dem Tempeleingang ist schlicht, aber die Preise sind anständig. Alle Zimmer haben ein eigenes Bad, heißes Wasser gibt's allerdings nicht. Die besseren Zimmer befinden sich in den oberen Etagen des neuen Flügels, vom Eingang aus ganz am anderen Ende.

Hotel Tri Sea HOTEL $$

(246586; www.triseahotel.com; Kovalam Rd; DZ 800–1800 ₹;) Das hoch emporragende Tri Sea kann man nicht übersehen. Die Zimmer mit Meerblick sind riesig, tadellos und luftig, aber das Farbkonzept ist gewöhnungsbedürftig. Die Drei-Bett-Zimmer im oberen Stock sind noch besser. Der Pool auf dem Dach ist ein tolles Extra, aber das triste Restaurant kann man getrost vergessen.

Hotel Sivamurugan HOTEL $$

(246862; www.hotelsivamurugan.com; 2/93 North Car St; Zi. 1000–1200 ₹, mit Klimaanlage 1600–2000 ₹;) Ein freundliches, gut ausgestattetes neues Hotel mit geräumigen, makellosen Zimmern mit Marmorboden. Die „Super-Deluxe"-Zimmer geben – allerdings an ein paar Gebäuden vorbei – sogar einen Blick aufs Meer frei. Es gibt rund um die Uhr heißes Wasser – was die Konkurrenz nicht gerade von sich behaupten kann.

Manickhan Tourist Home HOTEL $$

(246387; www.hotelmaadhini.com; North Car St; Zi. 800–900 ₹, mit Klimaanlage 1400–1800 ₹;) Dieses freundliche Hotel wird professionell geführt und bietet die nötige Ruhe für einen Schönheitsschlaf. Die großen Zimmer sind mit sauberen Bädern ausgestattet, und wer ein bisschen mehr ausgibt, bekommt eine Klimaanlage und Meerblick. Im Dezember, Januar und Mai sind die Preise oft höher.

Santhi Residency HOTEL $$
(☎ 247091; Kovalam Rd; Zi. 1000 ₹, mit Klimaanlage 1500 ₹; ❄) Das Santhi ist ein kleineres, älteres renoviertes Haus mit zwei grünen Innenhöfen und einem für Kanyakumari ungewöhnlich zurückhaltenden Stil (das einzige Deko-Element auf den Zimmern ist ein Jesus-Bild). Es ist ruhig und sauber, aber die Zimmer und Bäder sind recht klein.

Seashore Hotel HOTEL $$$
(☎ 246704; http://theseashorehotel.com; East Car St; Zi. 4137–7795 ₹; ❄📶) Das schickste Hotel der Stadt hat hervorragende, großzügige Zimmer mit goldenen Vorhängen und Kissen, gläsernen Duschen und nützlichen Extras wie Wasserkochern und Föhns. Alle Zimmer (nicht aber die günstigsten!) bieten Panoramablick aufs Meer, und das Restaurant im 7. Stock gehört zu den besten in Kanyakumari. In der Lobby gibt's gratis WLAN.

Essen

Hotel Saravana INDISCH $
(Sannathi St; Hauptgerichte 54–91 ₹; ⌚6–22 Uhr) Ein sauberes, beliebtes Lokal mit zahlreichen nord- und südindischen vegetarischen Gerichten. Zum Mittagessen gibt's auch Thalis.

Hotel Sea View INTERNATIONAL $$
(East Car St; Hauptgerichte 90–250 ₹; ⌚6–23 Uhr) Das klimatisierte Hotel-Restaurant bietet zwar keinen Meerblick, aber es serviert ausgezeichnete Meeresfrüchte und Variationen nord- und südindischer Klassiker. Das Flair ist gehoben, der Service professionell. Außerdem gibt's hier das wohl beste Frühstück der Stadt: Man kann zwischen Buffet, europäisch und amerikanisch wählen.

Seashore Hotel INTERNATIONAL $$
(East Car St; Hauptgerichte 160–600 ₹; ⌚7–22.45 Uhr) Erstaunlicherweise ist dieses Restaurant im 7. Stock in ganz Kanyakumari das einzige mit Meerblick. Der Blick ist wirklich fantastisch, und das Beste: Essen und Service können mithalten! Auf der Karte stehen sehr guter gegrillter Fisch, zahlreiche indische vegetarische und nicht-vegetarische Gerichte und ein paar westliche Speisen.

Sangam Restaurant INDISCH $$
(Main Rd; Hauptgerichte 75–200 ₹; ⌚7.30–23 Uhr) Man könnte meinen, das Sangam sei in Kaschmir losgelaufen, durch ganz Indien gewandert und habe sich dann hier niedergelassen, um hervorragende Gerichte aus allen Provinzen anzubieten, die es unterwegs durchquert hat. Das Essen ist gut, die Stühle sind weich und der Laden ist immer voll.

Praktische Informationen

State Bank of India ATM (Main Rd) Akzeptiert internationale Karten.

Tony Travels Internet Cafe (Sannathi St; 60 ₹/Std.; ⌚7.30–22 Uhr) Freundlich, und zu alleinreisenden Frauen vielleicht sogar zu freundlich (aber nicht gefährlich).

Touristeninformation (☎ 246276; Beach Rd; ⌚Mo–Fr 10–17.15 Uhr) Hilfsbereit.

Xerox, Internet, Fax (Main Rd; 30 ₹/Std.; ⌚Mo–Sa 7.30–23 Uhr) Hier arbeiten nur Frauen, und es hält, was der Name verspricht.

An- & Weiterreise

BUS

Die **Bushaltestelle** (Kovalam Rd) liegt zehn Fußminuten westlich des Zentrums, und in der Stadt gibt's ein praktisches **SETC-Buchungsbüro** (Ecke Main Rd & New St; ⌚7–21 Uhr). Normale Busse fahren etwa stündlich nach Madurai (140–150 ₹) und Trivandrum (65 ₹, 2½ Std.). Die meisten Komfortbusse sind Ultra-Deluxe-Busse (UD-Busse), zu denen die Folgenden gehören:

Chennai 520 ₹, 12–15 Std., 7-mal tägl.

Kodaikanal 300 ₹, 10 Std., 20.15 Uhr

Madurai 210 ₹, 4 Std., 7-mal tägl.

TAXI

Fahrer verlangen 1500 ₹ für eine Fahrt nach Kovalam.

ZUG

Der Bahnhof liegt nördlich des Zentrums und ist zu Fuß erreichbar. Die einzige tägliche Verbindung nach Norden ist der *Kanyakumari Express*, der um 17.20 Uhr über Madurai (Sleeper Class/3AC/2AC/1AC 157/398/640/1080 ₹, 4½ Std.) und Trichy (204/538/790/1345 ₹, 7¼ Std.) nach Chennai (305/831/1245/2125 ₹, 13½ Std.) fährt. Morgens verkehren zwei Züge nach Trivandrum (2. Klasse/Sleeper Class/3AC/2AC 31/120/218/610 ₹, 2¼ Std.), beide fahren weiter nach Kollam und Ernakulam. An der Nagercoil Junction, 15 km nordwestlich von Kanyakumari, fahren weitere Züge ab.

Eisenbahnfans, die gerne besonders lang im Zug sitzen, sollten in den *Vivek Express* einsteigen, der die 4241 km bis nach Dibrugarh in Assam in 85 Stunden fährt – die längste Zugstrecke Indiens. Er fährt samstags um 14.45 Uhr in Kanyakumari ab (Sleeper Class/3AC/2AC 673/1948/3340 ₹).

DIE WESTGHATS

Willkommen in den wunderbar grünen Westghats, dem vielleicht beliebtesten Zufluchtsort vor der indischen Hitze. Die Ghats ragen (mit einer Durchschnittshöhe von 915 m) wie ein immergrünes Bollwerk in den Himmel und erstrecken sich nördlich von Mumbai bis zur Spitze von Tamil Nadu. Sie geben 27% der blühenden Pflanzen Indiens sowie einer unglaublichen Vielfalt von Tierarten ein Zuhause. In Tamil Nadu erheben sie sich auf bis zu 2000 m – und zwar in den Palni-Hügeln rund um Kodaikanal und in den Nilgiris rund um Ooty. Der britische Einfluss ist hier noch immer spürbar: Die Kolonialherren bepflanzten die Hänge einst fein säuberlich mit Teesträuchern und schufen sich ihre „Hill Stations", um der Hitze zu entfliehen. Aber es ist nicht nur die reine Luft, die so erfrischend wirkt – in diesen Hügeln spürt man eine gewisse Toleranz gegenüber dem Skurrilen und Exzentrischen, die im Tiefland seltener anzutreffen ist. Spontan fallen uns dazu auch Bio-Bauernhöfe, zwirbelbärtige Wanderführer und Ohrenschützer mit Tigerstreifen ein, die auf den Märkten verkauft werden.

Kodaikanal (Kodai)

☎ 04542 / 41882 EW. / 2100 M

Es gibt wohl kaum etwas in Tamil Nadu, bei dem man sich frischer fühlt: Man steigt in der kribbelnden morgendlichen oder nächtlichen Kälte Kodaikanals aus dem Bus, in den man in der Hitze der Ebenen eingestiegen ist. Hier ist es aber nicht immer kalt: Tagsüber ist das Wetter sogar sehr angenehm und erinnert eher an den Frühling als an den Winter. Die neblige Hill Station liegt 120 km nordwestlich von Madurai in den Palni-Hügeln und ist viel entspannter und persönlicher als ihre große Schwester Ooty (in Broschüren wird Kodai als Prinzessin der Hill Stations bezeichnet, und Ooty als Königin). Die renommierte Kodaikanal International School sorgt für kosmopolitischen Einfluss: Die Schüler kommen aus aller Welt.

Kodai liegt an einem hübschen See und scheint die mit einzelnen *shola*-Wäldchen bewachsenen Hügel hinauf- und hinunterzuklettern. Diese Bäume wachsen nur in den Westghats, aber auch immergrüne Laubbäume wie Magnolie, Mahagoni, Myrte und Rhododendron sind hier zuhause. Eine weitere hier heimische Pflanze ist der auf Grasland wachsende *kurinji*-Strauch, dessen lila-blassblaue Blüten nur alle zwölf Jahre erscheinen – planmäßig das nächste Mal im Jahr 2018.

Kodai ist bei Flitterwöchnern beliebt, die zu den spektakulären Aussichtspunkten und Wasserfällen rund um die Stadt strömen.

Sehenswertes & Aktivitäten

Sacred Heart Natural Science Museum MUSEUM

(Sacred Heart College, Law's Ghat Rd; Eintritt 10 ₹; ⏲9–17 Uhr) Östlich der Stadt, 4 km bergab, befindet sich dieses Museum auf dem Gelände eines ehemaligen Jesuiten-Seminars und zeigt eine faszinierende Sammlung über Flora und Fauna, die in einem Zeitraum von über 100 Jahren von Priestern und Novizen zusammengetragen wurde. Die Ausstellung reicht von in Flaschen aufbewahrten Schlangen über menschliche Embryos (!), Riesenfalter und ausgestopfte Tierleichen bis hin zu Schwarz-Weiß-Fotos von ernst dreinschauenden Priestern, die sich eine Riesenschlange um die Schultern geschlungen haben. Außerdem kann man ein paar gepresste *kurinji*-Blüten (*Strobilanthes kunthiana*) bewundern – falls man zur Blütezeit nicht in der Gegend ist.

Parks & Wasserfälle

Der **Bryant Park** (Erw./Kind 20/10 ₹, Fotos/Videos 30/75 ₹; ⏲9–18.30 Uhr), der von jenem britischen Offzier angelegt wurde, nach dem er benannt ist, ist wirklich hübsch, und hier wimmelt es von Touristen und knutschenden Pärchen.

Rund um Kodai gibt es viele hübsche Fleckchen, die bei indischen Touristen sehr beliebt sind und vor Souvenir- und Snackständen beinahe aus allen Nähten platzen. Am besten besucht man sie mit dem Taxi – es sei denn, man wandert gerne an viel befahrenen Straßen entlang. Taxifahrer bieten eine Besichtigung der acht „Sehenswürdigkeiten" für 500 ₹ an (April–Juni 600 ₹). Vom **Green Valley View** (6 km vom Zentrum entfernt), den **Pillar Rocks** (7 km) und dem weniger besuchten **Moir's Point** (13 km) aus, die alle an derselben Straße westlich der Stadt liegen, bietet sich ein spektakulärer Ausblick auf die Ebenen. Wer weiter als bis zum Moir's Point und noch zum hübschen, von Wald umgebenen **Berijam-See** fahren möchte, braucht eine Genehmigung der Forstbehörde. Taxifahrer können sie organisieren, wenn man sie einen Tag vorab darum bittet. Sie bieten für 1600 ₹ vierstündige

ABSTECHER

VATTAKANAL-WANDERUNG

Auf dieser netten, 9 km langen Runde vom Stadtzentrum aus sieht man mit ein wenig Glück Gaure (Bisons) oder Rieseneichhörnchen in den Waldabschnitten. Zunächst folgt man der St. Mary's Road westwärts und geht dann vom Südende des Coaker's Walk nach Südwesten, bis man nach 1,2 km die Kirche La Saleth passiert. An einer Gabelung hinter der Kirche geht's links einen Weg bergauf, der bald nicht mehr befestigt ist und durch einen Teil des Pambar-Shola-Walds führt. Nach 450 m kommt man auf der Straße an der Brücke in der Nähe des Wasserfalls heraus. Auf der anderen Seite der Brücke stehen ein paar Essensstände, die Obst, Tee, Kaffee, Brot-Omlett und gegrillten Mais mit Limette und Masala verkaufen – alles schmeckt wirklich lecker! Von hier aus folgt man der Straße über 1 km lang bergab, während sich allmählich das Panorama des Dorfes Vattakanal entfaltet. Wenn man von hier aus den Pfad bergab geht, vorbei am Altaf's Cafe, erreicht man nach ca. 15 Minuten die Dolphin's Nose, einen Aussichtspunkt auf einem Felsvorsprung in schwindelerregender Höhe.

„Waldtouren" mit Zwischenstopps bei mehreren Aussichtspunkten an. Dienstags ist der Zugang zum See gesperrt.

Der Fluss, der in den Kodaikanal-See mündet, stürzt 7 km außerhalb der Stadt (an der Straße nach Madurai) an der **Silver Cascade** dramatisch in die Tiefe. Die kompakten **Bear-Shola-Fälle** liegen in einem Wäldchen am Nordwestrand der Stadt.

Wandern

Sofern er nicht gerade in dichten Nebel gehüllt ist, ist die Aussicht vom asphaltierten **Coaker's Walk** (Eintritt 5 ₹, Fotos 10 ₹; ⏲7–18.30 Uhr) aus einfach grandios – man sieht bis auf die Ebenen 2000 m tiefer hinunter. Für den ganzen Weg braucht man sage und schreibe nur fünf Minuten.

Der ausgesprochen hübsche See von Kodai und der 5 km lange Wanderweg rundherum sind am frühen Morgen besonders schön. Dann kann man die Eisvögel zählen, ehe die Touristenmassen einfallen. Eine Wanderung entlang der Lower Shola Road führt durch den Bombay Shola, den *shola*-Wald im Zentrum von Kodai.

Für die meisten anspruchsvollen Wanderrouten rund um Kodai braucht man eine Genehmigung der Forstbehörde, die man nur mit viel Zeit, Geduld und Glück bekommt. Zuerst muss man sich an das Büro des **Obersten Forsthüters (Principal Chief Conservator of Forests)** (Karte S. 356; ☎044-24321174; Panagal Maaligai, Anna Salai, Saidapet) in Chennai wenden, dann an das **Büro der regionalen Forstbehörde (District Forest Office)** (☎240287; Muthaliarpuram; ⏲Mo–Fr 10–17.45 Uhr) in Kodai. Die Touristeninformation in Kodai (S. 426) und einige Unterkünfte, etwa das Greenlands Youth Hostel (S. 424), können den Kontakt zu einem Guide herstellen, der für 1000–1500 ₹ einen ganzen Tag lag interessante Querfeldein-Touren anführt.

Bootsfahrten, Radfahren & Reiten

Wer bollywoodmäßig verliebt ist, muss in Kodai unbedingt ein Tretboot (50 ₹/30 Min.), ein Ruderboot (90 ₹ mit Bootsführer) oder ein traditionelles kaschmirisches *shikara* mieten, das auch als „Flitterwochenboot" bekannt ist (260 ₹ mit Bootsführer). Man findet sie beim **Kodaikanal Boat & Rowing Club** (⏲9–17.30 Uhr) oder der **Tamil Nadu Tourist Development Corporation** (⏲9–17.30 Uhr), aber der krächzende Schnulzengesang ist glücklicherweise optional.

Rund um den See gibt's einige **Fahrradverleihstationen** (20/200 ₹ pro Std./Tag) sowie **Reitstände** (60 ₹ pro 500 m/300 ₹ pro Std.).

Schlafen

Einige Hotelpreise steigen während der Hochsaison (April–Juni) um bis zu 100 %. Es gibt ein paar wirklich hübsche historische Häuser und einige preiswerte Mittelklasseoptionen, wenn man ohne koloniales Ambiente auskommt. In den meisten Hotels muss man in der Hochsaison zwischen 9 und 10 Uhr auschecken, ansonsten ist das normalerweise rund um die Uhr möglich.

Hotel Cokkers Tower HOTEL $
(☎240374; cokkers.tower@yahoo.com; Woodville Rd; B/DZ 110/825 ₹) Ein geradliniges Hotel mit schlichten, sauberen Zimmern in hellen Farben (hier gibt's kein koloniales Holz). Die schmalen Stockbetten in den Schlafsälen

Kodaikanal (Kodai)

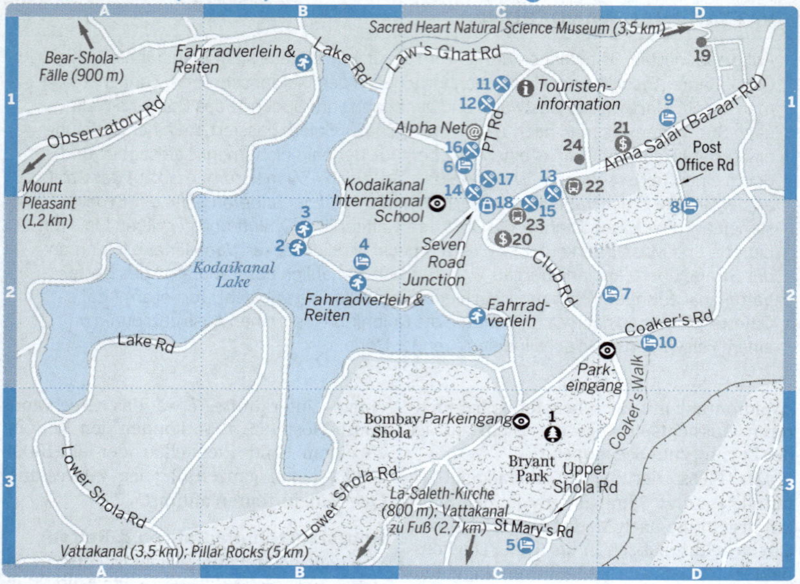

erinnern an Zugkojen und sollten während des Monsuns gemieden werden, wenn es durchs Dach regnen könnte. Das Bad ist dafür blitzsauber, und der Preis unschlagbar.

Snooze Inn HOTEL $

(☎240873; www.jayarajgroup.com; Anna Salai; Zi. 770–935 ₹; 📶) Die Fassade hat ein wenig mehr Charakter als die Zimmer, aber dieses Haus ist trotzdem eine recht preiswerte Budgetoption mit sauberen Bädern, vielen Bettdecken und gratis WLAN.

Greenlands Youth Hostel HOSTEL $

(☎240899; www.greenlandskodaikanal.com; St Mary's Rd; B 250 ₹, DZ 600–1800 ₹) Das Hostel ist schon lange im Geschäft und hat einen netten Garten und tollen Ausblick, aber es ist sehr karg. Heißes Wasser gibt's nur von 8 bis 10 Uhr, und in den Schlafsälen wäscht man sich mit kaltem Wasser aus Eimern.

★Villa Retreat HOTEL $$

(☎243556, 240940; www.villaretreat.com; Club Rd; Zi. inkl. Frühstück 2878–4677 ₹; 📶) In diesem hübschen, alten Familienhotel aus Stein kann man beim Frühstück im Garten den tollen Blick auf den Coaker's Walk genießen – es liegt direkt am Nordende des Wanderwegs. Das freundliche Haus bietet gemütliche, geräumige Zimmer und gratis WLAN im Speisesaal. Check-out ist um 9 Uhr.

Hilltop Towers HOTEL $$

(☎240413; www.hilltopgroup.in; Club Rd; Zi. inkl. Frühstück 2160–2700 ₹) Das Hilltop mag von außen zwar trist wirken, aber rustikale Akzente wie die polierten Teakholzböden und Verzierungen aus Holz sowie das freundliche Personal, die Kaffeemaschinen auf den Zimmern und die 90 Fernsehkanäle machen es zu einer guten Mittelklasseoption.

Mount Pleasant BOUTIQUEHOTEL $$

(☎242023, 9655126023; www.kodaikanalheritage.com; 19/12-20 Observatory Rd; Zi. inkl. Frühstück 2278–3718 ₹; 📶) In den äußeren Gefilden des spaghettiartigen Straßennetzes von Kodai haben sich einige anständige Hotels angesiedelt. In den meisten Fällen wiegt die unpraktische Lage aber schwerer als ihre Attraktivität, doch das Mount Pleasant ist die Mühe dank seiner ruhigen Umgebung, gemütlichen Zimmer und des leicht skurrilen Geschmacks seines freundlichen Besitzers aus Kerala absolut wert: Hier gibt's bunt gewebte Wandteppiche, Betten aus Kokosnussholz und Bastmatten. Zum Abendessen kann man am leckeren Buffet speisen. Reservierung empfohlen.

Hotel Sunrise HOTEL $$

(☎241358; www.kodaihotelsunrise.com; 8/62 Post Office Rd; Zi. 1438–2877 ₹) Das Sunrise bietet gemütliche Zimmer in Rot und Braun,

Kodaikanal (Kodai)

Sehenswertes

1 Bryant Park C3

Aktivitäten, Kurse & Touren

2 Kodaikanal Boat & Rowing Club B2
3 Tamil Nadu Tourist Development Corporation B2

Schlafen

4 Carlton Hotel B2
5 Greenlands Youth Hostel C3
6 Hilltop Towers C1
7 Hotel Cokkers Tower D2
8 Hotel Sunrise D2
9 Snooze Inn D1
10 Villa Retreat D2

Essen

Carlton Hotel .... (siehe 4)
11 Cloud Street C1
12 Eco Nut C1
13 Hotel Astoria C1
14 Hotel New Punjab C1
15 Pastry Corner C2
16 Pot Luck C1
17 Tava C1

Shoppen

Cottage Craft Shop .... (siehe 16)
18 Re Shop C2

Praktisches

19 District Forest Office D1
20 HDFC Bank ATM C2
21 State Bank of India ATM D1

Transport

22 Bushaltestelle C1
23 Raja's Tours & Travels C2
Taxistand .... (siehe 22)
24 Zugreservierungsbüro C1

freundliches Personal, 24 Stunden lang heißes Wasser und einen schönen Blick auf den Sonnenaufgang von ungefähr der Hälfte der Zimmer aus – eine gute Wahl.

★ Carlton Hotel HOTEL $$$

(☎240056; www.krahejahospitality.com; Lake Rd; DZ/Hütte inkl. HP 9550/14.500 ₹; 📶) Das Carlton ist die Krönung aller Hotels in Kodai – ein wunderschönes Fünf-Sterne-Haus in einer Kolonialvilla mit Blick auf den See. Die Zimmer sind hell und geräumig, einige haben auch einen Balkon. Die Gemeinschaftsbereiche und das Gelände schaffen eine herrliche Hill-Station-Atmosphäre mit Steinmauern, Housie (Bingo) am Feuer um 18.30 Uhr, Billard, Badminton und einer Bar mit eifrigem Personal.

Vattakanal

Das kleine Dorf Vattakanal, 4,5 km südwestlich des Stadtzentrums, ist ein schöner ländlicher Zufluchtsort für Budgetreisende. Es ist beispielsweise bei israelischen Touristen sehr beliebt, und zur Hochsaison kommt echte Partystimmung auf. In mehreren Häusern stehen Fremdenzimmer für 400–600 ₹ zur Verfügung. Das Altaf's Cafe (S. 425) hat ein paar recht große Drei-Bett-Zimmer mit eigenem Bad für 1000 ₹, in denen fünf bis sechs (in manchen auch mehr!) Personen unterkommen können.

Essen

Günstige Restaurants findet man besonders auf der PT Road. Hier tummeln sich die meisten Touristen und die Schüler der internationalen Schule.

Hotel New Punjab NORDINDISCH $

(PT Rd; Hauptgerichte 55–200 ₹; ⌚12.30–22 Uhr) Wer Lust auf nordindische Küche wie Tandoori (und nicht-vegetarische Currys) hat, ist in diesem kleinen Lokal gut aufgehoben. Es gehört zu den Favoriten in Kodai und serviert das beste Tandoori-Hühnchen Südindiens, wenn man den Einheimischen glauben darf.

Tava INDISCH $

(PT Rd; Hauptgerichte 40–90 ₹; ⌚11–21 Uhr) Das Tava ist eine saubere, schnelle und günstige vegetarische Option mit toller Karte. Das scharfe *gobi paratha* mit viel Blumenkohl oder das *sev puri* (frittiertes Brot mit Kartoffeln und Chutney) sollte man probieren.

Altaf's Cafe INTERNATIONAL $

(☎9488569632; Vattakanal; Gerichte 50–150 ₹; ⌚7.30–20 Uhr; 📶) Das Freiluftcafé serviert Gerichte aus Indien und Nahost – etwa *sabich* (israelische Pita-Sandwiches mit Aubergine und Ei) – sowie eine gute Frühstücksauswahl für hungrige Reisende.

Pot Luck CAFÉ $

(PT Rd; Snacks & leichte Gerichte 30–130 ₹; ⌚Mi–Mo 11–19 Uhr) Sandwiches, Pfannkuchen, Kaffee, Omeletts und Quesadillas (!) werden auf einer hübschen, aber winzigen Terrasse serviert, die an einen Keramikladen anschließt.

Cloud Street INTERNATIONAL $$

(PT Rd; Hauptgerichte 175–300 ₹; ⌚8.30–22.30 Uhr) Man traut seinen Augen nicht, aber hier gibt's authentische italienische Holzofenpizza! Und ja, hier stehen auch Hummus, Falafel und Nachos auf der Speisekarte – direkt neben Pasta, spanischem Omelett und Pfeffersteak. Rundum tolles Essen in schlichter, entspannter Atmosphäre.

Hotel Astoria INDISCH **$$**
(Anna Salai; Hauptgerichte 85–135 ₹; ⌚7–22 Uhr) Dieses vegetarische Restaurant platzt immer aus allen Nähten, besonders zum Mittagessen, wenn die ausgezeichneten All-You-Can-Eat-Thalis serviert werden.

★ **Carlton Hotel** INTERNATIONAL **$$$**
(Buffet Mittag-/Abendessen 720/810 ₹; ⌚7–10, 13–15, 19.30–22.30 Uhr) Die Buffets bieten eine große Auswahl ausgezeichneter indischer und westlicher Gerichte. Definitiv der richtige Ort, wenn man sich mal was gönnen will und so viel essen möchte, dass man beinahe platzt.

Selbstversorger

Pastry Corner BÄCKEREI **$**
(Anna Salai; ⌚10–14 & 15–19 Uhr) In dieser beliebten Bäckerei kann man sich Sandwiches oder leckere Muffins und Croissants für ein Picknick kaufen oder sich auf eine der Bänke quetschen, einen Kaffee genießen und dem Trubel zusehen.

Eco Nut BIO **$**
(PT Rd; ⌚Mo–Sa 9.30–17.30 Uhr) Dieser interessante Laden verkauft viele lokale Bio-Produkte – Vollkornbrot, Muffins, Marmelade, Gewürze, Öle, Kräuter und Kräuterheilmittel.

Shoppen

Läden und Stände in der ganzen Stadt verkaufen Gewürze, selbstgemachte Schokolade und natürliche Öle. Einige setzen sich auch in unaufgeregter, aber nachhaltiger Weise für mehr soziale Gerechtigkeit ein.

Re Shop KUNSTHANDWERK
(www.bluemangoindia.com; Seven Road Junction; ⌚Mo–Sa 10–19 Uhr) Stilvoller Schmuck, T-Shirts, Karten und mehr, alles zu vernünftigen Preisen und zum Nutzen benachteiligter Frauen in Dörfern in ganz Tamil Nadu.

Cottage Craft Shop KUNSTHANDWERK
(PT Rd; ⌚Mo–Sa 10–19.30, So 11–19.30 Uhr) Dieser Laden verkauft Hüte, Räuchermittel, Stickereien und andere Waren, die von benachteiligten Handwerkern angefertigt wurden. An diese fließen rund 80 % des Kaufpreises.

Praktische Informationen

Alpha Net (PT Rd; 60 ₹/Std.; ⌚9–20.30 Uhr) Internetcafé.

Touristeninformation (☎241675; PT Rd; ⌚Mo–Fr 10–17.45 Uhr) Sieht zwar nicht gerade vielversprechend aus, ist aber überraschend hilfsbereit.

An- & Weiterreise

Der nächste Bahnhof, Kodai Road, befindet sich in den Ebenen, rund 80 km östlich von Kodaikanal. Täglich verkehren neun Züge zum/ab dem Bahnhof Egmore in Chennai, darunter auch die Übernachtverbindung mit dem *Pandiyan Express* (Sleeper Class/3AC/2AC/1AC 220/561/825/1419 ₹, 8 Std.), der um 21.20 Uhr in Chennai bzw. um 21.10 Uhr ab Kodai Road nordwärts fährt. Die meisten nähergelegenen Ziele erreicht man schneller und einfacher mit dem Bus. Taxis zum/vom Bahnhof kosten 1100 ₹. Zwischen dem Bahnhof und Batlagundu auf der Busroute von Kodai nach Madurai verkehren zahlreiche Busse. In der Stadt gibt's außerdem ein **Zugreservierungsbüro** (abseits Anna Salai; ⌚Mo–Sa 8–12 & 14.30–17, So 8–12 Uhr).

Staatliche Busse von der **Bushaltestelle** (Anna Salai) in Kodai:

Bengaluru 425–450 ₹, 11 Std., 17.30 und 18 Uhr
Chennai 380 ₹, 11 Std., 18.30 Uhr
Coimbatore 120 ₹, 5 Std., 8.30 und 16.30 Uhr
Madurai 68 ₹, 4 Std., 15-mal tägl.
Trichy 111 ₹, 5½ Std., 4-mal tägl.

Raja's Tours & Travels (☎242422; Anna Salai) unterhält Minibusse (mit 20 Klappsitzen), die um 19.30 Uhr nach Ooty (350 ₹, 8 Std.), um 16 Uhr nach Madurai (250 ₹) und um 18 Uhr nach Kochi (600 ₹, 10 Std.) fahren. Der Anbieter verkauft außerdem Tickets für Übernachtverbindungen in AC-Schlafbussen nach Chennai (820 ₹) und Bengaluru (830 ₹).

Unterwegs vor Ort

Das Zentrum von Kodaikanal ist kompakt und leicht zu Fuß zu erkunden. Es gibt keine Autorikschas (unglaublich, aber wahr!), aber jede Menge Taxis. Eine Fahrt in der Stadt kostet etwa 100 ₹.

Rund um Kodaikanal

Eines der besseren Refugien dieser Gegend ist das fabelhafte **Cardamom House** (☎9360691793, 0451-2556765; www.cardamomhouse.com; nahe Athoor Village; Zi. April–Nov. 3300–4000 ₹, Dez.–März 4500–5500 ₹) 🍃, das sich ungefähr drei Fahrstunden unterhalb von Kodaikanal abseits der Strecke von Dindigul nach Batlagundu befindet. Die komfortable Pension liegt am Ende einer malerischen Straße neben dem von vielen Vögeln besiedelten Kamarajar-See und wurde von einem Engländer im Ruhestand mit Liebe und Sorgfalt eingerichtet. Das Anwesen verwendet Solarstrom, ist sparsam beim Wasserverbrauch, betreibt ökologischen Landbau und beschäftigt nur Einheimische (Letztere zaubern köstliche Gerichte!). Man muss weit im Voraus buchen, für die Anfahrt einen Fahrer mieten und ganz auf Erholung eingestellt sein.

Coimbatore

☎ 0422 / 1,06 MIO.

Coimbatore ist eine große Geschäftsmetropole und zugleich ein wichtiger Knotenpunkt. Die zweitgrößte Stadt in Tamil Nadu wird aufgrund ihrer Textilindustrie hin und wieder auch als das Manchester Indiens bezeichnet. Die Stadt wirkt recht freundlich, aber aufgrund des Mangels an interessanten Sehenswürdigkeiten ist sie für viele nur ein Trittstein auf dem Weg nach Ooty oder Kerala. Wer über Nacht bleiben will oder muss, kann aus einer Vielzahl von Unterkünften und Restaurants auswählen.

Coimbatore

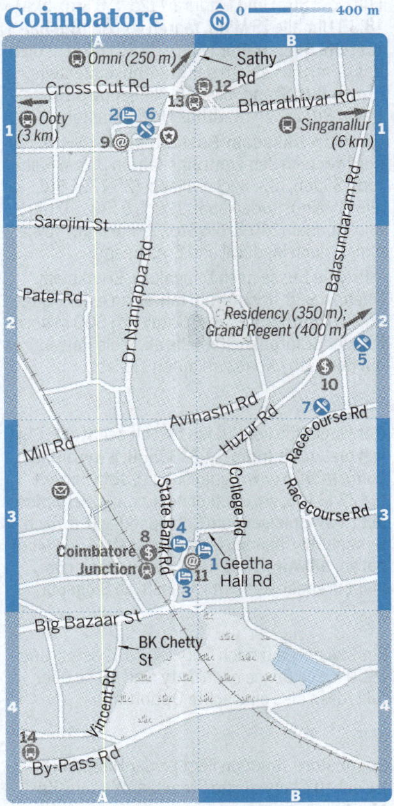

Schlafen

Legend's Inn HOTEL $$

(☎ 4350000; legends_inn@yahoo.com; Geetha Hall Rd; Zi. 1089–1439 ₹, EZ/DZ mit Klimaanlage 1799/2040 ₹; ❄) Eines der günstigsten Mittelklassehäuser, und die großen, sauberen und gemütlichen Zimmer sind ihr Geld wert. Es ist oft ausgebucht – also vorher reservieren.

Hotel ESS Grande HOTEL $$

(☎ 2230271; www.hotelessgrande.co.in; 358-360 Nehru St; EZ/DZ inkl. Frühstück ab 2159/2518 ₹; ❄ @) Das ESS liegt in praktischer Nähe zu einigen Bushaltestellen und bietet kleine, aber sehr saubere, frische Zimmer und blitzblanke Bäder wie es sie sonst wohl nirgends in ganz Coimbatore gibt. Auf den Zimmern steht außerdem kostenloses Internet per Kabel zur Verfügung. In derselben Straße stehen noch weitere Mittelklasse- und Budgethotels.

Hotel AP HOTEL $$

(☎ 2301773; hotelap@yahoo.com; Geetha Hall Rd; EZ/DZ 990/1440 ₹; ❄) Das AP ist nur eines von mindestens zehn Häusern in der Gasse gegenüber vom Bahnhof. Die renovierten, weiß getünchten Zimmer haben alle eine Klimaanlage und sind in hellem Holz gehalten; der Preis ist vernünftig. Wer mehr auf den Preis guckt, kann es im **Sree Subbu Hotel** (☎ 2300006; Geetha Hall Rd; EZ/DZ 420/605 ₹) ein paar Türen weiter versuchen.

Residency HOTEL $$$

(☎ 2241414; www.theresidency.com; 1076 Avinashi Rd; EZ/DZ inkl. Frühstück ab 6596/7075 ₹;

Coimbatore

Schlafen
1 Hotel AP B3
2 Hotel ESS Grande A1
3 Legend's Inn A3
4 Sree Subbu Hotel A3

Essen
5 Hot Chocolate B2
6 Naalukattu A1
7 That's Y On The Go B2

Praktisches
8 ATMs A3
9 Oscar Browsing Centre A1
10 State Bank of India ATM B2
11 Travel Gate A3

Transport
12 SETC-Bushaltestelle B1
13 Stadtbushaltestelle A1
14 Ukkadam-Bushaltestelle A4

WICHTIGE ZÜGE AB COIMBATORE

ZIEL	ZUGNR. & -NAME	PREIS (₹)	DAUER (STD.)	ABFAHRT
Bengaluru	16525-Island-Express	194/533/800	8	22.55 Uhr
Chennai Central	12676-Kovai-Express	132/471*	7½	14.20 Uhr
	12674-Cheran-Express	232/594/880	8½	22.20 Uhr
Ernakulam	17230-Sabari-Express	122/323/610	5	8.30 Uhr
Madurai	16610-Nagercoil-Express	155/419/-	5½	20.30 Uhr

*2. Klasse/AC Chair – alle anderen Preise gelten für Sleeper Class/3AC/2AC

) Das Residency ist allein dank seines netten Personals erste Wahl, aber die attraktiven, gut ausgestatteten Zimmer, der Pool, gratis WLAN und das ausgezeichnete Essen sind auch nicht zu verachten. Die Buffetoptionen im **Pavilion** (Buffet Frühstück/Mittag-/Abendessen 450/670/670 ₹; 24 Std.) sind ihr Geld mehr als wert. Auf der Website kann man sich über Sonderangebote informieren.

Essen

Naalukattu SÜDINDISCH $

(Nehru St; Hauptgerichte 65–140 ₹; 11–23 Uhr) Hier kommt man sich vor, als säße man direkt in Kerala auf einer in dunklem Holz gehaltenen Veranda, während man das durchweg köstliche malayalaminspirierte Essen genießt. Die Meeresfrüchte sind superlecker.

That's Y On The Go INTERNATIONAL $$

(167 Racecourse Rd; Hauptgerichte 100–250 ₹; 12.30–15 & 19–23 Uhr) Dieses gute Restaurant serviert in sauberem, modernem, fröhlichem Ambiente leckere nordindische Gerichte und Klassiker aus aller Welt. Auch die Schokoladen-Desserts sind äußerst verlockend.

Hot Chocolate WESTLICH $$

(734 Avinashi Rd; Hauptgerichte 90–300 ₹; 10–22.30 Uhr) Der Laden ist wirklich nicht übel, wenn man sich nach Tex-Mex, Pasta, Sandwiches oder leckerem Kuchen sehnt.

Praktische Informationen

Geldautomaten (State Bank Rd) Beispielsweise die State Bank of India und die Canara Bank haben einen Geldautomaten am Bahnhof.

Travel Gate (Geetha Hall Rd; pro Std. 25 ₹; 9–22 Uhr) Beengtes, verschwitztes Internetcafé.

An- & Weiterreise

BUS

An der **SETC-Bushaltestelle** (Haltestelle Thiruvalluvar; Bharathiyar Rd) starten staatliche Expressbusse nach Bengaluru (367–700 ₹, 9 Std., 5-mal tägl.), Chennai (360 ₹, 11 Std. 9-mal zwischen 17.30 und 22 Uhr), Ernakulam (139 ₹, 5½ Std., 3-mal tägl.), Mysore (147–300 ₹, 6 Std., 13-mal tägl.) und Trivandrum (300 ₹, 10½ Std., 8-mal tägl.). Von der Bushaltestelle **Ooty** (Neue Bushaltestelle; Mettupalayam (MTP) Rd) nordwestlich des Zentrums gibt's zwischen 1.30 und 21 Uhr alle 20–30 Minuten Verbindungen nach Ooty (52 ₹, 4 Std.) über Mettupalayam (21 ₹, 1 Std.) und Coonoor (40 ₹, 3 Std.) sowie stündlich Busse nach Kotagiri (32 ₹, 3 Std., 5.15–19.15 Uhr), 18-mal täglich Verbindungen nach Mysore und achtmal nach Bengaluru. Busse nach Trichy (140 ₹, 6 Std.) und Madurai (125 ₹, 6 Std., 5.30–18.30 Uhr alle 15 Min.), fahren von der **Bushaltestelle Singanallur** (Kamaraj Rd) 6 km östlich des Zentrums ab: An der Stadtbushaltestelle (**Town Bus Stand**; Ecke Dr. Nanjappa & Bharathiyar Rd) in den Stadtbus Nr. 80 einsteigen.

Von der **Ukkadam-Bushaltestelle** (NH Rd) nordwestlich des Zentrums fahren Busse Richtung Süden, u. a. nach Pollachi (25 ₹, 1¼ Std., alle 10 Min.), Kodaikanal (120 ₹, 6 Std., 10 Uhr) und Munnar (140 ₹, 6½ Std., 2-mal tägl.) sowie einige nach Madurai und Ernakulam.

Private Busse nach Bengaluru, Ernakulam, Chennai und Trivandrum fahren an einer Haltestelle (**Omni Bus Stand**; Sathy Rd) 500 m nördlich der Stadtbushaltestelle ab. Viele Reisebüros auf der Sathy Road verkaufen Tickets.

FLUGZEUG

Der Flughafen liegt 10 km östlich der Stadt. Täglich bieten **Air India** (2303569; www.airindia.com), **IndiGo** (www.goindigo.in), **JetKonnect** (2243465; www.jetkonnect.com) oder **SpiceJet** (www.spicejet.com) Inlandsflüge u. a. nach Bengaluru, Chennai, Delhi, Hyderabad und Mumbai an. **SilkAir** (4370271; www.silkair.com) fliegt dreimal wöchentlich nach/ab Singapur.

TAXI

Ein Taxi bergauf nach Ooty (3 Std.) kostet rund 1800 ₹. Die Busse nach Ooty sind oft so überfüllt, dass dies eine echte Option ist.

ZUG

Coimbatore Junction liegt an der Hauptlinie zwischen Chennai und Ernakulam (Kochi, Kerala), und täglich fahren mindestens zwölf Züge in jede Richtung. Der *Nilgiri Express* um 5.15 Uhr nach Mettupalayam bietet dort Anschluss zur Schmalspurbahn nach Ooty, die um 7.10 Uhr abfährt. Die komplette Reise nach Ooty dauert etwa sieben Stunden.

Unterwegs vor Ort

Von der Stadtbushaltestelle fährt Bus 20 zum Flughafen. Viele Busse verkehren zwischen dem Bahnhof und der Stadtbushaltestelle. Autorikschas kosten rund 50 ₹ vom Bahnhof zum Ukkadam-Busbahnhof, 80 ₹ zum SETC bzw. zur Stadtbushaltestelle und bis zu 150 ₹ nach Ooty.

Rund um Coimbatore

Das **Isha Yoga Center** (☎ 0422-2515345; www.ishafoundation.org), ein Ashram in Poondi, 30 km westlich von Coimbatore, ist zugleich ein Yoga- und Erholungsrefugium sowie ein Pilgerziel. Kern der Anlage ist ein multireligiöser Tempel mit dem Dhyanalinga, dessen Einzigartigkeit darin bestehen soll, dass er alle sieben Chakras spiritueller Energie in sich vereint. Besucher können meditieren oder an Yogasitzungen teilnehmen, in letzterem Fall sollten sie sich aber vorab anmelden.

40 km nördlich von Coimbator liegt die Handelsstadt **Mettupalayam**, sie ist Startpunkt der Schmalspurbahn nach Udagamandalam (Ooty). Wenn man aber hier schlafen will, und den Zug um 7.10 Uhr nimmt, findet man jede Menge Unterkünfte. Das **Hotel EMS Mayura** (☎ 04254-227936; 212 Coimbatore Rd; Zi. 1089–1439 ₹, mit Klimaanlage 1799–2039 ₹; ❄), ein gutes, wenn auch schmuckloses Mittelklassehotel mit ordentlichem Restaurant, ist nur 300 m vom Busbahnhof und 1 km vom Bahnhof entfernt.

Coonoor

☎ 0423 / 54 355 EW. / 1720 M

Coonoor ist eine der drei Hill Stations der Nilgiris (die anderen beiden sind Ooty und Kotagiri), die hoch über den Ebenen im Süden liegen. Der Ort ist kleiner und ruhiger als Ooty und verfügt über ein paar sehr schöne, kleine Hotels und Pensionen. Man kann hier aber trotzdem genau dieselben Sachen machen wie im größeren, überfüllteren Ooty. Von Upper Coonoor, 1–2 km oberhalb des Zentrums, bietet sich ein toller Blick über das Meer aus roten Ziegeldächern, das bis zu den Hängen und noch weiter reicht. Hier kann man Ruhe und Frieden, das kühle Klima und die sagenhafte Landschaft genießen. All das bekommt man im Zentrum der Stadt jedoch nicht: Das Herz Coonoors ist ein einziges wuseliges, hupendes Durcheinander.

Nilgiris

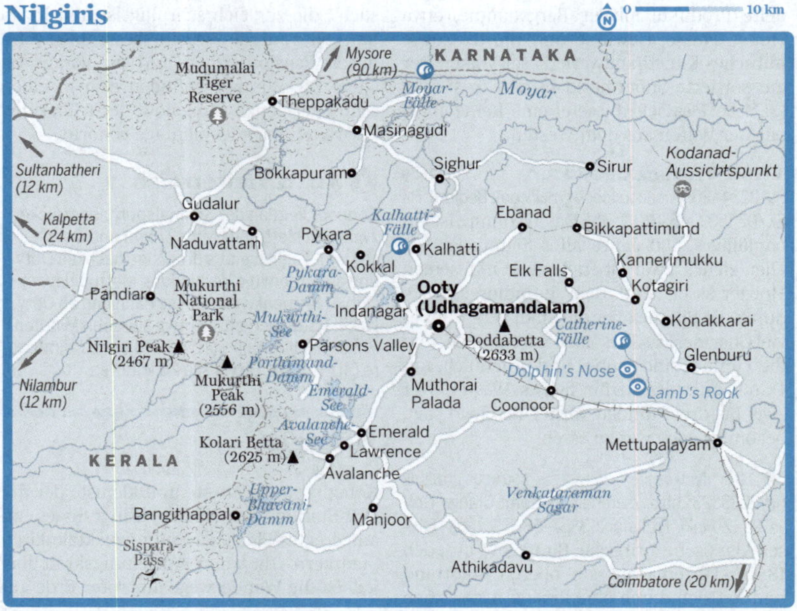

Sehenswertes & Aktivitäten

Vom **Aussichtspunkt Dolphin's Nose** aus, 10 km außerhalb der Stadt, hat man eine weite Aussicht über das ganze Tal hinweg – bis zu den Catherine-Fällen (S. 431). An derselben Straße liegt der **Lamb's Rock**, ein beliebter Picknickplatz in einem hübschen Wäldchen, an dem sich eine atemberaubender Blick über die Hügel bis zu den diesigen Ebenen bietet. Am einfachsten besucht man diese Orte mit einer Rikscha für rund 600 ₹. Wer mag, kann die 6 km vom Lamb's Rock in die Stadt zurück auch zu Fuß gehen (es geht größtenteils bergab).

Sim's Park PARK

(Erw./Kind 20/10 ₹, Kamera/Video 30/75 ₹; ⌚ 8–18.30 Uhr) Der 12 ha große Sim's Park in Upper Coonoor wurde 1874 eröffnet und ist eine friedliche Oase mit gepflegtem Rasen, der sich in einen kleinen See zu ergießen scheint. Hier sind über 1000 Pflanzenarten aus mehreren Kontinenten heimisch, darunter Magnolien, Baumfarne und Kamelien. Busse nach Kotagiri bringen Fahrgäste hierhin.

Schlafen & Essen

Man braucht eine Rikscha, ein Auto oder flinke Beine, wenn man hier überall hin kommen möchte. Selbstversorger finden im **Green Shop** (www.lastforest.in; Jograj Bldg, Bedford Circle; ⌚ Mo–Sa 9.30–19 Uhr) fair gehandelte Produkte lokaler Bergstämme, etwa Honig, Nüsse, Gewürze und Bio-Tee sowie hübsches Kunsthandwerk dieser Völker. Der gut sortierte Supermarkt in der **Tulsi Mall** (31 Mount Pleasant Rd) bietet eine Reihe abgepackter Waren aus dem Westen.

YWCA Wyoming Guesthouse HOSTEL $

(☎ 2234426; ywcacoonoor@gmail.com; Bedford; B/EZ/DZ 150/345/810 ₹; @) Das Wyoming ist ein baufälliges, 150 Jahre altes Schmuckstück. Hier zieht's zwar überall, aber mit seinen Holzterrassen und dem grandiosen Blick durch die Bäume über die Stadt versprüht es viel Charme. Das Personal ist freundlich, und die Zimmer sind sauber und ordentlich, mit Durchlauferhitzern für heißes Wasser. Wer zwei bis drei Stunden vorher Bescheid sagt, bekommt auch was zu essen.

★ **180° McIver** BOUTIQUE-HOTEL $$

(☎ 2233323; http://serendipityo.com; Orange Grove Rd; Zi. inkl. Frühstück 3857–5875 ₹; 📶) Dieser klassische britische Bungalow aus den 1880er-Jahren steht am oberen Stadtrand und hat sich durch eine Prise französischen Flairs in etwas ganz Besonderes verwandelt. Die sechs hübschen, großen Zimmer sind mit Antiquitäten, Kaminen und hellen Bädern ausgestattet, und das Panorama von den Grünflächen rundum ist einfach fantastisch. Das hauseigene Restaurant **La Belle Vie** (Hauptgerichte 150–450 ₹; ⌚ 12–14.45 & 19–22 Uhr) verwendet Bio-Produkte, aber die Gäste müssen ein ganzes Stück fahren, um die europäisch-indisch-südostasiatische Speiseauswahl zu genießen. Überall gibt's gratis WLAN.

Acres Wild FARMAUFENTHALT $$

(☎ 9443232621; www.acres-wild.com; Upper Meanjee Estate, Kannimariamman Kovil St; Zi. inkl. Frühstück 2398–4797 ₹; 📶) Diese Farm in wunderschöner Lage am Südostrand der Stadt wird nachhaltig geführt – mit Solarheizung, Regenwassernutzung und eigenem Käse, wie man ihn in ganz Indien noch nicht gekostet hat. Gäste können einen zweitägigen Käserei-Kurs besuchen. Die fünf Zimmer sind auf drei Cottages verteilt. Sie sind sehr geräumig und stilvoll mit Küche und Kamin eingerichtet. Die freundlichen Besitzer haben jede Menge Vorschläge, was man hier abseits der Touristenpfade unternehmen kann. Buchungen werden empfohlen.

Tryst PENSION $$$

(☎ 2207057; http://trystindia.com; Carolina Tea Estate; EZ/DZ mit HP 5500/6600 ₹; ⌚ Okt.–April; @📶) Wer eine gemütliche Unterkunft sucht, die zugleich schrullig ist und Klasse hat, sollte auf die Website dieser ungewöhnlichen Pension gehen und im Voraus buchen. Die Zimmer befinden sich in einem schön gelegenen Bungalow, der früher dem Verwalter einer Teeplantage gehörte.

An- & Weiterreise

Coonoor liegt an der Schmalspurbahnstrecke zwischen Mettupalayam (27 km) und Ooty (19 km). Täglich gibt's drei Züge nach/ab Ooty und außerdem die Verbindung Mettupalayam–Ooty–Mettupalayam. Busse nach und ab Ooty (10 ₹, 1 Std.) verkehren etwa alle zehn Minuten, Busse nach Kotagiri (11 ₹, 1 Std.) und Coimbatore (40 ₹, 3 Std.) etwa alle 20 Minuten.

Kotagiri

☎ 04266 / 29 777 EW. / 1800 M

Kotagiri ist die älteste und kleinste der drei Hill Stations der Nilgiris: Ein ruhiges, unaufgeregtes Plätzchen mit unspektakulärem Stadtkern – die wahre Anziehungskraft üben jedoch die Wanderwege aus roter Erde aus, die sich durch die Kiefernwälder schlängeln, sowie der stahlblaue Himmel und die Kulisse der grünen Bergwände.

Man kann auch die **Catherine-Fälle** besuchen, die 8 km südlich abseits der Straße nach Mettupalayam liegen (die letzten 3 km muss man zu Fuß gehen, und die Wasserfälle strömen nur, wenn es geregnet hat). Auch die **Elk-Fälle** (6 km) und der **Aussichtspunkt Kodanad** (22 km), von dem aus sich ein Blick über die Coimbatore-Ebenen und das Mysore-Plateau bietet, lohnen einen Ausflug. Eine halbtägige Tour mit dem Taxi zu allen drei Sehenswürdigkeiten kostet rund 1000 ₹,

DIE NILGIRIS & IHRE BERGSTÄMME

Die bewaldeten, von Wasserfällen durchzogenen Felswände der Nilgiris (Blaue Berge) ragen ganz unvermittelt aus den umliegenden Ebenen auf und werden nur von gewundenen Ghat-Straßen und der berühmten Nilgiri Mountain Railway erklommen, die sich den etwas weniger steilen Osthang hinaufschlängelt. Die Berge erheben sich zwischen den Tieflandstädten Mettupalayam im Südosten und Gudalur im Nordwesten, wobei der Sispara-Pass und der Aussichtspunkt Kodanad ungefähr das südwestlichste bzw. nordöstlichste Ende markieren. Das Gebiet im Hochland, eine Ansammlung aus Tälern und Hügeln mit mehr als 20 Gipfeln über 2000 m Höhe, ist der Traum eines jeden Botanikers: Hier wachsen 2300 blühende Pflanzenarten, auch wenn der Großteil des heimischen *shola*-Waldes und des Graslands durch Tee, Eukalyptus und Viehweiden ersetzt wurden.

Die von der UNESCO verzeichnete Nilgiri Biosphere Reserve ist ein größeres, 5520 km² umfassendes Gebiet, zu dem auch Tieflandebenen und Teile der Bundesstaaten Kerala und Karnataka gehören. Es beherbergt mehrere wichtige Tiger-Reservate, Nationalparks und Schutzgebiete und hat eine der größten Artenvielfalten weltweit.

Die Stammesvölker in den Nilgiris wurden in ihrer isolierten Heimat immer weitgehend in Frieden gelassen – bis die Briten vor 200 Jahren auftauchten. Heute haben die Auswirkungen des Kolonialismus und der Migration aus dem Tiefland viele Stammeskulturen an den Rand des Untergangs gebracht, und einige haben sich so sehr angepasst, dass sie praktisch ausgelöscht sind. Andere Stämme hingegen führen noch immer ein halbwegs traditionelles Leben, betreiben Landwirtschaft und Viehzucht im kleinen Stil oder sammeln, was die Wildnis des Waldes ihnen bietet. Organisationen wie die Keystone Foundation (S. 432) helfen, traditionelle Aktivitäten und Kunsthandwerk zu fördern.

Die Toda, deren Zahl sich heute auf etwa 1000 beläuft, sind – dank des Interesses der Anthropologen und ihrer Nähe zu Ooty – von den Bergvölkern am bekanntesten. Einige leben noch immer in winzigen Dörfern aus traditionellen, tonnenförmigen Hütten, die aus Bambus, Rohr und Gras gebaut werden. Die Toda-Frauen tragen ihr Haar in schulterlangen, aufgedrehten Locken, und beide Geschlechter kleiden sich mit den charakteristischen schwarz-rot bestickten Schals aus selbstgesponnener Baumwolle. Der Wasserbüffel ist zentral für das Leben der Toda. Büffelmilch und Ghee sind wichtige Bestandteile ihrer Nahrung und werden auch gegen Getreide, Werkzeuge und medizinische Dienste eingetauscht. Die Milchprodukte dienen auch als Opfergaben für die Götter. Traditionell töten die streng vegetarischen Toda nur bei Beerdigungen einen Büffel, aber nicht, um ihn zu essen, sondern damit er dem Verstorbenen Gesellschaft leistet.

Man nimmt an, dass die 350 000 Stammesangehörigen der Badaga etwa im Jahr 1600 vom Norden in die Nilgiris zogen, daher werden sie hier für gewöhnlich auch nicht zu den echten indigenen Völkern gezählt. Ihre traditionelle Kleidung besteht aus einem weißen Tuch mit einer Borte aus schmalen bunten Streifen. Sie beten die Muttergottheit Hetti Amman an, der auch das sechstägige Hettai-Habba-Fest gewidmet ist, das im Dezember oder Januar gefeiert wird.

Die Kota leben in sieben Siedlungen in der Gegend um Kotagiri. Sie sind Landwirte und halten noch immer Zeremonien ab, bei denen sie die Götter um Regen und eine reiche Ernte anflehen. Aber sie haben sich recht stark an das moderne Leben angepasst, und viele Stammesmitglieder arbeiten sogar für die Regierung.

Die Kurumba leben in den dichten Wäldern im Süden und sammeln traditionell, was der Wald ihnen bietet, etwa Bambus und Wildhonig, den sie an Felswänden, in Felsspalten oder auf Bäumen finden.

und die Landschaft entlang der Straße nach Mettupalayam ist wunderschön.

Wer sich für die Geschichte der Nilgiris interessiert, sollte einen Abstecher zum **Sullivan Memorial** (☎9942545085; www.sullivanmemorial.org; Kannerimukku; Eintritt 10 ₹; ⌚Mo–Sa 10–17 Uhr) machen, 2 km nördlich von Kotagiris Stadtzentrum. Das Haus wurde 1819 von John Sullivan erbaut, dem Gründer von Ooty. Es wurde inzwischen renoviert und steckt voller faszinierender Fotos und Ausstellungsstücke zu den lokalen Bergstämmen, den europäischen Siedlungen und legendären Attraktionen wie der „Spielzeugeisenbahn".

Hier befinden sich auch die Büros der **Keystone Foundation** (☎272277; www.keystone-foundation.org; Groves Hill Rd), einer Organisation, die sich für die Verbesserung der Umweltbedingungen in den Nilgiris einsetzt und mit der indigenen Bevölkerung zusammenarbeitet, um so bessere Lebensstandards für sie zu schaffen. Hier gibt's die Möglichkeit zur Freiwilligenarbeit, u.a. in den Bereichen Kommunikation und Design. Im **Green Shop** (Johnstone Sq; ⌚Mo–Sa 9.30–19 Uhr) der Stiftung in Coonoor gibt's Leckeres für ein Picknick (regional produzierten Bio-Käse, Wildhonig und vieles mehr) und attraktives Kunsthandwerk der Stämme.

Das **Hope Park** (☎271229; www.hopeparkhotel.com; Hope Park; Zi. 1679–2398 ₹) bietet große, saubere Zimmer, ein anständiges Restaurant und freundliches Personal. Das **La Maison** (☎273347; Hadatharai; EZ/DZ 7425/8910 ₹; 📶) ist in französischer Hand und in einem wunderschön renovierten schottischen Bungalow aus den 1890er-Jahren untergebracht. Es liegt 5 km südwestlich der Stadt auf dem Land. Die französisch-indische Fusionsküche hier ist eine echte Attraktion.

Busse nach und ab Ooty verkehren halbstündlich (13 ₹, 1½ Std.) und fahren über einen der höchsten Pässe in Tamil Nadu. Busse nach Mettupalayam verkehren stündlich.

Ooty (Ootacamund, Udhagamandalam)

☎ 0423 / 111 918 EW. / 2240 M

Ooty mag für einige vielleicht etwas zu voll sein – und offen gesagt: Die Stadt ist ein einziges, hässliches Durcheinander. Aber dafür dauert es nicht lange, von hier aus in grünere, ruhigere Gefilde zu fliehen, in denen hohe Kiefern emporragen und wo man angesichts der Landstraßen beinahe glauben könnte, man sei in England. Ooty vereint indische Hektik und Hindu-Tempel mit wunderschönen Parks, Gärten und charmanten Bungalows aus der britischen Raj-Zeit, wobei Letztere die eindrucksvollsten (und meist auch teuersten) Unterkünfte beherbergen.

Die Stadt wurde Anfang des 19. Jhs. von den Briten als Sommersitz der Madras-Regierung gegründet und bekam den einprägsamen Spitznamen „Snooty Ooty" („Hochnäsiges Ooty"). Vor einigen Jahrzehnten wollten Stadtentwickler den Ort umkrempeln, aber irgendwie hat das alte Ooty trotzdem überlebt – man muss sich aber ein Stück vom Zentrum entfernen, um es zu finden.

Die Fahrt mit der berühmten Schmalspurbahn hierher ist sehr romantisch und die Szenerie atemberaubend. Selbst die Straße, die von den Ebenen heraufführt, ist ziemlich beeindruckend. Von April bis Juni (der sehr geschäftigen Hochsaison) ist Ooty ein beliebter Rückzugsort vor der Hitze im Tiefland, und in den kälteren Monaten (Okt.–März), wenn die Nachttemperaturen auf 0° C sinken können, braucht man warme Kleidung, die man hier billig kaufen kann.

Der Bahnhof und die Bushaltestelle befinden sich am Westende der Rennbahn von Ooty, im tiefer gelegenen Teil der Stadt. Westlich davon liegt der See, und rundum schlängeln sich die Straßen in die Stadt hinauf. Ab der Bushaltestelle sind es 20 Fußminuten nach Charing Cross, Ootys Geschäftszentrum. Wie in Kodaikanal gibt's auch in Ooty eine internationale Schule, deren Schüler man häufig in der Stadt sieht.

Sehenswertes

Botanischer Garten GARTEN

(Erw./Kind 20/10 ₹, Foto/Video 30/75 ₹; ⌚7–18.30 Uhr) Der 1848 angelegte, herrliche Park ist ein lebendiges Museum der Flora in den Nilgiris. Sehenswert ist ein versteinerter Baumstamm, der rund 20 Mio. Jahre alt sein soll. An vielen Tagen ist der Park jedoch von indischen Touristen übervoll.

Doddabetta-Aussichtspunkt AUSSICHTSPUNKT

(Eintritt 5 ₹; ⌚7–18 Uhr) Mit 2633 m der höchste Punkt der Nilgiris und einer der besten Aussichtspunkte in der Gegend – immer vorausgesetzt, dass das Wetter klar ist. Der Gipfel liegt etwa 7 km außerhalb der Stadt – früh aufbrechen, denn dann sind die Chancen auf klare Sicht am besten. Jeder Bus nach Kotagiri kann einen an der Abzweigung zum Doddabetta absetzen, von wo aus man einen recht anstrengenden, 3 km langen Fußmarsch oder eine kurze Jeepfahrt vor sich hat. Ein Taxi kostet ab Charing Cross hin und zurück 400 ₹.

Rose Garden GARTEN

(Selbourne Rd; Eintritt 20 ₹, Fotos/Videos 30/75 ₹; ⊙8.30–18 Uhr) Dieser terrassenförmig angelegte, große Rosengarten hat über 20 000 Rosensträucher und 2200 verschiedene Arten. Die beste Besuchszeit ist von Mai bis Juli, dann ist ein Spaziergang über die Anlage besonders schön. Sie liegt auf einem kleinen Hügel und bietet eine nette Aussicht auf Ooty.

Tribal Research Centre Museum MUSEUM

(Muthorai Palada; ⊙Sa–Do 10–13 & 14–17 Uhr) GRATIS Schwer zu sagen, wofür man dieses Museum am meisten lieben sollte: für seine überaus würdig präsentierten Ausstellungen zu den Nilgiri- und den Andamanen-Stämmen oder für die schlecht ausgestopften einheimischen Wildtiere. Aber jetzt mal im Ernst: Die Ausstellungsstücke sind fantastisch – wahrscheinlich bekommt man nie wieder die Chance, einen Bogen aus der Steinzeit in der Hand zu halten. Die Beschreibungen zu den Stämmen sind auch gut, wenn auch ein wenig akademisch. Das Museum liegt gleich hinter dem Dorf Muthorai Palada (M Palada), 11 km südlich von Ooty auf dem Weg nach Emerald, und es fahren häufig Busse hierher. Eine Rikscha kostet 350 ₹ hin und zurück. Die Öffnungszeiten können spontan variieren.

St. Stephen's KIRCHE

(⊙10–17 Uhr, Gottesdienst So 8 & 11 Uhr) Hoch über dem Stadtzentrum thront die makellose St. Stephen's. Sie wurde 1829 errichtet und ist die älteste Kirche der Nilgiris. Es gibt hübsche Buntglasfenster und gewaltige Holzbalken, die Elefanten aus dem rund 120 km entfernten Palast Tipu Sultans hierher schleppten, und ferner die teils kitschigen, teils rührenden Tafeln und Plaketten, die in der Kolonialzeit von Kirchgängern gespendet wurden. Auf dem ruhigen, überwucherten Friedhof erinnern Grabsteine an manch einen der einst in Ooty ansässigen Briten.

Nilgiri Library BIBLIOTHEK

(Hospital Rd; ⊙Lesesaal Sa–Do 9.30–13 & 14.30–18 Uhr) Diese altmodische kleine Bibliothek in einem immer mehr verfallenden Gebäude aus dem Jahr 1867 umfasst über 60 000 Bücher, darunter seltene Titel zu den Nilgiris und den Bergstämmen. Auch Besucher können im Lesesaal gegen eine Spende in selbst gewählter Höhe in den Büchern stöbern.

Aktivitäten

Wandern

Vielleicht das Beste an einem Aufenthalt in Ooty ist die Möglichkeit, die wunderschönen Nilgiris zu erleben. Die Touristeninformation in Ooty und viele Unterkünfte können einen Kontakt zu einheimischen Guides herstellen, die Tagesausflüge für 400–450 ₹ pro Person inklusive Mittagessen anbieten. Normalerweise fährt man aus der Stadt hinaus und wandert dann durch die Hügel zu Dörfern und Teeplantagen. Die Touristeninformation hält Informationen zu Wanderungen auf eigene Faust bereit, aber es gibt keine Broschüren oder anständigen Karten dazu.

Wer die Waldgebiete mit ihrer vielfältigen Tierwelt erkunden möchte – etwa hinter Avalanche im Süden, im Parsons Valley im Westen oder im Mukurthi National Park – braucht eine Genehmigung der Forstbehörde von Tamil Nadu, und wahrscheinlich muss man auch mit einem Guide der Behörde wandern. Man muss mit einem schriftlichem Antrag und dem Reisepass bei der **District Forest Office Nilgiris South Division** (☎2444083; dfosouth@sancharnet.in; Mount Stuart Hill) oder der **District Forest Office Nilgiris North Division** (☎2443968; dfonlg@tn.nic.in; Mount Stuart Hill) vorstellig werden: Die Genehmigungen werden, sofern bewilligt, normalerweise noch am selben Tag ausgestellt. Die Behörde vermittelt auch einige einfache Unterkünfte. Eine tolle drei- bis fünftägige Wanderung – falls man sie organisieren kann – ist die Route durch das „Silent Valley“ südwestlich von Bangithappal im Mukurthi National Park. Sie führt über den Sispara-Pass und hinunter nach Walakkad und Sairandhri im Silent Valley National Park in Kerala.

Die **Nilgiri Wildlife & Environment Association** (☎2447167; http://nwea.in; Mount Stuart Hill; ⊙Mo–Fr 10–13 & 15–17, Sa 10–13 Uhr) gibt Tipps zu Wanderungen. Man kann ihre Mitglieder für 2000–3000 ₹ pro Tag (inklusive Essen) auch als Führer anheuern.

Bootsfahrten

Am **Bootshaus** (Eintritt 5 ₹, Kamera/Video 10/100 ₹; ⊙9–18 Uhr) am See von Ooty kann man Ruderboote leihen. Ein Boot kostet für eine halbe Stunde 100 ₹ aufwärts (plus 100 ₹ Pfand).

Reiten

Ootys Rennbahn prägt das Tal zwischen Charing Cross und dem See. Die Rennsaison dauert von Mitte April bis Mitte Juni, und

Ooty (Udhagamandalam)

an den zwei bis drei Renntagen pro Woche herrscht in der Stadt ein reges Treiben: Ein Ereignis, das man nicht verpassen sollte, wenn man schon mal hier ist. Die Rennen finden zwischen 10.30 und 14.30 Uhr statt.

Touren

Die Taxipreise liegen bei 800 ₹ für eine vierstündige Tour durch Ooty, bei 950 ₹ nach Coonoor (4 Std.) und 1600 ₹ zum Mudumalai Tiger Reserve.

Schlafen

Ooty verfügt im oberen Preissegment über ein paar wunderschöne Häuser aus der Kolonialzeit. Außerdem gibt's einige anständige Backpacker-Schuppen, in der Mittelklasse ist allerdings nicht viel geboten. Zur Warnung: In der Hochsaison (April–Mitte Juni) geht's zu wie auf einem Markt, und dann schießen die Preise vieler Hotels in astronomische Höhen. Meist muss man um 9 Uhr auschecken.

YWCA Anandagiri HOSTEL $
(☎ 2442218; www.ywcaagooty.com; Ettines Rd; B 99–110 ₹, EZ 230–960 ₹, DZ 345–960 ₹) Diese ehemalige Brauerei ist heute ein weitläufiger Komplex aus mehreren Cottages inmitten schöner Blumengärten. Mit den großzügigen Gemeinschaftsbereichen und dem Restaurant mit preiswerten Mahlzeiten (vorab buchen) hat man eine wirklich ausgezeichnete Budgetoption. Die Zimmer sind sauber und meist geräumig, aber durch die hohen Zimmerdecken wird's nachts oft kalt. Am besten fragt man für den Fall der Fälle nach einer zusätzlichen Bettdecke.

Reflections Guest House PENSION $
(☎ 2443834; reflectionsin@yahoo.co.in; 1B North Lake Rd; EZ 500–600 ₹, DZ 550–800 ₹) Das Reflections ist schon seit Langem im Geschäft. Die Budgetunterkunft liegt auf der anderen Seite des Sees in Ooty, und die meisten der zwölf sauberen, anständigen Zimmer bieten einen Blick aufs Wasser. Außerdem wird

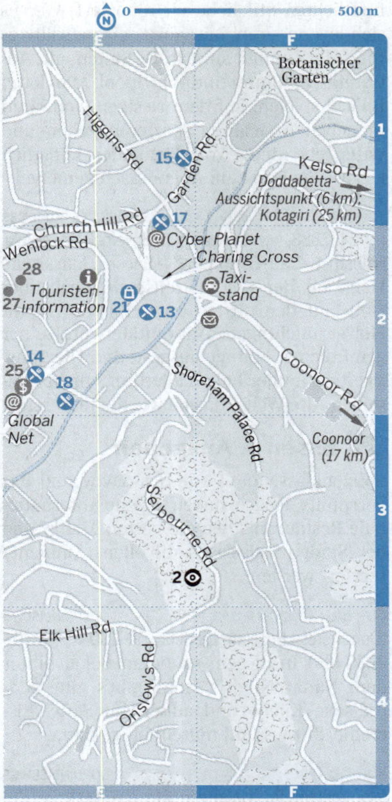

Ooty (Udhagamandalam)

Sehenswertes
1 Nilgiri Library D2
2 Rose Garden E3
3 St. Stephen's D1
4 St. Thomas B4

Aktivitäten, Kurse & Touren
5 Bootshaus A3

Schlafen
6 Hotel Sweekar C4
7 Hotel Welbeck Residency C1
8 Lymond House B1
9 Mount View Hotel B4
10 Reflections Guest House B4
11 Savoy Hotel B1
12 YWCA Anandagiri D4

Essen
13 Garden Restaurant E2
14 Kabab Corner E2
15 Modern Stores E1
16 Shinkow's Chinese Restaurant D2
17 Virtue Bakes E1
18 Willy's Coffee Pub E2

Ausgehen & Nachtleben
Café Coffee Day .... (siehe 15)
19 Café Coffee Day D2

Shoppen
20 Green Shop C2
21 Higginbothams E2
22 Higginbothams D2
23 K Mahaveer Chand C4
24 Mohan's D1

Praktisches
25 Axis Bank ATM E2
26 Canara Bank ATM C3
27 District Forest Office Nilgiris North Division E2
District Forest Office Nilgiris South Division .... (siehe 27)
28 Nilgiri Wildlife & Environment Association E2
Büro des Field Directors .... (siehe 28)
29 State Bank of India ATM D2

Transport
30 Jeepstand D3
31 Jeepstand C4
32 Royal Tours C3
33 Taxistand D3

hier indisches und westliches Essen zu fairen Preisen (60–180 ₹) serviert. Zwei Stunden täglich kann man heiß duschen, und Toilettenpapier und Handtücher kosten 20 ₹.

Hotel Sweekar HOTEL $
(☎2442348; hotelsweekar@gmail.com; 236 Race View Rd; Zi. 350–550 ₹) Das Sweekar bringt seine Gäste in kleinen, aber sauberen Zimmern in einem traditionellen Ooty-Cottage am Ende eines blumengesäumten Weges unter. Heißes Wasser gibt's nur von 7.30 bis 9.30 Uhr, aber das Sweekar ist preiswert und wird von einem sehr hilfsbereiten Bahai geführt.

★ **Lymond House** HISTORISCHES HOTEL $$
(☎2223377; http://serendipityo.com; 77 Sylks Rd; Zi. inkl. Frühstück 4137–4797 ₹; WLAN) Was hat dieser britische Bungalow aus den 1850er-Jahren nur an sich, dass er seinen Kollegen eine Nasenspitze voraus ist? Ist es das gemütliche Cottage mit Blumen, Himmelbetten, Kaminen, weißen Laken und warmer Beleuchtung? Sind es die moderne Ausstattung und das kostenlose WLAN, das den Alte-Welt-Stil in den großzügigen Zimmern modern ergänzt? Oder der helle Speisesaal und der schöne ländliche Garten? Zweifellos

ist es einfach alles zusammen. Das informelle, aber sehr effiziente Management trägt ebenfalls dazu bei.

Hotel Welbeck Residency HOTEL **$$**
(☎ 2223300; www.welbeck.in; Welbeck Circle, Club Rd; Zi. inkl. Frühstück 2878–4257 ₹; @ 📶) Dieses attraktive, ältere Gebäude punktet mit komfortablen, gemütlichen Zimmern, einem Hauch kolonialer Klasse (neben dem Eingang steht ein Austin Saloon von 1920), einem anständigen Restaurant und hilfsbereitem Personal.

Mount View Hotel HOTEL **$$**
(☎ 2442077; www.hotelmountviewooty.com; Ettines Rd; Zi. 1971–3943 ₹; 📶) Dieser elegante Bungalow in einer ruhigen Einfahrt in praktischer Nähe zur Bushaltestelle und zum Bahnhof wurde kürzlich renoviert, und die neun riesigen, holzgetäfelten Zimmer mit hohen Decken bieten viel Komfort. Aber es ist wirklich ein Jammer, dass sie die Kamine hier nicht benutzen!

Willow Hill HOTEL **$$**
(☎ 2223123; www.willowhill.in; 58/1 Havelock Rd; EZ 1319–3598 ₹, DZ 1559–3957 ₹ inkl. Frühstück) Das Willow Hill liegt hoch über der Stadt, und wenn man in einer der oberen Etagen wohnt, eröffnet sich vor den großen Fenstern ein toller Ausblick auf Ooty. Die zehn Zimmer sind im Stil schicker alpiner Chalets eingerichtet, und die teuersten haben einen privaten Garten.

★ Savoy Hotel HISTORISCHES HOTEL **$$$**
(☎ 2225500; www.tajhotels.com; 77 Sylks Rd; EZ 5341–10 088 ₹, DZ 5934–12 275 ₹ inkl. Frühstück; @ 📶) Das Savoy ist eines der ältesten Hotels in Ooty und stammt aus dem Jahr 1829. Die großen Cottages haben einen schönen Garten mit Blumenbeeten, Rasenflächen und perfekt geschnittenen Hecken. Die altmodischen Zimmer überzeugen mit großen Bädern, Holzfeuern und Erkerfenstern. Der Service ist sehr gut, und zu den modernen Annehmlichkeiten gehören eine Bar, WLAN (gegen Gebühr), Spiele für Kinder und Erwachsene und ein ausgezeichnetes internationales Restaurant. Während der Hochsaison muss man vielleicht Vollpension buchen.

Ferrnhills Palace HISTORISCHES HOTEL **$$$**
(☎ 2443910; www.welcomheritagehotels.com; Fern Hill; Zi. inkl. Frühstück 11 192–33 576 ₹; @ 📶) Der prachtvolle angloindische Sommerpalast des Maharadschas von Mysore wurde in wunderschönem, wenn auch übertrieben fürstlichem Stil liebevoll renoviert. Wer es sich leisten kann, hier abzusteigen, sollte es tun! Alle Zimmer sind große Suiten, mit Antiquitäten, Kamin und Whirlpool. Man kann Billard spielen, auf dem riesigen, von Wald umgebenen Gelände spazieren gehen und unter lebendigen Wandgemälden königlich leckere Speisen zum Abendessen genießen.

King's Cliff HISTORISCHES HOTEL **$$$**
(☎ 2452888; www.littlearth.in; Havelock Rd; Zi. inkl. Frühstück 2129–5966 ₹; 📶) Dieses klassische Haus aus der Kolonialzeit steht hoch über Ooty auf dem Strawberry Hill. Es ist mit Holzvertäfelungen, Antiquitäten und einer gemütlichen Lounge ausgestattet. Die günstigeren Zimmer haben allerdings nicht denselben Alte-Welt-Charme wie die teureren.

Essen & Ausgehen

Spitzenklassehotels wie das Savoy und das Ferrnhills Palace haben eigene internationale Restaurants, wo die besten Mahlzeiten der Stadt in klassisch-stilvollem Ambiente serviert werden.

Garden Restaurant SÜDINDISCH **$**
(Commercial Rd; Hauptgerichte 50–130 ₹; ⏲ 7.30–21.30 Uhr) In diesem sauberen Lokal hinter dem Nahar Nilgiris Hotel gibt's gute südindische Küche und außerdem Säfte, Eiscreme, Snacks und mittelmäßige Pizza.

Kabab Corner NORDINDISCH **$$**
(Commercial Rd; Hauptgerichte 70–300 ₹; ⏲ 13–23 Uhr) Hier sind alle Fleischfans richtig, die das vegetarische Essen der südindischen Küche allmählich leid sind. Von außen sieht der Laden nicht so wahnsinnig vielversprechend aus, aber hier kann man sich perfekt gegrillte und gewürzte Lammfilets, Hühnchen und Panir schmecken lassen und hinterher alles noch mit herrlich weichem, dreieckigem Naan auftunken. Die Tandoori-Platte für 640 ₹ eignet sich prima für Gruppen, aber wenn man nicht mindestens zu viert ist, wird man sie kaum schaffen.

Shinkow's Chinese Restaurant CHINESISCH **$$**
(38/83 Commissioner's Rd; Hauptgerichte 100–250 ₹; ⏲ 12–15.45 & 18.30–21.45 Uhr) Eine Institution in Ooty – auf der einfachen Karte stehen Gerichte mit Hühnchen-, Schweine- und Rindfleisch sowie Fisch, Nudeln und Reis, die gut und schnell serviert werden.

Willy's Coffee Pub CAFÉ **$**
(KCR Arcade, Walsham Rd; Gerichte 20–80 ₹; ⏲ 10–21.30 Uhr) Wenn man die Stufen erklommen

hat, kann man sich unter die Schüler und Jugendlichen mischen und Brettspiele spielen, sich in der Leihbibliothek umschauen und Pizza, Pommes Frites, getoastete Sandwiches, Kuchen und Kekse zu sehr vernünftigen Preisen genießen.

Café Coffee Day CAFÉ $
(Garden Rd; Kaffee 60–110 ₹; 9–23 Uhr;) Hier gibt's immer guten Kaffee, Tee und Kuchen. In der Church Hill Road gibt's noch eine **Filiale** (Church Hill Rd; 9–23 Uhr;).

Selbstversorger

Modern Stores (144 Garden Rd; 9.30–20.30 Uhr), ein Mini-Supermarkt, wartet mit einer großen Auswahl westlicher Lebensmittel auf – vom Müsli bis hin zur Seville-Orangenmarmelade. Dazu gibt's Brot und Käse aus den Nilgiris. Der fairtrade- und bioorientierte **Green Shop** (Sargan Villa, abseits Club Rd; Mo–Sa 9.30–19 Uhr) bietet prima Wildhonig und hübsches Kunsthandwerk, und ein Bienenmuseum gibt's auch. **Virtue Bakes** (Garden Rd; 10.30–22.30 Uhr) verkauft leckere Kuchen, Gebäck und Brot zum Mitnehmen.

Shoppen

Die wichtigste Shoppingmeile ist die Commercial Road, in der man Kaschmirgeschäfte neben Läden mit Kunsthandwerk und *khadi* (hangesponnenem Stoff) aus Kerala findet. Ansonsten verkauft **K Mahaveer Chand** (291 Main Bazaar Rd; 9.30–20 Uhr) seit über 40 Jahren den besonders schönen, traditionellen Silberschmuck der Toda, und **Mohan's** (Commissioner's Rd; 10–20 Uhr) bietet eine kuriose Sammlung aus alten Telefonen, Radios, Bierkrügen und warmer Kleidung an. In der Nähe des Eingangs zum botanischen Garten verkaufen tibetische Flüchtlinge Pullover und Schals, die man an einem kalten Abend in Ooty sicher zu schätzen weiß. **Higginbothams** (2443736; Commercial Rd; Mo–Sa 9–13 & 15.30–19.30 Uhr) hat eine gute Abteilung mit Büchern in englischer Sprache (auch Lonely Planet Führern); oben auf dem Hügel gibt's eine weitere **Filiale** (2442546; Commissioner's Rd; Mo–Sa 9–13 & 14–18 Uhr).

Praktische Informationen

Cyber Planet (Garden Rd; 30 ₹/Std.; 9.30–18.30 Uhr)

Global Net (Commercial Rd; 30 ₹/Std.; 9–21.30 Uhr)

Touristeninformation (2443977; Wenlock Rd; Mo–Fr 10–17.45 Uhr;) Gute Karten und Infos.

An- & Weiterreise

Am lustigsten ist die Anreise nach Ooty mit der Schmalspurbahn aus Mettupalayam. Busse aus anderen Teilen von Tamil Nadu, aus Kerala und aus Mysore und Bengaluru in Karnataka fahren regelmäßig den Berg hinauf und hinunter. Taxis sammeln sich an verschiedenen Ständen in der Stadt, und es gelten feste Preise zu vielen Zielen, darunter Coonoor (600 ₹), Kotagiri (700 ₹), Coimbatore (1500 ₹) und das Mudumalai Tiger Reserve (1000 ₹).

BUS

Nach Kochi (Cochin, Kerala) nimmt man am besten um 7 oder 8 Uhr den Bus nach Palakkad (80 ₹, 6 Std.) und steigt dort um. **Royal Tours** (2446150), gegenüber dem Bahnhof, unterhält um 9 Uhr einen Minibus nach Kodaikanal (500 ₹, 8 Std.).

Die staatlichen Busunternehmen Tamil Nadus, Keralas und Karnatakas haben ein Reservierungsbüro am **Busbahnhof**. Einige Verbindungen:

Bengaluru 350–600 ₹, 8 Std., 12-mal tägl.

Chennai 450 ₹, 14 Std., 3-mal tägl.

Coimbatore 52 ₹, 4 Std., alle 30 Min., 5.30–20.30 Uhr

Mysore 135 ₹, 5 Std., etwa alle 45 Min., zwischen 6.15 und 17.45 Uhr

ZUG

Die Schmalspurbahn (auch „Spielzeugeisenbahn") von Mettupalayam nach Ooty – eine jener Bergbahnen Indiens, die auf der UNESCO-Welt-kulturerbeliste stehen – ist die beste Art, hierher zu reisen; ihr offizieller Name ist Nilgiri Mountain Railway. Sie hat spezielle Kammräder an der Lokomotive, die in eine dritte „verzahnte" Schiene auf dem Boden greifen, um die unglaublich steilen Steigungen zu bewältigen. Während der Fahrt bietet sich ein toller Blick auf Wälder, Wasserfälle, Bergpanoramen und Teeplantagen. Auf dem Abschnitt zwischen Mettupalayam und Coonoor kommen Dampfloks zum Einsatz, die den Zug mehr den Berg hinauf schieben als ziehen.

Während der Hochsaison sollte man versuchen, die Bahn mehrere Wochen im Voraus zu buchen. Ansonsten sind ein paar Tage vorab ratsam, auch wenn dies nicht immer nötig ist. Die Bahn verlässt Mettupalayam täglich um 7.10 Uhr Richtung Ooty (1./2. Klasse 155/23 ₹, 5 Std.). In Ooty fährt sie um 14 Uhr nach Mettupalayam ab, und die Fahrt dauert 3½ Stunden. Wer mit dem *Nilgiri Express* aus Chennai (Central Station) in Mettupalayam ankommt, hat Anschluss zur Schmalspurbahn nach Ooty und umgekehrt. Außerdem verkehren zwischen Ooty und Coonoor täglich drei Passagierzüge in jede Richtung (18 ₹, 1¼ Std.).

Man sollte sich merken, dass Ooty auf den meisten Zugfahrplänen als Udhagamandalam verzeichnet ist.

Unterwegs vor Ort

Es gibt hier jede Menge Autorikschas und Taxis: Die Preistafeln für die Autorikschas hängen beispielsweise vor dem Busbahnhof und am botanischen Garten. Eine Autorikscha vom Bahnhof oder Busbahnhof nach Charing Cross kostet rund 60 ₹.

In der Nähe des Busbahnhofs und am Markt befinden sich Stände mit Jeeptaxis, die etwa anderthalbmal so teuer sind wie normale Taxis.

Mudumalai Tiger Reserve

☎ 0423

Im Hügelland der Nilgiris liegt dieses 321 km² große Reservat, das aussieht, als hätte man ein klassisches indisches Landschaftsgemälde zum Leben erweckt. Spindeldürre Bäume und ein Blätterdickicht, das nur hier und da Licht durchlässt, verbergen Axishirsche und grunzende Wildschweine. Hier leben außerdem rund 50 Tiger: Dank dieser Population kann sich Mudumalai der höchsten Tigerdichte in ganz Indien rühmen. Aber man braucht trotzdem eine Menge Glück, wenn man einen von ihnen sehen will. Im Großen und Ganzen ist das Schutzgebiet aber der beste Ort für Tierbeobachtungen in Tamil Nadu. Am ehesten erspäht man hier Hirsche, Pfauen, Wildschweine, Languren und Malabar-Rieseneichhörnchen. Außerdem stehen die Chancen gut, einen wilden Elefanten (im Park leben mehrere Hundert davon) oder Gaur (indische Bisons) zu entdecken.

Zusammen mit Bandipur und Nagarhole in Karnataka und Wayanad in Kerala bildet Mudumalai eine undurchbrochene Fläche wichtiger Schutzgebiete.

Im April, Mai oder Juni ist das Mudumalai-Reservat manchmal wegen Waldbrandgefahr geschlossen, und auch die regnerischen Monate Juli und August sind keine angenehmen Zeiten für einen Besuch.

Das **Empfangszentrum** (☎ 2526235; ⏰ 6.30–18 Uhr) des Schutzgebiets und ein paar staatliche Unterkünfte befinden sich in Theppakadu, an der Hauptstraße von Ooty nach Mysore. Das Dorf Masinagudi liegt 7 km östlich und Theppakadu am nächsten.

Sehenswertes & Aktivitäten

Wandern ist im Schutzgebiet nicht erlaubt, und Privatfahrzeuge dürfen nur die Hauptstraße Ooty–Gudalur–Theppakadu–Mysore und die Strecken Theppakadu–Masinagudi und Masinagudi–Moyar-River befahren. Auch von den Straßen aus kann man einige Tiere zu sehen bekommen, aber die beste Möglichkeit, das Schutzgebiet zu erleben, ist die offizielle, wirklich tolle 45-minütige **Minibustour** (35 ₹/Pers.; ⏰ 7 Uhr, 8, 15, 16 & 17 Uhr), auf der man eine 15 km lange Runde in mit Tarnstreifen bemalten, 26-sitzigen Bussen unternimmt. Am besten sollte man eine halbe Stunde vorher im Empfangszentrum sein, um sich einen Platz zu sichern. Dort kann man auch halbstündige **Elefantenritte** (460 ₹/4 Pers.; ⏰ 7–8 & 16–17 Uhr) buchen. Um 18 Uhr kann man zusehen, wie die Arbeitselefanten des Schutzgebiets im nahen **Elefantencamp** (Minibustour-Teilnehmer frei, sonst 15 ₹) gefüttert werden.

Einige Veranstalter bieten Wanderungen in der Zone rund um das Schutzgebiet an, aber diese sind potenziell gefährlich, und die Schutzbehörden raten strikt davon ab. Die Jeepsafaris mit ausgebildeten Führern, die von den besseren Resorts angeboten werden, sind eine sicherere Alternative.

Schlafen & Essen

Im Schutzgebiet stehen ein paar schlichte Unterkünfte an einem Fußweg oberhalb des Moyar River in Theppakadu zur Verfügung. Es ist ratsam, vorab beim **Büro des Field Directors** (Karte S. 434; ☎ 0423-2444098; fdmtr@tn.nic.in; Mount Stuart Hill, Ooty; ⏰ Mo–Fr 10–18, Sa 10–13 Uhr) in Ooty zu buchen, aber die Rezeption nimmt auch spontan Gäste auf, sofern Zimmer frei sind. Die beste Wahl ist das gut gepflegte **Theppakadu Log House** (DZ/4BZ 1100/1600 ₹), das gemütliche Zimmer mit eigenem Bad hat. Die **Sylvan Lodge** (DZ 600 ₹) ist ähnlich gut, aber nicht so gemütlich. Der Hausmeister kann in beiden Unterkünften Mahlzeiten organisieren (Abendessen kostet 40–50 ₹). Eine weitere Alternative ist das sehr schlichte, staatlich geführte **Hotel Tamil Nadu** (☎ 2526580; htn-mdm@ttdconline.com; B/DZ/4BZ 125/550/950 ₹), aber immerhin hat es ein Restaurant.

Komfortablere Unterkünfte gibt's in den zahlreichen Lodges und Resorts außerhalb des Parks. Viele von ihnen sind familiengeführt und bieten eine warme Atmosphäre, hohe Standards und eine atemberaubende Aussicht. Besonders viele gibt es im Dörfchen Bokkapuram, 5 km außerhalb von Masinagudi am Fuß der Berge. Man sollte das Resort nachts nicht verlassen, da hier Leoparde und andere Wildtiere leben. Sofern die Mahlzeiten nicht in den Zimmerpreisen enthalten sind, kosten sie jeweils zwischen 250 und 450 ₹.

★ **The Wilds at Northernhay** LODGE $$
(☎ 9843149490; http://serendipityo.com; Singara; Zi. inkl. Frühstück 4035–4747 ₹) Diese wunderschöne Lodge liegt 8 km südwestlich von Masinagudi. Sie ist in einem umgebauten Kaffeelagerhaus auf einer Kaffeeplantage untergebracht und von vielen hohen Bäumen umgeben, die einem das Gefühl geben, man übernachte tief im Wald. Die gemütlichen Häuschen (zwei von ihnen sind oben in den Baumwipfeln) und das ausgezeichnete Essen runden das positive Bild ab – zusammen mit den jeweils zweistündigen Jeepsafaris morgen und abends (2750 ₹), bei denen man gute Chancen hat, eine Vielzahl wilder Tiere zu sehen.

Jungle Retreat RESORT $$
(☎ 2526469; www.jungleretreat.com; Bokkapuram; B 524 ₹, Zi. 2941–4706 ₹; 🏊) Dies ist eines der stilvollsten Resorts der Gegend. Man wohnt in robusten Bambushütten, liebevoll gebauten Stein-Cottages oder hoch oben in einem Baumhaus. Die Unterkünfte sind relativ weit verstreut, wodurch sich ein Gefühl der Abgeschiedenheit einstellt. In der Bar, im Restaurant und im Gemeinschaftsbereich kann man prima andere Reisende kennenlernen, und die Besitzer sind sehr kompetent und freundlich. Die Poolanlage ist toll – und angeblich sind hier sogar schon Elefanten und Leoparden auf ein Schlückchen Poolwasser vorbeigekommen.

Forest Hills Guest House RESORT $$
(☎ 2526216; www.foresthillsindia.com; Bokkapuram; DZ 2177–4430 ₹) Das Forest Hills ist eine familiengeführte Unterkunft mit überschaubarer Größe (14 Zimmer auf 5 ha). Sie umfasst ein paar Bambushütten und Baumhäuser, saubere, geräumige Zimmer und ein Zimmer in einem Wachturm, von dem aus man prima Vögel und andere Tiere beobachten kann. Das ganze Gelände strahlt ein leicht koloniales Flair aus, und es gibt eine Bar in einer Art Pavillon, ein Spielezimmer und ein Lagerfeuer am Abend.

Jungle Hut RESORT $$$
(☎ 2526463; www.junglehut.in; Bokkapuram; Vollpension EZ 3400–5300 ₹, DZ 5000–6900 ₹; ❄📶🏊) Neben den großzügigen Zimmern in den Cottages, welche auf einem großen Gelände verstreut stehen, und einem gemütlichen Gemeinschaftsbereich bietet dieses freundliche Resort das vielleicht beste Essen in Bokkapuram (wer in einem anderen Resort wohnt und das Restaurant nach Einbruch der Dunkelheit besucht, sollte nicht allein nach Hause gehen!). Morgens und abends grast eine Herde von Axishirschen auf dem Gelände, und das Resort kann Jeepsafaris, Wanderungen und Vogelbeobachtungstouren organisieren.

ℹ Anreise & Unterwegs vor Ort

Von Ooty aus kann man mit dem Taxi für rund 1600 ₹ einen Tagesausflug nach Mudumalai machen. Man sollte zumindest eine Strecke auf der wirklich spektakulären Alternativroute über die Hügelstraße von Sighur Ghat fahren, die 36 Haarnadelkurven hat. Ein Taxi von Ooty nach Theppakadu sollte rund 1000 ₹ kosten.

Busse zwischen Ooty und Mysore fahren über Gudalur und halten in Theppakadu (45 ₹, 3 Std. ab Ooty). Kleinere Busse, die die Straße von Sighur Ghat passieren können, fahren von Ooty nach Masinagudi (10 ₹, 1½ Std., 8-mal tägl.). Örtliche Busse verkehren alle zwei Stunden zwischen Masinagudi und Theppakadu (5 ₹); Sammeljeeps nehmen die Strecke für 10 ₹ pro Person ebenfalls in Angriff – falls sich genügend Passagiere finden. Aber für 100 ₹ kann man auch einen Jeep ganz für sich allein mieten. Eine Jeepfahrt zwischen Masinagudi und Bokkapuram kostet ebenfalls ungefähr 100 ₹.

Andamanen

Inhalt ➡

Beste Strände

- Radhanagar (S. 451)
- Merk Bay (S. 457)
- Ross & Smith Island (S. 458)
- Butler Bay (S. 459)
- Strand 5 (S. 451)

Schön übernachten

- Emerald Gecko (S. 454)
- Aashiaanaa Rest Home (S. 448)
- Pristine Beach Resort (S. 458)
- Blue View (S. 459)
- Blue Planet (S. 458)

Auf zu den Andamanen!

Dank legendärer Strände, erstklassiger Tauchmöglichkeiten und abgeschiedener Lage mitten im Nirgendwo haben die Andamanen unter Travellern schon lange einen sagenhaften Ruf. Bis heute eignen sie sich ideal, um mal abzuschalten.

Smaragdgrüne Traumgewässer umgeben urzeitlichen Dschungel, Mangrovenwälder und weiße Strände, die unter violetten Sonnenuntergängen zu schmelzen scheinen. Die Bevölkerung ist ein Mix aus süd- bzw. südostasiatischen Siedlern und dunkelhäutigen Ethnien, deren Weg zu den Inseln die Anthropologen bis heute verblüfft. Den Reiz erhöht die einsame Lage – ca. 1370 km vom Festland, 150 km von Indonesien und 190 km von Myanmar entfernt. Somit gehören die Andamanen geografisch eher zu Südostasien.

Nur etwa ein Dutzend der rund 300 Eilande ist für Besucher zugänglich. Havelock Island ist wegen seiner Strände und Tauchspots am beliebtesten. Die Nicobaren und die Stammesgebiete sind für Touristen dagegen komplett tabu.

Reisezeit

Port Blair

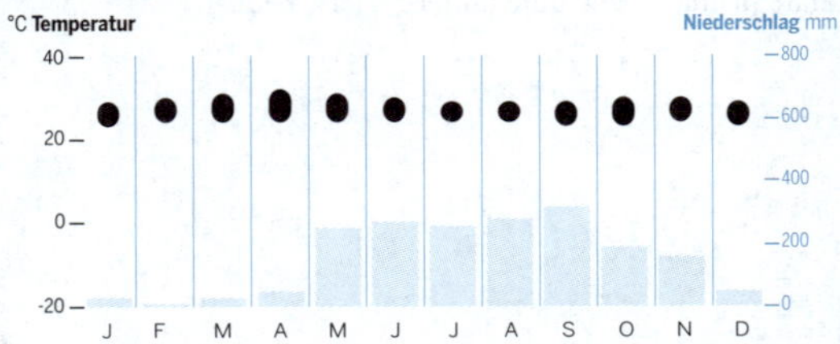

Dez.–März Perfekte Sonne, optimales Tauchen, brütende Schildkröten.

Okt.–Dez. & März–Mitte Mai Wechselhaftes Wetter, weniger Touristen und günstigere Preise.

Mai–Aug. Auf Little Andaman: Heftige Wellen für erfahrene Surfer.

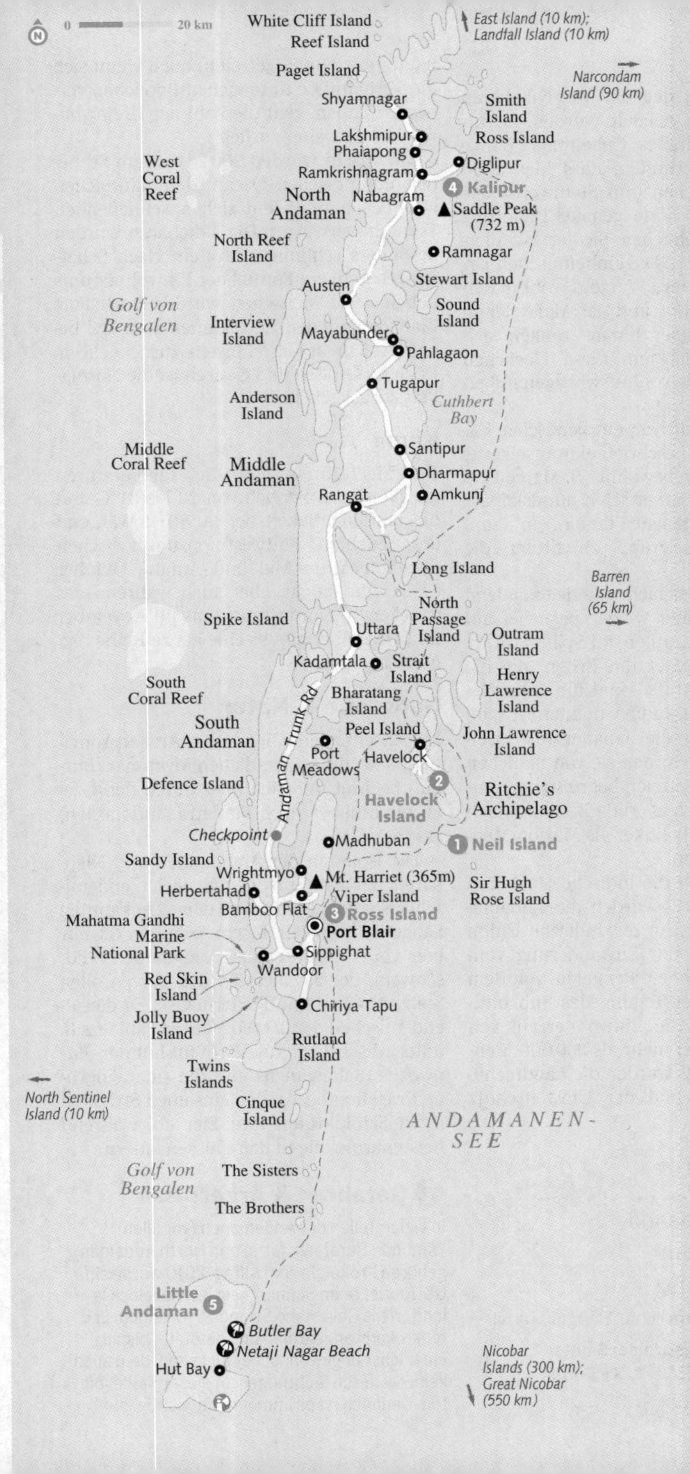

Highlights

1. Kindliche Faulheit und Freude auf **Neil Island** (S. 455) wiederfinden
2. Auf **Havelock Island** (S. 451) tauchen, schnorcheln und Kontakte knüpfen
3. Port Blairs Kolonialgeschichte auf **Ross Island** (S. 448) bewundern
4. Beim Wechseln zwischen unberührten Inselstränden und Korallenriffen die wahre Wildnis von North Andaman bei **Kalipur** (S. 458) erleben
5. Auf **Little Andaman** (S. 459) die Butler Bay und das Paradies entdecken

Geschichte

Wann die Andamanen und die Nikobaren zum ersten Mal besiedelt wurden, ist bis heute ein ungelüftetes Geheimnis. Einige Anthropologen vermuten, dass hier 2000 Jahre lang Menschen und Steinwerkzeuge hergestellt haben. Eine genaue Datierung der ersten menschlichen Siedler ist allerdings nicht möglich. Die einheimischen Ureinwohner haben ihre Wurzeln wohl in den Ethnien der Negritos und der Malaysier in Südostasien. Darüber hinaus ranken sich unzählige Legenden um diese Fleckchen mitten im Meer, die von Auswärtigen mitgebracht wurden.

Buzurg Ibn Shahriyar, ein persischer Kapitän des 10. Jhs., beschrieb eine Inselkette, die von Kannibalen bewohnt sei, Marco Polo fügte an, die Einwohner seien hundsköpfig. Auf Tafeln in Thanjavur (Tanjore) in Tamil Nadu heißt die Inselgruppe Timaittivu: „die unreinen Inseln".

Obschon das alles nicht gerade einladend klingt, kamen immer wieder Besucher auf die Inseln: die Marathen im späten 17. Jh. und 200 Jahre später die Briten, die die Andamanen als Strafkolonie für politische Strafgefangene aus Indien nutzten. Als im Zweiten Weltkrieg die Japaner die Inselgruppe besetzten, wurden sie von manchen Einwohnern als Befreier begrüßt; sie entpuppten sich jedoch als rüde Besatzer, auch wenn sie indische Politiker als Marionettenregierung einsetzten.

Im Anschluss an die indische Unabhängigkeit im Jahr 1947 wurden die Andamanen und Nikobaren in die Indische Union eingegliedert. Mit der Zuwanderung vom Festland – u.a. flohen Bengalen vor dem Chaos während der Teilung des Subkontinents – schnellte die Einwohnerzahl von einigen Tausend auf mehr als 350 000 Menschen hoch. Damals wurden die Landrechte der Ureinwohner und der Umweltschutz häufig mit Füßen getreten; auch wenn sich die Verhältnisse in manchen Bereichen verbessert haben, geht die Zahl der Ureinwohner immer weiter zurück.

Die Inseln wurden 2004 von dem Seebeben im Indischen Ozean, den zahlreichen Nachbeben und dem sich anschließenden Tsunami verwüstet. Die Nikobaren wurden besonders schlimm getroffen: Nach Schätzungen kam ein Fünftel der Einwohner ums Leben, viele Menschen wurden nach Port Blair umgesiedelt und können zum Teil bis heute nicht auf ihre Inseln zurückkehren. Doch im Großen und Ganzen ist die Normalität zurückgekehrt.

Klima

Die Meeresbrise hält die Temperaturen ganzjährig im Bereich von 23 bis 31°C und die Luftfeuchtigkeit bei ca. 80%. Während des (feuchten) Südwestmonsuns zwischen ungefähr Mitte Mai und Anfang Oktober ist es sehr feucht, aber auch während des (trockenen) Nordostmonsuns im November und Dezember gibt es eine ganze Reihe regnerischer Tage.

Geografie & Natur

Die Inseln sind Gipfel der Arakan-Yoma-Bergkette, die im westlichen Myanmar (Burma) beginnt und sich quer durch den Ozean bis hinüber nach Sumatra (Indonesien) erstreckt.

Die Isolation der Andamanen und Nikobaren hat zur Entwicklung vieler endemischer Spezies geführt. Von den 62 bekannten Säugetierarten der Inseln kommen 32 nur hier vor – darunter das Andamanen-Wildschwein, der Javaneraffe, der Larvenroller, Spitzhörnchen und Fledermäuse. Zu den 18 endemischen der 250 Vogelarten zählen z.B. unterirdisch brütende Großfußhühner, *hawabills* (Salanganen) und die smaragdgrüne Kragentaube. An den einsamen Stränden legen Schildkröten ihre Eier ab, während Leistenkrokodile in den Flüssen lauern.

KURZINFOS

- **Bevölkerung:** 380 000
- **Fläche:** 8248 km²
- **Vorwahl:** ☎ 03192
- **Hauptsprachen:** Hindi, Bengali, Tamil
- **Übernachtungspreise:** **$** unter 800 ₹, **$$** 800–2500 ₹, **$$$** über 2500 ₹

ℹ Gefahren & Ärgernisse

In vielen Teilen der Andamanen (vor allem Wandoor, Baratang, Little und North Andaman) gehören Krokodile zum Alltag. 2010 wurde ein US-Tourist beim Schnorcheln auf Havelock Island (Neils Cove nahe Strand 7) von einem Leistenkrokodil angegriffen und getötet – bislang ein höchst ungewöhnlicher Einzelfall, dem auch keine weiteren Sichtungen an dieser Stelle folgten. Dennoch ist es immer noch wichtig, stets sehr wachsam und entsprechend informiert zu sein. Unbedingt alle behördlichen Warnhinweise beachten und während der Morgen- oder Abenddämmerung nicht ins Wasser steigen!

Ein weiteres Problem sind Sandfliegen: Auf Havelock Island (Strand 7), Little und North Andaman werden die unglaublich juckenden Bisse der Kleininsekten mitunter zur echten Plage. Zwecks Infektionsvermeidung sollte man sich nicht an der Bissstelle kratzen, sondern diese mit Kortisonsalbe behandeln und bei einer Entzündung ärztliche Hilfe suchen. Die beste Vorbeugung ist ein DEET-haltiges Insektenabwehrmittel; Niembaumöl soll aber ebenfalls gut funktionieren.

ℹ Praktische Informationen

Obwohl die Andamanen über 1000 km östlich vom Festland liegen, gilt hier immer noch die indische Zeit. So kann es schon um 17 Uhr dunkel und um 4 Uhr wieder hell werden – die meisten Einheimischen sind daher absolute Frühaufsteher. Selbst bei Ortsgesprächen ist grundsätzlich die Regionalvorwahl ☎ 03192 mitzuwählen.

GENEHMIGUNGEN

Alle ausländischen Andamanen-Besucher brauchen eine entsprechende Genehmigung, die gratis bei Ankunft erteilt wird. Diese Aufenthaltserlaubnis mit 30 Tagen Gültigkeit gilt für Port Blair, South und Middle Andaman (ausgen. Stammesgebiete), North Andaman (Diglipur), Long Island, North Passage, Little Andaman (ausgen. Stammesgebiete), Havelock und Neil Island. Beim **Einwanderungsbüro** (Immigration Office; ☎ 03192-239247; ⏲ Mo–Fr 8.30–13 & 14–17.30, Sa 8.30–13 Uhr) in Port Blair sowie bei allen regionalen Polizeiwachen lässt sie sich um 15 Tage verlängern.

Die Genehmigung erlaubt auch Tagestrips nach Jolly Buoy, South Cinque, Red Skin, Ross, Narcondam, Interview und Rutland Island – ebenso zur Inselgruppe der Brothers und Sisters.

Schiffspassagiere werden in der Regel bei Ankunft von einem Einwanderungsbeamten erwartet; falls nicht, sollte man sofort das Behördenbüro am Haddo Jetty aufsuchen. Die Genehmigung ist für Trips vor Ort obligatorisch und daher immer mitzuführen. Vor allem beim Besuch anderer Inseln lassen sich Polizisten das Dokument regelmäßig vorzeigen; zudem benötigen Hotels die darauf vermerkten Angaben. Folgende Stellen informieren über die aktuellen Bestimmungen:

Andaman & Nicobar Tourism (☎ 03192-232694; www.and.nic.in/newtourism; Kamaraj Rd; ⏲ Mo–Fr 8.30–12.30 & 13.30–16.30, Sa 8.30–12 Uhr)

Meldebüro für Ausländer (Foreigners' Registration Office; ☎ Chennai 044-23454970, Kolkata 033-22470549; www.immihelp.com/nri/protected-restricted-area-permit-india.html)

> **ℹ GENEHMIGUNGSKOPIEN**
>
> Zum Recherchezeitpunkt erforderte das Buchen von Fährtickets offiziell eine Fotokopie der Aufenthaltsgenehmigung (in der Praxis nicht immer vorzuzeigen). Um das Trauma des erneuten Anstehens zu vermeiden, sollte man Port Blairs Fährbüro gleich mit etwa fünf Kopien aufsuchen: Diese werden später wohl ohnehin noch benötigt.

Einige Nationalparks und Naturschutzgebiete erfordern separate Genehmigungen. Was im Einzelfall eventuell nötig und dann wie zu erlangen ist, weiß die Touristeninformation in Port Blair. Bei komplexeren Besuchsplänen wird man zum **Obersten Wildhüter** (Chief Wildlife Warden, CWW; ☎ 03192-233321; Haddo Rd, Port Blair; ⏲ Mo–Fr 8.30–12 & 13–16 Uhr) geschickt.

Die meisten Tagesgenehmigungen kosten wenig Zeit, aber viel Geld: Für Gebiete wie den Mahatma Gandhi Marine National Park oder Ross und Smith Island bei Diglipur bezahlen Ausländer 500 ₹ (Inder 50 ₹). Die Gebühr für den Saddle Peak National Park (ebenfalls nahe Diglipur) beträgt 250 ₹ (Inder 25 ₹). Studierende mit gültigem Studentenausweis müssen jedoch nur ganz wenig berappen und sollten letzteren daher unbedingt mitbringen.

Die Nicobaren sind lediglich für Inder zugänglich, die im Regierungsauftrag oder zu Forschungs- bzw. Geschäftszwecken dorthin reisen.

UNTERKUNFT

Die aufgeführten Preise gelten für die Hauptsaison (Dez.–März), können aber zu den Spitzenzeiten (Mitte Dez.–Jan.) nochmals kräftig steigen. Dann sind die Unterkünfte der Andamanen schwer gefragt, was rechtzeitiges Reservieren ratsam macht. In der Zwischensaison (Mai–Nov.) gibt's dagegen ordentlich Rabatt. Camping ist auf den Inseln verboten.

ℹ An- & Weiterreise

FLUGZEUG

Ab Delhi, Kolkata und Chennai gehen täglich Flüge nach Port Blair (bei Start in Delhi oder Kolkata oft über Chennai). Je nach Buchungszeitpunkt kosten Hin- und Rückflug zusammen 250 bis 600 US$. Wer Monate im Voraus reserviert, bekommt die einfache Strecke bei manchen Gesellschaften schon für 80 US$. Gen Port Blair starten z. B. **SpiceJet** (☎ 1800 1803333; www.spicejet.com), **GoAir** (☎ 1800 222111; www.goair.in), **Air India** (☎ Port Blair

03192-233108; www.airindia.com), **Jet Airways** (☎22-39893333; www.jetairways.com) und **JetLite** (☎03192-242707; www.jetlite.com). Zum Recherchezeitpunkt waren Flüge von Kingfisher gerade ausgesetzt.

In Port Blair besteht keinerlei Auslandsverbindung nach Südostasien.

SCHIFF/FÄHRE

Die berühmt-berüchtigten Boote nach Port Blair sind entweder „die einzig wahre Art, auf die Andamanen zu fahren" oder eine echte Tortur – je nachdem, wen man gerade fragt. Die Wahrheit liegt irgendwo dazwischen. Normalerweise verkehren pro Monat drei bis vier Schiffe zwischen Port Blair und Chennai (60 Std.) oder Kolkata (64 Std.); hinzu kommt eine Verbindung nach/ab Vizag (56 Std.). Alle Fähren vom Festland machen am Haddo Jetty fest.

- Passagen ab Chennai kann man beim **Andaman Shipping Office** (☎25226873; www.and.nic.in; 2. Stock, Shipping Corporation of India, Jawahar Bldg, 17 Rajaji Salai, George Town; ⏲Mo–Fr 9–13 & 14–15, Sa 9–12 Uhr) buchen.
- Tickets ab Kolkata und Vizag gibt's bei der **Shipping Corporation of India** (☎in Kolkata 033-22484921, in Vizag 0891-2565597; www.shipindia.com; 13 Strand Rd, Kolkata)

Die Fahrtzeiten sind oft reine Glückssache: Manche Traveller haben schon bis zu zwölf Stunden in Kolkatas Hafen an Bord gewartet; in anderen Fällen hat sich das Anlegen in Port Blair um mehrere Stunden verschoben. Durch solche Verzögerungen, wechselhaftes Wetter und raue See kann die Passage zweieinhalb bis fünf Tage dauern.

Fährtickets für die Rückfahrt sind beim Buchungsbüro (S. 449) in Phoenix Bay erhältlich. Dies erfordert zwei Passfotos und eine Fotokopie der Aufenthaltsgenehmigung. Aktuelle Fahrpläne und Preise finden sich unter www.and.nic.in/newtourism oder www.shipindia.com.

Je nach Boot variieren die Klassen leicht; am billigsten sind Bunks (Kojen 2160 ₹). Dann folgen die 2. Klasse B (4280 ₹), die 2. Klasse A (5540 ₹), die 1. Klasse (6320 ₹) und die Deluxe-Kabinen (7640 ₹). Auf der MV *Akbar* gibt's auch Kojen in klimatisierten Gemeinschaftskajüten (3620 ₹). Tickets höherer Preiskategorien kosten so viel wie oder z. T. sogar mehr als ein Flug.

AUSFALLENDE FÄHREN

Schlechtes Wetter kann den Reiseplan kräftig durcheinanderbringen: Bei zu rauer See wird der Fährbetrieb oft eingestellt. Daher unbedingt ein paar Puffertage einplanen, damit man nicht festsitzt und seinen Flug verpasst!

Kojenpassagiere müssen mit schnarchenden und spuckenden Männern, wenig Privatsphäre und Toiletten rechnen, die nach drei Tagen auf See ziemlich unappetitlich werden. Allerdings kommt man dabei auch prima in Kontakt zu Einheimischen – Fans des langsamen, abenteuerlichen Reisens dürfte das Ganze gefallen.

Das Bordessen (in Koje/Kabine pro Tag ca. 150/200 ₹) besteht aus Frühstückssnacks plus Thalis zum Mittag- und Abendessen. Parallel empfiehlt sich selbst Mitgebrachtes (vor allem frisches Obst) zur Nahrungsergänzung. Etwas Bettzeug wird gestellt; Kojenpassagiere sollten jedoch ein Laken dabeihaben. Viele Traveller spannen eine eigene Hängematte an Deck auf.

Die fehlende Fährverbindung zwischen Port Blair und Thailand lässt sich eventuell per Privatjacht umgehen. Eine legale Überfahrt von den Andamanen nach (Burma) ist nicht möglich; angeblich schippern aber manche Leute mit eigenen Booten hinüber. Doch Vorsicht: Wer dabei von der indischen bzw. burmesischen Marine erwischt wird, riskiert Gefängnis oder Schlimmeres!

Unterwegs vor Ort

AUTO & MOTORRAD

Mietwagen mit Fahrer (550 ₹/35 km) ermöglichen z. B. auch Trips von Port Blair nach Diglipur (hin & zurück ca. 10 000 ₹ inkl. Zwischenstopps). Leihmopeds sind ab 300 ₹ pro Tag zu haben.

BUS

Alle Straßen- und Schiffsverbindungen führen nach Port Blair. Zwecks Organisation der Weiterreise verbringt man dort zwangsläufig ein bis zwei Tage. Straßen, Fähren und Brücken verbinden die drei Hauptinseln (South, Middle und North Andaman). Günstige staatliche und teurere private Busse fahren ab Port Blair südwärts nach Wandoor; die Nordroute über Bharatang, Rangat und Mayabunder endet schließlich 325 km von der Hauptstadt entfernt in Diglipur. Das Jarawa-Reservat ist ab ca. 15 Uhr für die meisten Verkehrsmittel gesperrt. Busse, die es durchqueren, starten daher zwischen ca. 4 und 11 Uhr.

FLUGZEUG

Zwei Typen von Luftfahrzeugen verbinden Port Blair mit den übrigen Inseln. Die Aussicht dabei lohnt sich – wenn das Budget es zulässt.

Ein neues amphibisches **Wasserflugzeug** (☎03192-244312; andamanseaplane@gmail.com; ⏲Mo-Sa) verlässt Port Blairs Rollbahn gen Havelock (4100 ₹), Little Andaman (7170 ₹) und Diglipur (10 500 ₹), wo es dann jeweils auf dem Wasser landet bzw. startet. Parallel fliegt ein regionaler Helikopter-Service von Port Blair aus nach Little Andaman (2625 ₹, 35 Min.), Havelock (1500 ₹, 20 Min.), Diglipur (4125 ₹, 1 Std.) und Mayabunder (3375 ₹). Er wird aber nur von we-

DIE INDIGENE BEVÖLKERUNG DER INSELN

Die indigenen Völker der Andamanen und Nikobaren machen 12 % der Gesamtbevölkerung aus, und die Zahl der Mitglieder der meisten Ethnien nimmt stetig ab. Die Onge, Sentinelesen, Andamanesen und Jawara sind alle Negritos und ähneln in ihrer äußeren Erscheinung Afrikanern. Tragischerweise sind im vorigen Jahrhundert zahlreiche Ethnien ausgestorben. Als im Februar 2010 der letzte Angehörige der Bo starb, erlosch mit ihm seine Sprache und eine 65 000 Jahre umfassende Geschichte.

Onge

Zwei Drittel von Little Andaman Island, auf der die Onge leben, wurden 1977 von der Forstverwaltung übernommen und zur Besiedlung freigegeben. Die rund 100 verbliebenen Angehörigen des Volkes der Onge leben in einem 25 km² großen Reservat, das Dugong Creek und South Bay umfasst. Anthropologen führen den starken Rückgang der Zahl der Onge auf die Demoralisierung durch den Verlust ihres angestammten Territoriums zurück.

Sentinelesen

Im Gegensatz zu anderen Völker auf den Inseln verweigern die Sentinelesen jeden Kontakt zur Außenwelt. Über Jahre landeten immer wieder Kontaktsucher an den Stränden von North Sentinel Island, der letzten Bastion der Sentinelesen. Sie brachten Geschenke – Kokosnüsse, Bananen, Schweine und rote Plastikeimer –, wurden aber meist mit einem Pfeilhagel empfangen. Nur selten verliefen Begegnungen etwas weniger feindselig. Heute leben noch rund 150 Sentinelesen.

Andamanesen

Die Andamanesen zählen heute nur mehr rund 50 Personen, sodass ihr Untergang besiegelt scheint. Mitte des 19. Jhs. gab es noch rund 7000 Andamanesen, doch ihr freundlicher Umgang mit den Siedlern wurde ihnen zum Verhängnis. 1971 war ihre Zahl auf 19 gesunken, der größte Teil des Volkes war von den Masern, der Syphilis und Grippeepidemien dahingerafft worden. Die letzten Überlebenden wurden auf die winzige Strait Island umgesiedelt.

Jarawa

Die 350 verbliebenen Jarawa bewohnen ein 639 km² großes Reservat auf South und Middle Andaman Island. 1953 ließ der militärische Befehlshaber Jarawa-Siedlungen von einem Wasserflugzeug bombardieren. Das Siedlungsgebiet wird von der Andaman Trunk Rd durchtrennt und ist durch Abholzung und das Eindringen von Siedlern und Touristen bedroht. 2012 verbreitete sich ein Video, das einen Austausch zwischen den Jarawa und Touristen zeigte, wie ein Virus, wobei ein Polizist sie aufforderte, für Essen zu tanzen. Was zu einer staatlichen Untersuchung führte und das Ende der so genannten 'human safari' Tour bedeutete. Die meisten Jarawa reagieren auf Kontaktaufnahmen feindselig.

Shompen

Nur noch rund 250 Shompen leben in den Wäldern auf Great Nicobar. Die halbnomadischen Jäger und Sammler halten sich vor allem an den Flussufern auf. Sie trotzen Integrationsversuchen und meiden Gebiete, in denen indische Zuwanderer leben.

Nikobaresen

Die 30 000 Nikobaresen sind das einzige indigene Volk, dessen Zahl nicht abnimmt. Mehrheitlich sind sie Christen und haben sich teilweise an die moderne indische Gesellschaft assimiliert. Sie leben in Dorfgemeinden unter der Leitung eines Dorfvorstehers, züchten Schweine und bauen Kokosnüsse, Yams und Bananen an. Die Vorfahren der Nikobaresen kamen wahrscheinlich aus Malaysia und Myanmar. Heute bewohnen sie eine Reihe von Inseln der Nikobarengruppe rund um die Insel Car Nicobar, die von dem Tsunami im Jahr 2004 besonders schlimm verwüstet wurde – etwa ein Fünftel der Bevölkerung wurde getötet oder wird vermisst.

nigen Touristen genutzt, da Regierungsbeamte Vorrang genießen und das Gepäcklimit bei 5 kg liegt. Interessenten können ihr Glück versuchen und beim **Sekretariat** (☎ 03192-230093) in Port Blair nachfragen.

SCHIFF/FÄHRE

Die meisten Inseln sind nur auf dem Wasserweg erreichbar. So romantisch das klingt: Warten in der Hitze, lahmes Personal, Drängler und Rangeleien um einen Platz am Ausgabeschalter können den Kauf von Fährtickets zur Qual machen. Um sich einen gewissen Vorteil zu sichern und seinen Platz in der Schlange zu behaupten, muss man schon etwas robust auftreten (dabei bitte nicht übertreiben) – oder eine Frau sein: Gesonderte Schlangen für Frauen sind ein wahrer Segen, aber faktisch nur in Port Blair vorhanden. Wer spätestens eine Stunde vor Abfahrt den entsprechenden Pier aufsucht, kann sein Ticket theoretisch auch direkt am Reisetag kaufen. Da dies aber sehr oft nicht klappt, ist Reservierung (1–2 Tage) ratsam. Achtung: Ohne die Aufenthaltsgenehmigung für die Andamanen (wird direkt bei Ankunft erteilt; s. S. 443) sind Fährtickets nicht im Voraus buchbar!

Boote schippern regelmäßig nach Rangat, Mayabunder, Diglipur, Little Andaman, Havelock und Neil Island. Einen Online-Fahrplan mit Verbindungen zwischen den Inseln gibt's unter www.and.nic.in/spsch/iisailing.htm.

Die Privatgesellschaft **Makruzz** (www.makruzz.com; ab 775 ₹) schickt täglich eine vergleichsweise schnellere, aber auch dreimal so teure Fähre nach Havelock Island. Zum Recherchezeitpunkt richtete **Coastal Cruise** (☎ 03192-241333; www.coastalcruise.in) gerade einen weiteren privaten Schnellbootservice zwischen Port Blair, Havelock und Neil Island ein.

PORT BLAIR

100 608 EW.

Die etwas rustikale Provinzhauptstadt der Andamanen wird von hübschen, dichten Wäldern und schroffen Küstenlinien umgeben. Der lebhafte Einwohnermix (Bengalen, Tamilen, Telugus, Nicobaresen und Birmanen) stammt aus Ländern am Indischen Ozean. Die meisten Traveller verbringen hier nicht mehr Zeit als nötig – in der Regel ein bis zwei Tage, während sie höchst ungeduldig auf die Ticketbuchung zur regionalen Weiterreise oder ihre Abreise von den Andamanen warten. Parallel kann „PB" zwar nicht mit den Stränden von Havelock konkurrieren, erlaubt aber dank faszinierender Geschichte tolles und auch längeres Sightseeing.

Sehenswertes

Cellular Jail National Memorial HISTORISCHES GEBÄUDE
(GB Pant Rd; Eintritt 10 ₹, Fotos/Video 25/100 ₹; Sound-and-Light-Show Erw./Kind 20/10 ₹; ⏲ Di–So 8.45–12.30 & 13.30–17 Uhr) Das frühere britische Gefängnis ist heute ein Nationaldenkmal für die einst hier inhaftierten politischen Gegner der Kolonialherrschaft. Ein Besuch hilft einem zu verstehen, welch wichtige Rolle die Andamanen in der indischen Nationalgeschichte spielen. Mit dem Bau des Gefängnisses wurde 1896 begonnen, fertiggestellt war es 1906. In den ursprünglich sieben Trakten rund um einen Wachturm – mehrere wurden im Zweiten Weltkrieg von den Japanern zerstört –, waren 698 Zellen untergebracht. Wie viele Gefängnisse für politische Häftlinge wurde auch das Cellular Jail zu einer „Universität" für die Freiheitskämpfer, die hier trotz Mauern und Wärtern miteinander diskutierten und Bücher und Ideen austauschten.

Montags, mittwochs und freitags gibt's um 19.15 Uhr die ziemlich kitschige **Sound-and-Light-Show** in englischer Sprache (wenn es das Wetter zulässt).

Anthropologisches Museum MUSEUM
(☎ 232291; MG Rd; Eintritt/Foto 10/20 ₹; ⏲ Di–So 9–13 & 13.30–16.30 Uhr) Das beste **Museum** in Port Blair porträtiert umfassend und wohlwollend die Ureinwohner der Inseln. Die Schaukästen mögen altmodisch daher kommen, wirken aber im Vergleich zu ihrem Inhalt geradezu hypermodern: Sie präsentieren z. B. einen Brustschutz der Jarawa mit eingravierten geometrischen Mustern, einen Totenschädel, der in einer Sentinelesen-Hütte gefunden wurde, und Schamanenskulpturen von den Nikobaren, die totemistische Geister verkörpern. Im Souvenirladen gibt es auch Infobroschüren zur Kultur der Ureinwohner von Andaman und Nicobar zu kaufen.

Samudrika Marine Museum MUSEUM
(Haddo Rd; Erw./Kind 20/10 ₹, Fotos/Video 20/50 ₹; ⏲ Di–So 9–13 & 14–17 Uhr) Das von der indischen Marine betriebene Museum bietet eine beeindruckende Vielzahl an interessanten Exponaten über das Ökosystem der Inseln Run, die indigenen Völker und die Tiere und Pflanzen zu Lande und im Wasser – es gibt sogar ein kleines Aquarium. Vor dem Museum ist das eindrucksvolle Skelett eines jungen Blauwals aufgestellt, der vor einiger

Port Blair

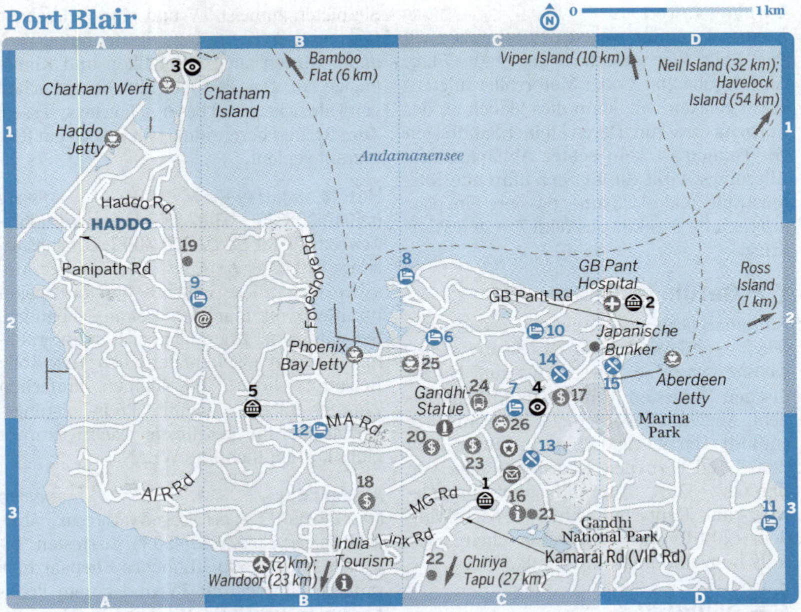

Port Blair

Highlights
1 Anthropologisches Museum............C3
2 Cellular Jail National Memorial............D2
3 Chatham Saw Mill............A1
4 Clock Tower............C2
5 Samudrika Marine Museum............B2

Schlafen
6 Aashiaanaa Rest Home............C2
Amina Lodge............(siehe 7)
7 Azad Lodge............C2
8 Fortune Resort – Bay Island............C2
9 Hotel Driftwood............A2
10 Hotel Lalaji Bay View............C2
11 Hotel Sinclairs Bayview............D3
12 TSG Emerald............B3

Essen & Ausgehen
13 Annapurna............C3
Bayview............(siehe 11)
Excel Restaurant............(siehe 10)
Gagan Restaurant............(siehe 4)
14 Lighthouse Residency............C2
Mandalay Restaurant............(siehe 8)
15 New Lighthouse Restaurant............D2

Praktisches
16 Andaman & Nicobar Tourism............C3
17 Axis Bank (Geldautomat)............C2
18 Axis Bank (Geldautomat)............B3
19 Chief Wildlife Warden............A2
E-Cafe............(siehe 4)
Green Island Tours............(siehe 4)
20 ICICI (Geldautomat)............C3
21 Einreisebehörde............C3
22 Secretariat............C3
23 State Bank of India............C3

Transport
24 Bushaltestelle............C2
25 Ferry Booking Office............C2
26 Taxi & Autorickschastand............C3

Zeit auf der Nikobareninsel an den Strand gespült wurde.

Chatham Saw Mill HISTORISCHE STÄTTE
(Eintritt 10 ₹; ⏲Mo–Sa 8.30–14.30 Uhr) Die auf der (über eine Straßenbrücke erreichbaren) Chatham Island stehende Sägemühle wurde 1836 von den Briten erbaut und war einst einer der größten holzverarbeitenden Betriebe Asiens. Die Mühle ist immer noch in betriebsfähigem Zustand und sicher – vor allem für Naturfreunde – kein erfreulicher Anblick, vermittelt aber einen interessanten Einblick in die Geschichte und Wirtschaft der Insel. Außerdem gibt es hier noch einen großen Bombentrichter aus dem Zweiten Weltkrieg, den man über den Pfad entlang des Waldmuseums erreicht.

Corbyn's Cove STRAND

Niemand kommt wegen des Strands nach Port Blair. Wer außerhalb der Stadt (7 km; Autorikscha 200 ₹ oder Motorroller mieten) etwas relaxen will, kann dies jedoch an der Corbyn's Cove tun. Deren kleiner Sandbogen vor Palmen ist kein echter Abhängstrand. Allerdings wirkt die hierher führende Küstenstraße malerisch und passiert ein paar **japanische Bunker** aus dem Zweiten Weltkrieg.

Geführte Touren

Andaman & Nicobar Tourism GEFÜHRTE TOUR

(IP&T; ☎03192-232694; www.and.nic.in/newtourism; Kamaraj Rd) Diese Trips sind bei indischen Touristen vom Festland sehr beliebt. Angeboten werden z. B. Tagesausflüge zum Mt. Harriet (250 ₹), nach Chiriya Tapu (200 ₹) oder zu den Kalksteinhöhlen von Baratang (525 ₹). Alternativ geht's über Gewürz- und Kautschukplantagen nach Wandoor (200 ₹) oder zum Schnorcheln nach Jolly Buoy und Redskin Island (500 ₹).

Schlafen

★ **Aashiaanaa Rest Home** PENSION $

(☎09474217008; shads_maria@hotmail.com; Marine Hill; Zi. ohne Bad 300 ₹, Zi. mit Klimaanlage ab 600 ₹; ❄📶) Die heimeligen Zimmer von Port Blairs bester Budget-Bleibe sind seefahrtsmäßig dekoriert und liegen praktischerweise oberhalb des Piers an der Phoenix Bay. Sie bieten zumeist TV und eine verlässliche Warmwasserversorgung; die teureren Varianten warten auch mit Balkon und Klimaanlage auf. Das Personal hilft beim Buchen von Fährtickets und besorgt Takeaway-Essen. Zum Recherchezeitpunkt war jedoch ein Restaurant geplant.

Hotel Lalaji Bay View PENSION $

(☎9476005820, 03192-236333; www.lalajibayview.com; RP Rd; EZ/DZ 300/400 ₹, Zi. mit Klimaanlage 800 ₹; ❄📶) Kurz oberhalb der Moschee steht diese beliebte Budget-Pension inmitten von maroden Kolonialgebäuden. Sie wird vom freundlichen Jungunternehmer Nirman geleitet, der auch viele tolle Reisetipps liefert. Die kleinen, einfachen Zimmer haben ein gutes Preis-Leistungs-Verhältnis. Im geselligen Dachrestaurant gibt's kostenpflichtiges WLAN.

Amina Lodge PENSION $

(☎9933258703; aminalodge@ymail.com; Aberdeen Bazaar; EZ/DZ 350/450 ₹) Zu festen Tarifen vermietet ein fröhliches Ehepaar hier saubere Zimmer mit TV und gutem Preis-Leistungs-Verhältnis. Die Lage im Herz des Basars ist praktisch, aber mitunter sehr laut.

Azad Lodge PENSION $

(☎03192-242646; MA Rd, Aberdeen Bazaar; EZ/DZ ohne Bad 200/300 ₹, DZ mit Bad 500 ₹, Zi. mit Klimaanlage 850 ₹) Der alte Budget-Favorit wird für seine einfachen, sauberen Quar-

NICHT VERSÄUMEN

ROSS ISLAND

Nur eine 20-minütige Bootstour von Port Blair, wirkt Ross Island (nicht zu verwechseln mit ihrem Namensvetter bei North Andaman) wie eine im Dschungel versteckte Lost City à la Angkor Wat, nur dass hier statt Überbleibseln aus dem Khmer-Altertum viktorianische Ruinen zu finden sind. Ross Island war der ehemalige Verwaltungshauptsitz der Briten für die Andamanen. Zu seinen besten Zeiten wurde Ross Island liebevoll das „Paris des Ostens" genannt (genau wie Puducherry, Saigon und so weiter ...). Doch der nette Beiname ist genauso Vergangenheit wie das pulsierende Gesellschaftsleben und die tropischen Gärten. Schuld ist die doppelte Katastrophe im Jahr 1941 in Form eines schweren Erdbebens und des Einmarschs der Japaner. Diese ließen ein paar ehemalige Waffenlager zurück, die sogenannten „Machine Gun Nests", in denen man heute herumstöbern kann.

Die alten englischen Gebäuden stehen noch, wenn auch verborgen unter grünem, wucherndem Dschungeldickicht. Hübsch angelegte Pfade durchziehen Ross Island, und die meisten Bauwerke sind ausgeschildert. Ein kleines Museum zeigt historische Exponate und Fotos von der Blütezeit der Insel und in einem Park knabbern Rehe an den Büschen.

Die Fähre nach Ross (90 ₹, 20 Min.) startet in Port Blair am Aberdeen Jetty hinter dem Aquarium (täglich außer Mi 8.30, 10.30, 12.30 & 14 Uhr).

Danach kann man auch **Viper Island** besuchen. Hier findet man die Überreste von Galgen die 1867 von den Briten aufgestellt wurden. Aber die Tour lohnt sich.

tiere geschätzt. Die Einzelzimmer ohne Bad erinnern jedoch an Gefängniszellen.

Hotel Driftwood HOTEL $$
(☎ 03192-244044; hoteldriftwood@rediffmail.com; JN Rd, Haddo; Zi. ab 2150 ₹; ❄📶) Sonnige, anständig große Zimmer machen dieses Mittelklassehotel zu einer prima Wahl. Die teureren Varianten punkten mit netter Aussicht auf dichten Dschungel. Zudem gibt's hier freundliches Personal, WLAN in der Lobby und ein gutes Restaurant mit angeschlossener Freiluftbar (Achtung: nerviges Karaoke am Samstagabend!).

TSG Emerald HOTEL $$
(☎ 03192-246488; www.andamantsghotels.com; MA Rd, Haddo; Zi. ab 2470 ₹; ❄📶) Ein schickes Businesshotel passt eigentlich nicht so recht auf die Andamanen. Allerdings wirkt das Emerald mit seinen eleganten, blitzblanken und modernen Zimmern ziemlich vornehm. Im Obergeschoss befindet sich zudem eine Bar mit Seefahrtsdekor.

Hotel Sinclairs Bayview HOTEL $$$
(☎ 03192-227824; www.sinclairshotels.com; South Point; EZ/DZ inkl. Frühstück ab 6900/7520 ₹; ❄📶🏊) Die großen, gemütlichen Zimmer an der Straße zur Corbyn's Cove punkten mit Port Blairs bester Aussicht: Rund 2 km außerhalb der Stadt liegen sie direkt am Wasser. Zum Gelände gehören auch mehrere japanische Bunker aus dem Zweiten Weltkrieg und ein netter Ufergarten mit Hängematten zum Relaxen. Kostenlose Flughafenshuttles.

Fortune Resort – Bay Island HOTEL $$$
(☎ 03192-234101; www.fortunehotels.in; Marine Hill; EZ/DZ inkl. Frühstück ab 6445/7300 ₹; ❄📶🏊) Zählt dank super Buchtblick, Tropengarten und top Zimmern mit polierten Böden zu Port Blairs besten Bleiben. Unbedingt ein Quartier mit Aussicht aufs Meer verlangen.

Essen & Ausgehen

Gagan Restaurant INDISCH $
(Uhrenturm, Aberdeen Bazaar; Hauptgerichte ab 30 ₹; ⏲ 7–22 Uhr) Das bei Einheimischen beliebte Minilokal mit klimatisiertem Obergeschoss serviert gutes und günstiges Essen – z. B. Seafood-Currys, Kokoshühnchen und Dosas zum Frühstück.

Excel Restaurant INTERNATIONAL, INDISCH $
(RP Rd; Gerichte ab 60 ₹; ⏲ 7–23 Uhr) Das populäre Dachrestaurant über dem Hotel Lalaji Bay beschert der Stadt ein „Havelock"-Menü. Die Burger, israelischen Gerichte und gegrillten Meeresfrüchte sind allesamt prima. In der voll ausgestatteten Bar kann man super andere Traveller treffen. Nicht mit der schäbigen Schänke im Untergeschoss verwechseln!

Annapurna INDISCH $
(MG Rd; Hauptgerichte ab 40 ₹) Dieses tolle vegetarische Lokal erinnert an die Cafeteria einer Highschool. Seine Dosas und reichhaltigen Currys im nordindischen Stil sind von verlässlich guter Qualität.

★ **Lighthouse Residency** INDISCH $$
(MA Rd; Hauptgerichte 80–800 ₹; ⏲ 11–23 Uhr) Hier wartet das beste Seafood in Port Blair (wenn nicht gar auf den ganzen Andamanen): Die Roten Schnapper, Krebse und Riesengarnelen aus der Kühltheke landen nach eigenhändiger Auswahl auf dem Grill oder im Tandur. Dazu gibt's dann Reis, Pommes und eiskaltes Kingfisher. Als günstigere **Filiale** (Marina Park; Hauptgerichte 80–400 ₹) fungiert eine Freiluftbude in Wassernähe.

Bayview MULTICUISINE $$$
(Hotel Sinclairs Bayview; Hauptgerichte 110–500 ₹; ⏲ 11–23 Uhr) Diese tolle Mittagsadresse direkt am Wasser bekommt immer eine angenehm kühle Meeresbrise ab. Doch trotz des leckeren Grillfischs und des kalten Bieres ist die Lage das eigentliche Highlight: Auf dem Gelände befinden sich japanische Bunker aus dem Zweiten Weltkrieg, die sich Gäste vom freundlichen Personal gerne zeigen lassen können. Die Anfahrt per Autorikscha kostet 40 ₹.

Mandalay Restaurant INDISCH, MULTICUISINE $$$
(Marine Hill; Hauptgerichte 160–480 ₹; ⏲ 7–23 Uhr) Auf der Freiluftterrasse mit sensationellem Meerblick (sogar Basismotiv des 20-₹-Scheins) kann man prima einen ganzen Nachmittag lang abhängen. Serviert werden Sandwiches, Burger und Garnelencurry à la Goa – alles recht teuer, aber dafür äußerst lecker.

Praktische Informationen

Unter den diversen Geldautomaten der Stadt sind SBI- und Axis-Geräte, die ausländische Karten akzeptieren. Zu den Internetcafés im Aberdeen Bazaar zählen das klimatisierte **Green Island Tours** (30 ₹/Std.; ⏲ Mo–Sa 9–21 Uhr; 📶) und das **E-Cafe** (Internet & WLAN 40 ₹/Std.; ⏲ 8–22 Uhr) nahe dem Uhrenturm. Beide offerieren WLAN; Green Island bucht auch Flüge.

Polizeiwache Aberdeen (☎ 03192-232400; MG Rd)

Andaman & Nicobar Tourism (☎03192-232694; www.and.nic.in/newtourism; Kamaraj Rd; ⏰Mo–Fr 8.30–12.30 & 13.30–16.30, Sa 8.30–12 Uhr) Die Haupttouristeninformation der Inseln bucht Genehmigungen für Gebiete um Port Blair und verkauft die Broschüre *Emerald Islands* (120 ₹; auch am Flughafen erhältlich).

Axis Bank (Geldautomat; Netaji Rd, Aberdeen Bazaar)

Axis Bank (Geldautomat; MG Rd)

GB Pant Hospital (☎Notruf 03192-232102, 03192-233473; GB Pant Rd)

Hauptpost (MG Rd; ⏰Mo–Sa 9–19 Uhr)

State Bank of India (MA Rd; ⏰Mo–Fr 9–12 & 13–15, Sa 10–12 Uhr) Tauscht ausländische Währungen um.

ℹ An- & Weiterreise

Der Flughafen liegt ca. 4 km südlich der Stadt.

BUS

Von der **Bushaltestelle** am Aberdeen Bazaar geht's ganztägig nach Wandoor (18 ₹, 1 Std.) und Chiriya Tapu (18 ₹, 1 Std.). Um 4 und 4.15 Uhr starten zwei Busse gen Diglipur (230 ₹, 12 Std.). Über Baratang (80 ₹, 3 Std.) und Rangat (130 ₹, 6 Std.) besteht um 4.30 Uhr auch Verbindung nach Mayabunder (180 ₹, 10 Std.). Parallel stehen bequemere Busse teurerer Privatfirmen bereit, deren „Büros" (Männer mit Ticketblocks) gegenüber der Haupthaltestelle zu finden sind.

SCHIFF/FÄHRE

Die meisten Fähren zwischen den Inseln legen am **Phoenix Bay Jetty** ab. Tickets gibt's beim **Buchungsbüro** (Ferry Booking Office; ⏰Mo–Sa 9–13 & 14–16 Uhr), das sonntags geschlossen hat. Reservierungen sind ein bis drei Tage vorher möglich. Ist alles ausgebucht, kann man eine Stunde vor Abfahrt am anderen Ende des Büros nach einem Last-Minute-Ticket fragen.

Die meisten Traveller schippern direkt nach Havelock (195 ₹, 2½ Std., tgl. 6.20, 11.30 & 14 Uhr).

Eine Alternative ist die Privatgesellschaft **Makruzz** (www.makruzz.com), deren Fähre täglich um 8.45 Uhr aufbricht (ab 775 ₹, 1 ½ Std.). Entsprechende Tickets sind am Flughafen oder bei Reisebüros am Aberdeen Bazaar erhältlich.

Weitere Boote fahren nach Neil Island und Little Andaman (täglich, oft ausgebucht) oder nach Diglipur und Long Island (mehrmals wöchentlich).

Wer nicht in Port Blair warten möchte, sollte gleich zum Pier gehen und ein Ticket kaufen.

ℹ Unterwegs vor Ort

AUTORIKSCHA

Ab dem Aberdeen Bazaar bezahlt man ca. 20 ₹ zum Phoenix Bay Jetty und ca. 40 ₹ zum Haddo Jetty.

MOTORRAD

Green Island Tours verleiht Motorroller für 400 ₹ pro Tag.

VOM/ZUM FLUGHAFEN

Per Taxi oder Autorikscha geht's für ca. 70 ₹ vom Flughafen zum Aberdeen Bazaar. Rund 100 m vor dem Flughafen stoppen außerdem Pendelbusse zur/ab der städtischen Haupthaltestelle (10 ₹, stündl.).

RUND UM PORT BLAIR & SOUTH ANDAMAN

Wandoor

Rund 29 km südwestlich von Port Blair liegt Wandoor mit ein paar entspannten Pensionen und einem netten Strand (zum Recherchezeitpunkt gerade Schwimmverbot wegen Krokodilgefahr). Bekannter ist das Nest jedoch als Tor zum 280 km² großen **Mahatma Gandhi Marine National Park** (Inder/Ausländer 50/500 ₹). Dessen 15 Inseln sind von tropischem Regenwald, Bächen zwischen Mangroven und Riffen mit 50 Korallenarten geprägt. Je nach Jahreszeit wird hier bei Jolly Bouy oder Red Skin geschnorchelt – so können sich diese Reviere abwechselnd erholen. Beide sind populäre Tagesziele ab dem Wandoor Jetty (450 ₹; Di–So). Falls aber Havelock oder Neil Island auf dem eigenen Reiseplan stehen, ist es wohl stressfreier und günstiger, sich das Unterwassererlebnis für dort aufzusparen. Dies gilt vor allem, weil Red Skin und Jolly Bouy bei Pauschaltouristen sehr beliebt sowie durch Korallenbleiche beschädigt sind.

Dennoch lohnt es sich für ernsthafte Taucher sehr, entlegenere Ecken des Mahatma Gandhi National Park mit **Lacadives** (☎9679532104; www.lacadives.com) zu besuchen.

Für echte Naturfreaks, Schlangen- und Insektenfans ist ein Aufenthalt beim **ANET** (Andaman & Nicobar Environmental Team; ☎03192-280081; www.anetindia.org; North Wandoor; Aktivitäten inkl. Vollpension 1100 ₹/Pers.; @📶) genau das Richtige: Unter der Leitung eines mitreißend dynamischen Teams von jungen indischen Ökologen bekommt man hier einen echten Eindruck von der Andamanen-Wildnis. Gäste gehen z. B. auf Nachtwanderung und erfahren etwas über Mangroven, Gezeitenzonen, Schlangen, Vögel oder Krokodile. Alle Aktivitäten sind im Preis enthalten; Freiwillige erhalten jedoch Vorrang bei den Bambushütten. Reservierung ist obligatorisch.

Busse fahren von Port Blair nach Wandoor (18 ₹, 1 Std.).

Chiriya Tapu

Rund 30 km südlich von Port Blair wird das Nest Chiriya Tapu von Stränden und Mangroven umgeben. Es ist für seine herrlichen Sonnenuntergänge und ein paar der besten **Tauchmöglichkeiten** außerhalb von Havelock berühmt. Lacadives und **Infinity Scuba** (☎ 03192-281183; www.infinityscubandamans.com) sind zwei seriöse Tauchfirmen, die neben dem spektakulären **Cinque Island** auch **Rutland Island** und ein Schiffswrack besuchen. Berichten zufolge kann man hier bei Sonnenuntergang auch sehr gut vom Strand aus schnorcheln. Allerdings leiden viele Spots unter Korallenbleiche – Näheres hierzu wissen die Tauchshops.

Der örtliche **biologische Park** (Inder/Ausländer 20/50 ₹; ⏲ Di–So 9–16 Uhr) ist quasi ein schön bewaldeter Zoo. In seinen natürlich gestalteten Gehegen leben Krokodile, Andamanen-Wildschweine, Bindenwarane und Axishirsche.

Die meisten Besucher unternehmen einen Tagestrip ab Port Blair. Alternativ vermietet das **Wild Grass** (☎ 9474204508; Zi. inkl. Frühstück 4500 ₹; ❄) zweistöckige Cottages mit Blick auf die grüne Umgebung.

Pro Tag rollen sieben Busse nach Port Blair (18 ₹, 1 Std., letzte Abfahrt 18 Uhr).

HAVELOCK ISLAND

5500 EW.

Schneeweiße Strände, blaugrüne Untiefen, eine Küste voller Strandhütten und ein paar von Asiens besten Tauchspots: Havelock verdient seinen Ruf als Backpacker-Paradies vollauf. Es gilt oft als Inbegriff der Andamanen und lockt so die meisten Touristen über den Golf von Bengalen herüber. Viele Besucher begnügen sich vollkommen damit, ihren ganzen Aufenthalt an nur diesem Ort zu verbringen.

Sehenswertes & Aktivitäten

Ob Tauchen, Schnorcheln oder Abhängen am Strand: Die meisten Touristen suchen hier richtige Ruhe und Erholung.

Einige Resorts organisieren geführte **Dschungeltreks** für passionierte Wanderer und Vogelfreunde. Der Regenwald im Inselinneren ähnelt einer spektakulären, smaragdgrünen Höhle. Vor allem an seinen Rändern sind super **Vogelbeobachtungen** möglich, bei denen sich eventuell blauschwarze Flaggendrongos oder gelb-schwarze Pirole blicken lassen. Achtung: Bei Regen verwandelt sich der Waldboden in schweren Morast!

Angeltrips sind eine weitere Option und mit den Booten von **Captain Hook's** (☎ 9434280543; www.andamansportsfishing.com; Strand 3; halber Tag 5500 ₹/2 Pers.) auch am günstigsten.

Strände

Am schönsten und beliebtesten ist der von Kritikern gefeierte **Radhanagar Beach (Strand 7):** Vor natürlichem Urwald brechen sich hier wunderbar gleichmäßige Wellen an einem herrlichen Bogen aus Puderzuckersand. Nicht nur wegen dem Sonnenuntergang ist der späte Nachmittag die beste Besuchszeit – Hitze und Menschenmassen sind dann geringer. Je weiter man vom Haupteingang wegläuft, desto größer wird die Privatsphäre. In der Hauptsaison werden **Ritte mit Arbeitselefanten** angeboten. Wer 30 000 ₹ übrig hat, kann auch mit Rajan (Hauselefant vom Barefoot Resort) schwimmen. Der Radhanagar Beach liegt ca. 12 km vom Fähranleger entfernt auf der nordwestlichen Inselseite.

Nordwestlich von Radhanagar erstreckt sich mit der großartigen „Lagune" der **Neils Cove** ein weiteres Juwel mit geschütztem Sandstrand und kristallklarem Wasser. Achtung: In der Morgen- und Abenddämmerung herrscht hier Schwimmverbot wegen Krokodilgefahr (s. S. 443) – auch sonst unbedingt alle diesbezüglichen Warnungen beachten!

Der palmengesäumte **Strand 5** liegt von Radhanagar aus gesehen auf der anderen Inselseite. Neben einem klassischeren Tropenvibe bietet er auch mehr Schatten und weniger Sandfliegen. Kilometerlange Flachwasserzonen machen Schwimmen bei Ebbe hier jedoch sehr schwierig. In dieser Gegend befinden sich die meisten Inselunterkünfte.

Rund 5 km hinter dem No 5 Village beginnt mit dem ruhigen **Kalapathar** ein weiterer unberührter Strand. Auf dem Weg dort hinaus passiert man ein Ausbildungscamp für Arbeitselefanten, in dem zum Recherchezeitpunkt aber nicht viel los war.

Havelock Island

Tauchen & Schnorcheln

Als bestes Sporttauchrevier der Andamanen ist Havelock in aller Welt gleichermaßen für seine relativ einsame Lage und sein kunterbuntes Meeresleben (u.a. Tiefseekorallen, Fischschwärme, Schildkröten) in kristallklarem Wasser berühmt. Die hiesigen Tauchspots decken alle Erfahrungsstufen ab; Trips finden ganzjährig bzw. auch außerhalb der Hauptsaison (ca. Nov.–April) statt.

Aufgrund der standardisierten Preise hängt die Anbieterwahl vom individuellen Wohlfühlfaktor ab. Beispiele für empfehlenswerte Adressen: **Andaman Bubbles** (☎ 03192-282140; www.andamanbubbles.com; No 5 Village) punktet mit hoher Qualität und freundlichem Profi-Personal. **Barefoot Scuba** (☎ 9566088560; www.diveandamans.com; No 3 Village) ist alteingesessen und offeriert Tauchern günstige Pauschalangebote inklusive Unterkunft in dreiecksförmigen Hütten. Als Havelocks älteste PADI-Schule zählt **Dive India** (☎ 9932082205; www.diveindia.com; zw. No 3 & 5 Village) hier bis heute zu den besten ihrer Art. Der neue Veranstalter **Ocean Tribe** (☎ 9531836695; www.ocean-tribe.com; No 3 Village) wird von lokalen Tauchlegenden geleitet.

Alle genannten Firmen bieten Bootstrips inklusive kompletter Leihausrüstung an. Die Preise variieren je nach Spot, Teilnehmerzahl und Kursdauer. Am günstigsten ist Zweiflaschentauchen (ca. 4725 ₹/Tauchgang); zudem gibt's Schnupperkurse im Gerätetauchen (4500 ₹/Std.), PADI-Freiwasserkurse (vier Tauchgänge, 20 000 ₹) und diverse Optionen für Fortgeschrittene (drei Tauchgänge, 12 000 ₹).

Pilot Reef (üppige Korallenwelt), **South Button** (Makrotauchen, Felsformationen), **Jackson Bar** (Haie, Rochen, Schildkröten) und **Minerva's Delight** (von allem etwas) sind Beispiele für beliebte Spots. Ausschau halten sollte man auf jeden Fall nach Ausflügen zu weiter entfernten Zielen wie **Barren Island:** Dort erzeugt die Asche von Indiens einzigem aktiven Vulkan ein gespenstisches

Havelock Island

Aktivitären, Kurse & Touren

Andaman Bubbles ....(siehe 15)
1 Barefoot Scuba D2
2 Captain Hook's D2
3 Dive India D2
4 Ocean Tribe D2

Schlafen

5 Barefoot at Havelock A3
6 Coconut Grove D3
7 Dreamland Resort B3
8 Eco Villa C1
9 El Dorado D2
10 Emerald Gecko D3
11 Green Land Resort B3
12 Orient Legend Resort D3
13 Pellicon Beach Resort D2
14 People Tree D4
15 Wild Orchid D3

Essen

16 Anju-coco Resto D2
17 B3 – Barefoot Bar & Restaurant C1
18 Fat Martin's D3
Red Snapper ....(siehe 15)
Rony's ....(siehe 12)
Welcome Restaurant ....(siehe 2)
Why Like This? ....(siehe 12)

Praktisches

Havelock Tourist Service ....(siehe 2)

Unterwasserspektakel, das seinesgleichen sucht.

Obwohl die Korallenbleiche seit 2010 ein großes Problem darstellt, sind die lokalen Tauchmöglichkeiten weiterhin erstklassig. Trotz z.T. gesunkener Korallenpracht beheimaten die Flachwasserzonen immer noch alle kunterbunten Fischarten; ab 20 m Tiefe sind die Korallen dann so lebendig wie immer. Von einer ähnlichen Bleiche im Jahr 1998 haben sich die Andamanen komplett erholt. Auch heute ist wieder eine langsame Selbstreparatur der Natur zu beobachten.

Tauchfirmen veranstalten zudem diverse **Schnorcheltrips.** Allerdings ist es günstiger, hierfür selbst ein *dunghi* (motorisiertes Holzboot) über die eigene Unterkunft zu organisieren. Je nach Teilnehmerzahl, Gesamtstrecke usw. kosten solche Ausflüge meist zwischen 1500 und 2000 ₹ – bei entsprechend großen Gruppen kann der Preis auf nur 300 ₹ pro Person sinken. Viele örtliche Resorts und Kleinrestaurants verleihen Schnorchelausrüstung, die aber generell sehr minderwertig ist.

Die meisten Boote fahren zum Schnorcheln an den Elephant Beach, der alternativ zu Fuß (40 Min.) über einen schlammigen Elefanten-Forstpfad erreichbar ist. Letzterer zweigt zwar gut markiert von der Inselhauptstraße ab, verwandelt sich aber bei Regen in Morast. Auch bei Flut ist der Elephant Beach nicht zugänglich (vor Ort nachfragen). Zudem wird er von vielen Schnorchel-Charterbooten und sogar Jetskis angesteuert – mit gewissem Trubel ist daher zu rechnen.

Schlafen

Die meisten Inselunterkünfte sind Strandhüttenanlagen, die sich allesamt selbst als „öko" ausgeben. Obwohl dies hier offenbar eher „billig gebaut" bedeutet, ist das Preis-Leistungs-Verhältnis vor allem in der Nachsaison spitze. Auf dem Basar an Strand 3 gibt's Hängematten für 150 ₹.

Orient Legend Resort PENSION $
(☎03192-282389; Strand 5; Hütte 300 ₹, Zi. 800–2000 ₹, Zi. mit Klimaanlage 3000 ₹) Das populäre, weitläufige Resort an Strand 5 deckt fast alle Preisbereiche ab. Sein Angebot reicht von dreiecksförmigen „Hundehütten" und Zimmern mit Betonwänden bis hin zu zweistöckigen Cottages mit Meerblick.

Coconut Grove PENSION $
(☎9474269977 Hütte mit/ohne Bad 400/300 ₹;) Diese Pension mit reizvollem Gemeinschaftsvibe ist bei israelischen Travellern sehr beliebt. Die kreisförmige Anordnung der psychedelisch gestrichenen Hütten geleitet jedermann zum erhöht stehenden Restaurant aus Beton.

Dreamland Resort PENSION $
(☎9474224164; Strand 7; Hütte ohne Bad 400 ₹) Der ewige Backpacker-Favorit in absoluter Spitzenlage (nur 50 m bis zum Strand 7) hat freundliche Eigentümer und vermietet einfache, blau gestrichene Bungalows mit Schilfdächern.

Pellicon Beach Resort BUNGALOWS $
(☎9932081673; www.pelliconbeachresort.com; Strand 5; Hütte ab 500 ₹) Attraktive Strandbungalows und Nicobari-Hütten mit Privatveranden auf einem ruhigen, ufernahen Gelände.

El Dorado BUNGALOWS $
(☎03192-282451; Strand 5; Zi. ab 350 ₹, Zi. mit Klimaanlage 3000 ₹) Relaxte Billig-Bambushütten, teurere Betonbungalows (klimatisiert)

und eine Restaurantbar in einem Tropengarten am Strand 5.

Green Land Resort PENSION $

(☎ 9933220625; Hütte 200–250 ₹, Hütte ohne Bad 150–200 ₹) Einfache Hütten, die 2 km hinter dem Radhanagar Beach einen Hauch von Dorfleben verbeiten.

★ **Emerald Gecko** BUNGALOWS $$

(☎ 03192-282170; www.emerald-gecko.com; Hütte ab 1200 ₹) Ein echtes Highlight auf dem ansonsten sehr designarmen Havelock: Hier ist alles auf reizende Weise aus birmanischen Bambusflößen gezimmert, die das Meer an den Strand gespült hat. Auf den oberen Balkonen der komfortablen, zweistöckigen Bungalows stehen Couches von denen man einen Meerblick genießen kann. Die teureren Quartiere punkten mit viel Licht und Freiluftbädern à la Gilligans Insel. Allerdings wirken die Hinterzimmer mit Betonböden weitaus weniger attraktiv. Das Personal ist freundlich; ein gutes Restaurant und gefiltertes Gratiswasser sind ebenfalls vorhanden.

Eco Villa BUNGALOWS $$

(☎ 03192-282212; www.havelock.co.in/ecovilla; Strand 2; Zi. ab 3000 ₹) Frühere Backpacker-Bleibe, die inzwischen ein überteuertes Resort mit vornehmen Doppelbungalows am Strand ist.

Wild Orchid HOTEL $$$

(☎ 03192-282472; www.wildorchidandaman.com; Zi. inkl. Frühstück ab 5000 ₹; ❄ @ 📶) Eins der besten Resorts auf den Andamanen: Ein toller Tropengarten in direkter Strandnähe umgibt hier u.a. geschmackvoll eingerichtete Hütten im regionaltypischen Stil. Hinzu kommen moderne, klimatisierte Zimmer mit TV und das Restaurant Red Snapper.

Barefoot at Havelock RESORT $$$

(☎ 044-24341001; www.barefootindia.com; Strand 7; Zelthütte inkl. Frühstück 5050 ₹, Nicobari-Cottage ohne/mit Klimaanlage 8920/11 820 ₹; ❄) Direkt hinter dem berühmten Radhanagar Beach wartet Havelocks luxuriösestes Resort mit einem romantischen Schlemmerrestaurant und wunderschön gestalteten, bambusgedeckten Holzcottages auf. Am Strand 3 betreibt es zudem ein eigenes Tauchresort mit attraktiven Doppelbungalows.

People Tree BUNGALOWS, REFUGIUM $$$

(Kalapathar; Zi. 2500–3500 ₹) Zum Recherchezeitpunkt stand dieses Yoga- und Meditationsrefugium kurz vor der Eröffnung. Ein paar Gehminuten vom Kalapathar Beach entfernt versteckt es sich in einer ländlichen Ecke zwischen Reisfeldern und Betelnusspalmen. Die eleganten Doppelhütten aus angeschwemmtem Bambus haben Freiluftbäder im Steingarten-Design. Gäste können mit gesundem Bio-Essen rechnen.

Essen

In Piernähe finden sich *dhabas* (Snackbars). Der Hauptbasar im No 3 Village empfiehlt sich für einheimische Kost.

Anju-coco Resto INDISCH, WESTLICH $

(Hauptgerichte 120–250 ₹; ⏲ 8–22.30 Uhr) Das nach wie vor beliebte Anju-coco mit seinem freundlichen Inhaber ist nunmehr in deutlich größere Räumlichkeiten umgezogen. Grillfisch und üppiges Frühstück (60 ₹) sind die Highlights des vielfältigen Menüs. Die ursprüngliche Restaurantbude weiter oben an der Straße serviert leckeres indisches Essen.

Welcome Restaurant INDISCH, SEAFOOD $

(No 3 Village; Hauptgerichte ab 50 ₹; ⏲ 7.30–21.30 Uhr) Der kleine Laden gleich gegenüber vom Markt kredenzt leckere Seafood-Currys und *paratha*-Rollen mit Garnelenfüllung.

Rony's INDISCH $

(Strand 5; Hauptgerichte ab 40 ₹) Beliebtes, familiengeführtes Billiglokal mit günstigen Seafood-Currys.

Fat Martin's SÜDINDISCH $

(Strand 5; Hauptgerichte ab 60 ₹; ⏲ 7.30–20 Uhr) Gute Auswahl an Dosas (z.B. mit Paneer Tikka oder Nutella) in einer blitzsauberen Freiluftbude.

Why Like This? INDISCH, ISRAELISCH $

(Strand 5; Hauptgerichte ab 100 ₹) Ehrt mit seinem Namen die israelischen Traveller und serviert neben Schnitzeln (u.a. aus Fisch) auch Seafood vom Grill.

★ **Red Snapper** SEAFOOD, MULTICUISINE $$

(Wild Orchid; Hauptgerichte 200–800 ₹; ⏲ morgens, mittags & abends) Das bei weitem beste Restaurant auf ganz Havelock: Stimmungsvolles Dekor aus poliertem Bambus und ein schilfgedecktes Dach sorgen hier für romantisches Inselambiente. Die Auswahl an üppigen Seafood-Tellern, Grillfisch und hausgemachter Pasta wird von leckerem Käse-Oliven-Naan begleitet. Auf der Freiluftterrasse bekommt man eine angenehme Brise ab und kann in die verglaste Tandur-Küche spähen.

B3 – Barefoot Bar & Restaurant PIZZERIA $$
(No 1 Village; ⌚11–16 & 18–21.30 Uhr) Modernes Dekor und ein westlich geprägtes Menü mit Havelocks besten Pizzen versüßen das Warten auf die Fähre.

Praktische Informationen

Im No 3 Village stehen zwei Geldautomaten direkt nebeneinander. Wegen des unglaublich teuren Internets (350 ₹/Std.!) verschickt man alle E-Mails idealerweise in Port Blair.

Der **Havelock Tourist Service** (Strand 3) im Basar besorgt Flugtickets und weiß die Abfahrtszeiten der staatlichen Fähren.

An- & Weiterreise

Tickets für die staatlichen Fähren von Havelock nach Port Blair (195 ₹, 2½ Std., 2- bis 3-mal tgl.) bucht man idealerweise spätestens einen Tag vorher am **Hafen** (⌚Mo–Sa 9.15–12 & 14–16, So 9.15–14 Uhr). Die andere Möglichkeit ist der Service von Makruzz (tgl. 16 Uhr; S. 446).

Weitere Boote verbinden Havelock mit Neil Island (195 ₹, 1 Std. 10 Min., 1- bis 2-mal tgl.) und gen Rangat auch mit Long Island (195 ₹, 2 Std., 4-mal wöchentl.).

Unterwegs vor Ort

Ein Nahverkehrsbus (10 ₹, 40 Min., bis 18 Uhr ca. alle 60 Min.) verkehrt auf einem Rundkurs zwischen dem Fähranleger, diversen Villages und dem Radar Nagar. Alternativ kann man einen Motorroller (ab 300 ₹/Tag) oder ein Fahrrad (60 ₹/Tag) mieten.

Vom Anleger fahren auch Autorikschas zu den Villages (No 3/5/7 40/60/200 ₹).

NEIL ISLAND

Das ruhige Neil Island döst zufrieden im Schatten der berühmteren Nachbarinsel vor sich hin und bietet damit noch ein Quäntchen Extra-Entspannung. Seine Strände sind zwar nicht so sensationell wie die auf Havelock, aber dennoch weitläufig und entfernungsmäßig perfekt für eine Erkundung per Drahtesel platziert. Der örtliche Alltag ist angenehm gemächlich – in den idyllischen Dörfern werden Radler oft freundlich von Einheimischen gegrüßt. Rund 40 km von Port Blair und einen kurzen Fährtrip von Havelock entfernt wähnt man sich hier Lichtjahre außerhalb des Lebens in der entfernten Heimat.

Da Neil Island weder Geldautomaten noch Wechselstuben hat, heißt's genügend Bares mitbringen. Der ruhige Hauptbasar ist ein beliebter Treff am frühen Abend. Dort gibt's auch teures **Satelliten-Internet** (150 ₹/30 Min.; ⌚8.30–21 Uhr) und eine Post.

Sehenswertes & Aktivitäten

Die fünf durchnummerierten Inselstrände haben jeweils ihren eigenen Reiz, sind aber nicht unbedingt super zum Schwimmen.

Rund 40 Gehminuten westlich des Anlegers bzw. Dorfs säumen Mangroven den langen Sandbogen von **Strand 1 (Lamanpur).** Das Korallenriff an dessen äußerem (westlichem) Ende bietet bei Flut die besten **Schnorchelmöglichkeiten** der Insel. Mit sehr viel Glück erspäht man dann eventuell sogar einen weidenden Dugong im Flachwasser. Hier draußen gibt's auch eine schöne Stelle für den Sonnenuntergangsgenuss – erreichbar über das Pearl Park Resort, wo sich Einheimische und Touristen am frühen Abend auf dem Sand versammeln.

Zum **Strand 2** am nördlichen Inselrand gehört eine Felsformation namens **Natural Bridge,** die nur bei Ebbe zu Fuß um die Bucht zugänglich ist. Um hierher zu radeln, nimmt man die Nebenstraße durch den Basar und biegt an der Weggabelung links ab.

Die einsame, pulverige Sandbucht von **Strand 3 (Ram Nagar)** hat gute Schnorchelmöglichkeiten und ist am leichtesten über das Blue Sea Restaurant erreichbar.

Am **Strand 4 (Bharatpur)** gibt's die besten Badestellen; ein gewisser Minuspunkt ist jedoch die Nähe zum Anleger.

Weiter draußen (5 km vom Dorf entfernt) lädt der wildere, zerklüftete **Strand 5 (Sitapur)** zum Strandwandern ein. Während der Ebbe sind dabei auch kleine Kalksteinhöhlen zugänglich. Hierher geht's über die Dorfstraße, die zur Ostseite der Insel führt.

India Scuba Explorers (☎9474238646; www.indiascubaexplorers.com) und **Dive India** (☎9932082205; www.diveindia.com/neil.html) bieten neben Tauchtrips auch ausleihbare Schnorchelausrüstung (150 ₹) an. Wer sich für Apnoetauchen interessiert, fragt Sanjay vom Gayan Garden. Zudem lassen sich Fischerboote zwecks Angeln oder Schnorcheln vor der Küste chartern (ca. 1500 ₹).

Bei den **Kochkursen** (ab 200 ₹) im Gayan Garden Restaurant lernt man das Zubereiten indischer Klassiker (besser reservieren!).

Schlafen

Pearl Park Beach Resort BUNGALOWS $
(☎9434260132; www.andamanpearlpark.com; Strand 1; Hütte mit/ohne Bad 500/250 ₹, Nicobari-

Cottage 1500 ₹) Eins der originalen örtlichen Bambusbungalow-„Resorts"; die netten Hütten stehen in einem Blumengarten. Zum Gelände gehört auch Neil Islands beste Stelle zum Genuss des Sonnenuntergangs.

Breakwater Beach Resort BUNGALOWS $
(Strand 3; Zi. 400 ₹) Familiengeführte Anlage am Strand 3; erntet begeisterte Kritiken für relaxte Atmosphäre und leckeres Essen.

A-N-D Beach Resort BUNGALOWS $
(☎214722; Strand 4; Hütte mit/ohne Bad 600/200 ₹) Entspannte, schilfgedeckte Anlage mit freundlichem Personal und gutem Restaurant an einem schönen Strandabschnitt gleich links vom Pier.

Gayan Garden BUNGALOWS $
(Beach One; Zi. 300 ₹) Attraktive Bambus-Cottages mit super Recycling-Programm in einem ruhigen Garten zwischen Basar und Strand 1; hier gibt's auch ein Seafood-Restaurant, Filterkaffee und gefiltertes Wasser (gratis).

Tango Beach Resort HOTEL $
(☎9474212842; www.tangobeachandaman.com; Strand 1; Hütte 500 ₹, Cottage ab 1000 ₹) Dieser Klassiker am Strand 1 ist für seine Meeresbrise berühmt und etwas teurer als die meisten Konkurrenten. Dennoch sind die Zimmer mit Meerblick immer noch eine prima Wahl. Praktische Karte gibt es auf der Website.

Kalapani BUNGALOWS $
(☎9474274991; Strand 3; Hütte 350 ₹) Auch darum zieht es Traveller zu Strand 3: Hier warten ein freundliches Inhaberpaar, relaxte Bungalows, ein sandiger Garten, eine Büchertauschbörse und gratis ausleihbare Schnorchelausrüstung.

Seashell RESORT $$$
(☎9933239625; www.seashellneil.com; Strand 1; Zi. inkl. Frühstück 5370 ₹) Es war nur eine Frage der Zeit, wann Neil Island ein Nobelresort bekommen würde. Doch zum Glück ist das Seashell nett und unauffällig: Zelthütten führen hier hinunter zum von Mangroven gesäumten Strand.

Essen

Moonshine SEAFOOD, INDISCH $
(Hauptgerichte 40–150 ₹) Dieser Backpacker-Favorit an der Straße zum Strand 1 serviert kaltes Bier, Fisch-Thalis und tolle selbstgemachte Nudelgerichte.

Blue Sea SEAFOOD, INDISCH $
(Strand 3; Hauptgerichte ab 90 ₹; ⏲8.30–22.30 Uhr) Retro Strandbude mit Sandboden, allen Standardgerichten, baumelndem Strandkram und einem Pfad, der angeblich zu Neils bestem Strand führt.

Chand Restaurant INDISCH, WESTLICH $
(Basar; Hauptgerichte 50–200 ₹; ⏲6–22.30 Uhr) Bestes Lokal der Insel dank einem prima Mix aus internationalen Gerichten, indischem Essen, starkem Filterkaffee und leckerem Seafood.

Anreise & Unterwegs vor Ort

Fähren verbinden Neil Island mit Port Blair (195 ₹, 2 Std., 2- bis 3-mal tgl.), Havelock (195 ₹, 1 Std., 1- bis 2-mal tgl.) und Long Island (260 ₹, 5 Std., 3-mal wöchentl.). Zukünftig bietet eventuell auch Makruzz einen Service nach/ab Port Blair an.

Dank flacher Straßen und kurzer Strecken geht's vor Ort am besten mit Leihfahrrädern (ab 50 ₹/Tag) voran, die z. B. am Basar oder bei Pensionen erhältlich sind. Für 50 bis 60 ₹ fahren Autorikschas ab dem Anleger zu Strand 1 oder 3.

MIDDLE & NORTH ANDAMAN

Die Andamanen bestehen aus mehr als Sonne und Sand. Es gibt auf den Inseln auch einen Dschungel, der so ursprünglich ist wie das Jurazeitalter – ein grünes Gewirr aus uraltem Wald, das Mutter Natur anscheinend ganz instinktiv geschaffen hat. Diese raue Seite der Inseln erlebt man am besten während einer kurvenreichen Busfahrt auf der Andaman Trunk Rd (ATR). Diese Straße ist von urzeitlichen Bäumen gesäumt und führt weiter mittels RoRo-Fähren über rötlich gefärbte Flüsse, in denen Leistenkrokodile lauern.

Die ATR hat aber auch eine Schattenseite: Die Straße führt mitten durch das Gebiet der Jarawa, sodass dieses Volk einem ständigen Kontakt mit der Außenwelt ausgesetzt ist. Das moderne Indien und das Stammesleben sind offenbar unfähig zu einer Koexistenz – jeder Kontakt zwischen den Jarawa und den Siedlern führt zu Missverständnissen, Spannungen, Irritationen und schlimmstenfalls zu Gewalttaten und Morden. Indische Anthropologen und Gruppierungen zum Schutz der Rechte indigener Völker wie Survival International fordern deshalb eine Schließung der ATR; derzeit wird geprüft, wie es mit der Straße weitergehen soll. Zur Zeit der

ABSEITS DER ÜBLICHEN PFADE

MAYABUNDER & UMGEBUNG

Mayabunders Umgebung im „oberen" Teil von Middle Andaman ist vor allem für Dörfer der Karen berühmt. Dieses birmanische Bergvolk wurde einst während der britischen Kolonialzeit hierher umgesiedelt. Die bei weitem beste Unterkunft ist das **Sea'n'Sand** (☎03192-273454, Fax 03192-273455; thanzin_the_great@yahoo.co.in; Zi. ab 200 ₹; ❄) mit komfortablen Zimmern und einer attraktiven Restaurantbar aus Bambus. Als Inhaber erteilen Titus, Elizabeth und deren Karen-Großfamilie auch viele gute Allgemeininfos zu Mayabunder. Das Ganze wirkt bodenständig und dürfte Traveller ansprechen, die Erlebnisse abseits von Menschenmassen schätzen.

Das Highlight unter den angebotenen Tagesausflügen ist Dschungelwandern auf dem gruseligen **Interview Island** (8-sitziges Boot 4000 ₹). Dort leben 42 wilde Elefanten, die nach dem Schließen eines Forstunternehmens in den 1950er-Jahren freigelassen wurden. Besucher wähnen sich in absoluter Abgeschiedenheit und werden für den Fall einer Elefantenbegegnung von bewaffneten Wächtern begleitet. Die nötige Genehmigung (500 ₹) lässt sich am besten organisieren, indem man seine persönlichen Daten an Titus vom Sea'n'Sand faxt. Weitere Trips führen z. B. zum Schnorcheln vor **Avis Island** oder zu den **Forty One Caves,** wo Salanganen ihre essbaren und daher höchst wertvollen Nester bauen.

Mayabunder liegt 71 km nördlich von Rangat und wird von Fähren (3-mal wöchentl.) sowie Bussen ab Port Blair (180 ₹, 10 Std., tgl.) angesteuert. Vor Ort gibt's einen unzuverlässigen Geldautomaten.

Recherche durften Fahrzeuge die Straße nur in Konvois und in der Zeit zwischen 6 und 15 Uhr benutzen. Unterwegs ist es strengstens verboten, zu fotografieren, anzuhalten oder mit den Jarawa – die immer mehr von „Geschenken" abhängig werden – Kontakt aufzunehmen.

Die erste interessante Stelle nördlich von Port Blair sind die eindrucksvollen **Kalksteinhöhlen** (⏲Mo geschl.) bei Baratang. Man erreicht sie von der Anlegestelle aus in einer 45-minütigen, malerischen Bootstour (300 ₹) durch Mangrovenwald. Die erforderliche Genehmigung erhält man an der Anlegestelle.

Rangat ist die nächste größere Ortschaft: ein Verkehrsknoten, der nicht viel zu bieten hat. Wenn man hier hängen bleibt, die Zimmer im **UK Nest** (☎9434276356; Rangat; Zi. ab 400 ₹) sind sauber. In der Nähe gibt es einen Geldautomaten. Fähren fahren nach Long Island von Yeratta Jetty (7 ₹), das 8 km entfernt von Rangat liegt. Sonst fahren Fähren von der Rangata Bay, die sich 10 km außerhalb der Stadt befindet, hin und zurück von Port Blair (55 ₹, 6 Std.) und Havelock (195 ₹, 2 Std.). Täglich fährt auch ein Bus nach Port Blair (95 ₹, 7 Std.) und Diglipur (90 ₹, 4 Std.).

Long Island

Mit freundlichen Insulanern und angenehm geruhsamem Lebensstil ist Long Island ideal für alle, die noch eine Runde intensiver entspannen wollen. Bis auf ein paar wenige Motorräder gibt es hier nämlich keine Kraftfahrzeuge; mitunter ist man sogar der einzige Tourist vor Ort.

Entlang von roten Markierungspfeilen führt ein anspruchsvoller Dschungeltrek (1½ Std.; nach starken Regenfällen sollte man ihn allerdings nicht begehen) zur einsamen **Lalaji Bay,** einem wunderschönen weißen Sandstrand mit sehr guten Bademöglichkeiten. Mit einem gemieteten *dunghi* (hin & zurück 2000 ₹) geht es allerdings noch viel einfacher dorthin – vor allem, wenn man keine Blutegel mag. Parallel weisen gelbe Pfeile den Weg zu einem näher gelegenen und ebenfalls recht anständigen Strand.

Charter-*dunghis* ermöglichen auch Schnorcheltrips zur herrlichen **Merk Bay** (North Passage Island; 2500 ₹) mit strahlend weißem Sand und klarem Wasser.

Das Blue Planet offeriert nunmehr **Tauchausflüge** (4000 ₹ für 2 Tauchgänge), die z. B. das Campbell Shoal mit seinen Stachelmakrelen- und Barrakudaschwärmen besuchen.

Pro Woche schippern von hier jeweils vier Fähren nach Havelock, Neil und Port Blair (195 ₹). In Yerata besteht zusätzlich zweimal täglich Bootsverbindung nach Long Island (9 ₹, 1 Std.; hin 9 & 16 Uhr, zurück 7 & 14 Uhr).

Schlafen

Zum Recherchezeitpunkt stand ein Luxushotel an der Lalaji Bay kurz vor dem Baubeginn.

★ **Blue Planet** PENSION $
(☎9474212180; www.blueplanetandamans.com; Zi. mit/ohne Bad ab 1000/350 ₹; @) Die bislang einzige örtliche Bleibe ist zum Glück ein Juwel: Schilfgedeckte Bambushütten und Hängematten verteilen sich hier rund um einen reizenden Padoukbaum. Das Blue Planet handelt auch vorbildlich, indem es angespülte Flaschen in seine Architektur integriert. Es bietet gefiltertes Gratiswasser an und betreibt in der Nähe wunderbare, zweistöckige Cottages aus Bambus (ab 2000 ₹). Gäste folgen vom Anleger aus den blauen Pfeilen.

Diglipur & Umgebung

Wer es so weit nach Norden schafft, wird hier von einem riesigen Outdoor-Abenteuerspielplatz für Naturfans mit einigen eindrucksvollen Attraktionen belohnt: dem höchsten Gipfel der Andamanen, einem Höhlensystem, einem berühmten Schildkröten-Brutplatz, Krokodilreservaten, weißen Sandstränden und den besten Schnorchelmöglichkeiten des Archipels.

Allerdings sollte man vor der nördlichsten größeren Ortschaft der Andamanen nichts erwarten: Diglipur ist eine verstreute, primitive Siedlung mit Basar, Geldautomat und langsamem Internetzugang (40 ₹/Std.). Somit empfiehlt sich ein Direkttrip zum idyllischen Küstendorf **Kalipur**.

Vom Fähranleger (Aerial Bay Jetty) sind es 11 km bis nach Diglipur und in der anderen Richtung 8 km bis nach Kalipur.

Sehenswertes & Aktivitäten

Diglipur hat ein gewaltiges Touristenpotential und bietet viele Entdeckungsmöglichkeiten. Am besten wendet man sich an das Pristine Beach Resort, das mit dem Graswurzel-Tourismusprojekt Darted kooperiert. Letzteres wirbt für Schlammvulkane, Krokodilhabitate und die Alfred Caves. Auch Camps mit Arbeitselefanten können besucht werden.

Ross & Smith Island STRAND, SCHNORCHELN
(Inder/Ausländer 50/500 ₹; ⌚Forstverwaltung Mo–Sa 6–14 Uhr) Wie reizende tropische Gegengewichte sind die Zwillingsinseln Smith und Ross über eine recht schmale, atemberaubend weiße Sandbank miteinander verbunden.

Sie zählen zu den schönsten Eilanden der Andamanen und sind als Meeresschutzgebiet ausgewiesen. Somit brauchen Besucher eine Genehmigung (500 ₹) der Forstverwaltung (Forest Office) gegenüber vom Aerial Bay Jetty. Dort konnte man zum Recherchezeitpunkt jedoch schriftlich einen Gratistrip nach Smith Island (zufällig mit Ross Island verbunden ...) beantragen. Hierbei hilft das Pristine Beach Resort.

Dessen Gäste können das hauseigene *dunghi* für 1800 ₹ mieten – günstiger und einfacher, als extra zum Aerial Bay Jetty zu fahren und dort selbst ein Boot für 2000 ₹ zu chartern.

Das kleine **Craggy Island** vor Kalipur ist ebenfalls mit guten Schnorchelspots gesegnet und per *dunghi* erreichbar (hin & zurück 200 ₹). Trainierte Schwimmer schaffen es selbst hinüber und sollten dabei idealerweise Flossen verwenden.

Saddle Peak TREKKING
(Inder/Ausländer 25/250 ₹) Der Saddle Peak (732 m) ist der höchste Berg der Andamanen. Wer von Kalipur aus durch subtropischen Wald zum Gipfel wandert (hin & zurück ca. 6 Std.), wird mit unglaublicher Aussicht auf den Archipel belohnt. Auch dies erfordert eine Genehmigung des Forest Office. Ein örtlicher Führer (zu empfehlen) verhindert Verirren – ansonsten den roten Markierungspfeilen an den Bäumen folgen.

Schlafen & Essen

Zum Recherchezeitpunkt stand eine neue Budgetpension nahe dem Pristine Beach Resort kurz vor ihrer Eröffnung.

★ **Pristine Beach Resort** PENSION $
(☎9474286787; www.andamanpristineresorts.com; Hütte 300–1000 ₹, Zi. 2500–3500 ₹; ❄@) Die relaxte Pension mit einfachen Bambushütten, romantischeren Bambus-„Baumhäusern" und nobleren Zimmern versteckt sich zwischen Reisfeldern und dem Strand. Unter Palmen warten hier auch Leihfahrräder bzw. -motorräder (pro Tag 60/250 ₹) und eine attraktive Restaurantbar, die kaltes Bier und leckeren Fisch à la Nicobaren serviert. Der superfreundliche Inhaber Alex hat jede Menge Infos auf Lager.

Anreise & Unterwegs vor Ort

Diglipur liegt ca. 80 km nördlich von Mayabunder. Täglich besteht Busverbindung nach/ab

Port Blair (230 ₹, 12 Std.), Mayabunder (50 ₹, 2½ Std.) und Rangat (100 ₹, 4½ Std.). Hinzu kommen Fähren nach Port Blair (Sitzplatz/Koje 110/310 ₹, 9 Std., 3-mal wöchentl.).

Zwischen Diglipur und Kalipur (18 km) verkehren Busse (13 ₹, 30 Min., alle 45 Min.) sowie Autorikschas (200 ₹).

LITTLE ANDAMAN

Little Andaman ist der südlichste Punkt, den Traveller auf den Andamanen erreichen können. In herrlicher Umgebung aus Mangroven, Dschungel, völlig unberührten Stränden und smaragdgrünem Wasser wähnt man sich hier angenehm am Ende der Welt.

Von den schweren Tsunamischäden am zweiten Weihnachtsfeiertag 2004 hat sich die Insel langsam wieder erholt. Ihre Hauptsiedlung namens **Hut Bay** liegt rund 120 km südlich von Port Blair. In dem netten kleinen Städtchen leben überwiegend freundliche Bangalen und Tamilen.

Sehenswertes & Aktivitäten

Little Andamans Küstenlinie besteht durchgängig aus weißem Sandstrand. Der **Netaji Nagar Beach** und die **Butler Bay** (20 ₹) erstrecken sich 11 bzw. 14 km nördlich von Hut Bay – gleichermaßen traumhaft, super zum Surfen und bis auf vereinzelte verirrte Kühe vollkommen einsam.

Landeinwärts warten die attraktiven Waldwasserfälle **White Surf** und **Whisper Wave.** Für den Dschungeltrek zu letzterem (4 km) ist ein Führer dringend anzuraten. Zudem gilt für beide Fälle: Wer dem Reiz eines Bades in den Felsbecken erliegt, muss sich unbedingt vor Krokodilen hüten!

Rund 14 km von Hut Bay entfernt liegt mit dem 41 m hohen **Little Andaman Lighthouse** ein weiteres lohnenswertes Ziel. Exakt 200 Stufen winden sich hier hinauf zu einer herrlichen Aussicht über Wald und Küste. Per Motorrad ist der Leuchtturm am leichtesten erreichbar – eine Fahrradtour strengt ziemlich an. Alternativ kann man auch eine Autoriksha zum Ende der befahrbaren Straßenstrecke nehmen und von dort aus den wunderbar einsamen Strand entlangwandern (1 Std.).

Die beliebte **Kalapathar Lagoon** ist ein umschlossener Badebereich mit schattigen Plätzchen auf dem Sand. Durch eine Klippenhöhle geht's hier obendrein zu einer Stelle mit Traumblick aufs Meer. Die Lagune liegt kurz vor der Butler Bay und ist über eine Nebenstraße zugänglich, die an modernen Häusern (neu nach dem Tsunami errichtet) vorbeiführt.

NICHT VERSÄUMEN

BRÜTENDE SCHILDKRÖTEN

Kalipurs Strand soll weltweit der einzige sein, an dem Suppen-, Leder-, Oliv-Bastard- und Echte Karettschildkröten gemeinsam brüten. Von Mitte Dezember bis April finden sich die Tiere in den meisten Nächten hier ein und bieten dann super Beobachtungsmöglichkeiten. Wer möchte, kann beim Einsammeln der Eier oder beim Freilassen der Jungtiere helfen (nähere Infos beim Pristine Beach Resort).

Parallel brüten Schildkröten auch an der Cuthbert Bay (45 Fahrtminuten ab Rangat).

Harbinder Bay und **Dugong Creek** sind ausgewiesene Stammesreservate der Nikobaresen bzw. Onge und für Touristen gesperrt.

Unter furchtlosen Surfern gilt Little Andaman als Geheimtipp, seit die Insel vor ein paar Jahren für Ausländer freigegeben wurde. An die legendären Reef Breaks sollten sich aber besser nur erfahrenere Wellenreiter heranwagen. **Surfing Little Andaman** (☎ 9609688970; www.surfinglittleandaman.com; 2-stündiger Kurs 1000 ₹, Leihbrett halber/ganzer Tag 500/900 ₹) in Hut Bay verleiht Surfbretter, veranstaltet Kurse und liefert umfassende Infos zu örtlichen bzw. regionalen Spots.

Schlafen & Essen

Vor Ort gibt es viele Billiglokale, die mit leckeren Snacks und gute Thalis überzeugen. Keine der folgenden Adressen schenkt Alkohol aus; allerdings findet man in Hut Bay einen „Weinladen".

★ **Blue View** BUNGALOWS $
(☎ 9734480840; Km 11,5; Zi. ohne Bad 350–500 ₹) Der freundliche Azad und seine Frau betreiben ihre etwas einfachen und schilfgedeckten Bungalows auf einem erstklassigen Gelände direkt gegenüber vom Netaji Nagar Beach. Die beiden bieten zudem einen Verleihservice (Surfbrett pro Std./Tag 100/500 ₹, Fahrrad/Motorrad pro Tag 50/300 ₹) und ausgesprochen leckeres Essen an.

Jina Resort BUNGALOWS $
(9476038057; Netaji Nagar, Km 11; Zi. ab 150 ₹) Auch diese Neueröffnung gleich gegenüber einem schönen Strand vermietet Fahrräder und relaxte Bungalows in einem hübschen Garten.

Hotel Sea Land HOTEL $
(☎ 03192-284525; Hut Bay; EZ/DZ 250/400 ₹, Zi. mit Klimaanlage 700 ₹) Das Sea Land in Hut Bay hat komfortablere Zimmer mit massiven Wänden, aber nur wenig Atmosphäre. Jedoch gibt's hier eine Gartenlaube mit Hängematten in frischer Meeresluft.

Palm Groove INDISCH $
(Hut Bay; ⌚6–21 Uhr) Attraktiver Bungalow im historischen Stil, der eine gute Auswahl an Biryanis und Thalis in einer offenen Gartenlaube serviert.

ℹ Anreise & Unterwegs vor Ort

Die Strände erstrecken sich nördlich des Fähranlegers (Hut Bay Jetty) an der Ostküste. Busse zum Netaji Nagar Beach (10 ₹) warten normalerweise auf die Ankunft der Fähre und fahren ansonsten ca. alle 60 Minuten vorbei; die Alternative sind Sammeljeeps (50 ₹) oder Autorikschas (250 ₹; nach Hut Bay 50 ₹). Die meisten Unterkünfte verleihen auch Fahr- und Motorräder.

Bei der täglichen Schiffsverbindung nach Port Blair reicht das Spektrum von großen Fähren (Kabine mit 4/2 Betten 220/260 ₹, 8½ Std.) bis hin zu schnelleren staatlichen Booten (30 ₹, 5½ Std.). Die Kähne sind jeweils klimatisiert und starten abwechselnd am Nachmittag oder Abend. Das Fährbüro hat sonntags geschlossen.

In Hut Bay gibt's einen Geldautomaten, aber kein Internet.

Südindien verstehen

Südindien aktuell

Die Regionen Südindiens sind geprägt durch eine enorm unterschiedliche Mischung aus Menschen, Bräuchen, Religionen und Perspektiven – hier ist immer viel los. Jeder Bundesstaat hat seine eigenen wirtschaftlichen, politischen, kulturellen und ökologischen Besonderheiten, dennoch wirken Entscheidungen der Regierung in Delhi natürlich auch in die südlichen Bundesstaaten hinein. Dieses Kapitel beleuchtet einige der wichtigen Themen, die diskutiert werden und die auch ausländische Besucher mitbekommen, egal in welche Ecken des Landes sie reisen.

Top-Filme

Fire – Wenn die Liebe Feuer fängt (1996), **Earth** (1998) und **Water** (2005) Die Trilogie der Regisseurin Deepa Mehta war in Indien umstritten.

Pyaasa (Durst; 1957) und **Kaagaz Ke Phool** (Papierblumen; 1959) Zwei bittersüße Filme von Guru Dutt.

Gandhi (1982) Der Klassiker.

Top-Romane

Mitternachtskinder Salman Rushdies Allegorie auf die Unabhängigkeit Indiens und die Teilung des Subkontinents.

Der Fremdenführer und **Der Schildermaler** Die klassischen Romane von R. K. Narayan spielen in der fiktiven Stadt Malgudi.

Das Gleichgewicht der Welt Rohinton Mistrys Roman spielt in Mumbai.

Der weiße Tiger Mit dem Booker-Preis ausgezeichneter Roman von Aravind Adiga. Er handelt von Klassenproblemen im globalisierten Indien.

Top-Sachbücher

India after Gandhi: The History of the World's Largest Democracy Ramachandra Guha über Indien nach Gandhi.

Die Nehrus und die Gandhis: Eine indische Dynastie Tariq Alis scharfsichtiges Porträt der Dynastie.

Annawadi oder der Traum von einem anderen Leben Katherine Boo gibt Einblick in einen Mumbaier Slum.

Der Kaschmir-Konflikt

Im Januar 2013 schalteten indische Regierungsstellen eine Zeitungsanzeige in Kaschmir, um die Menschen auf einen Nuklearkrieg vorzubereiten. Darin gab es Tipps zum Bau von Bunkern, zum Horten von Lebensmitteln und dazu, was man tun solle, wenn einen eine Explosion im Freien überrascht. Die Regierung in Delhi erklärte, dass die Anzeige lediglich eine übliche Aufklärungskampagne und keineswegs eine Reaktion auf aktuelle Grenzscharmützel sei. Bei diesen schwersten Grenzgefechten seit zehn Jahren wurden drei Pakistani und zwei indische Soldaten getötet, einer von ihnen wurde geköpft.

Die Vorfälle gehören zu einer langen Reihe tragischer Geschehnisse in dieser Region. Das überwiegend muslimische Kaschmir-Tal beanspruchen sowohl Indien als auch Pakistan für sich (ebenso die weniger mächtigen Kaschmiri selbst). Dies beeinträchtigt seit der Teilung der Region (1947) die Beziehungen zwischen beiden Ländern.

Die drei Kriege zwischen Indien und Pakistan – 1947, 1965 und 1971 – brachten kaum Veränderungen. 1989 kamen noch von Pakistan unterstützte bewaffnete Aufstände in Kaschmir hinzu. Zehntausende Menschen kamen in den Konflikten ums Leben. Seither stehen Hunderttausende indischer Soldaten im indisch kontrollierten Teil Kaschmirs. Die Beziehungen zwischen Indien und Pakistan verschlechterten sich 1998 noch mehr, als beide Länder muskelspielend Atomtests durchführten. Nun sind also auch noch Atomwaffen im Spiel.

Gespräche zur Gründung einer autonomen Region wurden 2008 eingestellt, als Terroristen drei Tage lang bei Bombenattentaten und Schießereien mindestens 163 Menschen in zehn Orten bei Mumbai (Bombay) töteten. Einer der Angreifer überlebte; es handelte sich um einen Pakistani mit Verbindung zur Laschkar-e-Taiba („Armee der Reinen"), einer islamischen Terrororganisation, die in den 1990er-Jahren zur Unterstützung der pakistanischen

Armee in Kaschmir geschaffen wurde. Pakistan bestritt die Beteiligung an den Anschlägen. Gerade als sich der Staub zu legen begann und die zwischenstaatlichen Gespräche etwas vorankamen, ließ Indien Ende 2012 den pakistanischen Terroristen heimlich hinrichten. Kurz darauf, Anfang 2013, wurde ein Mann aus Kaschmir wegen Beteiligung an einem Anschlag auf das Parlament im Jahr 2001 verurteilt und gehängt, sodass sich die Spannungen zwischen beiden Ländern abermals verschärften.

Kommunale Spannungen

Kaschmir ist zwar die Region mit der langwierigsten Auseinandersetzung, doch die religiösen Konflikte weiter südlich dürften die heimtückischsten sein. Einer der brutalsten Zwischenfälle ereignete sich 1992, als hinduistische Extremisten in Ayodhya in Uttar Pradesh die Babri-Masjid-Moschee zerstörten, die von Hindus als Geburtsstätte Ramas verehrt wird. Die auf eine Belebung des Hinduismus ausgerichtete BJP, damals die wichtigste Oppositionspartei, tat wenig, um die Zerstörung aufzuhalten. In der Folge kamen bei Unruhen im Norden Tausende Menschen ums Leben.

Die Beliebtheit der BJP wuchs, und sie gewann 1998/1999 die Wahlen. Premierminister Atal Bihari Vajpayee wirkte zwar moderat, doch viele Mitglieder und Unterstützer der BJP traten aggressiv auf. Als 2002 bei einem verdächtigen Zugfeuer 58 Hindus starben, gab es bei den folgenden Unruhen mehr als 2000 Tote, die meisten davon Muslime. Der Menschenrechtsorganisation Human Rights Watch zufolge waren auch Beamte der BJP-Regierung darin verwickelt.

2008 war eines der dunkelsten Jahre Indiens: Bombenanschläge in Jaipur, Ahmedabad und Delhi forderten Dutzende Opfer. Die Untersuchungen deuteten auf islamistische Extremisten hin. Mittlerweile scheinen die Spannungen etwas zurückgegangen zu sein und die Extremisten bedienen sich einer gemäßigteren Rhetorik. Als ein Gericht 2010 entschied, dass die Stätte in Ayodhya zwischen Hindus und Muslimen geteilt würde, waren die Reaktionen friedlich, doch 2011 wurde die Entscheidung vom höchsten Gericht suspendiert, nachdem sich beide Seiten beschwert hatten. Explosionen in Mumbai und Delhi im selben Jahr erinnerten daran, dass der Extremismus nicht verschwunden war.

Die Kongresspartei & die Wirtschaft

Als die Kongresspartei 2004 wieder an die Macht kam, stand die gebürtige Italienerin Sonia Gandhi an ihrer Spitze. Sie war die Frau von Rajiv Gandhi, der von 1984 bis 1989 Premierminister war. Die von der BJP geplante nationale Hetzkampagne gegen Sonia Gandhis ausländische Wurzeln wurde untergraben, indem sie zurücktrat und den Weg für Manmohan Singh freimachte. Er steht für Transparenz und Klugheit und die meisten Inder mögen ihn, auch wenn gemunkelt wird, Gandhi habe immer noch beträchtlichen Einfluss auf seine Entscheidungen. Un-

BEVÖLKERUNG: **1,21 MRD.**

BIP: **1,85 BIL. US$ (2011)**

ARBEITSLOSENRATE: **9,8 %**

ARBEITET IN DER LANDWIRTSCHAFT: **52 %**

ALPHABETISIERUNGSRATE: **65/82 % (FRAUEN/ MÄNNER)**

GESCHLECHTERVERHÄLTNIS: **940/1000 (FRAUEN/MÄNNER)**

Gäbe es nur 100 Inder, würden ...

55 eine der 21 anderen Amtssprachen sprechen

41 Hindi sprechen

4 eine von 400 anderen Sprachen sprechen

Religionen
(% der Bevölkerung)

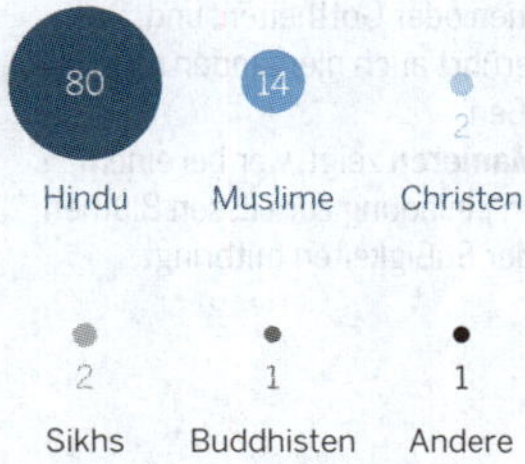

Einwohner pro km²

≈ 31 Einwohner

Etikette

Konservativ kleiden Eng anliegende Kleidung vermeiden, Schultern und Knie müssen bedeckt sein, besonders an religiösen Stätten.

Zurschaustellung von Zärtlichkeiten Küssen, Knuddeln oder Händchenhalten in der Öffentlichkeit wird nicht geduldet.

Nackte Füße Vor dem Betreten von Wohnhäusern oder heiligen Stätten die Schuhe ausziehen.

Fotos Immer fragen, bevor man Fotos von Personen oder heiligen Stätten macht.

Dieses Wackeln mit dem Kopf ... kann „Ja", „Vielleicht" oder „Keine Ahnung" bedeuten. Man sollte einfach schauen, was die Einheimischen machen.

Begrüßungen

Namaste mit aneinandergelegten Handflächen (wie beim Gebet) zu sagen, ist eine traditionelle Begrüßungsformel der Hindus und die universell akzeptierte Form, „Hallo" zu sagen.

Umarmungen zwischen Fremden sind nicht üblich.

Reine Hände Nur die rechte Hand wird zum Essen und Händeschütteln benutzt. Die linke Hand ist die „Toilettenhand".

Schlechte Ausstrahlung Mit den Fußsohlen zeigt man nicht auf Menschen oder Gottheiten, und man berührt auch niemanden mit den Füßen.

Gute Manieren zeigt, wer bei einer privaten Einladung zum Essen Blumen und/oder Süßigkeiten mitbringt.

ter Singhs Führung wurde ein wirtschaftlicher Liberalisierungsprozess ebenso umgesetzt wie Bildungs-, Gesundheits- und weitere Sozialreformen.

1991 ließ Singh, damals Finanzminister, die Rupie für einige „harte" Währungen vom fixen Wechselkurs abkoppeln. Die staatlichen Subventionen wurden schrittweise ausgesetzt und die Wirtschaft ausländischen Investoren geöffnet. Multinationale Unternehmen wurden von Indiens vielen gut ausgebildeten Arbeitskräften und niedrigen Löhnen angezogen. Indien wurde (nach China) die am zweitschnellsten wachsende Wirtschaftsmacht der Welt. Aber in den letzten Jahren hat das Wachstum nachgelassen, die Rupie ist eingebrochen und die Inflation gestiegen. Manche Ökonomen sehen auch Vorteile in dem langsameren Wachstum: es könnte die Inflation verlangsamen und die wirtschaftlichen Ungleichheiten reduzieren. Riesige Teile der Milliardenbevölkerung des Landes profitierten kaum vom Boom und die Kluft zwischen Reich und Arm ist immer noch gewaltig.

Im Januar 2013 übernahm Sonia Gandhis Sohn Rahul das Amt des Vizepräsidenten der Kongresspartei. Der Schritt konnte niemanden überraschen: die Namen Nehru/Gandhi sind inzwischen synonym für die Partei. Aber Rahul Gandhi gilt nicht als Charismatiker oder Stratege und es dürfte schwer werden, 2014 erneut einen Gandhi auf den Stuhl des Premiers zu setzen.

Gewalt gegen Frauen

Im Dezember 2012 stiegen in Delhi eine 23-jährige Krankengymnastin und ihr Freund auf dem Heimweg von einem Kinobesuch in einen Bus, der sich als vorgetäuschter Stadtbus mit verdunkelten Fenstern entpuppte. Im Bus waren sechs Männer, die die beiden niederschlugen und die Frau so brutal vergewaltigten, dass sie zwölf Tage später starb. Die Frau wurde landesweit als Nirbhaya, die „Furchtlose", bekannt. Das Verbrechen löste Proteste und Diskussionen aus.

Innerhalb weniger Wochen verabschiedete Indien eine Reihe neuer aber umstrittener Gesetze, um die Gewalt gegen Frauen zu unterbinden: Auf Vergewaltigung steht jetzt Gefängnis nicht unter sieben Jahren, stirbt das Opfer, droht die Todesstrafe. Aber in den Monaten nach dem Mord wurden weitere Verbrechen verübt, auch brutale Vergewaltigungen von Mädchen, die gerade mal vier waren. Und auch wenn einige indische Politiker die Vergewaltiger verurteilten, spielten andere Kommentare die Tat herunter oder beschuldigten das Opfer.

Auch andere Misshandlungen von Frauen werden in Indien jetzt häufiger angesprochen (zehntausende sterben jedes Jahr nur wegen Mitgiftstreitereien), die weitverbreitete Inkompetenz von Polizei und Justizsystem bei der Behandlung von Fällen (von mehr als 600 berichteten Vergewaltigungen in Delhi im Jahr 2012 endete nur eine mit einem Schuldspruch), und die schwerer wiegenden Probleme der Ungleichheit der Geschlechter. Die Lage für von Gewalt bedrohte Frauen ist nicht gut, aber viele hoffen, dass Veränderungen in Gang kommen, nachdem das Thema nun öffentlich diskutiert wird.

Geschichte

Südindien hat immer Wert darauf gelegt, eine eigene, einzigartige Geschichte zu besitzen, und das vor allem weil der Süden durch die große Entfernung von den politischen Entwicklungen im Norden weitgehend abgeschnitten war. Die drawidische Kultur hat eine lange, verworrene Entstehungsgeschichte, in der es von miteinander streitenden Dynastien und Reichen nur so wimmelt. Händler und Eroberer, die über das Meer ins Land kamen, taten ihr Übriges. All dies hat reichlich dazu beigetragen, dass eine außergewöhnliche Mischung aus südindischen Traditionen entstand, die bis heute bestehen.

Die Indus-Kultur

Die erste bedeutende Zivilisation Indiens blühte um 2500 v. Chr. im Indus-Tal. Große Teile davon lagen im heutigen Pakistan. Diese als Harappa-Kultur bekannte Zivilisation hatte 1000 Jahre Bestand. Sie scheint aber nur der Höhepunkt einer Besiedlung gewesen zu sein, die sich über Jahrtausende erstreckte. Der Niedergang der Harappa begann Anfang des 2. Jts. v. Chr. Einige Historiker machen für das Ende dieses Reiches Überschwemmungen oder ausbleibende Niederschläge verantwortlich, was die landwirtschaftliche Grundlage der Harappa gefährdete. Eine unausrottbare, wenn auch umstrittenere Theorie besagt, dass eine Invasion der Arier die Harappa vernichtet habe. Dafür gibt es aber kaum archäologische Belege oder schriftliche Berichte in den alten indischen Quellen. Deshalb argumentieren einige nationalistische Historiker, dass die Arier – die Bezeichnung leitet sich von dem Sanskrit-Wort für „adelig" ab – in Wahrheit die ursprünglichen Einwohner Indiens gewesen seien und die Invasionstheorie von ausländischen Eroberern zu ihrem Nutzen erfunden wurde. Andere vermuten, die Ankunft der Arier sei eher in Form einer sukzessiven Einwanderung erfolgt, die die Harappa-Kultur schrittweise und nicht in Form einer Eroberung verdrängt habe. Glaubt man den Vertretern der Invasionstheorie, so sind ab etwa 1500 v. Chr. arische Stämme von Afghanistan und Zentralasien kommend nach Nordwestindien eingedrungen. Trotz ihrer militärischen Überlegenheit kamen sie nur langsam voran. Nacheinander eintreffende Stämme kämpften um

Mehr über die alte Indus-Kultur findet sich im Internet auf der Website von Harappa (www.harappa.com), die einen bebilderten und wissenschaftlich fundierten Überblick bietet.

ZEITLEISTE

2600–1700 v. Chr.

Hochphase der Zivilisation im Indus-Tal, die sich auf Teile von Rajasthan, Gujarat und der Sindh-Provinz des heutigen Pakistan erstreckt. Es entstehen Stätten wie Harappa und Moenjodaro.

1500 v. Chr.

Die indo-arische Zivilisation fasst in den fruchtbaren Ebenen des Indus- und Gangesbeckens Fuß. Die Siedler sprechen eine Frühform des Sanskrit, aus dem sich später u. a. das Hindi entwickelt.

1500–1200 v. Chr.

Der Rigveda, der älteste und längste der kanonischen Texte des Hinduismus, wird verfasst; drei weitere Schriften folgen. Die frühesten Formen des priesterlichen Brahmanen-Hinduismus entstehen.

Gebiete, Neuankömmlinge drängten sie weiter nach Osten bis in die Gangesebene. Am Ende kontrollierten diese Stämme das nördliche Indien bis zum Vindhya-Gebirge. Und die ursprünglichen Bewohner, die Drawiden, könnten demnach nach Süden vertrieben worden sein.

India: A History von John Keay ist eine scharfsinnige und lesenswerte Zusammenfassung der Geschichte des Subkontinents von der Harappa-Kultur bis zur Unabhängigkeit Indiens.

Einflüsse aus dem Norden

Die Zivilisation des Indus-Tals mag Südindien nicht beeinflusst haben, die arische Invasion tat dies allerdings schon. Die Arisierung des Südens war ein langsamer Prozess, hatte aber starke Auswirkungen auf die Sozialstruktur der Region und die Gesinnung ihrer Bewohner. Die Neuankömmlinge aus dem Norden brachten ihre Literatur (die vier Veden, eine Sammlung heiliger Hindu-Hymnen), ihre Götter (Agni, Varuna, Shiva, Vishnu), ihre Sprache (Sanksrit) und ihre Sozialstruktur mit. Sie organisierten das Volk in Kasten mit den Brahmanen an der Spitze.

Über die Jahrhunderte hinweg folgten noch weitere Einflüssen aus dem Norden, u.a. durch den Buddhismus und den Jainismus. Sravanabelagola in Karnataka ist bis heute eine glücksverheißende Pilgerstätte. Hier war vor über 2000 Jahren der Herrscher Chandragupta Maurya auf

ASHOKA: EIN ERLEUCHTETER KAISER

Abgesehen von den Moguln und Jahrhunderte später den Briten kontrollierte keine andere Macht einen so großen Teil Indiens wie die Maurya. Daher verwundert es nicht, dass Indien dem Herrschergeschlecht eine der historisch bedeutendsten Persönlichkeiten verdankt.

Kaiser Ashokas Regierungszeit war eine Periode florierender Kunst und Bildhauerei. Sein Ruf als Philosophenkönig wurde durch in Stein gemeißelte Edikte unterstrichen, die der Belehrung seiner Untertanen und der Demonstration der Größe seines Reiches dienten. Ashokas Herrschaft war aber auch unbestrittener Höhepunkt des Buddhismus in Indien. Bereitwillig konvertierte Ashoka 262 v. Chr. zum Buddhismus und erklärte seinen neuen Glauben zur Staatsreligion; gleichzeitig versetzte er damit dem spirituellen und gesellschaftlichen Wesen des Hinduismus einen schweren Schlag. In der Region ließ der Herrscher Tausende von Stupas und Klöstern errichten, ins Ausland entsandte er Missionare. Bis heute wird er auf Sri Lanka verehrt, weil er seinen Sohn und seine Tochter dorthin schickte, um die Lehren Buddhas einzuführen.

Der lange Schatten, den dieser Kaiser des 3. Jhs. v. Chr. immer noch über Indien wirft, findet z. B. in der indischen Nationalflagge seinen Ausdruck. Sie zeigt das Chakra Ashokas, ein Rad mit 24 Speichen als Symbol für die Herrschaft des Gesetzes. Das Kapitell, dass die vielen Säulen Ashokas krönte, bildet zudem das heutige Nationalsymbol und Wappen von Indien: Vier Löwen sitzen Rücken an Rücken auf einer Säulenplatte, die mit einem Fries und der Inschrift „Allein die Wahrheit siegt" verziert ist. Es wurde ausgewählt, um die alte Verpflichtung zu Frieden und Wohlwollen zu bekräftigen.

1000 v. Chr.
Indraprastha, die erste Siedlung an der Stelle des heutigen Delhi, entsteht. Ausgrabungen am Purana Quila dauern an und fördern bis heute neue Fakten über die alte Hauptstadt zutage.

599–528 v. Chr.
Mahavir, der 24. und letzte *tirthankara* (erleuchteter Lehrer), begründet den Jainismus. Wie Buddha predigt er Barmherzigkeit und den Weg zur Erleuchtung für alle Kasten.

563–483 v. Chr.
Der Prinz Siddhartha Gautama wird im heutigen Nepal geboren, erlangt die Erleuchtung unter einem Bodhi-Baum in Bodhagaya (Bihar) und wird dadurch zu Buddha (der Erleuchtete).

326 v. Chr.
Alexander der Große dringt nach Indien vor. Er besiegt König Porus im Punjab und betritt den Subkontinent, aber eine Rebellion seiner Armee hindert ihn daran, über den Beas in Himachal Pradesh einzumarschieren.

dem Weg aus dem Norden zusammen mit seinem Guru angekommen, nachdem er den Jainismus angenommen und sein Königreich aufgegeben hatte. Dann nahmen die Händler den Jainismus an; dessen Dogma des *ahimsa*, der Gewaltlosigkeit, verbietet die Tötung und das Verletzen von Lebewesen – also auch Tieren – und förderte folglich die Ausbreitung eine vegetarischen Kultur in Südindien.

Ashoka, ein Nachfolger Chandraguptas, regierte ab etwa 272 v. Chr. 40 Jahre lang. Beim Übergreifen des Buddhismus auf den Süden war er die treibende Kraft. Zunächst als kriegsfreudiger Herrscher unterwegs, sollte er um 260 v. Chr. einen radikalen Wandel durchleben: Schockiert durch das schreckliche Massaker und das Leid, das sein Feldzug gegen das mächtige Königreich Kalinga verursacht hatte, verzichtete er von nun auf Gewalt und widmete sich dem Buddhismus. Er sandte buddhistische Missionare in die entlegensten Regionen. Seine Edikte – in Felsen oder extra aufgestellte Stelen gemeißelt – wurden in Andhra Pradesh und Karnataka gefunden. Auf sein Betreiben hin wurden auch Stupas errichtet, die meisten an der Küste Andhra Pradeshs. Mindestens einer dieser kuppelförmigen Sakralbauten wurde jedoch weit im Süden in Kanchipuram (Tamil Nadu) errichtet.

Jainismus und Buddhismus verdankten ihre Attraktivität dem Umstand, dass sie die Veden ablehnten und das Kastensystem verurteilten. Dennoch verlor der Buddhismus allmählich die Unterstützung seiner Anhänger und wurde durch eine neue Form des Hinduismus ersetzt, welche die Hingabe an einen persönlichen Gott betonte. Diese Bhakti-Bewegung (vom Sanskrit-Wort für „Hingabe“) entwickelte sich um 500 n. Chr. in Südindien. Ihre Anhänger lehnten Jainismus und Buddhismus ab und beschleunigten so den Niedergang der beiden Glaubensrichtungen in Südindien.

Maurya-Reich & Königreiche im Süden

Chandragupta war der früheste aus einer Reihe von Maurya-Königen, die das erste wirkliche Großreich in Indien regierten. Die Hauptstadt des Imperiums war das heutige Patna in Bihar. Chandraguptas Sohn Bindusara gelangte um 300 v. Chr. auf den Thron. Er dehnte das Reich bis nach Karnataka aus. Dort scheint er jedoch seinen Vormarsch beendet zu haben, möglicherweise weil das Maurya-Reich mit den damaligen Stammeshäuptlingen im Süden freundschaftliche Beziehungen pflegte.

Die Identität und die Bräuche der Stammesfürstentümer konnte man aus verschiedenen Quellen rekonstruieren, z. B. aus archäologischen Funden und aus der alten Literatur der Tamilen. Diese schriftlichen Quellen beschreiben ein Land, das als „Heimstätte der Tamilen“ bezeichnet wird und in dem drei herausragende Herrscherfamilien residierten: die Pandya (Madurai), die Chera (Malabarküste) und die Chola (Tan-

Die Konzepte von Null und Unendlichkeit wurden wahrscheinlich von bedeutenden indischen Mathematikern während der Herrschaft der Guptas entwickelt.

321–185 v. Chr.
Die Herrschaft der Maurya-Könige: Das gesamtindische Reich wird von Chandragupta Maurya begründet. Unter der Herrschaft Kaisers Ashoka wird der Buddhismus für kurze Zeit zur Staatsreligion.

ca 235 v. Chr.
Beginn der Chola-Herrschaft: Die Tamilen-Dynastie ist für ihre Macht und das eroberte Territorium im 9. bis 13. Jh. bekannt. In Südindien regiert sie über 1500 Jahre lang.

3. Jh. v. Chr.
Das Satavahana-Reich hat seinen Ursprung in Andhra und umfasst ein riesiges Gebiet in Zentralindien. Es beeinflusst die künstlerische Entwicklung sowohl vor Ort als auch in ganz Südostasien.

1. Jh. n. Chr.
Der internationale Handel blüht: Die Netzwerke des Überlandhandels haben Anschluss an die Häfen der Überseerouten. Der Handel mit Afrika, der Golfregion, Sokotra, Südostasien, China und sogar Rom floriert.

javur und Kavari-Tal). Die Region, die in der zwischen 300 v. Chr. und 200 n. Chr. entstandenen Sangamliteratur beschrieben wird, war von der Sanskritkultur noch immer relativ abgeschnitten. Ab 200 v. Chr. begann sich dies aber zu ändern.

Eine gewisse Rivalität kennzeichnete die Beziehungen zwischen den großen und den vielen kleineren Stammesfürstentümern. Außerdem gab es gelegentlich Zusammenstöße mit den Herrschern von Sri Lanka. Aus der Sangamliteratur lässt sich schließen, dass die Sanskrittraditionen der alten arischen Königreiche aus dem Norden in Südindien um 200 v. Chr. etabliert wurden. Schließlich hatten die Mächte im Süden alle unter den Kalabhra zu leiden. Über sie ist kaum mehr bekannt als ihre Herkunft aus einer Region irgendwo nördlich des Tamilengebiets.

Das Maurya-Reich begann bereits kurz nach dem Tod Ashokas (232 v. Chr.) zu zerfallen. Um 180 v. Chr. wurde es von einer Reihe rivalisierender Königreiche erobert, die ihrerseits von wiederholten Invasionen aus dem Norden, z. B. durch baktrische Griechen, betroffen waren. Trotz ihrer Instabilität brachte die Ära nach Ashoka mindestens ein Herrschergeschlecht hervor, dessen Förderung der Künste und dessen Fähigkeit, einen relativ hohen Grad an sozialem Zusammenhalt zu stiften, ein nachhaltiges Erbe schufen. Gemeint sind die Satavahana, die schließlich ganz Maharashtra, Madhya Pradesh, Chhatitsgarh, Karnataka und Andhra Pradesh kontrollierten. Während ihrer Herrschaft zwischen 200 v. Chr. und 200 n. Chr. blühten die Künste, vor allem die Literatur, Bildhauerei und Philosophie. Unter den Satavahana erreichte der Buddhismus in Maharashtra seinen Höhepunkt. Die größten der buddhistischen Höhlentempel bei Ajanta und Ellora wurden aber erst später von den Dynastien der Chalukya und Rashtrakuta gebaut.

Vor allem aber erlebte der Subkontinent eine Phase enormen Wohlstands. Südindien hatte zwar nicht so riesige und fruchtbare Agrarflächen wie Nordindien, doch wurde dies ausgeglichen, indem man strategisch günstige Handelsrouten über den Indischen Ozean erschloss.

Pallava-Architektur Tamil Nadus

Strandtempel, Mamallapuram (Mahabalipuram)

Buße des Arjuna, Mamallapuram

Fünf Rathas, Mamallapuram

Tempel, Kanchipuram

Rock-Fort-Tempel, Trichy (Tiruchirappalli)

Das wechselhafte Schicksal der Chola

Nachdem die Kalabhra die Stammesfürstentümer der Tamilen unterdrückt hatten, zerfiel Südindien in viele gegeneinander Krieg führende Königreiche. Die Chola verschwanden buchstäblich von der Bühne, während allem Anschein nach an der Westküste die Chera durch Handel zu Wohlstand kamen – allerdings ist über sie nicht allzu viel bekannt. Erst nachdem im späten 6. Jh. n. Chr. die Kalabhra besiegt worden waren, beruhigte sich die politische Lage der Region allmählich. Die nächsten 300 Jahre lang wurden die Geschicke Südindiens von den Chalukya aus Badami, den Pallava aus Kanchi (Kanchipuram) und den Pandya aus Madurai geprägt.

52 n. Chr.

Mögliche Ankunft des Apostel Thomas an der Küste von Kerala. Nach frühchristlicher Überlieferung hält das Christentum mit seiner Tätigkeit als Missionar in Kerala und Tamil Nadu Einzug in Indien.

319–510

Goldene Ära der Gupta-Dynastie; nach den Maurya das zweite Großreich Indien: Die Zeit ist durch eine kreative Schaffensperiode in Kunst und Literatur gekennzeichnet.

➡ Strandtempel (S. 374), Mamallapuram

Die Chalukya lebten weit verstreut. Zusätzlich zu ihrer Hauptstadt in Badami ließen sie sich in Bijapur, Andhra Pradesh und nahe des Godavari-Deltas nieder. Den Godavari-Zweig der Familie bezeichnet man oft als die „östlichen Chalukya aus Vengi". Woher die Pallava ursprünglich kamen, ist unklar. Man nimmt aber an, dass sie von Kanchi aus nach Andhra Pradesh eingewandert sind. Nachdem sie die Kalabhra erfolgreich in die Flucht geschlagen hatten, dehnten die Pallava ihr Gebiet bis zum Kaveri im Süden aus. Im 7. Jh. hatten sie schließlich den Zenit ihrer Macht erlangt und errichteten Gebäude wie den Strandtempel und das Reliefbild Buße des Arjuna in Mamallapuram (Mahabalipuram). Sie verzettelten sich aber auch in langwierigen Konflikten mit den Pandya, die sich wiederum im 8. Jh. mit den Gangas aus Mysore verbündeten. All dies – noch kombiniert mit dem Druck durch die Rashtrakuta (die die östlichen Chalukya herausforderten) – sorgte dafür, dass die Pallava im Süden Indiens im 9. Jh. ihre Macht einbüßten.

Zur gleichen Zeit, als die Dynastie der Pallava endete, gelangte eine neue Chola-Dynastie an die Macht. Sie schuf die Grundlagen für eines der wichtigsten Reiche, das der Subkontinent je hervorbringen sollte. Von ihrer Hauptstadt in Tanjavur breiteten sich die Chola nach Norden aus; sie übernahmen das, was vom Gebiet der Pallava noch übrig war, und preschten Richtung Süden vor. Mit der Thronbesteigung von Rajaraja Chola I. (reg. 985–1014) begann sich das Königreich der Chola dann zu einem großen Imperium zu mausern. Rajaraja Chola I. führte erfolgreich Krieg gegen die Pandya im Süden, die Gangas aus Mysore und die östlichen Chalukya. Außerdem startete er einige Flottenunternehmungen, die mit der Einnahme der Malediven, der Malabarküste und des Nordens von Sri Lanka endeten. Sri Lanka wurde zu einer Provinz des Chola-Imperiums. Dank der Eroberungen kontrollierten die Chola wichtige Häfen und Handelsverbindungen zwischen Indien, Südostasien, Arabien und Ostafrika. Damit strichen sie einen Teil der riesigen Profite ein, die durch den Verkauf von Gewürzen nach Europa erzielt wurden.

Rajaraja Cholas Sohn Rajendra Chola I. (reg. 1014–1044) führte die Vergrößerung des Chola-Territoriums fort, eroberte das restliche Sri Lanka und zog die Ostküste Indiens bis nach Bengalen und zum Ganges hinauf. Rajendra startete auch einen Feldzug in Südostasien gegen das Srivijaya-Königreich (Sumatra). Er erneuerte so Handelsverbindungen, die unterbrochen worden waren, und sandte Handelsmissionen bis ins ferne China. Doch das Chola-Reich war nicht nur in politischer und wirtschaftlicher Hinsicht äußerst erfolgreich, es hinterließ auch ein sagenhaftes Kunsterbe. Die Skulpturen, besonders jene aus Bronze, erreichten neue Sphären ästhetischer und technischer Raffinesse.

Musik, Tanz und Literatur erlebten eine Blütezeit und es entstand eine einzigartige tamilische Kunstrichtung, die in Südindien noch präsent

History and Society in South India von Noboru Karashima ist ein wissenschaftlicher Sammelband zur Entwicklung der südindischen Gesellschaft während der Chola-Dynastie und des Vijayanagar-Reichs.

4.–9. Jh.

Die Pallava erscheinen auf der sich verändernden politischen Bühne Südindiens und üben von ihrer Basis in Kanchipuram ihre Dominanz in Andhra Pradesh und im Norden Tamil Nadus aus.

610

Der Prophet Mohammed begründet den Islam. Bald bekehrt er die Bewohner von Mekka zum neuen Glauben und den Gesetzen Allahas. Seinem Ruf wird mit Eifer gefolgt.

850

Die Chola erleben in Südindien eine Renaissance. Machtzentrum des aufstrebenden Reiches wird Tanjavur, reger Handel begründet einen sagenhaften Reichtum.

1014–1044

Unter Rajajara Chola I. und seinem Sohn Rajendra Chola I. erlangt die Dynastie in Asien eine wirtschaftliche und militärische Vormachtstellung, u. a. erobert sie Sri Lanka und unternimmt Feldzüge nach Sumatra.

war, als die Chola schon lange verschwunden waren. Handel war nicht das einzige, was die Chola an die Küsten Südostasiens brachten. Sie führten dort auch ihre Kultur ein. Dieses Erbe lebt bis heute in den Tänzen, der Religion und der Mythologie von Myanmar (Birma), Thailand, Bali (Indonesien) und Kambodscha fort.

Doch die ständigen Kriege überstiegen die Kräfte der Chola, die schließlich unter dem Expansionsdruck der Hoysala aus Halebid und der Pandya aus Madurai niedergingen. Im 13. Jh. wurden sie endgültig von den Pandya abgelöst. Die Hoysala ihrerseits wurden vom Vijayanagar-Reich verdrängt, das sich im 14. Jh. entwickelte. Die Pandya kamen zu Wohlstand, ihre Errungenschaften wurden von Marco Polo, der sie 1288 oder 1293 besuchte, außerordentlich bewundert. Ihr Ruhm aber war nur von kurzer Dauer. Der muslimischen Invasion aus dem Norden hatten sie nichts entgegenzusetzen.

Muslimische Invasion & Vijayanagar-Reich

1296 unternahmen die muslimischen Herrscher in Delhi eine Reihe von Kriegszügen gegen Südindien. Ihr Ziel war es, die Macht einiger lokaler Herrscher zu brechen, darunter die der Hoysala und Pandya. 1323 erreichten sie Madurai.

Mohammed Tughlaq, der Sultan von Delhi, träumte davon, über ganz Indien zu herrschen, was aber nicht einmal Kaiser Ashoka gelungen war. Er ließ zu diesem Zweck sogar die Festung von Daulatabad in Maharashtra wieder aufbauen und hoffte, Südindien von dort aus gut kontrollieren zu können. Mit seinem Ehrgeiz übernahm er sich jedoch gewaltig: 1334 war er gezwungen, seine Armee zurückzurufen, um Aufstände an anderen Orten niederzuschlagen. Die muslimischen Herrscher in Madurai und Daulatabad nutzten die Gunst der Stunde und erklärten sich für unabhängig.

Zur gleichen Zeit wurden von hinduistischen Stammesfürsten in Hampi die Grundlagen für ein Reich geschaffen, das zu den größten Südindiens werden sollte: das Reich Vijayanagar.

Die meisten Historiker gehen davon aus, dass das Vijayanagar-Reich von zwei Stammesfürsten und Brüdern gegründet wurde, die gefangen genommen und nach Delhi gebracht worden waren. Dort konvertierten sie – zumindest vordergründig – zum Islam und wurden als Gouverneure des Sultans wieder in ihre Heimat geschickt. Die Brüder hatten jedoch andere Pläne. Sie kehrten zum Hinduismus zurück und begannen 1336 damit, ein drawidisches Reich zu errichten, das am Ende den Süden Karnatakas, Tamil Nadu und Teile Keralas umfasste. Knapp sieben Jahrhunderte später ist das Zentrum dieses Königreichs mit den rätselhaften Ruinen und Tempeln von Hampi die großartigste Sehenswürdigkeit Südindiens.

Architektur der Dekkan-Sultanate

Bijapur *Zitadelle, Gol Gumbaz, Ibrahim Rouza, Jama Masjid*

Bidar *Festung, Bahmani-Gräber*

Hyderabad *Golconda Fort, Qutb-Shahi-Gräber, Charminar*

12.–19. Jh.
Als Teil des Handels mit dem Persischen Golf werden Afrikaner an die Küste von Konkan verschifft; aus Sklaven werden Diener, Dockarbeiter und Soldaten. Sie sind als Siddis oder Habshis bekannt.

13. Jh.
Die Pandya, eine Tamilen-Dynastie, die bis ins 6. Jh. v. Chr. zurückreicht, ergreift die Kontrolle über das Gebiet der Chola und erweitert es von seiner Hauptstadt Madurai bis nach Andhra Pradesh, Kalinga und Sri Lanka.

1336
Gründung des mächtigen Vijayanagar-Reichs. Es wurde nach seiner Hauptstadt benannt, deren Ruinen man heute in der Nähe von Hampi (im heutigen Karnataka) besichtigen kann.

1345
Im Dekkan wird nach einer Revolte gegen die Tughluqs von Dehli das Bahmani-Sultanat errichtet. Die Hauptstadt wird in Gulbarga gegründet, ihm heutigen Norden von Karnataka, und später nach Bidar verlegt.

Die Bahmani, die ursprünglich aus Daulatabad im Nordwesten Maharashtras kamen, machten unterdessen Kalburgi in Karnataka zu ihrer Hauptstadt und zogen im 15. Jh. nach Bidar um. Zu ihrem Königreich gehörten zuletzt Maharashtra, Teile des Nordens Karnatakas und Andhra Pradesh. Und sie gaben sich reichlich Mühe, es vor äußeren Angriffen zu schützen.

Es überrascht kaum, dass die Beziehungen zwischen dem Vijayanagar- und dem Bahmani-Reich von ständiger Rivalität gekennzeichnet waren – bis im 16. Jh. hier wie dort der Niedergang eingeläutet wurde. Das Reich der Bahmani wurde durch interne Streitigkeiten zerrissen. Und die quirlige Hauptstadt des Vijayanagar-Reichs, Hampi, wurde in einer sechs Monate andauernden Plünderung durch die vereinten Streitkräfte der islamischen Sultanate von Bidar, Bijapur, Berar, Ahmednagar und Golkonda verwüstet. In den Konflikten ging es hauptsächlich um die Nutzung des fruchtbaren Ackerlands und die Kontrolle über die Handelshäfen. Kurze Zeit war es den Bahmani 1347 gelungen, über den wichtigen Hafen Goa zu herrschen, doch schon 1378 gehörte die Stadt zum aufstrebenden Vijayanagar-Reich.

Das Reich der Vijayanagar erlangte einen bemerkenswerten Wohlstand. Er war das Ergebnis einer zielgerichteten Politik, die Händler von weit her in jeder Form begünstigte und dies mit der Entwicklung eines effektiven Verwaltungssystems verband. Außerdem sorgte man für einen Zugang zu den wichtigen Handelsverbindungen, etwa den Häfen an der Westküste. Hampi mauserte sich zu einer Weltstadt: In den Basaren der Stadt tummelten sich Besucher sowohl aus den unterschiedlichsten Regionen Indiens als auch aus dem Ausland.

Der portugiesische Chronist Domingo Paez besuchte das Reich während der Herrschaft von Krishnadevaraya (reg. 1509–1529), der einer der berühmtesten Könige der Vijayanagar war. Zu dieser Zeit verfügte Vijayanagar über Reichtümer und Machtmittel wie nie zuvor.

Paez zeichnete die Errungenschaften der Vijayanagar auf und beschrieb, wie sie große Wasserbecken konstruierten und ihre Felder bewässerten. Er berichtete darüber, wie menschliche und tierische Opfer zur Besänftigung der Götter dargebracht wurden, nachdem eines der Becken wiederholt geborsten war. Paez lieferte außerdem Details über die schönen Häuser der reichen Händler und über die Basare mit all den wertvollen Rubinen, Diamanten, Smaragden und Perlen, Stoffen und „allem anderen, was es auf der Erde gibt und man möglicherweise kaufen möchte".

Wie die Bahmani widmeten sich die Könige der Vijayanagar intensiv dem Schutz ihres Territoriums und ihrer Handelsverbindungen. Krishnadevaraya beschäftigte portugiesische und muslimische Söldner, um seine Festungen zu bewachen und sein Herrschaftsgebiet zu sichern. Er unterhielt zudem gute Kontakte zu den Portugiesen, war er doch beim

A History of South India from Prehistoric Times to the Fall of Vijayanagar von K. A. Nilakanta Sastri ist wohl die umfassendste Geschichtsdarstellung über diese Gegend und besonders für diejenigen zu empfehlen, die nach Hampi reisen.

1469

Guru Nanak, der Begründer des Sikhismus, der bis heute in und außerhalb von Indien Millionen Anhänger hat, wird in einem Dorf in der Nähe von Lahore (im heutigen Pakistan) geboren.

1484

Als Folge einer Unabhängigkeitsbewegung beginnt das Bahmani-Sultanat zu zerfallen; als erstes rebelliert Berar. 1518 gibt es fünf Sultanate im Dekkan: Berar, Ahmadnagar, Bidar, Bijapur und Golconda.

1498

Vasco da Gama, ein portugiesischer Seefahrer, entdeckt die Route von Europa nach Indien. In Kerala geht er an Land und engagiert sich im Handel mit dem dortigen Adel.

1510

Unter der Führung von Alfonso de Albuquerque erobern die Portugiesen Goa. Sein erster Versuch war von Sultan Adil Shah von Bijapur vereitelt worden. Nach dem Tod des Shahs ist er erfolgreich.

Zugriff auf Handelswaren von ihnen abhängig. Das galt vor allem für die arabischen Pferde, die er für seine Reiterei benötigte.

The Career and Legend of Vasco da Gama von Sanjay Subrahmanyam ist eine der besseren Untersuchungen in jüngerer Zeit über die Person, die als „Entdecker" des Seewegs nach Indien gilt.

Ankunft der Europäer & das Christentum

Und so begann eine neue Ära. Vasco da Gamas Entdeckung des Seewegs nach Indien (1498) war der Auftakt für portugiesische Expeditionen, z. B. durch Francisco de Almeida, den ersten Gouverneur des portugiesischen Estado da Índia, und Alfonso de Albuquerque. Dieser baute ein portugiesisches Imperium im Osten auf, zu dem auch Goa gehörte (erstmals 1510 eingenommen). Albuquerque führte einen ständigen Kampf gegen die einheimischen Muslime in Goa, in dem er schließlich den Sieg davontrug. Sein größter Erfolg war aber vielleicht, zwei der gefährlichsten Bedrohungen gegeneinander auszuspielen: das Vijayanagar-Reich, für das der Zugang zu den Häfen von Goa äußerst wichtig war, und das Sultanat Bijapur, das sich im frühen 16. Jh. von den Bahmani abgespaltet hatte und inzwischen Teile Goas kontrollierte.

Bijapur und Vijayanagar waren erbitterte Feinde. Albuquerque nutzte dies raffiniert aus, indem er die Versorgung mit arabischen Pferden über-

AUFTRITT: PORTUGAL

Als Krishnadevaraya den Thron bestieg, waren die Portugiesen bereits drauf und dran, in Goa Fuß zu fassen. Nur wenige Jahre zuvor hatten sie – als erste Europäer überhaupt – den Indischen Ozean per Schiff von der Ostküste Afrikas bis zu den Küsten Indiens überquert.

Am 20. Mai 1498 ließ Vasco da Gama vor der südindischen Küste in der Nähe der Stadt Calicut (Kozhikode) Anker werfen. Für die Strecke von der Ostküste Afrikas bis hierher hatte er 23 Tage gebraucht. Geführt worden war da Gama vom Steuermann Ibn Masjid, den der Herrscher Malindi aus Gujarat gesandt hatte.

Die Portugiesen suchten nach einem Seeweg von Europa nach Osten, um den Gewürzhandel ohne Zwischenhändler abwickeln zu können. Wohl hofften sie auch, alte christliche Gemeinden zu finden, die durch die muslimische Dominanz im Nahen Osten von Europa abgeschnitten worden waren. Außerdem diente ihnen als willkommener Anlass für ihre Expeditionen, dass sie nach dem legendären Königreich des christlichen Priesterkönigs Johannes suchen wollten, mit dem sie sich gegen die muslimischen Herrscher im Nahen Osten zu verbünden planten. Tatsächlich fanden sie in Indien Gewürze sowie die syrisch-orthodoxe Kirche vor, aber keinen Johannes.

Vasco da Gama bat beim Herrscher von Calicut um eine Audienz, um sich zu erklären. Er scheint gut empfangen worden zu sein. Die Portugiesen engagierten sich in begrenztem Rahmen im Handel, wurden aber immer misstrauischer, weil sie glaubten, dass die muslimischen Händler den Herrscher von Calicut gegen sie einnehmen könnten. Sie entschieden sich dafür, Calicut zu verlassen, was sie im August 1498 auch taten.

1526

Nachdem er Delhi erobert hat, wird Babur der erste Großmogul. Bei seinen Siegen in Rajasthan profitiert die zahlenmäßig massiv unterlegene Armee von der Einführung von Luntenschloss-Musketen.

1542–1545

Erste Missionsreise des hl. Francisco de Xavier nach Indien. Er predigt in Goa, Tamil Nadu und Sri Lanka den Katholizismus und kehrt 1548/49 und 1552 zwischen Reisen in den Fernen Osten zurück.

1560–1812

Portugiesische Inquisition in Goa: Hindus und Muslime, die sich dem neuen Glauben widersetzen, werden angeklagt und hingerichtet.

➡ Basilika Bom Jesus (S. 143)

nahm. Da diese in alarmierend hoher Zahl starben, sobald sie sich auf indischem Boden befanden, mussten ständig weitere importiert werden. Beide Königreiche kauften von den Portugiesen Pferde, um ihre Reiterei zu vergrößern. So sorgten sie dafür, dass die portugiesischen Häfen in Goa beschäftigt waren und profitabel blieben.

Die Portugiesen hatten auch den Katholizismus mit im Gepäck. Die Ankunft der Inquisition 1560 markiert den Anfang einer 200 Jahre dauernden religiösen Unterdrückung in den von den Portugiesen kontrollierten Gebieten an der Westküste Indiens. Nicht lange nach dem Beginn der Inquisition änderten sich die Machtverhältnisse in Europa – mit erheblichen Auswirkungen auf die europäisch-indischen Beziehungen. 1580 annektierte Spanien Portugal. Bis es 1640 seine Unabhängigkeit wiedergewinnen konnte, waren die Interessen Portugals denen von Spanien untergeordnet. Und nach der Niederlage der spanischen Armada 1588 stand Engländern und Niederländern der Seeweg nach Osten offen.

Heute ist der portugiesische Einfluss in Goa noch immer am deutlichsten (obwohl die Portugiesen auch in Kerala, z. B. in Städten wie Kochi, Spuren hinterließen): Kirchen tupfen kreideweiße Punkte in die Landschaft, und auch christliche Feste und eine einzigartige Küche bewahren das portugiesische Erbe. Mitte des 16. Jhs. war das alte Goa zu einer florierenden Stadt geworden, die es in ihrer Pracht mit Lissabon aufnehmen konnte. Auch wenn es sich heute nur noch als ein zerbröckelnder Schatten dieser Zeit präsentiert, erinnern seine Kirchen und Gebäude doch immer noch an die Herrschaft der Portugiesen. Erst 1961 gelang es dem indischen Militär – 14 Jahre nach der nationalen Unabhängigkeit –, die Portugiesen endgültig zum Abzug zu bewegen.

Die Niederländer schafften es noch vor den Briten nach Indien, waren aber im Gegensatz zu den Portugiesen mehr am Handel als an religiöser Überzeugungsarbeit interessiert. Indonesien war die Hauptquelle für Gewürze, während es beim Handel mit Südindien vor allem um Pfeffer und Kardamom ging. Darum errichtete die Niederländische Ostindische Kompanie eine Kette von Handelsstützpunkten (Manufakturen), was ihr ermöglichte, ein komplexes Handelsgeflecht vom Persischen Golf bis nach Japan zu unterhalten. Sie baute Stützpunkte in Surat (Gujarat) und an der Koromandelküste in Südindien. Außerdem schloss sie einen Vertrag mit dem Herrscher von Kozhikode. 1660 eroberte sie die portugiesischen Festungen in Cochin (heute Kochi) und Kodungallor.

Die Briten starteten ihr eigenes Handelsprojekt: die britische Ostindische Kompanie, der 1600 ein königliches Monopol gewährt wurde. Wie die Niederländer waren die Engländer zu diesem Zeitpunkt am Handel interessiert (vor allem am Gewürzhandel), weshalb auch sie vor allem Indonesien im Blick hatten. Dort aber erwiesen sich die Niederländer

INQUISITION IN GOA

Tausende starben während der Inquisition in Goa, die länger als 200 Jahre andauerte, auf dem Scheiterhaufen. Die Urteile wurden außerhalb der Sé-Kathedrale in Old Goa vollstreckt.

1600

Die britische Königin Elisabeth I. verleiht der Ostindischen Kompanie den ersten Handelsfreibrief. Die Jungfernfahrt findet 1601 unter dem Kommando von Sir James Lancaster statt.

1673

Die *Compagnie française des Indes orientales* (Französische Ostindische Kompanie) errichtet in Pondicherry (heute Puducherry) einen Außenposten, um den sich die Franzosen, Holländer und Briten streiten.

1674

Shivaji begründet das Marathen-Königreich, das Westindien, Teile der Dekkan-Region und Nordindien umfasst. Er nimmt den Herrschaftstitel Chhatrapati (Großer Beschützer) an.

1707

Der Tod Aurangzebs, des letzten Großmoguls, läutet den schleichenden Untergang des Mogul-Reichs ein, in dem zunehmend Anarchie und Aufstände entstehen.

als zu stark – so wandten sich die Engländer stattdessen Indien zu und errichteten u. a. in Madras (Chennai) erste Handelsstützpunkte. Ab und zu trieben von 1616 an auch die Dänen Handel in Traquebar (an der Koromandelküste), während die Franzosen 1673 Pondicherry (heute Puducherry) erwarben.

Moguln gegen Marathen

Im späten 17. Jh. begannen die aus Delhi kommenden Moguln, Südindien anzugreifen, und eroberten die Sultanate von Ahmednagar, Bijapur und Golconda (einschließlich Hyderabad), bevor sie in Tamil Nadu einzogen. Doch hier traf Großmogul Aurangzeb (reg. 1658–1707) auf die Marathen. Diese nahmen in einer Reihe von Überfällen nach Guerilla-Art Tanjavur ein und errichteten ihre Hauptstadt in Gingee unweit von Madras.

Obwohl das Mogulreich nach dem Tod von Aurangzeb nach und nach zerfiel, errangen die Marathen (die Bewohner von Maharashtra) immer größere Erfolge und richteten ihr Augenmerk auf Gebiete im Norden. Dies aber brachte sie in Konflikt mit den Herrschern von Hyderabad, den Asaf Jahi. Diese hatten sich hier verschanzt, als Hyderabad 1724 von den schwächer werdenden Mogulherrschern in Delhi abgefallen war. Die Marathen erfuhren, dass die Franzosen den Herrschern in Hyderabad im Austausch für Handelskonzessionen an der Koromandelküste militärische Unterstützung gewährten. Dennoch hatte Hyderabad um 1750 viel von seiner Macht eingebüßt und verlor den Zugang zum Meer, als die Briten einen großen Teile seiner Küste kontrollierten.

Bei Amar Chitra Katha, einem populären Verlag für Comic-Bücher über indische Folklore, Mythologie und Geschichte, findet man einige Bücher über Shivaji, darunter *Shivaji: The Great Maratha*, *Tales of Shivaji* und *Tanaji, the Maratha Lion*, über Shivajis engen Freund und Kriegergefährten.

Im Süden meldeten Travancore (Kerala) und Mysore ihren Führungsanspruch an, als sie die Kontrolle über strategisch wichtige Küstenregionen gewannen und damit Zugang zu den Handelsverbindungen bekamen. Martanda Varma (reg. 1729–1758) aus Travancore baute eine eigene Armee auf und versuchte, die einheimischen syrisch-orthodoxen Händler auf seiner Seite zu halten, indem er die Aktivitäten der europäischen Händler einschränkte. Der Handel mit vielen Gütern – außer Pfeffer – wurde zum königlichen Monopol, vor allem in der Regierungszeit von Marthandas Sohn Rama Varma (reg. 1758–1798).

Mysore begann als vom Meer abgeschnittenes Königreich ins Rampenlicht zu rücken. Denn 1761 ergriff der Kavallerieoffizier Hyder Ali die Macht und begann damit, Gebiete an der Küste einzunehmen. Hyder Ali und sein Sohn Tipu Sultan regierten am Ende über ein Königreich, das den Süden Karnatakas und den Norden Keralas umfasste. Tipu trieb über die von ihm kontrollierten Häfen an der Westküste direkten Handel mit dem Nahen Osten. Die britische Ostindische Kompanie hinderte ihn jedoch daran, Zugang zu den Häfen an der östlichen Seeseite und dem fruchtbaren Hinterland zu erlangen.

1757

Die Ostindische Kompanie verzeichnet ihren ersten militärischen Erfolg auf indischem Boden. In der Schlacht von Plassey schlägt Robert Clive den Nawab von Bengalen, Siraj-du-Daulah.

1830er-Jahre

Englisch löst Persisch als offizielle Amtssprache ab. Dennoch gelingt es den Briten kaum, eine einheitliche, geordnete Verwaltung aufzubauen.

1857

Indischer Aufstand: Da ein nationaler Anführer fehlt, überreden die Freiheitskämpfer den Mogul Bahadur Shah Zafar dazu, sich zum Kaiser von Indien auszurufen.

1858

Die britische Regierung ergreift die Kontrolle über Indien – wobei die Macht offiziell von der Ostinidischen Kompanie auf die Krone übertragen wird. Damit beginnt die Zeit Britisch-Indiens (British Raj).

DER MÄCHTIGE SHIVAJI

Chhatrapati Shivaji wird in vielen Städten Maharashtras mit Statuen verehrt, die den großen Kämpfer auf seinem Pferd zeigen. Aber auch Straßen und Monumente wurden nach ihm benannt oder umbenannt – so auch Mumbais (Bombay) ehemaliger Victoria Terminus (Bahnhof).

Shivaji war in einer Zeit, als fast ganz Indien unter islamischem Einfluss stand, für die Geschicke der mächtigen Marathen-Dynastie verantwortlich – eines souveränen Hindu-Staats, der fast zwei Jahrhunderte lang die Dekkan-Region kontrollierte. Der mutige Kämpfer und charismatische Führer Shivaji wurde 1627 in eine prominente Marathen-Familie in Shivneri geboren. Als Kind wurde er mit seiner Mutter nach Pune geschickt. Dort erhielt er Land und Festungen, um als zukünftiger Herrscher ausgebildet zu werden. Mit einer sehr kleinen Armee eroberte Shivaji im Alter von 20 Jahren erstmals eine Festung. Die nächsten drei Jahrzehnte verbrachte er damit, die Macht der Marathen rund um seine Basis in Pune auszubauen und sich gegen die muslimischen Angreifer aus dem Norden (dem Mogulreich) und dem Süden (die Streitmächte von Bijapur) zu behaupten. Am Ende kontrollierte er den ganzen Dekkan. Raffiniert spielte er seine Feinde, darunter der Großmogul Aurangzeb, gegeneinander aus. Berühmt wurde ein Vorfall im Jahr 1659, bei dem er Afzal Khan, General Bijapurs, im Kampf Mann gegen Mann beim Fort Pratapgad tötete.

1674 wurde Shivaji bei der Festung Raigad zum Chhatrapati (König) der Marathen gekrönt. Sechs Jahre später starb er. Sein Nachfolger wurde sein Sohn Sambhaji – doch nahezu im selben Augenblick begann die Macht, die Shivaji aufgebaut hatte, wieder zu bröckeln.

Die Briten übernehmen die Macht

Die britische Ostindische Kompanie war zu diesem Zeitpunkt angeblich nur am Handel, nicht aber an Eroberungen interessiert. Aber die Herrscher von Mysore wuchsen sich allmählich zu einer Art Plage für die Briten aus. 1780 vereinigten der Nizam von Hyderabad, Hyder Ali, und die Marathen ihre Kräfte, um die Armeen der Kompanie zu schlagen und die Kontrolle über Karnataka zu erlangen. Der Vertrag von Mangaluru, von Tipu Sultan 1784 unterzeichnet, sorgte zwischen den Parteien für eine unsichere Waffenruhe. Aber inzwischen wuchs innerhalb der Kompanie die Überzeugung, dass nur die Kontrolle über ganz Indien den Handelsinteressen der Briten wirklich entsprechen würde. Dies wurde noch durch die Sorge verstärkt, dass die Franzosen nach der ägyptischen Expedition Napoleons 1798/99 womöglich wieder Interessen in Indien verfolgen könnten. Der Gouverneur und General von Bengalen, Lord Richard Wellesley, startete schließlich einen Angriff gegen Mysore. Sein Verbündeter war der Nizam von Hyderabad, der seine von den Franzo-

1869

Geburt von Mohandas Karamchand Gandhi in Porbandar (Gujarat) – die vielleicht bedeutendste Persönlichkeit Indiens wird bis heute als Mahatma (Große Seele) und „Vater der Nation" geehrt.

1869

Die Eröffnung des Sueskanals fördert den Handel aus Europa und macht Bombay zu Indiens wichtigstem Hafen. Die wirtschaftliche Bedeutung von Bombay nimmt drastisch zu.

1885

Der Indische Nationalkongress, die erste politische Organisation Indiens, wird gegründet. Sie ist eine Plattform gebildeter Inder und wird beim langen Kampf um Indiens Freiheit eine Schlüsselrolle einnehmen.

1891

Bhimrao Ramji Ambedkar, Aktivist, Ökonom, Anwalt und Autor, wird in eine arme, kastenlose Familie geboren. Er erringt mehrere höhere akademische Grade, wird Buddhist und verteidigt engagiert die Rechte der Dalits.

sen geschulten Truppen entlassen musste und dafür britischen Schutz erhielt. Tipu, der möglicherweise auf die Unterstützung der Franzosen gebaut hatte, wurde getötet, als die Briten 1799 die Festung auf der Flussinsel Seringapatam (das heutige Shirirangapattana in der Nähe von Mysore) erstürmten.

Wellesley setzte in einem Teilgebiet von Tipus Königreich die alte Herrschaftsfamilie der Wodeyar wieder ein. Der Rest ging an den Nizam von Hyderabad und die britische Ostindische Kompanie. Außerdem legte er den Grundstein für die Entstehung der Madras Presidency. Tanjavur und Karnataka wurden ebenfalls von den Briten einverleibt. Als die aktuellen Herrscher starben, schickten sie ihre Nachfolger in Pension. 1818 brach das Reich der Marathen, von inneren Kämpfen zermürbt, zusammen.

Inzwischen stand fast ganz Indien unter britischem Einfluss. Im Süden kontrollierten sie die Madras Presidency, die sich vom heutigen Andhra Pradesh bis zur südlichsten Spitze des Subkontinents und von der Ostküste bis zur westlichen Malabarküste erstreckte. Ein beträchtlicher Teil des Landesinnern bestand damals aus einem Flickenteppich vieler kleiner Fürstenstaaten. So gehörte zwar der Großteil von Maharashtra zur Bombay Presidency, doch gab es außerdem etwa ein Dutzend weit verteilter kleiner Fürstenstaaten wie Kolhapur, Sawantwadi, Aundh und Janjira. Travancore, Hyderabad und Mysore waren die wichtigsten Fürstenstaaten, was allerdings nichts daran änderte, dass auch sie streng vom „Residenten" überwacht wurden – de facto der Gouverneur der Briten, der offiziell nur die Gebiete kontrollieren sollte, die auch unter britischer Kontrolle standen.

1839 bot die britische Regierung den Portugiesen 0,5 Mio. £, um ihnen Goa abzukaufen.

Der Indische Aufstand von 1857

Bereits ein halbes Jahrhundert lang hatten die Briten Indien fest unter ihre Kontrolle, als sie einen schweren Rückschlag erlitten. Bis heute sind Gründe für den Aufstand – nationalistische Historiker deklarieren ihn heute als Unabhängigkeitskrieg – Gegenstand von Diskussionen. Ein wichtige Rollte spielte wohl die Einfuhr von Billiggütern wie Textilien aus England, wodurch die Lebensgrundlage vieler Inder zerstört wurde; aber auch die Enteignung der Territorien zahlreicher Herrscher und die Steuern, die von Landbesitzern erhoben wurden, schufen Konfliktpotenzial.

Das Ereignis, das heute allgemein als Auslöser der Rebellion gilt, fand jedoch am 10. Mai 1857 in einer Kaserne in Meerut in Uttar Pradesh statt. Es verbreitete sich das Gerücht, eine neue Art von Gewehrpatronen werde mit Fett geschmiert, von dem die Hindus behaupteten, es sei Kuhfett; Muslime hingegen waren davon überzeugt, dass es sich um Schweinefett handelt (Schweine werden von den Muslimen als unrein angesehen,

1919

Massaker vom 13. April an unbewaffneten indischen Demonstranten in Jallianwala Bagh in Amritsar (Punjab): Gandhi reagiert mit seinem Programm des zivilen (gewaltfreien) Ungehorsams gegen die britische Regierung.

1930

Mit dem Salzmarsch demonstriert Gandhi gegen das britische Salzmonopol. Mit 78 Anhängern marschiert er vom Sabarmati-Ashram zum Arabischen Meer und fordert seine Mitmenschen zum Gewaltverzicht auf

1940

Die Muslimliga nimmt ihre Lahore-Resolution an. Sie tritt für eine umfassendere Autonomie der Muslime in Indien ein. Es folgen Kampagnen für die Errichtung eines eigenen islamischen Staates.

1942

Mahatma Gandhi beginnt seine Quit-India-Kampagne und fordert die Briten dazu auf, Indien zu räumen und das Land in die politische Unabhängigkeit zu entlassen.

Kühe sind den Hindus heilig). Zum Laden eines Gewehres musste aber das Ende der eingefetteten Patrone abgebissen werden. Kein Wunder also, dass es durch die Gerüchte zu erheblichen Unruhen kam.

In Meerut ging man das Problem mit einem einzigartigen Mangel an Urteilsvermögen an. Der kommandierende Offizier ließ seine Soldaten antreten und befahl ihnen, das Ende der ausgegebenen Patronen abzubeißen. Wer sich weigerte, wurde sofort ins Gefängnis gesteckt. Am nächsten Morgen rebellierten die Soldaten der Garnison. Sie erschossen ihre Offiziere und marschierten nach Delhi. Von den 74 indischen Bataillonen der Bengalen-Armee blieben sieben (eines davon bestehend aus Gurkhas, also nepalesischen Soldaten) loyal, 20 wurden entwaffnet, die übrigen 47 schlossen sich der Meuterei an. Die Soldaten und Bauern sammelten sich um den alternden Großmogul in Delhi, das die Aufständischen einige Monate halten konnten. Die britische Residenz in Lakhnau (Lucknow) wurde ganze fünf Monate lang belagert, bevor der Aufstand schließlich niedergeworfen wurde. Der Vorfall hinterließ auf beiden Seiten tiefe Wunden.

Nachdem die Ostindische Kompanie nahezu umgehend aufgelöst worden war, übernahm die britische Regierung selbst die direkte Kontrolle über zwei Drittel des Landes. Die restlichen Gebiete gehörten zu Fürstentümern, den sogenannten *Princely States,* deren Herrscher unterstützt wurden und ihre Angelegenheiten größtenteils selbst regeln sollten, solange sie den Briten gegenüber loyal blieben.

Der Weg in die Unabhängigkeit

Der Wunsch nach Unabhängigkeit blieb indes in vielen Indern erhalten. Zu Beginn des 20. Jhs. nahm der Widerstand gegen die Briten allmählich zu. Speerspitze der sich formierenden Unabhängigkeitsbewegung war der Indische Nationalkongress (Kongresspartei), die älteste politische Partei des Landes. Der Kampf um Unabhängigkeit kam in Schwung, nachdem die britische Armee als Reaktion auf Aufstände in Amritsar (Punjab) im April 1919 Truppen entsandte, um die Unruhen zu beenden. Auf direkten Befehl des diensthabenden Offiziers feuerte die Armee schonungslos in eine Menge unbewaffneter Demonstranten. Dabei wurden schätzungsweise 1500 Menschen getötet. Die Nachricht von dem Massaker verbreitete sich in Windeseile und machte aus eigentlich unpolitischen Indern Anhänger der Kongresspartei, die zu diesem Zeitpunkt in Mohandas Gandhi einen neuen Anführer fand.

Nach drei Jahrzehnten erbitterten Kampfes für ein unabhängiges Indien wurde der Traum Gandhis endlich Wirklichkeit. Doch sein Appell für ein vereinigtes Indien blieb ungehört. Denn letztlich setzte sich Mohammed Ali Jinnah, der Führer der Muslimliga, mit seiner Forderung nach einem eigenen islamischen Staat für den recht großen muslimi-

1947

Am 14. August wird Pakistan unabhängig, Indien einen Tag später. Es folgen Massenmigrationen, da Hindus und Muslime in ihre jeweilige religiöse Heimat umsiedeln.

1947/48

Zum ersten Krieg zwischen Indien und Pakistan kommt es, als der Maharadscha von Kaschmir die Beitrittsurkunde unterzeichnet, durch die sein Fürstentum indisch wird.

1948

Mahatma Gandhi wird am 30. Januar in New Delhi von Nathuram Godse ermordet. Godse und sein Mittäter Narayan Apte werden später angeklagt, verurteilt und am Galgen hingerichtet.

17. September 1948

Asaf Jah VII., der letzte Nizam von Hyderabad, unterwirft sich der indischen Regierung. Die muslimische Dynastie war von Pakistan unterstützt worden, hatte sich aber geweigert, einem der neuen Staaten beizutreten.

DER KASCHMIR-KONFLIKT

Kaschmir ist das älteste Symbol der ungestümen Teilung Indiens. Auf dem Weg in die Unabhängigkeit wurde die heikle Aufgabe, eine indisch-pakistanische Grenze zu ziehen, dadurch erschwert, dass die Fürstenstaaten Britisch-Indiens nominell unabhängig waren. Deren Herrscher wurden daher gefragt, zu welchem Land sie gerne gehören wollten. Kaschmir war ein vorwiegend muslimischer Staat, hatte jedoch einen hinduistischen Mahardscha namens Hari Singh, der eine Entscheidung hinauszuschieben versuchte. Eine wild durchmischte Paschtunen-Armee überquerte die Grenze, um nach Srinagar vorzudringen und Kaschmir für Pakistan zu annektieren. Von deren Vormarsch in Angst und Schrecken versetzt, bat der Maharadscha Indien um bewaffnete Unterstützung. Die indischen Truppen trafen gerade noch rechtzeitig ein, um den Fall Srinagars zu verhindern – und der Maharadscha entschied sich für Indien und unterzeichnete im Oktober 1947 die Beitrittsurkunde. Das Dokument wurde von Pakistan unverzüglich angefochten. Und schon zwei Monate, nachdem sie ihre Unabhängigkeit erlangt hatten, führten die beiden jungen Nationen gegeneinander Krieg.

1948 forderte der neu gegründete UN-Sicherheitsrat ein Referendum (bis heute ein Grundelement pakistanischer Politik), das über den Status Kaschmirs entscheiden sollte. 1949 erreichte eine von den UN vermittelte Waffenruhe zwar, dass die Bewohner beider Länder auf ihrer Seite der Demarkationslinie, der sogenannten Waffenstillstandslinie, blieben (später wurde daraus die Line of Control, LOC), darüber hinaus konnte die UN jedoch nichts erreichen. Zwei Drittel von Kaschmir befinden sich auf der indischen Seite der LOC, die bis heute die Grenze darstellt, auch wenn sie von keiner der Konfliktparteien offiziell als solche anerkannt wird. Der indische Bundesstaat Jammu & Kaschmir, wie er seit damals besteht, umfasst Ladakh (aufgeteilt zwischen Muslimen und Buddhisten), Jammu (mit einer Hindu-Mehrheit) und das 130 km lange und 55 km breite Kaschmirtal, das mit seiner muslimischen Bevölkerungsmehrheit die meisten Einwohner des Bundesstaats beheimatet. Auf pakistanischer Seite leben über 3 Mio. Kaschmiri. Seit die Grenze gezogen wurde, kommt es mit einer gefährlichen Regelmäßigkeit zu Übergriffen.

schen Bevölkerungsteil durch. Das Land wurde in die Indische Union und Pakistan geteilt.

Die Teilung Indiens 1947 hatte alle Zutaten, die zum Auslösen einer Katastrophe nötig waren – aber das folgende Blutvergießen übertraf alle Befürchtungen noch. Ein massiver Bevölkerungsaustausch fand statt. Muslime flohen in völlig überfüllten Zügen nach Westen, nicht wenige wurden jedoch von aufgebrachten Hindus und Sikhs gestoppt und ermordet. Hindus und Sikhs, die ihr Heil im Osten suchten, erlitten das gleiche Schicksal. Als das Chaos endlich beendet war, hatten 17 Mio. Menschen eine neue Heimat gefunden – mindestens 750 000 waren auf der Suche nach dieser ums Leben gekommen.

November 1949
Die Verfassung von Indien, die eine verfassungsgebende Versammlung mit 308 Mitgliedern erarbeitet hat, wird verabschiedet. Zur Versammlung gehören Dutzende Mitglieder der anerkannten Kasten.

26. Januar 1950
Indien wird eine Republik. Das Datum erinnert an die Purna Swaraj Declaration (Unabhängigkeitserklärung), die vom Indischen Nationalkongress 1930 verkündet wurde.

1961
Militäraktion „Operation Vijay": Die indische Regierung sendet Truppen nach Goa und beendet – nach überraschend wenig Widerstand – die dortige über 400 Jahre dauernde Kolonialherrschaft der Portugiesen.

1962
Indisch-chinesischer Krieg: Streitigkeiten um den Grenzverlauf eskalieren im Oktober zu einem Krieg, bei dem 2000 Menschen sterben. Er endet mit einem Sieg Chinas.

Indien und Pakistan wurden im August souveräne Staaten des britischen Commonwealth. Aber Gewalt, Vertreibung und die offenen Konflikte in einigen Bundesstaaten, vor allem in der Region Kaschmir, hielten an. Im November 1949 wurde die Verfassung Indiens schließlich verabschiedet und trat am 26. Januar 1950 in Kraft. Nach nicht enden wollenden Kämpfen war das unabhängige Indien offiziell eine Republik.

Mahatma Gandhi

Einer der bedeutendsten Menschen des 20. Jhs. wurde als Mohandas Karamchand Gandhi am 2. Oktober 1869 in Porbandar, Gujarat, geboren. Nachdem er in London studiert hatte (1888–1891), arbeitete er als Anwalt in Südafrika. Durch die Diskriminierung, die er dort erlebte, wurde der junge Gandhi politisiert. Er wurde schnell zum Sprecher der indischen Gesellschaft und verlangte Gleichheit für alle.

Gandhi kehrte 1915 mit der Doktrin der *ahimsa* (Gewaltlosigkeit) als zentraler politischer Idee nach Indien zurück und pflegte einen einfachen Lebensstil. Er errichtete in Ahmedabad den Sabarmati Ashram, der als Erster auch Dalits („Unberührbare") aufnahm.

Innerhalb eines Jahres hatte Gandhi seinen ersten Sieg errungen, als er Bauern in Bihar verteidiggte, die ausgebeutet wurden. Angeblich schon damals verlieh ihm ein Bewunderer den Titel „Mahatma" (Große Seele). Die Verabschiedung der diskriminierenden Rowlatt Acts, die erlaubten, dass bestimmte politische Fälle ohne Geschworene verhandelt werden durften, spornte ihn 1919 zu weiteren Aktionen an und er organisierte einen nationalen Protest. In den Tagen, die auf diesen *hartal* (Streik) folgten, schlugen die Wogen der Erregung im Land hoch. Nach einem Massaker an unbewaffneten Demonstraten in Amritsa (Punjab) stoppte der zutiefst schockierte Gandhi die Proteste.

1920 stieg Gandhi zur Schlüsselfigur im indischen Nationalkongress auf. Er koordinierte eine landesweite Kampagne der Nicht-Kooperation (*satyagraha*, passiver Widerstand). Die Folge war ein wachsendes Nationalgefühl, was ihm die Feindschaft der Briten eintrug. Anfang 1930 erregte er die Aufmerksamkeit des Landes, als er den sogenannten Salzmarsch von mehreren Tausend Anhängern von Ahmedabad nach Dandi an der Küste von Gujarat anführte: Bei der Ankunft stellte er feierlich durch Verdampfen von Meerwasser Salz her und trotzte damit öffentlich der verhassten Salzsteuer. Nicht zum ersten Mal wurde er verhaftet. 1931 wurde er wieder freigelassen, um den indischen Nationalkongress bei der zweiten Round Table Conference in London zu vertreten. Er gewann zwar die Herzen der britischen Bevölkerung, konnte aber keine wirklichen Zugeständnisse der imperialistischen Regierung erreichen.

Desillusioniert von der Politik trat er 1934 sein Parlamentsmandat ab. 1942 kehrte er jedoch spektakulär mit der Kampagne Quit India („Raus

GANDHI

Der Klassiker *Gandhi* von Regisseur Richard Attenborough ist einer der wenigen Filme, die einen tieferen Einblick in das Gesamtgekonstrukt Indien gewähren. Er zeichnet den steinigen Weg des Landes zur Unabhängigkeit nach.

1965
Geplänkel in Kaschmir und der Streit um den Rann von Kakchchh in Gujarat weiten sich zum zweiten Krieg zwischen Pakistan und Indien aus. Er endet mit einem Waffenstillstand unter UN-Mandat.

1966
Indira Gandhi, die Tochter Jawaharlal Nehrus, des ersten Ministerpräsidenten des unabhängigen Indiens, wird Ministerpräsidentin von Indien. Sie war bislang die einzige Frau, die dieses Amt in Indien innehatte.

1971
Ostpakistan strebt die Unabhängigkeit an. Es entzündet sich der dritte Krieg zwischen Pakistan und Indien. Westpakistan verliert den Krieg und die Herrschaft über Ostpakistan, das heutige Bangladesch.

Mai 1974
„Operation Smiling Buddha": Indien führt den ersten unterirdischen Atomwaffentest durch. In den folgenden knapp 25 Jahren wird kein weiterer Test folgen.

aus Indien") in den Kampf zurück. Er forderte die Briten auf, Indien sofort zu verlassen. Man erachtete seine Aktionen als subversiv und sperrte ihn und die meisten Führer der Kongresspartei ins Gefängnis.

Von den Verhandlungen, die dem Ende des Zweiten Weltkrieges folgten, war Gandhi weitgehend ausgeschlossen. Er musste hilflos zusehen, wie Pläne für die Aufteilung seines Landes geschmiedet wurden – in seinen Augen eine Tragödie. Gandhi stand mit seinem Drängen zu Toleranz und zur Erhaltung eines geeinten Indien auf verlorenem Posten.

Sein Einsatz für alle Mitglieder der Gesellschaft brachte ihn in Konflikt mit einigen Hindu-Hardlinern. Am 30. Januar 1948 wurde Mahatma Gandhi auf seinem Weg zu einem Gebetstreffen von einem hinduistischen Extremisten ermordet.

Über 60 Jahre danach gilt Mahatma Gandhi in Indien immer noch als bedeutende Person. Überall wird er als „Vater der Nation" verehrt.

Die Aufteilung des Südens

Während das Chaos der indisch-pakistanischen Teilung besonders im Norden – und hier vor allem im Punjab und in Bengalen – präsent war, hatte der Süden seine eigenen Probleme. Die Unabhängigkeit von 1947 war zugleich das Ende der Fürstenstaaten und der britischen Provinzen, Südindien wurde in Bundesstaaten reorganisiert, die sich an den Sprachengrenzen orientierten. Während die meisten Fürstenstaaten Indien friedlich beitraten, bildete der Nizam von Hyderabad eine Ausnahme. Obwohl nur er und rund 10 % seiner Untertanen Muslime waren, kämpfte er für einen Anschluss Hyderabads ans islamische Pakistan. Nach einer Phase der Gewalt zwischen den hinduistischen und islamischen Hardlinern rückte 1949 die indische Armee ein und errang gewaltsam die Kontrolle über Hyderabad.

Die Nehrus und die Gandhis ist das scharfsinnige Geschichtsporträt von Tariq Ali über diese Familien und das Indien, auf das sie ihre langen Schatten werfen.

Auch die Wodeyar in Mysore hatten bis zur Unabhängigkeit regiert und wurden nun in den Ruhestand geschickt. Sie waren bei ihren Untertanen allerdings so beliebt, dass der Maharadscha der erste Gouverneur des Bundesstaats Mysore nach der Unabhängigkeit wurde. Dessen Grenzen wurden 1956 nach sprachlichen Gesichtspunkten noch einmal neu gezogen. Daraus entstand der ausgedehnte Bundesstaat Great Mysore der Kannada-Sprecher, aus dem 1972 Karnataka wurde.

Das heutige Kerala entstand 1956 aus Travancore, Cochin (heute Kochi) und Malabar (früher ein Teil der Madras Presidency). Die Maharadschas von Travancore und Cochin hatten sich besonders um die Grundversorgung und die Bildung ihrer Untertanen gekümmert. Ihr Vermächtnis ist heute einer der Staaten Indiens mit dem höchsten Bildungsniveau. Kerala machte zudem auf sich aufmerksam, als es 1957 zum ersten Bundesstaat der Welt wurde, der freiwillig eine kommunistische Regierung wählte.

1984
Premierministerin Indira Gandhi wird von zwei ihrer Sikh-Leibwächter ermordet, nachdem sie indische Truppen den Goldenen Tempel von Amritsar, den heiligsten Schrein der Sikhs, hatte stürmen lassen.

Mai 2004
Manmohan Singh, Sikhist und Politiker der Kongresspartei, wird als erster Anhänger einer religiösen Minderheit ins Amt des Ministerpräsidenten gewählt.

Dezember 2004
Am 26. Dezember trifft ein katastrophaler Tsunami auf Teile der Küste Ost- und Südindiens sowie der Andamanen und Nikobaren. Über 10 000 Menschen sterben, Hunderttausende werden obdachlos.

Oktober 2008
Am 22. Oktober startet die Raumsonde Chandrayaan-1 zu Indiens erster unbemannter Mondmission. Zwei Jahre lang soll die Sonde die Mondoberfläche untersuchen.

Andhra Pradesh wurde 1956 zum Bundesstaat erklärt – entstanden aus der Verbindung von Andhra (früher ein Teil der Madras Presidency) und Teilen des ehemaligen Territoriums des Nizam von Hyderabad, in denen Telugu gesprochen wird.

Tamil Nadu entstand aus der alten Madras Presidency und war bis 1969 als „Madras" bekannt. 1956 verlor es bei einer Reorganisation des Bundesstaates den Malabardistrikt und den Süden von Kanara an den flügge werdenden Bundesstaat Kerala an der Westküste. Im Gegenzug bekam es aber auch neue Gebiete im Distrikt Trivandrum (Thiruvananthapuram) dazu, z. B. Kanyakumari. 1960 wurden 1049 km^2 Land in Andhra Pradesh für ein ähnlich großes Territorium in den Distrikten Selem und Chengalpattu eingetauscht.

Maharashtra war eines der schwierigsten Themen bei der auf den unterschiedlichen Sprachen basierenden Grenzziehung in den 1950er-Jahren. Nach der Unabhängigkeit wurden Maharashtra und Gujarat zu dem Bundesstaat Bombay zusammengefasst. Nach Unruhen durch Marathi-Unterstützer wurde jedoch 1960 der heutige Bundesstaat Maharashtra geschaffen, zu dem nicht mehr Gujarat, dafür aber Teile von Hyderabad und Madhya Pradesh gehören.

Die Franzosen gaben Puducherry 1954 auf – 140 Jahre nachdem sie das Gebiet von den Briten eingefordert hatten. Es ist Unionsterritorium (d. h. es steht unter der Kontrolle der Regierung in Delhi), obwohl es sich größtenteils selbst verwaltet. Lakshadweep erhielt 1956 den Status eines Unionsterritoriums, ebenso die Andamanen und die Nikobaren.

Während in Südindien die Grenzen neu gezogen wurden, stand Goa noch unter der Herrschaft der Portugiesen. Obwohl in Goa seit dem frühen 20. Jh. eine Unabhängigkeitsbewegung existierte, zögerte die indische Regierung, einzugreifen und Goa mit Gewalt zu befreien. Die Hoffnung, die Portugiesen würden aus freien Stücken abziehen, wurde jedoch ein ums andere Mal enttäuscht. Im Dezember 1961 schließlich überschritten indische Truppen die Grenze und annektierten das Gebiet – gegen überraschend geringen Widerstand. Goa wurde zunächst ein Unionsterritorium von Indien. Nachdem sich Daman und Diu (Gujarat) 1987 abgespaltet hatten, wurde Goa offiziell als 25. Bundesstaat der indischen Union anerkannt.

1997 wurde K. R. Narayanan als erster Angehöriger der niedrigsten Hindu-Kaste (der Dalits, früher Unberührbare genannt) indischer Präsident.

November 2008

Terroranschläge auf wichtige Stätten in Mumbai: Die Angriffe dauern drei Tage, mindestens 174 Menschen verlieren dabei ihr Leben.

April/Mai 2009

Die Kongresspartei erringt bei Indiens Parlamentswahl einen deutlichen Sieg. Mammohan Singh wird erneut Ministerpräsident der weltweit größten Demokratie.

Juli 2011

In den Kellergewölben des Sri-Padmanabhaswamy-Tempel in Thiruvananthapuram (Kerala) wird ein sagenhafter Schatz gefunden. Experten schätzen dessen Wert auf mindestens 15 Mrd. €.

2013

Die wiederholten Berichte über brutale Vergewaltigungen führen zur Verabschiedung eines neuen Gesetzespakets. Eine Vergewaltigung kann nun mit Gefängnis oder gar dem Tod bestraft werden.

Lebensart

Indien ist wie ein kunterbunter Gobelin, dessen Kettfäden aus Spiritualität bestehen. Letztere bildet, zusammen mit der Familie, die Basis der ganzen Gesellschaft – die meisten Inder finden die Vorstellung unangenehm, mit Mitte Dreißig noch unverheiratet zu sein. Obwohl es vor allem in weltoffeneren Großstädten wie Mumbai und Bengaluru immer mehr Kleinfamilien gibt, bleibt die Großfamilie ein Eckpfeiler des urbanen und ländlichen Indien. Dabei gelten die Männer – zumeist die Ernährer – als Oberhäupter.

Ehe, Geburt & Tod

Die Hochzeit ist für Inder ein höchst feierliches Ereignis; und obwohl die Zahl der „Liebesheiraten" in den letzten Jahren (vor allem in den Städten) enorm zugenommen hat, werden die meisten Hindu-Ehen noch immer arrangiert. Dazu schauen sich Inder diskret in der eigenen Gemeinde um. Falls man niemanden findet, werden vielleicht professionelle Heiratsvermittler hinzugezogen. Auch Anzeigen in den Medien kommen in Betracht. Die Horoskope der potenziellen Partner werden verglichen und wenn die Sterne günstig stehen, treffen sich die beiden Familien.

The Wonder That Was India (A. L. Basham; 1954) beschreibt die Zivilisationen, großen Religionen und sozialen Bräuche Indiens – ein guter thematischer Ansatz, um die verschiedenen Aspekte zu verstehen.

Die Mitgift ist zwar illegal, spielt aber bei vielen arrangierten Hochzeiten immer noch eine Schlüsselrolle. Schon so manch eine Familie hat sich bis über beide Ohren verschuldet, um die erforderlichen Summen und Gegenstände aufzubringen. Gesundheitsexperten behaupten, dass die vielen Abtreibungen weiblicher Föten hauptsächlich auf die hohe Mitgift zurückzuführen sind, die die Familien für ihre Töchter aufbringen müssen (medizinische Tests zur Feststellung des Geschlechts des Kindes sind in Indien zwar verboten, werden aber dennoch in einigen Kliniken heimlich durchgeführt).

Ein Priester nimmt die hindustische Trauzeremonie vor und die Heirat ist gültig, wenn das Brautpaar sieben Mal um ein heiliges Feuer gelaufen ist. Obwohl es inzwischen auch Kleinfamilien gibt, ist es für eine Frau immer noch normal, nach der Hochzeit mit der Familie des Mannes zusammenzuziehen und die Haushaltspflichten zu übernehmen, die ihre Schwiegermutter ihr aufträgt.

Mit beliebten Websites wie www.shaadi.com, www.bharatmatrimony.com oder neuerdings auch www.secondshaadi.com (für Zweitversuche) ist die Heiratsvermittlung im Cyber-Zeitalter angekommen.

Es gibt zwar auch in Indien immer mehr Scheidungen und Wiedervermählungen (vor allem in den Städten), aber die Gerichte gewähren sie immer noch nicht routinemäßig und die Gesellschaft missbilligt sie im Allgemeinen. Für Witwen der höheren Kasten schickt es sich traditionell ohnehin nicht, noch einmal zu heiraten. Sie werden dazu gedrängt, Weiß zu tragen und ein frommes, zölibatäres Leben zu führen.

Die Geburt eines Kindes ist im hindudominierten Indien ein weiteres Großereignis. Es zieht gleich mehrere Zeremonien nach sich, die zu unterschiedlichen festlichen Anlässen in den ersten Lebensjahren des neuen Erdenbürgers gefeiert werden: die Erstellung des ersten Horoskops, die Taufe, die Gabe der ersten festen Nahrung oder der erste Haarschnitt.

Hindus verbrennen ihre Toten, und Bestattungszeremonien sollen die Lebenden und die Verstorbenen reinigen und trösten. Ein wichtiger Aspekt der Zeremonie ist das *sharadda*, bei dem Inder ihren Vorfahren als Zeichen des Respekts Wasser und Reiskuchen anbieten. Dieser Brauch wird jedes Jahr am Todestag wiederholt. Nach der Verbrennung des Verstorbenen wird seine Asche eingesammelt und 13 Tage nach seinem Tod – die Blutsverwandten werden dann als rituell gereinigt betrachtet – von einem Familienmitglied in einen heiligen Fluss, etwa den Ganges, oder in den Ozean gestreut.

Das Kastensystem

Obwohl die indische Verfassung das Kastensystem nicht berücksichtigt, hat es noch immer einen ziemlich großen Einfluss. Besonders im ländlichen Indien bestimmt die Kaste, in die man hineingeboren wird, immer noch entscheidend über den sozialen Rang des Einzelnen in der Gesellschaft. Sie kann auch die Berufs- und Heiratschancen beeinflussen. Das Kastensystem ist weiter unterteilt in Tausende von *jati* („Familiengruppen" oder soziale Gemeinschaften), die oft, wenn auch nicht immer, mit einer bestimmten beruflichen Laufbahn verbunden sind. Konservative Hindus heiraten ausschließlich jemanden aus derselben *jati*.

Traditionell ist die Kaste die grundlegende soziale Struktur der hinduistischen Gesellschaft. Wer ein rechtschaffenes Leben führt und seine *dharma* (moralische Pflicht) erfüllt, hat größere Chancen, in einer höheren Kaste und damit in besseren Lebensumständen wiedergeboren zu werden. Hindus werden in eine von vier *varnas* (Kasten) hineingeboren: Brahmana (Priester und Gelehrte), Kshatriya (Soldaten und Verwalter), Vaishya (Kaufleute) und Shudra (Arbeiter). Die Brahmanen sollen im Augenblick der Schöpfung aus dem Mund des Gottes Brahma geschaffen worden sein, die Kshatriyas aus seinen Armen, die Vaishyas aus seinen Oberschenkeln und die Shudras aus seinen Füßen.

Unterhalb der vier Kasten stehen die Dalits (früher „die Unberührbaren" genannt), die niedere Tätigkeiten verrichten und z. B. als Straßenkehrer oder Latrinenputzer arbeiten. Man nennt sie auch „Paria", abgeleitet vom Namen einer tamilischen Dalit-Gruppe, den Paraiyars. Einige Dalit-Führer, etwa der berühmte Jurist und Reformer Bhimrao Ramji Ambedkar (1891–1956), versuchten durch den Übertritt zu anderen Religionen, in Ambedkars Fall zum Buddhismus, ihren Status als Kastenlose zu verbessern. Ganz unten in der Gesellschaft sind schließlich die *Denotified Tribes*. Sie waren einst sogar unter der Bezeichnung *Criminal Tribes* bekannt, bis es 1952 eine Gesetzesreform gab und 198 Stämme und Kasten offiziell anerkannt wurden. Viele leben als Nomaden oder Halbnomaden, an den Rand der Gesellschaft gedrängt.

Um die Lage der Dalits zu verbessern, reserviert ihnen die Regierung ein beträchtliches Kontingent an Arbeitsplätzen im öffentlichen Sektor sowie Parlamentssitze und Universitätsplätze. Unter die Quotenregelung fallen heute fast 25 % der Jobs im Staatsdienst und der Studienplätze. Die Situation variiert allerdings von Region zu Region, da verschiedene Politiker auf Stimmenfang gehen, indem sie Quoten versprechen. Das Reservierungssystem wird im Allgemeinen gelobt. Aber auch Kritik wird laut, da

KASTEN-SYSTEM

Die englischsprachigen Bücher *Interrogating Caste* (Dipankar Gupta; 2001) und *Translating Caste* (Hrsg.: Tapan Basu; 2002) bieten einen guten Einstieg in das Thema indisches Kastensystem.

RANGOLIS

Als auffällige, atemberaubend kunstvolle Muster aus Kreide, Reismehlpaste oder Farbpulver (dann auch *kolams genannt)* zieren *rangolis* vor allem südindische Türschwellen. Sie haben sowohl glücksbringende als auch symbolische Bedeutung und werden traditionell zu Sonnenaufgang angefertigt – z. T. aus Reismehlpaste, die manchmal von Kleintieren gefressen wird. Dies steht für die Ehrfurcht auch noch vor dem kleinsten Lebewesen. Schöne *rangolis* sollen Gottheiten anziehen und können Sadhus (Asketen) außerdem signalisieren, dass in einem bestimmten Haus etwas zu essen wartet. Manchen Gläubigen zufolge schützen *rangolis* zudem vor dem bösen Blick.

auf diese Art manche Menschen mit guten Leistungen keinen Studien- oder Arbeitsplatz bekommen.

Pilgerfahrten

Mindestens einmal im Jahr sollten gläubige Hindus eine *yatra* (Pilgerfahrt) machen. Pilgerfahrten werden unternommen, um die Götter zu bitten, einen Wunsch zu erfüllen, um die Asche eines verstorbenen Verwandten zu einem heiligen Fluss zu bringen oder um spirituelle Würde zu erlangen. In Indien gibt es Tausende heiliger Pilgerstätten; viele ältere Pilger wählen Varanasi als ihre letzte, denn wer in dieser heiligen Stadt stirbt, so heißt es, werde vom Kreislauf der Wiedergeburt befreit.

Die meisten indischen Feste sind religiösen Ursprungs und ziehen deshalb massenhaft Pilger an. Das sollte man als Traveller bedenken, auch bei Festen, die ein karnevaleskes Flair haben.

STAMMES-FRAGEN

Mehr über die indischen Stammesgruppen findet man auf www.tribal.nic.in, einer Website des Ministeriums für Stammesangelegenheiten der indischen Regierung.

Frauen in Südindien

Kerala ist in mancher Hinsicht einzigartig – beispielsweise ist es der Bundesstaat mit der höchsten Bildungsrate und bekannt für seine matrilineare Tradition. Man kann nur darüber spekulieren, warum die weibliche Verwandtschaft hier so wichtig ist. Ein Erklärungsversuch ist, dass sich dies aus den anhaltenden Kriegen im 10. und 11. Jh. ergeben hat. Zu diesen Zeiten waren viele Männer an der Front und die Frauen übernahmen daheim die Verantwortung. Ein anderer ist, dass Männer eher lockere Verbindungen zu Frauen eingingen und die daraus entstandenen Kinder in der Obhut der Familie der Mütter aufwuchsen. Aber aus welchen Gründen auch immer – die matrilineare Gesellschaft war spätestens im 14. Jh. in vielen Gemeinden Keralas fest etabliert und so blieb es auch nahezu unverändert bis ins 20. Jh. hinein.

Auch in anderen Teilen Südindiens, etwa in Tamil Nadu, hatten Frauen stets mehr Freiheiten als im Rest des Landes. Das Matriarchat hat auch in tamilischen Gemeinden eine lange Tradition. Heiraten zwischen Cousins und Cousinen ermöglichte es den Frauen, vor Ort zu bleiben und nicht mit Fremden leben zu müssen.

Die Ermordung von Frauen wegen der Mitgift und die Tötung weiblicher Babys waren bis vor nicht allzu langer Zeit in Indien relativ unbekannt, aber seitdem Konsum wichtiger ist als alte Traditionen wird die Mitgift immer teurer und die Anzahl dieser Tötungen nimmt zu.

ADIVASI

Die Wurzeln der indischen Adivasi (Stammesgemeinschaften; auf Sanskrit bedeutet Adivasi „Ureinwohner“) reichen in die Zeit bis vor dem Auftauchen der vedischen Arier und der Drawiden im Süden zurück. Heute machen sie weniger als 10 % der Bevölkerung aus und gehören über 400 verschiedenen Stammesgruppen an. Die Alphabetisierungsrate der Adivasi fällt im Vergleich zur Gesamtbevölkerung drastisch ab.

Der Kontakt zwischen Adivasi und Hindu-Dorfbewohnern führte in der Geschichte nur sehr selten zu Spannungen, gab es doch nur wenig oder gar keinen Wettbewerb um Ressourcen und Land. In den vergangenen Jahrzehnten wurde jedoch das angestammte Land von immer mehr Adivasi enteignet, die deshalb zu verarmten Arbeitern abstiegen. Dank eines parlamentarischen Quotensystems sind die Adivasi zwar nach wie vor politisch repräsentiert, doch ihre Enteignung und Ausbeutung geschah angeblich manchmal mit stillschweigender Billigung der Behörden; die Regierung bestreitet diese Anschuldigungen jedoch. Wie auch immer die Wahrheit aussieht – solange nicht mehr unternommen wird, sehen die Adivasi einer unsicheren Zukunft entgegen.

Mehr über die Adivasi erfährt man in den Büchern *Archaeology and History: Early Settlements in the Andaman Islands* von Zarine Cooper, *The Tribals of India* von Sunil Janah und *Tribes of India: The Struggle for Survival* von Christoph von Fürer-Haimendorf.

Frauen in Saris, Mumbai

Nach dem neuesten Zensus leben in Indien 586 Mio. Frauen, geschätzte 68% von ihnen arbeiten (meist als ungelernte Arbeitskräfte) in der Landwirtschaft. In ganz Indien dürfen Frauen wählen und Eigentum haben. Doch obwohl der Prozentsatz der Frauen in der Politik im letzten Jahrzehnt gestiegen ist, sind sie im Nationalparlament mit einem Anteil von etwa 10% deutlich unterrepräsentiert.

Auch wenn die Berufswelt von Männern dominiert wird, stoßen Frauen besonders in den Städten weiter in Männerdomänen vor. Dazu gehören auch eine ganze Reihe südindischer Metropolen. Kerala war 1938 der erste Bundesstaat Indiens, der entgegen den sozialen Normen weibliche Polizisten ausbildete. 1973 gab es hier auch die erste rein weibliche Polizeistation. Frauen in den Dörfern haben es da schon weitaus schwerer, sich durchzusetzen. In einkommensschwachen Familien werden vor allem Mädchen als erhebliche finanzielle Last empfunden, weil für sie bei der Heirat häufig eine Mitgift aufgebracht werden muss.

Stadtbewohnerinnen der Mittelschicht haben materiell ein viel komfortableres Leben, doch auch sie sind bestimmten Zwängen unterworfen. Im Großen und Ganzen erhält eine Frau hier wahrscheinlich eher eine Hochschulausbildung, aber sobald sie verheiratet ist, wird auch von ihr erwartet, dass sie sich an das Leben ihrer Schwiegereltern „anpasst" und in erster Linie Hausfrau ist. Wenn sie den Erwartungen nicht entspricht – sei es auch nur, weil sie keinen Enkel auf die Welt bringt – kann das für sie genauso wie für die Frauen in den Dörfern katastrophale Folgen haben. In extremen Fällen kommt es immer noch zur „Brautverbrennung", bei der Frauen mit einer brennbaren Flüssigkeit übergossen und angezündet werden. Zuverlässige Statistiken gibt es nicht, aber einige Frauenrechtsorganisationen behaupten, dass auf jeden registrierten Fall ungefähr 300 nicht registrierte kommen und dass weniger als 10% der gemeldeten Fälle dann auch strafrechtlich verfolgt werden.

Sati: A Study of Widow Burning in India von Sakuntala Narasimhan beschäftigt sich mit der Geschichte des *sati* (dem Selbstmord der Witwe auf dem Scheiterhaufen bei der Leichenverbrennung des Mannes; heute verboten) auf dem Subkontinent.

HIJRAS

Die auffälligste nichtheterosexuelle Gruppe Indiens sind die Hijras, die Kaste der Transvestiten und Eunuchen, die sich wie Frauen kleiden. Einige sind schwul, einige sind Hermaphroditen, und einige Unglückliche wurden Opfer von Entführung und Kastrierung. Da es traditionell missbilligt wird, in Indien offen als Schwuler zu leben, haben die *hijras* sich als eine Art drittes Geschlecht etabliert. Sie arbeiten überwiegend als uneingeladene Unterhalter bei Hochzeiten und bei Feiern zur Geburt von Söhnen, manchmal aber auch als Prostituierte.

Mehr über die Hijras erfährt man in den Büchern *The Invisibles* von Zia Jaffrey und *Ardhanarishvara the Androgyne* von Dr. Alka Pande.

Laut Verfassung dürfen Geschiedene (und Witwen) zwar wieder heiraten, doch nur relativ wenige tun dies, schlicht und einfach, weil Geschiedene traditionell als gesellschaftliche Außenseiter angesehen werden, und zwar außerhalb der großen Städte am stärksten. Die Scheidungsrate in Indien ist eine der niedrigsten der Welt, auch wenn sie von 0,7% im Jahr 1991 auf etwa 1,2% im Jahr 2012 gestiegen ist. Die meisten Scheidungen gibt es urbanen Gebieten, und in den höheren Gesellschaftsschichten werden sie weniger als sozial inakzeptabel angesehen.

Im Oktober 2006 erließ das indische Parlament nach anhaltenden Frauenrechtskampagnen ein bahnbrechendes Gesetz (als Erweiterung bereits bestehender Gesetze), das Opfern von häuslicher Gewalt mehr Schutz und Rechte verleiht. Vor dieser Gesetzgebung konnten Frauen zwar bei der Polizei Beschwerden gegen gewalttätige Ehemänner einreichen, doch erhielten sie nicht unbedingt einen Anteil am ehelichen Eigentum oder eine längerfristige finanzielle Unterstützung. Das neue Gesetz erklärt jede Form von körperlichem, sexuellem (einschließlich Vergewaltigung in der Ehe), emotionalem und wirtschaftlichem Missbrauch nicht nur zu häuslicher Gewalt, sondern auch zu einer Verletzung der Menschenrechte. Die Täter müssen mit Gefängnis und Geldbußen rechnen. Nach diesem Gesetz haben misshandelte Frauen das Recht, im ehelichen Haus zu bleiben. Außerdem verbietet es emotionale und physische Schikane, durch die eine Mitgift erzwungen werden soll. Kritiker weisen darauf hin, dass viele Frauen, vor allem außerhalb der Großstädte, aus Angst vor sozialer Diskriminierung den gesetzlichen Schutz nicht in Anspruch nehmen. Doch trotz der Gesetzesreform ist die Verurteilungsrate für Verbrechen gegen Frauen relativ niedrig, sie lag 2011 etwa bei 25%, in den 1970er-Jahren jedoch bei immerhin 45%.

INDISCHE DIASPORA

Die indische Diaspora ist mit über 25 Mio. im Ausland lebenden Indern eine der größten weltweit. Die indischen Banken verwalten mehr als 50 Mrd. US$ auf den Konten von Auslandsindern (Non-Resident Indians; NRI).

Indiens National Crime Records Bureau (NCRB) zufolge hat Gewalt gegen Frauen von 2010 bis 2011 um 7,1% zugenommen, auch die Zahl der gemeldeten Vergewaltigungen stieg. Menschenrechtsexperten gehen aber davon aus, dass viele sexuelle Übergriffe aus Scham nicht gemeldet werden und/oder weil die Familien Druck ausüben. Das gilt besonders dann, wenn der Täter der Familie bekannt ist. Das NCRB berichtete, dass 228 650 der insgesamt erfassten 256 329 Gewalttaten im Jahr 2011 gegen Frauen verübt wurden. 8618 davon waren Mitgiftmorde, 24 206 waren Vergewaltigungen (ein Anstieg um 9% seit dem Vorjahr!) und 42 968 Belästigungen.

Nach der brutalen Gruppenvergewaltigung (und dem anschließenden Tod) einer 23-jährigen Studentin in Delhi, die im Dezember 2012 durch alle Medien ging, protestierten Zehntausende in und außerhalb der Hauptstadt und forderten die Regierung zum sofortigen Handeln auf, um der immer weiter eskalierenden Gewalt gegen Frauen im Land entgegenzuwirken. Die Regierung wurde wegen ihrer zögerlichen Reaktion auf die öffentliche Empörung kritisiert und gelobte später, härtere Strafen (einschließlich der Todesstrafe) für Sexualverbrecher einzuführen.

Sport

In Indien dreht sich alles um Cricket! Und quer durch die Gesellschaftsschichten ist Cricket mehr als eine nationale Sportleidenschaft – es ist eine Frage des Nationalstolzes, was sich besonders dann zeigt, wenn Indien gegen Pakistan antritt. Spiele zwischen diesen beiden Nachbarn – die seit der Unabhängigkeit ziemliche Probleme miteinander haben – ziehen Heerscharen von Fans an und die Spieler stehen unter einem kolossalen Druck, ihrem jeweiligen Land Ehre zu machen. Der meistgefeierte indische Cricketspieler der Gegenwart ist Sachin Tendulkar – auch liebevoll „kleiner Meister" genannt – der 2012 der weltweit einzige Spieler wurde, welcher die Marke von 100 Centuries bei Länderspielen erreichte. Im Dezember 2012 erklärte Tendulkar allerdings seinen Rücktritt von den One-Day Internationals.

Das erste dokumentierte Cricketspiel Indiens fand 1721 statt. 1952 gewann das Land in Chennai seine ersten Test-Matches gegen England. Das heutige Cricket, besonders die jüngste Spielform Twenty20 (www.cricket20.com), ist in Indien ein riesiges Geschäft, das den Spielern attraktive Sponsorenverträge und Promistatus beschert. Doch dieser Sport hatte immer auch seine Schattenseiten, immer wieder waren indische Cricketspieler in den letzten Jahren in Wettskandale verwickelt. Internationale Spiele finden an verschiedenen Orten statt; Infos zu gerade stattfindenden Matches stehen in den indischen Zeitungen und im Internet. Wer in der Cricketwelt auf dem Laufenden bleiben will, der kann sich auf den Seiten www.espncricinfo.com (von vielen Cricketliebhabern geschätzt) und www.cricbuzz.com informieren.

In Südindien hat auch Fußball eine große Fangemeinde, speziell in Kerala und Goa. Mitte 2013 belegte Indien den 145. Platz der FIFA-Weltrangliste.

Cricket ist zwar der beliebteste Sport in Indien, doch das Land ist auch für seine historischen Verbindungen zum Polosport bekannt, der auf dem Subkontinent bis zur Unabhängigkeit immer wieder in Mode war – besonders in den Adelsfamilien. Danach sank die Unterstützung aufgrund schwindender Geldmittel rapide. Dank eines verstärkten Sponsorings erlebt das Interesse am Polo derzeit eine Renaissance. Und auch wenn es eine Elite-Sportart bleibt, sie erregt zunehmend die Aufmerksamkeit der wachsenden oberen Mittelklasse des Landes. Die Ursprünge des Polosports sind nicht ganz eindeutig. Es heißt, seine rund 2000 Jahre alten Wurzeln liegen in Persien und China, und auf dem Subkontinent wurde es erstmals in Baltistan (dem heutigen Pakistan) gespielt. Manche sagen, Kaiser Akbar (der in Indien von 1556 bis 1605 herrschte) habe die ersten Regeln eingeführt. Aber Polo, wie es heute gespielt wird, wurde zum großen Teil von einem britischen Kavallerieregiment beeinflusst, das in den 1870er-Jahren in Indien stationiert war. Nach dem Ersten

INDISCHE KLEIDUNG

Der elegante Sari ist bei indischen Frauen weit verbreitet. Er besteht aus einem einzigen Stück (zwischen 5 und 9 m lang) und wird raffiniert gefaltet und gesteckt, ohne dass Nadeln oder Knöpfe nötig wären. Zum Sari werden ein *choli* (enge Bluse) und ein Unterrock mit Kordel getragen. Der *palloo* ist jener Teil des Saris, der über der Schulter drapiert wird. Auch der *salwar kameez* wird von vielen Frauen getragen, eine traditionelle, kleidartige Kombination aus Tunika und Hose, die von einer *dupatta* (langer Schal) ergänzt wird.

Zur traditionellen Kleidung der Männer gehören der *dhoti* und im Süden oft auch der *lungi* und der *mundu*. Der *dhoti* ist ein lockerer, langer Lendenschurz, der um die Taille gebunden und an den Beinen hochgerafft wird. Der *lungi* ähnelt einem Sarong und ist am Ende meistens zu einer Röhre zusammengenäht. Der *mundu* sieht aus wie ein *lungi*, ist aber immer weiß.

Es gibt viele regionale und religiöse Varianten von Kleidung, so kann man etwa Muslimas in Burkas sehen, die den Körper komplett verhüllen.

Weltkrieg wurden schließlich international gültige Regeln eingeführt. Der älteste noch existierende Poloclub der Welt, gegründet 1862, befindet sich in Kolkata (Kalkutta) – weiter Infos dazu gibt's auf der Website des Calcutta Polo Club (www.calcuttapolo.com).

Auch wenn es Indiens Nationalsport ist, genießt Feldhockey nicht mehr die gleiche leidenschaftliche Begeisterung wie früher. Das liegt hauptsächlich an der unangreifbaren Beliebtheit des Cricket, das den Großteil der indischen Sponsorengelder für sich vereinnahmt. In der goldenen Ära zwischen 1928 und 1956 gewann Indien allerdings sechsmal in Folge die olympische Goldmedaille im Hockey; 1964 und 1980 kamen noch einmal zwei Siege dazu. Die jüngsten Versuche, das Interesse am Spiel wiederzubeleben, hatten gemischte Resultate. Gegenwärtig belegen die indischen Hockey-Nationalmannschaften der Männer und Frauen den 11. bzw. 12. Platz der Weltrangliste. Die indische Hockeyszene kann man auf www.indianhockey.com und auf www.bharatiyahockey.org (für Indian Field Hockey) verfolgen.

Zu jenen Sportarten, die sich in Indien wachsender Beliebtheit erfreuen, gehören Tennis (die Stars des Landes sind Sania Mirza, Leander Paes und Mahesh Bhupathi – wer mehr wissen will, schaut auf www.aitatennis.com), Fußball, das besonders im Osten und Süden des Landes stark vertreten ist, und Pferderennen, die in größeren Städten wie Mumbai und Bengaluru ziemlich beliebt sind.

Traveller, die während ihres Aufenthalts ein Sportereignis erleben möchten, finden aktuelle Veranstaltungen in den örtlichen Zeitungen oder fragen einfach bei der Touristeninformation nach.

Spirituelles Südindien

Vom kunstvollen Heiligtum in der Stadt bis zum einfachen Dorftempel – die Spiritualität durchdringt fast das ganze indische Leben. Der Hinduismus ist die Hauptreligion des Landes und wird von etwa 80 % der Bevölkerung praktiziert. Neben Buddhismus, Jainismus und Zoroastrismus ist er eine der ältesten Religionen der Welt, und seine Wurzeln reichen bis 1000 v. Chr. zurück. Der Anblick der Sakralbauten und der Klang von *bhajans* und *qawwali* bleiben jedem Besucher noch lang nach der Abreise im Gedächtnis.

Hinduismus

Der Hinduismus kennt keinen Stifter und ist auch keine missionierende Religion. Im Wesentlichen glauben Hindus an Brahman: Es ist ewig, unerschaffen und grenzenlos. Alles, was existiert, geht auf Brahman zurück und wird letzten Endes zu ihm zurückkehren. Die zahlreichen Götter und Göttinnen sind nichts weiter als Manifestationen – greifbare Teile dieses gestaltlosen Phänomens.

Hindus glauben, dass das irdische Leben einem Kreislauf unterliegt. Man wird immer und immer wieder geboren (ein Prozess, der Samsara genannt wird), wobei die Art dieser Wiedergeburten vom Karma (Verhalten oder Taten) in den bisherigen Leben abhängt. Wer ein rechtschaffenes Leben führt und sein Dharma (moralischer Verhaltenskodex; soziale Pflichten) erfüllt, erhöht seine Chancen, in einer höheren Kaste und unter besseren Bedingungen wiedergeboren zu werden. Andererseits kann die Wiedergeburt aber, falls sich genügend schlechtes Karma angesammelt hat, auch in tierischer Form erfolgen. Nur als Mensch kann man jedoch ausreichendes Selbstwissen erlangen, um dem Reinkarnationszyklus zu entkommen und Moksha (Befreiung) zu erlangen.

Dem hinduistischen Pantheon werden um die 330 Mio. Gottheiten zugerechnet. Welche man anbetet, hängt von persönlichen Vorlieben oder Traditionen ab.

Götter & Göttinnen

Alle Hindu-Gottheiten werden als Manifestationen von Brahman betrachtet, das oft durch seine drei Haupterscheinungen Brahma, Vishnu und Shiva (die Trimurti) dargestellt wird.

Brahman

Das Eine, die ultimative Realität. Brahman ist gestaltlos, unendlich und die Quelle aller Existenz. Brahman ist *nirguna* (ohne Eigenschaften) und steht damit im Gegensatz zu allen anderen Göttern und Göttinnen, die nur Manifestationen Brahmans und daher *saguna* (mit Eigenschaften) sind.

Brahma

Nur während der Erschaffung des Universums spielt Brahma eine aktive Rolle. Ansonsten meditiert er. Seine Gemahlin ist Saraswati, die Göttin der Gelehrsamkeit, sein Reittier ist ein Schwan. Er wird in manchen Abbildungen auf einer Lotusblüte sitzend dargestellt, die aus Vishnus Nabel emporwächst, womit die wechselseitige Abhängigkeit der Götter symbolisiert werden soll. Brahma wird im Allgemeinen mit vier Köpfen versinnbildlicht: Die identischen Häupter tragen Kronen und Bärte und blicken in die vier Himmelsrichtungen.

Vishnu

Der Bewahrer oder Erhalter Vishnu wird mit „rechtem Handeln" verbunden. Er beschützt und bewahrt alles Gute in der Welt. Dargestellt wird er üblicherweise mit vier Armen, in den Händen hält er eine Lotusblüte, eine Muschel (da sie wie eine Trompete geblasen werden kann, symbolisiert sie die kosmische Schwingung, aus der alles Existierende hervorgeht), einen Diskus und eine Keule. Seine Gemahlin ist Lakshmi, die Göttin des Reichtums, sein Reittier Garuda, eine Mischung aus Mensch und Vogel. Es heißt, der Ganges sei seinen Füßen entsprungen.

Shiva wird manchmal als Herrscher des Yogas dargestellt, als ein im Himalaja lebender Asket mit verfilztem Haar, mit Asche beschmiertem Körper und einem dritten Auge, das Weisheit symbolisiert.

Shiva

Shiva ist der Zerstörer um der Erlösung willen, ohne den jedoch keine Schöpfung möglich wäre. Shivas schöpferische Bedeutung wird in der Darstellung des häufig angebeteten Lingams phallisch symbolisiert. Mit seinen 1008 Namen nimmt Shiva zahlreiche Gestalten an, u.a. die des Nataraja, des Herrn des *tandava* (kosmischer Siegestanz), der die Schöpfung und die Zerstörung des Kosmos abschreitet.

Manchmal wird Shiva auch mit Schlangen um seinen Hals dargestellt und hält einen Dreizack (symbolisch für die Trimurti) als Waffe in der Hand, während er Nandi, seinen Stier, reitet. Nandi symbolisiert Kraft und Potenz, Gerechtigkeit und moralische Ordnung. Auch Parvati, Shivas Gattin, kann viele Gestalten annehmen.

Weitere wichtige Gottheiten

Der elefantenköpfige Ganesha ist der Gott des Glücks, Entferner von Hindernissen und Beschützer der Schreiber (mit dem abgebrochenen Stoßzahn, den er hält, wurden Teile des Mahabharata geschrieben). Sein Reittier ist Mooshak (eine rattenähnliche Kreatur). Die Geschichte, wie Ganesha zu seinem Elefantenkopf kam, ist in verschiedene Versionen überliefert. Eine Legende besagt, dass Ganesha von Parvati in Abwesenheit seines Vaters Shiva geboren wurde und daher aufwuchs, ohne ihn zu kennen. Eines Tages, als Ganesha Wache stand, während seine Mutter badete, kehrte Shiva zurück und bat, zu Parvati vorgelassen zu werden. Ganesha, der Shiva nicht erkannte, verweigerte ihm den Zutritt. Wutentbrannt hackte Shiva Ganesha den Kopf ab, nur, um später zu seinem großen Entsetzen zu erkennen, dass er seinen eigenen Sohn abgeschlachtet hatte. Er schwor, Ganeshas Kopf mit dem der ersten Kreatur zu ersetzen, der er begegnete – und das war eben ein Elefant.

Die Blut trinkende Kali ist eine andere Darstellungsform der Milch gebenden Gauri. *Myth = Mithya: A Handbook of Hindu Mythology* von Devdutt Pattanaik bringt Licht in diese und andere faszinierende Geschichten aus der Hindu-Folklore.

Krishna, eine weitere wichtige Gottheit, ist eine Inkarnation von Vishnu und wurde auf die Erde entsandt, um für das Gute zu kämpfen und das Böse zu zerstören. Seine Verbindung mit den *gopis* (Hirtenmädchen) und seine Liebe zu Radha waren Inspiration für unzählige Gemälde und Lieder. Der blauhäutige Krishna wird auch oft Flöte spielend dargestellt.

DIE HEILIGE SIEBEN

Der Zahl Sieben kommt im Hinduismus eine ganz besondere Bedeutung zu. Es gibt sieben heilige Städte in Indien, und jede von ihnen ist ein wichtiges Pilgerzentrum: Varanasi wird mit Shiva assoziiert; in Haridwar tritt der Ganges vom Himalaja in die Ebenen ein; Ayodhya ist die Geburtsstätte von Rama; Dwarka ist die legendäre Hauptstadt Krishnas, die vor der Küste von Gujarat vermutet wird; Mathura ist die Geburtsstätte von Krishna; in Kanchipuram stehen historische Shiva-Tempel; in Ujjain findet alle zwölf Jahre die Kumbh Mela statt.

Außerdem fließen in Indien sieben heilige Flüsse: Ganges (Ganga), Saraswati (der unter der Erde vermutet wird), Yamuna, Indus, Narmada, Godavari und Kaveri.

OM

Eines der am meisten verehrten Symbole des Hinduismus ist das „Om". Es wird wie „aum" ausgesprochen und ist ein äußerst Glück verheißendes Mantra (heiliges Wort oder Silbe). Die „Dreier"-Form symbolisiert die Schöpfung, Erhaltung und Zerstörung des Universums (und damit die heilige Trimurti). Das umgedrehte *chandra* (Halbmond) steht für den weitschweifigen Geist, das *bindu* (Punkt) darin für Brahman.

Buddhisten glauben, dass es zu einem Zustand glückseliger Leere führen kann, wenn es nur oft genug mit absoluter Konzentration wiederholt wird.

Hanuman ist der Held des Ramayana und loyaler Verbündeter von Rama. Er verkörpert das Konzept der Bhakti (Hingabe). Er ist der König der Affen, kann aber auch andere Gestalten annehmen.

Von den Shivaiten (Anhänger der Shiva-Bewegung) wird Shakti – die Göttin als Mutter und Schöpferin – als eigenständige Kraft angebetet. Das Konzept der Shakti wird durch die antike Göttin Devi (Göttliche Mutter) verkörpert, die auch als Durga und, in einer wilderen, das Böse vernichtenden Inkarnation, als Kali dargestellt wird. Zu den weiteren von vielen Hindus angebeteten Göttinnen gehören auch Lakshmi, die Göttin des Reichtums, und Saraswati, die Göttin des Lernens.

Murugan, einer der Söhne Shivas, ist eine beliebte Gottheit in Südindien, insondere in Tamil Nadu. Er wird manchmal mit Skanda, einem anderen Sohn Shivas gleichgesetzt, der in Nordindien eine starke Anhängerschaft hat. Murugans Hauptfunktion ist die eines Beschützers, auf Abbildungen wird er jung und siegreich dargestellt.

Ayyappan ist ein weiterer Sohn Shivas, der ebenfalls die Funktion eines Beschützers hat. Es heißt, dass er aus der Vereinigung der beiden männlichen Gottheiten Shiva und Vishnu hervorging. Vishnu soll eine weibliche Form (Mohini) angenommen haben, um ihn zu gebären. Ayyappan wird häufig auf einem Tiger reitend und von Leoparden begleitet dargestellt, die Symbole seines Siegs über finstere Mächte sind. Heute ist die Gemeinde der Ayyappan-Verehrer zu einer Männerbewegung geworden, deren Anhänger Alkohol, Drogen, Zigaretten und schlechtem Benehmen abschwören müssen, bevor sie die Pilgerfahrt antreten.

Die grundlegenden Lehren des Hinduismus entwirren zwei Bücher mit gleichem Titel: *Hinduism: An Introduction* stammt einmal von Shakunthala Jagannathan und einmal von Dharam Vir Singh.

Heilige Schriften

Heilige Hindu-Texte sind in zwei Kategorien unterteilt: die, die als Wort Gottes betrachtet werden (*shruti*, „gehört"), und die, die durch Menschen entstanden sind (*smriti*, „erinnert"). Die Veden gelten als *shruti*-Wissen und werden als maßgebliche Grundlage des Hinduismus angesehen. Der älteste vedische Text, der Rigveda, wurde vor über 3000 Jahren verfasst. In seinen 1028 Versen sind Gebete für Wohlstand und ein langes Leben sowie eine Erklärung der Ursprünge des Universums enthalten. Die Upanishaden, der letzte Teil der Veden, behandeln das Rätsel des Todes und betonen die Einheit des Universums. Die ältesten vedischen Texte wurden in vedischem Sanskrit geschrieben, das mit dem Altpersischen verwandt ist. Spätere Texte sind in klassischem Sanskrit verfasst, aber viele von ihnen wurden auch in moderne Sprachen übersetzt.

Die *smriti*-Texte sind eine Literatursammlung, die mehrere Jahrhunderte umspannt und auch Abhandlungen über die richtige Ausführung häuslicher Zeremonien sowie das angemessene Verhalten für Regierungen und Wirtschaft und in religiösen Belangen umfasst. Zu den bekanntesten Werken gehören das Ramayana und das Mahabharata sowie die Puranas, die epische Ausmaße erreichen und das Konzept der Trimurti befürworten. Im Gegensatz zu den Veden ist die Lektüre der Puranas nicht nur eingeweihten Männern der höheren Kasten vorbehalten.

Stammesreligionen sind inzwischen so sehr mit dem Hinduismus und anderen Hauptreligionen verschmolzen, dass nur noch sehr wenige eindeutig auszumachen sind. Man glaubt jedoch, dass einige grundlegende hinduistische Lehren ihren Ursprung in der Stammeskultur haben.

Minakshi-Amman-Tempel (S. 413), Madurai

Das Mahabharata

Das Mahabharata ist wahrscheinlich um das Jahr 1000 v. Chr. verfasst worden. Die Schrift konzentriert sich auf die Heldentaten Krishnas. Bis 500 v. Chr. hatte sich das Epos zu einem weitaus komplexeren Werk mit wichtigen Ergänzungen entwickelt, z. B. der Bhagavad-Gita (in der Krishna Arjuna vor der Schlacht seinen Rat anbietet).

Zwei empfehlenswerte Veröffentlichungen mit englischen Übersetzungen heiliger Hindu-Texte sind *The Bhagavad Gita* von S. Radhakrishnan und *The Valmiki Ramayana* von Romesh Dutt.

Im Mittelpunkt der Geschichte steht der Konflikt zwischen den heldenhaften Göttern (Pandavas) und den Dämonen (Kauravas). Krishna, der menschliche Gestalt angenommen hat, verfolgt die Ereignisse und fungiert als Wagenlenker für den Pandava-Helden Arjuna, der schließlich in einer großen Schlacht über die Kauravas triumphiert.

Das Ramayana

Das Ramayana entstand im 3. oder 2. Jh. v. Chr. und gilt im Wesentlichen als das Werk eines einzelnen Mannes, des Dichters Valmiki. Wie im Mahabharata steht der Kampf zwischen Göttern und Dämonen im Mittelpunkt dieses Epos.

Die Geschichte ist folgende: Dasharatha, der kinderlose König von Ayodhya, rief die Götter an, ihm einen Sohn zu bescheren. Seine Ehefrau gebar daraufhin tatsächlich einen Sohn. Aber dieses Kind, Rama genannt, war in Wirklichkeit eine Inkarnation Vishnus, der menschliche Gestalt angenommen hatte, um Ravana, den Dämonenkönig von Lanka (heute Sri Lanka), zu stürzen.

Als Rama erwachsen war, seine Nebenbuhler übertrumpft und um die Hand der Prinzessin Sita angehalten hatte, wurde er von seinem Vater zum Erben des Königreichs auserkoren. Doch in letzter Minute mischte sich Ramas Stiefmutter ein und forderte, dass ihr eigener Sohn, Barathan, an Ramas Stelle trete. Rama, Sita und Ramas Bruder Lakshmana wurden verbannt und gingen in die Wälder, wo Rama und Lakshmana Dämonen und finstere Mächte bekämpften. Ravanas Schwester versuchte nun, Rama zu verführen. Sie wurde zurückgewiesen, und aus Rache nahm Ravana Sita gefangen und verbannte sie durch Zauberkraft in sein Schloss in Lanka.

Unterstützt von einem Affenheer unter der Führung des loyalen Affengotts Hanuman fand Rama das Schloss schließlich, tötete Ravana und befreite Sita. Siegreich kehrten alle nach Ayodhya zurück, wo Rama von Barathan empfangen und zum König gekrönt wurde.

Heilige Natur

Schon seit Jahrtausenden werden in Indien Tiere, vor allem Schlangen und Kühe, verehrt. Für Hindus symbolisieren Kühe Fruchtbarkeit und Nahrung, während Schlangen (vor allem Kobras) mit Fruchtbarkeit und Wohlstand in Verbindung gebracht werden. Naga-Steine (Schlangensteine) sollen Menschen vor Schlangen schützen und die Schlangengötter gnädig stimmen.

Auch mit bestimmten Pflanzen verbinden sich religiöse Vorstellungen – der Banyan symbolisiert z.B. die Trimurti, während Mangobäume als Symbol der Liebe gelten, weil Shiva angeblich unter einem solchen Parvati geheiratet hat. Von der Lotusblume (Lotos) heißt es, sie sei dem urzeitlichen Weltenmeer entsprossen und durch ihren Stängel mit dem mythischen Erdzentrum verbunden. Der Lotus gedeiht oft in den schmutzigsten Gewässern und hat die bemerkenswerte Eigenschaft, noch auf den trübsten Tümpeln Blüten zu treiben. Für Hindus korrespondiert das Herzstück einer Lotuspflanze mit dem Mittelpunkt des Universums (Erdnabel), und alles wird zusammengehalten von ihrem Stiel und den ewigen Wassern. Dadurch werden Hindus stets daran erinnert, wie ihr eigenes Leben sein sollte – zerbrechlich, aber dennoch beharrlich, streng und schön zugleich. Das Seerosengewächs Lotus ist die indische Nationalblume.

Anbetung

Anbetung und rituelle Handlungen spielen im Hinduismus eine übergeordnete Rolle. In einem hinduistischen Zuhause findet man oft einen speziellen Anbetungsbereich, in dem die Familienmitglieder zu den Gottheiten ihrer Wahl beten. Außerhalb der eigenen vier Wände beten Hindus in Tempeln. *Puja* ist ein zentraler Bestandteil hinduistischer Anbetung und kann vom stillen Gebet bis zu aufwendigen Zeremonien reichen. Die Gläubigen verlassen den Tempel mit einer Handvoll *prasad* (im Tempel gesegnetes Essen), das mit anderen geteilt wird. Zu weiteren Formen der Anbetung gehören auch *aarti* (das Glück verheißende Entzünden von Lampen oder Kerzen) sowie die wohltuenden *bhajans* (andächtigen Lieder).

Islam

Der Islam ist Indiens größte Minderheitenreligion; etwa 13,4% der Bevölkerung gehören ihr an. Man glaubt, dass der Islam von muslimischen Herrschern nach Nordindien eingeführt (im 16. und 17. Jh. kontrollierten die Moguln große Teile Nordindiens) und von arabischen Händlern weiter Richtung Süden getragen wurde.

Der Islam wurde im 7. Jh. in Arabien vom Propheten Mohammed begründet. Seine heilige Schrift ist der Koran, das angeblich Mohammed offenbarte Wort Allahs (Gottes). Islam bedeutet auf Arabisch „sich hingeben", und zwar dem Willen Allahs. Der Islam ist eine monotheistische Religion. Gottes Wort wird über Propheten (Gesandte) vermittelt, von denen Mohammed der letzte und entscheidende war.

Nach Mohammeds Tod spaltete sich die Bewegung in einem Nachfolgestreit; aus den beiden Parteien gingen die heutigen Sunniten und

SADHUS

Ein Sadhu ist jemand, der alle materiellen Besitztümer aufgegeben und sich der Suche nach Spiritualität durch Meditation, das Studium heiliger Text, Selbstkasteiung und Pilgerreisen verschrieben hat. Mehr dazu kann man in Dolf Hartsuikers *Sadhus: India's Mystic Holy Men* nachlesen.

Schiiten hervor. Die Sunniten vertreten das Altbekannte, die orthodoxe Lehre. Die Schiiten glauben dagegen, dass nur Imame (vorbildliche Führer) die wahre Bedeutung des Korans offenbaren können.

Allen Muslimen gemeinsam ist der Glaube an die fünf Säulen des Islam: Shahadah (das Glaubensbekenntnis: „Es gibt keinen Gott außer Allah und Mohammed ist sein Prophet."), Salat (das idealerweise fünfmal am Tag zu verrichtende Gebet), Zakat (die Almosensteuer in Form einer verpflichtenden Abgabe oder Spende an eine Wohltätigkeitsorganisation), Saum (das Fasten im Ramadan, das für alle außer Kranke, junge Kinder, Schwangere, Alte und Menschen, die eine anstrengende Reise unternehmen, verbindlich ist) und die Hadsch (Pilgerfahrt nach Mekka, die jeder Muslim wenigstens einmal im Leben zu unternehmen versucht).

Wer den Sikhismus in all seiner Komplexität verstehen möchte, liest am besten Band 1 (1469–1839) oder Band 2 (1839–2004) von Khushwant Singhs *A History of the Sikhs.*

Sikhismus

Der Sikhismus wurde von Guru Nanak im 15. Jh. im Punjab als Reaktion gegen das Kastensystem und gegen die brahmanische Betonung des Rituals begründet. Die Sikhs glauben an einen einzigen Gott, und obwohl sie die Verehrung von Götzenbildern ablehnen, sind ihnen Bilder ihrer zehn Gurus sehr wichtig. Die heilige Schrift der Sikhs, der Guru Granth Sahib, enthält u.a. die Lehren der zehn Sikh-Gurus. Wie die Hindus und die Buddhisten glauben auch die Sikhs an die Wiedergeburt und das Karma. Im Sikhismus gibt es aber keine asketische oder klösterliche Tradition, die den Kreislauf der Wiedergeburt beenden kann. Fast 2% der indischen Bevölkerung sind Sikhs, die meisten leben im Punjab.

Guru Nanak (1469–1539), der Begründer des Sikhismus, wurde im heutigen Pakistan geboren und empfand die religiösen Praktiken von Muslimen wie von Hindus als recht unbefriedigend. Er glaubte an das

RELIGIÖSE ETIKETTE

Wann immer man eine religiöse Stätte besucht, sollte man sich respektvoll kleiden und verhalten – keine Shorts oder ärmellose Tops tragen (dies gilt für Männer und Frauen) und nicht rauchen. Lautes, aufdringliches Benehmen ist unerwünscht, ebenso wie öffentliche Zuneigungsbekundungen oder Herumalbern.

Bevor man einen heiligen Ort betritt, zieht man die Schuhe aus (der Schuh-Aufpasser bekommt ein paar Rupien, wenn er sie wieder zurückgibt). Bevor man losknipst, muss man sich vergewissern, dass Fotografieren erlaubt ist. An den meisten Orten der Anbetung ist das Tragen von Socken gestattet – und während der wärmeren Monate aufgrund der unangenehm heißen Böden oft sogar notwendig.

Die religiöse Etikette verbietet es, Einheimische am Kopf zu berühren oder einer Person, einem Schrein oder dem Bild einer Gottheit die Fußsohlen zuzuwenden. Außerdem sollte man Personen nicht mit den Füßen oder die Schnitzerei einer Gottheit in irgendeiner Form berühren.

An manchen Orten der Anbetung sind Kopfbedeckungen (für Frauen und manchmal auch Männer) erforderlich – besonders in *gurdwaras* (Sikh-Tempeln) und Moscheen – also immer ein Tuch mitnehmen, um auf der sicheren Seite zu sein! An einigen Stätten sind keine Frauen zugelassen, andere verbieten Nicht-Anhängern ihres Glaubens den Zutritt – am besten vorab erkundigen! Frauen müssen teilweise getrennt von den Männern sitzen. Vor dem Betreten jainistischer Tempel muss man sämtliche Lederkleidung und -accessoires ablegen, und möglicherweise werden Frauen, die gerade ihre Periode haben, gebeten, von einem Besuch abzusehen.

Das Fotografieren in einem Schrein, bei einem Begräbnis, während einer religiösen Zeremonie oder von Personen, die ein heiliges Bad nehmen, kann als Beleidigung empfunden werden – immer vorher fragen! Fotografieren mit Blitz kann in bestimmten Bereichen, manchmal auch im gesamten Schrein, verboten sein.

Parsischer Tempel, Mumbai

Familienleben und den Wert von harter Arbeit – er war verheiratet, hatte zwei Söhne und arbeitete als Bauer, wenn er nicht gerade durch die Lande reiste, predigte und selbst komponierte *kirtan* (andächtige Lieder der Sikh) mit seinem muslimischen Musiker Mardana sang. Er vollbrachte angeblich Wunder und vertrat die Ansicht, über den Namen Gottes zu meditieren sei der beste Weg zur Erleuchtung.

Nanak glaubte an die Gleichheit aller Menschen schon Jahrhunderte, bevor sie in Mode kam und setzte sich für die Abschaffung des Kastensystems ein. Er war ein pragmatischer Guru – „ein Mensch, der seinen Lebensunterhalt ehrlich verdient und sein Einkommen mit anderen teilt, die den Weg zu Gott erkennen". Er ernannte seinen talentiertesten Schüler zu seinem Nachfolger und nicht etwa einen seiner Söhne.

Seine *kirtan* werden noch immer in den *gurdwaras* (Sikh-Tempel) gesungen und sein Bild hängt bei Millionen von Menschen – nicht nur auf dem Subkontinent – zu Hause an der Wand.

Buddhismus

Die indische Volkszählung von 2011 ergab, dass 0,8 % der Bevölkerung Buddhisten sind. Bodhgaya im Bundesstaat Bihar ist eine der heiligsten Stätten des Buddhismus, die Pilger aus allen Teilen der Welt anzieht.

Der Buddhismus entwickelte sich im 6. Jh. v. Chr. als Reaktion auf die Einschränkungen des brahmanischen Hinduismus. Buddha (Der Erwachte) soll von 563 bis 483 v. Chr. gelebt haben. Einst ein Prinz (Siddhartha Gautama), begab sich Buddha im Alter von 29 Jahren auf die Suche nach der Befreiung aus der Welt des Leidens. Er erreichte das Nirwana (den Zustand vollkommenen Bewusstseins) im Alter von 35 Jahren in Bodhgaya. Buddha kritisierte das Kastensystem und die gedankenlose Verehrung der Götter und drängte seine Schüler, innerhalb ihrer eigenen Erfahrungen nach der Wahrheit zu suchen.

Buddha lehrte, dass sich alle Existenz auf Vier Edle Wahrheiten gründet: Leben wurzelt im Leiden. Leiden wird durch Verlangen verursacht. Wer das Verlangen auslöscht, befreit sich vom Leiden. Man löscht das Verlangen aus, in dem man dem Edlen Achtfachen Pfad folgt. Dieser Pfad besteht aus der rechten Erkenntnis, der rechten Gesinnung, der rechten Rede, dem rechten Handeln, dem rechten Lebenserwerb, dem rechten Streben, der rechten Achtsamkeit und der rechten Sammlung. Wer diesen Pfad erfolgreich beschreitet, kann das Nirwana erlangen.

Zu Beginn des 20. Jhs. hatte der Einfluss des Buddhismus in Teilen Indiens ein wenig abgenommen, erlebte jedoch ein Revival in den 1950er-Jahren bei Intellektuellen und Daliten, die vom Kastensystem enttäuscht waren. Durch den Zustrom tibetischer Flüchtlinge ist die Zahl der Anhänger des Buddhismus weiter gestiegen. Sowohl der amtierende Dalai Lama als auch der 17. Karmapa residieren in Indien.

Jainismus

Der Jainismus kam im 6. Jh. v. Chr. als Reaktion auf die Einschränkungen des Kastensystems und die Rituale des Hinduismus auf. Er wurde von Mahavira gegründet, einem Zeitgenossen Buddhas.

Jainisten glauben, dass die Erlösung durch die vollständige Reinheit der Seele erlangt werden kann. Reinheit bedeutet, sich von allem *karman* zu befreien, also allen Substanzen, die durch unser Handeln entstehen und sich in der Seele festsetzen. Indem man verschiedene Entbehrungen (z. B. Fasten und Meditation) auf sich nimmt, kann man sich vom *karman* befreien und die Seele reinigen. Das richtige Verhalten ist dabei essenziell, und dazu ist *ahimsa* (Gewaltfreiheit) gegenüber allen Lebewesen, in Gedanken wie in Taten, unerlässlich.

Die religiösen Pflichten für gewöhnliche Gläubige sind weniger strikt als die für Mönche – manche jainistischen Mönche verzichten sogar auf Kleidung. Die etwas weniger asketischen behalten einen sehr kargen Besitz bei: einen Besen, mit dem sie den Pfad vor sich fegen, um nicht auf irgendein Lebewesen zu treten, sowie ein Stück Stoff, das sie sich vor den Mund binden, um nicht versehentlich Insekten einzuatmen.

Heute sind etwa 0,4 % der indischen Bevölkerung Jainisten, die Mehrheit von ihnen lebt in Gujarat und Mumbai (Bombay). Zu den bedeutenden heiligen Stätten der Jainisten gehören Sravanabelagola, Palitana, Ranakpur und die Tempel von Mt. Abu.

Christentum

Es kursieren verschiedene Theorien über Christi Verbindung zum Subkontinent. Einige glauben beispielsweise, Jesus habe seine „verlorenen Jahre" in Indien verbracht, während andere sagen, das Christentum sei mit dem Apostel Thomas im Jahr 52 nach Südindien gekommen. Viele Gelehrte sind jedoch der Ansicht, es lasse sich zu einem syrischen Händler, Thomas Cana, bis ins 4. Jh. zurückverfolgen, der mit etwa 400 Familien nach Kerala aufbrach und eine Religion gründete, die sich später zur nestorischen Kirche entwickelte. Heute ist die christliche Gemeinde in eine Vielzahl etablierter Kirchen und neuevangelischer Sekten zersplittert.

Die nestorische Kirche hat bis heute überlebt. Die Gottesdienste werden auf Armenisch abgehalten, der Patriarch von Bagdad ist ihr Oberhaupt. Der Sitz der Kirche befindet sich in Thrissur. Weitere östlich-orthodoxe Kirchen sind die Jakobiner- und die syrisch-orthodoxe Kirche.

Der Katholizismus ist seit Vasco da Gamas Besuch im Jahr 1498 in Südindien sehr präsent. Zu den katholischen Orden, die in der Region aktiv waren, gehören die Dominikaner, Franziskaner und Jesuiten. In Goa ist der Glaube am besten zu erkennen, nicht nur in den Basiliken und Konventen in Alt-Goa, sondern auch in den Dutzenden aktiven, weiß getünchten Kirchen, die über zahlreiche Städte und Dörfer verstreut sind. Man glaubt, dass die protestantischen Missionare etwa im 18. Jh. in Südindien eintrafen, und heute gehört die Mehrzahl dieser Minderheit der südindischen Kirche an, die verschiedene Glaubensgemeinschaften vereint, u.a. Anglikaner, Methodisten und Presbyterianer.

Evangelikalische Christen sind inzwischen nicht nur zu anderen christlichen Gemeinden vorgedrungen, sondern auch zu niedereren Kasten und Stammesgruppen in ganz Südindien. Mehreren Berichten zufolge versuchen manche Gruppen sehr aggressiv, Konvertiten zu gewinnen, und als Vergeltungsmaßnahme wurden einige christliche Gemeinden bereits von nationalistischen Hindu-Gruppen ins Visier genommen.

Zoroastrianismus

Der Zoroastrismus, im 6. Jh. v.Chr. von Zoroaster (Zarathustra) in Persien gegründet, basiert auf dem Konzept des Dualismus, bei dem Gut und Böse in einem andauernden Kampf miteinander verbunden sind. Der Zoroastrismus ist nicht völlig monotheistisch: gute und böse Mächte existieren nebeneinander, auch wenn die Anhänger angehalten sind, nur die guten zu ehren. Körper und Seele sind in diesem Kampf von Gut gegen Böse vereint. Obwohl die Menschheit sterblich ist, verfügt sie auch über Zeitloses, z.B. die Seele. Am Tag des Jüngsten Gerichts wird die Seele nicht zur Rechenschaft gezogen, aber ein angenehmes Leben nach dem Tod hängt von den Taten, Worten und Gedanken jedes Einzelnen während seines irdischen Daseins ab.

Der Zoroastrismus wurde in Persien durch die Ausbreitung des Islams im 7. Jh. in den Hintergrund gedrängt und seine Anhänger, von denen viele den Islam offen ablehnten, hatten unter Verfolgung zu leiden. Im Lauf der folgenden Jahrhunderte wanderten einige von ihnen nach Indien aus, wo sie Parsen genannt wurden. Ursprünglich siedelten sie sich in Gujarat an und wurden Bauern, doch während der britischen Herrschaft wandten sie sich dem Handel zu und brachten es zu einer wohlhabenden Gemeinde in Mumbai.

In den vergangenen Jahrzehnten nahm die Zahl der Parsen kontinuierlich ab, man schätzt, dass nur noch zwischen 40000 und 45000 von ihnen in Indien leben, die meisten in Mumbai.

TÜRME DER STILLE

Ein Bestandteil des zoroastrischen Begräbnisrituals ist der „Turm der Stille", in dem die Leiche aufgebahrt und den Aasgeiern überlassen wird, die die Knochen sauber abnagen.

Köstliches Südindien

Südindiens Speisen – einschließlich der beeindruckenden vegetarischen Varianten – sind nicht nur überaus köstlich, sondern haben auch Geschichte. Von den einfallsreich zubereiteten Gerichten der Küstenregionen bis hin zur vegetarischen Küche des Südens reicht das Angebot, dessen Vielfalt die kulinarische Erkundung Südindiens so lohnend macht.

Viele nützliche Tipps, etwa dazu, wie Gewürze am besten gelagert werden, enthält Monisha Bharadwajs *Die indische Küche. Symphonie der Gewürze, Düfte und Aromen*. Ein cleveres Kochbuch mit über 200 traditionellen Rezepten.

Ein kulinarischer Karneval

Die kulinarische Geschichte Südindiens ist sehr lang. Die heutige Küche ist von einer Mischung aus regionalen und globalen Einflüssen geprägt. Von der traditionellen indischen Speise, in einfachen Dorfküchen gewissenhaft zubereitet, bis zu den hoch aufgetürmten Pizzas im italienischen Stil, die in den weltoffenen Restaurants der Städte serviert werden – der Karneval der Aromen auf dem Subkontinent ist einfach spektakulär.

Auch wenn südindische Mahlzeiten ab und zu recht einfach erscheinen – jede Menge Reis, gewürztes Gemüse, Quark und ein Klecks indisches Pickle, manchmal auf einem Bananenblatt-Teller serviert – versteckt sich hinter dieser trügerischen Einfachheit ein sinnliches und vielschichtiges Repertoire von Geschmacksempfindungen. Dazu kommen die besonderen regionalen Variationen, von den kolonial geprägten Speisen Goas bis hin zu Keralas traditionellen Spezialitäten aus dem Meer, zusammen mit jeder Menge exotischer Früchte und Gemüsesorten – mehr als genug, um die Geschmacksknospen zu erfreuen!

Land der Gewürze

Christoph Kolumbus war eigentlich gerade auf der Suche nach dem berühmten schwarzen Pfeffer von Keralas Malabarküste, als er über Amerika stolperte. In besagter Gegend wächst noch immer die beste Qualität des in aller Welt beliebten Gewürzes, das wesentlicher Bestandteil der meisten herzhaften indischen Gerichte ist.

Sabina Sehgal Saikia stellt in *Finest Rice Recipes* den Reis ins Rampenlicht und zeigt wie vielseitig diese unscheinbaren Körner sind, z. B. in klassischen Kreationen wie den Krabbenküchlein in Reiskruste.

Kurkuma gilt als Essenz nahezu aller indischen Currygerichte, während Koriandersamen das am häufigsten gebrauchte Gewürz sind und eigentlich allen pikanten Gerichten Aroma und Gehalt verleihen. Die meisten indischen Saucen – die im Westen allgemein als Curry bekannt sind – beginnen mit brutzelndem Kreuzkümmel in Öl. Tamarinde – manchmal auch als indische Dattel bezeichnet – ist im Süden ein besonders beliebter, saurer Aromageber. Und der grüne Kardamom aus den Westghats Keralas gilt vielen als der beste der Welt. Er passt zu herzhaften Gerichten, Nachtisch und wärmendem Chai (Tee). Safran, der aus den getrockneten Stempelfäden der Krokusblüte besteht, wird in Kaschmir angebaut. Für 1g Safran müssen über 1500 Blüten von Hand gepflückt werden!

Reisparadies

Reis ist das bekannteste Nahrungsmittel Südindiens. Weißer Langkornreis wird am häufigsten verwendet und gekocht zu nahezu jedem Saucengericht serviert. Doch zwischen dem Klebreis in Assam im äu-

PAAN

Mahlzeiten werden häufig mit *paan* abgerundet, einer duftenden Mischung aus Betelnüssen (auch Arekanüsse genannt), Limettenpaste und Gewürzen, die in ein essbares seidiges *paan*-Blatt gewickelt wird. Angepriesen von Händlern, die strategisch günstig vor gut besuchten Restaurants stehen, gelten *paans* als verdauungsförderndes Mittel und sorgen für frischen Atem. Die Betelnuss ist ein schwaches Narkotikum und manche Fans essen *paan* auf die gleiche Art wie schwere Raucher Zigaretten konsumieren – über die Jahre verfärben sich die Zähne dieser Leute rot und schwarz.

Paan gibt es in zwei Ausführungen: *mitha* (süß) und *saadha* (mit Tabak). Ein Päckchen *mitha paan* ist bestens geeignet, eine Mahlzeit abzuschließen. Man schiebt sich das ganze Päckchen in den Mund und kaut langsam, damit sich die Wirkung entfalten kann.

ßersten Nordosten und dem roten Reis im tiefen Süden Keralas gibt es zahllose regionale Varianten, die von den Einheimischen jeweils als die beste Indiens angesehen wird. Diese Ehre gebührt wohl allerdings dem duftenden, langkörnigen Basmatireis, der in alle Welt exportiert wird.

Fantastisches Brot

Zwar ist Reis das Hauptnahrungsmittel im Süden, doch auch traditionelle Brotsorten sind weit verbreitet. Roti und Chapati sind die allgemein geläufigen Namen für Brot nach indischer Machart, und beide beschreiben das Gleiche: ein unwiderstehliches, ungesäuertes rundes Bort aus Weizenvollkornmehl, das in einer *tawa* (flache heiße Pfanne) gebacken wird. Manchmal wird es in Ghee (geklärter Butter) oder Öl getränkt. Mancherorts sind Rotis größer und dicker als Chapatis und werden im Tonofen (*tandoor*) gebacken.

Technisch gesehen gibt es so etwas wie ein indisches „Curry" nicht – das Wort ist ein anglisierter Abkömmling des tamilischen Worts *kari* (Sauce), das die Briten für jedes Gericht verwendeten, das Gewürze enthielt.

Dhal-ikat!

Alle Inder sind sich einig in ihrer Liebe zu Dhal (enthülste Linsen oder andere Hülsenfrüchte). Es gibt nahezu 60 verschiedene Hülsenfrüchte, darunter *channa*, eine etwas süßere Variante der gelben Schälerbse, die ovalen, kleinen gelben oder grünen *moong* (Mungobohnen), lachsfarbene *masoor* (rote Linsen), die im Süden beliebten ockerfarbenen *tuvar* (gelbe Linsen, auch *arhar* genannt), *rajma* (Kidneybohnen), *urad* (Urd- oder Linsenbohnen) und *lobhia* (Schwarzaugenbohnen).

Fleischgenuss

In Indien leben zwar wahrscheinlich mehr Vegetarier als im Rest der Welt zusammen, doch auch hier gibt es ein beträchtliches Repertoire an Fleischmahlzeiten – hauptsächlich mit Huhn, Lamm oder Hammel (manchmal sogar Ziege). Aus religiösen Gründen ist Rindfleisch für Hindus genauso tabu wie Schweinefleisch für Muslime.

In einigen Restaurants im Süden begegnet man der von Fleisch dominierten nördlichen Mogul-Küche mit ihren reichhaltigen Currys, Kebabs, Koftas und Biryanis. Die Wurzeln dieser herzhaften Speisen reichen zurück in das (islamische) Mogulreich, das einst Indien beherrschte.

Auch die im Norden beliebten Tandoori-Fleischgerichte haben den Weg nach Südindien gefunden. Der Name leitet sich von dem Tonofen, dem *tandoor* ab, in dem das marinierte Fleisch gegart wird.

Fisch ist ein Nahrungsmittel der nichtvegetarischen Marathi-Küche. Das charakteristische Fischgericht in Maharashtra ist *bombil* (Bombay-Ente – eine Fehlbezeichnung für diesen glibberigen hechtähnlichen Fisch), der frisch oder getrocknet gegessen wird.

Köstlichkeiten aus dem Meer

Bei etwa 7500 km Küstenlinie dürfte es niemanden überraschen, dass Meeresfrüchte ein wichtiges Nahrungsmittel auf dem Subkontinent sind, vor allem an der Westküste von Mumbai (Bombay) und bis hinunter nach Kerala. Während Kerala am meisten Fisch aus dem Wasser holt, ist Goa bekannt für seine üppigen Garnelengerichte und die feurigen

Fischcurrys. Eingezwängt zwischen diesen beiden Bundesstaaten liegt die Konkanküste mit ihren vielen kleinen vom Fischfang lebenden Dörfern, die berühmt sind für ihre Meeresfrüchte-Kreationen.

Gemüse & Obst von Mutter Natur

Jeder südindische Markt verwöhnt seine Besucher mit einem riesigen und bunt gemischten Sortiment von frischen Früchten und Gemüsesorten, die über den Rand großer Körbe quellen oder zu hübschen Pyramiden aufgebaut sind. Der Süden ist ganz besonders bekannt für seine Unmengen an tropischen Früchten wie Ananas und Papaya. Mangos sind in den Sommermonaten (besonders April und Mai) im Überfluss vorhanden; Indien kann mehr als 500 Varietäten vorweisen, und das Highlight dieser Köstlichkeiten ist die süße Alphonso.

Bei so vielen Vegetariern in der Region nimmt *sabzi* (Gemüse) natürlich einen großen Teil des Speiseplans ein. Gemüse kann gebraten, geröstet, in Currys verarbeitet, gebacken, zerstampft und in Dosas gefüllt oder in Teig gewickelt als *pakoras* frittiert werden. Kartoffeln sind überall erhältlich und werden gern mit verschiedenen Masalas gekocht, mit anderen Gemüsearten gemischt oder zerstampft und gebraten als Straßensnack *aloo tikki* (Kartoffelküchlein) verkauft. Zwiebeln werden mit anderem Gemüse gebraten, zu einer Paste für Fleischgerichte gemahlen und roh als Relish serviert. Blumenkohl wird oft allein gegart, mit Kartoffeln zu *aloo gobi* (Kartoffel-Blumenkohl-Curry) verarbeitet oder mit anderem Gemüse wie Karotten und Bohnen gekocht. Ebenfalls beliebt ist *saag* (ein allgemeiner Ausdruck für Grünzeug) wozu auch Senfblätter, Spinat und Bockshornklee zählen. Etwas ungewöhnlicher ist die *karela* (Bittermelone) mit der zerfurchten Schale, die ebenso wie die köstliche *bhindi* (Okra) normalerweise mit Gewürzen zubereitet wird.

PONGAL

Pongal ist das wichtigste Erntefest des Südens und eng mit dem gleichnamigen Gericht verbunden, das aus dem ersten Reis der Saison, Palmzucker, Nüssen, Rosinen und Gewürzen zubereitet wird.

Vegetarier & Veganer

Südindiens vegetarische Küche ist unübertroffen. Es gibt nur wenig Verständnis für Veganismus (der Begriff *pure vegetarian*, „rein vegetarisch", bedeutet ohne Eier), und tierische Produkte wie Milch, Butter, Ghee und Quark sind in den meisten indischen Gerichten enthalten. Für Veganer besteht das größte Problem wahrscheinlich darin, dem Koch die genauen Bedürfnisse verständlich zu machen.

Weitere Informationen gibt es im Internet – gute Seiten für den Anfang sind etwa Indian Vegan (www.indianvegan.com) und Vegan World Network (www.veganswordnetwork.org).

SCHÖNHEITEN DES SÜDENS

Dosas (auch Dosai), große, papierdünne Reismehlpfannkuchen, die gewöhnlich mit einer Schüssel heißem *sambar* (einer dünnen Linsensuppe mit gewürfeltem Gemüse) und einer weiteren Schüssel mit kühlendem Kokosnuss-*chatni* (Chutney) serviert werden, sind eine südindische Spezialität, die zu jeder Tageszeit gegessen wird. Die beliebteste Variante ist der Masala Dosa (mit gewürzten Kartoffelscheiben gefüllt), aber es gibt noch viele andere fantastische Dosas – den Rava Dosa (aus Grieß), den Mysore Dosa (wie Masala Dosa, aber mit mehr Gemüse und Chili) und den Pessarettu Dosa (aus Mungobohnen-Dhal) aus Andhra Pradesh.

Der einfache *idli*, ein traditioneller südindischer Snack, ist kalorienarm und dennoch nahrhaft und bietet eine willkommene Alternative zu Öl, Gewürz und Chili. *Idlis* sind luftige, runde, weiße fermentierte Reiskuchen, die in *sambar* und Kokosnuss-*chatni* getunkt werden. Dahi Idli ist ein *idli*, der in leicht gewürzten Joghurt getaucht wird – ausgezeichnet für empfindliche Bäuchlein. Weitere tolle Snacks des Südens sind *vadas* (frittiertes Linsengebäck in Donutform) und *appams* oder *uttappams* (dicke, würzige südindische Reispfannkuchen mit fein gehackten Zwiebeln, grünen Chilis, Koriander und Kokosnuss).

INDISCHE TISCHMANIEREN

Zum Essen benutzen die meisten Inder ihre rechte Hand – im Süden verwenden sie soviel Hand wie nötig, andernorts nur die Fingerspitzen. Die linke Hand wird nur für „unreine" Handlungen wie Schuhe ausziehen verwendet. Man kann in der linken Hand auch sein Getränk halten und sich damit aus der Gemeinschaftsschüssel bedienen, aber man sollte mit links kein Essen zum Mund führen. Es zeugt von guten Manieren, sich vor und nach einer Mahlzeit die Hände zu waschen.

Wenn die Mahlzeit serviert wird, vermischt man das Essen mit den Fingern. Bei Dhal und *sabzi* (Gemüse) wird nur das Dhal in den Reis gemischt, das *sabzi* aber wird in kleinen Portionen zu jedem Bissen extra genommen. Bei Fisch- oder Fleischcurrys mischt man die Sauce in den Reis und löst das Fleisch am Rand des Tellers vom Knochen. Dann nimmt man die Mischung portionsweise in die Hand, dabei zeigen die Fingerknöchel zur Schüssel, und man schiebt sich das Essen mit dem Daumen in den Mund.

Pickles, Chutneys & Relishes

Pickles, Chutneys und Relishes sind Beilagen, die allen Mahlzeiten Pfiff verleihen. Ein Relish kann alles sein, von einer kleinen eingelegten Zwiebel bis hin zu einer feinen Zusammenstellung aus Früchten, Nüssen und Gewürzen. Eine der beliebtesten Beilagen ist *raita* aus gekühltem Joghurt als Ausgleich zum würzigen Essen. *Chatnis* (Chutneys) gibt es in unzähligen Varianten (süß oder pikant) und sie können aus vielen verschiedenen Gemüsearten, Früchten, Kräutern und Gewürzen zubereitet werden. Man sollte allerdings Vorsicht walten lassen, bevor man dieses eingelegte Stückchen oben auf dem Thali verdrückt; es könnte das Schärfste sein, das man jemals gekostet hat.

Ausgesprochen süß

Indien ist berühmt für seine überaus bunte Vielfalt von oft klebrigen und matschigen *mithai* (indische Süßigkeiten), und die meisten davon sind sündhaft zuckrig. Die bekanntesten sind *barfis* (eine Art Toffee auf Milchbasis), weiche *halwa* (aus Gemüse, Getreide, Linsen, Nüssen oder Früchten), *ladoos* (süße Kugeln aus Erbsenmehl und Grieß) und süße Bällchen aus *chhana* (nicht gepresstem Panir) sowie *rasgullas*. Es gibt auch einfachere – aber genauso leckere – Angebote wie knusprige *jalebis*, die man im ganzen Land bekommt.

Payasam (im Norden *kheer* genannt) ist eine der beliebtesten Nachspeisen – ein cremiger Reispudding mit leichtem, köstlichem Aroma, angereichert mit Kardamom, Safran, Pistazien, Mandelblättchen, gehackten Cashewnüssen oder geschnittenen Trockenfrüchten. Ebenfalls beliebt sind heiße *gulab jamuns* und erfrischende *kulfi*.

Jedes Jahr werden geschätzte 14 t reines Silber in jene essbare Folie verwandelt, die viele indische Süßigkeiten dekoriert, vor allem im Zuge des Diwali-Festes.

KERALAS DELIKATESSEN

101 Kerala Delicacies von G. Padma Vijay beschreibt ausführlich vegetarische und nichtvegetarische Gerichte aus dem tropischen Küstenstaat.

Wohin zum Essen?

In Südindien gibt es Unmengen an Restaurants, von wackligen Straßenverkaufsständen bis hin zu den noblen Restaurants der Fünfsternehotels. Die meisten Mittelklasse-Restaurants servieren Mahlzeiten von einer der zwei grundlegenden Kochrichtungen: entweder aus der südindischen Küche (in der Regel vegetarisches Essen aus Tamil Nadu und Karnataka) oder aus der nordindischen (hauptsächlich Essen aus dem Punjab oder der Mogulküche). Doch auch Gerichte der benachbarten Regionen und Bundesstaaten sind vertreten. Inder verschlägt es auf der Suche nach Arbeit vielfach in alle Himmelsrichtungen und Restaurants versorgen jene großen Gemeinden mit den gewohnten Aromen der Heimat.

STRASSENSNACKS: TIPPS

Bei Straßenverkäufern zu essen, ist ein echtes Highlight auf einer Reise durch Südindien. Hier einige Tipps, um Magenprobleme zu vermeiden:

➡ Man sollte sich ein paar Tage Zeit gönnen, um sich an die lokale Küche anzupassen, besonders wenn man kein scharfes Essen gewohnt ist.

➡ Das Volk stimmt mit den Füßen ab: Wenn die Einheimischen um einen Stand einen großen Bogen machen, sollte man es ihnen gleichtun. Stets ein wachsames Auge auf die Kundschaft werfen – Orte, an denen man viele Familien antrifft, sind am sichersten!

➡ Checken, wie und wo der Verkäufer sein Kochgeschirr reinigt und seine Speisen lagert. Werden die Speisen in Öl gebrutzelt, genügt oft ein kritischer Blick, um sicherzugehen, dass es einigermaßen frisch ist. Sind Geschirr und Arbeitsflächen schmutzig, kleben Essensreste daran oder kreisen zu viele Fliegen um die Speisen, sollte man sich nicht scheuen, zügig den Rückzug anzutreten.

➡ Keine Panik, wenn der Koch einen bestellten frittierten Imbiss zurück in den Wok wirft. Es ist gängige Praxis, die Snacks vorzugaren und sie erst kurz bevor sie aufgetischt werden zu Ende zu garen. Und: Durch das erneute Aufbacken werden etwaige Keime abgetötet.

➡ Fleisch nicht unterwegs essen, außer vielleicht an stark frequentierten Ständen.

➡ Der Hygienestandard an Saftständen ist sehr unterschiedlich, also Vorsicht! Man sollte sich den Saft vor den eigenen Augen pressen lassen und auf saubere Krüge und Gläser achten (außer man hat sich schon davon überzeugt, dass die Gläser hygienisch gereinigt werden).

➡ Nicht auf besonders glänzende vorgeschnittene Melonenstücke und andere Früchte hereinfallen – oft sind sie mit (unsauberem!) Wasser bespritzt.

Nicht zu verwechseln mit Burger- und Pizzabuden sind jene Restaurants im Süden, die zwar mit „Fast Food" werben, tatsächlich jedoch zu Indiens besten Adressen gehören. Sie bieten sämtliche *tiffin*-Köstlichkeiten (Snacks) an und haben häufig Extratheken für Süßes. Zu vielen Luxushotels gehören hervorragende Restaurants, die Gerichte aus ganz Indien kredenzen – eine gute Gelegenheit, regionale Spezialitäten zu probieren. In größeren Städten serviert eine aufblühende unabhängige Gastroszene mexikanische, mediterrane, japanische und italienische Küche.

Dhabas (schlichte Snackbars) sind Oasen für Millionen Trucker, Buspassagiere und Traveller, die sich durch Indien treiben lassen. Die ursprünglichen *dhabas* gibt es in ganz Nordindien, aber auch im restlichen Land wird man fündig werden. Das herzhafte Essen aus einfachen Zutaten, das die gastfreundlichen Buden servieren, hat inzwischen einen eigenen Namen erhalten: „*dhaba*-Food".

Dakshin Bhog (2007) von Karan Balaraman bietet einen leckeren Reigen kulinarischer Sternstunden, von kultigen Dosas und *idlis* bis zu *kootan choru* (Gemüsereis).

Straßensnacks

Egal zu welcher Tageszeit – die Straßenverkäufer braten, kochen, rösten, schälen, sieden, mischen, machen Saft oder backen, um Passanten anzulocken. Kleine Stände bieten meist den ganzen Tag nur eine Spezialität an, andere haben unterschiedliche Gerichte für Frühstück, Mittag- und Abendessen. Die Mahlzeiten unterscheiden sich je nach Stadtteilen, Städten und Regionen. Manches ist so einfach wie gepuffter Reis oder in heißem Sand geröstete Erdnüsse, manches so unerwartet gut wie ein gewürztes Spiegelei-Sandwich oder so komplex wie die Mischung verschiedener Geschmacksrichtungen, die man *chaat* (würzige Snacks) nennt.

Großer Bahnhof für Snacks

Für einen besonderen Reiz sorgt eine Zugfahrt durch Indien allein schon deshalb: An nahezu jedem Bahnhof wartet ein kulinarischer Zirkus auf

GRAHAM CROUCH / GETTY IMAGES ©

Oben Chapati-Herstellung, Andamanen

Rechts Vegetarisches Thali, Mumbai

die Reisenden. Fliegende Händler erwarten die ankommenden Züge, schreien und jagen in und aus den Wagen. Früchte, *namkin* (würzige Häppchen), Omeletts, Nüsse und Süßigkeiten werden durch die Fenstergitter gereicht. Auf dem Bahnsteig versuchen Köche, die Reisenden mit brutzelnden Köstlichkeiten wie Samosas aus dem Zug zu locken. Versierte Zugfahrer wissen, welcher Bahnhof berühmt für welches Essen ist: Der Bahnhof Lonavla in Maharashtra etwa ist weithin bekannt für *chikki* (Karamellkonfekt).

Esskultur

Drei Hauptmahlzeiten am Tag sind die Regel. Das Frühstück ist leicht: Es besteht oft aus *idlis* und *sambar* oder einfach aus Früchten, Müsli und/oder Eiern. Das Mittagessen kann recht gehaltvoll sein (etwa die örtliche Variante eines Thalis) oder aber eher leicht, gerade bei Büromenschen mit wenig Zeit. Das Abendessen ist normalerweise die Hauptmahlzeit des Tages. Meistens handelt es sich dabei um mehrere Gerichte – einige Gemüsecurrys (eventuell auch Fleisch oder Meeresfrüchte) und Dhal mit Reis und/oder Chapatis. Alle Gerichte werden auf einmal serviert, nicht nach Gängen getrennt. Nachspeisen gibt es auf Wunsch, sie sind aber eher bei Festen oder anderen besonderen Gelegenheiten üblich. Früchte schließen die Mahlzeit ab. In vielen indischen Familien wird spät gegessen (nach 21 Uhr), je nach persönlichen Vorlieben und abhängig von den Jahreszeiten (während der wärmeren Monate wird später gegessen). Restaurants füllen sich erst ab 21 Uhr.

Mangalore an der Küste Karnatakas ist berühmt für seine überaus leckeren Meeresfrüchtegerichte. Die feurige Küche ist vielseitig, eigenständig und geprägt von der großzügigen Verwendung von Chili und frischer Kokosnuss.

Essen & Religion

Viele Menschen in Indien betrachten Essen als ebenso ausschlaggebend für den Feinschliff der Seele wie für die Versorgung des Körpers. Grob gesagt, vermeiden Hindus traditionell Nahrungsmittel, die als hinderlich für die physische und geistige Entwicklung gelten, obgleich es nur wenige Patentrezepte gibt. Das Rindfleisch-Tabu (die Kuh ist für Hindus heilig) ist die strengste Einschränkung. Jainas meiden Speisen wie Knoblauch und Zwiebeln, weil sie glauben, dass sie (abgesehen davon, dass sie Insekten verletzen könnten, wenn man sie bei der Ernte aus der Erde zieht) das Blut erhitzen und sexuelles Begehren entfachen. Es gibt vegetarische Restaurants, die aus diesem Grund auf das Fehlen von

DAS GROSSARTIGE SÜDINDISCHE THALI

In Südindien ist Thali eine beliebte Mittagsmahlzeit. Billig, sättigend, gesund und unglaublich lecker steht es für die genial einfache indische Küche. Im Norden Indiens werden Thalis für gewöhnlich auf einer Metallplatte mit Vertiefungen für diverse Beilagen serviert (der Name Thali kommt von der Platte), im Süden dagegen wird ein Thali traditionell auf einer flachen Metallplatte gereicht, die mit einem frischen Bananenblatt bedeckt ist – oder aber gleich nur auf einem Bananenblatt.

Im Restaurant kann man dem heimischen Brauch folgen und etwas Wasser auf das Blatt gießen und dann mit der rechten Hand verteilen. Schon bald wird der Kellner mit einer großen Schüssel Reis kommen und Berge davon auf die Teller häufen, gefolgt von Dhal, *sambar* (Sauce auf Linsenbasis), *rasam* (mit Tamarinde aromatisierte Dhal-Brühe), Gemüsegerichten, Chutneys, Pickles und *dahi* (Quark/Joghurt). Mit den Fingern der rechten Hand werden die verschiedenen Beilagen mit dem Reis vermischt und zu mundgerechten Bällchen geformt, die dann mit Hilfe des Daumens in den Mund befördert werden. Es gilt als schlechter Stil, die Hand in den Mund zu stecken oder die Finger abzulecken. Die richtige Thali-Technik lernt man am besten durch Beobachten anderer Gäste. Zum Reinigen steht meist ein Wasserschälchen für die Finger auf dem Tisch. Die Kellner bringen Nachschub, bis man mit einer Abwehrgeste anzeigt, dass man genug hat.

Knoblauch und Zwiebeln in ihren Gerichten hinweisen. Strenggläubige Hindus meiden Knoblauch und Zwiebeln ebenfalls, und auch aus vielen Ashrams sind sie verbannt.

Einige Lebensmittel, etwa Milchprodukte, gelten als von Natur aus rein und werden gegessen, um Körper, Geist und Seele zu reinigen. Auch Ayurveda, die alte Wissenschaft von Leben, Gesundheit und Langlebigkeit, beeinflusst Essensbräuche.

Schweinefleisch ist für Muslime tabu und Stimulanzien wie Alkohol werden von den meisten Strenggläubigen gemieden. *Halal* ist der Begriff für alle zulässigen Nahrungsmittel, *haram* heißen die verbotenen. Fasten wird als Gelegenheit gesehen, Allahs Zustimmung zu erlangen, das Sündenregister zu löschen und das Leid der Armen zu verstehen.

Buddhisten und Jainas haben sich der Philosophie der *ahimsa* (Gewaltlosigkeit) verschrieben und sind überwiegend Vegetarier. Das zentrale Dogma des Jainismus ist ein Ultra-Vegetarismus und es gibt strenge Beschränkungen, um selbst die mögliche Verletzung eines lebenden Wesens zu vermeiden. So verzichten Jainisten sogar darauf, Gemüse zu essen, das unter der Erdoberfläche wächst, da bei Anbau oder Ernte Insekten zu Schaden kommen könnten.

In den indischen Sikh-, Christen- und Parsigemeinden gibt es wenige oder keine Einschränkungen des Essverhaltens.

Was trinkt man?

Gujarat ist der einzige Bundesstaat Indiens, in dem Alkohol verboten ist, aber es gibt im ganzen Land Alkoholgesetze, und in jedem Bundesstaat kann es „trockene" Tage geben, an denen der Verkauf von Alkohol verboten ist. Wer vermeiden will, hohe Steuern zu zahlen, sollte nach Goa gehen, wo das Zechen nicht so exorbitanten Abgaben wie in anderen Bundesstaaten unterliegt.

In den meisten größeren Städten, besonders in Mumbai und Bengaluru (Bangalore) gibt es Kneipen, die Alkohol ausschenken und die an den Wochenenden sehr belebt sind. Die nobleren Bars bieten eine beeindruckende Auswahl an heimischen und importierten Getränken sowie Bier vom Fass. Viele Bars verwandeln sich nach 20 Uhr in dröhnende Musikkneipen, doch mancherorts findet man auch in den größeren Städten ruhige Lounges. In den kleineren Städten kann die Barszene eine ziemlich zwielichtige, männerdominierte Angelegenheit sein – durstige Frauen sollten diese Orte nicht unbedingt allein erforschen.

Wein wird zunehmend beliebter, auch wenn die einheimische Weinproduktion noch relativ jung ist. Die guten Klima- und Bodenbedingungen in bestimmten Gebieten – etwa Teilen von Maharashtra und Karnataka – haben einige empfehlenswerte Weingüter hervorgebracht, darunter Grover und Sula Vineyards.

Strenge Lizenzrechte verhindern den Alkoholausschank in einigen Restaurants, doch wer auf die Rupien der Touristen angewiesen ist, serviert vielleicht unter der Hand Bier in Teekannen und getarnten Gläsern – aber wer keinen Ärger riskieren will, sollte sich auf nichts einlassen.

Nur sehr wenige vegetarische Restaurants schenken Alkohol aus.

WEINE

Die Weinindustrie des Subkontinents entwickelt sich immer weiter – auf www.indianwine.com kann man sich einen Cyberschluck genehmigen.

Alkoholfreie Getränke

Chai (Tee), das vielgeliebte Nationalgetränk, wird mit sehr viel Milch und Zucker gereicht. Ein Glas dampfigen schaumigen Chais ist der beste Trost gegen die Unbilden des Lebens auf Indiens Straßen. Und die körperlose, dröhnende Stimme, die *garam chai, garam chai* (heißer Tee, heißer Tee) anpreist, klingt schon bald vertraut und angenehm in den Ohren jedes Indienreisenden.

In Südindien wird sowohl Tee als auch Kaffee angebaut, aber anders als in Nordindien, wo Cappuccino und Latte erst seit ganz kurzer Zeit der

Southern Flavours: The Best of South Indian Cuisine von Chandra Padmanabhan (2012), ist ein leicht lesbares und wunderschön illustriertes Buch mit südindischen Rezepten.

letzte Schrei sind, ist Kaffee unten im Süden schon lange ein beliebtes Getränk. In den größeren Städten wuchern die angesagten Kaffeehausketten wie Barista und Café Coffee Day immer weiter und nisten sich verbreitet in einstigen Chai-Hochburgen ein.

Masala soda ist die indische Limo schlechthin. Frisch geöffnet wird das sprudelnde Getränk mit Limette, Gewürzen, Salz und Zucker aufgepeppt. Auch sehr belebend ist *jal jeera* (aus Limettensaft, Kreuzkümmel, Minze und Steinsalz). Süße und salzige Lassis, Getränke auf Joghurtbasis, sind im ganzen Land populär und ungemein erfrischend.

Falooda ist ein interessantes, mit Rosenaroma verfeinertes Getränk aus Milch, Sahne, Nüssen und Fadennudeln. Heiße oder kalte *badam*-Milch wird mit Mandeln und Safran aromatisiert.

In Indien bieten Millionen von Verkäufern frischen Fruchtsaft an, doch ist bei den Hygienestandards Vorsicht geboten. Manche Restaurants denken sich nichts dabei, zur Geschmacksverstärkung Salz oder Zucker zuzufügen. Wer das nicht möchte, sollte den Kellner bitten, das wegzulassen.

Vor Ort Gebranntes & Gebrautes

Geschätzte drei Viertel von Indiens Alkohol trinkender Bevölkerung stürzen Schnäpse wie den berüchtigten Arrak des Südens hinunter (die Spirituose wird aus Kokospalmsaft, Kartoffeln oder Reis destilliert). Er ist weithin als Drink des armen Mannes bekannt und Millionen sind nach dem Zeug süchtig. Jedes Jahr werden viele Menschen vom Methanol in illegal gebranntem Arrak blind oder sterben sogar.

Ein interessantes regionales Getränk ist die klare Spirituose *mahua*. Sie wird aus der Blüte des *mahua*-Baums (indischer Butterbrotbaum) destilliert und hat einen vollmundigen, scharfen Geschmack. Während der Baumblüte im März und April entsteht er überall in Zentralindien in provisorischen Hütten. *Mahua* kann bedenkenlos getrunken werden, wenn er aus vertrauenswürdiger Herstellung stammt. Es sind jedoch auch schon Menschen erblindet, nachdem sie mit Methanol gepanschten *mahua* getrunken hatten.

Toddy (Palmwein), aus dem Saft der Palme gewonnen, wird in den Küstenregionen, und besonders in Kerala getrunken. Feni ist der bekannteste indische Schnaps und seine Domäne das entspannte Goa. Kokos-Feni ist leicht und eher unspektakulär. Der beliebtere Cashew-Feni – aus den Früchten des Cashew-Baums – ist allemal einen Versuch wert.

Küchenglossar

achar	eingelegtes Gemüse
aloo	Kartoffel; auch *alu*
aloo tikki	Kartoffelpuffer
appam	südindischer Reispfannkuchen
arak	aus Kokosmilch, Kartoffel oder Reis destillierter Schnaps
baigan	Aubergine; auch *brinjal* genannt
barfi	Toffee auf Milchbasis
bebinca	16-schichtiger Kuchen aus Goa
besan	Kichererbsenmehl
betel	Nuss des Betelbaums, auch Arekanuss genannt
bhajia	frittiertes Gemüse
bhang lassi	Mischung aus Lassi und Bhang (ein Marihuana-Derivat)
bhelpuri	dünne, runde Teigküchlein mit Reis, Linsen, Zitronensaft, Zwiebeln, Kräutern und Chutney
bhindi	Okra
biryani	duftender, gewürzter, gedämpfter Reis mit Fleisch oder Gemüse
bonda	Kartoffelpuffer
chaat	pikanter Snack, manchmal gewürzt mit *chaat masala*
chach	Buttermilch-Getränk
chai	Tee
channa	gewürzte Kichererbsen
chapati	rundes, ungesäuertes indisches Brot, auch Roti genannt
chawal	Reis
cheiku	kleine, süße, braune Frucht
dahi	Quark/Joghurt
dhal	gewürztes Linsengericht
dhal makhani	schwarze Linsen und rote Kidneybohnen mit Sahne und Butter
dhansak	Gericht der Parsen; Fleisch (normalerweise Huhn oder Lamm) mit Linsencurry, Kürbis oder Flaschenkürbis und Reis
dosa	großer pikanter Pfannkuchen aus Südindien
falooda	mit Rosenaroma verfeinertes Getränk aus Milch, Sahne, Nüssen und Vermicelli
faluda	lange Nudeln aus Kichererbsenmehl
feni	Schnaps aus Goa, destilliert aus Kokosmilch oder Cashewnüssen
ghee	geklärte Butter
gobi	Blumenkohl
gulab jamun	frittierte Teigbällchen in mit Rosenaroma angereichertem Sirup
halwa	weiche Süßigkeit aus Gemüse, Linsen, Nüssen oder Früchten
idli	südindische flach-runde Reiskuchen
imli	Tamarinde
jaggery	hartes, braunes, zuckerähnliches Süßungsmittel aus Palmsaft
jalebi	orangefarbener frittierter Teig in Spiralenform, in Zuckersirup getaucht und heiß serviert
karela	bitter schmeckender Flaschenkürbis
keema	gewürztes Hackfleisch
kheer	cremiger Reispudding
khichdi	Mischung aus leicht gewürztem Reis und Linsen, auch *khichri* genannt
kofta	meist kugelförmige Hackfleisch- oder Gemüsebällchen

korma	geschmortes Currygericht
kulcha	leicht gesäuertes indisches Brot
kulfi	(oft mit Pistazien) aromatisiertes Eis von harter Konsistenz
ladoo	süße Bällchen aus Erbsenmehl und Grieß, auch *ladu* genannt
lassi	eisgekühltes Joghurtgetränk
masala dosa	großer, pikanter südindischer Pfannkuchen (Dosa), gefüllt mit gewürzten Kartoffeln
mattar panir	ungesalzenes Käse- und Erbsencurry
methi	Bockshornklee
mishti doi	bengalische Süßigkeit, mit *jaggery* gesüßter Quark
mithai	indische Süßigkeiten
momo	pikante tibetische Klößchen
naan	im *tandoor* gebackenes, flaches Brot
namak	Salz
namkin	pikante Häppchen
pakora	mundgerechte Gemüsestückchen im Teigmantel
palak panir	ungesalzene Käsestücke in pürierter Spinatsauce
panir	weicher, trockener ungesalzener Frischkäse
pani	Wasser
pappadam	dünne, knusprige runde Waffel aus Linsen- oder Kichererbsenmehl, auch *pappad* genannt
paratha	geschichtetes Fladenbrot (dicker als ein Chapati), meist gefüllt
phulka	ein Chapati, das über offener Flamme aufgeht
pilaw	in gewürzter Brühe gekochter Reis, auch *pilau* oder *pilaf*
pudina	Minze
puri	flacher pikanter Teigfladen, der beim Frittieren aufgeht, auch *poori*
raita	mild gewürzter Joghurt, oft mit zerkleinerter Gurke oder Ananas
rasam	Brühe auf Dhal-Basis mit Tamarinde
rasgulla	süße Käsebällchen mit Rosenwasser aromatisiert
rogan josh	reichhaltiges, gewürztes Lammcurry
saag	Blattsalat
sabzi	Gemüse
sambar	südindische Linsensuppe mit gewürfeltem Gemüse
samosa	frittierte Teigdreiecke, gefüllt mit gewürztem Gemüse
sonf	Anissamen; sollen die Verdauung anregen und den Atem erfrischen, auch *saunf*
tandoor	Tonofen
tawa	flache, heiße Platte oder Eisenpfanne
thali	All-you-can-eat-Mahlzeit; unterteilte Platte aus Edelstahl (manchmal auch aus Silber)
thukpa	tibetische Nudelsuppe
tiffin	Snack; bezieht sich auch auf einen Essensbehälter, oft aus Edelstahl
tikka	gewürzte, oft marinierte Stücke aus Huhn, Panir etc.
toddy	alkoholisches Getränk aus Palmsaft (Palmwein)
tsampa	tibetisches Grundnahrungsmittel aus geröstetem Gerstenmehl
upma	*rava* (Grieß) mit Zwiebeln, Gewürzen, Chilis und Kokosnuss gekocht
uttapam	dicker, pikanter Reispfannkuchen mit Zwiebeln, grünen Chilis, Koriander und Kokosnuss
vada	südindischer ringförmiger frittierter Appetithappen aus Linsen
vindaloo	Gericht aus Goa, feuriges Curry in Essig-Knoblauch-Marinade
wazwan	traditionelles Festessen in Kaschmir

Der großartige indische Basar

Indien ist reich ausgestattet mit Basaren und Einkaufszentren, die eine erstaunliche Bandbreite an schönen Dingen verkaufen: Holzarbeiten und Seide, klobigen Schmuck der Stämme und fein bestickte Tücher, glänzende Edelsteine und rustikales dörfliches Kunsthandwerk. Das Spektrum an Kunst und Kunsthandwerk ist breit gefächert und jede Region – manchmal auch jedes Dorf – hat seine eigenen Traditionen, manche sind viele hundert Jahre alt. Da findet sicher jeder ein paar spektakuläre Dinge. Indiens Einkaufsmöglichkeiten sind so inspirierend und facettenreich wie das ganze Land.

Bronzefiguren, Keramik, Steinmetzarbeiten & Terrakotta

In Südindien und Teilen des Himalaja werden kleine Götterbildnisse in der uralten Feingusstechnik hergestellt. Eine Wachsfigur wird geformt, dann mit einer Gussform umgeben; das Wachs wird geschmolzen, ausgegossen und durch geschmolzenes Metall ersetzt. Dann wird die Gussform aufgebrochen und die Figur im Inneren entnommen. Sehr beliebt sind Figuren von Shiva als tanzender Nataraja, aber man findet auch Buddhafiguren und viele Gottheiten aus dem Hindu-Pantheon.

Auch die Westbengalen verwenden die Feingusstechnik für Skulpturen der Stammesglocken der Dokra. In der Region Bastar in Chhattisgarh praktizieren die Ghadwa eine reizvolle Variante des Verfahrens, indem sie die metallene Gussform mit einem feinen Wachsfaden auskleiden, der dem fertigen Produkt ein netzartiges Design verpasst.

In buddhistischen Gegenden findet man eindrucksvolle Bronzestatuen von Buddha und den tantrischen Gottheiten, komplett mit fein polierten und bemalten Gesichtern.

In Mamallapuram (Mahabalipuram) in Tamil Nadu verwenden Künstler heimischen Granit und Speckstein und lassen damit die alte Kunst der Pallava-Bildhauer wieder aufleben. Die Souvenirs reichen von winzigen Elefanten bis zu Götterstatuen, die eine halbe Tonne wiegen. Tamil Nadu ist auch bekannt für seine Bronzen aus Thanjavur und Trichy (Tiruchirappalli).

An vielen Orten werden hübsche Terrakottaformen hergestellt, von Vasen und dekorativen Blumentöpfen bis zu Götterbildern und Kinderspielzeug. In ganz Indien kann man in Tempeln kleine Ton- oder Plastikbildnisse der Hindu-Gottheiten kaufen.

Vorsicht ist geboten, wenn der Kauf die Zustellung ins Heimatland beinhaltet. Und man sollte sich auch nicht von schmeichlerischen Händlern zu bestimmten Läden führen lassen. Aber ansonsten muss man sich nicht allzu viele Gedanken machen – außer um den Platz im Koffer!

Teppiche, Teppiche, Teppiche!

Teppichknüpfen ist in Indien ein sehr lebendiges Kunsthandwerk. Werkstätten im ganzen Land stellen wunderschöne Woll- und Seidenteppiche her. Die schönsten Stücke kommen aus Kaschmir und Ladakh, Himachal Pradesh, Sikkim und Westbengalen. Die Teppichproduktion ist auch eine Haupteinnahmequelle für die tibetischen Flüchtlinge, deren Dörfer meist Kooperativen mit Werkstätten haben. In Uttar Pradesh etwa gibt es auch Nachahmungen traditioneller Stammesmuster der Turkmenen und Afghanen. Sogenannte „antike“ Teppiche sind gewöhnlich keine, außer man bezieht sie von einem international angesehenen Händler – sonst hält man sich besser an „neue“ Ware.

Der Preis eines Teppichs richtet sich nach der Zahl und der Größe der handgeknüpften Knoten, der Farbvielfalt, der Komplexität des Designs und dem Material. Seidenteppiche sind teurer und sehen luxuriöser aus, aber Wollteppiche halten meist länger. Für einen Wollteppich in guter Qualität und einer Größe von 90 x 150 cm (oder 90 x 180 cm, je nach Region) zahlt man mindestens 185 € aufwärts und etwa das Zehnfache für einen Seidenteppich gleicher Größe. Tibetische Teppiche sind schlichter und daher preiswerter. Viele Flüchtlingskooperativen verkaufen Teppiche in der genannten Größe für etwa 70 €.

Es gibt Menschen, die Teppiche in dem Irrglauben kaufen, sie zuhause gewinnbringend verhökern zu können. Doch wer sich mit dem Metier und dem Teppichmarkt im Heimatland nicht wirklich gut auskennt, sollte einen Teppich einfach nur kaufen, weil er ihn schön findet. Viele Läden verschiffen Teppiche gegen Gebühr in die Heimat, doch wenn man den Versand selbst organisiert, ist man auf der sicheren Seite und fällt nicht auf Abzocke herein (Man sollte seinem Instinkt vertrauen). Teppiche können beim Heimflug auch im Frachtraum transportiert werden (ein Teppich von 90 x 150 cm wiegt 5–10 kg – Gepäckbestimmungen beachten!).

Man findet gewebte *numdas* (oder *namdas*) aus grober Wolle, die viel günstiger sind als Knüpfteppiche. Unterschiedliche Regionen fertigen auch *dhurries* (kilimartige Baumwollvorleger) in spezieller Flachwebtechnik und tolle *gabbas* (Vorleger mit Applikation) aus gekettelter Wolle oder Seide.

Kinder werden in Indien seit Jahrhunderten als Teppichweber beschäftigt. Die Teppiche der tibetischen Flüchtlingskooperativen werden fast ausschließlich von Erwachsenen hergestellt. Wer sicher gehen will, kauft in staatlichen Warenhäusern und bei Wohltätigkeitskooperativen.

DIE KUNST DES FEILSCHENS

Staatliche Warenhäuser, Fair-Trade-Kooperativen, Kaufhäuser und moderne Einkaufszentren verlangen fast immer Festpreise. Überall sonst muss man handeln. Ladenbesitzer in Touristenzentren sind an Reisende mit viel Geld und wenig Zeit gewöhnt und verlangen deshalb oft das Doppelte oder Dreifache. Souvenirläden sind dafür besonders berüchtigt.

Regel Nummer eins beim Feilschen: Niemals zu großes Interesse an dem Artikel zeigen, den man unbedingt haben möchte. Zweitens: Nicht gleich das Erstbeste kaufen, sondern in Ruhe stöbern und Preise vergleichen, aber nicht zu offensichtlich – wer zu einem bereits besuchten Laden zurückkehrt, zeigt dem Händler, dass er der billigste ist (was den Verhandlungsspielraum deutlich reduziert).

Man sollte für sich ein Preislimit festlegen und dann eher nebenbei eine gewisse Kaufbereitschaft signalisieren. Wenn man den Realwert des gewünschten Artikels nicht einschätzen kann, halbiert man einfach pauschal den ausgeschriebenen Preis. Der Verkäufer wird höchstwahrscheinlich höchste Entrüstung zum Ausdruck bringen, aber jetzt kann die schrittweise wechselseitige Annäherung an einen Preis beginnen, mit dem beide zufrieden sind. Viele Ladenbesitzer senken ihr „allerletztes Angebot“ noch einmal, wenn man Anstalten macht, den Laden zu verlassen um „nochmal drüber nachzudenken“.

Feilschen gehört in Indien zum Alltag und wird normalerweise gut gelaunt absolviert. Ein aggressiver Ton ist verpönt. Der Wechselkurs zwischen Rupie und der eigenen Währung sollte einem stets bewusst sein, um die Verhältnisse richtig einzuschätzen. Außerdem sollte man wissen, wieviel man dafür daheim ausgeben würde. Wenn ein Händler einen anscheinend völlig überzogenen Preis verlangt, schaut man sich einfach woanders um.

Schillernder Schmuck

Nahezu jede indische Stadt hat zumindest einen Laden, der Armreifen verkauft. Das riesige Angebot reicht von farbenfrohen Plastik- und Glasvarianten bis zu edleren Exemplaren aus Messing und Silber.

Schwerer Folkloreschmuck ist in den Touristenzentren beliebt und wird dementsprechend an den ausländischen Geschmack angepasst. Silberschmuk oder Weißmetall-Stücke aus Tibet und Halbedelsteine sind ebenfalls begehrt. Touristenhochburgen verkaufen Schmuck mit buddhistische Bildern und tibetischen Texten, darunter auch das berühmte Mantra *Om Mani Padme Hum*. Manche Stücke sind wirklich antik, aber man muss sich darüber im Klaren sein, dass in Indien, Nepal und China eine ganze Industrie von künstlich auf alt getrimmten Reproduktionen lebt. Wer selbst kreativ sein möchte, kann sich vielerorts Achate, Türkise, Karneole und Silberstücke zulegen. Auch buddhistische Meditationsketten aus Schmucksteinen oder Holz sind schöne Mitbringsel.

Perlen werden in den meisten Küsten-Bundesstaaten gezüchtet, sind jedoch eine besondere Spezialität Hyderabads. Sie werden in den meisten staatlichen Warenhäusern verkauft. Die Preise hängen von Form und Farbe ab – reinweiße Perlen oder solche in seltenen Farben wie schwarz sind teurer. Ebenso zahlt man für vollkommen runde Perlen in der Regel mehr als für verformte oder längliche. Einreihige Zuchtperlenketten kosten oft nur 500 ₹, für höherwertige zahlt man mindestens 1000 ₹.

BIDRI

Bidri ist eine Form der Damaszierung, bei der mehrere Schichten Silber und Gusszinnbronze miteinander verbunden werden. In Bidar (Karnataka) werden daraus Schmuck, Schachteln und Ornamente hergestellt.

Schicke Lederwaren

Da Kühe in Indien als heilig gelten, wird nur die Haut von Büffeln, Kamelen, Ziegen oder anderen Tieren zu Leder verarbeitet. Kanpur in Uttar Pradesh ist das Herz der indischen Lederindustrie.

Die meisten Großstädte bieten eine tolle Auswahl an äußerst günstigen, modernen Lederschuhen an. Manche davon sind mit zahllosen glitzernden Pailletten bestickt – perfekt für Partys!

Punjab und Rajasthan (vor allem Jaipur) sind für ihre *jootis* bekannt, die traditionellen, oft spitz zulaufenden Schlüpfschuhe. Sie sind auch in manchem südindischen Markt zu finden. Landesweit werden *chappals* verkauft. Besonders schöne Varianten dieser Ledersandalen mit Zehenriemen kommen aus Kolhapur, Pune und Matheran in Maharashta.

In Bikaner (Rajasthan) verkleiden Kunsthandwerker wunderschöne Spiegelrahmen, Schachteln und Flaschen mit vergoldeter Kamelhaut. Die Meister von Indore (Madhya Pradesh) beziehen Draht- oder Leinenkerne mit Leder und stellen so niedliche Spielzeugtiere her.

In ganz Indien werden fein gearbeitete Ringe, Fußkettchen, Ohr- und Zehenringe, Halsketten und Armreifen aus Gold und Silber angeboten und oft auch auf Bestellung angefertigt.

Metallarbeiten & Marmor

Gegenstände aus Kupfer oder Messing sind in Indien überall zu finden. Besonders gern gekauft werden Kerzenständer, Tabletts, Schüsseln, Krüge und Aschenbecher.

Viele tibetische religiöse Objekte werden aus Kupfer gefertigt und mit Silberintarsien verziert. Die Gebetsräder, Zeremonienhörner und traditionellen Dokumentenschachteln sind günstig zu erwerben. *Kanglings* (tibetische Hörner) und *kapalas* (Zeremonienschüsseln) sollte man dagegen besser nicht kaufen – sie bestehen aus menschlichen Knochen bzw. Schädeln und sind verboten!

Überall in Indien bekommt man *kadhai* (oder *balti*, indische Woks) und andere Küchengeräte für unglaublich wenig Geld. Handgehämmerte Messingtöpfe sind besonders reizvoll, aber auch Gefäße und Thali-Tabletts aus Stahl und Bratpfannen mit Kupferböden sind beliebte Mitbringsel. Man sollte sich den Namen eingravieren lassen – kostenlos.

Die Einwohner von Bastar (Chhattisgarh) entdeckten bereits vor rund 35 000 Jahren eine spezielle Methode zum Schmelzen von Eisen. Ähnli-

Samstagabend-Markt (S. 154), Arpora, Goa

che Techniken kommen noch heute bei der Produktion abstrakter, pointillistischer Tier- und Menschenfiguren zum Einsatz, die oft als Lampen- oder Garderobenständer Verwendung finden.

Edle Musikinstrumente

Hochwertige indische Musikinstrumente bekommt man vor allem in größeren Städten. Die Preise hängen von Qualität und Klang ab.

Anständige Tabla-Trommeln kosten mindestens 5000 ₹. Sie bestehen aus einer hölzernen *tabla* (stimmbar, höherer Klang) und einer metallenen *doogri* (Basstrommel, tieferer Klang). Preiswertere Sets sind meist schwerer und klingen oft grausig.

Für Sitars muss man 5000 bis 20 000 ₹ oder mehr hinblättern. Da der Klang einer Sitar vom verwendeten Holz und der Form des Klangkörpers abhängt, steht vor dem Kauf der Test. Achtung: Günstigere Sitars können sich bei starken Temperaturschwankungen verziehen. Alle Saiten sollten frei schwingen, der Klangkörper darf nicht beschädigt sein. Ersatzsaiten, Sitarplektren und ein aufschraubbarer Zweitklangkörper als Verstärker packt man am besten gleich mit ein.

Auch *shehnai* (indische Flöte), *sarod* (indische Laute), Harmonium und *esraj* (eine Art senkrechte Violine) sind beliebt. Herkömmliche Violinen sind von großem Wert, man bekommt sie aber schon ab 3500 ₹. Kolkata ist besonders für hochwertige und günstige Akustikgitarren (ab 2500 ₹) bekannt.

KALAMKARI

In Andhra Pradesh gibt es exquisite *kalamkari* zu kaufen – Stoffbilder, die Gottheiten oder historische Ereignisse porträtieren.

Herausragende Malerei

Die Malerei hat in Indien eine lange Tradition. Reproduktionen von indischen Miniaturgemälden sind zwar überall erhältlich, aber von unterschiedlicher Qualität. Günstigere Varianten zeigen weniger Details und bestehen oft aus minderwertigen Materialien.

In Gegenden wie Kerala und Tamil Nadu findet man getrocknete Blätter mit Miniaturmalereien, die häusliche und ländliche Szenen und Gottheiten zeigen. In Andrha Pradesh waren die in hellen Primärfarben gemalten *cheriyal*-Malereien ursprünglich Schriftrollen von reisenden Geschichtenerzählern.

Nahe Puri (Odisha) betreibt die Künstlerkolonie von Raghurajpur bis heute die uralte *patachitra*-Malerei. Die Künstler präparieren dabei Baumwolltücher oder *tassar* (Seidenstoffe) mit einer Gummi-Kreide-Mischung. Das Ganze wird poliert und mithilfe von extrem feinen Pinseln mit Gottheiten oder Szenen aus der hinduistischen Mythologie verziert. Odisha ist zudem für seine *chitra pothi* bekannt. Diese Bilder werden mittels dünner Griffel in getrocknete Palmblätter radiert. Manche Märkte in Südindien verkaufen diese.

Mithila-Malereien sind charakteristisch für Bihars Folklorekunst. Diese uralte Kunstform wird auch *madhubani* genannt und von den Frauen der gleichnamigen Stadt bewahrt. Die fesselnden Bilder lassen sich am leichtesten in Patna auftreiben, sind aber auch in Kaufhäusern großer Städte im ganzen Land erhältlich.

Thangkas (rechteckige tibetische Stoffmalereien) mit Gottheiten des Tantra-Buddhismus und zeremoniellen Mandalas werden in Gebieten mit tibetische Buddhisten verkauft. Einige sind perfekte Reproduktionen der Wandbilder in Indiens mittelalterlichen *gompas* (tibetisch-buddhistischen Klöstern), andere einfacher. Die Preise variieren zwar, aber anständige *thangkas* im DIN-A3-Format kosten mindestens 4000 ₹. Größere und komplexere Varianten sind deutlich teurer. Der Verkauf von antiken *thangkas* ist verboten, aber man stößt wahrscheinlich sowieso nur auf Fälschungen.

In größeren Städten wie Mumbai (Bombay) und Bengaluru (Bangalore) bieten Läden und Galerien zeitgenössische Bilder einheimischer Maler an.

Das jeweilige Kunsthandwerk ist nicht notwendigerweise auf seine Ursprungsregion beschränkt – die Künstler wandern aus und werden manchmal von den Ideen anderer Regionen beeinflusst, was zu interessanten Stilkombinationen führt.

Schals, Seide & Saris

Indische Schals sind federleicht und oft wärmer als die besten Daunenjacken. Am besten kauft man einen als Decke für kalte Nachtfahrten. Die Schals werden aus allen möglichen Wollarten gefertigt und oft mit aufwendigen Mustern bestickt.

Das Kullu-Tal (Himachal Pradesh) ist Indiens unangefochtenes Zentrum der Schalproduktion. Dutzende Frauenkooperativen stellen dort Wollprodukte vom Allerfeinsten her, die in ganz Indien verkauft werden.

Pashmina-Schals (aus Schafswolle) werden vor allem in Ladakh und Kaschmir hergestellt und in ganzen Land verkauft. Echte Stücke kosten mindestens 6000 ₹ – doch Vorsicht: viele vermeintliche *pashmina* beste-

VERANTWORTUNGSBEWUSST SHOPPEN

Der Tourismus bringt zwar Geld nach Indien, aber die Landbevölkerung bekommt davon meistens nur wenig ab. Traveller können daher etwas Positives bewirken, wenn sie bei kommunalen Kooperativen einkaufen. Diese bewahren und fördern die traditionelle Heimarbeit und sorgen damit für Bildung, Ausbildung und eine nachhaltige Lebensgrundlage an der Basis. Viele dieser Projekte widmen sich Flüchtlingen, Frauen unterer Kasten, Stammesangehörigen und anderen sozialen Außenseitern.

Kooperativen bieten ihre hochwertigen Produkte in der Regel zu Festpreisen an, Feilschen ist deshalb unnötig. Ein Teil der Profite fließt direkt an Sozialprojekte wie Schulen, Gesundheits- und Ausbildungsmaßnahmen bzw. andere Hilfsprogramme für benachteiligte Gruppen. Wer in einer Filiale des landesweiten Warenhausnetzes Khadi & Village Industries Commission einkauft, unterstützt ebenfalls Gemeinden im ländlichen Raum.

Generell sollte man also nach Fair-Trade-Kooperativen Ausschau halten.

Shahtoosh-Schals zu kaufen ist illegal, da bedrohte Tibetantilopen hierfür Haar und Leben lassen müssen. Wer an Verkäufer dieser Schals gerät, sollte die örtliche Polizei verständigen.

hen in Wirklichkeit aus allen möglichen Garnen. Die charakteristischen Wollschals der Region Kutch (Gujarat) sind mit raffinierten Mustern und Pailletten bedeckt.

Saris sind äußerst beliebte Souvenirs – vor allem weil sie sich beliebig zweckentfremden lassen (z. B. als Kissenbezüge oder Röcke). Echte Seidensaris sind am teuersten und müssen erst einmal gewaschen werden, damit sie weich werden. Kanchipuram (Tamil Nadu) ist Indiens „Seidenhauptstadt", aber schöne Seidensaris (und günstige Schals) kommen auch aus anderen Zentren wie Mysore. Hochwertige bestickte Seidensaris kosten mindestens 3000 ₹.

Patan (Gujarat) ist das Zentrum des uralten *patola*-Handwerks: Dabei werden einzelne Seidenfäden aufwendig von Hand gefärbt und danach zu wunderschönen Saris mit Echtgoldbordüren verwoben. Die etwas schlichteren Saris werden in Rajkot gefertigt.

Aurangabad (Maharashtra) ist ein traditionelles Produktionszentrum von *himroo*-Schals, -Tüchern und -Saris, die aus Baumwoll-, Seiden- und Silberfäden kombiniert werden. Wegen ihrer Seiden- und Goldfäden zählen Saris aus Paithan bei Aurangabad zu den edelsten Indiens – sie kosten denn auch zwischen 7000 und schwindelerregenden 300 000 ₹. Berühmte Regionen für die Sari-Herstellung sind zudem Maheshwar (Madhya Pradesh), Chanderi und Westbengalen für ihre baluchari Saris aus Bishnupur, die in traditioneller Webtechnik aus ungesponnenen Seidenfäden hergestellt werden.

Tolle Textilien

Die Textilindustrie ist Indiens größter Wirtschaftszweig. 40 % der Stoffe werden in Heimarbeit auf dem Land hergestellt (und deshalb *khadi* genannt) – daher die staatlich geförderten *khadi*-Kaufhäuser im ganzen Land. Das vielfältige Sortiment dieser günstigen Kaufhäuser umfasst auch die beliebten Nehru-Jacken und *kurta*-Schlafanzüge (langärmlige Hemden und weite Hosen). Die Gewinne kommen ländlichen Gemeinden zugute.

Die Vielfalt der verwendeten Web- und Sticktechniken ist wirklich unglaublich. Speziell in Touristenzentren wie Goa werden Stoffe etwa zu den beliebten Handtaschen, zu Wandbehängen, Kissen- und Bettbezügen und Bekleidung verarbeitet.

Applikationen haben in Indien eine lange Tradition. Je nach Region gibt es ganz unterschiedliche, oft mit abstrakten oder menschenähnlichen Mustern. Die traditionellen Lampenschirme und *pandals* (Zelte) für Hochzeiten und Feste werden im selben Verfahren hergestellt.

GANDHIS STOFF

Vor über 80 Jahren drängte Mahatma Gandhi seine Landsleute, mit dem Verzicht auf im Ausland hergestellte Kleidung und der Hinwendung zum *khadi* – dem zu Hause selbst gesponnenen Stoff – die Freiheitsbewegung zu unterstützen. *Khadi* wurde zu einem Symbol für die indische Unabhängigkeit, und der Stoff wird immer noch stark mit Politik assoziiert. Die von der Regierung geführte gemeinnützige Unternehmung Khadi and Village Industries Commission (www.kvic.org.in) dient dazu, *khadi* zu fördern, der gewöhnlich aus Baumwolle besteht, jedoch auch aus Seide oder Wolle sein kann.

Khadi-Verkaufsstellen sind einfache, sachlich gehaltene Orte, an denen man authentische indische Kleidung erstehen kann, etwa *kurtas* (lange Hemden ohne Kragen), Schlafanzüge, Kopftücher, Saris und in manchen Filialen auch verschiedene kunsthandwerkliche Gegenstände. In verschiedenen Kapiteln dieses Buches wird beim Thema Shoppen jeweils auf diese Verkaufsstellen hingewiesen, aber man findet sie im ganzen Land. Die Preise sind sehr günstig und in der Zeit um Gandhis Geburtstag herum (2. Okt.) gibt es oft Rabattaktionen. Tipp: Einige Filialen bieten auch einen Schneiderei-Service an!

Flohmarkt in Anjuna (S. 158), Goa

Die Adivasi (Stammesangehörige) in Gujarat und Rajasthan besticken Stoffe mit kleinen Spiegelstücken und nähen daraus tolle Taschen, Kissenbezüge oder Wandbehänge. Jamnagar (Gujarat) ist für kunterbunte *bandhani* (Knüpfbatiken) bekannt, die unter anderem für Saris und Schals verwendet werden, und Vadodara ist berühmt für seine Tagesdecken und Kleidungsstücke aus handbedruckten Stoffen. Diese tollen Kreationen werden in Geschäften im ganzen Land verkauft, man muss nur die Augen offenhalten.

Im ganzen Land verkaufen Stoffgeschäfte handbedruckte Webtextilien. Jede Region hat ihre eigene Spezialität. Die Kaufhauskette Fabindia (www.fabindia.com) sorgt in ganz Indien dafür, dass traditionelle Muster und Stoffe nicht in Vergessenheit geraten. Sie verkauft Deko-Artikel und Kleidung im indischen und westlichen Stil.

Odisha ist für fröhliche Applikationen und *ikat* bekannt. Bei dieser südostasiatischen Technik werden die Fäden vor dem Weben per Knüpfbatik gefärbt. Aus Pipli (zwischen Bhubaneswar und Puri) kommen ein paar besonders schöne Applikationsarbeiten. Die mit der uralten *kalamkari*-Technik bemalten Stoffe aus Andhra Pradesh (vor allem aus Sri Kalahasti) und Gujarat dienen auch als Basis für reizende Wandbehänge und Lampenschirme.

Lucknow (Uttar Pradesh) ist bekannt für handgewebte *chikan*-Stoffe, die mit unglaublich komplexen Blumenmotiven bestickt werden. Aus dem Punjab stammen die berühmten volkstümlichen *phulkari*-Stickereien mit Blumenmustern, deren Stichführung diagonal, vertikal und horizontal verläuft. Mit Kettenstichen erzeugen westbengalische Frauen komplexe Muster namens *kantha*. Auf ähnliche Weise entstehen in Kaschmir *gabbas, kurtas* (lange Blusen) für Frauen und Hochzeitsjacken für Männer.

John Gillow und Nicholas Barnard erforschen in *Traditional Indian Textiles* die Welt der schönen Stoffe in Indiens Regionen. Einzelne Kapitel beschäftigen sich auch mit Knüpfbatik-Färbetechnik, Weben, Perlenstickerei, Brokatstoffen und selbst mit Kamelgürteln.

Überall in Indien wird die Batiktechnik oft für Saris und *salwar kameez* (Damenkombis aus kleidartigen Tuniken und weiten Hosen) verwendet. Trendboutiquen in den Städten verkaufen schicke *salwar kameez* in allen möglichen Stoff- und Stilvarianten. In indischen Metropolen wie Mumbai, Bengaluru und Hyderabad kann man prima günstige westliche Mode und Haute Couture von einheimischen Designern erwerben.

Wunderschöne Holzschnitzereien

Holzschnitzereien werden in Indien schon seit Urzeiten hergestellt. In Kaschmir lassen sich die Künstler vom dekorativen Zierrat der Hausboote inspirieren und verwenden das Holz des Walnussbaums für fein geschnitzte Raumteiler, Tische, Schmuckkästchen und Tabletts. Kunsthandwerk aus Kaschmir wird in ganz Indien verkauft.

In Karnataka versteht man sich auf Schnitzereien von Hindu-Göttern aus Sandelholz, aber für echte Stücke blättert man ein Vermögen hin – eine 10 cm hohe Ganesh-Statue kostet aus Sandelholz etwa 3000 ₹, die Ausführung in Kadamb-Holz nur ein Zehntel davon. Dafür behält Sandelholz seinen Duft jahrelang.

Buddhistische Holzschnitzereien sind eine Spezialität in allen tibetischen Flüchtlingsregionen. Dort findet man Wandtafeln mit den „acht glücklichen Zeichen", Drachen und *chaam*-Masken für rituelle Tänze. Die meisten dieser Masken sind billige Kopien, aber manchmal findet man auch Originale aus leichtem Weißholz oder Pappmaché (ab 3000 ₹).

Noch mehr schöne Sachen

Es ist keine große Überraschung, dass Touristen gern indische Gewürze kaufen. In praktisch allen Städten bieten Läden und Basare heimische Gewürze für wenig Geld an. Aus Karnataka, Kerala und Tamil Nadu stammt der Großteil der Zutaten für *garam masala*-Mischungen, die indischen Currys ihre Schärfe verleihen. Die Nordoststaaten und Sikkim sind dagegen für schwarzen Kardamom und Zimtrinde bekannt.

Läden im ganzen Land verkaufen *attar* (ätherische Öle, die hauptsächlich aus Blumen gewonnen werden). Mysore (Karnataka) ist vor allem für Sandelholzöl bekannt, während Mumbai ein wichtiges Handelszentrum für traditionelle Duftessenzen wie das kostbare *oud* ist. Diese Substanz basiert auf einem seltenen Schimmelpilz, der die Rinde des Agarbaums besiedelt. Ooty (Udhagamandalam) und Kodaikanal in Tamil Nadu produzieren Aroma- und Heilöle aus Blumen, Kräutern oder Eukalyptus.

Indischer Weihrauch wird in alle Welt exportiert. Er stammt vor allem aus Bengaluru und Mysore (Karnataka). Weihrauch aus Auroville in Tamil Nadu ist ebenfalls berühmt.

Eine Spezialität aus Goa ist der Feni. Dieser kräftige Cashew- oder Kokosschnaps wird oft in dekorativen Flaschen verkauft.

Guter indischer Tee kommt aus Zentren wie Munnar in Kerala. Empfehlenswerte Teehändler gibt's auch in den großen Städten Südindiens.

Künstler in Jammu und Kaschmir stellen seit Jahrhunderten Gegenstände aus lackiertem Pappmaché her. Schüsseln, Schachteln, Briefhalter, Untersetzer, Tabletts und Weihnachtsdekoration aus diesem Stoff werden inzwischen in ganz Indien verkauft.

In Puducherry (Pondicherry, Tamil Nadu) und Mumbai lohnt es sich, nach handgeschöpften Papierwaren von hoher Qualität (z.B. Karten, Schachteln oder Notizbücher) Ausschau zu halten.

Indiens phänomenales Bücherangebot bekommt man konkurrenzlos günstig, darunter auch Titel im Ledereinband. Asian Educational Services publiziert alte (aus dem 17. Jh.) und nicht mehr lieferbare Titel in Originaltypografie.

Kunst & Kultur

Im Lauf der Jahrhunderte haben die vielen ethnischen Gruppen Indiens ein lebendiges künstlerisches Erbe hervorgebracht. Heute ist hier überall Kunst in einfachen wie in imposanten Formen zu entdecken: bemalte Lastwagen auf staubigen Straßen ebenso wie Gesänge in einem antiken Tempel oder mit *mehndi* (Henna) verzierte Hände in der Hochzeits-Saison. Heutige indische Künstler verbinden historische und moderne Einflüsse und schaffen so Kunst, Tanzstile, Literatur und Musik von aufrüttelnder Schönheit.

Tanz

Der Tanz ist eine uralte indische Kunstform, die traditionell mit der hiesigen Mythologie und klassischer Literatur zusammenhängt. Die Tanzkunst lässt sich in zwei große Hauptkategorien aufteilen: Klassik und Folklore.

Der klassische Tanz basiert hauptsächlich auf genau vorgeschriebenen traditionellen Bewegungen. Einige klassische Tanzstile:

- Der *Bharata Natyam* (auch *bharatanatyam*) kommt ursprünglich aus Tamil Nadu und ist inzwischen in ganz Indien verbreitet.
- Der *Kathak* mit seinen hinduistischen und islamischen Einflüssen war besonders unter der Moguldynastie sehr beliebt. Eine Weile hatte dieser Tanz eine etwas anrüchige Note, als er von den kaiserlichen Höfen in die Wohnstuben kam. Dort verführten Nautch-Tänzerinnen die Zuschauer mit Interpretationen der Liebesgeschichte zwischen Krishna und Radha. Anfang des 20. Jh. wurde der Ruf des Kathak als ernsthafte Kunstform wieder hergestellt.
- Die Heimat des Kathakali ist Kerala; er wird manchmal dem Tanz zugerechnet, obwohl er im Grunde genommen zum Typus des klassischen Tanzdramas zählt.
- Das Kuchipudi ist ein Tanzdrama aus dem 17. Jh. Es stammt aus dem gleichnamigen Dorf in Andhra Pradesh. In seiner Handlung dreht sich alles um die eifersüchtige Ehefrau Krishnas.
- Der Odissi aus Odisha (Orissa) gilt als der älteste klassische Tanzstil Indiens. Ursprünglich war er ein Tempeltanz, später wurde er auch am königlichen Hof dargeboten.

Indian Classical Dance von Leela Venkataraman und Avinash Pasricha ist ein reich illustriertes Buch über verschiedene indische Tanzformen (z. B. Bharata Natyam, Odissi und Kathakali).

Indiens zweite bedeutende Tanzform, die Folklore, ist weit verbreitet und vielgestaltig. Vom temperamentvollen *bhangra*-Tanz aus dem Punjab über die theatralischen Dummy Horse-Tänze aus Karnataka und Tamil Nadu bis hin zu den Fischertänzen aus Odisha ist alles Mögliche dabei.

Ein Pionier des modernen indischen Tanzes ist Uday Shankar (der ältere Bruder des inzwischen verstorbenen Sitarvirtuosen Ravi), der seinerzeit mit der russischen Ballerina Anna Pavlova aufgetreten ist. Inzwischen begegnet man dem Tanz am häufigsten in Filmen. Schon seit Beginn des Tonfilmzeitalters gehört der Tanz zu indischen Kinofilmen und verbindet dort häufig traditionelle, folkloristische, moderne und zeitgenössische Choreografie.

Musik

Die Wurzeln der klassischen indischen Musik lassen sich bis in vedische Zeiten zurückverfolgen, als von Priestern gesungene religiöse Gedichte zum ersten Mal in einer Sammlung mit dem Titel Rigveda zusammengefasst wurden. Im Lauf der Jahrtausende hat sich die Musik durch zahlreiche Einflüsse verändert, und ihr Erbe ist heute sowohl in der karnatischen (charakteristisch für Südindien) als auch in der hindustanischen (klassischer Stil Nordindiens) Form erhalten geblieben. Da sie denselben Ursprung haben, teilen diese Musikstile diverse Eigenschaften. Beide bedienen sich des *ragas* (melodische Form der Musik) und des *talas* (Rhythmus, in die Anzahl der Schläge unterteilt); der *tintal* hat beispielsweise 16 Schläge. Das Publikum folgt dem *tala*, indem es bei den richtigen Schlägen klatscht, im Falle des *tintals* beim ersten, fünften und dreizehnten Schlag. Beim neunten Schlag wird nicht geklatscht: Er ist die *khali* (leere Stelle), die durch ein Winken mit der Hand ausgedrückt wird. *Raga* und *tala* bilden auch die Grundlage für Kompositionen und Improvisationen.

Karnatische wie hindustanische Musik wird von kleinen Ensembles aufgeführt, die in der Regel aus drei bis sechs Musikern bestehen. Beide Stile haben viele Instrumente gemeinsam. Es gibt zwar für keinen eine festgelegte Tonlage, aber dennoch bestehen Unterschiede: Die hindustanische Form ist stärker von den musikalischen Konventionen Persiens beeinflusst (eine Folge der Mogulherrschaft), während die karnatische Musik, die in Südindien entstand, enger mit der Theorie verbunden ist. Der auffälligste Unterschied – zumindest für alle, die mit Indiens klassischen Formen nicht vertraut sind – ist jedoch, dass sich die karnatische Form häufiger des Gesangs bedient.

Eines der bekanntesten indischen Instrumente ist die *sitar* (das große Saiteninstrument), mit der der Solist den Raga spielt. Weitere Saiteninstrumente sind die *sarod* (sie wird gezupft) und die *sarangi* (die mit einem Bogen gespielt wird). Ebenfalls beliebt ist die *tabla* (Doppeltrommel), die den *tala* bestimmt. Das Summen, das aus zwei Grundtönen besteht, wird von der oboeähnlichen *shehnai* oder dem Saiteninstrument *tampura* (auch „*tamboura*") gespielt. Das handbetriebene Harmonium spielt nur eine untergeordnete Rolle für die Melodie und für den Gesang.

Die regionale Volksmusik Indiens ist weithin verbreitet und äußerst vielfältig. Umherziehende Musikanten, Magier, Schlangenbeschwörer und Geschichtenerzähler unterhalten ihr Publikum häufig auch mit Gesang – Geschichtenerzähler tragen die großen Epen in der Regel singend vor.

Der *qawwali* (andächtiger Sufi-Gesang) ist in Moscheen oder bei Konzerten zu hören.

MEHNDI

Mehndi ist die traditionelle Kunst des Bemalens von Frauenhänden (und manchmal auch Füßen) mit filigranen Hennamustern anlässlich glücksverheißender Zeremonien wie z. B. Hochzeiten. Wenn hochwertiges Henna verwendet wird, können die orange-braunen Muster bis zu einen Monat erhalten bleiben.

In Touristengegenden sind *mehndi*-Wallahs besonders versiert darin, Tattoo-Bänder aus Henna auf Arme, Beine und den unteren Rücken zu malen. Wer sich ein *mehndi* malen lassen will, sollte einige Stunden für das Design und die anschließende Trockenzeit (während der man die Hände nicht benutzen kann) einplanen.

Es ist immer eine gute Idee, den Künstler zu bitten, erst eine Stelle am Arm zu „testen", bevor man das Tattoo machen lässt, da einige Färbemittel heutzutage chemische Substanzen enthalten und Allergien auslösen können. (Finger weg von „schwarzem Henna", das mit Chemikalien gemixt ist, die gesundheitsschädlich sein können!) Wird hochwertiges Henna verwendet, sollte man während und nach der Applikation keinerlei Schmerz verspüren.

Gemälde von Aurangzeb auf Löwenjagd (ca. 1670–1680)

Die Filmmusik *(filmi music)* ist ein völlig anderes Genre, das auch moderne (langsamere) Liebeslieder und meist hyperschnelle Dancesongs benutzt.

Malerei

Vor etwa 1500 Jahren gestalteten Künstler die Mauern und Decken der Höhlen von Ajanta in Maharashtra (Westindien) mit Szenen aus Buddhas bisherigen Leben. Die gemalten Figuren strahlen eine ganz ungewöhnliche Freiheit und Anmut aus und stehen damit in starkem Kontrast zu einem nachfolgenden sehr wichtigen Stil, der im 11. Jh. in diesem Teil Indiens entstand.

Der indo-persische Stil, für den geometrische Muster gepaart mit fließenden Formen charakteristisch sind, entwickelte sich an den islamischen Königshöfen, obwohl die Abbildung des lang gezogenen Auges ein Element zu sein scheint, das von indigenen Quellen übernommen wurde. Der persische Einfluss erblühte, als Kunsthandwerker nach dem Angriff der Usbeken auf Herat (im heutigen Afghanistan) im Jahr 1507 nach Indien flohen und der Handel und Austausch von Geschenken zwischen der persischen Stadt Schiraz, einem etablierten Zentrum der Miniaturenherstellung, und den Sultanen in der indischen Provinz immer reger wurde.

Mit *Indian Art* von Roy C. Craven, *Contemporary Indian Art: Other Realities* herausgegeben von Yashodhara Dalmia und *Indian Miniature Painting* von Dr. Daljeet und Professor P.C. Jain wird man zum Kunstexperten.

Mit Baburs Sieg bei der Schlacht von Panipat im Jahr 1526 begann die Ära der Moguln in Indien. Auch wenn sowohl Babur als auch sein Sohn Humayun große Kunstförderer waren, wird in der Regel Humayuns Sohn Akbar dafür gerühmt, den charakteristischen Mogulstil entwickelt zu haben. Dieser Malstil, der sich oft in bunten Miniaturen präsentiert, bildet vor allem das Landleben, Architektur, Schlachten und Jagdszenen ab und zeigt detaillierte Porträts. Akbar heuerte Künstler von nah und fern an, und anfangs konzentrierten sich die künstlerischen Bemühungen auf die Anfertigung illustrierter Handschriften (die Motive reichten von Geschichte bis zu Mythologie), bevor sie sich später auch auf die Porträtmalerei und die Verherrlichung von Alltagsgeschehen ausdehnten. Manche Künstler wurden von europäischen Malstilen beeinflusst, und dieser Einfluss zeigt sich hin und wieder in ihren Experimenten mit Motiven und Perspektiven.

Akbars Sohn Jehangir, ebenfalls ein Förderer der Malerei, bevorzugte hingegen die Porträtmalerei, und dank seiner Faszination für Naturwissenschaften hinterließ er ein lebendiges Erbe von Blumen- und Tiergemälden. Unter Jehangirs Sohn Shah Jahan wurde der Mogulstil dann weniger fließend, und obwohl die bunten Farben weiterhin die Blicke auf sich zogen, fehlte den Gemälden die frühere Lebendigkeit.

Rund um das 17. Jh. entstanden in Rajasthan zahlreiche Schulen für Miniaturmalerei (kleine, mit Details vollgepackte Bilder). Die Themenpalette reichte von königlichen Prozessionen bis zu *shikar* (Jagdausflüge), und viele Künstler wurden vom Mogulstil beeinflusst.

Seit dem 17. Jh. blühte besonders die Wandmalerei in ganz Südindien auf. Als ausgesprochen produktiv erwies sich vor allem die Tempelkunst mit ihren vielfältigen historischen und mythologischen Themen. Bis ins 19. Jh. war die nordindische Malerei dann deutlich von westlichen Stilen (vor allem der englischen Aquarelltechnik) beeinflusst. Dies führte auch zur Entstehung der sogenannten Company School mit Zentrum in Delhi.

Im 21. Jh. werden weltweit Rekordmengen von zeitgenössischen indischen Gemälden zu Spitzenpreisen verkauft. Ein sehr erfolgreiches Online-Kunstauktionshaus ist Saffronart (www.saffronart.com) mit Sitz in Mumbai.

Kino

Die indische Filmindustrie wurde Ende des 19. Jh. geboren – der erste bemerkenswerte, in Indien gedrehte Film *Panorama of Calcutta* wurde 1899 gezeigt. Der erste echte indische Spielfilm, *Raja Harishchandra*, entstand 1913 in der Stummfilmzeit, und auf ihn geht letzten Endes die lebendige indische Kinolandschaft zurück.

Heute ist Indiens Filmindustrie die größte der Welt – doppelt so groß wie Hollywood. Mumbai (Bombay), die Hauptstadt des Hindi-Films, liebevoll auch „Bollywood" genannt, ist das größte Filmzentrum, aber auch Chennai (Madras; Kollywood), Hyderabad (Tollywood) und Bengaluru (Bangalore; Sandalwood) produzieren Unmengen an Filmen. Außerdem gibt's eine ganze Reihe weiterer Zentren, die Filme in der Landessprache der jeweiligen Region produzieren. Big-Budget-Filme werden oft teilweise oder komplett im Ausland gedreht, wobei einige Länder ziemlich aggressiv um indische Produktionsfirmen werben, da sie sich als Nebeneffekt der Dreharbeiten eine Zunahme des Tourismus erhoffen.

Jährlich werden durchschnittlich 1000 Spielfilme in Indien gedreht. Neben den Hunderten Millionen einheimischer Bolly-, Tolly- und Kollywood-Fans gibt's auch Millionen im Ausland lebende Inder, sogenannte „Non-Resident Indians" (NRI), die ganz entscheidend dazu beigetragen haben, das indische Kino auf die internationale Bühne zu katapultieren.

Der indische Film lässt sich grob in zwei Kategorien unterteilen. Am bekanntesten sind die Mainstream-„Masala"-Filme – so bezeichnet wegen der „würzigen Mischung" ihrer Handlungselemente. Mit dieser Mischung aus Romantik, Action, Slapstick und moralischen Themen bieten sie jedem Familienmitglied etwas. Die Hauptdarsteller tanzen und singen sich in diesen Blockbustern drei Stunden und länger durch die dramatische, tränenreiche Handlung. Sex- oder selbst Kussszenen sind tabu in Filmen, die für den heimischen Markt produziert werden, auch wenn sich inzwischen Knutschereien einschleichen. Fehlende Nacktheit

FILM-GESCHICHTE

Encyclopedia of Indian Cinema von Ashish Rajadhyaksha und Paul Willemen erzählt die dramatische kinematografische Geschichte Indiens von 1897 bis ins 21. Jh.

machen die Filme aber dadurch wett, dass die Heldinnen nur knapp oder mit einem hautengen Gewand bekleidet sind, und der Mangel an offener Erotik wird durch jede Menge intensive Flirts und entsprechende Anspielungen mehr als kompensiert.

Das zweite indische Filmgenre sind Arthouse-Filme, in denen die indische „Realität" die Hauptrolle spielt. In der Regel sind diese Produktionen von einer gewissen sozialen und politischen Relevanz, zumindest versuchen sie es. Diese Filme, die mit einem wesentlich kleineren Budget als ihre kommerziellen Cousins auskommen müssen, sind es, die auf internationalen Filmfestivals weltweit Anerkennung finden. Der verstorbene bengalische Regisseur Satyajit Ray ist vor allem durch seine Arbeiten in den 1950er-Jahren berühmt geworden und gilt als Vater dieser Filmkategorie in Indien.

Literatur

Die Sanskritliteratur hat in Indien eine lange Tradition, aber auch Werke in den Sprachen der verschiedenen Regionen haben viel zum großen literarischen Erbe des Landes beigetragen. Es wird behauptet, es gäbe genauso viele literarische Traditionen wie geschriebene Sprachen.

Einige der erfolgreichsten literarischen Werke haben wohl die Bengalen hervorgebracht. Die Blütezeit, die oft als indische oder bengalische Renaissance bezeichnet wird, begann im 19. Jh. mit Werken von Bankim Chandra Chatterjee. Der Bengale Rabindranath Tagore ist jedoch der Mann, der in Indien bis heute dafür gefeiert wird, den kulturellen Reichtum des Landes weltweit bekannt gemacht zu haben.

Der höchst produktive Schriftsteller und Künstler Rabindranath Tagore erhielt 1913 den Literaturnobelpreis für *Gitanjali (Sangesopfer)*. Einen guten Eindruck von Tagores Werk vermittelt *Die goldene Gazelle: Kurzgeschichten (1987)*.

R.K. Narayan war in den 1930er-Jahren einer der ersten indischen Schriftsteller, der auf Englisch schrieb, um ein internationales Publikum zu finden. Seine täuschend einfachen Geschichten über das Leben in der Kleinstadt sind von einem köstlich subtilen Humor. Keralan Kamala Das (auch bekannt als Kamala Suraiyya) schrieb Gedichte und Memoiren auf Englisch; ihr offener Umgang mit Liebe und Sexualität vor allem in den 1960er- und 1970er-Jahren war für weibliche Autoren bahnbrechend.

Indien verfügt über eine noch wachsende Anzahl international angesehener Schriftsteller. Zu den besonders herausragenden gehören Vikram Seth, der für seinen preisgekrönten Roman *Eine gute Partie* bekannt ist, und Amitav Ghosh, der gleich mehrere Auszeichnungen bekommen hat. Sein Roman *Das mohnrote Meer* wurde 2008 für den Man Booker Prize vorgeschlagen. In den letzten Jahren haben mehrere in Indien geborene Schriftsteller diesen hoch angesehenen Preis gewonnen. Als letzter bekam ihn 2008 Aravind Adiga für sein Erstlingswerk *Der weiße Tiger*. 2006 erhielt ihn Kiran Desai für *Die Erbin des verlorenen Landes*. Kiran Desai ist die Tochter der preisgekrönten indischen Schriftstellerin Anita Desai, die dreimal für den Booker Prize nominiert wurde. 1997 gewann Arundhati Roy den Booker Prize für ihren Roman *Der Gott der kleinen Dinge*, und Salman Rushdie nahm den begehrten Preis 1981 für *Mitternachtskinder* entgegen.

Architektonische Pracht

Südindien hat ein bemerkenswertes architektonisches Erbe, von hoch aufragenden Tempeltoren, die mit unzähligen fein gearbeiteten Götterfiguren geschmückt sind, bis zu geweißelten eckigen Dorfhäusern. An traditionellen Bauwerken wie Tempeln lässt sich oft ein sicheres Gespür für eine gute Platzierung ablesen – sie stehen auf felsigen Hügeln oder an großen, künstlich angelegten Wasserbecken. Englische Bungalows mit Wellblechdächern und weit ausladenden Verandas sind eine Art Markenzeichen in den Hill Stations. Aber noch bemerkenswerter als die Kolonialbauten sind die Versuche, europäische und indische Architekturelemente miteinander zu verbinden, z.B. beim spektakulären Palast des Maharadschas in Mysore.

Heilige Bauten

Südindien wartet mit einer eindrucksvollen Bandbreite an historischen und modernen heiligen Bauten auf, die von verschiedenen Glaubensrichtungen inspiriert sind. Nur wenige der aus Holz und teils aus Ziegelstein errichteten Tempel der Frühzeit haben die Launen der Natur überstanden. Mit der Ankunft der Gupta (4.–6. Jh.) hielt ein neuer Architekturstil Einzug. Die Gebäude waren nun besser gegen die Elemente gewappnet und setzten den Standard für den Tempelbau der nächsten Jahrhunderte.

Masterpieces of Traditional Indian Architecture von Satish Grover und *The History of Architecture in India* von Christopher Tadgell bieten interessante Einblicke in die Tempelarchitektur.

Im Hinduismus gilt das Quadrat als perfekte Form, und komplexe Regeln bestimmen Lage, Design und Bauweise jedes Tempels. Diese Regeln basieren auf den Prinzipien der Numerologie, Astrologie, Astronomie und natürlich Religion. Im Wesentlichen repräsentiert ein Tempel eine Karte des Universums. Das Kernstück besteht aus einem schmucklosen Bereich, dem *garbhagriha* (innerstem Heiligtum). Er symbolisiert die „Mutterschoßkammer", aus der das Universum hervorgegangen sein soll, und ist der Gottheit vorbehalten, der der Tempel gewidmet ist.

Über dem Schrein eines Hindu-Tempels erhebt sich ein Turmüberbau, der in Südindien *vimana*, in Nordindien *sikhara* genannt wird. Der *sikhara* ist gekrümmt und wird von einer gerillten Scheibe bekrönt, auf der eine topfförmige Skulptur thront. Bei dem stufenförmigen *vimana* ist die Scheibe durch eine solide Kuppel ersetzt. Manche Tempel beherbergen einen *mandapa* (Vorhalle), der durch Gänge mit dem Heiligtum verbunden ist. *Mandapas* können wiederum *vimanas* oder *sikharas* besitzen.

Ein *gopuram* ist ein hochaufragender pyramidenförmiger Torturm eines dravidischen Tempels. Die riesigen *gopurams* verschiedener südindischer Tempelanlagen, etwa die neunstöckigen Tortürme des Meenakshi-Amman-Tempels in Madurai, setzten in Sachen Verzierung und Monumentalismus neue Maßstäbe.

Tempelbecken sind für rituelle Bäder, Zeremonien sowie ästhetische Zwecke angelegt und seit jeher Kern des religiösen Geschehens. Die oft riesigen, eckigen, künstlichen Wasserspeicher werden zum Teil von Regenwasser, zum Teil über ein komplexes Drainagesystem von Flüssen gespeist. Sie haben sowohl religiösen als auch weltlichen Nutzen. Manchen Tempelbecken wird eine heilende Wirkung zugeschrieben, andere sollen

Gopuram-Skulpturen, Minakshi-Amman-Tempel (S. 413), Madurai

von Sünden reinwaschen. Gläubige (und auch Besucher) müssen manchmal die Füße darin waschen, bevor sie den Tempel betreten.

Von außen ähneln jainistische Tempel zum Teil ihren hinduistischen Pendants, der oft üppige Figurenschmuck im Inneren steht hingegen in starkem Kontrast zu asketischer Kargheit.

Buddhistische Schreine haben ihre ganz eigenen Merkmale. Eine wichtige Rolle spielt dabei der Stupa, ein halbkreisförmiger solider Bau, der von einem Turm bekrönt wird und seinen Ursprung in Grabhügeln hat. In diesen wurden Relikte Buddhas und später anderer heiliger Wesen aufbewahrt. Ein weiteres typisches Element ist der *chaitya* (Versammlungshalle), der zum Stupa führt. In Bodhgaya, wo Siddhartha Gautama Erleuchtung erlangte und zum Buddha wurde, gibt es eine Reihe besonders bemerkenswerter buddhistischer Klöster und Tempel.

Mehr zu Indiens facettenreicher Tempelarchitektur sowie Infos zu Tempeln im Allgemeinen liefert Temple Net (www.templenet.com).

262 v. Chr. konvertierte der Maurya-Herrscher Ashoka zum Buddhismus. Um Buße zu leisten, ließ er den Großen Stupa von Sanchi im zentralindischen Bundesstaat Madhya Pradesh errichten. Er zählt zu den ältesten noch existierenden buddhistischen Bauwerken auf dem Subkontinent. Weitere Beispiele für buddhistische Architektur in Südindien sind der Amaravathi in Andhra Pradesh, die buddhistischen Höhlen von Ajanta und die Buddha-Statue in Hyderabad.

Indien ist zudem reich an heiligen islamischen Stätten. Muslimische Herrscher ließen ihre eigenen architektonischen Traditionen umsetzen, z. B. bogenfärmige Gänge und Kuppeln. Die Moguln kombinierten auf einzigartige Weise persische, indische und provinziale Elemente. Unter der Herrschaft von Shah Jahan entstanden einige der spektakulärsten Bauten Indiens; besonders erwähnenswert ist der schneeweiße Taj Mahal im nördlichen Bundesstaat Uttar Pradesh.

Die islamische Kunst verzichtet auf jede Art der Götzenanbetung oder bildlichen Darstellung von Gott und brachte ein lebendiges Erbe an kalligrafischen und dekorativen Stilen hervor. Die grundsätzlichen architektonischen Elemente einer Moschee sind auf der ganzen Welt ähnlich. Gemeinschaftliche Gebete finden in einer großen Halle statt, in der der Mihrab (Gebetsnische) die Richtung Mekkas anzeigt. Die Gläubigen werden von an den nach den Haupthimmelsrichtungen platzierten Minaretten zum Gebet gerufen. Zu den islamischen Bauwerken im Süden zählen der Charminar in Hyderabad, die Qutb-Shahi- und Paigah-Gräber in Hyderabad und die Haji-Ali-Moschee in Mumbai.

Die Sikh-Religion wurde im 15. Jh. von Guru Nanak, dem ersten der zehn Gurus, begründet. Sikh-Tempel werden gurdwaras genannt und sind meist am *nishan sahib* (Fahnenmast, an der eine dreieckige Flagge mit dem Symbol der Sikh gehisst ist) zu erkennen. Der heiligste Schrein des Sikhismus ist der eindrucksvolle Goldene Tempel in Amritsar.

Architecture and Art of Southern India von George Michell bietet zahlreiche Details über das Vijayanagar-Reich und seine Nachfolger und umfasst einen Zeitraum von etwa 400 Jahren.

Forts & Paläste

Das typische südindische Fort steht auf einem Hügel oder einem Felsvorsprung und ist von Befestigungsgräben umgeben. Zu Füßen des Forts befindet sich normalerweise eine Stadt, die entstanden ist, nachdem die Befestigungsanlage gebaut worden war. Gingee (Senji) in Tamil Nadu ist ein gutes Beispiel. Das Vellore-Fort, ebenfalls in Tamil Nadu, ist eines der berühmtesten indischen Forts mit Befestigungsgräben; tolle Stadtfestungen besitzen Bidar und Bijapur in Karnataka.

Daulatabad im zentralen Maharashtra ist eine weitere wunderschöne Festung: Eine 5 km lange Mauer umgibt die Anlage hoch oben auf dem Hügel. Man erreicht sie über Wege, die mit raffinierten Abwehranlagen versehen sind (z.B. mit stachelbespickten Türen und irreführenden Tunneln, die in Kriegszeiten entweder zu einer Grube mit brennendem Öl oder zu einem Wassergraben voller Krokodile führten).

In Südindien sind nur wenige alte Paläste erhalten, da Eroberer gerade diese mit Vorliebe zerstörten. Die Überreste des Palastkomplexes in Vijayanagar in der Nähe von Hampi verraten, dass die hiesigen Bauingenieure durchaus nicht abgeneigt waren, die soliden Konstruktionstechniken und -formen (z.B. Kuppeln und Bögen) ihrer muslimischen Widersacher, der Bahmani, zu übernehmen. Der Palast der Maharadschas von Travancore in Padmanabhapuram, der aus dem 16. Jh. stammt, verfügt über private Wohnräume für den Herrscher, ein *zenana* (Quartier der Frauen), Räume für öffentliche Audienzen, eine Waffenhalle, einen Tanzsaal und mehrere Tempel. Der bekannteste und prachtvollste indosarazenische Palast in Südindien ist der Maharaja's Palace in Mysore, dessen Inneres kaleidoskopartig mit Buntglas, Spiegeln und Mosaikböden verziert ist.

Tier- & Pflanzenwelt

Südindiens Fauna ist ein faszinierender Schmelztiegel von Arten aus Europa, Asien und dem Urkontinent Gondwana. Sie sind in den verschiedensten Lebensräumen heimisch, von dampfenden Mangrovenwäldern und Dschungeln über weite Ebenen bis hin zu üppigen Blumenwiesen.

Indiens Fauna ist für ihre großen und berühmten Arten bekannt: Tiger, Elefanten, Nashörner, Leoparden, Bären und Affen. Dabei hat sie sehr viel mehr zu bieten, etwa eine eindrucksvolle Anzahl bunter Vögel und einige der faszinierendsten und gefährdetsten Spezies des Landes wie den Gangesdelfin und den Asiatischen Löwen.

Indien ist eines der artenreichsten Länder der Welt. Hier leben 397 Säugetier-, 1250 Vogel-, 460 Reptilien-, 240 Amphibien- und 2546 Fischarten – eine größere Vielfalt gibt's sonst nur selten.

Die tierischen Stars

Zu Indiens faszinierendsten Tierarten zählen zweifellos Tiger, Elefanten und Nashörner. Allesamt sind selten und müssen geschützt werden.

Glücklicherweise gilt der Asiatische Elefant, der sich stark von seinem größeren Pendant aus Afrika unterscheidet, bei den Hindus als heiliges Tier, wurde domestiziert und als Arbeitstier eingesetzt – ansonsten wäre er wohl wie im benachbarten China schon lange ausgerottet. Tatsächlich leben in Indien viele Dickhäuter in freier Wildbahn. Da die 3000 kg schweren Tiere jedoch auf der Suche nach Nahrung weite Gebiete durchwandern, benötigen sie riesige Parks. Auf ihren traditionellen Futterrouten liegen mitunter Dörfer und Farmen – Konflikte sind vorprogrammiert. Der Nagarhole National Park in Karnataka zählt zu den besten Parks Südindiens, um Elefanten zu beobachten.

Die Zahl der verbliebenen Indischen Nashörner ist um einiges geringer. Zwei Drittel der weltweiten Gesamtpopulation von nicht einmal 2000 Exemplaren leben im Kaziranga National Park in Assam, wo sie unbehelligt durch die üppigen Grassavannen am Fuß des Himalajas wandern. Die Tiere wirken zwar ruhig, sind jedoch unberechenbar und gefährlich. Mit ihrer waffengleichen gepanzerten Haut und den scharfen Zähnen, die sie bei einem Angriff in ihr Opfer bohren, ähneln sie echten Kampfmaschinen – am besten beobachtet man sie nur vom sicheren Rücken eines Elefanten aus.

Großkatzen

Indien ist zu Recht bekannt für seine Tiger, und insgeheim hofft wohl jeder Besucher, einen zu Gesicht zu bekommen. Tatsächlich sind hier jedoch 15 verschiedene Katzenarten beheimatet und jedes der wunderschönen Tiere ist es wert, entdeckt zu werden.

Der weltweite Schutz des Tigers nahm in Indien seinen Anfang und viele Experten halten das Land mit seiner beträchtlichen Tigerpopulation für deren letztes großes Rückzugsgebiet. Trotz umfassender und großzügig finanzierter Schutzprogramme bleibt der Schwarzmarkthandel mit Tigerprodukten jedoch eine unwiderstehliche Versuchung für Banden von Wilderern und arme Dorfbewohner. Die Zahl der Raubtiere sinkt deswegen weiter dramatisch, sogar in als geschützt geltenden Lebensräumen.

Indiens Nationalsymbole sind der Tiger, der Pfau und der Lotus. Das indische Wappen ist ein Kapitell mit drei Asiatischen Löwen.

Bücher

Mammals of India von Vivek Menon

A Guide to the Birds of India und Pocket Guide to the Birds of the Indian Subcontinent von Richard Grimmett, Carol Inskipp und Tim Inskipp

Treasures of Indian Wildlife von A. S. Kothari und B. F. Chhapgar

In Indien gibt es 238 Schlangenarten, von denen rund 50 giftig sind. Zu den verschiedenen Kobraspezies zählt die Königskobra, die mit bis zu 5 m Länge die größte Giftschlange der Welt ist.

Allerdings gibt es erfolgreiche Programme zum Schutz des Asiatischen Löwen, einem engen Verwandten des bekannteren Afrikanischen Löwen.

Huftiere & Primaten

Die am stärksten vertretenen Tierpopulationen Indiens sind Hirsche (neun Arten), Antilopen (sechs Arten), Ziegen und Schafe (zehn Arten) sowie Primaten (15 Arten). In den offenen Wiesen vieler Parks weiden die gedrungene Nilgau, Indiens größte Antilope, und die Hirschziegenantilope mit ihrem eleganten Geweih.

Indiens Primaten reichen von den extrem seltenen, im Nordosten heimischen Weißbrauengibbons und Goldlanguren bis hin zu Arten, die fast schon zur Plage geworden sind, beispielsweise der gedrungene, recht aggressive Rhesusaffe und der elegante Hanuman-Langure. Bei den lästigen Tierchen, die Tempel und Touristenstätten im Süden unsicher machen, handelt es sich um Indische Hutaffen.

Bedrohte Arten

Trotz der eindrucksvollen Artenvielfalt leidet Indien zunehmend unter dem explodierenden Bevölkerungswachstum. Die Tierwelt ist akut durch Wilderer und die Erschließung von Lebensräumen gefährdet. Letzten Zählungen zufolge sind in Indien über 500 Spezies bedroht, darunter 247 Pflanzen-, 53 Säugetier-, 78 Vogel-, 22 Reptilien-, 68 Amphibien-, 35 Fisch- und 22 wirbellose Arten. 2012 veröffentlichte die International Union for Conservation of Nature eine Liste mit den 100 bedrohtesten Spezies der Welt. Sie umfasst vier indische Arten: eine Spinnen-, eine Schildkröten- und zwei Vogelarten (den großen indischen Bussard und den Kaiserreiher).

Selbst das intensiv subventionierte Project Tiger, das als Erfolgsgeschichte gilt, hat fortwährend mit großen Problemen zu kämpfen. Jede positive Nachricht scheint eine negative Geschichte nach sich zu ziehen, bei der arme Dorfbewohner und korrupte Beamte eine Rolle spielen. Alle Wildkatzen Indiens, von Leoparden über Schneeleoparden und Panther bis hin zu Rohrkatzen, sind vom Aussterben bedroht. Gründe dafür sind der Verlust ihres Lebensraums und die Wilderei aufgrund des lukrativen Handels mit Fellen und Körperteilen für die chinesische Medizin (ein kompletter Tiger kann rund 38 000 € einbringen). Schätzungen der Regierung zufolge nimmt der Tigerbestand in Indien aufgrund von Wilderei jährlich um 1 % ab.

PROJECT TIGER

Als der Naturforscher Jim Corbett in den 1930er-Jahren Alarm schlug, glaubte niemand daran, dass der Tiger jemals bedroht sein könnte. Damals ging man von 40 000 in Indien lebenden Exemplaren aus, eine Zählung war jedoch nie durchgeführt worden. Mit dem Unabhängigkeitskampf gelangten Schusswaffen in die Hände von Dorfbewohnern, die auf der Suche nach den höchst einträglichen Tigerfellen in zuvor nicht zugängliche Gebiete vordrangen. Bei einer offiziellen Zählung im Jahr 1972 wurden nur noch 1800 Tiger registriert. Internationale Proteste veranlassten Indira Gandhi dazu, das Tier zum Nationalsymbol Indiens zu erklären und das **Project Tiger** (http://projecttiger.nic.in) ins Leben zu rufen. Seitdem wurden 39 Tigerreservate geschaffen, die insgesamt über 32 000 km^2 umfassen und nicht nur das Raubtier selbst, sondern auch alle anderen dort heimischen Tierarten schützen. Nach anfänglichen Erfolgen ist die Zahl der Tiger wegen erbarmungsloser Wilderei von 3600 im Jahr 2002 auf aktuell rund 1700 gefallen. Angeblich waren die Zahlen von 2011 wieder besser, doch auch große Geldsummen und Hightech-Ausrüstung können die Ausrottung der in freier Wildbahn lebenden Tiger wohl nicht verhindern, da ihre natürlichen Lebensräume immer kleiner werden.

Der Königstiger – das Nationaltier Indiens

Sogar die stark geschützten Nashörner werden für den Handel mit Arzneimitteln gejagt. Ihr Horn gilt in China als Aphrodisiakum und wird rund um den Golf für die Herstellung von Dolchgriffen verwendet. Elefanten sind aufgrund des Elfenbeinhandels begehrte Ziele, so wurden zwischen 2000 und 2008 320 Tiere geschossen; vom Kauf von Souvenirs aus Elfenbein ist also unbedingt abzuraten! Verschiedene Hirscharten sind durch die Jagd – sei es um ihres Fleisches willen oder als Trophäe – bedroht. Der Tschiru, auch Tibetantilope genannt, gilt mittlerweile fast als ausgestorben, da sein Fell, in Wolle eingewoben, für die Herstellung teurer Shahtoosh-Schals verwendet wird.

In Indien beheimatete Bärenarten sind noch immer vom Aussterben bedroht, auch wenn dem Lippenbär aufgrund des Niedergangs der Tanzbärindustrie eine Atempause gegönnt wird. Im nassen Element sind indische Süßwasserdelfine durch Verschmutzung und das Vordringen der Menschen in ihren Lebensraum gefährdet. Auch die Population der Meeresschildkröten an der Küste Odishas (Orissas) ist zunehmend bedroht.

Zu den bedrohten, in den Regenwäldern Südindiens heimischen Primatenarten gehören der Bartaffe, der Nilgiri-Langur mit seinem schwarz glänzenden Fell und der Schlanklori, ein geschickter Insektenjäger, der mit seinen riesigen Augen bestens für die nächtliche Jagd gerüstet ist.

Infos im Internet

Infos zur Tierwelt, Schutzprogrammen und zur Umwelt unter www.sanctuaryasia.com

Nachrichten des Wildlife Trust of India unter www.wti.org.in

Erstklassige Infos zur Vogelbeobachtung und Fotogalerien unter www.birding.in

Vögel

Mit weit über tausend Vogelarten ist Indien ein wahres Paradies für Vogelbeobachter. Viele der Tiere verteilen sich auf weit verstreute Populationen über das riesige Land, in vom Eingriff des Menschen geschützten Lebensräumen hingegen sind eindrucksvolle Vogelschwärme auf kleinstem Gebiet zu bestaunen. Der Winter eignet sich besonders gut, denn dann machen sich Wandervögel aus dem Norden auf in die warmen, subtropischen Gefilde der indischen Halbinsel.

BÄRENSTARKE NACHRICHTEN

2012 erklärte die indische Regierung die Tanzbärindustrie offiziell für inexistent. Nach mehreren Jahrhunderten ist damit eine kulturelle Tradition ausgestorben, der kaum jemand nachweint. Den Todesstoß versetzte ihr die Umwandlung der von Bärenshows lebenden Gemeinden (Kalandars) in profitablere Unternehmen. Obwohl das Geschäft mit Tanzbären seit 1972 verboten ist, dauerte es Jahrzehnte, bis tatsächlich der letzte Vorhang fiel.

Pflanzen

Einst war Indien fast vollständig von Wäldern bedeckt. Heute wird der Anteil der Waldfläche auf etwa 20 % geschätzt. Trotz der weitläufigen Rodung lokaler Lebensräume wachsen in Indien 49 219 verschiedene Pflanzenarten, etwa 5200 davon sind endemisch. Auf der südlichen Halbinsel beheimatete Spezies weisen hauptsächlich malaysische Merkmale auf.

Mit Ausnahme der bewaldeten Berge des Himalajas handelt es sich bei fast allen Waldgebieten des indischen Tieflands um tropische Wälder, wobei die einheimischen Salwälder die Basis der Holzindustrie sind. Manche dieser tropischen Wälder sind immergrüne Regenwälder wie in den Westghats und den Staaten im Nordosten. Doch die meisten Waldgebiete sind Laubwälder, etwa die Teakholzgebiete Zentralindiens, die außerhalb der Regenzeit erstaunlich trist und trocken wirken. Andererseits kann man hier besser Tiere beobachten, wenn die Blätter gefallen sind und die Vegetation karg wird.

In Texten der traditionellen indischen Kräutermedizin Ayurveda sind rund 2000 Pflanzenarten beschrieben.

Kostbare Baumarten wie das Schwarze Rosenholz, der Malabarkino und der Teakbaum sind aus den Westghats mittlerweile fast vollständig verschwunden. Sandelholz ist im ganzen Land von illegaler Abholzung bedroht, denn es wird für die Herstellung von Räucherstäbchen und Schnitzarbeiten verwendet. Viele landlose Bauern holzen staatliche Wälder ab, um Brennholz zu gewinnen – eine starke Bedrohung für die Waldgebiete.

Viele Baumarten haben in Indien eine religiöse Bedeutung, so der Seidenwollbaum, ein großer Baum mit stacheliger Rinde und großen roten Blüten, unter dem sich Pitamaha (Brahma), der Erschaffer der Welt, nach getaner Arbeit niederließ. Zwei bekannte Feigenbaumarten, der Banyan- und der Pepulbaum, erreichen gewaltige Höhen. Die Bäume bilden Luftwurzeln und es entstehen bizarre, verschlungene Gebilde von Stämmen und Wurzeln; ein Baumriese kann sich über fast 200 m erstrecken. Buddha soll erleuchtet worden sein, während er unter einem Pepulbaum (Bodhibaum) saß.

Nationalparks & Naturschutzgebiete

Bis zur Verabschiedung des Wildlife Protection Act 1972 gab es in Indien lediglich fünf Nationalparks. Mit dem neuen Gesetz sollten neue Parks geschaffen und die Ausbeutung der Natur eingedämmt werden. Ihm folgten viele weitere Gesetze ähnlicher Art, denen zwar gute Absichten, jedoch wenig effektive Mittel zur Durchsetzung zu Grunde lagen.

Top-Parks

- *Mahatma Gandhi Marine National Park*
- *Nagarhole National Park*
- *Periyar Wildlife Sanctuary*

Indien hat heute etwa 100 Nationalparks und 500 Schutzgebiete, die zusammen immerhin etwa 5 % der Landesfläche ausmachen. Auf dem Papier gibt es weitere 70 Parks, die jedoch noch nicht oder nur zum Teil umgesetzt wurden. Zudem findet man 14 Biosphärenreservate, die sich mit vielen Nationalparks und Schutzgebieten überschneiden. Sie sorgen für wichtige Wanderungsschneisen für Tiere und ermöglichen Wissenschaftlern die Beobachtung der Arten.

Die Reservate liegen oft ein wenig ab vom Schuss und haben eine etwas eingeschränkte Infrastruktur – deshalb ist es ratsam, Transport und

Unterkunft im Vorfeld zu buchen und sich rechtzeitig über Öffnungszeiten, erforderliche Genehmigungen und Eintrittsgelder zu informieren. Viele Parks schließen in der Nebensaison, um den Tierbestand zu zählen, und der Monsun kann viele Wege unpassierbar machen.

Fast alle Parks bieten Jeep- und Vantouren an, zudem können Besucher im Rahmen geführter Wanderungen, Bootsfahrten und Elefantensafaris nach Tieren Ausschau halten. Seit 2012 sind die sogenannten Tigershows verboten, bei denen Touristen per Funkspruch zu schlafenden Tigern gebracht wurden; nachdem sie aus dem Jeep ausgestiegen waren, ritten sie auf Elefanten zu den sich ausruhenden (wohl wenig begeisterten) Tigern. In vielen Reservaten wurde die Zahl der Safarijeeptouren zudem begrenzt, und einige Tigerschutzgebiete sind einmal pro Woche für Besucher gesperrt. Diese neuen Regeln können sich noch ändern, deswegen sollte man sich vor Buchung einer Safari über den aktuellen Stand informieren.

Natur & Umwelt

Indien ist ein unglaublich facettenreiches Land, dessen Bandbreite von dunstigen Dschungeln über tropische Strände bis hin zu den schneebedeckten Gipfeln des Himalajas reicht. Mit 3287263 km² ist es nach China das zweitgrößte Land Asiens und bildet den gewaltigen südasiatischen Subkontinent, eine uralte Landmasse, die wie ein Rettungsboot eine vielfältige Tier- und Pflanzenwelt über den prähistorischen Ozean transportierte, bevor sie vor rund 40 Mio. Jahren auf Asien prallte.

In Indien leben 18 % der Weltbevölkerung, die sich auf 2,5 % der Landmasse der Erde drängen.

Geografie

Das heutige Indien besteht hauptsächlich aus drei geografischen Zonen: den Gipfeln und Bergkämmen des Himalajas an der nördlichen Grenze, den Schwemmlandebenen der Flüsse Indus und Ganges im Norden und dem Dekkan-Hochplateau im Herzen von Indiens dreieckiger Halbinsel im Süden.

Der Himalaja

Der Himalaja, das weltweit höchste Gebirge mit dem größten Gipfel Indiens (dem Kangchendzönga; 8598 m) bildet eine schier unüberwindbare Hürde zwischen Indien und seinen Nachbarstaaten im Norden. Die Berge entstanden, als sich der indische Subkontinent von Gondwana, einem Superkontinent auf der Südhalbkugel, der Afrika, die Antarktis, Australien und Südamerika umfasste, löste. Indien driftete nach Norden und traf vor etwa 40 Mio. Jahren langsam, aber mit unvorstellbarer Kraft auf den eurasischen Kontinent. Durch den Aufprall wurde das weiche Sedimentgestein Eurasiens in die Höhe gedrückt; so entstanden der Himalaja und weniger bedeutende Faltengebirge, die sich über 2500 km von Afghanistan nach Myanmar (Birma) erstrecken.

Als der Himalaja im Eiszeitalter (vor weniger als 150 000 Jahren) seine gigantischen Höhen erreichte, waren klimatische Veränderungen die Folge. So entstanden das heute in Indien vorherrschende Monsunklima sowie trockene Regenschattengebiete im Norden.

Die Andamanen und Nikobaren umfassen 572 Inseln und sind die Gipfel einer riesigen unter Wasser liegenden Gebirgskette, die sich über fast 1000 km zwischen Myanmar (Birma) und Sumatra erstreckt.

Die Ganges-Ebene

Nordindien besteht größtenteils aus den weiten Schwemmlandebenen des heiligen Ganges, die zwischen Delhi und dem wasserreichen Marschland Westbengalens gerade mal um 200 m abfallen. Der Fluss vereinigt sich dann mit dem Brahmaputra aus dem Nordosten Indiens und fließt schließlich in Bangladesch ins Meer. Riesige Massen von Sedimentgestein der angrenzenden Hochgebirge häufen sich in den Ebenen an und bilden bis zu 2 km tiefes fruchtbares, gut bewässertes Agrarland. Dieses Gebiet war einst von dichten Wäldern bedeckt, in denen eine vielfältige Tierwelt lebte.

Das Dekkan-Plateau

Südlich der Ganges-Ebene im Norden steigt das Land zum Dekkan-Plateau an, das das mogulische Herzland Nordindiens von den drawidischen Völkern des Südens trennt. Das Plateau wird an beiden Seiten von den West- und Ostghats begrenzt, deren südliche Ausläufer zusammenlaufen und das Nilgiri-Gebirge in Tamil Nadu bilden.

Im Westen des Dekkan-Plateaus fallen die Westghats scharf zum schmalen Tiefland an der Küste ab, wo sie ein üppig bewachsenes abfallendes Gelände aus Regenwald bilden.

Die Inseln

Vor der indischen Küste liegt eine Reihe von Inselgruppen, die politisch gesehen ein Teil Indiens sind, geografisch betrachtet jedoch zur Landmasse von Südostasien und den Inseln des Indischen Ozeans gehören. Die Andamanen und Nikobaren liegen weit vor der Küste im Golf von Bengalen, während es sich bei den nur 32 km² umfassenden Korallenatollen von Lakshadweep, 300 km westlich von Kerala, um eine nördliche Fortsetzung der Malediven handelt.

Umweltprobleme

Weit über 1 Mrd. Einwohner, die rasant fortschreitende Industrialisierung und Verstädterung sowie der flächendeckende Einsatz von Chemie in der Landwirtschaft stellen eine ernsthafte Bedrohung für Indiens Umwelt dar. Schätzungsweise sind etwa 65 % des Landes in irgendeiner Form nachhaltig geschädigt. Viele der heutigen Probleme sind das direkte Erbe der sogenannten Grünen Revolution in den 1960er-Jahren. Damals wurden die landwirtschaftlichen Erträge durch den Einsatz von chemischen Düngemitteln und Pestiziden massiv gesteigert. Der Preis dafür waren enorme Umweltschäden.

Trotz zahlreicher Umweltgesetze treibt die Korruption die Umweltzerstörung weiter voran. Dabei sind u. a. Wasserkraft- und Bergbaukonzerne zu nennen, die sich schamlos über Umweltschutzgesetze hinwegsetzen. Am meisten von der fortschreitenden Umweltzerstörung betroffen sind Bauern aus niedrigen Kasten und Adivasi (Stammesangehörige).

Die landwirtschaftlichen Erträge Indiens sinken, weil sich die Qualität des Bodens durch intensive Landwirtschaft, Versalzung, Rodung und mangelnde Bewässerung verschlechtert hat. Die Zahl der menschlichen Opfer ist dramatisch und hinter all diesen Problemen verbirgt sich die einfache malthussche Wahrheit: Beim heutigen Stand der Entwicklung gibt es in Indien einfach zu viele Menschen.

Klimawandel

Der durch die weltweiten Kohlendioxid-Emissionen verursachte Klimawandel hat in Indien zu massiven und gefährlichen klimatischen Veränderungen geführt. In Sachen Kohlendioxidausstoß pro Kopf liegt das Land weit hinter den USA, Australien und Europa, die hohe Bevölkerungszahl macht es dennoch zu einem der größten Umweltverschmutzer.

Schätzungen zufolge wird die Schwere der Überflutungen und Dürren in Indien bis 2030 um 30 % steigen. Inseln im Lakshadweep-Gebiet sowie Ebenen im Tiefland des Ganges-Deltas werden aufgrund des steigenden Meeresspiegels überschwemmt.

Abholzung

Seit dem Beginn der Unabhängigkeit wurden über 50 000 km² der indischen Wälder durch Abholzung oder Landwirtschaft vernichtet oder durch das Wachsen von Städten, den Bergbau, die Industrialisierung und die Errichtung von Flussdämmen beschädigt. Sogar in den finanziell stark geförderten, intensiv geschützten Parks des Project Tiger hat sich die Fläche geschädigten Waldgebiets wegen illegaler Abholzung verdreifacht. Seit den frühen 1990er-Jahren hat sich der Bestand an Mangrovenwäldern halbiert, wodurch die Laichplätze der Fische im Indischen Ozean und dem Golf von Bengalen reduziert wurden.

Ausführliche Infos zu Indiens Umweltproblemen liefert Down to Earth (www.downtoearth.org.au). Das Onlinemagazin widmet sich Geschichten, die in den Mainstream-Medien keine Rolle spielen.

SCHLECHTE LUFT

In vielen indischen Städten ist die Luftverschmutzung doppelt so hoch wie die von der Weltgesundheitsorganisation erklärte Obergrenze.

In Großstädten wurde ein Lärmpegel von über 90 dB gemessen, was die empfohlene Grenze um das Anderthalbfache übersteigt. Ohrstöpsel mitbringen!

Der erste Fünfjahresplan Indiens von 1951 erkannte die Bedeutung des Waldes für den Schutz des Bodens und es wurden verschiedene politische Maßnahmen zur Aufforstung der Wälder ergriffen. Fast alle Bestimmungen wurden jedoch von Beamten, Kriminellen und auch einfachen Leuten untergraben, die mit den Wäldern ihren Brennholzbedarf decken und sie als Weideland für ihr Vieh nutzen.

Wasserressourcen

Das wohl größte Gesundheitsproblem in Indien besteht im unzureichenden Zugang zu sauberem Trinkwasser und angemessenen Sanitäranlagen. Schätzungen zufolge wird sich die Bevölkerung bis 2050 verdoppeln und so wird der Wasserverbrauch im landwirtschaftlichen, industriellen und privaten Bereich wohl weiter stark ansteigen. Laut der Weltgesundheitsorganisation verfügen nur acht von über 3000 indischen Städten über angemessene Abwasseranlagen. Oftmals entsorgen Stadtverwaltungen ungeklärte Abwässer und teils sogar eingeäscherte Tote in Flüssen. Auf dem Land und auch in vielen urbanen Gegenden werden Toilettengänge einfach im Freien erledigt.

Flüsse werden durch Industrieabfälle und Abwasser verschmutzt. In den letzten Jahren hatten Dürren verheerende Auswirkungen auf Teile des Subkontinents und führten zu einer verstärkten Landflucht.

Die Verteilung des Wassers ist ein weiteres brisantes Thema. Seit 1947 wurden in Indien für den Bau riesiger Staudämme etwa 35 Mio. Menschen zwangsumgesiedelt. Die Dämme dienen größtenteils der Energiegewinnung aus Wasserkraft, mit der der Bedarf des zunehmend energiehungrigen Landes gedeckt werden soll. Die so gewonnene Energie gehört zwar zu einer der umweltfreundlicheren Methoden der Stromerzeugung, doch in ganz Indien werden Täler dem Bau von Wasserkraftwerken geopfert, wobei die zwangsumgesiedelte Bevölkerung selten angemessen entschädigt wird.

Praktische Informationen

Frauen & Alleinreisende

Frauen und Alleinreisende sehen sich in Südindien einigen Extrahürden gegenüber – von den Kosten (für die Alleinreisenden) bis zu passender Kleidung (das betrifft die Frauen). Wie überall sonst zahlt es sich auch hier aus, entsprechend vorbereitet zu sein.

Frauen unterwegs

Auch wenn Bollywood etwas anderes suggeriert, bleibt Indien eine überwiegend konservative Gesellschaft. Frauen auf Reisen müssen daran denken, dass ihr Verhalten und ihre Bekleidung unter scharfer Beobachtung stehen, vor allem jenseits von Touristenzielen.

Aufmerksamkeit

- Frauen werden häufig angestarrt; damit müssen sie leben und sollten es sich nicht zu Herzen nehmen.
- Frauen sollten die männlichen Blicke aber keinesfalls erwidern, das könnte als Aufforderung verstanden werden.
- Sonnenbrillen, Handys, elektronische Gerätschaften und Bücher helfen dabei, unerwünschte Gespräche zu verhindern.

Kleidung

Wer auf kulturell unangemessene Kleidung verzichtet, wird weniger unerwünschte Blicke auf sich ziehen.

- Ärmellose Tops, Shorts und Miniröcke meiden (knöchellange Röcke sind empfehlenswert) sowie alles, das knapp, durchsichtig oder enganliegend ist.
- Kleidung im indischen Stil zu tragen, macht einen guten Eindruck und verringert die Wahrscheinlichkeit, belästigt zu werden.
- Einen *dupatta* (langen Schal) über dem T-Shirt zu tragen, ist eine weitere Möglichkeit, lästige Blicke zu vermeiden – er ist auch sehr praktisch, wenn frau einen Schrein besucht und eventuell den Kopf verhüllen muss.
- Wer einen *salwar kameez* (traditionelle kleidartige Tunika und Hosen) trägt, fällt weniger auf.
- Eine schicke Alternative zum *salwar kameez* ist eine *kurta* (langes Hemd), die über Jeans oder Hosen getragen wird.
- Frau sollte sich nicht mit einem *choli* (Sari-Bluse) oder einem Sari-Unterrock (den manche Ausländerinnen fälschlicherweise für einen Rock halten) in der Öffentlichkeit zeigen. Dies sieht aus, als würde sie halb bekleidet herumstolzieren.
- Viele Inderinnen tragen lange Shorts und ein T-Shirt, wenn sie in der Öffentlichkeit schwimmen (außer an Pools). Es ist ratsam, vom Strand zum Hotel einen Sarong zu tragen.

Gesundheit & Hygiene

Binden gibt es überall, Tampons normalerweise nur in Apotheken der Großstädte und Touristenorten (auch hier nur in eingeschränkter Auswahl). An Vorrat für Reisen jenseits der üblichen Pfade denken!

Sexuelle Belästigung

Viele Frauen haben nach ihrer Indienreise von sexueller Belästigung irgendeiner Form berichtet.

- Die meisten Fälle passieren in den städtischen Zentren und beliebten Touristenorten. Berichtet wird von lüsternen Bemerkungen, Verletzung der Privatsphäre und Begrapschen.
- In anderen Fällen war von provokativen Gesten und Gejohle die Rede, manche Frauen wurden „versehentlich" auf der Straße angerempelt oder sogar verfolgt.
- Zwischenfälle passieren besonders häufig inmitten überschwenglich feiernder Menschenmassen wie etwa beim Holi-Fest.
- Frauen, die in männlicher Begleitung reisen, werden seltener belästigt.

Sicher reisen

Folgende Tipps sollten sich auf Reisen als hilfreich erweisen, um unbehagliche Situationen zu vermeiden:

- Gespräche mit unbekannten Männern auf das Nötigste beschränken – Smalltalk mit nahezu Unbekannten kann als Zeichen sexuellen Interesses missinterpretiert werden.
- Fragen und Kommentare wie „Hast du einen Freund?" oder „Du bist sehr schön" sind Anzeichen, dass ein Gespräch eine erotische Wendung zu nehmen droht.
- Manche Frauen tragen einen falschen Ehering oder erwähnen in Gesprächen frühzeitig, dass sie verheiratet oder verlobt sind (unabhängig vom Wahrheitsgehalt).
- Wenn frau das Gefühl hat, dass ein Typ ihr zu nahe kommt, ist das meistens auch so. Die deutliche Aufforderung, auf Abstand zu bleiben, schafft meist Abhilfe, vor allem bei einem lauten und barschen Tonfall, der die Aufmerksamkeit Umstehender erregt.
- Auch völlige Nichtbeachtung kann sehr effektiv sein.
- Ebenfalls empfehlenswert: wie die Inderinnen aufs Händeschütteln verzichten und stattdessen den traditionellen respektvollen Hindugruß entbieten – Namaste!
- Keinen teuer aussehenden Schmuck anlegen und keine auffälligen Accessoires tragen.
- Wie vertrauenswürdig ist ein Lehrer oder Therapeut? Vor Einzelsitzungen Empfehlungen von Mitreisenden einholen! Manche Frauen berichten von sexuellen Belästigungen durch Masseure oder andere Therapeuten. Wenn frau sich unwohl fühlt, sollte sie gehen.
- Die Zimmertür im Hotel immer abschließen, da das Personal (besonders in preisgünstigen und mittelteuren Unterkünften) gern klopft und sofort eintritt, ohne auf Erlaubnis zu warten.
- Die Ankunft in einer Stadt sollte vor Einbruch der Dunkelheit erfolgen. Frau ist nachts nicht allein unterwegs und vermeidet selbst tagsüber Alleingänge in einsamen Gegenden.
- In der Öffentlichkeit sollte frau sich selbstsicher bewegen – es ist besser, schon im Hotel die Laufroute zu planen als auf der Straße in die Karte zu starren, denn bei Letzterem wirkt frau verlassen (und damit verletzlicher).

Taxis & Öffentlicher Nahverkehr

Eine Frau zu sein, hat manche Vorteile. Sie darf sich beim Einsteigen in Bus und Zug ungestraft vordrängeln, und im Zug gibt es ausgewiesene Frauenabteile.

- Alleinreisende Frauen sollten vor allem bei nächtlicher Ankunft den Transfer vom Flughafen ins Hotel im Voraus arrangieren.
- In Indiens größeren Städten gibt es einen Prepaid-Funktaxi-Service wie Easycabs – die Taxis sind teurer als die regulären, werben aber mit ihrer Sicherheit und mit Fahrern, die vor ihrer Einstellung überprüft wurden.
- Wer ein reguläres Prepaid-Taxi erwischt, sollte vor den Augen des Fahrers seinen Namen und das Nummernschild notieren und den Zettel einem Flughafenpolizisten zu geben.
- Spät in der Nacht sollte frau nicht allein in ein Taxi steigen und niemals zu mehr als einem Mann (dem Fahrer) – und dabei Behauptungen ignorieren wie „das ist nur mein Bruder" etc.
- Belästigungen lassen sich reduzieren, wenn frau sich für die teurere Zugklasse entscheidet, besonders bei Nachtfahrten.
- Für Nachtfahrten in einem Liegewagen mit drei Betten sollte frau möglichst die oberste Koje belegen, das verschafft mehr Privatsphäre und größere Distanz zu möglichen Grapschern.

INFOS IM INTERNET

Frauen teilen ihre persönlichen Reiseerfahrungen auf www.journeywoman.com und www.wanderlustandlipstick.com.

- In öffentlichen Verkehrsmitteln sollte frau ruhig jegliche umherirrende Gliedmaßen wegschieben, ein Gepäckstück zwischen sich und andere Mitfahrer stellen, laut werden (Aufmerksamkeit erregen und damit den Kerl beschämen) oder einfach einen neuen Platz suchen.

Alleinreisende

Ein Vorteil Alleinreisender ist, dass sie leichter von Familien aufgenommen werden, insbesondere nach einer langen gemeinsamen Zugfahrt. Zudem bietet sich die Chance, neue Freundschaften zu knüpfen und tiefere Einblicke in die einheimische Kultur zu erlangen. Wer Mitreisende kennenlernen möchte, ist in Touristenhochburgen wie Goa und Kerala richtig. Alternativ schaut man sich im Thorn Tree Travel Forum (www.lonelyplanet.com/thorntree) von Lonely Planet nach Mitreisenden um.

Kosten

Das größte Problem für Alleinreisende sind die Kosten.

- Einzelzimmer sind manchmal nicht viel billiger als Doppelzimmer.
- Manche Mittel- und Spitzenklasseunterkünfte bieten gar keine Einzelzimmertarife an.
- Es ist immer einen Versuch wert, über einen niedrigeren Preis für die Einzelbelegung zu verhandeln.

Sicherheit

Alleinreisende berichten von keinen nennenswerten

Problemen in Indien, doch wie überall auf der Welt ist es ratsam, in unbekanntem Terrain auf der Hut zu sein.

➡ Einige wenig ehrenhafte Gesellen (Einheimische wie Besucher) betrachten alleinreisende Touristen als leichte Beute für Überfälle und sexuelle Übergriffe.

➡ Männer, die allein in einsamen Gegenden unterwegs waren, wurden schon ausgeraubt, selbst tagsüber.

Transport

➡ Man spart Geld, wenn man sich Taxis oder Autorikschas mit anderen Reisenden teilt oder auch gemeinsam ein Auto für längere Fahrten mietet.

➡ Alleinreisende können im Bus vielleicht den Sitz des „Co-Piloten" (d. h. neben dem Fahrer) ergattern. Sie haben dann nicht nur eine hervorragende Aussicht, sondern auch mehr Platz fürs Gepäck.

Gefahren & Ärgernisse

Abzocke, ob nach klassischen oder neuartigen Methoden, ist in Indien ganz sicher kein Fremdwort. Mit Basiswissen zum Thema, ein bisschen gesundem Menschenverstand und Vorsicht lassen sich die meisten Gefahren jedoch umschiffen. Um für die allerneuesten Tricks gewappnet zu sein, fragt man am besten bei Mitreisenden nach. In Lonely Planets Thorn Tree Travel Forum (www.lonelyplanet.com/thorntree) für Indienreisen warnen Urlauber außerdem oft vor Problemen, mit denen sie unterwegs zu kämpfen hatten.

Betäubungsmittel

➡ Gelegentlich werden Touristen (vor allem, wenn sie allein unterwegs sind) bei Zug- oder Busfahrten Betäubungsmittel verabreicht und dann ausgeraubt. Meist wird die entsprechende Substanz in ein Getränk gemischt, zudem sollte man sich vor Schokolade, Tees von verdächtigen Verkäufern und „hausgemachtem" Essen in Acht nehmen. Einfach auf den Instinkt hören und im Zweifelsfall von Fremden angebotene Lebensmittel und Getränke höflich ablehnen.

HAUPTSACHE SICHER

➡ Eine gute Reiseversicherung ist sinnvoll.

➡ Man sollte sich Kopien des Reisepasses, des Visums und der Flugtickets an die eigene Adresse mailen und außerdem Kopien dabei haben.

➡ Geld und Pass am besten in einem Geldgürtel o. Ä. unter der Kleidung versteckt tragen.

➡ Man sollte 100 US$ oder mehr als „Notgroschen" getrennt vom restlichen Geld und den Karten aufbewahren.

➡ In der Öffentlichkeit nicht mit dicken Geldbündeln rumwedeln, z. B. wenn man eine Dienstleistung bezahlt oder in einem Hotel eincheckt.

➡ In Billighotels die Zimmertür falls möglich mit einem eigenen Schloss sichern.

➡ Wer die Zimmertür nicht vernünftig von innen abschließen kann, sollte sich nach einer anderen Bleibe umsehen.

Diebstahl

➡ Wie in jedem anderen Land kommt es auch in Indien zu Diebstählen. Bei Bus- und Zugreisen sollte man sein Gepäck sicher verschließen. Besondere Wachsamkeit ist bei der Abfahrt eines Zuges angesagt, da die Täter dann gute Chancen haben zu entkommen.

➡ Aufpassen muss man auch in Schlafsälen. Niemals sollte man Wertgegenstände im Zimmer lassen. Wenn vorhanden, unbedingt den Safe benutzen!

➡ Bei Verlust der Kreditkarte wählt man die internationale Notsperrnummer ☎116. Bei Verlust von Reiseschecks wendet man sich an die Büros von American Express oder Thomas Cook in Delhi.

Edelsteinabzocke

➡ Bei diesem klassischen Trick versprechen charmante Betrüger Leichtgläubigen das „Geschäft ihres Lebens". Reisende werden dazu animiert, Edelsteine mit in ihr Heimatland zu transportieren oder zu schicken, um sie dann dort gewinnbringend an Co-Händler weiterzuverkaufen. Die Waren sind, wenn sie denn überhaupt ankommen, ausnahmslos einen Bruchteil von dem wert, was man im Vorfeld für sie zahlt, und die Co-Händler existieren natürlich nicht.

BELIEBTE TRICKS

- Urplötzlich hat man Schmutz (Straßen- oder Hundedreck, Farbe) am Schuh, woraufhin wie aus dem Nichts ein Schuhputzer erscheint, der – gegen eine entsprechende Gebühr – seine Dienste anbietet.
- Geschäfte und Restaurants kopieren die Namen erfolgreicherer und beliebterer Konkurrenten.
- Betrüger geben sich als „staatlich geprüfte" Fremdenführer oder Reiseveranstalter aus und kassieren hohe Summen für ihre Dienste. Verlässliche Infos über zertifizierte Führer erteilen Touristeninformationen, zudem sollte man die Guides nach einem entsprechenden Nachweis fragen.
- Besonders perfide: Manche Souvenirverkäufer bieten Touristen Provisionszahlungen an, wenn sie sich als zufriedene Kunden ausgeben und damit andere Reisende anlocken!

- Dramatischen Geschichten über nicht erteilte Exportlizenzen sollte man keinen Glauben schenken, genauso wenig wie den Empfehlungsschreiben von anderen Reisenden. Dabei handelt es sich um Fälschungen. Die gleiche Masche wird häufig auch mit Teppichen, Kuriositäten und *Pashmina*-Waren abgezogen.

Fotografieren

- Beim Fotografieren von Personen sollte man respektvoll handeln oder um Erlaubnis bitten. Oft wird – natürlich erst nachdem das Foto gemacht wurde – Geld fürs „Modellstehen" verlangt; das übliche Argument: Man werde dieses an eine internationale Zeitschrift verkaufen.

Kreditkartenabzocke

- Vorsicht ist geboten, wenn man Souvenirs mit der Kreditkarte zahlt. In staatlichen Läden droht in der Regel keine Gefahr, aber in Privatgeschäften werden manchmal heimlich Kopien vom Kreditkartenbeleg angefertigt, die später für illegale Transaktionen genutzt werden. Am besten bittet man darum, dass die Kartenzahlung vor den eigenen Augen durchgeführt wird. Eine weitere gute Strategie gegen Missbrauch ist, sich die CVV-/CVC2-Nummer einzuprägen und auf der Karte unleserlich zu machen.

Schlepper & Provisionshaie

- Schlepper nehmen die verschiedensten Rollen an und operieren auf mysteriöse Art und Weise. Taxi- und Rikschafahrer zwingen ihren Kunden oft ein bestimmtes Budgethotel auf, um dann an der Rezeption eine Kommission (die im Zimmerpreis enthalten ist) einzustreichen.
- Wenn möglich, sollte man das Hotel samt Abholservice vorab buchen (zumindest für die erste Nacht). Häufig wird behauptet, die gewünschte Unterkunft sei ausgebucht oder geschlossen – das überprüft man besser persönlich!
- Bei Äußerungen wie „der Laden meines Bruders" oder „tolle Angebote bei meinem Freund" ist Skepsis angebracht. Viele Betrüger machen gemeinsame Sache mit Souvenirverkäufern, deswegen sollte man bei teuren Artikeln in Privatgeschäften vorsichtig sein.
- Vorsicht vor freundlichen Menschen, die an Bahnhöfen oder Busbahnhöfen ungefragt ihre Hilfe anbieten! Eine gute Strategie ist ein sicheres Auftreten. Falls jemand fragt, ob dies die erste Indienreise sei, behauptet man einfach, schon mehrere Male hier gewesen zu sein, auch wenn es nicht stimmt. Abschreckend auf Schlepper wirkt zudem die Aussage, man habe bereits für die Beförderung/Tour/Weiterreise bezahlt.
- In großen Touristenzentren gibt es besonders viele lästige Schlepper.

Transportnepp

- Nach der Ankunft in Bahnhöfen und Flughäfen den Weitertransport immer an staatlich geprüften Schaltern buchen! In den Ankunftshallen aller großen Flughäfen gibt es mittlerweile Schalter für Funktaxis, Prepaid-Taxis und Shuttlebusse. Niemals auf das Angebot eines herumlungernden Taxifahrers eingehen, der eine günstige Fahrt ins Zentrum anbietet, vor allem nachts!
- Bei der Buchung mehrtägiger Sightseeing-Touren sollte man sich an Touristeninformationen, Empfehlungen in diesem Band oder Tipps von Freunden halten, die diese persönlich ausprobiert haben.
- Wer sein Bus-, Zug- oder Flugticket nicht bei einem offiziellen Anbieter kauft, sollte überprüfen, ob er auch wirklich die Sitzklasse bekommt, für die er bezahlt hat. Wenn möglich, sollte man online buchen.
- Manche Betrüger geben sich als Indian-Railways-Mitarbeiter aus und behaupten, dass die Entwertung der E-Tickets Geld kostet; solche Hinweise am besten ignorieren.

Verunreinigte Speisen & Getränke

➡ Unterwegs sollte man, wenn möglich, Proviant mitnehmen. Wer auf eine Stärkung an Bahnhöfen oder Busbahnhöfen angewiesen ist, folgt am besten der breiten Masse und hält sich an gut besuchte Läden. Finger weg von Lebensmitteln, die nicht frisch wirken oder ungeschützt aufbewahrt werden!

➡ Abgefülltes Wasser ist in der Regel in Ordnung. Allerdings sollte man überprüfen, ob der Verschluss unversehrt ist und nicht am Flaschenboden herumhantiert wurde. Leere Plastikflaschen zusammenknüllen, wenn sie leer sind, um Missbrauch zu vermeiden. Noch besser ist es, eine eigene Wasserflasche und Wasserreinigungstabletten zu verwenden; auf diese Weise trägt man nicht zu Indiens wachsendem Plastikmüllberg bei.

Wucherpreise

➡ Preise sollten immer vorab ausgehandelt werden, vor allem wenn es keine regulierten Tarife für die entsprechende Dienstleistung gibt. Das gilt vor allem für kumpelhafte Guides, Snackbars in touristischen Gegenden sowie Autorikschas und Taxis ohne Taxameter.

Allgemeine Informationen

Botschaften & Konsulate

Die meisten Botschaften befinden sich in Delhi. Einige Länder unterhalten zudem Konsulate in anderen indischen Städten (s. Websites, falls angegeben). Viele diplomatische Vertretungen bearbeiten Visumsanträge nur zu bestimmten Zeiten (meist morgens); am besten ruft man vorher an. Im Folgenden einige relevante Adressen:

Bangladesch (www.bhcdelhi.org) Delhi (☎011-24121394; EP39 Dr. Radakrishnan Marg, Chanakyapuri); Kolkata (☎033-40127500; 9 Bangabandhu Sheikh Mujib Sarani)

Bhutan (www.bhutan.gov.bt) Chandragupta Marg, Chanakyapuri, Delhi (☎011-26889230)

China (www.in.chineseembassy.org); Delhi (☎011-26112345; 50D, Shantipath, Chanakyapuri); Kolkata (☎033-40048169; EC72, Sector I, Salt Lake); Mumbai (☎022-56324303; Hoechst House, 193 Backbay Reclamation, Nariman Point)

Deutschland (www.new-delhi.diplo.de); Chennai (☎044-24301600; 9 Boat Club Rd, RA Puram); Delhi (☎011-44199199; 6/50G Shantipath, Chanakyapuri); Kolkata (☎033-24791141; 1 Hastings Park Rd, Alipore); Mumbai (☎022-22832422; 10. OG, Hoechst House, Nariman Point)

Malediven (www.maldiveshighcom.in/) Delhi (☎011-414 35701; B2 Anand Niketan)

Myanmar Delhi (☎011-24678822; 3/50F Nyaya Marg); Kolkata (☎033-24851658; 57K Ballygunge Circular Rd)

Nepal Delhi (☎011-23327361; Mandi House, Barakhamba Rd); Kolkata (☎033-24561224; 1 National Library Ave, Alipore)

Österreich (www.aussenministerium.at/newdelhi); Delhi (☎011-24192700; EP-13, Chandragupta Marg, Chanakyapuri); Mumbai (☎022-2285 1734; 2. OG, 26 Maker Chambers IV, Nariman Point)

Pakistan Shantipath, Chanakyapuri, Delhi (☎011-24676004; 2/50G)

Schweiz (www.eda.admin.ch); Delhi (☎011-49959500; Nyaya Marg, Chanakyapuri); Mumbai (☎022-228845-63/64/65; 102 Maker Chambers IV, 10. OG, 222 Jamnalal Bajaj Marg, Nariman Point)

Sri Lanka (www.newdelhi.mission.gov.lk); Chennai (☎044-24987896; 196 TTK Rd, Alwarpet); Delhi (☎011-23010201; 27 Kautilya Marg, Chanakyapuri); Mumbai (☎022-22045861; Mulla House, 34 Homi Modi St, Fort)

Essen

Infos zur südindischen Küche gibt's im Kapitel „Köstliches Südindien" (S. 498).

Feiertage & Ferien

Indien hat drei offizielle Nationalfeiertage. Zusätzlich zelebrieren alle Bundesstaaten ihre eigenen offiziellen Feiertage. Außerdem gibt es noch religiöse Großveranstaltungen und verlängerte Wochenenden für Regierungsangestellte. Die allermeisten Einrichtungen (z. B. Behörden, Geschäfte) haben an öffentlichen Feiertagen geschlossen, während öffentliche Verkehrsmittel normalerweise fahren. Wer eine Stadt während eines großen religiösen Festivals besuchen will, sollte sich unbedingt rechtzeitig um die Anreise und eine Hotelreservierung kümmern.

Tag der Republik 26. Januar

Mahavir Jayanti (jainistisch) Februar

Holi (hinduistisch) März

Ostern (christlich) März/April

PREISKATEGORIEN: ESSEN

Folgende Preiskategorien gelten für ein Hauptgericht.

KATEGORIE	PREIS
$ Günstig	unter 100 ₹
$$ Mittelteuer	100–300 ₹
$$$ Teuer	ab 300 ₹

Buddha Jayanti (buddhistisch) April/Mai
Unabhängigkeitstag 15. August
Eid al-Fitr (muslimisch) August/September
Dussehra (hinduistisch) September/Oktober
Gandhi Jayanti 2. Oktober
Diwali (hinduistisch) Oktober/November
Guru Nanak Jayanti (sikhistisch) November
Weihnachten (christlich) 25. Dezember

Fotos

Nützliche Tipps und Tricks für Reisefotografen liefert der englischsprachige Lonely Planet Band *Travel Photography.*

Digitalfotografie

- Fotogeschäfte in größeren Städten und Metropolen verkaufen Speicherkarten für Digitalkameras. Allerdings schwankt die Qualität der Speicherkarten – bei vielen ist die Kapazität geringer als angegeben. Eine 4-GB-Karte kostet 500 ₹ aufwärts.
- Sinnvollerweise sichert man seine Fotos zwischendurch auf einem anderen Medium, um Verluste zu vermeiden. Internet-Cafés bieten den Service für 60 bis 120 ₹ pro CD an. In einigen Fotoläden werden Abzüge von Digitalbildern zu den handelsüblichen Preisen analoger Filme gemacht.

Einschränkungen

- Indiens Behörden reagieren empfindlich, wenn jemand militärische Objekte fotografiert. Darunter fallen z.B. Bahnhöfe, Brücken, Flughäfen, Armeegelände und heikle Grenzregionen.
- Luftaufnahmen werden in der Regel toleriert, es sei denn der Abflug- oder Zielflughafen wird auch vom Militär genutzt.
- Auch an vielen religiösen Orten (z.B. Klöstern, Tempeln und Moscheen) ist das Fotografieren untersagt. Wer das Innere von Schreinen oder Beerdigungen, religiöse Zeremonien bzw. öffentlich badende Menschen (auch in Flüssen) ablichtet, riskiert ebenfalls Ärger; daher immer um Erlaubnis fragen!
- Die Verwendung von Blitzlicht ist teilweise in manchen Bereichen von Tempeln und historischen Monumenten oder gleich ganz untersagt.
- Beim Fotografieren von Personen, insbesondere von Frauen, ist Sensibilität gefragt. Auch hier gilt: Vorher fragen, ob man es darf!
- In touristischen Gegenden kann es passieren, dass Einheimische für ein Foto von sich Geld verlangen. In solchen Situationen ist Intuition gefragt: Hat man das Gefühl, das Geld kommt tatsächlich der entsprechenden Person und deren Familie zugute, kann man ruhig etwas zahlen. Wirkt das Ganze hingegen wie eine Touristenfalle, nimmt man besser davon Abstand. In jedem Fall sollte man vorher um Erlaubnis bitten, um spätere Missverständnisse zu vermeiden.

Gefahren & Ärgernisse

In Südindiens Großstädten kann man durchaus zum Opfer von Abzockern und Kleinkriminellen werden. Mit etwas gesundem Menschenverstand und entsprechender Vorsicht lassen sich die meisten Probleme jedoch vermeiden. Gerade für Alleinreisende und Frauen lohnt sich zudem ein Blick auf S. 534 und S. 537 in diesem Buch. Im Indien-Bereich des **Thorn-Tree-Forums** (www.lonelyplanet.com/thorntree), Teil der englischsprachigen Lonely Planet Website, berichten Traveller häufig auch von den Schwierigkeiten, mit denen sie vor Ort zu kämpfen hatten. Den aktuellen Reisewarnungen des eigenen Außenministeriums sollte man außerdem unbedingt Beachtung schenken.

Terrorismus

In Indien kämpfen mehrere Separatistengruppen – teils auch bewaffnet – für verschiedene Ziele. Dabei bedienen sich diese Gruppen aller bekannten Standardmethoden des internationalen Terrorismus: Morde und Bombenanschläge auf Regierungseinrichtungen, öffentliche Verkehrsmittel, religiöse Zentren, Märkte und beliebte Touristenziele.

Ausgangssperren und Streiks können den Straßenverkehr komplett lahm legen (ebenso wie Banken, Einkaufsläden usw.) Auch in Europa oder den USA kann man zum Terroropfer werden. Somit gibt's keinen Grund, um Indien generell einen Bogen zu machen. Vor dem Aufbruch in bestimmte Gebiete ist es aber grundsätzlich ratsam, die aktuelle Sicherheitslage besonders sorgfältig zu checken.

Geld

Eine indische Rupie (₹) besteht aus 100 Paisa (P), wobei Paisa-Münzen immer seltener werden. Geldstücke gibt's im Wert von 1, 2, 5 und 10 ₹ (die 1er- und 2er-Münzen sehen fast identisch aus). Zudem kursieren Banknoten zu 5, 10, 20, 50, 100, 500 und 1000 ₹. Letztere sind zwar praktisch bei großen Beträgen, verursachen beim Bezahlen kleinerer Dienstleistungen aber nicht selten Wechselgeldprobleme. Der Rupienkurs ist an andere Währungen gekoppelt und schwankte in den letzten Jahren.

Bargeld

- Wichtige Währungen wie US-Dollar, Britische Pfund und Euro lassen sich eigentlich überall in Indien einwechseln, manche Banken nehmen allerdings nur Reiseschecks an. Einige Banken akzeptieren darüber hinaus auch andere Währungen – etwa den Schweizer Franken.

➡ Private Geldwechsler tauschen in verschiedenste Währungen, aber fernab der Grenzen lässt sich z. B. Geld aus Pakistan, Nepal oder Bangladesch nur noch schwer umtauschen. Wer abseits der Standardrouten unterwegs ist, sollte immer ausreichend Bargeld in kleiner Stückelung dabeihaben.

➡ Bei jedem Geldwechsel muss jeder einzelne Schein kontrolliert werden. Verschmutzte, beschriebene, eingerissene oder auseinanderfallende Scheine sollten abgelehnt werden, weil sie später oft nicht akzeptiert werden.

➡ Wechselgeld ist ein ziemlich großes Problem im Land. Deshalb ist es sinnvoll, immer für einen Vorrat an kleinen Scheinen Sorge zu tragen: 10 ₹-, 20 ₹- und 50 ₹-Scheine sind immer besonders gefragt.

➡ Offiziell darf man keine Rupien außer Landes bringen, kontrolliert wird das jedoch eher lax. Übrig gebliebene Rupien können am Ende der Reise in eine beliebige ausländische Währung umgetauscht werden, am einfachsten funktioniert das am Flughafen (einige Banken verlangen als Minimum 1000 ₹). Manche wollen aber Wechselbescheinigungen oder Kreditkarten-/Geldautomatenquittungen, und man muss seinen Reisepass und eventuell sogar das Ticket für den Rückflug vorzeigen.

Geldautomaten

➡ Geldautomaten gibt es in den meisten Stadtzentren.

➡ Karten von Visa, MasterCard, Cirrus, Maestro und Plus werden am häufigsten akzeptiert.

➡ Auch indische Banken wie Axis Bank, Citibank, HDFC, HSBC, ICICI und die State Bank of India akzeptieren ausländische Karten. Andere Banken akzeptieren meist auch Kreditkarten großer Anbieter (Visa, MasterCard, etc.), jedoch manchmal nicht jede Art von Karte.

➡ Vor dem Start sollte man sich bei der eigenen Bank nach den anfallenden Gebühren und den Möglichkeiten der Kartenbenutzung vor Ort erkundigen.

➡ Zudem kann es ratsam sein, der eigenen Bank den genauen Zeitraum des Indientrips mitzuteilen. Andernfalls wird die Karte eventuell wegen Missbrauchsverdachts gesperrt! Für alle Fälle sollte man unbedingt die Telefonnummer der eigenen Bank mitnehmen!

➡ Wichtig: Notrufnummern für verlorene und gestohlene Bank- bzw. Kreditkarten immer sicher an einem separaten Ort verwahren! Den Verlust oder Diebstahl sofort melden!

➡ Außerhalb größerer Städte sind stets Bargeld (ein paar Rupien in der Tasche) oder Reiseschecks als Reserve ratsam.

Geldwechsler

➡ Private Geldwechsler sind in der Regel länger verfügbar als Banken und sind überall im Land zu finden (meist unter einem Dach mit einem Internetcafé oder einem Reisebüro). Gehobene Hotels tauschen ebenfalls Geld, allerdings zu ungleich schlechteren Kursen.

Internationale Überweisungen

➡ Wem unterwegs das Geld ausgeht, der kann sich über ein an **Moneygram** (www.moneygram.com) oder **Western Union** (www.westernunion.com) angeschlossenes Geldinstitut Geld aus dem Heimatland nach Indien schicken lassen. Um das Geld dann ausgezahlt zu bekommen, werden der Reisepass und der Name sowie die Referenznummer der Person, die zu Hause die Anweisung getätigt hat, verlangt.

Kreditkarten

➡ Kreditkarten werden in immer mehr Geschäften, guten Restaurants und Mittel- sowie Spitzenklassehotels angenommen. Gewöhnlich kann man auch Flug- oder Zugtickets per Karte bezahlen.

➡ Bargeld lässt sich auch mit der Kreditkarte in einigen Banken auszahlen.

➡ MasterCard und Visa sind die gängigsten Karten.

Reiseschecks

➡ In Indien werden alle bekannten Reiseschecks akzeptiert. Manche Banken lösen aber nur Exemplare von American Express (Amex) und Thomas Cook ein.

➡ Mit Schecks in Euro, US-Dollar oder Britischen Pfund Sterling ist man vor allem in kleineren Ortschaften auf der sicheren Seite.

➡ Die Seriennummern sollten aufgeschrieben sowie zusammen mit Kaufquittungen, Wechselbelegen und Passkopien (inkl. Visumsseite) getrennt von den Schecks aufbewahrt werden. Bei Scheckverlust oder -diebstahl kontaktiert man am besten sofort Amex oder Thomas Cook in Delhi.

➡ Das Ersetzen von Reiseschecks erfordert den Originalkaufbeleg und die Seriennummern der fehlenden Exemplare. Eventuell sind auch ein Passfoto und eine Kopie des polizeilichen Verlustprotokolls vorzulegen. Bei unbekannten Seriennummern kontaktiert das ausstellende Unternehmen (z. B. Amex) die jeweilige Verkaufsstelle.

Schwarzmarkt

➡ Auch in Indien gibt's illegale Geldwechsler. Angesichts der vielen offiziellen Wechselstuben besteht aber kein

Grund, auf sie zurückzugreifen – es sei denn vielleicht, ein Grenzübertritt auf dem Landweg erfordert vor Ort einen kleinen Barbetrag. Wenn Passanten ungefragt ihre Dienste als Geldwechsler anbieten, steckt dahinter meist irgendeine miese Masche.

Trinkgeld, Bakschisch & Handeln

➡ In touristischen Restaurants oder Hotels ist die Servicepauschale in der Regel schon in der Rechnung enthalten und das Trinkgeld deshalb eine freiwillige Angelegenheit. Anderswo wird es aber erwartet.

➡ Hotelpagen und Gepäckträger an Bahnhöfen erwarten um die 50 ₹, die Hotelangestellten für ihren Service – egal ob im Rahmen der Pflicht oder darüber hinaus – etwa gleich viel. Trinkgeld für Taxi- und Rikschafahrer ist kein Muss, sollte aber gegeben werden, wenn man zufrieden war.

➡ Wer für mehrere Tage ein Auto mit Chauffeur mietet, sollte einen guten Service ebenfalls ausreichend belohnen.

➡ Bakschisch wird zwar gemeinhin mit „Trinkgeld" übersetzt, meint aber in der Regel alles von Almosen für Bettler bis hin zur Bestechung.

➡ Viele Inder beschwören die Touristen, Kindern keine Süßigkeiten, Stifte oder Geld zu geben, um sie nicht im Betteln zu bestärken. Sinnvoller ist eine Spende an eine Schule oder eine renommierte karitative Organisation.

➡ Handeln und Feilschen ist außerhalb der Läden mit Festpreisen (dazu zählen die staatlichen Läden und die Fair-Trade-Kooperativen) durchaus üblich.

Wechselbescheinigungen

➡ Per Gesetz sind ausländische Währungen in Indien stets bei offiziellen Wechselstuben oder Banken umzutauschen.

➡ Nach jeder (legalen) Transaktion gibt's eine Wechselbescheinigung (Beleg), mit der sich Rupien bei der Abreise wieder in Euro oder Schweizer Franken verwandeln lassen.

➡ Die Summe der vorgelegten Belege muss den Betrag abdecken, den man zurücktauschen will.

➡ Alternativ akzeptieren viele Banken auch Automatenquittungen als Nachweise für internationale Transaktionen.

PRAKTISCH & KONKRET

➡ **Zeitungen & Zeitschriften** Zu den größten englischsprachigen Tageszeitungen zählen *Hindustan Times*, *Times of India*, *Indian Express*, *Hindu*, *Statesman*, *Telegrapgh*, *Daily News & Analysis (DNA)* und *Economic Times*. Indienweit erscheinen zudem englisch- und landessprachige Regionalblätter. Übers aktuelle Tagesgeschehen berichten Magazine wie *Frontline*, *India Today*, *Week*, *Open*, *Tehelka* und *Outlook*.

➡ **Radio** Als Staatssender mit über 220 Stationen bringt das *All India Radio* (AIR) landesweit lokale und internationale Nachrichten. Es gibt private Radioprogramme mit Musik, Reportagen, Talkshows und mehr.

➡ **Fernsehen & Video** Der staatliche Fernsehsender heißt *Doordarshan*. Deutlich beliebter sind jedoch Satelliten- oder Kabelfernsehen mit englischsprachigen Kanälen wie *BBC*, *CNN*, *Star World*, *HBO*, *National Geographic* und *Discovery*.

➡ **Maße & Gewichte** Offiziell benutzt Indien das metrische System. Zusätzlich wird oft von *lakhs* (1 lakh = 100 000) und *crores* (1 crore = 10 Mio.) gesprochen.

Internetzugang

Internetcafés sind in Indien weit verbreitet. Außer in entlegeneren Ecken haben sie normalerweise recht schnelle Verbindungen. WLAN (📶) gibt's in immer mehr Hotels und manchen großstädtischen Cafés. Man sollte beachten, dass WLAN kostenpflichtig oder kostenlos sein kann, jede Einrichtung kann das frei für sich entscheiden. Hotels, die mit diesem Symbol @ gekennzeichnet sind, bieten Internetzugang für ihre Gäste.

Praktisch & Konkret

➡ Die regional variierenden Internetpreise liegen zwischen ca. 15 und 100 ₹ pro Stunde. Oft muss man mindestens für 15 oder 30 Minuten bezahlen.

➡ Stromausfälle kommen in Indien häufig vor. Damit verfasste E-Mails nicht verloren gehen, ist es ratsam, sie vor dem Absenden im Browser mittels eines Textverarbeitungsprogramms zu schreiben und regelmäßig zu speichern.

➡ Am frühen Morgen und am Nachmittag ist die Übertragungsrate meist am höchsten.

➡ In manchen Internetcafés muss man den Reisepass vorzeigen.

Gefahren & Ärgernisse

➡ Sensible persönliche Daten (z. B. Konto- oder Kreditkartendaten, Adressen usw.) sollten prinzipiell niemals von

Internetcafés aus verschickt werden. Manche Betreiber erfassen alle Tastatureingaben mit spezieller Software, um an Passwörter und E-Mails heranzukommen.

➡ Auch über WLAN sind alle persönlichen Daten am besten tabu. Und Online-Banking auf unbekannten bzw. ungesicherten Systemen ist nie eine gute Idee.

➡ Wer während des Urlaubs an öffentlich zugänglichen Terminals oder PCs Finanztransaktionen tätigt, sollte nach der Heimreise alle Passwörter (E-Mail, Internetbanking, Kreditkarten-Sicherheitscode, etc.) ändern.

Laptops

➡ Wer seinen eigenen Laptop dabei hat, kann sich in vielen Internetcafés per Netzwerkkabel (Ethernet-LAN) einloggen; alternativ richtet man sich einen Account bei einem einheimischem Internet Service Provider (ISP) ein.

➡ Manche Anbieter verkaufen kabellose Prepaid-2G- und 3G-Modemsticks („Dongles"), darunter Reliance, Airtel, Tata Docomo und Vodafone. Einfach in den USB-Anschluss des Laptops stecken und lossurfen.

➡ Wer einen Stick möchte, muss einen Identitätsnachweis und die Adresse in Indien einreichen – meist reicht ein Brief oder eine Rechnung vom Hotel. Dann muss noch eine Freischaltegebühr von rund 1200 ₹ bezahlt werden, in der der Modemstick enthalten ist.

➡ Die Tarife für Breitbandinternet pro Monat liegen zwischen 150 ₹ für 4 GB und 1000 ₹ für 11 GB.

➡ Man sollte sicherstellen, dass der jeweilige Internetanbieter in den Gebieten, die man bereisen möchte, verfügbar ist.

➡ Sinnvoll sind auch universelle Steckdosenadapter mit Überspannungsschutz, die Rechner vor Spannungsspitzen schützen.

➡ Adapter gibt es überall in Indien, während Ersatzsicherungen besser von zu Hause mitgebracht werden.

Karten & Stadtpläne

In Indien erhältliche Karten sind von ganz unterschiedlicher Qualität. In den meisten staatlichen Touristeninformationen gibt's einfache Karten zur Umgebung. Hier einige der besseren Anbieter, deren Produkte in gut sortierten Buchläden liegen:

Eicher (http://maps.eicherworld.com/)

Nelles (www.nelles-verlag.de)

Nest & Wings (www.nestwings.in)

Survey of India (www.surveyofindia.gov.in)

TTK (www.ttkmaps.com)

Öffnungszeiten

➡ Offizielle Geschäftszeit ist montags bis freitags zwischen 10 und 17 Uhr. Viele Behörden und Büros öffnen jedoch später und schließen auch früher.

➡ Die meisten Einrichtungen haben eine offizielle Mittagspause (ca. 13–14 Uhr).

➡ Die lokal variierenden Öffnungszeiten von Bankfilialen erfragt man am besten vor Ort. Wechselstuben arbeiten teils täglich und länger.

➡ Manch größere Postfiliale ist auch den ganzen Samstag und den halben Sonntag über geöffnet.

➡ Gilt die Sechs-Tage-Woche, ist teils am zweiten und vierten Samstag des Monats geschlossen.

➡ Alle Öffnungszeiten sind regional verschieden. In abgeschiedenen Gegenden öffnen und schließen Geschäfte manchmal je nach Wetter, politischer Lage oder der Stimmung des Besitzers.

ÖFFNUNGSZEITEN

In der Regel gelten folgende Öffnungszeiten:

BRANCHE	ÖFFNUNGSZEITEN
Behörden	Mo–Fr 9.30–13 & 14–17.30 Uhr, teilw. an jedem 2. & 4. Sa des Monats geschl.
Fluglinienbüros	Mo–Sa 9.30–17.30 Uhr
Banken	Mo–Fr 10–14 oder 16, Sa bis 12 oder 13 Uhr
Geschäfte	10–19 oder 20 Uhr, teilw. So geschl.
Museen	Di–So 10–17 Uhr
Postfilialen	Mo–Fr 10–16, Sa bis 12 Uhr
Restaurants	mittags 12–15, abends 19–22 oder 23 Uhr
Sehenswürdigkeiten	10–17 Uhr oder Sonnenaufgang–Sonnenuntergang

Post

Indien hat mit über 155 500 Postämtern das weltweit größte Postnetzwerk. Generell sind der Brief- und der postlagernde Service gut, auch wenn es manchmal etwas dauert, bis eine Sendung ankommt – je nachdem, wo man den Brief aufgibt.

Die Beförderung per Luftpost geht schneller als per Schiff, aber bei Wertsachen sollte man lieber einen Kurierdienst (etwa DHL oder TNT) beauftragen – nach Europa kostet das etwa 3000 ₹ pro Kilogramm.

Kleinere, private Kurierdienste sind oft billiger, aber Waren werden zur Kostensenkung manchmal in andere Pakete umgepackt und es verschwindet auch mal was.

Post empfangen

➡ Zum Abholen ist der Reisepass erforderlich.

➡ Auf Briefen nach Indien sollte der Nachname des Adressaten in Großbuchstaben vermerkt und zusätzlich unterstrichen werden. Darunter folgen der Hinweis „Poste Restante" (postlagernde Sendung), „GPO" (General Post Office; Hauptpost) und die betreffende Stadt oder Ortschaft.

➡ Da viele „verschwundene" Briefe nur unter dem Empfängervornamen einsortiert sind, beide Möglichkeiten prüfen! Der Absender sollte seine Adresse angeben, damit nicht abgeholte Post zurückgeschickt wird. Das geschieht etwa nach vier bis acht Wochen.

➡ Pakete lässt man sich am besten per Einschreiben schicken.

AUSFUHRVERBOTE

Um Indiens Kulturerbe zu bewahren, ist die Ausfuhr bestimmter Antiquitäten verboten. Dies gilt insbesondere für Stücke, die nachweislich über 100 Jahre alt sind. Renommierte Antiquitätenhändler kennen die Bestimmungen und kümmern sich bei der legalen Ausfuhr von Objekten um die Exportfreigabe. Ausführliche Informationen zu Antiquitäten, die nicht ausgeführt werden dürfen, liefert die staatliche Website www.asi.nic.in/pdf_data/8.pdf. Die Vorschriften mögen streng erscheinen, doch die Zahl verlorener antiker Kunstwerke und Skulpturen durch den internationalen Antiquitätenhandel ist alarmierend. Besucher sollten angesichts dessen besser auf hochwertige Repliken zurückgreifen.

Der Indian Wildlife Protection Act verbietet jegliche Form des Wildtierhandels. Bitte niemals Produkte kaufen, die den Bestand bedrohter Arten oder deren Lebensräume gefährden! Wer sich nicht daran hält, dem droht eine empfindliche Geld- oder sogar Haftstrafe. Probleme gibt's z. B. bei Elfenbein, *shahtoosh*-Schals (aus dem Unterfell der seltenen Tibetantilope) sowie jeglichen Produkten aus Fell, Haut, Hörnern oder Panzern bedrohter Spezies. Auch der Kauf von aus seltenen Pflanzen hergestellten Artikeln ist verboten.

Post versenden

BRIEFE

➡ Briefe/Luftpostleichtbriefe nach Übersee kosten 20/15 ₹.

➡ Postkarten gehen für ca. 7 ₹ in alle Welt.

➡ Postkarten sollten erst *nach* dem Frankieren beschrieben werden: Manche Postfilialen geben einem bis zu vier Briefmarken für eine einzige Karte.

➡ Internationale Einschreiben kosten 15 ₹ Aufpreis.

PÄCKCHEN & PAKETE

➡ Die Paketaufgabe geht mancherorts recht fix vonstatten, während sich anderswo lange Schlangen bilden. Morgens ist meist am wenigsten los.

➡ Der Preis richtet sich nach dem Gewicht, Verpackungsmaterial inklusive. Für eine sachgemäße Verpackung ist der Kunde zuständig.

➡ Ein kleines, unregistriertes Päckchen bis 100 g in ein beliebiges Land kostet 40 ₹. Bis zu einem Maximalgewicht von 2 kg werden pro weitere 100 g 30 ₹ fällig. Bei schwereren Päckchen gelten andere Tarife.

➡ Je nach Ziel dürfen Pakete höchstens 20 bis 30 kg wiegen.

➡ Verschickt wird die Post per Luftfracht (1–3 Wochen), Seefracht (2–4 Monate) oder Surface Air-Lifted (SAL; ca. 1 Monat), einem kuriosen Mix aus Luft- und Seefracht.

➡ Der Expressversand (EMS; innerhalb von 3 Tagen) ist rund 30 % teurer als die normale Luftpost.

➡ Alle mit der staatlichen Post verschickten Pakete müssen in weißes Leinen eingenäht und die Nähte danach mit Wachs versiegelt werden. Falls es diesen Service in der jeweiligen Postfiliale nicht gibt, übernehmen ihn Privatanbieter gegen eine kleine Gebühr.

➡ Postfilialen halten auch alle erforderlichen Zollformulare bereit, die man an Sendungen festnähen oder -kleben muss. Geschenke im Maximalwert von 1000 ₹ können zollfrei verschickt werden.

➡ Für den Gang zum Schalter empfiehlt sich ein wasserfester Stift, falls das Personal zusätzliche Angaben auf dem Paket verlangt.

➡ Bücher und andere Drucksachen können als internationale Büchersendung aufgegeben werden (350 ₹, max. 5 kg). Der Inhalt muss so verpackt sein, dass ihn der Zoll durch eine Öffnung begutachten kann. Örtliche Schneider verpacken aber alles so gut, dass unterwegs nichts herausfällt.

India Post (www.indiapost.gov.in) bietet einen Online-Rechner für landesweite und internationale Tarife.

Rechtsfragen

Wer mit dem indischen Gesetz in Konflikt gerät, sollte schnellstmöglich die eigene Botschaft kontaktieren. Diese kann jedoch oft nur die Haftbedingungen überwachen und einen Rechts-

FINGER WEG VON BHANG-LASSIS!

Das Getränk steht selten auf der Karte, aber manche Restaurants mixen in Touristenhochburgen heimlich so genannte *bhang*-Lassis oder *special lassis* zusammen. Sie enthalten oft Joghurt, Eiswasser sowie ein Marihuanaderivat (manchmal auch andere Drogen) und haben es oft wirklich in sich: Zu den Folgen können z. B. lang anhaltende Rauschzustände und verschiedene Grade von Verzückung, Übelkeit, Halluzinationen oder Paranoia gehören. Nach dem Genuss des fiesen Gebräus lagen schon einige Traveller tagelang flach und wurden teils auch ausgeraubt oder bei Unfällen verletzt. Ganz wenige Städte haben legale bzw. staatlich kontrollierte *bhang*-Verkaufsstellen.

beistand vermitteln. In der indischen Rechtsprechung liegt die Beweislast oft beim Beschuldigten, zudem muss dieser eventuell schon vor Prozessbeginn ins Gefängnis.

Drogen

- Das indische Gesetz unterscheidet nicht zwischen „harten" und „weichen" Drogen: Der Besitz sämtlicher illegaler Betäubungsmittel gilt als Straftat.
- Es ist für dieses Vergehen mit mindestens zehnjährigen Haftstrafen zu rechnen – und Bewährung oder vorzeitige Entlassung sind so gut wie ausgeschlossen!
- Bis zur Gerichtsverhandlung können Monate oder sogar Jahre vergehen. Währenddessen sitzt der Angeklagte möglicherweise hinter Gittern. Obendrein wird meist auch noch eine saftige Geldstrafe fällig.
- Achtung: In Goa und anderen Backpacker-Zentren wird regelmäßig verdeckt gegen Traveller ermittelt.
- Obwohl Marihuana im ganzen Land wild wächst, ist der Konsum überall strengstens verboten. Einen Sonderstatus haben nur Städte, in denen *bhang* legal für religiöse Rituale verkauft wird.
- Die Polizei geht ganz besonders rigoros gegen ausländische Drogenkonsumenten vor – dieses Risiko darf man also auf keinen Fall unterschätzen!

Polizei

- Der Reisepass sollte stets griffbereit sein: Die Polizei ist jederzeit zu einer Überprüfung der Personalien berechtigt.
- Auch in Indien sind Bestechungsgelder verboten. Viele zahlen jedoch lieber ein Schmiergeld vor Ort, um eventuell erfundenen Bußgeldern zu entgehen. Wegen der um isch greifenden Korruption hat man am besten so wenig wie möglich mit der örtlichen Polizei zu tun und versucht potenziell gefährlichen Situationen aus dem Weg zu gehen.

Verhalten in der Öffentlichkeit

- Das gesetzliche Rauchverbot auf Indiens öffentlichen Plätzen wird eigentlich selten behördlich durchgesetzt. Falls es doch geschieht, beträgt das Bußgeld bei Verstößen 200 ₹.
- In privaten Räumlichkeiten und auf den meisten Freiflächen (z. B. Straßen) darf weiterhin gequalmt werden – vorausgesetzt, es gibt dort keine Verbotsschilder.
- Einige indische Städte bitten auch (und ebenso unterschiedlich streng) zur Kasse, wenn Speichel oder Müll auf dem Boden landen.

Reisen mit Behinderung

Indiens überfüllte Nahverkehrsmittel, erdrückende Menschenmassen und eine mangelhafte Infrastruktur können Traveller schon mal an ihre Grenzen bringen. Körper- und Sehbehinderte müssen sich in Indien daher einer umso größeren Herausforderung stellen. Bei stark eingeschränkter Mobilität empfehlen sich Reisen mit Begleitperson.

Unterkunft Rollstuhlgerechte Hotels sind fast immer Spitzenklassehäuser. Somit ist es ratsam, rechtzeitig zu recherchieren und gegebenenfalls Erdgeschosszimmer zu buchen.

Zugänglichkeit Manche Restaurants und Büros haben Rollstuhlrampen, doch fast immer muss mindestens eine Stufe gemeistert werden. Indische Treppenhäuser sind oft steil. Aufzüge halten regelmäßig an Zwischengeschossen zwischen den eigentlichen Stockwerken.

Bürgersteige & Fußwege Wenn sie überhaupt existieren, wimmeln Bürgersteige oftmals von Schlaglöchern, Schuttbrocken und Passanten. Wer Krücken braucht, sollte unbedingt genügend Endkappen aus Gummi mitnehmen.

Verkehrsmittel & -wege Ein Mietwagen mit Fahrer kann das Erkunden des Landes sehr erleichtern. Rollstuhlfahrer sollten allerdings sichergehen, dass die Verleihfirma ein Fahrzeug mit ausreichend Stauraum bereitstellt.

Vor dem Start klärt man persönliche Gesundheits- und Mobilitätsfragen am besten mit einem qualifizierten Arzt.

Nützliche Anlaufstellen für allgemeine Informationen zum Reisen mit Behinderung sind:

Mobility International Schweiz (☎062-212-6740; www.mis-ch.ch; Amthausquai 21, 4600 Olten)

MyHandicap Deutschland (☎089-7677-6970; www.myhandicap.de; Steinheilstr. 6, 85737 München-Ismaning)

MyHandicap Schweiz (☎043-211-4949; www.myhandicap.ch; Weinbergstr. 29, 8006 Zürich)

Nationale Koordinierungsstelle Tourismus für Alle e. V. (Natko; ☎0211-3368-001; www.natko.de; Fleher Str. 317a, 40223 Düsseldorf)

Access-Able Travel Source (www.access-able.com)

Accessible Journeys (www.disabilitytravel.com)

Global Access News (www.globalaccessnews.com)

Schwule & Lesben

➡ Homosexualität ist in Indien zwar legal, doch noch immer ist es ein größtenteils konservatives Land. Öffentliche Zuneigungsbekundungen von homo- und auch von heterosexuellen Paaren sind allgemein nicht gern gesehen.

➡ Schwulenszenen gibt es in ein paar südindischen Städten, darunter Mumbai (Bombay), Chennai (Madras) und Bengaluru (Bangalore). Dort findet manchmal auch ein Gay-Pride-Umzug statt. *Time Out Mumbai* (www.timeoutmumbai.net) informiert über Schwulen-Veranstaltungen in Mumbai.

Websites

Gay Bombay (www.gaybombay.org) Veranstaltungskalender sowie Hilfe und Tipps für Schwule.

Gaysi (http://gaysifamily.com) Begann als Forum für LGBT in Südasien und bietet exzellente Neuigkeiten, Bewertungen und Dienste.

Indian Dost (www.indiandost.com/gay.php) Aktuelles, Infos und Adressen von indischen Kontaktgruppen.

Indja Pink (www.indjapink.co.in) Indiens erster „schwuler Reiseshop", gegründet von einem bekannten indischen Modedesigner.

Queer Azaadi Mumbai (http://queerazaadi.wordpress.com) Mumbais Schwulenblog mit News.

Queer Ink (www.queer-ink.com) Der Online-Buchladen hat sich auf für Schwulen und Lesben interessante indische Literatur spezialisiert, darunter die Geschichtensammlung *Out!*, bei der der Laden als Herausgeber fungierte.

Unterstützergruppen

Chennai Dost (www.chennai-dost.blogspot.com) Organisiert verschiedene Veranstaltungen, u. a. Partys, Ausstellungen, Kampagnen und den Chennai Rainbow Pride – immer im Juni jedes Jahres.

Humsafar Trust (☎022-26673800; www.humsafar.org; Old BMC Bldg, 1. OG, Nehru Rd, Vakola, Santa Cruz East) Die Gruppen unterstützen Schwule und Transsexuelle, z. B. mit Rechtsbeihilfe. Das Stiftungszentrum in Santa Cruz East bietet Workshops an und beherbergt eine Bibliothek, wo das wegweisende LGBT-Magazin *Bombay Dost* ausliegt.

Nigah (http://nigahdelhi.blogspot.com) Ein unabhängiger Verband, der einmal im Monat diverse Schwulenevents veranstaltet und außerdem das jährlich stattfindende Nigah Queerfest organisiert.

Sangama (www.sangama.org) Leistet Notfallhilfe und betreut Homo-, Bi- und Transsexuelle sowie *hijras* (Transvestiten und Eunuchen) – auch außerhalb von Städten.

Sappho (www.sapphokolkata.org) Unterstützt lesbische, bisexuelle und transsexuelle Frauen.

Wajood Society (www.wajoodsociety.com) Hyderabads neue Organisation zur Unterstützung Homosexueller organisiert Veranstaltungen.

Strom

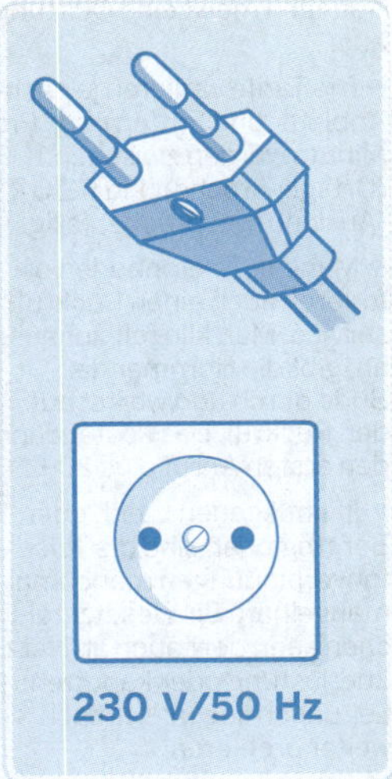

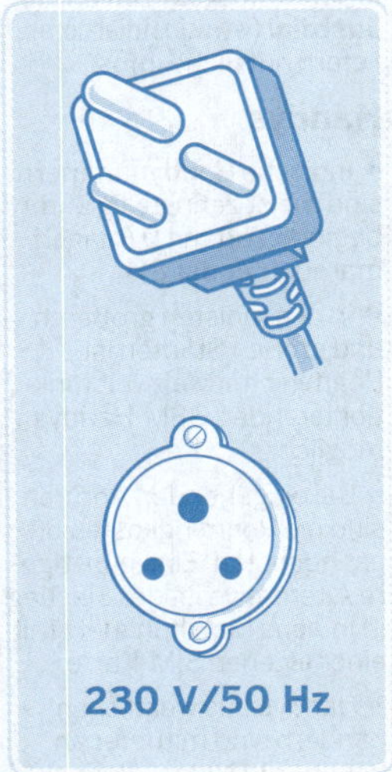

Telefon

➡ Außer an Flughäfen gibt's in Südindien nur wenige öffentliche Telefone. Dafür findet man überall private Telefonbuden (STD/ISD/PCO), wo Ortsgespräche, landesweite und internationale Telefonate günstiger sind als vom Hotelzimmer aus.

➡ Digitale Gebührenzähler sorgen dabei für Kostenkontrolle und drucken nach dem Auflegen meist eine Quittung aus.

➡ Die Tarife variieren je nach Anbieter und Entfernung. Pro Minute werden zwischen 1 (Ortsgespräche) und 5–10 ₹ (Auslandsgespräche) fällig.

➡ Manche Telefonbuden offerieren auch einen Rückrufservice: Man klingelt zuhause an, gibt die Nummer der Bude durch und wartet auf den Rückruf. Das kostet dann den ersten Anruf plus 20 ₹.

➡ In entlegenen Land- oder Bergregionen sind die Telefonverbindungen manchmal mangelhaft. Ein Besetztzeichen kann dort auch an Netzüberlastung oder kaputten Leitungen liegen – einfach weiter probieren.

➡ Die **Yellow Pages** (www.indiayellowpages.com) und **Justdial** (www.justdial.com) liefern nützliche Infos.

Handys

➡ Indische Handynummern sind meist zehnstellig und beginnen oft mit 9 (manchmal auch 7 oder 8).

➡ In den meisten größeren und großen Städten ist Roaming mit weltweit funktionierenden GSM-Handys möglich.

➡ Bei eingehenden Anrufen sind die Roamingkosten oft am höchsten. Eine günstigere Alternative ist der Einstieg in Indiens Mobilfunknetz mit einer eigenen SIM-Karte.

➡ Handys aus westlichen Ländern sind mitunter an bestimmte Netze (Netlock) oder SIM-Karten (SIM-Lock) gebunden. Zum Benutzen indischer SIM-Karten muss daher entweder die Sperre aufgehoben oder ein indisches Gerät (ab 2000 ₹) gekauft werden.

INDISCHE HANDYS VERWENDEN

➡ Das Benutzen indischer Handys ist günstig, aus Sicherheitsgründen jedoch aufwendig und mit viel Papierkram verbunden.

➡ Ausländer müssen ein bis fünf Passfotos, ihren Reisepass sowie Kopien von dessen Identitäts- und Visumsseiten vorlegen.

➡ Ebenfalls anzugeben ist eine Wohnadresse, beispielsweise des eigenen Hotels – am besten bittet man die Hotelleitung um eine entsprechende schriftliche Bestätigung.

➡ Manche Mobilfunkunternehmen schicken Angestellte zu der angegebenen Adresse oder rufen zwecks Überprüfung dort an.

➡ Einigen Urlaubern wurden schon ihre SIM-Karten gesperrt, nachdem der jeweilige Anbieter festgestellt hatte, dass das Hotel mit der ursprünglichen Registrierungsadresse inzwischen verlassen wurde. Andere hatten mehr Glück und konnten während ihres gesamten Aufenthalts dieselbe SIM-Karte benutzen.

➡ Eine Alternative sind freundliche Einheimische, die das Handy mit ihrem indischen Ausweis registrieren.

➡ In den meisten indischen Städten gibt's Prepaid-Handypakete (inkl. SIM-Karte, Telefonnummer und Startguthaben) ab ca. 200 ₹ in Telefonläden bzw. -buden (STD/ISD/PCO) und Gemischtwarengeschäften.

➡ Zusätzliches Guthaben gibt's direkt beim Händler. Nach Zahlung wird der Betrag direkt dem Konto gutgeschrieben, abzüglich einiger Steuern und Gebühren.

GESPRÄCHSGEBÜHREN

➡ Gespräche innerhalb des Bundesstaats oder der Stadt, in der die SIM-Karte erworben wurde, sind günstig (1 ₹/Min.). Eine Auslandsminute kostet teils unter 10 ₹.

➡ Das Verschicken von SMS ist noch billiger. Eine SMS ins Ausland kostet 5 ₹. Eingehende Anrufe und Nachrichten sind kostenlos.

➡ Handytarife sind meist auf jenen Bundesstaat beschränkt, in dem die SIM-Karte gekauft wurde. In anderen Bundesstaaten werden Zusatzkosten für Roaming und eingehende Anrufe fällig.

➡ Derzeit plant die Regierung die Abschaffung aller Roaming-Gebühren und eine allgemeine Senkung der Tarife.

➡ Unzuverlässige Sendesignale und Probleme beim internationalen SMS-Verkehr (Nachrichten werden verspätet oder gar nicht verschickt oder empfangen) sind nicht unüblich.

➡ Die führenden Anbieter sind Airtel, Vodafone, Reliance, Idea und BSNL.

➡ Aufgrund der ständigen Bewegung im Mobilfunksektor kann sich bei Tarifen, Anbietern und Netzabdeckung jederzeit etwas ändern.

Telefonnummern & Vorwahlen

➡ Um aus dem Ausland nach Indien zu telefonieren, wählt man zuerst den internationalen Zugangscode des jeweiligen Ausgangslands. Dann folgen Indiens Ländercode (☎91), Ortsvorwahl (ohne erste Null) und die eigentliche Anschlussnummer. Wer auf einem Handy anruft, kann die Ortsvorwahl inklusive Null am Anfang weglassen.

➡ Auslandsgespräche aus Indien starten mit dem internationalen Zugangscode (☎00) und der Landesvorwahl (z. B. Deutschland ☎0049, Österreich ☎0043, Schweiz ☎0041). Danach sind die Ortsvorwahl ohne erste Null und die Anschlussnummer zu wählen.

➡ Indische Festnetznummern bestehen aus einer Ortsvorwahl und bis zu acht weiteren Ziffern.

➡ Gebührenfreie Nummern beginnen mit ☎1800.

- Für Anrufe ins Mobilnetz in einem anderen Bundesstaat muss vor der zehnstelligen Nummer eine 0 gewählt werden.
- Bei Gesprächen vom Mobilfunk- ins Festnetz muss immer die Ortsvorwahl mit der ersten Null gewählt werden.
- Bei manchen Callcenter-Nummern muss die erste Null gewählt werden, z. B. wenn man ein Flugticketbüro in Delhi von Karnataka aus anruft.
- Unter ☎000127 erreicht man einen internationalen Telefondienst, der Anrufe in die ganze Welt durchstellt und R-Gespräche anbietet.

Toiletten

- Öffentliche Toiletten gibt's am ehesten in Großstädten und Touristenhochburgen. Die saubersten Varianten (normalerweise mit Sitz- und Hockoption) haben in der Regel moderne Restaurants, Einkaufszentren und Kinos.
- Abseits städtischer Zentren findet man meist nur Hocktoiletten. Manche Einheimische pflegen eine recht spezielle Form der Toilettenhygiene: Dabei wird das Hinterteil mittels eines kleinen Wasserbehälters und der linken Hand gereinigt. Eigenes Toilettenpapier und Desinfektionsmittel für den Notfall ist daher stets empfehlenswert.

WAS MAN ÜBER BAD UND TOILETTE WISSEN SOLLTE

- Die meisten südindischen Mittelklasse- und alle Spitzenklassehotels haben Sitztoiletten mit Toilettenpapier plus Seife. In Billigabsteigen oder entlegenen Unterkünften gibt's aber meist nur Hocktoiletten und fast nie Toilettenpapier. Hocktoiletten werden oft als *Indian-style*, *Indian* oder *floor* bezeichnet. Sitztoiletten heißen *Western* oder *commode toilets*. Mancherorts findet man auch die seltsame *hybrid toilet*, also eine Sitztoilette mit Fußstützen am Schüsselrand.
- Für die Badezimmer indischer Hotels gelten ebenfalls verschiedene Bezeichnungen: *Attached bath*, *private bath* oder *with bath* stehen für Zimmer mit eigenem Bad, *common bath*, *shared bath* oder *no bathroom* für Gemeinschaftsbäder.
- Fließendes Warmwasser ist nicht in allen Zimmern vorhanden. Trotz Angaben wie *running*, *24-hour* oder *constant* läuft's nicht unbedingt rund um die Uhr warm aus dem Hahn. Bei *bucket* kommt das warme Nass nur in Eimern aufs Zimmer (gratis oder gegen eine geringe Gebühr).
- An den Wänden vieler Hotelbäder hängen elektrische *geysers* (Boiler), die oftmals eine Stunde vor Gebrauch eingeschaltet werden müssen. Achtung: Manchmal befindet sich der Boiler-Hauptschalter außerhalb des Zimmers.
- *Room with shower* ist mit Vorsicht zu genießen: Gelegentlich ragt nur ein Wasserrohr als „Dusche" aus der Wand. Aus Kostengründen klemmen einige Hotels ihre Duschen auch heimlich ab. Anderswo rieseln eventuell nur ein paar mickrige Tropfen herab.
- Sofern nicht anderweitig vermerkt, haben alle aufgeführten Hotelzimmer ein eigenes Bad.

Touristen-information

Die Vertretungen des indischen Tourismusministeriums („India Tourism") werden in jedem Bundesstaat durch dessen eigenes Netz von Infobüros ergänzt. Diese unterscheiden sich stark in Sachen Effizienz und Nutzen: Manche werden von sehr hilfsbereiten Enthusiasten betrieben, während andere fast nur als Verkaufsstellen für geführte Touren der jeweiligen State Tourism Development Corporation fungieren.

Der allererste Blick sollte stets dem Online-Portal des indischen Tourismusministeriums gelten: Der „Help Desk" im oberen Websitebereich von **Incredible India** (www.incredibleindia.org) liefert Einzelheiten zu Regionalvertretungen im ganzen Land.

Unterkunft

Südindiens Quartiere reichen von schäbigen Backpacker-Hostels mit Betonböden und kalten Eimerduschen bis hin zu opulenten historischen Hotels. Die Unterkunftsbeschreibungen in diesem Buch sind nach Empfehlungsgrad sortiert. Dabei kennzeichnet ★ besonders attraktive Adressen.

Kategorien

Im Allgemeinen reicht die Bandbreite im Budgetbereich ($) von einfachen Hostels, Hotels und Pensionen in Städten bis hin zu traditionellen Gasthäusern auf dem Dorf. Mittelklassehotels ($$) sind meist moderne Bunker aus Glas und Beton, die normalerweise Extras wie Kabel- oder Satelliten-TV

ZIMMERPREISE

Folgende Preiskategorien gelten für ein Doppelzimmer mit eigenem Bad in der Hochsaison. Ausnahmen sind in den Empfehlungen genannt.

KATEGORIE	KERALA	KARNATAKA	GOA
$ Budgetunterkünfte	unter 1000 ₹	unter 1000 ₹	unter 1200 ₹
$$ Mittelklassehotels	1000–3500 ₹	1000–4000 ₹	1200–4000 ₹
$$$ Spitzenklassehotels	ab 3500 ₹	ab 4000 ₹	ab 4000 ₹

und Klimaanlage (manchmal gibt's allerdings nur laute Luftkühler, bei denen die Lufttemperatur durch kaltes Wasser gesenkt wird) bieten. Bei Spitzenklassehotels ($$$) reicht das Spektrum von Fünfsterneketten bis hin zu tollen historischen Palästen und Resorts.

Preise

Innerhalb Südindiens variieren die Preise erheblich. Am höchsten sind sie in großen Städten (vor allem Mumbai), am niedrigsten in ländlichen Gebieten. Zudem orientieren sich die Kosten stark an der Saison – außerhalb der Hauptsaison fallen die Zimmerpreise mitunter um 20–50 %. Die meisten Unterkünfte erhöhen ihre Preise jedes Jahr, deswegen sind viele Angaben schnell überholt.

Reservierungen

- Die meisten Spitzenklasse- und manche Mittelklassehotels verlangen beim Buchen eine Anzahlung. Diese kann nur einen Tagestarif oder aber auch die ganze Summe betragen. Sie kann normalerweise per Kreditkarte gezahlt werden.
- Manche Mittelklassehotels nehmen konkrete Reservierungen nur gegen einen Scheck oder eine Bareinzahlung auf ein Bankkonto vor. Dies ist zumeist eher lästig als lohnend. In manchen Unterkünften kann man telefonisch reservieren – man sollte sich aber am Tag vor der Ankunft noch mal telefonisch anmelden. Vor allem während der Hauptsaison mit vielen Touristen.
- Budgetadressen akzeptieren teils gar keine Reservierungen, da sie nicht wissen, wann ihre Gäste auschecken werden – daher vorab telefonisch nachfragen oder zur angegeben Check-In-Zeit erscheinen.
- Anderswo wird beim Einchecken eine Anzahlung fällig, die man aber nur gegen Quittung entrichten sollte. Auf keinen Fall einen Blanko-Kreditkartenbeleg unterschreiben! Falls das Hotel dennoch darauf besteht, heißt's zum nächsten Geldautomaten laufen und bar bezahlen.
- Beim Einchecken unbedingt die Zeit für den Check-out ermitteln: Letzterer ist teils festgelegt (meist 10 oder 12 Uhr), anderswo gilt der Check-out nach 24 Stunden. In manchen Unterkünften ist der Check-out schon um 9 Uhr morgens.

Saisonale Unterschiede

- Die Unterkunftspreise in diesem Buch gelten für die Hauptsaison. An Orten wie Goa und Kerala beginnt diese etwa einen Monat vor Weihnachten und endet ca. zwei Monate danach. In den Hill Stations dauert die Hauptsaison in der Regel von April bis Juli.
- In Touristenhochburgen gibt's an Weihnachten und Neujahr eine zusätzliche Hauptsaison; dann sollte man weit im Voraus reservieren.
- Außerhalb der Saison sind kräftige Rabatte drin. Wirkt ein Hotel ruhig, empfiehlt es sich, nach Ermäßigungen zu fragen.
- In bestimmten Regionen (z. B. Goa) schließen manche Hotels während der Monsunzeit. Im Winter sind zudem verschiedene Hill Stations geschlossen.
- In vielen Tempelstädten ist rund um große Feste und Wallfahrten ebenfalls Saison.

Steuern & Servicegebühren

- Der indische Staat erhebt verschiedene Steuern für Hotelübernachtungen (Ausnahmen sind günstigere Hotels), die auf den Zimmerpreis aufgeschlagen werden.
- Die Steuern variieren von Bundesstaat zu Bundesstaat. Selbst im selben Staat gelten in den verschiedenen Preissegmenten eventuell verschiedene Regelungen, so erheben teurere Hotels höhere Gebühren.
- Viele gehobene Hotels verlangen zudem eine zusätzliche „Servicegebühr" von rund 10 %.
- Wenn nicht anders angegeben, enthalten alle in diesem Buch angegebenen Preise die Steuern.
- Gehobene Restaurants erheben zum Teil eine Servicegebühr von 10 oder 13 %.

Budgetunterkünfte & Mittelklassehotels

- Abgesehen von älteren Holz- oder Steinhäusern in abgelegenen Bergregionen handelt es sich bei den meisten Budgetunterkünften und Mittelklassehotels um moderne Betonbunker mit dem erforderlichen Mindestkomfort. Manche sind charmant, sauber und ihr Geld wert – für andere gilt das Gegenteil.

➡ Da die Zimmerqualität sogar innerhalb des selben Hotels stark variieren kann, sollten die Quartiere möglichst vorher besichtigt werden. Wer nicht auf muffigen Sockengeruch steht, wählt bei günstigeren Optionen besser kein Zimmer mit Teppichboden.

➡ Gemeinschaftsbäder (oft mit Hocktoiletten) haben in der Regel nur die günstigsten Unterkünfte.

➡ Die meisten Zimmer besitzen Deckenventilatoren. Bessere Varianten verfügen über elektrische Insektenspiralen und/oder Moskitonetze. Günstigere Quartiere sind teilweise fensterlos.

➡ Eigene Laken oder Schlafsacküberzüge haben durchaus Sinn: Manche Billighotels haben eventuell fleckige, stark abgenutzte und dringend waschbedürftige Bettwäsche.

➡ Insektenspray und eine Taschenlampe sind bei Billighotels unverzichtbar.

➡ Vor allem in Stadtzentren kann der Lärmpegel gewaltig nerven. Somit heißt's gute Ohrstöpsel mitbringen und Zimmer an belebten Straßen meiden!

➡ Besonders in Budgetunterkünften schließen Gäste ihre Tür besser ab – nach kurzem Anklopfen marschieren manche Hotelangestellten automatisch ins Zimmer, ohne auf ein „Herein" zu warten.

➡ Insbesondere während der Sommer- und Monsunzeit gibt's häufig Stromausfälle. So sollte das Hotel unbedingt ein Notstromaggregat haben, wenn man für elektrische „Extras" wie TV, Klimaanlage und WLAN bezahlt.

➡ Achtung: Sobald es dunkel wird, verriegeln manche Unterkünfte ihre Eingangstüren. Jemand vom Personal übernachtet dann zwar in der Lobby, lässt sich aber eventuell nur schwer wecken. Wer spätabends eintrifft oder von einem Ausflug zurückkehrt, sollte daher rechtzeitig Bescheid geben.

➡ Abseits von Touristenzentren verfügen günstigere Hotels vielleicht nicht über die erforderlichen Registrierungsformulare für Ausländer und lehnen einen daher ab.

Camping

➡ In Südindien gibt's nur wenige offizielle Zeltplätze. Bei Trekkingtouren bleibt einem oft nur Camping in der Wildnis übrig; vorher sollte man sich über Sicherheitsbestimmungen informieren.

➡ In manchen Bergregionen gibt es im Sommer Zeltcamps; die Unterbringung erfolgt in fest installierten Wohnzelten mit angeschlossenen Bädern.

Ruheräume in Bahnhöfen

➡ Die meisten großen Bahnhöfe bieten einfache Unterkünfte für Reisende, die mit gültigem Zugticket zur Weiterfahrt oder dem Indrail-Pass unterwegs sind. Die Zimmer sind teils schäbig, teils erstaunlich nett, jedoch wegen der Mitreisenden und Züge ziemlich laut.

➡ Die Unterkünfte bieten sich an, wenn der Zug am frühen Morgen abfährt. Je nach Klasse stehen Schlafsäle und Privatzimmer mit 24-Stunden-Checkout zur Auswahl.

➡ An manchen kleineren Bahnhöfen ersetzen Wartehallen diese Ruheräume. Dabei handelt es sich um große Räume mit Sitzreihen, ähnlich den Wartebereichen an Flughäfen, jedoch sehr viel weniger komfortabel und sauber. Meist befinden sie sich nahe der Toiletten und Cafeterias. Auch hier gibt es eventuell verschiedene Wartehallen für Passagiere verschiedener Zugklassen.

Schlafsäle

➡ Einige Hotels haben günstige Schlafsäle, die aber teils nicht nach Geschlechtern getrennt sind. Außerhalb der Touristenzonen übernachten dort oft auch betrunkene Männer – nicht gerade ideal für weibliche Alleinreisende. Touristenfreundlicher sind daher die wenigen Hostels von YMCA, YWCA, der Heilsarmee oder den Partnern von HI (Hostelling International) oder YHAI (Youth Hostels Association of India).

Spitzenklasse- & Historische Hotels

➡ Bei Südindiens zahlreichen Spitzenklassehotels reicht das Spektrum von modernen Fünfsterneketten bis hin zu prächtigen Palästen und einmaligen historischen Perlen.

➡ Die meisten Spitzenklasseoptionen verlangen Rupien von Indern und US-Dollar von Ausländern oder Non-Resident Indians (NRI; im Ausland ansässige Inder).

➡ Offiziell muss man den Dollarpreis in Fremdwährung oder per Kreditkarte zahlen. In der Praxis wird aber oft auch der entsprechende Rupienbetrag akzeptiert (beim Einchecken nachfragen!).

➡ Indiens staatliche Tourismuswebsite **Incredible India** (www.incredibleindia.org) hat unter „Reisen" mit der Rubrik „Royal Retreats" ein recht nützliches Verzeichnis mit verschiedenen Palästen, Forts und anderen ehemaligen königlichen Refugien eingerichtet.

UNTERKÜNFTE ONLINE BUCHEN

Weitere Unterkunftsbewertungen und -empfehlungen von Lonely Planet Autoren gibt's unter www.lonelyplanet.com/india/hotels. Dort findet man unabhängig recherchierte Infos und Tipps zu den besten Adressen. Zudem kann online gebucht werden.

➡ In den letzten Jahren entstanden in und um mehrere Nationalparks Indiens viele luxuriöse Öko- und Waldresorts.

Staatliche Unterkünfte & Touristenbungalows

➡ Der indische Staat unterhält für reisende Beamte und Angestellte im öffentlichen Dienst ein Netz von Gasthäusern, die unter den unterschiedlichsten Namen firmieren: Rest Houses, Dak Bungalows, Circuit Houses, PWD (Public Works Department) Bungalows oder Forest Rest Houses.

➡ Wenn diese Häuser nicht gerade von indischen Staatsdienern belegt sind, werden hier gerne auch ausländische Reisende aufgenommen. Manchmal ist dafür allerdings eine Genehmigung der örtlichen Behörden notwendig und oftmals muss erst der *chowkidar* (Hausmeister) gefunden werden, der einem die Türen aufschließt. Außerdem besteht immer die Gefahr vor die Tür gesetzt zu werden, wenn ein Angestellter des öffentlichen Dienstes überraschend ein Zimmer braucht.

➡ Sogenannte Touristenbungalows werden von den Regierungen der einzelnen Staaten betrieben – die Zimmerpreise liegen meist in der mittleren Preisklasse (einige haben auch günstige Schlafsäle), und hinsichtlich Sauberkeit und Service gibt es große Unterschiede.

➡ Einige Bundesstaatsregierungen bieten auch teure Hotels an, darunter einige schöne denkmalgeschützte. Die Touristeninformationen der Bundesstaaten können detaillierter informieren.

Privatunterkünfte & Paying-Guest-Programme

➡ Familiengeführte Gasthäuser eignen sich für alle, die weniger kommerzielle, kleine Unterkünfte mit hausgemachtem Essen suchen.

➡ Das Spektrum reicht von lehmverputzten Steinhütten mit Hocktoiletten auf dem Dorf bis hin zu komfortablen Wohnhäusern der Mittelschicht in Städten.

➡ Achtung: Manche Hotels vermarkten sich als „Homestays", werden aber hoteltypisch geführt und ermöglichen kaum (oder keinen) Kontakt zur Wirtsfamilie.

➡ Lokale Touristeninformationen führen Verzeichnisse mit Familien, die an Homestay-Programmen teilnehmen.

Tempel & Pilgerunterkünfte

➡ Gegen eine Spende oder geringe Gebühr bieten einige Ashrams (spirituelle Zufluchtsorte), Gurdwaras (Sikh-Tempel) und *dharamsalas* (Pilgerherbergen) Unterkünfte. In den Speiseräumen werden häufig vegetarische Gerichte serviert.

➡ Die Unterkünfte richten sich an echte Pilger, deswegen sollte man sich gut überlegen, ob ein Aufenthalt angemessen ist.

➡ Man sollte sich unbedingt an alle Vorschriften halten. Zigaretten und Alkohol sind auf den Anlagen ein absolutes Tabu!

Versicherung

➡ Dringend empfohlen wird eine umfassende Reiseversicherung, die Diebstahl, Verlust, medizinische Behandlungen und Notfallflüge in die Heimat abdeckt.

➡ Manche Verträge schließen Folgekosten bei potenziell gefährlichen Aktivitäten (z. B. Sporttauchen, Skifahren, Motorradfahren, Gleitschirmfliegen oder sogar Trekking) von vorn herein aus – daher sollte man vor Abschluss unbedingt das Kleingedruckte äußerst sorgfältig lesen!

➡ Manche Trekkingveranstalter akzeptieren nur Kunden, deren Versicherung für Rettungsflüge per Hubschrauber aufkommt.

➡ Wer in Indien ein Motorrad ausleihen möchte, sollte sich vergewissern, dass der Mietvertrag zumindest einen Haftpflichtschutz umfasst.

➡ Reisende sollten auch vorab feststellen, ob ihr Versicherer direkt mit medizinischen Behandlungsstellen im Ausland abrechnet. Andernfalls muss bei späterer Rückerstattung in Vorleistung gegangen werden. Bei dieser Variante heißt es alle erforderlichen Dokumente unbedingt sorgfältig aufbewahren.

➡ Bei Diebstählen in Indien sind polizeiliche Protokolle ein absolutes Muss. Ansonsten verweigert der Versicherer eventuell den Schadenersatz.

➡ Auch wenn man schon unterwegs ist, kann die weltweit gültige Reiseversicherung unter www.lonelyplanet.com/travel-insurance jederzeit online abgeschlossen, erweitert und in Anspruch genommen werden.

Visa

Bis auf wenige Ausnahmen müssen alle Ausländer (auch Deutsche, Österreicher und Schweizer) bereits vor der Ankunft in Indien ein gültiges Visum besitzen. Es wird weltweit von den diplomatischen Vertretungen Indiens erteilt. Achtung: Der Reisepass muss auch nach der geplanten Abreise vom Subkontinent noch mindestens sechs Monate lang gültig sein und noch über mindestens zwei leere Seiten verfügen.

Einreisebestimmungen

➡ 2009 erwischte Indien viele Ausländer mit Touristenvisa beim Arbeiten. Seitdem gelten verschärfte Visumsbestimmungen in

STAATLICHE REISEINFORMATIONEN

Die Länderinformationswebsite der eigenen Regierung enthält Tipps und aktuelle Sicherheitshinweise:

- **Deutschland** (www.auswaertiges-amt.de)
- **Österreich** (www.bmeia.gv.at)
- **Schweiz** (www.eda.admin.ch)

puncto berechtigte Personen und Gültigkeitsdauer.

- Es gibt besonders strenge Regularien bei Studenten- und Geschäftsvisa.
- Die meisten Traveller wählen ein normales Touristenvisum mit sechsmonatiger Gültigkeitsdauer, das ab dem Tag der Ausstellung (nicht der Einreise!) läuft. Während dieser Zeit kann man insgesamt 180 Tage in Indien verbringen.
- Man sollte zusätzlich zum Visum stets zwei Passfotos bei sich tragen; diese müssen farbig sein und das Format 2 x 2 cm haben.
- Bei den meisten Visa braucht man offiziell ein Rückflug- oder Anschlussticket. Dies wird jedoch nicht immer kontrolliert – vorher nachfragen!
- Visa müssen in der jeweiligen Landeswährung bezahlt werden. Eventuell fällt zusätzlich eine Bearbeitungsgebühr an. Diplomatische Auslandsvertretungen Indiens im eigenen Heimatland informieren über alle aktuellen Preise und Zusatzkosten.
- Zur Visumverlängerung berechtigt sind nur Menschen indischer Abstammung, die als offizielle Staatsbürger anderer Nationen (außer Pakistans und Bangladeschs) im Ausland leben.
- Wenn das Visum länger als ein halbes Jahr lang gültig ist, muss sich der Inhaber spätestens 14 Tage nach Ankunft beim Foreigners' Regional Registration Office (FRRO) anmelden. Auch in diesem Fall informieren indische Auslandsvertretungen über alle Details.
- Wer ein Visum beantragen möchte, sollte sich über spezielle Bedingungen informieren.

Wiedereinreise

Ende 2012 wurde das Gesetz, dass es Ausländern verbietet, vor Ablauf von zwei Monaten seit der letzten Ausreise wieder nach Indien einzureisen, abgeschafft. Nun können sich Touristen, die in Indien und Südasien unterwegs sind, frei zwischen dem Subkontinent und dessen Nachbarstaaten bewegen.

Verlängerung eines Visums

Traditionell gelten in Indien sehr strenge Regelungen, was Verlängerungen von Visa angeht. Zu Redaktionsschluss wurden Verlängerungen nur bewilligt, wenn ein medizinischer Notfall vorlag oder dem Antragsteller kurz vor der geplanten Ausreise und dem Ablauf des Visums der Reisepass gestohlen wurde.

In einem solchen Fall sollte man sich an das **Foreigners' Regional Registration Office** (FRRO; ☎011-26711443; frrodli@nic.in; East Block VIII, Level II Sector 1, RK Puram) in Delhi wenden. Hier werden auch Ersatzvisa und provisorische Reisepässe (falls der Originalpass gestohlen wurde oder verloren ging) ausgestellt, die für eine Ausreise obligatorisch sind. Die regionalen FRRO-Stellen sind bei der Ausstellung von Verlängerungen oftmals noch strenger.

Wer die strengen Kriterien erfüllt, dem gewährt das FRRO eine vierzehntägige Verlängerung, die für EU-Bürger und Schweizer kostenlos ist. Notwendig sind dafür ein bestätigtes Flugticket, ein Passfoto (zur Sicherheit lieber zwei) und eine Kopie des Passes (persönliche Daten und Visumseite). Das Ziel der Prozedur ist es, den Betreffenden schnell mit den korrekten offiziellen Stempeln außer Landes zu bringen und nicht, ihm zwei zusätzliche Reisewochen zu schenken!

Zeit

Indien verwendet die Zwölf-Stunden-Skala. Die Indische Standardzeit (Indian Standard Time; IST) ist der MEZ fünfeinhalb Stunden voraus. Die variierende halbe Stunde wurde hinzugefügt, um das Tageslicht in dem riesigen Land überall voll ausnutzen zu können.

Zoll

- Theoretisch sind Summen von über 5000 (Bargeld) bzw. 10 000 US$ (Reiseschecks) bei Ankunft anzugeben.
- Rupien darf man zwar nicht ausführen, doch wird dies kaum kontrolliert.
- Selten müssen Touristen teure Gegenstände wie Videokameras oder Laptops auf einem speziellen Zollformular (Tourist Baggage Re-export) eintragen. So wollen die Behörden sicherstellen, dass die Geräte bei Abreise wieder mitgenommen werden.

Verkehrsmittel & -wege

AN- & WEITERREISE

Südindien ist am einfachsten über die internationalen Großflughäfen von Mumbai (Bombay) und Chennai (Madras) zu erreichen. Von manchen Ländern aus gehen auch Charterflieger nach Goa. Der Süden ist zudem auf dem Landweg innerhalb des Landes und von den Nachbarstaaten aus zugänglich. Flüge, Touren und diverse Tickets können online über www.lonelyplanet.com/bookings gebucht werden.

Einreise

Aufgrund standardisierter Einreise- und Zollformalitäten ist die Einreise auf dem Land- oder Luftweg relativ unkompliziert. Das lästige Gesetz, das die Wiedereinreise nach Indien erst zwei Monate nach der letzten Ausreise erlaubte, ist nun abgeschafft (außer für Bürger einiger asiatischer Staaten). So kann man seine Indienreise nun problemlos mit Abstechern in Nachbarstaaten kombinieren.

Reisepass

➡ Um nach Indien einreisen zu dürfen, braucht man einen gültigen Reisepass, ein Visum und ein Anschluss- bzw. Rückflugticket.

➡ Der Pass muss nach dem geplanten Abreisedatum noch mindestens sechs Monate gültig sein. Falls er gestohlen wird oder verloren geht, sollte man sofort die eigene Botschaft kontaktieren.

➡ Für den Notfall empfehlen sich Fotokopien von Reisepass, Flugticket und Visum. Extra-Sicherheit hat man, wenn man sich eingescannte Kopien der Unterlagen per E-Mail selbst zuschickt.

➡ Auf jeden Fall sollte man alle aktuellen Einreise- und Visumsbestimmungen rechtzeitig bei einer diplomatischen Vertretung Indiens im eigenen Heimatland erfragen. Ergänzend lohnt sich ein Blick auf die Reisewebsite des eigenen Außenministeriums.

Flugzeug

Flughäfen & Fluglinien

In einem so großen Land ist es sinnvoll, einen Flughafen zu wählen, der möglichst nah am geplanten Reiseziel liegt. In Südindien gibt es vier Hauptdrehscheiben für internationale Flüge (s. Liste rechte Spalte); darüber hinaus werden auch weitere Städte wie Goa, Kochi (Cochin) und Thiruvananthapuram (Trivandrum) von internationalen Fluglinien bedient. Genauere Infos liefert www.aai.aero.

Indiens staatliche Fluglinie **Air India** (☎1800 1801407; www.airindia.com) hat die ehemals staatliche Inlandsgesellschaft Indian Airlines mittlerweile geschluckt. Der Sicherheitsstandard in Indien ist aktuell recht gut.

Bengaluru (Bangalore; BLR; ☎1800 4254425; www.bengaluruairport.com; Bengaluru International Airport)

Chennai (Madras; MAA; ☎044-22560551; www.chennaiairportguide.com; Anna International Airport)

Hyderabad (HYD; www.hyderabad.aero; Rajiv Gandhi International Airport)

Mumbai (Bombay; BOM; ☎022-26264000; www.csia.in; Chhatrapati Shivaji International Airport)

Auf dem Landweg

Einreise

➡ Die meisten Besucher reisen per Flugzeug ein, alternativ gelangt man jedoch auch auf dem Landweg über Bangladesch, Bhutan, Nepal oder Pakistan nach Indien. Am beliebtesten ist die Route über Nepal. Englischsprachige Infos zur Einreise aus Nachbarländern liefert der Lonely Planet Band *Istanbul to Kathmandu* oder der Abschnitt „Europe to India overland" auf www.seat61.com/India.htm.

➡ Wer mit dem Bus oder Zug einreist, muss an der Grenze aussteigen, um die Einreiseformalitäten zu erledigen.

➡ Da an der Grenze keine Visa ausgestellt werden,

muss man bereits vorab ein gültiges Visum für Indien besitzen.

➡ Auto- und Motorradfahrer brauchen die jeweiligen Zulassungspapiere, eine Haftpflichtversicherung, ihren nationalen Führerschein sowie eine internationale Fahrerlaubnis. Ebenfalls erforderlich ist eine zeitlich begrenzte Einfuhrgenehmigung *(carnet de passage en douane)*.

➡ Automobilclubs in der Heimat liefern aktuelle Infos zum notwendigen Papierkram und wichtige Hinweise rund ums Fahren in Indien.

Übers Meer

Es gibt verschiedene Fährverbindungen zwischen Indiens Festland und den umliegenden Inseln, doch kein Linienschiff verlässt indisches Hoheitsgebiet. Nach einem 28 Jahre währenden Hickhack wurde der Fährverkehr zwischen Thoothikudi (Tuticorin) im südindischen Tamil Nadu und Colombo in Sri Lanka wieder aufgenommen. Nach fünf Monaten wurde der Betrieb jedoch erneut eingestellt. Eine neue Verbindung zwischen denselben Häfen oder die Inbetriebnahme der alten Route zwischen Rameswaram und Talaimannar ist geplant; über den aktuellen Stand informiert die Website.

UNTERWEGS VOR ORT

Auto

Nur wenige Indienbesucher entscheiden sich für einen Mietwagen. Das liegt nicht nur an der haarsträubenden Verkehrssituation, sondern auch an den niedrigen Kosten für einen Mietwagen mit Chauffeur, vor allem wenn sich mehrere Personen den Betrag teilen. Sicherheitsgurte sind entweder nicht vorhanden oder von unterschiedlicher Qualität. **Hertz** (www.hertz.com) zählt zu den wenigen in Indien vertretenen internationalen Vermietern.

Auto & Fahrer mieten

➡ In den meisten Städten lassen sich kürzere und längere Touren an Taxiständen oder bei Autovermietungen arrangieren.

➡ Nicht alle Mietwagen dürfen außerhalb des Bundesstaats, in dem sie geliehen wurden, genutzt werden. Ist dies möglich, werden auf den Mietpreis zusätzlich Steuern aufgeschlagen.

➡ Am besten nach einem Fahrer fragen, der Englisch spricht und die Gegend kennt, die man besuchen will. Man sollte man sich das Auto und den Fahrer zeigen lassen, bevor man zahlt.

➡ Mittlerweile werden verschiedene Modelle als Taxis eingesetzt. Vom einfachen Tata Indica bis zum komfortablen Toyota Innova SUV ist für jedes Budget was dabei.

➡ Im Preis für mehrtägige Touren sind Verpflegung und Unterkunft des Fahrers (von diesem aber selbst zu arrangieren) enthalten.

➡ Um Missverständnisse zu vermeiden, sollten von Anfang an gewisse Grundregeln gelten. So macht man dem Chauffeur am besten gleich klar, wer das Sagen hat – höflich, aber unmissverständlich.

Kosten

➡ Der Preis richtet sich nach Kilometerzahl und Region

REISEN & KLIMAWANDEL

Der Klimawandel stellt eine ernste Bedrohung für unsere Ökosysteme dar. Zu diesem Problem tragen Flugreisen immer stärker bei. Lonely Planet sieht im Reisen grundsätzlich einen Gewinn, ist sich aber der Tatsache bewusst, dass jeder seinen Teil dazu beitragen muss, die globale Erwärmung zu verringern.

Fast jede Art der motorisierten Fortbewegung erzeugt CO_2, doch Flugzeuge sind mit Abstand die schlimmsten Klimakiller – wegen der großen Entfernungen und der entsprechend großen CO_2-Mengen, aber auch, weil sie diese Treibhausgase direkt in hohen Schichten der Atmosphäre freisetzen. Die Zahlen sind erschreckend: Zwei Personen, die von Europa in die USA und wieder zurück fliegen, erhöhen den Treibhauseffekt in demselben Maße wie ein durchschnittlicher Haushalt in einem ganzen Jahr.

Die englische Website www.climatecare.org und die deutsche Internetseite www.atmosfair.de bieten CO_2-Rechner. Damit kann jeder ermitteln, wie viele Treibhausgase seine Reise produziert. Das Programm errechnet den zum Ausgleich erforderlichen Betrag, mit dem der Reisende nachhaltige Projekte zur Reduzierung der globalen Erwärmung unterstützen kann, z. B. Projekte in Indien, Honduras, Kasachstan und Uganda.

Lonely Planet unterstützt gemeinsam mit Rough Guides und anderen Partnern aus der Reisebranche das CO_2-Ausgleichs-Programm von climatecare.org. Alle Reisen von Mitarbeitern und Autoren von Lonely Planet werden ausgeglichen. Weitere Informationen gibt's auf www.lonelyplanet.com.

(auf Bergstraßen braucht ein Auto mehr Benzin, wodurch die Kosten steigen).

➡ Einfache Fahrten kosten meist genauso viel wie Hin- und Rückfahrten, da der Rücktransport des Autos samt Fahrer ohnehin fällig wird.

➡ Die Mietpreise hängen vom Bundesstaat ab. Einige Taxigewerkschaften definieren ein Zeit- oder Kilometerlimit für Tagesausflüge – wer diese Grenzen überschreitet, muss nachzahlen. Die Preise richten sich auch nach Zustand und Modell des Autos; Luxusschlitten und SUVs kosten mehr als herkömmliche Wagen.

➡ Um eventuelle Missverständnisse zu vermeiden, empfiehlt es sich, alle versprochenen Leistungen schriftlich festzuhalten, z. B. dass Benzin, Sightseeing-Stopps, alle gewünschten Ziele sowie Verpflegung und Unterkunft des Fahrers inbegriffen sind. Wenn ein Fahrer unterwegs um Geld für Benzin bittet, weil er knapp bei Kasse ist, sollte man eine Quittung verlangen und sich das Geld nach der Rückkehr zurückgeben lassen. Wird der Preis nach Kilometern berechnet, sollte man vor der Abfahrt immer den Kilometerzähler überprüfen, um eventuelle Probleme beim Zahlen zu vermeiden.

➡ Eine eintägige Sightseeing-Fahrt innerhalb einer Stadt in einem Auto ohne/mit Klimaanlage kostet rund 1000/1200 ₹ (8 Std., max. 80 km) – Sonderleistungen werden extra berechnet. Bei mehrtägigen Touren gelten in der Regel eine Kilometergrenze von 250 km pro Tag und ein Kilometerpreis von rund 8/10 ₹ für ein Auto ohne/mit Klimaanlage. Darüber Hinausgehendes wird extra berechnet.

➡ Am Ende einer Tour ist es üblich, ein Trinkgeld von etwa 100 ₹ pro Tag zu zahlen; wer sehr zufrieden war, kann noch etwas draufschlagen.

Bus

➡ Busse verkehren fast in ganz Indien und sind oft die einzige Möglichkeit, Bergregionen zu erkunden. In der Regel sind sie das günstigste, schnellste und am häufigsten fahrende Verkehrsmittel.

➡ Busse werden oft von ziemlich wagemutigen Fahrern gesteuert, deswegen besteht immer ein gewisses Unfallrisiko, besonders auf kurvenreichen Strecken.

➡ Nachtbusse sollte man möglichst meiden: Die Straßenverhältnisse sind dann noch prekärer und der Fahrer ist eventuell durch Alkoholkonsum oder Schlafmangel beeinträchtigt.

➡ Alle Busse legen mehr oder weniger häufig Snack- und Klopausen ein. Das mag erholsam sein, kann die Reisezeit aber um Stunden verlängern.

➡ In vielen Bergregionen ergänzen Sammeljeeps die Busverbindungen.

Gepäck

➡ Das Gepäck wird in den Gepäckfächern im Bauch des Busses (manchmal wird dafür etwas verlangt) oder auf dem Dach verstaut.

➡ Wer auf den Dachtransport spekuliert, sollte mindestens eine Stunde vorher da sein, da alles auf dem Dach zum Schluss mit einer Plane abgedeckt wird und ein Verstauen in letzter Minute unmöglich ist.

➡ Wichtig ist, darauf zu achten, dass alle Teile ordnungsgemäß gesichert sind und mit Seilen am Gepäckträger befestigt werden – ungesicherte Gepäckstücke können auf einer Schlaglochstrecke vom Dach fliegen!

➡ Das Risiko, bestohlen zu werden, ist (relativ) gering; bei den Pausen zwischendurch sollte man jedoch aufpassen und niemals etwas Wertvolles in der Ablage im Bus liegen lassen.

Klassen

➡ Staatliche wie private Unternehmen bieten verschiedene Busklassen, grob eingeteilt in die Kategorien Ordinary, Semi-Deluxe, Deluxe und Super-Deluxe. Die jeweiligen Kriterien sind nicht klar festgelegt und der Grad an Komfort der einzelnen Klassen variiert von Anbieter zu Anbieter.

➡ Im Allgemeinen handelt es sich bei der Ordinary-Klasse um alte Klapperkisten, wohingegen das Spektrum der Deluxe-Kategorien von etwas besseren Ordinary-Bussen bis hin zu schicken, klimatisierten Volvo-Bussen mit Liegesitzen in Zweierreihen reicht.

➡ Staatliche Busgesellschaften sind meist zuverlässiger: Bei Pannen werden Ersatzfahrzeuge geschickt. Zudem können Plätze normalerweise bis zu einen Monat im Voraus gebucht werden. Viele staatliche Unternehmen bieten mittlerweile Busse der Super-Deluxe-Klasse.

➡ Busse von Privatunternehmen sind komfortabler sowie teils teurer und teils billiger, wobei man oft mit Kamikaze-Fahrern rechnen muss, die zur Gewinnmaximierung so viele Passagiere wie möglich an Bord quetschen.

➡ In vielen Touristenorten vermitteln Reisebüros relativ teure Privatbusse mit Zweiersitzreihen, deren Haltestellen in praktischer Zentrumslage zu finden sind.

➡ Für alle Fernbusse sind Ohrstöpsel gegen die oft überlaute Musik und die Filmgeräusche an Bord ratsam.

➡ In jedem Bus sollte man versuchen, einen Platz vorne und nicht direkt über den Reifen wählen – da werden Schlaglochstöße besser abgefedert.

Preise

➡ Fahrten mit staatlichen Normal-Bussen sind am günstigsten, wobei die

Preise je nach Bundesstaat variieren.

➡ Im Vergleich kosten Deluxe-Tickets ca. 50 % mehr, eine Klimaanlage (AC) verdoppelt grob den Normaltarif. Fahrten mit Super-Deluxe-Bussen mit Zweiersitzreihen sind drei- bis viermal so teuer.

Reservierungen

➡ Die meisten Deluxe-Busfahrten können am Busbahnhof und in Reisebüros im Voraus gebucht werden, bei staatlichen Anbietern meist bis zu einem Monat vor Fahrtantritt.

➡ Online-Buchungen sind mittlerweile in einzelnen Bundesstaaten wie Karnataka und über das exzellente Portal **Redbus** (☎1800 30010101; www.redbus.in) möglich.

➡ Für normale Busse sind Reservierungen nur selten möglich. Ausländische Reisende ziehen beim Kampf um die Sitzplätze meist den Kürzeren.

➡ Die Chance auf einen Sitzplatz steigt, wenn man einen Mitreisenden zum Platzfreihalten vorschickt oder durch ein offenes Fenster ein Buch oder ein Kleidungsstück auf einen freien Sitz wirft. Diese „Reservierungsmethode" klappt fast immer.

➡ Wer auf der Strecke zusteigt, muss damit rechnen, lange auf einen freien Sitzplatz warten zu müssen.

➡ Viele Busse fahren erst los, wenn alle Plätze belegt sind. Manchmal leert sich der Bus plötzlich, weil die Passagiere einen anderen bevorzugen, der früher startet.

➡ An vielen Bushaltestellen gibt es separate Schlangen für Frauen, die allerdings nicht unbedingt als solche zu erkennen sind, da die Schilder oft auf Hindi beschriftet sind und Männer sich an derselben Schlange anstellen.

➡ Frauen haben in Indien das inoffizielle Recht, sich in Busschlangen per Ellbogen nach vorne zu drängeln – also nur nicht schüchtern sein!

Fahrrad

Die Einfuhr von Drahteseln unterliegt keinerlei Beschränkungen. Da das eigene Bike beim Transport auf dem Seeweg eventuell erst nach ein paar Wochen vom Zoll freigegeben wird, ist es besser, es per Flugzeug nach Indien zu schicken. Wohl am günstigsten und stressärmsten ist es aber, ein Fahrrad direkt vor Ort zu kaufen oder auszuleihen. Vor dem Start empfiehlt sich die Lektüre themenspezifischer Bücher. Einen guten Einstieg geben z. B. das *Bicycle Touring Manual* (Bicycle Books, 1987) von Rob Van Der Plas sowie Stephen Lords *Adventure Cycle-Touring Handbook* (Trailblazer Publications, 2006). Auch indische Fahrradmagazine oder Clubs liefern nützliche Details und Tipps. Die **Cycling Federation of India** (www.cyclingfederationofindia.org) erteilt Lokal- und Regionalinfos.

Kaufen

Mountainbikes von renommierten Herstellern wie Hero oder Atlas kann man durchschnittlich zu einem Preis ab ca. 5000 ₹ erwerben.

➡ Über örtliche Fahrradläden bzw. -verleiher und Schwarze Bretter für Traveller ist der Wiederverkauf meist recht einfach.

➡ Neu erworbene Drahtesel in gutem Zustand sollten noch ca. 50 % des Originalpreises einbringen.

Mieten

➡ In Touristenzentren und an beliebten Travellerzielen lassen sich Leihfahrräder am leichtesten auftreiben – einfach vor Ort umhören!

➡ Der Tagemietpreis für verkehrstaugliche indische Modelle liegt zwischen 40 und 100 ₹. Mountainbikes (falls vorhanden) sind ab 350 ₹ pro Tag zu haben.

➡ Manche Verleiher verlangen Bargeld als Sicherheit. Auf keinen Fall den Reisepass oder das Flugticket hinterlegen!

Praktisch & Konkret

➡ Für Indiens Holperstrecken eignen sich am besten Mountainbikes mit Stollenreifen.

➡ Trotz zahlreicher Fahrradwerkstätten am Straßenrand sollte man unbedingt genügend Ersatzreifen, Bremszüge, Schmiermittel, Flickzeug und ein Kettenreparaturset dabeihaben.

➡ Öffentliche Busse nehmen Bikes oft gratis oder gegen geringe Gebühr auf dem Dach mit – praktisch, wenn es mal bergauf geht!

➡ Die gewählte Fluglinie informiert über den Fahrradtransport. Zollformalitäten erklärt das Zollamt in der Heimat.

Verkehrsregeln

➡ Abgesehen vom Linksfahrgebot gibt's in Indien quasi keine Verkehrsregeln. Da Stadt- und Schnellstraßen potenziell gefährlich sind, sollten Radler möglichst die Nebenstrecken benutzen.

➡ In puncto Distanzen ist Realismus gefragt: Erfahrene Biker schaffen pro Tag ca. 60 bis 100 km im Flachland, 40 bis 60 km auf Allwetter-Bergstraßen und maximal 40 km auf unbefestigten Pisten.

Flugzeug

Fluglinien in Südindien

➡ Indiens Inlandsflugmarkt ist heiß umkämpft. Zu den renommierten Anbietern zählen Air India, die mittlerweile Indian Airlines geschluckt hat, GoAir, IndiGo, Jet Airways und Spicejet.

➡ Flugtickets können günstig übers Internet, über Reiseagenturen oder telefonisch gebucht werden. Um Betriebskosten zu reduzieren, ersetzen Privatanbieter vermehrt ihre Buchungsbüros durch telefonische und Online-Reservierungen. Es gibt jedoch noch immer mehrere zertifizierte Agenturen, die Buchungen vornehmen. Für indische Staatsbürger gelten bei inländischen Fluglinien Rupien-Tarife, für Ausländer oft US-Dollar-Tarife, die meist in Rupien bezahlt werden können.

➡ Außer über die Websites der Fluglinien können Buchungen auch über verlässliche Ticketportale wie **Cleartrip** (www.cleartrip.com), **Make My Trip** (www.makemytrip.com) und **Yatra** (www.yatra.com) vorgenommen werden.

➡ Aufgrund der Sicherheitsbestimmungen müssen Reisende beim Betreten des Flughafens Ticket und Reisepass vorzeigen. An den Schaltern der Fluglinien am Flughafen kann man sich, wenn nötig, für 50 ₹ sein Ticket ausdrucken lassen.

➡ Zum Recherchezeitpunkt bedienten die im Folgenden genannten Fluglinien verschiedene Ziele in Indien. Man sollte bedenken, dass die starke Konkurrenz auf dem Flugsektor mit großen Preisschwankungen einhergeht. Da sich auch Feiertage, Feste und andere Spitzenzeiten auf die Tarife auswirken, ermittelt man aktuelle Angebote am besten online.

➡ Die Sicherheitsmaßnahmen an Flughäfen sind im Allgemeinen recht streng. An kleinen Flughäfen wird sämtliches Gepäck vor dem Einchecken durchleuchtet, an großen Flughäfen gibt es mittlerweile ein schnelleres, effizienteres Kontrollsystem. Jedes Stück Handgepäck muss mit einem Aufkleber versehen werden, der bei der Sicherheitskontrolle abgestempelt wird. Daher beim Check-in am Schalter unbedingt genügend von diesen Aufklebern mitnehmen!

➡ Wegen des starken Betriebs zu Stoßzeiten wird empfohlen, für Inlandsflüge zwei Stunden, jedoch spätestens 45 Minuten vor Abflug einzuchecken. In der Economy Class gilt für Gepäck in der Regel eine Begrenzung von 20 kg (bei kleineren Flugzeugen 10 kg).

Air India (☎1800 1801407; www.airindia.com) Indiens staatliche Fluglinie mit vielen Inlands- und Auslandsflügen.

GoAir (☎1800 222111; www.goair.in) Verlässlicher Billigflieger, der u. a. Goa und Kochi bedient.

IndiGo (☎099-10383838; www.goindigo.in) Der beste und trendigste Billiganbieter mit vielen Inlandsflügen sowie ausgewählten Verbindungen ins Ausland. Gilt als äußerst pünktlich.

Jet Airways (☎1800 225522; www.jetairways.com) Flüge zu vielen Zielen im Inland sowie zu einigen ausländischen Städten.

JetKonnect (☎1800 223020; www.jetkonnect.com) Der Billiganbieter von Jet Airways fliegt verschiedene Ziele an.

Spicejet (☎1800 1803333; www.spicejet.com) Zu den Zielen zählen Bengaluru (Indien), Colombo (Sri Lanka) und Kathmandu (Nepal).

Geführte Touren

Touristeninformationen, Verkehrsunternehmen und Reisebüros bieten geführte Touren in ganz Südindien an. Organisierte Trips sind eine günstige Möglichkeit, mehrere Orte in schneller Folge zu besichtigen. Es steht aber jeweils nicht viel Zeit zur Verfügung. Individualtouren bieten mehr Freiheit in puncto Route und Aufenthalt.

Fahrer fungieren meist auch als Führer; ein kompetenter lokaler Guide kann auch gegen Gebühr angeheuert werden. Achtung: In Touristenzentren geben sich unqualifizierte Schlepper als professionelle Führer aus!

Internationale Touranbieter

Viele internationale Firmen bieten geführte Indientouren an. Um zwischen reinem Sightseeing, Aktivurlaub und Abenteuertrips etwas passendes Aktuelles zu finden, muss man in Reisebüros und/oder online ein bisschen recherchieren. Gute Ausgangspunkte:

Comtour (www.comtour.de) Spezialist für maßgeschneiderte Indientrips.

Dragoman (www.dragoman.com) Eines von mehreren renommierten Unternehmen mit Überlandtouren in speziell umgebauten Fahrzeugen.

India Wildlife Tours (www.india-wildlife-tours.com) Alle möglichen Tierbeobachtungen (z. B. Vögel) plus Jeep-, Pferde- und Kamelsafaris.

Indian Encounter (www.indianencounters.com) Bedient spezielle Interessen z. B. mit Tierbeobachtungen, Rafting oder Ayurveda-Behandlungen.

Intrepid Travel (www.intrepidtravel.com) Riesiges Tourangebot von Tierbeobachtungen bis hin zu Tempelbesuchen.

Sacred India Tours (www.sacredindiatours.com) Organisiert ganzheitliche Tourerlebnisse (z. B. mit Yoga oder Ayurveda), Architektur- und Kulturtrips.

Shanti Travel (http://www.shantitravel.com/en) Französisch-indisches Team, das u. a. Familien- oder Abenteuertouren veranstaltet.

Surya Reisedienst (www.suryareisedienst.de) Organisiert Individualreisen und Specials wie Ayurveda, Rafting, Kamelsafaris, Hausboot- oder Golfferien.

Motorrad

Trotz des chaotischen Verkehrs ist Indien ein tolles Pflaster für lange Motorradtrips. Allerdings können sie zur echten Herausforderung werden – wer diese nicht allein bewältigen möchte, bucht am besten eine der beliebten Touren.

Das Wetter ist ein entscheidender Faktor und man sollte sich über die beste Reisezeit in den jeweiligen Regionen informieren. Aktuelle Formalitäten und Bestimmungen bezüglich der Einreise aus Nachbarländern sollten bei den zuständigen diplomatischen Vertretungen erfragt werden.

Benzin, Ersatzteile & Zubehör

- Während man in den Ebenen überall Sprit und Motoröl bekommt, sind Tankstellen im Gebirge rar. Wer in abgelegene Ecken fährt, sollte sich vorab immer bei Einheimischen nach Tankmöglichkeiten erkundigen und genügend Treibstoff mitnehmen. Zum Recherchezeitpunkt kostete der Liter Benzin in unterschiedlichen Regionen ca. 70 bis 75 ₹.
- In einsame Gegenden sollten Biker unbedingt die wichtigsten Ersatzteile (Ventile, Benzinschläuche, Kolbenringe) mitnehmen. Ersatzteile für indische und japanische Maschinen gibt's in praktisch allen größeren oder großen Städten.
- Insbesondere bei älteren Bikes ist es ratsam, alle Schraubverbindungen regelmäßig zu prüfen und nachzuziehen: Durch Indiens Straßen und die Motorvibrationen kann sich schnell etwas lockern.
- Auch Motor- und Getriebeöl sind regelmäßig (min. alle 500 km) zu prüfen. Ölfilter verdienen alle paar Tausend Kilometer eine Reinigung.
- Angesichts des Straßenzustands sind Reifenpannen sehr wahrscheinlich. Wer nicht immer zum Flick-*wallah* gehen will oder kann, beginnt den Trip am besten mit neuen Reifen und Werkzeug für eigenhändige Radwechsel.
- Eigene Schutzbekleidung bzw. -ausrüstung (Protektoren, Motorradjacke oder -kombi usw.) ist ebenfalls sehr sinnvoll.

MOTORRADTRANSPORT PER ZUG

Bei langen Strecken kann sich der Motorradtransport per Zug lohnen. Dazu kauft man ein normales Bahnticket für die Strecke und bringt das Bike samt Reisepass, Führerschein, Zulassungs- und Versicherungspapieren zum Paketschalter des Bahnhofs. Dort hüllen Angestellte das gute Stück in schützendes Sackleinen (200–500 ₹). Zudem hat man verschiedene Formulare auszufüllen und den Beförderungspreis (2500–3500 ₹; weniger in normalen Zügen) zu entrichten – ebenso einen Versicherungsbetrag in Höhe von 1% des aktuellen Zeitwerts des Motorrads. Dieselben Dokumente sind dem Ausgabeschalter am Zielort vorzulegen. Wenn das Bike dort nicht innerhalb von 24 Stunden abgeholt wird, entstehen Lagerkosten von ca. 50 bis 100 ₹ pro Tag.

Führerschein

Um sich in Indien ein Motorrad auszuleihen, benötigt man offiziell den eigenen nationalen Führerschein und ein gültige internationale Fahrerlaubnis. In Touristenzentren verzichten manche Verleiher auf die Vorlage dieser Dokumente. Doch Vorsicht: Man ist dann bei Unfällen nicht versichert und muss zudem mit einem Bußgeld rechnen.

Geführte Motorradtouren

Dutzende Unternehmen bieten landesweit Motorradtouren mit Führern, Mechanikern und Begleitfahrzeugen an. Beispiele für seriöse Veranstalter (Kontaktadressen, Routen und Preise auf den Websites) sind:

Blazing Trails (www.blazingtrailstours.com)

Classic Bike Adventure (www.classic-bike-india.com)

Ferris Wheels (www.ferriswheels.com.au)

H-C Travel (www.hctravel.com)

Himalayan Roadrunners (www.ridehigh.com)

Lalli Singh Tours (www.lallisingh.com)

Moto Discovery (www.motodiscovery.com)

Royal Expeditions (www.royalexpeditions.com)

Saffron Road Motorcycle Tours (www.saffronroad.com)

Wheel of India (www.wheelofindia.com)

Kaufen

Wer längere Touren plant, mag den Kauf eines Motorrads in Betracht ziehen. In vielen Fällen ist dieser in der Praxis für Ausländer sehr schwierig bis unmöglich, in jedem Fall jedoch mit jeder Menge kompliziertem Papierkram verbunden.

- Gebrauchte Bikes sind fast überall erhältlich und ihr Kauf ist mit weniger Papierkram verbunden als bei neuen Maschinen. Interessierte durchforsten am besten Schwarze Bretter für Reisende oder fragen Motorradmechaniker und andere Biker.
- Eine gepflegte gebrauchte Enfield mit 350 ccm kostet 40 000 bis 50 000 ₹. Modelle mit 500 ccm gibt's für 50 000 bis 65 000 ₹. Zusätzlich fallen Kosten für die Versicherung an.

PAPIERE

- Angehende Motorradbesitzer müssen sich auf jede Menge Papierkram einstellen. Das Prozedere ist kompliziert und langwierig, deswegen lässt man sich am besten vom jeweiligen Motorradhändler beraten.

➡ Beim Erstverkauf müssen die Papiere von der jeweiligen Zulassungsstelle ausgestellt werden. Käufer gebrauchter Bikes müssen sich diese Dokumente beschaffen.

➡ Ausländer können den eingetragenen Namen auf der Zulassung nicht selbst ändern, sondern müssen Formulare für Eigentümer- und Versicherungswechsel ausfüllen.

➡ Die Zulassung eines indischen Motorrads ist alle 15 Jahre zu erneuern (ca. 5000 ₹). Man sollte sich unbedingt vergewissern, dass diese den einwandfreien Zustand der Maschine garantiert und dass das Bike weder mit Schulden noch durch Gerichtsverfahren belastet ist.

Mieten

Der Klassiker für Motorradtouren durch Indien ist die Royal Enfield, von der es sowohl altmodische als auch moderne Modelle gibt. Diese Motorräder haben nicht nur einen wunderbar blubbernden Sound, sondern sind auch komplett mechanisch aufgebaut und daher reparaturfreundlich. Ersatzteile gibt's in Indien überall. Allerdings sind Enfields oft weniger verlässlich als viele neuere Maschinen aus Japan.

➡ Viele Läden verleihen Motorräder für Kurztrips in die Umgebung und längere Touren. Japanische und indische Maschinen mit 100 bis 150 ccm sind günstiger als große Enfields mit 350 bis 500 ccm.

➡ Als Sicherheit wird die Hinterlegung einer hohen Kaution (unbedingt einen schriftlichen Beleg verlangen, der die Rückerstattung garantiert!) sowie des Reisepasses oder Flugtickets verlangt. Vom Aushändigen der Dokumente ist jedoch sehr abzuraten; das gilt vor allem für den Pass, der fürs Einchecken in Hotels vonnöten ist und jederzeit von der Polizei kontrolliert werden kann.

➡ Eine dreiwöchige Tour mit einer Enfield mit 500/350 ccm kostet ab 22 000/15 000 ₹. Im Preis inbegriffen sind erstklassige Tipps sowie ein unschätzbar wertvoller Crashkurs zu den Maschinen und deren Reparatur.

➡ Helme gibt's für 500 bis 2000 ₹; weitere Extras (Motorradtaschen, Gepäckträger, Sturzbügel, Rückspiegel, verschließbare Benzindeckel, Benzinfilter, Ersatzwerkzeug) sind problemlos zu organisieren.

➡ Nützliche Infos zu Enfield-Modellen bietet die Website **www.royalenfield.com**. In Mumbai verkauft **Allibhai Premji Tyrewalla** (☎ 022-23099313; www.premjis.com; 205 Dr. D Bhadkamkar (Lamington Rd) neue und gebrauchte Motorräder mit einer Rückkaufoption.

Straßenzustand & Gefahren

Die unterschiedlichen Straßenverhältnisse Indiens können für Unerfahrene eine echte Herausforderung sein. Die Gefahrenquellen reichen von Hühnern, Kühen und Fußgängern auf der Straße bis hin zu liegen gebliebenen Lkws, unbeschilderten Fahrbahnschwellen und den allgegenwärtigen Schlaglöchern. Damit es die drüberrollenden Fahrzeuge „dreschen", wird manchmal Getreide auf die Landstraßen gelegt, was die Rutschgefahr für Biker beträchtlich erhöht.

Fahrer sollten sich nicht zu viel für einen Tag vornehmen und nie in der Dunkelheit fahren: Viele indische Fahrzeuge sind ohne Licht unterwegs. Zudem ist der dynamobetriebene Scheinwerfer des Motorrads wirkungslos, wenn Schlaglöcher langsam umfahren werden müssen.

Ohne Pausen schafft man auf verkehrsreichen Bundesstraßen durchschnittlich 40 bis 50 km/h, auf kurvigen Nebenstrecken und unbefestigten Pisten manchmal nur 10 km/h.

Versicherung

➡ Biker sollten nur haftpflichtversicherte Maschinen mieten, um ernste finanzielle Folgen bei Sach- oder Personenschäden zu vermeiden. Die Verträge seriöser Firmen beinhalten eine Haftpflichtversicherung. Von allen anderen lässt man am besten die Finger.

➡ Motorradkäufer benötigen ebenfalls eine Versicherung, die sich normalerweise über den jeweiligen Verkäufer organisieren lässt.

➡ Minimum ist eine Haftpflichtpolice (ca 600 ₹/Jahr). Sie deckt alle Sach- und Personenschäden beim Unfallgegner ab, zahlt aber keine Eigenschäden. Eine Vollkaskoversicherung (ab 1200 ₹/Jahr) ist also wärmstens zu empfehlen!

Nahverkehr

➡ In südindischen Städten sind Busse, Fahrrad- und Autorikschas, Taxis, Boote und Stadtbahnen unterwegs.

➡ Die Tarife im öffentlichen Verkehr variieren von Stadt zu Stadt.

➡ Bei allen Nahverkehrsmitteln ohne Fixpreise sollte man grundsätzlich *vor* Fahrtantritt den Tarif aushandeln und sicherstellen, dass Gepäcktransport sowie alle Passagiere inklusive sind.

➡ Auch wenn ein Gebührenzähler vorhanden ist, weigern sich manche Fahrer, diesen zu nutzen, und verlangen stattdessen einen höheren Festpreis. Man sollte auf den Taxameter bestehen und wenn dies nicht fruchtet, das Fahrzeug wechseln oder hart verhandeln.

➡ Der übliche Nachtzuschlag beträgt bis zu 100 %. Manche Fahrer verlangen zudem eine kleine Extragebühr für Gepäck.

➡ Für Fahrten mit Autorikschas und Taxis sollte man genügend kleine Scheine

TAXAMETER

Auch bei Fahrten mit Taxameter ist der Kampf noch nicht gewonnen: Da die Geräte meist veraltet sind, basiert der endgültige Fahrpreis auf einer Kombination aus dem Zählerstand und Angaben aus einer komplizierten Umrechnungstabelle („Fare Adjustment Card"). Dies lädt natürlich zu Missbrauch ein. Um sich einen ungefähren Überblick über die Tarife zu verschaffen, lohnt ein Blick in das Portal www.taxiautofare.com.

dabei haben, da die Fahrer nur selten wechseln können.

➡ Vorsicht: An manchen Orten stecken Autorikscha- und Taxifahrer tief im Provisionssumpf.

Autorikscha, Tempo & Vikram

➡ Indische Autorikschas ähneln den Tuk-Tuks Südostasiens: Die motorisierten Dreiradvehikel mit Dach und Seitenverkleidung aus Blech oder Zeltplane bieten Platz für zwei Passagiere (oft werden jedoch einige mehr reingequetscht) und etwas Gepäck.

➡ Die Fahrzeuge werden auch Autos, Scooters oder Riks genannt.

➡ Autorikschas sind meist günstiger als Taxis und haben normalerweise Gebührenzähler, die manche Fahrer aber erst nach zähen Verhandlungen einschalten.

➡ Fahrten mit Autorikschas machen Spaß, bedeuten wegen der offenen Fenster aber oft auch Lärm und Hitze (bzw. Kälte).

➡ Bei Tempos und *vikrams* (großen Tempos) handelt es sich um überdimensionierte Autorikschas für mehrere Passagiere, die zu Fixpreisen feste Routen bedienen.

➡ In ländlichen Gebieten gibt's teilweise auch furchteinflößende „Dreiräder" – primitive Tempos mit frei beweglichen Frontgabeln, die an Traktoren erinnern – und den „Magic", einen Minivan mit Platz für bis zu einem Dutzend Passagiere.

Bus

Bei Stadtbussen reicht das Spektrum von Abgase ausstoßenden, vollgestopften Monstern, die mit halsbrecherischer Geschwindigkeit unterwegs sind, bis zu klimatisierten, sauberen Gefährten mit komfortablen Sitzen und verantwortungsvolleren Fahrern. In jedem Fall sind Autorikschas und Taxis die bessere Alternative, da sie schneller sind und häufiger verkehren.

Fahrradrikscha

➡ Eine Fahrradrikscha ist ein Fahrrad mit zwei Hinterrädern, über denen eine Sitzbank für Fahrgäste angebracht ist. Die meisten haben ein Verdeck, das bei schlechtem Wetter aufgeklappt und für Übergepäck zugeklappt werden kann.

➡ Der Preis sollte vor der Abfahrt vereinbart werden; um sich eine Vorstellung von den jeweils gültigen Tarifen zu machen, fragt man am besten Einheimische.

➡ Handgezogene Rikschas, *tana*-Rikschas genannt, gibt es nur noch ganz selten. Der zweirädrige Handwagen wird direkt vom Rikscha-*wallah* gezogen.

Prepaid- & Funktaxis

➡ An den meisten indischen Flughäfen und Bahnhöfen gibt es Stände für Prepaid- und Funktaxis. Hier zahlt man Festpreise, Gepäcktransport ist inklusive – so geht man Provisionsabzocke aus dem Weg. Den Beleg sollte man bis zum Erreichen des Ziels aufbewahren, denn er dient als Zahlungsnachweis.

➡ Funktaxis sind ein wenig teurer als Prepaid-Taxis, dafür aber klimatisiert und werden von Angestellten des jeweiligen Unternehmens gefahren. Zudem sind sie mit elektronischen Gebührenzählern, die Belege ausdrucken, sowie GPS-Systemen ausgestattet, mittels derer die Taxifirma den Standort des Fahrzeugs ermitteln kann. Dadurch sinkt die Wahrscheinlichkeit, dass der Fahrer eine falsche Route wählt oder im Nachhinein auf einmal einen Aufpreis verlangt.

➡ An vielen kleineren Flughäfen und Bahnhöfen stehen stattdessen Prepaid-Autorikschas bereit.

Schiff/Fähre

Auf den Flüssen Südindiens verkehren ganz unterschiedliche Arten von Booten (große Fähren genauso wie Holzkanus und Weidenboote). Viele größere Boote nehmen gegen Aufpreis auch ein Fahrrad oder Motorrad mit.

Taxi

In den meisten Städten verkehren Taxis. In der Regel verfügen diese über Taxameter, die von vielen Fahrern allerdings nur widerwillig benutzt werden. Um Abzocke zu vermeiden, benutzt man, wenn vorhanden, am besten Prepaid-Taxis.

Sonstiger Nahverkehr

In manchen Städten verkehren noch immer *tongas* (einachsige Pferdekutschen) und *victorias* (zweiachsige Pferdekutschen). In Metropolen wie Mumbai und Chennai gibt es Vorortzüge, die an den normalen Bahnhöfen abfahren.

Sammeljeeps

➡ In Bergregionen ergänzen Sammeljeeps das Busnetz zu ähnlichen Festpreisen.

- Obwohl sie für fünf bis sechs Passagiere ausgelegt sind, transportieren viele Jeeps mehr Passagiere. Die Plätze neben und hinter dem Fahrer sind teurer als die auf der überfüllten Rückbank.
- Die Jeeps starten erst, wenn alle Plätze belegt sind. Deshalb steigen die Insassen halbleerer Fahrzeuge oft hektisch in vollere und daher früher abfahrende Vehikel um. Wenn man alle freien Plätze bezahlt, brechen die Fahrer sofort auf.
- Jeeps fahren an Jeep-Ständen und „Passagierstationen" an großen Straßenkreuzungen los; einfach Einheimische nach dem Weg fragen!
- In Anlehnung an das beliebte Allradfahrzeug Tata Sumo heißen Jeeps in manchen Bundesstaaten „Sumos".
- Vor allem auf kurvigen Bergstrecken kann Übelkeit auftreten. Eventuell müssen Fensterplätze dann schnell für Passagiere mit Brechreiz geräumt werden ...

Schiff/Fähre

- Linienschiffe verbinden das indische Festland regelmäßig mit Port Blair auf den Andamanen.
- Unregelmäßig fahren Fähren von Visakhapatnam (Andhra Pradesh) zu den Andamanen.
- Zwischen Oktober und Mai gibt es eine Schiffsverbindung von Kochi (Kerala) zu den Lakshadweep-Inseln.
- Auf den Flüssen kreuzen unzählige Fähren – mal sind es Pontonschiffe, mal Weidenboote oder Kreuzfahrtschiffe (weitere Infos finden sich in den Regionalkapiteln).

Trampen

In abgelegenen Gebieten transportieren neben Bussen teils auch Lkw-Fahrer Passagiere gegen eine verhandelbare Gebühr. Diese sprechen allerdings selten Englisch, was es schwierig macht, ihnen das Ziel klarzumachen und einen fairen Preis auszuhandeln. Zudem haben Lkw-Fahrer den Ruf, unter Alkoholeinfluss zu fahren. Wie überall sollten Frauen auch in Indien niemals allein trampen, am besten nicht einmal zu zweit. Immer aufs Bauchgefühl hören!

Zug

Eine Bahnreise ist ein typisch indisches Erlebnis. Zugfahrten sind weniger holperig als Bustrips und empfehlen sich vor allem für Fernstrecken mit Übernachtung an Bord. Mit ca. 6900 Bahnhöfen im ganzen Land zählt Indiens Gleisnetz zu den längsten und betriebsamsten der Welt. Rund 1,5 Mio. Angestellte machen Indian Railways zum größten öffentlichen Arbeitgeber des Planeten.

Neben den nützlichen Bahnverbindungen gibt es noch Hunderte weitere. Die besten Quellen für aktuelle Infos sind entsprechende Websites wie die von **Indian Railways** (www.indianrail.gov.in) und die sehr gute von **Inda Rail Info** (www.indiarailinfo.com) mit gutem Offline-Infos. Viele Bahnhofsbuchhändler und bessere Buch- oder Zeitschriftenläden verkaufen zudem *Trains at a Glance* (35 ₹). Dieser Gesamtfahrplan für alle Hauptstrecken erscheint jedoch nur einmal im Jahr und ist daher im Vergleich zum Internet weniger aktuell.

Fahrkartenkauf in Indien

- Zugtickets kann man gegen eine Gebühr bei Reisebüros oder Hotels buchen oder direkt am Bahnhof kaufen.
- Alternativ bucht man online über **IRCTC** (www.irctc.co.in), dem E-Ticket-Service von Indian Railways, oder Portale wie **Make My Trip** (www.makemytrip.com) und **Yatra** (www.yatra.com).
- Online-Buchungen können allerdings auch ihre Tücken haben: Manche Urlauber berichten von Problemen bei der Registrierung in einigen Portalen und bei der Nutzung bestimmter ausländischer Kreditkarten.
- An Großbahnhöfen gibt es oft englischsprachiges Personal, das beim Ticketkauf hilft. An kleineren Bahnhöfen sprechen die Stationsvorsteher und ihre Vertreter oft Englisch. Wer Hilfe braucht, ist außerdem bei Touristeninformationen richtig.

AM BAHNHOF

Am Infoschalter werden Reservierungsformulare ausgegeben, in die Start- und Zielbahnhof sowie Zugklasse, -name und -nummer einzu-

PREISBEISPIELE: EXPRESS-ZÜGE (₹)

STRECKE (KM)	1AC	2AC	3AC	EXECUTIVE CHAIR	CHAIR CAR (CC)	2. KLASSE
100	848	500	155	353	120	90
200	848	500	251	559	196	90
300	848	500	342	755	266	122
400	1064	627	425	937	331	151
500	1279	754	509	1121	396	182
1000	2140	1255	829	1853	644	295
1500	2780	1624	1049	NA	816	374
2000	3420	1993	1270	NA	987	452

tragen sind. Dann steht man am Fahrkartenschalter an, wo das Ticket ausgedruckt wird. Frauen sollten die separate Warteschlange für Damen (falls vorhanden) nutzen und ansonsten einfach direkt nach vorne marschieren.

ROUTENRECHNER

Gibt man auf www.indiarailinfo.com Start- und Zielort ein, erscheint eine Liste aller auf der Route verkehrenden Züge (inkl. Name, Nummer, Abfahrts- und Ankunftszeit sowie Routeninfos) und die Tarife jeder verfügbaren Klasse.

BUCHUNGSBÜROS FÜR TOURISTEN

In größeren Städten und Touristenzentren sorgen spezielle Buchungsbüros für Touristen (International Tourist Bureaus) für einen relativ entspannten Ticketkauf. Ein Verzeichnis mit deren Standorten gibt's unter www.indianrail.gov.in.

Preise

- Die Fahrpreise hängen von der Entfernung und der Zugklasse ab. Bei den etwas teureren Zügen beinhaltet der Preis die Verpflegung.
- In den meisten klimatisierten Waggons wird die Verpflegung direkt am Platz serviert wird. Passagiere ohne Reservierung haben am besten ein paar praktische Snacks dabei.
- Senioren ab 60 Jahren erhalten 30 % Rabatt in allen Klassen und sämtlichen Zügen. Kinder unter fünf Jahren fahren gratis mit, Kids zwischen fünf und zwölf Jahren zum halben Preis.

Reservierungen

- Tickets sind bis zu 120 Tage vor Abfahrtstag erhältlich. Die Klassen Chair Class, Sleeper Class, 1AC, 2AC und 3AC müssen reserviert werden. Für die 2. Klasse ist keine Reservierung nötig – hier gilt es, sich so schnell wie möglich einen Platz zu sichern.
- Da die Züge immer gut ausgelastet sind, ist es ratsam, sich möglichst früh um Tickets zu kümmern, insbesondere für Nachtfahrten. Dies gilt selbst dann, wenn während großer Feste zusätzliche Bahnverbindungen zu bestimmten Zielen eingerichtet werden.
- Auf Fahrkarten mit Reservierung sind Sitzplatz- bzw. Liegen- und Wagennummer vermerkt. Die Wagennummer ist jeweils seitlich am Waggon angebracht – bei Bedarf helfen Bahnhofsangestellte und Gepäckträger. An jedem reservierungspflichtigen Waggon hängt zudem eine Liste mit Namen und Platznummern.
- Sogar nach der Abfahrt können Tickets noch gebührenpflichtig zurückgegeben werden. Die Regelungen sind jedoch kompliziert und sollten besser schon beim Buchen ermittelt werden.
- Da Fahrtverzögerungen jederzeit vorkommen können, sollte der eigene Reiseplan nie zu eng gestrickt sein, um Stress zu vermeiden.
- Vorsicht: An Bord besteht die Gefahr, betäubt oder ausgeraubt zu werden!
- Ist der gewünschte Zug ausgebucht, fragt man einfach nach Alternativen.

LAST-MINUTE-TICKETS (TAKTAL)

Für wichtige Zugverbindungen hält Indian Railways eine sehr kleine Menge von Last-Minute-Tickets *(taktal)* zurück, die einen Tag vor Abfahrt um 10 Uhr freigegeben werden (Aufpreis 10–300 ₹/Ticket). Die Klasse 1AC ist hiervon ausgeschlossen.

RESERVATION AGAINST CANCELLATION (RAC)

Selbst bei komplett ausgebuchten Zügen greift in allen Klassen die limitierte Option „Reservation Against Cancellation" (RAC): Inhaber von RAC-Tickets erhalten die Plätze bzw. Liegen von Passagieren, die vor dem Abfahrtstag stornieren. Am Reisetag heißt es daher die Reservierungsliste am Bahnhof checken, um den potenziellen Platz zu ermitteln. Doch auch wenn dieser nicht storniert wurde, darf man als RAC-Ticketinhaber an Bord gehen und (ohne Sitzplatz) mitfahren.

TOURISTEN-KONTINGENT

Auf beliebten Strecken gibt's ein kleines Kontingent extra für ausländische Traveller *(tourist quota)*. Solche Tickets können aber nur gegen Vorlage des Reisepasses und des Visums bei bestimmten Reservierungsbüros in Großstädten gebucht werden. Sie lassen sich in Rupien, Britischen Pfund, US-Dollar oder Euro bezahlen – bar oder mittels Reiseschecks von Thomas Cook bzw. American Express. Manche Büros verlangen bei Rupienzahlung allerdings einen Wechselbeleg; eine Geldautomatenquittung dürfte ausreichen.

WARTELISTE

Sind auch keine RAC-Plätze mehr verfügbar, bekommt man ein Wartelistenticket (*waiting list*; WT). Gibt es genug Stornierungen, erhält man dann den Vorzug gegenüber anderen auf einen Liegeplatz oder zumindest einen RAC-Sitzplatz. Unter www.indianrail.gov.in/pnr_stat.html kann durch Eingabe der PNR-Nummer der Buchungsstatus abgefragt werden. Achtung: Ein Wartelistenticket allein berechtigt nicht zur Mitfahrt; das Geld bekommt man jedoch zurückerstattet – die Verkaufsstelle hilft beim Einschätzen der Chancen!

Gesundheit

Indien hat eine riesige geografische Bandbreite. Deshalb gibt es auch extreme Umweltbedingungen: Hitze, Kälte und Höhenluft können Gesundheitsprobleme verursachen. Der Hygienestandard ist allgemein sehr niedrig, sodass Krankheiten durch infizierte Lebensmittel oder Wasser recht häufig auftreten. Außerdem übertragen Insekten verschiedene Krankheiten, besonders in den tropischen Regionen. Die medizinische Ausstattung ist in vielen Gegenden unzureichend (besonders außerhalb der Großstädte), man sollte sich also gut vorbereiten.

Für die meisten lebensbedrohlichen Probleme während einer Indienreise sind ein von vornherein schlechter Gesundheitszustand oder Verletzungen durch Unfälle (besonders Verkehrsunfälle) verantwortlich. Einmal während der Reise krank zu werden, ist dagegen ziemlich üblich. Die meisten Krankheiten kann man aber durch den Einsatz des gesunden Menschenverstandes vermeiden oder mithilfe einer gut ausgestatteten Reiseapotheke behandeln. Allerdings sollte man auch nicht zögern, im Ernstfall einen Arzt aufzusuchen – sonst könnte es gefährlich werden.

In vielen Teilen Südindiens ist es das ganze Jahr über heiß und feucht. Die meisten Reisenden brauchen etwa zwei Wochen, um sich an das Klima zu gewöhnen. Füße und Knöchel können anschwellen und es kann wegen des vielen Schwitzens zu Muskelkrämpfen kommen. Ratsam ist es, einer Dehydrierung vorzubeugen und sich nicht zu viel in der Hitze zu bewegen. Salztabletten einzunehmen ist nicht empfehlenswert, weil sie den Darm angreifen. Rehydrationsflüssigkeiten trinken oder salzig essen ist besser. Krämpfe lösen sich meistens schnell, wenn man eine Ruhepause einlegt, doppelt konzentrierte Rehydrationslösung trinkt und der Muskel vorsichtig gedehnt wird. Hitzebläschen sind in den Tropen ein häufig auftretender Hautausschlag, der entsteht, wenn sich Schweiß unter der Haut ansammelt. Er kann behandelt werden, indem man die Hitze für ein paar Stunden meidet oder kalt duscht. Salben und Lotionen verschließen die Haut und sollten nicht benutzt werden. Vor Ort erhältliches Hitzebläschen-Pulver kann auch helfen.

Die folgenden Hinweise sind als allgemeine Ratschläge zu verstehen und ersetzen keineswegs den Rat eines Arztes, der auf Reisemedizin spezialisiert ist.

BEVOR ES LOSGEHT

In Indien kann man viele Medikamente rezeptfrei kaufen, aber manchmal ist es schwierig, neuere Arzneimittel aufzutreiben, besonders Antidepressiva, Blutdruckmedikamente und Antibabypillen. Folgendes sollte man mitnehmen:

- Medikamente in ihrer beschrifteten Originalverpackung
- ein unterzeichnetes, datiertes Schreiben des Hausarztes, in dem der Gesundheitszustand und die jeweiligen einzunehmenden Medikamente einschließlich ihrer generischen Namen beschrieben werden
- einen Brief des Arztes, der die medizinische Notwendigkeit von Spritzen bestätigt, die eventuell mitgenommen werden
- wer ein Herzleiden hat, nimmt die Kopie eines EKGs mit, das vor der Abreise gemacht wurde
- sämtliche Arzneimittel, die man regelmäßig einnehmen muss (am besten in doppelter Menge)

Versicherung

Niemals ohne Reisekrankenversicherung reisen! Ein Rücktransport im Notfall ist teuer. Beim Abschluss einer Versicherung Folgendes berücksichtigen:

- Möglicherweise muss man eine Zusatzversicherung für Abenteueraktivitäten wie Felsenklettern oder Tauchen abschließen.

➡ In Indien müssen Ärzte normalerweise direkt in bar bezahlt werden. Die Versicherung bezahlt die jeweiligen Stellen entweder direkt oder erstattet das Geld anschließend zurück. Wenn man seine Ansprüche später geltend machen muss, ist immer sicherzustellen, dass alle relevanten Unterlagen aufbewahrt werden.

➡ Einige Versicherung verlangen, dass man eine Zentrale im Heimatland anruft (R-Gespräch), die sich dann direkt um das Problem kümmert.

Impfungen

Auf Reisemedizin spezialisierte Kliniken sind die beste Quelle für aktuelle Informationen. Sie haben alle verfügbaren Impfstoffe vorrätig und können spezifische Empfehlungen für eine Reise aussprechen. Die meisten Impfstoffe verleihen erst mindestens zwei Wochen nach Verabreichung Immunität, deshalb sollte man vier bis acht Wochen vor der Abreise einen Arzt aufsuchen.

ERFORDERLICHE & EMPFOHLENE IMPFUNGEN

Die einzige Impfung, die nach internationalen Vorschriften erforderlich ist, ist die gegen **Gelbfieber**. Ein Nachweis der Impfung wird nur verlangt, wenn man sechs Tage vor der Einreise nach Indien ein Land im Gelbfiebergebiet besucht hat. Wenn man aus Afrika oder Südamerika nach Indien einreist, sollte man sich vorab informieren, ob ein Impfnachweis erforderlich ist.

Die Weltgesundheitsorganisation (WHO) empfiehlt für Reisen nach Indien folgende Impfungen (genauso wie einen Impfschutz vor Masern, Mumps und Röteln):

Diphterie & Tetanus Die Auffrischungsimpfung wird empfohlen, wenn die letzte Impfung zehn Jahre oder länger zurückliegt. Nebenwirkungen sind Entzündungen an der Impfstelle und Fieber.

Hepatitis A Bietet nahezu 100 %-igen Schutz für ein Jahr, eine Auffrischungsimpfung nach zwölf Monaten bewirkt einen mindestens 20 Jahre anhaltenden Schutz. Harmlose Nebenwirkungen wie Kopfschmerzen und Entzündungen der Impfstelle treten bei 5 bis 10 % der Behandelten auf.

Hepatitis B Gilt inzwischen als Routineimpfung für die meisten Traveller. Wird als dreimalige Impfung über sechs Monate gegeben. Es gibt auch eine Schnellversion, die in Kombination mit der Hepatitis-A-Impfung durchgeführt wird. Nebenwirkungen sind harmlos und eher selten, etwa Kopfschmerzen und Entzündungen der Impfstelle. 95 % der Behandelten haben danach lebenslangen Impfschutz.

Polio Eine Impfung reicht aus für den lebenslangen Schutz eines Erwachsenen. Der inaktive Polioimpfstoff gilt auch bei Schwangerschaften als unbedenklich.

Typhus Die Impfung gegen Typhus wird prinzipiell für alle Indien-Traveller empfohlen, auch wenn nur der Besuch städtischer Gebiete geplant ist. Die einmalige Impfung bietet 70 %-igen Schutz und hält zwei bis drei Jahre an. Sie kann auch mit Tabletten durchgeführt werden, doch wegen der geringeren Nebenwirkungen wird die Injektion empfohlen. Entzündungen der Impfstelle und Fieber können auftreten.

Windpocken Wer keinen Impfschutz gegen Windpocken hat, sollte eine mögliche Impfung mit seinem Arzt besprechen.

Folgende Impfungen werden für Traveller empfohlen, die länger als einen Monat im Land bleiben wollen und für alle, die ein erhöhtes Risiko haben (am besten beim Arzt danach fragen):

Japanische Enzephalitis Wird in drei Teilimpfungen gegeben. Eine Auffrischung nach zwei Jahren wird empfohlen. Selten tritt eine allergische Reaktion mit Nesselausschlag und Schwellungen auf, ungefähr zehn Tage nach jeder der drei Impfungen.

Meningitis Eine Injektion. Es gibt zwei Arten der Impfung: Der vierfache Impfstoff gibt zwei- bis dreijährigen Schutz; der Meningitis-Gruppe-C-Impfstoff hält zehn Jahre lang. Wird empfohlen für Backpacker unter 25 Jahren.

Tollwut Insgesamt drei Impfungen. Eine Auffrischung nach einem Jahr gibt zehnjährigen Schutz. Nebenwirkungen sind selten – gelegentlich Kopfschmerzen und Entzündungen der Impfstelle.

Tuberkulose (TBC) Ein komplexes Thema. Erwachsenen Travellern, die länger in Indien waren, wird normalerweise eher ein TBC-Hauttest vor und nach der Reise als eine Impfung empfohlen. Eine Impfung hält ein Leben lang.

REISEHINWEISE

Vor der Abreise lohnt sich immer ein Blick auf die medizinischen Hinweise von offizieller Seite:

- **Deutschland** (www.auswaertiges-amt.de)
- **Schweiz** (www.eda.admin.ch)
- **Österreich** (http://www.bmeia.gv.at)

Am besten bittet man seinen Arzt um ein internationales Impfzertifikat (auch als „gelbes Heft" bekannt), in dem alle Impfungen aufgelistet sind, die man erhalten hat.

Reiseapotheke

Für die persönliche Reiseapotheke empfehlen wir:

- Antibakterielle Salbe, z.B. Mupirocin
- Antibiotika gegen Hautinfektionen, z.B. Amoxicillin/Clavulanat oder Cephalexin
- Antihistamine – es gibt zahlreiche Optionen, z.B. Cetrizin für tagsüber und Promethazin für nachts
- Antiseptikum, z.B. Betadine
- Antispasmikum gegen Magenkrämpfe, z.B. Buscopan
- Dekongestivum, z.B. Pseudoephedrin
- DEET-haltiges Insektenschutzmittel
- Erste-Hilfe-Bedarf wie Schere, Pflaster, Bandagen, Mullbinden, Fieberthermometer (keines mit Quecksilber), Sicherheitsnadeln und Pinzette
- Fungizidsalbe, z.B. Clotrimazol
- Halstabletten
- Ibuprofen oder andere entzündungshemmenden Mittel
- Jodtabletten zur Trinkwasserreinigung (nicht für Schwangere oder Menschen mit Schilddrüsenproblemen!)
- Medikamente gegen Blasenentzündung, falls man dafür anfällig ist
- Medikamente gegen Durchfallerkrankungen – etwa Rehydrationslösungen, Durchfall-„Bremsen" (z.B. Loperamid), Mittel gegen Übelkeit (z.B. Prochlorperazin) und Antibiotika gegen Durchfall (z.B. Ciprofloxacin), bakterielle Diarrhöe (z.B. Azithromycin) und Giardiasis oder Amöbendisenterie (z.B. Tinidazol).
- Medikamente gegen Soor (vaginaler Pilzbefall), z.B. Clotrimazolpessare oder Diflucantabletten
- Migränemittel, falls man an Migräne leidet
- Paracetamol
- Pyrethrin zur Imprägnierung von Kleidung und Moskitonetzen
- Sonnencreme mit hohem Lichtschutzfaktor
- Steroidsalbe gegen allergische oder juckende Ausschläge, z.B. 1- bis 2-%-iges Hydrocortison
- Verhütungsmittel

Infos im Internet

Im Internet findet man jede Menge Reisetipps rund um das Thema Gesundheit. Unsere Website www.lonelyplanet.com bietet für viele Fragen in diesem Bereich einen praktisch orientierten Einstieg. Andere nützliche Seiten:

fit for travel – Reisemedizinischer Gesundheitsservice (www.fit-for-travel.de) Gute allgemeine Informationen zum Thema Reisemedizin.

MD Travel Health (www.mdtravelhealth.com) Bietet umfassende Reise-Gesundheitstipps zu sämtlichen Ländern; die Seite wird täglich aktualisiert.

World Health Organization (WHO; www.who.int/ith) Das hilfreiche Buch *International Travel & Health* wird alljährlich neu aufgelegt und ist online erhältlich.

Weiterführende Lektüre

Lonely Planets englischsprachiges *Healthy Travel – Asia & India* ist ein handliches Buch, vollgepackt mit nützlichen Infos zu Reiseplanung, Erster Hilfe im Notfall und Immunisierung, mit Infos über Krankheiten und mit Ratschlägen, was zu tun ist, wenn jemand unterwegs krank wird. Weitere empfehlenswerte Bücher sind *Praktische Tropen- und Reisemedizin* von Hans Jochen Diesfeld und Gerhard Krause und das *Handbuch für Tropenreisen* von Ronald Hanewald.

IN INDIEN

Medizinische Versorgung & Kosten

Die medizinische Versorgung in Indien ist ziemlich unbeständig. In einigen Städten gibt's inzwischen Kliniken, die sich speziell an Reisende und Auswanderer richten. Diese Kliniken sind in der Regel teurer als andere medizinische Einrichtungen vor Ort und bieten höhere Behandlungsstandards. Darüber hinaus kennen sie das örtliche System und damit auch seriöse lokale Krankenhäuser und Spezialisten. Außerdem können sie sich mit der Versicherung in Verbindung setzen, sollte man einen Rücktransport benötigen. In ländlichen Gebieten ist es in der Regel schwierig, zuverlässige medizinische Versorgung zu finden.

Bevor man Medikamente kauft, immer auf das Haltbarkeitsdatum schauen und sich vergewissern, dass die Packung versiegelt ist und vernünftig gelagert wurde (also z. B. nicht der direkten Sonne ausgesetzt war)!

Infektionskrankheiten

Malaria

Malaria ist eine sehr ernste und potenziell tödliche Krankheit. Vor der Abreise sollte man den Rat eines Fachmannes zur geplanten Reiseroute (ländliche Gebiete sind besonders riskant) sowie zu Medikamenten und deren Nebenwirkungen einholen.

Malaria wird von einem Parasiten ausgelöst, der durch den Biss einer infizierten Moskito übertragen wird. Das deutlichste Symptom ist Fieber, es gibt aber auch andere allgemein verbreitete Anzeichen wie Kopfschmerzen, Durchfall, Husten oder Kältegefühl. Eine sichere Diagnose kann nur durch eine Blutprobe gestellt werden.

Zwei Strategien sollten kombiniert werden, um eine Malariainfektion zu vermeiden: nicht von Moskitos gestochen werden und Malariamedikamente einnehmen. Die meisten Menschen, die sich mit Malaria infiziert haben, nahmen unwirksame oder keine Malariamedikamente.

Moskitostiche lassen sich durch folgende Vorsichtsmaßnahmen vermeiden:

- Auf unbedeckte Hautstellen DEET-haltige Moskitoschutzmittel auftragen. Wer in einem garantiert moskitofreien Raum schläft, etwa unter einem Moskito-netz, kann das DEET nachts abwaschen. Natürliche Moskitoschutzmittel mit Zitronengras können effektiv sein, müssen aber öfter aufgetragen werden als DEET-haltige Mittel.
- Unter einem mit Pyrethrin imprägnierten Moskitonetz schlafen.
- Unterkunft mit Fensterscheiben und ordentlichen Ventilatoren wählen (wenn keine Klimaanlage vorhanden ist).
- In Gebieten mit hohem Risiko Kleidung mit Pyrethrin imprägnieren.
- Helle Kleidung mit langen Ärmeln und Hosenbeinen bevorzugen.
- Mückenspiralen benutzen.
- Insektenspray einsetzen, bevor man das Zimmer zum Abendessen verlässt.

Es gibt eine Vielzahl von Medikamenten:

Chloroquin- & Paludrine-Kombination Eingeschränkte Wirkung in vielen Teilen Südasiens. Häufige Nebenwirkungen schließen Übelkeit (40 % der Betroffenen) oder Mundgeschwüre ein.

Doxycyclin (täglich eine Tablette) Ein Breitbandantibiotikum, das der Prävention einer Vielzahl von Tropenkrankheiten dient, darunter Leptospirose, durch Zecken übertragene Krankheiten und Typhus. Mögliche Nebenwirkungen sind Photosensibilität (erhöhtes Sonnenbrandrisiko), Soor (bei Frauen) Verdauungsstörungen, Sodbrennen, Übelkeit und eine Wirkungshemmung von Antibabypillen. Zu den schwereren Nebenwirkungen gehören auch Geschwürbildungen in der Speiseröhre – die Tablette sollte zu einer Mahlzeit mit einem großen Glas Wasser eingenommen werden. Eine halbe Stunde nach Einnahme sollte man sich keinesfalls hinlegen. Das Medikament muss nach Verlassen des Risikogebiets vier Wochen lang eingenommen werden.

Lariam (Mefloquin) Diese wöchentlich einzunehmende Tablette ist für viele Menschen am besten verträglich. Schwere Nebenwirkungen sind selten, schließen aber Depressionen, Angstzustände, Psychosen und Anfälle ein. Personen, die von Depressionen, Angstzuständen, anderen psychischen Störungen oder Epilepsie betroffen waren oder sind, sollten Lariam nicht einnehmen. Es gilt im zweiten und dritten Trimester einer Schwangerschaft als sicher. Die Tabletten müssen nach Verlassen des Risikogebiets vier Wochen lang eingenommen werden.

Malarone Kombinationspräparat aus Atovaquone und Proguanil. Nebenwirkungen sind selten und leicht und treten meist in Form von Übelkeit und Kopfschmerzen auf. Dies ist das beste Medikament für Taucher und alle, die Ausflüge in Hochrisikogebie-te machen. Die Tabletten müssen nach Verlassen des Risikogebietes eine Woche lang eingenommen werden.

Andere Krankheiten

Denguefieber Diese durch Moskitos übertragene Krankheit entwickelt sich zu einem immer größeren Problem, besonders in den Städten. Da kein Impfstoff vorhanden ist, kann ihr nur vorgebeugt werden, indem man Moskitostiche so gut wie möglich vermeidet. Zu den Symptomen gehören hohes Fieber, starke Kopf- und Körperschmerzen und manchmal Ausschlag oder Durchfall. Die Behandlung besteht aus Ruhe und Paracetamol – kein Aspirin oder Ibuprofen einnehmen, da es die Wahrscheinlichkeit von Blutungen erhöht! Zur Diagnose und Beobachtung sollte man auf jeden Fall einen Arzt aufsuchen.

Hepatitis A Dieses Virus wird durch Lebensmittel oder Wasser übertragen, befällt die Leber und verursacht Gelbsucht (gelbe Haut und Augen), Übelkeit und Lethargie. Für Hepatitis A gibt's keine spezifische Behandlung, man muss der Leber einfach Zeit geben, wieder zu heilen. Alle Reisenden nach Indien sollten sich gegen Hepatitis A impfen lassen.

Hepatitis B Diese Krankheit wird durch sexuellen Kontakt und den Austausch von Körperflüssigkeiten übertragen und kann durch Impfung vermieden werden. Die Langzeitfolgen der Erkrankung können Leberkrebs oder auch eine Leberzirrhose einschließen.

Hepatitis E Durch Lebensmittel und Wasser übertragen, ähneln die Symptome der Hepatitis E denen der Hepatitis A, aber sie ist entschieden seltener. Für Schwangere ist sie sehr problematisch und kann zum Tod der Mutter und des Kindes führen. Es gibt keinen kommerziell verfügbaren Impfstoff, aber eine Ansteckung kann vermieden werden, wenn die üblichen Sicherheitsmaßnahmen beim Essen und Trinken beachtet werden.

HIV Wird durch den Austausch von Körperflüssigkeiten übertragen. Die Vermeidung von ungeschütztem Sex, nicht sterilen Nadeln (auch in medizinischen Einrichtungen) und Tätowierungen oder ähnlichen Unternehmungen schützen. Die Anstiegsrate von HIV in Indien ist eine der höchsten weltweit.

Japanische Enzephalitis Diese Viruserkrankung wird durch Moskitos übertragen und ist bei Reisenden selten. Die meisten Fälle treten in ländlichen Gegenden auf, und Impfungen werden für alle empfohlen, die mehr als einen Monat außerhalb der größeren Städte verbringen. Es gibt keine Therapie, und die Erkrankung kann zu dauerhaften Hirnschäden oder zum Tod führen. Den eigenen Arzt nach näheren Einzelheiten fragen!

Tollwut Diese meistens tödlich verlaufende Krankheit wird übertragen, wenn man von einem infizierten Tier (in erster Linie Hunde oder Affen) gebissen oder auch nur abgeschleckt wird. Sofort nach einem Biss einen Arzt aufsuchen, der mit der Nachbehandlung beginnt – eine Impfung vor der Reise macht die Nachbehandlung sehr viel einfacher. Wird ein Traveller von einem wilden Tier gebissen, sollte die Wunde vorsichtig mit Wasser und Seife ausgespült und ein jodbasiertes Antiseptikum aufgetragen werden. Wer nicht gegen Tollwut geimpft ist, muss schnellstens Tollwutantikörper bekommen – in großen Teilen Indiens wird das aber sehr schwierig sein.

Tuberkulose Während TBC unter Travellern selten ist, sollten Personen mit engem Kontakt zur einheimischen Bevölkerung (wie medizinisches Personal, Aids-Helfer und Langzeittraveller) entsprechende Vorsichtsmaßnahmen treffen. Geimpft werden normalerweise nur Kinder unter fünf Jahren, aber bei gefährdeten Erwachsenen wird ein TBC-Test vor und nach der Reise empfohlen. Die häufigsten Symptome sind Fieber, Husten, Gewichtsverlust, Nachtschweiß und Müdigkeit.

Typhus Diese schwerwiegende bakterielle Infektion verbreitet sich über Essen und Wasser. Symptome sind langsam ansteigendes und hohes Fieber und Kopfschmerzen, eventuell begleitet von trockenem Husten und Magenschmerzen. Typhus wird durch Bluttests nachgewiesen und mit Antibiotika behandelt. Die Impfung wird allen Travellern empfohlen, die länger als eine Woche in Indien bleiben wollen. Achtung: Die Impfung gewährt keinen 100-%-igen Schutz, also auf jeden Fall vorsichtig sein beim Essen und Trinken!

Vogelgrippe Die Vogelgrippe, auch Influenza A (H5N1), ist ein Subtyp des Influenza-A-Virus. Kontakt mit toten oder erkrankten Vögeln ist die Hauptansteckungsquelle, aber eine Übertragung von Vogel zu Mensch ist recht selten. Zu den Symptomen gehören hohes Fieber und grippeähnliche Symptome mit rapider Verschlechterung des Zustands, die in vielen Fällen zum Versagen der Atmung und zum Tod führen. Wenn Verdacht auf Vogelgrippe besteht, sollte sofort medizinische Versorgung erfolgen. Details: www.who.int/en oder www.vogelgrippe.de.ms.

TRINKWASSER

- Nie Leitungswasser trinken.
- Wasser in Flaschen ist in der Regel sicher – unbedingt beim Kauf sicherstellen, dass das Siegel intakt ist.
- Eis vermeiden, wenn man nicht genau weiß, wie es hergestellt wurde.
- Vorsichtig sein mit frischen Säften, die vor allem an Straßenständen verkauft werden – möglicherweise werden sie mit Wasser verdünnt oder in unhygienischen Bechern/Gläsern serviert.
- Wasser abzukochen, ist für gewöhnlich die wirkungsvollste Reinigungsmethode.
- Das beste chemische Reinigungsmittel ist Jod. Es sollte nicht von Schwangeren oder Menschen mit Schilddrüsenproblemen eingenommen werden.
- Wasserfilter sollten auch die meisten Viren herausfiltern. Man sollte sich vergewissern, dass der Filter eine chemische Barriere, z. B. Jod, und eine kleine Porengröße (weniger als vier Mikron) hat.

Reisedurchfall

Reisedurchfall ist mit Abstand das häufigste Problem, von dem Reisende in Indien betroffen sind – zwischen 30 und 70 % aller Personen leiden in den ersten zwei Wochen nach Antritt der Reise darunter. Für gewöhnlich wird der Durchfall durch Bakterien ausgelöst – Antibiotika helfen sehr schnell.

Als Reisedurchfall werden mehr als drei wässrige Entleerungen innerhalb von 24 Stunden bezeichnet, zu denen mindestens ein weiteres Symptom wie Fieber, Krämpfe, Übelkeit, Übergeben oder allgemeines Unwohlsein kommen.

Die Behandlung besteht darin, eine Dehydration zu vermeiden – Rehydrationslösungen sind dazu am besten geeignet. Antibiotika wie Ciprofloxacin oder Azithromycin sollten die Bakterien schnell abtöten. Umgehend medizinische Hilfe suchen, wenn die Reaktion auf das entsprechende Antibiotikum ausbleibt!

Loperamid wirkt nur wie eine „Bremse“ und packt das Problem nicht bei der Wurzel, kann aber trotzdem hilfreich sein (z. B. wenn man eine lange Busfahrt vor sich hat). Loperamid sollte man nicht einnehmen, wenn man Fieber oder Blut im Stuhl hat.

Amöbenruhr Die Amöbenruhr kommt bei Travellern nur sehr selten vor, wird aber von weniger guten Labors häufig fälschlicherweise diagnostiziert. Die Symptome (Fieber, blutiger Stuhl und allgemeines Unwohlsein) ähneln dem bakteriell verursachten Durchfall. Bei Blut im Stuhl sollte sofort ein Arzt aufgesucht werden. Behandelt wird mit zwei Medikamenten: Tinidazol oder Metronidazol töten die Parasiten im Darm und ein zweites Medikament tötet die Zysten. Bleibt die Krankheit unbehandelt, können Leber- oder Darmabzesse die Folge sein.

KOHLENMONOXIDVERGIFTUNG

In manchen Bergregionen wird bis heute mit Holzkohleöfen geheizt. Diese sollten jedoch nicht benutzt werden, da die Gefahr einer tödlichen Kohlenmonoxidvergiftung besteht. Alternativ gibt's oben im Gebirge oft dicke, matratzenartige Decken, die herrlich warm geben. Wer immer noch friert, füllt einfach eine Trinkflasche mit kochendem Wasser, zieht einen Strumpf darüber und verwendet das Ganze als Wärmflasche.

Giardiasis Giardia lamblia ist ein Parasit, der bei Travellern relativ häufig vorkommt. Symptome sind Übelkeit, Aufgedunsenheit, schlimme Blähungen, Müdigkeit und zeitweilig auftretender Durchfall. Der Parasit verlässt den Körper möglicherweise ohne Behandlung, aber das kann Monate dauern. Übliches Behandlungsmittel ist Tinidazol, Metronidazol ist eine weitere Möglichkeit.

Gesundheitsrisiken

Essen

Wege, um durch Lebensmittel verursachte Krankheiten zu vermeiden:

- nur frisch zubereitete Lebensmittel essen
- Krustentiere und Buffets meiden
- Obst schälen
- Gemüse kochen
- Salat mindestens 20 Minuten lang in Jodwasser tauchen
- in belebten Restaurants mit hoher Gästefluktuation essen

Hautprobleme

Ausschläge durch Pilzbefall Reisende können von zweierlei Ausschlägen durch Pilzbefall betroffen sein. Der eine tritt an feuchten Körperstellen auf, z. B. im Schritt, unter den Achseln und zwischen den Zehen. Er beginnt mit roten Flecken, die sich langsam ausbreiten und normalerweise auch jucken. Zur Behandlung sollte man die Haut trocken halten, Reibung vermeiden und eine Salbe gegen Pilzinfektionen wie Clotrimazol oder Lamisil auftragen. Der andere Pilz, *Pityriasis versicolor*, verursacht helle Flecken, hauptsächlich auf dem Rücken, der Brust und den Schultern. Einen Arzt aufsuchen!

Schnitte und Kratzer entzünden sich in feuchtem Klima leicht. Alle Wunden müssen umgehend mit sauberem Wasser ausgewaschen werden. Anschließend ein Antiseptikum auftragen. Wenn Anzeichen einer Infektion beobachtet werden (zunehmende Schmerzen und Rötungen), einen Arzt aufsuchen!

Insektenbisse & -stiche

Bienen- und Wespenstiche Jeder, der unter einer schweren Bienen- oder Wespenallergie leidet, sollte eine Adrenalinspritze (z. B. einen EpiPen) mitführen. Für alle anderen sind die Schmerzen und der Juckreiz das größte Problem – den Stich mit Eis kühlen oder Schmerzmittel einnehmen!

Blutegel sind in feuchten Regenwaldregionen zu finden. Sie übertragen keine Krankheiten, aber ihre Bisse jucken wahnsinnig und das oft wochenlang – und noch dazu können sie sich leicht entzünden. Ein Antiseptikum auf Jodbasis auf Blutegelbisse auftragen, um Infektionen vorzubeugen!

Läuse treten meist auf dem Kopf oder im Schambereich auf. Vermutlich muss man ein Läuseshampoo (z. B. Pyrethrin) zur vollständigen Bekämpfung mehrmals anwenden. Läuse im Schambereich bekommt man für gewöhnlich durch Sexualkontakt.

Wanzen Sie übertragen zwar keine Krankheiten, aber ihre Bisse können ziemlich fies jucken. Sie leben in Möbeln und Wänden und siedeln nachts in Betten um. Gegen den Juckreiz kann man Antihistamine einnehmen.

Zecken holt man sich beim Wandern in ländlichen Gegenden, und oft findet man sie hinter den Ohren, am Bauch und unter den Achseln. Wer von einer Zecke gebissen wurde und an der Biss- oder einer anderen Stelle einen Ausschlag oder Fieber oder Muskelschmerzen bekommt, sollte einen Arzt aufsuchen. Doxycyclin beugt von Zecken übertragenen Krankheiten vor.

Luftverschmutzung

Luftverschmutzung, vor allem durch Fahrzeuge, ist in den meisten Großstädten Indiens ein wachsendes Problem. Wer unter ernsten Atembeschwerden leidet, sollte vor der Reise mit dem behandelnden Arzt sprechen.

Sonnenbrand

Selbst an bewölkten Tagen kann sich schnell ein Sonnenbrand bilden. Folgendes ist immer zu beachten:

- Starke Sonnencreme (Faktor 30) benutzen und sich nach dem Schwimmen immer neu eincremen
- Einen Hut mit breiter Krempe und eine Sonnenbrille tragen
- Während der heißesten Zeit des Tages (10–14 Uhr) nicht in der Sonne liegen
- Über 3000 m ist besondere Vorsicht angebracht – in der Höhe kann die Haut noch schneller verbrennen

Wer sich einen Sonnenbrand geholt hat, sollte die Sonne meiden, bis er sich wieder regeneriert hat. Kühle Kompressen auflegen und, wenn nötig, Schmerzmittel gegen das Unwohlsein einnehmen. 1-%-ige Hydrocortison-Salbe, zweimal täglich aufgetragen, hilft ebenfalls.

Tauchen & Surfen

Taucher und Surfer sollten vor der Reise den Rat eines Spezialisten einholen, um sicherzustellen, dass ihre Reiseapotheke mit allem Nötigen für Korallenschnitte und tropische Ohreninfektionen ausgestattet ist. Taucher sollten sich vergewissern, dass ihre Versicherung auch die Dekompressionskrankheit abdeckt – bei Organisationen wie **Divers Alert Network** (DAN; www.danasiapacific.org) gibt's spezielle Taucherversicherungen. Bestimmte Erkrankungen sind nicht mit dem Tauchen vereinbar; Details kennt der Arzt.

Frauen & Gesundheit

Bei gynäkologischen Beschwerden sollte man eine Ärztin aufsuchen.

Harnwegsinfektionen können durch Dehydrierung oder lange Busreisen ohne Pinkelpausen ausgelöst werden. Man sollte ein entsprechendes Antibiotikum mitnehmen.

Hygieneartikel Binden, selten auch Tampons, sind überall im Land in vielen Geschäften erhältlich.

Soor Hitze, Feuchtigkeit und Antibiotika können eine Soor-Erkrankung begünstigen. Die Behandlung erfolgt durch eine Salbe gegen Pilzinfektionen und Pessare, z. B. Clotrimazol. Eine praktische Alternative ist eine einzige Tablette Fluconazol (Diflucan).

Verhütung Ein ausreichender Vorrat des persönlichen Verhütungsmittels gehört ins Reisegepäck.

Sprache

Die Zahl der in Indien gesprochenen Sprachen erklärt, warum Englisch noch immer in weiten Teilen des Landes als Verkehrssprache dient und nach wie vor bei offiziellen Angelegenheiten genutzt wird. Weitere 22 Sprachen sind in der indischen Verfassung anerkannt, aber im ganzen Land hört man über 1600 Sprachen.

Hindi wird hauptsächlich im Norden gesprochen. Es hat nur wenig mit den drawidischen Sprachen Südindiens gemein und ist dort kaum verbreitet. Die Muttersprachen der in diesem Band (und in diesem Kapitel) behandelten südlichen Regionen sind Tamil, Kannada, Konkani, Malayalam, Marathi und Telugu. Die meisten von ihnen gehören zur Familie der drawidischen Sprachen, wurden allerdings in ihrer Entwicklung unterschiedlich stark von Hindi und Sanskrit beeinflusst. Als vorherrschende Sprachen in bestimmten geografischen Gegenden wurden sie benutzt, um die regionalen Grenzen in den südlichen Bundesstaaten festzulegen.

Viele gebildete Inder sprechen Englisch praktisch wie ihre Muttersprache. Für den Großteil der Inder ist es die zweitwichtigste Sprache, deswegen kommt man in Südindien gut mit Englisch zurecht.

Aussprache

Zu den Aussprachesystemen aller Sprachen, die in diesem Kapitel behandelt werden, gehört auch eine Reihe von retroflexen Konsonanten (mit nach hinten geklappter Zunge ausgesprochen), und alle Sprachen außer dem Tamil haben außerdem aspirierte Konsonanten (mit einem Luftausstoß ausgesprochen). Unsere vereinfachte Aussprachehilfe unterscheidet die retroflexen Konsonanten nicht von ihren nicht-retroflexen Gegenstücken. Die aspirierten Töne sind mit einem Apostroph (') nach dem Konsonanten gekennzeichnet. Wenn man die Begriffe aus der Aussprachehilfe so liest, als sei es Deutsch, wird man wahrscheinlich verstanden werden. Bei Sprachen, die über eine erkennbare Betonung der Wörter verfügen, sind die betonten Silben kursiv abgedruckt. Bei allen anderen sollten hingegen alle Silben gleich stark betont werden.

> **NOCH MEHR GEFÄLLIG?**
>
> Noch besser kommt man mit dem *Sprachführer Hindi, Urdu & Bengali* und dem *India Phrasebook*, beide von Lonely Planet, durch Indien. Man findet die Titel unter **http://shop.lonelyplanet.de** und im Buchhandel.

TAMIL

Tamil ist die offizielle Sprache im südindischen Bundesstaat Tamil Nadu (und Nationalsprache in Sri Lanka, Malaysia und Singapur). Es ist eine der wichtigsten drawidischen Sprachen Südindiens, und Aufzeichnungen über seine Existenz reichen über 2000 Jahre zurück. In Indien sprechen etwa 62 Mio. Menschen Tamil.

Ein Tipp: aw wird wie im englischen „law", ow wie in „how" ausgesprochen.

Grundbegriffe

Hallo	வணக்கம்.	wa·*nak*·kam
Auf Wiedersehen	போய் வருகிறேன்.	*po*·i wa·*ru*·ki·rejn
Ja/Nein	ஆமாம்./இல்லை.	*aa*·maam/ *il*·lai
Entschuldigung	தயவு செய்து.	ta·ja·*wu* sej·*du*
Es tut mir leid.	மன்னிக்கவும்.	*men*·nik·ka·wam
Bitte	தயவு செய்து.	ta·ja·*wu* tschi·*tu*
Danke	நன்றி.	*nan*·dri

Wie geht's?
நீங்கள் நலமா? — *nieng*·kal na·*la*·maa

Gut, danke. Und selbst?
நலம், நன்றி. நீங்கள்? — na·*lam nen*·dri *nieng*·kel

Wie heißen Sie?
உங்கள் பெயர் என்ன? — *ang*·kel pe·*jar en*·na

Ich heiße …
என் பெயர் … — en pe·*jar* …

Sprechen Sie Englisch?
நீங்கள் ஆங்கிலம் பேசுவீர்களா? — *nieng*·kel *aang*·ki·lem *pej*·tschu·*wier*·ka·la

Ich verstehe nicht.
எனக்கு விளங்கவில்லை. — e·*nek*·ku wi·*leng*·ka·wil·*lai*

Essen & Trinken

Können Sie mir eine(e) … empfehlen? — நீங்கள் ஒரு … பரிந்துரைக்க முடியுமா? — *nieng*·kel o·*ru* … pa·rin·tu·*reik*·ka mu·ti·*ju*·maa

Bar	பார்	paar
Gericht	உணவு வகை	ju·na·*wu* wa·*kai*
Restaurant	உணவகம்	ju·na·wa·*hem*

Ich möchte (ein(e)/die) …, bitte. — எனக்கு தயவு செய்து … கொடுங்கள். — e·*nek*·ku ta·ja·*wu* tschej·*tu* … ko·*tung*·kal

Rechnung	விலைச்சீட்டு	wi·*laitsch*·tschiet·tu
Speisekarte	உணவுப்–பட்டியல்	u·na·*wap*·pet·ti·jal
dieses Gericht	அந்த உணவு வகை	*an*·ta ju·na·*wu* wa·*hai*

(Tasse) Kaffee/Tee … — (கப்) காப்பி/ தேனீர் … — (kep) *kaap*·pi/ *tej*·nier …

mit Milch	பாலுடன்	paa·lu·*ten*
ohne Zucker	சர்க்கரை–இல்லாமல	*tschark*·ka·rai·*il*·laa·mel

eine Flasche/ ein Glas … Wein — ஒரு பாட்டில்/ கிளாஸ … வைன் — o·*ru paat*·til/ ki·*laas* … wein

roten	சிவப்பு	tschi·*wap*·pu
weißen	வெள்ளை	*wel*·lai

Haben Sie auch vegetarisches Essen?
உங்களிடம சைவ உணவு உள்ளதா? — *ang*·ka·li·tem *tschai*·wa ju·na·*wu al*·la·taa

Ich bin allergisch gegen (Nüsse).
எனக்கு (பருப்பு வகை) உணவு சேராது. — i·*nek*·ku (pa·*rap*·pu wa·*kai*) ju·na·*wu tschej*·raa·tu

Abendessen	இரவு உணவு	ai·ra·*wu* ju·na·*wu*
Bier	பீர்	pier
Essen	உணவு	ju·na·*vu*
Fisch	மீன்	mien
Fleisch	இறைச்சி	ai·*raitsch*·tschi
Frühstück	காலை உணவு	kaa·*lai* ju·na·*wu*
Gemüse	காய்கறி	*kai*·ka·ri
Getränk	பானம்	paa·*nem*
Limonade	குளிர் பானம்	ku·*lir* paa·*nem*
Milch	பால்	paal
Mittagessen	மதிய உணவு	ma·*ti*·ja ju·na·*wu*
Obst	பழம்	pa·*sam*
Saft	சாறு	tschaa·*ru*
Wasser	தண்ணீர்	*ten*·nir

Notfall

Hilfe!	உதவ!	ju·ta·*wi*
Gehen Sie weg!	போய் விடு!	*pow*·ai *wi*·tu

Rufen Sie einen Arzt!
ஐ அழைக்கவும் ஒரு மருத்துவர்! — ai ei·*sai*·ka·vam o·*ru* ma·*rat*·tu·war

Rufen Sie die Polizei!
ஐ அழைக்கவும் போலிஸ்! — ai ei·*sai*·ka·vam pow·*lies*

Ich hab mich verirrt.
நான் வழி தவறி போய்விட்டேன். — naan wa·*si* ta·wa·*ri* pow·ai·*wit*·tin

Ich muss das Telefon benutzen.
நான் தொலைபேசியை பயன்படுத்த வேண்டும். — naan *tu*·lai·pi·*tschi*·jai pa·*jan*·pa·*tat*·ta vin·*tam*

Wo sind die Toiletten?
கழிவறைகள் எங்கே? — ka·*si*·wa·rai·kal *eng*·ki

Shoppen & Service

Wo ist der Markt?
எங்கே சந்தை இருக்கிறது? — *eng*·ki *tschan*·tai ai·*rak*·ki·ra·tu

Darf ich mir das mal anschauen?
நான் இதைப் பார்க்கலாமா? — naan ai·*taip* *paark*·ka·laa·maa

Wie viel kostet das?
இது என்ன விலை? — ai·*tu en*·na wi·*lai*

Das ist zu teuer.
அது அதிக விலையாக இருக்கிறது. — ei·*tu* ei·*ti*·ka wi·*lai*·jaa·ka ai·*rak*·ki·ra·tu

Da ist ein Fehler auf der Rechnung.
இந்த விலைச்சீட்டில் ஒரு தவறு இருக்கிறது. — *in*·ta wi·*laitsch*·tschiet·til o·*ru ta*·wa·ru ai·*rak*·ki·ra·tu

Bank வங்கி *wang*·ki
Internet இணையம் ai·nai·*jam*
Postamt தபால் நிலையம் ta·*paal* ni·*lai*·yam
Touristen-information சுற்றுப்பயண அலுவலகம் tschat·*rap*·pa·ja·na ei·lu·wa·la·*kem*

Uhrzeit & Datum

Wie spät ist es?
மணி என்ன? ma·*ni* *en*·na

Es ist (zwei) Uhr.
மணி (இரண்டு). ma·*ni* (ai·*ren*·tu)

Halb (zwei).
(இரண்டு) முப்பது. (ai·*ren*·tu) map·pa·*tu*

Morgen காலை kaa·*lai*
Abend மாலை maa·*lai*
gestern நேற்று *nit*·tru
heute இன்று in·*dru*
morgen நாளை *naa*·lai

Montag திங்கள் *ting*·kal
Dienstag செவ்வாய் tschef·*wai*
Mittwoch புதன் pu·*ten*
Donnerstag வியாழன் wi·*jaa*·san
Freitag வெள்ளி wel·*li*
Samstag சனி tscha·*ni*
Sonntag ஞாயிறு *nijaa*·ji·ru

Unterkunft

Wo ist ein(e) ... in der Nähe? அருகே ஒரு ... எங்கே உள்ளது? ej·ru·*ke* o·*ru* ... *eng*·ke *al*·la·tu
Pension விருந்தினர் இல்லம் wi·*ran*·ti·nar *il*·lem
Hotel ஹோட்டல hot·tel

Haben Sie ein ... Zimmer? உங்களிடம் ஓர் ... அறை உள்ளதா? *ang*·ka·li·tem awr ... ej·*rai* *al*·la·taa
Einzel- தன ta·*ni*
Doppel- இரட்டை ai·rat·*tai*

Wie viel kostet es pro ...? ஓர் ... என்னவிலை? awr ... *en*·na·wi·lai
Nacht இரவுக்கு ai·ra·*wuk*·ku
Person ஒருவருக்கு o·ru·wa·*ruk*·ku

Bad குளியலறை ku·li·*ja*·la·rai
Bett படுக்கை pa·*tuk*·kai
Fenster சன்னல tsch*an*·nal

Verkehrsmittel & -wege

Ist das der/das ... nach (Neu Delhi)? இது தானா (புது–டில்லிக்குப்) புறப்படும் ...? ai·*tu* taa·*naa* (pu·*tu* til·lik·*kap*) pu·*rep*·pa·tum ...
Bus பஸ் pas
Flugzeug விமானம் wi·*maa*·nam
Zug இரயில் ai·ra·*jil*

Ein ... Ticket (nach Madurai), bitte. (மதுரைக்கு) தயவு செய்து ... டிக்கட் கொடுங்கள். (ma·tu·raik·*ku*) ta·ja·*wu* tschej·*tu* ... tik·*ket* ko·tung·*kel*
einfach ஒரு வழிப்பயண o·*ru* wa·*sip*·pa·ja·na
mit Rückfahrt இரு வழிப்பயண ai·*ru* wa·*sip*·pa·ja·na

Wann fährt der erste/letzte Bus?
எத்தனை மணிக்கு முதல்/இறுதி பஸ் வரும்? *et*·ta·nai ma·*nik*·ku mu·*tel*/*ai*·ru·*ti* pas wa·*ram*

Wie lange dauert die Fahrt?
பயணம் எவ்வளவு நேரம் எடுக்கும்? pa·ja·*nam* ef·*wa*·la·wu nej·*rem* i·*tuk*·kam

Wie groß ist die Verspätung?
எவ்வளவு நேரம் அது தாமதப்படும்? ef·*wa*·la·wu *nej*·rem ei·*tu* taa·ma·*tep*·pa·tam

Können Sie mir bitte sagen, wann wir nach (Ooty) kommen?
(ஊட்டிக்குப்) போனவுடன் தயவு செய்து எனக்குக கூறுங்கள். (uut·tik·*kap*) paw·na·wu·*ten* ta·ja·*wu* tschej·*tu* i·*nak*·kuk *kuu*·rung·kal

Bitte bringen Sie mich zu (dieser Adresse).
தயவு செய்து என்னை இந்த (விலாசத்துக்குக்) கொண்டு செல்லுங்கள ta·ja·*wu* tschej·*tu* *en*·nai *in*·ta (wi·*laa*·tschet·tuk·kuk) *kon*·tu *tschel*·lang·kal

Bitte halten/warten Sie hier.
தயவு செய்து இங்கே நிறுத்துங்கள்/காத்திருங்கள். ta·ja·*wu* tschej·*tu* *ing*·ki ni·*rat*·tang·kel/*kaat*·ti·rang·kel

Ich möchte ein Auto mieten (mit Fahrer).
நான் ஒரு மோட்டார் வண்டி (ஓர் ஓட்டுநருடன்) வாடகைக்கு எடுக்க விரும்புகிறேன். naan o·*ru* *mowt*·taar *wan*·ti (awr aw·*tu*·na·ru·ten) waa·ta·*haik*·ku i·*tuk*·ka wi·*ram*·pu·ki·rejn

Ist das die Straße nach (Mamallapuram)?
இது தான் (மாமல்லபுரத்துக்கு) செல்லும் சாலையா? ai·*tu* taan (maa·mel·*la*·pu·ret·*tuk*·ku) *tschel*·lam tschaa·lai·*jaa*

SPRACHE TAMIL

Bahnhof	நிலையம்	ni·*lai*·jam
Boot	படகு	pa·ta·*ku*
Bushaltestelle	பஸ் நிறுத்தும்	pas ni·*rat*·tam
Erste Klasse	முதல் வகுப்பு	mu·*tal* wa·*kap*·pu
Fahrrad	சைக்கிள்	*tschaik*·kil
Flughafen	விமான நிலையம்	*wi*·maa·na *ni*·lai·jam
Motorrad	மோட்டார் சைக்கிள்	*mowt*·taar *tschaik*·kil
Zweite Klasse	சிக்கன வகுப்பு	*tschik*·ka·na wa·*kap*·pu

Wegbeschreibungen

Wo ist der/die/das ...?
... எங்கே இருக்கிறது? ... *eng*·ki ai·*ruk*·ki·ra·tu

Wie ist die Adresse?
விலாசம் என்ன? wi·*laa*·tschem *en*·na

Können Sie es mir zeigen (auf der Karte)?
எனக்கு (வரைபடத்தில்) காட்ட முடியுமா? e·*nak*·ku (wa·*rai*·pa·*tet*·til) *kaat*·ta mu·ti·ju·*maa*

Wie weit ist das?
எவ்வளவு தூரத்தில் இருக்கிறது? *ev*·va·la·vu tuu·*ret*·til ai·*ruk*·ki·ra·tu

Es ist ...	அது இருப்பது ...	ei·*tu* ai·*rap*·pa·tu ...
hinter ...	... க்குப் பின்னால	... kap *pin*·naal
vor ...	... க்கு முன்னால	... ku *man*·naal
in der Nähe (von ...)	(... க்கு) அருகே	(... ku) ei·ru·*ki*
an der Ecke	ஓரத்தில	aw·*ret*·til
geradeaus	நேரடியாக முன்புறம்	*nej*·ra·di·*yaa*·ha *man*·pu·rem

Biegen Sie ab nach ...
... புறத்தில் திரும்புக pu·*ret*·til *ti*·ram·pu·ka

links	இடது	ai·ta·*tu*
rechts	வலது	wa·la·*tu*

Zahlen

1	ஒன்று	on·*dru*
2	இரண்டு	ai·*ren*·tu
3	மூன்று	*muun*·dru
4	நான்கு	naan·*ku*
5	ஐந்து	ain·*tu*
6	ஆறு	*aa*·ru
7	ஏழு	*ej*·su
8	எட்டு	et·*tu*
9	ஒன்பது	on·pa·*tu*
10	பத்து	pet·*tu*
20	இருபது	ai·ru·pa·*tu*
30	முப்பது	map·pa·*tu*
40	நாற்பது	naar·pa·*tu*
50	ஐம்பது	eim·pa·*tu*
60	அறுபது	ei·ru·pa·*tu*
70	எழுபது	i·su·pa·*tu*
80	எண்பது	en·pa·*tu*
90	தொன்னூறு	ton·nuu·*ru*
100	நூறு	nuu·*ru*
1000	ஓராயிரம்	*aw*·raa·ji·rem

KANNADA

Kannada ist die offizielle Sprache im Bundesstaat Karnataka. Sie wird von 38 Mio. Menschen gesprochen.

Das oh wird wie das „o" im englischen „note", das ow wie in „how" ausgesprochen, also eher als „au".

Grundbegriffe

Hallo	ನಮಸ್ಕಾರ	na·mas·kaa·ra
Auf Wiedersehen	ಸಿಗೋಣ	si·goh·na
Ja/Nein	ಹೌದು/ಇಲ್ಲ	how·du/il·la
Bitte	ದಯವಿಟ್ಟು	da·ja·wit·tu
Danke	ಥ್ಯಾಂಕ್ಯೂ	t'enk·yuu
Entschuldigung	ಸ್ವಲ್ಪ ದಾರಿ ಬಿಡಿ	swal·pa daa·ri bi·di
Es tut mir leid.	ಕ್ಷಮಿಸಿ.	kscha·mi·si

Wie heißen Sie?
ನಿಮ್ಮ ಹೆಸರೇನು? nim·ma he·sa·rej·nu

Ich heiße ...
ನನ್ನ ಹೆಸರು ... nen·na he·sa·ru ...

Sprechen Sie Englisch?
ನೀವು ಇಂಗ್ಲೀಷ್ ಮಾತಾಡುತ್ತೀರಾ? nie·wu ing·lie·schu maa·taa·dat·tie·ra

Ich verstehe nicht.
ನನಗೆ ಅರ್ಥವಾಗುವುದಿಲ್ಲ. na·na·dsche ar·t'a·aa·gu·wu·dil·la

Wie viel kostet das?
ಎಷ್ಟು ಇದು? esch·tu ai·du

Wo sind die Toiletten?
ಟಾಯ್ಲೆಟ್ಟುಗಳು ಎಲ್ಲಿ? taaj·let·tu·ga·lu el·li

Notfall

Hilfe!	ಸಹಾಯ ಮಾಡಿ!	sa·haa·ja maa·di
Gehen Sie weg!	ದೂರ ಹೋಗಿ!	duu·ra hoh·dschi
Rufen Sie ...!	... ಕಾಲ್ ಮಾಡಿ!	... kaal maa·di
einen Arzt	ಡಾಕ್ಟರಿಗೆ	daak·ta·ri·dsche
die Polizei	ಪೋಲೀಸಿಗೆ	poh·lie·si·dsche

Ich muss das Telefon benutzen.
ನಾನು ಫೋನ್ ಬಳಸಬೇಕು. naa·nu foh·nu ba·la·sa·bej·ku

Ich hab mich verirrt.
ನಾನು ಕಳೆದುಹೋಗಿರುವೆ. naa·nu ka·le·du·hoh·dschi·ru·we

Zahlen

1	ಒಂದು	on·du
2	ಎರಡು	i·ra·du
3	ಮೂರು	muu·ru
4	ನಾಲ್ಕು	naa·ku
5	ಐದು	ai·du
6	ಆರು	aa·ru
7	ಏಳು	ej·lu
8	ಎಂಟು	en·tu
9	ಒಂಬತ್ತು	om·bet·tu
10	ಹತ್ತು	het·tu
20	ಇಪ್ಪತ್ತು	ip·pet·tu
30	ಮೂವತ್ತು	muu·wet·tu
40	ನಲವತ್ತು	na·la·wet·tu
50	ಐವತ್ತು	ai·wet·tu
60	ಅರವತ್ತು	ei·ra·wet·tu
70	ಎಪ್ಪತ್ತು	ep·pet·tu
80	ಎಂಬತ್ತು	em·bet·tu
90	ತೊಂಬತ್ತು	tom·bet·tu
100	ನೂರು	noo·ru
1000	ಸಾವಿರ	saa·wi·ra

KONKANI

Konkani ist die offizielle Sprache im Bundesstaat Goa. Sie wird von 2,5 Mio. Menschen gesprochen. Die Devanagari-Schrift (wird auch zum Schreiben von Hindi und Marathi benutzt) ist das offizielle Schriftsystem in Goa. Viele Konkani-Sprecher in Karnataka benutzen jedoch die Kannada-Schrift, die auch in diesem Kapitel verwendet wird.

Ein paar Tipps zur Aussprache: eu wird wie das „u" im englischen „nurse" und oh wie das „o" in „note" ausgesprochen.

Grundbegriffe

Hallo	ಹಲ್ಲೋ	*hel*·lo
Auf Wiedersehen	ಮೆಳ್ಯಾಂ	*mel*·jaang
Wie geht's?	ಕಸೊ/ಕಶಿ ಆಸಾಯ್?	*keu*·so/*keu*·schi *aa*·saaj (m./f.)
Gut, danke.	ಹಾಂವ್ಂ ಬರೊಂ ಆಸಾಂ.	*haang*·ang *beu*·rong *aa*·saang
Ja/Nein	ವ್ಹಯ್/ ನಾಂ	*weu*·ai/naang
Bitte	ಉಪ್ಕಾರ್ ಕರ್ನ್	*ap*·kaar keurn
Danke	ದೇವ್ ಬರೆಂ ಕರುಂ	*day*·ju *bo*·reng *ko*·ruung
Entschuldigung	ಉಪ್ಕಾರ್ ಕರ್ನ್.	*ap*·kaar keurn
Es tut mir leid.	ಚೂಕ್ ಜ಼ಾಲಿ, ಮಾಫ಼್ ಕರ್.	ts'uuk *saa*·li maaf keur

Wie heißen Sie?
ತುಜೆಂ ನಾಂವ್ಂ ಕಿತೆಂ? *tu*·dscheng *naang*·ang *ki*·teng

Ich heiße ...
ಮ್ಹಜೆಂ ನಾಂವ್ಂ ... *m'eu*·dscheng *naang*·ang ...

Sprechen Sie Englisch?
ಇಂಗ್ಲಿಶ್ ಉಲೈತಾಯ್ಗೀ? *ing*·liesch *ju*·leuy·taaj·dschie

Verstehen Sie?
ಸಮ್ಜಾಲೆಂಗೀ? *som*·saa·leng·dschie

Ich verstehe.
ಸಮ್ಜಾಲೆಂ. *som*·saa·leng

Ich verstehe nicht.
ನಾಂ, ಸಮ್ಜೊಂಕ್–ನಾಂ. naang *som*·sonk·naang

Wie viel kostet das?
ತಾಕಾ ಕಿತ್ಲೆ ಪೈಶೆ? *taa*·kaa *kit*·le *peuj*·schi

Wo sind die Toiletten?
ಟೊಯ್ಲೆಟ್ ಖೈಂಚರ್ ಆಸಾತ್? *toy*·let *k'eu*·ing·ts'eur *aa*·saat

Notfall

Hilfe!	ಮ್ಹಾಕಾ ಕುಮಕ್ ಕರ್!	*m'aa*·kaa *ku*·meuk keur
Gehen sie weg!	ವಸ್!	weuts'
Rufen Sie ...!	... ಆಪೈ!	... *aa*·pai
einen Arzt	ದಾಕ್ತೆರಾಕ್	*daak*·te·raak
die Polizei	ಪೊಲಿಸಾಂಕ್	*po*·li·saank

Ich muss das Telefon benutzen.
ಮ್ಹಾಕಾ ಫೊನಾಚಿ ಘರ್ಜ್ ಆಸಾ. *m'aa*·kaa *fo*·na·tschi g'eurz *aa*·saa

Ich hab mich verirrt.
ಮ್ಹಜೀ ವಾಟ್ ಚುಕ್ಲ್ಯಾ. *m'eu*·dschi waat *ts'uk*·lijaa

Können Sie mir bitte helfen?
ಮ್ಹಾಕಾ ಇಲ್ಲೊಚೊ ಉಪ್ಕಾರ್ ಕರ್ಶಿಗೀ? *m'aa*·kaa *il*·lo·ts'o *ap*·kaar *keur*·schi·dschie

Zahlen

1	ಏಕ್	eik
2	ದೋನ್	dohn
3	ತೀನ್	tien
4	ಚಾರ್	tschaar
5	ಪಾಂಚ್	paants'
6	ಸೊ	so
7	ಸಾತ್	saat
8	ಆಟ್	aat'
9	ನೋವ್	nohw
10	ಧಾ	d'aa
20	ವೀಸ್	wies
30	ತೀಸ್	ties
40	ಚಾಳೀಸ್	*ts'aa*·lies
50	ಪನ್ನಾಸ್	*pon*·naas
60	ಸಾಟ್	saat'
70	ಸತ್ತರ್	*seut*·teur
80	ಐಂಶಿಂ	*euyng*·sching
90	ನೊವ್ವೋದ್	*no*·wod
100	ಶೆಂಭರ್	*shem*·bor
1000	ಹಜ಼ಾರ್	*ha*·saar

MALAYALAM

Malayalam ist die offizielle Sprache im Bundesstaat Kerala. Sie wird von rund 33 Mio. Menschen gesprochen.

Grundbegriffe

Hallo	ഹലോ.	hei·*lo*
Auf Wiedersehen	ഗുഡ് ബൈ	guud bai
Ja	അതെ	ei *t'e*
Nein	അല്ല	al·*la*
Bitte	ദയവായി	da·ja·wa·*ji*
Danke	നന്ദി	nan·*n'i*
Entschuldigung	ക്ഷമിക്കണം.	kscha·mi·ka·*nam*
Es tut mir leid.	ക്ഷമിക്കുക.	kscha·mi·ku·*ka*

Sprechen Sie Englisch?
നിങ്ങൾ ഇംഗ്ലീഷ് സംസാരിക്കുമോ? — ning·*el* in·*glish* sem·*saa*·ri·ku·*mo*

Ich verstehe nicht.
എനിക്ക് മനസ്സിലാകില്ല. — i·ni·*ku* ma·na·*si*·la·ki·la

Wie heißen Sie?
താങ്കളുടെ പേര് എന്താണ്? — t'ang·ei·lu·*te* pej·*ru* en·t'*aa*·*nu*

Ich heiße ...
എന്റെ പേര് ... — en·*te* pej·*ru* ...

Wie viel kostet das?
എത്രയാണ് ഇതിന്? — et'·ra·jaa·*nu* ai·t'i·*nu*

Wo sind die Toiletten?
എവിടെയാണ് കക്കൂസ്? — i·wi·de·jaa·*nu* ka·kuu·*su*

Notfall

Hilfe!	സഹായിക്കൂ!	sa·ha·ji·*kuu*
Gehen Sie weg!	ഇവിടുന്ന് പോകൂ!	ai wi·du·*nu* po·*kuu*
Rufen Sie ...!	... വിളിക്കൂ!	... wi·li·*kuu*
einen Arzt	ഒരു ഡോക്ടറെ	o·*ru* dok·ta·*re*
die Polizei	പൊലീസിനെ	po·li·si·*ne*

Ich muss das Telefon benutzen.
എനിക്ക് ഈ ഫോൺ ഒന്നു വേണമായിരുന്നു. — i·ni·*ku* ie fon o·*nu* *wej*·na·maa·ji·ru·*nu*

Ich hab mich verirrt.
എനിക്ക് വഴി അറിഞ്ഞുകൂട. — i·ni·*ku* wa·*si* ei·ri·*nju*·kuu·*da*

Zahlen

1	ഒന്ന്	*on*·na
2	രണ്ട്	*ren*·d'a
3	മൂന്ന്	*muu*·na
4	നാല്	*naa*·la
5	അഞ്ച്	*en*·dscha
6	ആറ്	*aa*·ra
7	ഏഴ്	*i*·sa
8	എട്ട്	*i*·t'a
9	ഒമ്പത്	*on*·pa·t'a
10	പത്ത്	*pa*·t'a
20	ഇരുപത്	ai·*ru*·pa·t'a
30	മുപ്പത്	*mu*·p'a·t'a
40	നാൽപത്	*naal*·pa·t'a
50	അമ്പത്	*en*·ba·t'a
60	അറുപത്	ei·*ru*·pa·t'a
70	എഴുപത്	i·*su*·pa·t'a
80	എൺപത്	*en*·pa·t'a
90	തൊണ്ണൂറ്	t'on·*nuu*·ra
100	നൂറ്	*n'oo*·ra
1000	ആയിരം	*aa*·je·rem

MARATHI

Marathi ist die offizielle Sprache im Bundesstaat Maharashtra. Es wird geschätzt, dass sie von ungefähr 71 Mio. Menschen gesprochen wird. Marathi wird in der Devanagari-Schrift geschrieben, welche auch für das Hindi benutzt wird.

Grundbegriffe

Hallo	नमस्कार	na·mas·*kaar*
Auf Wiedersehen	बाय	bai
Ja	होय	hoi
Nein	नाही	naa·*hie*
Bitte	कृपया	kri·pa·*jaa*
Danke	धन्यवाद	d'an·ja·*vaad*
Entschuldigung	क्षमस्व.	kscha·mas·*wa*
Es tut mir leid.	खेद आहे.	k'ed aa·*he* aa·b

Wie heißen Sie?
आपले नांव ? — aa·pa·*le* naa·*naf*

Ich heiße ...
माझे नांव ... — maa·*dsch'e* naa·*naf* ...

Sprechen Sie Englisch?
आपण इंग्रजी बोलता का ? — aa·*pen* ing·re·*dschie* bol·*taa* kaa

Ich verstehe nicht.
मला समजत नाही. — ma·*laa* sem·dschet naa·*hie*

Wie viel kostet das?
याची काय किंमत आहे ? — jaa·*tschie* kaay ki·*met* aa·*he*

Wo sind die Toiletten?
शौचालय कुठे आहे ? — schoh·tschaa·*lai* ku·*t'e* aa·*he*

Notfall

Hilfe!	मदत !	ma·*det*
Gehen Sie weg!	दूर जा !	dor dschaa
Rufen Sie ...!	कॉल करा ... !	kaal ka·*raa* ...
einen Arzt	डॉक्टरांना	dok·ta·raen·*naa*
die Polizei	पोलिसांना	po·li·saa·*naa*

Ich muss das Telefon benutzen.
मला फोन वापरायचा आहे. — ma·*laa* fon waa·pa·raa·ja·*tschaa* aa·*he*

Ich hab mich verirrt.
मी हरवले आहे. — mie ha·ra·wa·*le* aa·*he*

Zahlen

1	एक	ek
2	दोन	don
3	तीन	tien
4	चार	tschaar
5	पाच	paatsch
6	सहा	sa·*haa*
7	सात	saat
8	आठ	aat'
9	नऊ	na·*uu*
10	दहा	da·*haa*
20	वीस	wies
30	तीस	ties
40	चाळीस	tschaa·*lies*
50	पन्नास	pen·*naas*
60	साठ	saat'
70	सत्तर	set·*tar*
80	ऐंशी	ejn·*schie*
90	नव्वद	nev·*wed*
100	शंभर	schem·*b'ar*
1000	एक हजार	ek ha·*dschaar*

TELUGU

Telugu ist die offizielle Sprache im Bundesstaat Andhra Pradesh. Sie wird von ungefähr 70 Mio. Menschen gesprochen.

Tipp zur Aussprache: Der transkribierte Laut oh wird wie im englischen „note" ausgesprochen.

Grundbegriffe

Hallo	నమస్కారం	na·mas·kaa·ram
Auf Wiedersehen	ఎళ్ళొస్తాను	wel·loh·staa·nu
Ja/Nein	అవును/కాదు	a·wu·nu/kaa·du
Bitte	దయచేసి	da·ja·tschaj·si
Danke	ధన్యవాదాలు	d'an·ja·waa·daa·lu
Entschuldigung	ఏమండి	aj·en·di
Es tut mir leid.	క్షమించండి.	kscha·min·tschen·di
Wie geht's?	ఎట్లా ఉన్నారు?	et·laa an·naa·ru
Gut, danke.	బాగున్నాను.	baa·gan·naa·nu

Wie heißen Sie?
మీ పేరేంటి? — mie pei·rejn·ti

Ich heiße ...
నా పేరు ... — naa pej·ru ...

Sprechen Sie Englisch?
మీరు ఇంగ్లీషు మాట్లాడుతారా? — mie·ru ing·lie·schu maat·laa·du·taa·raa

Ich verstehe nicht.
అర్థం కాదు. — ar·t'am kaa·du

Wie viel kostet das?
అది ఎంత? — ei·di en·ta

Wo sind die Toiletten?
బాత్రూములు ఎక్కడ ఉన్నాయి? — baat·ruum·lu ek·ka·da an·naa·ji

Notfall

Hilfe!	సహాయం కావాలి!	sa·haa·jam kaa·waa·li
Gehen Sie weg!	ఎళ్ళిపో!	wel·li·poh
Rufen Sie …!	… పిలవండి!	… pai·la·wenn·di
einen Arzt	డాక్టర్ని	daak·tar·ni
die Polizei	పోలీసుల్ని	poh·lie·sal·ni

Ich muss das Telefon benutzen.
నేను ఫోను వాడుకోవాలి. — nei·nu p'oh·nu waa·du·koh·waa·li

Ich hab mich verirrt.
నేను దారి తప్పి పోయాను. — nei·nu daa·ri tep·pai poh·jaa·nu

Zahlen

1	ఒకటి	oh·ka·ti
2	రెండు	ren·du
3	మూడు	muu·du
4	నాలుగు	naa·lu·gu
5	ఐదు	ai·du
6	ఆరు	aa·ru
7	ఏడు	ej·du
8	ఎనిమిది	i·ni·mi·di
9	తొమ్మిది	tohm·mi·di
10	పది	pa·di
20	ఇరవై	ai·ra·wai
30	ముప్పై	map·p'ai
40	నలభై	na·la·b'ai
50	యాభై	jaa·b'ai
60	అరవై	ei·ra·vai
70	డెబ్భై	deb·b'ai
80	ఎనభై	i·na·b'ai
90	తొంభై	tohm·b'ai
100	వంద	wenn·da
1000	వెయ్యి	wej·ji

GLOSSAR

Adivasi – indigene Völker
Ardhanarishvara – Shivas halb männliche, halb weibliche Form
Arier – Sanskrit für „edel"; jene, die aus Persien auswanderten und sich in Nordindien niederließen
Arjuna – Mahabharata-Held und militärischer Führer; ihm überreichte Krishna die Bhagavad-Gita
Ashram – spirituelle Gemeinschaft oder Rückzugsort
Autorikscha – lärmendes motorisiertes Dreirad, das zum Transport von Personen, Vieh usw. über kurze Strecken benutzt wird; überall im Land zu finden und billiger als ein Taxi
Avalokitesvara – im Mahayana-Buddhismus der Bodhisattva des Mitgefühls
Avatar – Inkarnation, normalerweise die einer Gottheit
Ayurveda – alte, komplexe Wissenschaft der indischen Kräutermedizin und ganzheitlichen Heilung
azad – Urdu für „frei", wie in „Azad Kaschmir"

Baba – religiöser Meister oder Vater; Ausdruck des Respekts
bagh – Garten
bahadur – tapfer oder ritterlich; ein Ehrentitel
Bakschisch – Trinkgeld, Spende (Almosen) oder auch Bestechungsgeld
Banyan – indischer Feigenbaum; für viele Inder von spiritueller Bedeutung
baoli – s. *baori*
baori – Brunnen, insbesondere steile Stufenbrunnen mit Absätzen und Galerien; in Gujarat werden sie üblicherweise *baoli* genannt
barasingha –Hirsch
basti – Slum
bearer – wie ein Butler
Bhagavad-Gita – Hindu-Lied des Göttlichen; Krishnas Lehren für Arjuna, die sich hauptsächlich auf die Philosophie des *bhakti* stützen; einer der Teile des Mahabharata
bhajan – Andachtslied
bhakti – Hingabe an die Götter; Glaube, Anbetung
bhang – getrocknete Blätter und Blütenknospen der Marihuanapflanze
bhavan – Haus, Gebäude; auch *bhawan* geschrieben
BJP – Bharatiya Janata Party
Bodhi-Baum – Baum, unter dem Buddha saß, als er Erleuchtung erlangte
Bodhisattva – erleuchtetes Wesen
Bollywood – Indiens Antwort auf Hollywood; die Filmindustrie von Mumbai (Bombay)
Brahma – Hindu-Gott; er wird als Schöpfer in der Trimurti verehrt
Brahmanismus – frühe Form des Hindusimus, der sich aus dem Vedismus (s. auch *Veden*) entwickelte; nach den Brahmanen-Priestern und Brahma benannt
Brahmane – Angehöriger der Priester-/Gelehrtenkaste, der höchsten hinduistischen Kaste
Buddha – der Erleuchtete; Gründer des Buddhismus; wird von Hindus außerdem als neunte Inkarnation Vishnus betrachtet
Buddhismus – s. *früher Buddhismus*

Cantonment – städtischer Verwaltungs- und Militärbereich zur Kolonialzeit
chaam – ritueller Maskentanz, der von einigen buddhistischen Mönchen in den Gompas aufgeführt wird, um den Sieg des Guten über das Böse und des Buddhismus über die zuvor bestehenden Religionen zu feiern
chaitya – Gebetsraum; Versammlungshalle
chakra – Mittelpunkt der spirituellen Kraft des Einzelnen; scheibenartige Waffe Vishnus
Chamunda – Inkarnation von Durga; mit Krummsäbel, Schlinge und Keule bewaffnet und in Elefantenhaut gekleidet; ihr Auftrag war es, die Dämonen Chanda und Munda zu töten
Chandragupta – Indischer Herrscher im 3. Jh. v. Chr.
chappals – Sandalen oder Flip-Flops aus Leder
char dham – die vier Pilgerstätten Badrinath, Kedarnath, Yamunotri und Gangotri
charas – Harz der Marihuanapflanze, auch Haschisch genannt
charbagh – persischer Ziergarten, in Viertel unterteilt (wörtlich: „vier Gärten")
chedi – s. *chaitya*
chhatri – Ehrenmal (wörtlich: „Schirm") oder Pavillon
chikan – besticktes Tuch (typisch für Lakhnau)
chital – Axishirsch
chogyal – König
choli – Sari-Bluse
chorten – tibetisch für „Stupa"
choultry – Unterkunft für Pilger; auch „dharamsala"
chowk – Marktplatz oder Kreuzung
Cong (I) – Congress Party of India; manchmal auch Congress (I) genannt
coracle – ein kleines, traditionsgemäß kielloses Boot, oftmals mit runder oder ovaler Form sowie Flechtwerk, das mit Stoff oder Fell überzogen ist

dagoba – s. *Stupa*
Dalit – bevorzugter Ausdruck für Indiens Kaste der Unberührbaren; s. auch *Harijan*
dargah – Schrein oder Begräbnisstätte eines muslimischen Heiligen
darshan – Opfergabe oder Audienz bei einer Gottheit
deul – Heiligtum des Tempels
Devi – Shivas Frau; Göttin
dhaba – schlichtes Restaurant oder Imbiss
dham – heiligste Pilgerstätten Indiens
dharamsala – Unterkunft für Pilger

dharma – für Hindus: moralischer Verhaltenskodex oder soziale Pflichten; für Buddhisten: den Naturgesetzen oder dem Pfad folgen, den Buddha lehrt

dhobi – Kleiderwäscher; meist *dhobi-wallah* genannt

dhobi ghat – Ort, an dem Kleider gewaschen werden

dhoti – langes, von Männern getragenes Leinengewand; wie ein *lungi*, aber das knöchellange Tuch wird zwischen den Beinen hochgezogen

Digambara – „die das Himmelkleid tragen"; Gruppe von Anhängern des Jainismus, deren Mitglieder ihre Verachtung für weltliche Güter beweisen, indem sie stets nackt gehen

diwan – Erster Offizier in einem Prinzenstaat; königlicher Hof oder Rat

Diwan-i-Am – Halle für öffentliche Audienzen

Diwan-i-Khas – Halle für Privataudienzen

dowry – Geld und/oder Güter, das/die von den Eltern der Braut an die Familie ihres Schwiegersohns überreicht wird/werden; das ist zwar illegal, wird bei arrangierten Ehen aber noch praktiziert

Drawidisch – allgemeine Bezeichnung für die Kulturen und Sprachen im tiefen Süden Indiens, u. a. Tamil, Malayalam, Telugu und Kannada

Dschihad – heiliger Krieg (Islam)

dukhang – tibetische Gebetshalle

dun – Tal

dupatta – langer Schal für Frauen, der oft mit dem *salwar kameez* getragen wird

durbar – Königshof; auch Regierung

Durga – die Unnahbare; Inkarnation von Shivas Frau Devi; schöne, zornige Frau, die auf einem Tiger/Löwen reitet; eine der Hauptgöttinnen des Shakti-Ordens

früher Buddhismus – alle Schulen des Buddhismus, die direkt nach Buddhas Tod und vor dem Aufkommen des Mahayana entstanden; eine moderne Form ist der Theravada (Schule der Ältesten), der in Sri Lanka und Südostasien praktiziert wird; der frühe Buddhismus unterschied sich vom Mahayana darin, dass er nicht das *bodhisattva*-Ideal lehrte

gabba – Kaschmirteppich mit Applikationen

gali – Gasse oder Durchgang

Ganesh – Hindu-Gott des Glücks; elefantenköpfiger Sohn von Shiva und Parvati, der auch als Ganpati bekannt ist; sein Reittier ist Mooshak (ein rattenartiges Wesen)

Ganga – Hindu-Göttin, die den heiligen Fluss Ganges verkörpert; er soll aus Vishnus Zeh fließen

ganj – Markt

gaon – Dorf

garh – Festung

Garuda – Mensch-Vogel-Reittier Vishnus

Gaur – indischer Büffel

Gayatri – heilige Verse des Rigveda, die von Brahmanen zweimal täglich im Geiste wiederholt werden

geyser – Heißwasserboiler, in vielen Badezimmern zu finden

Ghat – Stufen zu einem Fluss, einer Hügelreihe oder die Straße bergauf

giri – Hügel

Gompa – tibetisches buddhistisches Kloster

Gopala – s. *Govinda*

gopi – Hirtenmädchen; Krishna war ihnen besonders zugetan

gopuram – hoch aufragender Pyramidenturm am Tor drawidischer Tempel

Govinda – Krishna als Kuhhirte; auch nur Kuhhirte

gurdwara – Sikh-Tempel

Guru – spiritueller Lehrer; abgeleitet von Sanskrit „goe" (Dunkelheit) und „roe" (vertreiben)

haat – Dorfmarkt

Hadsch – Pilgerreise der Muslime nach Mekka

Hadschi – Muslim, der die Hadsch gemacht hat

Hamam – türkisches Bad; öffentliche Badeanstalt

Hanuman – hinduistischer Affengott; wichtig im Ramayana; Anhänger Ramas

Hari – anderer Name für Vishnu

Harijan – (nicht mehr als akzeptabel geltender) Name, den Mahatma Gandhi Indiens Kaste der Unberührbaren gab; bedeutet „Kinder Gottes"

Haschisch – s. *charas*

hathi – Elefant

hijab – von muslimischen Frauen getragenes Kopftuch

howdah – Sitz für Elefantenritte

ikat – Stoff, der aus Knüpfbatik-Fäden gewebt wird

imambara – Grabmal, das einem heiligen schiitischen Muslim gewidmet ist

indo-sarazenisch – Stil der Kolonialarchitektur, die westliche Muster mit islamischen, hinduistischen und jainistischen Einflüssen vereint

Indra – bedeutender, angesehener vedischer Gott; Gott des Regens, des Donners, des Blitzes und des Krieges

jagamohan – Versammlungshalle

Jagannath – Herrscher des Universums; Inkarnation von Krishna

Jataka –Erzählung der verschiedenen Leben Buddhas

jauhar – ritueller Massenselbstmord durch Opferung, der während Zeiten militärischer Niederlagen traditionell von Rajputen-Frauen vollführt würde, um zu verhindern, dass sie von ihren Fängern geschändet wurden

ji – Endung, die als Zeichen des Respekts an fast alles angehängt werden kann, z. B. bei „Babaji" oder „Gandhiji"

juggernaut – riesiger, überbordend dekorierter Tempel-„Wagen", der während bestimmter Hindu-Feste durch die Straßen gezogen wird

kabaddi – traditionelles Spiel (ähnlich wie Fangen)

Kailasa – heiliger Berg im Himalaja; Zuhause von Shiva

Kali – bedrohlich aussehende Inkarnation von Devi, die das Böse zerstört; normalerweise mit dunkler Haut, von der Blut tropft, und einer Kette aus Schädeln dargestellt

Kama – Hindu-Gott der Liebe

Kama Sutra –alter Sanskrit-Text, der hauptsächlich die Themen Liebe und Sexualität behandelt

kameez – hemdartige Tunika für Frauen; s. auch *salwar kameez*

Karma – hinduistisches, buddhistisches und sikhistisches Prinzip der ausgleichenden Gerechtigkeit für begangene Taten

karnatische Musik – klassische Musik Südindiens

Kaste – die ererbte Lebensstation (soziale Stellung) eines Hindus; es gibt vier Hauptkasten: Brahmanen, Kshatriya, Vaishya und Shudra

khadi – handgesponnener Stoff; Mahatma Gandhi ermutigte die Menschen, ihre Kleidung selbst zu weben, statt englische zu kaufen

Khalsa – Bruderschaft der Sikh

Khan – muslimischer Ehrentitel

khur – asiatischer Wildesel

kirtan – Andachtsgesang der Sikh

koil – Hindu-Tempel

kolam – s. *rangoli*

Koran – heiliges Buch des Islam

kot – Festung

kothi – Residenz oder Villa

kotwali – Polizeiwache

Krishna – Vishnus achte Inkarnation, oft mit blauer Haut dargestellt; er enthüllte Arjuna die Bhagavad-Gita

kumkum – gefärbtes Pulver, das für *bindi*-Punkte verwendet wird

kund – See oder Wasserbecken; Toda-Dorf

kurta – langes Hemd, mit kurzem oder ganz ohne Kragen

Lakshmana – Halbbruder und Gehilfe von Rama im Ramayana

Lakshmi – Vishnus Gefährtin; Hindu-Göttin des Wohlstands; sie entsprang mit einer Lotusblüte in der Hand dem Ozean

lama – tibetischer buddhistischer Priester oder Mönch

Laxmi – s. Lakshmi

Lingam – Phallussymbol; Glück verheißendes Symbol für Shiva; Plural: „Linga"

lok – Menschen

Lok Sabha – Unterhaus im indischen Parlament (House of the People; „Haus des Volkes")

Losar – tibetisches Neujahr

lungi – von Männern getragenes, weites, buntes Gewand (ähnlich dem Sari); wird in der Taille gefaltet, damit es passt

madrasa – islamisches Seminar

maha – Vorsilbe: „groß"

Mahabharata – großes, vedisches Hindu-Gedichtepos der Bharata-Dynastie; umfasst etwa 10 000 Verse, die die Schlacht zwischen den Pandavas und den Kauravas beschreiben

Mahakala – Große Zeit; Shiva und außerdem einer der zwölf *jyoti linga (heilige Schreine)*

mahal – Haus oder Palast

Maharadscha – wörtlich „großer König", Prinzenherrscher (auch: „Maharaja")

maharana – s. *Maharadscha*

maharao – s. *Maharadscha*

maharawal – s. *Maharadscha*

mahatma – wörtlich „große Seele"

Mahavir – letzter *tirthankar*

Mahayana – das „große Fahrzeug" des Buddhismus; eine spätere Adaption der Lehren, deren Schwerpunkt auf dem *bodhisattva*-Ideal liegt und die den Verzicht auf das Nirwana lehrt, um anderen Wesen so auf dem Weg der Erleuchtung zu helfen

Maidan – offene (oft mit Gras bewachsene) Fläche; Paradeplatz

Maitreya – zukünftiger Buddha

mandal – Schrein

Mandala – Kreis; Symbol in der hinduistischen und buddhistischen Kunst, das das Universum symbolisiert

mandapa – Säulenpavillon, Tempelvorkammer

mandi – Markt

Mandir – Tempel

Mani-Mauer – tibetische Steinmauern mit heiligen Inschriften

Mani-Stein – Stein, der mit dem tibetischen Mantra „om mani padme hum" („gelobt sei das Juwel des Lotus") verziert wurde

Mantra – heiliges Wort oder Silbe, von Buddhisten und Hindus als Konzentrationshilfe genutzt; metrische Psalmen der Anbetung in den Veden

Marathen – Volk in Zentralindien, das zu verschiedenen Zeiten über große Teile Indiens herrschte und gegen die Moguln und Rajputen kämpfte

marg – Straße

masjid – Moschee

mata – Mutter

math – Kloster

maya – Illusion

mehndi – Henna; aufwendige Muster an den Händen (oft auch Füßen) von Frauen, traditionell bei bestimmten Festen oder Zeremonien (z. B. Hochzeiten)

mela – Fest oder Festival

Moguln – muslimische Dynastie auf dem Subkontinent; von Babur bis Aurangzeb

Monsun – Regenzeit

Muezzin – ruft die Muslime zum Gebet; traditionell vom Minarett einer Moschee

Mumbaikar – Einwohner von Mumbai (Bombay)

namaste – Hindu-Gruß („Hallo" oder „Auf Wiedersehen"), oft von einer kleinen, respektvollen Verbeugung begleitet, bei der die Hände über der Brust oder auf Kopfhöhe gefaltet sind;

Nandi – Stier, Reittier von Shiva

Narayan – Inkarnation von Vishnu, dem Schöpfer

Nataraja – Shiva als kosmischer Tänzer

nawab – muslimischer Prinzenherrscher oder mächtiger Landbesitzer

Naxalites – ultra-linke politische Bewegung in Westbengalen, die als Bauernaufstand begann; sehr gewalttätig

Nirwana – ultimatives Ziel der Buddhisten und die letzte Befreiung aus dem Kreislauf der Existenz

niwas – Haus, Gebäude

nizam – Erbtitel der Herrscher von Hyderabad

nullah – Bach oder kleiner Strom

Om – heilige Anrufung, die das Wesentliche des göttlichen Prinzips repräsentiert; für Buddhisten führt es, wenn es oft genug und mit voller Konzentration wiederholt wird, zu einem Zustand der Leere

Osho – der verstorbene Bhagwan Shree Rajneesh, er war ein ebenso beliebter wie kritisierter Guru

paan –Mischung aus Betelnüssen und -blättern zum Kauen

padma – Lotus; anderer Name für die Hindu-Göttin Lakshmi

Pagode – s. *Stupa*

Pali – mit dem Sanskrit verwandte Sprache, in der die buddhistischen heiligen Schriften aufgezeichnet wurden; Gelehrte beziehen sich noch immer auf die Originaltexte in Pali

pandal – Vordach; Tempelschrein

Parsen – Anhänger des zoroastrischen Glaubens

Parvati – Devi in anderer Gestalt

Pashmina – feiner Wollschal

PCO – Public Call Office; von hier kann man Orts-, nationale und internationale Telefongespräche führen

peepul – Feigenbaum, Pappelfeige; vor allem Bodhi-Baum

peon – Angesteller niedrigsten Ranges

pradesh – Staat

prasad – Opferspeisen im Tempel

puja – wörtlich „Respekt"; Opfergabe oder Gebete

pukka – echt; Begriff aus der Zeit der britischen Herrschaft

punka – Stoffventilator; dreht sich durch Ziehen einer Schnur

Puranas – Enzyklopädie von 18 Sanskrit-Geschichten, in Versen verfasst, die von den drei Göttern handeln und aus dem 5. Jh. stammen

Purnima – Vollmond; gilt als Glück verheißende Zeit

qila – Festung

Radha – bevorzugte Geliebte Krishnas, als er als Kuhhirte lebte

raga – konventionelle Melodien und Rhythmen, die die Grundlage für die freie Interpretation von Kompositionen bilden

Raj – Herrschaft oder Staatsgewalt; „British Raj" (manchmal auch nur „Raj") bezieht sich auf die britische Herrschaft

Raja – Radscha; König; manchmal auch *rana*

Rajkumar – Prinz

Rajputen – hinduistische Kriegerkaste; ehemalige Herrscher von Nordwestindien

Rama – siebente Inkarnation Vishnus

Ramadan – heiliger Monat im Islam, in dem von Sonnenaufgang bis Sonnenuntergang gefastet wird (es darf nicht gegessen, getrunken oder geraucht werden); auch „Ramazan"

Ramayana – Geschichte von Rama und Sita, in der es um ihren Streit mit Ravana geht; eines der bekanntesten indischen Epen

Rana – König; auch *raja*

rangoli – kunstvolle Muster aus Kreide, Reispaste oder gefärbtem Puder; auch als *kolam* bekannt

Rani – weiblicher Herrscher oder Ehefrau eines Königs

ranns – Wüsten

rath – Tempelwagen, der bei religiösen Festen eingesetzt wird

rathas – aus Stein gehauene drawidische Tempel

Ravana – Dämonenkönig von Lanka, der Sita entführte; die Schlacht zwischen ihm und Rama wird im Ramayana erzählt

Rigveda – ursprüngliche und längste der vier Hauptveden

Rikscha – kleines Passagierfahrzeug mit zwei oder drei Rädern

rishi – Dichter, Philosoph, Heiliger oder Held; ursprünglich ein Held, dem die Hymnen der Veden enthüllt wurden

Road – Siedlung an einer Bahnlinie, die als Verkehrsknotenpunkt einer größeren Stadt abseits der Linie dient, z. B. Mt. Abu und Abu Road

Rukmani – Ehefrau Krishnas; starb auf seinem Scheiterhaufen

sadar – „Haupt-"

sadhu – asketische, heilige Person, die versucht, Erleuchtung zu erlangen; oft mit „swamiji" oder „babaji" angesprochen

sagar – See, Wasserreservoir

sahib – respektvolle Anrede für einen Herrn

salai –Straße

salwar – Hosen, die normalerweise mit einem *kameez* getragen werden

salwar kameez – traditionelle, kleidähnliche Tunika-Hosen-Kombination für Frauen

samadhi – im Hindusimus: ekstatischer Zustand, der als „Ekstase, Trance, Verbundenheit mit Gott" beschrieben wird; im Buddhismus: Konzentration; Ort, an dem ein heiliger Mann eingeäschert/begraben wurde und normalerweise mit einem Schrein geehrt wird

sambar – Hirsch

sangha – Gemeinschaft von buddhistischen Mönchen und Nonnen

Sankara – Shiva als Schöpfer

sanyasin – wie ein *sadhu*; wandernder Asket, der als Teil des *ashrama*-Systems allen irdischen Besitztümern abgeschworen hat

Saraswati – Ehefrau von Brahma; Göttin des Lernens; sitzt auf einem weißen Schwan

Sat Sri Akal – Begrüßung der Sikh

Sati – Ehefrau von Shiva; wurde eine *sati* („ehrbare Frau"), indem sie sich selbst opferte; obwohl er bereits vor über einem Jahrhundert verboten wurde, wird der „ehrenvolle" Akt der rituellen Selbstverbrennung auch heute noch gelegentlich vollzogen

satra – hinduistisches Vaishnavaite-Kloster und Kunstzentrum

satyagraha – gewaltloser Protest mit Hungerstreik, durch Mahatma Gandhi berühmt geworden; aus dem Sanskrit, wörtlich: „Beharren auf Wahrheit"

Scheduled Castes – offizielle englische Bezeichnung für die Kaste der Unberührbaren oder Dalit-Kaste
Shaiviten – Sie sind die Anhänger Shivas
shakti – kreative Energien, die als weibliche Gottheiten wahrgenommen werden; Anhänger folgen dem Shaktismus
sheesha – s. *hookah*
shikhar – Jagdexpedition
Shiva – Zerstörer; auch der Schöpfer, als der er im Lingam verehrt wird
shola – Urwald
shree – s. *shri*
shri – ehrenvolle Bezeichnung für Männer; Vorsilbe; indische Entsprechung von „ehrenwerter Herr"
Shudra – Arbeiterkaste
Sikhara – Hindu-Tempel oder -Turm
Singh – wörtlich „Löwe"; von vielen Sikh angenommener Nachname
Sita – Hindu-Göttin der Landwirtschaft; häufiger mit dem Ramayana assoziiert
sitar – indisches Saiteninstrument
Siva – s. *Shiva*
sree – s. *shri*
sri – s. *shri*
Stupa – buddhistisches religiöses Denkmal, das aus einer soliden Halbkugel besteht, die von einem Turm gekrönt wird und Reliquien Buddhas enthält; auch als „Dagoba" oder „Pagode" bekannt
Subhadra – Krishnas inzestuöse Schwester
Sufi – muslimischer Mystiker
Surya – die Sonne; eine Hauptgöttin der Veden
sutra – Faden; Regeln in Versform
Svarga –Indras Himmel
swami – respektvoller Titel, der „Herr seiner selbst" bedeutet und der initiierten hinduistischen Mönchen verliehen wird

tabla – Doppeltrommel
tal – See
tantrischer Buddhismus – tibetischer Buddhismus mit starker sexueller und okkulter Ausrichtung
Teilung – formale Teilung von Britisch-Indien im Jahr 1947 in zwei separate Staaten, Indien und Pakistan
Tempelbrunnen – Wasserreservoir; Teich oder Auffangbecken für heiliges Wasser, das in einigen Tempeln zu finden ist
Tempo – lautes, dreirädriges öffentliches Transportmittel, größer als eine Autorikscha; s. *vikram*
thakur – Edelmann
thangka – tibetische Stoffmalerei
Theravada – orthodoxe Form des Buddhismus, die in Sri Lanka und Südostasien praktiziert wird und sich dadurch auszeichnet, dass sie dem Pali-Kanon anhängt; wörtlich: „Behausung"
Tirthankars – die 24 großen jainistischen Lehrer
tonga – Pferde- oder Ponykutsche mit zwei Rädern
torana – Türsturz über einem Tempeleingang
Trekker – Jeeps; Wanderer
Trimurti – Dreier-Form oder Dreigesichtigkeit; die hinduistische Trias von Brahma, Shiva und Vishnu

Unberührbare – niederste Kaste oder „Kastenlose", welche die niedersten Dienste verrichten; der Name geht auf den Glauben zurück, dass die Angehörigen höherer Kasten sich beschmutzen könnten, wenn sie einen Kastenlosen berühren sollten; früher Harijan, heute Dalit genannt
Upanishads – esoterische Doktrin; alte Texte, die einen Teil der Veden bilden; behandeln solch gewichtige Themen wie das Wesen des Universums oder der Seele

urs – Todestag eines verehrten Muslims; großes Fest zu Ehren eines muslimischen Heiligen

Valmiki – Autor des Ramayana
Veden – heiliges Buch der Hindus; Sammlung von Hymnen, die im 2. Jt. v. Chr. in vorklassischem Sanskrit gedichtet wurden und in vier Bücher unterteilt sind: Rigveda, Yajurveda, Samaveda und Atharvaveda
vihara – buddhistisches Kloster, normalerweise mit zentralem Innenhof oder Halle, von der Wohnzellen abgehen, üblicherweise mit einem buddhistischen Schrein an einem Ende; Ruheort
Vikram – Tempo oder größere Version des Standard-Tempo
vimana – Hauptteil eines Hindu-Tempels; Turm über dem Heiligtum
vipassana – in sich gekehrte Meditationstechnik des Theravada-Buddhismus, bei der Körper und Geist als veränderliche Phänomene genau betrachtet werden
Vishnu – Teil der Trimurti; Vishnu ist der Erhalter und Erneuerer, der bis jetzt neun Avatare hat: den Fisch Matsya, die Schildkröte Kurma, das Wildschwein Naraha, Narasimha, Vamana, Parasurama, Rama, Krishna und Buddha

Wallah – Mann; lässt sich an so gut wie alles anhängen: *dhobi-wallah, chai-wallah, taxi-wallah*

yakshi – Jungfrau
yali – mythisches Löwenwesen
yatra – Pilgerreise
yatri – Pilger
yogini – Dienerinnen weiblicher Gottheiten
yoni – weibliches Fruchtbarkeitssymbol; weibliche Genitalien

zenana – Bereich eines Hauses der Oberschicht, in dem die Frauen sich aufhalten; Frauenunterkunft

Hinter den Kulissen

WIR FREUEN UNS ÜBER EIN FEEDBACK

Post von Travellern zu bekommen, ist für uns ungemein hilfreich – Kritik und Anregungen halten uns auf dem Laufenden und helfen, unsere Bücher zu verbessern. Unser reiseerfahrenes Team liest alle Zuschriften ganz genau, um zu erfahren, was an unseren Reiseführern gut und was schlecht ist. Wir können solche Post zwar nicht individuell beantworten, aber jedes Feedback wird garantiert schnurstracks an die jeweiligen Autoren weitergeleitet, rechtzeitig vor der nächsten Nachauflage.

Wer uns schreiben will, erreicht uns über **www.lonelyplanet.de/kontakt**.

Hinweis: Da wir Beiträge möglicherweise in Lonely Planet Produkten (Reiseführer, Websites, digitale Medien) veröffentlichen, eventuell auch in gekürzter Form, bitten wir um Mitteilung, falls ein Kommentar nicht veröffentlicht oder ein Name nicht genannt werden soll. Wer Näheres über unsere Datenschutzpolitik wissen will, erfährt alle Details unter www.lonelyplanet.com/privacy.

DANK VON LONELY PLANET

Vielen Dank an all die Reisenden, die mit der letzten Auflage unterwegs waren und uns hilfreiche Hinweise, nützliche Ratschläge und interessante Anekdoten haben zukommen lassen:
Phil Almond, Paul Anderson, Jonna Bang, Andrew Barnes, Emilia Bober, Juliette Bogers, John Brankin, Mark Brawler, Lizzie Cawley, Jane Clarke, Tony Clarke, Jan de Jong, Gemma Eisner, Jo Garvey, Gabrielle George, Christine Gibson, Stephanie Gillespie, Lars Haarr, Tage Hansen, Scott Harper, Luke Haskett, Rüdiger Hess, Mat Hines, Daniel Isherwood, Victoria Kjos, Tim Laslavic, Rod Lee, Luca Misasi, Pieter Mols, Maureen Moon, Nia Murphy, Malcolm Noden, Karin Nyfort-Hansen, Mahendra Prabhu K., Vendula Prokopcova, Bharath Punyamurthy, Lynda Purvis, Lieve Roeland, Christina Ronnberg, Chris Rust, Patricia F. Sheafor, Sarah-Jane Smiles, Vanessa Stilwell, Joe Thomas, Gert Van Reck, Jens Wieland, Suzie Williams, Leena Zarowiecki

DANK DER AUTOREN

Sarina Singh

Ein großes Dankeschön an das gesamte Lonely Planet Team – besonders an Suzannah und Brigitte –, das so intensiv an diesem Buch gearbeitet hat. Außerdem danke ich den vielen Lesern auf der ganzen Welt, die sich die Zeit genommen haben, uns zu schreiben. Zum Schluss noch ein herzliches Danke an die fantastischen Autoren – dank ihnen hat mir die Arbeit an diesem Band viel Spaß gemacht.

Lindsay Brown

Ein dickes Dankeschön an die verschiedenen Hotelmanager sowie Angestellte an Informationsschaltern und in Touristenbehörden, die Antworten auf all meine Fragen hatten. Besonders danke ich Homi in Mumbai, der Chefautorin Sarina Singh, meinem Reisegefährten, dem Kingfisher-Liebhaber Stephen Nicholson, sowie Jenny, Pat und Sinead daheim.

Paul Harding

Ich danke all den freundlichen Menschen in Kerala und Goa, die mir mit Tipps, Ratschlägen und dem ein oder anderen Drink weiterhalfen, insbesondere Debra, Johnson, Shibu, Niaz, Philip und Maryann, Suresh, Varghese und Beena, Walter, Ajit sowie Jack samt Familie. Mein größter Dank gilt jedoch Hannah und meiner wunderbaren Tochter, Layla, die meinen Goa-Aufenthalt so sehr bereicherte.

Trent Holden & Kate Morgan

Zunächst wollen wir Suzannah und Glenn dafür danken, dass wir wieder an diesem tollen Band mitarbeiten durften. Danke außerdem an Sarina, die die Einzelteile so wunderbar zusammensetzte. Ein dickes Dankeschön außerdem an alle auf den Andamanen, die uns mit Tipps und Ratschlägen bei den Fährüberfahrten usw. halfen. Danke auch an Steve für seine regelrechte Pionierarbeit. Zudem stehen wir in der Schuld all derer, die uns in Karnataka mit Rat und Tat zur Seite standen.

Amy Karafin

Ein herzliches Dankeschön an all die Menschen in Andhra Pradesh und Bombay, die mir halfen und die Orte so interessant machen. Besonders danke ich Sandhya Kanneganti, Ram Babu, Jayasri Anand und Gayatri, Taps und Devi Vasireddy, Dr. Kishore und Sandeep Kishore, Asif Husain Arastu, Saaz Aggarwal, Malini und Hari Hariharan, Akash Bhartiya, Surekha und Manik Bhartiya, Naresh Fernandes, Mujju, Satish Asi, Sarina Singh, Suzannah Shwer, Brigitte Ellemor sowie jedem im Dhamma Khetta, Dhamma Vijaya und Global Pagoda. *Bhavatu sabba mangalam!*

John Noble

Ein besonders großes Dankeschön geht an Isabelle Noble, meiner perfekten Reisebegleitung, die mir so wunderbar bei all den Recherchen geholfen hat, an Ashish Gupta und Kollegen, an V. Rangaraj Pillai, an den Autorikschafahrer in Chennai, der auf einem niedrigeren Tarif bestand als von mir angeboten, und – während der Korrekturarbeit – an Coley, Hilary, Josh und Nala für die äußerst geistreichen Gespräche und an Jack für die grandiose Verpflegung auf der Zielgeraden.

QUELLENNACHWEIS

Die Klimakarten stammen von Peel MC, Finlayson BL & McMahon TA (2007), *Updated World Map of the Köppen-Geiger Climate Classification*, erschienen in der Zeitschrift *Hydrology and Earth System Sciences*, Ausgabe 11, 1633–1644, und wurden angepasst. Foto auf S. 202 von Michael Weldon. Titelfoto: Backwaters nahe Kochi (Cochin), Kerala, PitGreenwood/Getty Images.

ÜBER DIESES BUCH

Die ist die 4. deutsche Auflage von *Südindien & Kerala*, basierend auf der 7. englischen Auflage von *South India & Kerala*. Diese wurde von Sarina Singh koordiniert, die die Reiseplanung- und Hintergrundkapitel für diese und die letzten drei Auflagen verfasste. Weitere Kapitel verfassten Lindsay Brown, Paul Harding, Trent Holden, Amy Karafin, Kate Morgan und John Noble.

Dieser Reiseführer wurde vom Lonely Planet Büro in Melbourne in Auftrag gegeben und von folgenden Personen betreut:

Verantwortliche Redakteure Suzannah Shwer, Glenn van der Knijff

Leitende Redakteure Nigel Chin, Andrea Dobbin

Leitender Kartograf David Kemp

Leitende Layoutdesignerin Carol Jackson

Redaktion Brigitte Ellemor, Martine Power

Senior Editor Catherine Naghten

Kartografie Adrian Persoglia

Layoutdesign Chris Girdler

Layoutdesign-Assistenz- Mazzy Prinsep

Umschlagrecherche Naomi Parker

Bildrecherche Kylie McLaughlin

Sprache Branislava Vladisavljevic

Dank an Ryan Evans, Larissa Frost, Genesys India, Jouve India, Elizabeth Jones, Trent Paton, Ian Posthumus, Kerrianne Southway, Gina Tsarouhas, Gerard Walker, Amanda Williamson

Register

Verweise auf Karten **000**
Verweise auf Fotos 000

Verweise auf Karten **000**
Verweise auf Fotos 000

I

J

K

Verweise auf Karten **000**
Verweise auf Fotos **000**

Kartenlegende

Sehenswertes
- buddhistisch
- christlich
- Denkmal
- hinduistisch
- islamisch
- jüdisch
- Museum/Galerie
- Ruine
- Schloss
- Strand
- Weingut/Weinberg
- Zoo
- andere Sehenswürdigkeit

Aktivitäten, Kurse & Touren
- Kanu/Kajak fahren
- Schwimmbecken
- Ski fahren
- surfen
- tauchen/schnorcheln
- wandern
- windsurfen
- andere/r Aktivität/Kurs/Tour

Schlafen
- Camping
- Unterkunft

Essen
- Lokal

Ausgehen
- Bar/Kneipe
- Café

Unterhaltung
- Unterhaltung

Shoppen
- Shoppen

Praktisches
- Bank
- Botschaft/Konsulat
- Internetzugang
- Krankenhaus/Arzt
- Polizei
- Post
- Telefon
- Toilette
- Touristeninformation
- andere Einrichtung

Verkehrsmittel
- Bus
- Einschienenbahn
- Fähre
- Fahrrad
- Flughafen
- Grenzübergang
- Metro
- Parkplatz
- Seilbahn/Gondelbahn
- Straßenbahn
- Taxi
- Tankstelle
- Zug
- anderes Verkehrsmittel

Verkehrswege
- Mautstraße
- Autobahn
- Hauptstraße
- Landstraße
- Verbindungsstraße
- sonstige Straße
- unbefestigte Straße
- Platz/Promenade
- Treppe
- Tunnel
- Fußgängerüberführung
- Stadtspaziergang
- Abstecher vom Stadtspaziergang
- Pfad

Geografisches
- Aussichtspunkt
- Berg/Vulkan
- Hütte/Unterstand
- Leuchtturm
- Oase
- Park
- Pass
- Picknickplatz
- Wasserfall

Städte
- Hauptstadt (Staat)
- Hauptstadt (Bundesland/Provinz)
- Großstadt
- Kleinstadt/Ort

Grenzen
- Internationale Grenze
- Bundesstaat/Provinz
- umstrittene Grenze
- Region/Vorort
- Meerespark
- Klippen
- Mauer

Gewässer
- Fluss/Bach
- periodischer Fluss
- Sumpf/Mangrove
- Riff
- Kanal
- Wasser
- Trocken-/Salz-/periodischer See
- Gletscher

Gebietsformen
- Friedhof
- Friedhof (christlich)
- Highlight (Gebäude)
- Park/Wald
- Sehenswürdigkeit (Gebäude)
- Sportgelände
- Strand/Wüste

DIE LONELY PLANET STORY

Ein ziemlich mitgenommenes, altes Auto, ein paar Dollar in der Tasche und eine Vorliebe für Abenteuer – 1972 war das alles, was Tony und Maureen Wheeler für die Reise ihres Lebens brauchten, die sie durch Europa und Asien zurück nach Australien führte. Die Tour dauerte einige Monate, und am Ende saßen die beiden – pleite, aber voller Inspiration – an ihrem Küchentisch und schrieben ihren ersten Reiseführer *Across Asia on the Cheap*. Innerhalb einer Woche hatten sie 1500 Exemplare verkauft. Lonely Planet war geboren.

Heute hat der Verlag Büros in Melbourne, London und Oakland und mehr als 600 Mitarbeiter und Autoren. Und alle teilen Tonys Überzeugung: „Ein guter Reiseführer sollte drei Dinge tun: informieren, bilden und unterhalten."

DIE AUTOREN

Sarina Singh

Hauptautorin Nach Beendigung ihres Wirtschaftsstudiums in Melbourne reiste Sarina nach Indien, wo sie ein Praktikum in einem Hotel absolvierte und dann als Journalistin arbeitete. Nach fünf Jahren kehrte sie nach Australien zurück, schloss ein Aufbaustudium in Journalismus ab und arbeitete als Co-Autorin an der ersten Auflage des Lonely Planet Reiseführers *Rajasthan* mit. Danach schrieb sie nicht nur für zahlreiche Lonely Planet Bände, sondern auch für viele Zeitungen und Magazine. Sarina ist eine renommierte Reisekolumnistin und verfasste zwei namhafte Bücher: *Polo in India* und *India: Essential Encounters*. Ihr erfolgreicher Dokumentarfilm feierte beim International Film Festival in Melbourne Premiere, bevor er einem internationalem Publikum gezeigt wurde.

Mehr über Sarina gibt's hier:
lonelyplanet.com/members/sarinasingh

Lindsay Brown

Maharashtra Lindsay, ehemaliger Naturschutzbiologe und Verlagsleiter bei Lonely Planet, reist seit über 25 Jahren regelmäßig nach Indien. Er hat schon den ein oder anderen Gebirgspass zu Fuß, im Jeep und auf dem Pferderücken überwunden und schrieb für verschiedene Lonely Planet Bände, darunter *Bhutan, Nepal, Südindien, Rajasthan, Delhi & Agra* sowie *Pakistan & the Karakoram Highway*.

Paul Harding

Goa, Kerala Paul ist den letzten 15 Jahren schon oft ins chaotische Indien gereist und hat regelmäßig darüber geschrieben. Noch immer hat er eine Schwäche für den Süden, wo das Leben in etwas ruhigeren Bahnen verläuft. Dieses Mal erkundete er die Backwaters in Kerala, nahm Kontakt zu wilden Elefanten in Wayanad auf, untersuchte sorgfältig all die wunderschönen Strände Goas und probierte sich durch sämtliche frische Meeresfrüchte. Armer Kerl! Paul verfasste auch die Kapitel „Reiserouten" und das farbige Special zu Kerala.

Trent Holden & Kate Morgan

Karnataka & Bengaluru, Andamanen Trent und Kate haben bereits an den verschiedensten Bänden, von *Simbawe* bis *Japan*, mitgearbeitet und waren begeistert, bei *Indien* wieder dabei zu sein, dieses Mal als Co-Autoren. In Karnataka hatten sie die nicht allzu schlimme Aufgabe, Bengalurus unzählige Bars und schicke Restaurants zu testen, Leoparden auf Safaris zu sichten und Hampis bekannte Ruinen zu erkunden. Trent kam zudem erneut in den Genuss von Sonne, Surfen und Sand auf den Andamanen. Die beiden leben in Melbourne und schreiben zwischen ihren Reisen über Essen und Musik.

Amy Karafin

Mumbai (Bombay), Andhra Pradesh Amy war in ihren früheren Leben sicherlich Inderin und erlag 1996 dem Charme des Landes, als sie *idlis* (schwammartige, runde, fermentierte Reiskuchen), Meditation und endlose Zugfahrten entdeckte. Seitdem bereiste sie das Land mehrmals und schrieb über alle möglichen Themen, über Bollywood und *mithai* (indische Süßigkeiten), über zeitgenössische Kunst und alte Religionen, über Yoga-Ghettos und Nizam-Paläste; mehr gibt's unter www.amykarafin.com. Ist sie nicht gerade unterwegs, schaut sie Guru-Dutt-Filme oder singt Filmi in Brooklyn, wo sie größtenteils lebt.

Mehr über Amy gibt's hier:
lonelyplanet.com/members/amykarafin

John Noble

Tamil Nadu & Chennai John stammt aus England, lebt in Spanien und schrieb bereits für über 20 Lonely Planet Bände. Nach Tamil Nadu verschlug es ihn das erste Mal in den 1980er-Jahrenn, als die Triplicane High Rd in Chennai noch mit Ochsenkarren verstopft war und Familien ihre Büffel neben der Straße melkten. Mittlerweile haben Autorikschas die Karren ersetzt, die Städte Tamils sind jedoch so lebendig und chaotisch wie eh und je, und der Reiz des kühlen, grünen Kodaikanal ist unvermindert hoch. Die beste Entdeckung der Reise: die Ruhe von Tranquebar.

Lonely Planet Publications,

Locked Bag 1, Footscray,
Melbourne, Victoria 3011,
Australia

Verlag der deutschen Ausgabe:
MAIRDUMONT, Marco-Polo-Str. 1, 73760 Ostfildern,
www.lonelyplanet.de,
lonelyplanet@mairdumont.com

Chefredakteurin deutsche Ausgabe: Birgit Borowski
Übersetzung: Julie Bacher, Berna Ercan, Tobias Ewert, Karen Gerwig, Marion Gref-Timm, Anna Kranz, Laura Leibold, Britt Maaß, Ute Perchtold
An früheren Auflagen haben außerdem mitgewirkt: Rosemarie Altmann, Petra Dubilski, Beatrix Gehlhoff, Mayela Gerhardt, Marion Gieseke, Christiane Gsänger, Sabine Hübner, Christina Jacobs, Marion Matthäus, Raphaela Moczynski, Dr. Thomas Pago, Christiane Radünz, Jutta Ressel, Dr. Christian Rochow, Andrea Schleipen, Frauke Sonnabend, Dr. Heinz Vestner, Katja Weber, Renate Weinberger
Redaktion: Annegret Gellweiler, Adriana Popescu, Olaf Rappold, Verena Stindl, Julia Wilhelm (red.sign, Stuttgart)
Redaktionsassistenz: Dr. Dirk Mende, Karin Rappold, Sylvia Scheider-Schopf, Thomas Tilsner
Satz: Susanne Junker, Anette Vogt (red.sign, Stuttgart)

MIX
Paper from responsible sources
FSC® C021256
FSC
www.fsc.org

Südindien & Kerala

4. deutsche Auflage Februar 2014, übersetzt von *South India & Kerala, 7th edition*, Oktober 2013, Lonely Planet Publications Pty

Printed in China